ABHANDLUNGEN AUS DER
BERLINER JURISTISCHEN FAKULTÄT
II

DER PROZESS ALS RECHTSLAGE

EINE KRITIK DES PROZESSUALEN DENKENS

VON

DR. JAMES GOLDSCHMIDT
ORD. PROFESSOR DER RECHTE AN DER
UNIVERSITÄT BERLIN

SPRINGER-VERLAG BERLIN HEIDELBERG GMBH 1925

ISBN 978-3-642-52544-5 ISBN 978-3-642-52598-8 (eBook)
DOI 10.1007/978-3-642-52598-8

DEM ANDENKEN

AN

EMIL SECKEL

UND

JOSEF PARTSCH

„Die Römer schufen eine juristische Statik, unsere Aufgabe ist eine juristische Dynamik."
(Oswald Spengler, Untergang des Abendlandes, II, 98)

Vorwort.

Die Grundgedanken dieser Arbeit haben sich in mir entwickelt, seit ich mich mit dem Prozeßrecht wissenschaftlich beschäftigt habe. Aber erst als der Krieg ausbrach, wurde in mir der Trieb, diesen Gedanken Form zu geben, übermächtig. Denn da drängte es sich mir in nicht mehr zu übersehender Weise auf, daß in letzter Linie unsere unantastbarsten Rechte nichts als Aussichten, Möglichkeiten und Lasten sind. Und der Ausgang des Krieges bewies, daß alles Recht schließlich zunichte wird infolge von verpaßten Möglichkeiten und versäumten Lasten. So ist mir unter der Hand die „Kritik des prozessualen Denkens" zu einer Kritik des politischen Denkens geworden. Es gilt eben für den einzelnen wie für das Volk, daß trotz Staat oder Völkerbund, staatlicher oder Schiedsgerichtsbarkeit alles Recht und daher auch sein Recht am Ende nichts ist als ein Inbegriff von Möglichkeiten und Lasten im Kampfe um das, was als Recht gelten wird. Es ist mein heißer Wunsch, daß das deutsche Volk die Männer finden möge, welche aus dieser wissenschaftlichen Erkenntnis die Nutzanwendung für seine politische Führung ziehen. Daß eine völker-, also „individualrechtlich" (E. Kaufmann) eingestellte Betrachtung des Prozesses innerpolitisch dem Liberalismus verwandt ist, leugne ich nicht. Aber das Prozeßrecht kann nur auf dem Boden des Liberalismus oder es kann gar nicht gedeihen.

Für die Grundgedanken, auf welche mich die empirische Beobachtung der prozessualen Erscheinungen geführt hat, habe ich rechtsphilosophischen Anschluß gesucht und gefunden, wie seinerzeit Bülow bei Jhering, wie neuerdings Sauer bei Sander. In bezug auf das engere Gebiet, dem sie angehört, knüpft meine Arbeit an die Forschungsergebnisse Bülows und Kohlers an. Beide sind m. E. die Bahnbrecher der modernen Prozeßwissenschaft, während Wachs Entdeckertat dem materiellen Justizrecht zugute gekommen ist, und Stein und Hellwig zwar in der dogmatischen Vertiefung des Prozeßrechts Unvergängliches geleistet, aber nicht eigentlich neue Wege gewiesen haben. In Sauers Werk, welches erschien, als etwa die Hälfte des Manuskripts niedergeschrieben war, habe ich verwandte Gedanken gefunden, ohne daß sie mich indessen noch irgendwie beeinflussen konnten.

Die Herstellung der Arbeit hat mit mannigfachen äußeren Schwierigkeiten zu kämpfen gehabt. Meine Beschäftigung im Hilfsdienst während des Krieges, meine Mitwirkung an den Strafprozeßentwürfen von 1919, meine Verwaltung des Dekanats im Jahre 1920/21 und schließlich die Änderung der Strafgerichtsverfassung und des Zivilprozesses durch die Verordnungen vom 4. Januar und 13. Februar 1924, nicht zuletzt auch die niederdrückenden politischen und wirtschaftlichen Verhältnisse und die dadurch bedingte Furcht, die Schrift werde doch niemals erscheinen können, haben meine Arbeit wiederholt unterbrochen oder gehemmt. So ist das „nonum prematur in annum" buchstäblich befolgt. Daß eine sich über einen so langen und an Umwälzungen so reichen Zeitraum hinziehende Arbeit Ungleichheiten in der Benutzung der Gesetzgebung und Literatur aufweist, wird entschuldbar sein.

Der lange Zeitraum, über den sich die Arbeit hinzieht, erklärt auch, warum in ihrer ersten Hälfte die Polemik gegenüber BINDING von einer Schärfe ist, wie sie nur dem Lebenden gegenüber niedergeschrieben werden konnte. Wenn ich nach langem Bedenken davon abgesehen habe, diese Schärfe wesentlich zu mildern, so ist es geschehen, weil BINDINGS Tod aus seinen Werken „die provozierende Ungerechtigkeit der Polemik" (vgl. M. E. MAYER, Lehrb. d. Allg. Teils, S. 105 Anm. 11) gegen mich, unter der ich schwer gelitten habe, nicht hat tilgen können. Wer sie dort auch in Zukunft wird lesen müssen, soll wenigstens nicht glauben, daß ich nichts zu erwidern gewußt habe.

Wie ich beklage, daß das Erscheinen meiner Arbeit meinen Gegner nicht mehr unter den Lebenden trifft, so erfüllt mich mit tiefem Schmerz, daß ich sie meinem teuren Freunde EMIL SECKEL und meinem verehrten Kollegen JOSEF PARTSCH nicht mehr überreichen kann. Ein tragisches Geschick hat kurz hintereinander die beiden Männer dahingerafft, denen ich in bezug auf die römischrechtlichen Partien der Schrift viel verdanke. Bei SECKEL habe ich während ihrer Ausarbeitung oft Rat gesucht und immer gefunden. Nach SECKELS Tode hat sich PARTSCH mit der ihm eigenen Hilfsbereitschaft der mir von SECKEL versprochenen Durchsicht erst des Manuskripts und dann der Druckfahnen unterzogen. So möge denn der Name der beiden zu früh dahingegangenen Zierden unserer Fakultät das Widmungsblatt dieser Schrift zieren. Im übrigen bemerke ich noch: Die Mitwirkung PARTSCHS wird nicht nur dem Kundigen aus vielem ersichtlich sein, was die Schrift enthält, sie ist auch in vielem wirksam geworden, was ich auf Partschs Rat unterdrückt habe. Freilich war PARTSCH angesichts des ihm vorgelegten fertigen Manuskripts gar nicht mehr in der Lage, alles, was ihm mißbilligenswert erschien, zu ändern. Die stehengebliebenen Fehler fallen mithin selbstverständlich nur mir zur Last. Ich werde dafür manches „Schuster, bleib bei deinen Leisten" hinnehmen müssen. Aber der Widerspruch, den meine in dieser Arbeit niedergelegten Anschauungen finden werden, wird ohnehin so groß sein, daß es schon in einem hingeht.

Den Referendaren Frl. ELLEN JANKE, ganz besonders aber Herrn ERNST TIETGENS (Berlin) danke ich herzlich für Unterstützung bei der Korrektur und bei Anfertigung der Register.

Von der von JONAS bearbeiteten 12. Auflage des STEINschen Kommentars erschienen die beiden ersten Lieferungen erst während Korrektur der letzten Bogen. Sie hier noch zu berücksichtigen erschien unnötig, da in den Fragen, zu denen STEIN dort angeführt ist, die neue Auflage durchweg der vorigen folgt.

Berlin, im April 1925. **Goldschmidt.**

Inhalt.

Erster (kritischer) Teil.

Die Lehre vom Prozeßrechtsverhältnis.

Zweiter (aufbauender) Teil.

Der Prozeß als Rechtslage.

Berichtigung.

S. 108, 116, 279, 284, 337, 343, 346, 347: § 274 II statt § 274 I ZPO.
S. 110 A. 624 Zeile 10: 14. Juni statt 11. Juni.
S. 120 A. 671 Z. 29: problematischer statt problematische.
S. 125 A. 692a Zeile 1: Entsprechendes statt Entsprechend.
S. 168 Zeile 13: iudicata pro statt iudicat apro.
S. 188 A. 1026 Zeile 9 a. E. fällt „und" fort.
S. 190 Zeile 18 ist das Komma statt hinter [1041]) hinter „ausgeführt" zu setzen.
S. 300 A. 1565 Zeile 1: 148ff. statt 152ff.
Zeile 13: 153, 154 statt 158, 159.
S. 370 Zeile 17: § 51 statt § 50 StPO.
S. 384 Zeile 1: [1987b]) statt [1987a]).

Erster (kritischer) Teil.

Die Lehre vom Prozeßrechtsverhältnis.

I. Der Prozeß als Rechtsverhältnis. Stand der Lehre.

(§ 1.)

Seit BÜLOWS berühmter Schrift „Die Lehre von den Prozeßeinreden und die Prozeßvoraussetzungen" (1868), von deren Erscheinen ab man die moderne, konstruktive Epoche der deutschen Prozeßrechtswissenschaft überhaupt zu datieren hat[1]), wird der Prozeß, unbeschadet seiner Anerkennung als Verfahren, allgemein als Rechtsverhältnis aufgefaßt[2]). Diese Auffassung herrscht nicht nur in der Theorie des Zivilprozesses durchaus[3]), sondern auch in der des Strafprozesses[4]) und ist sogar in die des Verwaltungsstreitverfahrens übergegangen[5]). Dabei gehen freilich die Ansichten über die Natur des Prozeßrechtsverhältnisses weit auseinander. Zwar der Streit, ob der Prozeß ein Rechts-

---

1) LANDSBERG, 954.

2) Schon vor BÜLOW hat gelegentlich v. BETHMANN HOLLWEG, I 102, 103, den Zivilprozeß als Rechtsverhältnis bezeichnet. Vgl. aber auch PUCHTA, 8/9 (§ 150).

3) Aus der Fülle der Literatur hebe ich hervor: BÜLOW, Z. XXVII 224ff.; v. CANSTEIN, I² § 12; Z. XVI 8ff.; HELLWIG, Klagr. u. Klagm., § 10; Lehrb. II 1ff., 12ff., 27ff.; Syst. I § 138; KLEINFELLER, § 12; KOHLER, Prozeß, 1ff.; Grdr. § 12; Enz. § 47; zu DERNBURG, 552ff.; OERTMANN, Grundriß, § 11; PLÓSZ, 5ff.; R. SCHMIDT, § 4; SEUFFERT, N. 1 zu § 274; SINTENIS, 372ff.; STEIN, I 1 zu § 274; WACH, § 4; WEISMANN, Hptinterv., 92ff.; WEIZSÄCKER, 23ff. Vgl. nunmehr auch Art. 65 der Prozeß-O. des deutsch-italienischen Gemischten Schiedsgerichtshofs (RGBl. 1924, II 95ff.); dazu unten Anm. 1641a.

4) BELING, Enz. § 20; BENNECKE in BENNECKE-BELING, 7, 282, 283; BIERLING, ZStW. X 309ff.; BINDING, Grdr. §§ 1, 95ff.; BIRKMEYER, § 2; Graf DOHNA, 42; EISLER, 587ff.; GLEISPACH, § 2; JOHN, I 130; v. KRIES, § 2; ZStW. V 2; ROSENFELD, § 9; SCHOETENSACK, Rechtsgang III 21 Anm. 2; ULLMANN, § 1.

5) O. MAYER, I § 14.

verhältnis sei oder nur begründe[6]), ist rein terminologisch. Erheblicher ist schon die Meinungsverschiedenheit darüber, ob der Prozeß ein einheitliches Rechtsverhältnis sei, das sich stufenweise fortschreitend entwickele[7]), oder ob er fortlaufend eine Reihe verschiedener Rechtsverhältnisse erzeuge[8]). Noch erheblicher ist der Gegensatz der Meinungen über die Frage, wer Subjekt des Prozeßverhältnisses sei. Während von manchen[9]) angenommen wird, daß der Prozeß ein Rechtsverhältnis nur unter den Parteien sei, halten ihn die meisten für ein dreiseitiges Rechtsverhältnis zwischen Kläger, Beklagtem und Gericht (Staat)[10]), wobei allerdings die Ansichten über die Art der zwischen den Parteien bestehenden Rechtsbeziehungen die verschiedenartigste Ausprägung aufweisen. Sie sollen bald privat-[11]), bald öffentlich[12])-rechtliche, bald unmittelbare[13]), bald durch das

---

[6]) Vgl. darüber insbes. BEKKER, Pand. I 46; ZRG. XXI 349; BELING in BENNECKE-BELING, 282, 283; BIERLING, ZStW. X 299; O. FISCHER, Lehrb. § 2 zu Anm. 17; HELLWIG, Lehrb. II § 69 Anm. 1; Syst. I § 138 I; PLANCK, I 205; A. S. SCHULTZE, 287ff.; Z. XII 475.

[7]) So insbes. BIRKMEYER, § 2 II 3; BÜLOW, Prozeßeinreden, 2, 3; v. CANSTEIN, KVSch. XIX 58, 60; Z. XVI 10; GLEISPACH, § 2; HELLWIG, Lehrb. II 31; KLEINFELLER, § 12 IV; KOHLER, Prozeß, 2, 3; v. KRIES, § 2 I; MENGER, 131 Anm. 6, 195/6, 291; PLÓSZ, 12; SINTENIS, 374; WACH, § 4 II; WEISMANN, Hptinterv., 95, 96; WEIZSÄCKER, 24. Für die Einheit des Prozeßrechtsverhältnisses auch BIERLING, ZStW. X 301, 302, der nur, 300, den Entwickelungsgedanken ablehnt.

[8]) So insbes. PLANCK, I 206; A. S. SCHULTZE, 287ff.; Z. XII 475; SKEDL, bei GRÜNHUT XIV 85 Anm. 13; auch BEKKER, Pand. I 46; ZRG. XXI 350; HELLMANN, 1, 2; KISCH, GöttGelAnz. 1901 S. 231; der Sache nach auch MENGER, 292.

[9]) Von KOHLER, Prozeß, 6ff.; Grdr. § 12 II 5; Z. XXXIII 233/4; BUNSEN, Z. XXVI 202; SPERL, 6—9 (nur das römische iudicium sei ein dreiseitiges Prozeßverhältnis gewesen; für dieses ebenso HELLWIG, Lehrb. II § 64 zu Anm. 17; SECKEL-HEUMANN, Art. Iudicium Nr. 2; gerade umgekehrt KOSCHAKER 309; WLASSAK, Prozeßgesetze, II S. X; ZRG. XXXIII 90 Anm. 1, 105 Anm. 4 a. E.). Vgl. auch WEISMANN, I 67 Anm. 7. Nur für den „Untersuchungsprozeß" (Entmündigungs-, Aufgebots- und Vollstreckungsverfahren) erkennt KOHLER (Enz. § 78) an, er sei „ein Rechtsverhältnis, das der Staat als schützende Anstalt um eine oder mehrere Personen schlingt". PLANCK, I 200, erkennt den Untersuchungsprozeß überhaupt nicht als Rechtsverhältnis an.

[10]) Für den Zivilprozeß: BÜLOW, Z. XXVII 233; Geständnisrecht, 78 Anm. 1; v. CANSTEIN, I² § 12; DEGENKOLB, Beitr., 58; ZivArch. C III 393—395; O. GEIB, § 8; KLEINFELLER, § 12; KREMER, 314, 338ff.; LANGHEINEKEN, 82; PLÓSZ, 82, 96, 101; R. SCHMIDT, § 4 I; SINTENIS, 373, 375; STEIN, I 1 zu § 274; Enz. § 6; WACH, § 4 V; bei GRÜNHUT, VI 520; VII 144; WEISMANN, Hptinterv., 95; WEIZSÄCKER, 24; für den römischen Zivilprozeß bes. HELLWIG, SECKEL-HEUMANN und SPERL (vgl. vor. Anm.). Für den Strafprozeß: BENNECKE in BENNECKE-BELING, § 3; BIRKMEYER, § 2 II 3; Graf DOHNA, 43; GLEISPACH, § 2; v. KRIES, § 2; ROSENFELD, § 9 I; ULLMANN, 10. Für beide Prozesse: SAUER, 140, 176, 180.

[11]) So (natürlich nur für den Zivilprozeß) GEIB, § 8; vgl. auch WEISMANN, Hptinterv., 43, 44.

[12]) DEGENKOLB, Beitr. 60, 61; PLÓSZ, 15, 96, 101, 106; SINTENIS, 373; WACH, 116, 186; WEISMANN, Hptinterv., 95.

[13]) So v. CANSTEIN, Z. XVI, 10ff.; Lehrb. I² § 12; DEGENKOLB, GEIB, a. a. O.; KLEINFELLER, § 12 III; PLÓSZ, SAUER, WACH, a. a. O.; ja sogar für den Strafprozeß: v. KRIES, § 2.

Gericht vermittelte[14]), bald wirkliche Rechte und Pflichten[15]), bald bloße „Gebundenheiten"[16]) sein, welche letzteren wieder bald als Voraussetzung[17]), bald als Folge[18]) des prozessualen Handelns gedacht werden. Die Dreiseitigkeit des Prozeßverhältnisses ist vereinzelt[19]) auch in drei zweiseitige Rechtsverhältnisse aufzulösen versucht worden. In neuerer Zeit hat die Auffassung an Ansehen gewonnen, daß das Prozeßverhältnis rein öffentlich-rechtlicher Natur, d. i. ausschließlich ein Rechtsverhältnis zwischen den Parteien einerseits und dem Gericht andererseits sei[20]), wobei dann mitunter[21]) Gewicht darauf gelegt wird, daß gerade das angerufene Gericht (nicht der Staat im allgemeinen) Subjekt des Prozeßverhältnisses werde. Die bedeutsamste Meinungsverschiedenheit unter den Anhängern des Prozeßverhältnisses betrifft die Frage, ob das Prozeßverhältnis durch jede Klagerhebung[22]) oder nur bei Vorhandensein der sog. Prozeßvoraussetzungen[23]) entstehe.

---

[14]) Birkmeyer, § 2 II 2; vgl. auch Weismann, Hptinterv., 44.

[15]) So Birkmeyer, v. Canstein, Kleinfeller, v. Kries, Plósz, Sintenis, Wach, a. a. O.; Sauer, 176, 180.

[16]) Bülow, Z. XXVII 232, 233 (dazu aber unten Anm. 464b); Degenkolb, Beitr., 61 (vgl. aber unten Anm. 672); Kremer, 342; Schwalbach, ZivArch. LXIII 398/9; vgl. auch Langheineken, 81/2.

[17]) Degenkolb, 27; Beitr. a. a. O.

[18]) Bülow, Z. XXVII 232; Kremer, Langheineken, Schwalbach, a. a. O.

[19]) Von Schwalbach, ZivArch. LXIII 393.

[20]) So bes. Bierling, ZStW. X 307; Hellwig, Klagr. u. Klagmögl., 84; Lehrb. II 36; Syst. I § 138 II; Höpfner, 35, 36; Oertmann, Grundriß, § 11; Planck, I 201; Seuffert, N. 1 zu § 274; Z. XI 200. Für den Strafprozeß: Beling, Enz. § 20 II; Binding, Grdr. § 1 IV; Schoetensack, Rechtsgang III 21 Anm. 2.

[21]) Von Hellwig, Klagr. u. Klagmögl., 85; Lehrb. II 28; Syst. I § 138 II 1. Gegen ihn Degenkolb, Beitr., 55 (der aber, völlig haltlos, ZivArch. CIII 406 Anm. 25, unterstellt, daß Hellwig damit die Verträglichkeit von Rechtsschutzanspruch und Prozeßverhältnis zu retten suche. Diese Verträglichkeit läßt sich auf anderem Wege retten; vgl. Goldschmidt, Mater.JustizR., 10ff.); vgl. auch R. Schmidt, 22, 23.

[22]) So Degenkolb, ZivArch. CIII 398, 402, 407, 408; Förster-Kann, N. 1 zu § 274; Hellwig, Klagr. u. Klagm., 53ff., 77 (im Widerspruch dazu 57 Anm. 14); Lehrb. II § 66 (im Widerspruch dazu § 66 Anm. 11); Syst. I § 138 III 2; Höpfner, 36, 37; Kremer, 333; M. Rümelin, ZivArch. CIII 17. Vgl. auch R. Schmidt, 23; Weismann, I 385. Nach W. Hein, Identität I, 167ff., soll das Prozeßverhältnis sogar schon durch die Terminsbestimmung entstehen; ähnlich Nagler, Rechtsgang I, 124 Anm. 1, und Sauer, 186 (durch die „Klagannahme").

[23]) So die meisten, zuerst Bülow, Prozeßeinreden, 5ff.; Z. XXVII 236; ferner bes. Bierling, ZStW. X 302, v. Canstein, I[2] § 12; Heyssler, bei Grünhut I 114ff.; Kleinfeller, § 12 VI; Kohler, Prozeß, 52; Grdr. § 37; Enz. § 47; Plósz, 7; R. Schmidt, §§ 4 III, 104 II; Seuffert, N. 1 zu § 274; Stein, I 1 zu § 274; Enz. § 6; Weizsäcker, 25ff. Für den Strafprozeß: Bennecke-Beling, § 4; Beling, Enz. § 20 I; Binding, Grdr. § 95; Birkmeyer, § 86; Graf Dohna, 47; Eisler, 587ff.; Gleispach, § 2; John, I 130; v. Kries, § 58 II; ZStW. V 1ff.; Rosenfeld, § 46; Schoetensack, Rechtsgang III 21 Anm. 1; Ullmann § 66. Wach, 38, unterscheidet „das Prozeßrechtsverhältnis im Vorverfahren (Verfahren über die Prozeßvoraussetzungen: Verfahren in iure)" und das „im Hauptverfahren (Verfahren über das materielle Rechtsverhältnis: Verfahren in iudicio)".

Von Anfang an hat es nun aber dem „Prozeßrechtsverhältnis" nicht an Widersachern gefehlt[23a]). Als solche traten zuerst diejenigen[24]) auf, die dem Prozeßrechtsverhältnis die Einheit und daher seinen Voraussetzungen die bevorzugte Stellung innerhalb der prozessualischen Tatbestände abstritten. Sodann diejenigen[25]), die überhaupt geneigt waren, die Eigenschaft des Prozesses als Vorgang, Tatbestand oder gar Rechtsgeschäft in den Vordergrund zu stellen. Weiter — und ihre Zahl hat in neuerer Zeit Verstärkung erhalten — diejenigen[26]), die darauf hinwiesen, daß in dem Begriffe des Prozeßrechtsverhältnisses, in dem es überhaupt — nicht nur im Verhältnis der Parteien zu einander[27]) — bloße „Bindungen" gäbe, „Rechtsverhältnis" mindestens eine von der üblichen abweichende Bedeutung habe. Schließlich sind — wenn auch nur vereinzelt — Stimmen laut geworden, die dem Begriffe des Prozeßrechtsverhältnisses in dem Sinne, in dem es die moderne Prozeßwissenschaft seit BÜLOW versteht, jede Daseinsberechtigung abgesprochen haben[28]).

II. Das Prozeßrechtsverhältnis und die sogenannten Prozeßvoraussetzungen.

1. Geltendes deutsches Recht.

(§ 2.)

Die Daseinsberechtigung eines Begriffes hängt in letzter Linie immer davon ab, was er *leistet*. Der Entdecker des Prozeßrechtsverhältnisses stellte denn auch den Begriff sofort unter dem *praktischen* Gesichtspunkt auf[29]), daß er unmittelbar zu dem Begriffe der *Voraussetzungen des Prozeßverhältnisses*, den von und seit BÜLOW sog. *Prozeßvoraussetzungen*, führe, und daß *diesem* Begriffe die größte praktische Bedeutung für die Gliederung des Verfahrens, für den Inhalt und Bestand des Endurteils, sowie für die Verteilung der Behauptungs- und Beweislast zukomme[30]). Dem entsprechend pflegen

---

[23a]) Darüber schon DEGENKOLB, ZivArch. CIII 387 ff.

[24]) Insbes. PLANCK, SCHULTZE, SKEDL, später auch KISCH; vgl. oben Anm. 8.

[25]) Insbes. BEKKER, O. FISCHER, SCHULTZE, vgl. oben Anm. 6; auch KISCH, GöttGelAnz. 1901 S. 231; WEISMANN, I § 89 Anm. 42. Für den Strafprozeß: v. LILIENTHAL, § 1 IV. Für beide Prozesse neuestens SAUER, 147, 175ff.

[26]) O. FISCHER, Z. X 430; KISCH, I § 2 VII 3; schon GöttGelAnz. 1901 S. 230; OETKER, I 37ff.; JurLitBl. VI 13ff.; SCHRUTKA v. RECHTENSTAMM, bei GRÜNHUT, XVI 621; WEISMANN, I §§ 5 V, 89 XI.

[27]) Vgl. oben zu Anm. 16.

[28]) Vgl. SCHOTT, I 67. Er nennt es einen „reinen Geist ohne Mark und Knochen", das „sich nie und nirgends fest greifen läßt". Auch SCHLESINGER, 883/4; KISCH, GöttGelAnz. 1901 S. 230 und SAUER, 147, 162, 178, 183, halten den Begriff des Prozeßrechtsverhältnisses jedenfalls für unfruchtbar.

[29]) Vgl. schon R. SCHMIDT, 22; auch SCHOETENSACK, Rechtsmittel, 12.

[30]) BÜLOW, Prozeßeinreden, 5ff.

Prozeßverhältnis und Prozeßvoraussetzungen in der Literatur fast stets[31]) zusammen aufzutreten. Indessen hat sich in neuerer Zeit die Erkenntnis Bahn gebrochen, daß die von BÜLOW so genannten Prozeßvoraussetzungen jedenfalls im geltenden deutschen Prozeßrecht nicht „Prozeßvoraussetzungen", d. i. nicht Voraussetzungen des angeblichen Prozeßrechtsverhältnisses, sondern Sachentscheidungsvoraussetzungen sind[32]). Die Prüfung dieser Voraussetzungen geschieht im Prozesse, sie sind dessen Gegenstand und können mithin nicht dessen Voraussetzungen sein[33]). Selbst da, wo die Verhandlung über bestimmte Sachentscheidungsvoraussetzungen unter Umständen der Verhandlung zur Hauptsache vorausgehen muß (jetzt nur noch in § 271 IV ZPO.), sind die abstrakt-publizistischen und prozessualen Rechtsbeziehungen der Prozeßsubjekte zueinander in dem Vorverfahren keine grundsätzlich anderen als in dem Verfahren zur Hauptsache[33a]). Insbesondere wird stets trotz Mangels einer Sachentscheidungsvoraussetzung die Rechtshängigkeit begründet und bedarf es also zu ihrer Beendigung im Zivilprozeß eines Endurteils. Dem steht nicht entgegen, daß nach ausdrücklicher Vorschrift des Gesetzes (§§ 212 I, 941 S. 2 BGB.) gewisse privatrechtliche Wirkungen der Rechtshängigkeit[33b]) als nicht eingetreten gelten, wenn es wegen Mangels einer Sachentscheidungsvoraussetzung zur Prozeßabweisung kommt. Eher ließe sich der hier einschlagende § 212 I BGB. gegen die BÜLOWsche Lehre verwerten. Denn die Worte „durch ein nicht in der Sache selbst entscheidendes Urteil rechtskräftig abgewiesen wird" sind daselbst statt der in § 171 I Entw. I gebrauchten „wenn dieselbe wegen Mangels einer Prozeßvoraussetzung abgewiesen wird" auf die Einwendungen O.

---

[31]) Vgl. oben Anm. 23.

[32]) Vgl. die oben in Anm. 22 Zitierten, insbes. DEGENKOLB, der, a. a. O. 398, mit Recht BÜLOW die Inkonsequenz vorhält, die darin liegt, daß er das Recht auf günstiges Sachurteil von der „Evidenz" (vgl. unten zu und hinter Anm. 1377), das Prozeßverhältnis aber von der „Existenz" seiner Voraussetzungen abhängig macht (vgl. auch SCHOETENSACK, Rechtsmittel, 12 Anm. 1; SANDER, 490 Anm. 2), der aber trotzdem, a. a. O., 400, 402, die Verwertung des „Prozeßverhältnisses" für die „Prozeßvoraussetzungen" mit der Wendung: Prozeßverhältnis = „Schweben der Sachentscheidung" zu retten sucht; weiter SAUER, 147, 162, 178, 183; vgl. freilich dens., 151/2; vgl. ferner O. FISCHER, 134; Lehrb. § 36 zu Anm. 6, § 53; GOLDSCHMIDT, MatJustR., 10, 70; Beiträge, 44 (150) Anm. 3; KISCH, II § 10 Nr. 1; F. KLEIN, Parteihandlung, 34; KRIEGSMANN, Nichtigkeit, 481; NUSSBAUM, § 17; SCHWALBACH, ZivArch. LXIII 402; STEIN, Grdr., § 3 II. S. auch unten zu Anm. 434. Auch BLEY, 3 Anm. 2, 48 Anm. 5, 107, verwirft den Zusammenhang der Prozeßvoraussetzungen mit dem Prozeßrechtsverhältnis, hält sie aber nicht für Sachentscheidungsvoraussetzungen, im Sinne von „Prozeßhandlungsvoraussetzungen", sondern für „prozessuale Korrelate" des „staatsrechtlichen" „Rechts auf Sachentscheidung" (37/8, 106, 111ff.). Mir scheint darin kein sachlicher Unterschied zu liegen und die Klarheit dabei nichts gewonnen zu haben. Vgl. im übrigen schon mein Mater. JustizR., 14 (dazu BLEY, 37).

[33]) KISCH, a. a. O.; KREMER, 333; NUSSBAUM, 128.

[33a]) Über die wahre Bedeutung der „prozeßhindernden Einreden" vgl. im Zusammenhang mit ihrer Entwickelung unten hinter Anm. 420.

[33b]) Übersicht über die privatrechtlichen Wirkungen der Rechtshängigkeit bei STEIN, II zu § 267.

FISCHERS[34]) hin aus dem Grunde gesetzt worden, weil man nicht durch Verwendung des Ausdrucks „Prozeßvoraussetzung" BÜLOWS Auffassung, daß die Sachentscheidungsvoraussetzungen Voraussetzungen des Prozeßverhältnisses seien, gesetzlich sanktionieren wollte. Übrigens kann sogar die Fiktion des § 212 I BGB. durch nachträgliche Erhebung einer neuen Klage binnen sechs Monaten beseitigt werden (§ 212 II BGB.).

Endlich bietet auch das geltende deutsche Prozeßrecht keinen Anhalt, mit KOHLER[35]) zwischen Nichtigkeit oder Anfechtbarkeit des Prozeßrechtsverhältnisses wegen Mangels einer Prozeßvoraussetzung und Nichtigkeit des Urteils wegen Mangels einer Urteilsvoraussetzung zu unterscheiden. KOHLERS Nichtigkeit oder Anfechtbarkeit des Prozeßrechtsverhältnisses sind Fälle der Nichtigkeit oder Anfechtbarkeit des Urteils[36]), seine Prozeßvoraussetzungen sind, gleich seinen Urteilsvoraussetzungen[36a]), Sachurteilsvoraussetzungen.

2. Römisches Recht.

a) Verfahren in iure und Verfahren über die Prozeßvoraussetzungen, Verfahren in iudicio und Verfahren zur Sache.

(§ 3.)

Nun wird aber auch von denen, die klar erkannt haben, daß es für das geltende deutsche Prozeßrecht „willkürlich und irreführend"[37]) sei, unter Prozeßrechtsverhältnis nur ein solches zu verstehen, das zu einer Sachentscheidung führen könne, meist zugegeben, daß BÜLOWS entgegengesetzte Auffassung für den klassischen römischen Geschworenenprozeß — an dem sie ja s. Zt. entwickelt worden war — doch zutreffe. Dieses leichtherzig abgegebene Zugeständnis stärkt angesichts des Ansehens des römischen Rechts von vornherein die Position des Prozeßrechtsverhältnisses auch im modernen Recht. Wer daher dieses Gespenst endgültig bannen will, muß ihm in die versunkene Welt folgen, aus der es aufgestiegen ist[37a]).

Zwar BÜLOWS Behauptung, das Verfahren in iure habe zum „ausschließlichen Gegenstand" die Prüfung der Prozeßvoraussetzungen gehabt[38]), ist von Anfang an[39]) abgelehnt und durch

---

34) S. 133—135. 35) Enz. §§ 70—72, S. 338—342.

36) So schon NUSSBAUM, 132.

36a) Die Unmöglichkeit des Urteilsinhalts bezeichnet KOHLER, § 72 S. 342, selbst nicht als Mangel einer „Urteilsvoraussetzung", wenn er auch annimmt, daß sie das Urteil wirkungslos macht; vgl. dazu noch unten Anm. 376, 2664.

37) HELLWIG, Syst. I 398.

37a) Treffend SCHOTT, I, 67 Anm. 1: „Es wäre gut, wenn sich die moderne Prozeßwissenschaft dieses Herauswachsen seiner (d. i. BÜLOWS) Lehre aus dem römischen Recht vor Augen hielte."

38) Prozeßeinreden, 289ff., auch 8, 83, 84.

39) Von PLANCK, KritVSch. XI 172; SCHLESINGER, GöttGelAnz. 1869, S. 898, 903, 904; SCHULTZE, 249ff., 253ff.; vgl. auch v. BAR, ZivArch. LII 435; DEGENKOLB, ZivArch. CIII 391; EISELE, Kognitur, 204 Anm. 138; GöttGelAnz. 1884,

SCHOTTS Untersuchung und Feststellung zahlreicher unzweifelhafter materieller Gründe der denegatio actionis endgültig widerlegt worden[40]). Die Konsequenzen gegen BÜLOW geltend zu machen, haben indessen die Prozessualisten — wie SCHOTT nicht mit Unrecht bemerkt — versäumt, sie scheinen vielmehr im Prinzip doch den Prätor für gebunden zu erachten, die Sachkognition dem iudex zu überweisen[41]). Und der auf den vermeintlichen Nachweis des materiellrechtlichen Inhalts aller Exzeptionen gestützten Lehre BÜLOWS, daß in iudicio, dem eigentlichen Prozeßrechtsverhältnis, ausschließlich über das materielle Streitverhältnis verhandelt und entschieden worden sei[42]), folgen ausdrücklich auch solche, die die Richtigkeit der Gleichung: Prozeßrechtsverhältnis = Sachentscheidungsverhältnis für das moderne deutsche Recht bestreiten[43]).

Ob und in welchem Sinne das iudicium das „eigentliche Prozeßrechtsverhältnis" gewesen ist, interessiert hier vor der Hand nicht und

---

S. 825; KARLOWA, 342; KLEINSCHROD, 24ff., 83ff.; MEWALDT, 26 Anm. 6, 98, Anm. 4; M. RÜMELIN, ZivArch. CIII 11; PISSARD, 28ff.; SCHUTZ, 37; SEUFFERT, Z. VIII 200; WLASSAK, Einrede, 6 Anm. 5. Für BÜLOW WETZELL, § 14 Anm. 92ff., § 70 Anm. 7a.

40) SCHOTT, I, 13, 24, 66, 67, 68ff. Vgl. auch KLINGMÜLLER, KritVSchr. XLVI 261; NUSSBAUM, 129 Anm. 9. Daß BÜLOW gelegentlich (De praeiudic. exc., 8—19; Prozeßeinreden, 127 Anm. 8) selbst zugegeben hat, daß die actio auch aus materiellen Gründen denegiert werden konnte, haben schon PLANCK und LOTMAR (KritVSch. XI 172, XXVI 673/4) hervorgehoben.

41) SCHOTT, I, 67; auch KLINGMÜLLER, a. a. O. 265. Man vergleiche z. B. WACH, der zwar (26) anerkennt, daß das Verfahren in iure „weder inhaltlich, noch der Zweckbestimmung nach sich gänzlich mit dem Vorverfahren" in WACHS Sinne (= Verfahren über die Prozeßvoraussetzungen) „deckte", da es „materiell unzweifelhaft bereits Verhandlung zur Sache" gewesen sei (vgl. auch 27 Anm. 6), der aber trotzdem (25—27) annimmt, es sei ein Vorverfahren über die „Zulassung" des Rechtsschutzanspruches, d. i. eben, „über die Zulässigkeit der Sachentscheidung", über die „Prozeßvoraussetzungen" gewesen (38; vgl. schon oben Anm. 23 a. E.; mißverstanden wird WACH von MEWALDT, 106 Anm. 2; aber auch — freilich in ganz anderer Richtung, in bezug auch auf das Wesen seines „Rechtsschutzanspruches", hier richtig MEWALDT, 96 — von SCHOTT I, 145); oder WEIZSÄCKER 26, 36, 67: die Prüfung der Prozeßvoraussetzungen habe wenigstens den „hauptsächlichen" Inhalt des Verfahrens in iure gebildet; aber auch (als Folgerung aus der Ansicht, nur das iudicium sei das „eigentliche Prozeßverhältnis" gewesen; unten zu Anm. 44, hinter Anm. 189) KELLER-WACH, WLASSAK (unten Anm. 75) oder PLANCK, KritVSch. XI 171: was der Prätor in iure behandelte, sei Prozeßvoraussetzung gewesen; A. HEUSLER, Ztschr. f. schweiz. R. LXIII 283; hierzu noch unten hinter Anm. 187. Vgl. auch SEUFFERT, N. 1 zu § 274; GEIB (unten Anm. 358).

42) Prozeßeinreden, 289ff.; Z. XXVII 227ff.

43) Insbes. HELLWIG, Klagr. u. Klagm., 54; Lehrb. II 5, 13; Syst. I §§ 98 I, 138 Anm. 11; vgl. aber auch WEISMANN, I § 89 XI; ferner EISELE, Kognitur, 204 Anm. 138 (s. aber unten Anm. 53); PLANCK, I 59 Anm. 2; KritVSch. XI 168, 169, 176, 183, 184; SCHLESINGER, 891ff.; SECKEL-HEUMANN, Art. Iudicium, Nr. 2; WETZELL, 137ff. (vgl. aber unten Anm. 53); auch MEWALDT, 5, 11 a. E., und GOLDSCHMIDT, MatJustR., 14, 24 Anm. 120. Von denen, die BÜLOW auch für das moderne deutsche Recht folgen (oben Anm. 23), wird seine Lehre ausdrücklich für das römische Recht insbesondere von WACH, 31 (s. auch die oben Anm. 23 a. E. zitierte Stelle, andererseits unten Anm. 50, 52) und WEIZSÄCKER (oben Anm. 41) gebilligt.

wird unten[44]) erörtert werden. Unhaltbar ist jedenfalls BÜLOWS Prämisse von dem materiellrechtlichen Inhalt aller Exzeptionen, noch unhaltbarer freilich die daraus gezogene Folgerung, daß in iudicio nur über das materielle Streitverhältnis verhandelt und entschieden worden sei. Die Unhaltbarkeit der letzteren Folgerung leuchtet ohne weiteres ein[44a]). Der iudex hatte doch natürlich zu prüfen, ob die von ihm zu erlassende sententia gültig sein würde. Die meisten Nichtigkeitsgründe[45]) aber waren prozessualer Natur. Zum Überfluß ist diese Prüfungspflicht des iudex für die Sachurteilsvoraussetzung der Prozeßfähigkeit in l. 9 und l. 45 § 2 D. 42, 1 ausdrücklich bezeugt[46]). Kam der iudex auf Grund der Feststellung eines Nichtigkeitsgrundes zu dem Ergebnis, daß er sich einer sententia zu enthalten hatte, so war sogar ein solches Erlöschen des iudicium ohne sententia — mag ihm ein „iudicare vetare" haben vorangehen müssen oder nicht[47]) — der typische römische Ausdruck[47a]) für eine „Einstellung des Verfahrens", in welche Form die österreichische ZPO. § 239 III und die ungarische ZPO. § 182 (vgl. schon dtsch. StPO. § 260) treffend unsere „Abweisung angebrachtermaßen" (Prozeßabweisung) gebracht haben[47b]), und es entbehrte in der Tat jedenfalls[48]) dann, wenn schon die constitutio iudicii mit dem Nichtigkeitsgrund behaftet war, der klagzerstörenden Wirkung[48a]).

---

44) Hinter Anm. 189.

44a) Vgl. schon A. S. SCHULTZE, 274ff.; DEMELIUS, bei GRÜNHUT, XI 739.

45) Vgl. dieselben bei KELLER-WACH, 336.

46) Vgl. auch MEWALDT, 10; SCHOTT I, 28; A. S. SCHULTZE, 274.

47) Für den Fall des „iudicare vetare" (vgl. darüber KOSCHAKER, 62 Anm. 3; PISSARD, 194ff.; WLASSAK, Iudikationsbefehl, 187ff.) ist das Erlöschen des iudicium in l., 58 D. 5, 1 (iudicium solvitur) ausdrücklich bezeugt und jedenfalls dann anzunehmen, wenn das iudicare vetare, wie in dem Fall, da es wegen nachträglicher Feststellung eines Nichtigkeitsgrundes erging, ein wahrhaftes „Prozeßaufhebungsdekret" (KOSCHAKER, a. a. O.) war. Indessen so unzweifelhaft es scheint, daß in solchem Falle ein iudicare vetare ergehen konnte, so scheinen mir doch l. 9, 45 § 2 D. 42, 1 hinreichend darzutun, daß der iudex hier auch ohne solches sich des Judizierens zu enthalten hatte (wodurch er dann auch nicht etwa litem suam faciebat). Das iudicum erlosch dann entweder sofort, worüber wir nichts wissen, oder durch Zeitablauf (Verjährung der Rechtshängigkeit, mors litis).

47a) Vgl. aber unten zu Anm. 388.

47b) Die Einstellung des Verfahrens durch Beschluß hält NUSSBAUM, 80, 137, wenigstens bei ungültiger Klagerhebung auch nach deutschem Prozeßrecht für geboten und empfiehlt (164) de lege ferenda weitere Ausdehnung dieser Prozeßerledigungsart nach österreichischem Muster; vgl. auch SAUER, 411, 520 Anm. 2.

48) Offenbar nur dann. Es ist nicht abzusehen, warum sei es das Erlöschen des iudicium ohne sententia, sei es eine sententia nulla eine an sich gültige Litiskontestation hätte annullieren sollen. In letzterer Beziehung anders HÖLDER, ZRG. XXIV 231. Richtig EISELE, ZRG. XXI 33; LENEL, Ed. 487 Anm. 3. Vgl. auch KELLER-WACH, 216 (bei Entwickelung seiner Lehre über die praescriptio pro reo; er vertritt die unten zu Anm. 73 dargelegte Ansicht).

48a) Auch das „prozeßhemmende" iudicare vetare (z. B. l. 7 § 4, l. 24 § 3 D. 40, 12; vgl. KOSCHAKER, 62 Anm. 3), ein Fall des von BÜLOW sog. „Präjudizialdekrets" (vgl. unten § 4 II, insbes. Anm. 90 das.) beweist, daß noch post litem contestatam prozessuale Gesichtspunkte Berücksichtigung fanden.

b) Der angebliche materiellrechtliche Inhalt sämtlicher Exzeptionen.

(§ 4.)

Indessen auch der Grundstein insbesondere der Lehre BÜLOWS, seine These von dem materiellrechtlichen Inhalt sämtlicher Exzeptionen[49]), ist erschütterlich[50]).

I. Zwar eine Widerlegung der BÜLOWschen Ansicht bezüglich der exceptio procuratoria und cognitoria[51]) soll hier nicht unternommen werden, obgleich gerade bei dieser Exzeption nicht nur von solchen eingesetzt worden ist, die BÜLOWS These von dem materiellrechtlichen Inhalt sämtlicher Exzeptionen grundsätzlich bestreiten[52]), sondern auch von solchen, die sie grundsätzlich einräumen[53]). Denn wenn es auch richtig sein mag, daß die exceptio cognitoria und procuratoria außerhalb des Prozesses keine Bedeutung hatte, so ist doch damit ihr rein prozessualer Inhalt noch nicht dargetan. Auch heute steht das Wesen der römischen Kognitur und Prokuratur, insbesondere nach der Richtung, ob sie direkte oder indirekte Stellvertretung gewesen seien[54]), nicht fest. Nimmt man auch nur eine Ermächtigung zur Prozeßführung im eigenen Namen[55]), m. a. W. eine Prozeßstandschaft an[56]) — und das wird man selbst für den cognitor oder procurator rei alienae tun müssen[57]) —, so bleibt die exceptio cognitoria oder procuratoria, als eine Einwendung[58]) gegen das Prozeßführungs-

---

[49]) Prozeßeinreden, 17ff., 258ff.

[50]) Vgl. schon MEWALDT, 5 Anm. 1; PISSARD, 49; M. RÜMELIN, ZivArch. CIII 11; A. S. SCHULTZE, 278ff.; SCHWALBACH, ZRG. II 201/2; WACH, 31 (trotz seines oben Anm. 43 dargelegten Standpunktes); WLASSAK, Einrede, 46 Anm. 106; auch LENEL, Ed. 46/7 (unten Anm. 387); E. HEYMANN, Verjährung, 36ff. und die dort Zitierten.

[51]) Prozeßeinreden, 29ff.

[52]) Vgl. SCHULTZE, WLASSAK, a. a. O.; SCHWALBACH, a. a. O. 202ff.; auch WACH, 31 Anm. 20.

[53]) So von EISELE, Kognitur, 203ff.; GöttGelAnz. 1884, S. 846; WETZELL, 137ff.; vgl. dazu oben Anm. 43.

[54]) Die Stimmen für und wider stellt zusammen KOSCHAKER, 130ff.

[55]) RGEZ. LXXIII 308.

[56]) So HELLWIG, Lehrb. II, 364; Z. XXXIX, 372; Syst. I § 72 I 6.

[57]) KOHLER, Enz. § 35, steht — gleich BÜLOW, Prozeßeinreden, 58 — auf dem Standpunkt, daß in allen Fällen durch die Litiskontestation der eingeklagte Anspruch in einen Anspruch des procurator oder in einen Anspruch gegen ihn verwandelt worden sei, und daß, „wenn nachträglich eine Ausgleichung erfolgte und das Ergebnis des Prozesses auf den dominus übertragen wurde“; „dies eine zivilrechtliche Übertragung eines dem procurator erworbenen Rechts oder eine zivilrechtliche Übernahme einer dem procurator aufgebürdeten Pflicht“ gewesen sei. Indessen diese Auffassung verkennt die geschichtlichen Verhältnisse des römischen Prozeßrechts; sie ließe sich allenfalls für den procurator des Beklagten absens halten.

[58]) Und zwar eine Einrede bei den von BÜLOW (Prozeßeinreden, 31) so genannten „Exzeptionen mangels Fähigkeit“, ein Leugnen bei den von ihm sogenannten „Exzeptionen mangels Vollmacht“. Letzteres führt überzeugend EISELE, Kognitur, 209ff., gegen BÜLOW, a. a. O. 54, aus.

recht, richtiger Ansicht[59]) nach eine solche gegen einen Teil des Klagegrundes, m. a. W. eine Sacheinwendung[59a]). Dem steht auch weder entgegen der Umstand, daß im justinianischen Prozeß die Legitimation der Prozeßvertreter zu einer echten Sachurteilsvoraussetzung geworden ist, bei deren Mangel das Verfahren einzustellen war[60]), noch der Umstand, daß im gemeinen[60a]) Prozeß das Prozeßführungsrecht infolge der ungenügenden Unterscheidung von direkter und indirekter Stellvertretung unter dem unklaren Gesichtspunkt der „Repräsentation"[61]), statt der legitimatio ad causam, der legitimatio ad processum[62]) unterfiel.

II. Dagegen ist derjenigen Exzeption, deren materiellrechtlichen Inhalt nachzuweisen BÜLOW sich besonders bemüht hat[63]), der exceptio praeiudicii, ein solcher nur in sehr beschränktem Umfang zuzugestehen. Nach BÜLOW soll die exceptio praeiudicii sich nur auf künftige Prozesse bezogen haben, nur in ganz bestimmten Fällen, in klassischer Zeit nur als exceptio quod praeiudicium hereditati und praedio non fiat, in ciceronianischer Zeit noch als exceptio quod in reum capitis praeiudicium non fiat, vorgekommen und ein Regulator der Klagenkonkurrenz gewesen sein; ein allgemeines Präjudizierungsverbot soll nur im Verhältnis anhängiger Prozesse zueinander bestanden und durch ein von Amts wegen zu erlassendes prätorisches Präjudizialdekret Verwirklichung gefunden haben, das danach allein ein echter Regulator der Reihenfolge konnexer Prozesse gewesen sei.

Es ist hier an sich nicht die Aufgabe, die schon von PISSARD in fast allen wesentlichen Punkten widerlegte[64]) BÜLOWsche Präjudiziallehre noch einmal zu widerlegen. Immerhin bedarf es zur Entkräftung seiner These von dem ausnahmslos materiellrechtlichen Inhalt sämtlicher Präjudizialexzeptionen folgender Feststellungen:

1. Richtig scheint, daß in den Quellen nur die drei von BÜLOW erwähnten Präjudizialexzeptionen bezeugt sind[65]), und zwar die (von

---

[59]) Vgl. GOLDSCHMIDT, Beiträge, 15 Anm. 1; STEIN, IV vor § 50 ZPO.; dazu noch unten Anm. 1458.

[59a]) Vgl. auch SEUFFERT, Z. VIII 202.

[60]) C. 24 Cod. 2, 12; § 11 in f. Inst. 4, 13; BÜLOW, Prozeßeinreden, 75; EISELE, Kognitur, 232ff.

[60a]) Wie schon im germanischen, mittelalterlich-deutschen, kanonischen und mittelalterlich-italienischen Prozeß; vgl. PLANCK, Gerichtsverfahren, I 391ff.; WACH, 28, 29.

[61]) Vgl. darüber HELLWIG, Rechtskraft, 52; MENDELSSOHN-BARTHOLDY, Rechtskraft, 505.

[62]) Vgl. WETZELL, 76, 155.

[63]) Prozeßeinreden, 112—236; aber schon in seiner Habilitationsschrift De praeiudicialibus exceptionibus, 1863. BÜLOWS im Text wiedergegebener Lehre folgt WETZELL, 868ff. Auch SCHOTT, I, 32, glaubt, auf BÜLOW verweisen zu können.

[64]) Was PISSARDS Kritiker, WENGER, ZRG. XXX 489, anerkennt.

[65]) LENEL, Ed. 486; PISSARD, 28; v. VELSEN, 22ff., 34.

den römischen Juristen überhaupt nicht erwähnte) exc. quod in reum capitis praeiud. non fiat in Cicero, de inventione, II 20 §§ 59, 60; die exc. quod praeiud. hereditati non fiat in Gai IV 133; in l. 25 § 17 D. 5, 3; l. 1 § 1 D. 10, 2; l. 13 D. 44, 1; c. 12 pr. Cod. 3, 31; die exc. quod praeiud. praedio (fundo partive eius) non fiat in l. 16, 18 D. 44, 1. Es mag auch dahingestellt bleiben, ob und inwieweit der Gesichtspunkt eines materiellrechtlichen Regulators der Klagrechtskonkurrenz — der freilich, der Materie der Präjudizialität der Entscheidungen völlig fremd, dem Gebiete der Identität der (modern gesprochen) Ansprüche zugehört[65a]) — zutrifft auf die exc. quod in reum capitis praeiud. non fiat (Konkurrenz der actio iniuriarum und der Kriminalanklage)[66]), auf die exc. quod praiud. hereditati non fiat (Konkurrenz der hereditatis petitio mit den erbschaftlichen Singularklagen oder der actio familiae erciscundae[67]), ja sogar auf die in l. 18 D. 44, 1 erwähnten

[65a]) In diesem Sinne denn auch schon gegen Bülow: Windscheid-Kipp, I § 121 Anm. 11. Vgl. ferner unten zu Anm. 107a, andererseits in Anm. 77 und hinter Anm. 140.

[66]) Dafür spricht wohl auch ihre in der freilich in ihrer Klassizität recht zweifelhaften l. 7 § 1 D. 47, 10 erhaltene Spur. Vgl. ferner Pissard, 103. Mommsen, 630 Anm. 2, 891 zu Anm. 3, hält die exc. dagegen nur für einen Regulator der Reihenfolge konnexer Prozesse. Ebenso soll nach v. Velsen, 23ff., 55ff., 61ff. nur der jedenfalls prozessualische Gesichtspunkt der Rücksicht auf die Autorität der Quästionen, d. i. ihre ausschließliche Zuständigkeit, maßgebend gewesen sein. Dagegen Pissard, 99ff., 129 Anm. 2, 175ff.

[67]) Auch diese exc. findet ihre Rechtfertigung nicht allein in dem prozessualischen Gesichtspunkt der Rücksicht auf die „magnitudo und auctoritas", d. i. ausschließliche Zuständigkeit des Zentumviralgerichts (c. 12 Cod. 3, 31; l. 5 § 2 D. 5, 3). And. v. Velsen, 32, 56; ZRG. XXI 103ff.; gegen ihn schon Girard, 1007 Anm. 1; Oertmann, KritVSch. XXXIX 386ff.; Pissard, 51ff. Denn dieser Gesichtspunkt kann für die Provinz nicht in Betracht gekommen sein, und doch wurde die exc., wie Gaius' Kommentar zum Provinzialedikt (l. 1 § 1 D. 10, 2) zeigt, auch dort gewährt. Den hieraus schon von Dernburg, Hereditatis petitio, 8 Anm. 17, gewonnenen und von Oertmann, a. a. O., 389, erneut gegen v. Velsen geltend gemachten Beweisgrund scheint mir v. Velsen, 30; ZRG. XXI 107, nicht entkräftet zu haben. Andererseits hat v. Velsen, 31; ZRG. XXI 104, selbst den zweiten von Dernburg, a. a. O., 8ff., für die exc. quod praeiud. hereditati non fiat aus l. 13 § 4 D. 5, 3 abgeleiteten prozessualen Rechtfertigungsgrund: ne (possessor) singulis iudiciis vexaretur durch die Behauptung zu erschüttern versucht, das zu ergänzende Subjekt des angeführten Quellensatzes sei der Kläger (nicht der Beklagte); zustimmend Pissard, 47; zweifelnd Oertmann, a. a. O., 387. Für den mit der actio familiae erciscundae Beklagten würde dieser zweite prozessuale Rechtfertigungsgrund ohnehin nicht in Betracht kommen (vgl. schon Windscheid-Kipp, III § 608 Anm. 31). Daß der allgemeine prozessuale Gesichtspunkt der Regulierung der Reihenfolge konnexer Prozesse (l. 54 D. 5, 1) auch für die exc. quod praeiud. hereditati non fiat maßgebend war, lehrt Gai Inst. IV 133 in fine (wobei dahingestellt bleiben mag, ob das gefürchtete Präjudiz der causa minor wirklich bindende Rechtskraft hatte, was bezüglich der hereditatis petitio für die nach julianische Zeit wohl schon insoweit ausgeschlossen war, als die causa minor die hereditatis petitio konsumierte; vgl. am Ende dieser Anm., sowie in Anm. 69; im übrigen überhaupt zur Rechtskraft des Präjudizes unten Anm. 77; v. Velsen, 52ff.; Pissard, 136ff.; schon Wetzell, § 47 zu Anm. 94, 95, § 64 unter 2b). Trotzdem wird das Gewicht des von Dernburg, a. a. O., 12ff. besonders betonten Motivs, der ja auch durch § 2029 BGB. zur Geltung gebrachten privatrechtlichen Rücksicht

Fälle der exc. quod praeiud. praedio non fiat (Zusammentreffen der vindicatio fundi mit der actio communi dividundo bzw. der condictio fructus) — welche Fälle freilich gerade BÜLOW[67a]) gar nicht als solche der Präjudizialexzeption, sondern des Präjudizialdekrets gelten lassen will. Unter keinen Umständen trifft dieser Gesichtspunkt zu für denjenigen Fall der exc. quod praeiud. praedio non fiat, den BÜLOW als einzigen Fall dieser Präjudizialexzeption anerkennt, nämlich auf den in l. 16 D. 44, 1 erwähnten, wo durch ihre Geltendmachung der Eigentümer des dienenden Grundstücks, der gleichzeitig Besitzer des herrschenden Grundstücks ist, erwirkt, daß nicht früher über die vindicatio servitutis des nichtbesitzenden Prädialservituts- und Eigentumsprätendenten entschieden wird, ehe nicht über dessen rei vindicatio entschieden ist. Es ist schwer begreiflich, wie BÜLOW das Zusammentreffen der rei vindicatio und vindicatio servitutis als einen Fall der Klagrechtskonkurrenz auffassen konnte[68]). Bedürfte es noch eines Nachweises, so wäre er durch l. 17 D. 44, 1 erbracht, die für den Fall, daß die vindicatio servitutis vor der rei vindicatio (anhängig oder) abgeurteilt ist, die exc. rei (in iudicium deductae vel) iudicatae gegenüber der rei vindicatio ausschließt[69]) („quia ... dispares" offenbar interpoliert).

---

ausschließlicher Haftbarmachung des Erbschaftsbesitzers nach den Regeln über den Erbschaftsanspruch (hereditatis petitio) nicht zu unterschätzen sein. Nur dieses Motiv vermag die l. 25 § 17 D. 5, 3 zu erklären (WINDSCHEID-KIPP, III § 616 Anm. 3; OERTMANN, a. a. O. 388; anders freilich v. VELSEN, 64; vgl. aber denselben selbst, ZRG. XXI 107). Für den materiellrechtlichen Gesichtspunkt der Klagrechtskonkurrenz (vgl. darüber WINDSCHEID-KIPP, I § 121 Anm. 9) im Verhältnis der hereditatis petitio und der zu ihren Gunsten durch Präjudizialexzeption hemmbaren Klagen sprechen insbesondere auch l. 3, 7 §§ 4, 5, l. 8 D. 44, 2 (die hier von JULIAN angenommene Konsumtion der konkurrierenden Klagen — vgl. LEVY, 123ff., und noch unten Anm. 69 — ist nicht unvereinbar mit der — durch die Präjudizialexzeption abzuwendenden — Möglichkeit eines Präjudizes — vgl. oben — sei es für weitere Singularklagen, sei es für eine hereditatis petitio des Beklagten). Vgl. denn auch PISSARD, 43ff. (trotz S. 49); vgl. ferner unten Anm. 77 und hinter Anm. 140. — Soweit danach der exc. quod praeiud. hereditati non fiat auch materieller Inhalt zugestanden werden müßte, hätte sie sogar (anders als die exc. cognitoria und procuratoria, vgl. oben hinter Anm. 53) schon außerhalb des Prozesses Bedeutung erlangen können (dies gegen WLASSAK, Einrede, 48 Anm. 106) und wäre der Erbrechtsstreit nicht nur ein „prozessualisches Hindernis" (wie KELLER-WACH, 164), bzw. die Abwesenheit einer Präjudizialgefahr nicht bloß eine „prozessuale Klagevoraussetzung" (wie MEWALDT, 22, 24—26 annimmt).

[67a]) Prozeßeinreden, 173. Gegen BÜLOW unten zu Anm. 111.

[68]) Prozeßeinreden, 201ff., 215 ff., 219ff.

[69]) Unter Hinweis auf l. 17 h. t. gegen BÜLOW schon KELLER-WACH, § 43 Anm. 491. Daß in l. 17 h. t. von der exc. rei iudicatae die Rede ist, wird seit CUJAZ allgemein angenommen (Zitate bei v. VELSEN, 47 Anm. 1). Nur v. VELSEN, 46ff. nimmt unter Billigung OERTMANNS, KritVSch. XXIX 390, an, daß auch l. 17 sich auf die exc. quod. praeiud. praedio non fiat beziehe. Dagegen spricht indessen nicht nur die augenfällige Zusammengehörigkeit der beiden von AFRICAN stammenden l. 16 und 18 und Zugehörigkeit der von Paulus stammenden l. 17 zu dem Titel 44, 2 (l. 12, 14) — vgl. denn auch LENEL, PALING., I 34 Nr. 118, 1085 Nr. 784 —, sondern auch der Zweck der Paulusstelle. Dieser Zweck ist

Der bezeichnete Anwendungsfall der exc. quod praeiud. praedio non fiat unterscheidet sich in nichts von den typischen Anwendungsfällen des angeblichen Präjudizialdekrets, z. B. des Zusammentreffens einer querela inofficiosi testamenti und eines liberale iudicium, in dem die Freilassung gerade aus dem angegriffenen Testament her-

---

die Beseitigung eben des Irrtums, dem Bülow zum Opfer gefallen ist, nämlich daß es sich in dem in l. 16 D. 44, 1 behandelten Falle der exc. quod praeiud. fundo non fiat, ebenso wie in gewissem Sinne im Falle der exc. quod praeiud. hereditati non fiat, um eine Klagenkonkurrenz handle, so daß die vindicatio servitutis die rei vindicatio konsumiere und umgekehrt, ebenso wie nach l. 3, 7 §§ 4, 5, l. 8 D. 44, 2 die Singularklage die hereditatis petitio konsumiert und umgekehrt die hereditatis petitio die mit ihr konkurrierenden Klagen. Im wesentlichen ebenso schon Pissard, 107; vgl. aber dens. 131. Der bezeichnete Zweck der l. 17 D. 44, 1 erklärt denn auch ohne weiteres — was v. Velsen, 47, für vom Standpunkt der Gegner unerklärlich hält —, warum die Kompilatoren die auf die exc. rei iudicatae bezügliche Stelle zwischen die beiden von der Präjudizialexzeption handelnden Fragmente eingeschoben haben. Daß „die Stelle absolut keine Andeutung darüber" enthalte, „daß der Wegeprozeß schon beendigt war", der Wortlaut vielmehr „für ein gleichzeitiges Fortlaufen beider Prozesse" spreche (v. Velsen, 47), ist angesichts der Gleichwertigkeit der in solchem Falle in Frage kommenden exc. rei in iudicium deductae mit der exc. rei iudicatae unerheblich. Die von v. Velsen, 49, 50, selbst für die l. 17 gegebene Erklärung, die Präjudizialexzeption sei hier deshalb ausgeschlossen, weil in dem Wegeprozeß das Eigentum des Klägers am herrschenden Grundstück nicht bestritten worden sei, hat Oertmann, a. a. O., 391, mit der Bemerkung zurückgewiesen, daß dann wohl schwerlich der Kläger noch während des Schwebens des Wegeprozesses die rei vindicatio angestellt haben würde. Dem ist mit der Maßgabe zuzustimmen, daß, wenn man schon Erhebung der fundi vindicatio pendente iudicio de via unterstellt, mindestens in iudicio des Wegeprozesses das Grundstückseigentum streitig geworden sein muß. Der Annahme, die l. 17 beziehe sich auf die Präjudizialexzeption, m. a. W. auf eine in dem ersten, dem Wegeprozeß geltend zu machende Exzeption, steht von vornherein die Erwägung entgegen, daß für diesen Prozeß, in dem bei Anstellung der rei vindicatio wenn auch nicht notwendig res iudicata, so doch jedenfalls res in iudicium deducta vorliegen muß, eine Exzeption überhaupt nicht mehr in Frage kommt (darüber Bertolini, I § 21 n. 166; Eisele, Exceptio, 112ff.; Girard, 1031; Wenger, Art. Exceptio, 1559; vgl. noch unten zu Anm. 148). Diese Erwägung widerlegt unvermeidlich Oertmanns eigene Konjektur (a. a. O. 391, 392: die Präjudizialexzeption hemme den schon schwebenden Wegeprozeß deshalb nicht, weil sie ein Mittel der Prozeßökonomie gewesen sei). Auffällig könnte sein, daß nach dem Tatbestand der l. 17 die Präjudizialexzeption im Wegeprozeß nicht schon im Hinblick auf den zu erwartenden Eigentumsprozeß geltend gemacht worden zu sein scheint (Pissard, 107). Indessen liegt der Tatbestand nicht anders als in den l. 3, 7 §§ 4, 5 D. 44, 2, wo auch die der Präjudizialexzeption unterliegende Singularklage vor der hereditatis petitio abgeurteilt ist. Der Nichtgebrauch eines Exzeptionsrechts ist nicht schlechterdings unbegreiflich. Überdies braucht wenigstens in iure des Wegeprozesses das Grundstückseigentum noch nicht streitig gewesen zu sein, sei es, daß der Beklagte es nicht bestritt (v. Velsen, 49, 50), sei es, daß der Kläger es gar nicht beanspruchte (Pissard, 107). Ausgeschlossen wäre auch nicht, daß die servitutis vindicatio gerade infolge Gebrauchs der Präjudizialexzeption abgewiesen worden ist. Vgl. freilich unten zu Anm. 74, 82. Nach v. Velsen, 34ff., setzt übrigens die Geltendmachung der Präjudizialexzeption die Litiskontestation in causa maiore voraus (vgl. unten Anm. 92), an der es doch im Falle der l. 17 vor der Litiskontestation in causa minore gebrach. Die von Pissard, 107 Anm. 2, noch zur Wahl gestellte Hypothese, der Kläger habe zuerst durch actio negatoria die Freiheit seines eigenen Grundstücks von geleitet wird (l. 7 pr., § 1 D. 5, 3), oder eines liberale iudicium und eines sonstigen Prozesses mit dem angeblichen Sklaven (l. 24 §§ 3, 4 D. 40, 12)[70]). Dort wie hier handelt es sich lediglich um zwei konnexe Prozesse, deren einer als die maior, deren anderer als die minor causa erscheint, und in deren Verhältnis zueinander nicht durch Entscheidung der minor causa vor der maior dieser letzteren präjudiziert werden soll (l. 54 D. 5, 1.)[71]). Danach steht mindestens für eine der drei von Bülow anerkannten Präjudizialexzeptionen, die exc. quod praeiud. fundo non fiat, die Wesensgleichheit mit dem sog. Präjudizialdekret und also ihr prozeßrechtlicher Inhalt fest.

2. Die Präjudizialexzeption gehörte bekanntlich ursprünglich zu den praescriptiones pro reo (Gai Inst. IV 133). Sie ist sogar die einzige Exzeption, bezüglich deren diese ursprüngliche Zugehörigkeit einwandsfrei quellenmäßig bezeugt ist. Mit Rücksicht hierauf ist seit jeher behauptet worden[72]), daß die Präjudizialexzeption, sei es noch in der klassischen Zeit, sei es wenigstens zur Zeit ihrer Zugehörigkeit zu den praescriptiones pro reo, eine von der der übrigen Exzeptionen verschiedene Wirkung gehabt habe. Worin freilich die Verschiedenheit der Wirkung bestanden habe, darüber gehen die Ansichten auseinander. Bald soll die Präjudizialpräskription den iudex genötigt haben, zunächst ihre Voraussetzungen zu prüfen und bei Feststellung derselben eine Verhandlung zur Sache zu unterlassen, möglicherweise sich dann einer sententia zu enthalten[73]), so daß das iudicium erlosch[73a]); bald soll sie bewirkt haben, daß, sofern ihre Voraussetzungen vom iudex festgestellt wurden, die res de qua agitur als gar nicht in iudicium deducta, die actio mithin als nicht konsumiert galt, und der iudex dann natürlich erst recht sein weiteres officium versagen mußte[74]).

---

einer Wegegerechtigkeit geltend gemacht, um nachher selbst das herrschende Grundstück zu vindizieren, ist angesichts des Wortlautes, Zusammenhanges und Zweckes der Stelle m. E. völlig abwegig.

70) Bülow, Prozeßeinreden, 136, 149.

71) Dahingestellt kann wieder — vgl. schon oben Anm. 67 — bleiben, ob das Präjudiz, dessen Verhütung Exzeption und sog. Dekret bezwecken sollen, bindende Rechtskraft hatte; dazu unten Anm. 77. Dahingestellt auch, ob die exc. quod praeiud. fundo non fiat mit einer Zuständigkeit des Zentumviralgerichts in Grundeigentumsstreitigkeiten in Verbindung stand; dafür v. Velsen, 50—52; vgl. auch schon Bülow, Prozeßeinreden, 201—204; zweifelnd Girard, 1007 Anm. 1; Oertmann, KritVSch. XXXIX 386ff.; Pissard, 58 Anm. 1, 106.

72) Vgl. die Übersicht der Meinungen bei Pissard, 112 Anm. 2; ferner bei Wlassak, ZRG. XXXIII 85—87.

73) So insbesondere Bethmann Hollweg, II § 99 Anm. 83 (unter Berufung auf Quintilian, Instit. orator. VII 5, 2 und 3; wogegen Lenel, Exzept., 45 Anm. 1; Pissard, 117 Anm. 4; Wlassak, ZRG. XXXIII 100 Anm. 1; vgl. auch Partsch, 75); Keller-Wach, 215/6.

73a) Vgl. oben Anm. 47.

74) Letztere (schon von Zimmern, Puchta, Dernburg, Bekker und Lenel vertretene) Auffassung hat neuerdings besonders energisch Wlassak in seiner Abhandlung „Praescriptio und bedingter Prozeß“ (ZRG. XXXIII 81ff.) durch-

Teilt man eine dieser Auffassungen, so erweist sich die Wirkung der Präjudizialpräskription ohne weiteres als die einer „Prozeßeinrede", bei der ersteren Auffassung bis zu einem gewissen Grade verstärkt zur Wirkung einer „prozeßhindernden" Einrede[75]), bei der letzteren verstärkt zur Fähigkeit, der mit ihr behafteten Litiskontestation jede klagzerstörende Wirkung zu rauben[75a]). Freilich ist gegen die erstere Auffassung neuerdings von beachtenswerter Seite[76]) eingewendet worden, daß das Präjudizialverhältnis nicht vor Erörterung der Hauptsache feststellbar gewesen sein dürfte[76a]), und gegenüber der letzteren Auffassung kann man die Frage nicht unterdrücken, warum ein dem Interesse des Beklagten dienender Formelbestandteil eigentlich die Eigentümlichkeit gehabt haben sollte, die dem Kläger nachteilige Konsumtionswirkung der Litiskontestation hinfällig zu machen[76b]).

---

geführt. WLASSAK sieht in der Praescriptio pro reo ein geschichtliches Übergangsgebilde, das von der denegatio actionis wegen eines den Klaggrund unberührt lassenden Verteidigungsmittels des Beklagten zur klassischen exceptio führt (so schon WLASSAK, Einrede, 44). Der denegierende Beamte hindere die actio, der präskribierende Richter erkläre sie für unwirksam (157 Anm. 1). Der Übergang zur klassischen exceptio habe nicht unerhebliche Nachteile in Gestalt der Verschiedenheit der Einredewirkung in iure und in iudicio und der Gleichheit der Wirkung der dilatorischen und peremtorischen Exzeptionen nach sich gezogen. WLASSAK sucht den Anschluß an die praescriptio pro actore und bekämpft (109ff.) den von BÜLOW (De praeiudic. except., 48 Anm. 148; Prozeßeinreden, 259 Anm. 3; Geständnisrecht, 264) aus l. 35 D. 5, 1 hergeleiteten Beweisgrund gegen eine bedingte Litiskontestation, wie im wesentlichen schon HELLWIG, Lehrb. III 37 Anm. 11. Bei der praescriptio praeiudicii sei die Litiskontestation abhängig vom gegenwärtigen Nichtbestand einer Präjudizialgefahr, also einer „uneigentlichen" Bedingung (124). WLASSAK verknüpft seine Darlegungen mit seiner — wiederum auf seiner Auffassung von der Litiskontestation (vgl. über diese insbesondere unten hinter Anm. 189c, 479) fußenden — Lehre, daß in der Formel nicht der Prätor, sondern die Parteien sprächen (95 Anm. 1; ZRG. XXV 139; schon Art. Centumviri, 1936, Z. 50—55). Sie sind aber davon m. E. unabhängig, so daß auch, wer diese Lehre nicht billigt, ihnen folgen könnte. WLASSAK in bezug auf den Entwicklungsgang: denegatio — praescriptio — exceptio zustimmend LEVY, 53 Anm. 2.

75) So ausdrücklich KELLER-WACH, 215. Wenn KELLER-WACH, 216/7, 176ff., aber auch neuerdings WLASSAK, Einrede, 32, 47, meinen, zur Zeit des Legisaktionenverfahrens seien alle — der Sache, wenn auch nicht der Form (sc. des Formularprozesses) nach vorhandenen — Exzeptionen „prozeßhindernd" gewesen, weil sie insgesamt zu einer denegatio actionis, d. h. nach WLASSAK, Einrede, 24ff., einer exceptio „praetoris" (wogegen RABEL, ZRG. XXXII 421) geführt hätten, so beruht diese Formulierung, wenn auch nicht auf der verkehrten Ansicht, in iure sei nur über „Prozeßvoraussetzungen" verhandelt worden (oben hinter Anm. 38), so doch auf der damit zusammenhängenden (oben Anm. 41, unten zu Anm. 188, 188a), nicht minder unrichtigen Vorstellung, nur das iudicium sei das „eigentliche Prozeßrechtsverhältnis" gewesen; vgl. darüber schon oben zu Anm. 44, unten hinter Anm. 189.

75a) Vgl. dazu oben hinter Anm. 48.

76) PISSARD, 116; WLASSAK, ZRG. XXXIII 100; vgl. auch PARTSCH, 73.

76a) Das ist freilich bei manchen „prozeßhindernden Einreden" des neueren Rechts nicht anders.

76b) Vgl. noch unten zu Anm. 85. Dazu kommt, daß WLASSAKS Annahme (oben Anm. 74), der Entwicklungsgang habe von der denegatio actionis über die

Eine praescriptio pro reo wird doch wohl die Rechtskraftwirkung im Interesse des Beklagten eingeschränkt haben, wie es die praescriptio pro actore im Interesse des Klägers tat. Ich möchte daher die Vermutung auszusprechen wagen, daß die Präjudizialpräskription (natürlich nicht die spätere Präjudizialexzeption) die Verurteilung des Beklagten überhaupt nicht hinderte, sondern gerade für den Fall der Verurteilung dem Beklagten seine Einwendungen in causa maiore vorbehielt (also eine Verurteilung unter einem in der Präjudizialpräskription vorbehaltenen Ausschluß der Rechtskraft des „Urteilselements" der Inzidentfeststellung des präjudiziellen Rechtsverhältnisses). Das „ea res agatur: si in ea re praeiudicium hereditati non fiat" hätte dann bedeutet: Zum Prozeßgegenstand soll die im Kernstück der Formel bezeichnete Streitsache nur mit der Maßgabe werden, daß dadurch nicht der Entscheidung des Erbschaftsstreits vorgegriffen wird[77]). Aber auch

praescriptio pro reo zur exceptio geführt, gerade bezüglich der Präjudizialmaterie gerechten Bedenken unterliegt. Hier scheint vielmehr gerade umgekehrt der Weg von der Präjudizialpräskription über die Präjudizialexzeption zum Präjudizialdekret, d. i. aber zum — wenigstens vorläufigen — denegare actionem oder iudicare vetare geführt zu haben; vgl. schon Bülow, Prozeßeinreden, 178ff.; vor allem aber Pissard, 35ff. (37 Anm. 1 unter Berufung auf Girard); zweifelnd Wenger, ZRG. XXX 488/9.

[77]) Vgl. über die Gaianische praescriptio Partsch, 72; über das „ea res agatur" Wlassak, ZRG. XXXIII 102, 103, 108, 109, 145. Nach Wlassak wäre das Nichtsein der Präjudizialgefahr, das bei der Präjudizialexzeption Kondemnationsbedingung war, bei der Präjudizialpräskription Litiskontestationsbedingung gewesen. Nach obiger Deutung läge eine unbedingte Einschränkung der Litiskontestation wie Kondemnation (einschließlich einer etwa voraufgehenden Pronuntiation) vor, womit der Anschluß an die praescriptio pro actore m. E. noch besser gewahrt wird. Dabei ist zu beachten, daß zur Zeit der praescriptio pro reo der Grundsatz der Konsumtion der causa maior durch die vorher in iudicium deduzierte causa minor auch im Verhältnis der hereditatis petitio zu den erbschaftlichen Singularklagen (vgl. oben Anm. 67, 69) noch nicht galt (Pissard, 187ff.). Die Hypothese des Textes setzt nicht die Annahme voraus, daß ohne Aufnahme der Präjudizialpräskription die Inzidentfeststellung des präjudiziellen Rechtsverhältnisses für dieses Rechtskraft im Sinne positiver Rechtskraftwirkung (vgl. dazu unten hinter Anm. 914) erzeugt habe. M. a. W. sie setzt nicht die Unterstellung voraus, daß das römische Recht sonst die Rechtskraft der Entscheidungsgründe (vgl. dazu Windscheid-Kipp, I § 130 Nr. 6) anerkannt habe. v. Velsen, 53ff., nimmt freilich in der Tat an, daß in causa minore eine die causa maior rechtskräftig feststellende pronuntiatio ergangen sei. In c. 1 Cod. 3, 8, auf die sich v. Velsen, a. a. O., 54, hauptsächlich beruft, steht indessen m. E. das gerade Gegenteil; vgl. schon Brinz, I 353, der noch auf l. 5 § 9 D. 25, 3 verweist. In einem Prozeß über eine Nachlaßforderung (l. 7 § 5 D. 44, 2) konnte ohnehin keine pronuntiatio ergehen — l. 1 § 1 D. 49, 8 bezieht sich auf den Kognitionsprozeß —, wie ja Urteile über Schuldklagen im römischen Recht überhaupt keiner positiven Rechtskraftwirkung fähig waren (vgl. unten zu Anm. 924). Gegen v. Velsen denn auch schon Pissard, 136 Anm. 2; vgl. auch Wetzell, § 47 zu Anm. 94, 95, § 64 unter 2b; sowie unten Anm. 921. Aber selbst wenn man Annahmen wie die v. Velsens von sich weist, mochte doch der ausdrückliche Ausschluß der Rechtskraft der Inzidentfeststellung in Gestalt einer praescriptio pro reo angezeigt erscheinen. Andererseits erklärt der Umstand, daß dieser Ausschluß streng genommen überflüssig war, vielleicht zugleich, warum man später von der praescriptio pro reo abkam. Statt dessen wurde die prae-

bei dieser Auffassung bleibt die Wirkung der Präjudizialpräskription als die eines Ausschlusses unangemessener Ausdehnung der Rechtskraft eine prozessuale[78]).

Bemerkenswert ist, daß Bülow selbst eine eigenartige Wirkung der Präjudizialexzeption behauptet und sie darin findet, daß die Präjudizialexzeption „im scharfen Unterschiede von allen anderen Exzeptionen, recht spezifisch auf die „actio", auf das Klagrecht, gemünzt" sei, „ohne die anderweitige Klagbarkeit des zugrunde liegenden Rechts irgend zu affizieren"[79]). Indessen kann hier dahingestellt bleiben, ob bei den Römern die Unterscheidung von actio und obligatio[80]),

---

scriptio praeiudicii mit der Umwandlung aller im Interesse des Beklagten in die Formel zu inserierenden Bestandteile in Exzeptionen zu einer exceptio, und damit aus der Wirkung der Verurteilung des Beklagten unter Vorbehalt der Einwendungen in causa maiore eine solche glatter Klagabweisung. Eine Steigerung erfuhr diese dem Kläger ungünstige Wirkung durch die anscheinend zuerst von Julian gelehrte Konsumtion wenigstens der hereditatis petitio durch die erbschaftliche Singularklage. Diese beiden Wirkungen im Verein mußten geradezu — und sollten es offenbar auch — zu einer Abschreckung des Erbschaftsprätendenten von der Singularklage führen. Juristisch war für die exc. quod praeiudic. hereditati non fiat allerdings der Erfolg, daß sich bei ihr allmählich dem prozessualen Gesichtspunkt eines Regulators der Reihenfolge konnexer Prozesse — der richtiger Ansicht nach allein der Präjudizialmaterie entspricht — der materielle eines Regulators konkurrierender Ansprüche (Klagrechte) — welcher der Identitätsmaterie angehört — unterschob; vgl. oben zu Anm. 65a, unten hinter Anm. 140. War doch die eigentliche Präjudizialgefahr zufolge der angeordneten Konsumtionswirkung in bezug auf die causa maior außerordentlich eingeschränkt; vgl. oben Anm. 67 a. E. Die Römer dürften aber bald empfunden haben, daß das Mittel der Exzeption mit dem Erfolg endgültiger Klagabweisung bloß zwecks Abwendung einer Präjudizialgefahr denn doch eine Kur à la Doktor Eisenbart war. Und so dürfte der allgemeine prozessuale Grundsatz der l. 54 D. 5, 1 tatsächlich vorzugsweise mit Hilfe des sog. Präjudizialdekrets durchgeführt worden sein. Über dieses vgl. im Text unter 3. Mit dem Gesagten stimmt durchaus überein, wenn Pissard, 110, die exc. quod praeiudic. hereditati non fiat, und zwar in ihrer Richtung gegen die erbschaftlichen Singularklagen als die eigentliche und ursprüngliche, man darf wohl hinzufügen: auch einzig lebenskräftige Präjudizialexzeption bezeichnet, während dieselbe in ihrer Richtung gegen die actio familiae erciscundae, sowie die exc. quod praeiudic. praedio und quod in reum capitis praeiudic. non fiat spätere, zufällige (vielleicht außerediktale) und — wie man wohl hinzufügen darf — ephemere Präjudizialexzeptionen gewesen seien. — Sollte sich meine (hinter Anm. 76b aufgestellte) Hypothese nicht als haltbar erweisen, vielmehr die Ansicht Wlassaks (vgl. zu Anm. 74) zutreffen, so scheint mir mein (vor Anm. 76b erhobener) Einwand mindestens ein Schlaglicht auf den Grund zu werfen, warum man von der Präjudizialpräskription zur Präjudizialexzeption überging. Denn es mußte einleuchten, daß der Beklagte nicht am Ausschluß der Konsumtion interessiert war, sondern am Gegenteil. Ähnlich schon Puchta, II § 171 S. 177.

[78]) Die Rechtskraftwirkung ist im römischen Recht so gut wie im modernen eine prozessuale Wirkung. Vgl. schon VollstreckBetr., 41 Anm. 14; ausführlich unten § 16, sowie hinter Anm. 1403, insbesondere in Anm. 1404.

[79]) Prozeßeinreden, 230/1; vgl. auch das. 235 6.

[80]) Dafür Hellwig, Klagr. u. Klagm. 31 Anm. 5, 72; Syst. I § 103 Anm. 12, § 110 III 1; vgl. auch Seckel, Haftung, 37 Anm. 4. Gegen beide Schriftsteller Wlassak, ZRG. XXXIII 90 Anm. 1 (s. dens. schon Art. Actio, 307); vgl. auch Koschaker, 310; Levy, 85, und (in gewissem Sinne) Bekker, ZRG. IX 366ff.;

von actio und res de qua agitur[81]) dieselbe Bedeutung gehabt hat, wie bei uns die Unterscheidung von Klagrecht und eingeklagtem Recht, und trotzdem, gerade umgekehrt als bei uns[81a]), eine Klagrechtsmehrheit bei Einheit des eingeklagten Rechts denkbar[81b]) und insbesondere in gewissen Fällen der Präjudizialexzeption vorliegend war. In dem von BÜLOW allein als solchen anerkannten Falle der exc. quod praeiudic. praedio non fiat in l. 16 D. 44, 1 kann jedenfalls von einer Einheit des eingeklagten Rechts bei bloßer Aktionenmehrheit keine Rede sein. Hier bringt also die Präjudizialexzeption einfach die eingeklagte Wegegerechtigkeit zu Falle. Andererseits natürlich nur diese und nicht etwa das daneben streitige Grundstückseigentum (l. 17 h. t.); zu welchem Ende aber nicht eine besondere Eigentümlichkeit der Präjudizialexzeption angenommen werden muß. Allerdings im Verhältnis der erbschaftlichen Singularklagen und der hereditatis petitio zueinander wäre eine Aktionenmehrheit bei Einheit des eingeklagten Rechts vorstellbar, und ließe sich des weiteren die Frage aufwerfen, ob die sonst hier durch l. 3, 7 §§ 4, 5 D. 44, 2 auch für die konkurrierende actio maior angeordnete Konsumtion im Falle der Präjudizialexzeption nicht Platz griff. Auf die Bejahung dieser Frage laufen BÜLOWS Aufstellungen hinaus[82]). Eine Stütze in den Quellen findet eine solche Annahme indessen — soviel ich sehe — nicht. Sie wäre höchstens für die Präjudizialpräskription haltbar, zu deren Zeit aber wohl die anscheinend erst auf JULIAN zurückzuführende[83]) Konsumtion der hereditatis petitio durch die erbschaftliche Singularklage ohnehin nicht eintrat, also keiner Abwendung bedurfte. Außerdem bleibt wieder[84]) der Einwand, daß ein dem Interesse des Beklagten dienender Formelbestandteil schwerlich die Eigentümlichkeit gehabt haben wird, eine dem Kläger nachteilige Konsumtionswirkung zu vermeiden. Tatsächlich nimmt DERNBURG[85]) an, daß zur Abwen

---

Akt. I 5ff. (obligatio = actione teneri; verschieden davon sei allerdings der „Anspruch", die res de qua agitur; vgl. nächste Anm.). Dazu unten hinter Anm. 271.

[81]) Dafür BEKKER, Konsumtion, 28ff.; Akt. I 8 Anm. 1, 15, II 174ff.; ZRG. XV 145ff.; XXI 351; XXIV 357, 373; in Jher.Jahrb. XLIX 57; wohl auch O. FISCHER, 65, 71; GEIB, 29, 158, 225 Anm. 2 a. E.; MUTHER, KritVSch. XV 435; PLÓSZ, 13ff. Gegen BEKKER SCHOTT II, 77ff., sowie unten hinter Anm. 223, 245.

[81a]) Wo mehreren eingeklagten Rechten nur ein publizistisches Klagrecht zur Seite steht.

[81b]) Dafür in der Tat HELLWIG, Anspruch, 97; Lehrb. I 267 Anm. 61; Syst. I §§ 110 III 1, 118 Anm. 13; R. LEONHARD, Z. XV 335; LEVY, 27, 28, 109, 113 (regelmäßig „bloße Formelkonkurrenz"). Anders wohl WINDSCHEID-KIPP, I § 121 Anm. 9. Dazu noch unten Anm. 274.

[82]) Unrichtig daher PISSARD, 112 Anm. 2, 124ff., wenn er BÜLOW zu denen rechnet, nach denen weder die praescriptio, noch die exceptio praeiudicii das (geltend gemachte) Klagrecht konsumiere. Im Ergebnis kommt BÜLOWS Ansicht sogar im wesentlichen auf dasselbe hinaus wie PISSARDS (123, 128ff., 133ff., 140) eigene. Richtig WLASSAK, ZRG. XXXIII 87.

[83]) Vgl. oben Anm. 67, 69, 77; auch PISSARD, 130.

[84]) Vgl. oben zu Anm. 76b.

[85]) Hereditatis petitio, 49. In demselben Sinne BEKKER, Konsumtion, 235 (der aber — schwerlich richtig — sich die praescriptio der Formel der nachfol-

dung jener Konsumtionswirkung eine praescriptio pro actore impetriert werden konnte. Vor allem aber — und eigentlich nur darauf kommt es für unsere Zwecke an — bleibt auch nach BÜLOWS Auffassung trotz aller seiner Proteste[86]) die Wirkung der Präjudizialexzeption wenigstens in bezug auf das, was sie von allen übrigen Exzeptionen unterscheidet, eine Beschränkung der Rechtskraft, d. i. also eine prozessuale[87]). Und insofern hat PISSARD doch nicht so ganz Unrecht, wenn er bei Besprechung der von ihm freilich nicht richtig eingeschätzten[88]) Ansicht Bülows über die Wirkung der Präjudizialexzeption bemerkt[89]): „Nous sommes loin du point de départ d'un livre dirigé contre les Exceptions de procédure."

3. Indessen, selbst wenn und insoweit man BÜLOW einen materiellen Inhalt oder eine materielle Wirkung der Präjudizialexzeption einräumte, würde bestehen bleiben, daß die Römer auf jene beiden Eigenschaften der Präjudizialexzeption wenig Wert gelegt haben müssen. Denn sie ließen dem Magistrat freie Hand, statt eine Präjudizialexzeption in die Formel einzuschalten, das von BÜLOW sog., angeblieh rein prozeßleitende und sicherlich jeder Rechtskraftwirkung bare Präjudizialdekret zu erlassen, in Wahrheit — wenigstens vorläufig — actionem denegare (etwa = „Abweisung zur Zeit") oder iudicare vetare (etwa = „vorläufige Einstellung", § 205 dtsch. StPO.)[90]). Zwar hat ja BÜLOW eine scharfe Grenzlinie zwischen den Tatbeständen der Präjudizialexzeption und des Präjudizialdekrets in der Richtung zu ziehen versucht, daß auch in den ihr quellenmäßig vorbehaltenen Fällen jene nur ante litem contestatam in causa maiore Platz gegriffen habe, während post litem contestatam in causa maiore immer und zwar von Amts wegen dieses erlassen worden sei[91]). Aber träfe selbst die von BÜLOW versuchte Grenzziehung zu, so stünde damit fest, daß jedenfalls post litem contestatam in causa maiore eine sonst zulässige angeblich materielle Präjudizialexzeption durch ein angeblich prozessuales Präjudizialdekret nicht nur ersetzt werden

---

genden hereditatis petitio vorausgeschrieben vorstellt mit der Funktion, den schon eingeklagten Singularanspruch von der Verhandlung auszuschließen).

[86]) Prozeßeinreden, 231—235.

[87]) Vgl. oben zu Anm. 78 und diese Anm. selbst.

[88]) Vgl. oben Anm. 82.

[89]) A. a. O. 125/6. Gegen BÜLOW auch WLASSAK, ZRG. XXXIII 138 Anm. 1.

[90]) Schon SCHLESINGER, GöttGelAnz. 1869, 899, nennt das „Präjudizialdekret" eine „unglückliche Erfindung" und meint, in dem betreffenden Falle habe der Prätor einfach die actio denegiert. Anders BÜLOW, Prozeßeinreden, 127 Anm. 8, 166 Anm. 62, der ausdrücklich erklärt, denegare actionem und sustinere iudicium (d. i. sein Präjudizialdekret) hätten nichts miteinander gemein. Aber das differre oder sustinere iudicium ist nur ein Fall eines vorläufigen denegare actionem oder iudicare vetare; vgl. KOSCHAKER, 62 Anm. 3; MEWALDT, 25, 26 (der das „differre", „sustinere" sogar stets mit „Abweisung der Klage als unzulässig" oder „Abweisung zur Zeit" wiedergeben will); PISSARD, 194ff. Über das iudicare vetare vgl. schon oben Anm. 47, 48a. BÜLOW verwickelt sich denn auch mit seiner Ansicht in Widersprüche; vgl. unten Anm. 121.

[91]) Vgl. oben hinter Anm. 63.

dürfte, sondern es geradezu müßte. Tatsächlich muß BÜLOWS Grenzziehung abgelehnt werden, da sie jedes Haltes in den Quellen ermangelt[92]).

BÜLOW[93]) stützt seine Ansicht vornehmlich auf den angeblichen Gegensatz zweier Quellenstellen: l. 13 D. 44, 1 und l. 7 § 1 D. 5, 3. Dort heißt es: „Si post litem de hereditate contestatam res singulae petantur, placet non obstare exceptionem, quod praeiudicium hereditati non fiat": futuri enim iudicii, non facti nomine huiusmodi exceptiones comparatae sunt." Hier wird gesagt: „Ita demum autem sustinentur liberalia iudicia, si iam de inofficioso iudicium contestatum est: ceterum sin non contestetur, non exspectantur liberalia iudicia: et ita divus Pius rescripsit."

Keine von beiden Stellen beweist, was BÜLOW will. In der ersten erklärt JULIAN allerdings, daß, wenn die Singularklage post litem de hereditate contestatam angestellt werde, die Präjudizialexzeption nicht Platz greife. Aber natürlich nicht, weil in solchem Falle ein Präjudizialdekret zu erlassen sei. Sondern für den Juristen, auf dessen Autorität hin im Verhältnis der hereditatis petitio zu den erbschaftlichen Singularklagen und umgekehrt die exceptio rei iudicatae gewährt wird (l. 3, 7 §§ 4, 5 D. 44, 2)[94]), steht fest, daß der post litem de hereditate contestatam angestellten Singularklage gegenüber die exceptio rei in iudicium deductae Platz greift[95]). Die zweite von BÜLOW benutzte Belegstelle ist ein zusammenfassender Bericht ULPIANS über ein Reskript des ANTONINUS PIUS. Tatbestand und Inhalt des Reskripts werden aber im weiteren Verlauf von ULPIAN[96]) mitgeteilt, und daraus erhellt, daß ULPIAN — oder vielmehr die justinianische Kompilation[96a]) — den Inhalt des Reskripts in unzulässig verallgemeinernder und unrichtiger Weise wiedergibt[97]). Der Text von l. 7 § 1 D. 5, 3 lautet in seinem weiteren Verlauf wie folgt: „nam cum quidam Licinnianus de statu suo quaestionem patiebatur et, ne maturius pronuntiaretur de condicione sua, nolebat ad liberale iudicium ire, dicens suscepturum se de inofficioso testamento iudicium et petiturum hereditatem, quia libertatem et hereditatem ex testamento sibi defendebat: divus Pius ait, si quidem possessor esset hereditatis Licinnianus, facilius audiendum, quoniam esset hereditatis nomine

---

[92]) Gegen BÜLOW schon: BEKKER, Akt. I 380/1; GIRARD, 1007 Anm. 1; PERNICE, KritVSch. V 413ff.; De ratione, 12—14; PISSARD, 29ff., 50, 102, 103, 104/5, 108/9, 144ff., 155ff., 197/8; PLANCK, KritVSch. XI 185; v. VELSEN, 34ff., 48 (der sogar — BÜLOW konträr entgegengesetzt — die Präjudizialexzeption nur post litem contestatam in causa maiore zuläßt; hiergegen wieder PISSARD, 198).

[93]) De praeiudic. exc. 23ff.; Prozeßeinreden, 126ff.

[94]) Vgl. schon oben Anm. 67 a. E., 69, 77 und zu Anm. 83.

[95]) Ebenso schon PERNICE, De ratione, 13; PISSARD, 144. Die — gleichfalls von der BÜLOWS — abweichende Auslegung der Stelle durch v. VELSEN, 36—38, 61, ist mir trotz aller Mühe nicht verständlich geworden.

[96]) Nicht von BÜLOW, Prozeßeinreden, 126, 136.

[96a]) Von „ita demum" — „liberalia iudicia" liegt offenbar eine justinianische Verallgemeinerung vor.

[97]) So PISSARD, 156, 158/9; schon PERNICE, De ratione, 13.

iudicium suscepturus et erat in arbitrio eius, qui se dominum esse dicit, agere de inofficioso testamento iudicium. nunc vero sub obtentu iudicii de inofficioso testamento ab ipso Licinniano non suscepti per quinquennium, non debere moram fieri servituti. plane summatim aestimandum iudici concessit, an forte bona fide imploretur iudicium de testamento: et si id deprehenderit, praestituendum modicum tempus, intra quod si non fuerit contestatum, iubeat iudicem libertatis partibus suis fungi".

Es ist also nicht die Rede davon, daß der Kaiser die Aussetzung des Freiheitsprozesses schlechthin von der Tatsache der geschehenen Litiskontestation im Erbschaftsprozeß abhängig macht. Er will nur verhindern, daß der Antrag, den Freiheitsprozeß wegen eines angeblich zu erwartenden Erbschaftsprozesses auszusetzen, zu Verschleppungszwecken vorgebracht werde. Denn der Licinnianus, der vorgeblich Freiheit und Erbschaft aus einem Testament in Anspruch nimmt, ist nicht im Besitz der Erbschaft und hat fünf Jahre verstreichen lassen, ohne die hereditatis petitio anzustellen und zur Inoffiziositätsquerel[98]) Gelegenheit zu geben. Der Kaiser erklärt ausdrücklich, es wäre anders, wenn Licinnianus Erbschaftsbesitzer wäre und also erwarten konnte, der angeblich zu Unrecht übergangene Pflichtteilsberechtigte und sein, des Licinnianus, angeblicher Eigentümer werde gegen ihn klagweise mit der Inoffiziositätsquerel (und hereditatis petitio)[99]) vorgehen[100]). M. a. W. ANTONINUS PIUS gestattet für den Fall, daß der, welcher Freiheit und Erbschaft aus dem Testament in Anspruch nimmt, sich im Besitz der Erbschaft befindet, die Aussetzung des Freiheitsprozesses durch „Präjudizialdekret" (in diesem Falle offenbar in Gestalt der denegatio actionis) auch vor der Litiskontestation im Erbschaftsprozeß. Ja, der Kaiser gestattet sogar im Reskriptsfalle, nach vorgängiger summarischer Untersuchung, ob der Aussetzungsantrag nicht vielleicht doch gutgläubig gestellt sei, dem Licinnianus eine angemessene Frist zur Anstellung der hereditatis petitio (und Veranlassung der Inoffiziositätsquerel) zu setzen und erst nach deren fruchtlosem Ablauf dem Freiheitsprozeß Fortgang zu geben. Also selbst im Reskriptsfalle unter Umständen die — befristete bzw. bedingte — Aussetzung des Freiheitsprozesses durch „Präjudizialdekret" (in diesem Falle wohl in Gestalt des iudicare vetare[101])

---

[98]) Die ja auch einredeweise geltend gemacht werden konnte; vgl. l. 8 § 13 D. 5, 2. Ja, man hat, unter Berufung auf unsere Stelle, behauptet, daß der besitzende Pflichtteilsberechtigte zur klagweisen Geltendmachung der Inoffiziositätsquerel überhaupt nicht legitimiert gewesen wäre; vgl. darüber WINDSCHEID-KIPP, III § 584 Anm. 15a (dagegen), PISSARD, 157 Anm. 1 (dafür). Dann wäre die Passivität des Licinnianus noch weit belastender.

[99]) Über das Verhältnis dieser beiden Klagen zueinander vgl. WINDSCHEID-KIPP, III § 584 Anm. 13.

[100]) Vgl. PISSARD, 157, 158.

[101]) Da, wie der doppelte Gebrauch des Wortes „iudex" in verschiedenem Sinne zeigt, der Schluß der Stelle offenbar interpoliert ist (vgl. BRIEGLEB, 267ff.; PISSARD, 160), ist nicht ganz sicher, ob ULPIAN über ein Ordinar- oder ein Extra-

vor der Litiskontestation im Erbschaftsprozeß. Hält man endlich das von BÜLOW gänzlich mit Stillschweigen übergangene principium der l. 7 D. 5, 3 daneben, so ergibt sich, daß auch hier weder der daselbst erwähnte Senatsschluß, noch das daselbst erwähnte Reskript TRAIANS die Aussetzung des Freiheitsprozesses von der Tatsache der geschehenen Litiskontestation über die Inoffiziositätsquerel abhängig machen[102]).

Stellt mithin die genaue Untersuchung der l. 7 § 1 D. 5, 3 heraus, daß — um mit PISSARD[103]) zu sprechen — „ce texte invoqué par M. BÜLOW contient une condamnation formelle de son système", so steht es nicht anders mit den übrigen von BÜLOW angerufenen Quellenstellen. So zunächst mit l. 1 § 1, l. 51 § 1 D. 10, 2, von denen die erste von der Präjudizialexzeption handelt, die zweite nach BÜLOW, und zwar ausschließlich, vom Präjudizialdekret handeln soll[104]). Daß im Falle der ersten Stelle die hereditatis petitio noch nicht angestellt ist, soll BÜLOW nicht bestritten werden[105]). Ebenso ist BÜLOW zuzugeben, daß im Falle der l. 51 § 1 h. t. nicht die Präjudizialexzeption in Frage kommen kann. Hier aber nicht, wie BÜLOW meint, weil die actio familiae erciscundae und die hereditatis petitio gleichzeitig angestellt werden sollen, sondern weil der, welcher familiae erciscundae agere will, „totam hereditatem possidet"[106]), in welchem Falle ihm nach l. 1 § 1 h. t. selbst bei bestrittenem Erbrecht die exceptio quod praeiudicium hereditati non fiat nicht entgegensteht[107]). Ob in solchem Falle, wenigstens bei gleichzeitig angestellter hereditatis petitio, der Prozeß über die actio familiae erciscundae doch durch Präjudizialdekret, d. i. denegatio actionis oder iudicare vetare, ausgesetzt werden konnte, ist schon recht zweifelhaft, kann aber dahingestellt bleiben. Denn l. 51 § 1 h. t. erörtert die gleichzeitige Gewährung der beiden genannten Klagen überhaupt nicht unter dem Gesichtspunkt zu besorgender Präjudizialität der pronuntiatio, sondern — wirklich, und zwar allein[107a]) — unter dem denkbarer Identität des Zieles der

---

ordinarverfahren berichtet. PISSARD, 160 Anm. 4, meint, ULPIAN berichte über ein Extraordinarverfahren, behalte aber die Scheidung von ius und iudicium bei.

102) PISSARD, 155. Das princ. lautet: „Si quis libertatem ex testamento sibi competisse dicat, non debebit iudex de libertate sententiam dicere, ne praeiudicium de testamento cognituro faciat: et ita senatus censuit: sed et divus Traianus rescripsit differendum de libertate iudicium, donec de inofficioso iudicium aut inducatur aut finem accipiat". Übersetzt man in dem Schlußsatz „inducatur", mit PISSARD, 155 Anm. 3, durch „anhängig gemacht" („intentée"), so stünde für den Reskriptsfall sogar positiv fest, daß über die Inoffiziositätsquerel noch keine Litiskontestation stattgefunden hat. Nach SECKEL-HEUMANN, Art. Inducere, Nr. 9, soll allerdings „inducere" a. a. O. mit „aufheben, zurückziehen" zu übersetzen sein.

103) 159. 104) Prozeßeinreden, 128ff. 105) Anders v. VELSEN, 35.

106) An dem Subjektswechsel in l. 51 § 1 h. t., wo erst „ego a te hereditatem petere vellem tu me cum familiae erciscundae agere", während nachher das Umgekehrte der Fall ist, darf man sich nicht stoßen.

107) Dies scheint auch PISSARD, 161, 162, übersehen zu haben, wenn er meint, daß auch in l. 51 § 1 h. t. die Präjudizialexzeption in Frage stehe.

107a) Vgl. oben zu Anm. 65a, in Anm. 77 und unten hinter Anm. 140.

actio. Diese, nicht jene wird in der Stelle verneint. Allerdings geht wohl der Jurist (JULIAN) bei den hypothetisch gesetzten Tatbeständen davon aus, daß das Erbrecht beiderseits nicht bestritten ist. Indessen offenbar nicht, weil dann die Präjudizialgefahr ausgeschlossen ist, sondern weil dann die Ziele der actio familiae erciscundae (Erbschaftsteilung) und der hereditatis petitio (im Fall der Stelle: Eintreibung eines nomen hereditarium ipso iure divisum gegen einen zum Nachlaß schuldenden Miterben) nicht einmal teilweise zusammenfallen. M. a. W. die l. 51 § 1 h. t. handelt überhaupt nicht von der Präjudizialmaterie, und die Präjudizienlehre vor BÜLOW hatte ganz recht, sie nicht zu beachten[108]).

Es ist also auch nichts mit dem von BÜLOW konstruierten Gegensatz der l. 1 § 1, l. 51 § 1 D. 10, 2. Ebensowenig mit dem von ihm weiter konstruierten Gegensatz der l. 16, 18 D. 44, 1[109]). Jene handelt von der exc. quod praeiud. fundo non fiat. Es ist aber angesichts der Worte „de cuius proprietate inter me et te controversia est" schwer begreiflich, wie BÜLOW mit vollster Sicherheit behaupten kann, die rei vindicatio sei noch nicht in iudicium deduziert. Das Gegenteil ist doch mindestens das wahrscheinlichere[110]). Umgekehrt ist aus l. 18 D. h. t. nicht mit BÜLOW zu entnehmen, daß AFRICANUS die Präjudicialexzeption ausschließt und gerade nur das Präjudizialdekret gewährt[111]). Überdies steht (and. BÜLOW) für den zweiten Tatbestandsfall daselbst („item si" usw.) die gleichzeitige Anhängigkeit der beiden konnexen Prozesse nicht einmal fest[112]).

Auch von den übrigen von der Präjudizialexzeption handelnden Quellenstellen[113]) läßt sich aus Cic. De invent. II 40, GAI IV 133, l. 25

---

108) Worüber sich BÜLOW, Prozeßeinreden, 129, so wundert. Die Inanspruchnahme der l. 51 § 1 D. 10, 2 für die Präjudizialmaterie ist typisch für BÜLOWS (vgl. oben zu Anm. 65a) Vermengung der Identitäts- und Präjudizialmaterie. Das römische Recht leistet allerdings einer solchen Vermengung Vorschub; vgl. oben Anm. 77.

109) De praeiudic. exc. 24ff.; Prozeßeinreden, 172ff.

110) Ebenso schon PLANCK, KritVSch. XI 185; v. VELSEN, 35, 48. In Prozeßeinreden, 141, nimmt BÜLOW für l. 32 § 10 D. 4, 8 selbst an, daß „controversiam facere" die Vermutung nahe lege, daß der Rechtsstreit bereits anhängig sei. Vgl. auch l. 5 D. 43, 5 (Prozeßeinreden, 137/8). Daß „controversia" unter allen Umständen einen schon anhängigen Rechtsstreit bedeuten müsse (hiergegen BÜLOW, De praeiud. exc., 24 Anm. 57; Prozeßeinreden, 141) braucht dazu gar nicht behauptet zu werden, und soll es auch nicht.

111) So schon gegen BÜLOW: PERNICE, De ratione, 13; PISSARD, 108, 109; v. VELSEN, 50; auch MEWALDT, 25; PLANCK, a. a. O.

112) Vgl. schon PERNICE, a. a. O. 13; PISSARD, 109. Wenn BÜLOW, Prozeßeinreden, 173 Anm. 65, die im Text zu Anm. 111, 112 übernommenen Einwände PERNICES gegen diesen zu der Replik vereinigt, also beweise PERNICE selbst die Richtigkeit der BÜLOWschen Ansicht, daß die exceptio praeiudicii wegen eines iudicium maius futurum zur Anwendung komme, so ist das nur ein Fechterkunststück. Und wenn PISSARD, 108, gar positiv berichtet, PERNICE halte im ersten Tatbestand der l. 18 h. t. das Präjudizialdekret, im zweiten die Präjudizialexzeption für anwendbar, so läßt das fast auf den Gedanken kommen, PISSARD habe PERNICES Ansicht nicht aus der Originalquelle, sondern aus der verdrehenden Polemik BÜLOWS geschöpft.

113) Vgl. oben hinter Anm. 65.

§ 17 D. 5, 3 nichts Entscheidendes für BÜLOWS Beschränkung der Präjudizialexzeption auf den Fall eines iudicium maius futurum[114]), wohl aber aus der allerdings nicht ganz unbedenklichen[115]) c. 12 C. 3, 31 etwas dagegen[116]) entnehmen. Und was die übrigen von dem sog. Präjudizialdekret handelnden Fälle[117]) anlangt, so spricht mindestens nicht für BÜLOWS Beschränkung des Präjudizialdekrets auf den Fall eines iudicium maius praesens die (sich freilich auf das schiedsgerichtliche Verfahren beziehende) l. 32 § 10 D. 4, 8;[118]); positiv dagegen sprechen die wenn auch überarbeitete l. 7 § 1 D. 47, 10[119]), sowie Cic., in Verrem II lib. 3 c. 65 § 152[120]), wo die Privatstrafklage denegiert wird — also „Präjudizialdekret"[121]) —, obgleich ganz offenbar der Kriminalprozeß noch nicht anhängig ist.

Ist sonach die Beschränkung der Präjudizialexzeption auf den Fall eines iudicium maius futurum, des Präjudizialdekrets auf den Fall eines iudicium maius praesens unhaltbar, so ist auch nicht richtig, daß — wie BÜLOW meint[122]) — das Präjudizialdekret immer von Amts wegen erlassen worden sei. Wer sollte wohl glauben, daß das Präjudizialdekret im Falle der l. 7 § 1 D. 5, 3[123]) keinen Antrag des Licinnianus vorausgesetzt habe? Oder gar, daß die Präjudizialgefahr im Falle der l. 16 D. 44, 1 zwar nur auf Einrede, im Falle der l. 18 h. t.[124]) aber von Amts wegen beachtet worden sei[125])? Andererseits ist eine von Amts wegen beachtliche exceptio durchaus nicht ohne weiteres, wie BÜLOW glaubt[126]), eine „contradictio in adiecto". Die herrschende Ansicht, daß Exzeptionen nur auf Antrag inseriert werden, findet — so betont jetzt LENEL[127]) — in den Quellen keine Stütze. Ist dies richtig, so verliert, wie auch schon LENEL, daran anknüpfend, weiter ausführt[128]), BÜLOWS Argumentation, daß die exc. quod in reum capitis praeiudic. non fiat von dem „Präjudizialdekret" der l. 7 § 1 D. 47, 10 durch eine

---

114) Ebenso v. VELSEN, 35, 36; auch PERNICE, De ratione, 13; PISSARD, 102.

115) BÜLOW, Prozeßeinreden, 145ff.; PISSARD, 151.

116) v. VELSEN, 36. Insoweit vergeblich BÜLOW, a. a. O. 170. Freilich ist m. E. nicht so sehr das „fuerat" und „adsumebatur" in princ. (v. VELSEN), als das „si quis hereditatis petitionem vel susceperit" in § 1 der Stelle beweisend.

117) BÜLOW, Prozeßeinreden, 135ff.; PISSARD, 148ff.

118) Nach BÜLOWS eigenem Anerkenntnis (Prozeßeinreden, 141/2). Dazu PISSARD, 163/4.

119) Darüber BÜLOW, Prozeßeinreden, 177ff. Gegen BÜLOW schon PISSARD, 102 zu Anm. 2 das. und in Anm. 3 das., ferner 177ff.

120) Darüber BÜLOW, a. a. O. 153ff. Gegen ihn PISSARD, 183 Anm. 1.

121) Daß BÜLOW die denegatio actionis im Verres-Fall, aber auch nur diese als „Präjudizialdekret" gelten lassen will (Prozeßeinreden, 153, 181), ist reine Willkür; vgl. oben Anm. 90.

122) Vgl. oben hinter Anm. 63. 123) Vgl. oben hinter Anm. 97.

124) Vgl. oben hinter Anm. 109.

125) Vgl. denn auch schon SCHLESINGER, GöttGelAnz. 1869, S. 898 (auch die denegatio actionis habe auf Antrag erfolgen können).

126) Prozeßeinreden, 162; vgl. auch das. 267.

127) Ed. 91. Schon HÖLDER, ZivArch. XCIII 57ff. (s. unten Anm. 152); vgl. ferner E. HEYMANN, Verjährung, 29ff., 33ff., 35ff.

128) Ed. 136 Anm. 5.

tiefe entwicklungsgeschichtliche Kluft getrennt war[129]), jede „überzeugende Kraft"[130]). Die Sachlage gerade bei dieser Präjudizialexzeption forderte eine Insertion von Amts wegen.

Schließlich ist es ein innerer Widerspruch, wenn BÜLOW zwar einerseits Präjudizialexzeption und Präjudizialdekret nach Inhalt nnd Wirkung scharf unterscheidet, sie aber andererseits an rein äußerlich[131]) differenzierte Voraussetzungen knüpft. Wird im Falle der l. 16 D. 44, 1 die servitutis vindicatio erhoben, ehe noch die vindicatio fundi in iudicium deduziert ist, so steht der servitutis vindicatio die angeblich materielle exc. quod praeiudic. praedio non fiat entgegen, die in der Tat zur Klagabweisung führt. Wird aber die servitutis vindicatio erst post litem de fundo contestatam angestellt, so ergeht ein angeblich rein prozessuales und in der Tat der Rechtskraft unfähiges Präjudizialdekret, d. h. die actio wird zurzeit denegiert, oder es wird zwar die litis contestatio zugelassen, aber sodann durch iudicare vetare das iudicium ausgesetzt, beides mit dem Ergebnis, daß nach Erledigung der fundi vindicatio das Verfahren de vindicatione servitutis aufgenommen werden kann, soweit es nicht gegenstandslos geworden ist[132]). Wer in das Verständnis des römischen Prozeßrechts eingedrungen ist und die Rechtskraft der sententia zu überschätzen[132a]), die Wirkung der denegatio actionis zu unterschätzen aufgehört hat, wird an dem geschilderten Ergebnis (das in dieser seiner Verschiedenheit ja in der Tat auf der bloßen Verschiedenheit der Entscheidungsreife beruhen kann)[132b]), keinen Anstoß nehmen. Wer indessen, wie BÜLOW, in der exceptio ein materielles Recht sieht, das zur Sachabweisung führt, während er in dem „Präjudizialdekret" ein bloß prozeßleitendes differre, sustinere iudicium erblickt, das nicht einmal eine denegatio actionis zum Inhalt haben dürfe[133]), der darf nicht Rechtsfolgen so verschiedenen Inhalts und so verschiedener Wirkung von so rein äußerlich unterschiedenen Tatbeständen abhängig machen.

Der innere Widerspruch, an dem BÜLOWS Unterscheidung von Präjudizialexzeption und Präjudizialdekret krankt, wird noch sinnfälliger dadurch, daß BÜLOW seinem Unterscheidungsprinzip geradezu die Bedeutung eines heuristischen Prinzips beimißt und mit seiner Hilfe er-

---

129) Prozeßeinreden, 178ff.; unten zu Anm. 136.

130) Vgl. denn auch schon PLANCK, KritVSch. XI 187; MOMMSEN, 630 Anm. 2, 891 Anm. 3; sowie (der bei LENEL, a. a. O. zitierte) NABER, Mnemosyne, N. S. XXVII 274 Anm. 3.

131) BÜLOW, Prozeßeinreden, 147, spricht freilich von dem „tiefen innerlichen(!) Unterschied zwischen dem praeiudicium futuri und praesentis iudicii".

132) Dazu PISSARD, 194, 195.

132a) Vgl. HELLWIG, Rechtskraft, 18 Anm. 41; Syst. I § 174 IV, § 229 zu Anm. 37; WACH, 626.

132b) Vgl. unten Anm. 147.

133) Vgl. oben Anm. 90. So will denn auch BÜLOW, Prozeßeinreden, 166 Anm. 62, (gegen PLANCK) durchaus nicht wahr haben, daß bei Liquidität des Präjudizialnexus statt der Exzeption das Dekret ergehen könne, das in solchem Falle (nach PLANCKS zutreffender Ansicht) nichts anderes als eine denegatio actionis ist. Vgl. dazu noch unten Anm. 147.

mitteln will, ob in den Quellen überhaupt der Fall einer Präjudizialexzeption gegeben ist. So, wenn er im Falle der l. 18 D. 44, 1 eine Präjudizialexzeption um deswillen leugnet[134]), weil daselbst nach seiner Meinung die causae minores erst post litem de causa maiore contestatam anhängig gemacht werden. Und doch bedarf es keiner Ausführung, daß das Zusammentreffen der actio communi dividundo bzw. einer condictio fructus mit der fundi vindicatio (Fall der l. 18 h. t.) eher unter den von Bülow der Präjudizialexzeption unterlegten Gesichtspunkt einer Klagenkonkurrenz zu bringen wäre als das Zusammentreffen einer servitutis vindicatio mit der fundi vindicatio (Fall der l. 16 h. t.).

Wer übrigens, wie Bülow, der Präjudizialexzeption materielle, klagrechtszerstörende, dagegen dem Präjudizialdekret bloß prozeßleitende Bedeutung beimißt, wird die Ersetzung der exc. quod in reum capitis praeiudicium non fiat durch ein bloßes Präjudizialdekret in l. 7 § 1 D. 47, 10[135]) nicht allein mit dem Fortschritt erklären können, den die Erkenntnis des öffentlich-rechtlichen Charakters des Strafrechts bei den Römern gemacht habe[136]).

Danach wird man im wesentlichen Pissard beipflichten müssen, wenn er[137]) Bülows Unterscheidung von Präjudizialexzeption und Präjudizialdekret zusammenfassend mit den Worten charakterisiert: „La distinction de Bülow est purement artificielle, elle ne repose que sur un passage isolé de son contexte (5, 3, 7, 1)[138]) et sur un fragment détourné de son sens naturel (10, 2, 51, 1)[139]); elle oblige à séparer radicalement les hypothèses de décret et les hypothèses d'exception; elle conduit à faire une théorie à part pour les praeiudicia en matière criminelle"[140]).

4. In der Präjudizialmaterie des römischen Rechts ringen — wenn ich recht sehe — zwei disparate Gesichtspunkte nach Gestaltung: einmal der allgemeine prozessuale einer Regulierung der Reihenfolge konnexer Prozesse zur Verhütung einer unangemessenen präjudiziellen Inzidentfeststellung (§§ 148—155 unserer ZPO.); sodann der besondere erbrechtliche ausschließlicher Belangbarkeit des Erbschaftsbesitzers mit dem Erbschaftsanspruch (§ 2029 unseres BGB.). Nur jener gehört der prozeßrechtlichen Materie der Präjudizialität der Entscheidungen, dieser dagegen der bürgerlichrechtlichen Materie der Identität (nach Grund oder Ziel) konkurrierender Ansprüche an. Bülows Fehler war, diesen zweiten materiellrechtlichen Gesichtspunkt, dessen Eigenart ihm nur unvollkommen aufgegangen war, bei allen Präjudizialexzeptionen, nur bei ihnen und bei ihnen nur diesen finden zu wollen, und in den Dienst des ersten prozessualen Gesichtspunktes ausschließlich, allein und immer das von ihm so genannte Präjudizialdekret zu stellen, es zu diesem Ende auch in einen unrömischen Gegen-

134) Vgl. oben zu Anm. 67a, 111.

135) Vgl. freilich oben Anm. 121.

136) Prozeßeinreden, 178ff.

137) 198.

138) Vgl. oben hinter Anm. 96.

139) Vgl. oben hinter Anm. 105. Vgl. freilich Anm. 107.

140) Vgl. oben zu Anm. 121.

satz zur denegatio actionis zu bringen. Mit diesem ungeschichtlichen Rationalismus BÜLOWS in der Charakterisierung des Inhalts von Präjudizialexzeption und Präjudizialdekret hängt sein Radikalismus bei Bestimmung ihrer Voraussetzungen zusammen. Soweit in der römischen Präjudizialmaterie der Gesichtspunkt der Anspruchsidentität wirksam ist, griff post litem contestatam de causa maiore die exceptio rei in iudicium deductae bzw. rei iudicatae durch, war also für die Präjudizialexzeption kein Raum[141]). Andererseits werden allerdings die Römer, nicht viel anders als wir selbst (§ 148 unserer ZPO.), weder allgemein wegen jedes möglichen künftigen Prozesses über eine causa maior in causa minore die actio denegiert oder durch iudicare vetare das iudicium ausgesetzt, noch gar aus solcher Erwägung eine Präjudizialexzeption der Formel eingeschaltet haben[142]). Daraus macht BÜLOW, daß die Präjudizialexzeption durch die Litiskontestation de causa maiore ausgeschlossen, das Präjudizialdekret dagegen durch dieselbe bedingt werde.

In der Tat hat die Präjudizialexzeption vorwiegend prozessualen[143]), das Präjudizialdekret unter Umständen auch materiellen Inhalt. Beide wurden wegen eines erst zu erwartenden Prozesses de causa maiore wohl kaum anders als „causa cognita“[144]) und immer nur dann gewährt, wenn es im Belieben des Klägers stand, erst die Klage in causa maiore anzustellen[145]), während sie umgekehrt beide angesichts der schon in iudicium deduzierten causa maior insoweit ausgeschlossen waren, als die exceptio rei in iudicium deductae bzw. rei iudicatae durchgriff. Die Präjudizialexzeption, wenn auch ihrer Wirkungen halber rationell nur, soweit der Gesichtspunkt der Anspruchsidentität reicht, d. i. hauptsächlich in Gestalt der exc. quod praeiudic. hereditati non fiat gegenüber der erbschaftlichen Singularklage[145a]), wurde doch schwerlich nur in den quellenmäßig attestierten Fällen gewährt, sondern es konnte wohl in allen Fällen des sog. „Präjudizialdekrets“ eine exceptio gewährt werden[146]). Ob im Einzelfalle —

---

[141]) Vgl. oben zu Anm. 95. [142]) Vgl. schon PISSARD, 26, 198.

[143]) Vgl. auch WLASSAK, KELLER-WACH und MEWALDT, oben Anm. 67 a. E.

[144]) Daß „causa cognita“ eine eingehende Sachuntersuchung bedeutete (so SCHOTT I, 118ff.; gegen ihn MEWALDT, 65, 69ff., wohl in Übereinstimmung mit der herrschenden Ansicht), dürfte die Ausnahme gewesen sein (z. B. in l. 2 § 6 D. 5, 1, s. unten hinter Anm. 159). Wie hätte es sonst „causa cognita“ erst zur Einrückung einer Exzeption kommen können (GAI IV 118)? Vgl. dazu sofort in Anm. 146.

[145]) So treffend PISSARD, 197. [145a]) Vgl. dazu oben Anm. 77 a. E.

[146]) Also die von BÜLOW so erbittert verfolgte allgemeine exceptio praeiudicii. Ob eine solche ein für allemal im prätorischen Edikt vorgesehen war (dieser Annahme scheint LENEL, Ed. 137, zuzuneigen) oder im Einzelfalle „causa cognita“ (GAI IV 118; vgl. dazu oben Anm. 144) gewährt wurde (hierfür PISSARD, 31, 103/4, der nur — wohl im Anschluß an GIRARD, 1031 Anm. 3, aber nicht völlig zutreffend, vgl. schon WENGER, Art. Exceptio, 1561, — von einer exceptio „in factum“ spricht), wage ich nicht zu entscheiden. Erklärt doch selbst LENEL, a. a. O., über den näheren Inhalt der ediktalen Präjudizialklauseln keine bestimmte Vermutung zu wagen. v. VELSEN, 59, läßt wenigstens außer den quellenmäßig bezeugten drei Präjudizialexzeptionen (oben zu Anm. 65) noch eine exc. quod praeiudic. libertati non fiat gelten.

sei es auf Antrag, sei es von Amts wegen — eine Präjudizialexception inseriert oder ein Präjudizialdekret erlassen wurde, hing von der „Liquidität" der Präjudizialgefahr[147]), aber auch von der Lage des Prozesses de causa minore ab. Denn wenn in letzterem schon die Litiskontestation vorgenommen war, konnte von Insertion einer Exzeption keine Rede mehr sein[148]). Insofern gilt also das konträre Gegenteil von BÜLOWS Aufstellung: die Präjudizialexzeption ist nicht post litem de causa maiore, sondern de causa minore contestatam ausgeschlossen. Daß natürlich, wenn die causa maior schon in iudicium deduziert war, der Präjudizialnexus leichter liquid gewesen sein wird, als wenn dies noch nicht der Fall war, kann daneben zugegeben werden. War im Prozesse de causa minore die Litiskontestation schon vorgenommen, so war für das in solchem Falle allein zulässige Präjudizialdekret zugleich die allein zulässige Form: das iudicare vetare. Sonst erging wohl das Präjudizialdekret in Gestalt der denegatio actionis, wenn der schwebende oder zu erwartende Prozeß de causa maiore den Prozeß de causa minore voraussichtlich erübrigen würde, während anderen Falles der Prätor es zur Litiskontestation kommen ließ und erst dann durch iudicare vetare das iudicium aussetzte mit der Wirkung, daß es nach Entscheidung der causa maior aufgenommen wurde, sofern es nicht gegenstandslos geworden war[149]).

III. Kürzer lassen sich die übrigen von BÜLOW behandelten Exzeptionen erledigen. Die exceptiones litis dividuae und rei residuae (GAI IV 122, 56) hält BÜLOW[150]) für ebenso materiellen Inhalts, wie die exceptio pacti de non petendo intra quinquennium, im Anschluß an welche GAIUS sie behandelt. Er meint, diese wie jene seien Stundungseinreden; der Unterschied sei nur, daß jene sich auf eine ausdrückliche, diese auf eine stillschweigende Stundung stützten und verweist auf die Analogie des in l. 2 § 6 D. 44, 4 behandelten Falles[151]). Aber die Ana-

---

[147]) So schon PLANCK, Mehrheit, 204ff.; MEWALDT, 25. BÜLOW, Prozeßeinreden, 166 Anm. 62, übersieht bei seiner Polemik gegen PLANCK (vgl. schon oben Anm. 133) ganz, daß die denegatio actionis nie die konsumierenden Wirkungen der abweisenden sententia hat, und daß dieser Unterschied der Wirkungen doch auch sonst nicht hindert, die Beschreitung des einen oder anderen Prozeßweges von der Entscheidungsreife abhängig zu machen; vgl. schon oben zu Anm. 132b. — In Konsequenz seiner oben Anm. 144 erwähnten Auffassung des „causa cognita", hat SCHOTT I, 118ff., bestritten, daß die „Liquidität" des Sachverhalts regelmäßige Denegationsvoraussetzung gewesen sei. Gegen SCHOTT MEWALDT, 63ff.

[148]) Vgl. schon oben in Anm. 69.

[149]) So im wesentlichen schon PISSARD, 194, 195. Nur will PISSARD die denegatio actionis auf die Ausnahmefälle beschränken, in denen der Prozeß de causa minore unter allen Umständen verhindert werden soll. Dazu rechnet er vor allem den oben in Anm. 66 behandelten Fall, m. a. W. einen, in dem der Gesichtspunkt der Klagrechtskonkurrenz vorwiegen dürfte, außerdem einen ganz aus dem Rahmen der übrigen fallenden, in dem ein für allemal die prozessuale Aufrollung einer Statusfrage verboten ist (PISSARD, 189ff.). In letzterem Fall dürfte indessen kaum ein eigentliches Präjudizialverbot vorliegen; vgl. dazu BÜLOW, Prozeßeinreden, 139; übrigens PISSARD, 220ff., selbst.

[150]) Prozeßeinreden, 77ff. [151]) Prozeßeinreden, 81.

logie trifft nicht zu, und BÜLOWS Auffassung ist unrichtig[151a]). Von dem Gläubiger, der im voraus die Zinsen angenommen hat, kann man allerdings sagen: „tacite convenisse se non petiturum" vor Ablauf des Zeitraums, für den er die Zinsen annahm (l. 2 § 6 D. 44, 4). In den Fällen der exc. litis dividuae und rei residuae haben wir es dagegen mit einem offenbar im öffentlichen Interesse bestehenden ediktalen Ausschluß wiederholter Teilklagen intra eiusdem praeturam zu tun. Im Falle der exc. rei residuae soll sogar — mittelbar — „objektive Klagenhäufung" (§ 260 unserer ZPO.) erzwungen werden. Es handelt sich mithin offenbar um Sätze prozessualen Inhalts, und die Exzeptionen rügen die prozessuale Unzulässigkeit[151b]) der intra eiusdem praeturam erhobenen Restklage. Sie dürften denn auch vermutlich bei gegebenem Anlaß von Amts wegen inseriert worden sein[152]). Daß bei Liquidität des Sachverhalts schon der Magistrat die Restklage denegieren konnte, halte ich für unzweifelhaft[153]).

Was endlich die exceptio fori anlangt, deren prozessualer Inhalt ja unbestreitbar wäre, so hat BÜLOW[154]) — wie schon vorher PLANCK[155]) — nachzuweisen gesucht, daß eine solche Exzeption nie existiert, es vielmehr immer dem Magistrat obgelegen habe — eventuell causa cognita — über seine Zuständigkeit zu entscheiden. Dem sind SCHOTT[156]) und MEWALDT[157]) sowohl auf Grund des Quellenmaterials[158]), als auch aus allgemeinen Erwägungen beigetreten[159]).

In der Tat spricht die Quellenausbeute (bes. l. 2 § 6, l. 5 D. 5, 1) positiv für eine magistratische causae cognitio in der Zuständigkeitsfrage, während sie nichts für eine exceptio fori ergibt. Denn daß in

---

[151a]) Vgl. schon EISELE, Zur Geschichte usw., 62; A. S. SCHULTZE, 327.

[151b]) Ebenso schon KELLER-WACH, 164; A. S. SCHULTZE, 327. Der Gegensatz der Wirkungen eines pactum de non petendo und eines partem rei petere oder quasdam lites differre läßt sich vergleichen dem Gegensatz der Bewilligung einer Zahlungsfrist (die wie eine Stundung wirkt) und der Einstellung der Zwangsvollstreckung gemäß §§ 1, 2 der Bek. v. 8. Juni 1916 (RGBl. 452). Eine exc. rei residuae würden wir im übrigen in § 767 III unserer ZPO. vor uns haben, wenn diese Gesetzesbestimmung nur die Geltendmachung der „Einwendungen" mittels mehrerer Klagen ausschlösse; vgl. dazu GOLDSCHMIDT, Ungerechtfert. VollstreckBetrieb, 64 Anm. 43; STEIN, Nr. V zu § 767 ZPO.

[152]) Vgl. oben zu Anm. 127. Entsprechend nimmt schon — für einen materiellrechtlichen Befristungsfall — HÖLDER, ZivArch. XCIII 57ff., an, daß der Prätor da, wo er eine Klage nur intra annum gewährte, sofern er nicht denegierte, von Amts wegen eine exceptio temporis inseriert habe.

[153]) Trotz BÜLOW, Prozeßeinreden, 83. Gegen BÜLOW schon v. BAR, ZivArch. LII 435.

[154]) Prozeßeinreden, 85ff.

[155]) Mehrheit, 9, 10; ebenso ders. dann in der KritVSch. XI 168.

[156]) I, 25—27.

[157]) 6—8.

[158]) l. 2 § 6, l. 5, 24 § 2 D. 5, 1; l. 6 § 1 D. 50, 7; l. 5 § 1 D. 13, 5; l. 1 § 2 D. 2, 2. BÜLOW, a. a. O. 93, 94, glaubt noch ein ausdrückliches Verbot der Zuständigkeitsprüfung in iudicio (mutatis mutandis = §§ 16—18 unserer StPO.) in der gewöhnlich anders verstandenen l. 30 D. 5, 1 zu finden: „Ubi acceptum est semel iudicium, ibi et finem accipere debet". Er meint, daß die Stelle nicht die ihr gemeinhin zugeschriebene Bedeutung habe, gehe aus l. 7 eod. hervor.

[159]) Ebenso GIRARD, 1007 Anm. 1; PARTSCH, 77/8. Ablehnend v. BAR, ZivArch. LII 436ff.; wohl auch SCHWALBACH, ZRG. II 201/2.

l. 7 pr. D. 2, 8 (eigentlich der einzigen in Frage kommenden Stelle aus der klassischen Zeit) „fori praescriptionem" im technischen Sinne eines Formelbestandteiles gemeint ist, ist schwerlich anzunehmen. Auch wird man sich nicht leicht vorstellen können, daß der Gerichtsmagistrat die Prüfung seiner eigenen Zuständigkeit dem iudex überwies. Ausschlaggebend aber dürfte sein: Zu einer Absolvierung konnte die exceptio fori nicht führen[160]). Denn wenn sie durchgriff, erwies sich das iudicium als von vornherein nichtig (l. 1 § 2 D. 2, 2)[161]); die res de qua agitur war nicht in iudicium deduziert und konnte also auch nicht Gegenstand der sententia sein[162]). Vielmehr ist anzunehmen, daß in solchem Falle der iudex sich einer sententia überhaupt zu enthalten hatte[163]). Eine dahingehende Formelanweisung als Exzeptionsfolge ist uns aber unbekannt und wohl mit der Formeltechnik tatsächlich unverträglich[164]) Bleibt die Möglichkeit der Annahme einer praescriptio fori, die ja scheinbar durch die erwähnte l. 7 pr. D. 2, 3 eine gewisse Unterstützung erhielte, und zwar einer praescriptio mit der Wirkung, daß, wenn der iudex ihre Voraussetzungen feststellte, die res de qua agitur nicht als in iudicium deducta, die actio als nicht konsumiert galt[165]). Aber was sollte das für eine praescriptio gewesen sein? Gegen die Annahme einer praescriptio pro reo erhebt sich der oben wiederholt[166]) geltend gemachte Einwand, daß ein dem Interesse des Beklagten dienender Formelbestandteil kaum die Eigentümlichkeit gehabt haben wird, eine dem Kläger nachteilige Konsumtionswirkung zu hindern. An eine praescriptio pro actore zu denken, verbietet aber wiederum die Erwägung, daß die Berücksichtigung der Unzuständigkeit doch nur in einem dem Interesse des Beklagten dienenden Formelbestandteil zum Ausdruck gekommen sein kann. Eine Überweisung der Prüfung der magistratischen Zuständigkeit an den iudex mittels sponsio praeiudicialis[167]) wäre schließlich an sich möglich[168]), es fehlt aber an einem Quellenzeugnis für die Überweisung derartiger Punkte an den iudex[169]). Weit wahrscheinlicher ist der Gesichtspunkt, auf den

---

160) Dies hebt schon SAVIGNY, Syst. V 176 Anm. und 177, hervor.

161) Vgl. oben hinter Anm. 48.

162) BÜLOW, Prozeßeinreden, 107/8 und Anm. 54 das.

163) Vgl. oben hinter Anm. 46. Ebenso schon SAVIGNY, a. a. O. Die Übertreibung BÜLOWS, Prozeßeinreden, 91 Anm. 21, daß selbst ein Inkompetenzurteil des iudex nichtig gewesen wäre, hat schon SCHOTT I, 26, 27, zurückgewiesen. Allerdings müßte man mit WLASSAK (oben Anm. 74) davon ausgehen, daß die Litiskontestation, soweit sie unbedingt wirksam sein sollte, sich auf die Kompetenzfrage beschränkt hätte, was nur bei vorausgeschriebener praescriptio pro reo (unten zu Anm. 165) oder in Form einer sponsio praeiudicialis (unten zu Anm. 168) denkbar wäre.

164) So mit Recht SCHOTT I, 26; MEWALDT, 7. Vgl. auch vorige Anm.

165) Vgl. oben zu Anm. 74 und diese Anm. selbst.

166) Zu Anm. 76b, 84.

167) Eine solche erwägt SCHOTT I, 27.

168) Denn der von MEWALDT, 8, erhobene Einwand, sie scheitere an der Nichtigkeit der constitutio iudicii, beruht auf derselben Übertreibung wie die oben Anm. 163 erwähnte Ausführung BÜLOWS. Vgl. schon SCHOTT I, 27.

169) MEWALDT, 8; aber auch SCHOTT selbst, a. a. O.

PARTSCH[169a]) hinwies: die römische Praxis bezeichne mit den Worten: praescribere und praescriptio jeden Antrag des Beklagten im Verfahren in iure, durch welchen der Beklagte vor der Litiskontestation sich gegen die Genehmigung der Formel in der vom Kläger beantragten Form wehrt.

IV. Auf die oben unter I—III erörterten Exzeptionen (exc. procuratoria und cognitoria, praeiudicii, litis dividuae und rei residuae, fori) hat sich BÜLOW bei seinem Feldzug gegen den prozeßrechtlichen Inhalt der Exzeptionen beschränkt. Es sind nach seiner Versicherung[170]) diejenigen Exzeptionen, welche die Theorie seiner Zeit zu den Prozeßeinwendungen der Römer rechnete. Nun lehrt allerdings die Dogmengeschichte[171]), daß die von BÜLOW befehdeten „Prozeßeinreden" sich grundsätzlich aus den exceptiones dilatoriae des byzantinischen Prozesses entwickelt haben. Weder diese unbestreitbare Tatsache noch irgendwelche angeblichen zeitgenössischen Lehren[172]) sind indessen für jemanden, der den materiellen Inhalt sämtlicher römischer Exzeptionen nachzuweisen verspricht, eine ausreichende Rechtfertigung, in diesen Nachweis von vornherein nur bestimmte dilatorische Exzeptionen einzubeziehen. Wenigstens dann nicht, wenn es außerhalb dieses Kreises eine oder — wenn man will[173]) — zwei der wichtigsten (GAI IV 121) peremtorischen Exzeptionen gibt, die „dringend verdächtig" sind, prozeßrechtlichen Inhalts zu sein: die exeptio rei in iudicium deductae und rei iudicatae. BÜLOW erwähnt gelegentlich sowohl die peremtorischen Exzeptionen im allgemeinen als auch die exc. rei in iudic. ded. vel rei iud. im besonderen. Aber nur zu Widerlegungszwecken. So sagt er von jenen[174]): „Noch hat niemand eine peremtoria exceptio für eine Prozeßeinrede auszugeben gewagt"(!). Und von diesen[175]): „Aus diesem Grunde[176]) müßte man auch die exc. rei in iudicium deductae vel rei iudicatae ... für Prozeßeinreden erklären." Oder[177]): „Diese ... Einreden sind doch unstreitig sachlicher Natur." Indessen das Gegenteil ist richtig. Beide Exzeptionen haben prozeßrechtlichen Inhalt. Denn die Wirkungen des iudicare und des deducere in iudi-

---

169a) Longi temp. praescriptio, 72ff., und ZRG. Rom. Abt. 28 (41) 444ff.

170) Prozeßeinreden, 28.

171) Vgl. PFEIFFER, XII 157ff.; BÜLOW, Prozeßeinreden, 18ff.; SCHWALBACH, ZRG. II 199ff. Das anscheinend entgegengesetzte Bild, das man aus C. L. GOLDSCHMIDT, Abhdl. 11ff., („Über prozeßhindernde Einreden") erhält, beruht darauf, daß GOLDSCHMIDT nur die exceptiones rei finitae (vgl. unten zu Anm. 179a, 411 und in Anm. 416) behandelt.

172) Vgl. übrigens sofort zu Anm. 179a.

173) Auf die Kontroverse LENEL, Ed. 486ff., wider EISELE, Abhdl. 4ff.; ZRG. XXI 1ff., ob die exc. rei in iudic. ded. vel rei iud. eine oder zwei Exzeptionen gewesen seien, braucht hier nicht eingegangen zu werden. Dazu R. LEONHARD, Replik des Prozeßgewinns, 71; LEVY, 57 Anm. 2. Vgl. schon BRINZ, I 334ff.; KLEINSCHROD, 38ff.

174) Prozeßeinreden, 74.

175) Prozeßeinreden, 81/2.

176) Sc. „weil bei ihrer Begründung ... ein prozessualischer Vorgang mit im Spiel sei."

177) Prozeßeinreden, 227. Ebenso freilich SEUFFERT, Z. VIII 202.

cium[178]) — beide Handlungen im Sinne reiner, d. i. materiellrechtlich unbedingter Prozeßhandlungen genommen — sind prozessuale Wirkungen[179]). Tatsächlich sind schon von den Glossatoren die exc. rei iudicatae und transactae, als exc. rei finitae (cap. 1 in VI. 2, 3), von der gemeinrechtlichen Doktrin sogar alle peremtorischen Exzeptionen, sofern sie nur liquid waren, für „prozeßhindernde Einreden" erklärt worden[179a]).

Was von der exc. rei in iudic. deductae vel rei iudicatae, gilt von der exc. iurisiurandi (l. 9 pr., 11 pr., § 3, 28 §§ 4—7 D. 14, 2). Die erwähnte gemeinrechtliche exc. rei transactae hat im römischen Recht das Gewand einer exceptio pacti[180]). Prozessualen Inhalts ist auch die exceptio annalis (l. 1 D. 44, 3): „si non plus quam annus est, cum experiundi potestas fuit"[180a]). Sie ist gewissermaßen ein Gegenstück zu den exceptiones litis dividuae und rei residuae (oben unter III), wurde, wie diese, von Amts wegen inseriert[180b]) und rügt die prozessuale Unzulässigkeit der nach Jahresfrist erhobenen Klage.

Endlich ist bereits oben[181]) bei Erörterung der Präjudizialexzeption ausgeführt worden, daß wohl in allen Fällen überlieferten magistratischen „Präjudizialdekrets" eine exceptio praeiudicii gewährt werden konnte. Diese Ausführung war nur die Anwendung eines allgemeinen Satzes, wonach der Prätor freie Hand hatte, auch Prozeßhindernisse, anstatt sie selbst, insbesondere in Gestalt der denegatio actionis, zu berücksichtigen, durch Einschaltung einer Exzeption dem iudex zur Be-

---

[178]) Vgl. schon oben Anm. 78, unten hinter Anm. 258, 360, 913, 914.

[179]) Unberührt bleiben die materiellen Wirkungen der Litiskontestation und Kondemnation (Gai III 180), deren Eintritt indessen das wirkliche Bestehen der actio (obligatio) voraussetzt. Die prozessualen und materiellen Wirkungen der Litiskontestation werden meist vermengt; so bei Bekker, Konsumtion, 284 ff.; Akt. II 176 ff.; Geib, 225 (vgl. aber dens. Anm. 2 das.); Keller, Litiskontestation, 82 ff.; Pernice, ZRG. V 51 ff.; Wetzell, 128 ff.; ausführlich darüber unten hinter Anm. 202, 257, 892. Scharfe Unterscheidung der positiven prozeßrechtlichen und materiellrechtlichen Folgen der Litiskontestation nur bei Seckel, Haftung, 3, 41 Anm. 2; vgl. aber auch Hellwig, Syst. I § 110 III 1 a. E. — Einem Zusammentreffen der prozessualen Wirkungen jedes Urteils und materieller Wirkungen der gerechtfertigten Verurteilung begegnen wir wieder im modernen Strafprozeß, in den sich der römische Gedanke der gleichzeitig konsumierenden und novierenden Wirkung der prozessualen Ausübung materieller Justizrechte herübergerettet hat; vgl. Goldschmidt, DJZ. XIV 1132; VollstrBetr., 31 Anm. 33 (anders noch MatJustR. 69 Anm. 330); RGESt. XLI 153; unrichtig Binding, Abhdl. II 327 (im Widerspruch zu 289 das.); nur zum Teil richtig Beling, Festschrift für Binding, 90 (unten Anm. 1404).

[179a]) Heffter, 160/1, 434, 437; Wetzell, § 70 von Anm. 76 ab; C. L. Goldschmidt, Abhd., 11 ff.; Albrecht, 119 ff., 170, 181; unten zu Anm. 411. Daß die „exc. litis ingressum impedientes" alle „materielle" seien — so Bülow, a. a. O., 18 Anm. 1 —, bedarf keiner Widerlegung. Vgl. denn auch bezüglich der exc. rei in iudic. ded. vel iudicatae Gradenwitz, Volksspruch, 395; Levy, 54.

[180]) Die l. 23 § 3 D. 12, 6, die von einer exc. doli spricht, meint die exc. doli generalis im Sinne der Byzantiner (l. 2 § 5 D. 44, 4).

[180a]) Lenel, Ed., 485 ff.

[180b]) E. Heymann, Verjährung, 29 ff., 33 ff., 35 ff.

[181]) Zu Anm. 146.

rücksichtigung aufzugeben[182]). So z. B. die Postulationsunfähigkeit[183]), die Exemtion von der Gerichtsbarkeit[184]). Allerdings ist eine Einschränkung zu machen. Soweit das Prozeßhindernis die Nichtigkeit des iudicium zur Folge gehabt hätte, konnte seine Berücksichtigung dem iudex nicht mittels Exzeption aufgegeben werden. Denn — wie bereits oben[185]) ausgeführt — ist der Formeltechnik die Anweisung an den iudex, sich bei Durchgreifen der Exzeption der sententia zu enthalten, fremd. Ebensowenig ist — gleichfalls aus den oben[186]) dargelegten Gründen — anzunehmen, daß die Überweisung solcher prozessualer Nichtigkeitsgründe an den iudex durch eine praescriptio irgendwelcher Gestalt oder durch sponsio praeiudicialis stattgefunden hat.

c) Das iudicium als angeblich eigentliches Prozeßrechtsverhältnis. Der Begriff der sogenannten Prozeßobligation.

(§ 5.)

Das Ergebnis ist also: Weder hat das Verfahren in iure zum ausschließlichen Gegenstand die Prozeßvoraussetzungen, noch das Verfahren in iudicio zum ausschließlichen Gegenstand das materielle Streitverhältnis. Nicht einmal die Exzeptionen haben immer materiellrechtlichen Inhalt.

Trotzdem hat man versucht, die verlockende, aber falsche und in wesentlichen Punkten sofort als falsch erkannte Theorie Bülows in anderem Gewande zu retten. So hat Planck schon in seiner Besprechung von Bülows „Prozeßeinreden" ausgeführt[187]): Sei auch nicht der Gegensatz des Verhandlungsstoffes Ursache der Zäsur des Verfahrens, so sei doch die Zäsur des Verfahrens Ursache der Natur des Verhandlungsstoffes geworden; was der Prätor in iure behandelt habe, sei

[182]) Typisch l. 9 pr. D. 12, 2 (wo die Worte: „id est" — „ambigitur" glossematisch sind). Vgl. im übrigen Pernice, De ratione, 8ff.

[183]) Mewaldt, 9, 10. Anders Schott I, 28. Wenn Mewaldt, a. a. O., annimmt, daß auch die Prozeßunfähigkeit durch Exzeption überweisbar war, so ist ihm nicht zuzustimmen; vgl. sofort zu Anm. 185.

[184]) D. i. die absolute (l. 2 D. 2, 4) oder innerhalb gewisser Pietätsverhältnisse bei Mangel besonderer prätorischer Ermächtigung gegebene (l. 4 § 1 D. 2, 4) Unzulässigkeit der in ius vocatio (Mewaldt, 10, 11), die von Schott I, 29 — nicht glücklich (vgl. schon Mewaldt, 10 Anm. 3) — so genannte „passive Postulationsunfähigkeit". (Entsprechende Tatbestände werden von der modernen Gesetzgebung und Rechtsprechung mitunter — auch nicht glücklich — als Fälle der „Unzulässigkeit des Rechtsweges" aufgefaßt.) Im Ergebnis übereinstimmend Mewaldt, a. a. O.; abweichend Schott, a. a. O. Was Schott I, 27ff., und Mewaldt, 22, unter „Zulässigkeit des Rechtsweges" behandeln und ausschließlich der Prüfung in iure vorbehalten, gehört in der Hauptsache — wenigstens in Rom — in das Gebiet der materiellrechtlichen Klagbarkeit. Ebenso wohl die von Schott I, 29, und Mewaldt, 11, erwähnte Unzulässigkeit infamierender Klagen gegen Eltern, Ehegatten und Patrone.

[185]) Zu Anm. 164.

[186]) Hinter Anm. 164, 167.

[187]) KritVSch. XI 171; vgl. schon oben Anm. 41.

eben dadurch Prozeßvoraussetzung geworden. M. a. W. — um eine Terminologie des modernen Staatsrechts zu verwerten — PLANCK stellt einen Begriff der Prozeßvoraussetzungen im formellen Sinne auf. Und in ganz demselben Sinne bemerken KELLER-WACH[188]) und — sachlich übereinstimmend — WLASSAK[188a]): Zur Zeit des Legisaktionenverfahrens seien alle Exzeptionen prozeßhindernd gewesen, weil sie insgesamt zu einer denegatio actionis geführt hätten. Eine Erklärung finden diese Aufstellungen in der traditionellen, auch hier bisher nicht widerlegten Lehre[189]), daß eben nur das iudicium „eigentliches Prozeßrechtsverhältnis" gewesen sei.

Was heißt nun aber in diesem Sinne „eigentliches Prozeßrechtsverhältnis"? BÜLOW[189a]) hat behauptet, daß erst mit „dem öffentlich-rechtlichen Vertrage" der Litiskontestation „einerseits das Gericht die konkrete Verpflichtung, für die Feststellung und Verwirklichung des geltend gemachten Anspruchs zu sorgen", übernehme, „andererseits aber auch die Parteien verbunden werden, hierzu die erforderliche Mitwirkung zu leisten und sich dem Resultate dieser vereinten Tätigkeit zu unterwerfen". Er hat zur Bekräftigung auf das „iudicio contrahi" in l. 3 § 11 D. 15, 1 und zur Illustration auf die Rechtsverhältnisse des receptum und compromissum verwiesen[189b]). Die in neuerer Zeit von WLASSAK[189c]), unter vieler Beifall, aufgestellte Lehre von dem Vertragscharakter der Litiskontestation knüpft bekanntlich gleichfalls an das „iudicio contrahi" an, und sie hat, nach ihres Urhebers ausdrücklichem Bekenntnis[189d]), das Ziel, „eine haltbare Grundlage zu schaffen für die These: der römische Privatprozeß hat seinen Ursprung im Schiedsgericht". Die modernste romanistische Forschung scheint danach BÜLOWS Lehre glänzend zu rechtfertigen.

Bei näherem Zusehen ergibt sich indessen, wie fern den modernen Romanisten BÜLOWS Unterstellung liegt, daß wirklich, wie im Schiedsvertrage, so auch in iudicio zwischen dem Richter und den Parteien andere — wohlverstanden abstrakte — Rechte und Verpflich-

---

188) 216/7, 176ff.; vgl. schon oben Anm. 75.

188a) Einrede, 32, 47; oben Anm. 75.

189) Vgl. z. B. HELLWIG, Lehrb. II 5, 13; Syst. I §§ 98 I, 111 Anm. 5; PUCHTA, 8/9 (§ 150); SECKEL-HEUMANN, Art. Iudicium Nr. 2; SECKEL, Haftung, 3; SPERL, 2ff.; WENGER, Actio iudicati, 13 Anm. 43; WLASSAK, Litiskontestation, 56; Prozeßgesetze, II 26 Anm. 1, 357; ZRG. XXXIII 103 Anm. 1; schon oben zu Anm. 44.

189a) Prozeßeinreden, 2.

189b) A. a. O. 3 Anm. 2; vgl. auch Z. XXVII 227ff. Auf das compromissum verweist auch PLÓSZ, 16, freilich nicht ohne 83/4 richtig zu bemerken, daß dem Schiedsvertrage hier das Band entspricht, mit dem der Staat seine Mitglieder umschließt.

189c) Die Litiskontestation im Formularprozeß, Breslauer Festgabe für WINDSCHEID, 1888. Vgl. übrigens schon JHERING, Geist I 171. Über WLASSAKS Vertragstheorie s. unten Anm. 490ff.

189d) ZRG. XXV 139 Anm. 1; vgl. auch Litiskontestation, 54, 55. Bekanntlich hat schon JHERING, Geist I 167ff., den römischen Prozeß aus dem Schiedsgericht abgeleitet.

tungen bestanden hätten, als sich schon aus dem allgemeinen staatsbürgerlichen Verhältnis ergaben[189e]). Für WLASSAK und seine Anhänger handelt es sich nur um eine schiedsvertragsmäßige Einkleidung der bedingten „Prozeßobligation“ [189f]). Mag man indessen unter „bedingter Prozeßobligation“ das „unfertige“ „comdemnari oportere“ oder die „bedingte Judikatsobligation“ verstehen, und mag eine solche Auffassung des durch die Litiskontestation entstehenden Rechtsverhältnisses richtig oder falsch sein[189g]) — jedenfalls ist ein solcher auf prozessuale Gestaltung des Anspruchs gerichteter Vertrag kein Schiedsvertrag[189h]). Er betrifft den „Gegenstand des Streits“, nicht — wie der Schiedsvertrag — die Art seiner „Entscheidung“ [189i]). Er betrifft also die konkreten, materiellen Rechtsbeziehungen, nicht — wie der Schiedsvertrag — die abstrakten, formellen. BÜLOW ist nur mit der Anerkennung eines diese abstrakten, formellen Beziehungen erfassenden Prozeßrechtsverhältnisses gedient. Daran denken nun aber unsere modernen Romanisten so wenig, daß sie sich vielmehr beeifern zu erklären, das römische „Prozeßrechtsverhältnis“, die sog. „Prozeßobligation“ [189k]), habe mit dem Prozeßrechtsverhältnis der modernen Zivilprozeßlehre nichts gemein. SCHOTT[190]) sagt: „Es wäre gut, wenn die moderne Prozeßwissenschaft ... den gewaltigen Unterschied zwischen dem Prozeßrechtsverhältnis unserer modernen Theorie und dem iudicio contrahere, für dessen Erkenntnis WLASSAKS Arbeiten so fruchtbringend waren, beachtete.“ Und auch KOSCHAKER[191]) betont die Verschieden-

---

189e) Vgl. hier vorläufig einerseits KOSCHAKER, 310/11 — unten Anm. 207b — andererseits SOHM, bei GRÜNHUT VI 465/6; WACH, ebenda, VI, 557; VII, 147; sowie die oben in Anm. 189b zitierte Bemerkung PLÓSZ', 83/4; ausführlich unten in § 8.

189f) WLASSAK, Litiskontestation, 57, der darunter unzweifelhaft das „bedingte condemnari oportere“ versteht — vgl. unten zu Anm. 210, 213/4 —, obwohl er a. a. O., 57 Anm. 1, für seine Ansicht BETHMANN HOLLWEG, Zivilprozeß II 487; JHERING, Geist I 171/2, anführt, welche auf die „bedingte Iudikatsobligation“ — vgl. unten zu Anm. 210b, hinter Anm. 304 — abstellen. Auch DONELLUS, Comment. de iure civ. lib. XII cap. XIV unter VI, VII (Bd. III col. 559, 560) faßt die Litiskontestation als echten Vertrag auf des Inhalts: „Reus apud magistratum iudicium suscipiendo de ea re, aperte declarat se hoc sentire, ac pene dicere, se paratum esse solvere, si condemnetur sententia iudicis: sed velle se etiam, si absolvatur, liberum discedere nec amplius quicquam a se peti. Quod et ipsum actor in se admittit, cum iudicium suscipit; quoniam alterutrum semper venit in rem iudicatam, condemnatio vel absolutio.“

189g) Vgl. unten zu Anm. 213/4 und hinter Anm. 304.

189h) Über den Unterschied zwischen dem Schiedsvertrag und einem die materiellen Rechtsverhältnisse ordnenden Vertrag vgl. HELLWIG, Syst. II § 260 II 3a; RGEZ. LXVII 71; XCVI 59.

189i) Vgl. den Gegensatz in § 1025 dtsch. ZPO., auf den mit Recht HELLWIG, Syst. II § 260 II 2a, aufmerksam macht.

189k) Der Ausdruck „Prozeßobligation“ ist — soweit ich sehe — auf BUCHKA, I 163, zurückzuführen.

190) I, 67 Anm. 1. Vgl. schon oben Anm. 37a.

191) 308/9. Der von KOSCHAKER, 308 Anm. 4, zitierte SPERL, 4ff., ist in diesem Zusammenhang nicht zu erwähnen, da gerade er (7) dafür eintritt, daß

heit der römischen „Prozeßobligation" und des modernen Prozeßrechtsverhältnisses. Nach WLASSAK[192]) aber, auf den sich die genannten beiden Schriftsteller berufen, ist die römische Prozeßobligation ausschließlich ein Rechtsverhältnis zwischen actor und reus, und zwar das „litis contestatione teneri" oder „condemnari oportere" (GAI III 180; anscheinend im Glossem auch „litis exercitatio" genannt in l. 8 § 3 D. 46, 1)[193]), das an Stelle der durch die Litiskontestation vernichteten privatrechtlichen Forderung tritt.

Dieses „litis contestatione teneri" oder „condemnari oportere" aber ist, trotz der gegenteiligen Behauptung KOSCHAKERS[194]), überhaupt kein dem Prozeßrecht angehöriges Rechtsverhältnis. Wenn KOSCHAKER sich für seine Behauptung auf WLASSAK beruft[195]), so ist zunächst festzustellen, daß dieser nur[196]) von der Litiskontestation ausführt, daß sie „als Vertrag des Prozeß-, nicht des Privatrechts" erscheine, und daß für sie daher „zum Teil andere Grundsätze" gälten als für „gewöhnliche Kontrakte". WLASSAKS Ausführung gilt also grundsätzlich nur dem Tatbestand, nicht der Rechtsfolge, und die Inanspruchnahme jenes für ein Rechtsgebiet präjudiziert an sich der rechtssystematischen Einordnung dieser wenigstens dann nicht, wenn (wie hier tatsächlich der Fall ist, wenn auch von WLASSAK nicht erkannt) der einheitliche Tatbestand eine mehrfache Rechtsfolge auslöst[197]). Dies ist freilich wiederum dann anders, wenn — wie nach WLASSAK — jener angebliche Prozeßvertrag gerade die Erzeugung der sog. „Prozeßobligation" zum Inhalt haben soll[197a]). Und wenn WLASSAK als Beleg auch auf l. 58 D. 5, 1 verweist[198]), wonach „iudicium solvitur vetante eo qui iudicare iusserat"[199]), so rechtfertigt er sogar KOSCHAKERS Berufung auf ihn voll und ganz. Denn der in der zitierten lex enthaltene waschechte Prozeßgrundsatz bezieht sich nicht auf die Litiskontestation, sondern

---

das römische iudicium ein dreiseitiges, abstraktes Rechtsverhältnis zwischen den Parteien und dem iudex gewesen sei, während er das Prozeßverhältnis des modernen Rechts, mit KOHLER, für ein zweiseitiges, nur unter den Parteien bestehendes Rechtsverhältnis erklärt; vgl. schon oben Anm. 9, 10. Dagegen meint R. SOHM, Litis contestatio, 3, wenn er von dem durch die Litiskontestation an Stelle des alten Rechtsverhältnisses tretenden „Prozeßrechtsverhältnis" spricht, das durch den Spruch des iudex in das dem Urteil entsprechende Rechtsverhältnis verwandelt werde, die „Prozeßobligation" im romanistischen Sinn; vgl. aber noch unten Anm. 201a.

[192]) Litiskontestation, 57; Prozeßgesetze, II, S. X, XI, 357, 363; Art. Actio, 307; ZRG. XXXIII 90 Anm. 1, 105 Anm. 4; vgl. aber auch schon BEKKER, Akt. II 174ff.; PERNICE, ZRG. V 51ff.

[193]) SECKEL, Haftung, 41 Anm. 2. In anderem Sinn freilich spricht l. 32 § 9 D. 4, 8 von „litem exercere".

[194]) S. 6. Vgl. auch GEIB, 225. Dazu unten Anm. 219.

[195]) S. 6 Anm. 3. [196]) Litiskontestation, 61.

[197]) Vgl. über diese Grundfrage der Rechtssystematik WACH, 90ff., 97ff.; GOLDSCHMIDT, Entschädigungspflicht, 139ff.; Beiträge, 21 (127) Anm. 4. Über die Doppelwirkung der Litiskontestation s. schon oben Anm. 179.

[197a]) Vgl. oben hinter Anm. 189f, unten zu Anm. 201c, 210c.

[198]) A. a. O. 61 Anm. 2.

[199]) Über das Erlöschen des iudicium durch iudicare vetare vgl. oben Anm. 47, 48a.

auf das iudicium. Erwähnt ihn also WLASSAK in dem in Rede stehenden Zusammenhang, so kann es nur sein, weil er darin eine Aussage über seine „Prozeßobligation" zu finden vermeint.

Indessen bezieht sich der Satz offensichtlich nicht auf das iudicium als „Prozeßobligation" im WLASSAKschen Sinne, sondern auf das iudicium als Verfahren[200]), äußersten Falles — wenn man ein solches eben gelten lassen will — als abstraktes „Prozeßverhältnis" im Sinne der modernen Prozeßwissenschaft. Dies erhellt unwiderleglich aus l. 15 § 3 D. 48, 16, wo „iudicium solvitur" (morte rei) in bezug auf ein iudicium publicum gesagt wird, es sich also nicht auf die an Stelle der privatrechtlichen Forderung tretende „Prozeßobligation" beziehen kann. Auf einem anderen Blatt steht, daß das Erlöschen des iudicium, modern gesprochen: die Einstellung des Verfahrens[201]), natürlich die Verwirklichung der sog. „Prozeßobligation" hindert.

Bezieht sich aber l. 58 D. 5, 1 nicht auf die „Prozeßobligation" im WLASSAKschen Sinne, so beziehen sich die übrigen von WLASSAK[201a]) angeführten Stellen nicht auf den Litiskontestationsvertrag im WLASSAKschen Sinne. L. 21 § 6 D. 4, 8 und l. 26 § 2 D. 12, 2 beziehen sich überhaupt nicht auf die Litiskontestation, sondern jene auf das compromissum, diese auf das iusiurandum. Und l. 61 pr. D. 5, 1; l. 13 D. 10,3; l. 76 § 1, l. 83 § 1 D. 45, 1; l. 5 §§ 4, 5 D. 6, 1; l. 80 D. 5, 1; l. 27, l. 172 § 1 D. 50, 17 sind für eine moderne prozeßrechtliche Diskussion so lange unverwertbar, als nicht quellenkritisch untersucht ist, was in ihnen auf Rechnung der byzantinischen Auslegung nach dem Willen zu setzen ist.

Jedenfalls scheint mir sicher: Wenn und insoweit die Litiskontestation wirklich im Sinne WLASSAKS ein Vertrag ist des Inhalts, daß an Stelle des streitigen Anspruchs die „bedingte Prozeßobligation" tritt[201b]), so ist dieser Vertrag kein Kontrakt des Prozeßrechts („Schiedsvertrag"), so wenig wie die sog. „Prozeßobligation" ein Rechtsverhältnis des Prozeßrechts („Prozeßverhältnis") ist. Sie ist dann vielmehr insoweit — wie bereits oben[201c]) dargelegt — ein den Gegenstand des Streits betreffender materiellrechtlicher Vertrag, wie die sog. „Prozeßobligation" — was im weiteren Verlauf zu zeigen sein wird — ein materiellrechtliches Rechtsverhältnis ist.

Die Bezeichnung der „Prozeßobligation" als ein dem Prozeßrecht angehöriges Rechtsverhältnis durch WLASSAK und KOSCHAKER, die Behandlung des das materielle Rechtsverhältnis regelnden Vertrags, der die Litiskontestation nach ihrer Konstruktion ist, als prozessualer Schiedsvertrag[201d]) beruht auf dem üblichen romanistischen Mangel an

---

200) Welche Bedeutung ja iudicium nach WLASSAKS eigensten Ausführungen (Prozeßgesetze, I § 2, II §§ 18—21, vgl. insbes. das. II 35 Anm. 20) gleichfalls hat.

201) Vgl. oben hinter Anm. 47. 201a) Litiskontestation, 61 Anm. 2.

201b) WLASSAK, Litiskontestation, 57. Über WLASSAKS Vertragstheorie vgl. unten Anm. 490ff.

201c) Vgl. oben hinter Anm. 189e; ferner unten zu Anm. 210c.

201d) Besonders deutlich diese Vermengung bei R. SOHM, litis contestatio, 2, 3. Gegen solche Vermengung von Vergleich und Schiedsvertrag HELLWIG, Syst. II, § 260 II 3a.

Differenzierung der prozessualen und materiellen, der publizistischen und privatrechtlichen Elemente im Aktionenrecht[202]). BEKKER[203]) zufolge sind nach der Litiskontestation drei Ansprüche vorhanden: „a) der alte, in dem früheren „dare oportere" enthaltene Anspruch[204]) (das Leistensollen, die res de qua agitur), wo dieser wenigstens seine Zahlbarkeit gerettet hat; b) der noch unfertige (bedingte), aber mit der Litiskontestation doch bereits in die Welt gesetzte Anspruch, der durch das Judikat festgestellt und umgrenzt werden und von da ab mit der actio iudicati zu verfolgen sein wird; c) der Anspruch auf aktive Mitwirkung des Beklagten zum Zustandekommen des Judikats", m. a.W. auf Erfüllung der „Defensionspflicht" des Beklagten. Entsprechend enthält nach PERNICE[205]) die durch die Litiskontestation unter den Parteien begründete „Prozeßobligation", das „condemnari oportere", einmal eine gegenwärtige, unbedingte, nicht privat- oder materiellrechtliche Pflicht des Beklagten zum Prozeßbetriebe (die Defensionspflicht), sodann eine künftige, mögliche (schwebende) Pflicht des Beklagten zum eigentlichen condemnari, die den echten Inhalt des iudicio contrahi (l. 3 § 11 D. 15, 1) ausmache.

In Wahrheit ist nur das „condemnari oportere" Inhalt des — „condemnari oportere", d. i. der „Prozeßobligation". Die angebliche „Defensionspflicht" des Beklagten in iudicio, selbst wenn sie — was neuerdings SECKEL[206]) überzeugend bestritten hat — bestehen sollte, ist nicht Inhalt des „litis contestatione teneri". Und der Gipfel der Verkehrtheit und Quelle unlöslicher Widersprüche ist, wenn WETZELL „Verteidigungspflicht" und „condemnari oportere" überhaupt gleichsetzt[206a]). Denn einmal besteht die Defensions*pflicht* unstreitig in erster Linie (richtiger Ansicht nach allein) in der Pflicht zur *Übernahme* des iudicium, zur *Mitwirkung* bei der Litiskontestation; sie kann also keinesfalls der typische *Inhalt* des iudicium sein. Sodann aber ist diese Pflicht ganz unabhängig von einer zugrunde liegenden actio oder obligatio[207]) — sehr bezeichnend heißt es bei GAIUS III 180 nicht: ante

---

202) Vgl. schon oben Anm. 179.

203) Akt. II 178/9. 204) Vgl. schon oben Anm. 80, 81.

205) ZRG. V 51ff.

206) Haftung, 55 Anm. 3 a. E., 41 Anm. 2. Vgl. darüber unten hinter Anm. 298.

206a) 128. S. 129 wird nämlich der Inhalt der „Verteidigungspflicht" in der Verpflichtung des Beklagten gesucht, „die Verurteilung durch sein Verhalten nicht unmöglich zu machen"(!). Bedenklich auch BEKKER, Konsumtion, 298.

207) Vgl. schon BRINZ, Einlassungszwang, 170ff.; BÜLOW, Z. XXXI 258 Anm. 4; DEGENKOLB, 9ff., 13 Anm. 2, 38ff., 40 Anm. 2; GEIB, 159; LENEL, Exceptio, 31; PLÓSZ, 11ff.; SOHM, bei GRÜNHUT IV 464ff.; THON, 248; WACH, bei GRÜNHUT VI 557; VII 147; vgl. übrigens BEKKER selbst, Akt. I 15 (unten hinter Anm. 244 und in Anm. 249); auch SCHUTZ, 43. Die Pflicht zur Übernahme des iudicium ist von einer „Bescheinigung", also in letzter Linie „Existenz" (vgl. GOLDSCHMIDT, Mat. JustR., 24 zu Anm. 122) des Aktionstatbestandes unabhängig, mag man die prätorische Befugnis zur denegatio actionis nun für unbeschränkt (SCHOTT I 124; II 18) oder nur bei liquidem Sachverhalt Platz greifend (MEWALDT, 57ff.) ansehen. Denn für die prätorische *datio* actionis bestanden unstreitig *keine* Beschränkungen (MEWALDT, 63; nicht ganz klar LEIST, Art. dare actionem).

litem contestatam iudicium suscipere debitorem oportere —; sie kann mithin nicht das aus der Umwandlung derselben hervorgegangene Erzeugnis sein. Es bleibt späterer Untersuchung vorbehalten, Herkunft und Art dieser Defensionspflicht zu ermitteln[207a]. Scheidet man sie aus der durch die Litiskontestation begründeten „Prozeßobligation" aus[207b], so ergibt sich unzweifelhaft der neuerdings von SECKEL[208] — welcher, im Gegensatz zu den meisten anderen Romanisten, die Scheidung der prozessualen und materiellen Seite auch für das römische Aktionenrecht fordert und festhält[209] — unzweideutig hervorgehobene rein materiellrechtliche Charakter des condemnari oportere. Es ist daher auch nur cum grano salis richtig, das condemnari oportere eine „unfertige", „bedingte", „künftige", „mögliche" oder „schwebende" Obligation zu nennen[210]. Freilich muß dabei ganz außer Betracht bleiben, daß für BEKKER[210a] das „unfertige", „bedingte" „condemnari oportere" überhaupt nichts anderes als eine bedingte Judikatsobligation ist; denn dies ist selbst dann nicht zu billigen, wenn man sich mit BEKKER die Quasiobligation aus dem Judikat als schon (unfertig oder bedingt) mit der Litiskontestation entstanden vorzustellen hätte[210b]. Abgesehen hiervon entsteht das materielle Recht des Klägers auf „condemnari oportere" als solches sofort, fertig und unbedingt mit der Litiskontestation, sofern seine Voraussetzung, der Tatbestand einer actio (obligatio) existent ist[210c]. Die Evidenz[211]

207a) Vgl. unten hinter Anm. 465.

207b) Man muß eine etwa in iudicio bestehende Defensionspflicht des Beklagten gerade so aus der „Prozeßobligation" ausscheiden, wie einen Anspruch der Parteien gegen den iudex auf pflichtgemäßes Judizieren (KOSCHAKER, 310, 311).

208) Haftung, 3. Vgl. aber auch schon BUCHKA, I 165; ferner HELLWIG, Syst. I § 110 III 1.

209) A. a. O., bes. Anm. 2 das.; vgl. schon oben Anm. 179.

210) Dazu noch, außer BEKKER und PERNICE (oben hinter Anm. 204, 205), BUCHKA, I 165; SECKEL, Haftung, 39 Anm. 2, und die dort Zitierten, insbesondere WLASSAK (vgl. schon oben Anm. 189f.).

210a) Vgl. oben hinter Anm. 204 unter b) das.; ebenso BEKKER, Konsumtion, 293ff., 338; ZRG. XV 159.

210b) So schon BUCHKA, I 165/6, und die oben in Anm. 189f Angeführten; vgl. über diese Frage SECKEL, Haftung, 6 Anm. 6, sowie unten hinter Anm. 304. Ganz wie BEKKER schon WETZELL, 129, der aber, um dem „condemnari oportere" einen selbständigen Sinn zu wahren, es einfach mit der Defensionspflicht gleichsetzt und damit zu der oben in Anm. 206a dargelegten Ungeheuerlichkeit kommt.

210c) So schon BUCHKA, I 165.

211) Darüber, daß dem Mangel der Tatbestandsevidenz keine Bedeutung für die Entstehung von (materiellen) Justizrechten in materiellrechtlichem Sinne (um die es sich hier — vgl. sofort weiter im Text — handelt) zukommt (so wenig wie der unrichtigen Tatbestandsfeststellung — beides verkannt von BEKKER, Konsumtion, 303ff.; Akt. II 181 Anm. 22 Nr. 3 und 4; WETZELL, 133/4), vgl. schon WACH, Z. XXXII 31ff.; GOLDSCHMIDT, MatJustR., 25; VollstrBetr., 26 Anm. 12; HEGLER, Internat. StrafR., 14. Eine tiefere Erfassung des hier zugrunde liegenden Dualismus (s. z. B. wieder BINDING, Abhdl. II 283ff.; SCHOETENSACK, Rechtsmittel, 12 Anm. 1; Rechtsgang, III 22; BELING, Grenzlinien, 32; DEGENKOLB, ZivArch. CIII 398, 402, 407, 408; SAUER, 22, 96ff., 524ff.; KRÜCKMANN, Rechtsgang III 117; SCHÜLER, 28ff., 52ff.; BLEY, 53ff.; BIEDER, Rechts-

dieses Tatbestandes („si paret" ...), ebenso wie die sonstigen prozessualen Schicksale der res in iudicium deducta (z. B. causa cadere, iudex male absolvit, Prozeßverjährung[212])) berühren als solche nur die Realisierbarkeit jenes materiellen Rechts[213]). Diese also nur kann als „bedingt" oder „schwebend" angesehen werden[214]).

Erweist sich danach der materiellrechtliche Charakter des „condemnari oportere" — für das daher der Ausdruck „Prozeßobligation", nach SECKELS[215]) treffender Bemerkung, mindestens nicht förderlich ist und besser vermieden wird —, so deckt es sich andererseits nicht mit der res in iudicium deducta, d. h. dem BEKKERschen „Anspruch"[216]) (so —

---

philosophie, 660) erhoffe ich von der in dieser Schrift unternommenen Kritik des prozessualen Denkens. Vgl. insbesondere unten zu Anm. 1379.

212) Beispiele BEKKERS, Akt. II 181 Anm. 22 Nr. 3. Vgl. aber auch oben vor Anm. 201.

213) Vgl. schon GOLDSCHMIDT, Beiträge, 8 (114) Anm. 2; auch oben hinter Anm. 201; Verwandtes bei KRÜCKMANN, Rechtsgang III 116ff. Dahingestellt kann vor der Hand — vgl. aber unten zu Anm. 334 — bleiben, ob die Realisierung des Rechts auf „condemnari oportere" dasselbe als „Anspruch", insbesondere als „verhaltener Anspruch" (LANGHEINEKEN, Anspruch, 101 ff.), oder als „Gestaltungsrecht" erweist. Vgl. hierzu einerseits HELLWIG, Klagr. u. Klagm., 20/1; GROSSE, Z. XXXVI 118; unten Anm. 790a; andererseits SECKEL, Gestaltungsrechte, 249 Anm. 1; Haftung, 41 Anm. 5; GOLDSCHMIDT, MatJustR., 9, 10, 36; MEWALDT, 105; WEISMANN, I § 20 zu Anm. 6; unten zu Anm. 334 (sämtlich in bezug auf das vorprozessuale Klagrecht). Auch für dieses Problem gilt bis zu einem gewissen Grade das soeben in Anm. 211 a. E. Gesagte; vgl. unten hinter Anm. 1382b.

214) Der Mangel an (selbständiger) Klagbarkeit, der dem „litis contestatione teneri" anhaftet und anscheinend zunächst ein Interregnum in der adjektizischen Haftung zur Folge gehabt hat (vgl. darüber SECKEL, Haftung, 37ff.), dürfte m. E. nicht so sehr in der „Unfertigkeit" (SECKEL, 39/40), als in dem rein materielljustizrechtlichen, des „dare oportere" darbenden Charakter dieser Haftungsobligation begründet sein. Das (bloße) „litis contestatione teneri" eines Dritten kann eben deshalb nicht durch neue Klage, sondern in der Tat nur durch Translationszwang verwirklicht werden (SECKEL, 42ff., 47ff.), „quia inutiliter intendo dari mihi oportere, quia litis contestatione dari oportere desiit" (GAI IV 181; SECKEL, 37/8), und es andererseits keine intentio auf condemnari oportere gibt (so mit Recht EISELE, Beitr. 139 Anm. 58; SECKEL, 39 Anm. 2 a. E., 43 Anm. 1; anders KOSCHAKER, 197 Anm. 3; ZRG. XXIX 514); dazu noch unten vor Anm. 264b, 269, in Anm. 304, sowie hinter Anm. 308. Anders, wenn der Dritte, wie in l. 8 § 3 D. 46, 1; l. 50 § 2 D. 15, 1, auch nach der Litiskontestation für „dare oportere" haftet, weil seiner Haftung die post litem contestatam übrig bleibende Naturalobligation zugrunde liegt (SECKEL, 40 Anm. 6). In demselben Sinne bemerkt denn auch SECKEL (40), daß „die Klaglosigkeit des condemnari oportere ... eine Folge der Ausübung gerade des Klagrechts" gewesen sei. (Ähnliche Gedankengänge bei WINDSCHEID-KIPP, I § 124 Anm. 1). Es dürfte indessen gerade deshalb mehr zur Klärung beitragen, wenn man — anders als SECKEL, 39, 40 — nicht so sehr die „Klaglosigkeit" des condemnari oportere als vielmehr seine „Schuld-(Anspruchs-)losigkeit", m. a. W. das Fehlen eines dare (facere) oportere betont. Sie ist es, die das selbständige Einklagen des condemnari oportere gegen den adjektizisch haftenden Dritten hindert. Die Römer kannten eben — anders als wir (vgl. GOLDSCHMIDT, Beiträge, 31 [137]) — keine „anspruchslosen Verurteilungsklagen".

215) Haftung, 3 Anm. 2.

216) Vgl. oben hinter Anm. 204, unten vor Anm. 238, auch oben in Anm. 80, 81.

wenig klar und folgerichtig[217]) — BEKKER, ferner KOSCHAKER[218]), weiter HELLWIG[219]), gelegentlich aber auch SECKEL[220])). Wiederum[221]) kann dahingestellt bleiben, ob eine Scheidung von actio und res de qua agitur im Sinne BEKKERS oder von actio und obligatio im Sinne HELLWIGS und wohl auch SECKELS[222]) dem römischen Rechte gemäß ist. Gerade wenn sie es ist, fällt das in dem „dare oportere" steckende Leistensollen aus der Sphäre des „condemnari oportere" heraus. Es fristet nach der Litiskontestation sein Leben als Naturalobligation, die „in litem translata non est" (l. 50 § 2 D. 15, 1; l. 8 § 3 D. 46, 1)[223]). Es ist daher reinste Fiktion, wenn BEKKER, der letzteres selbst anerkennt[224]), doch seinem „Anspruch" die Eigenschaft zuschreibt, im Gegensatz zu der dem Verfahren in iure zugrunde liegenden actio, Gegenstand des Verfahrens in iudicio, eben „res de qua agitur" zu sein[225]). So ist denn auch die von BEKKER angenommene Defensionspflicht des Beklagten in iudicio[226]) kein Ausfluß des „Anspruches", sondern die Fortsetzung der nach BEKKER[227]) das „actione teneri" ausmachenden Verbindlichkeit des Beklagten zur Übernahme des iudicium. Und selbst wenn man mit BEKKER den daneben durch die Litiskontestation erzeugten „unfertigen", „bedingten" Anspruch[228]) im wesentlichen nur als bedingte Judikatsobligation auffaßt[229]), so bleibt auch er, als bedingtes „iudicatum facere oportere", verschieden von der „origo iudicii" (l. 3 § 11 D. 15, 1), dem alten „Anspruch", der in dem „dare oportere" steckt[230]). Auf der anderen Seite fällt nach BEKKERS Ausführungen[231]) in das Verfahren in iure die Prüfung des „dare oportere", das den „Anspruch" wenigstens in seiner Richtung gegen den Beklagten, das Leistensollen, umfaßt[232]). Freilich schwankt der BEKKERsche Anspruchsbegriff hin und her. Bald fällt er aus der durch actio erzwingbaren obligatio[233]) heraus[234]) und ist das (in iudicio erzwingbare) Recht auf die Leistung

---

[217]) Man vergleiche Akt. I 13/4 mit Akt. II 178/9; Näheres unten hinter Anm. 223.

[218]) S. 309 (kaum im Einklang mit oben Anm. 194). Ähnlich wie KOSCHAKER GEIB, 225 Anm. 2 (im Gegensatz zu oben Anm. 194).

[219]) Syst. I § 110 III 1.

[220]) Haftung, 3 Anm. 2 (Litis contestatione teneri = „rechtshängiger Anspruch"). Völlig zutreffend dagegen SECKEL-HEUMANN, Art. Iudicium Nr. 3a (unten Anm. 243).

[221]) Vgl. schon oben hinter Anm. 80.

[222]) Vgl. oben Anm. 80.

[223]) SECKEL, Haftung, 37 Anm. 4. Vgl. freilich KOSCHAKER, 309ff.; dazu unten Anm. 287.

[224]) Akt. II 178; oben hinter Anm. 204 unter a).

[225]) Akt. I 8 Anm. 1, 13/4.

[226]) Vgl. oben hinter Anm. 204 unter c).

[227]) Akt. I 5, 15, II 175/6.

[228]) Vgl. oben hinter Anm. 204 unter b).

[229]) Vgl. oben zu Anm. 210a.

[230]) Vgl. oben hinter Anm. 204 unter a).

[231]) Akt. II 175ff.

[232]) Akt. II 176; oben hinter Anm. 204 unter a).

[233]) Akt. I 5ff.; vgl. schon oben Anm. 80.

[234]) Akt. I 7.

oder das beizutreibende Surrogat derselben[235]) (also wohl auch die erst bedingte und dann unbedingte Judikatsobligation); bald ist er gerade der Kern des „dare oportere"[236]), das post litem contestatam außerhalb des iudicium regelmäßig als reine Naturalobligation weiterlebt[237]). Der Anspruch schillert auch sonst in allen Farben, da er, außer dem privatrechtlichen Recht gegen den Beklagten auf die Leistung, auch noch das publizistische Recht des Klägers gegen den iudex auf Anerkennung seines Verhältnisses zum Beklagten enthalten, in dieser letzteren Erscheinungsform freilich unerzwingbar sein soll (nur daß, nicht daß er dem Kläger gemäß urteile, könne dieser vom iudex erzwingen[238])). Also schlimmste Vermischung privatrechtlicher und publizistischer, materieller und prozessualer Elemente! SCHOTT[239]) dürfte ins Schwarze getroffen haben, wenn er die Vermutung ausspricht, daß BEKKERS „res de qua agitur" nichts als der „Anspruch" im prozessualen Sinne[240]) sei.

Tatsächlich ist das „condemnari oportere" wesensgleich mit der actio, ja es ist nichts anderes als der eigentliche Inhalt der actio. Sieht man von der formellen Bedeutung von actio = Handlung, Spruch, Prozeßmittel[241]) ab, und läßt man die ein Problem für sich bildende amtsrechtliche[242]) Abhängigkeit der actio hier außer Betracht, so läßt sich die actio (iudicium) definieren als die materielljustizrechtliche Befugnis, die Verurteilung eines anderen zu betreiben, m. a. W. das „condemnari oportere" eines anderen durchzusetzen[243]).

Dies bedarf ausführlicher Rechtfertigung.

Daß die römische actio „Klagrecht", nicht „Anspruch" ist, kann nach der berühmten celsinischen Definition (l. 51 D. 44, 7; pr. Inst. 4, 6) nicht bezweifelt werden[244]). Andererseits ist sie nicht ein

---

235) Akt. I 15.

236) Akt. II 175/6. Gegen den hier bei BEKKER klaffenden Widerspruch — der entsprechend (s. unten Anm. 249) bei seiner Bestimmung des actio-Begriffes wiederkehrt —, vgl. schon DEGENKOLB, 13 Anm. 2, 40 Anm. 2; SOHM, bei GRÜNHUT IV 465 Anm. 16. 237) Akt. II 178.

238) Akt. I 15.

239) II, 78. Vgl. auch HUGO KRÜGER, ZRG. 29 (42), 378ff.; HELLWIG, Lehrb. III 227. 240) Über diesen vgl. unten zu Anm. 1172c.

241) Vgl. darüber insbesondere WLASSAK, Art. Actio, 303ff.

242) Vgl. unten zu Anm. 841.

243) Im wesentlichen übereinstimmend definiert SECKEL-HEUMANN, Art. Iudicium, Nr. 3a, iudicium u. a. als „das materielljustizrechtliche Recht zur Begründung und siegreichen Durchführung des künftigen Prozeßrechtsverhältnisses (der sogenannten Prozeßobligation), ungefähr = actio". Vgl. aber auch LENEL, Exzept. 24ff.; DERNBURG, I § 114 Anm. 4; SCHUTZ, 26, 31, 33; LEVY, 58ff., 82.

244) Vgl. schon HÖLDER, Z. XXIX 57, der indessen (unscharf) meint: „Ob ich spreche vom Rechte gerichtlicher Durchsetzung eines Privatrechtsanspruches oder vom Privatrechtsanspruch als einem gerichtlich durchsetzbaren, ist dasselbe". Wie HÖLDER GEIB, 159. Im Sinne von „gerichtlich durchsetzbarer Privatrechtsanspruch" wird die actio meist aufgefaßt, so von AFFOLTER, Z. XXXI 457/8; R. LEONHARD, Z. XV 335; REGELSBERGER, § 52 Anm. 2; SCHOTT I, 144; WLASSAK, Art. Actio, 306; in der Hauptsache auch von BÜLOW, Z. XXXI 258 Anm. 4; HELLWIG, Syst. I § 110 III 1; MEWALDT, 100; WENDT, § 86; WIND-

gleichzeitig publizistisches Recht gegen den Magistrat auf Einsetzung des iudicium und privatrechtliches Recht gegen den in ius Vozierten auf Übernahme des iudicium, in beiderlei Eigenschaft also allein und alleiniger Gegenstand des Verfahrens in iure[245]). Es kann hier[245a]) dahingestellt bleiben, ob die bezeichneten oder ihnen ähnliche Ansprüche im römischen Recht, sei es begrifflich verbunden oder getrennt, vorkommen. In der actio suchen wir sie jedenfalls vergebens[246]). Denn diese ist geknüpft an die Existenz des Tatbestandes, dessen bloße Behauptung in aller Regel genügt, den Magistrat zur Einsetzung und den in ius Vozierten zur Übernahme des iudicium zu verpflichten[247]). Wenn das prätorische Edikt mitunter (vgl. z. B. l. 1 § 1 D. 4, 3) die „datio iudicii" („actionis") von der bloßen Behauptung („dicentur") des zur Kondemnation erforderlichen Tatbestandes abhängig macht[248]), so beweist das nur, daß an der betreffenden Ediktsstelle actio (iudicium) einfach die formelle Bedeutung[248a]) = Formel hat[248b]), was auch dem empirischen Begriff der magistratischen „datio" actionis allein entspricht[248c]). Und wenn umgekehrt die Defensionspflicht von den Romanisten[249]) meist als Inhalt des existenten materiellen Rechts vorgestellt wird, so beruht das auf der sattsam gerügten Unzulänglichkeit der Scheidung prozessualer und materieller Elemente in der Wissen-

---

SCHEID, Actio I und II; WINDSCHEID-KIPP, I § 44. Über WINDSCHEIDS Auffassung vgl. noch unten vor Anm. 348.

245) So BEKKER, Akt. I 15, 13/4, sowie die weiteren oben in Anm. 81 zitierten Stellen. In der Hauptsache zustimmend MUTHER, KritVSch. XV 435; PLÓSZ, 13ff., 20.

245a) Vgl. aber unten zu Anm. 444b und 465.

246) So besonders LENEL, Except. 24ff.; SCHOTT, I 143ff.; THON, 248; WINDSCHEID-KIPP, I § 44 Anm. 5; WLASSAK, Prozeßges. I 72ff., II 10, 355ff.; Art. Actio, 307; ZRG. XXXIII 90 Anm. 1. Anders besonders HASSE. Rhein. Mus. VI 10; MUTHER, Actio, 38, 40, 45; KritVSch. XV 435; PLÓSZ, 13; SOHM, bei GRÜNHUT IV 464ff.; vgl. auch DEGENKOLB, 38 Anm. 4; DERNBURG, I § 114 Nr. 2 und Anm. 3; Edikt, 109ff.; O. FISCHER, 65; GEIB, 159, 225 Anm. 2; KLINGMÜLLER, KritVSch. XLVI 275/6; MEWALDT, 101; SCHUTZ, 26ff.; WENDT, § 86.

247) Vgl. insbesondere LENEL, Except., 30; auch HÖLDER, in JHERINGS Jahrb. LI 328; ferner aber die oben in Anm. 207 Zitierten, sowie den Text zu Anm. 207. Ganz anders unterscheidet LEVY, 83.

248) Darauf stützen sich insbesondere DEGENKOLB und DERNBURG (an den in Anm. 246 zitierten Stellen); vgl. auch SCHUTZ, 30ff. Vgl. aber unten zu Anm. 264d, e, 444a, in Anm. 844 a. E.

248a) Vgl. oben zu Anm. 241.

248b) Vgl. unten hinter Anm. 264b; auch LEIST, 2181; WLASSAK, Litiskontestation, 15; MEWALDT, 98, 100. Anders wohl SECKEL-HEUMANN, Art. Iudicium, Nr. 3a.

248c) Vgl. über deren Bedeutung unten zu Anm. 366. Vgl. ferner oben Anm. 207 a. E.

249) Vgl. z. B. BEKKER, Akt. II 176 (im Widerspruch mit Akt. I 7, 15 — oben hinter Anm. 244); SCHUTZ, 43 (der die Defensionspflicht zunächst für eine abstrakte, nach der datio actionis aber für eine konkrete hält, wobei freilich zu beachten ist, daß nach SCHUTZ im römischen Aktionenrecht das konkrete Recht überhaupt nur die Behauptung des Aktionstatbestandes voraussetzt). Gegen BEKKER besonders DEGENKOLB, 13 Anm. 2, 40 Anm. 2; SOHM, bei GRÜNHUT IV 465 Anm. 16 (s. schon oben Anm. 236); vgl. aber auch die anderen oben in Anm. 207 Zitierten.

schaft des römischen Rechts[250]). Tatsächlich erschöpft sich die Bedeutung der actio nicht im Verfahren in iure. Nicht nur, daß wer[251]) — wenngleich zu Unrecht — die Defensionspflicht für einen Ausfluß des existenten materiellen „actione teneri" und zugleich für auch in iudicio fortdauernd hält, damit ohne weiteres die actio in iudicium „deduziert"[252]), sondern auch das eigentliche „litis contestatione teneri" — mag man es nun auffassen, wie man immer will[253]) — ist doch jedenfalls die post litem contestatam entstehende „civilis obligatio" (l. 8 § 3 D. 46, 1)[254]), also Ausfluß des „actione teneri"[255]).

Freilich wird seit KELLER[256]) gelehrt, daß die actio durch die Litiskontestation konsumiert werde. Indessen diese Lehre ist ein Hauptschößling der üblichen Vermengung der materiellen und prozessualen Wirkungen der Litiskontestation[257]). Soweit durch die Litiskontestation wirklich die actio konsumiert wird, wie gemäß dem „Volksspruch"[258]): bis de eadem re ne sit actio, gilt die Konsumtion nicht der actio als materiellem Recht. Denn die Konsumtion jenes „Volksspruches" tritt doch nicht nur dann ein, wenn das materielle Aktionsrecht besteht, sondern auch, ja sogar gerade dann, wenn es nicht besteht[259]), und demzufolge die positive (ausschließlich materielle)[260]) Wirkung der Litiskontestation, das „litis contestatione teneri" GAI III 180 nicht eintritt. Deren Eintritt ist aber das notwendige Korrelat der aufhebenden Wirkung der Litiskontestation, insoweit diese aufhebende Wirkung wirklich ein materielles Recht betrifft. Gerade in dieser Notwendigkeit bewährt sich der quasi-novierende Charakter der Litiskontestation[261]). Auf der anderen Seite ist offenbar, daß die Konsumtion des Volksspruches sich nicht anmaßen kann, das materielle Klagrecht selbst zum Untergang

---

[250]) Vgl. oben Anm. 179 und hinter Anm. 202.

[251]) Wie BEKKER, Akt. II 176, 178, 179. Dazu schon oben hinter Anm. 204 unter c) und zu Anm. 226.

[252]) Vgl. schon oben hinter Anm. 226.

[253]) Vgl. darüber oben Anm. 189f, hinter Anm. 204 unter b), hinter Anm. 205, zu Anm. 210a und 229.

[254]) SECKEL, Haftung, 40 Anm. 6.

[255]) Vgl. schon oben hinter Anm. 229.

[256]) Litiskontestation, 82ff., 241.

[257]) Vgl. schon oben Anm. 179, hinter Anm. 202.

[258]) Vgl. GRADENWITZ, in der Festgabe für BEKKER, 1907, 383ff.

[259]) Verkannt von BEKKER, Akt. II 181 Anm. 22 Nr. 4; WETZELL, 133; vgl. auch KOHLER, Prozeß, 101.

[260]) Vgl. oben hinter Anm. 209.

[261]) Verkannt von BEKKER, Akt. II 181 Anm. 22 Nr. 3; WETZELL, 133; vgl. schon oben Anm. 211 (eine Folge des Mangels an Differenzierung von Rechtsexistenz und Rechtsevidenz, von materiellrechtlicher und prozessualer Betrachtungsweise; der richtige Gesichtspunkt leuchtet bei WETZELL, 134, auf: „Denn die L. C. hat es nicht bloß mit wirklichen, sondern ebensowohl mit vermeintlichen Klagrechten zu tun ..." Und 572: „Da nun, wo ein in Wirklichkeit nicht bestehendes Klagrecht in iudicium deduziert worden ist, liegt für den Verklagten darin, daß er sich auf die konsumierende Wirkung von L. C. und Urteil berufen kann, statt sich von neuem auf eine sachliche Verteidigung einlassen zu müssen, nur ein formeller Vorteil; eine wahre Konsumtion (so heißt es dann freilich weiter) ist selbstverständlich bloß einem bestehenden Klagrecht gegenüber denkbar." Vgl. auch HELLWIG, Syst. I § 110 III 1 a. E.

zu bringen[261a]). Vielmehr rechnet sie unzweifelhaft gerade damit, daß das materielle Klagrecht im ersten Prozeß zu Unrecht verneint, also nach wie vor bestehen und, weil als bestehend empfunden, nochmals prozessual geltend gemacht werden könnte. Was sie will, ist für solchen Fall eine nochmalige prozessuale Geltendmachung[262]) des Klagrechts verhindern. Endlich will doch die Konsumtion des Volksspruches jede nochmalige prozessuale Aktion ex eadem re ausschließen (l. 5, l. 25 § 1 D. 44, 2) — der Satz lautet: bis de eadem re ne sit actio, nicht: bis ne sit eadem actio[262a]) —; sie kann also schon deshalb nicht dem gerade ins Feld geführten materiellen Klagrecht gelten.

In der Tat ist die durch den bekannten Volksspruch angeordnete Wirkung eine rein prozessuale, m. a. W. „actio" hat in ihm die rein formelle Bedeutung von „Prozeßmittel"[263]), d. h. zur Zeit des Legisaktionenprozesses Prozeßspruch, zur Zeit des Formularprozesses Schriftformel[264]). Der Sinn ist: Dieselbe Sache wird nicht zweimal zum iudicium zugelassen, insbesondere für den Formularprozeß: in derselben Sache wird nicht zweimal eine Formel gewährt, bezüglich einer legitimo iudicio geltend gemachten actio in ius concepta in personam schon deshalb nicht, weil nach dem durch die Litiskontestation bewirkten Untergang des zivilen dare oportere[264a]) eine neue intentio auf dare oportere (GAI III 181, IV 107), damit aber jede neue intentio und also jede neue Formel unmöglich geworden ist[264b]). M. a. W. das „publizistische Prinzip von dem Singularismus des Prozesses" galt schon in Rom[264c]). Damit konsumiert die Litiskontestation allerdings die von einer bestimmten Rechtsbehauptung[264d]) abhängige prozessuale Aussicht auf nochmalige Einsetzung eines iudicium[264e]), nicht aber das durch die Formelgewährung zum iudicium zugelassene Recht, d. i. die actio = materielles Klagrecht[265]). Verliert

---

[261a]) Unrichtig mein Mater. JustizR., Anm. 216 und hinter Anm. 235 (das Strafrecht gehe auch durch ungerechte Freisprechung unter. Unter geht in Wahrheit nur die Verfolgbarkeit); richtig schon mein Ungerechtfert. Vollstreck. Betr., 31 Anm. 33. Die m. E. unrichtige Ansicht wird von SCHÜLER, 51 ff., wieder aufgenommen; vgl. noch unten Anm. 1503a.

[262]) Vgl. schon oben vor Anm. 201, 213.

[262a]) Vgl. auch WINDSCHEID, Actio, 76ff.; sowie unten Anm. 928 a. E.

[263]) Vgl. oben zu Anm. 241.

[264]) Daß „actio" den hier im Text unterstellten Sinn haben kann, steht fest; vgl. statt aller LENEL, Exc. 14ff.; WLASSAK, Art. Actio, 304ff. Daß „actio" diesen Sinn in jenem Volksspruch hat, nimmt vor allem A. S. SCHULTZE, 272, 503, an; vgl. aber auch KRÜGER, 6ff., 16ff.; LOTMAR, KritVSch. XXVI 678. Über SCHULTZE s. noch unten Anm. 362. Auf den Streit, ob die Formel eine schriftliche habe sein müssen (s. u. a. KÜBLER, ZRG. XVI 179ff.; KRÜGER, ebenda XXVI 541; SCHLOSSMANN, 28ff.; PARTSCH, Schriftformel, 1 Anm. 1), gehe ich nicht ein. [264a]) Vgl. unten hinter Anm. 270.

[264b]) Vgl. schon oben Anm. 214.

[264c]) Anders KOHLER, Prozeß, 99; PLANCK, Mehrheit, 11ff., 17, 286; dazu noch unten Anm. 953.

[264d]) Vgl. oben zu Anm. 248, unten Anm. 844 a. E., zu Anm. 1384.

[264e]) Vgl. dazu unten Anm. 444a, § 20 I.

[265]) Wobei im übrigen vor der Hand dahingestellt bleiben kann, was „datio" actionis bedeutet. Daß es nicht die „Zulassung" des „Rechtsschutzanspruches"

man, ruft schon WINDSCHEID aus[266]), dasjenige, was einem versprochen ist, dadurch, daß es einem gegeben wird? Stirbt, was lebendig wird? WINDSCHEID[267]) führt mit Recht aus, daß, wo die Quellen (z. B. l. 5 § 1 D. 3, 6; l. 18 § 1 D. 13, 6; l. 43, 45, 47 D. 17, 2; l. 2 § 1 D. 27, 3; l. 34 § 1, 2 D. 44, 7) von „actio tollitur, cessat, perimitur, finitur" — als Folge der Litiskontestation[267a]) — sprechen, sie damit immer nur die konkurrierende actio meinen[267b]). Andererseits verweist er mit Recht auf die (freilich wohl interpolierte) l. 8 § 1 D. 27, 7; auf l. 139 pr. D. 50, 17, wo das Rechtsverhältnis nach der Litiskontestation nach wie vor als „actio", ferner auf l. 2 § 8 D. 18, 4, wo sogar das erst durch die Litiskontestation entstandene Rechtsverhältnis, das „litis contestatione teneri" als „actio" bezeichnet wird. Sich gegen die Beweiskraft dieser Stellen zu sträuben[268]), hat nur der Veranlassung, der als Essentiale der „actio" nicht — wie m. E. richtig — das post litem contestatam gerade zur vollen Geltung kommende „condemnari oportere", sondern das nach diesem Zeitpunkt allerdings — wenigstens als ziviles — untergegangene „dare oportere" ansieht[269]).

Denn in der Tat ergreift — wenn auch nicht diejenige Konsumtionswirkung der Litiskontestation, welche der „Volksspruch" „bis de eadem re ne sit actio" meint, so doch diejenige, welche die „Kunstregel"[270]) GAI III 180 im Auge hat, das materielle Recht. Indessen dieses durch die Litiskontestation konsumierte materielle Recht ist nicht die actio, sondern — um gleich ganz genau zu sein — das zivile dare oportere[270a]).

Über das Verhältnis von actio und obligatio im römischen Recht gehen ja die Ansichten weit auseinander[271]). Zu welchen Widersprüchen man gelangt, wenn man mit BEKKER den „Anspruch", das Leistensollen, dare oportere, ganz aus dem Begriff der römischen obligatio ausscheidet und diese auf das „actione teneri" (im Sinne BEKKERS = compelli iudicium suscipere) beschränkt, ist schon oben[272]) ausgeführt worden.

---

im Sinne einer bloßen Prüfung der „Prozeßvoraussetzungen" bedeutet (WACH), s. oben Anm. 41. Vgl. sonst unten zu Anm. 366 und noch besonders in bezug auf actiones honorariae hinter Anm. 846.

[266]) Actio I, 49. [267]) Actio I, 47ff.

[267a]) In l. 13 pr. D. 14, 3 wird von „actio consumpta" als Folge des Urteils gesprochen. Vgl. übrigens auch in bezug hierauf oben Anm. 261a.

[267b]) Auch ihr — vgl. vorige Anm., sowie oben Anm. 261a — wird offenbar nur die Verfolgbarkeit entzogen.

[268]) So WLASSAK, Art. Actio, 306, 307; aber auch SECKEL, Haftung, 39 Anm. 4; vgl. schon oben Anm. 214.

[269]) Dagegen geht WINDSCHEID, a. a. O. 47ff. zu weit, wenn er die Konsumtionswirkung der Litiskontestation überhaupt nur in bezug auf konkurrierende Aktionen zugibt (insoweit mit Recht gegen ihn WLASSAK, Art. Actio, 307) und schließlich sogar die — erst richtig erkannte — Konsumtion der obligatio in Abrede stellt; vgl. hierzu sofort weiter im Text, sowie unten in Anm. 287.

[270]) GRADENWITZ, a. a. O. [270a]) Vgl. auch LEVY, 51.

[271]) Vgl. schon oben Anm. 80.

[272]) Hinter Anm. 232. Vgl. auch SIBER, 2ff. Daß die obligatio sich in der „Haftung" erschöpfe, behauptet wieder BINDER, Rechtsnorm, 41ff.; vgl. aber unten Anm. 283.

Nicht minder einseitig ist es, wenn WLASSAK[273]) die actio schlechtweg als das „Recht in der obligatio" definiert. Diese Definition mag für die ältere Rechtsterminologie nicht ohne Belang sein[273a]). Für das klassische Recht kann man ihr die Definitionen der obligatio in l. 3 pr. D. 44, 7 (auch pr. Inst. 3,13) und der actio in l. 51 eod., sowie die scharfe systematische Trennung der Obligationen und Aktionen bei GAIUS III 88ff., IV entgegenhalten[274]). Diese Quellenzeugnisse vermag WLASSAK m. E. nicht dadurch zu erschüttern, daß er, wie schon seinerzeit BEKKER[275]), den angeführten Definitionsstellen eine Reihe Stellen entgegensetzt, in denen actio und obligatio pêle mêle gebraucht werden. Da im römischen Recht bekanntlich (privatrechtlicher) „Anspruch" und (materielles publizistisches) „Klagrecht" ungetrennt sind[276]), vielmehr in dem einheitlichen Begriff der „actio" zusammenfließen[277]), und daher die „actio" in personam mit der obligatio geradeso identisch ist[278]), wie wir gemeinhin den persönlichen Anspruch mit der ihm zugrunde liegenden Forderung gleichsetzen[279]), so ist die unterschiedslose Verwendung der Ausdrücke „actio" und „obligatio" nicht erstaunlich[279a]). Auch unsere Gesetze sprechen oft von „Anspruch", wo sie nur „Forderungen" im Auge haben, wie sie sogar mitunter (z. B. § 829 ZPO.) umgekehrt von „Forderung" sprechen, wo sie „Ansprüche" aller Art treffen wollen. Solche Nachlässigkeit des Sprachgebrauchs beweist um so weniger, als die berufenen (oben zitierten) römischen Definitionsstellen klar und genau sind. Auch die übliche Bezeichnung „vindicationes" für die actiones in rem beweist endlich die behauptete Ausschließlichkeit der Zweckbestimmung der actio für die obligatio in der klassischen Zeit nicht. Geradesogut könnte man mit dem Hinweis auf die übliche Bezeichnung „condictiones" für die actiones in personam das Gegenteil beweisen wollen (GAI IV 5; § 15 Inst. 4, 6; l. 25 pr. D. 44, 7) Kurz, man darf m. E. weder mit BEKKER das Obligationenrecht im Aktionenrecht, noch mit WLASSAK das Aktionenrecht im Obligationenrecht aufgehen lassen[279b]).

Dagegen führt die schon gestreifte, unten näher zu erörternde Ungeschiedenheit von Anspruch und Klagrecht im römischen Recht, in Verbindung mit dem Umstand, daß das Klagrecht nicht als „Ausfluß" des Anspruches, sondern umgekehrt der Anspruch mehr als „Reflex"

[273]) Art. Actio, 306; auch ZRG. XXXIII 90 Anm. 1; XLII 403.

[273a]) MITTEIS, Röm. PrivR. I 89.

[274]) Vgl. auch noch die von HELLWIG, Syst. I § 110 III 1, angeführten l. 1 § 21 D. 27, 3; l. 53 D. 44, 7 (nach denen unter Umständen ex una obligatione plures actiones nascuntur; dazu schon oben in und hinter Anm. 81 b); ferner die von WINDSCHEID-KIPP, II § 329 zu Anm. 7, hervorgehobene Erscheinung, daß der Zessionar nur die actio (als utilis actio) erwirbt, während die obligatio dem Zedenten verbleibt (dazu freilich unten Anm. 1673a).

[275]) ZRG. IX 388ff. [276]) Vgl. unten zu Anm. 347.

[277]) WINDSCHEID, Actio I und II.

[278]) WINDSCHEID, Actio I, 5, 52 Anm. 18.

[279]) ENNECCERUS, Allg. Teil, § 204 I 1 u. Anm. 1 das.

[279a]) Vgl. auch LEVY, 85.

[279b]) Vgl. denn auch LEVY, 63 Anm. 5.

des Klagrechts erscheint[280]), auf dem Gebiete des Schuldrechts zu der Folge, daß in der obligatio nicht nur Schuld (debitum, das dare, facere, praestare[281]) oportere) und Haftung (actio, das condemnari oportere) verschmolzen sind[282]), sondern sogar die Haftung (actio) — wenigstens ursprünglich — das Primäre, die Schuld (das Leistensollen) das Sekundäre ist[283]). Die Haftung (actio) steckt von Haus aus in der zivilen Obligation, deren Wesen man sehr wohl mit BEKKER[284]) als „actione teneri" bezeichnen kann. Nur darf man deshalb nicht mit BEKKER[285]) als Inhalt der Zivilobligation — unter Ausscheidung des Leistensollens — die Verpflichtung des Schuldners ad suscipiendum iudicium, m. a. W. die Defensionspflicht ansehen, die nicht einmal Inhalt der actio, geschweige denn der obligatio ist, vielmehr aus einer ganz anderen Quelle[286]) fließt. Sondern wenn man die Zivilobligation als „actione teneri" bezeichnet, so kann man das nur in annähernd ähnlichem Sinn, wie GAIUS III 180 die sog. „Prozeßobligation" als „litis contestatione teneri" und die Judikatsobligation als „ex causa iudicati teneri" bezeichnet. D. h. die actio ist der Grund der Verbindlichkeit des „actione teneri", nicht ihr Inhalt. Freilich in einem ganz besonderen Sinne[286a]). Das „litis contestatione" und „ex causa iudicati teneri" des GAIUS bezeichnet den Rechtsgrund der Entstehung, das „actione teneri" BEKKERS das Motiv der Erfüllung der Verbindlichkeit. Das „actione teneri" ist „psychologischer Zwang" gleich der Strafdrohung. Es ist bestimmt, den (vielleicht ursprünglich wirklich rein reflexmäßigen) Inhalt der „obligatio principalis", das „dare oportere" zu erzwingen, wie die Strafdrohung bestimmt ist, die Befolgung der strafbewehrten Rechtspflicht zu erzwingen.

Daraus ergibt sich: Wie bei Versagen des psychologischen Strafzwanges nichts übrig bleibt, als die Strafe zu verhängen, so bleibt bei Versagen des psychologischen Aktionszwanges nichts übrig als die actio, das „condemnari oportere"[286b]). Der entscheidende Augenblick aber ist die Litiskontestation. Mit ihm geht das „dare oportere" in seiner Eigenschaft als ziviles, aktions-

[280]) Vgl. unten hinter Anm. 345.

[281]) Das praestare bezeichnet die Ersatzleistung, also insbesondere auch die Erfüllung der Judikatsobligation; vgl. SIBER, 3/4.

[282]) O. v. GIERKE, Schuld u. Haftg., 1/2.

[283]) Vgl. schon BRINZ, bei GRÜNHUT I 11 ff.; ZivArch. LXX 371 ff.; BINDER, Recht u. Macht, 5. Weiteres bei SIBER, 1 ff.

[284]) Vgl. die oben in Anm. 80, 81 zitierten Stellen.

[285]) Akt. I 5,7.

[286]) Vgl. schon oben Anm. 207, sowie unten zu Anm. 473.

[286a]) Um mit KELSEN, 216, zu sprechen: nicht im Sinne „normativer Jurisprudenz", sondern „explikativer Soziologie".

[286b]) Der Vergleich ist cum grano salis zu nehmen. Es bleibt der Unterschied: Das ius puniendi entsteht nicht vor dem Delikt, während die actio — wenigstens die actio civilis — schon vor der Litiskontestation da ist und nur in diesem Augenblick ausgeübt wird (vgl. unten hinter Anm. 288). Grund dieser Verschiedenheit ist, daß eben im römischen Recht die Haftung von vornherein in der Schuld steckt, ja das Primäre ist.

bewehrtes unter. Der übrig bleibende Schuldrest ist eine „naturalis" obligatio[287]). Statt dessen „incipit teneri reus litis contestatione", d. h. an die Stelle der erzwingbaren Schuld tritt die Haftung. Aber diese Haftung, die sog. Prozeßobligation[288]), ist

1. ein neues Rechtsverhältnis äußersten Falles im Gegensatz zu dem durch die Litiskontestation untergegangenen zivilen dare oportere, nicht aber — wie allgemein geglaubt wird — im Gegensatz zur actio. In bezug auf die actio ist das litis contestatione teneri — in l. 8 § 3 D. 46, 1 denn auch anscheinend litis exercitatio genannt — nichts als das Stadium ihrer eigentlichen Ausübung[289]). Actio und condemnari oportere verhalten sich zueinander ähnlich, wie im modernen Justizrecht Klagrecht[290]) und Urteils- (insbesondere Verurteilungs-) Anspruch[291]), Strafverfolgungs- und Strafverurteilungsrecht[292]). M. a. W. beides ist im wesentlichen ein und dasselbe, mit der Maßgabe, daß actio, Klag- und Verfolgungsrecht mehr auf die erfolgreiche Klage, condemnari oportere, Urteilsanspruch und Verurteilungsrecht mehr auf das — dem Kläger — günstige Urteil abstellen. Dieser Umstand erklärt auch die von den

---

287) Alle Überbleibsel, wie das Fortlaufen der Zinsen (l. 35 D. 22, 1), die Fortdauer des privilegium dotis et tutelae (l. 29 D. 46, 2), der Aufrechenbarkeit (l. 8 D. 16, 2), sowie der Tauglichkeit, Grundlage einer Bürgschaft zu werden (l. 8 § 3 D. 46, 1; l. 50 § 2 D. 15, 1), vertragen sich mit dieser Annahme (vgl. dazu Windscheid-Kipp, II § 288), zu der die letztgenannten beiden Stellen (vgl. aber auch l. 60 pr. D. 12, 6; l. 8 § 1 D. 46, 8) führen. Unnötig und nicht überzeugend daher die Ausführungen Windscheids, Actio I, 54ff., daß, soweit die actio reiche, auch die civilis obligatio bestehen bleibe. Ebensowenig aber vermag ich eine Nötigung zu sehen für die entgegengesetzte Ansicht Koschakers, 309ff., nach welchem die obligatio principalis mit der Litiskontestation an sich restlos erlöschen und der Theorie, daß eine Naturalobligation übrig bleibe, keine prinzipielle Geltung zukommen soll. Der von Koschaker für seine Ansicht ins Feld geführte Untergang der Bürgschaft zufolge der mit dem Hauptschuldner vorgenommenen Litiskontestation beweist nur, daß dabei die Korrealität der Bürgschaft den Sieg über ihre Accessorietät davongetragen hat (vgl. dazu Windscheid-Kipp, II § 296 Anm. 1, § 478 Anm. 1). Noch weniger beweisend ist der Hinweis Koschakers darauf, daß die Juristen sich für das Fortbestehen der Pfandhaftung post litem contestatam (l. 13 § 4 D. 20, 1) nicht auf das Bestehenbleiben einer Naturalobligation beriefen. Schon Windscheid (Actio I, 54ff.; Windscheid-Kipp, I § 112 Anm. 5, § 129 Anm. 4, § 249 Anm. 4, 5) hat wiederholt betont, daß die Pfandhaftung in Rom auch ohne Forderung bestehen konnte, „suas condiciones habet hypothecaria actio", und daß gerade umgekehrt „remanet propter pignus naturalis obligatio" (l. 61 pr. D. 36, 1). Natürlich hat Koschaker insofern nicht Unrecht, wenn er sagt, die seit Julian aufgekommene Theorie, daß nach der Litiskontestation eine Naturalobligation übrig bleibe, sei nur der Versuch einer theoretischen Rechtfertigung bestimmter Rechtsfolgen (insbesondere des omnia iudicia absolutaria) gewesen. Ist das aber nicht die Bestimmung jeder Theorie?

288) Als „Haftung" bezeichnet die sog. „Prozeßobligation" auch Wlassak, Art. Actio, 307.

289) Vgl. schon Windscheid, Actio I, 60: „Realisation eines Rechts ist keine Novation".

290) Ausdruck Hellwigs (Anspruch, 145ff.; Lehrb. I 146; Klagr. u. Klagm. 37). Syst. I § 110 II 2a a. E. bevorzugt er den Ausdruck„ Recht zur Klage".

291) Ausdruck Langheinekens.

292) Vgl. Goldschmidt, MatJustR. Anm. 256; § 42 dtsch. StGB.

Romanisten[293]) als auffällig bezeichnete Tatsache, daß die Römer — so wenig wie wir Modernen[294]) — für die sog. Prozeßobligation, d. i. das in seine Ausübungsphase übergetretene Klag- oder Verfolgungsrecht, keinen besonderen Ausdruck haben. In den oben[295]) zitierten Quellenstellen wird sie vielmehr sogar ausdrücklich „actio" genannt.

2. Das litis contestatione teneri ist bloße Haftung ohne Schuld, d. i. ohne Leistensollen. Die vor der Litiskontestation vorhanden gewesene Einheit von Schuld und Haftung wird durch die Litiskontestation zerstört. Fortan leben eine Schuld ohne Haftung — das naturale dare oportere — und eine Haftung ohne Schuld — das condemnari oportere — getrennt voneinander fort. Denn so unrichtig es ist, mit BEKKER[296]) aus der obligatio principalis, der origo iudicii, mag sie auch als „actione teneri" bezeichnet werden, das Leistensollen auszuscheiden, so unrichtig ist es, — wieder mit BEKKER[297]) — in den Inhalt des litis contestatione teneri eine Leistungspflicht hineinzulegen. Daß in dem condemnari oportere nicht die Verpflichtung steckt, aktiv zum Zustandekommen des Judikats mitzuwirken, ist bereits oben[298]) ausgeführt. Nicht eine der zahlreichen von BEKKER[299]) angeführten Stellen beweist aber überhaupt das Vorkommen einer Defensionspflicht in iudicio. Vielmehr kann in iudicio — wie im modernen Prozeß — nur von einer Defensionslast gesprochen werden. Selbst die Klausel de re defendenda der cautio iudicatum solvi sichert — gerade so wie die missio in bona (l. 5 § 3 D. 42,4) — zunächst nur die Erfüllung der Pflicht zur Übernahme des iudicium[300]). Übrigens wäre ja auch eine in iu-

---

293) BEKKER, Akt. II 179; WENGER, Actio iudicati, 57 Anm. 4; WLASSAK, Art. Actio, 307.

294) Die Ausdrücke Urteilsanspruch und Strafverurteilungsrecht gehören im großen und ganzen nur der Doktrin an.

295) Vor Anm. 268.

296) Vgl. oben Anm. 80, 81, besonders zu Anm. 233, 234, 285.

297) Vgl. oben hinter Anm. 204 unter b) und c), hinter Anm. 210a, zu Anm. 225, 226, 228, 235, 251, 253.

298) Hinter Anm. 206.

299) Akt. II 177. Bedenklich höchstens l. 13 pr. D. 46, 7, auf die zugleich KELLER-WACH, § 69 Anm. 831, eine Defensionspflicht in iudicio stützen. Indessen entweder man hält den Hinweis der Stelle auf das Eremodizialverfahren für echt; dann bezieht sich die Stelle auf das Extraordinarverfahren (DUQUESNE, 340ff.; PETOT, 38ff.). Oder man hält ihn für interpoliert (so STEINWENTER, 95ff.; vgl. auch LENEL, Ed. XVI, 497 Anm. 3; das Wort Eremodicium kommt sonst in der klass. Jurisprudenz nur noch in l. 7 § 12 D. 4, 4 vor; vgl. Voc. iurisprud. Rom. II 521, s. v. Eremodicium), dann ist die korrumpierte Stelle nicht beweiskräftig.

300) Vgl. SECKEL, Haftung, 55 Anm. 3 a. E., 41 Anm. 2. Vgl. ferner KELLER-WACH, § 47 zu Anm. 554, wo darauf aufmerksam gemacht wird, daß auch das vadimonium (die cautio iudicio sisti) nicht zum Erzwingen des Erscheinens in iudicio diente, daß dafür auch kein Bedürfnis bestand, da das Ausbleiben des Beklagten in iudicio die Kondemnation nicht hinderte. Das gilt erst recht, wenn man mit der neueren Lehre (DUQUESNE, 342/3; EISELE, Abhdl. 187 Anm. 54; HELLWIG, Syst. I, § 197 I 1; KIPP, Art. Contumacia, Eremodicium; PERNICE, ZRG. XIV 160; XIX 143; SECKEL, Haft., 55 Anm. 3 a. E.; STEINWENTER, 108) annimmt, daß im iudicium des Geschworenenverfahrens stets secundum praesentem geurteilt wurde.

dicio etwa bestehende Defensionspflicht unstrittig weder Inhalt noch Ausfluß der eigentlichen Schuld, d. i. des dare oportere[301]), sondern äußersten Falles Ausfluß oder Begleiterscheinung der Haftung. (Dasselbe gilt von der allerdings im condemnari oportere steckenden Pflicht oder dem darin steckenden Zwang, den Kondemnationsbetrieb zu dulden[302]), die ja ohnehin offensichtlich keine Leistungspflicht darstellen.)

Bleibt als angeblicher Leistungsinhalt im litis contestatione teneri „der noch unfertige (bedingte), aber mit der Litiskontestation doch bereits in die Welt gesetzte Anspruch, der durch das Judikat festgestellt und umgrenzt werden und von da ab mit der actio iudicati zu verfolgen sein wird"[303]). Indessen selbst wenn die Judikatsobligation schon bedingt mit der Litiskontestation entstehen sollte, so würde doch gerade das condemnari oportere für die bedingte Judikatsobligation nichts ausgeben[304]). In der Tat ist zwar sicherlich — wie u. a. l. 3 § 11 D. 15, 1 zeigt — die Litiskontestation bereits ein Stück des die Judikatsobligation gestaltenden gestreckten Tatbestandes[305]). Ob aber die Judikatsobligation wirklich schon „bedingt" oder „unfertig" mit der Litiskontestation entsteht, unterliegt gerechtem Zweifel. Daß keine der vier von Bekker[306]) dafür angeführten Stellen (l. 3 § 11 D. 15, 1; l. 10 § 3 D. 15, 3; l. 8 § 3 D. 46, 1; l. 8 § 3 D. 46, 2) einen überzeugenden Beweis liefert, hat schon Pernice[307]) ausgeführt. Als positiver Gegenbeweis scheint mir die von Seckel[308]) nachgewiesene Tatsache ins Gewicht zu fallen, daß bei der adjektizischen Haftung, m. a. W. da, wo — anders als bei der akzessorischen Bürgschaftshaftung (l. 8 § 3 D. 46, 1; l. 50 § 2 D. 15, 1) — nicht die außerhalb des iudicium verbliebene natu-

---

301) Vgl. schon oben zu Anm. 226.

302) Vgl. über diese unten zu Anm. 338.

303) Bekker, Akt. II 178, 179; vgl. schon oben hinter Anm. 204 unter b).

304) Vgl. schon oben Anm. 189f, zu Anm. 210b, sowie insbesondere Seckel, Haftung, 6 Anm. 6, wo er die (auch nach seiner Überzeugung mit der Litiskontestation entstehende) bedingte Judikatsobligation von der „Obligation in der Zeit zwischen Litiskontestation und Urteil", d. i. dem litis contestatione teneri oder condemnari oportere (39 Anm. 2), scharf trennt. Trotzdem rügt Seckel weder 6 Anm. 6 noch 39 Anm. 2, daß der von ihm zitierte Bekker das litis contestatione teneri, wenigstens soweit er ihm überhaupt materiellen Inhalt zuerkennt, einfach in der „bedingten", „unfertigen" Judikatsobligation aufgehen läßt, und S. 52 zu Anm. 5 (schon S. 40 Anm. 6) identifiziert Seckel sogar selbst das litis contestatione teneri mit der bedingten Judikatsobligation. Mir scheint das damit zusammenzuhängen, daß Seckel die Notwendigkeit, die adjektizische Haftung des Dritten aus dem litis contestatione teneri durch Translationszwang zu verwirklichen, nicht so sehr — wie m. E. richtig — aus dem des dare oportere darbenden, rein materielljustizrechtlichen Charakter jenes Haftungsverhältnisses, als vielmehr aus seiner „Unfertigkeit" erklärt; vgl. oben Anm. 214, unten hinter Anm. 315b. Legt man hierauf entscheidendes Gewicht, so macht es allerdings keinen erheblichen Unterschied, ob das condemnari oportere oder ein bedingtes iudicatum facere oportere Gegenstand der Translation ist; vgl. aber unten zu Anm. 315e.

305) Vgl. unten hinter Anm. 334.

306) Akt. II 179/180 Anm. 13.

307) ZRG. V 53 Anm. 2.

308) Haftung, 42ff., 47ff. Vgl. schon oben Anm. 214.

ralis obligatio, sondern wirklich nur das litis contestatione teneri Grundlage der Haftung des Dritten war, vor dem Judikat nur durch Translationszwang geholfen werden konnte (l. 57 D. 5, 1; l. 10 § 3 Satz 2 D. 15,3).

Entstünde die Judikatsobligation — wenn auch nur „bedingt" oder „unfertig" — mit der Litiskontestation, so hätte es gerade in dem Falle, in dem der Translationszwang am auffälligsten ist, nämlich in dem der l. 10 § 3 Satz 2 D. 15, 3 — vivo filio[309]) — näher gelegen, dem ursprünglichen Interregnum in der adjektizischen Haftung zwischen Litiskontestation und Judikat[310]) durch Gewährung einer selbständigen actio iudicati de in rem verso — von der Satz 1 der Stelle handelt[311]) — abzuhelfen, um so näher, als bei solchem Ausweg Gelegenheit gewesen wäre, die Bedingung der Judikatsobligation (Verurteilung des Sohnes) wirklich eintreten[312]) und bis zu ihrem Eintritt das iudicium de in rem verso gegen den Vater durch prozeßhemmendes Dekret (iudicare vetare)[313]) aussetzen zu lassen. Allerdings hätte die Gewährung der actio iudicati mit der intentio eines bedingten iudicatum facere oportere gegen das in l. 35 D. 5, 1 bezeugte grundsätzliche Verbot einer litis contestatio de futuro[314]) verstoßen. Indessen dürfte nach Wlassaks Ausführungen[315]) dieses Verbot kein ausnahmsloses, es vielmehr unter Umständen statthaft gewesen sein, durch vorzeitige Litiskontestation einen Prozeß für die Zukunft sicherzustellen, der dann gegenstandslos wurde, wenn bestimmte, zur Zeit der Litiskontestation noch ungewisse Ereignisse sich nicht verwirklichten[315a]).

Aber auch wenn man das Verbot einer litis contestatio de futuro für ein unverbrüchliches hält, wird die ausschließliche Notwendigkeit, den adjektizisch haftenden Dritten in der Zeit zwischen Litiskontestation und Judikat mittels Translationszwanges haftbar zu machen, zum zwingenden Beweis, daß die post litem contestatam übrig bleibende „civilis obligatio" (l. 8 § 3 D. 46, 1) kein bedingtes „iudicatum facere oportere" ist. Denn die Notwendigkeit des Translationszwanges erklärt sich nicht

---

309) Seckel, Haftung, 47ff. (translatio iudicii de in rem verso). Vgl. aber noch Seckel, 45, wo er auch aus l. 57 Satz 2 D. 5, 1 die Möglichkeit einer translatio iudicii (und zwar de peculio) vivo filio folgert.

310) Vgl. oben Anm. 214.

311) Seckel, Haftung, 32ff.

312) Daß nach der Translation diese Bedingung nicht mehr eintreten konnte, darüber vgl. Seckel, 52 Anm. 5, und sofort weiter unten im Text hinter Anm. 315d.

313) M. a. W. ein Präjudizialdekret; vgl. oben Anm. 48a, sowie § 4 II, insbesondere Anm. 90 und vor Anm. 149.

314) Vgl. über diese Stelle schon oben Anm. 74 und die dort Zitierten. Vgl. auch § 33b Inst. 4, 6 und Paul. Vat. fragm. 49 (nulla legis actio prodita est de futuro).

315) ZRG. XXXIII 113ff. Wlassak verweist insbesondere auf die iudicia secutoria (Interdiktenverfahren, vadimonium, calumniae iudicium bei Gaius IV 165, 169, 185, 174—179); vgl. ferner die bei Wlassak, 112 Anm. 3, zitierten Stellen; auch l. 5 pr. D. 20, 1; l. 42 pr. D. 44, 7. Hält doch Wlassak nicht nur eine Litiskontestation über eine bedingte Forderung, sondern sogar eine bedingte Litiskontestation — vgl. oben Anm. 74 — für denkbar. Auch nach Levy, 58 Anm. 4, ist der litis contestatio de futuro nur die Fähigkeit zu konsumieren versagt, nicht die, ein gültiges iudicium hervorzubringen.

315a) So Wlassak, a. a. O. S. 120.

so sehr aus der „Unfertigkeit"[315b]) des litis contestatione teneri, die dem „condemnari oportere", wennschon ihm nur cum grano salis eigen[315c]), doch immerhin mit einem „bedingten" „iudicatum facere oportere" gemeinsam sein könnte, als vielmehr aus dem Mangel des für eine intentio nötigen „dare (facere) oportere", der eine Eigentümlichkeit gerade des „condemnari oportere" ist[315d]). Ja, der Translationszwang ist mit der Annahme einer bedingten Judikatsobligation überhaupt unverträglich, da die Herbeiführung der Translation den Eintritt der Bedingung der Judikatsobligation (Verurteilung des Sohnes) gerade vereitelt[315e]).

Danach ergibt sich: Der Grund, der das litis contestatione teneri auf den Ausweg des Translationszwanges, als einziges Mittel gerichtlicher Geltendmachung, drängt, ist der Mangel eines „dare, facere oportere," eines Leistensollens. Mögen daher auch die Römer, für die ja die obligatio in erster Linie Haftung ist[316]), das condemnari oportere immerhin in einem schuldrechtlichen Falle „obligatio" nennen (l. 8 § 3 D. 46, 1)[317]), so ist doch der von den Romanisten für das condemnari oportere schlechthin geprägte Ausdruck „Prozeßobligation" vom Standpunkt der modernen Auffassung der Obligation aus und im Hinblick auf die formula petitoria in seinem zweiten Teile (Obligation) „zum mindesten" ebensowenig „förderlich", wie in seinem ersten (Prozeß)[318]) und wird auch insofern besser „vermieden"[319]).

[315b]) So Seckel, Haftung, 39/40; vgl. schon oben Anm. 214, 304.

[315c]) Vgl. oben hinter Anm. 210.

[315d]) Vgl. darüber ausführlich oben Anm. 214.

[315e]) Seckel, Haftung, 52 Anm. 5 — vgl. schon oben Anm. 312. Trotzdem bezeichnet Seckel an der nämlichen Stelle (zu Anm. 5) die translatio iudicii als „bedingte Judikatsobligation" — vgl. schon oben Anm. 304. Mit der ausdrücklichen Aufstellung des Textes entfällt auch der letzte denkbare Einwand, die bedingte Judikatsobligation sei allerdings nicht Gegenstand der Translation, entstehe indessen dennoch mit der Litiskontestation. Wo sollte sich auch die Existenz der „bedingten Judikatsobligation" erweisen, wenn sie weder Gegenstand einer actio iudicati, noch einer Translation war noch sein konnte? Vgl. dazu noch oben zu Anm. 307.

[316]) Vgl. oben zu Anm. 283.

[317]) Vgl. Seckel, Haftung, 40 Anm. 6.

[318]) Vgl. oben zu Anm. 215.

[319]) Dagegen enthält die „Quasiobligation aus dem Judikat" („iudicati velut obligatio", l. 3 § 11 D. 15, 1; vgl. auch l. 4 § 7 D. 42, 1; l. 8 § 3 D. 46, 2; Seckel, Haftung, 6 Anm. 6) allerdings ein Leistensollen, das „iudicatum facere oportere" (Gai III 180), mag der Inhalt der Leistungspflicht auch eine Ersatzleistung, ein „praestare" sein; vgl. Siber, 3, 4, 169ff.; oben Anm. 281. Die am römischen Recht gebildete Auffassung Sibers, 253ff., vom Schuldverhältnis mit seinem dreifachen Inhalt: Leistensollen, Macht des Gläubigers über den Schuldner, Ersatzverpflichtung, bewährt sich für die römische Obligation mit ihrem dare, condemnari und iudicatum facere oportere in der Tat vollkommen; vgl. aber unten zu Anm. 341a. Die Kluft, die in der Zwischenzeit von der Litiskontestation bis zum Judikat innerhalb des Leistensollens klafft, haben schon die Römer durch ein naturales Leistensollen auszufüllen versucht; vgl. oben Anm. 287. Aber unrichtig ist die Annahme Schlossmanns, 132/3, daß dem condemnari oportere die Aufgabe zugefallen sei, jene Kluft zu überbrücken.

Das gewonnene Ergebnis, wonach die Konsumtionskraft der Litiskontestation, soweit sie das materielle Recht betrifft, nicht die actio, sondern das zivile dare oportere und, soweit sie die actio betrifft, nicht das materielle Recht, sondern das Prozeßmittel ergreift[320]), verträgt sich mit GRADENWITZ' Annahme[321]), daß die „Kunstregel" GAI III 180 sich nur auf Obligationen, der „Volksspruch" bis de eadem re ne sit actio sich auf actiones in rem bezogen hätten, und vermeidet dabei gleichzeitig die Bedenken, zu denen die Beschränkung des Volksspruches auf actiones in rem Anlaß geben könnte[322]), ohne m. E. einen „Widerspruch"[322a]) zwischen „Kunstregel" und „Volksspruch" übrig zu lassen.

Nach alledem ist die Litiskontestation, d. i. die Erzwingung der Übernahme des iudicium, nicht der das Aktionsrecht verbrauchende Akt, was auch in Widerspruch dazu stünde, daß das Aktionsrecht ein materielles, von der wirklichen Existenz eines Aktionstatbestandes abhängiges Recht ist[323]). Vielmehr ist der Aktionsinhalt die Kondemnation[324]). Allerdings ist die actio kein Anspruch auf Kondemnation gegen den iudex[325]), gleich dem modernen Rechtsschutzanspruch, son-

---

[320]) Vgl. oben hinter Anm. 258, 270.

[321]) Festgabe für BEKKER, 1907, 383ff.; ihm zustimmend LEVY, 50.

[322]) Vgl. O. GEIB, 225 Anm. 2; s. denn auch WLASSAK, Einrede, 37 Anm. 80. GEIBS eigene Auffassung von der Verschiedenheit des Anwendungsgebietes der „Kunstregel" und des „Volksspruches" kommt der hier vertretenen nahe. Nur glaubt GEIB daraus Anlaß nehmen zu sollen, sich dem BEKKERschen Aktionsbegriff anzuschließen (vgl. schon oben Anm. 81, vor Anm. 245), was mit seiner von mir bereits (Ungerechtfert. VollstrBetr. S. V) zurückgewiesenen Verwässerung des modernen publizistischen Klagrechts zusammenhängt. Die Römer kannten ein materielles Klagrecht, genau so wie wir; nur trennten sie, anders als wir, nicht Anspruch und Klagrecht, Privatrecht und materielles Justizrecht; vgl. sofort weiter im Text.

[322a]) LEVY, 50. Warum konnte nicht auch bei actiones in personam schon auf Grund des „Volksspruches" die (legis) actio denegiert werden? Wurde doch später bei den mit formula in factum concepta ausgestatteten persönlichen iudicia nur mit der exceptio rei iudicatae vel in iudicium deductae geholfen (LEVY, 55/56); vgl. auch LEVY, 57 Anm. 3. Übrigens: Konnte denn nicht auch auf Grund der „Kunstregel" die actio denegiert (dazu LEVY, 57 Anm. 3, 58 Anm. 1), auf Grund des „Volksspruches" absolviert (dazu LEVY, 52 Anm. 5, 57, sowie besonders 60ff., 73) werden?

[323]) Vgl. oben hinter Anm. 246.

[324]) Genau so schon LENEL, Except. 28 Anm. 2, 30, 32. LENEL ist von BRINZ, SOHM, THON — vgl. nächste Anm. — und DEGENKOLB, 38 Anm. 4 — vgl. oben zu Anm. 248 — nicht widerlegt worden. Die Bedenken SOHMS, bei GRÜNHUT IV 467, und THONS, 244, daß sich ein „Recht" auf günstiges Urteil überhaupt nicht denken lasse, sind einesteils durch die Theorie vom „Rechtsschutzanspruch" und „materiellen Justizrecht" überholt, anderenteils dürften sie in der Kritik des prozessualen Denkens, die den Gegenstand dieser Schrift bildet, Würdigung finden.

[325]) Wie WINDSCHEID-KIPP, I § 124 Anm. 1; ferner (gegen LENEL) BRINZ, KritVSch. XVIII 572; SOHM, bei GRÜNHUT IV 467 und wohl auch THON, 244, unterstellen. Für einen solchen publizistischen Kondemnationsanspruch im römischen Recht HASSE, RheinMus. VI 10; MEWALDT, 101ff., und PLÓSZ, 34 Anm. 31. Es ist bezeichnend, daß WACH, Feststellungsanspruch S. 32, seine — im modernen Recht nicht durchgedrungene — Ansicht, daß der Rechtsschutzanspruch auch ein Recht gegenüber dem Beklagten sei (dazu noch unten Anm. 326), vorzugsweise mit Beispielen aus dem römischen Recht belegt.

dern gegen den Beklagten gerichtet, dem das „condemnari oportere" obliegt. Die Vorstellung dieser Rechtsbeziehung zwischen Kläger und Beklagtem könnte dem modernen Juristen schwer fallen, wenn nicht unsere aus dem römischen Recht erwachsene Gesetzgebung und unsere im romanistischen Denken erzogenen Juristen für das moderne Recht die Konstruktionen aufgestellt hätten, die für dieses so wenig, für das römische Recht dagegen vollkommen zutreffen. Auch für das moderne Recht ist bekanntlich der — bald als prozessualer[326]), bald als privatrechtlicher[327]) gedachte — Anspruch des Klägers gegen den Beklagten, die (gerechtfertigte) staatliche Rechtsschutzhandlung zu dulden, aufgestellt worden. Und die §§ 737, 739, 743, 745, 748 unserer ZPO., § 2213 III unseres BGB. gehen offensichtlich von einem Anspruch des Klägers gegen den Beklagten auf Duldung „der Zwangsvollstreckung" aus. Entsprechend wird noch heute vielfach die materielle Klagbefugnis aufgefaßt als ein dem Beklagten gegenüber bestehendes „Zwangsbefriedigungsrecht, das auf Anwendung eines durch Vermittlung der staatlichen Rechtsschutzorgane geübten Zwanges gerichtet" ist[328]). Und auch die Befugnis zum Betriebe der Zwangsvollstreckung erscheint manchen neueren Schriftstellern[329]) im Verhältnis des Vollstreckungsgläubigers zum Vollstreckungsschuldner als ein privatrechtliches Zu- oder Eingriffsrecht, d. i. als Ausfluß des privatrechtlich gedachten Rechts aus der „Haftung". Nimmt man hinzu, daß sowohl für die so aufgefaßte Klagbefugnis[330]) als auch für die so gedeutete Vollstreckungsbefugnis[331]) der Begriff des Gestaltungs-(Kann-)Rechts verwertet worden ist, und zwar insbesondere hinsichtlich der Vollstreckungsbefugnis unter ausdrücklicher Bezugnahme auf die von SECKEL[332]) für die Gestaltungsklagen aufgestellte Lehre von der Gestaltung durch „Dop-

---

[326]) So von WACH, 19, 21, 39, 186 Anm. 4; Feststellungsanspruch, 15, 27, 31/2; WEISMANN, Hptinterw. §§ 12, 20.

[327]) So von SIBER, 75, 77/8, 83/4; in Jher. Jahrb. L 82/3; wohl auch O. SCHREIBER, 5/6.

[328]) REICHEL, Unklagb. Anspr. 4, 5, der 5 Anm. 1 selbst zugibt, „daß diese Definition im wesentlichen auf die celsinische Definition der actio hinausläuft". Im wesentlichen ebenso HÖLDER, Z. XXIX 50ff.; Jherings Jahrb. XLVI 265ff., LI 394ff.; vor allem WEISMANN, I § 20 II, II § 122 Anm. 11—13; schon Hptinterv. 40ff.; ferner CHIOVENDA, 39; schon L'azione, 71; BAUMGARTEN, Wissenschaft vom Recht, II 421ff., 433/4; aber auch alle, welche die Klagbarkeit (Erzwingbarkeit, Reaktionsfähigkeit, Vollkommenheit) für ein zivilistisches (essentielles oder naturales) Attribut des Anspruches halten, wie GEIB, 151ff.; KOHLER, Beitr. 13ff.; SIBER, 75, 77, 83; wohl auch v. TUHR, I 110; z. T. PLÓSZ, 30ff.; ZITELMANN, AllgT. 24; ja bis zu einem gewissen Grade selbst HELLWIG, Anspruch, 13 Anm. 22, 124; Syst. I § 100 II; und WACH, 122/3.

[329]) So GEIB, 151ff.; G. HAMBURGER, Haftung, 53ff.; W. HEIN, 65, 81ff.; Identität, 122 Anm. 11 (ohne Beachtung meiner in Zwei Beiträge, 31 [137] Anm. 1, gegen ihn gerichteten Bemerkungen); KRÜCKMANN, Z. XLVII 19, 46ff.; v. TUHR, I 176ff.; BAUMGARTEN, Wissenschaft vom Recht, II 483.

[330]) Von WEISMANN, I § 20 II; unmittelbar für die römische actio von SECKEL, Haftung, 41 Anm. 5; vgl. schon oben Anm. 213.

[331]) Von HAMBURGER, 57; KRÜCKMANN, a. a. O., 47 Anm. 72; v. TUHR, I 177.

[332]) Gestaltungsrechte, 239ff.; zustimmend ENNECCERUS, AllgT. § 66 Anm. 9.

peltatbestand" (Privat- und Staatsakt)[333]), so haben wir aus dem Arsenal der modernsten Konstruktionen alles Rüstzeug beisammen, dessen wir für die Erfassung der römischen actio bedürfen.

Die actio, als Befugnis zum Betriebe (zur Erwirkung) der Verurteilung eines anderen (zur Durchsetzung des condemnari oportere), ist ein — von der prätorischen Zulassung abhängiges — Gestaltungsrecht, und zwar ein Recht zum Eingriff[334]) in die Rechtssphäre eines anderen. Das Endziel seiner Ausübung ist die Begründung der actio iudicati. Seine Ausübung erfordert ein Zusammenwirken von Privatakten — wie insbesondere die editio actionis — und Staatsakten — wie insbesondere die magistratische ordinatio iudicii, den magistratischen Judikationsbefehl und die sententia iudicis. Hierbei bringt es das Erfordernis der Mitwirkung des Beklagten zur Litiskontestation mit sich, daß zur Gestaltung nicht nur (wie nach Seckels Lehre in den einschlagenden Fällen des modernen Rechts) Kläger und Staat zusammenwirken müssen, sondern auch noch der Beklagte. Die Gestaltungspflicht des Beklagten fällt mit seiner „Defensionspflicht" zusammen, mithin, so wenig wie diese[335]), in das „condemnari oportere", vielmehr ganz aus der actio heraus, ebenso wie die aus der staatlichen (bzw. amtlichen) Pflicht zur Justizgewährung entspringende Gestaltungspflicht des Magistrats und iudex aus der actio herausfällt[336]) und wie nach Ansicht derer, welche die Gestaltung durch privates und staatliches Zusammenwirken auch für das moderne Klag- und Vollstreckungs- oder doch Gestaltungsklagrecht vertreten, die aus der staatlichen — amtlichen — Justiz- bzw. Rechtsschutzpflicht fließende Mitwirkungspflicht der Rechtsschutzorgane aus dem privatrechtlich aufgefaßten Klagrecht, Recht aus der Haftung, bzw. Gestaltungsrecht herausfällt)[337]). Das „condemnari oportere" ist nur als Duldungs-Pflicht oder -Zwang zu denken[338]), und zwar als dem Kläger gegenüber[339]) und

---

[333]) So Hamburger, 57ff. Anders v. Tuhr, II 153ff. (vgl. schon denselben, I § 7 Anm. 7b).

[334]) Nicht Zugriff; vgl. Seckel, Gestaltungsrechte, 213.

[335]) Vgl. oben hinter Anm. 206, zu Anm. 298, ferner noch unten hinter Anm. 465.

[336]) Vgl. oben in Anm. 207b, 248c, sowie zu Anm. 246, 325.

[337]) Es wird nicht der Hervorhebung bedürfen, daß die Auffassung des Textes nur der römischen actio gilt. Meine Auffassung betreffend den modernen Rechtsschutzanspruch habe ich in meinen Schriften über MatJustR. (1905), Ungerechtfert. VollstrBetr. (1910), Zwei Beiträge z. MatZivJustR. (1914) dargelegt, in letzterer — S. 30 (136) Anm. 2, S. 31 (137) Anm. 1 — auch meine Auffassung über das moderne Gestaltungsklagrecht (unter Aufgabe der MatJustR. zu Anm. 165 aufgestellten Ansicht) und über die Haftung im modernen Recht angedeutet; vgl. dazu noch unten in Anm. 790a, 1552a a. E., 1669, 1671. Ganz verfehlt O. Schreiber, 5, 6; nicht richtig aber auch Siber, in Jherings Jahrb. L 80ff.; Strohal, ebenda LVII 306 Anm. 121; Festschr. f. Binding, S. 1ff.

[338]) Vgl. Degenkolb, Beitr., 56 Anm. 3. Daß in dem „condemnari oportere" keine Leistungspflicht steckt, darüber vgl. oben hinter Anm. 297.

[339]) Nicht als staatsrechtliche, wie Buchka gemeint hat; gegen ihn schon Keller. Vgl. darüber Krüger, 47ff.; aber auch Windscheid, Actio I, 60.

darin bestehend, dessen Kondemnationsbetrieb zu dulden. Bei Lichte betrachtet, kann freilich in bezug auf den bloßen Kondemnationsbetrieb — anders als in bezug auf die Strafverfolgung[339a]) — von einer Duldungspflicht, von einem „Duldensollen" des Beklagten so wenig die Rede sein, wie von einem Duldungszwang, einem „Duldenmüssen"[340]). Denn dem Kondemnationsbetrieb steht, außer der nicht in die actio hineinfallenden Defensionspflicht[340a]), keine Pflicht des Beklagten gegenüber. Und die Kondemnation selbst ist zwar schon ein Eingriff in die Rechtssphäre des Beklagten, aber — als solche — bloße Willensäußerung, nicht ein irgendwie gearteter Real- oder Naturalakt[341]). Ja, die Kondemnation ist in Rom[341a]), so wenig wie heute[341b]), nicht einmal ein Leistungsbefehl an den Beklagten. Die Kondemnation erfordert also wirklich nur einen Gestaltungsgegner, nicht einen Verpflichteten[342]) oder Gewaltunterworfenen. Wenn dessenungeachtet die Römer, wie manche modernen Schriftsteller[343]), schon in bezug auf die Verurteilung von Duldungs-Pflicht oder -Zwang sprechen, so geschieht es, weil ihnen die Verurteilung, deren Zweck und Wirkung die unmittelbare Eröffnung des Zwangsweges ist, selbst schon als Zwangsakt erscheint[344]).

Obgleich nach dem Ausgeführten die römische actio eine Befugnis des Klägers gegenüber dem Beklagten ist, ist sie doch nicht als eine privat-[345]), sondern als eine materiell justizrechtliche[346]) zu bezeichnen. Natürlich ist das nur cum grano salis richtig. Es ist die Eigentümlichkeit des römischen Zivilrechts, daß (privatrechtlicher) „Anspruch" und (materielles publizistisches) „Klagrecht", m. a. W. Privatrecht und materielles Justizrecht ungetrennt sind[347]). Die Feststellung, daß das römische Aktionenrecht nicht Privatrecht, sondern

---

339a) Vgl. unten Anm. 1324, 1327.

340) Diesen Gegensatz entwickelt zutreffend W. Hein, 57, der aber, 58, 60, von einer „Pflicht zum Duldenmüssen", also von einem „Müssensollen"(!) spricht, natürlich eine contradictio in adiecto. Die Pflicht beim Duldenmüssen, an die Hein denkt (sich des Widerstandes gegen die Staatsgewalt zu enthalten), steht neben dem Rechtszustande der Unterwerfung unter den Duldungszwang, nicht ist dieser der Inhalt jener. Dazu noch unten Anm. 1274.

340a) Oben Anm. 335.

341) Seckel, Gestaltungsrechte, 238; auch Enneccerus, AllgT. § 66 Anm. 8; v. Tuhr, § 8.

341a) Degenkolb, 89ff.

341b) Mein VollstrBetr., 46ff.

342) Seckel, Gestaltungsrechte, 215.

343) Vgl. die oben in Anm. 326, 327 Zitierten; aber auch Langheineken, 71/2.

344) Lehrt doch auch Lenel, Exceptio, 24ff., gleichzeitig einerseits, daß die actio nur das Recht auf Kondemnation, nicht das zur Exekution, und andererseits, daß sie die Zwangsbefugnis des römischen Privatrechts gewesen sei.

345) So die herkömmliche, auch von Lenel, Exc., 24ff., mit dem der Text sonst übereinstimmt, geteilte und sogar besonders betonte Auffassung.

346) So schon Goldschmidt, Beiträge, 27 (133) Anm. 3; vgl. auch Seckel-Heumann, Art. Iudicium, Nr. 3a.

347) Vgl. Goldschmidt, MatJustR., 18. Nicht entgegen steht, daß gelegentlich, so vor allem im decretum divi Marci (l. 7 D. 48, 7) der Unterschied von „Ansprüchen" („petitiones") und „Klagrechten" („actiones") aufblitzt. Auch Levy, 81ff., 86ff., 116, 127, betont, daß der moderne „Anspruchsbegriff" dem römischen Recht fremd ist.

materielles Justizrecht sei, kann mithin nur den Sinn haben, daß in ihm der justizrechtliche Typ den privatrechtlichen überwiege. Das aber muß behauptet werden, obgleich der römischen actio die anscheinend wesentlichste Eigenschaft eines materiellen Justizrechts fehlt, nämlich die, ein Recht gegenüber dem rechtsschutzpflichtigen Staat zu sein. Denn seit WINDSCHEIDS berühmter Schrift über die Actio (1856) steht fest, daß die Römer, im Gegensatz zu uns[347a]), die Befugnis, den Gerichtszwang gegen einen anderen in Bewegung zu setzen, nicht nur als „Ausfluß", sondern als „Ausdruck" des subjektiven Rechts betrachteten. Insbesondere und unzweifelhaft gilt dies von den durch die magistratische Jurisdiktion überhaupt erst geschaffenen actiones honorariae[348]), aber auch von denjenigen actiones civiles, die auf den sich als bloße Jurisdiktionsanweisungen darstellenden[349]) Senatuskonsulten beruhen[350]).

Die getroffene Feststellung dürfte indessen für die übrigen actiones civiles nicht minder richtig sein. Der Unterschied ist nur, daß bei den Edikten und einschlagenden Senatuskonsulten der materiell-justizrechtliche Charakter auch aus den Quellen und ihrem Geltungsgebiet, nämlich bei jenen aus der Rechtsquelle, bei diesen aus der Person des Normadressaten, erhellt[351]), während er bei den einschlagenden leges nur aus ihrem Inhalt gefolgert werden kann. Indessen auch aus diesem ergibt sich der materielljustizrechtliche Charakter des gesamten Aktionenrechts. Nicht nur, daß auch in den leges, wie in der lex Rubria, das dare iudicium und iudicare iubere unmittelbar angeordnet wird, sondern selbst das alte „dare damnas esto", wie es u. a.[352]) in der lex Aquilia vorkommt, enthält, wenn auch nicht geradezu, wie A.S.SCHULTZE behauptet hat[353]), die Verurteilung, so doch ihre Androhung[353a]). Auch von der „actio, petitio, persecutio" (lex Malacitana R. 67 a. E.) der leges gilt, was WINDSCHEID[354]) ausführt: „statt zu sagen: einem An-

---

[347a]) Vgl. jetzt auch Cod. iur. can. Can. 1667: „Quodlibet ius non solum actione munitur..."

[348]) Nur für diese will es gelten lassen C. G. BRUNS, Symbolae, 50.

[349]) KIPP, Quellen, § 11 I, II; A. S. SCHULTZE, 402ff. Daher hier die Notwendigkeit von „exceptiones civiles".

[350]) Auf welche denn auch schon WINDSCHEID, Actio I, 4, besonders hinweist.

[351]) Auf den justizrechtlichen Charakter der Edikte und einschlagenden Senatuskonsulte hat schon KIPP, HEINRICH DERNBURG, 25; Doppelwirkungen, 213/4, hingewiesen. Das materielle Justizrecht bewährt sich in den Edikten schon an seiner amtsrechtlichen Quelle, wie — mutatis mutandis — das Verwaltungsstrafrecht in den Polizeiverordnungen; s. meine Schriften über Verwaltungsstrafrecht, zuletzt zusammenfassend DStZ. I 222ff. Weitere Ausbeute aus den Edikten und Senatuskonsulten für die allgemeine Rechtslehre s. unten hinter Anm. 843.

[352]) Vgl. weitere Stellen bei A. S. SCHULTZE, 495 Anm. 1. [353]) 494, 495.

[353a]) Nach BINDER, Rechtsnorm, 28ff., sollen sogar auch die leges nur an die Magistrate adressiert sein. Aber diese These scheint mir für das römische Recht ebenso unhaltbar zu sein, wie für das moderne; dazu noch unten Anm. 1173 a. E., 1257, hinter Anm. 1295.

[354]) WINDSCHEID-KIPP, I 190, § 44; s. auch § 122 Anm. 6. An WINDSCHEID schließt sich SCHUTZ, 27, an.

spruche steht das Recht zur Seite, sagen die Römer: es steht ihm das Gericht zur Seite. Was wir Rechtsanspruch nennen, ist für die Römer Gerichtsanspruch". M. a. W. ist auch die actio kein Recht gegen den rechtsschutzpflichtigen Staat, so ist sie doch mehr als das: sie ist Recht überhaupt nur durch den rechtsschutzpflichtigen Staat. Denn die Römer fassen das subjektive Recht nicht, wie wir, auf als Macht, die Imperative des Rechts[355]), sondern als Macht, die Gewalt des Gerichts wirksam werden zu lassen[356]).

d) Rechtskraftmangel der denegatio actionis; Sachurteilscharakter der sententia iudicis.

(§ 6.)

Das mit der Litiskontestation entstehende Rechtsverhältnis zwischen Kläger und Beklagtem, das „litis contestatione teneri" oder „condemnari oportere", die sog. „Prozeßobligation", ist also nichts als der materielljustizrechtliche Aktionsinhalt, die actio im Stadium ihrer Ausübung. Es ist kein dem Prozeßrecht angehöriges Rechtsverhältnis, insbesondere hat es nichts mit dem Prozeßrechtsverhältnis der modernen Prozeßrechtslehre gemein. Damit entfällt die Möglichkeit, die BÜLOWsche Lehre mit PLANCK[357]) gleichsam durch Aufstellung eines formellen Prozeßvoraussetzungsbegriffes zu retten, indem schlankweg behauptet wird, was der Prätor in iure geprüft habe, sei eben dadurch zur Voraussetzung des Prozeßverhältnisses und also zur Prozeßvoraussetzung geworden.

Bleiben noch die unbestreitbaren Tatsachen zu erklären, warum auch die aus materiellen Gründen ausgesprochene denegatio actionis

---

[355]) Vgl. KIPP zu WINDSCHEID, I 162; THON, 228, 229; M. E. MAYER, Rechtsnormen, 54ff., (von denen die beiden letzteren aber gerade subjektives Recht und actio identifizieren); dazu unten Anm. 1279.

[356]) Wenn man so will: die Justiz ist in der actio das beherrschte formelle, nicht das beherrschte materielle Element des subjektiven Rechts, m. a. W. dessen Objekt, nicht sein Beziehungsgegenstand (dazu unten Anm. 1274), wie — mutatis mutandis — die Verwaltung in der Verwaltungswidrigkeit das (eventuell mit-) verletzte formelle, nicht das verletzte materielle Element des Unrechts ist; vgl. über letztere Erscheinung meine Schriften über Verwaltungsstrafrecht, zuletzt zusammsnfassend DStZ. I 226, 225 Anm. 7. Daß nach solcher Konstatierung das Rechtsattribut jener, wie das Unrechtsattribut dieser cum grano salis zu nehmen ist, steht auf einem anderen Blatt. Auch ließe sich vielleicht jene Auffassung logisch so gut beanstanden wie diese, wenn man nicht vor der Tatsache stände, daß das Recht eben nicht die einzige soziale Macht ist, was das Recht auch anerkennt, nicht immer freilich — die Juristen. Übrigens definiert O. MAYER, I 104, das subjektive öffentliche Recht als die „Macht über ein Stück öffentlicher Gewalt", meint damit freilich nur, wie schon G. JELLINEK, System, 52 Anm. 1, aus der französischen Ausgabe von O. MAYERS Werk festgestellt hat, „le pouvoir juridique sur l'exercice de la puissance publique". Daß die römische Auffassung der actio als eines Rechtes von Gerichtes Gnaden tief mit den Problemen verwachsen ist, die den Gegenstand dieser Schrift bilden, darüber vgl. unten zu Anm. 1175, 1341.

[357]) Vgl. oben zu Anm. 187. Vgl. aber auch KELLER-WACH und WLASSAK, oben zu Anm. 188, 188a.

nicht der materiellen Rechtskraft fähig war[358]), während das Durchgreifen einer exceptio, gleichviel ob materiellen oder prozessualen Inhalts, ob peremtoria oder dilatoria, zur Sachabweisung führte.

Indessen diese beiden Tatsachen, deren Gegenüberstellung etwas für die BÜLOWsche Lehre auszugeben scheint, sind scharf auseinander zu halten:

I. Daß das prätorische Denegationsdekret — mag auch seine tatsächliche Bedeutung für eine neue Aktion apud eundem vel apud sequentem praetorem (l. 26 § 6 D. 4, 6) durchaus nicht so gering zu veranschlagen sein[359]) — doch auch dann der materiellen Rechtskraft unfähig war, wenn es eine Sachabweisung enthielt (l. 14 D. 42, 1), beruht m. E. vor allem darauf, daß erst die Litiskontestation konsumierende Kraft hatte[360]). Denn wenn auch unzweifelhaft „die Konsumtion der actio die Rechtskraftwirkungen schon nach dem römischen Rechte nicht erschöpfte"[361]), so gilt doch, daß „demselben Grundgedanken, auf welchem die (moderne) materielle Rechtskraft des Urteils beruht, die Konsumtionswirkung der römischen litis contestatio entsprungen ist"[362]). Die Konsumtionswirkung der Litiskontestation bleibt im römischen Recht stets der Grundpfeiler aller Rechtskraftwirkung[362a]),

[358]) Vgl. insbesondere SCHOTT I, 127ff.; KIPP, LitZtg. 1904, 2627; WLASSAK, Einrede, 34ff.; MEWALDT, 78ff. Unrichtig aber GEIB, 158, der deshalb die denegatio actionis als „Verweigerung der Sachentscheidung" bezeichnet; s. unten zu Anm. 370.

[359]) Vgl. schon oben hinter Anm. 132; WLASSAK, Einrede, 36. WACH, 27 Anm. 6, behauptet sogar, daß die denegatio actionis aus materiellen Gründen die Klage für das Amtsjahr des das Recht weigernden Magistrats ausgeschlossen habe; vgl. aber SCHOTT I, 130ff.

[360]) Vgl. darüber ausführlich oben hinter Anm. 256, wo insbesondere zu Anm. 264b ausgeführt ist, daß eine legitimo iudicio gewährte actio in personam schon deshalb nicht zum zweiten Male gewährt werden konnte, weil nach dem durch die Litiskontestation bewirkten Untergang des zivilen dare oportere eine neue intentio auf dare oportere (GAI III 181, IV 107) und also eine neue Formel unmöglich geworden war.

[361]) SEUFFERT, Anm. 1 zu § 322; vgl. im einzelnen KELLER-WACH, § 72; sowie unten hinter Anm. 914a.

[362]) SEUFFERT, a. a. O. Dahingestellt bleiben kann, ob diese Konsumtionskraft der Litiskontestation auf einer Eigenschaft derselben als Urteil (im Legisaktionenprozeß: Parteiurteil, im Formularprozeß — hypothetisches — prätorisches Urteil) beruht; so besonders SCHULTZE, 233, 272, 494, 502; vgl. aber auch BUCHKA, I 2; HEGEL, § 225; KELLER, Litiskontestation, 78; PLANCK, Mehrheit, 4; Beweisurteil, 100ff.; gegen die Auffassung der Formel als bedingtes Urteil: DEGENKOLB, 94 Anm. 1; DEMELIUS, bei GRÜNHUT, XI 736; EISELE, GÖTTGelAnz. 1884, 823ff.; LOTMAR, 671; PERNICE, ZRG. V 47ff.; SEUFFERT, Z. VIII 198ff.; WACH, 26 Anm. 5; WLASSAK, Einrede, 35 Anm. 72. Jedenfalls kommt der Formel die Wirkung eines „Relevanzbescheides" zu, vergleichbar der Fragestellung im Schwurgericht; so WACH, 27; s. auch oben zu Anm. 305 und unten hinter Anm. 394. — Gerade umgekehrt sollen nach BEKKER, ZRG. XXIV 374, überhaupt Konsumtion und Rechtskraft „weit auseinander liegende Dinge" sein; gegen ihn mit Recht SCHOTT II, 9, 10; MEWALDT, 80. Vgl. noch darüber unten Anm. 953.

[362a]) „Das Urteil ist der Litiskontestation gegenüber kein selbständiges juristisches Ereignis, das nach dieser noch einmal das schon früher aufgehobene Klagrecht (? vgl. oben hinter Anm. 258) tilgen soll, sondern beide — Litiskontestation und Urteil — bilden die Bestandteile eines und desselben großen

und eine Rechtskraft vor der Litiskontestation erscheint undenkbar[362b]).

Dieser dem Denegationsdekret anhaftende Rechtskraftmangel hat aber auch durchaus nichts Befremdliches. WACH[363]) hat das Verfahren in iure als „Vorverfahren", das Verfahren in iudicio als „Hauptverfahren" bezeichnet. Das ist nun zwar nicht in dem Sinne richtig, in dem WACH diese Verfahrensabschnitte verstanden wissen will, nämlich Vorverfahren = Verfahren über die Prozeßvoraussetzungen, Hauptverfahren = Verfahren zur Sache[364]). Wohl aber lassen sich jene Bezeichnungen auf die römischen Verfahrensabschnitte anwenden, wenn man sie im Sinne der geltenden deutschen Strafprozeßordnung v. 1. Febr. 1877 in der Fass. v. 22. März 1924 nimmt. Bekanntlich ist Ziel, wenn auch nicht des eigentlichen Vorverfahrens, das insoweit nur Materialsammlung ist[364a]), so doch des dasselbe abschließenden Eröffnungsverfahrens, festzustellen, ob der Angeschuldigte einer strafbaren Handlung „hinreichend verdächtig" erscheint (§ 203 StPO.), m. a. W. ob die Sache einer Hauptverhandlung wert erscheint[365]). Und entsprechend[365a]) bezeichnet SCHOTT[366]) als Ziel des Verfahrens in iure die Feststellung der „Verhandlungswürdigkeit" des Prozesses.

Dürfte in der Tat hiermit der Gegenstand des Verfahrens in iure am einwandfreiesten wiedergegeben sein[366a]), so läßt sich das Denegationsdekret, als der die Verhandlungswürdigkeit des Prozesses verneinende Entscheid, einem Gerichtsbeschlusse vergleichen, der die Eröffnung des Hauptverfahrens ablehnt, „falls die dem Angeschuldigten

---

Prozeßganzen, das nicht bloß in seinem Anfange, sondern auch in seiner Totalität als die Quelle der Konsumtion gedacht werden kann" (BUCHKA, I 23). Abweichend G. RÜMELIN, exc. rei iud., 63. Darüber, daß die römische Praxis ursprünglich, im 2. Jahrhundert v. Chr., an das einmal ergangene Urteil anknüpfte, vgl. PARTSCH, ZRG. XXXI 436ff.

362b) Insoweit richtig HÖLDER, ZRG. XXXI 379, der aber bei seiner Polemik gegen SCHOTT II, 9, 10 (vgl. oben Anm. 362 a. E.) übersieht, daß, wenn SCHOTT, a. a. O., (ebenso wie der ihm folgende MEWALDT, 80) Rechtskraft für den weiteren, Konsumtion für den engeren Begriff erklärt, er damit natürlich das logische Verhältnis der Begriffsinhalte, nicht die Grenzen ihrer Herrschaft im römischen Zivilprozeß meint. Daß freilich SCHOTTS Auffassung, die sich aber insoweit auch bei HÖLDER, a. a. O., findet, die Rechtskraft schließe begrifflich die Konsumtion in sich, nicht zutrifft, darüber vgl. unten Anm. 928.

363) 26, 31, 38; vgl. schon oben Anm. 23, 41, 43.

364) Vgl. oben Anm. 23, 41, 43. In Anm. 41 und in Anm. 50 und 52 ist vermerkt, daß WACH sich wohl bewußt ist, daß der römische Zivilprozeß sich nicht recht der von ihm aufgestellten Differenzierung schmiegt.

364a) Vgl. unten zu Anm. 2116, in Anm. 2339, zu Anm. 2376.

365) Die neueren Strafprozeßentwürfe (v. 1908 § 198, v. 1909 § 199, Beschl. der RTK. 2. Les. § 199a, Entw. eines Ges. über den Rechtsgang in Strafs. v. 1919 §§ 205, 210) heben die Hauptverhandlungsreife als Ziel des Eröffnungsverfahrens noch schärfer hervor als die geltende StPO.

365a) Cum grano salis; denn die datio actionis setzt keine „Bescheinigung" des Aktionstatbestandes voraus, sondern höchstens die denegatio actionis die Liquidität seines Mangels; vgl. oben Anm. 207 a. E.

366) I, 138; II 19. Nicht überzeugend gegen SCHOTT MEWALDT, 108/9.

366a) Unbeschadet der noch unten hinter Anm. 845 zu erörternden anderen Seite der Bedeutung des Verfahrens in iure bei actiones honorariae.

zur Last gelegte Tat nicht strafbar oder nicht verfolgbar ist oder falls er die Tat nicht begangen hat oder doch nicht zu erwarten ist, daß er in der Hauptverhandlung überführt werde" (§ 199 I 1 Entw. v. 1909; vgl. auch § 209 I, II Entw. v. 1919). Nun legt allerdings das deutsche Strafprozeßrecht (§ 211 [fr. § 210] StPO.; §§ 194 V, 201 II Entw. v. 1909; § 209 IV Entw. v. 1919) einem solchen Gerichtsbeschluß eine „gewisse Rechtskraft"[367]) bei, indem es bestimmt, daß, wenn er erging, die Klage nur auf Grund „neuer Tatsachen oder Beweismittel" wieder aufgenommen werden kann. Aber diese Rechtskraft, d. i. hier eben Konsumtionskraft, ist doch eine äußerst bescheidene, nicht viel mehr als die einer absolutio ab instantia (sc. im strafprozessualen Sinne). Wie könnte es auch anders sein, da die bezeichnete beschränkte Konsumtionswirkung dem Nichteröffnungsbeschluß auch dann zukommt, wenn nicht einmal eine gerichtliche Voruntersuchung stattgefunden hatte[368]). In der Tat fehlt einem Gerichtsbeschluß, durch den der Antrag auf Eröffnung der gerichtlichen Voruntersuchung abgelehnt wird, nach geltendem Recht die Konsumtionskraft nicht nur dann, wenn die Ablehnung „wegen Unzuständigkeit des Gerichts" oder „wegen Unzulässigkeit der Voruntersuchung", sondern auch, wenn sie „wegen Unzulässigkeit der Strafverfolgung" oder deshalb erfolgte, „weil die in dem Antrage bezeichnete Tat unter kein Strafgesetz fällt" (§ 180 StPO.), anders ausgedrückt, weil „die in dem Antrag angegebene Tat nicht strafbar oder nicht verfolgbar" ist (§ 184 II 3 Entw. v. 1909)[369]).

Angesichts dieser Parallelen aus dem modernen Recht kann der Rechtskraftmangel des römischen „Nichteröffnungsbeschlusses" selbst für den Fall nichts Befremdliches haben, daß er auf materiellen Gründen beruhte. Nichts kann jedenfalls verkehrter sein, als, vermittels unzulässigen Schlusses aus der Wirkung auf den Inhalt des Denegationsdekrets, die denegatio actionis als „Verweigerung der Sachentscheidung" zu bezeichnen[370]) und damit wieder der BÜLOWschen Irrlehre Vorschub zu leisten, daß das Verfahren in iure nur die sog. Prozeßvoraussetzungen zum Gegenstand gehabt habe.

---

[367]) LÖWE-ROSENB., Anm. 2 zu § 211 (210), während gerade umgekehrt, aber offenbar unrichtig, SAUER, 259, 496/7 in § 211 (210) eine Abschwächung der Konsumtionskraft erblickt. Wie in § 211, der Beschluß, durch den der Amtsrichter auf Antrag der Staatsanwaltschaft das Verfahren wegen entschuldbaren Rechtsirrtums bei Übertretung einer auf Grund des sog. „Ermächtigungsgesetzes" v. 4. Aug. 1914 erlassenen Vorschrift einstellt (§ 1 III BVO. v. 18. Jan. 1917 [RGBl. 58]).

[368]) In demselben Sinne BINDING, Abhdl. II 313/4. Nach § 201 Entw. von 1919 kommt die bezeichnete beschränkte Konsumtionswirkung sogar dem Einstellungsbescheid der Staatsanwaltschaft zu.

[369]) Abweichend hier § 184 IV Entw. von 1908, § 185 IV Entw. von 1909: die Klage kann in solchem Falle nur auf Grund „neuer Tatsachen" wieder aufgenommen werden. Ebenso schon für das geltende Recht LÖWE-ROSENB., Nr. 4 zu § 183 (181) StPO.

[370]) Wie dies GEIB, 158, tut; vgl. schon oben Anm. 358. Es empfiehlt sich auch nicht, mit WLASSAK, Einrede, 47, schlechthin von einem „prozeßhindernden" Bescheide zu sprechen.

II. Dagegen ist allerdings eine absolvierende Sentenz in iudicio Sachabweisung selbst da, wo die Absolution wegen Durchgreifens einer exceptio prozessualen Inhalts erfolgt[371]) (z. B. der exc. praeiudicii, litis dividuae und rei residuae, rei iudicatae vel in iudicium deductae)[372]), und sie büßte den Sachurteilscharakter auch insoweit nicht ein, als in nachklassischer Zeit (§ 10 Inst. 4, 13) die Absolution wegen Durchgreifens einer exceptio dilatoria zu einer „Abweisung zur Zeit"[373]) abgeschwächt wurde[374]). Aber hier erweist sich nur, wie unrömisch die Begriffe: Prozeßvoraussetzungen und Prozeßeinreden überhaupt sind.

Der moderne Begriff der Prozeß-, richtiger: Sachentscheidungsvoraussetzungen[374a]), einschließlich derjenigen, deren Mangel den Gegenstand der Prozeßeinreden bildet, ist aus der Verbindung zweier Gesichtspunkte hervorgegangen: des Formerfordernisses und des Entscheidungsbestandes. Der Gesichtspunkt des Entscheidungsbestandes ist nun zwar den Römern durchaus geläufig. Er führt sie zur Aufstellung der Voraussetzungen einer gültigen Sentenz und läßt sie bei deren Mangel unerschrocken die Folgerung einer weitgehenden Ipso-iure-Nichtigkeit des fehlerhaften Urteils — vor welcher wir bekanntlich noch immer zurückschrecken — ziehen[375]). Dagegen fehlt den römischen Sentenzvoraussetzungen die Anlehnung an den Gesichtspunkt des Formerfordernisses, die das Wesen der Prozeß- oder Sachentscheidungsvoraussetzungen im modernen Sinne ausmacht. Es finden sich unter den Gründen der Nichtigkeit einer Sentenz solche, die unzweifelhaft materieller Natur sind, so insbesondere der offene Verstoß contra ius constitutum (l. 32 D. 42, 1; l. 19 D. 49, 1; l. 1 § 2 D. 49, 8; c. 2 Cod. 7, 64), aber auch die Übergehung eines wesentlichen Punktes (l. 27 D. 10, 2) und der unbestimmte (l. 5 § 5 D. 6, 1) oder auf etwas objektiv Unmögliches gehende (l. 3 D. 49, 8)[376]) Urteilsinhalt. Und umgekehrt führt das Durch-

371) Insoweit ist z. B. Wach, 31, (vgl. sonst oben Anm. 43) durchaus zuzustimmen.

372) Vgl. oben zu Anm. 143, hinter Anm. 150 und zu Anm. 177.

373) Vgl. Wetzell, § 14 zu Anm. 54a, § 46 Anm. 33.

374) Insoweit richtig Bülow, Prozeßeinreden, 275ff., der, 281, mit Recht ausführt, daß diese Abweisung „zur Zeit" nichts mit der Abweisung „angebrachtermaßen" (Wetzell, § 14 vor Anm. 92, § 45 zu Anm. 4) zu tun habe, freilich wieder arg fehl geht, wenn er mit letzterer die denegatio actionis in Verbindung bringt. Auch das „causa cadere" ist keine Abweisung „angebrachtermaßen"; es setzt zudem, wenn schon ein prozessuales Versehen, so doch keinen prozessualen Mangel voraus (wie das Beispiel der pluspetitio in § 33 Inst. 4, 6 zur Genüge beweist).

374a) Vgl. oben zu Anm. 32.

375) Vgl. statt aller Keller-Wach, § 66 zu Anm. 775, 776.

376) Daß vor allem gerade in diesem letzteren Falle Urteilsnichtigkeit auch für das moderne Recht behauptet wird — vgl. Kohler, Enz. § 72, S. 342; Wach, RheinZ. III 373ff.; Sauer, 467ff. — ändert nichts an der Tatsache, daß es sich dabei um einen Mangel nicht der Urteilsform, sondern des Urteilsinhalts handelt (vgl. denn auch Kohler, Sauer, a. a. O.; Wach, a. a. O. 399), beweist vielmehr nur, daß man auch in neuerer Zeit (vgl. auch W. Hein, Identität I

greifen von Exzeptionen wenngleich prozessualen Inhalts zur Sachabweisung. Den Römern ist eben die Einteilung des Verhandlungsstoffes in prozeß- und materiellrechtlichen völlig fremd.

Das sollte eigentlich keine neue Entdeckung sein. Schon PFEIFFER stellt in seiner sorgfältigen dogmengeschichtlichen Arbeit über die dilatorischen Einreden und Prozeßeinwendungen fest[377]), daß die Römer innerhalb der dilatorischen Exzeptionen — der dogmengeschichtlichen Quelle der „Prozeßeinreden"[377a]) — zwischen materiellen und prozessualen Einwendungen nicht unterschieden hätten[378]). Die Unterscheidung ist erst auf die Glossatoren zurückzuführen, welche die exceptiones dilatoriae in exc. dil. solutionis (materielle) und exc. declinatoriae fori s. iudicii (prozessuale) trennen[379]). Auch die — nachklassische — c. 19 Cod. 4, 19 unterscheidet nicht zwischen materiellen und prozessualen dilatorischen Exzeptionen, wennschon dieser Unterschied von den Glossatoren aus ihr herausgelesen worden ist[380]). Und daß gegen irrtümliche Versäumung dilatorischer Exzeptionen vor der Litiskontestation anscheinend schon in klassischer (GAI IV 125; c. 2 Cod. 7, 50), sicher aber in nachklassischer (c. 19 Cod. 4, 19; c. 8, 12 Cod. De exc.

316ff.) versucht, einen von dem Begriff der Sachurteilsvoraussetzungen unabhängigen Begriff der Urteilsvoraussetzungen = Voraussetzungen eines bestandsfähigen Urteils (weiter gehend SAUER, 437ff.) aufzustellen. Beide Begriffe verhalten sich zueinander wie zwei sich schneidende Kreise; vgl. insbesondere WACH, a. a. O. 401ff. (die von ihm aufgestellten Gründe der Urteilsnichtigkeit ergeben sich, trotz seiner a. a. O. 399 abgegebenen gegenteiligen Versicherung, nicht nur aus dem Urteilsinhalt, sondern auch aus bestimmten Formerfordernissen, die eben zugleich Sachurteilsvoraussetzungen sind). SCHOETENSACKS (Rechtsmittel, 12 Anm. 1) „Gültigkeits-" und SAUERS (LZ. XIII 672ff.) „Existenz"-Bedingungen, „Merkmale" (SAUER, 619ff.) „eines Prozesses" sind nur eine qualifizierte Art der Sachurteilsvoraussetzungen; vgl. schon BÜLOW, Prozeßeinreden, 9; SCHWALBACH, ZivArch. LXIII 392. Vgl. zu der ganzen Frage unten Anm. 2075, zu Anm. 2648ff.

377) XI 110ff. Vgl. auch ALBRECHT, 208; KANNENGIESSER, 78.

377a) Vgl. schon oben zu Anm. 171, unten hinter Anm. 404.

378) Auch die der griechischen Gerichtssprache entlehnte translatio (*μετάληψις, μετάστασις*) der römischen Rhetoren ist weder überhaupt noch im Sinne des römischen Rechts eine „Prozeßeinrede", wenn sie auch seit der Zeit der Postglossatoren dafür gehalten worden ist; vgl. BÜLOW, Prozeßeinreden, 237ff. (unverständlich freilich, angesichts der von ihm selbst, 243 Anm. 10, 250, angeführten Belege, seine Bemerkung 245 Anm. 11, daß die Rhetoren die translatio „nur im Singularis kennen"); SCHWALBACH, ZRG. II 199ff.; neuerdings auch PARTSCH, 75 Anm. 1 (nach dem, 73ff., die translatio im wesentlichen der klassischen praescriptio = *παραγραφή* gleichkommt; das daselbst 74 Anm. 3 angeführte Beispiel beweist, daß es sich nicht um eine „Prozeßeinrede" handeln kann, wenn auch PARTSCH, 74, als Ziel ihres Gebrauchs die „Einstellung oder Ablehnung des beantragten Verfahrens wegen Unzulässigkeit" bezeichnet); WLASSAK, Einrede, 13ff., besonders 16 Anm. 29; dazu RABEL, ZRG. XXXII 418; gelegentlich v. VELSEN, ZRG. XXI 104; endlich die Nachweise bei VOIGT, IV 2, 333ff.

379) Vgl. die Nachweise bei PFEIFFER, XII 165ff.; s. auch BÜLOW, Prozeßeinreden, 18ff., und SCHWALBACH, ZRG. II 199ff. Näheres unten hinter Anm. 404.

380) BÜLOW, Prozeßeinreden, 268ff.; PFEIFFER, XII 171; WACH, 29 Anm. 13; hier bedenklich auch PFEIFFER, XI 131; SCHWALBACH, ZRG. II 207, entschuldigt die Glossatoren.

8, 35)[381] Zeit die Restitution versagt wurde[382]), hat zwar später ebenfalls herhalten müssen, die dilatorischen Exzeptionen nachträglich zu prozeß-, d. h. also die Litiskontestation hindernden Einreden zu stempeln, erklärt sich aber daraus, daß man eine Ausnahme von der Regel, wonach selbstverständlich an sich alle Exzeptionen in iure vorzubringen waren, nur bei den für den Beklagten wichtigeren exceptiones peremtoriae nachließ[383]). Da schließlich — wie bereits ausgeführt[384]) — die zudem ja erst in nachklassischer Zeit erfolgte Abschwächung der Abweisung wegen dilatorischer Exzeptionen zu einer Abweisung „zur Zeit" an deren Charakter als Sachabweisung nichts geändert hat, so konnte BÜLOW[385]) mit Recht die These aufstellen, daß es unter den römischen Exzeptionen keine „Prozeßeinreden" gegeben habe. Indessen diese These war richtig, nicht — wie BÜLOW meinte — weil alle Exzeptionen „das materielle Streitverhältnis betreffen"[386]), sondern obgleich sich unter den Exzeptionen unzweifelhaft solche prozessualen Inhalts befinden[387]). Und die Erklärung dieser Inadäquanz von Inhalt und Wirkung ist eben die Gleichgültigkeit der Römer gegen den prozessualen oder materiellen Inhalt eines Verteidigungsmittels.

Nun gab es allerdings Sentenzvoraussetzungen, bei deren Mangel der iudex sich überhaupt einer sententia zu enthalten hatte, und diese Sentenzvoraussetzungen betrafen wohl durchweg Formerfordernisse (wie z. B. die Parteifähigkeit, l. 2 D. 49, 8; die Prozeßfähigkeit, l. 9, l. 45 § 2 D. 42, 1; das magistratische ius dandi iudicis, l. 23 § 1 D. 49, 1). Man kann deshalb auch das Erlöschen des iudicium ohne Urteil in einem solchen Falle mit unserer „Einstellung des Verfahrens" (Abweisung angebrachtermaßen, Prozeßabweisung) auf eine Stufe stellen[388]). Indessen war es vom römischen Standpunkt aus nicht die Eigenschaft als — wesentliche — Sachurteilsvoraussetzungen, welche die geschilderte Wirkung jener Formerfordernisse nach sich zog. Man kann vielmehr nur sagen, daß die römischen Sentenzvoraussetzungen in solche zerfielen, welche den Erlaß einer gültigen Sentenz überhaupt, und in solche, welche den Erlaß einer gültigen Sentenz bestimmten Inhalts bedingten. Mögen sich auch unter jenen nur solche befunden haben, die wir heute als Sachurteilsvoraussetzungen bezeichnen, unter

[381]) c. 4 h. t. steht nicht entgegen; vgl. EISELE, Zur Geschichte usw., 60. Vgl. über die Stellen auch LENEL, Ed. 121 Anm. 1; KIPP, ZRG. XLII 337ff.; früher ALBRECHT, 58ff.

[382]) EISELE, Zur Geschichte usw., 59ff.

[383]) EISELE, a. a. O. 61, 64; KIPP, ZRG. XLII 334ff.

[384]) Vgl. oben zu Anm. 373, 374.

[385]) Prozeßeinreden, 17, 237ff.

[386]) Prozeßeinreden, 17.

[387]) Vgl. oben von Anm. 49 ab. Treffend spricht deshalb auch LENEL, Ed. 46/7, von „Prozeßexzeptionen" mit der ausdrücklichen (47 Anm. 1) Maßgabe, das sei nicht im Sinne unserer „Prozeßeinreden" gemeint. Von etwas anderem als von Exzeptionen prozessualen Inhalts haben übrigens auch die von BÜLOW, Prozeßeinreden, 27, 28, polemisch zitierten SAVIGNY und BETHMANN HOLLWEG nicht gesprochen.

[388]) Vgl. oben hinter Anm. 44a, insbesondere Anm. 47.

diesen befanden sich nicht etwa nur Voraussetzungen, die sich aus den Normen des Prozeßrechts ergaben (wie z. B. kein Verstoß gegen die res iudicata, l. 1 pr. D. 49, 8; c. 1 Cod. 7, 64; oder gegen die Formel)[389]) — sog. „Urteilsqualitätsvoraussetzungen"[390]) —, sondern — wie oben[391]) gezeigt — auch solche, die ihren Sitz im materiellen Recht hatten. Für die Römer sind aber die Voraussetzungen einer gültigen Sentenz überhaupt und die Voraussetzungen einer gültigen Sentenz bestimmten Inhalts offenbar wesensgleich. Für sie ist der maßgebende Gesichtspunkt nicht: Formal- oder Sachurteil, sondern ungültiges oder gültiges Urteil. Mit einem Wort: für sie existiert eben nur der Gesichtspunkt des Entscheidungsbestandes[392]), mit dem es ihnen dafür auch bitterer Ernst ist; der Gesichtspunkt des Formerfordernisses als solcher interessiert sie nicht[393]).

Daraus ergibt sich: Nur bei einem Mangel, der zur Urteilsnichtigkeit und zwar zur Nichtigkeit jedes Urteils führen würde, stellt der iudex das Verfahren ohne Urteil ein. Sonstige Hindernisse auch prozessualer Art führen zur Sachabweisung.

Statt dessen bringt es der Umstand, daß die Rechtskraft des römischen Judikats bereits an die Konsumtionswirkung der Litiskontestation anknüpft[394]), mit sich, daß neben den Voraussetzungen eines gültigen Judikats die Voraussetzungen einer gültigen constitutio iudicii selbständige Bedeutung haben[394a]). Zwar wenn ein Judikat vorlag, kamen die Voraussetzungen der constitutio iudicii wohl[395]) zuvörderst nur in ihrer Eigenschaft als Judikatsvoraussetzungen in Betracht, indem eine gültige constitutio iudicii Grundvoraussetzung der Gültigkeit des Judikats war (l. 23 § 1 D. 49, 1). Insofern galt von den Litiskontestationsvoraussetzungen — mutatis mutandis — nichts anderes als von den sog. Prozeßvoraussetzungen des geltenden deutschen Prozeßrechts[396]): sie waren Urteilsvoraussetzungen. Aber dem römischen in iudicium deduci kam eine Bedeutung zu, die der modernen Begründung der Rechtshängigkeit fehlt. Es brachte allerdings so wenig wie diese ein nebelhaftes „Prozeßrechtsverhältnis" zur Entstehung[397]). Wohl aber

---

[389]) Keller-Wach, 336.

[390]) So neuerdings — mit Bezug auf den modernen Strafprozeß — Beling, Festschrift f. Bind., 31; Enz. 157 (ohne freilich aus ihrem Mangel die Urteilsnichtigkeit herzuleiten).

[391]) Vgl. vor Anm. 376.

[392]) Vgl. oben vor Anm. 375.

[393]) Daß die Gleichgültigkeit der Römer gegen die Scheidung materieller und prozessualer Gesichtspunkte nicht ohne Einfluß auf die romanistische Wissenschaft geblieben ist, darüber vgl. oben Anm. 179 und zu Anm. 202, 250, 257. Es ist aber ein Unterschied, ob man das römische Recht selbst juristisch erfassen will, oder ob es darauf ankommt, wie die Römer es erfaßt haben. In jenem Fall haben wir uns von der Gleichgültigkeit der Römer gegen jene Differenzierung frei zu machen, in diesem müssen wir mit ihr rechnen.

[394]) Vgl. oben hinter Anm. 360, 256.

[394a]) Vgl. schon Schwalbach, ZivArch. LXIII 401.

[395]) Sofern man annimmt, daß re iudicata die exc. rei iudicatae die exc. rei in iudicium deductae konsumierte; vgl. dazu die oben Anm. 173 Zitierten. Vgl. auch oben Anm. 362a a. E.

[396]) Vgl. oben zu Anm. 32.

[397]) Vgl. oben hinter Anm. 190.

war es bereits Tatbestand für die Rechtskraftwirkung, und zwar für deren negative Seite, die Konsumtionswirkung, der alleinige und selbständige Tatbestand, der die exc. rei in iudicium deductae nicht nur pendente iudicio, sondern auch dann begründete, wenn das iudicium ohne Urteil erloschen[398]), oder das ergangene Urteil nichtig war, ohne daß doch der Nichtigkeitsgrund der constitutio iudicii anhaftete[399]) (z. B. die sententia war lite mortua ergangen[400])). Soweit in solchen Fällen der Litiskontestation und der exc. rei in iudicium deductae jedenfalls[401]) selbständige Bedeutung innewohnte, sind die Voraussetzungen einer gültigen Litiskontestation denen einer gültigen sententia gleichzustellen.

3. Germanisches, mittelalterlich-italienisches, gemein-deutsches und mitteleuropäisches Recht; die prozeßhindernden Einreden.

(§ 7.)

Die Betrachtung des römischen Rechts hat die Richtigkeit von SCHOTTS[402]) Bemerkung bestätigt: „Damit fällt ... das einzige historische Beispiel, das BÜLOW für die praktische Verwendung seines Prozeßrechtsverhältnisses geben konnte.“ Dennoch — so seltsam es klingen mag — es läßt sich eine Erörterung der Frage nicht umgehen, ob nicht die von BÜLOW so erbittert bekämpfte Prozeßeinreden-Theorie, die, in der Glossatorenzeit aufgekommen, den gemeinen Prozeß beherrscht hat und trotz BÜLOWS Bitte[403]) in das geltende Recht herübergenommen ist, eher noch als das römische Recht als historisches Beispiel für seine Lehre (die von ihm so genannten Prozeßvoraussetzungen seien Voraussetzungen des Prozeßverhältnisses) aufgeführt werden könnte.

Die Prozeßeinreden sind von Haus aus von den Glossatoren und italienischen Prozessualisten als prozeßhindernde Einreden, exc. declinatoriae fori s. iudicii, aufgestellt worden[404]). Ihre Geltendmachung führt zu den „Praeparatoria iudicii,“[404a]), die — im Gegensatz zum römischen Verfahren in iure[404b]) — wirklich nur zur Erledigung von Sachurteilsvoraussetzungen[404c]) dienen. Daß diese Entwicklung hauptsächlich durch das Mißverständnis des Wortes „dilatoria exceptio“ als einer solchen, quae litem, i. e. litiscontestationem et iudicium (statt actionem) differt, verursacht sei, wie BÜLOW[405]) meint, ist selbst-

---

398) Vgl. die Beispiele oben in Anm. 47.

399) Vgl. darüber oben Anm. 48.

400) Beispiel LENELS, Ed. 487 Anm. 3.

401) Vgl. oben Anm. 173, 395.

402) I, 67.

403) Prozeßeinreden, 313/4.

404) Vgl. oben Anm. 379.

404a) Vgl. WACH, 28ff., bes. Anm. 11.

404b) Anders natürlich BÜLOW, Prozeßeinreden, 309 Anm. 54.

404c) Daß dazu auch das Prozeßführungsrecht gerechnet wurde — vgl. schon oben Anm. 60a —, kann hier auf sich beruhen.

405) Prozeßeinreden, 21; vgl. auch ALBRECHT, 208. Nach WLASSAK, Einrede, 32ff., 48, wäre jene Ansicht übrigens nicht einmal unbedingt ein Mißverständnis

verständlich eine etwas naive Auffassung. Vielmehr geht die Entwicklung offenbar von der germanischen Befugnis des Beklagten zur Verweigerung der Antwort auf die Klage[406]) aus[406a]). Für dieses germanische Rechtsinstitut wird nach üblicher Renaissancemanier eine romanistische Verkleidung gesucht[406b]) und, soweit man eine solche nicht aus den Quellen herauslesen kann, in die Quellen hineingelesen. Nur auf diesem Wege wird die exceptio dilatoria zur prozeßhindernden Einrede. Sicherlich auch das nicht einmal wegen eines bloßen Mißverständnisses des Namens[406c]), sondern wegen der beiden Eigentümlichkeiten, welche die exc. dilatoria jedenfalls in der nachklassischen Zeit auszeichnen: einmal, daß sie nach der Litiskontestation nicht mehr nachgeholt werden kann[407]), und sodann, daß sie nur zu einer „Abweisung zur Zeit" führt[408]). Denn auch die prozeßhindernden Einreden müssen vor der Litiskontestation vorgebracht werden und führen regelmäßig nur zu einer Abweisung zur Zeit[408a]). Trotzdem war man sich des Unterschiedes der römischen exceptiones dilatoriae von den „Forideklinatorien" wohl bewußt. Dies lehrt einerseits die Aufstellung der exc. dilatoriae solutionis, d. i. der verzögerlichen Sacheinreden. Auch an sie glaubt man, gehorsam dem römischen Recht, die Anforderung stellen zu müssen, daß sie vor der Litiskontestation vorgebracht

---

gewesen; denn nach WLASSAK soll zur Zeit des Legisaktionenprozesses jede exceptio (was aber damals soviel wie denegatio actionis bedeutete, vgl. oben Anm. 75) eine dilatoria in dem Sinne gewesen sein, daß sie die Litiskontestation verhindert habe. Nach WLASSAK, a. a. O., wäre danach „quae actionem differt" überhaupt von Haus aus gleichbedeutend mit „quae litem differt" gewesen. Gegen ihn RABEL, ZRG. XXXII 421.

406) Vgl. darüber SIEGEL, 137; PLANCK, Beweisurteil, 42ff.; ders., Gerichtsverfahren, I 373ff. (§§ 51ff.).

406a) Das germanische (über das römische vgl. unten Anm. 467b) non tibi respondeo wird schon in der Lombarda exceptio genannt, und die im Layenspiegel (zit. nach Straßburg. Druck 1532), Teil II Bl. LXXXV, LXXXVI, überlieferten Protestationsformeln, das sind die Formulierungen der forideklinatorischen Einreden, lauten: „deßhalben er (der Beklagte) nit schuldig sei . . . auff die clag zu antwurten." Vgl. denn auch PLANCK, Beweisurteil, 43, 140, 186 Anm. 1 (dessen Ansicht BÜLOW, Prozeßeinreden, 18 Anm. 1, vergeblich in das Gegenteil zu verkehren sucht); MUTHER, KritVSchr. IX 363ff. (gegen WIEDING, 724); KANNENGIESSER, 75ff.; SCHWALBACH, ZRG. II 205 Anm. 4 (der freilich KANNENGIESSERS Berufung auf die Lombarda nicht für ausreichend hält); ja BÜLOW selbst, Prozeßeinreden, 18, 19; vgl. auch WACH, 27ff., besonders Anm. 7 und 12.

406b) Abweichend BÜLOW, a. a. O. 297ff.; und R. SOHM, Litis contestatio, 202 Anm. 8, dieser für das mit dem Ursprung der Deklinatorien zusammenhängende Problem des Ursprunges der mittelalterlichen litis contestatio. SOHM hält die ganze mittelalterliche und neuzeitliche Litiskontestation für das Produkt einer auf ungenügendem Quellenverständnis fußenden Theorie. Er begeht damit einen ganz ähnlichen Fehler wie BÜLOW (oben zu Anm. 405). Vgl. noch unten hinter Anm. 496.

406c) Haltlos die Hypothese WETZELLS, 140 (wegen der Gleichartigkeit der Prozeßeinreden mit der zu den dilatorischen Exzeptionen gehörenden exc. procuratoria; vgl. dazu oben hinter Anm. 51); ähnlich wie WETZELL auch SCHWALBACH, ZRG. II 205.

407) Vgl. oben zu Anm. 381, 382.

408) Vgl. oben zu Anm. 373, 374.

408a) Darauf weist schon WETZELL, 137, hin.

werden[409]); man findet aber in c. 19 Cod. 4, 19 eine Handhabe, wenigstens ihren Beweis bis nach der Litiskontestation hinauszuschieben[410]). Andererseits zieht man zu den prozeßhindernden Einreden gewisse exceptiones peremtoriae, nämlich die sog. exc. rei finitae (cap. 1 in VI., 2, 3)[411]), insbesondere die Exzeption, „daz eyn sach vertragen oder geurteilt oder mit eyden entricht oder verjärt sei" (Layenspiegel, II Bl. LXXXVII)[412]). Werden diese Exzeptionen „zur verhinderung oder auffhalten der rechtfertigung" „fürgewendt" (was im Belieben des Beklagten steht)[413]), „so sollen sie vor der Litis contestation angezogen" werden. „Alsdann werden sie geacht als Dilatorie" (Layenspiegel, a. a. O.). Hier erst wird also „Dilatorie" in der neuen, übertragenen Bedeutung von prozeßhindernden Einreden („zur verhinderung oder auffhalten der rechtfertigung"[414])) gebraucht. Entsprechend nennt dann auch die Kammergerichts-Ordnung v. 1555 Teil III Tit. XXIV § 1 jene peremtorischen Exzeptionen „peremtorias exceptiones in vim dilatoriarum".

Der Jüngste Reichsabschied v. 1654 bahnt die Lösung der unnatürlichen Verbindung der verzögerlichen Sacheinreden und der prozeßhindernden Einreden an[415]). Während er jene der Eventualmaxime, und zwar auch in bezug auf die Nötigung zu eventueller Litiskontestation (Einlassung), unterwirft, bestimmt er ausdrücklich (§§ 37 i. f., 40), daß „über die Deklinatorien, wann sie einkommen, vorderist gesprochen, und der Beklagte in solchem Fall, vor Erörterung des puncti Competentiae Fori[416]), sich in der Haupt-Sach einzulassen nicht verbunden".

---

409) Layenspiegel, Teil II Blatt LXXXVI: „Deßgleich seind auch Dilatorie solutionis vor der litiscontestation fürzuwenden."

410) Vgl. oben Anm. 380.

411) Vgl. schon oben zu Anm. 179a.

412) Ebenso die Ordng. der Termine am Kamm.Ger. v. 1508 Tit. IV § 1.

413) Vgl. auch Heffter, 434.

414) Die Ausdrücke „die die sach verlengern" (Layenspiegel, II Bl. LXXXV) oder „dardurch die sachen auffgezogen" (Bl. LXXXVI) lassen noch die eine oder die andere Deutung zu.

415) Nach Schwalbach, ZRG. II 201, 207ff., wären schon die älteren Prozessualisten (Tancredus) im Begriff gewesen, diese Lösung vorzunehmen; doch sei der Misch- und Mißbegriff der rhetorischen translatio (vgl. oben Anm. 378) dazwischen gekommen. In der sächsischen Praxis (vgl. C. L. Goldschmidt, Abhdl., 17 Anm. 4) hatten dilatorische Einreden eine Entbindung von der Instanz, peremtorische eine von der Klage und prozeßhindernde eine Entbindung von der Einlassung zur Folge.

416) Die Befreiung von der Eventualmaxime und damit die Trennung von den verzögerlichen Sacheinreden scheint sich demnach auf die den Gerichtsstand oder die Person des Richters betreffenden Prozeßeinreden beschränkt zu haben; so in der Tat Heffter, 157, 436; Wetzell, 972; wohl auch Albrecht, 209, welche den Begriff der „forideklinatorischen" Einreden nur in diesem eingeschränkten Sinne verstehen. Der Layenspiegel, II Bl. LXXXV, LXXXVI, und jedenfalls Durantis, Spec. iur. lib. II 2 tit. de except. §§ 1, 2, 4, verstehen unter forideklinatorischen Exzeptionen alle verzögerlichen Einreden prozessualen Inhalts. Auch läßt sich für die Einschränkung des Deklinatorienbegriffes in § 40 JRA. nicht anführen, daß § 38 JRA. „vorzügliche oder andere dergleichen Exceptiones" der Eventualmaxime unterwirft. Denn diese „anderen dergleichen", d. i. litis ingressum impedientes exceptiones sind die peremtorischen „litis finitae" (oben

Eine völlige Trennung der Prozeß- und Sacheinreden hat indessen besonders innerhalb des gemeinrechtlichen Gebietes eigentlich erst BÜLOWS Schrift (1868) durchgesetzt[416a]. So kann noch die Begründung zum Entw. der RZPO.[417] es gewissermaßen als eine erwähnenswerte Errungenschaft aufführen, daß der Entwurf es vermieden habe, „die Prozeßvoraussetzungen mit den dilatorischen, sich auf den Anspruch selbst beziehenden Einreden zusammenzuwerfen".

Dagegen hält die RZPO. (§§ 274/75) an dem Begriffe der Prozeßeinreden, und zwar wiederum in Gestalt der prozeßhindernden Einreden, fest. Ja, die Begründung zu §§ 238/9 Entw. führt aus, daß die Durchführung des Grundsatzes der Mündlichkeit es ermöglicht habe, dem Beklagten wieder das volle Recht zur Verweigerung der Einlassung wegen Mangels von Prozeßvoraussetzungen einzuräumen, das ihm die spätere Reichs- und Partikulargesetzgebung in dem Streben nach Konzentrierung der Verhandlungen verkümmert hätten. Nachdem nun die ZPO. v. 13. Mai 1924, wieder in dem Streben nach Konzentrierung der Verhandlungen, dem Beklagten das Recht zur Verweigerung der Einlassung wegen Mangels der Prozeßvoraussetzungen grundsätzlich[417a] ganz entzogen hat (§ 275 i. d. Fass. v. 13. Mai 1924), hat der Begriff „prozeßhindernde Einrede" für das deutsche Zivilprozeßrecht in der Hauptsache seinen Sinn verloren. Andererseits kennt die RZPO. (§ 274 III) schon „prozeßhindernde Einreden", „auf welche der Beklagte wirksam nicht verzichten kann" (!), und ermächtigt sie (§ 275) das Gericht, über die prozeßhindernden Einreden abgesondert zu verhandeln und zu entscheiden, obgleich der Beklagte die Einlassung nicht verweigert und sie sert der ZPO. v. 13. Mai 1924 grundsätzlich nicht mehr verweigern kann. Auch die ungarische ZPO. v. 1911 §§ 180ff. bleibt bei dem Verteidigungsmittel der „prozeßhindernden Einreden" stehen und verleiht ihm sogar durch seine grundsätzliche Verweisung in die „Prozeßaufnahmsverhandlung" und zur abgesonderten Verhandlung besonderen Nachdruck. Allerdings kann das Gericht, wenn der Termin zur Prozeßaufnahme zwecks Fortsetzung der Verhandlung über die prozeßhindernden Einreden auf längere Zeit vertagt werden muß,

---

zu Anm. 179a, 411); vgl. HEFFTER, S. 161 Anm. 234, S. 437; WETZELL, § 70 Anm. 88. Auch der Reichsabschied v. 1570 § 89 zählt auf: „declinatorias (das sind Einreden prozessualen Inhalts) oder andere exceptiones, dadurch das Recht differirt (das sind verzögerliche Sacheinreden), oder die Kriegs-Bevestigung verhindert (das sind die peremtorischen litis finitae) werden soll." Schließlich noch eines: Die Unterwerfung unter die Eventualmaxime auch in bezug auf die Litiskontestation entkleidet natürlich die davon betroffenen Einreden in Wahrheit des Charakters der „prozeßhindernden". Wenn daher der JRA. mit Recht diese Überschreitung des Zieles durch die Reichsabschiede v. 1570 § 89 und 1594 §§ 59, 63 wenigstens für die Forideklinatorien wieder rückgängig gemacht hat, so ist nicht recht einzusehen, warum er dies nur bezüglich vereinzelter Forideklinatorien getan haben sollte.

[416a] Man vergleiche z. B. HEFFTER, 157/8; andererseits WETZELL, § 14 Anm. 92.

[417] Zu §§ 238/9 Entw., S. 195.

[417a] Eine Ausnahme bildet § 271 IV; vgl. GOLDSCHMIDT, ZPO., Anm. zu § 271, Anm. 1 zu § 275.

den neuen Termin auf Antrag des Klägers zugleich auch für die meritorische Verhandlung anberaumen (§ 181 II). Andererseits hat das Gericht gewisse prozeßhindernde Umstände in jeder Lage des Verfahrens von Amts wegen zu berücksichtigen (§§ 141, 180 III, 183). Der österreichischen ZPO. v. 1895 ist der Begriff der prozeßhindernden Einreden grundsätzlich[418]) fremd (§ 260 I S. 1, III S. 2). Fehlt es an bestimmten Sachentscheidungsvoraussetzungen, so hat das Gericht regelmäßig von Amts wegen unter Umständen schon die Klage als zur Bestimmung der Tagsatzung ungeeignet zurückzustellen (§ 230 II), im übrigen, oder wenn sich der Mangel erst in der mündlichen Verhandlung ergibt, das Verfahren für nichtig zu erklären oder einzustellen (§§ 6, 7, 239, 240, 261 ZPO.; §§ 42, 43 der Jurisdiktionsnorm v. 1895). Ergibt sich der Mangel erst in der mündlichen Streitverhandlung, oder darf er, wie die Streitanhängigkeit oder Rechtskraft, erst in ihr erledigt werden (arg. §§ 230 II, 239 III, 261), so kann das Gericht die abgesonderte Verhandlung darüber anordnen (§§ 189 II, 260 I S. 2, III S. 1)[419]).

Es entsteht nun die Frage, ob in einem von den prozeßhindernden Einreden beherrschten Verfahren die Umstände, deren Mangel die prozeßhindernde Einrede rügt, nicht wirklich Prozeßvoraussetzungen, d. i. aber Voraussetzungen des Prozeßverhältnisses sind.

Früher[420]) ist festgestellt worden, daß nach geltendem deutschen Prozeßrecht die Rechtsbeziehungen der Prozeßsubjekte zueinander — insbesondere in bezug auf Begründung der Rechtshängigkeit und die Notwendigkeit ihrer Beendigung durch Endurteil — im Vorverfahren über die prozeßhindernden Einreden keine grundsätzlich anderen sind als im Verfahren zur Hauptsache. Ob das in Rechten, in denen schon die Herrschaft der prozeßhindernden Einrede durch die der von Amts wegen beachtlichen Sachentscheidungsvoraussetzung zurückgedrängt ist, so im ungarischen Prozeßrecht (vgl. §§ 141, 147 ZPO.), irgendwie anders liegt, kann vor der Hand[420a]) auf sich beruhen. Denn in keinem Falle ist Bestimmung der prozeßhindernden Einrede, den Mangel einer — sei es selbst verzichtlichen[421]) — „Prozeßvoraussetzung" zu rügen. Wäre das ihre Bestimmung, so wäre allerdings unbegreiflich, daß Jahrhunderte den Prozeßmangel ledig-

---

[418]) Eine Ausnahme macht der Antrag auf Sicherheitsleistung für die Prozeßkosten (§ 61 I).

[419]) Dazu SCHRUTKA, §§ 132ff., 142, 155, 159, 172, 317.

[420]) Zu Anm. 33a.

[420a]) Vgl. aber unten zu Anm. 437.

[421]) Mit Rücksicht auf die „dispositive, auf das Rechtsverwirkungsprinzip abgestellte Normierung eines Teils der Prozeßvoraussetzungen" hat BÜLOW, der in seiner Schrift über die „Lehre von den Prozeßeinreden" diesen Begriff in Bausch und Bogen verdammt hatte (vgl. freilich schon daselbst S. 9), nach der Auseinandersetzung PLANCKS (KritVSchr. XI 175ff.) den Begriff der „Prozeßeinreden" in Beschränkung auf den so normierten Teil der Prozeßvoraussetzungen gelten lassen (ZivArch. LXII 57 Anm. 48; LXIV 31 Anm. 20). PLANCK zustimmend schon vorher WETZELL, § 14 Anm. 95; in der Sache auch MENGER, 294; ebenso seither insbesondere PLANCK, II § 90; OETKER, I 62; STEIN, Anm. II zu § 274; RGEZ. LXX 185; vgl. auch NUSSBAUM, 142; SEUFFERT, N. 1 zu § 274; R. SCHMIDT, § 104 III; Begr. zum Entw. RZPO. §§ 238/9, S. 194.

lich unter dem Gesichtspunkt der Einrede gewürdigt haben und daß im germanischen, mittelalterlich-italienischen und gemein-deutschen Prozeß die „Praeparatoria iudicii", nicht „organisatorisch notwendig", sondern nur „das Resultat der prozeßablehnenden Verteidigung des Beklagten" waren[422]). In der Tat ist die prozeßhindernde Einrede, gleich ihrem germanischen Urtypus, der Weigerung der Antwort auf die Klage[423]), ein Recht des Beklagten[424]), das Recht zur Verweigerung der Einlassung, d. i. der Verhandlung zur (Haupt-) Sache. Dieses Recht war, solange es eine (staatsbürgerliche) Einlassungspflicht gab[424a]), ein dem Einrederecht des deutschen BGB. vergleichbares öffentlich-rechtliches Leistungsverweigerungsrecht (so noch heute das Zeugnis- und Gutachtenverweigerungsrecht, das Recht, die Berufung zum Amte eines Schöffen oder Geschworenen abzulehnen); seitdem es eine bloße Einlassungslast gibt[424b]), erfüllt es wenigstens die Begriffsmerkmale eines Rechts im prozessualen Sinne[425]), und zwar gehört es zur Kategorie der Befreiungen von einer prozessualen Last, nämlich von der Nötigung, bei Vermeidung des Versäumnisnachteils streitig zur (Haupt-) Sache zu verhandeln[426]).

---

422) Wach, 29.

423) Vgl. oben Anm. 406, 406a.

424) Vgl. schon Hellwig, Lehrb. I § 28, besonders Anm. 6; Syst. I § 99 II 3, der indessen nur ein Recht zur Prozeßeinrede, nicht zur prozeßhindernden Einrede aufstellt und es als ein, dem Einrederecht des BGB. vergleichbares, Gegenrecht gegenüber dem (materiellen) Klagrecht (d. i. dem Recht auf günstiges Urteil) auffaßt. Hiergegen haben schon mit Recht Degenkolb, Beitr., 43, 44, Nussbaum, 143, Schüler, 75, 76, und Bley, 44, eingewendet, daß: 1. das Klagrecht ja ein Recht gegen den Staat und nicht gegen den Beklagten sei; und daß 2. die Prozeßeinrede gar nicht das Bestehen des Klagrechts voraussetze, so daß mithin schon aus diesem zweifachen Grunde die Prozeßeinrede kein Gegenrecht gegenüber dem Klagrecht sein könne. Vergeblich beruft sich Hellwig, Syst. I § 99 Anm. 9, dem zweiten Argument gegenüber darauf, daß im Prozeß bei Liquidität des zivilen Einrederechts auch der zivile Anspruch nicht erst festgestellt zu werden brauche. Aus der Möglichkeit der Übereinstimmung der Prozeßlage folgt noch nichts für die Gleichheit des materiellen Rechtsbestandes. Gegen das erste Argument haltlos Sauer, 549. Unrichtig auch Walsmann, Verzicht, 37, der zwar zutreffend die prozeßhindernde Einrede als prozessuales Recht, aber nur als Befugnis auffaßt, „zu verlangen, daß die Klage ohne eine sachliche Prüfung des geltend gemachten Anspruchs abgewiesen wird". Das ist ein Recht zur Prozeßeinrede, nicht zur prozeßhindernden Einrede.

424a) Über dieses s. ausführlich unten hinter Anm. 464. Daselbst ist zu Anm. 475 ausgeführt, daß die Einlassungspflicht dem Staate gegenüber besteht. Da sie ferner keine begründete Klage voraussetzt, so unterliegt der Text nicht den in der vorigen Anm. erwähnten Einwendungen gegen Hellwigs Lehre.

424b) Über diese s. unten hinter Anm. 579.

425) Über diese ausführlich unten §§ 20, 21. Da der hier zugrunde gelegte Rechtsbegriff der prozessualen Betrachtungsweise sich scharf von dem der materiellrechtlichen unterscheidet, so trifft ihn nicht, was Nussbaum, 143, (vgl. oben Anm. 424) gegen Hellwigs „Prozeßeinrederecht" einwendet: es sei „prinzipiell bedenklich, die prozessualen Situationen der Parteien unter den Gesichtspunkt subjektiver Rechte und Gegenrechte zu bringen".

426) Vgl. über diese Kategorie der Rechte im prozessualen Sinn unten § 20 III. Über den Begriff der prozessualen Lasten s. ausführlich unten § 23.

Zweierlei ist geeignet, die Voraussetzungen und Wirkungen der Verweigerung der Einlassung als solche der Nichtentstehung des „Prozeßverhältnisses“ (im Sinne Bülows) erscheinen zu lassen.

Beginnen wir aus historischen Gründen mit der scheinbaren Übereinstimmung der Wirkungen. Die Verweigerung der Einlassung ist seit der Renaissance Verweigerung der Litiskontestation[427]), also desselben Aktes, der nach Bülow[428]) das „Prozeßverhältnis“ begründet. Es könnte darauf hingewiesen werden, daß Bülows Theorie am klassischen römischen Geschworenenprozeß orientiert[429]) ist, und daß die Litiskontestation des Mittelalters, ja schon die Justinians sich angeblich[430]) wesentlich von der des römischen Geschworenenverfahrens unterscheide. Da ich letzteres indessen nicht annehme, so genüge der Hinweis, daß von diesem noch zu rechtfertigenden[431]) Standpunkt aus, sowie nach den obigen Darlegungen[432]) auch die Litiskontestation des römischen Geschworenenverfahrens kein „Prozeßverhältnis“ im Sinne Bülows begründet. Der „Prozeß“, den die erfolgreiche Geltendmachung einer „prozeßhindernden“ Einrede hindert, genauer: die Prozeßhandlung, deren sie den Beklagten überhebt, ist die streitige Verhandlung zur (Haupt-)Sache.

Dagegen geht die neuere Entwicklung unverkennbar unter dem Einfluß von Bülows Schrift dahin, die „prozeßhindernde Einrede“ durch die von Amts wegen beachtliche, sagen wir vorerst: „Prozeßvoraussetzung“ zu ersetzen, und scheint damit in der Tat die Voraussetzungen des Rechts zur Verweigerung der Einlassung als bloße Vorfrucht der Voraussetzungen von Bülows Prozeßverhältnis zu erweisen. Schon die RZPO. § 274 III spricht von „prozeßhindernden Einreden“, „auf die der Beklagte wirksam nicht verzichten kann“. Die ungarische ZPO. §§ 141, 180 III, 183 regelt, neben den „prozeßhindernden Einreden“, die Behandlung der „von Amts wegen zu berücksichtigenden prozeßhindernden Umstände“. Und die österreichische ZPO. nennt zwar (§§ 189 II, 239 II, 240 I, 260 I, 261, 398, 441) die Hinweisungen des Beklagten auf gewisse Prozeßmängel nach wie vor „Einreden“ — „Prozeßeinreden“ —, ohne indessen damit einen technischen Sinn zu verbinden. Nur die durch Verschweigung verwirkbare (§ 104 III Jurisdikt.-Norm) Einrede der heilbaren Unzuständigkeit ist eine „Einrede“ im technischen Sinn (§§ 240 I, II, 441 ZPO.). Die übrigen — wesentlichen — Prozeßmängel hat das Gericht von Amts wegen zu berücksichtigen (§§ 6, 7, 240 III, 261 V)[433]).

Indessen alle diese von Amts wegen beachtlichen Prozeßmängel hindern nicht den „Prozeß“, ja nicht einmal die Verhandlung, sondern allein die Entscheidung zur Sache. Sie betreffen m. a. W. nicht

---

427) Vgl. R. Sohm, Litis contestatio, 185ff., 202ff., 208ff.
428) Vgl. oben zu Anm. 189a.
429) Vgl. oben vor Anm. 37a.
430) Vgl. R. Sohms Litis contestatio.
431) Vgl. unten hinter Anm. 490, 496.
432) Von Anm. 189 ab.
433) Schrutka, § 142 Nr. 2.

„Prozeß-“, sondern „Sachentscheidungsvoraussetzungen“[434]). Allerdings kann das Gericht auch da, wo der Beklagte die Einlassung nicht verweigert oder, wie nach der österreichischen und jetzt auch grundsätzlich nach der deutschen ZPO., nicht verweigern kann, abgesonderte Verhandlung anordnen (§§ 275 I RZPO.; §§ 189 II, 260 I S. 2, III S. 1 österreich. ZPO.); nach der ungar. ZPO. (§§ 181, 183, 499 III S. 1, 617 I) ist die abgesonderte Verhandlung im ordentlichen Verfahren erster Instanz sogar die Regel. Auch ist nach österreichisch-ungarischem Prozeßrecht bei Feststellung gewisser von Amts wegen beachtlicher Prozeßmängel von Amts wegen die Klagschrift a limine zurückzuweisen (österr. ZPO. § 230 II; ungar. ZPO. § 141), eventuell nach österreichischem Recht das Verfahren durch Beschluß für nichtig zu erklären oder einzustellen (österr. ZPO. §§ 6, 7, 239, 240, 261; Jurisdikt.-Norm §§ 42, 43).

Aber die abgesonderte Verhandlung steht im Ermessen des Gerichts. Nach österreichischem Recht ist die Anordnung abgesonderter Verhandlung überhaupt nur ein Sonderfall der Anordnung abgesonderter Verhandlung über einen oder einige mehrerer selbständiger Streitpunkte (§ 189 II ZPO.), und kann sie dem entsprechend jederzeit von Amts wegen wieder aufgehoben werden (§§ 192, 260 II, III S. 1); Streitanhängigkeit und Rechtskraft sind niemals in der ersten Tagsatzung zu erledigen (arg. §§ 239 III, 261). Schon hieraus ergibt sich, daß die Beschränkung der Zurückweisung der Klagschrift a limine auf Prozeßmängel nach österreichisch-ungarischem Recht keine notwendige Folge ihres „prozeßhindernden“ Charakters sein kann, mag auch die ungarische ZPO. §§ 141, 180 III, 183 das Merkmal der „Prozeßhinderung“ von den „Einreden“ auf die von Amts wegen beachtlichen „Voraussetzungen“ übertragen. Hat doch die österreichische ZPO. den Begriff des „Prozeßhindernisses“ fallen lassen, während die ihn beibehaltende deutsche ZPO. trotzdem keine Zurückweisung a limine kennt[435]). Dazu kommt, daß nach der österreichischen ZPO. (arg. § 230 II) die Zurückweisung a limine niemals wegen der an sich von Amts wegen beachtlichen Sachentscheidungshindernisse (§ 240 III) der Streitanhängigkeit oder Rechtskraft erfolgen darf, weil „Fälle, in denen die Identität zweier Rechtssachen evident ist, in der Praxis höchst selten vorkommen, und daher eine Verhandlung der beiden Parteien über die Identität nicht leicht entbehrt werden kann“[436]) (§ 118 II der GeschO. für die Gerichte 1. u. 2. Instanz, JMV. v. 5. Mai 1897, RGB. Nr. 112). Umgekehrt verdient Beachtung, daß nach der ungarischen ZPO. §§ 129, 140, 141 die Klagschrift auch wegen unverbesserten Mangels in der Bezeichnung des Klaganspruchs a limine zurückzuweisen ist, was ohne

---

[434]) Vgl. schon oben zu Anm. 32.

[435]) Ob und inwieweit trotzdem anzunehmen ist, daß der Vorsitzende unter gewissen Umständen die Terminsbestimmung zu verweigern hat, kann auf sich beruhen; vgl. darüber Hellwig, Lehrb. III 3ff.; Syst. I § 111 III 2; Stein, Nr. II zu § 216; unten zu Anm. 1915a—1926.

[436]) Schrutka, § 155 Nr. 1, § 133 Nr. 1.

eine gewisse materielle Prüfung kaum geschehen kann. Aus alledem folgt, daß die Zurückweisung der Klagschrift a limine im österreichisch-ungarischen Recht ungefähr dieselbe Bedeutung hat, wie die denegatio actionis nach römischem Recht, nämlich die einer Verneinung der Verhandlungswürdigkeit des Prozesses[437]). Mag immerhin die moderne denegatio actionis sich von der römischen dadurch unterscheiden, daß sie allerdings grundsätzlich nur wegen prozessualer Mängel erfolgen kann, so ist ihr doch mit dieser eigentümlich, daß es die Liquidität[438]), nicht die prozeßhindernde Kraft der zur Denegation führenden Mängel ist, welche ihnen schon in diesem Prozeßstadium Beachtung erzwingt.

Daß endlich nach österreichischem Recht die erst in der mündlichen Verhandlung zur Erledigung kommenden Prozeßmängel zu einer Einstellung bzw. Nichtigkeitserklärung des Verfahrens durch Beschluß führen, zeugt ebensowenig für ihren „prozeßhindernden" Charakter. Auch hier ist wieder darauf hinzuweisen, daß gerade die österreichische ZPO. den Prozeßmängeln energisch den „prozeßhindernden" Charakter versagt, während die deutsche und ungarische ZPO., welche den Begriff des „Prozeßhindernisses" beibehalten haben, nur eine Prozeßerledigung durch Endurteil kennen. Daß eine prozeßerledigende Entscheidung in Beschlußform ergeht, beweist noch nicht, daß kein „Prozeß" war. Soll doch nach den neuen deutschen Strafprozeßentwürfen v. 1908 ff. § 208 die Außerverfolgungsetzung des Angeklagten aus materiellen oder prozessualen, rechtlichen oder tatsächlichen Gründen noch nach Eröffnung des Hauptverfahrens in Beschlußform möglich sein. In der Tat sollen in der österreichischen ZPO. die Verweisung der „Einstellung des Verfahrens" wegen prozessualer Mängel in die Beschlußform und der Vorbehalt der Urteilsform für die Entscheidung zur Hauptsache nur scharf den inhaltlichen Unterschied dieser Entscheidungen, m. a. W. den Umstand hervorheben, daß alle Voraussetzungen prozessualer Natur in Wahrheit Sachentscheidungsvoraussetzungen sind.

Danach ist das Ergebnis — wenigstens im Prinzip — ein dem Bülowschen nahezu konträr entgegengesetztes: Soweit die Prozeßmängel wirklich den Prozeß, genauer die Nötigung des Beklagten zur streitigen Sachverhandlung, hindern können, sind sie Gegenstand eines Einrederechts; soweit sie dagegen von Amts wegen beachtliche Voraussetzungen betreffen, handelt es sich nicht um Voraussetzungen des Prozesses, sondern der Entscheidung (des Urteils) zur Sache.

---

437) Vgl. oben hinter Anm. 366.
438) Vgl. oben Anm. 147.

III. Das Prozeßrechtsverhältnis und die sogenannten prozessualen Pflichten.

1. Handlungspflichten des Gerichts.

(§ 8.)

Vermöge seiner Voraussetzungen leistet das Prozeßrechtsverhältnis also nichts. Vielmehr ist der Begriff der „Prozeßvoraussetzungen" geeignet, den der Sachurteilsvoraussetzungen zu verdunkeln, mag er ihm auch s. Zt. zur Geburt verholfen haben[439]). Es fragt sich, ob das Prozeßrechtsverhältnis etwas vermöge seines Inhalts zu leisten vermag. In der Tat erscheinen allgemein die sog. prozessualen Pflichten und folgeweise die ihnen etwa komplementären Rechte oder Ansprüche als Inhalt des Prozeßrechtsverhältnisses[439a]).

Aus dem Prozeßrechtsverhältnis sollen sich zunächst[440]), nach Bülows Ansicht[441]) sogar allein, Handlungspflichten des Gerichts ergeben. Als solche werden bald (Bülow) die Verpflichtung zur Vornahme der jeweils rechtlich erforderten Rechtspflegehandlungen (Prozeßleitung, Beurkundung, Beweisaufnahme, Entscheidung), bald (Degenkolb) die Verpflichtung zur Gewährung des rechtlichen Gehörs im Sinne subjektiv gerechten Verfahrens und Urteils, bald (Hellwig) die Verpflichtung zur Entgegennahme des Parteivorbringens und zur Entscheidung (Antwort) aufgestellt. Schon für das römische Recht hat Bekker[442]) ein publizistisches Recht gegen den Magistrat auf Einsetzung des iudicium und gegen den iudex auf Anerkennung des klägerischen Verhältnisses zum Beklagten annehmen zu müssen geglaubt. In letzterer Beziehung hat Bekker zugegeben, daß erzwingbar nur sei, daß der iudex urteile, nicht, daß er dem Kläger gemäß urteile, und damit gleichsam selbst gegen die oben[443]) zurückgewiesene Vermischung materieller und prozessualer Elemente protestiert, die seinen Aufstellungen zugrunde liegt. Bekkers Gedanke findet sich denn auch insoweit in berichtigter Fassung bei Koschaker[444]), der von einem Anspruch der Parteien gegen den iudex auf Sachentscheidung und pflichtgemäßes Judizieren spricht. Entsprechend darf man in diesem Zusammenhange auch nur von einem Anspruch der Parteien gegen den Magistrat, nicht

---

[439]) Das Verdienst von Bülows Schrift über „die Lehre von den Prozeßeinreden und die Prozeßvoraussetzungen" ist die endgültige Loslösung der Prozeßeinreden von den dilatorischen Sacheinreden, sowie der energische Hinweis darauf, daß es von Amts wegen beachtliche Prozeßmängel gibt.

[439a]) Vgl. insbesondere Sauer, 147, 176.

[440]) Vgl. insbesondere Hellwig, Klagr. u. Klagm., 79; Lehrb. II 31, 32; Syst. I § 139 III; Degenkolb, Beitr., 47ff.; v. Canstein, I^2 250ff., I^3 719ff.; Schüler, 82, 83; auch noch Goldschmidt, MatJustR., 11; Ungerechtfert. VollstreckBetr., 20 zu Anm. 33.

[441]) Z. XXVII 231, 232. Vgl. aber auch Kleinfeller, Lehrb. § 12 II, III, § 62 II 3 (freilich unten Anm. 622).

[442]) Akt. I 15; vgl. oben Anm. 81, sowie zu Anm. 238 und 245.

[443]) Hinter Anm. 238 und 246.

[444]) S. 310.

auf Einsetzung des iudicium[444a]), sondern auf pflichtgemäße Jurisdiktion sprechen[444b]).

Aber weder im römischen, noch im modernen Recht beruhen die aufgestellten gerichtlichen Handlungspflichten auf dem Prozeßverhältnis, noch sind sie überhaupt prozessualer Natur. Sie sind vielmehr Ausfluß des Staatsverhältnisses[445]) und gehören dem Staatsrecht an[445a]). Der Anspruch auf staatliche Justizgewährung ist Teil des status civitatis und „das wesentliche Merkmal der Persönlichkeit überhaupt" [445b]). Ein argumentum ad hominem dafür ist die Gruppe der „Schutzgenossen" in § 2 I Nr. 2 des KonsulargerichtsGes. i. d. Fass. v. 7. April 1900. „Schutzgenosse" ist, wer für seine Rechtsverhältnisse dem deutschen Schutze unterstellt ist, m. a. W., wem ein Anspruch auf Justizgewährung gegen das Reich beigelegt ist. Dem steht nicht entgegen, daß es kein vorprozessuales abstraktes Klagerecht gibt[446]). Denn der Grund hierfür ist nicht, daß die Ansprüche auf Justizgewährung erst aus dem „Prozeßrechtsverhältnis" entspringen[447]), sondern daß die Klage so wenig wie die sonstigen Prozeßhandlungen der Parteien, da sie stets auf ein Urteil bestimmten Inhalts gerichtet sind[447a]), die Ausübung eines auf Begründung der staatlichen Justizgewährungspflicht (in abstracto) gerichteten Gestaltungsrechts[447b]) oder auch nur die Geltendmachung des — etwa verhaltenen [447c]) — Anspruchs auf Justizgewährung (in abstracto) ist[448]), diesen Anspruch vielmehr nur als potestative conditio iuris[449]) auslöst. M. a. W. die Entstehung

---

[444a]) Der nur eine prozessuale Aussicht ist; vgl. oben Anm. 248, zu Anm. 264e, unten Anm. 844 a. E., zu Anm. 1384, § 20 I.

[444b]) Ebenso SCHOTT I, 143; II, 19; MEWALDT, 107/8; vgl. auch SCHUTZ, 26; dazu KRÜCKMANN, Einf., 187/8 Anm. 1 a. E.

[445]) Vgl. BIERLING, Z. f. StrafRWiss. X 258.

[445a]) Vgl. dazu G. JELLINEK, System, 124ff.; LABAND, III 372ff.; O. MAYER, I 109.

[445b]) JELLINEK, a. a. O.; GOLDSCHMIDT, Mater.JustizR., 12.

[446]) Vgl. darüber DEGENKOLB, Beitr., 44ff.; GOLDSCHMIDT, Ungerechtfert. VollstreckBetr., 20 Anm. 33.

[447]) So BÜLOW, Z. XXVII 234; DEGENKOLB, Beiträge, 47ff.; ZivArch. CIII 407; WACH, Z. XXXII 8 vor Anm. 5; HELLWIG, Syst. I, § 139 III.

[447a]) Vgl. auch SAUER, 541. Unrichtig F. KLEIN, Parteihandlung, 24 (dazu unten hinter Anm. 1973).

[447b]) So scheinbar (im Widerspruch zu seiner soeben in Anm. 447 angeführten Ansicht) WACH, a. a. O., Anm. 5.

[447c]) Vgl. LANGHEINEKEN, Anspruch, 101ff.

[448]) Anderes gilt bezüglich des (konkreten) materielljustizrechtlichen Klagrechts, der actio; vgl. oben Anm. 213 und zu Anm. 334, unten Anm. 790a. Aber die Auffassung der Parteihandlungen als Akte der Ausübung oder Geltendmachung des (konkreten) materielljustizrechtlichen Klagrechts ist selbst eine materielljustizrechtliche, keine prozessuale, vgl. unten Anm. 826. Vgl. im übrigen die Erörterung der hier zugrunde liegenden Probleme unten § 19 II. Die „Vermischung" konkreter und abstrakter Justizrechte, die BLEY, 51, SECKEL (Gestaltungsrechte, 249 Anm. 1) vorwirft, begeht er a. a. O. selbst.

[449]) So schon GOLDSCHMIDT, Ungerechtf. VollstrBetr., 20 Anm. 33. Zu weit geht HELLWIG, Prozeßhandlung, § 3 III zu Anm. 8; insofern mit Recht gegen ihn STEIN, Z. XLI 424. Dagegen ist die Urteilsfällung die Ausübung des (ab-

des Anspruchs auf Justizgewährung ist eine „Nebenwirkung“ (Tatbestands-, Reflexwirkung)[449a]) der Klagerhebung. Diese Annahme ist aber durchaus mit der Auffassung vereinbar, daß Rechtsgrund des Anspruches auf Justizgewährung unmittelbar das Staatsverhältnis ist. Im Gegenteil, gerade wenn man ein vorprozessuales abstraktes Klagrecht annehmen müßte, käme man nicht um die Folgerung herum, daß sein Inhalt die Gestaltung eines „Prozeßrechtsverhältnisses“, das selbst erst wieder den „Anspruch“ auf Justizgewährung zum Inhalt hätte, sei, während umgekehrt die Annahme, daß die Klagerhebung, wie die sonstigen Parteihandlungen, den Anspruch auf staatliche Justizgewährung nur bedingend auslösen, von der Voraussetzung abhängt, daß Rechtsgrund dieses Anspruches das Staatsverhältnis ist[449b]) und zwar gleichgültig, ob man den Anspruch für „bedingt wirksam“[449c]), „bedingt“ oder sogar erst für einen „künftigen“[449d]) ansieht. Cum grano salis kann man daher sagen, daß die Prozeßhandlungen der Parteien die staatliche Pflicht zur Justizgewährung (in abstracto) tatbestandsmäßig nicht wesentlich anders auslösen, als die Lebensäußerungen des Kindes die elterliche Fürsorgepflicht. Rechtsgrund der einzelnen Handlungspflichten bleibt einzig und allein, wie hier das Eltern- und Kindes-, so dort das Staatsverhältnis[450]).

Die rein staatsrechtliche Natur und Grundlage der gerichtlichen Rechtspflegepflichten tritt unzweideutig in der Art und den Rechtsfolgen ihrer Verletzung hervor. Die Verletzung ist immer Justizverweigerung (im engeren Sinn)[451]), einschließlich der Justizverzögerung[452]). Sie erscheint nicht nur als eine „Gesetzesverletzung“ im Sinne unserer Prozeßgesetze (z. B. §§ 549 I ZPO. 337 [376] I StPO.),

---

strakten) staatlichen Hoheitsrechts der Gerichtsbarkeit, im Gegensatz zur Strafverfolgung, die, gleich der Klagerhebung, als eine die Urteilsgewalt auslösende, unvermeidlich auf ein Urteil bestimmten Inhalts gerichtete (vgl. freilich unten zu Anm. 702 und Anm. 1565 a. E.) Tätigkeit in die Hand des Anklägers gehört; vgl. unten Anm. 1326, 2076.

[449a]) Dazu KUTTNER, Privatr. Nebenwirk.

[449b]) Dazu KRÜCKMANN, unten Anm. 1020.

[449c]) Vgl. LANGHEINEKEN, Anspruch, 73ff.

[449d]) Vgl. ENNECCERUS, Allgemeiner Teil, § 64 I 1.

[450]) Vgl. dazu noch unten zu Anm. 774a, 2027. Diese Bestimmung des Verhältnisses der Prozeßhandlungen der Parteien zu den gerichtlichen Handlungspflichten deckt sich mit meiner unten zu begründenden Auffassung von den Prozeßhandlungen überhaupt. Vgl. übrigens schon HELLWIG, Prozeßhandlung, § 5 zu Anm. 2, Anm. 27; KLEINFELLER, § 12 II; OETKER, Z. XLV 512; TRUTTER, 70ff. (bezüglich der gerichtlichen „Offizialpflicht“, überhaupt über gestellte Anträge zu befinden). Anders STEIN, Anm. 52 vor § 128; Z. XLI 420/1; während F. KLEIN, Parteihandlung, 35ff.; POLLAK, Geständnis, 34; sowie TRUTTER, 69, 73, 75, 77, 78, wenn sie von Begründung, Ausübung oder Geltendmachung von prozessualen „Ansprüchen“ oder „Rechten“ durch Parteihandlungen sprechen, immer nur den Anspruch auf Erhörung eines gerechtfertigten Antrages meinen.

[451]) Im Gegensatz zur „Hemmung“ der gerichtlichen Tätigkeit durch andere staatliche Organe; vgl. HAENEL, 739. Dazu gehört auch die Verletzung des Legalitätsgrundsatzes durch die Staatsanwaltschaft, die unter Umständen — vgl. HAENEL, 740; TRIEPEL, 181, — die Justizverweigerungsbeschwerde gemäß Art. 77 der alten und At. 15 der neuen RVerfass. rechtfertigt.

[452]) Vgl. schon GOLDSCHMIDT. MatJustR., 12; G. JELLINEK, 124 Anm. 2 a. E.

auch nicht nur in diesem Sinne als eine Verletzung des Prozeßgesetzes. Denn indem unsere Prozeßgesetze (z. B. §§ 550 ZPO. 337 [376] II StPO.) erläutern: „Das Gesetz ist verletzt, wenn eine Rechtsnorm nicht oder nicht richtig angewendet ist", bringen sie zum Ausdruck, daß sie bei „Gesetzesverletzung" nicht an eine Verletzung subjektiver Parteirechte denken, daß vielmehr vom Standpunkt der prozessualen Betrachtungsweise aus das Gesetz für den Richter nicht als Imperativ, sondern als Urteilsmaßstab in Betracht kommt[453]. Entsprechend ist das typische Bekämpfungsmittel der „Justizverweigerung", anders als das der „Gesetzesverletzung", nicht der Rechtsmittelweg — die „rechtliche Einrichtung zur Sicherung der Konkordanz zwischen Urteil und objektivem Recht"[454] —, sondern der Justizverwaltungsweg der Dienstaufsichtsbeschwerde (z. B. § 85 preuß. AG. GVG.) und der querela denegatae vel protractae iustitiae (Art. 77 RVerf. v. 16. April 1871). Diese Rechtsbehelfe machen, im Gegensatz zu den Prozeßhandlungen der Parteien, den staatsrechtlichen Anspruch auf Justizgewährung wirklich geltend. Und insbesondere der zuletzt genannte Rechtsbehelf, in seiner Ausgestaltung im modernen Reichsstaatsrecht[454a] als — ich möchte sagen — Akt einer Justizverwaltungsgerichtsbarkeit, macht deutlich, daß die Justizverweigerung nicht nur die Verletzung der Amtspflicht eines Amtsträgers, sondern vor allem der Justizgewährungspflicht des Staates ist[455].

Auch das römische Recht betont den staatsrechtlichen Charakter einer Versagung des officium durch den Magistrat. Es bezeichnet eine solche als „denegare iurisdictionem", als „non audire" (l. 26 § 6 D. 4, 6), im Gegensatz zum „denegare actionem", das (l. 26 § 4 D. h. t.), sofern es ordnungsmäßig, d. i. „causa cognita" erging, ein „ius dicere", d. i. ein Akt der Justizgewährung war[456]. Freilich kann auch das „denegare iurisdictionem" gerechtfertigt sein[457], wenn es „ex

---

[453]) Ganz anders BELING, Festschr. f. BIND., 45, 49. Die Verwendung des Ausdrucks „Gesetzesverletzung" in unseren Prozeßgesetzen als Beweisgrund für die Theorie des materiellen Justizrechts (GOLDSCHMIDT, Entschädigungspflicht, 130 Anm. 1) kann ich um so mehr aufgeben, als ich bereits (Beiträge, 4[110] Anm. 5 a. E.) festgestellt habe, daß diese Theorie unabhängig von der Annahme ist, daß die Sätze des materiellen Justizrechts an den Richter gerichtete Imperative seien. Vgl. jetzt die Erörterungen unten zu Anm. 1336.

[454]) DEGENKOLB, Beiträge, 52.

[454a]) Vgl. darüber HAENEL, § 126; TRIEPEL, 143, 181, 275, 353, 369, 385, 502, 508, 516, 522, 528, 534, 563, 641, 652, 655, 664, 683, 705; über früheres Recht vgl. die Notizen bei WETZELL, § 38 Anm. 10, sowie denselben, § 61 von Anm. 8 ab; TRIEPEL, 18, 28, 45, 48, 64, 509.

[455]) GOLDSCHMIDT, MatJustR., 12 Anm. 53; LABAND, III 372 Anm. 4; PERELS, ZRG. (Germ. Abt.) XXV 5; anders WACH, bei GRÜNHUT VI 555.

[456]) MEWALDT, 95ff., 109ff.; SCHOTT. I, 128ff.; KLINGMÜLLER, KritVSch. XLVI 274. Nur sprechen SCHOTT, I, 129, 145, und wohl auch KLINGMÜLLER, 258 Anm. 1, immer statt von „Justizgewährung" von „Rechtsschutzgewährung"; hiergegen treffend MEWALDT, 96; vgl. auch oben Anm. 41, wo erwähnt ist, daß diese terminologische Ungenauigkeit SCHOTT dazu führt, WACH mißzuverstehen.

[457]) Es scheint richtiger, in diesem Falle von gerechtfertigter Justizverweigerung als (mit MEWALDT, 110, 111) von Justizgewährung zu sprechen.

iusta causa", so insbesondere wegen hartnäckigen Ungehorsams des Klägers gegenüber magistratischen Befehlen, erfolgte.

Die Verletzung des officium iudicis führt bekanntlich zu der Folge, daß er „litem suam facit" (Gai IV 52; l. 15, 16 D. 5, 1; l. 5 § 4 D. 44, 7; l. 6 D. 50, 13), was wohl schon in klassischer Zeit nicht mehr ein formelles „Sichanhenken" des Prozesses, sondern das Aufsichziehen einer selbständigen actio in factum auf Schadensersatz[458]) bedeutet. Dieser „Syndikatsanspruch" (§ 839 BGB.) ist nun freilich nur die Privatrechtsfolge der Amtspflichtverletzung des Amtsträgers und beweist unmittelbar nichts für die damit konkurrierende Verletzung der staatlichen Pflicht zur Justizgewährung[459]). Doch indem l. 5 § 4 D. 44, 7; l. 6 D. 50, 13 die Schadensersatzverpflichtung des iudex, qui litem suam facit, ausdrücklich als nicht „ex contractu", sondern „quasi ex maleficio" entspringend bezeichnen, zeigen sie, daß dem römischen Recht jedenfalls in bezug auf das Verhältnis der Parteien zum iudex die Vorstellung fern liegt, als sei der Rechtsgrund dieses Verhältnisses, gleich dem receptum arbitri, ein Kontrakt oder auch nur Quasikontrakt. Mag also die Litiskontestation nach Inhalt[460]) und Wirkung[461]) in bezug auf das Verhältnis der Parteien zueinander ein Kontrakt oder Quasikontrakt sein, im Verhältnis der Parteien zum iudex ist nicht die Rede davon[461a]). Damit stimmt überein, daß der durch den Staatsakt der iudicis datio, des iudicare iubere ausgelöste Anspruch der Parteien gegen den iudex auf pflichtgemäße Erfüllung seines officium nicht durch Kontraktsklage,

---

458) KELLER-WACH, § 86 II; KOSCHAKER, 310.

459) Schief also v. CANSTEIN, I² § 12 III 1, wenn er die Syndikatsklage als Folge der nach seiner Auffassung aus dem Prozeßverhältnis entspringenden gerichtlichen Prozeßpflichten anführt. Im Ergebnis richtig unterscheidet Amtspflicht und Prozeßpflicht PLÓSZ, 105.

460) Vgl. unten hinter Anm. 489.

461) Vgl. oben zu Anm. 189f und 201c.

461a) Anders JHERING, Geist I 172, der den iudex als einen unter Mitwirkung des Beamten bestellten Schiedsrichter auffaßt. Ebenso LENEL, ZRG. XXIV 342/3; vgl. auch PERNICE, ZRG. V 56; R. SCHMIDT, 46. Aber jedenfalls für die historische Zeit scheint mir das so wenig richtig, wie es nach JHERINGS (Geist I 169 Anm. 71a) eigenem Bekenntnis für diese Zeit seine Auffassung des Magistrats als Schiedsrichter ist; woraus dann wieder folgt, daß es auch im Widerspruch dazu steht, daß JHERING, a. a. O. 169 (dem offenbar SCHUTZ, 47, folgt) die Übertragung der Prozeßentscheidung auf den iudex aus einer Geschäftsüberhäufung des Magistrats erklärt. Z. Zt. des klassischen römischen Prozesses sind der iudex und arbiter des staatlichen Gerichtsverfahrens vom arbiter ex compromisso wohl zu unterscheiden. Gewiß war die Einigung der Parteien über die Person des Richters von entscheidender Bedeutung (l. 80 D. 5, 1; l. 57 D. 42, 1; l. 23 pr. D. 49, 1); vgl. auch KELLER-WACH, § 9; SCHLOSSMANN, 149. Aber darin braucht man nicht einmal — was höchstens der Fall sein könnte — Reste einer Schiedsvertragszeit des Prozesses zu sehen. Die Einigung über die Person des Richters ist nur die positive Seite der — negativen — Ablehnungsbefugnis. Auch an die Begründung der Zuständigkeit durch Vereinbarung mag man denken; vgl. schon SCHOTT II, 62. Sicherlich leiten die Richter der klassischen Zeit ihre Macht vom Magistrat, nicht von den Parteien ab. Wie sollte sich auch anders die ja dem römischen Schiedsspruch (l. 2 D. 4,8) fremde Kraft der res iudicata erklären? Ebenso HÖLDER, ZRG. XXXI 382/3; SCHLOSSMANN, 137; auch BEKKER, ZRG. XXVII 16; DEGENKOLB, 92; STEINWENTER, 4, 5. Vgl. noch unten Anm. 482c.

sondern durch magistratisches cogere erzwingbar ist (l. 49 § 1, l. 74 D. 5, 1). So läßt denn auch KOSCHAKER[462]) den iudex nicht als Subjekt der durch die Litiskontestation begründeten „Prozeßobligation" und folgeweise die iudicis mutatio nicht als Fall der translatio iudicii gelten[463]). Aus alledem folgt, daß der Anspruch der Parteien gegen den iudex auf Sachentscheidung und pflichtgemäßes Judizieren seinen Rechtsgrund nicht in einem besonderen „Prozeßverhältnis", sondern in der Amtspflicht des gesetzlichen Richteramts, d. h. im allgemeinen Staatsverhältnis findet[464]).

2. Handlungspflichten der Parteien.

a) Die Defensions- oder Einlassungspflicht.

(§ 9.)

Prozessuale Handlungspflichten der Parteien hat — wie schon SCHWALBACH s. Zt. bemerkte[464a]) — zur „Überraschung" gerade der Entdecker des „Prozeßverhältnisses", BÜLOW, bis zuletzt abgelehnt[464b]). Dies überhebt uns nicht der Untersuchung, ob es nicht dennoch solche gibt, und ob sie nicht ihren Rechtsgrund im „Prozeßverhältnis" finden.

An erster Stelle pflegt man die Defensions- oder Einlassungspflicht zu nennen.

I. Was zunächst die Defensionspflicht im klassischen römischen Geschworenenprozeß anlangt, so ist bereits oben zweierlei festgestellt: a) Sie ist so wenig, wie die Pflicht des Magistrats zur Jurisdiktion oder des iudex zur Sachentscheidung[465]), Inhalt der actio oder des — ma-

---

[462]) S. 311; vgl. schon oben in Anm. 207b und 47 a. E. Anders SPERL, 7/8; SECKEL-HEUMANN, Art. Iudicium, Nr. 2; WLASSAK, Judikationsbefehl, 234ff. (der indessen, a. a. O. 239 Anm. 130, KOSCHAKER darin beistimmt, daß der iudex nicht Subjekt der „Prozeßobligation" war).

[463]) Das kann man im Ergebnis billigen, selbst wenn man die romanistische Lehre von der „Prozeßobligation nicht teilt; vgl. oben § 5. Die romanistische Lehre von der doch nur unter den Parteien bestehenden „Prozeßobligation" vermeidet hier eine Verkehrtheit, zu der die moderne Lehre von dem auch das Gericht einbeziehenden „Prozeßverhältnis" gedrängt wird, wenigstens wenn sie, mit HELLWIG (vgl. Zitate oben in Anm. 21) Gewicht darauf legt, daß Subjekt des Prozeßverhältnisses gerade das angerufene Gericht (nicht der Staat im allgemeinen) sei. Denn bei solcher Auffassung fällt der Wechsel des Gerichts unter den Begriff der prozessualen Sukzession; so in der Tat HELLWIG, Lehrb. II, § 69 Anm. 5; Klagr. u. Klagm., 85; gegen ihn mit Recht DEGENKOLB, Beiträge, 55 Anm. 1. Die Prozeßlage, die an die Stelle des Prozeßverhältnisses zu setzen ist und die (wie die römische „Prozeßobligation") nur im Verhältnis der Parteien zueinander besteht, läßt nur den Parteiwechsel unter den Begriff der prozessualen Sukzession fallen; vgl. darüber noch unten zu Anm. 803.

[464]) Vgl. schon oben zu Anm. 189e.

[464a]) ZivArch. LXIII 393ff.; vgl. auch v. CANSTEIN, Z. XVI 20.

[464b]) ZivArch. LXII 59ff.; Geständnisrecht, 40 Anm. 2, 78 Anm. 1, 262; Z. XXVII 231/2. Vgl. auch THON, 232 Anm. 12; KLEINFELLER (oben Anm. 441). In Prozeßeinreden, 2, spricht BÜLOW noch — worauf DEGENKOLB, ZivArch. CIII 394 Anm. 12, 401, aufmerksam gemacht hat — von einer „Mitwirkungspflicht" der Parteien.

[465]) Vgl. oben vor Anm. 444a.

terielljustizrechtlichen — „condemnari oportere" oder „litis contestatione teneri", der sog. „Prozeßobligation"[466]). b) Sie besteht nicht im Verfahren in iudicio[467]). Ihr Inhalt ist das Erscheinen in iure[467a]) und die Übernahme des iudicium[467b]).

Daß es sich hier um eine Pflicht handelt, wird nicht wohl bestritten werden können. Denn die Defension in iure ist erforderlich im Interesse des Gegners. Ihre Versäumung verschlechtert die Lage des Gegners (l. 2 § 3 D. 42, 4); denn sie beraubt ihn der Möglichkeit, eine Entscheidung zur Sache zu erwirken, und läßt ihm nur den umständlichen Vollstreckungsweg der missio in bona übrig[468]). Anders ist es schon bei actiones in rem[468a]), wo die Versäumung der Defension in iure zur Übertragung des Besitzes der in Anspruch genommenen Sache auf den Kläger führt (l. 80 D. 6, 1; l. 45 D. 39, 2; l. 8 D. 5, 4; l. 20 § 1 D. 11, 1), so daß hier wenigstens der mit der Klage erstrebte tatsächliche Erfolg in vollem Umfang auch ohne Defension verwirklicht werden kann. Hier entfällt die Defensionspflicht in iure (l. 156 § 1 D. 50, 17); es bleibt eine bloße Defensionslast übrig, insofern der Beklagte ein Interesse hat, die translatio possessionis zu vermeiden[468b]). Entsprechendes gilt bei Noxalklagen (l. 8, 21 pr., 27 pr., 29, 32ff. D. 9, 4). Man könnte meinen, daß die in diesen Fällen Platz greifende „missio in rem singularem"[469]) sich von der missio in bona nicht wesentlich unterschied, so daß ent-

---

466) Vgl. oben hinter Anm. 206a, 245 und zu Anm. 335.

467) Vgl. oben hinter Anm. 298.

467a) WLASSAK, ZRG. XXV 158 Anm. 3, weist darauf hin, daß die Erscheinungs-(Folge-)Pflicht in iure von der Defensions-(Einlassungs-)Pflicht zu trennen ist; vgl. auch STEINWENTER, 150/1. In der Tat untersteht die Erscheinungspflicht eigenen Gesetzen. Sie ist nach ius civile unmittelbar erzwingbar; vgl. auch sofort unten zu Anm. 469b. Immerhin bleibt doch wahr, daß die Verletzung der Erscheinungspflicht bereits einen Fall mangelnder Defension begründet. Dies fällt um so mehr ins Gewicht, als es bei Verletzung der Antwortpflicht anders ist; vgl. nächste Anm. Das erste, was zum „recte defendi" gehört, ist denn auch „copiam sui facere" (l. 5 § 3 D. 42, 4).

467b) Dagegen wenigstens im Formularprozeß nicht das Antworten (respondere) in iure (1. Rubr. c. 21, 22), da nach den — soviel ich sehe, unwidersprochen gebliebenen — Ausführungen von DEMELIUS, 138/9 (besonders 139 Anm. 1), im Formularprozeß (anders im Legisaktionenprozeß; § 5 das.) der Beklagte seine Defensionspflicht noch nicht durch „non respondere", sondern erst durch „non de ea re sponsionem facere" bzw. „non iudicio se defendere" verletzte. Anders KELLER-WACH, § 65. Es stimmt indessen das Ergebnis DEMELIUS', wonach das „non respondere" die Einlassungspflicht noch nicht verletzt, damit überein, daß das bloße „respondere" sie im römischen Geschworenenprozeß auch nicht erfüllt; vgl. unten hinter Anm. 503, sowie in Anm. 511. Das römische respondere hat danach nicht dieselbe Bedeutung wie das germanische; vgl. oben Anm. 406a, unten hinter Anm. 547.

468) Und zwar nicht nur im Falle des Nichterscheinens in iure (l. 7 § 1 D. 42, 4), sondern auch in dem der Weigerung des Erschienenen, zur Litiskontestation mitzuwirken (c. 22 l. Rubr.); vgl. DEMELIUS, 154ff.; neuestens GRADENWITZ, Rubr. Fragment, 27ff.

468a) WLASSAK, ZRG. XXV 141, 153ff.; STEINWENTER, 149ff; R. HENLE, Arch. f. Rechts- und Wirtsch.-Ph. XVI 371ff.

468b) Über den Unterschied von Pflicht und Last vgl. hier vorläufig HELLWIG, Syst. I § 139 zu Anm. 14; R. SCHMIDT, 350 § 53 IIb; ausführlich unten § 23.

469) Vgl. VOIGT, Vad., 318 zu Anm. 60.

weder auch sie eine Defensionspflicht im Interesse des Klägers hätte übrig lassen, oder auch die missio in bona, als ein nur im Interesse des Beklagten zu vermeidender Nachteil, zu einer bloßen Defensionslast hätte führen müssen. Indessen lassen die Quellen keinen Zweifel darüber, daß sie in der dargelegten Weise unterscheiden und daß die missio in bona geradezu mehr ein Mittel zur Erzwingung der Defensionspflicht als ein Mittel zur Befriedigung des Klägers sein soll[469a]). Nur die Erscheinungs-(Folge-)Pflicht in iure hat offenbar auch bei actiones in rem bestanden (l. 7 § 16 D. 42, 4)[469b]). Anders als regelmäßig bezüglich der Defension bei actiones in personam in iure, liegt es aber vor allem bezüglich der Defension in iudicio. Da hier die Versäumung der Defension die Kondemnation nicht hindert, ist die Defension immer nur erforderlich im Interesse des Beklagten selbst, also Gegenstand einer bloßen Defensionslast[470]). Damit stimmt überein, daß die Defension in iure durch das vadimonium (die cautio iudicio sisti) und die clausula de re defendenda der cautio iudicatum solvi gesichert werden können, nicht aber die Defension in iudicio[471]).

Die Defensionspflicht des Beklagten, an der innerhalb der so gezogenen Grenzen „nicht zu rütteln ist"[472]), ist aber genau so wie die Pflicht des Magistrats zur Jurisdiktion und die des iudex zur Sachentscheidung eine rein staatsrechtliche[473]), aus dem Staatsverhältnis entspringende Pflicht. Man kann sie, da sie keine Pflicht des Staats und seiner Organe, sondern des Staatsbürgers ist, auch als staatsbürgerliche Pflicht[473a]) bezeichnen. Sie besteht daher — anders als das der actio komplementäre condemnari oportere[474]) — dem Staate[475]), nicht dem Kläger[476]) gegenüber, mag sie auch zugunsten des Klägers auferlegt sein, wie im Reiche des Ziviljustizrechts[477]) denn überhaupt alle etwa bestehenden öffentlich-rechtlichen Parteipflichten solche

---

[469a]) DEMELIUS, 154. Braucht doch die missio gar nicht zur venditio bonorum zu führen, und können doch der indefensus oder der bonorum emtor den Prozeß aufnehmen; vgl. außer DEMELIUS noch KELLER-Wach, § 84 zu Anm. 1047—50; WETZELL, § 49 Anm. 28; HELLWIG, Lehrb. II, § 64 Anm. 20.

[469b]) STEINWENTER, 150/1.

[470]) Vgl. oben hinter Anm. 298.

[471]) In bezug auf das vadimonium ebenso KELLER-WACH, § 47 zu Anm. 554 (vgl. schon oben Anm. 300), mit der zutreffenden Begründung, daß für eine Sicherung der Fortsetzung des Verfahrens in iudicio kein Bedürfnis bestanden habe, da hier das Ausbleiben des Beklagten die Kondemnation nicht habe hindern können. Anders KELLER-WACH, § 69 zu Anm. 831, in bezug auf die clausula de re defendenda der cautio iudicatum solvi; vgl. hingegen SECKEL, Haftung, 55 Anm. 3 a. E., und oben Anm. 299.

[472]) SECKEL, Haftung, 55 Anm. 3 a. E.

[473]) So schon SOHM, bei GRÜNHUT IV 465/6; WACH, ebd. VI 557; VII 147.

[473a]) So WACH, bei GRÜNHUT VI 557.

[474]) Vgl. oben zu Anm. 339.

[475]) Ebenso WACH, bei GRÜNHUT VI 557; VII 147; LANGKEINEKEN, 72; vgl. auch BRINZ, Einlassungszwang, 173.

[476]) So besonders DEGENKOLB, 26ff.; Beitr. 59ff.; PLÓSZ, 76ff., 101; SCHUTZ, 43.

[477]) Daß das materielljustizrechtliche condemnari oportere dem Kläger gegenüber besteht, beruht darauf, daß das römische Aktionenrecht unentwickeltes materielles Justizrecht ist; vgl. oben hinter Anm. 346; vgl. auch sofort zu Anm. 478b.

zugunsten und alle öffentlich-rechtlichen Parteirechte solche zu Lasten des Gegners sind[478]). Daß die Erfüllung der Defensionspflicht durch vadimonium oder die clausula de re defendenda der cautio iudicatum solvi gesichert werden konnte, beweist nicht, daß die Defensionspflicht — wie BEKKER[478a]) meint — eine „privatrechtliche" war. Bezeichnet doch BEKKER[478b]) selbst die Kautionen und Stipulationen als „im Formularprozeß steckende privatrechtliche Elemente". So ist z. B. die „stipulatio pro praede litis et vindiciarum" (Gai IV 91, 94) eine privatrechtliche Abschwächung der alten „praedes litis et vindiciarum" des Sakramentsprozesses (Gai IV 16, 94), die allerdings auch zugunsten des Gegners, aber wohl — gleich den für die Sakramentssumme bestellten praedes (Gai IV 13, 16) — „in publicum" bestellt wurden[478c]).

Es entsteht die Frage nach dem Wesen einer solchen staatsrechtlichen Pflicht zum Erscheinen in iure und zur Übernahme des iudicium. WLASSAK hat — wie schon früher[479]) erwähnt — mit der von ihm aufgestellten Theorie von dem Vertragscharakter der Litiskontestation nach seinem ausdrücklichen Bekenntnis das Ziel verfolgt, „eine haltbare Grundlage zu schaffen für die These: der römische Privatprozeß hat seinen Ursprung im Schiedsgericht". Knüpft man daran an, so ergäbe sich als das Wesen der Defensionspflicht die Verpflichtung zum Abschluß eines Schiedsvertrages. Eine solche Auffassung hätte zweifellos viel Ansprechendes, da sie universalrechtsgeschichtlich wohl begründet erscheint. Auch der germanische Rechtsgang sucht in seinen Anfängen den Prozeßzweck vermittels der Erzwingung von Sühneverträgen zu erreichen[480]). In der Entwickelung

---

[478]) Die Annahme einer solchen Reflexbeziehung sucht und findet Anlehnung an die Verträge zugunsten Dritter. Sie scheint mir in den juristischen Kategorien besser begründet zu sein als die Vorstellung DEGENKOLBS (Beitr. 60/1) von einer „publizistischen rechtsgenossenschaftlichen Stellung der Parteien zueinander". Ein verwandter Gedanke bei BAUMGARTEN, Wissenschaft vom Recht, II 35ff. Mit dem Gesagten ist übrigens zu den prozessualen Rechten und Pflichten der Parteien noch nicht abschließend Stellung genommen; vgl. unten vor Anm. 732, zu Anm. 1502 und Anm. 1712, andererseits unten in Anm. 1669 und die daselbst angeführten Stellen.

[478a]) Akt. I 15; vgl. schon oben zu Anm. 245.

[478b]) ZRG. XXVII 16.

[478c]) Vgl. KELLER-WACH, § 14 Anm. 210 a. E., § 16 Anm. 229; GIRARD, 751 Anm. 1; anders VIARD, 33/4, der aber (30) zugibt, daß die meisten auf dem Standpunkt des Textes stehen.

[479]) Vgl. oben zu Anm. 189d.

[480]) Vgl. BRUNNER, I § 24. Im germanischen Recht findet sich die von JHERING, Geist I 167ff., — vgl. auch R. SCHMIDT, 38, — neben der Beilegung des Streits durch Schiedsvertrag erwähnte Form der Streitbeilegung durch Schiedseidvertrag (D. 12, 2; Cod. 4, 1), freilich auf Grund gerichtlichen Urteils. Letzteres hängt damit zusammen, daß überhaupt im germanischen Recht der Sühnevertrag nicht Voraussetzung, sondern Ziel des Verfahrens ist. Eine Neuauflage dieser Spielart des Urprozesses erleben wir im Schlichtungsverfahren des neuen Arbeitsrechts (§§ 15ff. VO. über Tarifverträge v. 23. Dez. 1918 — RGBl. 1461ff. —, §§ 22ff. VO. v. 12. Febr. 1920 — RGBl. 225ff. —, beide ersetzt durch VO. v. 30. Okt./10. Dez. 1923 — RGBl. I 1043ff., 1191ff. —), das gleichfalls auf den Abschluß einer Vereinbarung zwischen den Streitenden abzielt; vgl. KASKEL,

der sozialen Gemeinschaft der einzelnen, wie der Völker — man denke an die Schiedsgerichtsverträge des Völkerrechts — führt wohl in aller Regel der Weg von der Selbsthilfe zum Prozeß über den Schiedsvertrag[480a]). Und wo die Entwickelung an diesem Punkte angelangt ist, begründet unter Umständen allerdings erst ein besonderes „Prozeßverhältnis", eine „Sondergemeinschaft"[481]), die Unterwerfung der Parteien unter die Entscheidung[482]). Insoweit hätte WLASSAKs These, daß auch der römische Prozeß[482a]) seinen Ursprung im Schiedsgericht habe, von vornherein eine Vermutung für sich[482b]).

Nur ist die Frage, ob noch die Litiskontestation des klassischen römischen, insbesondere des Formularprozesses ein solcher Schiedsvertrag gewesen ist. Der kulturelle Hintergrund jener Zeit scheint eine

DJZ. 1920, 775ff., der nur aus diesem Ziel des Schlichtungsverfahrens zu Unrecht und in Verkennung des Ursprunges aller Gerichtsbarkeit schließt, daß das Schlichtungsverfahren keine Form der Gerichtsbarkeit sei. Auch hier führt der Weg vom Streik über die Vermittelung und Erzwingung (§§ 25, 28 VO. v. 12. Febr. 1920) einer Vereinbarung zur Entscheidung. Die neue deutsche ZPO. v. 13. Mai 1924 hat das auf gütliche Beilegung eines Rechtsstreits gerichtete „Güteverfahren" neben dem auf Entscheidung gerichteten „Streitverfahren" als selbständige Rechtsschutzform anerkannt; vgl. GOLDSCHMIDT, ZPO., Vorbem. III vor § 495.

[480a]) Anders SCHLOSSMANN, 138/9, der aber m. E. übersieht, daß der über den einzelnen stehende Verband eben sehr bald dadurch seine Hoheit zur Geltung gebracht haben wird, daß er die Unterwerfung der Streitenden unter ein Schiedsgericht erzwingt. Auch die Staaten würden sich erst dann bewogen fühlen, alle ihre Streitigkeiten schiedsgerichtlich zum Austrag zu bringen, wenn sie durch einen über dem einzelnen stehenden organisierten Staatenverband (Völkerbund) dazu genötigt würden. So in der Tat die im Januar 1917 an den Senat gerichtete Botschaft des amerikanischen Präsidenten Wilson. Daß der römische Prozeß sich aus der Selbsthilfe entwickelt hat, bestreitet SCHLOSSMANN nicht; irrig SCHUTZ, 46.

[481]) Vgl. STAMMLER, Richtiges Recht, 281, der diesen von ihm geprägten Begriff freilich nur als „gedankliches Hilfsmittel" verwendet, um einen Stoff den Grundsätzen des richtigen Rechts zuzuführen.

[482]) In der Unterwerfung unter die Entscheidungsgewalt des Gerichts erblickt HELLWIG, Lehrb. II, § 69 II 1; Syst. I, § 139 I; Klagr. u. Klagm., 77, das Charakteristikum des Prozeßverhältnisses. Damit steht eigentlich im Widerspruch, daß HELLWIG so energisch (Lehrb. II, § 69 II 3; Syst. I, § 138 II 2; Klagr. u. Klagm., 83) das Bestehen eines Prozeßverhältnisses unter den Parteien bestreitet. Denn KOHLER, Prozeß, 8, hat ganz recht, wenn er bemerkt, daß auch nicht das Verhältnis der Parteien zum Schiedsrichter — das receptum —, sondern das Verhältnis der Parteien zueinander — das compromissum — ihre Unterwerfung unter den Schiedsspruch begründe. Natürlich ist dieser Einwand nur insoweit berechtigt, als man sich überhaupt auf den Boden eines besonderen „Prozeßverhältnisses" zu stellen hat. Eine Zeit, für welche der Ausschluß der Selbsthilfe und die Unterwerfung unter die staatliche Justizhoheit eine Selbstverständlichkeit ist, bedarf zu diesem Zwecke weder der Anerkennung eines besonderen Prozeßverhältnisses zwischen Parteien und Gericht, noch der Anerkennung eines solchen unter den Parteien.

[482a]) Der, wie jeder Prozeß, aus der Selbsthilfe hervorgegangen ist; vgl. Jhering, Geist I, 118ff., 167ff.; SCHUTZ, 45. Spuren davon finden sich genug; man denke an die in ius vocatio, die manus iniectio, die pignoris capio.

[482b]) Vgl. denn auch JHERING, a. a. O.; LENEL, ZRG. XXIV 342; ROSENBERG, Stellvertret., 364; R. SCHMIDT, 38, 43 Anm. 2, 46; SCHUTZ, 46; R. SOHM, lit. contest., 2.

Bejahung dieser Frage kaum nahe zu legen[482c]). Die römische Staatsgewalt war doch wohl damals schon so gefestigt, daß ein Verzicht auf Selbsthilfe nicht mehr zu den notwendigen Vorbedingungen eines gerichtlichen Verfahrens gehörte. M. a. W. das Staatsverhältnis allein, nicht erst ein besonderes Schieds- oder Prozeßverhältnis, begründete die Unterwerfung der Parteien unter den Spruch des Richters. Das wird einleuchtend, wenn man erwägt, daß es doch schon damals ein schiedsgerichtliches Verfahren (Dig. tit. 4, 8) neben dem staatlichen Gerichtsverfahren gab. Denn wenn danach schon damals der Schiedsvertrag die Bestimmung hatte, die staatliche Gerichtsbarkeit auszuschließen, wird er schwerlich zu der nämlichen Zeit noch die Bestimmung gehabt haben, sie zu begründen. Das Erfordernis der Zustimmung des Beklagten zum Eintritt in das iudicium, das sich ja noch lange über den Formularprozeß hinaus bis in die Neuzeit erhalten hat, könnte höchstens ein Rest aus der Schiedsvertragszeit des Prozesses sein[483]). Es hatte aber zur Zeit des Formularprozesses den Abschluß eines Schiedsvertrages nicht mehr zum Inhalt.

In der Tat ist bereits oben[484]) festgestellt worden, daß WLASSAK auch gar nicht an einen Schiedsvertrag im eigentlichen Sinne des Wortes, d. i. an einen Vertrag mit rein prozessualem Inhalt denkt. Er bezeichnet als Inhalt des Litiskontestationsvertrages, daß an Stelle des streitigen Anspruches die „bedingte Prozeßobligation" trete[485]). Die „bedingte" Prozeßobligation" im Sinne WLASSAKS[486]) ist das „condemnari oportere". Es bedeutet das Duldensollen oder Duldenmüssen des klägerischen Kondemnationsbetriebes[487]). Daß dieses Rechtsverhältnis ein materiellrechtliches ist, ist oben[488]) ausführlich dargetan. Die von WLASSAK der Litiskontestation zugeschriebene Vertragseigenschaft bezieht sich also auf die materielle Folge der Litiskontestation[489]), und es kann deshalb, selbst wenn die Litiskontestation wirklich ein Kontrakt wäre, der „Kontrahierungszwang" nicht das Wesen der staatsrechtlichen (abstrakten) Defensionspflicht ausmachen.

In Wahrheit ist die Litiskontestation m. E. weder ausschließlich, noch haupt- oder nebensächlich ein auf Begründung des „condemnari oportere" oder eines bedingten „iudicatum facere oportere" gerichteter, also materiellrechtlicher Vertrag[490]). Sie ist aber auch kein „Prozeß-

---

482c) Ebenso BEKKER, ZRG. XXVII 16; HÖLDER, ebd. XXXI 382/3; SCHLOSSMANN, 136; anders im Ergebnis JHERING, Geist I, 172; LENEL, ZRG. XXIV 342/3; vgl. aber oben Anm. 461a.

483) So denn auch anscheinend SCHOTT I, 58; vgl. noch unten zu Anm. 520. Vgl. auch oben in Anm. 461a.

484) Anm. 189f, zu Anm. 201b, c.

485) Litiskontestation, 57.

486) Vgl. oben Anm. 189f., 210.

487) Vgl. oben zu Anm. 338–344.

488) Vgl. oben hinter Anm. 209, 240.

489) Vgl. schon oben hinter Anm. 189f, zu Anm. 201c.

490) Für WLASSAKS Vertragstheorie sind eingetreten vor allem KOSCHAKER, 4; LENEL, ZRG. XV 374ff.; XXIV 329ff.; ROSENBERG, Stellvertr. 363/4; R. SOHM, Litis contestatio, 2; WENGER, actio iudicati, 123ff.; Art. Editio, 1963; anscheinend auch O. FISCHER, Lehrb. § 2 Anm. 17. SCHOTT I, 57ff.; II, 75, und

begründungsvertrag" (= Schiedsvertrag)[491]). Sie ist vielmehr die Schlußverhandlung in iure[491a]), bestehend aus dem — endgültigen[492]) (= litem

---

SCHUTZ, 59, 60, halten die Litiskontestation zwar für einen Vertrag, aber (SCHOTT, II 57) nur für einen reinen Prozeßbegründungsvertrag; vgl. darüber nächste Anm. Gegen WLASSAK insbesondere BEKKER, ZRG. XXIV 344ff.; XXVII 12ff.; HELLWIG, Lehrb. II, § 64 zu Anm. 19; HÖLDER, ZRG. XXIV 197ff.; XXXI 371ff.; SCHLOSSMANN, Litis contestatio; SECKEL-HEUMANN, Art. Contestatio; SECKEL, Haftung, 6 Anm. 4; TRAMPEDACH, ZRG. XVIII 114ff.; LOTMAR, SchwZtschrStrafr. XXXI 249ff. Für ein non liquet BUSZ, 63. Daß die „mit Unrecht berühmte" (SECKEL, Haftung, 6 Anm. 4) l. 3 § 11 D. 15, 1 („iudicio contrahi") nichts beweist, haben — wenn auch aus verschiedenen Gründen — bereits PERNICE, ZRG. V 55; SCHLOSSMANN, 143; SECKEL, Haftung, 6 Anm. 4; WINDSCHEID-KIPP, I § 124 Anm. 1; aber auch SCHOTT II, 60; SCHUTZ, 57 (im Widerspruch dazu SCHUTZ, 59), hervorgehoben. Auch waren die Römer sich vollauf bewußt, daß die Zurückführung der materiellen Folge der Litiskontestation, d. i. der Auflösung des zivilen dare oportere in das condemnari oportere (vgl. oben von Anm. 270 ab), auf eine Novation nur als „Denkfigur" (PERNICE, ZRG. V 49) aufzufassen sei; denn: „aliam causam esse novationis voluntariae, aliam iudicii accepti multa exempla ostendunt" (l. 29 D. 46, 2). Und die QUASI-Kontrakt-Lehre der Glossatoren (vgl. darüber WLASSAK, Litiskontestation, 63; R. SOHM, Litis contestatio, 195ff.) scheint mir deshalb ganz gerechtfertigt. Jene materielle Folge ist materiellrechtliche Tatbestandswirkung eines Prozeßaktes (so im Ergebnis schon SCHLOSSMANN, 130, 185).

[491]) So SCHOTT und SCHUTZ, a. a. O. (vgl. vor. Anm.). SCHOTT II, 57ff., hat WLASSAKS Vertragstheorie so gründlich widerlegt (vgl. u. a. das oben zu Anm. 201b, c Ausgeführte), daß man HÖLDER (ZRG. XXXI 381) nicht Unrecht geben kann, wenn er es „wunderbar" findet, daß SCHOTT trotzdem bei WLASSAKS Ergebnis landet. Was SCHOTT dazu bestimmt, ist die unbestreitbare Tatsache, daß es zur Übernahme des iudicium der Zustimmung des Beklagten bedarf (SCHOTT I, 76, der insbesondere auf l. 9 § 3 D. 4, 3 verweist, die SCHLOSSMANN, 146ff., freilich zu entkräften sucht; vgl. auch die von WLASSAK, Litiskont. 34, zitierte Stelle CICEROS, pro Quinctio, c. 26 §§ 82, 83). Indessen dieses Erfordernis nötigt nicht zur Vertragstheorie; vgl. unten hinter Anm. 522. Da SCHOTT (I, 60/1; II, 50/1), im Gegensatz zu WLASSAK (Litiskontestation, 59; Prozeßgesetze II, Vorwort S. IX) annimmt, daß der Abschluß des Litiskontestationsvertrages, dessen Funktion er der modernen Zustellung der Klagschrift gleichachtet, auch außergerichtlich stattfinden konnte, so unterliegt seine Auffassung in noch höherem Grade als die WLASSAKS den Einwendungen HÖLDERS (ZRG. XXXI 382), daß bei Nichtzustandekommen des Vertrages eine neue Formel hätte begehrt, oder daß der Vertrag hätte wiederaufgehoben werden können. Außerdem hätte der Kläger, wenn der Beklagte sich nachträglich geweigert hätte, das iudicium zu übernehmen, erst eines neuen Termins bedurft, um gegen den Beklagten missio in bona zu erwirken, und in diesem neuen Termin hätte ihm der Beweis der Weigerung des Beklagten obgelegen. Ja, ein solcher neuer Termin wäre sogar immer nötig gewesen, um den Erlaß des Judikationsbefehls, der nach WLASSAK (Judikationsbefehl, 14ff., 245) der Litiskontestation nachfolgte, zu erwirken.

[491a]) Nach C. L. GOLDSCHMIDT, Litiskontestation, 14 Anm. 1, und SCHLOSSMANN, 83ff., 122/3, 188ff., ist sie die Eröffnungsverhandlung in iudicio (Vor- und Nachsprechen der in iure verkündeten Formel). Gegen diese Ansicht sprechen u. a. die am Ende der vorigen Anm. gegen die Vertragstheorie geltend gemachten Einwendungen; vgl. auch KRÜGER, ZRG. XXVI 548.

[492]) Vgl. dazu WENGER, Art. Editio, 1963. Über Art und Umfang der dem Kläger obliegenden Edition herrscht Streit; vgl. einerseits SCHOTT I, 32ff.; II, 28ff.; andererseits BEKKER, ZRG. XXIV 354ff.; KLINGMÜLLER, KritVSch. XLVI 261ff.; LENEL, Ed., 60 Anm. 3; ZRG. XV 385ff.; MEWALDT, 15ff.; SCHUTZ, 7; WENGER, a. a. O., 1960ff. Zu den zweifelhaften Punkten — maßgebend wären hier insbesondere die Rechtsfolgen mangelhafter Edition — gehört auch, ob

contestari) — edere actionem des Klägers und dem (defendere) accipere iudicium des Beklagten[493]. Inhalt und Zweck dieses Prozeßaktes ist der Eintritt in den ein Judikat, d. i. ein rechtskraftfähiges Sachurteil ermöglichenden Prozeßabschnitt[494]. Die Mitwirkung des Beklagten zu diesem Prozeßakt, das accipere iudicium, ist der schließliche Inhalt der Defensionspflicht des Beklagten[495]. M. a. W. das Wesen der Defensionspflicht im römischen Ordinarverfahren ist die Verpflichtung des Beklagten in den ein rechtskraftfähiges Sachurteil ermöglichenden Prozeßabschnitt einzutreten (natürlich immer vorausgesetzt, „si contendendum putat", l. 1. pr. D. 2, 13).

Wie sehr die WLASSAKsche Vertragstheorie den Blick für das, was wirklich ist, trübt, zeigt die Schrift R. SOHMS über „die litis contestatio in ihrer Entwicklung vom frühen Mittelalter bis zur Gegenwart"

---

die Edition eine durch die in ius vocatio übernommene Pflicht (ähnlich, wie HELLWIG, Syst. I § 139 zu Anm. 21, eine Antwortpflicht der verhandelnden Partei annimmt), oder ob sie eine bloße Last des Klägers war. Beides wird in der Literatur nicht genügend auseinander gehalten. Das Editionserfordernis bei der Litiskontestation bestreitet nur SCHLOSSMANN, 19ff.; vgl. aber l. 15 D. 26, 8.

[493]) Unwesentlich scheint es mir, ob die Parteierklärungen der magistratischen Formelerteilung voraufgingen (KELLER-HÖLDERSCHE Ansicht) oder nachfolgten (WLASSAKsche Ansicht). Die Stellen, die nach WLASSAK (Litiskont., 31/2; Anklage, [Abwehr] 18) beweisen sollen, daß die Litiskontestation des Klägers und die Annahme der Formel durch den Beklagten der magistratischen datio iudicii nachgefolgt seien (vgl. insbesondere l. 28 § 4 D. 5, 1; l. 16 D. 1, 18; CICERO, Verrinen, III 22, 25) haben m. E. keine unbedingte Überzeugungskraft. Da übrigens WLASSAK, Judikationsbefehl, 14ff., 245, lehrt, daß der nach ihm von der Formel getrennt zu denkende Judikationsbefehl erst nach der Litiskontestation erlassen wurde, so bildet auch nach WLASSAK ein magistratisches Dekret den Abschluß des Verfahrens in iure, womit ein gewisser Anschluß an die gegnerische Lehre hergestellt ist. Ob die Übergabe eines Exemplars der actio seitens des Klägers an den Beklagten zur Abschrift- oder Empfangnahme oder das Diktat der actio (l. 1 § 1 D. 2, 13; vgl. auch l. 3 § 1 D. 4, 4) am Schlusse der Verhandlung erfolgte, oder ob sie sich unmittelbar dem Editionsvortrag des Klägers anschloß, während die Parteien nachher nur nötigenfalls Berichtigungen oder Ergänzungen in ihrem Exemplar eintrugen, scheint mir gleichfalls unwesentlich und wird sich schwerlich mit Sicherheit ermitteln lassen. Ebensowenig scheint mir WLASSAK (Art. Centumviri, 1936 Z. 50—55; ZRG. XXV 139; XXXIII 95 Anm. 1; Judikationsbefehl, 15 und passim) bewiesen zu haben, daß in der Formel nicht der Magistrat, sondern die Parteien sprechen; vgl. auch LENEL, Ed., 110 Anm. 6, gegen welchen freilich PARTSCH, ZRG. XXXI 408. Dagegen kann WLASSAK zugegeben werden, daß das dare iudicium des Magistrats und das accipere iudicium des Beklagten nicht einander komplementär sind (Litiskontest. 29), daß sich vielmehr litem contestari des Klägers (ein Fall des edere) und accipere iudicium des Beklagten entsprechen, und daß die Litiskontestation eine Verhandlung unter den Parteien war (a. a. O. 33, 34; l. 42 pr. D. 12, 1; l. 1 D. 44, 6; CICERO, pro Quinctio, c. 20 §§ 63/4). Und vollends begreiflich ist der Zweifel (l. 15 D. 26, 8; WLASSAK, a. a. O., 64), ob ein und derselbe tutor für zwei Mündel, die sich als Parteien gegenüberstehen, gleichzeitig edieren und akzipieren könne. Endlich ist WLASSAK (a. a. O. 69ff.) auch in Ansehung der bekannten, auf die Litiskontestation bezüglichen Festusstelle (BRUNS, Fontes, Scriptores, 6) darin beizustimmen (a. a. O. 78, 80), daß sie nur die Etymologie des Wortes erklärt, die auf eine die Litiskontestation begleitende Solennität zurückführt.

[494]) Vgl. oben § 6 II.

[495]) Vgl. oben zu Anm. 335, hinter Anm. 206a, 467.

(1914).[496]) SOHM geht mit WLASSAK davon aus, daß die Litiskontestation des römischen Ordinarverfahrens ein Schiedsvertrag gewesen sei. Da nun spätestens im justinianischen Recht (c. 1 Cod. 3, 9; c. 14 § 4 Cod. 3, 1; c. 2 pr. Cod. 2, 58) die Litiskontestation unzweifelhaft die streitige Verhandlung beider Parteien zur Sache, insbesondere die Einlassung des Beklagten bedeutet, so behauptet SOHM, daß dieser Akt den Namen „Litiskontestation" nur beigelegt erhalten habe, weil man „die aus der litis contestatio entspringenden Vorteile dem Verfahren ohne echte litis contestatio nicht vorenthalten" wollte (S. 4). Man habe also mit dem Zeitpunkt der Einlassung des Beklagten die Litiskontestation als geschehen „fingiert". Gestützt wird die Annahme einer solchen „Fiktion" auf die Ausdrucksweise in c. 1 Cod. 3, 9: „lis enim tunc videtur contestata, cum iudex per narrationem negotii causam audire coeperit" und in der sich auf den Reskriptsprozeß beziehenden, aus c. 10 Cod. Theod. 1, 2 übernommenen c. 1 Cod. 1, 20: „dubium non est contestationem intellegi etiam, si nostrae fuerint tranquillitati preces oblatae". Von diesem Standpunkt aus durchprüft SOHM die Geschichte der litis contestatio vom frühen Mittelalter bis zur Gegenwart. Er muß dann die Entdeckung machen, daß nicht einmal die Interpretatio zum Breviarium Alarici 7 (8) (c. 10 Cod. Theod. 1, 2) und die sog. Summa Perusina von dem angeblichen Fiktionsgedanken etwas wissen, und er findet im weiteren Verlauf überhaupt nur noch „Versteinerungen der nachklassischen litis contestatio"; so nennt er nämlich (S. 65) „Fälle, in denen das Wort litem contestari oder litis contestatio einen ehemals mit der Fiktion der litis contestatio verbunden gewesenen äußeren Vorgang als solchen bezeichnet". Er wirft der mittelalterlichen und neuzeitlichen Doktrin, welche — gleich Justinian — unter Litiskontestation die streitige Verhandlung beider Parteien zur Sache, insbesondere die Einlassung des Beklagten verstand, vor, daß sie damit den „äußeren Vorgang, der nach justinianischem Rechte nur den Zeitpunkt der fingierten litis contestatio bestimmen sollte, als die litis contestatio selbst" aufgefaßt (S. 184) hätte und zu dieser unrichtigen Auffassung durch das Mißverständnis des Wortes „litis contestatio" = Erklärung der Streitabsicht gelangt sei (S. 185ff.).

Der Gedanke, daß die Litiskontestation des späteren römischen Rechts nur eine Fiktion sei, ist nicht neu. Er ist schon von KELLER[497]) ausgesprochen worden, freilich nicht erst bezüglich der nachklassischen Litiskontestation, sondern schon in bezug auf die Litiskontestation des Formularprozesses, als welche KELLER bekanntlich den „ideellen Endpunkt" des Verfahrens in iure ansah. KELLER hält auf Grund der Stelle bei FESTUS[498]) den nach seiner Ansicht schon im Formularprozeß untergegangenen Zeugenaufruf für die einzige reale Litiskontestation.

---

[496]) Vgl. schon oben Anm. 406b, 430. Vgl. auch WLASSAK, Anklage (Abwehr), 51 ff.

[497]) Litiskontestation, §§ 1ff.; KELLER-WACH, § 59. Vgl. dazu besonders WIEDING, 56ff.

[498]) BRUNS, Fontes, Scriptores, 6; vgl. schon oben Anm. 493 a. E.

Nachdem nun WLASSAK die „Realität" der Litiskontestation auch für den Formularprozeß nachgewiesen zu haben glaubt und die Bedeutung des Zeugenaufrufs, der übrigens nach seiner Überzeugung auch noch im Formularprozeß fortbestand[499]), auf eine die Litiskontestation begleitende Solennität zurückgeführt hat[500]), ist es nur folgerichtig, wenn sein Anhänger SOHM nunmehr den KELLERschen Fiktionsgedanken, in einer der WLASSAKschen Theorie angepaßten Weise, auf die nachklassische Litiskontestation überträgt[501]). Aber wir dürfen m. E. getrost den letzten Schritt tun: Abgesehen vielleicht von dem eine Sonderstellung einnehmenden Reskriptsprozeß[502]), ist auch die nachklassische Litiskontestation keine Fiktion[502a]); sondern die streitige Verhandlung der Parteien zur Sache, die — spätestens im justinianischen Recht[503]) — die Litiskontestation ausmacht, ist wesentlich derselbe Akt, der im Formularprozeß als Litiskontestation gilt: die Kundgebung der Bereitwilligkeit, in den ein rechtskraftfähiges Sachurteil ermöglichenden Prozeßabschnitt einzutreten. Der hauptsächliche Unterschied dieser Kundgebung im römischen Ordinarverfahren und in der späteren Zeit ist, daß sie dort eine ausdrückliche, später — auch im kanonischen Prozeß, wo eine förmliche Erklärung der Streitabsicht verlangt wird[504]) — eine konkludente ist. Dieser Unterschied beruht nicht allein auf der dort vorhandenen, später fortgefallenen Zäsur des Verfahrens in iure und in iudicio und dem damit zusammenhängenden Erfordernis des magistratischen Zwischenbescheides, sondern auch darauf, daß — wie oben in §§ 3—6 ausführlich dargelegt — schon in iure zur Sache und noch in iudicio über Voraussetzungen prozessualen Inhalts verhandelt werden konnte, und daß überhaupt den Römern von Haus aus eine Gliederung des Verhandlungsstoffes in prozessualen und materiellen fremd war[505]). Denn daraus ergab sich

---

[499]) Litiskontestation, 69ff.

[500]) Vgl. oben Anm. 493 a. E.

[501]) Vgl. schon KELLER-WACH, § 81 zu Anm. 970; WIEDING, 150ff.; ferner WLASSAK selbst, Anklage, 231.

[502]) Vgl. c. 10 Cod. Theod. 1,2; c. 1 Cod. Just. 1, 20.

[502a]) Das „videtur" in c. 1 Cod. 3, 9, auf das R. SOHM, 5, 173, wie schon vor ihm KELLER, so großes Gewicht legt, ist schwerlich beweisend.

[503]) Mag auch die von SEVERUS und ANTONINUS herrührende c. 1 Cod. 3,9 noch Zweifel übrig lassen, eindeutig sind die von JUSTINIAN herrührenden c. 14 § 4 Cod. 3, 1 und c. 2 pr. Cod. 2, 58 (gegen die Auslegung dieser Stellen durch WIEDING, 155ff., vgl. WETZELL, § 14 Anm. 29; KELLER-WACH, § 81 Anm. 970); vgl. denn auch schon ALBRECHT, 134. Wenn auch kaum im vorjustinianischen nachklassischen Prozeß die Litiskontestation mit der Einreichung bzw. Zustellung der Klagschrift zusammenfällt, was R. SOHM, Litis contestato, 22ff., 89ff., aus der Interpretatio zum Breviarium Alarici und der sog. Summa Perusina ableiten zu können glaubt — vgl. dagegen Pap. Ox. I 67, XVI 1881 —, so ist doch anzunehmen, daß erst JUSTINIAN die Bedeutung der Litiskontestation im Extraordinarverfahren wieder hergestellt hat; vgl. WETZELL, 121; HELLWIG, Syst. I, § 197 I 1; STEINWENTER, 143ff.; auch unten zu Anm. 546.

[504]) BRIEGLEB, Summar. Proz., 35ff.; R. SOHM, Litis contestatio, 192/3.

[505]) Vgl. oben hinter Anm. 376.

die schon oben[506]) festgestellte Möglichkeit einer Inadäquanz von Inhalt und Wirkung des Verhandlungsstoffes in iudicio und daher auch des weiteren die Unmöglichkeit, aus dem bloßen (sachlichen) Inhalt der Parteiverhandlungen den erforderlichen Wirkungswillen (es zu einem Judikat kommen zu lassen) zu entnehmen.

Im übrigen aber hat BRIEGLEB[507]) ganz richtig gesehen, wenn er ausführt: „Litiskontestation ist hier (sc. in der Clem. Saepe), wie überall in den Quellen aller Zeiten, nichts anderes als Eintritt der Parteien in das Rechtsstreit-Verhältnis, „Einlassung auf den Streit", „Kriegsbefestigung", also dasjenige Moment, in welchem sich der Wille der Parteien zu erkennen gibt, die auf Kondemnation des Beklagten gerichtete Intention des Klägers oder die Rechtmäßigkeit des erhobenen Klaganspruchs der richterlichen Entscheidung zu unterwerfen". Wie ist es nur möglich, einer vorgefaßten Schulmeinung zuliebe lauter „Versteinerungen" da sehen zu wollen, wo in Wahrheit die verständnisvollste Fortentwicklung eines Rechtsinstituts durch fast zwei Jahrtausende vorliegt, wo sogar die Deutung „litis contestatio" als „Erklärung der Streitabsicht" der ursprünglichen, in der Festusstelle[508]) überlieferten Bedeutung von „litis contestatio" so nahe kommt, als es der Fortfall des Zeugenaufrufs für die — mehr oder weniger förmliche — Streiterklärung zuließ[509]).

Bleibt die Frage, wie wir uns zu erklären haben, daß es zur Eröffnung des iudicium der Einwilligung des Beklagten bedurfte. SCHLOSSMANN[510]) hat das Einwilligungserfordernis darauf zurückgeführt, daß, wo der Beklagte sich nicht einließ, kein Streit, das Urteil aber eben Streitentscheidung gewesen sei. Indessen SCHLOSSMANN nimmt das Symptom für die Sache. Dies zeigt gerade die Einlassung des Beklagten im römischen Formularprozeß, das accipere iudicium, die, im Gegensatz zur Einlassung späterer Zeiten, eine ausdrückliche, nicht nur eine im streitigen Verhandeln zur Sache liegende konkludente ist[511]). Denn das Wesentliche der Einlassung bei bestehender Einlassungspflicht

---

506) Hinter Anm. 387.

507) Summar. Proz., 35.

508) Vgl. oben Anm. 493 a. E., 498.

509) Denn das Mittelalter und auch die Neuzeit bis zum Untergang der litis contestatio behandeln dieses Institut doch als lebendiges Recht. Sie durften nicht nur, sondern sie mußten sogar es in einer den veränderten äußeren Verhältnissen entsprechenden Weise gestalten, wenn nur der Geist der richtige blieb. Das Wort „contestari" hatte, wie SOHM selbst berichtet (39 Anm. 5, 60 bei Anm. 6ff., 62 bei Anm. 18, 186 bei Anm. 4), in den westgotischen, burgundischen, fränkischen und kanonischen Quellen die Bedeutung von „feierlich erklären" angenommen, übrigens diese Bedeutung auch schon im Altertum gehabt (SOHM, 186 Anm. 4). Diese Bedeutung war doch keine qualitativ andere als die der Festusstelle, sondern nur eine übertragene. SOHM weist auch selbst darauf hin (188 Anm. 19), daß „das mit contestari in seiner Grundbedeutung nah verwandte deutsche Wort „zeugen" von LUTHER gelegentlich im Sinne von „feierlich erklären" gebraucht wird."

510) Litis contestatio, 142.

511) Vgl. oben hinter Anm. 503. Die Defensionspflicht wird denn auch im Formularprozeß durch bloßes Bestreiten (infitiari) so wenig erfüllt, wie sie durch bloßes „non respondere" verletzt wird; vgl. DEMELIUS, 137; oben Anm. 467b.

ist nicht das Streiten, sondern die Unterwerfung unter die Entscheidung zur Sache[511a]). Die Defensions- oder Einlassungspflicht ist doch nicht, wie schon FRANZ KLEIN[512]) gegenüber PLÓSZ[513]) und WACH[514]) ausgeführt hat, eine „Bestreitungspflicht“ — welche Annahme zu den widersinnigsten Folgerungen führen würde —, sondern die Pflicht, in den ein rechtskraftfähiges Sachurteil ermöglichenden Prozeßabschnitt einzutreten, „si contendendum putat“ (l. 1 pr. D. 2, 13)[516]). Überdies ist der Rechtsstreit — wie das moderne deutsche Prozeßrecht zur Genüge zeigt — nicht einmal begriffsnotwendig ein Meinungsstreit[517]), das Urteil die Entscheidung eines solchen, sondern der Rechtsstreit ist — gleich dem Krieg — ein Zwiespalt zweier Willenssphären, das Urteil dessen Ausgleich[518]). Nur dieses ließe sich allenfalls aus der von SCHLOSSMANN[519]) für seine Ansicht angerufenen l. 62 D. 5, 1 entnehmen.

Auf der anderen Seite möchte ich auch nicht mit SCHOTT[520]) das Erfordernis der Einwilligung des Beklagten in die Übernahme des iudicium als „Rudiment“ des Schiedsgerichts auffassen, m. a. W. als einen verkümmerten Ansatz dazu, der aus der unterstellten[521]) vorgeschichtlichen Schiedsvertragszeit des römischen Prozesses stammt. Denn einmal entbehrt für den, der sich der WLASSAKschen Vertragstheorie bezüglich der Litiskontestation nicht anzuschließen vermag, die Hypothese einer vorgeschichtlichen Schiedsvertragszeit des römischen Prozesses immerhin der genügenden Stütze. Sodann aber läuft die Ansicht, das Einwilligungserfordernis sei ein „Rudiment“ des Schiedsgerichts, schließlich doch wieder auf die Vertragstheorie in irgendeiner Form hinaus[522]). Ich möchte das Einwilligungserfordernis anders erklären[523]). Auf dem Gebiete des öffentlichen Rechts — des imperium — steht der römische Staat den einzelnen schrankenlos gegenüber. Dagegen ist die Privatrechtssphäre des einzelnen an sich „staatsfrei“. Hier herrscht denn auch im Anfang das unumschränkte Selbsthilferecht. Als der Staat sich gemüßigt fühlt, schon zur Erhaltung seiner Wehrhaftigkeit nach außen, der Selbsthilfe zu steuern, bleibt er sich bewußt, damit einen Eingriff in „wohlerworbene“ Rechte zu begehen. Die Unterwerfung des Staatsbürgers im Einzelfall unter die Entscheidung des staatlichen

---

[511a]) Vgl. noch unten zu Anm. 538. Aus dem dort Festgestellten ergibt sich weiter, daß auch BRINZ (Einlassungszwang, 164) nicht den springenden Punkt trifft, wenn er die Einlassungspflicht als eine Pflicht zur „Stellungnahme“ auffaßt. Richtig erfaßt ist das Wesen der Einlassungspflicht bei LABAND, III 374; vgl. unten zu Anm. 567a.

[512]) Schuldhafte Parteihandlung, 43ff.

[513]) Beiträge, 125ff., 146, 150.

[514]) Bei GRÜNHUT, VI 528/9; ZivArch. LXII 393.

[516]) Vgl. schon oben hinter Anm. 495.

[517]) So WACH selbst, Hdb. I 18, 48.

[518]) Vgl. schon F. KLEIN, Parteihandlung, 46.

[519]) Litis contestatio, 142.

[520]) I, 58; vgl. schon oben Anm. 482d.

[521]) Vgl. oben Anm. 482b.

[522]) Vgl. oben Anm. 490, 491.

[523]) Ich folge dabei einer Anregung SECKELS, die sich aber ganz mit meiner eigenen Gedankenrichtung begegnet. Vgl. übrigens auch LANGHEINEKEN, 71 Anm. 1.

Gerichts erscheint nicht, wie im modernen Staat, als selbstverständliche Folge eines ein für allemal gegebenen Unterwerfungszustandes unter die Staatsgewalt, sondern sie wird für jeden Einzelfall immer wieder neu erfordert auf Grund der staatsbürgerlichen Defensionspflicht[524]). Und die Erfüllung dieser Pflicht wird nötigenfalls durch das imperium erzwungen: „in possessionem mittere imperii magis est quam iurisdictionis" (l. 4 D, 2, 1). Eine Bestätigung findet diese Vorstellung durch die sicher beglaubigte Entwicklungsgeschichte des englischen Geschworenengerichts[525]). An die Stelle der Streitentscheidung durch Zweikampf tritt hier die durch Spruch der iurata patriae. Der Beschuldigte wird — bei Vermeidung der peine forte et dure — verpflichtet, sich durch Unterwerfung unter den Spruch der iurata (se ponere super patriam) zu defendieren. Noch heute gilt das Bestreiten der Schuld (plea not guilty) als Unterwerfung unter den Spruch der Jury. Ich habe s. Zt.[526]) ausgeführt, daß in der Entwickelung der polizeistaatlichen Verwaltungsstrafgewalt zum rechtsstaatlichen Verwaltungsstrafrecht die Stellung des einzelnen folgende Etappen durchlaufen müsse: Rechtlosigkeit[526a]), Rechtsobjekt, Pflichtsubjekt. In gerader Umkehrung weist die Entwickelung der staatlichen Justizhoheit in der Stellung des einzelnen folgende Etappen auf: Freiheit, Pflichtsubjekt, Rechtsobjekt[526b]).

Danach ist das accipere iudicium des Beklagten nicht die — einem Kontrahierungszwang nachgebende — Annahme eines Vertragsangebots des Klägers, sondern die pflichtgemäße Unterwerfung unter die staatliche Justizhoheit. Man könnte meinen, daß die zu solcher Unterwerfung verbindende Defensionspflicht, wenn sie auch dem Staatsverhältnis und keinem „Prozeßverhältnis" entspringe, doch zur Begründung eines „Prozeßverhältnisses", eben zur Unterwerfung unter die Entscheidungsgewalt des Gerichts[527]), führe. Indessen wäre diese Meinung nicht richtig. Unterstellt man in der Prozeßentwickelung eine Schiedsvertragszeit, d. i. eine Zeit, in der der Verband den Abschluß eines Schiedsvertrages unter den Parteien erst vermittelte und dann erzwang, so würde selbst der erzwungene Schiedsvertrag unzweifelhaft ein neues Rechtsverhältnis („Prozeßverhältnis") sowohl unter den Parteien, als auch zwischen den Parteien und dem Schiedsrichter begründet haben[528]). Aber die Erfüllung der aus dem Staatsverhältnis fließenden Pflicht zur Unterwerfung unter die staatliche Justizhoheit begründet so wenig ein neues Rechtsverhältnis zwischen Unterwerfungsverpflich-

---

524) Vgl. oben zu Anm. 473.

525) Vgl. die Übersicht bei Binding, Grdr. § 7.

526) MIKV. XII 232.

526a) Der einzelne ist der Willkür des Staats anheimgestellt (vgl. dazu Stammler, Richtiges Recht, 208).

526b) Natürlich ist im Rechtsstaat der einzelne nie reines „Rechtsobjekt"; vgl. oben Anm. 340, unten Anm. 1274. Dies gegen Schoetensack, Rechtsgang III 26.

527) Vgl. oben Anm. 482.

528) Vgl. oben zu Anm. 481; andererseits schon zu Anm. 189e.

tetem und Staat, wie es die Ausübung der staatlichen Justizgewalt gegenüber dem Unterworfenen im modernen Prozeß tut. Ob die staatliche Gerichtsbarkeit als Anspruch oder Gewaltrecht, die Unterwerfung unter sie als Sollen oder Müssen[528a]) erscheint, macht in dieser Beziehung keinen Unterschied. Es gilt hier dasselbe wie im Strafrecht. Ob man mit der dort herrschenden Theorie das staatliche ius puniendi als „Strafanspruch", ob man es, wie ich für allein richtig halte, als Gewaltrecht auffaßt[529]), ob man gar mit der Begründung zum Vorentwurf von 1909 (S. 9, 14, 16) von einem „Strafanspruch der inländischen Gerichtsgewalt"(!) spricht, — immer bleibt die Duldung der Strafe Inhalt des nämlichen staatlichen Strafrechts.

Es ist oben[530]) ausgeführt worden, daß die Befugnis des Klägers zum Kondemnationsbetrieb — die actio — ein bloßes Gestaltungsrecht ist, so daß in bezug auf sie von einem Duldensollen oder Duldenmüssen des Beklagten an sich keine Rede sein kann. Ebensowenig ist die Befugnis der staatlichen Justiz zur Fällung einer Sachentscheidung schon ein eigentliches Herrschaftsrecht. Wenn man trotzdem bei Definition der Einlassungspflicht von einer ,Unterwerfung" unter die „Sachentscheidung" sprechen kann („Unterworfen hätt' ich mich dem Richterspruch" usw. heißt es in Maria Stuart I 7), so ist das ebenso cum grano salis zu nehmen, wie bezüglich des „condemnari oportere". Wer von einer „Unterwerfung" unter die „Sachentscheidung" spricht, denkt an deren Zweck und Wirkungen. Im Hinblick auf diese kann man schon von einem „Duldenmüssen" der „Sachentscheidung" sprechen, wie man auch von einer „Entscheidungsgewalt" des Gerichts spricht[530a]). Dabei ist die Einlassungspflicht selbst keine bloße Duldungs-, sondern eine Handlungs- (Leistungs-) Pflicht[530b]), dahingehend, die Bereitschaft zu einem Duldenmüssen zu erklären.

II. Das Wesen der Defensions- oder Einlassungspflicht, wie sie uns aus dem klassischen römischen Geschworenenprozeß überkommen ist, hat sich, wie schon oben[531]) festgestellt, Zeit ihres Bestehens, also bis zum JRA. v. 1654 nicht geändert. Sie blieb die staatsbürgerliche Pflicht des Beklagten, sich einer Entscheidung zur Sache zu unterwerfen. Nur wird fortan die Unterwerfung nicht mehr ausdrücklich, sondern konkludent, durch streitiges Verhandeln zur Sache, kundgegeben[532]). Dabei hat es nicht an Sonderbildungen gefehlt. So bedarf es nach dem solemnis ordo iudiciorum des kanonischen Prozesses einer förmlichen Erklärung der Streitabsicht[533]); nach dem RA. v. 1570 § 89, v. 1594, § 63 kann der

---

528a) Vgl. dazu oben Anm. 340, 526b, unten Anm. 1274.

529) Vgl. mein Materielles Justizrecht, § 3. Zustimmend BAUMGARTEN, 20, 25 Anm. 14.

530) Vgl. oben hinter Anm. 333, 339.

530a) So HELLWIG, in den oben in Anm. 482 zitierten Stellen.

530b) So schon PLÓSZ, 153; WACH, ZivArch. LXIV 212 Anm. 6.

531) Zu Anm. 502a, 507.

532) Vgl. oben zu Anm. 504.

533) BRIEGLEB, Summar. Proz., 35; R. SOHM, Lit. cont., 192/3; vgl. schon oben Anm. 504.

Beklagte „in scriptis" litem kontestieren[534]). Da erst recht der „animus litem contestandi" des Klägers zur Genüge aus der Klagschrift hervorzugehen schien[535]), so verlor sich allmählich in der späteren italienischen und in der deutschen Praxis die Vorstellung, daß die Litiskontestation ein zweiseitiger Akt gewesen war, und die Einlassung des Beklagten galt als die Litiskontestation schlechthin[536]).

Vorübergehend machte sich eine Unsicherheit über das Wesen der Einlassungspflicht bemerkbar. Gestützt auf c. 1 Cod. 3, 9 nahmen die Glossatoren an, daß auch der den Klaganspruch anerkennende Beklagte die Litiskontestation vornehme, erklärten m. a. W. eine „affirmative" Litiskontestation für möglich[537]). Das kanonische Recht (cap. un. X 2, 5), sowie Reichsgesetzgebung, Doktrin und Praxis folgten zunächst, forderten aber ein sich anschließendes kondemnatorisches Urteil. Da man indessen mit diesem Erfordernis wiederum in Widerspruch mit dem Satze: „confessus pro iudicato est" (l. 1 D. 42, 2) geriet, so kehrten die spätere Reichsgesetzgebung, Doktrin und Praxis zur „negativen" Litiskontestation zurück, zumal sich auch aus c. 14 § 4 Cod. 3, 1; c. 2 pr. Cod. 2, 58 eine solche zu ergeben schien. Die Episode bestätigt die Richtigkeit der oben[538]) vertretenen Ansicht, daß bei bestehender Einlassungspflicht nicht das Streiten, sondern die Unterwerfung unter die Sachentscheidung das Wesen der Einlassung ausmacht. Insoweit das Klaganerkenntnis ein Urteil zur Sache erübrigt, ist freilich eine Erfüllung der Einlassungspflicht durch „affirmative" Einlassung ein Unding, der Ausdruck „affirmative Litiskontestation" überdies ein Widerspruch in sich selbst[538a]). Insoweit aber, wie im altgermanischen, gleichwie im modernen deutschen Prozeßrecht, der Kläger ein Anerkenntnisurteil fordern kann und — wenn er das Prozeßziel erreichen will — fordern muß, liegt auch in dem Anerkenntnis eine Unterwerfung unter die Entscheidung zur Sache[538b]).

Die Bedeutung der Einlassungspflicht schwand in dem Maße dahin, als die Unterwerfung unter die staatliche Justizhoheit zur Selbstverständlichkeit wurde. Schon der römische Kognitionsprozeß läßt auf Grund einseitiger Verhandlung und Beweisaufnahme das Sachurteil gegen den von Anfang an säumigen Beklagten zu, sofern nur der Beklagte die prozeßeinleitende Ladung empfangen hat[539]). Freilich gilt dieses einseitige Verfahren und Urteil als „poena contumacis" (l. 53 § 2 D. 42, 1),

---

534) WETZELL, 121, Anm. 35.

535) ALBRECHT, Exzeptionen, 140, 148; R. SCHMIDT, Klagänderung, 69.

536) ALBRECHT, 140/1, 148; R. SCHMIDT, Klagänderung, 71, 118; R. SOHM, Lit. cont., 207, 210ff.

537) ALBRECHT, 136ff.; WETZELL, 121; R. SOHM, Lit. cont., 188.

538) Zu Anm. 511a.

538a) BÜLOW, ZivArch. LXII 23 Anm. 17 a. E.

538b) HEGLER, 276 Anm. 1 a. E. Daß in dem Anerkenntnis trotzdem auch im modernen deutschen Prozeßrecht keine „Einlassung" liegt, beruht darauf, daß es dort keine Einlassungspflicht, sondern nur eine Einlassungs (= Bestreitungs-)last gibt, und daß sich außerdem der Einlassungstatbestand geändert hat; vgl. unten hinter Anm. 599.

539) STEINWENTER, 44ff., 191ff.; WETZELL, 612ff.

d. i. als Strafe für die schuldhafte Verletzung der Folgepflicht gegenüber der magistratischen Ladung. Doch ist diese Verwendung des Gedankens von Ungehorsam und Strafe zur Rechtfertigung des einseitigen Verfahrens, wie STEINWENTER[540]) bemerkt, nicht viel mehr als ein „Vorwand". Immerhin scheint dieser „Vorwand" die praktisch wichtige Handhabe geboten zu haben, auch bei actiones in rem, bei denen ja neben sonstiger Einlassungsfreiheit doch eine „Folgepflicht" bestand[541]), zu einem Kontumazialurteil zu gelangen[542]). Der Standpunkt des Kognitionsprozesses wird von dem im 4. und 5. nachchristlichen Jahrhundert in Übung gewesenen Litisdenunziationsprozeß, sowie dem justinianischen Libellprozeß festgehalten[543]). Nur hat Justinian daneben wieder die Folgepflicht scharf betont. Neben der schon im 5. Jahrhundert obligatorisch gewordenen cautio iudicio sisti (§ 2 Inst. 4, 11; Pap. Ox. XVI 1881/2) werden sogar Vorführung (Realzitation) und Untersuchungshaft (im Zivilprozeß!) zulässig[544]). Auch hat JUSTINIAN durch besondere Regelung des Versäumnisverfahrens nach erfolgter Litiskontestation, des von JUSTINIAN[545]) so genannten Eremodizialverfahrens (c. 13 Cod. 3, 1; es führt stets auf Grund einseitiger Verhandlung und Beweisaufnahme zu einem Sachurteil) die Wichtigkeit der Litiskontestation, d. i. der Einlassung des Beklagten, wieder neu zum Bewußtsein gebracht[546]).

Die Rückschwenkung zum klassischen römischen Geschworenenprozeß, die sich bei JUSTINIAN anbahnt, wird im kanonischen Prozeß vollzogen. „Lite non contestata, sententia proferri non potest" (cap. 2, vgl. auch cap. 1, 5 pr. X 2, 6). „Si lite non contestata reus est contumax, si fieri potest, mittitur actor in possessionem causa custodiae; alias reus excommunicabitur" (c. 3 X 2, 6). Daß diese Wiedereinsetzung der Defensionspflicht mit auf germanischen Einflüssen beruht, dürfte sicher sein[547]). Auch der germanische Rechtsgang läßt gegen den von vornherein säumigen oder die Antwort weigernden Beklagten grundsätzlich kein Sachurteil zu, sondern geht mit Geldbußen und Friedloslegung gegen den Ungehorsamen vor[548]). Das Urteil im Ungehorsams-

---

540) S. 62.

541) Vgl. oben zu Anm. 469b.

542) STEINWENTER, 149ff., 193; vgl. freilich das. 154ff. und HELLWIG, Syst. I, § 197 I 1.

543) STEINWENTER, 110ff., 129ff., 192/3. Die von HELLWIG, Syst. I, § 197 I 1, angeführte Nov. 53 cap. 4 § 1 (missio in possessionem!) betrifft einen Fall, in dem der Beklagte latitierte, die Zustellung der prozeßeinleitenden Ladung also vereitelte. Freilich für ganz sicher halte ich den Nachweis der Zulässigkeit eines Kontumazialurteils gegen den ante litem contestatam säumigen Beklagten im justinianischen Prozeß nicht. Dessen scheint sich auch STEINWENTER, 136ff., 154ff., 170ff., bewußt zu sein.

544) STEINWENTER, 162ff., 193.

545) So wenigstens nach STEINWENTER, 92ff.; vgl. schon oben Anm. 299.

546) HELLWIG, Syst. I, § 197 I 1 a. E.

547) HELLWIG, Syst. I, § 197 I 2.

548) v. BETHMANN HOLLWEG, IV 518ff., V 176ff.; BRUNNER, II 461ff.; G. L. MAURER, §§ 44—47, 77—79, 150—152; PLANCK, Gerichtsverfahren, I 59ff., 350, 372ff.; II 268ff., 314ff., 317ff.; PLANITZ, 7, 40ff., 88ff., 413ff.; R. SCHROEDER, 91, 404 ff.; SIEGEL, 76ff., 135; MAYER-HOMBERG, 258ff.; anders SOHM, Prozeß

verfahren betrifft den Ungehorsam, nicht die Sache[549]). Nur da, wo der Beklagte durch Streitgedinge sein Erscheinen vor Gericht angelobt hatte, konnte gegen ihn, sofern er ausblieb, ein Sachurteil ergehen[550]). Denn in dem Gelöbnis zu erscheinen lag die Unterwerfung unter das Gerichtsurteil, deren Mangel sonst der Fällung eines Sachurteils entgegenstand[551]). Im übrigen hat es zwar im Laufe der Entwickelung nicht an Versuchen gefehlt, im Kontumazialverfahren unmittelbar zu einem Sachurteil und zur Zwangsvollstreckung zu gelangen[552]). Insbesondere gilt wenigstens letzteres bis zu einem gewissen Grade von der aus der Friedloslegung abgespaltenen[552a]), in der Karolingerzeit aufgekommenen missio in bannum, die vor allem aus der Notwendigkeit hervorgegangen war, die eigentliche Acht mehr und mehr auf Verbrecher zu beschränken und damit Zivil- und Strafprozeß voneinander zu trennen[553]). Aber die Unmöglichkeit, im Kontumazialverfahren zu einem Sachurteil zu gelangen, hat im wesentlichen bis zum 13. Jahrhundert unverändert fortbestanden. Und selbst da, wo seit dem 13. Jahrhundert die Entwickelung zum Sachurteil drängt[554]), erscheint die Verurteilung, wie im römischen Kognitionsprozeß[555]), als Ungehorsamsstrafe[556]). Von diesem Standpunkt ist das ganze Mittelalter nicht losgekommen[557]).

Das italienische Statutarrecht stimmt einesteils im wesentlichen mit dem kanonischen Recht überein. Gegen den ante litem contestatam

---

der lex Salica, 155, 157, 160 — dem insoweit v. BETHMANN HOLLWEG, IV 519, folgt —; gegen beide BRUNNER, II 461 Anm. 2, 462 Anm. 4.

549) PLANITZ, 415. 550) BRUNNER, II 461; MAYER-HOMBERG, 274.

551) So ausdrücklich BRUNNER, II 461, der damit die Richtigkeit der oben hinter Anm. 495, 514, 523, 531, 538, dargelegten Auffassung von dem Wesen der Einlassungspflicht bestätigt.

552) So das Ed. Chilperici v. 561 c. 8; vgl. BRUNNER, II 462; R. SCHROEDER, 375.

552a) Die Pfändung um Schuld des Kontumazialverfahrens ist nach PLANITZ, 444, keine Abspaltung der Acht, sondern stammt aus der außergerichtlichen Pfändung. Der Gegensatz tritt noch deutlich in Ssp. Ldr. I 70 §§ 1, 2 zutage. Andererseits ist die Pfändung noch bis ins späte Mittelalter eine Bußpfändung, ja sie dient manchmal zur Erzwingung des Erscheinens vor Gericht; vgl. PLANITZ, 438ff., 440.

553) v. BETHMANN HOLLWEG, V 176ff.; G. L. MAURER, §§ 77, 78, 151; PLANCK, Gerichtsverfahren, II 269; PLANITZ, 88ff. Ob die missio in bannum mit der römischen missio in bona geschichtlich zusammenhängt (was v. BETHMANN HOLLWEG, V 181, gegen v. MEIBOM, 56, bestreitet), bleibe auf sich beruhen. Für einen Zusammenhang R. SCHMIDT, 553 Anm. 1.

554) PLANITZ, 418ff. Daß da, wo, wie z. B. in Ssp. Ldr. II 9 § 1, II 45, III 39 § 3, der ungehorsame Beklagte als „in der Klage (Schuld) gewonnen", d. i. als sachfällig angesehen wurde, immer auch ein Sachurteil erging, ist wohl nicht anzunehmen; vgl. PLANCK, Gerichtsverf., II 268. Später hat sich freilich aus dem Kontumazialverfahren sogar ein echtes Eremodizialverfahren (mit einseitiger Verhandlung und Beweisaufnahme) entwickelt; vgl. PLANITZ, 436ff.

555) Vgl. oben hinter Anm. 539.

556) PLANCK, Gerichtsverfahren, II 269; PLANITZ, 426, 431. PLANITZ, 426, 428, spricht geradezu von einer „strafrechtlichen" „Idee", bzw. „Grundlage". Jedenfalls — und nur darauf kommt es für unsere Zwecke an — ist der Gedanke an die Verletzung der Einlassungs- (Ding- und Antwort-)Pflicht lebendig.

557) PLANITZ, 425.

säumigen oder die Einlassung weigernden Beklagten missio in bona pro modo debiti declarati[558]), zunächst durch primum decretum, nach Jahresfrist endgültig (der Beklagte kann fortan[559]) nur noch klagend auftreten) durch secundum decretum[560]). Daneben kann durch Achterklärung geholfen werden[561]). Indessen findet sich daneben in einer Reihe von Statuten, in Wiederaufnahme der Rechtsgedanken des römischen Kognitionsprozesses, das Eremodicium auch gegen den ante litem contestatam säumigen Beklagten[562]). Zur Rechtfertigung dient mitunter [563]) die auf c. 2 § 1 Cod. 3, 19 gestützte Ausführung, daß die Litiskontestation infolge des Ungehorsams des Beklagten fingiert werde (also wieder der Gedanke, daß das Kontumazialurteil Strafe für die Verletzung der Defensionspflicht sei[564])). Dem folgt das spätere kanonische Recht, zunächst für gewisse kirchlich besonders wichtige Angelegenheiten, sodann allgemein nach der Clementina Saepe v. 1306 (cap. 2 Clem. 5, 11) für den sog. „unbestimmt summarischen Prozeß“[565]) [566]).

Die Reichskammergerichtsordnungen lassen von vornherein im Falle des Ungehorsams des Beklagten vor der „Kriegsbefestigung“ dem Kläger die Wahl zwischen dem Antrag auf Acht und Aberacht oder dem Einsatz ex primo decreto oder der Betreibung des Eremodizialverfahrens. Im letzteren Falle wird bei fortgesetztem Ungehorsam des Beklagten „der Krieg in contumaciam für befestigt angenommen“ (RKGO. v. 1555 III Tit. 43 § 4). Darauf folgt einseitige Verhandlung und Beweisaufnahme[567]). Der JRA. v. 1654 § 36 hat dann „mit hinfüriger Aufhebung der bisherigen gebräuchlichen zweyen Wegen, entweder auff die Pön der Acht, oder Immission ex primo vel secundo Decreto zu procediren“, zugelassen, „gegen den ungehorsamen und nicht

---

558) Stammt aus Nov. 53 cap. 4 § 1.

559) Die Befugnis des kontumazierten Beklagten, gegenüber der missio des Klägers binnen gewisser Frist noch die Defension zu übernehmen, m. a. W. „Einspruch“ („opposition“) einzulegen (Hellwig, Syst. I, § 197 I 1 und Anm. 11; vgl. auch R. Schmidt, 553 Anm. 1), findet sich bereits sowohl im römischen (vgl. oben Anm. 469a), insbesondere im justinianischen (vgl. Hellwig, Syst. I, § 197 I 1), wie im germanischen (vgl. G. L. Maurer, §§ 77, 151; das „untreden“ in Ssp. Ldr. I 70 § 1) Recht.

560) Die missio in possessionem durch zwei Dekrete stammt aus der römischen wegen versäumter cautio damni infecti (vgl. Keller-Wach, § 78d).

561) Wach, Arrestprozeß, 183; Wetzell, 617/8; R. Schmidt, § 10 IIa.

562) Wach, Arrestprozeß, 182—191; R. Schmidt, Klagänderung, 73 Anm. 1; Lehrb., 80 Anm. 3; Weismann, I 404; Wetzell, 618.

563) Vgl. die Nachweise bei Wetzell, § 49 Anm. 59.

564) Vgl. oben hinter Anm. 539, zu Anm. 555—557.

565) Briegleb, Summar. Proz., 27ff.; R. Schmidt, Klagänderung, 73 Anm. 1; Wetzell, 618/9; Weismann, I 404.

566) Weitere Ausdehnung durch die Clementina Dispendiosam v. 1311 (cap. 2 Clem. 2, 1).

567) So schon die RKGO. v. 1495 Tit. 19 § 1, der alle späteren gefolgt sind; vgl. Wetzell, § 49 Anm. 60; Weismann, I 404. Auch der Layenspiegel (zit. nach Straßburg. Druck v. 1532), Teil II Bl. LXXV vo., LXXVI, läßt bei Ungehorsam des Beklagten vor der Kriegsbefestigung dem Kläger die Wahl zwischen dem Einsatz ex primo decreto und dem Eremodizialverfahren.

erscheinenden Antworter in contumaciam in der Haupt-Sach ordentlicher Weiss biss zu End nach Belieben zu verfahren".

III. Der JRA. hat mit den Resten der Defensions- oder Einlassungspflicht aufgeräumt. Die Unterwerfung der Parteien, insonderheit des Beklagten unter die staatliche Justizhoheit ist vollendete Tatsache geworden. Heute gibt es nach LABANDS[567a] treffenden Worten keine „Pflicht, sich der Staatsgewalt zu unterwerfen", sondern nur einen „Rechtszustand des Unterworfenseins unter die Staatsgewalt". Und eben deshalb gibt es im modernen Zivil- (und Straf-)[567b] Prozeß keine Einlassungspflicht mehr; weder als Pflicht gegenüber dem Kläger[568], noch gegenüber dem Staat[569]; weder als Handlungs-[570], noch als Duldungs-[571]Pflicht; weder als Pflicht, den Anspruch des Klägers zu bestreiten[572], noch als Pflicht, sich auf dessen tatsächliche Behauptungen zu erklären[573]; weder als Pflicht, deren Erfüllung durch Fiktion[574], noch als Pflicht, deren Erfüllung durch Erfüllungszwang — Androhung und Verhängung der Versäumnisnachteile[575] oder „Ersatzvornahme"[576] — verwirklicht wird; geschweige denn als Pflicht, deren Verletzung durch Kontumazialstrafe geahndet wird[577]. Andererseits gibt es nicht

---

567a) III 374.

567b) Anders v. KRIES, 6/7, 223; WACH, 711 Anm. 14. Einer strafprozessualen Einlassungspflicht begegnen wir, außer im germanischen Gerichtsverfahren (vgl. oben zu Anm. 548, 553), besonders markant in der Entwickelungsgeschichte des englischen Geschworenengerichts (vgl. oben zu Anm. 525). Die strafprozessuale Litiskontestation in Rom (l. 20 D. 48, 2; l. 15 § 5 D. 48, 16) bezweckte wohl nur die Erstreckung der Vermögensstrafen auf die Erben des bei schwebendem Prozeß Verstorbenen (MOMMSEN, 392/3; dazu § 30 RStGB.); gegen die strafprozessuale Litiskontestation in Rom WLASSAK in seiner Schrift „Anklage und Streitbefestigung" usw. Einer „Einlassung" bedurfte es im römischen Strafprozeß regelmäßig nicht (MOMMSEN, 388ff.). Der ausbleibende Angeklagte konnte in geringeren Strafsachen in contumaciam verurteilt werden; in schwereren wurde sein Erscheinen erzwungen (MOMMSEN, 333ff., 398).

568) So besonders DEGENKOLB, Einlassungszwang, 26ff.; PLÓSZ, 76ff.; weitere Literatur bei LANGHEINEKEN, 72. DEGENKOLB hat seine Ansicht später (Beitr. 61) aufgegeben; vgl. aber unten Anm. 579a.

569) So besonders LANGHEINEKEN, 72; WACH, bei Grünhut VI 557; VII 147; PLANCK, I 282ff.

570) So PLÓSZ, 153; WACH, ZivArch. LXIV 212 Anm. 6; PLANCK, a. a. O.

571) So früher WACH, KritVSchr. XIV 605; bei Grünhut VII 153; bei Gruchot XXIV 711 Anm. 14; (für den Strafprozeß) v. KRIES, 6/7.

572) So PLÓSZ, 125ff., 146; WACH, bei Grünhut VI 528/9; ZivArch. LXII 393. Hiergegen besonders F. KLEIN, Schuldhafte Parteihandlung, 43ff. (vgl. schon oben zu Anm. 512).

573) So besonders DEGENKOLB, Einlassungszwang, 18ff.; PLANCK, I 284ff.; vgl. auch STÖLZEL, Schulung I 47.

574) So besonders DEGENKOLB, Einlassungszwang, 19ff.; PLANCK, I 284, 285 Anm. 13. DEGENKOLB hat diese Ansicht später (Beitr., 62 Anm. 2) aufgegeben.

575) So anscheinend DEGENKOLB, Beitr. 61/2. Freilich bezeichnet DEGENKOLB, a. a. O., überhaupt die Einlassungspflicht als „mindestens zweifelhaft".

576) So besonders WACH, bei Grünhut VI 534, VII 160/1; PLÓSZ, 146ff.; LANGHEINEKEN, 74; auch DEGENKOLB, Beitr. 62 (vgl. allerdings vor. Anm.).

577) So fürsorglich DEGENKOLB, Einlassungszwang, 19; vgl. auch v. CANSTEIN, Z. XVI 78ff., der das Kontumazialrecht für das „Zivilprozeßstrafrecht" erklärt, obgleich er S. 14ff. (ebenso Lehrb. I² 253ff.) gar keine Einlassungspflicht anerkennt.

nur ein „Bestreitungsrecht“[578]) des Beklagten. Vielmehr gibt es (im Herrschaftsbereich des Verhandlungsgrundsatzes[578a])) eine Einlassungslast[579]), d. i. eine Nötigung des Beklagten, bei Vermeidung des Versäumnisnachteils vor Gericht zu erscheinen und streitig zur (Haupt-) Sache zu verhandeln.

Diese Einlassungslast unterscheidet sich dadurch wesentlich von der früheren Einlassungspflicht, daß sie die Unterwerfung des Beklagten unter die Sachentscheidung des Gerichts nicht zum Ziel, sondern zur Voraussetzung hat. Gerade weil der Beklagte zufolge seiner Unterwerfung unter die staatliche Gerichtsbarkeit[579a]) ohne weiteres Sachentscheidung zu gewärtigen hat, ist er zur Einlassung genötigt, „wenn er nicht ihm besonders ungünstige Chancen des Urteilserlasses riskieren will“.[580]). Die Abwendung dieser „besonders ungünstigen Chancen“, d. h. des Versäumnisnachteils, ist heute das Ziel der Einlassung. Die Einlassung ist mithin nur erforderlich im eigenen Interesse des Beklagten und eben deshalb Gegenstand einer bloßen Last, keiner Pflicht[581]), es sei denn einer Pflicht gegen sich selbst[582]). Inhaltsmäßig ist die Einlassung nach wie vor Erscheinen vor Gericht und streitige Verhandlung zur (Haupt-)Sache. Doch ist, was früher bloßes Symptom[583]) der Unterwerfung unter die Sachentscheidung des Gerichts war, jetzt das Wesentliche geworden: die Abwehr des klägerischen Angriffs. Außerdem hat sich der Einlassungstatbestand geändert.

---

[578]) So BÜLOW, ZivArch. LXII 11ff., 27ff., 31, 59ff. Später (Geständnisrecht, 40 Anm. 2) hat BÜLOW den Begriff „Handlungsrechte“ der Parteien ebenso aufgegeben, wie (vgl. oben Anm. 464b) den der „Handlungspflichten“ der Parteien; vgl. weiteres unten hinter Anm. 1442, insbesondere zu Anm. 1454, 1718, in Anm. 1942. In der Sache stimmen mit BÜLOW überein KOHLER, Beitr. 60; SEUFFERT, Nr. 1 zu § 138, und die dort als zustimmend Zitierten.

[578a]) Im zivilprozessualen Herrschaftsbereich des Untersuchungsgrundsatzes gibt es keine Einlassungslast (§§ 617, 618, 640, 641, 670, 679, 684, 686, 975 ZPO), dafür meist — wie im Strafprozeß (§§ 230 [229] II, 236 [235] StPO.) — eine Erscheinungspflicht (§§ 619 III, 640, 641 ZPO.) oder doch einen Erscheinungszwang (§§ 671, 679 ZPO.); über diese vgl. unten hinter Anm. 632.

[579]) So die wohl heute herrschende Ansicht; vgl. insbesondere O. GEIB, 191ff.; HEGLER, 274ff.; HELLWIG, Lehrb. II 33; Syst. I 401/2; F. KLEIN, Parteihandlung, 48; KLEINFELLER, § 62 II 3, § 83; NAGLER, Rechtsgang I 105 Anm. 2; M. RÜMELIN, ZivArch. CIII 14; R. SCHMIDT, 351, 398; STEIN, I 1 zu § 138; TRUTTER, 465ff.; WEISMANN, I 339; vgl. schon oben zu Anm. 426.

[579a]) Nicht zufolge seiner „Gebundenheit“ gegenüber dem Gegner (so immer noch DEGENKOLB, Beitr. 61, 62).

[580]) R. SCHMIDT, 398.

[581]) Über den Begriff der prozessualen Last s. ausführlich unten § 23; vgl. auch schon oben Anm. 426, 468b. Die Behandlung der Prozeßlage so, wie es der nachlässigen Partei am nachteiligsten ist, ist jedenfalls im geltenden deutschen Prozeßrecht keine Strafe (anders unter Umständen HELLWIG, Syst. I, § 155 III 3). Und selbst im Zusammenhang früherer Prozeßrechte erscheint im Zweifel eine entgegenstehende Theorie (poena confessi) als falsch — vgl. selbst WACH, bei Grünhut VII 155/6 —, und eine entgegenstehende gesetzliche Konstruktion (z. B. §§ 14 S. 2, 15 Einl., 44 I 9 preuß. AGO.) als unverbindlicher Gesetzesinhalt.

[582]) Vgl. ZITELMANN, Allg. Teil, 166ff.; GOLDSCHMIDT, Notstand, 15 Anm. 10 a. E.

[583]) Vgl. oben hinter Anm. 510.

Dabei geht die Erscheinungslast, wie die Folgepflicht im römischen Prozeß[584]), wieder ihre eigenen Wege. Sie ist, wie diese[585]), eine unbedingte, besteht mithin (unbeschadet der gerichtlichen Bindung zur Berücksichtigung der von Amts wegen beachtlichen Sachurteilsvoraussetzungen) auch da, wo die Verhandlung zur (Haupt-)Sache wegen einer prozeßhindernden Einrede verweigert werden kann (§ 271 IV)[586]). Im übrigen genügt, soweit nicht der Beklagte wegen Vorbringens einer prozeßhindernden Einrede[587]) berechtigt ist, die Verhandlung zur (Haupt-)Sache zu verweigern, zur Abwendung des Versäumnisnachteils nicht ein Verhandeln über Sachurteilsvoraussetzungen[588]). Ebensowenig genügt aber auch heute — anders als im Mittelalter — zur „Einlassung" ein Bestreiten des Klaganspruchs. Denn der Klaganspruch

---

584) Vgl. oben Anm. 467a.

585) Vgl. oben zu Anm. 469b.

586) Vgl. oben Anm. 417a, zu Anm. 424. Dagegen befreit das Bestehen eines Zeugnisverweigerungsrechts (vgl. oben hinter Anm. 424a) im Zivilprozeß (§ 386 III ZPO.) auch von der Erscheinungspflicht; anders im Strafprozeß; vgl. Löwe-Rosenb., Nr. 4 zu § 51 (50) StPO.

587) Vgl. oben zu Anm. 424.

588) Übereinstimmend R. Schmidt, 559 Anm. 1; Seuffert, Nr. 1 b zu § 333; Wach, Vorträge, 153. Anders Förster-Kann, Nr. 1a zu § 333; Stein, Nr. I zu § 333; Weismann, I 400. Nach der gegnerischen Ansicht läuft der Beklagte, der sich auf die Vorbringung prozessualer, aber nicht zur Verweigerung der Einlassung berechtigender Einwendungen beschränkt, Gefahr, daß bei Verwerfung seiner Einwendungen unter Anwendung des § 138 ZPO. ein kontradiktorisches Sachurteil gegen ihn erlassen wird; vgl. Stein, Nr. III zu § 504. Aber die Grundlage der gegnerischen Ansicht ist eine ungeschichtliche Wortauslegung des § 333. ZPO. § 333 und § 275 ZPO. a. F. stehen in einem geschichtlich begründeten Komplementärverhältnis. Auch § 271 I ZPO. (Festhaltung des Klägers beim Prozeß) ist hierher zu ziehen. Wie wenig auf die Terminologie des Gesetzes: „Verhandlung", „Verhandlung zur Sache", „Verhandlung zur Hauptsache" zu geben ist, ist bekannt; vgl. Wach, 292 Anm. 20; — z. B. auch unten zu Anm. 602. Wäre es anders, so würde das Fehlen der Worte „zur (Haupt-)Sache" in § 333, worauf sich die Gegner stützen könnten, mehr als wettgemacht werden durch die Worte „zur Hauptsache" in § 345. Denn es ist weniger bedenklich, diese Worte in § 333 zu ergänzen, als sie in § 345 (mit Stein, Nr. I zu § 345) so zu verstehen, als bedeuteten sie dort nur den Gegensatz zum Einspruch und zu seiner Zulässigkeit, umfaßten also prozessuale Punkte. Das Versäumnisurteil findet als ein eigentümliches Sachurteil seine Grundlage in einer Prozeßlage, die darin besteht, daß die eine oder andere Partei sich zu Unrecht geweigert hat, zur Schaffung der Sachurteilsgrundlage mitzuwirken. Das hat aber der Beklagte getan, der sich auf prozessuale Einwendungen beschränkt hat, welche ihn nicht berechtigten, die Verhandlung zur (Haupt-)Sache zu verweigern. Wer unbefugt die Verhandlung zur (Haupt-)Sache verweigert, befindet sich in Totalversäumnis, wie ganz entsprechend die Befugnis, die Verhandlung zur (Haupt-)Sache zu verweigern, die Befreiung von den drohenden Nachteilen einer Totalversäumnis in sich schließt. Man wende nicht ein, daß die hier vertretene Ansicht zu der Notwendigkeit führe, in dem Versäumnisurteil Einwendungen des Säumigen würdigen zu müssen. Zu dieser Notwendigkeit führt auch die gegnerische Ansicht, wenn z. B. eine Partei zwar erschienen ist, aber sich auf Stellung eines Vertagungsantrages beschränkt hat (RGEZ. XXIX 340ff.); vgl. Stein, Nr. I zu § 333. In § 328 Nr. 2 ZPO. begreift übrigens „Einlassen" allerdings auch die Verhandlung über Sachurteilsvoraussetzungen, da dort der „Einlassung" schon eine gewissen Erfordernissen genügende prozeßeinleitende Zustellung gleichsteht.

gilt selbst bei totaler Versäumnis des Beklagten als bestritten[589]), in diesem Sinne also, ungeachtet der landläufigen gegenteiligen Ansicht, der in Totalversäumnis befindliche Beklagte noch heute, wie im gemeinen Recht[589a]), als „negativ litem kontestierend". Hätte sich nicht — wie sofort zu zeigen — der Einlassungstatbestand gewandelt, so gäbe es also gar keine Einlassungslast. Daraus folgt, daß trotz §§ 137 I, 297 ZPO., 18 Nr. 1, 19 GKG. alt. Fass. die Verlesung eines Antrages auf Abweisung der Klage, sei es selbst auf Abweisung der Klage als „unbegründet", keine zur Abwendung der Totalversäumnis geeignete Verhandlung zur (Haupt-)Sache ist[589b]). Denn gerade ein Antrag auf Abweisung der Klage als unbegründet gilt als auch vom säumigen Beklagten gestellt. Die Stellung eines Klagabweisungsantrages ist mithin zur Vermeidung der Totalversäumnis weder erforderlich[590]), noch ausreichend[591]). Vielmehr bedarf es einer Erklärung über die vom Kläger zur Begründung des Klaganspruchs behaupteten Tatsachen (§ 138 ZPO.). Die Einlassungslast ist also heute eine Last,

---

589) Begr. zu §§ 285, 288, 290—292 ZPO., S. 233. Dazu HEGLER, 231 Anm. 6, 244ff.; PAGENSTECHER, 274. In der Ablehnung einer Behandlung der Totalversäumnis des Beklagten, die der Behandlung der Totalversäumnis des Klägers in § 330 ZPO. (vgl. unten Anm. 598) entspräche, einerseits, in der Anordnung des Versäumnisurteils trotz Anwendung des § 138 II ZPO. auf die Totalversäumnis des Beklagten (vgl. noch unten Anm. 596a) andererseits liegt die selbständige Bedeutung des § 331 ZPO. gegenüber § 138 II ZPO. Der Nachteil der Totalversäumnis des Beklagten soll einerseits nicht auf ein sogenanntes „fingiertes Anerkenntnis" des Klaganspruchs hinauslaufen (wie in § 440 I der ungar. ZPO. bei Versäumung des Prozeßaufnahmetermins durch den Beklagten), andererseits soll die Unterstellung des Nachteils der Totalversäumnis des Beklagten unter den Nachteil der Partialversäumnis des § 138 II („fingiertes Geständnis") nicht den Weg zum Versäumnisurteil versperren (vgl. noch unten zu Anm. 596a). Anders HELLWIG, Syst. I, § 139 Anm. 21, der in § 138 die Aufstellung einer Erklärungspflicht der verhandelnden Partei findet. Hierzu noch unten Anm. 613. Da der Klaganspruch selbst bei totaler Versäumnis des Belagten als bestritten gilt, ist m. E. im Urkundenprozeß gegen den säumigen Beklagten ein Vorbehaltsurteil zu erlassen (anders STEIN, Nr. I 1 zu § 599 ZPO). Es kann dies um so weniger zweifelhaft sein, als, wie aus § 597 II hervorgeht, der säumige Beklagte im Urkundenprozeß nicht einmal als der anspruchsbegründenden Tatsachen geständig gilt. Warum sollte auch der Beklagte, der weiß, daß er seine Einwendungen nicht mit den im Urkundenprozeß statthaften Beweismitteln beweisen kann, sich nicht im Wege des bequemeren und billigeren (unten zu Anm. 596c) Versäumnisverfahrens verurteilen lassen können?

589a) Vgl. oben vor Anm. 567.

589b) Anders WACH, Vorträge, 155 (konsequent seiner oben zu Anm. 572 dargelegten Ansicht).

590) Ebenso FÖRSTER-KANN, Nr. 1 b aa zu § 333; HELLWIG, Syst. I, § 198 zu Anm. 9; im Ergebnis, nicht in der Begründung übereinstimmend RGEZ. XXXI 424. Anders WEISMANN, I 400. Natürlich kann die Unterlassung der Stellung eines Klagabweisungsantrages, wenn gleichzeitig sämtliche zur Begründung des Klaganspruchs behaupteten Tatsachen (vgl. unten vor Anm. 603) zugestanden werden, ein Anerkenntnis in sich schließen.

591) Grundsätzlich (vgl. unten Anm. 607) übereinstimmend FÖRSTER-KANN, Nr. 1 b aa zu § 333; R. SCHMIDT, 559 Anm. 1; SEUFFERT, Nr. 1 a zu § 333; STEIN, Nr. I zu § 333; WEISMANN, I 400; RGEZ. X 391/2. Anders HELLWIG, Syst. I, § 198 I 2 b.

sich über **tatsächliche** Behauptungen zu **erklären**[592]). Diese Wandlung des Einlassungstatbestandes beruht auf der im sächsischen Recht[593]), im JRA. § 37[593a]) und in der außersächsischen Partikulargesetzgebung[593b]) vorgeschriebenen sog. „speziellen Litiskontestation"[594]) und ergibt sich daraus, daß — damit zusammenhängend — der **Nachteil** versäumter Einlassung, die sog. „affirmative Litiskontestation" heute die Fiktion des Geständnisses des „**tatsächlichen** mündlichen Vorbringens des Klägers" ist (§ 331 I ZPO.) [595]). Auf seiten des Beklagten besteht also zwischen Total- (§ 331 I ZPO.) und der in § 138 II ZPO. geregelten Partial-Versäumnis in bezug auf Versäumnisinhalt[595a]) und Versäumnisnachteil kein generischer Unterschied[596]). Denn daß die Totalversäumnis im weiteren Verlauf ein Versäumnisurteil nach sich zieht, ist für den Beklagten kein besonderer **Nachteil** der Totalversäumnis. Im Gegenteil, wenn § 331 ZPO., obwohl er auf die Totalver-

---

592) Insoweit ist also DEGENKOLB (vgl. oben Anm. 573) gegen WACH (vgl. oben Anm. 572) im Recht.

593) Vgl. R. SCHMIDT Klagänderung, 119; Lehrb., 87; R. SOHM, Litis contestatio, 212 Anm. 18.

593a) Vgl. R. SCHMIDT, Lehrb. 91; R. SOHM, 213.

593b) R. SOHM, 213/4.

594) Dazu KLEINFELLER, § 83 II 1; PLANCK, I 284.

595) Korrekter § 396 österreich. ZPO.: „Das auf den Gegenstand des Rechtsstreits bezügliche tatsächliche Vorbringen der erschienenen Partei" ist „**für wahr zu halten**". Über die sogenannte „affirmative Litiskontestation" vgl. schon oben zu Anm. 537. Daß „der ungehorsame Beklagte der in der Klage enthaltenen Tatsachen in contumaciam für geständig und überwiesen erklärt" wird (§ 10 I 8 preuß. AGO.), hat sich in der Partikulargesetzgebung herausgebildet. Doch hatten schon die Glossatoren aus c. 2 §§ 6, 7 Cod. Just. 2, 58 (59) (wonach bei Weigerung des Kalumnieneides der Kläger abzuweisen, der Beklagte als der Klage geständig zu behandeln ist) abgeleitet, daß jede Partei (weil durch den Kalumnieneid gemäß Nov. 49 cap. 3 verpflichtet, nicht wider besseres Wissen vom Gegner Beweis zu erfordern), wenn sie auf bestimmt formulierte Fragen des Gegners nicht antwortet, als der Behauptung des Gegners geständig anzusehen sei. Diese Auffassung ging in den JRA. § 49 und in das gemeine Prozeßrecht über. Vgl. WETZELL, 629 zu Anm. 107; WEISMANN, I 405 (der aber m. E. nicht ganz treffend die Fiktion der sog. „affirmativen Litiskontestation" aus einer durch den Kalumnieneid bekräftigten „Wahrheitspflicht", d. i. Pflicht zu „wahrheitsgemäßer Erklärung" ableitet, was jene Fiktion gar nicht recht erklären würde).

595a) Vgl. aber unten hinter Anm. 607.

596) Gerade in dieser Gleichstellung der Total- mit der erwähnten Partialversäumnis in bezug auf ihre Nachteile besteht der aus der obigen Anmerkung 595 sich ergebende Unterschied zwischen dem auf der deutschen Partikulargesetzgebung beruhenden modernen Reichsrecht und dem gemeinen Recht. Nach KOHLER, Prozeß, 48, 67—69, soll die Geständnisfiktion des § 331 I insofern eine über die des § 138 II ZPO. hinausgehende Wirkung haben, als sie auch für die Berufungsinstanz wirkt, solange nicht das Versäumnisurteil durch Einspruch umgestoßen ist, also wenn Kläger gegen das ihn gemäß § 331 II Halbs. 2 abweisende Urteil (das KOHLER für ein Versäumnisurteil hält) Berufung einlegt. Gegen KOHLER schon mit Recht SEUFFERT, Nr. 1 c zu § 513, Nr. 1 zu § 532 ZPO. KOHLERS Ansicht beruht vor allem auf der Vorstellung, daß der in § 331 I bestimmte Versäumnisnachteil und das Versäumnisurteil miteinander stehen und fallen; vgl. unten Anm. 607a. Aber gerade diese Vorstellung ist unrichtig; vgl. sofort den Text.

säumnis des Beklagten den § 138 ZPO. anwendet, doch ein Versäumnisurteil vorsieht, so liegt darin eine Milderung des von ihm an sich verhängten Versäumnisnachteils[596a]). Dies leuchtet ein, wenn man erwägt, daß ein Versäumnisurteil vermöge seiner leichteren Anfechtbarkeit[596b]) und der geringeren Kostspieligkeit des Versäumnisverfahrens[596c]) im Verhältnis zu einem — auf § 138 ZPO. gestützten — ungünstigen kontradiktorischen Urteil das kleinere Übel ist. Beide Vorteile überwiegen den Nachteil, daß die Frist zur Anfechtung eines Versäumnisurteils (§§ 339 I, 508 II ZPO.) kürzer ist als die zur Anfechtung eines kontradiktorischen Urteils (§§ 516, 552 ZPO.)[596d]). Die sich darin — bis zu einem gewissen Grade — offenbarende Begünstigung der Totalversäumnis erklärt sich einesteils durch den aus der Zeit der Einlassungspflicht ererbten Gesichtspunkt, daß das Kontumazialverfahren zunächst nur den Zweck habe, die Einlassung des Beklagten zu erzwingen[597]), anderenteils durch den seit den Tagen der Einlassungslast erworbenen Gesichtspunkt, daß das streitlose Sichüberwundengeben dessen, der sich im Unrecht weiß, Aufmunterung, nicht Abschreckung verdient[598]).

[596a]) Darin liegt ein Teil der selbständigen Bedeutung des § 331 gegenüber § 138; vgl. schon oben Anm. 589.

[596b]) Abwegig aber der Vorschlag Kuttners, Urteilswirkungen, 247/8, dem Versäumnisurteil de lege ferenda überhaupt nur Vollstreckbarkeit, nicht mehr materielle Rechtskraft zu belassen. Damit wären wir auf die Zeiten der missio in bona (bannum) zurückgeworfen. Gegen Kuttner auch Pagenstecher, Rhein. Ztschr. VI 549.

[596c]) Es fragt sich, ob der nach dem oben zu Anm. 589, 591 Ausgeführten denkbare Fall, daß gegen den einen Klagabweisungsantrag stellenden Beklagten doch wegen Nichtverhandelns Versäumnisurteil ergeht, eine Ausnahme bildet. Gemäß § 19 GKG alt. Fass. wäre in diesem Fall allerdings die Verhandlungsgebühr verfallen gewesen, dagegen m. E. nicht gemäß § 20 Nr. 3 GKG. in der Fass. v. 21. Dez. 1922 die Urteilsgebühr.

[596d]) Vgl. Hellwig, Lehrb. II, § 69 Anm. 32.

[597]) Vgl. oben Anm. 469a, 559. Unrichtig ist m. E. die rationalistische Erklärung Weismanns, I § 93 I, daß Grund der leichteren Anfechtbarkeit des Versäumnisurteils die besonders große Gefahr einer Versäumung des Verhandlungstermins sei. Diese Erklärung ist außerdem allenfalls einleuchtend, wenn man (mit Weismann) die Gefahr einer Terminsversäumung der Gefahr einer Fristversäumung gegenüberstellt, nicht aber, wenn man die Totalversäumnis im Verhältnis zu der Partialversäumnis des § 138 II ZPO. betrachtet. Die Erklärung versagt endlich völlig, wenn man einerseits an die Totalversäumnis durch Nichtverhandeln (§ 333 ZPO.) denkt, und andererseits erwägt, daß durchaus nicht jede Terminsversäumung trotz der „größeren Gefahr" und der „weitgehenden Folgen" in so leichter Weise wieder gut gemacht werden kann wie die eine zivilprozessuale Totalversäumnis enthaltende; ich erinnere an den Fall des § 165 KO. und an die Versäumung des Hauptverhandlungstermins im Strafprozeß, insbesondere in §§ 329, 391 III, 412 (370, 431 III, 452) StPO.

[598]) Auf seiten des Klägers ist das Versäumnisurteil (§ 330 ZPO.) Versäumnisnachteil (während nach § 396 der österreich. ZPO. auch bei Versäumung der ersten Tagsatzung durch den Kläger bloß das tatsächliche Vorbringen des erschienenen Beklagten für wahr zu halten ist). Dies würde selbst dann gelten, wenn man mit der Begr. z. Entw. ZPO., 169, 229ff., der Totalversäumnis des Klägers die Wirkung eines fingierten Klagverzichts beimessen wollte. Denn selbst dann würde dem mit dem Versäumnisurteil im Verhältnis zum Verzichtsurteil

Die Einlassungslast liegt nur demjenigen Beklagten ob, der sowohl den Klaganspruch, als auch die vom Kläger zur Begründung des Klaganspruchs behaupteten Tatsachen — diese wenigstens teilweise — bestreiten will[598a]). Es gilt mithin von der Einlassungslast im Ergebnis grundsätzlich dasselbe, wie von der Defensionspflicht, sie trifft den Beklagten nur, „si contendendum putat" (l. 1 pr. D. 2, 13)[599]). Freilich ist der Grund ein ganz anderer. Man muß hier unterscheiden:

1. Das Anerkenntnis des Klaganspruchs (§ 307 ZPO.) überhebt den Beklagten der Einlassungslast; denn der Beklagte, der den Klaganspruch anerkennt, ist nicht genötigt, sich über die vom Kläger zur Begründung des Klaganspruchs behaupteten Tatsachen zu erklären. Das Anerkenntnis ist also im heutigen Recht so wenig eine Einlassung[600]), wie im römischen und gemeinen Recht[601]). Der Unterschied ist aber, daß dort das Anerkenntnis um deswillen die Einlassung erübrigt, weil es ein Sachurteil überflüssig macht, die Einlassung aber bei bestehender Einlassungspflicht Unterwerfung unter die Entscheidung zur Sache ist, während hier das Anerkenntnis um deswillen der Einlassung überhebt, weil es eine Erklärung des Beklagten über die vom Kläger zur Begründung des Klaganspruchs behaupteten Tatsachen erübrigt, welche Erklärung jetzt die Einlassung ausmacht. Das Anerkenntnis des Klaganspruchs ist danach auch kein „Verhandeln" im Sinne des § 333 ZPO.[602]), der trotzdem natürlich gegen den sich auf ein Anerkenntnis beschränkenden Beklagten keine Anwendung findet, sondern insoweit der lex specialis des § 307 ZPO. Platz zu machen hat.

2. Auch derjenige Beklagte, der zwar den Klaganspruch bestreitet, aber sämtliche vom Kläger zur Begründung des Klaganspruchs be-

---

(§ 306 ZPO.) verbundenen Vorteil leichterer Anfechtbarkeit der mit dem Verzichtsurteil im Verhältnis zum Versäumnisurteil verbundene Vorteil längerer Dauer der Anfechtungsfrist (vgl. oben zu Anm. 596d) gegenüberstehen, wozu früher noch der Vorteil geringerer Kostspieligkeit des Verzichtsurteils (§ 23 I GKG. alt. Fass.) kam. Aber — und das ist entscheidend — der Kausalzusammenhang zwischen der Totalversäumnis des Klägers und dem die Klage abweisenden Versäumnisurteil wird nach dem Gesetz gar nicht durch die Fiktion eines Klagverzichts vermittelt, sondern das Gesetz knüpft an die Totalversäumnis des Klägers unmittelbar als Nachteil das Recht des Beklagten, klagabweisendes Versäumnisurteil zu beantragen; vgl. WACH, Vorträge, 167; STEIN, Nr. I zu § 330; PAGENSTECHER, 288ff.

598a) Die Bekanntmachung zur Entlastung der Gerichte v. 9. Sept. 1915 (RGBl. S. 562) § 14 I drückte dies dahin aus, „der Beklagte werde den Anspruch bestreiten und sich auf die Klage einlassen". Der Ausdruck war dort freilich unsachgemäß, da er außer acht ließ, daß der Beklagte den Anspruch nur aus Rechtsgründen bestreiten (vgl. unten zu Anm. 607) oder Prozeßeinwendungen erheben (vgl. schon STEIN, Nr. II 3 zu der gleichfalls verfehlten Fassung des § 692 ZPO.) kann. § 2 (14) der Entlast.Bek. i. d. Fass. v. 13. Mai 1924 bringt nur teilweise eine Richtigstellung; vgl. GOLDSCHMIDT, ZPO., Nr. 2 zu § 2 Entlast.Bek.

599) Vgl. oben hinter Anm. 495 und zu Anm. 516.

600) Anders KLEINFELLER, § 83 II 2, weil der Begriff „Einlassung" nicht, wie der Begriff „Litiskontestation" den Streit als Merkmal in sich schließe; vgl. aber sofort zu Anm. 605. Auch DEGENKOLB, Beitr., 152, bezeichnet das Anerkenntnis als „bejahende Einlassung".

601) Vgl. oben zu Anm. 538a.

602) Anders STEIN, bei Anm. 6 zu § 333.

haupteten Tatsachen gesteht, ist der Einlassungslast überhoben. Denn ein sich so verhaltender Beklagter „verhandelt" allerdings im Sinne des § 333 ZPO. und wendet dadurch ein Versäumnisurteil ab. Aber er führt den durch § 331 I ZPO. an ein Nichtverhandeln des Beklagten geknüpften Versäumnisnachteil gerade herbei, sogar verschärft durch die Gefahr eines ungünstigen kontradiktorischen Urteils[603]. Ein solches Verhalten des Beklagten ist heute ebensowenig eine Einlassung, wie ein Anerkenntnis des Klaganspruchs, da eben heute a) seit der Notwendigkeit einer sog. „speziellen Litiskontestation"[604] es einer Erklärung des Beklagten über die einzelnen Klagtatsachen bedarf; und b) das Sicheinlassen in einen Streit das Wesentliche der Einlassung geworden ist[605].

Der Prozeßlage bei wirklichem Geständnis sämtlicher Klagtatsachen steht es gleich, zwar nicht, wenn der Beklagte sich auf Stellung eines Antrages auf Abweisung der Klage, sei es selbst auf Abweisung der Klage als „unbegründet", beschränkt[606], wohl aber, wenn er diesen Antrag ausschließlich mit Rechtsausführungen begründet[607]. Denn in einem solchen Verhalten liegt zwar die Versäumung des Bestreitens der Klagtatsachen — Partialversäumnis im Sinne des § 138 II ZPO. —, aber nicht die Versäumung jeder Erklärung überhaupt — Totalversäumnis im Sinne des § 333 ZPO. Auch ein solches Verhalten wendet wohl das Versäumnisurteil, aber nicht den Versäumnisnachteil des § 331 I ZPO. ab und ist keine Einlassung, die nunmehr auch einen Streit auf tatsächlichem Gebiete voraussetzt. Es zeigt sich hier, daß auf seiten des Beklagten die Vermeidung der Totalversäumnis keine Vermeidung ihres Versäumnisnachteils zu sein braucht, der, da er kein anderer als der der Partialversäumnis — § 138 II ZPO. — ist, erst abgewendet wird, wenn die durch § 333 ZPO. erforderte Erklärung in ein durch § 138 II ZPO. erfordertes Bestreiten übergegangen ist. Damit wird klar, daß die dem Beklagten durch § 333 ZPO. auferlegte Einlassungslast wirklich nur ein Sonderfall der durch § 138 II ZPO. auferlegten Erklärungslast, d. h. wie diese eine Bestreitungslast ist[607a].

---

603) Vgl. dazu oben zu Anm. 596a.

604) Vgl. oben zu Anm. 594.

605) Vgl. oben zu Anm. 583.

606) Vgl. oben zu Anm. 591.

607) Auf diese Annahme laufen in der Hauptsache Vorbehalte der oben in Anm. 591 als zustimmend Zitierten hinaus. Und mit Rücksicht auf sie kann man, wie WEISMANN, I 400 Anm. 14, richtig bemerkt, allerdings mit der Begr. zu §§ 285, 288, 290—292 Entw. ZPO., S. 232, sagen, es sei quaestio facti, ob eine Partei in totum nicht verhandelt habe.

607a) Da nach alledem schon die Tatsache, daß gegen den säumigen Beklagten ein Versäumnisurteil ergeht, keine Folge des mit der Säumnis des Beklagten verbundenen Nachteils ist, so ist es um so unrichtiger, das gegen den erschienenen Kläger gemäß § 331 II Halbs. 2 ZPO. ergehende Urteil mit der Begründung, es beruhe gleichfalls auf dem Versäumnisnachteil des § 331 I ZPO., zum „Versäumnisurteil" zu stempeln. Dies insbesondere gegen KOHLER, Prozeß, 65ff.; Forschungen, 60; vgl. schon oben Anm. 596.

b) Sonstige Handlungspflichten der Parteien.

(§ 10.)

Wir haben gesehen, daß der moderne Prozeß keine Einlassungspflicht mehr kennt, daß sie aber im früheren Prozeß die staatsbürgerliche Pflicht zur Unterwerfung unter die staatliche Justizhoheit war, daß sie m. a. W., gleich der staatlichen Pflicht zur Justizgewährung[608]), unmittelbar aus dem Staatsverhältnis, nicht aus einem „Prozeßrechtsverhältnis" entsprang[609]). Sie ergibt also nichts für das Dasein eines „Prozeßrechtsverhältnisses". Es fragt sich, ob es sonstige Handlungspflichten der Parteien gibt, und ob diese ihren Rechtsgrund im „Prozeßrechtsverhältnis" finden.

I. Von der aus § 138 ZPO. abgeleiteten[610]) Erklärungspflicht gilt dasselbe, wie von der aus § 331 I ZPO. abgeleiteten Einlassungspflicht, welche — wie oben [611]) gezeigt — nur ein Unterfall jener ist. Sie ist eine Last, keine Pflicht[612]). Sie ist auch keine Pflicht der „verhandelnden"[613]) oder der auf Grund des § 139 ZPO. „gefragten"[614]) Partei. Denn die Erklärungslast der „verhandelnden" Partei ist gleicher Art, wie die mit der Einlassungslast zusammenfallende Erklärungslast des sich nicht einlassenden Beklagten, und die Folgen der Nichtbeantwortung richterlicher Fragen sind keine anderen als die versäumter Erklärung überhaupt[615]).

Die gleichen Erwägungen wie für die Erklärungslast des § 138 ZPO. treffen zu für die angebliche Behauptungs- oder Substanzierungs-(Begründungs-)Pflicht[616]), für die angebliche Ladungspflicht[616a]), für

---

[608]) Vgl. oben zu Anm. 445.

[609]) Vgl. oben zu Anm. 473, 524 und hinter Anm. 531.

[610]) So von WACH, bei Grünhut VI 528, 594ff.; VII 155ff.; vgl. auch PLANCK, I 280ff.; DEGENKOLB, STÖLZEL (oben Anm. 573); LANDSBERG, InternatWSchr. v. 3. April 1909; und (für das neue österreichische Zivilprozeßrecht) v. CANSTEIN, I³ 734 Anm. 1 (weil dieses von der Inquisitionsmaxime beherrscht sei; vgl. aber unten Anm. 619). Dagegen besonders BÜLOW, ZivArch. LXII 30ff.; v. CANSTEIN, Z. XVI 14; O. GEIB, 191ff.; F. KLEIN, Parteihandlung, 49ff.; KLEINFELLER, § 62 II 3; LANGHEINEKEN, 75ff.; R. SCHMIDT, 351; STEIN, Nr. I 1 zu § 138; TRUTTER, 61.

[611]) Zu Anm. 592, 595a und hinter Anm. 607.

[612]) Vgl. oben Anm. 581.

[613]) Anders HELLWIG, Syst. I, § 139 zu Anm. 21, mit der Begründung, daß man „von dieser Auffassung aus" auch dazu gelange, „in § 331 nicht eine einfache Wiederholung von § 138 II zu erblicken". Hiergegen schon oben Anm. 589. Die von HELLWIG, a. a. O. und Syst. I, § 171 I a. E., in §§ 138 II, 331 I ZPO. hineingelegte Verschiedenheit des Charakters der Säumnis trotz Gleichheit der Versäumnisfolgen (vgl. HELLWIG, Syst. I, § 155 Anm. 8, selbst) entbehrt jeder Begründung. Richtig noch HELLWIG, Lehrb. II 33.

[614]) Anders HELLWIG, Syst. I, § 139 hinter Anm. 21; richtig F. KLEIN, Parteihandlung, 50.

[615]) Vgl. STEIN, Nr. V zu § 139.

[616]) Von einer solchen sprechen STÖLZEL, Schulung, I 46; v. CANSTEIN, I² 254, I³ 726ff. Richtig L. ROSENBERG, Beweislast 68ff. Ebensowenig begründet § 272b II Nr. 1 ZPO. v. 13. Mai 1924 eine „Pflicht" zur „Ergänzung oder Erläuterung" der „vorbereitenden Schriftsätze".

[616a]) Von einer solchen spricht v. CANSTEIN, Z. XVI 43.

die angebliche Beweis- und Bescheinigungspflicht[617]), für die angeblichen Pflichten zur Erklärung über eine vorgelegte Privaturkunde (§§ 439, 510 ZPO.) oder einen zugeschobenen Eid (§§ 452, 454, 455 ZPO.)[618]), für die angebliche Schwur-(oder Zeugnis-) Pflicht[619]), sowie für die angebliche Kautionspflicht in §§ 110ff., 274 I Nr. 5 ZPO., 269 III, 272 III, 309, 320 HGB (vgl. auch §§ 176, 379, 396 III, ja selbst 117ff. StPO.)[619a]). Sie alle sind keine Pflichten[619b]), sondern bloße Lasten, da ausschließlich die Partei, der sie obliegen, ein Interesse daran hat, die mit ihrer Versäumung verbundenen Nachteile zu vermeiden. So kann denn auch insbesondere der Ausdruck „Beweispflicht" bereits als durch den Ausdruck „Beweislast" verdrängt betrachtet werden (vgl. z. B. §§ 282, 363, 542 III, 636 II BGB.). Und daß man nicht mit der ZPO. von einer „schwurpflichtigen" Partei sprechen kann, leuchtet ohne weiteres ein; es gibt nur eine „eidbelastete" Partei[619c]).

Nicht ganz so eindeutig erweist sich das Wesen der sog. Urkundeneditionspflicht (§§ 422ff., und der ihr gleichstehenden Pflicht zur Vorlegung von Augenscheinsobjekten in § 441 III ZPO.). Sie wird von der ZPO. hinsichtlich ihrer Voraussetzungen und ihres Inhalts, wenn auch auf der Grundlage der entsprechenden bürgerlichrechtlichen Verpflichtungen (§ 422 ZPO.), so doch selbständig ausgestaltet[620]). Und es ist sicher, daß die Verpflichtung zur Vorlegung einer Urkunde an das Gericht von der ZPO. gerade so gut als öffentlich-rechtliche Pflicht hätte ausgestaltet werden können, wie es tatsächlich die Vorlegungspflicht des Dritten insbesondere in c. 22 Cod. 4, 21 und §§ 101, 105

---

617) Davon sprechen § 447 ZPO.; v. Canstein, I² 254, I³ 726ff.; Z. XVI 43, 49ff.; Stölzel, a. a. O., 49. Richtig L. Rosenberg, a. a. O.

618) § 454 ZPO. spricht von einer „Verpflichtung", sich über die Eideszuschiebung zu erklären. Für die Annahme von „Pflichten", sich über eine vorgelegte Urkunde oder einen zugeschobenen Eid zu erklären, Wach, bei Grünhut VI 596; VII 162ff., 164ff.; dagegen Bülow, ZivArch. LXII 34ff., 36ff. (der aber wieder — vgl. oben Anm. 578 — nur ein Bestreitungs- und Widerlegungsrecht des Probaten annimmt); F. Klein, Parteihandlung, 54ff.; Langheineken, 79, 80. Über das Verhältnis prozessualer Lasten und Möglichkeiten (Rechte) zueinander vgl. unten hinter Anm. 1453, 1712.

619) Von einer solchen sprechen §§ 459, 465—472, 477 ZPO.; ebenso v. Canstein, I² 255, I³ 726ff.; Z. XVI 43, 52ff.; Stölzel, Schulung, I 49ff.; dagegen Hellwig, Syst. I, § 139 Anm. 14. Sogar die Anordnung der Parteivernehmung im neuen österr. Zivilprozeß enthält eine bloße — und zwar minder vollkommene (vgl. unten hinter Anm. 626c) — Last (vgl. §§ 380 II, 381 österr. ZPO.).

619a) Für eine solche Wach, bei Grünhut VII 170; v. Canstein, I² 255, I³ 726ff.; Z. XVI 43; Sauer, 180. Dagegen Bülow, ZivArch. LXII 67ff. (der aber wieder — vgl. oben Anm. 578, 618 — nur ein Kautionsrecht annimmt; dazu unten zu Anm. 1455 und oben Anm. 618 a. E.); Langheineken, 75. Im römischen Formularprozeß konnte die Kautionsleistung Inhalt der Defensionspflicht sein; vgl. Keller-Wach, § 65; auch Bülow, a. a. O., 68, u. oben Anm. 467b.

619b) Auch keine „hypothetischen" (v. Canstein, I³ 728 Anm. 1).

619c) Bülow, ZivArch. LXII 38, kennt nur ein „Wahrheitsentscheidungsrecht" des Delaten; vgl. auch Stölzel, I 51, und unten zu Anm. 1456. Dazu oben Anm. 618 a. E.

620) Vgl. Stein, Nr. I zu § 422.

I 10 preuß. AGO.[620a]), ja sogar die der Partei in manchen Rechten[620b]) war, und wie es die Verpflichtung zur Vorlegung und Auslieferung von Beweismitteln und Einziehungsstücken im Strafprozeß (§ 95 StPO.) ist. Aber gerade dieser Hinweis macht zugleich klar, daß, wenn der ZPO. eine solche Regelung beliebt hätte, die Vorlegungspflicht keine aus dem „Prozeßrechtsverhältnis" entspringende prozessuale Parteipflicht, sondern eine aus dem Staatsverhältnis fließende allgemeine staatsbürgerliche Pflicht wäre, nicht anders als die Zeugnispflicht[621]). Einen Ansatz zu einer solchen Ausgestaltung findet man in der Urkundeneditionspflicht des Dritten in § 429 ZPO., die aber in der Form steckengeblieben ist. Denn daß hier die ZPO. wiederum die Voraussetzungen und den Inhalt der sich schon aus dem bürgerlichen Recht ergebenden Verpflichtungen abgeändert hat, genügt um so weniger, die Vorlegungspflicht zu einer „prozeßrechtlichen" oder vielmehr öffentlich-rechtlichen zu machen, als § 429 ZPO. den unzweifelhaft von Haus aus vorhandenen bürgerlichrechtlichen Charakter derselben unzweideutig festgehalten hat[622])[622a]).

620a) Nicht die der Partei in §§ 94, 100 I 10 preuß. AGO., wie SIEGEL, Vorlegung von Urkunden, 109, behauptet; vgl. unten Anm. 624a. Andererseits steht es im offenen Widerspruch zu § 105 I 10 preuß. AGO., wenn SIEGEL, 109 Anm. 3, behauptet, die AGO. kenne gegen den die Edition weigernden Dritten keine öffentlichen Strafen und überlasse es der Partei, gegen den widerspenstigen Dritten zu klagen.

620b) Vgl. F. KLEIN, Parteihandlung, 56 Anm. 61; KOHLER, Prozeß, 70 Anm. 1.

621) Vgl. denn auch Begr. zu § 381 Entw. ZPO., S. 268. Man denke ferner an die Auskunfts- und Vorlegungspflicht des Steuerpflichtigen nach §§ 168ff. der ReichsabgO.

622) Die Begr. zu § 381 Entw. ZPO., S. 268, erklärt denn auch: „Nach dem Entwurf besteht die Editionspflicht nur als privatrechtliche Verpflichtung" (welche Bemerkung sich übrigens nicht nur, wie SIEGEL, a. a. O., 115, angibt, auf die Editionspflicht des Dritten bezieht). Anders FÖRSTER-KANN, Nr. 2 zu § 429 (im Widerspruch zu Nr. 2b zu § 422, wo er annimmt, daß die öffentlichrechtliche Editionspflicht mit der — im Falle des § 429 doch gar nicht ergehenden — Vorlegungsanordnung des Gerichts entstehe); vgl. auch R. SCHMIDT, 519 Anm. 2. Im übrigen wird oft (so von SIEGEL, a. a. O., §§ 25, 26; STEIN, Nr. I zu § 422, Nr. I zu § 429) übersehen, daß die selbständige Regelung eines Anspruchs in einem „Prozeßgesetz" nicht ausreicht, den Anspruch oder die ihm gegenüberstehende Pflicht zu „prozessualen", d. i. doch auch öffentlich-rechtlichen (was SIEGEL, 114ff., vergeblich leugnet) zu machen; hiergegen schon GOLDSCHMIDT, Entschädigungspflicht, 147; vgl. auch STEIN selbst, zu Anm. 14 vor § 91. Und mag man selbst mit KLEINFELLER (Z. XXXVII 293; Lehrb. § 12 III) die Urkundeneditionspflicht des Gegners für eine prozessuale Verpflichtung gegenüber dem Beweisführer halten (übrigens kaum vereinbar mit KLEINFELLERS — Lehrb. § 12 II, III, § 62 II 3; vgl. schon oben Anm. 441, 464b — Annahme, daß es keine prozessualen Handlungspflichten der Parteien gebe), so kann doch, wer die Editionspflicht des Dritten für eine besondere, „prozessuale" erklärt, dies nur in dem Sinne meinen, daß sie eine öffentlich-rechtliche schlechthin, d. h. dem Staate gegenüber bestehende sei. Nach § 308 österr. ZPO. kann die Edition auch gegen den Dritten durch Beschluß des Prozeßgerichts angeordnet werden, und ist dieser Beschluß unmittelbar vollstreckbar. Doch ist der Dritte grundsätzlich nur nach den Vorschriften des bürgerlichen Rechts zur Edition verplichtet.

622a) Auch die dem § 135 II ZPO. zugrunde liegende Urkundenherausgabepflicht ist eine privatrechtliche.

Die dem *Gegner* des Beweisführers, d. h. also der *Partei* obliegende Urkundenedition hat aber die ZPO. überhaupt nicht zu einer öffentlichrechtlichen *Pflicht* ausgestaltet[623]), sondern zu einer prozessualen *Last*. Dies erhellt aus den *Folgen* der Nichtvorlegung der Urkunde und der Nichtleistung des Vorlegungseides (§§ 427, 441 III S. 3 ZPO.), die in der Hauptsache auf ein *Gelingen* des dem Beweisführer obliegenden Beweises der formellen Beweiskraft der Urkunde hinauslaufen. Denn daraus ergibt sich, daß die Vorlegung der Urkunde und die Leistung des Vorlegungseides überwiegend im Interesse des damit Belasteten liegen, der durch den Editionsantrag des Beweisführers und die ihm stattgebende Anordnung des Gerichts „in die prozessuale Situation gelangt, daß er entweder die Urkunde vorzubringen (bzw. den Vorlegungseid zu leisten) hat, oder es geschehen lassen muß, daß die Behauptungen des Gegners als bewahrheitet gelten: eine Situation, die dem Gegner so ziemlich alles bringt, was die zwangsweise Exhibition hätte bieten können: *die Zivilpflicht wird daher durch die prozessuale Situation konsumiert*“[624]). Höchstens im Rahmen des § 427 S. 2 ZPO.könnte die prozessuale Lage des Beweisführers im Falle der Nichtvorlegung der Urkunde und der Nichtleistung des Vorlegungseides eine ungünstigere sein als im Falle der Vorlegung der Urkunde[624a]). Indessen scheint das Gesetz dies nicht anzunehmen. Sonst würde es wohl nicht den Beweisführer hinsichtlich seines Vorlegungsanspruches gegenüber dem Gegner auf das Vorlegungsverfahren der ZPO. verweisen, sondern ihm die Herbeischaffung der Urkunde durch Klage vorbehalten[625]).

Eine öffentlichrechtliche Urkundeneditionspflicht der Partei besteht auch nicht in den Fällen, in denen das Gericht *von Amts wegen* die Vorlegung einer Urkunde anordnet (§§ 142/3, 272b II Nr. 1 ZPO.; 45 I, 47, 102 HGB.). Hier sollen zwar im Falle der Weigerung nach

---

[623]) Gerade das behaupten Hellwig, Syst. I, § 214 II; Förster-Kann, Nr. 2b zu § 422.

[624]) So besonders Kohler, Prozeß, 69/70 (dem bloß insoweit nicht ganz zugestimmt werden kann, als er im Falle des § 423 ZPO. *nur* eine prozessuale Situation annimmt, was doch wohl nicht damit verträglich ist, daß auf Grund des § 423 gemäß § 429 ZPO. auch ein *Dritter* editionspflichtig sein kann). Übereinstimmend ferner (für das frühere österreichische Recht) F. Klein, Parteihandlung, 55; vgl. auch Weismann, I 144 („der Editionszwang ist also *Interesse*zwang“). Eine ähnliche Lage, wie insbesondere hinsichtlich der Nötigung zur Leistung des Vorlegungseides, finden wir hinsichtlich der Nötigung zur Leistung des Offenbarungseides in § 2006 BGB. und § 50 BVO. v. 14. Dez. 1916 über die Geschäftsaufsicht zur Abwend. d. Konkurses (RGBl. 1363) in der Fass. v. 8. Febr./11. Juni 1924 (RGBl. I 51, 641). In aller Regel ist die Nötigung zur Leistung des Offenbarungseides eine bürgerlichrechtliche oder öffentlichrechtliche *Pflicht*; vgl. dazu noch unten zu Anm. 636.

[624a]) Günstiger stellte den Beweisführer § 100 I 10 preuß. AGO., nach dem in solchem Falle einfach das Beweisthema „für dargetan angenommen werden“ sollte.

[625]) Vgl. Kohler, Prozeß, 70/71; Siegel, Vorlegung von Urkunden, 136ff.; noch unten vor Anm. 627.

überwiegender Ansicht[626]) nicht die Folgen des § 427 ZPO., sondern freie richterliche Beweiswürdigung gemäß § 286 ZPO. eintreten[626a]). Indessen wird man aus dem Umstand, daß das Gesetz die Auflage der Vorlegung nicht als eine vollkommene prozessuale Last ausgestaltet hat, nicht schließen dürfen, daß es sie — abweichend von der Edition auf Antrag — zu einer öffentlichrechtlichen Pflicht erheben wollte[626b]). Vielmehr dürfte der Schluß geboten sein, daß auch die von Amts wegen angeordnete Urkundenvorlegung Gegenstand einer prozessualen Last ist, d. h. daß auch hier die Nichtvorlegung der Urkunde die dazu angehaltene Partei in diejenige nachteilige Prozeßlage versetzt, in die sie nach der Behauptung des Gegners durch Vorlegung der Urkunde versetzt worden wäre. Nur ist diese Folge hier nicht, wie im Falle des § 427 ZPO., durch eine gesetzliche Beweisregel festgelegt, sondern dem richterlichen Ermessen anheimgestellt. Daß dadurch das Wesen der Editionsauflage nicht geändert wird, lehrt Satz 2 des § 427 ZPO., nach dem ja auch im Falle der Vorlegungsanordnung auf Antrag des Beweisführers, sofern dieser keine Abschrift der Urkunde beibringt, die Feststellung des ihm günstigen Beweisergebnisses dem richterlichen Ermessen anheimgestellt ist. Das gleiche gilt allgemein im Falle der Urkundenbeseitigung (§ 444 ZPO.)[626c]). In allen solchen Fällen[626d]) ist die prozessuale Last eben keine vollkommene, sondern, wenn man so will, eine lex minus quam perfecta im prozessualen Sinne des Wortes, wobei freilich das tertium comparationis mit der lex minus quam perfecta im materiellen Sinne[627]) lediglich die Abschwächung des psychologischen Zwanges ist.

Der Urkundeneditionslast analog ist aber auch die sog. „Informationspflicht"[627a]) zu beurteilen. Der Inhalt dieser prozessualen Last besteht im Zivilprozeß im Bereich des Anwaltsprozesses in der recht-

---

[626]) FÖRSTER-KANN, Nr. 5 zu § 426, Nr. 6 zu § 427; SEUFFERT, Nr. 1 b zu § 427; STEIN, Nr. I zu § 427; STRUCKMANN-KOCH, Nr. 4 zu § 427; SIEGEL, Vorlegung, 97, 100; anders HELLWIG, Syst. I 707 und die Komm. von STAUB und DÜRINGER-HACHENBURG zu § 45 HGB.

[626a]) So auch bei Nichtbefolgung einer auf Antrag erlassenen Editionsanordnung nach §§ 307 II österr. ZPO., 327 II ungar. ZPO.

[626b]) Übereinstimmend OLG. Marienwerder, Beschluß v. 1. Nov. 1901, bei MUGDAN und FALKMANN, Rechtsprechung der Oberlandesgerichte, III 438, das von diesem Standpunkt aus bei Nichtbefolgung der Vorlegungsanordnung §§ 95 ZPO., 39 (48) GKG. nicht anwenden will. Daß man diese Folgerung nicht zu ziehen braucht, darüber vgl. unten vor u. in Anm. 627e, hinter Anm. 678.

[626c]) Vgl. über diese noch unten Anm. 673.

[626d]) Entsprechendes gilt von der Augenscheinsduldungslast (§§ 144, 272 b II Nr. 5, 371 ff. ZPO.); das Gericht kann aus der Weigerung der Partei, den Augenschein zu dulden, nachteilige Schlüsse bei der Beweiswürdigung ziehen. Ein Zwang, wie in §§ 94, 102 StPO., findet nicht statt. Auch die Eideslast kann, wie § 472 II ZPO. zeigt, eine minder vollkommene sein.

[627]) Vgl. über diese statt aller ENNECCERUS, Allg. Teil, § 177 Anm. 1.

[627a]) Für eine solche Pflicht WACH, ZivArch. LXIV 214; vgl. auch WEISMANN, I, § 85 II 1 a, XII; SAUER, 180, und (für den Strafprozeß) BIRKMEYER, 622; v. KRIES, 531; dagegen LANGHEINEKEN, 75.

zeitigen Mitteilung der Anträge, Angriffs-, Verteidigungs- und Beweismittel an Gegner und Gericht in der Form des vorbereitenden Schriftenwechsels (§§ 129—133, 272 ZPO.); im Bereich auch des Parteiprozesses, bei rechtzeitiger Aufforderung, in der Niederlegung der in den Händen der Partei befindlichen, von ihr in einem vorbereitenden Schriftsatz in Bezug genommenen Urkunden auf der Gerichtsschreiberei, unter gleichzeitiger Benachrichtigung des Gegners (§ 134 ZPO.). Daneben finden sich Fälle einer besonderen Informationslast in §§ 364 IV, 491 ZPO. Die Informationslast besteht aber auch im Strafprozeß, und zwar in der gegenseitigen Mitteilung der zur Hauptverhandlung herbeizuschaffenden, dem Gegner als solche nicht bekannten Beweismittel (§ 222 [221] StPO.).

Die Verwandtschaft der zivilprozessualen Informationslast mit der Urkundeneditionslast erhellt schon aus den §§ 131, 134 ZPO. Ist diese keine Pflicht, so wird auch jene es nicht sein. Daß aber die angebliche Informationspflicht wirklich ebenfalls nur eine prozessuale Last ist, erhellt übereinstimmend aus §§ 129 I ZPO., 246 (245) I StPO. § 129 I ZPO. stellt ausdrücklich fest, daß die Nichtbeachtung der Informationslast „Rechtsnachteile in der Sache selbst nicht zur Folge" habe. Das bedeutet: die gänzlich versäumte oder verspätete Mitteilung oder Zugänglichmachung eines Vorbringens hat dessen Ausschließung nicht zur Folge. Dasselbe ergibt sich aus § 246 (245) I StPO. M. a. W. das Gesetz denkt überhaupt nur an die Möglichkeit, daß die Versäumung der Informationslast dem damit Belasteten nachteilig sein könnte, den der Richter nunmehr mit seinem Vorbringen ausschließen könnte. Und in den besonderen Fällen der §§ 364 IV, 491 ZPO. ist die Folge der Versäumung der Informationslast in der Tat der mögliche oder sichere Verlust der Berechtigung des informationsbelasteten Beweisführers zur Benutzung der Beweisverhandlung (§§ 364 IV S. 2, 493 II ZPO.), während der Gegner zur Benutzung der Beweisverhandlung berechtigt bleibt. Der Gegner hat also meist (sofern er nicht selbst die Beweislast hat und von Wahrnehmung seiner Rechte im Beweistermin ein ihm günstiges positives Beweisergebnis erwarten durfte) nur ein Interesse daran, daß der Beweisführer die Informationslast versäumt. Im übrigen wendet das Gesetz den aus der Nichtbeachtung der Informationslast dem Gegner drohenden Nachteil dadurch ab, daß in solchem Falle eine Vertagung auf Antrag, im Zivilprozeß auch von Amts wegen eintreten kann, ohne daß freilich dem Gegner ein Recht zusteht, Vertagung zu beantragen (§§ 227 III ZPO., 246 [245] II, IV StPO.)[627b]; und daß ferner im Zivilprozeß unter Umständen der Antrag der Partei, welche die Informationslast vernachlässigt hat, auf Erlaß einer Versäumnisurteils zurückzuweisen ist (§ 335 Nr. 3 ZPO.). Mögen auch diese Nachteile, mittels derer das Gesetz die Folgen einer Versäumung der Informationslast auf den Nachlässigen zu überwälzen sucht, weder allzu schwer wiegen, noch überhaupt eigentümliche Folgen einer Versäumung

[627b]) Vgl. dazu Stein, Nr. II zu § 129, III zu § 132, zu § 134, III zu § 228 a. F.; v. Kries, 532; Löwe-Rosenb., Nr. 5 zu § 246 (245).

der Informationslast sein[627c]), so reichen sie doch, gerade in Verbindung mit der Ablehnung sachlicher Rechtsnachteile durch §§ 129 I ZPO., 246 (245) I StPO., hin, um erkennen zu lassen, daß vom Standpunkt des Gesetzes aus die Information eine Last ist, deren sich zu entledigen im Interesse des damit Belasteten liegt. Dies wird für den Zivilprozeß über jeden Zweifel durch die Erwägung gestellt, daß selbstverständlich auch die Versäumung der Informationslast auf Grund des § 286 ZPO. den Richter zu Schlüssen führen wird, die der säumigen Partei ungünstig sind. Die Informationslast ist also nicht einmal eine wesentlich minder vollkommene Last, als die Urkundeneditionslast in den Fällen, in denen das Gericht die Vorlegung der Urkunde von Amts wegen angeordnet hat[627d]). Dies gilt erst recht von der Informationslast in § 364 IV ZPO.; und in §§ 491, 493 II ZPO. ist die Informationslast überhaupt eine vollkommene Last.

Kann danach auch die Informationslast nicht für eine Pflicht erachtet werden, so sind doch der Partei, welche durch ihre Versäumung eine Vertagung veranlaßt hat, auf Grund der §§ 95 ZPO., 467 (499) I StPO. die dadurch verursachten Kosten aufzuerlegen, auch kann ihr im Zivilprozeß auf Grund des § 39 GKG. die Verzögerungsgebühr auferlegt werden. Indessen die für Auferlegung dieser Kostenfolgen vorausgesetzte Parteischuld bedingt nicht die Verletzung einer Rechtspflicht, sondern — als Fall des „Verschuldens gegen sich selbst" — die Versäumung einer Last[627e]).

II. Schwierigkeiten bereitet die Rechtslage, die sich aus der Anordnung persönlichen Erscheinens auf Grund von § 141 ZPO. ergibt. Bis zum 1. Juni 1924 lag hier ausschließlich und höchstens[628]) eine minder vollkommene prozessuale Last vor; das Gericht konnte aus dem Ausbleiben der Partei ihr nachteilige Schlüsse ziehen[629]). Die

627c) Bezüglich der Vertagung ist dies ohne weiteres klar; aber auch § 335 Nr. 3 ZPO. kann Platz greifen, soweit im Parteiprozeß sonst gar keine Informationslast besteht; vgl. Stein, Nr. III zu § 129.

627d) Vgl. oben hinter Anm. 626a.

627e) Vgl. unten hinter Anm. 678, zu Anm. 686a, 692a. In bezug auf die Regelung der Kostenfolgen mit dem Text übereinstimmend für den Zivilprozeß wohl die herrschende Ansicht; vgl. Seuffert, Nr. 2 zu § 95, Nr. 1b zu § 129, Nr. 5 zu § 132, Nr. 2b zu § 134, Nr. 2 zu § 272; Stein, Nr. III zu § 95, Nr. II, III zu § 129, Nr. III zu § 132, zu § 134. Zu anderem Ergebnis führt der oben in Anm. 626b zitierte, zu § 142 ZPO. ergangene Beschluß des OLG. Marienwerder, dem zuzustimmen wäre, wenn man — von den Ausführungen unten hinter Anm. 678 abweichend — annehmen sollte, die Auferlegung der bezeichneten Kostenfolgen setze die Verletzung einer Rechtspflicht voraus. — Die in §§ 836 III, 840 I, 853 bis 855 ZPO. aufgestellten Pflichten des Vollstreckungs- und Drittschuldners sind, ebenso wie die in §§ 841/2 ZPO. aufgestellten Pflichten des Pfändungspfandgläubigers, privatrechtlicher Natur. Gleiches gilt für die mitunter bestehenden Konkursantragspflichten; vgl. Jaeger, Anm. 5 zu § 103 KO.

628) Nicht einmal dafür Wach, Vorträge, 76.

629) Im Ergebnis übereinstimmend Seuffert, Nr. 6 zu § 141; Stein, Nr. IV zu § 141; vgl. auch F. Klein, Parteihandlung, 50. Im Falle des § 296 ZPO. konnte aus dem Ausbleiben der Partei selbstverständlich kein anderer Schluß gezogen werden als das Scheitern des Sühneversuchs. Hellwig, Lehrb. II 52; Syst. I, § 139 IV 2b, nahm schon bisher sowohl im Falle des § 141, als auch in dem des

ZPVO. v. 13. Febr. 24 hat, dem Vorbild des § 42 I S. 4 GewGG. folgend, die Anordnung persönlichen Erscheinens erzwingbar gemacht (§ 141 III in d. Fass. v. 13. Mai 24) und damit insoweit die Erscheinungslast in eine Erscheinungspflicht verwandelt. Was indessen diese Erscheinungspflicht für einen Zweck haben soll, und was sie daher für eine juristische Natur hat, bleibt völlig unklar. Sie soll nach § 141 I der „Aufklärung des Sachverhalts" dienen. Da aber im Bereich des Verhandlungsgrundsatzes die Befragung der erschienenen Partei sich in den Grenzen des § 139 ZPO. zu halten hat[629a]) und daher jede von der Partei gemachte tatsächliche Angabe Behauptung bleibt und nicht Beweisaussage ist[629b]), so ist Zweck der Anordnung des persönlichen Erscheinens, der Partei Gelegenheit zu geben, sich ihrer Erklärungs-, Behauptungs- oder Substanzierungslast zu entledigen. Sind nun aber alle diese Obliegenheiten — wie gezeigt[629c]) — keine Pflichten, sondern bloße Lasten — tatsächlich steht die Beantwortung der gestellten Fragen im Ermessen der erschienenen Partei[629d]) —, welchen Sinn hat es, die in den Dienst ihrer Abtragung gestellte Obliegenheit zu einer Pflicht zu machen? Am sinnlosesten wirkt, wenn mit der Strafverhängung gegen die trotz Anordnung persönlichen Erscheinens ausgebliebene Partei ein Versäumnisurteil konkurriert[629e]). Der von dem GewGG. und der ZPVO. v. 13. Febr. 1924 in das von dem Verhandlungsgrundsatz beherrschte Verfahren hineingetragene Erscheinungszwang, dessen Quelle ein polizeistaatliches Mißtrauen gegen die Prozeßbevollmächtigten, insbesondere die Rechtsanwälte ist, erscheint in einer Zeit, die längst an Stelle der Einlassungspflicht die Einlassungslast gesetzt hat, als Anachronismus.

Etwas anders ist die Erscheinungspflicht zu beurteilen, wenn und insoweit sie der Herbeiführung einer Sühne dienen soll. Dies ist unzweifelhaft ausschließlich der Fall im amtsgerichtlichen Güteverfahren (§ 499b III S. 2 ZPO.), ferner wohl in erster Reihe im gewerbe- und kaufmannsgerichtlichen Verfahren (§§ 42 I S. 4 GewGG., 16 KfmGG.)[629f]),

---

§ 296 ZPO. eine Erscheinungspflicht an. Wenn er (Syst., a. a. O.) meint, die Anschauung, direkter Zwang oder Strafe sei das notwendige Kennzeichen der Rechtspflicht, müßte dazu führen, in den wichtigsten staatsrechtlichen Fällen das Vorliegen einer Rechtspflicht zu verneinen, so ist das natürlich richtig. Nur hat im Prozeßrecht, wo Zwang oder Strafe tatsächlich möglich sind, ihr Mangel eine ganz andere Beweiskraft für das Fehlen einer Pflicht als in den „wichtigsten staatsrechtlichen Fällen", in denen Zwang oder Strafe regelmäßig aus tatsächlichen Gründen ausgeschlossen sind. Auch Rosenberg, Beweislast, 71, nahm schon bisher im Falle des § 141 ZPO. eine Erscheinungspflicht an. Nach dem oben vor Anm. 627e Gesagten durfte, auch wer im Falle des § 141 ZPO. fr. Fass. keine Erscheinungspflicht annahm, doch mit Stein, Nr. III zu § 95, Nr. IV zu § 141, schon bisher die §§ 95 ZPO., 39 GKG. gegen den Ausbleibenden anwenden.

[629a]) Vgl. unten zu Anm. 2208.

[629b]) Vgl. unten hinter Anm. 2207a, in Anm. 2296. Ich vermag die gegenteilige in Anm. 2 zu § 141 ZPO. aufgestellte Ansicht nicht aufrechtzuerhalten.

[629c]) Vgl. oben zu Anm. 610, 616. [629d]) Vgl. unten Anm. 634 a. E.

[629e]) Goldschmidt, Anm. 6 zu § 141 ZPO.

[629f]) Wilhelmi-Bewer, GewGG., Anm. 1 a. E. zu § 41, Anm. 5 a. E. zu § 42. Hellwig, Lehrb. II, § 72 Anm. 15, will keinen grundsätzlichen Unterschied zwischen §§ 141 fr. Fass., 296 ZPO. und § 42 I GewGG. anerkennen.

endlich aber wohl in zweiter Linie auch im landgerichtlichen Verfahren[629g]). In dem Zwange zur Unterwerfung unter einen Sühneversuch wird ein alter germanischer Prozeßgedanke[629h]) wieder lebendig, und die mit Rücksicht darauf aufgestellte Erscheinungspflicht ist eine Wiedererweckung der Einlassungspflicht in ihrer ältesten Gestalt.

In den Fällen der §§ 232 (231), 329 (370) I (sofern die Staatsanwaltschaft Berufung eingelegt hat) StPO. liegt insoweit eine minder vollkommene Erscheinungslast vor, als das Gericht bei nicht genügend entschuldigtem Ausbleiben des Angeklagten ohne ihn verhandeln kann. In den Fällen der §§ 329 (370) I (sofern der Angeklagte Berufung eingelegt hat), 412 (452), bzw. 391 (431) II, III StPO.[629i]) liegt sogar eine vollkommene Erscheinungslast des Angeklagten bzw. des Privatklägers vor. Ebenso ist selbstverständlich die Last des Klägers, bei Vermeidung des Nachteils der Totalversäumnis[630]) zu erscheinen und zur (Haupt-)Sache zu verhandeln[631]) (natürlich nicht notwendig in Person) eine vollkommene prozessuale Last.

Dagegen liegt im Falle des § 619 (640/1) ZPO.[632]), sowie der §§ 230 II, 236 StPO. eine wirkliche Erscheinungspflicht[633]) vor[634]). Aber die

---

[629g]) Daß § 141 III in § 296 II — anders als in §§ 272b IV S. 2, 499b III S. 2 ZPO — nicht angeführt ist, beruht auf einem Redaktionsversehen. Denn § 141 III S. 2 fordert ausdrücklich, daß der Vertreter, dessen sich die Partei zur Erfüllung ihrer Erscheinungspflicht bedient, „zu einem Vergleichsabschlusse ermächtigt ist". Außerdem spricht die Anführung von § 141 III in § 272b IV S. 2, in Verbindung damit, daß § 349 I S. 1 den Einzelrichter verpflichtet, „zunächst die gütliche Beilegung des Rechtsstreits zu versuchen", dafür, daß die Anordnung des persönlichen Erscheinens in § 272b II Nr. 3 auch der Herbeiführung der Sühne dienen soll. Vgl. schon GOLDSCHMIDT, ZPO., Anm. 2 zu § 141; anders BAUMBACH, ZPO., Anm. 2 zu § 296; VOLKMAR, ZPVO., Anm. 2b zu § 141.

[629h]) Vgl. oben zu Anm. 480.

[629i]) Im Ergebnis entsprechend die Fälle der §§ 277 (319) ff. StPO.

[630]) Vgl. über diesen oben Anm. 598.

[631]) Das zur Abwendung des Versäumnisnachteils erforderliche „Verhandeln" bedingt hier regelmäßig (vgl. aber RGEZ. XXXI 423) die Verlesung des Klagantrages unter Beifügung einer Begründung. Die lex specialis des § 306 ZPO. bleibt auch hier (vgl. oben hinter Anm. 602) unberührt.

[632]) Vgl. schon F. KLEIN, Parteihandlung, S. 49 Anm. 51, S. 55; R. SCHMIDT, 351 Anm. 2; ROSENBERG, Beweislast, 71.

[633]) Im Falle der §§ 671, 679 (654) ZPO. handelt es sich um bloßen Erscheinungszwang. Aber auch die Erscheinungspflicht des Angeklagten im Strafprozeß ist — entsprechend dem Umstand, daß die Strafbarkeit selbst in erster Linie ein Müssen, kein Sollen ist (vgl. KOHLER, GoltdArch. LXIII 212, 215, und unten Anm. 1274) — eigentlich nur die erste Etappe auf dem Wege zum Erscheinungszwang. Hierauf, nicht auf „unbegreiflicher Milde" des Gesetzes (so v. KRIES, 223) beruht es, daß die StPO. für den Fall des ungehorsamen Ausbleibens des Angeklagten keine Strafe, sondern nur die Kostenfolge des § 467 (499) I StPO. vorsieht.

[634]) Vgl. schon oben Anm. 578a. Da eine Pflicht, auf die Beschuldigung zu antworten, für den Angeklagten nicht besteht, so zeigt sich auch hier wieder (vgl. oben Anm. 467a, zu Anm. 469b, 584/5), daß in aller Regel die rechtliche Nötigung zum Erscheinen eine stärkere ist als die zum Antworten; vgl. auch Prot. der RJKommiss. betr. die StPO., S. 187. Nichts anderes gilt nun in bezug auf die durch § 141 III ZPO. in der Fass. v. 13. Mai 1924 begründete Erscheinungspflicht; die Weigerung der Beantwortung der gestellten Fragen durch die

Erscheinungspflicht der Partei in den von dem Untersuchungsgrundsatz beherrschten Verfahrensarten ist keine aus dem „Prozeßrechtsverhältnis" entspringende, ja überhaupt keine eigentümliche Parteipflicht. Denn sie liegt der Partei nicht als solcher, sondern als Beweismittel ob[634a]). Sie steht auf einer Stufe mit der Erscheinungspflicht des Zeugen und Sachverständigen und ist mithin, wie diese, eine aus dem Staatsverhältnis fließende staatsbürgerliche Pflicht[635]).

Eine unzweifelhafte Handlungspflicht ist weiter die Pflicht zur Leistung des Offenbarungseides in §§ 807, 883 ZPO., 125 KO. Indessen diese erst in der Vollstreckungsinstanz[636]) bestehende Pflicht kann nicht dem „Prozeßrechtsverhältnis" im Entscheidungsverfahren — mit dem wir es hier zu tun haben — entspringen. Sie entspringt übrigens auch nicht dem „Prozeßrechtsverhältnis im Vollstreckungsverfahren", das mitunter[637]) angenommen wird und womöglich noch wertloser ist als das „Prozeßrechtsverhältnis" im Entscheidungsverfahren. Vielmehr gehört sie zum Inhalt des materiellen (konkreten) staatlichen Vollstreckungsrechts[638])[638a]).

Auch die Pflicht zur Zahlung der Prozeßkosten ist — abgesehen von der Nötigung zur Vorschußzahlung in §§ 379, 519 VI, 554 VII ZPO., 74 II, III, 83 III, 84 I S. 2, 85 V GKG. und zur Erstattung der Kosten des früheren Verfahrens in §§ 271 IV, 274 I Nr. 6 ZPO., die eine echte prozessuale Last ist[639]) — eine Handlungspflicht. Hier ist aber zu unter-

---

erschienene Partei zieht keine Zwangsmittel nach sich, sondern es können daraus nur der Partei nachteilige Schlüsse gezogen werden.

[634a]) Gerade umgekehrt BENNECKE-BELING, 375.

[635]) Vgl. auch oben zu Anm. 621.

[636]) Vgl. schon BÜLOW, ZivArch. LXII 64.

[637]) So z. B. von HELLWIG, Klagr. u. Klagmögl., 21.

[638]) Also des ius exequendi, was nicht hindert, daß sie auch auf Grund des aus einem ungerechtfertigten Vollstreckungstitel entstehenden ius executionis geltend gemacht werden kann; vgl. darüber GOLDSCHMIDT, Ungerechtfert. VollstreckBetr., 78.

[638a]) Entsprechendes wie von der Pflicht zur Leistung des Offenbarungseides in der Vollstreckungsinstanz gilt von den besonderen Pflichten des Gemeinschuldners (Auskunfts-, Residenzpflicht, §§ 100, 101 KO.) und würde von der mitunter (so z. B. von STÖLZEL, Schulung, I 46; v. CANSTEIN, I³ 726ff; vgl. auch SIEGEL, Vorlegung von Urkunden, 114ff.) als besondere prozessuale Pflicht aufgestellten Leistungspflicht gelten, wenn eine solche anzunehmen wäre. So allenfalls in bezug auf den Zahlungsbefehl (§ 692 ZPO.), in bezug auf das Leistungsurteil nur, wenn es wirklich einen Leistungsbefehl an den Beklagten enthielte; gegen eine solche Annahme GOLDSCHMIDT, Ungerechtfert. Vollstreck.-Betrieb, 46ff.: das Leistungsurteil enthält nur einen Vollstreckungsbefehl an die Vollstreckungsorgane. Was KUTTNER, Urteilswirkungen, 23 Anm. 18, mir entgegengehalten hat, ist nicht stichhaltig. In §§ 283, 325 II BGB. handelt es sich nach KUTTNERS eigenen Feststellungen (Privatrechtl. Nebenwirk., 56ff.) um eine privatrechtliche Nebenwirkung des Leistungsurteils. § 255 ZPO. räumt dem Leistungskläger ein besonderes Gestaltungsklagrecht ein, und § 888 II ZPO., sowie die auf Grund des § 15 Nr. 3 EG. ZPO. erlassenen landesgesetzlichen Vollstreckungsverbote sind anerkanntermaßen Ausnahmen, — welche die Regel bestätigen.

[639]) In Beschränkung auf diese Fälle könnte R. SCHMIDT, 1046, der meint, man spreche besser von „Kostenlast", zugestimmt werden.

scheiden. Die Kostenvorschuß- und Kostenzahlungspflicht gegenüber der Staatskasse[640]) ist nicht anders zu beurteilen als die Pflicht zur Zahlung irgendwelcher anderen Gebühren und Auslagen an eine öffentliche Kasse. Wenn Hellwig[641]) auch diese Pflicht ihre Grundlage in dem „Prozeßverhältnisse" finden läßt, so steht das schon im Widerspruch dazu, daß nach ihm die Kostenpflicht gegenüber dem Staate bereits mit der Einreichung der Klage[642]), das „Prozeßverhältnis" aber erst mit deren Zustellung[643]) entsteht. In der Tat läßt sich nur sagen, daß der Rechtsgrund der Prozeßkostenpflicht gegenüber dem Staate der allgemein staatsrechtliche jeder Gebührenpflicht[644]) ist: die besondere Inanspruchnahme staatlicher Tätigkeit[645]).

Anders steht es hinsichtlich der Kostenerstattungspflicht der Partei gegenüber dem Gegner. Auch sie soll nach Hellwig[646]) ihre Grundlage in dem „Prozeßverhältnisse" haben, nach Kohler[647]) sich wenigstens mit dem „Prozeßverhältnis" „entwickeln", während früher Kohler[648]) die Kostenerstattungspflicht zwar als die „einzige aus dem Prozesse als solchem entspringende Pflicht" bezeichnete, zugleich aber ausdrücklich hervorhob, daß sie dem „Faktum des Prozesses", nicht aber der „Rechtsverhältnisnatur desselben" entstamme[649]). Indessen bei näherem Zusehen ergibt sich, daß die Spitze dieser Auffassungen sich gegen die Meinung kehrt, die Kostenerstattungspflicht beruhe, wie im früheren römischen Recht (§ 1 Inst. 4, 16)[650]), auf schuldhaft rechtswidriger Prozeßführung oder sei gar ein Ausfluß des den Prozeßgegenstand bildenden materiellen Rechtsverhältnisses. Und allerdings möchte ich nicht einmal annehmen, daß die Prozeßkostenerstattungspflicht, wie die — private oder staatliche — Entschädigungspflicht für ungerechtfertigten Vollstreckungsbetrieb[651]) in der objektiven Widerrechtlichkeit des Vollstreckungsbetriebes, so in der objektiven Widerrechtlichkeit der Prozeßführung wurzelt[652]). Sondern Rechtsgrund der Kostenerstattungspflicht ist schlechthin der Sieg im Prozesse[653]), wie der Sieg

[640]) Vgl. dazu R. Schmidt, § 163; Weismann, II § 191.

[641]) Syst. I, § 223 zu Anm. 16a.

[642]) Hellwig, Syst. I, § 223 Anm. 17. Hellwig spricht a. a. O. zwar von der Prozeßkostenpflicht im allgemeinen, denkt aber offenbar besonders an die Prozeßkostenpflicht gegenüber dem Staate.

[643]) Hellwig, Syst. I, § 138 III.

[644]) Vgl. Fleiner, 395.

[645]) Übereinstimmend R. Schmidt, § 163 I. Daran ändert auch der schon die Kostenerstattungspflicht berücksichtigende § 79 GKG. nichts.

[646]) Lehrb. II, § 71 zu Anm. 37; Syst. I, § 223 zu Anm. 16a; vgl. auch Sauer, 180.

[647]) Enz. § 64.

[648]) Prozeß, § 20.

[649]) Kohler folgert daraus, daß die Kostenerstattungspflicht auch dann entstehe, wenn das „Prozeßrechtsverhältnis" in Ermangelung einer „Prozeßvoraussetzung" nichtig sei.

[650]) Vgl. Wetzell, 562ff.; Görres, Z. XXXV 339.

[651]) Vgl. darüber Goldschmidt, Ungerechtfert. VollstreckBetr., 73ff.; Entschädigungspflicht, 116ff.

[652]) So insbes. Görres, 341ff.; Hellwig, Lehrb. II 48; Syst. I 749 (wo er von „prozessualer" Rechtswidrigkeit spricht; dazu unter Anm. 671); Stein, vor § 91 zu Anm. 6; O. Geib, 196/7; Birkmeyer, 127.

[653]) So besonders Kohler, Prozeß, § 20; Enz. § 64.

im Kriege der alleinige Rechtsgrund des Anspruches auf Zahlung der Kriegskosten ist[653a]). Die Richtigkeit dieses Prinzips wird nicht dadurch erschüttert, daß bei Nichtveranlassung des Rechtsstreits durch den unterliegenden Beklagten (§ 93)[654]) oder Veranlassung des Streitens durch den siegenden Kläger (§ 94), bei einzelnen erfolglos gebliebenen Angriffs- oder Verteidigungsmitteln (§ 96), bei einfacher (§§ 95, 238 III, 344) oder schuldhafter (§§ 95, 97 II, 278 II, 283 II)[655]) Säumnis die Prozeßkosten ganz oder teilweise den Sieger treffen[655a]). Denn auch in diesen Fällen bestimmt sich die Kostenerstattungspflicht nicht nach dem materiellen Rechtsverhältnis, sondern nach irgendeiner Teillage des Prozesses.

Dagegen entstammt die Kostenerstattungspflicht in der Tat nur dem „Faktum des Prozesses", nicht aber der — angeblichen — „Rechtsverhältnisnatur desselben"[656]), und sie ist weiter überhaupt keine publizistische[657]), sondern, ungeachtet ihres prozeßrechtlichen Tatbestandes, ihrer erschöpfenden Regelung in der ZPO. und der — regelmäßigen[658]) — Adhäsionsnatur[659]) ihrer Eintreibbarkeit, eine privatrechtliche[660]).

3. Unterlassungspflichten der Parteien.

(§ 11.)

Es hat sich mithin ergeben, daß BÜLOW im Recht ist[661]), wenn er prozessuale Handlungspflichten der Parteien abgelehnt hat. Bleibt die Frage, ob es nicht aber Unterlassungspflichten der Parteien gibt, die ihren Rechtsgrund in dem „Prozeßverhältnis" finden.

Aus diesen scheidet sofort aus die von v. CANSTEIN[662]) dazu gerechnete Pflicht des Klägers, vom Augenblick der Einlassung ab im Pro-

[653a]) Daß unsere Feinde — Art. 231 des Versailler Vertrages — sich so sehr bemühen, ihre Ansprüche auf Deutschlands „Schuld" am Kriege zurückzuführen, erklärt sich daraus, daß sie Deutschland verantwortlich machen: „de toutes les pertes et de tous les dommages subis par les Gouvernements alliés et associés et leurs nationaux en conséquence de la guerre".

[654]) Analoge Anwendung des § 93 auf die Veranlassung des Rechtsstreits durch den siegenden Beklagten; vgl. HELLWIG, Syst. I, § 224 I 3, § 194 IV.

[655]) Vgl. dazu unten hinter Anm. 686.

[655a]) Vgl. auch unten Anm. 692a.

[656]) Vgl. KOHLER, oben zu Anm. 649.

[657]) So KOHLER, Prozeß, 82.

[658]) Anders nur im Falle der §§ 271 III, 515 III, 566 ZPO. Dagegen sind keine Ausnahmen die Kostenentscheidung innerhalb des Rechtsstreits bei seiner Erledigung in der Hauptsache (§ 628 ZPO., sowie die von der Praxis noch hierher gezogenen Fälle, vgl. HELLWIG, Syst. I, §§ 194 IV, 224 I 3; STEIN, Nr. III zu § 91), andererseits die selbständige Einklagbarkeit des auf Grund besonderen Privatrechtstitels bestehenden Kostenerstattungsanspruchs (vgl. STEIN, Nr. III vor § 91, zu Anm. 7 zu § 99.

[659]) Vgl. RGEZ. XXII 423.

[660]) Übereinstimmend GÖRRES, Z. XXXV 347ff.; STEIN, zu Anm. 14 vor § 91; vgl. meine im Prinzip auch hier anwendbaren Ausführungen, Entschädigungspflicht, 139ff.; sowie auch oben in Anm. 622. Das im Text Gesagte gilt sogar für die Kostenerstattungspflicht im strafprozessualen Privatklageverfahren; vgl. unten Anm. 2514.

[661]) Vgl. oben zu Anm. 464b.

[662]) Z. XVI 43.

zesse auszuharren (§ 271 I ZPO.), die sog. klägerische „Prozeßobligation"[663]). Denn weder hier[664]), noch bei sonstigen[665]) Verboten der Zurücknahme oder Abänderung einer Prozeßhandlung handelt es sich um eine Pflicht. Sondern ein Zurücknahmeverbot bedeutet einfach, daß die dessen ungeachtet erfolgte Zurücknahme unwirksam (unbeachtlich) ist; so — außer in § 271 I ZPO. — z. B. auch in den Fällen der §§ 290, 399, 436, 458, 470, 515 I, 566 ZPO., sowie des dem Klagrücknahmeverbot in § 271 I ZPO. parallelen Verbots der Zurücknahme der öffentlichen Klage in § 156 StPO. (sog. Immutabilitätsprinzip)[666]) und der §§ 302 I S. 2, 303, 391 I, 404 II, 411 I, 416 II, 422 III StPO.; 64 I StGB. In solchen Fällen haben wir es zunächst nur mit einer Norm betreffend die Wirksamkeit (Beachtlichkeit) einer Prozeßhandlung zu tun, die freilich zugleich eine „unverrückbare Situation"[667]) innerhalb des Prozesses schafft. Ein Abänderungsverbot kann aber auch, so besonders in §§ 264, 527 ZPO.[668]), die Bedeutung haben, daß die dessen ungeachtet erfolgte Abänderung zur Zurückweisung der unzulässigerweise abgeänderten Prozeßhandlung führt. In solchem Falle haben wir es mit einer Nötigung zu tun, bei Vermeidung eigenen prozessualen Nachteils die Abänderung zu unterlassen. Ob man diese Nötigung zur Unterlassung als Last bezeichnen soll, mag vor der Hand[669]) dahingestellt bleiben. Hier genügt die Feststellung, daß diese Nötigung, der nachzukommen nur der Genötigte selbst ein Interesse hat, jedenfalls in dem hier wesentlichen Punkte einer Last gleichkommt und nichts von einer Pflicht an sich hat[670]) [671]).

Dagegen sind drei Unterlassungspflichten in neuerer Zeit mit Energie als prozessuale proklamiert worden, die Pflicht zur Unterlassung der

---

663) Vgl. über diese besonders R. SCHMIDT, Klagänderung, 1, 166.

664) Gegen eine solche Pflicht schon LANGHEINEKEN, 75.

665) Wo v. CANSTEIN, I² 254; Z. XVI 11, 43, gleichfalls Verharrungs- = Unterlassungspflichten annimmt.

666) Wenn auch für diesen Fall z. B. ROSENFELD, 56, von einer „Pflicht zur Durchführung der Strafklage" spricht, so meint er damit nicht eine den Inhalt des Klagrücknahmeverbots bildende Unterlassungspflicht, sondern eine seine Folge bildende Handlungspflicht, die ihrerseits nur ein Teilinhalt der sich aus § 152 I StPO. (vgl. oben Anm. 451) ergebenden Organschaftspflicht der Staatsanwaltschaft überhaupt ist. Man darf deshalb auch nur in diesem Sinne — mit ROSENFELD, 56, — die „Pflicht zur Durchführung der Strafklage als „Kehrseite" der sich aus § 152 II StPO. (Legalitätsprinzip) ergebenden Pflicht zu ihrer Erhebung bezeichnen. Als solcher enthält § 156 StPO. keine „Pflicht". Zutreffend spricht § 156 StPO. von einem „Nichtkönnen", nicht von einem „Nichtdürfen" der Klagzurücknahme. Es wäre auch eine seltsame „Pflicht", die im Falle ihrer Verletzung als erfüllt gelten würde.

667) Vgl. KOHLER, Prozeß, 64. Über den Begriff der prozessualen Lage vgl. ausführlich unten § 19.

668) Vgl. STEIN, Nr. VII 2 zu § 268 ZPO., bei Anm. 94; anders freilich VII 1, bei Anm. 85 das. (dazu unten zu Anm. 1914 und in Anm. 2009 a. E.).

669) Vgl. dazu unten § 23 IV.

670) Vgl. über den Unterschied von Pflicht und Last hier vorläufig wieder die oben in Anm. 468b Zitierten.

671) Im Widerspruch zu den Ausführungen des Textes hält F. KLEIN, Parteihandlung, 59ff., alle unwirksamen (unbeachtlichen) oder der Zurückweisung

Lüge, der bewußten Stellung offensichtlich ungerechtfertigter Anträge (des sog. Prozeßmutwillens) und der Verschleppung[672]) [673]).

unterliegenden Parteihandlungen für „unerlaubt“, m. a. W. für gegen eine Unterlassungspflicht verstoßend (vgl. auch v. CANSTEIN, I^2 254; SAUER, 107ff.). Wenn er sich indessen zur Stütze darauf beruft, daß — nach der österr. AGO. v. 1781/1796 — „mit der Zurückweisung eines Antrages oder der Ausscheidung einer Behauptung die Verhängung von Strafnachteilen verbunden sein kann“ (61; „kann“ im Orig. nicht gesperrt), so ist das nicht beweisend. Denn da die Verhängung von Strafnachteilen doch nur mit der schuldhaften Parteihandlung verbunden sein kann (trotz der von KLEIN, 123ff., 140ff., erwähnten Erleichterungen des Schuldbeweises), so ließe sich zunächst die Frage aufwerfen, ob hier nicht ein Fall vorliege (vgl. dazu BELING, Verbrechen, 142; NAGLER, Festschr. f. BINDING, 16 Anm. 8; H. A. FISCHER, Rechtswidrigkeit, 137ff., 288/9, 293; M. E. MAYER, Lehrb., 12, 185ff.; vgl. jetzt auch MEZGER, Die subjektiven Unrechtselemente G.S. LXXXIX 207ff.), in dem erst die tadelnswerte Zwecksetzung die Widerrechtlichkeit der Parteihandlung begründe. Tatsächlich legen F. KLEINS eigene Ausführungen (vgl. die von ihm der Sache nach aufgestellten, unten zu Anm. 672 aufgeführten Pflichten, sowie gelegentlich ausdrücklich 169: „jede zur Schuld zurechenbare Verspätung“ mache das „Behaupten widerrechtlich“; 207: „die Verspätung“ sei „nur innerhalb der Grenzen zurechenbarer Schuld als widerrechtlich zu behandeln“) eine Bejahung der aufgeworfenen Frage nahe (vgl. freilich HELLWIG, Lehrb. II, § 71 Anm. 35; Syst. I, § 155 I Abs. 2). Aber ganz abgesehen davon sind doch jedenfalls die Unwirksamkeit (Unbeachtlichkeit) und auch (vgl. unten zu Anm. 682a) die Zurückweisung von Parteihandlungen selbst nur ausnahmsweise (vgl. z. B. § 52 Nr. 1—3 I 23 preuß. AGO. —, dazu aber unten Anm. 682a —; auch § 39 V Reichs-Umsatzsteuer-Ges. v. 24. Dez. 1919) Strafen, und sie knüpfen dnen auch an ganz andere Eigenschaften der Parteihandlung an als an ihre Widerrechtlichkeit; vgl. ausführlich unten § 25 II. Es bedarf also nicht erst des Hinweises, daß der von F. KLEIN (59ff., 210ff.) entwickelte und in den Mittelpunkt gestellte Begriff einer rein prozeßrechtlichen Widerrechtlichkeit in dem Augenblick ein problematische wird, in dem sich — wie sofort im Text zu zeigen — auch die letzten sog. prozessualen Pflichten (zur Unterlassung der Lüge, der bewußten Stellung offensichtlich ungerechtfertigter Anträge und der Verschleppung), wennschon als existent, so doch nicht — wie F. KLEIN, 211/2, annimmt — als dem „Prozeßrechtsverhältnis“ zugehörig erweisen. Das Prozeßrecht ist eben, selbst wenn man es vom Standpunkt der üblichen materiellrechtlichen Auffassung aus betrachtet, in letzter Linie keine Ordnung subjektiver Rechte und Pflichten. Das habe ich bereits früher (Ungerechtfert. VollstreckBetr., 20, 74, besonders 74 Anm. 1) angedeutet (abweichend BELING, Grenzlinien, 15ff., trotz 12 Anm. 1 das.; dazu unten zu Anm. 730). Es erheischt aber überhaupt andere juristische Kategorien, als sie die materiellrechtliche Betrachtungsweise zur Verfügung stellt. Das hoffe ich, in dieser Schrift darzutun.

672) Vgl. schon DEGENKOLB, 41ff.; Beitr. 63; ZivArch. CIII 394; ferner insbesondere F. KLEIN, Parteihandlung, 107ff.; GÖRRES, Z. XXXIV 1ff.; HELLWIG, Lehrb. II §§ 71, 72; Syst. I §§ 139, 154/5; DJZ. XIV 137; BINDING, Lehrb. II 2, 516/7; DJZ. XIV 161; O. GEIB, 195ff.; KLEINFELLER, §§ 12 II, 58 II; KOHLER, Prozeß, 80 Anm. 2; Tag, Nr. v. 13. Febr. 1909; SCHWARTZ, Zivilprozeßreform, 156; TRUTTER, Bona fides, 73ff.; WEISMANN, I 345ff.; SCHÜLER, 80ff. Eine Darstellung des Standes des Streits über die Prozeßlüge gibt R. SCHULTZ, Rechtsgang I 369ff., 424ff.; seither SAUER, 180; WACH, Grundfragen, 31ff., und insbesondere WURZER, Z. XLVIII 463ff.; SCHULTZENSTEIN, KANN, HEILBERG, JWSchr. 1920, 871ff., 874ff., 875ff.; FRITZSCHE, 27ff.; ROSENBERG, Beweislast, 81ff. (unten Anm. 711b). Über die Lüge im Verwaltungsstreitverfahren SCHULTZENSTEIN, Verwaltungsarchiv XXIV 38ff.

673) Von der mitunter (z. B. von HELLWIG, Syst. I, § 155 II a. E., III 1) aus § 890 ZPO. hergeleiteten prozessualen Unterlassungspflicht gilt dasselbe, wie

Hier ist indessen zunächst darauf hinzuweisen, daß die Nötigung der Parteien zu rechtzeitiger Vorbringung ihrer Rechtsbehelfe, mag sie nun in Form der Eventualmaxime oder einer gerichtlichen Zurückweisungsbefugnis oder peremtorischer Fristen oder Termine erscheinen, so wenig, wie die Nötigung zur Beobachtung bestimmter Formen, als Erscheinungsform einer Pflicht zur Unterlassung der Prozeßverschleppung angesehen werden darf. Sie ist vielmehr eine bloße Last[674]), deren sich zu entledigen nur die damit belastete Partei selbst ein Interesse hat, da die Versäumung die Ausschließung der nicht rechtzeitig vorgenommenen Handlung nach sich zieht. Es gibt eine poena praeclusi so wenig wie eine poena confessi[675]). Das hat schon F. KLEIN[676]) erkannt, wenn er feststellt, daß die bloße Unterlassung rechtzeitigen Vorbringens kein Prozeßdelikt sein könne, da es im Belieben der Partei stehe, ob sie überhaupt handeln wolle oder nicht. F. KLEIN kommt zu dem Ergebnis, daß widerrechtlich erst das verspätete Vorbringen sei, und daß erst dieses gegen die Pflicht zur Unterlassung der Prozeßverschleppung verstoße. Hierbei aber hat er das Bedenken nicht beseitigen können, daß, soweit das Schuldmoment hier eine Rolle spielt — so für die Zulässigkeit der Nachholung, der Wiedereinsetzung in den vorigen Stand oder für die Kostenfolgen —, es immer auf die Schuldlosigkeit oder Schuldhaftigkeit der Versäumung, nicht der Nachbringung ankommt (vgl. z. B. §§ 233ff., 251a I S. 4, 274 III, 279, 279a S. 2, 283 II, 367 II, 529 II, III, V, 579 II, 582, 626, 767 III, bzw. 95, 97 II, 278 II,

von der angeblich aus einem Leistungsurteil entspringenden prozessualen Leistungspflicht überhaupt; vgl. oben Anm. 638a. Und die — vor- und innerprozessuale — Auflage, sich der Urkundenbeseitigung zu enthalten, ist in § 444 ZPO. (vgl. schon c. 20 Cod. 4, 19) ebenso zu einer, wenn auch minder vollkommenen (vgl. schon oben zu Anm. 626c), prozessualen Last (unbeschadet des oben zu Anm. 669 hervorgehobenen Gesichtspunktes) ausgestaltet wie die Urkundeneditionslast (vgl. oben hinter Anm. 623). (Daß man in Fällen wie in dem des § 444 nicht von einer „strafweisen Umkehrung der Beweislast" sprechen darf, darüber vgl. schon STEIN, Nr. IV 7b zu § 282.) Demzufolge ist auch die Beschränkung des § 444 ZPO. auf die Beseitigung fremder Urkunden durch STEIN, Nr. I zu § 444, nicht zu billigen; wie hier SEUFFERT, Nr. 2b zu § 444; folgewidrig SKONIETZKI-GELPCKE, Nr. 6 zu § 444, die § 444 für eine „selbständige prozessuale Strafbestimmung", dessenungeachtet es aber für gleichgültig erklären, daß die Partei infolge eines ihr zustehenden ausschließlichen Verfügungsrechts über die beseitigte Urkunde nicht widerrechtlich gehandelt hat. Nicht zutreffend auch KOHLER, Prozeß, 69, wenn er die Urkundenbeseitigung des § 444 ZPO. als „zivilistische Verfehlung" bezeichnet. Unberührt von § 444 ZPO. bleibt die durch § 274 Nr. 1 StGB. sanktionierte Pflicht zur Unterlassung der Unterdrückung fremder Urkunden. Daß diese Pflicht unabhängig von einem „Prozeßverhältnis" zwischen dem Täter und dem Eigentümer der unterdrückten Urkunde ist, wird nicht der Ausführung bedürfen. Die endlich von KLEINFELLER, § 12 III, aufgestellten Pflichten der Parteien im Verhältnis untereinander zur Duldung der einzelnen staatlichen Rechtsschutzhandlungen entbehren jedes Anhalts im positiven Recht. Daß es keine Pflicht des Beklagten zur Duldung des Prozesses überhaupt gebe, erkennt KLEINFELLER, § 62 II 3, selbst an.

[674]) Anders GÖRRES, Z. XXXIV 11, der von einer Handlungspflicht zu rechtzeitigem Handeln spricht; ebenso v. CANSTEIN, I^2 254, I^3 728 Anm. 1.

[675]) Vgl. oben Anm. 581.

[676]) Parteihandlung, 150/1; vgl. auch ROSENBERG, Beweislast, 69ff.

283 II dtsch. ZPO., 39 dtsch. GKG.). Das wird besonders deutlich, wenn man sich vorstellt, daß ein Rechtsnachfolger oder ein neuer gesetzlicher Vertreter oder auch nur ein neuer Prozeßbevollmächtigter in den Prozeß eingetreten sind, denen man zwar die schuldhafte Versäumung ihrer Vorgänger zurechnen, nicht aber ihr eigenes verspätetes Vorbringen als Schuld auslegen kann. An eine quasi-actio libera in causa[676a]) wird man hier niemals denken dürfen, da man doch nicht gut behaupten kann, daß sich die Partei bei ihrem verspäteten Vorbringen in einem „Notstande" befinde, und da die Schuld sich auch nur auf die Versäumung, nicht auf das dadurch voraussichtlich verursachte prozeßverzögernde Nachbringen zu beziehen braucht. Die KLEINsche Ersetzung der von ihm zutreffend als nicht bestehend erkannten Handlungspflicht zu rechtzeitigem Vorbringen durch eine Pflicht zur Unterlassung verspäteten Vorbringens scheitert also daran, daß die Versäumung des rechtzeitigen Vorbringens nicht widerrechtlich, das verspätete Vorbringen aber nicht schuldhaft ist.

Wie erklärt sich dann aber das hier unzweifelhaft eine Rolle spielende Schuldmoment? Hat nicht KLEIN recht, wenn er[677]) postuliert: „Alle Schuld setzt Ungehorsam gegen ein Gebot oder Verbot voraus"? Die Lösung liefert die z. Zt. der KLEINschen Schrift noch unbekannte, erst von ZITELMANN[678]) entdeckte Kategorie des „Verschuldens gegen sich selbst". Die schuldhafte Versäumung rechtzeitiger Vorbringung eines prozessualen Rechtsbehelfs ist, als schuldhafte Versäumung einer Last, ein Verschulden gegen sich selbst, wie es z. B. die schuldhafte Verzögerung der Anfechtung in § 121 I, der Forderungsbeitreibung in § 777 I, der Verfolgung in § 960 II, der Stellung des Antrages oder des Erlasses der Aufforderung in § 2045 S. 2 BGB.[679]) sind. Das gilt selbstverständlich auch, soweit das Gesetz (§§ 279, 283 II, 529 II, III, auch 626 ZPO.) von einer Versäumung „aus grober Nachlässigkeit" spricht. Es gilt aber auch, soweit es (in denselben Paragraphen) auf eine Versäumung „in der Absicht, den Prozeß zu verschleppen", abzielt, genau so, wie die unvollständige oder unrichtige Inventarisierung oder Verweigerung oder Verzögerung der Auskunft gegenüber dem inventarisierenden Beamten in § 2005 BGB. ein Verschulden gegen sich selbst bleibt[680]), mag sie auch „absichtlich", insbesondere „in der Absicht, die Nachlaßgläubiger zu benachteiligen", geschehen sein. Denn maßgebend bleibt, daß, so wenig hier eine Rechtspflicht zur Inventarisierung, so dort eine Rechtspflicht zur Vorbringung der Verteidigungs- oder Beweismittel besteht. Die über den objektiven Tatbestand, der Verletzung einer bloßen Pflicht gegen sich selbst, der Versäumung, sich einer Last zu entledigen, hinausreichende, auf eine wirkliche Rechtspflichtverletzung gerichtete

---

676a) Vgl. GOLDSCHMIDT, Notstand, 52/3.
677) Parteihandlung, 151.
678) Allg. Teil, 166ff.; vgl. schon oben Anm. 582.
679) Beispiele ZITELMANNS, a. a. O., 170.
680) Vgl. ZITELMANN, a. a. O., 170.

Absicht erinnert an kriminalistische Parallelen, so an die von BINDING[681]) so genannten „coupierten Erfolgsverbrechen" (bei denen auch eine über den objektiven Tatbestand hinausreichende Erfolgsabsicht vorliegt) oder die Defraude, d. i. die in Hinterziehungsabsicht begangene Übertretung einer Finanzvorschrift. Auch letztere bleibt ein Verwaltungsdelikt trotz ihrer auf einen kriminellen Erfolg gerichteten Absicht[682]).

Erweist sich danach das bei der Versäumung von Prozeßhandlungen eine Rolle spielende Schuldmoment als ein mit der Versäumung als solcher verbundenes Verschulden gegen sich selbst, so ist bezüglich des verspäteten Vorbringens sowenig wie von einer Schuld von einer Widerrechtlichkeit die Rede. Die Zurückweisung verspäteten Vorbringens (233ff., 251a I S. 4, 274 III, 279, 279a S. 2, 283 II, 356, 364 III, 367 II, 529 II, III, V, 579 II, 582, 626, 767 III ZPO.; auch in §§ 44ff., 235, 329 II, 359 Nr. 5 S. 2, 391 IV, 412 II StPO.) ist keine Strafe[682a]). Das von F. KLEIN[683]) für die gegenteilige Behauptung verwertete Schuldmoment in den Voraussetzungen des Zurückweisungsrechts kann ihr nach dem Gesagten nicht mehr zur Stütze dienen[683a]), und damit schwebt KLEINS gesamte Aufstellung von der Widerrechtlichkeit des verspäteten Vorbringens und von seiner Zurückweisung als Unrechtsfolge[684]) in der Luft. In der Tat knüpft die Zurückweisung einer Parteihandlung an ganz andere Eigenschaften derselben an als an ihre Widerrechtlichkeit[685]), und bezüglich der Nötigung zur Vermeidung dieses prozessualen Nachteils gilt das bereits oben[686]) bei der angeblichen „Verharrungspflicht" Ausgeführte: nur der Genötigte hat an der Vermeidung der Zurückweisung ein Interesse, die Nötigung zur Unterlassung verspäteten Vorbringens ist mithin keine Pflicht, sondern kommt in dem hier wesentlichen Punkte einer Last gleich. Folgerichtig sind auch die Kostenfolgen einer durch schuldhafte Versäumung verursachten Prozeßverzögerung (§§ 95, 97 II, 278 II, 283 II ZPO., 39 GKG., 467 I StPO.) sowenig Strafen, wie die einer durch einfache Versäumung verursachten (§§ 95, 238 III, 344 ZPO., 142 III KO., 473 III StPO.)[686a]). Wäre es anders, so könnten eben jene Kostenfolgen der Partei nicht in Fällen auferlegt werden, in denen sie zu der versäumten Prozeßhandlung rechtlich nicht verpflichtet war (wie z. B. nicht nur — offensichtlich — in den

---

681) Lehrb. I 12. Vgl. auch M. E. MAYER, Lehrb. 123.

682) GOLDSCHMIDT, Verwaltungsstrafrecht, 426ff.

682a) Anders F. KLEIN, Parteihandlung, 222ff.; HELLWIG, Syst. I § 155 III 2; vgl. auch § 52 Nr. 3 I 23 preuß. AGO., von dem aber m. E. das oben in Anm. 581 a. E. Gesagte gilt.

683) Parteihandlung, 222ff.

683a) Die in § 179 II österr. ZPO. bei Unterlassung rechtzeitigen Vorbringens von Angaben und Beweisen in Verschleppungsabsicht angedrohte Ordnungsstrafe gilt nur dem Advokaten, dem dabei „ein grobes Verschulden", d. i. eine Verletzung der Standespflicht „zur Last fällt".

684) Vgl. schon oben Anm. 671.

685) Oben Anm. 671, sowie besonders unten § 25 II.

686) Zu Anm 669, 670.

686a) Anders HELLWIG, Syst. I, § 155 III 1; WURZER, Z. XLVIII 476.

Fällen der §§ 97 II, 278 II, 283 II ZPO., sondern auch in den Fällen der §§ 129ff., 272, 141, 142/3 ZPO., 222 StPO., in Verbindung mit §§ 95 ZPO., 39 GKG., 467 I StPO.[687])).

Danach ist das Ergebnis, daß die von F. KLEIN[688]) getadelte „herkömmliche theoretische Auffassung" das Richtige traf, wenn sie die Nötigung der Parteien zu rechtzeitigem Handeln, insbesondere durch die Eventualmaxime oder peremtorische Fristen und Termine, nur unter dem Gesichtspunkt der „Versäumnis", d. i. des Sich-nicht-Entledigens einer Last, betrachtete und nur die Parteihandlungen, „welche nach der Intention der Partei eine Verschleppung des Rechtsstreits bewirken sollten", unter dem Gesichtspunkt der Prozeßverschleppung, d. i. des Delikts, „an den Pranger stellte". Denn wenn natürlich auch rechtspolitisch, ihrem gesetzgeberischen Motiv nach die Eventualmaxime, die gerichtliche Zurückweisungsbefugnis, die peremtorischen Fristen oder Termine Mittel zur Bekämpfung der Prozeßverschleppung sind, so können doch rechtsdogmatisch, tatbestandsmäßig nur die zum Zwecke der Verschleppung vorgenommenen Prozeßhandlungen ein Delikt, d. i. eine schuldhafte Verletzung der Rechtspflicht zur Unterlassung der Prozeßverschleppung, darstellen. Dessen wird man am besten inne, wenn man sieht, daß im Strafprozeß, dessen Prozeßordnung Bestimmungen wie §§ 279, 279a, 283 II, 529 II, III, V, 626 ZPO. nicht kennt (§ 246 I StPO.), doch die Rechtsprechung[689]) immer ein Vorbringen, welches lediglich dem Zwecke der Verschleppung dient, zurückgewiesen hat. Zwar braucht man auch insoweit eine Rechtspflicht zur Unterlassung von Verschleppungshandlungen nicht zu unterstellen. Denn die bloße Zurückweisung solcher Verschleppungshandlungen ist an sich weder Strafe, noch überhaupt Unrechtsfolge[690]), sondern erklärt sich vielmehr hier ganz besonders einleuchtend durch die Erwägung, daß „lediglich unter der trügerischen Form"[690a]) einer Prozeßhandlung in Wahrheit überhaupt keine solche, sondern eben eine Verschleppungshandlung vorliegt[690b]). Es wird mithin auch hier eines besonderen, für das geltende deutsche Prozeßrecht nicht zu erbringenden Nachweises bedürfen, um darzutun, daß die unzweifelhafte moralische Pflicht, Verschleppungshandlungen zu unterlassen, zu einer Rechtspflicht erhoben ist. Immerhin steht aber hier der Annahme einer Rechts-

---

687) Vgl. oben Anm. 626b, zu Anm. 627e. Nicht hierher gehörig natürlich § 467 I StPO., wenn man ihn nur auf eine Verletzung der Erscheinungspflicht (vgl. oben zu Anm. 633/4) bezieht (wie dies anscheinend LÖWE-ROSENB., Nr. 1 zu §· 467 [499] StPO. tun). Im Falle des § 102 ZPO. liegt wiederum — vgl. oben Anm. 683a — die Verletzung einer besonderen Dienst- oder Standespflicht oder einer privatrechtlichen Pflicht, im Falle des § 469 StPO. die Verletzung der dem § 164 StGB. unterliegenden Norm zugrunde; vgl. aber unten Anm. 1814.

688) Parteihandlung, 145.

689) RGESt. XII 335; XIII 151; weitere Angaben s. bei LÖWE-ROSENB., Nr. 12b zu § 244 (243).

690) Vgl. oben Anm. 671 und zu Anm. 684.

690a) RGESt. XIII 153.

690b) Vgl. dazu unten Anm. 2157a, zu Anm. 2161.

pflicht nicht der Umstand entgegen, daß die Rechtsordnung die fragliche Parteiauflage positiv als rechtliche Last ausgemünzt hat.

Danach landen wir bei der Feststellung, daß die angebliche Pflicht zur Unterlassung der Prozeßverschleppung zum größten Teil nichts als die Last der Parteien zu rechtzeitiger Vorbringung ihrer Rechtsbehelfe, im übrigen wenigstens im geltenden deutschen Prozeßrecht eine bloße moralische Pflicht[691]) ist. Die angebliche Rechtspflicht zur Unterlassung der bewußten Stellung offensichtlich ungerechtfertigter Anträge (des sog. Prozeßmutwillens (vgl. z. B. § 349 I S. 2 StPO.) stand schon im früheren deutschen Prozeßrecht auf den sehr schwachen Füßen des § 47 II GKG. alt. Fass. Diese Kostenbestimmung schrieb nur unter Umständen für eine an sich gebührenfreie Handlung die Erhebung einer Gebühr vor[691a]), Daß der Eintritt dieses Kostennachteils an ein „Verschulden" der Partei geknüpft war, reichte nicht aus, seine Strafnatur und damit das Dasein einer — dem Staate gegenüber bestehenden — Rechtspflicht zur Unterlassung der Veranlassung des an sich gebührenfreien Verfahrens zu erweisen[692]). Es blieb die Möglichkeit, daß das schuldhafte Aufsichziehen jenes Kostennachteils wiederum nichts als ein „Verschulden gegen sich selbst" war[692a]). Durch die Streichung des § 47 GKG. in dem Gesetz v. 21. Dez. 1922 ist nunmehr auch noch diese einzige Stütze der Rechtspflicht zur Unterlassung des „Prozeßmutwillens" weggefallen.

Bleibt die angebliche Wahrheitspflicht. Indessen alle Beweismittel, welche ihre Verfechter[693]) dafür vorgebracht haben, daß die Wahrheitspflicht im geltenden deutschen Prozeßrecht eine Rechtspflicht sei, sind entkräftbar. Bereits früher[694]) ist ausgeführt, daß die Kostenerstattungspflicht keine Folge einer objektiven Widerrechtlichkeit der Prozeßführung ist. Aber wäre sie es auch, so kann man doch in einem Rechtsstreit unterliegen, ohne unwahre Behauptungen, ja ohne überhaupt Behauptungen aufgestellt zu haben! Daß gar die Kostenfolge des § 96 ZPO. eine Strafe sei, ist eine in der Luft schwebende Behauptung, da der Paragraph nicht einmal Verschulden in bezug auf die

---

[691]) Man mag daraus folgern, daß vorsätzliche Prozeßverschleppung den Tatbestand der sittenwidrigen Schädigung (§ 826 BGB.) erfüllen kann (so O. Fischer, Lehrb. 120).

[691a]) Über das Wesen der Gebühr vgl. oben zu Anm. 644/5.

[692]) Vgl. auch Bülow, ZivArch. LXII 73.

[692a]) Vgl. noch unten zu Anm. 1814. Entsprechend gilt von § 658 II ZPO., sowie von der Bestimmung in § 477 II S. 2 Halbs. 2 Entw. Ges. RSt. v. 1919, wonach die Kosten angemessen zu verteilen sind, „wenn ein Rechtsmittel Erfolg hat, das ohne Schuld des Angeklagten zu dessen Ungunsten eingelegt werden mußte"; oder von §§ 470 I S. 3, 475 II S. 1 Entw., wonach dem Neben- oder Eigen- (Privat-) Kläger die von ihm „verschuldeten" Auslagen aufzuerlegen sind, insoweit es sich hier nicht nur um Auslagen handelt, die „durch schuldhafte Versäumnis" entstanden sind (§§ 470 II, 472 I Entw.; über diese vgl. oben vor Anm. 687). Daß das „Verschulden gegen sich selbst" die typische prozessuale Schuld ist, darüber vgl. unten § 23 VII.

[693]) Vgl. namentlich Hellwig, Lehrb. II § 71, S. 45ff.; Syst. I § 139 zu Anm. 26/7; Wurzer, Z. XLVIII 471ff.

[694]) Zu Anm. 652.

Erfolglosigkeit des Angriffs- oder Verteidigungsmittels erfordert. Daß auch die Kostenfolgen der schuldhaften Versäumung rechtzeitigen Vorbringens, sowie der mutwilligen Veranlassung gewisser sonst gebührenfreier Akte keine Strafen sind, ist gleichfalls früher[695]) ausgeführt. Es bedarf also nicht einmal des Hinweises, daß in der Regel zwar wirkliche Prozeßverschleppungshandlungen[696]), nicht aber selbst in Verschleppungsabsicht zu spät vorgenommene Prozeßhandlungen Prozeßlügen sind[696a]), ebensowenig notwendig der durch § 47 II GKG. alt. Fass. getroffene Prozeßmutwillen. Was endlich die Strafbarkeit der Prozeßlüge als Betrug anlangt, so steht ja bekanntlich das Reichsgericht auf dem Standpunkt, daß eine solche Strafbarkeit nur dann gegeben ist, wenn die Lüge durch gefälschte oder unrichtige Beweis- oder Beglaubigungsmittel unterstützt wird[697]). Aber mag man diese rein kriminalistische Frage (es kommt m. E. nur auf die Auslegung des Tatbestandsmerkmals „Vorspiegelung" in § 263 StGB. an)[697a]) beantworten, wie man will, so ist doch in keinem Falle etwas für das Bestehen einer eigentümlichen prozeßrechtlichen Wahrheitspflicht gewonnen[698]). Denn einerseits steht in jedem Falle fest, daß es kein Recht zur Prozeßlüge mit der Wirkung gibt, daß gerade das prozessuale Auftreten der Lüge einen Rechtfertigungsgrund darstelle, der die Rechtswidrigkeit und damit die Strafbarkeit einer sonst unter § 263 StGB. fallenden Handlung ausschlösse[698a]). Und andererseits steht wiederum in jedem Falle fest, daß die dem § 263 StGB. zugrunde liegende Verbotsnorm nicht dem Prozeßrecht angehört. Das Ergebnis ist der selbstverständliche Satz, daß man auch bei Führung eines Prozesses keine strafbaren Handlungen begehen darf[698b]). Es ist unerfindlich, warum man gerade den § 263

---

[695]) Vor Anm. 687, hinter Anm. 691.

[696]) Vgl. oben hinter Anm. 688.

[696a]) Gerade umgekehrt lehrt Wurzer, Z. XLVIII 477: „Da nun die Lüge stets auch Prozeßverschleppung bedeutet und somit Idealkonkurrenz zwischen beiden Arten des Prozeßunrechts besteht, so muß auch die Lüge wie die Verschleppung behandelt werden, das Verschleppungsverbot ist auch Lügenverbot." Soviel Sätze, soviel Fehler: 1. Die Lüge bedeutet nicht stets auch Prozeßverschleppung. 2. Das notwendige Zusammentreffen zweier Unrechtsarten ist gerade keine Ideal-, sondern Gesetzeskonkurrenz und führt also zur Nichtanwendung eines der beiden konkurrierenden Gesetze. 3. Was es mit dem Verschleppungsverbot auf sich hat, darüber vgl. oben hinter Anm. 673, besonders gegen Wurzers Berufung auf § 39 (48) GKG. oben zu Anm. 686a.

[697]) RGESt. XX 392; XXXVI 118; vgl. im übrigen Frank, Nr. VI 2 zu § 263; Olshausen, Nr. 40 zu § 263; Ebermayer, StGB., Nr. 5d zu § 263. In Übereinstimmung damit hat RG. in JWochenschr. 1905, 234 Nr. 16, auch nur unter der im Text angeführten Voraussetzung einen Restitutionsgrund für gegeben erachtet. Vgl. noch unten hinter Anm. 2205.

[697a]) Vgl. freilich Stein, Z. XLI 423. Methodologisch wie der Text Grünhut, Rhein. Ztschr. XIII 137, der dann 144ff. den Prozeßbetrug überhaupt ablehnt, weil die Stellung des Richters zur Partei dem Verhältnis zwischen dem Getäuschten und Geschädigten im Betrugstatbestand nicht entspreche.

[698]) Vgl. schon Bülow, ZivArch. LXII 71.

[698a]) Vgl. dazu unten Anm. 1454.

[698b]) Das deutsche Strafrecht verwendet die Begehung einer strafbaren Handlung im Prozesse auch nicht als Schärfungsgrund; vgl. Binding, Lehrb. II 2, 519.

StGB. für ein prozessuales Lügenverbot hat verwerten wollen. Wäre doch dann die Prozeßlüge nur in vermögensrechtlichen Streitigkeiten verboten! Und gibt es doch andere strafbare Handlungen, wie Meineid, Urkundenfälschung, Urkundenunterdrückung[699]),[700]), wissentlich falsche Anschuldigung, falsche Verfolgung, amtliche Begünstigung (§§ 153, 267, 274 Nr. 1, 164, 344, 346 StGB.), die weit eher als der Betrugsparagraph als Strafdrohungen wider die Lüge im Zivil- bzw. Strafprozeß aufgefaßt werden könnten[700a]).

Danach wird man der Ansicht derjenigen [701]) zustimmen müssen, die im geltenden deutschen Prozeßrecht die Wahrheitspflicht der Partei (abgesehen von der des strafprozessualen Anklägers, der aber auch insoweit nicht Partei, sondern promotor iustitiae ist[702])) für eine bloß moralische halten[702a]). Und wäre sie selbst eine Rechtspflicht, so wäre sie schwerlich der Partei als solcher, sondern als Beweismittel auferlegt[703]). Die Lügenstrafen der alten Kriminalordnungen (z. B. §§ 292ff. preuß. KrimO. v. 1805[704])), in denen die letzte Folgerung der Wahrheitspflicht gezogen ist, trafen doch den Inquisiten als Prozeßobjekt. Es fragt sich, ob die Wahrheitspflicht nicht geradezu mit dem den Zivilprozeß beherrschenden Verhandlungsgrundsatz in Widerspruch

---

699) Vgl. oben Anm. 673 a. E.

700) Görres, Z. XXXIV 68ff., nennt die rechtswidrige Einwirkung auf das Beweismaterial „qualifizierte Prozeßschikane". Daß die rechtswidrige Verbesserung einer Sache auch dann keine „Sachbeschädigung" ist, wenn der Eigentümer die fehlerhafte Sache als Augenscheinsgegenstand zu verwenden beabsichtigt, darin ist Görres, a. a. O., 69ff., gegen RGESt. XXXIII 180, beizustimmen.

700a) Vgl. insbes. Bindings (Lehrb. II 2, 514ff.) „Prozeßverbrechen". Indessen auch Binding, a. a. O., 519, muß zugeben, daß das geltende deutsche Recht keine „reinen Prozeßverbrechen" kennt.

701) Wach, bei Grünhut VI 547; Vorträge, 218; Grundfragen, 31ff.; R. Schmidt, DJZ. XIV 39, 255; Landsberg, InternatWochSchr. Nr. v. 3. April 1909; Pagenstecher, Z. XXXVI 373; Philipsborn, 190ff.; Kann, JWSchr. 1920, 874ff.; Oertmann, Grundriß, § 70; Grünhut, Rhein. Ztschr. XIII 131ff.; aber auch Schneider, Treu u. Glauben, 7ff., 37ff.; Rhein.Ztschr. I 393ff.; Düringer, Richter u. Rechtsprech., 84ff.; Schultzenstein, JWSchr. 1920, 873. Das Ziel überschießt Bendix, Rechtssicherheit, 25/6, wenn er gegen die Wahrheitspflicht die „Relativität" der Wahrheit im Prozesse geltend macht. Dieser Beweisgrund ließe sich auch gegen die Wahrheitspflicht des Zeugen anführen.

702) Vgl. schon Landsberg, a. a. O., gegen Binding, DJZ. XIV 164. Für den Amtsankläger gilt die Pflicht der Unparteilichkeit und Wahrheit unzweifelhaft (vgl. dazu schon oben Anm. 451, 666, unten Anm. 1565, zu Anm. 2365. Ob auch für den Privatankläger, mag zweifelhaft sein. Ich verneine es. Die Strafbarkeit der wissentlich falschen Anschuldigung reicht zum Beweis ebensowenig aus, wie § 390 I S. 3 StPO. und der lebensfremde § 395 I S. 2 Halbs. 1 Entw. StPO. v. 1909, § 381 I S. 2 Halbs. 1 Entw. GRSt. v. 1919. Seltsam Tesar, Österr. Ztschr. f. StrR. VIII 398/99: Wäre der Staatsanwalt nicht — unparteiisches — Organ der Rechtsverwirklichung, so wäre er „kein Ankläger", sondern „promotor inquisitionis".

702a) Ihre Verletzung könnte also allenfalls wieder — vgl. oben Anm. 691 — dem § 826 BGB. unterfallen. Wäre sie eine Rechtspflicht, käme man um die Anwendung des § 823 II BGB. schwerlich herum. Nach § 432 der Genfer ZPO. wird die Partei durch die Prozeßlüge in der Tat dem Gegner schadensersatzpflichtig.

703) Vgl. schon oben zu Anm. 621 und hinter Anm. 634.

704) Vgl. im übrigen dazu v. Kries, 47.

steht[705]). Zunächst darf, wer dies leugnet, nicht, wie es F. KLEIN[706]) und HELLWIG[707]) tun, zugeben, daß der Verhandlungsgrundsatz in der Tat der Prozeßlüge Vorschub leiste und das Lügenverbot zu einer lex imperfecta abschwächen könne. Wäre das wirklich der Fall, so würde F. KLEINS Hinweis, daß sich auch kein Gesetzgeber von der Aufstellung des Tötungsverbots durch die Erwägung abhalten lasse, daß einmal ein Mörder unentdeckt bleiben könne, nicht verfangen. Denn es ist etwas anderes, ob die Wirksamkeit eines Gesetzes durch tatsächliche Umstände, oder ob sie durch eigene Veranstaltungen des Gesetzgebers vereitelt wird. Im letzteren Falle liegt die Annahme nahe, daß der Gesetzgeber die Wirksamkeit des von ihm selbst vereitelten Gesetzes überhaupt nicht gewollt hat. Ebensowenig kann man mit F. KLEIN darauf hinweisen, daß es für die Wirksamkeit der Deliktsverbote gleichgültig sei, ob im Strafprozeß der Anklage- oder Inquisitionsgrundsatz gelte. Denn wenn der Strafprozeßgesetzgeber bald diesen, bald jenen Grundsatz zur Herrschaft bringt, so ist das entweder nur ein Zeichen für den Wechsel seiner Überzeugung, auf welche Weise der Aufrechterhaltung der Deliktsverbote am besten gedient werde: so insbesondere, wenn er an Stelle des Inquisitionsgrundsatzes den Staats- oderPopularanklagegrundsatz einführt. Oder aber der Gesetzgeber will in der Tat die Wirksamkeit eines Deliktsverbots abschwächen: so insbesondere, wenn er die Verfolgung von der Privatanklage des Verletzten abhängig macht[708]). Tatsächlich steht die Wahrheitspflicht mit dem Verhandlungsgrundsatz insoweit nicht in Widerspruch, als dieser den Richter bei Einigkeit der Parteien hindert, die materielle Wahrheit zu erforschen. Denn entweder faßt man den Verhandlungsgrundsatz mit der wohl noch immer herrschenden Meinung[708a]) als die bloße prozessuale Folge der materiellrechtlichen Parteibefugnis auf, über den Prozeßgegenstand zu verfügen. Dann bedeutet die Bindung des Richters, sich bei Einigkeit der Parteien über eine Tatsache der Prüfung der materiellen Wahrheit zu enthalten, nicht das Hindernis, eine Unwahrheit zu entlarven, sondern, sich durch Versagung der Genehmigung zu den rechtsgeschäftlich wirkenden Akten der Parteien zu ihrem Vormund aufzuwerfen. Ja, man kann von diesem Standpunkt aus geradezu sagen: die nicht bestrittene oder zugestandene Unwahrheit hat, insoweit die Parteien über den Prozeßgegenstand verfügen können, aufgehört eine solche zu sein; sie ist ein Versuch, mit prozessualem Mittel einen materiellrechtlichen Erfolg zu erreichen. Oder aber man nimmt mit HEGLER[709]) an, daß der

---

705) Dies hat WACH, bei Grünhut VI 547ff., behauptet.

706) Parteihandlung, 126/7, 215/6.

707) Lehrb. II 42.

708) Angesichts dieser recht anfechtbaren Beweisführung KLEINS fällt es auf, wenn gemeinhin (so von HELLWIG, Lehrb. II 42 Anm. 6; GÖRRES, Z. XXXIV 35 Anm. 60) gesagt wird, KLEIN habe WACH „schlagend" widerlegt.

708a) Vgl. die Zitate bei HEGLER, 235 Anm. 1; besonders scharf zugespitzt bei PAGENSTECHER, Rechtskraft, 145ff.; Jahrb. I 342ff., 353ff.; Z. XXXVI 370ff., 375ff.; Rhein. Ztschr. VI 547ff. Dagegen unten § 21 IV.

709) 228ff. Vgl. aber schon KOHLER, Prozeß, 17ff.; POLLAK, Geständnis, 73ff.; R. SCHMIDT, § 70 II; ALFRED SCHULTZE, Z. XIX 346; auch KUTTNER, Urteilswirkungen, 15ff.; GOLDSCHMIDT, ZStW. XLI 591ff.

Verhandlungsgrundsatz auf der rein prozeßpolitischen Erwägung beruhe, daß die Nötigung des Richters zu einem Schluß aus dem streitlosen Verhalten des Interessenten die zuverlässigste Bürgschaft für die Ermittelung der Wahrheit sei. Dann wäre die Wahrheitspflicht der Parteien geradezu die notwendige Voraussetzung für die Richtigkeit der von dem Verhandlungsgrundsatz angestellten Berechnung[710]. Es ist also verständlich, daß eine Anzahl von Prozeßrechten, die auf dem Verhandlungsgrundsatze beruhen, das Lügenverbot aufgenommen haben[711]. Dennoch kann der Verhandlungsgrundsatz zu Konflikten mit der Wahrheitspflicht führen. Denn da nach ihm der Richter nur Tatsachen berücksichtigt, welche in den Parteibehauptungen enthalten sind, die Parteibehauptungen aber Mitteilungen eigenen Wissens sein müssen, so ist die Partei zur Hinstellung einer Tatsache als Gegenstand eigenen Wissens selbst dann genötigt, wenn ihr diese Tatsache nur von dritter Seite mitgeteilt ist, oder sie diese Tatsache nur vermutet[711a]. Daß darin eine Verletzung der Wahrheitspflicht und zugleich ein Indiz gegen ihre Geltung als Rechtspflicht liegt, ist kaum zu bestreiten[711b].

Hat sich nach alledem für das geltende deutsche Prozeßrecht ergeben, daß die oben[712] genannten drei Pflichten zur Unterlassung der Prozeßlüge, des Prozeßmutwillens und der Prozeßverschleppung **keine** Rechtspflichten der Parteien sind, so ist doch damit nicht dargetan, daß nicht andere Prozeßrechte einen anderen Standpunkt einnehmen könnten. In der Tat scheint dies bezüglich des römischen[713], des früheren[714] und geltenden[714a] (§§ 69 I, 178, 313, 512, 528 II österr. ZPO.) österreichischen, des preußischen (§§ 13ff. Einl., 48ff. I 23 AGO.), des ungarischen (§ 222 II ungar. ZPO. v. 1911) und des Berner (Art. 42 Berner Ges. betr. die ZPO. v. 1918) Rechts, sowie sonstiger schweizerischer Kantonalrechte[714b] der Fall zu sein[714c]. Indessen auch hier steht jedenfalls F. KLEINS Behauptung, daß jene Unterlassungspflichten ihre Wurzel im „Prozeßrechtsverhältnis" fänden[715], im offenen

---

710) Vgl. über den Verhandlungsgrundsatz noch unten zu Anm. 1573, hinter Anm. 2014.

711) Vgl. F. KLEIN, 125ff.

711a) Vgl. dazu unten hinter Anm. 2200.

711b) SOBERNHEIM, 22 Anm. 2; and. ohne Begründung HELLWIG, Syst. I, § 147 II 3 Anm. 19. ROSENBERG, Beweislast, 81ff., will die Vereinbarkeit der Wahrheitspflicht mit der Behauptungslast dadurch retten, daß er die Behauptung von Tatsachen, deren Wirklichkeit, und das Bestreiten von Tatsachen, deren Unwirklichkeit unbekannt ist, für keine Verletzung der Wahrheitspflicht hält. Aber diese Ansicht läßt sich nur dann halten, wenn man mit ROSENBERG, 82, Behaupten und Bestreiten für Willensäußerungen ansieht; hiergegen unten § 27 I 1 und Anm. 2214a. Wenn sie das übrigens sind, welchen Boden hat dann die ganze Wahrheitspflicht?

712) Zu Anm. 672.

713) F. KLEIN, Parteihandlung, 65ff.; vgl. schon oben zu Anm. 650.

714) F. KLEIN, a. a. O., 107ff.; POLLAK, Geständnis, 8ff., andererseits 34/5.

714a) Vgl. freilich SCHRUTKA V. RECHTENSTAMM, § 80.

714b) Vgl. FRITZSCHE, 40ff.; schon oben Anm. 702a.

714c) Vgl. auch § 11 Entw. eines ersten Ges. zur Vereinfachung des Rechtswesens, Antrag SCHIFFER und Gen., Nr. 6310 der Reichstagsdrucks. I 1920/23.

715) A. a. O., 211/2.

Widerspruch dazu, daß sie nach seiner eigenen Feststellung[716]) der Litiskontestation, d. i. doch dem das „Prozeßrechtsverhältnis" angeblich begründenden Akt, „präexistieren". Denn der Kläger ist doch z. B. schon betreffs der Klagebehauptungen, also vor der Litiskontestation, zur Wahrheit verpflichtet.

Und wirklich stehen die Pflichten zur Unterlassung der Prozeßlüge, des Prozeßmutwillens und der Prozeßverschleppung, wo sie gesetzlich aufgestellt sind, auf keiner wesentlich anderen Stufe als die Pflicht zur Unterlassung des Ungehorsams[717]) und der Ungebühr (§§ 177ff. GVG.). Sie sind, wie diese, justizpolizeiliche[718]) Pflichten, die sich unmittelbar aus dem Staatsverhältnis und nicht erst aus einem besonderen „Prozeßrechtsverhältnis"[719]) ergeben. Die eigenartige justizpolizeiliche Natur dieser Pflichten kommt darin zur Geltung, daß sie die Grundlage eines besonderen Justizpolizeistrafrechts bilden[720]). Ein solches, völlig ausgebildetes Justizpolizeistrafrecht haben wir in den poenae temerarii litigii et inficiationis der §§ 51ff. I 23 der preuß. AGO., den Lügenstrafen des § 222 II der ungarischen ZPO. und den Ordnungs- und

[716]) A. a. O., 218.

[717]) Vgl. schon v. Canstein, I³ 727/8.

[718]) „Justiz-", nicht „sitzungspolizeiliche"; auch keine Pflichten gegenüber der Justizverwaltung, deren Aufgabe die Ausübung der Gerichtsherrlichkeit (Ein- und Besetzung der Gerichte, Regelung und Beaufsichtigung ihres Geschäftsganges) ist; vgl. Goldschmidt, GoltdArch. XLVIII 463; auch keine Pflichten des „Prozeßverwaltungsrechts", womit Zitelmann, Internat. PrivatR., II 226, 284ff., die Normen über die Grenzen der staatlichen Gerichtsbarkeit bezeichnet.

[719]) Daß der durch die Sitzungspolizei zu schützende Anspruch der Justiz auf Unterlassung von Störungen kein dem „Prozeßrechtsverhältnis" entspringendes Recht ist, habe ich bereits in meinem Verwaltungsstrafrecht, 567 Anm. 95, festgestellt. Ebenso Kleinfeller, § 62 II 3, der aber auch in § 12 II bezüglich der von ihm angenommenen Pflichten zur Unterlassung der Lüge, der Prozeßverschleppung und sonstiger Schikanen, wesentlich im Sinne des Textes, sagt: „Die allgemeine Gehorsamspflicht des Untertanen nimmt hierin eine bestimmtere Gestalt an."

[720]) Anders mein Verwaltungsstrafrecht, 547 Anm. 47 a. E., wo der Unterschied von Justiz- und Verwaltungsstrafrecht noch ausschließlich in dem Unterschied der Normen gesucht ist (daher noch der Ausdruck „Verfassungsstrafrecht" für „Justizstrafrecht"); vgl. jetzt meinen Aufsatz in der Dtsch. StrafRZtg. I 222ff. Dahingestellt bleiben kann hier, ob die sitzungspolizeilichen Maßregeln des § 177 GVG. — im Gegensatz zu denen des § 178 GVG. — dem Bereich des Erfüllungszwanges angehören, und die gleiche Frage bezüglich der Justizverwaltungsmaßnahmen der §§ 56, 84 GVG. Hält man die letzteren — abweichend von der in meinem Verwaltungsstrafrecht, 567 Anm. 95, vertretenen Auffassung — für Äußerungen echten Strafzwanges, so hätten wir in ihnen Erscheinungsformen eines Justizverwaltungsstrafrechts vor uns, das, angesichts der beschränkten Bedeutung (vgl. oben Anm. 718) des Ausdrucks „Justizverwaltung", nur neben, nicht über dem Justizpolizeistrafrecht stehen könnte, wenn auch das Justizpolizeistrafrecht natürlich einem Justizverwaltungsstrafrecht im weiteren Sinne zugehören muß. Zu einem solchen würden schließlich auch die Strafen wegen Verletzung der Zeugnis- und Gutachtenpflicht, sowie im Strafprozeß der Vorlegungs- und Auslieferungspflicht (§§ 380, 390 I, 409 ZPO., 51, 70 I, 77, 95 II StPO.) gehören, wenn man sie — abweichend von der in meinem Verwaltungsstrafrecht, 567 Anm. 95, vertretenen Auffassung — für Äußerungen echten Strafzwanges hält; ebenso, unter der gleichen Bedingung (dafür RGEZ. XXXVI 418; LIII 182; LXXVII 223; Stein, Nr. I zu § 890 ZPO.), die Strafen des § 890 ZPO.

Mutwillensstrafen des § 220 der österreich. ZPO., sowie den Strafen des Art. 42 der Berner ZPO. vor uns, während die poenae temere litigantium des römischen Rechts (Litiskreszenz, sponsio poenalis mit restipulatio, iudicia calumniae und contrarium u. a.)[721]) noch privatstrafrechtlichen Charakter haben.

Wo der Mißbrauch der durch das Prozeßrecht eröffneten Möglichkeiten zur Lüge, zum Mutwillen oder zur Verschleppung mit krimineller Strafe bedroht ist, wie zum Teil insbesondere bei dem römischen crimen calumniae[722]), erweist sich noch deutlicher die vor- und überprozessuale, unmittelbar staatsrechtliche Natur der zugrunde liegenden Pflichten. Wenn Hellwig, der eifrigste Verfechter jener Unterlassungspflichten im Prozeß, zugibt, daß ihre Verletzung, das „Prozeßdelikt", nur durch Vornahme von Prozeßhandlungen begangen werden könne, und wenn er deshalb die Einteilung der Prozeßhandlungen in rechtmäßige und unerlaubte ablehnt[723]), so führt dieser Gedankengang, folgerichtig durchgedacht, zu dem Ergebnis, daß der Gebrauch der durch das Prozeßrecht eingeräumten Möglichkeiten trotzdem rechtwidrig sein könne — nach außerprozessualen Maßstäben. Freilich wird die Notwendigkeit einer solchen Folgerung von Hellwig lebhaft bestritten. Er nennt es[724]) einen Irrglauben, daß der Gebrauch der vom Prozeßgesetz gewährten Möglichkeiten die Ausübung von prozessualen Rechten darstelle. Aber an anderer Stelle[725]) entschlüpft ihm das Geständnis, daß die Möglichkeit, ein „Prozeßdelikt" durch Vornahme einer Prozeßhandlung zu begehen, bedeute, daß im Prozeßrecht, anders als im Privatrecht, eine Handlung „zugleich rechtmäßig und rechtswidrig" sein könne. Also der Gebrauch der prozessualen Möglichkeiten ist doch prozessual rechtmäßig (was ja auch ganz mit Hellwigs Auffassung vom prozeßordnungsmäßigen, aber materiell ungerechtfertigten Vollstreckungsbetrieb[726]) übereinstimmt); wie sollte er dann gleichzeitig prozessual rechtswidrig sein können? Das würde ja noch weit über die von mir[727]) s. Zt. bekämpfte Ansicht Hellwigs und O. Geibs hinausgehen, daß der

---

Daß in diesen Fällen der mißachtete Amtsbefehl vom Richter, nicht von einer Verwaltungsbehörde ausgeht, steht der Möglichkeit, von „Verwaltungsstrafrecht" zu reden, nicht entgegen (anders Binding, Lehrb. II 2, 742). Es handelt sich eben um „Justizverwaltungsstrafrecht". Von „Sitzungspolizei" spricht bekanntlich das Gesetz selbst. Wenn Binding (Lehrb. II 1, § 174) die Verweigerung der Aussage als (kriminelles) Justizdelikt behandelt, so ist dies ebensowenig richtig wie mein entsprechender früherer Standpunkt (Verwaltungsstrafrecht, 547 Anm. 47 a. E.) bezüglich der Ungebühr. Das geht schon aus der in §§ 138 III StGB., 178 GVG. vorgesehenen Zulässigkeit der Häufung von Kriminal- und Ordnungsstrafe hervor.

721) Vgl. Keller-Wach, § 58; F. Klein, 65ff.

722) Daß schließlich auch jede calumnia im Zivilprozeß mit krimineller Strafe bedroht gewesen sei, nimmt F. Klein, Parteihandlung, 87ff., auf Grund von Paul. Sent. I, 5, 2, an; dagegen, unter Hinweis auf den Digestentext in l. 3 D. 48, 16, Mommsen, 497 Anm. 2.

723) Syst. I, § 145 II 1, § 155 I; Prozeßhandlung, § 2 II a. E.

724) Syst. I, § 155 I.

725) Syst. I, § 145 II 1.

726) Vgl. darüber meinen Ungerechtfert. VollstreckBetr., 8ff.

727) A. a. O.

prozeßordnungsmäßige, aber materiell ungerechtfertigte Vollstreckungsbetrieb publizistisch rechtmäßig, aber privatrechtlich rechtswidrig sei[728]). Allerdings kann, wer, wie ich, schon diese letztere Ansicht für unhaltbar erachtet, auch die außerprozessuale, staatsrechtliche Widerrechtlichkeit einer Prozeßhandlung nur dann für möglich halten, wenn unter dem Gebrauch der prozessualen Möglichkeiten keine Rechtsausübung im materiellrechtlichen Sinne des Wortes verstanden wird[729]). Dies muß um so mehr gelten, als die Behauptung staatsrechtlicher Widerrechtlichkeit statt prozessualer, da es sich für die materiellrechtliche Betrachtungsweise im Staats- wie im Prozeßrecht um Beziehungen zwischen Parteien und Staat handelt, überhaupt nur den Sinn haben kann, bezüglich des beurteilten Tatbestandes das Werturteil der Wider-

[728]) Meine Ausführungen haben STEIN, Grundfragen, 18, und offenbar auch v. TUHR, II 1, § 48 zu Anm. 126a, nicht überzeugt. Ebensowenig darf freilich STEIN erwarten, mich überzeugt zu haben, wenn er a. a. O., 18/9, zu meiner Widerlegung Beispiele anführt, die ich a. a. O., 12, 13, bereits als unstichhaltig zurückgewiesen habe. Im wesentlichen wie STEIN auch HEIM, 189. Dagegen stimmt mir BELING, Grenzlinien, 31 Anm. 2, in bezug auf die Ablehnung der Ansicht HELLWIGS und O. GEIBS zu. Ebenso SAUER, 285, der zugleich, 287, zutreffend STEIN vorhält, daß seine Methode der GEIBS ähnlich sehe; ferner BAUMGARTEN, Wissenschaft vom Recht, II 484. Eine andere Frage ist, ob die von mir a. a. O., 24ff., versuchte eigene Lösung des Problems des prozeßordnungsmäßigen, aber materiell ungerechtfertigten Vollstreckungsbetriebes befriedigt. OERTMANN, ZivArch. CVII 240ff., STEIN, a. a. O., 3, und auch SAUER, 285, 286, bestreiten es, zum Teil mit Einwendungen, die der von mir a. a. O., 78, aufgestellten Unterscheidung eines staatlichen ius exequendi und ius executionis nicht gerecht werden. Mir in dieser Unterscheidung nahe kommend H. A. FISCHER, 130 a. E., 103, 127; KRÜCKMANN, ZivArch. CVIII 369ff.; Rechtsgang III 156 (der aber, Z. XLVII 47 Anm. 72, Rechtswirksamkeit und Rechtmäßigkeit verwechselt). Ohne die von mir selbst, a. a. O., 68ff., betonten, von OERTMANN, a. a. O., unterstrichenen, aber eben m. E. überwindlichen Schwierigkeiten zu verkennen, die § 839 BGB. meiner Lösung bereitet — vgl. aber dazu unten Anm. 1506 —, halte ich daran fest, daß sie mir auf dem Boden der üblichen materiellrechtlichen Betrachtungsweise immer noch der annehmbarste Versuch zu sein scheint, die vorliegenden unvereinbaren Gegensätze auszugleichen. Die gegenwärtige Arbeit — vgl. unten Anm. 1402, zu Anm. 1507 — wird auch bezüglich dieses Problems den zugrunde liegenden Dualismus der Betrachtungsweise aufzudecken suchen; vgl. freilich unten Anm. 1543, auch Anm. 1506. Die Lösung BELINGS, a. a. O., 26ff., der prozeßordnungsmäßige, aber materiell ungerechtfertigte Vollstreckungbetrieb sei sowohl auf seiten des Staats wie des Gläubigers rechtmäßiges Handeln, nur sein Ergebnis sei ein rechtswidriger Zustand, scheitert u. a. schon an der unten zu Anm. 1120 erwähnten Strafbarkeit des wider besseres Wissen die Zwangsvollstreckung aus einem materiell ungerechtfertigten Titel betreibenden Gläubigers. Ein Mißverständnis BELINGS übrigens, a. a. O., 30 Anm. 1, 32 Anm. 1: Meine Ausführungen, Ungerechtfert. VollstreckBetr., 17, sind vom Standpunkt einer von mir zurückgewiesenen gegnerischen Ansicht aus gemacht! Warum sollte außerdem die Innehabung eines abstrakten Rechts sine causa kein „rechtswidriger Zustand" genannt werden können? Ob ich das „tatsächliche" „Nichthaben der Sache" oder „Ärmersein" des Kondiktionsberechtigten den „rechtswidrigen Zustand" nenne (so BELING, a. a. O., 30 Anm. 1, 31 Anm. 2) oder die kausalose Innehabung des abstrakten Rechts auf seiten des Kondiktionsverpflichteten, ist doch wohl einerlei.

[729]) Daher wird man auch nicht von „prozessualer Rechtmäßigkeit" sprechen dürfen. Über den Begriff des subjektiven Rechts der prozessualen (dynamischen) Betrachtungsweise vgl. unten § 20; vgl. schon oben Anm. 425.

rechtlichkeit nicht gerade dem Prozeßrecht zuzuweisen, weil keine prozessuale Rechtsfolge auf dieses Werturteil zurückführbar ist[729a]), und weil es daher, sei es schon vom Standpunkt der materiellrechtlichen Betrachtungsweise aus[730]), sei es wegen der dem Prozeßrecht eigentümlichen prozessualen Betrachtungsweise, auf das Prozeßrecht unanwendbar ist[731]). Daß das Prozeßrecht — seien es auch nur — Möglichkeiten eröffnen sollte, deren Gebrauch es gleichzeitig selbst als widerrechtlich verwirft, muß in der Tat von vornherein als unwahrscheinlich angesehen werden.

IV. Das Prozeßrechtsverhältnis und die Prozeßhandlungen.

(§ 12.)

Es hat sich herausgestellt, daß es keine aus dem „Prozeßrechtsverhältnis" entspringenden Pflichten gibt. Die aus den verschiedenen Prozeßlagen sich ergebenden Nötigungen der Parteien sind Lasten, keine Pflichten. Und alle wirklichen Pflichten, die das geltende oder frühere Recht dem Gericht oder den Parteien zur Erreichung des Prozeßzweckes auferlegen zu müssen geglaubt hat, entspringen nicht erst dem „Prozeßrechtsverhältnis", sondern sind unmittelbar staatsrechtlicher Natur. Das „Prozeßrechtsverhältnis" leistet also vermöge seines Inhalts so wenig wie vermöge seiner Voraussetzungen[732]). Es fragt sich, ob ihm ein sonstiger Wert zukommt.

Bülow hat in seinem Geständnisrecht (1899)[733]) die Lehre entwickelt, daß die Prozeßhandlungen der Parteien nur „einzelne, unselbständige Stücke der zur Herbeiführung der Gerichtsentscheidung erforderlichen gesamten, gemeinsamen Partei- und Gerichtstätigkeit" seien, deren Wirksamkeit „von Rechtswegen so lange, bis zum Urteil geschritten wird, in pendenti" bleibe. In dieser Unselbständigkeit der Prozeßhandlung, ihrer ausschließlichen Zweckbeziehung zum Urteil scheint Bülow der charakteristische Unterschied zwischen prozessualen Parteihandlungen und den privatrechtlichen Rechtsgeschäften zu bestehen. Bülow glaubt nun[734]), daß „durch die dargelegte Beschaffenheit der Prozeßhandlungen" der von ihm „entwickelte Gedanke eines durch die Prozeßeinleitung begründeten einheitlichen, in beständiger Bewegung und Entwickelung begriffenen Prozeßrechtsverhältnisses zur vollen Entfaltung und allseitigen Rechtfertigung" gelange. „Eben deshalb, weil die einzelnen das Urteil anbahnenden

[729a]) Vgl. oben Anm. 671, unten vor Anm. 1518, hinter Anm. 1544.

[730]) So — bereits in bewußter Verallgemeinerung — mein Ungerechtfert. VollstreckBetr., 20, 74 Anm. 1; vgl. auch oben Anm. 671 a. E.

[731]) So allgemein in der gegenwärtigen Arbeit; vgl. insbesondere unten zu Anm. 1504a, 1509, hinter Anm. 1516, schon oben Anm. 671 a. E.

[732]) Vgl. oben zu Anm. 439.

[733]) 75ff.

[734]) Geständnisrecht, 84 Anm. 2; vgl. auch dens., Z. XXVII 223 Anm. 11.

Prozeßhandlungen nur unselbständige, bloß in Verbindung miteinander rechtswirksame Stücke eines Ganzen sind, ist ihre Zusammenfassung zu einer Rechtseinheit, der Gedanke eines sie sämtlich umfassenden einheitlichen Verhandlungs- uud Aburteilungsverhältnisses geboten".

Dieser Schluß ist nicht überzeugend. Selbstverständlich ist der Prozeß eine Zweckeinheit, alle Prozeßhandlungen stehen in Zweckbeziehung zu dem Urteil. Dahingestellt kann dabei vor der Hand bleiben, was nun wiederum der Zweck des Urteils ist. Nimmt man mit BÜLOW[735]) an, daß Zweck des Urteils die Umsetzung der „abstrakten, hypothetischen Privatrechtsbestimmungen auf Verlangen und unter Mitwirkung der Beteiligten in konkrete unbedingte Rechtsbestimmungen" ist, so ergibt sich, daß auch alle prozessualen Parteihandlungen diesem Ziele der „Tatbestandsnormierung" zustreben. Dieser Zweck hält dann aber auch alle Prozeßhandlungen, insbesondere alle prozessualen Parteihandlungen zusammen, und es ist unerfindlich, weshalb ihrer „Unselbständigkeit", ihrer Abhängigkeit vom Urteil wegen „ihre Zusammenfassung" zu einem „einheitlichen Verhandlungs- und Aburteilungsverhältnis geboten" sein sollte. So erklärt neuerdings SCHOETENSACK, der gleichfalls auf das Wesen des Prozesses als „Zweckeinheit" hinweist und den zusammenfassenden Zweck, wiederum wesentlich übereinstimmend mit BÜLOW, als „Tatbestandsnormierung" bezeichnet[736]), geradezu: „Diese Auffassung des Prozesses als Zweckeinheit steht unabhängig von der Konstruktion des Prozesses als Rechtsverhältnis"[737]). Ob das richtig ist, ob die Auffassung des Prozesses als Inbegriff von Handlungen, die auf Tatbestandsnormierung gerichtet sind, mit seiner Konstruktion als Rechtsverhältnis überhaupt vereinbar ist, mag hier vorläufig auf sich beruhen. OETKER, der ebenfalls den Prozeßzweck in der „Tatbestandsnormierung" sieht[738]), hat es mit gutem Grunde bestritten[739]). Jedenfalls aber denkt auch SCHOETENSACK nicht daran, daß die Auffassung des Prozesses als Zweckeinheit zu seiner Konstruktion als Rechtsverhältnis nötige oder eine solche Konstruktion auch nur nahe lege.

Dagegen könnte die Theorie vom „Prozeßrechtsverhältnis" der Anschauung als Stütze dienen, daß die Prozeßhandlungen prozeßrechtsgeschäftlichen Charakter haben. Und wenn man sich das erst einmal klargemacht hat, so muß es eigentlich, wie schon gelegentlich der Frage nach Handlungspflichten der Parteien[740]), „überraschen", daß BÜLOW[741]) nicht nur gegen den Gedanken des „prozessualischen Rechtsgeschäfts" im allgemeinen, sondern im besonderen dagegen Einspruch erhoben hat, daß die rechtsgeschäftliche Funktion der Prozeßhandlungen in einer Ausgestaltung seines „Prozeßrechtsverhältnisses" erblickt werden könnte. Wenn auch dieser Einspruch BÜLOWS durch die

---

[735]) Gesetz u. Richteramt (1885); Z. XXXI 226ff.; schon ZivArch. LXII 93 Anm. 72; dazu unten hinter Anm. 827.

[736]) Rechtsmittel, 10ff.; Gerichtssaal LXXXIII 21 Anm. 3.

[737]) Rechtsmittel, 12; vgl. auch dens., Rechtsgang, III 21 Anm. 2 a. E.

[738]) Z. XLV 512.

[739]) JurLitBl. VI 13ff.

[740]) Vgl. oben zu Anm. 464a, 464b.

[741]) Geständnisrecht, 153ff.

Aufstellung TRUTTERS[742]) veranlaßt ist, daß gerade das gerichtliche Geständnis — zusammen mit dem „Eidesgeschäft" — ein das ursprüngliche Prozeßrechtsverhältnis abänderndes Rechtsgeschäft sei, so richtet er sich doch überhaupt gegen den in dem TRUTTERschen Buche (Über prozessualische Rechtsgeschäfte, 1890) durchgeführten Gedanken, daß gewisse Prozeßhandlungen prozeßrechtsgeschäftlichen Charakter, und daß diese die Begründung, Abänderung oder Beendigung der prozessualen Rechtsverhältnisse zum Gegenstand haben. Was BÜLOW gegen eine solche Auffassung geltend macht, wirkt wenig überzeugend und macht eigentlich nur den Eindruck, daß BÜLOW die Geister, die er selbst gerufen hat, nicht mehr los wird[742a]). BÜLOW meint[743]), die Vorstellung, daß das Prozeßrechtsverhältnis durch die Prozeßrechtsgeschäfte „verändert" würde, wäre ebenso schief, wie die, daß eine Darlehnsobligation durch Rückerstattung der Darlehnssumme, oder eine Gesellschaftsobligation durch die einzelnen von den Gesellschaftern vorgenommenen Leistungen eine Veränderung erführe. Es ist aber nicht daran zu zweifeln, daß das wirklich der Fall ist; die Darlehnsobligation wird durch Rückerstattung der Darlehnssumme sogar zum Untergang gebracht. Freilich liegt keine „Veränderung" in dem Sinne vor, in dem BÜLOW den Begriff „Veränderung" eines Rechtsverhältnisses versteht, als Gegensatz zu dessen naturgemäßer „Entwickelung". Aber mag auch dieser Ausgangspunkt BÜLOWS durch den Umstand erklärt werden, daß TRUTTERS Schrift tatsächlich auf einer so engen — und schiefen — Abgrenzung des Begriffes „Abänderung" des Prozeßrechtsverhältnisses und folgeweise der „abändernden" „Prozeßrechtsgeschäfte" beruht, so bleibt er nichtsdestoweniger eine verkehrte petitio principii. Jede Umgestaltung des Inhalts eines Rechtsverhältnisses ist eine „Veränderung" desselben, und zwar gerade unter der Voraussetzung, daß sie die Identität des Rechtsverhältnisses unberührt läßt[744]). Daß das Rechtsverhältnis von Haus aus auf „stufenweise, Schritt für Schritt seinem Endziele" zustrebende „Entwickelung" angelegt ist[745]), wie angeblich das BÜLOWsche „Prozeßrechtsverhältnis", ist nicht nur gleichgültig, sondern die das Rechtsverhältnis seiner Beendigung zutreibenden Rechtsakte sind dann erst recht dasselbe zunächst verändernde und schließlich beendende Rechtsgeschäfte oder doch mindestens Rechtshandlungen[746]). Denn was heißt die — durch zweckbewußtes Handeln bewirkte — „stufenweise, Schritt für Schritt seinem Endziele" zustrebende „Ent-

[742]) 291, 367ff.

[742a]) Vgl. auch BÜLOW, Geständnisrecht, 42.

[743]) Geständnisrecht, 154/5.

[744]) Vgl. v. TUHR, II 1, § 47 II; ENNECCERUS, Allg. T., § 126 II.

[745]) BÜLOW, Geständnisrecht, 155.

[746]) Über die Kategorie der „rechtsgeschäftähnlichen Handlungen" oder „Rechtshandlungen (im engeren Sinn)" vgl. ENNECCERUS, Allg. Teil, § 128 III 2. In einem weiteren Sinn sprechen von „Rechtshandlung" MANIGK, in seinen Schriften, und P. KLEIN (= alle rechtmäßigen Handlungen, die nicht Rechtsgeschäfte sind), in einem engeren v. TUHR, II 1, § 48 II 1 b (= auf einen tatsächlichen Erfolg gerichtete, aber mit Rechtswirkung ausgestattete Willensäußerungen).

wickelung" eines Rechtsverhältnisses, aus der Bildersprache in die Sprache der juristischen Begriffe übersetzt, anderes, als seine rechtsgeschäftliche oder rechtsgeschäftähnliche Ausgestaltung[746a])! Auch die von BÜLOW[747]) geltend gemachte „Unselbständigkeit" der Prozeßhandlungen, d. i. der Umstand, daß jede einzelne von ihnen nur ein Stück des für die Aburteilung erforderlichen Tatbestandes ist, würde an und für sich nicht ausschließen, daß ihre innerprozessuale Wirkung, auf die es doch zunächst ankommt, rechtsgeschäftlicher Natur ist[748]). Und daß auch das Urteil, zu dem die Prozeßhandlungen sämtlich in Zweckbeziehung stehen, kein Privatrechtsgeschäft ist[749]), hindert doch nicht, daß es selbst, wie die es anbahnenden Prozeßhandlungen, Prozeßrechtsgeschäft sein könnte. Wie gesagt, alles immer für jemanden, der von einem sich „stufenweise entwickelnden Prozeßrechtsverhältnis" ausgeht.

So nimmt denn in der Tat KOHLER, der aus dem Steine des „Prozeßrechtsverhältnisses" die hellsten Funken zu schlagen gewußt hat[750]), an, daß die Fortentwickelung des Prozeßrechtsverhältnisses durch die Prozeßhandlungen, d. s. „Rechtsakte" der Parteien und des Gerichts erfolge[751]). Er sagt, daß die prozessualen „Rechtsakte" „innerhalb des (Prozeß-)Rechtsverhältnisses fördernd, weiterbildend, weitergestaltend agieren"[752]). Daß KOHLER als eigentliches „Prozeßrechtsgeschäft" in der Hauptsache nur die Klagerhebung bezeichnet[753]), beruht darauf, daß er als eigentliche „Rechtsgeschäfte" überhaupt nur diejenigen Rechtshandlungen gelten läßt, die entweder in ihrer Gültigkeit „unabhängig" sind oder wenigstens „etwas wesentlich Neues schaffen", während er die von dem Recht, Rechtsverhältnis oder der Rechtslage, auf welche sie sich beziehen, „abhängigen" und dieselben nur fortbildenden Rechtshandlungen „Rechtsakte" oder „Rechtshandlungen im eng. Sinn" nennt[754])[755]).

[746a]) Vgl. denn auch HECK, Festschrift für GIERKE, 322, 347ff., welcher die Kategorie der „unselbständigen Rechtsgeschäfte" aufstellt, d. i. der Rechtsgeschäfte, welche den Zweck verfolgen, eine „Grundrelation den wechselnden Interessenlagen anzupassen"; vgl. dazu noch unten Anm. 755, 756.

[747]) Geständnisrecht, 157; vgl. schon oben hinter Anm. 733.

[748]) Vgl. schon KISCH, GöttGelAnz., 1901, 223; Z. XXXIV 393; NUSSBAUM, 66/7; R. SCHMIDT, § 55 a. E.; WACH, Z. XXVII 14 Anm. 16.

[749]) BÜLOW, a. a. O., 158.

[750]) Vor allem den Begriff der prozessualischen „Situation" oder „Lage" (Beitr. 219; Prozeß, 62ff.; Enz., 327ff.), der, von den Schlacken des Prozeßrechtsverhältnisses gereinigt und auf eine andere Grundlage gestellt, den Hauptschlüssel zum Verständnis des Prozesses bildet. R. SCHMIDT, 352 Anm. 1, irrt sehr, wenn er den Begriff der „Rechtslage" für „fruchtlos" erklärt; vgl. denn auch STEIN, unten hinter Anm. 758, und HELLWIG, unten hinter Anm. 761, sowie unten § 19.

[751]) Prozeß, 34, 46ff.; Enz., 312ff. [752]) Prozeß, 34.

[753]) Prozeß, 34ff.; Enz., 307ff. [754]) Prozeß, 34; BürgR. I 536ff.

[755]) Was also KOHLER abhält, die Prozeßhandlungen als Rechtsgeschäfte anzuerkennen, ist nicht der von BÜLOW (vgl. oben zu Anm. 733, 747) geltend gemachte Umstand, daß sie bloße „Tatbestandsstücke" sind (denn KOHLER, BürgR., I 537, erkennt ausdrücklich — im Gegensatz zu BÜLOW, Geständnisrecht, 158 — den Vertragsantrag als Rechtsgeschäft an), sondern die Abhängigkeit ihres Daseins und Zweckes vom „Prozeßrechtsverhältnis". In der Sache ähnlich wie KOHLER, HECK, Festschr. f. GIERKE, 322, 347ff.; vgl. oben Anm. 746a.

Legt man die „übliche Denkweise und Terminologie“[756]) zugrunde, so steht KOHLER durchaus auf dem Standpunkt, daß die Fortentwickelung des „Prozeßrechtsverhältnisses“, d. i. die fortschreitende Schaffung von „Rechten und rechtlichen Situationen“[757]), durch Prozeßrechtsgeschäfte oder rechtsgeschäftähnliche Prozeßhandlungen vermittelt werde. Und ebenso ist auch STEIN[758]) zu verstehen, der auf dem Boden der Verhandlungsmaxime den Parteihandlungen in der überwiegenden Mehrzahl die Eigenschaft von „Willenserklärungen“, „Prozeßrechtsgeschäften“ beilegt, deren nächster stets bezweckter und erreichter „Geschäftserfolg“ die Schaffung einer innerprozessualen „Situation“, d. i. einer Möglichkeit oder Nötigung oder Pflicht für den Gegner oder das Gericht, also eine „Ausgestaltung der prozessualen Rechtsbeziehungen“ sei[758a]). Ja sogar HELLWIG, der nur eine „verhältnismäßig kleine Gruppe“ von Prozeßhandlungen der Parteien als „Prozeßrechtsgeschäfte“ anerkennt und die übrigen (im Anschluß an KIPP[759]) zu den „Rechtswahrnehmungshandlungen“ zählt[760]), nimmt an[761]), daß durch die Prozeßhandlungen „bestimmte Rechtslagen geschaffen“ würden, welche „die spätere Entwickelung des Prozeßverhältnisses“ bestimmten.

Also die Theorie „vom stufenweise vorwärtsschreitenden, sich von Schritt zu Schritt entwickelnden“[762]) „Prozeßrechtsverhältnis“ drängt geradezu zu der Folgerung, daß die Prozeßhandlungen Rechtsgeschäfte oder rechtsgeschäftähnliche Handlungen sind. Natürlich kann diese letztere Auffassung auch ohne die Zugrundelegung eines „Prozeßrechtsverhältnisses“ bestehen, wie der Standpunkt A. S. SCHULTZES[763]) beweist. Aber es würde dann an einer die rechtsgeschäftlich gestalteten prozessualen Rechtsbeziehungen zusammenfassenden Einheit[764]) gebrechen, und eine solche kann, wenn man die Prozeßhandlungen für Rechtsgeschäfte oder rechtsgeschäftähnliche Handlungen und ihre Ergebnisse für Rechtsverhältnisse erklärt, immer wieder nur das „Prozeßrechtsverhältnis“ sein. Insofern würde also geradezu das Gegenteil von dem gelten, was BÜLOW[765]) gemeint hat: Wenn die einzelnen Prozeßhandlungen rechtsgeschäftlichen oder rechtsgeschäftähnlichen Charakter haben, ist die Zusammenfassung der durch sie geschaffenen Rechtsbeziehungen zu einem einheitlichen „Prozeßrechtsverhältnis“ geboten.

Aber die Prozeßhandlungen sind ebensowenig das „Prozeßrechtsverhältnis“ ausgestaltende Prozeßrechtsgeschäfte, wie sie das Privatrechtsverhältnis, das regelmäßig hypothetischer Prozeßgegenstand ist, ausgestaltende Privatrechtsgeschäfte sind. BÜLOWS intuitives „Miß-

---

[756]) v. TUHR, II 1, § 48 Anm. 17; vgl. auch HECK, Festschrift f. GIERKE, 322, 352/3; P. KLEIN, 27.

[757]) Prozeß, 62.

[758]) Nr. IV 3, V vor § 128; Z. XLI 419ff.

[758a]) Vgl. ferner R. SCHMIDT, 358ff.; BELING, in BENNECKE-BELING, 281ff.

[759]) Rechtswahrnehmung, 110ff.

[760]) Prozeßhandlung, § 3 III Abs. 2, IV Abs. 4, §§ 6—8; Syst. I, § 145 II 1, §§ 150—152.

[761]) Prozeßhandlung, § 3 I Abs. 2.

[762]) BÜLOW, Prozeßeinreden, 2.

[763]) 287ff.; Z. XII 475ff.

[764]) Vgl. unten hinter Anm. 794; auch DEGENKOLB, ZivArch. CIII 396.

[765]) Vgl. oben hinter Anm. 734.

trauen"[766]) gegen den Begriff der „Prozeßrechtsgeschäfte" ist nur zu begründet. Man wird hier auseinander halten müssen, ob man bei der angeblichen rechtsgeschäftlichen Gestaltungsfunktion der Prozeßhandlungen an ein „Prozeßverhältnis" zwischen den Parteien einerseits und dem Gericht andererseits oder an ein solches unter den Parteien denkt.

Das in Wahrheit mit dem Staatsverhältnis zusammenfallende „Prozeßrechtsverhältnis" zwischen den Parteien einerseits und dem Gericht andrerseits[766a]) ist rein abstrakt; sein Inhalt bleibt immer derselbe: die staatliche (gerichtliche) Pflicht „zur Vornahme der jeweils rechtlich erforderten Rechtspflegehandlungen[767])". Diese Pflicht mag sich auf die Anberaumung eines Termins, auf die Entgegennahme des Parteivorbringens, auf die Fassung eines Beweisbeschlusses, auf die Beweisaufnahme oder auf die Fällung des Endurteils beziehen. Sie leidet in ihrem Inhalt keine Änderung, gleichgültig was auch immer den Gegenstand ihrer Fürsorge bildet, so wenig wie — um eine schon früher[768]) gezogene Parallele heranzuziehen — die elterliche Fürsorgepflicht ihren Inhalt ändert, welche Bedürfnisse des Kindes es auch immer zu befriedigen gilt[768a]), und so wenig — um eine Parallele BÜLOWS[769]) heranzuziehen — das receptum des arbiter sich inhaltsmäßig je nach den vorzunehmenden Verrichtungen ändert. BÜLOW hat also ganz recht, wenn er sich gegen die Annahme sträubt[770]), daß die Parteihandlung das „Prozeßrechtsverhältnis", richtig: das staatsrechtliche Verhältnis der Parteien zum Gericht „ändere". Nur darf man dann eben nicht mit BÜLOW ein vom Staatsverhältnis verschiedenes, „sich allmählich entwickelndes, stufenweise, Schritt für Schritt seinem Endziele ... zustrebendes", „dreiseitiges Prozeßrechtsverhältnis" annehmen.

Es ist daher auch nicht zu billigen, wenn STEIN[771]) die schon von TRUTTER[772]) und HELLWIG[773]) aufgestellte allgemeine Richterpflicht, auf Parteihandlungen nach Maßgabe des Gesetzes zu verfahren, für einen „deus ex machina", für „eines jener Worte, die sich zur rechten Zeit einstellen", erklärt; denn es bedürfe doch der Aufklärung, warum der Richter verpflichtet sei, „just über das konkrete Vorbringen zu entscheiden". Die allgemeine staatsrechtliche Pflicht des Staates (Gerichts) zur Justizgewährung bildet eine vollkommen ausreichende Erklärung für die Pflicht des Gerichts, „just über das konkrete Vorbringen zu entscheiden". Denn wie sollte wohl jene „allgemeine" Pflicht sich anders äußern als darin, die jeweils „in concreto" gesetzlich gebotene Rechtspflegehandlung vorzunehmen? Das Wesen der allemal auf ein

---

[766]) Geständnisrecht, 157; vgl. auch OETKER, Z. XLV 512.

[766a]) Vgl. oben zu Anm. 20.

[767]) BÜLOW, Z. XXVII 232; vgl. aber auch HELLWIG, Syst. I, § 139 III.

[768]) Vor Anm. 450. Dort handelte es sich nur um eine Parallele in bezug auf die Tatbestandseigenschaft der Prozeßhandlungen, hier auch um eine solche in bezug auf die Rechtswirkungen innerhalb der Justizgewährungspflicht.

[768a]) Anders anscheinend BIERLING, ZStW. X 302.

[769]) Prozeßeinreden, 3 Anm. 2.

[770]) Vgl. oben hinter Anm. 741.

[771]) Z. XLI 420/1; sowie Komment., Anm. 52 vor § 128.

[772]) 70ff.

[773]) Prozeßhandlung, § 5 zu Anm. 2 und in Anm. 27.

Urteil bestimmten Inhalts gerichteten Parteihandlungen besteht denn auch nicht darin, daß sie jene „allgemeine" Pflicht in eine spezielle, „just über das konkrete Vorbringen zu entscheiden", umgestalten[774]). Vielmehr „lösen" sie jene allgemeine Pflicht fortdauernd aus, und der weilig ausgelöste Erfüllungsfall ist immer eine Entscheidung über das „konkrete Vorbringen"[774a]). Auf der anderen Seite ist STEIN allerdings im Recht, wenn er meint, daß die allgemeine Justizgewährungs-

---

[774]) Wohlverstanden immer die staatliche Justizgewährungspflicht in abstracto; vgl. GOLDSCHMIDT, Mater. JustizR., 12. Die konkrete (materielle) staatliche Rechtsschutzpflicht bleibt hier ganz außer Betracht; vgl. darüber oben Anm. 448. Aber auch nur an jene denkt STEIN, obwohl er (Z. XLI 421; Komm., Anm. 52 vor § 128) die „ganz konkrete" Pflicht, die „weitere Verhandlung und Entscheidung" „dem Inhalte der Parteihandlung" entsprechend einzurichten, „der durch die Parteihandlung geschaffenen Situation anzupassen", die Pflicht, „just über das konkrete Vorbringen zu entscheiden", als Gegenstand der Erklärung bezeichnet. Denn er bestimmt diese Pflicht (Z. XLI 421) ausdrücklich näher als die „immer", als „nächster" Geschäftserfolg der Parteihandlung eintretende Pflicht des Gerichts zur Entscheidung „über den Antrag oder die Behauptung", im Gegensatz zu dem „vielleicht" eintretenden, „entfernteren" Erfolg der „Beeinflussung des schließlichen Urteils", der Entscheidung „nach dem Antrag oder auf Grund der Behauptung". Freilich fließen hier bei STEIN die materiellrechtliche Betrachtungsweise, die von — abstrakten oder konkreten — Rechten gegen die staatliche Justiz ausgeht, und die prozessuale, die sich in dem Begriffe der prozessualen „Situation" offenbart, ineinander. Die „immer" eintretende Pflicht des Gerichts, „über" den Antrag, und zwar natürlich „just über das konkrete Vorbringen" zu entscheiden, „mit der praktischen Folge, daß die Ablehnung solcher Entscheidung die Beschwerde (m. E. Dienstaufsichts-, eventuell Justizverweigerungsbeschwerde) begründet" (so STEIN, hinter Anm. 53 vor § 128), ist — als abstrakte Justizgewährungspflicht — etwas ganz anderes, als die als „nächster" Geschäftserfolg einer Parteihandlung eintretende Bindung, die „weitere Verhandlung und Entscheidung dem Inhalte der Parteihandlung" entsprechend einzurichten, sie „der durch die Parteihandlung geschaffenen Situation anzupassen", die erst durch eine ganz bestimmte „Prozeßlage" bedingt ist; vgl. sofort weiter im Text. Und der „vielleicht" eintretende, „entferntere" Erfolg der Entscheidung „nach" dem Antrag ist, als Inhalt einer bloßen prozessual gedachten „Aussicht", noch nicht Inhalt eines materiellrechtlich gedachten konkreten „Rechtsschutzanspruches". Vgl. dazu unten § 19 II, sowie Anm. 1364a, 1373d, 1374, 1376a, 1619, zu Anm. 2022. Wenig glücklich ist auch STEINS (Z. XLI 421) Hinweis, daß bei den Rechtsmitteln dem „nächsten", „immer" eintretenden Geschäftserfolg der Entscheidung „über" den Antrag die Einlegung des Rechtsmittels, dem „entfernteren", „vielleicht" eintretenden Geschäftserfolg der Entscheidung „nach" dem Antrage der Rechtsmittelantrag entspreche. Als ob ohne Rechtsmittelantrag „über" denselben entschieden werden könnte, und als ob, wenn er gestellt ist, „nach" ihm entschieden werden müßte! In der Tat enthält schon die Erklärung, das Rechtsmittel einzulegen, den — wenngleich nicht spezifierten — Rechtsmittelantrag; vgl. unten zu Anm. 1654; übrigens STEIN selbst, Nr. III 3 Abs. 3 vor § 128. Dies erhellt besonders daraus, daß es bei der strafprozessualen Berufung (§§ 314, 316 bis 318 StPO.) und bei der Beschwerde (§§ 569 ZPO., 306 StPO.) zur Entscheidung „nach" dem Antrag gar keines — spezifizierten — Rechtsmittelantrages bedarf. Und wo es, wie bei der zivilprozessualen Berufung (§§ 518, 519 ZPO.) und bei der Revision (§§ 553, 554 ZPO., 341, 343—345 StPO.), wiederum zur Entscheidung „nach" dem Antrag eines spezifizierten Rechtsmittelantrages bedarf, bedarf es eines solchen auch wenigstens zur sachlichen Entscheidung „über" den Antrag (§§ 519b, 554a ZPO., 346, 349 StPO.). Vgl. noch unten zu Anm. 1654.

[774a]) Vgl. dazu schon oben hinter Anm. 447, noch unten zu Anm. 2027.

pflicht die durch die Parteihandlung insbesondere auf dem Boden des Verhandlungsgrundsatzes herbeigeführte Bindung des Richters, die „weitere Verhandlung und Entscheidung" „dem Inhalte der Parteihandlung" entsprechend einzurichten, „der durch die Parteihandlung geschaffenen Situation anzupassen", mit einem Worte eben den Begriff der prozessualen „Situation" nicht erklären kann. Nur ist diese „Situation" etwas ganz anderes als die bloße Pflicht, „just über das konkrete Vorbringen" zu entscheiden, und sie findet ihre adäquate Konstruktion wenn auch in einer Bindung[774b]) des richterlichen Ermessens, so doch nicht in der Begründung einer konkreten staatlichen Pflicht. Denn nur die der materiellrechtlichen Betrachtungsweise, die sich die Beziehungen zwischen Parteien und Gericht nur als ein Verhältnis gegenseitiger Berechtigung und Verpflichtung vorstellen kann, entgegengesetzte prozessuale Betrachtungsweise, wonach der Richter als die die Rechtsverheißungen erfüllende Macht erscheint, vermag den Begriff der prozessualen „Situation" zu erfassen[775]). Und wenn STEIN gar von einer „für das Gericht[776]) im Prozeß entstehenden Situation, daß nach Maßgabe der Prozeßhandlung eine Verhandlung und Entscheidung erforderlich ist", spricht[777]), so ist das zwar von seinem Standpunkt aus ganz folgerichtig, aber ebenso abwegig, wie wenn HELLWIG den Wechsel des Gerichts unter den Begriff der Prozeßnachfolge bringt[778]). Indem die Lehre vom „Prozeßrechtsverhältnis" hier ihre letzten Folgerungen zieht, widerlegt sie sich selbst.

Ganz anders ist es, wenn man bei der angeblichen rechtsgeschäftlichen Gestaltungsfunktion der Prozeßhandlungen, mit KOHLER[779]), an ein „Prozeßrechtsverhältnis" unter den Parteien denkt. Beschränkt man den Begriff des Rechtsverhältnisses auf ein „Korrelatverhältnis von Rechtsanspruch und Rechtspflicht[780])", so kann von einem „Prozeßrechtsverhältnis" unter den Parteien von Haus aus keine Rede sein. Denn da nach den früheren[781]) Darlegungen aus dem „Prozeßrechtsverhältnis" entspringende Parteipflichten sich überhaupt nicht haben ermitteln lassen, kann es erst recht keine Parteipflichten geben, auf deren Erfüllung der Gegner Anspruch hätte. Dehnt man aber, wie dies neuerdings vielfach zu geschehen pflegt[782]), den Begriff des „Rechtsverhältnisses" auf alle möglichen „rechtswirksamen Beziehungen" aus, so könnte man daran denken, auch das unter den Parteien bestehende

---

774b) Entsprechend sagt die StPO. in § 155 II Halbs. 2: die Gerichte sind „bei Anwendung des Strafgesetzes an die gestellten Anträge nicht gebunden"; und in § 206: „Das Gericht ist bei der Beschlußfassung (über die Eröffnung des Hauptverfahrens) an die Anträge der Staatsanwaltschaft nicht gebunden"; vgl. auch § 245 II a. E.

775) Vgl. darüber eingehend unten § 18 von Anm. 1333 ab, § 19.

776) Im Original nicht gesperrt.

777) Z. XLI 420 a. E.

778) Vgl. oben Anm. 463, unten zu Anm. 803.

779) Vgl. oben Anm. 9.

780) So insbesondere BIERLING, I 183ff.; RADBRUCH, Handlungsbegriff, 33; aber auch O. v. GIERKE, I 255.

781) Vgl. oben §§ 9—11.

782) Vgl. insbesondere ENNECCERUS, Allg. Teil, § 64; v. TUHR, I § 5; auch MANIGK, Anwendungsgebiet, 14.

„Kampfverhältnis“[783]) als „Prozeßrechtsverhältnis“ zu bezeichnen[784]). Indessen ist jene Ausdehnung des Begriffes „Rechtsverhältnis“ dann eine mißbräuchliche, wenn sie mehr als eine Einbeziehung aller subjektiven Rechte oder doch wenigstens aller Möglichkeiten der Entstehung solcher bezielt. Sie ist es also insbesondere dann, wenn sie, wozu der Ausdruck „rechtswirksame Beziehungen“ verleitet, auch solche Beziehungen als „Rechtsverhältnisse“ bezeichnet, an die das Recht Rechtswirkungen anknüpft. Denn solche Beziehungen erkennt das Recht wohl als Rechtsgrund, nicht aber als Rechtsfolge, also auch nicht als „Rechtsverhältnis“, das immer eine Rechtsfolge sein muß[785]), an. Und jene Begriffsausdehnung ist eine mißbräuchliche weiter dann, wenn sie solche Möglichkeiten unter den Begriff des „Rechtsverhältnisses“ einbeziehen will, die nicht auf die Entstehung subjektiver Rechte gerichtet sind.

---

[783]) Vgl. Kohler, Prozeß, 6ff.

[784]) Nach RGEZ. XLI 347 soll in der Tat das bloße Bestehen eines Streites ein Rechtsverhältnis unter den Streitenden begründen. Aber diese Auffassung erklärt sich nur dadurch, daß das RG. in der bezeichneten Entscheidung noch auf dem Standpunkt steht, § 256 (231) ZPO. setze ein Rechtsverhältnis unter den Parteien voraus. Seit man diesen Standpunkt allgemein verlassen hat, ist auch jene Auffassung aufgegeben; vgl. Hellwig, Lehrb. I 388 Anm. 23; v. Tuhr, I § 5 zu Anm. 9, 10.

[785]) So mit Recht Hellwig, Anspruch, 4 zu Anm. 12/3; v. Tuhr, I § 5 Anm. 1; auch Enneccerus, Allg. Teil, § 127 zu Anm. 1; Stammler, Theorie, 204/5. Wenn freilich v. Tuhr, a. a. O., § 5 II 2 (nicht „3“, wie der Druckfehler sagt), „Rechtsverhältnis“ als „die Gesamtheit der Rechtsfolgen aus einer Beziehung“ definiert, so leistet diese Definition der im Text zurückgewiesenen mißbräuchlichen Begriffsausdehnung gerade so Vorschub, wie die auf Enneccerus, Allg. Teil, § 64 I 2, zurückzuführende Definition des Rechtsverhältnisses als „rechtswirksame Beziehung“. Man könnte über die mißzuverstehende Definition hinweggehen, da weder Enneccerus noch v. Tuhr daran denken, den Vertrag oder die unerlaubte Handlung, die beide zweifellos „rechtswirksame Beziehungen“ sind, als „Rechtsverhältnisse“ zu bezeichnen, wenn nicht beide Schriftsteller (Enneccerus, Allg. T., § 64 I 1; v. Tuhr, I § 5 I a. E.) wirklich den Wohnsitz als „Rechtsverhältnis“ ansprächen. Der Wohnsitz ist aber nichts als ein vom Gesetz bei Normierung bestimmter Rechtsfolgen, z. B. des Schuldverhältnisses, des Gerichtsstandes, verwendeter Rechtsbegriff; die §§ 7—11 BGB. sind „begriffsentwickelnde“ Rechtssätze. Sollte wirklich gemäß § 256 ZPO. eine Klage auf Feststellung des Wohnsitzes erhoben werden können? Durch Leugnung des Feststellungsinteresses (so v. Tuhr, § 5 Anm. 11) wird man dieser unwillkommenen Folgerung nicht ausweichen können. Zur Anerkennung der „Beziehung einer Person zu einem Ort“ (v. Tuhr, I § 5 I a. E.) als Rechtsverhältnis scheint ja allerdings nur ein Schritt von der üblichen Anerkennung eines Rechtsverhältnisses zwischen einer Person und einer Sache. Dabei wird aber übersehen, daß diese letztere Charakterisierung des Eigentums nur auf einer Zurücksetzung des Verpflichteten hinter dem Beziehungsgegenstand des Rechts beruht, die dem „rechtbildenden Menschengeist“ hier als die „anschaulichere und lebendigere Betrachtungsweise“ (O. v. Gierke, I 259) erschienen ist. Immer aber bleibt jedes Rechtsverhältnis in letzter Linie eine Beziehung zwischen zwei Personen (so auch Stammler, Wirtschaft u. Recht, Nr. 43 und Anm. 139; Theorie, 207) oder genauer (vgl. schon Kelsen, 705, 706; Souveränität, 125; Arch. öff. R. XXXI 88; auch F. Klein, Parteihandlung, 14) die Beziehung einer Person zum objektiven Recht in bezug auf eine andere Person, sei es die Macht über den rechtlichen Imperativ (subjektives Recht; vgl. schon oben zu Anm. 355), sei es die Unterwerfung unter ihn (Pflicht); vgl. dazu noch näher unten Anm. 807 am Anfang, Anm. 1270a, 1274, hinter Anm. 1278.

Auf die eine oder die andere dieser beiden zuletzt dargelegten mißbräuchlichen Ausdehnungen des Begriffes „Rechtsverhältnis" läuft es aber hinaus, wenn man den Prozeß als ein Rechtsverhältnis unter den Parteien auffaßt. An das „Kampfverhältnis" der Parteien mag das Recht Rechtswirkungen anknüpfen. Dadurch wird es noch nicht zum „Rechtsverhältnis". Und jene Rechtswirkungen selbst, die von BÜLOW[786]) geltend gemachte Gebundenheit der Partei an ihr nachteilige Prozeßhandlungen, könnte nur dann ein Rechtsverhältnis unter den Parteien darstellen, wenn man darin die Anwartschaft des Gegners auf Entstehung eines Rechts fände. In der Tat legt KOHLER[787]) der zivilprozessualen Urteilsfeststellung privatrechtsgestaltende Kraft bei, und es ist von diesem Standpunkt aus folgerichtig, wenn er die das Urteil vorbereitenden prozessualen „Situationen" oder „Lagen"[788]) als „Elemente" oder „Stufen" der Bildung oder Entwickelung eines subjektiven Rechts definiert[789]). Sie wären dann allerdings Rechtsverhältnisse unter den Parteien, und die sie gestaltenden Prozeßhandlungen wären Rechtsgeschäfte oder rechtsgeschäftähnliche Handlungen. Nur darf man nicht darüber im Unklaren sein, daß dann überhaupt in letzter Linie die Prozeßlagen Privatrechtsverhältnisse, und die Prozeßhandlungen Privatrechtsgeschäfte wären. Das wäre auch angesichts der Tatsache, daß es sich um Rechtsbeziehungen zwischen Individuen handeln soll, um so weniger erstaunlich, als die Vorstellung einer „publizistischen rechtsgenossenschaftlichen Stellung der Parteien zu einander"[789a]) wenig einleuchtet. Geht man aber davon aus, daß der zivilprozessualen Urteilsfeststellung Kraft nicht für die Privatrechtsgestaltung, sondern nur für die gerichtliche Geltung des Anspruches als rechtlich begründet oder unbegründet zukommt[790]), so entfällt damit die Möglichkeit, die das Urteil vorbereitenden Prozeßlagen als Rechtsverhältnisse unter den Parteien und die Prozeßhandlungen als Rechtsgeschäfte oder rechtsgeschäftähnliche Handlungen aufzufassen.

In Wahrheit gestalten die Prozeßhandlungen weder (wie jetzt allgemein zugegeben wird) das regelmäßig den hypothetischen Prozeßgegenstand bildende Privatrechtsverhältnis, noch (wie immer noch allgemein angenommen wird) das in der Tat mit dem Staatsverhältnis zusammenfallende „Prozeßrechtsverhältnis" zwischen den Parteien und dem Gericht oder das überhaupt kein Rechtsverhältnis darstellende „Prozeßrechtsverhältnis" unter den Parteien; sondern, vom materiellrechtlichen Standpunkt aus betrachtet, sind sie Ausübung oder Geltend-

[786]) Z. XXVII 232; vgl. schon oben zu Anm. 16 und 18. Beiseite bleiben kann die von DEGENKOLB, Beitr. 61, aus der angeblichen „rechtsgenossenschaftlichen Stellung der Parteien" gefolgerte „Gebundenheit, dem Gegner Recht zu geben". Sie wäre, wenn sie bestände, die staatsrechtliche Grundlage der Einlassungslast. Sie besteht aber nicht; vgl. schon oben Anm. 579a, auch Anm. 478 und unten zu Anm. 789a.

[787]) Prozeß, 64, 71, 74, 77, 111ff.; Enz., 343ff.

[788]) Vgl. dazu die Zitate oben in Anm. 750.

[789]) Prozeß, 62; Enz., 327.

[789a]) So DEGENKOLB, Beitr. 60, 61; vgl. schon oben Anm. 478.

[790]) Vgl. oben Anm. 78 und die dortigen Zitate, sowie unten §§ 16, 17.

machung der materiellen Justizrechte (Strafverfolgungsrecht Klagrecht)[790a]), vom prozessualen Standpunkt aber aus betrachtet, gestalten sie die prozessuale Lage der Partei, d. i. ihre Aussicht auf gerichtliche Geltung des allemal und unbedingt den Prozeßgegenstand bildenden „Anspruches" im prozessualen Sinn[791]) (der „res de qua agitur"[792])) als rechtlich begründet oder unbegründet. Der von KOHLER aufgestellte Begriff der „Prozeßlage", zu dem auch die von ganz anderen Ausgangspunkten als KOHLER und wiederum von ganz verschiedenen Ausgangspunkten untereinander ausgehenden STEIN und HELLWIG[793]) sich gedrängt sehen, tritt, verselbständigt und auf den Prozeßgegenstand bezogen, an die Stelle des schematischen und abstrakten „Prozeßrechtsverhältnisses"[793a]).

V. Das Prozeßrechtsverhältnis und die Prozeßnachfolge. Mehrheit der Prozeßrechtsverhältnisse.

(§ 13.)

I. „Besonders frappant macht sich" endlich nach BÜLOW[794]) die in dem „Prozeßrechtsverhältnis" zusammengefaßte „Einheitlichkeit" der prozessualen Rechtsbeziehungen „in der Möglichkeit einer Sukzession in die Gesamtheit der prozessualischen Rechtsbeziehungen durch Erben oder sonstige Rechtsnachfolger bemerkbar". BÜLOW meint, daß die „deskriptive Prozeßtheorie, die im Prozesse nichts anderes als ein ‚Verfahren" erblickt habe, „durch die Sukzessionsmöglichkeit vor ein Rätsel gestellt" worden sei. „Ein bloßes „Verfahren" könnte von einer anderen Person als derjenigen, die es begonnen hat, nur fortgeführt, nie aber mit dem nachgelassenen Vermögen auf andere Prozessubjekte vererbt werden! Gerade in der Vererblichkeit der Prozeßverhältnisse vermögensrechtlichen Inhalts zeigt sich aufs deutlichste die... rechtliche Gebundenheit, in welche die Partei und ihr Privatrechtszustand durch den Eintritt in das Prozeßrechtsverhältnis (res in iudicium deducta) versetzt wird".

[790a]) SECKEL, Gestaltungsrechte, 249 Anm. 1; GOLDSCHMIDT, Mater. JustizR., 9, 10, 34ff., 55; WEISMANN, I § 20 zu Anm. 6. Vgl. auch oben Anm. 213, zu Anm. 334, Anm. 448, 774, unten Anm. 826. Dahingestellt bleiben kann — vgl. schon oben Anm. 213 —, ob die Prozeßhandlungen in bezug auf die materiellen Justizrechte Ausübung von Gestaltungsrechten oder Geltendmachung „verhaltener Ansprüche" sind. Jenes dürfte von dem — gleich der römischen actio (vgl. oben zu Anm. 334) — auf Begründung eines Vollstreckungsrechts gerichteten richterlichen Strafverfolgungs- (Strafverurteilungs-) Recht, dieses vom Klagrecht (Urteilsanspruch) anzunehmen sein. Mit letzterer Annahme modifiziere ich das Mater. JustizR., 9, 10, 36, Gesagte; dazu unten Anm. 1279.

[791]) Über diesen vgl. unten zu Anm. 1172c.

[792]) Vgl. oben zu Anm. 240.

[793]) Vgl. oben hinter Anm. 758, 761.

[793a]) Weiteres vgl. unten § 19.

[794]) Z. XXVII 223 Anm. 11.

Diese Behauptung Bülows, daß der Nachfolge in den Prozeß erst durch die Lehre vom „Prozeßrechtsverhältnis" die rechte Stellung gewonnen sei, hat allgemeine Anerkennung gefunden[795]). Und noch Hellwig[796]) hält Weismann, der sich der Lehre vom „Prozeßrechtsverhältnis" skeptisch gegenüberstellt und den Schwerpunkt auf den Begriff des Verfahrens als einer Handlungsgesamtheit legt, entgegen, daß er dann die Nachfolge in den Rechtsstreit nicht zu erklären vermöge. Denn „in die ergangenen Handlungen kann die Partei nicht sukzedieren, und die folgenden nimmt sie selbst vor".

Letzteres ist richtig. Mit der empirisch feststellbaren Tatsache, daß der Prozeß ein Inbegriff von Handluugen ist, läßt sich die Möglichkeit einer Nachfolge in den Rechtsstreit nicht erklären. Hierfür genügt es auch nicht, sich dabei zu beruhigen, daß der Inbegriff aller dieser Handlungen durch seine Zweckbeziehung zum Urteil zu einer „Zweckeinheit" zusammengefaßt werden kann und muß[797]). Denn es bedarf ja gerade der Erklärung, was es eigentlich für ein Ding ist, in welches der während der Rechtshängigkeit eintretende Prozeßnachfolger sukzediert. Es ist aber nicht das „geisterhafte"[798]) Bülowsche „Prozeßrechtsverhältnis", sondern die Prozeßlage. Der Rechtsnachfolger ist berechtigt und auf Antrag des Gegners verpflichtet, „den Rechtsstreit in der Lage, in welcher er sich befindet", zu übernehmen, heißt es in § 266 I ZPO. § 67 ZPO. sagt: „Der Nebenintervenient muß den Rechtsstreit in der Lage annehmen, in welcher sich dieser zur Zeit seines Beitritts befindet." § 68 ZPO.: der Nebenintervenient „wird mit der Behauptung, daß die Hauptpartei den Rechtsstreit mangelhaft geführt habe, nur insoweit gehört, als er durch die Lage des Rechtsstreits zur Zeit seines Beitritts... verhindert worden ist, Angriffs- oder Verteidigungsmittel geltend zu machen". § 73 ZPO.: in dem die Streitverkündung enthaltenden Schriftsatz ist „die Lage des Rechtsstreits anzugeben" usw. usw. § 10 KO.: „Rechtsstreitigkeiten über das zur Konkursmasse gehörige Vermögen, welche zur Zeit der Eröffnung des Verfahrens für den Gemeinschuldner anhängig sind, können in der Lage, in welcher sie sich befinden, von dem Konkursverwalter aufgenommen werden." § 375 II StPO.: Hat einer von mehreren Privatklageberechtigten die Privatklage erhoben, „so steht den übrigen nur der Beitritt zu dem eingeleiteten Verfahren, und zwar in der Lage zu, in welcher es sich zur Zeit der Beitrittserklärung befindet"[798a]).

Nur der Begriff der Prozeßlage liefert den Schlüssel, wie zu allen anderen prozessualen Erscheinungen, so zu der Prozeßnachfolge[798b]).

---

[795]) Vgl. insbesondere Kohler, Prozeß, 83ff.; Z. XII 97ff.; Frank, Z. XIII 219ff.; Sperl, 2; Baumgarten, Wissenschaft vom Recht, II 482; Schweiz. Ztschr. XXXV 244.

[796]) Klagr. u. Klagmögl., 76 Anm. 1.

[797]) Vgl. oben hinter Anm. 735.

[798]) Vgl. oben Anm. 28.

[798a]) Man denke auch an die neueste Rechtsprechung des RG. zu der Übernahme der Anklage im Privatklageverfahren durch die Staatsanwaltschaft; vgl. dazu Löwe-Rosenb., Nr. 7a zu § 377 (417).

[798b]) Verwandte Gedankengänge bei Sauer, § 14 I 5b Abs. 2, § 20 B I 2.

Denn nur er sagt etwas aus über das derzeitige Schicksal des in den Prozeß hineingezogenen „Privatrechtszustandes" der Partei, der „res in iudicium deducta", in dessen Übergang auf den Rechtsnachfolger Bülow selbst mit Recht das charakteristische Moment der Prozeßnachfolge erblickt[799]). Bülows „Prozeßrechtsverhältnis" ist, soweit es sich überhaupt als Rechtsverhältnis, d. i. als Inbegriff seiender oder werdender Rechte oder Pflichten, ausweist[800]),rein abstrakt, sein Inhalt immer derselbe: der Anspruch auf staatliche Justizgewährung[801]). Und gerade dieser Anspruch ist, als Ausfluß des Persönlichkeitsrechts[802]), einer Vererbung weder fähig noch bedürftig. Aber weiter: nur, wenn man sich darüber klar ist, daß Gegenstand der Prozeßnachfolge die Prozeßlage der Parteien ist, wird man daran festhalten, daß allein der Wechsel der Parteien, nicht der des Gerichts unter den Begriff der Prozeßnachfolge im modernen Recht fällt, wie er wohl auch allein unter den Begriff der translatio iudicii in Rom fiel[803]). So sagt denn auch Kohler[804]): „Die Sukzession eines anderen in den Prozeß bewirkt, daß die bereits entstandenen rechtlichen Situationen auf den Sukzessor übergehen[804a])".

II. Wie die Prozeßnachfolge eine Nachfolge nicht in das „Prozeßrechtsverhältnis", sondern in die Prozeßlage ist, so bedarf es zur juristischen Erfassung der Streitgenossenschaft nicht, wie oft geschieht[805]), der Annahme einer „Mehrheit der Prozeßrechtsverhältnisse", sondern der Annahme einer — regelmäßigen — Verschiedenheit der Prozeßlagen. Die Aufstellung einer „Mehrheit der Prozeßrechtsverhältnisse" ist wertlos; denn die herrschende Lehre nimmt eine „Mehrheit der Prozeßverhältnisse" auch bei der „engsten Verbindung", d. i. der notwendigen Streitgenossenschaft an[805a]). Dagegen ist hier die „Prozeßlage" die gleiche, und es bietet deshalb nicht der Begriff des „Prozeßverhältnisses", sondern der der „Prozeßlage" das Mittel zur Unterscheidung der einfachen und der dem § 62 ZPO. unterfallenden Streitgenossenschaft[806]).

---

799) Vgl. oben vor Anm. 795.

800) Vgl. dazu oben hinter Anm. 786.

801) Vgl. oben hinter Anm. 766a.

802) Vgl. G. Jellinek, System, 125; Kohler, Z. XXXIII 220ff.; Goldschmidt, Mater. JustizR., 12.

803) Vgl. darüber schon oben Anm. 462, 463.

804) Prozeß, 86.

804a) Näheres unten § 33.

805) Vgl. statt aller übrigen Hellwig, Lehrb. II, § 69 I 2, § 156 I; Syst. I, § 122 II, III, § 138 II 2.

805a) Hellwig, Syst. I, § 122 II zu Anm. 1, § 123 Anm. 3; Kisch, Streitgenossenschaft, 10ff.; Walsmann, Nebenintervention, 86/7.

806) Vgl. dazu unten § 34. Verwandte Andeutungen bei Sauer, 403.

Zweiter (aufbauender) Teil.

Der Prozeß als Rechtslage.

I. Der empirische Prozeßbegriff als Ausgangspunkt.

(§ 14.)

OSKAR BÜLOW hat der beschreibenden Prozeßkunde ein Ende gemacht. Daß er den Prozeß vermittels der Kategorie des „Prozeßrechtsverhältnisses" wissenschaftlich zu erfassen suchte, ist nicht verwunderlich. Die Prozeßtheorie griff zunächst, gleichwie die Theorie des öffentlichen Rechts und des Strafrechts zu den privatrechtlichen Kategorien. Der Name OSKAR BÜLOW bezeichnet, wie die Namen LABAND und BINDING, eine Wegstrecke in der Entwickelung der außerprivatrechtlichen Rechtswissenschaft, welche diese notwendig zurücklegen mußte, aber ebenso notwendig hinter sich lassen muß. Indessen, anders als für die Theorie des öffentlichen Rechts und mehr noch als für die Theorie des Strafrechts, ist es für die Prozeßtheorie mit einer Selbstbesinnung auf die öffentlichrechtliche Eigenart ihres Gegenstandes[807]) nicht getan.

---

[807]) Vgl. für das Strafrecht mein Materielles Justizrecht, §§ 3—5 (schon oben zu Anm. 529). Die Überwindung der privatrechtlichen Auffassung des öffentlichen Rechts ist m. E. — ungeachtet aller Anfechtungen, die sie erfahren hat — der organischen Staatstheorie zu verdanken. KELSEN, 704, will allerdings nicht wahr haben, daß die Begriffe des öffentlichen Rechts „Elemente zu enthalten hätten, die dem Privatrechte fremd seien". Aber wenn ich auch seiner monistischen Auffassung des Rechtsverhältnisses als eines Verhältnisses nicht zwischen zwei Subjekten, sondern lediglich zur Rechtsordnung (705/6; Souveränität, 125; Arch. öff. R. XXXI 88) zustimme (vgl. schon oben Anm. 785 a. E., sowie unten Anm. 1274, hinter Anm. 1278), so gehört doch dieser Begriff des Rechtsverhältnisses, um mit STAMMLER, Theorie, 180ff., zu sprechen, zu den „reinen" Grundbegriffen des Rechts. Das Bekenntnis zu ihm hindert nicht eine verschiedenartige Auffassung der „bedingten" Begriffe subjektives privates und öffentliches Recht; vgl. STAMMLER, Theorie, 402ff. Und diese Verschiedenartigkeit der Auffassung ist durch die Verschiedenheit der Rechtssubjekte und Beziehungsgegenstände (vgl. oben Anm. 356, 785 a. E., unten Anm. 1274 und hinter Anm. 1278) geboten; ganz abwegig KELSEN, Souveränität, 126/7 (die Erkenntnis, daß das Völkerrecht „Individualrecht" ist — vgl. schon E. KAUFMANN, Wesen des VR.,

Das Prozeßrecht ist — wenn man von der üblichen materiellrechtlichen Betrachtungsweise ausgeht — unzweifelhaft öffentliches Recht. Aber, wie für das Strafrecht, bildet der öffentlichrechtliche Charakter

150ff. —, nötigt noch nicht zu dem Zugeständnis, daß es „Privatrecht" sei). Wenn KELSEN, 704; Arch. öff. R. XXXI 92ff., bestreitet, daß die Verschiedenheit der wirtschaftlichen und politischen Machtfaktoren auf die juristische Begriffsbildung Einfluß erlangen dürfe, (ebenso SANDER, 474ff.) und zur Erhärtung darauf verweist, daß auch die juristische Konstruktion des Arbeitsvertrages die wirtschaftliche Übermacht des Arbeitgebers über den Arbeitnehmer unbeachtet lasse, so hätte er nicht leicht ein unglücklicheres Beispiel anführen können. Denn daß die frühere Nichtbeachtung der wirtschaftlichen Verhältnisse in dem angeführten Falle ein schwerer Konstruktionsfehler war, darüber besteht heute nahezu Einhelligkeit. Gegen KELSEN auch BAUMGARTEN, Wissenschaft vom Recht, II 10. KELSEN erkennt (702) selbst an, daß die „Richtigkeit des vertretenen Standpunktes nicht absolut beweisbar ist, daß der an diesem Punkte zutage tretende Gegensatz letzten Endes in der Verschiedenheit der Weltanschauung wurzelt". Es dürfte sich aber nicht so sehr um eine „Verschiedenheit der Weltanschauung", als vielmehr um einen methodischen Fehler handeln. KELSEN kann dem Vorwurf des Formalismus nicht entgehen. Denn er vermißt sich, auf die Behandlung der „Hauptprobleme der Staatsrechtslehre", d. i. „bedingter Rechtseinrichtungen" eine Methode anzuwenden, die ausschließliche Herrschaft nur auf dem — problematischen (vgl. unten Anm. 862 a. E.) — Gebiet der „bedingenden, reinen" Rechtslehre im Sinne STAMMLERS hat, die „Entwickelung aus der Lehre vom Rechtssatze". Das gelingt ihm nur deshalb scheinbar, weil er ein „Sesam, öffne dich" gefunden hat in der Entdeckung, daß „im ethisch-juristischen" Sinne „Wille" die „im Innern des Menschen gedachte, als Endpunkt der Zurechnung fungierende Konstruktion" sei (145) (ebenso bei Grünhut XL 15; Staatsbegriff, 242, 244, 212, 196, 82). In Wahrheit reinster Nominalismus, ja geradezu ein Hysteron Protoron schlimmster Art, welches an BINDINGS (Hdb. 566) Schluß erinnert, daß „so viel Verbrechenstatbestände verwirklicht sind, so viel Handlungen" im Rechtssinn vorliegen. Vgl. gegen KELSENS Methode auch E. KAUFMANN, Kritik, 20 ff. In Arch. f. öff. R. XXXI 197ff., 218, und seinem Staatsbegriff, 139, glaubt KELSEN für seine Ableugnung des Unterschiedes von öffentlichem und privatem Recht freilich auch praktischen Wert beanspruchen zu können, indem er behauptet, dieser auf den Gegensatz von Staat und Recht zurückzuführende Unterschied sei letzten Endes aus dem Bestreben zu erklären, den „Rechtsstaat" „zugunsten des absolutistisch-monarchischen Prinzips zu verdrängen". Vgl. hiergegen unten Anm. 1308. Die Annahme, daß der Staat rechtsfrei sei, wird durch die Anerkennung der Eigenart des öffentlichen Rechts nicht bedingt. Übrigens ist es eine Einbildung, wenn KELSEN, 702, glaubt, „der Konstruktion mit der drei- oder mehrfachen Ebene die Konstruktion mit der einfachen Ebene entgegenzusetzen", m. a. W., im Gegensatz zur organischen Staatstheorie, subjektives privates und öffentliches Recht einheitlich aufzufassen. Wenn er (663) definiert: das subjektive Recht des Untertanen als „den Rechtssatz in seinem Verhältnis zu derjenigen Person, von deren Anspruche der im Rechtssatz erklärte Wille des Staates zu irgendeinem Handeln abhängig gemacht ist", und das subjektive Recht des Staates als „den Rechtssatz im Verhältnis des Staates zu allen anderen Personen, die durch den Rechtssatz verpflichtet werden", so ist dieser Begriff des subjektiven Rechts des Untertanen bzw. des Staates ebensowenig einheitlich, wie der von KELSEN 348, 429ff., für die Staatsperson und alle übrigen Subjekte aufgestellte Rechtspflichtbegriff; vgl. KELSEN selbst, 435ff., 446ff. Wer, gleich KELSEN, 97ff., das objektive Recht als Willen des Staates auffaßt, kann weniger als irgendeiner zu einem einheitlichen Begriff des subjektiven Rechts und der Rechtspflicht für den Untertanen und für den Staat gelangen. Er zieht nur die Grenze, an einer anderen — verkehrten — Stelle, indem er die subjektiven Rechte und Rechtspflichten der Untertanen gegeneinander und gegenüber dem Staat zusammenwirft (vgl. KELSEN 625ff. 629ff., nur den Grundrahmen, innerhalb dessen das Prozeßrecht seinen eigenen prozessualen Bedürfnissen und Zwecken folgt[807a]). Das „Prozeßrechtsverhältnis", dem BÜLOW[808]) von vornherein die Eigenschaft eines „öffentlichrechtlichen Verhältnisses" zuerkannte, ist nichts als dieser öffentlichrechtliche Grundrahmen, fällt aber als solcher, anders als das subjektive staatliche Strafrecht, einfach mit dem Staatsverhältnis zusammen[809]). Etwa anzunehmende Pflichten, sei es des Staates, wie die Pflicht zur Justizgewährung[810]), sei es der Parteien, wie früher die Einlassungspflicht[811]), jetzt die Erscheinungspflicht[812]), entquellen unmittelbar dem Staatsverhältnis. Die Kongruenz des „Prozeßrechtsverhältnisses" mit dem Staatsverhältnis wird besonders einleuchtend gemacht durch den von BÜLOW[813]) gezogenen Vergleich des Prozeßrechtsverhältnisses mit dem compromissum und receptum, die dem schiedsrichterlichen Verfahren zugrunde liegen. Sowohl die Unterwerfung der Parteien unter den Spruch des Richters, als auch die Verpflichtung des Richters zur Justizgewährung, von denen bei dem schiedsrichterlichen Verfahren jene den Inhalt des compromissum, diese den Inhalt des receptum ausmachen, ergeben sich heute[814]) für das Verfahren der staatlichen Gerichte ohne weiteres aus dem Staatsverhältnis[815]). Es bedarf also des „Prozeßrechtsverhältnisses" nicht einmal, um die staatsrechtliche Grundlage des Prozesses zu schaffen. Zur Erfassung der auf der staatsrechtlichen Grundlage sich abspielenden prozessualen Vor-

655ff. 348, 435ff., 446ff.). Daß er letzteres tun muß, beruht aber wiederum darauf, daß KELSEN den Rechtssatz als das staatliche Programm künftigen eigenen Verhaltens auffaßt, m. a. W. zur alleingültigen die — mutatis mutandis — prozessuale Rechtsbetrachtungsweise erhebt (vgl. unten Anm. 1173, zu Anm. 1259), für die es allerdings einen Unterschied zwischen Privatrecht und öffentlichem Recht nicht gibt; vgl. unten § 21 V. Über KELSENS Rechtsbegriffe vgl. noch unten Anm. 1173 zu Anm. 1259, Anm. 1275, 1279, 1280, 1308, 1309, 1313, 1558. SOMLÓ, der, insoweit ganz ähnlich wie KELSEN, die Begriffe der „Rechtspflicht" und des „Rechtsanspruches" in einem Verhältnis des Verpflichteten bzw. Berechtigten zur Rechtsnorm sieht (430ff., 439ff.), findet die Eigenart des privaten Rechtsverhältnisses im Gegensatz zum öffentlichen darin, daß es neben den primären Beziehungen des Rechtsuntergebenen zur „Rechtsmacht" noch sekundäre zwischen den Rechtsuntergebenen enthalte (486). Aber entweder sind „Rechtsmacht" und Staatspersönlichkeit — wie nach SOMLÓS eigenen Ausführungen (251ff., 270ff.) angenommen werden muß (vgl. dazu noch unten Anm. 1276) — nicht identisch: dann besteht auch das öffentliche Rechtsverhältnis nicht nur in Beziehungen des Rechtsuntergebenen zur „Rechtsmacht". Oder die Beziehungen zwischen den Rechtsuntergebenen beim privaten Rechtsverhältnis sind qualitativ so ganz andere als die Beziehungen des Rechtsuntergebenen zur „Rechtsmacht", daß man sie diesen nicht einfach als „sekundäre" gegenüberstellen kann.

807a) Daß die Theorie des materiellen Justizrechts der freien Entfaltung des Strafrechts im Wege stehe (so M. E. MAYER, Lehrb. 14 Anm. 30), ist ein ganz unbegründeter Vorwurf; vgl. aber unten Anm. 1563.

808) Prozeßeinreden, 2.

809) Vgl. oben hinter Anm. 766.

810) Vgl. oben zu Anm. 445.

811) Vgl. oben zu Anm. 473, 531.

812) Vgl. oben zu Anm. 628—635. Daß die „Pflicht", „zur Aufklärung des Sachverhalts" zu erscheinen (§ 141 I ZPO.), eine folgewidrige Einrichtung ist, darüber vgl. oben hinter Anm. 629.

813) Prozeßeinreden, 3 Anm. 2; vgl. schon oben zu Anm. 189b.

814) Vgl. dazu oben hinter Anm. 480a.

815) Vgl. oben zu Anm. 567a, 445.

gänge ist aber das „Prozeßrechtsverhältnis" von Haus aus untauglich. Es hat in den Systemen des Prozeßrechts nicht viel mehr als ornamentale Bedeutung. Entweder begnügen sich unsere Prozeßsystematiker damit, dem „Prozeßrechtsverhältnis" in einem einleitenden Paragraphen ihre Hochachtung zu bezeugen, und kümmern sich im weiteren Verlauf nicht weiter darum (so besonders KLEINFELLER, R. SCHMIDT, BELING, BENNECKE, BIRKMEYER, GRAF DOHNA, V. KRIES, ROSENFELD, ULLMANN). Oder — wenn sie etwas Übriges tun wollen — so bezeichnen sie noch außerdem den Abschnitt, welcher den Gang des Verfahrens schildert: „Entwickelung des Prozeßrechtsverhältnisses"[816]), ohne daß aber der Inhalt des Abschnitts die Überschrift als eine notwendig gebotene erscheinen ließe (so insbesondere HELLWIG, KOHLER, BINDING). Letzteres gilt sogar von dem Grundplan eines Prozeßrechtssystems, den BÜLOW[817]) entworfen hat, und nach welchem sich das Prozeßrechtssystem in die beiden Hauptteile: „Prozeßvoraussetzungen" und „Inhalt und Entwickelung des Prozeßrechtsverhältnisses" gliedern soll. Der Teil „Prozeßvoraussetzungen" aber behandelt nicht die Voraussetzungen eines „Prozeßrechtsverhältnisses", sondern einen Teil der Sachurteilsvoraussetzungen[818]).

Die Feststellung seines öffentlichrechtlichen Charakters erschließt uns also das Wesen des Prozeßrechts noch weniger als das des Strafrechts. Aber während die beiden Grundbegriffe, die das Wesen des Strafrechts ausmachen, Verbrechen und Strafe, wenigstens als solche feststehen und sich zugleich als Tatbestand und Rechtsfolgeinhalt[819]) dem subjektiven staatlichen Strafrecht einfügen, besteht nicht nur nach Ausschiffung des „Prozeßrechtsverhältnisses" über die prozessualen Grundbegriffe wieder völlige Dunkelheit, sondern ihr Verhältnis zu ihrer staatsrechtlichen Grundlage erweist sie a priori als aus der öffentlichrechtlichen Ebene herausfallend. Unterstellen wir als prozessualen Grundbegriff den sich empirisch darbietenden der „Prozeßhandlungen", so ist bereits oben[820]) ausgeführt, daß diese sich nicht in eine rechtsgeschäftliche oder rechtsgeschäftähnliche Beziehung zu den (abstrakten) subjektiven öffentlichen Rechten, welche die staatsrechtliche Grundlage des Prozesses bilden, insbesondere zu dem Anspruch auf staatliche Justizgewährung, bringen lassen. Denn Zweck und Wirkung der Prozeßhandlungen setzen den Bestand solcher subjektiven öffentlichen Rechte allerdings voraus, bestehen aber selbst nicht in einer Gestaltung, Ausübung oder Geltendmachung dieser — abstrakten — Rechte. Vielmehr stehen die Prozeßhandlungen offenbar in einer Zweck- und Wirkungsbeziehung zu dem konkreten Prozeßgegenstand, d. i. dem geltend gemachten Anspruch.

Der Grundmangel des nach privatrechtlicher Schablone aufgestellten BÜLOWschen „Prozeßrechtsverhältnisses" ist also nicht, daß es dem

---

816) Vgl. auch noch mein Mater. JustizR., hinter Anm. 74.

817) Z. XXVII 257ff.

818) Vgl. dazu oben § 2.

819) Vgl. dazu mein Mater JustizR., vor Anm. 272 und in Anm. 330.

820) Zu Anm. 448—450, 774, 774a.

öffentlichrechtlichen Charakter des Prozeßrechts nicht gemäß ist, sondern daß es den Zusammenhang zwischen dem Prozeß und dem Prozeßgegenstand zerreißt[820a]). Aus dem Bemühen, diesen zerrissenen Zusammenhang wieder herzustellen, erklärt sich die nächste Phase der Prozeßwissenschaft: die Theorie vom Rechtsschutzanspruch[821]). Aber der Rechtsschutzanspruch, d. i. der Anspruch des materiell Berechtigten auf Rechtsschutz durch günstiges Urteil und Zwangsvollstreckung, ist ein materielles Recht[822]); im Prozeßsystem hat er nichts zu suchen[823]). Man stellt den fehlenden Zusammenhang zwischen dem Prozeß und seinem Gegenstand nicht dadurch her, daß man das Prozeßrecht in Abhängigkeit vom materiellen Recht verbringt, sondern nur dadurch, daß man, von der Selbständigkeit des Prozesses ausgehend, zu einer Erfassung seines eigenartigen Verhältnisses zum materiellen Recht vordringt.

Zu diesem Ende müssen wir von dem Begriffe des Prozesses ausgehen, aber nicht von dem Begriff im „metaphysischen" Sinne[824]), der Wach[825]) dazu geführt hat, den Prozeß als Verwirklichung des Rechtsschutzanspruches aufzufassen[826]), sondern von dem Begriff im „empiri-

---

820a) Daran ändert die von Binder, Philosophie des Rechts, 200, in diesem Zusammenhang erwähnte, unten in § 15 I zu besprechende Lehre Bülows nichts.

821) Zuerst bekanntlich Wach, 19ff.

822) Vgl. mein Mater. JustizR., 10ff.; dazu noch meine Zwei Beiträge, 3 (109) ff.

823) Treffend macht Seckel, Gedächtnisrede, 24ff., darauf aufmerksam, daß Hellwig in seinem „Lehrbuch" den Versuch gemacht habe, die Systematik auf die Zweiheit des Rechtsschutzanspruches und des Prozeßverhältnisses aufzubauen, daß er aber in seinem „System" den Versuch, den Rechtsschutzanspruch zu einem der Eckpfeiler des Prozeßsystems zu machen, wieder aufgegeben und in dem Vorwort dazu erklärt habe, er habe über richtige systematische Anordnung Anschauungen gewonnen, die von denen abwichen, nach denen das „Lehrbuch" begonnen worden war. Daß es unmöglich sei, ein System des Prozeßrechts unter dem Gesichtspunkt des Rechtsschutzanspruches abzurollen, hatte ich bereits in meinem Materiellen Justizrecht, 14, ausdrücklich hervorgehoben.

824) Vgl. dazu Sigwart, I 324ff.

825) Hdb. I 7 Anm. 7; Feststellungsanspruch, 14; Z. XXXII 5ff. Im Ausgangspunkt Wach zustimmend Sauer, 15, 16; vgl. auch Mendelssohn Bartholdy, Festschrift f. Klein, 150.

826) Hiergegen vgl. schon Kohler, Z. XXXIII 211ff.; Goldschmidt, Mater. JustizR., 15ff. Natürlich kann und muß man unter Umständen den Prozeß auch in seiner Eigenschaft als Verwirklichung des ihm zugrunde liegenden materiellen Justizrechts, d. i. den Zivilprozeß in seiner Eigenschaft als Verwirklichung des klägerischen Rechtsschutzanspruches, den Strafprozeß in seiner Eigenschaft als Verwirklichung des staatlichen Strafrechts betrachten; vgl. z. B. oben Anm. 179, hinter Anm. 209, 270, Anm. 213, zu Anm. 334, Anm. 448, 774, 790a, unten zu Anm. 906. Eine solche Betrachtungsweise hat seinerzeit für das Ziviljustizrecht den Begriff der „prozessualen Klagrechtsvoraussetzungen" (Hellwig, Lehrb. I § 23 III; Klagr. u. Klagmögl., 63ff.; Syst. I § 99), für das Strafjustizrecht den Begriff der „prozessualen Strafrechts-" oder „Verfolgbarkeitsvoraussetzungen" (Goldschmidt, Mater. JustizR., 59ff.; DJZ. XVII, 1317; Zwei Beiträge, 11 [117] Anm. 2) zutage gefördert; dazu jetzt auch Sauer, LZ. XIII 673ff.; verwandte Gedankengänge bei Krückmann, Rechtsgang III 116ff. (unten Anm. 1020 der daselbst angeführte 1. Satz Krückmanns). Indessen eine solche Betrachtungsweise des Prozesses ist — wie ich von vornherein (Mater. JustizR., 60)

schen" Sinne. Danach ist Prozeß, in dem engeren Sinne von reinem — ordentlichem — Entscheidungs(Urteils)verfahren, das auf die Herbeiführung von Rechtskraft gerichtete Verfahren[826a]).

II. Die Rechtskraft als Prozeßziel.

1. Rechtskraft ist nicht die Geltung neubegründeten konkreten Rechts.

a) Das Urteil ist kein Rechtssatz.

(§ 15.)

Rechtskraft ist nun aber nicht die Geltung neubegründeten konkreten Rechts. M. a. W. das richterliche Urteil ist zunächst nicht eine konkrete Rechtsnorm eine lex specialis.

I. Die Auffassung, daß erst das richterliche Urteil die für den konkreten Fall gültige Rechtsnorm aus der noch „unfertigen" Rechtsordnung schaffe, ist besonders von Bülow[827]) verfochten worden. Sie

betont habe — eine materielljustizrechtliche, keine prozessuale; vgl. auch oben Anm. 448, zu Anm. 790a. — Auf der anderen Seite ergibt sich die Überzeugung, daß Aufgabe des Richters „Rechtsanwendung", nicht „Rechtsschöpfung" sei, durchaus nicht nur, wie Wach (Hdb. I 7 Anm. 7) meint — vgl. auch Bülow, Z. XXXI 268; Sauer, 251, —, aus dem „metaphysischen" Prozeßbegriff; vgl. unten zu Anm. 1332d, 1366a. Über die Rechtskraftlehre der „metaphysischen" Prozeßauffassung vgl. unten hinter Anm. 1025.

[826a]) In ähnlicher Gedankenrichtung Bernatzik, Rechtsprechung usw., 114ff.; Verhdl. d. 26. Juristentages, II 38; Bülow, ZivArch. LXII 92; Mendelssohn Bartholdy, Festschrift f. Klein, 153ff.; Sauer, 234ff.; bes. 249; Kleinfeller, Z. XLVII 330ff. Nicht entgegen steht, daß der Prozeß geschichtlich ursprünglich nur auf Rechtsverwirklichung, nicht auf Rechtsfeststellung ging (Kohler zu Dernburg, 563, 578ff.). Das war ein Rudiment seines Ursprunges aus der Selbsthilfe. Ebensowenig steht entgegen, daß der Erfolg der Rechtskraft ursprünglich erst durch Urteilsgelöbnisse erreicht wurde (Kohler, a. a. O.). Alle Prozeßzwecke wurden ursprünglich erst durch Verträge erreicht (vgl. oben zu Anm. 480), auch die Rechtsverwirklichung, der das Urteilsgelöbnis doch in erster Linie diente (Brunner, I § 24).

[827]) Gesetz u. Richteramt, 1885; Z. XXXI 266ff.; schon ZivArch. LXII 93 Anm. 72; vgl. schon oben zu Anm. 735. Wie Bülow u. a. wohl auch Oetker (oben zu Anm. 738) und Schoetensack (oben zu Anm. 736); vgl. ferner Kierulff, 45, 156ff.; Klöppel, 220ff.; Danz, Auslegung, 89ff.; Einführung, 77 (die konkrete Rechtsnorm des Urteils sei ein „Richterrecht" „niederen Grades", d. h. im Gegensatz zu dem unten hinter Anm. 852 zu besprechenden „Richterrecht" Danz'; vgl. aber denselben a. a. O., 76: das Urteil sei Privatrechtsfeststellung); Binding, ZStW. I 14/15 (anders derselbe, Abhdl. II 273, 285); Ehrlich, Freie Rechtsfindung, IV; M. E. Mayer, Rechtsnormen, 47ff.; Oertmann, Rechtsordnung, 19 (vgl. aber denselben, a. a. O., 23; unten Anm. 831); Sauer, 35, 58ff., 235 („Rechtskraft ist Rechtsgestaltungskraft"), 615; Schanze, 449ff.; Somló, 385; Sander, 543; Merkl, DRZ. 1916, 584; 1917, 162, 394, 443; Rechtskraft, 181ff. (daselbst 177: Rechtskraft ist „spezifische Geltungsdauer von Rechtlichem"; Merkls Originalität wird von Kelsen, Z. öff. R. III 217, 219, überschätzt, was Merkl, Rechtskraft, 224 i. d. Anm., selbst anerkennt; vgl. über Merkl noch unten Anm. 831a, 1259c); RGEZ. LXIII 143 (allerdings nur bezüglich eines ein Patent vernichtenden Urteils, weil das Patent selbst eine lex specialis sei); vgl. auch unten Anm. 827d.

beruht auf der unten [827a]) zu besprechenden Theorie, daß das Recht nur Imperativ oder Maßstab für den Richter sei[827b]), geht aber darüber insofern hinaus, als nach ihr das „unfertige" Gesetz überhaupt noch nicht Recht, sondern nur „Plan", „Entwurf" einer „zukünftigen, erwünschten Rechtsordnung" ist[827c]), als deren Setzer erst der Richter erscheint. Und die bezeichnete Auffassung BÜLOWS scheint einen gewissen Rückhalt an der im Staatsrecht vertretenen Lehre[827d]) zu finden, daß dem Begriff des Rechtssatzes das Erfordernis der „Allgemeinheit" nicht wesentlich sei. Aber wäre BÜLOWS Auffassung richtig, so würde das materielle Recht nur nach Maßgabe des Prozeßergebnisses[828]) und erst mit dem richterlichen Urteil entstehen[828a]). Dieses müßte Gesetzeskraft, d. h. Wirkung gegenüber jedermann haben[829]), während umgekehrt alle vor dem Urteile liegende und überhaupt alle außerprozessuale Rechtsausübung und Rechtspflichterfüllung in Wahrheit gar keine solche sein, sondern sich in einem rechtsfreien Raume abspielen würden[830]). Woher nähme dann aber das Gesetz seine verbindliche Kraft wenigstens für den Richter? Schließlich müßte allen durch den Richter in Geltung gesetzten Rechtssätzen rückwirkende Kraft zukommen, da sie ja stets den vor ihrer Entstehung liegenden Tatbestand ergreifen[831]). Und soll etwa auch erst das Strafurteil, im Widerspruch

---

[827a]) § 18. [827b]) Vgl. schon HEIM, 28.

[827c]) So in der Tat BÜLOW, Gesetz u. Richteramt, 3, 45.

[827d]) Vgl. den Stand der Ansichten bei MEYER-ANSCHÜTZ, § 8 Anm. 2. Und in der Tat hat früher der Urheber jener Lehre, LABAND, das Wesen der Rechtsprechung in der Aufstellung eines „konkreten Rechtssatzes" erblickt. Gegen ihn schon HAENEL, Gesetz, 117ff. In Wahrheit ist auch der Individualrechtssatz, der allenfalls eine Ausnahmeerscheinung sein kann (vgl. O. MAYER, I § 7 Anm. 1, gegen G. JELLINEK, Gesetz, 238), von dem konkreten Gebot zu unterscheiden; vgl. JHERING, Zweck, I 264ff.; ROSIN, 4ff.; auch O. v. GIERKE, I § 16 Anm. 1.

[828]) Vgl. schon WACH, Z. XXXII 10 Anm. 6; HEIM, 29; HELLWIG, Lehrb. II 168; SCHÜLER, 29.

[828a]) So wirklich DANZ, Einführung, 76/77, indem er Vollstreckungsbefugnis und subjektives Recht anscheinend gleich setzt; ebenso SANDER, 148, 483/4, 544 (gegen ihn schon KELSEN, Z. ö.ff. R. III 150). SANDER sagt selbst (546): „Freilich würde die konsequente Durchführung der Theorien BÜLOWS die Wissenschaft der Rechtsdogmatik zur Auflösung bringen!" Vgl. dazu noch unten Anm. 1259c a. E.

[829]) Vgl. schon HEIM, 30. Die Folgerung des Textes zieht bis zu einem gewissen Grade M. E. MAYER, a. a. O., 48.

[830]) BÜLOW, Gesetz u. Richteramt, 45; Z. XXXI 269, scheint anzunehmen, daß in solchen Fällen die Einigung der Parteien, statt des richterlichen Urteils, die Rechtsordnung in Geltung setze. Indessen diese Vorstellung, daß die Geltung des Rechts in jedem Einzelfalle von der Anerkennung der Betroffenen abhänge, wäre eine Ausgestaltung der (insbesondere von BIERLING, Juristische Prinzipienlehre, I) entwickelten „Anerkennungstheorie", welche die gegen diese Theorie erhobenen Einwendungen (vgl. besonders KELSEN, 346ff.; aber auch STAMMLER, Wirtschaft u. Recht, 124ff., 477; Theorie, 95ff.; Zutreffendes bei RADBRUCH, Rechtsphilosophie, 167ff.) in vollem Umfange rechtfertigen würde; sie scheitert schon an der Zulässigkeit der Selbsthilfe in § 229 BGB. und der Zwangsvollstreckung auf Grund einer vollstreckbaren Urkunde (worauf mit Recht HEIM, 29, verweist).

[831]) Vgl. HEIM, 30; HELLWIG, Lehrb. II 168; OERTMANN, Rechtsordnung, 23. Die Folgerung des Textes zieht bis zu einem gewissen Grade (für sein „Richterrecht"

zu § 2 I StGB., mit rückwirkender Kraft den Verurteilten zum Verbrecher machen[831a])? Daß sich BÜLOW durch seine Aufstellung einer richterlichen Rechtsetzung in Widerspruch gesetzt hat mit anderen von ihm gemachten Äußerungen, die unzweideutig den rechtsfeststellenden Charakter des richterlichen Urteils betonen[832]), ist ihm mehrfach[833]) vorgehalten worden[833a]).

II. BÜLOWS These wird nicht beifallswürdiger in der Wendung, die sie bei A. S. SCHULTZE[834]) erhalten hat, daß wenigstens in Zeiten unsicheren oder unfertigen Rechts, insbesondere im germanischen Gerichtsverfahren und im römischen Formularprozeß, erst das Urteil bzw. die diesem gleichzustellende[835]) formula das objektive Recht für den konkreten Fall schaffe. Auch die germanischen Urteilsfinder „finden" das Recht als etwas schon außerhalb ihrer Vorhandenes, nicht schaffen sie es aus sich heraus[836]). Ebensowenig schafft die magistratische Formel objektives Recht[837]). Selbst da, wo der Prätor eine Formel ohne ediktale Grundlage erteilt, gilt die Anschauung, daß er auf Grund eines schon vorhandenen ius aequum, der „Rechtsidee"[837a]), das Recht weist. Wo aber die Formel ex edicto erteilt wird, hat rechtschaffende Kraft schon das magistratische Edikt. GAIUS führt in I § 2 ausdrücklich die Edikte als Rechtsquelle auf. Daß er in § 6 eod. (im Gegensatz zu §§ 3—5, 7)

— wozu noch unten Anm. 857 —) DANZ, Einführung, 76; gegen ihn OERTMANN, a. a. O., 355.

831a) Mit Recht bemerkt STIER-SOMLO, Festg. f. LABAND, 461, daß man nirgends die Lehre von der rechtsschöpferischen Tätigkeit des Richters leichter als im Strafrecht widerlegen könne. Dagegen behauptet SANDER, 483/4, allen Ernstes: „. . . es gibt kein Verbrechen vor dem Strafverfahren, . . ." Gegen SANDER schon F. KAUFMANN, Z. öff. R. III 249; auch MERKL, Rechtskraft, 281 Anm. 1, der in seinen oben in Anm. 827 angeführten Schriften nur die „Stufenfolge aller Rechtserscheinungen" lehrt, was mit der unten zu Anm. 1174 aufgestellten Lehre in gewissem Sinne verträglich ist.

832) So z. B. Z. XXXI 265; Geständnisrecht, 90; vgl. auch Geständnisrecht, 136 in der Anm., wo BÜLOW sich entrüstet dagegen verwahrt, daß ihn DANZ, Auslegung, 89, für seine Auffassung, daß das richterliche Urteil eine lex specialis sei, anruft.

833) Von WACH, 7 Anm. 7; HELLWIG, Lehrb. II 168; HEIM, 28/9. Gegen BÜLOW auch WLASSAK, Prozeßgesetze, I 9ff.; BINDER, Rechtsphilosophie, 201.

833a) Man beachte auch die Verlegenheit, in die BÜLOW bei dem Versuch (Gesetz u. Richteramt, 8ff.) gerät, seine Auffassung des richterlichen Urteils mit der wirklichen Bedeutung der Begriffe „Urteil", „Erkenntnis" zu vereinigen. Wie BÜLOW freilich SANDER, 533.

834) 117ff., 219ff., 236ff., 410ff. Vgl. übrigens auch BÜLOW, Gesetz u. Richteramt, 16ff.; HEIM, 16ff.; HELLWIG, Lehrb. II § 93 Anm. 26; KRÜCKMANN, Einführung, 93; endlich BINDING, Abhdl. II 276 (für Zeiten absolut unbestimmter Strafdrohungen).

835) So A. S. SCHULTZE, 233, 272; vgl. schon oben Anm. 362.

836) Vgl. schon O. v. GIERKE, I § 16 Anm. 2; WACH, 8 Anm. 7; HELLWIG, Lehrb. II § 93 Anm. 29.

837) Selbst wenn man mit der herrschenden Lehre gegen WLASSAK daran festhält, daß in ihr der Magistrat, nicht die Parteien sprechen (vgl. darüber oben Anm. 493); und selbst wenn man gegen die herrschende Lehre mit A. S. SCHULTZE unterstellt, daß sie ein — hypothetisches — Urteil sei (vgl. darüber oben Anm. 362). Gegen A. S. SCHULTZE vgl. schon SEUFFERT, Z. VIII 203ff.

837a) GOLDSCHMIDT, JWSchr. 1924, 248.

nicht untersucht, ob die Edikte „legis vicem" hätten[838]), erklärt sich m. E. höchst einfach daraus, daß die Edikte natürlich kein „ius civile" schaffen konnten[839]). Freilich ist die Rechtsquellennatur der Edikte eigenartig. Nicht nur, daß es im Verhältnis der Edikte zum ius civile, trotz aller Vereinigungsversuche[840]), bei der „doppelten Rechtsordnung nung[841])" von Amtsrecht und Volksrecht verbleiben muß. Sondern im Verhältnis von Edikt und Formel ist das Edikt, wenn auch nicht nur „informatorische Verlautbarung des Magistrates darüber, was er in den konkreten Fällen als Recht zu setzen[842]) beabsichtige"[843]), so doch „Jurisdiktionsprogramm", d. i. ausdrückliche Rechtsschutzverheißung durch den Rechtsschutzgewährenden selbst. Darin liegt: 1. Die Edikte sind ihrer Form nach gesetztes[843a]) Gerichtsrecht. 2. Die Edikte sind ihrem Inhalte nach materielles Justizrecht[844]). 3. Die

[838]) Dies macht A. S. Schultze, 365/6, geltend.

[839]) Nach A. S. Schultze, 366, habe Gaius in I § 2 nur „Rechts-Erkenntnis-Quellen" aufzählen wollen. Wenn er zum Beweise dafür noch anführt, daß anderen Falles Gaius als formelle Rechtsquelle auch die magistratische iurisdictio hätte anführen müssen, so benutzt er damit in unzulässiger Weise das Beweisthema als Beweismittel. Übrigens macht Schultze, a. a. O., Anm. 1, selbst darauf aufmerksam, daß Gaius schrieb, nachdem Hadrian das edictum perpetuum durch Senatuskonsult hatte bestätigen lassen. Die Gaiusstelle würde also besten Falles nichts gegen A. S. Schultze beweisen. Ganz beweisunkräftig ist auch die zweite von A. S. Schultze, a. a. O., 366ff., angeführte Stelle l. 2 § 10 D. 1, 2. „Iura reddere" daselbst heißt, wie die Gleichstellung mit „ius dicere" deutlich genug ergibt: Recht weisen, nicht, wie A. S. Schultze will, Recht setzen.

[840]) So von A. S. Schultze, 384ff. (vgl. aber auch Reichel, Gesetz u. Richterspruch, 124/5), nach dem zur Zeit des Formularprozesses das alte ius civile einfach aufgehört habe zu existieren, eine selbstverständlich unannehmbare Hypothese; vgl. schon Seuffert, Z. VIII 204ff. Konnte doch gegen den — zu mißbilligenden — magistratischen Bruch des Volksrechts mittels Interzession und — nach dem Rücktritt vom Amte — mittels Anklageerhebung eingeschritten werden (Kipp, Quellen, 53, 54). Oder von Krückmann, Einführung, 93ff., nach dem umgekehrt das ius honorarium nur eine „Rechtsbesitzordnung" gewesen sei. Hier kann weder der Behauptung eines bloß quantitativen Unterschiedes zwischen römischem ius honorarium und modernem Gerichtsgebrauch, noch der Zurückführung beider auf die Rechtskraft auch des unrichtigen Urteils, noch endlich der Zurückführung aller dreier auf die Figur des „Rechtsbesitzes" zugestimmt werden. Ist doch in letzterer Beziehung z. B. sogar innerhalb der bonorum possessio, die für Krückmanns Theorie noch am meisten ausgeben würde, zwischen bloßer Besitzeinweisung und Verleihung der Stellung eines prätorischen Erben zu unterscheiden; vgl. Krückmann selbst, ZivArch., CVIII 334. Über die Rechtsbesitztheorie noch unten hinter Anm. 1180. Im Konfliktsfall ging allerdings — nach dem soziologischen Machtprinzip (vgl. Radbruch, Rechtsphilosophie, 163ff.) — das Amtsrecht dem Volksrecht vor, ganz entsprechend, wie der Rechtsspruch dem Rechtssatz vorgeht; vgl. unten zu Anm. 1174.

[841]) Vgl. Kohler, Einfache u. doppelte Rechtsordnung; BürgR. I 29.

[842]) Im Original nicht gesperrt. [843]) So A. S. Schultze, 363.

[843a]) D. i. im Gegensatz zu Gerichtsgebrauch, nicht im Sinne Stammlers, Theorie, 119ff. (= positives Recht).

[844]) Vgl. oben Anm. 351. Mitunter freilich enthalten die Edikte unmittelbare Befehle an die Gerichtsunterworfenen; so z. B. das ädilizische Edikt in l. 1 § 1 D. 21, 1, das prätorische in l. 5 § 6 D. 9, 3 (vgl. Kipp, Quellen, § 10 Anm. 5). Dennoch scheinen mir auch diese Edikte keine andere Beurteilung zu erheischen als die — weitaus überwiegende — Masse der „eingliedrigen" Edikte, bei welchen

Vereinigung der Eigenschaften von Gerichtsrecht und Justizrecht, d. i. von Recht des Richters und Recht für den Richter, bringt es mit sich, daß die Edikte keine Imperative an die staatlichen Rechtspflegeorgane, sondern Verheißungen oder Drohungen derselben sind. Damit kommt die für die prozessuale Betrachtungsweise maßgebende Eigenschaft des Rechts überhaupt[844a]) zum Ausdruck[845]). Gerade diese letzte Eigenschaft der Edikte aber setzte den edizierenden Magistrat in die Lage, sich von vornherein möglichst freie Hand zu lassen und sich verhältnismäßig oft die Sachprüfung im Einzelfalle ausdrücklich vorzubehalten[846]). Dann hatte er bei der „datio iudicii" („actionis") ein weites Feld für sein Ermessen. Dennoch war auch in einem solchen Falle die datio iudicii nicht Rechtsschöpfung, sondern nur die Erfüllung der ediktalen Rechtsschutzverheißung. Dies geht schon daraus hervor, daß das Edikt wohl von jeher, jedenfalls aber seit der lex Cornelia (67 v. Chr.) für seinen Urheber verbindliche Kraft, m. a. W. Rechtssatznatur hatte, mag es sich auch nur um eine lex minus quam perfecta gehandelt haben. Diese Annahme wird nicht dadurch widerlegt, daß die verbindliche Kraft des Edikts sich wirklich auf seinen Urheber beschränkte und mit dessen Amtsdauer erlosch. Denn diese Beschränkung der Geltungsdauer des Edikts auf die Amtsperiode des Magistrats, von dessen imperium es getragen wurde, ist nur die strenge Folgerung aus seinem amtsrechtlichen Charakter überhaupt. Praktisch wurde diese strenge Konsequenz ohnehin dadurch abgeschwächt, daß der Amtsnachfolger die bewährten Satzungen seines Vorgängers in sein Edikt zu übernehmen pflegte, bis dann bekanntlich schließlich HADRIAN dem von JULIAN redigierten Ediktstext durch Senatuskonsult eine die Amtsjahre über-

---

die Gerichtsunterworfenen die von ihnen zu befolgende Norm erst aus den Voraussetzungen der magistratischen Rechtsschutzverheißung abstrahieren müssen. Denn auch bei den „zweigliedrigen" Edikten fehlt nicht als Sanktion die magistratische Rechtsschutzverheißung. Sie bildet danach den wesentlichen Bestandteil aller Edikte. Und in der Tat kann Gerichtsrecht, sei es gesetztes, sei es Gerichtsgebrauch, immer nur Justizrecht schaffen. Sehr bezeichnend ist auch, daß nach DERNBURG, Edikt, die eingliedrigen Edikte die jüngeren und unter diesen wieder die jüngsten diejenigen sein sollen, bei denen — korrekterweise (vgl. oben Anm. 207, 248c, 365a) — als Voraussetzung der magistratischen datio iudicii nicht ein bestimmter (materieller) Tatbestand, sondern eine bestimmte Behauptung (si dicetur — vgl. schon oben zu Anm. 248, 264d), d. i. Prozeßhandlung genannt wird. Gerade die letztere Fassung bringt wirklich die der Verheißungsform der Edikte — vgl. sofort unter 3 im Text — zugrunde liegende prozessuale Rechtsbetrachtungsweise erst in vollster Reinheit heraus. Vgl. dazu unten hinter Anm. 1372f; ganz schief BÜLOW, Z. XXXI 258 Anm. 4: „. . . die Behauptung eines formelmäßig aktionsfähigen Privatrechts war Prozeßvoraussetzung" (vgl. schon GOLDSCHMIDT, Mater. Justizrecht, 24ff., auch oben Anm. 211). Gegen DERNBURGS Hypothesen vom Alter der Ediktsatzungen allerdings KARLOWA, Rechtsgeschichte, I 467ff. Anm. 4; KIPP, HEINRICH DERNBURG, 25.

844a) Vgl. unten hinter Anm. 1346b.

845) Vgl. schon KOHLER, BürgR. I 29: Die Prätoren „konnten nicht sagen: A hat recht; aber sie konnten sagen: wenn A den B bei dem Prätor belangt, so bekommt er Recht, und das Urteil wird zu seinen Gunsten gesprochen".

846) Vgl. KIPP, Quellen, § 10 I.

dauernde Geltung verlieh, ohne ihn damit formell seines amtsrechtlichen Charakters zu entkleiden[847]).

III. Es ist also daran festzuhalten, daß Quelle des ius honorarium das Edikt und nicht die Formel war. M. a. W. auch in dem Bereiche des „Stammherrn der freien Rechtsprechung"[848]) fielen Gerichtsrecht und Richterspruch nicht zusammen. Diese Feststellung lehrt uns, daß BÜLOWS Theorie, der Richterspruch sei die Schaffung einer „konkreten" Rechtsnorm, durchaus nicht die wissenschaftliche Grundlage der sogenannten „Freirechtsbewegung" ist. Man hat BÜLOW als Vorkämpfer der Freirechtsbewegung gefeiert[849]), und BÜLOW hat sich das auch gern gefallen lassen, obgleich ihm bei den Forderungen mancher Freirechtler gemach bange wurde[850]). Nun ist zwar BÜLOW, gleich der Freirechtsbewegung, von der „Lückenhaftigkeit" des Gesetzes ausgegangen, und die Freirechtsbewegung vindiziert überwiegend, gleich BÜLOW, dem Richter eine rechtsschöpferische Tätigkeit. Aber gerade letzteres in einem ganz anderen Sinne als BÜLOW. Sie legt, ohne den Richterspruch selbst als konkrete Rechtsnorm aufzufassen, dem Richter nur die Befugnis bei, zur Ausfüllung der „Lücken" des Gesetzes, in Notfällen auch zur Abänderung seiner Härten, einen neuen abstrakten Rechtssatz aufzustellen, der, wenn auch nur mit Wirkung für den konkreten Fall, als Obersatz zur Urteilsfindung dient[851]). Als sinnfälligstes Beispiel solchen von DANZ[852]) so genannten „Richterrechts" könnte man die Plenarbeschlüsse des Reichsgerichts nennen, welche, ohne in der Sache selbst zu erkennen, nur die streitige Rechtsfrage mit einer für den gegebenen Fall bindenden Kraft beantworten. Wirklich haben die Vereinigten Reichsgerichtssenate wiederholt erklärt, sie hätten folgenden „Rechtssatz" beschlossen[853]).

Freilich wird auch für die Lehre vom „Richterrecht" die Folgerung unabweislich, daß, da der für den Fall maßgebende abstrakte Rechtssatz

---

847) Vgl. KIPP, Quellen, 57. Entsprechend seiner Ansicht, daß nicht das Edikt, sondern die Formel Recht geschaffen habe, sieht A. S. SCHULTZE, 533ff., in der Aktion HADRIANS eine fundamentale Umgestaltung des Privatrechtszustandes und im Gefolge dessen auch der Gerichtsverfassung und des Verfahrens.

848) Als solchen haben Vertreter der „Freirechtslehre" den römischen Prätor gefeiert; vgl. REICHEL, Gesetz u. Richterspruch, 125.

849) Vgl. z. B. KISS, in Jherings Jahrb. LVIII 454ff.; REICHEL, Gesetz u. Richterspruch, 33.

850) Vgl. BÜLOW, im Recht X (1906) 769ff.

851) Auf diesen (von KRÜCKMANN, Einführung, 100/1, nicht genügend beachteten) Unterschied zwischen der Freirechtslehre und der Lehre BÜLOWS hat schon HEIM, 26, aufmerksam gemacht.

852) Richterrecht; Einführung, 37ff., 72ff.; DJZ. XIX 8. Mit DANZ mehr oder weniger übereinstimmend GMÜR, 79, 110 (der sich, 78 Anm. 2, zu Unrecht auf GIERKE, I 123, beruft); KISS, in Jherings Jahrb. LVIII 466ff., 474ff., 484; STAMPE, DJZ. X 716; UNGER, bei Grünhut XXXI 110 (der aber das „Richterrecht" mißverständlich eine „individuelle" Rechtsnorm nennt; vgl. dazu oben Anm. 827d).

853) Vgl. z. B. RGEZ. XVII 403; RGESt. XIV 313; XVI 1; XXXII 263; vgl. auch RGEZ. XIX 416; XXIV 373 („Rechtsgrundsatz"). Ebenso nach GMÜR, 75, 76, das schweizerische Bundesgericht.

erst im Urteil aufgestellt wird, erst mit diesem auch das konkrete subjektive Recht entstehe[854]). Und damit erheben sich gegen die Lehre vom „Richterrecht" aus den oben[855]) gegen BÜLOWS Lehre angeführten Einwendungen diejenigen, welche der Unannehmbarkeit der Folgerungen, daß das materielle Recht erst mit dem Urteil entstehe[856]), und daß das richterlich gesetzte Recht zurückwirke[857]), entnommen worden sind. Ja die Lehre vom „Richterrecht" „läßt den Richter ein deklaratives Urteil fällen, bei dem er zugleich den dazu nötigen Obersatz erst konstitutiv seinerseits in einem Akte schaffen muß[858])". Dazu kommt, daß dem konstitutiv geschaffenen Obersatz, außer unter den subjektiv, wie objektiv begrenzten Voraussetzungen des § 136 GVG., eine über den Einzelfall hinausreichende „zweiseitig verbindende"[859]) Kraft oder, um mit STAMMLER[860]) zu sprechen, das Merkmal der „Unverletzbarkeit" nicht zukommt[860a]). Eine abstrakte Norm, deren Geltung von Fall zu Fall wechseln soll, ist aber kein Recht, auch keines „minderen Grades"[861]), sondern „Willkür" im Sinne STAMMLERS, d. i. — möchte ich sagen — Willkür im objektiven Sinn[862]).

---

[854]) Vgl. schon HEIM, 26. Wenn HEIM diesem unabweisbaren Schluß mit der Feststellung begegnen zu können meint, daß doch unzweifelhaft die Rechtsordnung auf dem Standpunkt stehe, die Einzelerscheinungen des Rechtslebens selbst unmittelbar zu normieren, so übersieht er, daß er an jener Stelle nicht beweisen will, daß der entgegengesetzte freirechtliche Standpunkt unrichtig, sondern daß er von BÜLOWS Lehre unabhängig ist.

[855]) Hinter Anm. 828.

[856]) Vgl. oben zu Anm. 828a.

[857]) Vgl. oben zu Anm. 831.

[858]) So treffend OERTMANN, Rechtsordnung, 355.

[859]) Vgl. JHERING, Zweck, I 278ff.; O. MAYER, I § 7.

[860]) Wirtschaft u. Recht, Nr. 87; Richtiges Recht, 105ff.; Theorie, 105ff.

[860a]) Daß damit die dem Präjudiz innewohnende tatsächliche Bedeutung (JUNG, Natürl. Recht, 163) nicht angezweifelt wird, brauche ich wohl nicht zu betonen.

[861]) So GMÜR, 79, 110; KISS, in Jherings Jahrb. LVIII 466ff.; WIELAND, RheinZtschr. I 585. In einem anderen — materiellen — Sinne (dies stellt mit Recht KISS, a. a. O., 473/4, fest) nennt REGELSBERGER, 88, das von der Wissenschaft entwickelte Recht ein solches „minderen Grades".

[862]) STAMMLER, Wirtsch. u. Recht, Nr. 87; Richtiges Recht, 105ff.; Theorie, 107, 417, 503ff., 508ff. Gegen das Merkmal der „Unverletzbarkeit" im Rechtsbegriff und den begrifflichen Gegensatz von Recht und Willkür spricht sich RADBRUCH, Rechtsphilosophie, 43 Anm. 11, aus. Er meint, unter Berufung auf JHERING (Zweck, I 279ff.), Willkür sei entweder unrichtiges Recht oder rechtswidriges Verhalten. Aber das ist Willkür — ich möchte sagen — im subjektiven Sinn. Diese bedeutet das sich nicht an die verbindlichen, insbesondere selbstgesetzten (abstrakten) Normen kehrende Verhalten, darunter auch Urteilen, der übergeordneten Macht; Willkür im objektiven Sinn dagegen ist die von vornherein als eine unverbindliche erlassene (abstrakte) Norm, gleichgültig, ob sie aus Anlaß eines konkreten Falles und mit Verbindlichkeit für diesen erlassen ist oder nicht. Daß mitunter STAMMLERS Ausführungen a. a. O. so verstanden werden können, als bezögen sie sich auf die Willkür nicht im objektiven, sondern im subjektiven Sinn, mag RADBRUCH zugegeben werden; vgl. noch unten Anm. 872. (In beiden Fällen wird natürlich Willkür in malam partem genommen. Auch in bonam partem kann man eine Willkür im subjektiven Sinn, = gesetzesfreies Handeln, und eine Willkür im objektiven Sinn, = autonome Satzung, unterscheiden; vgl. JHERING, a. a. O.). RADBRUCHS Weigerung, den begrifflichen Gegensatz von Recht und Willkür anzuerkennen, ist doppelt auffällig, da RAD-

IV. So ist denn auch die Lehre vom „Richterrecht" eine „Irrlehre[863])". Es gibt im modernen Recht, anders als in Rom, kein gesetztes[864]) Gerichtsrecht. Insoweit ist der staatsrechtliche Grundsatz der Gewaltentrennung nach wie vor unerschüttert[865]). Mag sein, daß sich auch hier eine Umwälzung vorbereitet. Vorläufig sind indessen die Fälle der §§ 1459 I S. 2 RVersO., 13 III S. 2 VO. über das Reichswirtschaftsgericht v. 21. Mai 1920 (RGBl. 1167) in d. Fass. des § 65 der EntschädO. v. 30. Juli 1921 (RGBl. 1046) und des Art. 13 II RVerfass. v. 11. Aug. 1919[865a]), § 6 I FinanzausgleichsGes. v. 23. Juni 1923, Ges. zur Ausführung des Art. 13 II RVerfass. v. 8. April 1920 (RGBl. 510) noch ius singulare, und, von ihnen abgesehen, kann nur ein den Erfordernissen des Gewohnheitsrechts entsprechender Gerichtsgebrauch rechtsschöpfend wirken[866]). Freilich nur cum grano salis ist die Lehre zu nehmen, daß die zur Ausfüllung der Lücken oder Beseitigung der Härten des Gesetzes oder vielmehr überhaupt des „geformten"[867]), „gesatzten"[867a]) oder „regelhaften"[868]) Rechtes aufgestellten Obersätze bereits Recht seien[868a]), daß sie dem „auszuwählenden"[869]) oder „ungesatz-

BRUCH, a. a. O., 171ff., dem Gesichtspunkt der „Rechtssicherheit" eine so große Bedeutung beimißt. Eine andere Frage ist, ob die „Unverletzbarkeit" zu den Merkmalen des „reinen" Rechtsbegriffes gehört. Diese Frage ist indessen gleichbedeutend mit der, ob und inwieweit überhaupt „reine Rechtslehre" möglich ist; vgl. dazu einerseits STAMMLER, Theorie; andererseits BINDER, Rechtsbegriff; dens., Rechtsphilosophie 129ff.; E. KAUFMANN, Kritik, 11ff.

863) So schon REICHEL, Gesetz u. Richterspruch, 109.

864) Vgl. oben zu Anm. 843a.

865) Vgl. auch OERTMANN, Rechtsordnung, 355.

865a) TRIEPEL, Festg. f. KAHL, 87ff., will auf Grund des Art. 19 RVerf. eine einzelstaatliche Klage bei dem Staatsgerichtshof gegen den Erlaß von Reichsgesetzen zulassen und dem Urteil (114) Rechtskraft inter omnes beilegen, was auf die in § 3 III Ges. v. 8. April 1920 anerkannte Gesetzeskraft hinauskäme.

866) Vgl. ENNECCERUS, Allg. Teil, § 39 II.

867) Unter dieser Bezeichnung faßt STAMMLER, Theorie, 576ff., das Gesetzes- und Gewohnheitsrecht gegenüber dem erst in Streitfällen der Rechtsidee gemäß „auszuwählenden" Recht zusammen.

867a) Diese Bezeichnung schlägt REICHEL, a. a. O., 109, als Oberbegriff für das Gesetzes- und Gewohnheitsrecht vor; vgl. schon SCHMÖLDER („Satzungsrecht").

868) Diese Bezeichnung braucht JUNG, Natürl. Recht, 126ff., in ungefähr demselben Sinne (Gesetzesrecht und anerkanntes fertiges Gewohnheitsrecht).

868a) So schon ZITELMANN, Lücken, 25; ferner ENNECCERUS, Allg. Teil, § 53 IV (widerspruchsvoll: Die gefundene Norm werde nicht objektives Recht — ebenso a. a. O., § 39 I a. E. —, sei es aber schon vorher gewesen); GMÜR, 110, 111 (ganz unklar: die Regel des freien Rechts sei zwar nicht ein Satz des „positiven", wohl aber des „objektiven" Rechts; sei schon vorher vorhanden und für alle, die „gelegentlich an den Rechtsschutz appellieren wollen", beachtenswert, werde aber erst durch den Richter zu einer auf den konkreten Fall beschränkten — vgl. oben Anm. 852 — Anerkennung gebracht); HELLWIG, Lehrb. II, 173 (der im Wege der Rechtsfindung entwickelte Grundsatz „gebe sich" als Bestandteil der „bestehenden" Rechtsordnung „aus", erlange aber erst durch allgemeine Anerkennung und Übung „formalverbindliche" Kraft, vgl. aber unten Anm. 870); KIPP zu WINDSCHEID, I § 23 Anm. 1b (vgl. aber unten Anm. 879); REICHEL, a. a. O., 108/9; auch STAMMLER (vgl. nächste Anm.).

869) So STAMMLER, Theorie, 579ff., 649ff., 728ff., 736ff.

ten"[870]) Recht angehörten, und daß ihre Formulierung durch den Richter nichts als eine Feststellung ihrer Geltung sei woraus sich denn auch erkläre, daß diese Feststellung so wenig, wie eine sonstige richterliche Rechtsmeinung, über den konkreten Fall hinaus verbindlich sei[870a])]. Recht ist erklärter Gemeinwille[870b]). Wo der Gemeinwille weder ausdrücklich in Gestalt des gesetzten, noch stillschweigend in Gestalt des ungesetzten, insbesondere des Gewohnheitsrechts, erklärt ist[871]), liegt Recht im formellen Sinne nicht vor[872]). Die Verweisung auf ein „auszuwählendes" oder „ungesatztes" Recht entspringt demselben horror vacui, der früher dazu geführt hat die Entscheidung praeter oder contra legem unter dem Gesichtspunkt der Analogie oder Restriktivinterpretation zu rechtfertigen. Nur landet man, statt bei der „logischen Geschlossenheit" des Gesetzes oder „geformten" („gesatzten", „regelhaften") Rechts[873]), eine Station später, bei der „logischen Geschlossen-

---

[870]) So REICHEL, a. a. O. Ähnlich auch schon (also etwas anders als in der oben in Anm. 868a zitierten, nicht ganz klaren Gegenüberstellung) HELLWIG, Lehrb. II, § 93 Anm. 28 (den „unausgesprochenen Rechtsnormen"); JUNG, Festg. f. DERNBURG, 144; WIELAND, RheinZtschr. I 585.

[870a]) Vgl. REICHEL, a. a. O., 109; ZITELMANN, Lücken 44 Anm. 15.

[870b]) GOLDSCHMIDT, Verwaltungsstrafrecht, 531. Darauf laufen schließlich auch die — etwas seltsamen — Ausführungen ROSENSTOCKS, 15, 18, 20, hinaus.

[871]) Vgl. darüber BINDING, Hdb. 1, 197ff. Es ist daher eine Selbsttäuschung, wenn REICHEL, a. a. O., 109 Anm. 3, meint, der Gegensatz von STAMMLERS „geformtem" und „auszuwählendem" von seinem eigenen „gesatzten" und „ungesatzten" Recht entspreche der Gegenüberstellung von „ausdrücklicher" und „stillschweigender" Willenserklärung. So hebt denn auch STAMMLER, Theorie, 577ff., nachdrücklich hervor, daß das „ungesetzte" Recht im Sinne BINDINGS zum „geformten" in seinem Sinne gehöre. Freilich sagt auch STAMMLER, a. a. O., 581, der Gegensatz von „geformtem" und „auszuwählendem" Recht liege im „Ausdruck", in der „Weise der Erklärung" des rechtlichen Wollens. Aber damit meint er, daß bei jenem die rechtlich gewollten Voraussetzungen und Folgen einer möglichen Veränderung bestimmt, bei diesem aber vorbehalten, m. a. W. nicht erklärt, sondern der Bestimmung des Richters überlassen sind.

[872]) Übereinstimmend WIELAND, Rhein.Ztschr. IX 409. Ich glaube nicht, daß STAMMLER den Begriff des „auszuwählenden" Rechts mit dem von ihm für den Rechtsbegriff aufgestellten Merkmal der „Unverletzbarkeit", welches das Recht von der „Willkür" unterscheidet (Wirtschaft u. Recht, Nr. 87; Richtiges Recht, 105ff.; Theorie, 105ff.), vereinigen kann. Denn die aufgestellte (und gegenüber BERGBOHM, 375ff., festgehaltene) Forderung, daß im kommenden Streitfall die Auswahl gemäß der Idee des Rechts und nicht willkürlich getroffen werde (STAMMLER, Theorie, 648, 722, 746), vermeidet (was JUNG, Festg. f. DERNBURG, 147, bei seiner Berufung auf STAMMLER, Wirtsch. u. Recht, Nr. 87, demselben Mißverständnis wie RADBRUCH — vgl. oben Anm. 862 — anheimfallend, verkennt) nur eine Willkür im subjektiven, nicht eine solche im objektiven, spezifisch STAMMLERschen Sinne (vgl. oben Anm. 862). Die im einzelnen Streitfall ausgewählte Norm bleibt ein „von Fall zu Fall verbindendes Wollen" (STAMMLER, Theorie, 417); sie läßt sich inhaltlich aus dem „schon bestehenden rechtlichen Wollen" - das reines Blankett ist — nur fiktiv „ableiten" und ändert ihren Charakter auch nicht dadurch, daß formell die richterliche Befugnis, sie auszuwählen, durch das Recht gesetzt ist (anders freilich STAMMLER, Theorie, 580, 648). Man langt also mit dem „auszuwählenden" Recht geradezu wieder beim „Richterrecht" an.

[873]) Vgl. BERGBOHM, 372ff.; RADBRUCH, Rechtsphilosophie, 188. Gegen BERGBOHM besonders JUNG, Festg. f. DERNBURG, 131ff.; Positives Recht, 509; Natürl. Recht, 13ff., 21 Anm. 30.

heit" des Rechts[874]). Eine Fiktion ist diese Auffassung so gut wie jene[874a]). Sollte die Verweisung auf das „auszuwählende" oder „ungesatzte" Recht etwas anderes sein als die Verweisung auf die durch die jeweilige Kultur bedingte Idee der Gerechtigkeit, die „Recht" nur im materiellen Sinne ist, und aus der unmittelbar der Richter die Entscheidung zu schöpfen hat, soweit er nicht durch die Schranke des „geformten", „gesatzten", „regelhaften", d. i. eben des positiven Rechts[875]) eingeengt wird[875a])? Die Unterstellung unter die — kulturell bedingte — Idee der Gerechtigkeit bedeutet weder die Unterstellung unter ein rein formales noch unter ein absolutes, sondern nur unter ein mit dogmatischer Gebundenheit unverträgliches Prinzip. Dessenungeachtet gewährleistet sie vollkommen, daß der Richter da, wo er, frei von den Schranken des positiven Rechts, m. a. W. nach freiem richterlichen Ermessen entscheiden darf, nicht nach Willkür [hier im subjektiven Sinn genommen[876])], d. h. nach „subjektiv freiem Belieben"[876a]), sondern nach allgemeingültigen Prinzipien[877]) verfährt, daß er, wie es in der

---

[874]) So REICHEL, a. a. O., 108; STAMMLER, Theorie, 641, 651.

[874a]) WIELAND, RheinZtschr. I, 585, meint denn auch geradezu, „daß die vom Richter getroffene Interessenabwägung praktisch so betrachtet werden muß, als ob sie schon vorhandenem Recht entspricht".

[875]) Schon RADBRUCH, Rechtsphilosophie, 180 Anm. 13, erklärt sich gegen STAMMLERS (Theorie, 119ff.) „Umdeutung" des Ausdrucks „positives Recht". Freilich möchte ich, anders als RADBRUCH, STAMMLER gegenüber nicht das „Naturrecht", sondern das „auszuwählende" Recht vor seiner Unterstellung unter den Begriff des „positiven" Rechts retten.

[875a]) GOLDSCHMIDT, JWSchr. 1924, 248. Ebenso schon O. v. GIERKE,. Logos, VI 248ff. Man vergleiche auch die für die Methode der richterlichen Rechtsanwendung höchst bemerkenswerten Ausführungen von BREIT, JWSchr. 1920, 859ff. In der JWSchr, 1924, 248ff. („Gesetzesdämmerung"), bin ich aus staatsrechtlichen Gründen sogar für den Primat der „Rechtsidee", der Quelle des materiellen Rechts, gegenüber dem „Gesetzesabsolutismus" im Parlamentsstaat eingetreten.

[876]) Vgl. oben Anm. 862.

[876a]) Seltsam RGESt. XLVII 108 (vgl. aber auch schon RGESt. XXI 226): der Richter dürfe nicht „nach seinem freien Ermessen, d. h. nach seinem Gutdünken" verfahren, müsse vielmehr „sein pflichtmäßiges Ermessen walten lassen". Aber „freies Ermessen" ist selbstverständlich „pflichtmäßiges Ermessen"! In einem anderen Sinne will v. LAUN, 47ff., 258/9, dem Richter das „freie" Ermessen absprechen, indem er ihm — wie schon O. MAYER, I § 9 II 2 — grundsätzlich nur ein „gebundenes" Ermessen zugesteht. Aber – wie schon oben im Text unter III und IV gezeigt — stellt auch im Bereich des „freien richterlichen Ermessens" der Richter selbst erst den für seine Entscheidung erforderlichen „Obersatz" auf, was nach v. LAUN, 70, 259, 260, das Merkmal des „freien" Ermessens ist, mag auch dieser Obersatz dem Richter, anders als dem Verwaltungsbeamten, nicht durch seine Anschauung vom „öffentlichen Interesse", sondern, soweit es sich nicht nur um die Tatsachenwürdigung handelt, durch seinen — an „Erfahrungssätzen" (v. LAUN, 51ff.) orientierten — Gerechtigkeitssinn geliefert werden. Andererseits gibt LAUN, 64ff., 116ff., 175ff., 262ff., selbst zu, daß auch das „freie" Ermessen der Verwaltung durch „innere Grenzen", d. i. „Normen über die Zwecke, welche die vollziehende Gewalt verfolgen bzw. nicht verfolgen darf", „gebunden" ist.

[877]) Vgl. schon oben Anm. 872; auch STAMMLER, Richtiges Recht, 160ff. Wie diese allgemeinen Prinzipien zu gewinnen sind, kann hier dahingestellt bleiben; vgl. einerseits STAMMLERS „Lehre von dem richtigen Recht", andererseits

bekannten, unübertrefflichen Weise Art. 1 I schweiz. ZivGB. ausdrückt, „nach der Regel entscheidet, die er als Gesetzgeber aufstellen würde". Die Erwägung des freien richterlichen Ermessens, die zur Aufstellung dieser Regel führt, wirkt natürlich nur für den konkreten Fall. Der Richter soll sich dabei hypothetisch in die Lage des Gesetzgebers versetzen, nicht wird ihm in Wahrheit dessen Amt übertragen. Der Richter soll — die Vorschrift des schweiz. ZivGB. enthält in der Tat nur eine Anwendung des von KANT formulierten Grundgesetzes der praktischen Vernunft überhaupt — so entscheiden, daß die Maxime seiner Entscheidung zugleich als Prinzip einer allgemeinen Gesetzgebung gelten könnte[877a]). Nicht aber wird die autonome richterliche Satzung wirklich allgemeines Gesetz. Sie ist bloßes „Urteilselement"[877b]), das nicht einmal der Rechtskraft teilhaftig wird[877c]).

Man könnte zugunsten der Lehre vom „auszuwählenden" oder „ungesatzten" Recht den praktischen Gesichtspunkt anführen, daß sie die Revisibilität der vom Richter iuris supplendi vel corrigendi causa

---

die dagegen gerichteten Einwendungen BINDERS, Rechtsbegriff, 213, 250. M. E. MAYER, Rechtsphilosophie, 81, bestimmt nicht übel das Wesen der Gerechtigkeit als die „zu vollkommener Harmonie vordringende Ausgleichung von Gegensätzen und Verteilung von Gütern nach Maßgabe von erlebter Kultur". Ich verstehe nur nicht, wie er dann gleich darauf es ablehnen kann, in der Gerechtigkeit das Rechtsideal oder die Rechtsidee zu finden, weil sie eine „leere Abstraktion" sei. Die nötige „Bedingtheit" wird durch die Bezugnahme auf die „erlebte Kultur" hergestellt, die denn auch in dem von ihm angeführten Beispiel die Gleichstellung der ehelichen und unehelichen Kinder deshalb ausschließen würde, weil sie (so treffend GEIGER, 328) gleichbedeutend mit der Abschaffung der doch wohl als Kulturwert zu betrachtenden Ehe wäre. Auch was M. E. MAYER sonst anführt ist ungeeignet, der Gerechtigkeit ihre Eigenschaft als Rechtsideal oder Rechtsidee zu nehmen. Weder sein Hinweis auf anfechtbare „Tatsachen des Rechtslebens", noch seine Behauptung, daß die dem Recht wesentliche Positivität der Gerechtigkeit widerspräche, was schon durch JUNG, Natürliches Recht, 100ff., (dem RADBRUCH, Rechtsphilosophie, 178 Anm. 11, zustimmt) widerlegt worden ist. Ganz schief ist es m. E., wenn M. E. MAYER, a. a. O., 72ff., die Gerechtigkeit zur „personalistischen" Rechtsidee der „Demokratie" — ich darf wohl vom Standpunkt einer jeden Partei aus sagen — degradiert, wie denn überhaupt seine im Anschluß an RADBRUCH unternommene Beleuchtung der Rechtsidee von den verschiedenen Standpunkten des „Personalismus" oder „Transpersonalismus" oder der einzelnen politischen Parteien aus nur dann Beifall verdient hätte, wenn sie — zu einer Ablehnung aller dieser Standpunkte geführt hätte. Denn die Rechtsidee, die Gerechtigkeit, ist gerade der Ausgleich der „transpersonalistischen" Auffassung, wonach Zwecksubjekt des Rechts der Staat, der letzte erreichbare Zweck dessen Macht ist, und der „personalistischen" Auffassung, wonach Zwecksubjekt des Rechts das Individuum, das anzustrebende Ziel dessen Freiheit ist. Ob, inwieweit und vor allem wann sich zu diesen Zwecksubjekten und Zielen die „Menschheit" und die „Humanität" gesellt, mag hier dahingestellt bleiben. Keinesfalls vermag die „Humanität", wie M. E. MAYER, a. a. O., 89, 91, will, die Gerechtigkeit als Rechtsidee zu ersetzen.

877a) Über den Inhalt dieser Maxime ist damit an sich noch nichts gesagt; vgl. vorige Anm.

877b) Insoweit richtig SOMLÓ, 426.

877c) Obgleich es mitunter (so z. B. von GMÜR, 111, und STAMPE, DJZ. X 716) behauptet worden ist. Vgl. dagegen schon WACH, Hdb., 8 Anm. 7.

aufgestellten Normen ermöglicht[878]). Aber ob der Richter innerhalb der seinem Ermessen gezogenen Schranken geblieben ist, unterliegt ohnehin der Nachprüfung im Wege der Revision; denn dieser Punkt betrifft immer die Frage der Nichtanwendung oder nicht richtigen Anwendung einer dem „geformten", d. i. positiven Recht angehörigen Rechtsnorm. Auch ist der Spielraum des freien richterlichen Ermessens nicht so groß, wie die Lebhaftigkeit der freirechtlichen Bewegung[878a]) vermuten lassen sollte[879]). Und auf alle Fälle sind die Grenzen zwischen den Reichen des positiven Rechts und des freien richterlichen Ermessens subjektiv wie objektiv ungewisse[880]). Es ließe sich daher die Anschauung rechtfertigen, daß um so weniger ein Bedürfnis bestehe, den Richter auf dem unstreitig seinem freien Ermessen zufallenden Gebiet der Rechtskontrolle zu unterwerfen, und daß sich tatsächlich die Betätigung des freien richterlichen Ermessens begrifflich wie sinngemäß der Nachprüfung des Revisionsgerichts entziehe[881]). Indessen neigt be-

---

[878]) Vgl. Hellwig, Lehrb. II, § 93 Anm. 45; Gmür, 111/2.

[878a]) Vgl. freilich jetzt meinen oben in Anm. 875a erwähnten Aufsatz.

[879]) So ist z. B. da, wo das Gesetz auf die „Verkehrssitte" verweist, kein Raum für richterliches Ermessen; ebenso Oertmann, Rechtsordnung, 367; Wieland, RheinZtschr. I 584; anders z. B. in den von Jung, Natürl. Recht, 325/6 in Anm. 182, angeführten Fällen; vgl. auch Jung, a. a. O., 36.

[880]) So schon Gmür, 112. So kann man die von Wurzel, 43, so genannte „Projektion", d. i. „die Anwendung eines Begriffs des formulierten Rechtssatzes ohne seine (begriffliche) Änderung auf solche Erscheinungen, die ursprünglich in ihm (diesem Begriffe) nicht oder wenigstens nicht nachweisbar vorgestellt (enthalten) waren", sowohl unter die reine Subsumtion als auch schon unter die Analogie stellen. So wird die Analogie bald als eine Art der Auslegung — vgl. unten Anm. 881 a. E. —, bald als eine Art der Lückenausfüllung (so z. B. Enneccerus, Allg. Teil, § 53 II; Reichel, Gesetz u. Richterspruch, 103) angesehen. Und selbst die Entscheidung contra legem versucht oft, sich mit Hilfe der Restriktivinterpretation aus dem Gesetze abzuleiten; vgl. Enneccerus, a. a. O., § 54 III 2; Reichel, a. a. O., 146 (schon oben hinter Anm. 872). M. E. ist (vgl. schon Jung, Natürl. Recht, 47) anzunehmen, daß freie Rechtsprechung (nicht, wie es immer so auch bei Jung, heißt: „freie Rechtsfindung", was m. E. ein Widerspruch in sich oder eine Tautologie ist) da vorliegt, wo ein angemessener Richterspruch nicht mehr bloß auf dem deduktiven Wege der Subsumtion unter vorhandene Rechtssätze gewinnbar ist, sondern wo die zur Subsumtion erforderlichen Obersätze erst auf induktivem Wege, aus Erfahrungssätzen, gewonnen werden müssen. Ob der Richterspruch ein angemessener sein würde, läßt sich natürlich auch nur auf teleologischem Wege ermitteln. Indessen diese Ermittelung ist eine Probe aufs Exempel, keine selbständige Methode der Urteilsgewinnung (wohl nur scheinbar umgekehrt Beling, Ztschr. f. StrafrWiss. XXXVIII 802; vgl. denselben, a. a. O., 803 Anm. 58; XLII 260). Ob und wann dabei eine Abweichung vom positiven Recht zulässig ist, bleibe hier ununtersucht; vgl. die besonnenen Bemerkungen von Enneccerus, a. a. O., § 54, und Reichel, a. a. O., 130ff.; jetzt auch meinen oben in Anm. 875a erwähnten Aufsatz.

[881]) Daß dies der zurzeit in der Schweiz geltende Rechtszustand ist, gibt Gmür, 112, selbst zu. Es ist auch durchaus kein „Widerspruch" (dies behauptet Hellwig, Lehrb. II, § 93 Anm. 45), wenn Kipp zu Windscheid, I § 23 im Text zu Anm. 1b, bemerkt, daß die Entscheidungen, welche die Rechtsordnung selbst nicht gibt, aus demjenigen zu schöpfen sind, was im Verkehr als billig und gerecht angesehen wird (anders ausgedrückt: aus der bona fides), eventuell aus dem eigenen Gerechtigkeitssinn des Richters, und wenn er in Anm. 1b lehrt, der Inhalt dessen, was die bona fides erfordere, sei nicht Rechtssatz, sondern revisible

kanntlich das Reichsgericht dazu, jedenfalls die das Gebiet des freien richterlichen Erm ssens außerhalb der Beweiswürdigung beherrschenden Erfahrungssätze für revis bel zu erklären, und dieser Praxis kann auch der folgen, welcher diese Erfahrungssätze und die aus ihnen gewonnenen Grundsätze[881a]) noch nicht für Recht im formellen Sinne hält[881b]). Denn wenn der Herrschaftsbereich der Revision nicht überhaupt jeden Subsumtionsirrtum umfaßt – in welchem Falle er die Nachprüfung der Beweiswürdigung einschließen würde[881c]) –, so unterfällt jedenfalls die Betätigung des „Gerechtigkeitssinnes" des Richters, da sie Anwendung von „Recht" im materiellen Sinne ist, anders als die Anschauung des Verwaltungsbeamten von den Erfordernissen des „öffentlichen Interesses"[881d]), im vollen Umfange der Rechtskontrolle[881e]).

V. Nach alledem wird man R. Schmidt zustimmen können, wenn er feststellt[882]), daß es sich bei der „Freirechtsbewegung" hauptsächlich um die Frage handle, „wieviel Raum die Rechtssätze, insbesondere die des Zivilrechts[882a]), dem richterlichen Ermessen gönnen sollen". Wenn er fortfährt: „Die Frage nach der grundsätzlichen Bedeutung der Richterfunktion beiührt dieser Streit an sich nicht", so ist auch dies jedenfalls insoweit richtig, als dem Richter durch die Erweiterung seines Ermessens keine rechtschaffende Funktion beigelegt wird. Dagegen setzt eine Bewegung, welche als praktisches Ziel die Erweiterung des richterlichen Ermessens auf ihre Fahne geschrieben hat, allerdings eine Auffassung des Richteramts voraus, wonach der Richter nicht bloß im Sinne Montesquieus „un être inanimé", das „Mundstück" des Gesetzes, ein „logischer Subsumtionsapparat", sondern selbständiger Verweser der Gerechtigkeit ist, der das geltende positive Recht nur als Schranke und Wegweiser zu beachten hat[883]). M. a. W. die praktischen Ziele

---

Norm sei nur das, was aus diesem Inhalt Rechtssatz geworden sei. Andererseits steht letztere Lehre auch damit nicht im Widerspruch daß Kipp, in Anm. 1b, lehrt, die „Ausfüllung von Lücken" durch Entwickelung der Konsequenzen bekannter Sätze und durch Analogie sei Aufdeckung vorhandenen Rechts (vgl. oben Anm. 868a). Vielmehr zeigt dies nur, daß Kipp, wie z. B. auch Gmür, 65ff., 79 Anm. 2, auf dem Standpunkt steht, daß die Analogie keine „Lückenausfüllung" im eigentlichen Sinn, sondern lediglich eine Art der Auslegung ist; vgl. dazu schon oben Anm. 880.

881a) Vgl. Hellwig, Lehrb. II § 93 Anm. 44.

881b) Vgl. Stein, Privates Wissen, 118ff.

881c) Vgl. unten hinter Anm. 2629, zu Anm. 2631, 2634.

881d) Vgl. v. Laun, a. a. O., oben Anm. 876a. Vgl. aber jetzt Tezner, Das freie Ermessen der Verwaltungsbehörden, 1924.

881e) Im Ergebnis übereinstimmend Gmür, 112; Hellwig, Lehrb. II § 93 Anm. 45.

882) Lehrb., 9 Anm. 2 a. E.; vgl. auch Goldschmidt, Österr. Ztschr. f. StrafR. III 246. Vgl. freilich jetzt meinen oben in Anm. 875a erwähnten Aufsatz.

882a) Aber auch für das Strafrecht ist die Bestimmung der Grenzen des richterlichen Ermessens zu einer der brennendsten Reformfragen geworden; vgl. Kahl, Dtsch. StrafrZtg. III 282; Goldschmidt, Österr. Ztschr. f. StrafR. III 246; Ztschr. f. d. ges. StrafRWiss., XXXVIII, 429.

883) Übereinstimmend Rosenstock, 6; vgl. ferner Mendelssohn Bartholdy, Imperium, 153; Breit, JWSchr. 1920, 859ff. Gerade umgekehrt betrachtet

der „Freirechtsbewegung" finden ihre theoretische Grundlegung in der unten[884]) zu entwickelnden prozessualen (dynamischen) Rechtsauffassung.

b) Das Urteil ist kein Rechtsgeschäft (die materielle Rechtskrafttheorie).

(§ 16.)

Der Richter schafft also kein objektives Recht. Ebensowenig aber schafft er subjektives Recht, m. a. W das Urteil ist, in bezug auf die Rechtskraftwirkung, kein — materiellrechtlich erheblicher — rechtsgeschäftlicher Tatbestand[885]). Freilich wird das Gegenteil von einer weit verbreiteten Meinung gelehrt. Ganz besonders hat neuerdings PAGENSTECHER[886]) die sogenannte materielle Rechtskrafttheorie, nach der dem verurteilenden, wie dem klagabweisenden Zivilurteil privatrechtlich konstitutive, rechtsbegründende bzw. rechtsvernichtende Kraft zukommt, eingehend verteidigt.

Die sogenannte materielle Rechtskrafttheorie kann nicht gebilligt werden[887]). Sie ist, wie sich schon aus der bewußten Einschränkung ihres Geltungsbereichs durch PAGENSTECHER[888]) auf Sachurteile, die eine Verurteilung oder Feststellung in vermögensrechtlichen Streitigkeiten zum Gegenstande haben, ergibt, auf romanistischem Boden erwachsen[889]). Daß das römische Recht auf dem Standpunkt der materiel-

---

RADBRUCH, Rechtsphilosophie, 182/3, den Richter als bloßen „Diener der Rechtssicherheit", womit sich sein „Bekenntnis zur freirechtlichen Bewegung" (a. a. O. 198 Anm. 11) noch weniger verträgt als mit seiner „Anerkennung des Geschlossenheitsdogmas" (oben Anm. 873).

884) § 18.

885) Nur in diesem Sinne kann der Gegensatz der Schaffung objektiven und subjektiven Rechts (vgl. z. B. auch ENNECCERUS, Allg. Teil, § 39 I a. E.) verstanden werden. Denn an sich steckt natürlich in der Schaffung objektiven Rechts in aller Regel zugleich die Schaffung subjektiven Rechts, sei es auch nur in abstracto.

886) In zahlreichen Schriften, die er selbst zuletzt in der Rhein. Ztschr. VI 499 Anm. 12 zusammengestellt hat; ebenda sind auch die Schriften KOHLERS, in denen sich dieser gleichfalls für die materielle Rechtskrafttheorie ausgesprochen hat, aufgeführt; seither noch KOHLER, ArchRechtsWirtschPhil. XI 187ff. Weitere Vertreter der materiellen Rechtskrafttheorie sind bei PAGENSTECHER, Z. XXXVII 2ff.; RheinZtschr. VI 492 Anm. 5, genannt. Ergänzend ist noch auf O. FISCHER, Lehrb. § 67 zu Anm. 18, WURZER, GS. LXXXIX 111ff., hinzuweisen. Die materielle Rechtskrafttheorie ist aber überhaupt die alte, in den Lehrbüchern des Pandekten- und Zivilrechts herrschende; vgl. z. B. WINDSCHEID-KIPP, I § 129 (KIPP selbst — vgl. daselbst Anm. a — huldigt der prozessualen Rechtskrafttheorie). Auch in den Gesetzesmaterialien (vgl. z. B. Motive zu § 221 Entw. StPO. = § 262 StPO.) und RGUrteilen (Zusammenstellung bei PAGENSTECHER, Z. XXXVII 5 Anm. 20; RheinZtschr. VI 533ff.) wird vielfach mit ihr operiert; vgl. indessen dazu noch unten hinter Anm. 1150.

887) Vgl. schon oben Anm. 78.

888) Vgl. denselben, Rechtskraft, 27ff.; Jahrb. I 358ff.

889) Vgl. auch HELLWIG, Syst. I, § 227 Anm. 2, § 227 IV, § 229 V. — KOHLER, ArchRechtsWirtschPhil., XI 191, behauptet, unter Hinweis auf die materiellrechtliche Wirkung des Urteilserfüllungsgelöbnisses, daß auch das germanische

len Rechtskrafttheorie stehe, gilt denn auch als ausgemacht[889a]. Aber wieder einmal[890] muß eine sich an den römischen Prozeß anheftende Legende zerstört werden[891], deren Entstehung hauptsächlich auf die schon wiederholt [892] als Quelle gleichartiger Irrtümer aufgewiesene Verkennung des Unterschiedes materieller und prozessualer Betrachtungsweise durch die romanistische Doktrin zurückzuführen ist.

I. Die angebliche Herrschaft der materiellen Rechtskrafttheorie im römischen Recht wird vor allem darauf gestützt, daß das Urteil eine Judikatsobligation begründet habe (vgl. insbes. l. 3 § 11 Dig. 15, 1; l. 4 § 7 Dig. 42, 1; l. 8 § 3 Dig. 46, 2; GAI III 180; auch l. 9 § 8 Dig. 15, 1; l. 16 § 6 Dig. 20, 1; l. 37 § 6 Dig. 38, 1; l. 6 § 3 Dig. 42, 1). Indessen die römische actio iudicati hat mit dem nach der materiellen Rechtskrafttheorie angeblich durch das „unrichtige" Urteil begründeten privatrechtlichen Anspruch wenig zu tun.

1. Wie schon SAVIGNY[893] festgestellt hat, und wie sich aus WENGERS[894] Forschungen als unzweifelhaft ergibt, ist der „Stoff" der actio iudicati vor allem die Zwangsvollstreckung. Die actio iudicati entspricht also in erster Linie dem modernen Vollstreckungsanspruch. M. a. W. die actio iudicati ist eine Folge der Vollstreckbarkeits-, nicht der Rechtskrafteigenschaft der kondemnierenden Sentenz[894a]. Die oben[895] erörterte Ungeschiedenheit von Privatrecht und materiellem Justizrecht im römischen Recht bringt es nun allerdings mit sich, daß, wie mit jeder actio in personam[896], so auch mit der actio iudicati eine Judikatsschuld untrennbar verbunden erscheint. Aber wie sehr speziell[897] bei der actio iudicati die Haftung als der vorwiegende Aktionsinhalt erscheint, geht daraus hervor, daß in l. 3 § 11 Dig. 15, 1, also gerade in der Stelle, in der die Selbständigkeit der Judikatsschuld gegenüber der „origo iudicii", besonders betont wird[898],

---

Recht auf dem Boden der materiellen Rechtskrafttheorie gestanden habe. Aber die von KOHLER behauptete materiellrechtliche Wirkung des Urteilserfüllungsgelöbnisses betrifft nicht die Rechtsfeststellung, sondern die Rechtsverwirklichung; dazu oben Anm. 826a.

889a) Vgl. z. B. KUTTNER, Nebenwirkungen, 6 Anm. 15 a. E., KOHLER, Arch. RechtsWirtschPhil. XI 190/1.

890) Vgl. oben zu Anm. 37a.

891) Vgl. schon HELLWIG, Syst. I, 227 I, II.

892) Oben Anm. 179, hinter Anm. 202, 257.

893) System, VI 411.

894) Actio iudicati, vgl. u. a. daselbst 257 Anm. 5.

894a) Vgl. dagegen WETZELL, 573, 597ff. Insoweit auch nicht korrekt SAVIGNY, System, VI 409ff.; HELLWIG, Syst. I, § 227 hinter Anm. 16. Andererseits will BÜLOW, ZivArch. LXXXIII 80ff., Rechtskraftverzicht und Verzicht auf die actio iudicati auseinander halten.

895) Hinter Anm. 345.

896) Vgl. oben hinter Anm. 280.

897) Vgl. bezüglich der obligatio überhaupt oben zu Anm. 283.

898) Die in l. 6 § 3 D. 42, 1 der actio iudicati beigelegten besonderen Eigenschaften betreffend die Verjährbarkeit und Vererblichkeit sind keine spezifisch schuldrechtlichen. Keinesfalls nötigen sie zu einem Schluß auf die Selbständigkeit der Judikatsschuld gegenüber der „origo iudicii" da sie auch im modernen Recht als besondere Eigenschaften rechtskräftig festgestellter oder rechtshängiger Ansprüche vorkommen; vgl. §§ 218, 847, 1300 BGB.

jene nur als „Quasiobligation" („iudicati velut obligatio") bezeichnet wird. In der Tat bleibt bekanntlich trotz der Kondemnation die alte Forderung als naturalis obligatio bestehen, so daß ein Bürge bestellt werden kann (l. 8 § 3 Dig. 46, 1) und der Verzug des Verpflichteten (l. 3 pr. Dig. 22, 1) fortdauert[899]). Auf der anderen Seite erklärt sich die Nötigung der Römer, mit der Litiskontestation bzw. Kondemnation eine neue (zivile) Forderung entstehen zu lassen, schon allein hinsichtlich der actiones in personam daraus, daß das zivile dare oportere mit der Litiskontestation unterging[900]), hinsichtlich der actiones in rem daraus, daß nur eine Geldleistung in condemnatione war, und daß die Obligation hierauf erst durch die Kondemnation begründet wurde. „Diese Besonderheiten" — so schließt schon HELLWIG[901]) — „muß man im Auge haben, wenn man... sich vor der Gefahr bewahren will,... die in ihrem eigenartigen Wesen nicht gehörig erkannte römische obligatio iudicati in das moderne Recht zu übertragen".

2. Wenn die Römer, wie dies insbesondere in der berühmten Stelle bei GAIUS III 180 geschieht[902]), der Litiskontestation und Kondemnation (quasi) novierende Kraft beimaßen, so gingen sie dabei von dem Vorhandensein einer „obligatio principalis" aus; d. h. das „litis contestatione teneri" oder „condemnari oportere", sowie das „ex causa iudicati teneri" oder „iudicatum facere oportere" treten nur ein, wenn wirklich eine „obligatio principalis", ein „dare oportere" vorgelegen hat[903]). M. a. W. die „Kunstregel"[904]) des GAIUS ist eine materielljustizrechtliche; sie betrachtet Litiskontestation und Kondemnation als Akte der Ausübung[905]) eines als existent vorausgesetzten materiellen Rechtes[906]). Daraus folgt, daß nur die gerechtfertigte, „richtige" Verurteilung[907]) eine Judikatsobligation begründet. Und wirklich scheinen die Römer diese Folgerung gezogen zu haben. Allerdings die zivile actio iudicati war zunächst nach Maßgabe der Urteilssumme begründet. Aber es darf billig bezweifelt werden, daß der Schuldner, der nach dem Judikat den geschuldeten Betrag anbot, keine exceptio doli gehabt haben sollte, wenn der Gläubiger gleichwohl darauf bestand, daß der Mehrbetrag, auf den das Urteil lautete, gezahlt wurde (arg. l. 15 Dig 44, 4). Auffallend ist jedenfalls, daß das klassische Recht bei den zusammenhängenden Entscheidungen eine öde Konsequenzmacherei aus einem Dogma, durch das Urteil entstehe ein privatrechtlicher Anspruch, offenbar nicht gehabt hat. Hier kommt einerseits die klassische Lehre in Betracht, nach welcher sich die Hypothekenlast durch das Fehlurteil

[899]) Die Proben für eine Fortdauer des alten Anspruches nach der Litiskontestation s. oben Anm. 287.

[900]) Vgl. darüber oben hinter Anm. 270. [901]) Syst. I, § 227 I 1 a. E.

[902]) Vgl. aber auch l. 29 D. 46, 2; Vat. fr. § 263; c. 3 § 2 Cod. 7, 54.

[903]) Vgl. schon KELLER, Litiskontestation, 206; sowie oben zu Anm. 261.

[904]) Vgl. oben zu Anm. 270. [905]) Vgl. dazu oben hinter Anm. 334.

[906]) Vgl. oben Anm. 179, zu Anm. 213, 334, Anm. 448, 774, zu Anm. 790a, Anm. 826.

[907]) Vgl. oben Anm. 179.

garnicht notwendig erhöht (l. 16 § 6 Dig. 20, 1)[908]. Ferner ist es auffällig, daß nach JULIAN der procurator des Abwesenden, der für diesen eine in Wahrheit nicht bestehende Forderung einklagt, gar keine res iudicata schafft, die vom Interessenten ratihabiert werden könnte. Der Grund ist klar: es fehlte hier an einer Voraussetzung zur Haftung des Bürgen bei der cautio de rato (l. 22 § 2 Dig. 46, 8)[908a]. Die Sabinianer setzen daher für Fälle, in denen die Genehmigung der Zahlung einer Nichtschuld an den Vertreter ohne Vertretungsmacht in Frage kommt, stets voraus, daß außergerichtlich und durch freien Willen des Schuldners die Zahlung erfolgt sei (l. 22 pr. Dig. 46, 8; l. 5 § 11 Dig. 3, 5).

Auf der anderen Seite standen die Römer ja auch auf dem Standpunkt, daß die ungerechtfertigte Freisprechung eine Naturalobligation übrig lasse [l. 28 u. l. 60 pr. Dig. 12, 6[909]); auch l. 27 Dig. 20, 1; l. 8 § 1 Dig. 46, 8[910])]

Danach ist das Ergebnis: Die römische Judikatsobligation entspricht im wesentlichen dem von mir[911]) aufgestellten materiell bedingten Voll-

908) Die Stelle ist stark interpoliert. Sicher tribonianisch: „non restituendo pignus, quantum — sententiae, sed humanius — liberare". Die Fragestellung: „an — hypotheca" und die vorsichtige Form: „ego non probo" im angeblichen MARCIAN beweist, daß die Klassiker als herrschende Lehre nur eine Auslegung nach dem Formelwortlaut der formula hypothecaria kannten: „propter pecuniam debitam", das bedeutete eben, daß für die Hypothekarklage der wirkliche Schuldbetrag, wie er bei der Verpfändung bestanden hatte, allein die Hypothekenlast bestimmte. MARCIAN dagegen mag versucht haben, für die Höhe der Schuld das Judikat zugrunde zu legen. JUSTINIANS Leute lehnten diese nachklassische Lehre mit dem Humanitätsargument ab und gelangten dabei sachlich zu derselben Entscheidung wie die klassische Lehre. Nach v. BETHMANN HOLLWEG, Das 20. Buch der Pandekten, 66, soll im Falle der l. 16 § 6 cit. in Höhe der unrichtigen condemnatio überhaupt keine obligatio iudicati entstanden sein; hiergegen SCHIRMER, ZivArch. LXXXVII 131 ff. (indessen unter Offenhaltung einer exceptio doli). Vgl. über die Stelle noch unten Anm. 924.

908a) „Adficietur — teneantur" ist nachklassische Problemstellung und kompilatorische Entscheidung. Der Klassiker hätte gegen den procurator, der keine Genehmigung erlangte, die Kondiktion gegeben.

909) Offenbar konnte sich der mit der condictio indebiti vorgehende verus debitor nicht auf die — positive — Funktion der Rechtskraftwirkung der ungerechtfertigten Freisprechung berufen, was sich daraus erklärt, daß die so genannte positive Funktion der Rechtskraftwirkung im römischen Recht in bezug auf die Feststellung von Schuldverhältnissen noch nicht entwickelt ist; vgl. unten zu Anm. 924. Die Beweiskraft der Stellen entfällt für den, der mit WINDSCHEID — vgl. folgende Anm. — annimmt, daß in l. 28 h. t. der Schuldner sciens indebitum solvit, und daß l. 60 pr. eine unrichtige Begründung enthalte. Aber gerade diese letztere Annahme hat wenig Ansprechendes; gegen die erstere (die auch HOENIGER, Diss., 31, 32, vertritt) vgl. WETZELL, § 47 zu Anm. 8 (der aber mit Unrecht meint, daß die Unrichtigkeit der Freisprechung nicht gelegentlich der durch die condictio veranlaßten neuen richterlichen Kognition offenbar werde, sondern vermöge des in der Zahlung liegenden Willensaktes des Schuldners, die Schuld für sich bestehen lassen zu wollen).

910) WINDSCHEID-KIPP, I § 129 Anm. 7, beruft sich für die entgegengesetzte Ansicht auf l. 13 D. 20, 6. Indessen sein Schluß, die Fortdauer des Pfandrechts beweise zwar nichts für die natürliche Verbindlichkeit — vgl. darüber oben Anm. 287 —, wohl aber seine Nichtfortdauer gegen dieselbe, scheint nicht zwingend. Vgl. auch WETZELL, § 47 Anm. 7, 8.

911) Ungerechtfert.VollstreckBetr., 26ff.

streckungsanspruch, nicht aber dem von PAGENSTECHER aufgestellten aus „unrichtigem" Urteil hervorgegangenen Privatrechtsanspruch. Wer die römische Judikatsobligation mit letzterem gleichsetzt, übersieht den Unterschied von Vollstreckbarkeit und Rechtskraft, von materiellrechtlicher und prozessualer Betrachtungsweise[912]).

II. Tatsächlich liegt im römischen Recht die eigentliche Rechtskraftwirkung durchweg auf prozessualem Gebiet. Dies ist bezüglich der sogenannten negativen Funktion der Rechtskraftwirkung bereits früher[913]) nachgewiesen worden: Litiskontestation und Urteil zerstören die prozessuale Aussicht auf nochmalige Einsetzung eines iudicium in eadem re[913a]). Ebenso[914]) gilt aber das Gesagte von der sogenannten positiven Funktion der Rechtskraftwirkung [„res iudicata pro veritate accipitur"; l. 207 Dig. 50, 17; l. 25 Dig. 1, 5[914a])]: das Urteil begründet die prozessuale[914b]) Aussicht darauf, daß jeder künftighin mit derselben quaestio befaßte Richter den Inhalt des Urteils seiner Entscheidung zugrundelegen wird.

Freilich ist bestritten, ob die positive Funktion der Rechtskraftwirkung in diesem Sinne von den Römern anerkannt worden sei[914c]). Zunächst nur auf terminologischem Gebiet liegt der Streit, ob man mit KELLER[915]) von einer „positiven Funktion der Einrede des Urteils" oder mit R. LEONHARD[916]) von einer „Einrede der positiven Funktion des Urteils" zu sprechen habe. Denn darüber war sich schon KELLER[917]) klar, daß es sich in bezug auf die Einrede der Rechtskraft nur um eine verschiedene Art der Begründung, entweder mit der Urteilstat-

[912]) Auf einer Vermengung dieses zwiefachen Unterschiedes beruht BIRKMEYERS (680) Aufstellung eines „neuen Strafanspruches des Staates ex judicato" (gegen ihn schon GÜNTER BRANDT, 13). In der Hauptsache läuft aber auch darauf die Polemik BINDINGS, Abhdl. II 287 Anm. 22, gegen die STEIN-HELLWIGsche — prozessuale — Rechtskrafttheorie hinaus. Es gibt freilich kaum eine Vermengung, die den unabgeklärten und widerspruchsvollen Ausführungen BINDINGS (a. a. O., 265 ff., 301 ff.) nicht zugrunde liegt. Außer der gerügten noch die von Rechtsnorm und Rechtsgeschäft, Beweiskraft und Rechtskraft, formeller und materieller Rechtskraft, negativer und positiver Rechtskraftwirkung, materieller und prozessualer Rechtskrafttheorie, Rechtskraft und Gestaltungswirkung, Rechtskraft der Entscheidung und Rechtskraft der Entscheidungsgründe und so fort. Was BELING, ZStW. XXXVII 367, mit Bezug auf zwei andere der „strafprozessualen Abhandlungen" sagt, gilt auch hier: „BINDINGS Methode ist reines Draufgängertum." Vgl. im übrigen noch unten zu Anm. 1210.

[913]) Vgl. oben hinter Anm. 258, 360.

[913a]) Vgl. noch unten Anm. 2724.

[914]) So schon HELLWIG, Syst. I, § 227 II; vgl. dazu oben Anm. 78, unten hinter Anm. 1403.

[914a]) Vgl. aber dazu unten Anm. 929.

[914b]) Vgl. dazu oben Anm. 78, unten hinter Anm. 1403.

[914c]) Vgl. darüber WINDSCHEID-KIPP, I § 130 Anm. 23 a; LEVY, 124.

[915]) Litiskontestation, 221 ff. Zustimmend SAVIGNY, System, VI 271 ff.

[916]) Replik des Prozeßgewinns, 74/5.

[917]) A. a. O., 223 Anm. 4; wohl auch SAVIGNY, System, VI 271, trotz WINDSCHEID, Actio, 110.

sache[918]) oder mit dem Urteilsinhalt[919]), handle, und daß daher die negative oder zerstörende und die positive oder begründende Funktion oder Kraft nur eine Eigenschaft des Urteils sei. Andererseits ist R. LEONHARD[920]) zuzugeben, daß die replicatio rei secundum se iudicatae (richtiger: pronuntiatae) (l. 9 § 1 Dig. 44, 2; l. 16 § 5 Dig. 20, 1; auch l. 9 pr., l. 17 Dig. 44, 2)[920a]) in erster Linie eine Abschwächung der negativen Funktion der Rechtskraftwirkung gewesen sei. Aber gerade damit räumte sie das Hindernis hinweg, das den siegreichen Kläger, der sich genötigt sah, auf einen ihm bereits zuerkannten dinglichen Anspruch zurückzukommen, bisher gehindert hatte, sich auf die positive Rechtskraftwirkung der ihm günstigen pronuntiatio des Vorprozesses zu berufen (vgl. denn auch l. 11 § 3 Dig. 12, 2 erster Fall). Denn unzweifelhaft — und das ist doch ein unzweideutiger Fall positiver Rechtskraft-

918) Die hierzu erforderliche Individualisierung des Urteils ist noch kein Eingehen auf den Urteilsinhalt, wenigstens nicht in dem Sinne, den dieser letztere Begriff hier hat (= Feststellungsinhalt); anders R. LEONHARD, a. a. O., 74.

919) Die Begründung mit dem Urteilsinhalt ist immer eine solche mit einer urteilsmäßigen Feststellung, d. i. mit der positiven, begründenden Urteilsfunktion. R. LEONHARD, a. a. O., 75, wirft also zu Unrecht KELLER vor, mit der „positiven Funktion der Einrede des Urteils" einen anderen Sinn verbunden zu haben als den der „Einrede der positiven Funktion des Urteils". Es kann demnach — vgl. auch vorige Anm. — keine Rede davon sein, daß der von KELLER aufgestellte Unterschied der negativen und positiven Funktion der Einrede der Rechtskraft nur auf einen Unterschied der „oberflächlichen" oder „ausführlichen" Begründung dieser Einrede hinauslaufe (so R. LEONHARD, a. a. O., 74).

920) A. a. O., 105. Ebenso LEVY, 124, und die dort Zitierten.

920a) Nach KELLER, Litiskontestation, 583ff., gehört auch die l. 16 D. 44, 2 hierher, deren Allgemeingültigkeit danach nur eine scheinbare, und die daher nicht dafür zu verwerten wäre, daß die Römer nur eine Rechtskraft secundum eventum litis (vgl. WACH, Rechtskraft, 75 Anm. 1; MENDELSSOHN BARTHOLDY, Rechtskraft, 354, gegen O. FISCHER, in Jherings Jahrb. XL 200 Anm. 2) und folglich nur eine „relative Rechtskraftwirkung" (O. MAYER, ArchÖffR. XXI 34ff.) gekannt hätten. Ob nicht letzteres trotzdem anzunehmen ist (so PERGAMENT, ZRG. XVI 357; PERNICE, ebenda XIX 140ff.; SCHWARTZ, Absolute Rechtskraft, 4ff., gegen O. BÜLOW, ZivArch. LXXXIII 20ff.; OERTMANN, Vergleich, 198ff.; WURZER, RheinZtschr. XII 44ff.; WINDSCHEID-KIPP, I § 129 Anm. 10ff., woselbst weitere Literatur), wird in erster Linie davon abhängen, ob umgekehrt die „relative Rechtskraftwirkung" auch stets eine solche secundum eventum litis sein muß (so O. MAYER, a. a. O., 38 Anm. 55; vgl. auch GOLDSCHMIDT, Ungerechtfert. VollstreckBetr., 39; F. HAMBURGER, Ausbeutung, 46/7; dagegen HEIM, 263; KUTTNER, Urteilswirkungen, 246 Anm. 25 a. E.). Dabei wird man sich freilich zunächst klarzumachen haben, was unter „relativer Rechtskraftwirkung" zu verstehen ist, ob nur das Erfordernis der Geltendmachung der Rechtskraft durch die Parteien oder durch die interessierte Partei (§ 191 II I. Entw. BGB.) oder ein eigentliches „Recht" („Recht" hier im üblichen, materiellrechtlichen Sinne, vgl. unten zu Anm. 1279) am Urteil (O. MAYER, a. a. O.). Daß die Rechtskraftwirkung — übrigens nur die negative — mitunter ipso iure wirkte (GAI IV 107, 108) — worauf WINDSCHEID-KIPP, a. a. O., Anm. 13, hinweisen —, beweist jedenfalls noch nichts für die Geltung „absoluter Rechtskraft" im römischen Recht. Ist doch der Gegensatz: ipso iure und ope exceptionis weit davon entfernt, mit dem unsrigen: von Amts wegen und auf Antrag zusammenzufallen; vgl. schon oben zu Anm. 127, 152, 180b; PERNICE, a. a. O., 152/3, der, a. a. O., 154, gegen BÜLOW gerade auch auf die replicatio rei secundum se iudicatae verweist.

wirkung — schafft die auf Präjudizial- und dingliche Klagen ergehende pronuntiatio Rechtskraft für alle künftigen Prozesse, in denen ein Anspruch geltend gemacht wird, zu dem das festgestellte Rechtsverhältnis in einem Verhältnis der Präjudizialität steht[921]). Die prozessuale Form, in der die Rechtskraft der pronuntiatio des Vorprozesses durch den Kläger des zweiten Prozesses geltend gemacht werden mußte, eine Frage, die WINDSCHEID[922]) beschäftigt hat, kann immer nur die replicatio rei secundum se pronuntiatae gewesen sein. Sie diente auch zur Geltendmachung der rechtskräftigen Feststellung des zur Klagebegründung erforderlichen Rechtsverhältnisses. Daß der Kläger nicht aus der zu seinen Gunsten ergangenen pronuntiatio, sondern aus dem durch dieselbe festgestellten Rechtsverhältnis (vindicatio, hereditatis petitio) klagte, ist wieder eine und nicht die geringste Bestätigung, daß den Römern die materielle Rechtskrafttheorie ganz fern gelegen hat. Erst recht greift die replicatio rei iudicatae ein, wenn die rechtskräftige Feststellung des Nichtbestehens eines excipiendo eingewendeten absoluten Rechtsverhältnisses geltend gemacht werden soll (l. 24 Dig. 44, 2)[923]). Entsprechend genügt eine exceptio rei iudicatae, um geltend zu machen, daß der Klaganspruch unvereinbar sei mit der rechtskräftigen Feststellung eines absoluten Rechtsverhältnisses, die der jetzige Beklagte in einem früheren Prozesse als Kläger zu seinen Gunsten erwirkt habe

[921]) Fälle der Geltendmachung einer früheren pronuntiatio durch den Beklagten s. bei WINDSCHEID-KIPP, I § 130 Anm. 16, solche der Geltendmachung durch den Kläger bei WETZELL, § 47 Anm. 92 (der mit Recht bemerkt, daß hierfür das römische Recht nirgends die Regel selbst, sondern immer nur Anwendungsfälle gebe; dazu sofort im Text weiteres). Doch scheinen sowohl WINDSCHEID-KIPP wie WETZELL (vgl. diesen a. a. O. im Text zu Anm. 92) anzunehmen, daß auch die Entscheidung über präjudizielle Schuldverhältnisse positive Rechtskraftwirkung gehabt habe; hierzu vgl. noch unten Anm. 924. Umgekehrt leugnet BRINZ, I 330ff., die positive Rechtskraftwirkung der auf eine dingliche Klage ergangenen pronuntiatio für einen künftigen Prozeß, in dem ein Anspruch geltend gemacht wird, zu dem das festgestellte dingliche Recht in einem Verhältnis der Präjudizialität steht. Aber seine Einwendungen treffen nur zu für den umgekehrten Fall, daß in dem Vorprozeß das präjudizielle Rechtsverhältnis inzident als Entscheidungsgrund festgestellt sein sollte. Diese Inzidentfeststellung macht allerdings keine positive Rechtskraft für einen künftigen Prozeß, in dem das präjudizielle Rechtsverhältnis Prozeßgegenstand ist; vgl. schon oben Anm. 77. — Den Fall eines in einem praeiudicium ergangenen Feststellungsurteils betrifft auch die von HELLWIG, Syst. I, § 227 II, angeführte l. 1 § 4 D. 43, 30. Wenn HELLWIG, a. a. O., meint, man habe diese Stelle „bisher nicht genügend beachtet", so kann darauf verwiesen werden, daß schon KELLER-WACH, § 72 Nr. 2, auf die in praeiudiciis ergangenen Feststellungsurteile als Fälle unzweifelhafter positiver Rechtskraftwirkung Bezug nehmen. Allerdings glaubt HELLWIG in der Stelle einen besonders beweiskräftigen Beleg dafür zu finden, daß die positive Rechtskraftwirkung schon in Rom eine prozessuale gewesen sei. Dies kann indessen ohnehin nicht zweifelhaft sein; vgl. dazu noch unten hinter Anm. 928.

[922]) Actio, 109ff. Die von WINDSCHEID, a. a. O., angezogene l. 11 § 3 D. 12, 2 bietet keinen Vergleichsmaßstab, da sie ein pactum de iure iurando voraussetzt; vgl. denn auch die nächste Anm.

[923]) In dem ganz ähnlich liegenden Falle der l. 11 § 1 D. 12, 2 dient der vom Beklagten geschworene Eid dagegen als Klagegrund, weil der Beklagte geschworen hatte: „rem suam esse".

(l. 30 § 1 Dig. 44, 2; l. 15, 19 eod.; l. 40 § 2 Dig. 3, 3; vgl. auch l. 11 § 3 Dig. 12, 2 zweiter Fall). In beiden Fällen aber handelt es sich offenbar um Geltendmachung positiver Rechtskraftwirkung[923a]). Dagegen scheint die bloße Absolution oder Kondemnation in Ansehung eines Schuldverhältnisses keine positive Rechtskraftwirkung für Prozesse gehabt zu haben, für deren Ausgang das Nichtbestehen oder Bestehen jenes Schuldverhältnisses präjudiziell war (l. 28, l. 60 pr. Dig. 12, 6)[924]). Anders war es nur bei den bonae fidei iudicia bezüglich der Entscheidung, daß eine zur Aufrechnung gestellte Gegenforderung nicht bestehe (l. 7 § 2 Dig. 3, 5; l. 7 § 1 Dig. 16, 2; l. 1 § 4 Dig. 27, 4)[924a]). Indessen haben wir es wohl hier weniger mit einer anomalen Ausdehnung — die jedenfalls vorliegt — der positiven Rechtskraftwirkung auf ein „Urteilselement" zu tun, wie in dem entsprechenden § 322 II dtsch. ZPO., als vielmehr mit einer anomalen Ausdehnung der negativen Rechtskraftwirkung auf eine nicht klageweise und durch die Litiskontestation vermittelte prozessuale Geltendmachung[925]). Überhaupt hat, jedenfalls solange die Konsumtionswirkung der Litiskontestation und die von ihr „unzertrennliche"[926]) exceptio rei in iudicium deductae in Kraft standen, die negative Rechtskraftwirkung trotz des Aufkommens der positiven den ersten Platz behauptet[927]), wie sie ja auch — rein

[923a]) Wenn man, wie insbes. BEKKER, Konsumtion, 13ff., 132ff.; und BRINZ, I 328ff., in allen diesen Fällen mit einer negativen Rechtskraftwirkung auskommen will, so gibt man eben, wie HELLWIG, Syst. I, § 227 Anm. 22, mit Recht bemerkt, als negativ aus, was positiv ist.

[924]) Vgl. schon oben Anm. 77, 909; GRADENWITZ, Volksspruch, 406. Ebenso hätte in der oben zu Anm. 908 zitierten l. 16 § 6 D. 20, 1 der etwa in den Besitz des Pfandes gelangte Pfandgläubiger die Herausgabe nicht unter Berufung auf die pluris condemnatio verweigern können (ein wichtiger Fall, in dem die dem MARCIAN vorgelegte Frage: „an exoneretur hypotheca?" praktisch werden konnte). Vgl. andererseits WINDSCHEID-KIPP, I § 130 Anm. 16 (schon oben Anm. 921): das Urteil über die gesicherte Forderung sei bestimmend für den Pfandanspruch. Indessen die angezogene l. 13 D. 20, 6 reicht zum Nachweis einer positiven Rechtskraftwirkung nicht aus, da selbst heute, wo eine positive Rechtskraftwirkung unzweifelhaft anerkannt ist, in Fällen, wie einer der angeführten Quellenstelle zugrunde liegt, vielfach keine Rechtskraft-, sondern eine Tatbestands-(Neben-, Reflex-)Wirkung des Urteils angenommen wird; vgl. unten hinter Anm. 1012, 1079, 1090. Vgl. ferner WETZELL, 591 (schon oben Anm. 921), bezüglich der Aufrechenbarkeit der obligatio iudicati, mit dem Zugeständnis, daß es an Quellenzeugnissen dafür mangele, daß die in einem späteren Prozeß zur Aufrechnung gestellte obligatio iudicati unbestreitbar gewesen sei.

[924a]) Vgl. über diese vielfach interpolierten Stellen PARTSCH, Studien, 61 Anm. 2.

[925]) Ebenso BEKKER, Konsumtion, 122ff.; WINDSCHEID, Actio, 74, 86; vgl. auch G. RÜMELIN, except. rei iud., 12ff. Immerhin konnte offenbar die aberkannte Gegenforderung, so wenig wie (WINDSCHEID-KIPP, I § 130 Anm. 17) eine aberkannte Klagforderung, in Zukunft auch nicht mehr Gegenstand einer erfolgreichen Kompensationseinrede sein.

[926]) Nach SAVIGNY, System VI 279, soll die exceptio rei in iudicium deductae überhaupt von der negativen Rechtskraftwirkung „unzertrennlich" sein; vgl. darüber WINDSCHEID-KIPP, I § 130 Anm. 24, 24a. In dem soeben zu Anm. 925 erwähnten — freilich anomalen — Fall wirkt indessen ausschließlich das Urteil konsumierend. Noch weiter geht BRINZ, I 332ff.

[927]) Vgl. schon oben zu Anm. 362a.

rationell betrachtet — durch dieselbe keineswegs vollständig ersetzt wird[928]).

Danach bleibt es also bei der KELLERschen Lehre, daß im römischen Recht neben der negativen Rechtskraftwirkung eine positive aufgekommen ist. Und es ist weiter bekannt, daß gerade diese im römischen Recht aufgekommene positive Rechtskraftwirkung, ungeachtet ihrer verfehlten theoretischen Einkleidung in eine — ja grundsätzlich[928a]) nur auf Tatsachen anwendbare[928b]) — Wahrheitsfiktion (l. 207 Dig. 50, 17; l. 25 Dig. 1, 5)[929]),

[928]) Nur die negative Rechtskraftwirkung hindert den Kläger, die erfolgreiche Klage zu wiederholen; vgl. KIPP zu WINDSCHEID, I § 130 Anm. 26; HEIM, 85; anders HÖLDER, MEWALDT und SCHOTT (vgl. oben Anm. 362b); ferner R. LEONHARD, Replik des Prozeßgewinns, 78; G. RÜMELIN, exc. rei iud., 18ff. R. LEONHARD meint, a. a. O., ein Wunsch sei doch auch dann erledigt, wenn er erfüllt sei. Unzweifelhaft. Nur fällt die Erfüllung eines „Wunsches", d. i. des Rechtsschutzbegehrens nicht unter den Gesichtspunkt der positiven Rechtskraftwirkung. Diese, die Geltung des Urteilsinhalts, der Urteilsfeststellung, steht zum Rechtsschutzbegehren in keinerlei Zweckbeziehung, sondern nur in dem kausalen Verhältnis der Wirkung zur Ursache; vgl. dazu F. KLEIN, Parteihandlung, 17ff., 24. Die Erfüllung des Rechtsschutzbegehrens fällt entweder, zusammen mit seiner Ablehnung, unter den prozessualen Gesichtspunkt einer „Erledigung" der Aussicht auf nochmaliges gerichtliches Gehör, m. a. W. unter den Gesichtspunkt der negativen Rechtskraftwirkung — so in Rom —, oder aber sie fällt unter den materielljustizrechtlichen Gesichtspunkt einer Befriedigung des Rechtsschutzbedürfnisses und damit des Rechtsschutzanspruches — so im modernen Recht; im Ergebnis übereinstimmend HEIM, 88, 89; HELLWIG, Syst. I, § 101 II; STEIN, Nr. IV 2b vor § 253. Der Unterschied zwischen negativer und positiver Rechtskraftwirkung läßt sich danach auch nicht, wie R. LEONHARD, a. a. O., 79 (im Ergebnis übereinstimmend G. RÜMELIN, except. rei iud., 64), annimmt, auf den einer „bloß negativen" und „nicht bloß negativen" zurückführen. Es handelt sich vielmehr wirklich um den Unterschied von Verneinung und Bejahung, allerdings nicht bezüglich desselben Gegenstandes, vielmehr dort bezüglich der prozessualen Aussicht auf nochmaliges gerichtliches Gehör in eadem re, hier bezüglich der prozessualen Aussicht auf künftige gerichtliche Geltung des einmal für Recht Erkannten. — Insoweit die negative Rechtskraftwirkung den Kläger an der Wiederholung der erfolgreichen Klage hindert, ergänzt sie die positive. Daß sie dieser auch hindernd in den Weg treten kann, beweisen die oben zu Anm. 920 behandelten Fälle der replicatio rei secundum se iudicatae. Man denke aber weiter an Fälle, in denen der siegreiche Kläger eine Nachforderung unternimmt (vgl. WINDSCHEID-KIPP, I § 130 Anm. 24a), oder an solche, in denen der unterlegene Kläger seinen Anspruch auf einen anderen Rechtsgrund zu stützen versucht (l. 5, l. 25 § 1 D. 44, 2; vgl. auch l. 28 § 4 D. 12, 2). Man wird daher nicht gut mit R. LEONHARD, a. a. O., 77 (dem freilich KIPP zu WINDSCHEID, I § 130 Anm. 23 a. E. beipflichtet), sagen können, daß die „Verneinung des Rechts zur Anspruchswiederholung" die „Bejahung des Urteilsinhalts" niemals ausschließe. Gerade weil dies der Fall ist, hat doch die fortschreitende Rechtsentwickelung die negative Rechtskraftwirkung aufgegeben.

[928a]) Eine Ausnahme bis zu einem gewissen Grade machen die „Rechtsvermutungen" des modernen deutschen bürgerlichen Rechts (vgl. dazu KUTTNER, in Jherings Jahrb. LXI 109ff.), aber auch die Rechtsgeständnisse (vgl. unten hinter Anm. 1631).

[928b]) Was BINDING, Abhdl. II 279, 280, unbekannt zu sein scheint; vgl. schon oben Anm. 912.

[929]) Vgl. noch Cod. iur. can., can. 1904 § 1. Nach BRINZ, I 348ff., und GRADENWITZ, Volksspruch, 409ff., soll sich die Regel: res iudicata pro veritate accipitur, ebenso wie — vgl. auch BÜLOW, ZivArch. LXXXIII 64 Anm. 69; HELLWIG, Rechtskraft, 18 Anm. 41; Syst. I, § 227 Anm. 18; PERNICE, ZRG. XIX 152 —

WINDSCHEID[930]), zu der dann von § 191 I S. 2 Entw. I BGB. aufgenommenen Formulierung geführt hat: „Das rechtskräftig Zuerkannte kann nicht mehr bestritten, das rechtskräftig Aberkannte nicht mehr geltend gemacht werden.“ Das ist aber der Sache nach nichts anderes als die Rechtskraft im Sinne der sogenannten prozessualen Rechtskrafttheorie[931]). Mit Recht bemerkt HEIM[932]), daß STEIN[933]) ein zu großes Gewicht auf den Wortlaut der in § 191 I S. 2 Entw. I BGB. vorgeschlagenen Formulierung lege, wenn er sie deshalb als unzutreffend zurückweist, weil den Parteien das Wort nicht abgeschnitten werde, die Rechtskraft vielmehr praktisch überhaupt erst zur Geltung komme, nachdem das Zuerkannte bestritten, das Aberkannte geltend gemacht sei. Denn die Formulierung besagt doch natürlich, daß alles Bestreiten und Geltendmachen im Widerspruch mit der Urteilsfeststellung erfolglos sei, daß die Parteien mit entgegenstehenden Behauptungen „nicht gehört“ werden (§ 68 ZPO.).

Privatrechtlich konstitutive Wirkung kommt schon in Rom nur dem Gestaltungsurteil, so der addictio[933a]), der adiudicatio, der rescissio testamenti[934]), zu. Im übrigen: „per sententiam non debet servitus constitui, sed quae est declarari“ (l. 8 § 4 Dig. 8, 5).

III. Nach alledem kann sich die sogenannte materielle Rechtskrafttheorie nicht auf das römische Recht berufen. Sie kann aber auch im modernen Recht keine Stätte finden; denn sie ist als solche verfehlt[935]). Zunächst beschränkt sie sich — wenigstens in der ihr von PAGENSTECHER gegebenen Ausgestaltung, wie bereits oben[936]) festgestellt — auf Sachurteile, die eine Verurteilung oder Feststellung in vermögensrechtlichen Streitigkeiten zum Gegenstande haben. Sie hat keinesfalls Raum für Prozeßurteile, für Gestaltungsurteile, sowie für die (freilich eine Ausnahmeerscheinung bildenden) Urteile, welche die Echtheit oder Unechtheit einer Urkunde feststellen (§256 ZPO.). PAGENSTECHER hat dies damit rechtfertigen zu können geglaubt, daß das Wesen der Rechtskraft nicht in allen Fällen gleichartig sei[937]). Er hat zum Beleg auf ZITELMANN verwiesen, der schon für den Zivilprozeß fünf verschiedene „Auffassungen oder Ausgestaltungen der Rechtskraft“ anführe, „die vom Standpunkt des Gesetzgebers aus denkbar“ seien[938]). Indessen die von ZITEL-

die: res iudicata ius facit, auf Präjudizialklagen und Erbrechtsstreitigkeiten beschränkt haben, wo die Rechtskraft über die Parteien hinaus wirkte.

930) Actio, 109.

931) Mag auch das WINDSCHEIDsche Lehrbuch (vgl. oben Anm. 886) der materiellen Rechtskrafttheorie huldigen.

932) S. 87.

933) Nr. II 2a zu § 322; ebenso wieder Grdr. § 97 I 3.

933a) Auf die KOHLER, ArchRechtsWirtschPhil., XI 190/1, verweist.

934) Vgl. HELLWIG, Syst. I, § 227 Anm. 17; schon KELLER-WACH, § 72 Nr. 3.

935) Vgl. zum folgenden zunächst STEIN, Nr. II 1 zu § 322; Justiz u. Verwaltung, 88ff.; weitere Gegner der materiellen Rechtskrafttheorie sind bei PAGENSTECHER, Z. XXXVII 5; Rhein. Ztschr. VI 492 Anm. 5, genannt. Ergänzend sei noch auf HEIM, 115ff., und LENT, II 194ff., hingewiesen.

936) Hinter Anm. 888.

937) 27; Jahrb. I 370; Rhein. Ztschr. X 53 Anm. 6 a. E. Gerade umgekehrt SAUER, 239, 246.

938) Internat. PrivatR., II 270ff.

MANN aufgestellten fünf verschiedenen „Auffassungen oder Ausgestaltungen der Rechtskraft" schrumpfen bei näherer Betrachtung auf zwei zusammen. Denn die angeblich materiellrechtliche Verpflichtung der Parteien, das in dem Urteil Festgestellte nicht mehr zu bestreiten, das als unrichtig Zurückgewiesene nicht mehr zu behaupten[939]), ist, soweit ihr ein praktischer Wert zukommt, nur eine andere Seite der prozeßrechtlichen Bindung des Richters, gewisse Parteianführungen zu ignorieren[940]). Und die angeblich[941]) dem älteren römischen Recht zugrunde liegende Ausgestaltung, wonach der geltend gemachte Anspruch erloschen, dagegen im Falle der Verurteilung ein neuer Judikatsanspruch entstanden ist, fällt mit der Auffassung zusammen, der Inhalt des Urteils gelte als Recht zwischen den Parteien, wobei im Falle der Abweisung der geltend gemachte Anspruch erloschen, im Falle der Verurteilung der geltend gemachte Anspruch, wenn er nicht bestanden hat, neu entstanden ist, wenn er aber bestanden hat, einen neuen Grund des Bestehens und zugleich veränderte Eigenschaften erhalten hat[942]). Endlich ist die Auffassung der Rechtskraft als Beweiskraft[943]) von der fortgeschrittenen Wissenschaft als eine überholte Entwickelungsstufe der prozessualen Ausgestaltung der Rechtskraft im Sinne einer Bindung des Richters erkannt worden[944]), mag sie auch im römischen[945]) und englisch-amerikanischen[946]) Recht zum Ausdruck gekommen sein; denn Gegenstand der Rechtskraft sind grundsätzlich nicht des Beweises fähige Tatsachen, sondern Ansprüche.

Danach bleiben von den fünf Rechtskraftauffassungen, die ZITELMANN aufgestellt hat, nur zwei übrig: die materielle und die prozessuale. Hinsichtlich dieser beiden aber bedarf es erst noch des Beweises, daß wirklich die eine der einen, die andere der anderen, oder daß gar beide derselben Rechtsordnung zugrunde liegen. ZITELMANN selbst behauptet dies keineswegs. Im Gegenteil, er sagt ausdrücklich[947]): „Ich führe im folgenden Auffassungen oder Ausgestaltungen der Rechtskraft an, die vom Standpunkt des Gesetzgebers aus denkbar sind, ohne Rücksicht darauf, ob die einzelne Ausgestaltung vom Standpunkt der Kritik aus

---

[939]) ZITELMANN, a. a. O., 271.

[940]) ZITELMANN, a. a. O., 278. Vgl. dazu auch oben hinter Anm. 933.

[941]) Vgl. in Wahrheit einerseits oben hinter Anm. 258, 360, 913, andererseits oben hinter Anm. 892.

[942]) ZITELMANN, a. a. O., 271/2.

[943]) ZITELMANN, a. a. O., 277.

[944]) Vgl. MENDELSSOHN BARTHOLDY, Rechtskraft, 362ff.; auch HEIM, 83; unrichtig daher KRÜCKMANN, Einführung, 171ff., noch dazu unter ungenügender Trennung der Beweiskraft der Beweistatsache, daß ein Urteil bestimmten Inhalts ergangen ist, für die darin festgestellten Tatsachen (KRÜCKMANN spricht immer vom Beweis des „Anspruchs", vgl. aber oben zu Anm. 928b) und des Beweismittels der Urteilsurkunde für die Tatsache, daß das Urteil ergangen ist, und zum Teil geradezu unverständlich („Unbestreitbarkeit . . . für den Fall, daß der Anspruch bewiesen wird"); s. noch unten Anm. 1207a, c, 1217.

[945]) Vgl. oben vor Anm. 929.

[946]) MENDELSSOHN BARTHOLDY, a. a. O., 199ff., 362.

[947]) A. a. O., 270.

vollkommner oder unvollkommner, ohne Rücksicht auch darauf, ob sie praktisch wirklich durchgeführt... ist oder nicht. Es kommt nur darauf an zu zeigen, daß die gegebene internationalrechtliche Antwort, wie immer man die Rechtskraft näher denken möge, eine zureichende Lösung darbietet". Und wenn ZITELMANN an anderer Stelle[948]) sagt, die Entscheidung für die eine oder andere Rechtskraftauffassung lasse sich „niemals allgemein geben — als ob es hier eine naturrechtliche Wahrheit zu finden gälte —, sondern ausschließlich vom Boden des einzelnen positiven Rechts aus", so will er damit — trotz der mißzuverstehenden und von PAGENSTECHER mißverstandenen Wendung — offenbar nur ein Verfahren ablehnen, welches die Zuverlässigkeit und Vollständigkeit der internationalrechtlichen Antwort gefährden könnte. Wenn er sich übrigens genötigt sieht, in dem unterstellten Falle, daß das Wirkungsstatut der Rechtskraft prozessuale, die spätere lex fori aber materielle Bedeutung beilegt, die materiellen Regeln der späteren lex fori in prozessuale „umzudeuten", weil sonst in dem unterstellten Falle die Rechtskraft überhaupt bedeutungslos sei[949]), so spricht dieses Ergebnis nicht gerade für die internationalrechtliche Brauchbarkeit der materiellen Rechtskrafttheorie. Jedenfalls hat ZITELMANN weder beweisen wollen, noch bewiesen, daß das positive Recht die Rechtskraft bald im Sinne der materiellen, bald im Sinne der prozessualen Rechtskraftauffassung regele. Daß eine negative und eine positive Rechtskraftwirkung positivrechtlich nebeneinander vorkommen, zeigen das römische Zivilprozeßrecht[950]) und das moderne Straf- und Zivilprozeßrecht[951]). Indessen ist [952]) die — negative — Konsumtionswirkung nur der „geschichtliche Vorläufer"[953]) der eigentlichen[954]) — positiven — Rechtskraftwirkung, mag sich auch im Strafprozeß die Fortgeltung der radikalen Konsumtionswirkung mit Rücksicht auf das staatliche Strafrecht als alleinigen Prozeßgegenstand, den Untersuchungsgrundsatz als herrschendes Prozeßprinzip und den Angeklagten als an der Rechtskraft allein interessierte Partei empfehlen[954a]).

---

[948]) A. a. O., 278.

[949]) A. a. O., 280.

[950]) Vgl. oben hinter Anm. 913. KOHLER, Forsch., 89ff., und WURZER, RheinZtschr. XII 72ff., behaupten das Nebeneinanderbestehen beider Wirkungen auch für das moderne Zivilprozeßrecht.

[951]) GOLDSCHMIDT, Mater. JustizR., 42ff.

[952]) Vgl. noch unten Anm. 1172f.

[953]) R. SCHMIDT, § 121 I. Nach SAUER, 242, 465, 477, 479, 483, soll der „Grundsatz der Einmaligkeit" mit der Rechtskraft überhaupt nichts zu tun haben. Diese Ansicht ist freilich ungeschichtlich; vgl. schon oben Anm. 362.

[954]) HEIM, 84ff.

[954a]) Vgl. noch unten Anm. 2724. Die offenbar unter HELLWIGS Einfluß entstandene und einseitig zivilprozessual eingestellte Schrift von MICHEL, Unheilbare Nichtigkeit von Zivil- und Strafurteilen (1906), 35ff., 41, behauptet auch für das Strafurteil eine positive Rechtskraftwirkung in bezug auf das „konkrete Strafklagerecht" (= Strafverfolgungsrecht, vgl. unten Anm. 1327). Daran ist aber nur so viel richtig, daß für künftige Zivilprozesse, und zwar hier sogar mit Wirkung inter omnes, das auf Strafe lautende Urteil rechtskräftig die Rechtmäßigkeit der Bestrafung feststellt. Dieser Annahme steht der nur die bindende

Nach dem Gesagten kann PAGENSTECHER nicht einen Teil der Zivilurteile mit dem Hinweis von sich abschütteln, sie mögen bei einer anderen Rechtskrafttheorie Unterschlupf suchen. Die positiven Ratschläge, die er ihnen in dieser Richtung erteilt, machen die Unzulänglichkeit der materiellen Rechtskrafttheorie noch einleuchtender. Den Prozeßurteilen empfiehlt PAGENSTECHER selbst die prozessuale Rechtskrafttheorie[955]). Von den inter omnes wirkenden Urteilen, die ein familienrechtliches Verhältnis feststellen, hat er eine Zeitlang gänzlich haltlos behauptet, die Verteidiger der prozessualen Rechtskrafttheorie gäben selbst zu, daß sie im Falle ihrer Unrichtigkeit eine Rechtsänderung herbeiführten[956]). Und in bezug auf die Gestaltungsurteile hat er bald bezweifelt, daß ihnen überhaupt oder doch immer eine eigentliche Rechtskraftwirkung zukomme, oder daß sich dafür einheitliche Normen aufstellen ließen, oder daß die Rechtskraft die charakteristische rechtsändernde Funktion der Gestaltungsurteile betreffe[957]). Bald hat er gerade diese charakteristische rechtsändernde Funktion der Gestaltungsurteile als Äußerung der Rechtskraft aufgefaßt[958]) — sie käme dann nur den „unrichtigen" Gestaltungsurteilen zu[959]) —, bald hat er behauptet, daß da, wo „ausnahmsweise"(?) das Gestaltungsurteil nicht aus einem von der Untersuchungsmaxime beherrschten Verfahren hervorgegangen sei, hinsichtlich seiner Rechtskraft dieselben Regeln gälten, wie bei den Leistungs- und Feststellungsurteilen[960]). Wenn PAGENSTECHER zum Beweise dieser letzteren Behauptung sich auf das Urteil im Falle des § 767 ZPO. beruft, so ist zu entgegnen, daß dieses Urteil unzweifelhaft k e i n auf p r i v a t rechtliche Rechtsgestaltung gerichtetes

---

Kraft der tatsächlichen Feststellungen des Strafrichters außer Kraft setzende § 14 II Nr. 1 EG. ZPO. nicht entgegen; vgl. HELLWIG, Syst. I, § 230 I 1; KUTTNER, Urteilswirkungen, 14/5; auch RGEZ. XIII 199.

955) Jahrb. I 370/1.

956) Jahrb. I 359, 360; Z. XXXVI 367. Als Beleg hatte PAGENSTECHER, a. a. O., 360 Anm. 23, HELLWIG, Anspruch u. Klagrecht, 480, 473, angeführt, wo indessen nur von der rechtsändernden Wirkung der Gestaltungsurteile die Rede ist. Später (Z. XXXVII 29 Anm. 91) hat PAGENSTECHER sein Mißverständnis selbst berichtigt.

957) S. 29 Anm. 60; Rhein. Ztschr. VI 521 Anm. 8; X 53 Anm. 6; Eventualaufrechnung, 70 Anm. 2.

958) Jahrb. I 359 Anm. 22; Rhein. Ztschr. VI 498 zu Anm. 11, 520 zu Anm. 6; X 53 Anm. 6; Eventualaufrechnung, 70 Anm. 2, wo er sich für seine Ansicht auf RGEZ. LXXXVIII 244ff., insbes. 248/9, beruft. Aber a. a. O. stellt das RG. — im Gegensatz zu PAGENSTECHER (!) — zutreffend fest, daß nicht nur ein der Zwangsvollstreckung fähiges Urteil, m. a. W. ein Leistungsurteil, sondern auch ein Gestaltungsurteil der materiellen Rechtskraft, d. h. der Feststellungswirkung (vgl. meine Ausführungen ZivArch. CXVII 19) fähig sei. PAGENSTECHER hätte sich auch aus anderen Gründen besser nicht auf RGEZ. LXXXVIII 244ff. berufen. Denn aus diesem Urteil ist auch die Zustimmung zu der von mir aufgestellten, aber von PAGENSTECHER bekämpften Lehre herauszulesen, daß die Gestaltungswirkung eines Gestaltungsurteils nicht weiter reicht als seine Rechtskraftwirkung; vgl. dazu unten Anm. 1138.

959) So schon GOLDSCHMIDT, ZivArch. CXVII 10 zu Anm. 25; vgl. freilich PAGENSTECHER, Rhein. Ztschr. VI 560

960) S. 27 Anm. 56.

Urteil, m. E.[961]) überhaupt kein Gestaltungsurteil ist. Daß auch bei manchen Anhängern der prozessualen Rechtskrafttheorie über die Rechtskraft der Gestaltungsurteile keine Klarheit herrscht[962]), mag PAGENSTECHER entschuldigen[963]); es rechtfertigt nicht die zur Erfassung der Rechtskraft der Gestaltungsurteile unfähige materielle Rechtskrafttheorie.

IV. Die materielle Rechtskrafttheorie ist ferner unvereinbar mit der subjektiven Begrenzung der Rechtskraft. Freilich nicht in dem Sinne, wie man gewöhnlich behauptet, daß „eine privatrechtliche Rechtsänderung..., wenn sie überhaupt eingetreten ist, notwendig für und gegen jedermann vorhanden sein" müsse[964]). Denn dieser Einwand[965]) fußt auf einer „körperweltlichen Auffassung von Rechten und Rechtswirkungen", vor der schon KIPP gewarnt hat[966]). Es ist nicht abzusehen, warum die Geltung der durch eine Rechtsänderung neu begründeten, unbedingten oder bedingten, gegenwärtigen oder künftigen Ermächtigungen und Verpflichtungen sich nicht auf bestimmte Personen beschränken können sollte. In der Tat gibt es relatives Eigentum, weil es relative Unwirksamkeit gibt (§ 135 BGB.; vgl. auch § 7 KO., § 161 BGB.)[967]). Ja, man kann nicht einmal sagen[968]), daß in diesen Fällen, anders als bei dem nach der materiellen Rechtskrafttheorie angeblich durch das Urteil entstehenden relativen Eigentum, das Eigentum grundsätzlich absolut sei und nur bestimmten Personen gegenüber nicht gelte. Denn wenn man nicht auf das Eigentum des Erwerbers, sondern auf das des Veräußerers abstellt, so ergibt sich das umgekehrte Bild: das Eigentum besteht nur im Verhältnis zu bestimmten Personen fort. Ebenso hat im Falle der §§ 44, 46 KO. — immer vorausgesetzt, daß das materielljustizrechtliche Aussonderungsrecht überhaupt in einem Privatrecht seine

[961]) Vgl. Ungerechtfert. VollstreckBetr., 56ff. In der Negative, daß das Urteil im Falle des § 767 ZPO. kein Gestaltungsurteil ist, stimmt KUTTNER, Urteilswirkungen, 22, mit mir überein.

[962]) Vgl. z. B. STEIN, bei Anm. 11 zu § 322, Nr. VI 2 zu § 325; ebenso ZITELMANN, Internat. PrivR., II 281; andererseits aber auch KISCH, Urteilslehre, 73ff.; HEIM, 77ff.; SAUER, 244. Dagegen GOLDSCHMIDT, ZivArch. CXVII 19.

[963]) Vgl. dens., Jahrb. I 359, insbes. Anm. 22 das.; RheinZtschr. VI 498 Anm. 11.

[964]) So KUTTNER, Urteilswirkungen, 18; ebenso HELLWIG, Syst., I § 229 VI 2; HEIM, 120/1; vgl. aber auch PAGENSTECHER, 38.

[965]) Vgl. bereits GOLDSCHMIDT, ZivArch. CXVII 22, 23; KRÜCKMANN, Z. XLVI 373ff., 376ff., der aber im weiteren Verlauf selbst wiederholt (Z. XLVI 383, 384, 390; XLVII 22, 33, 87/8) in eine „körperweltliche" Auffassung von Rechten und Rechtswirkungen verfällt; vgl. auch dens., Einführung, 170, 173, 174. Dazu noch unten Anm. 1241.

[966]) Doppelwirkungen, 211ff.; vgl. auch BELING, Ztschr. f. Strafr.Wiss. XLII 260.

[967]) Dagegen darf man nicht, wie W. JELLINEK, 186/7, tut, relatives Eigentum einfach aus der materiellen Rechtskrafttheorie in Verbindung mit der subjektiven Begrenzung der Rechtskraft ableiten (noch dazu mit dem — unbegründeten — Zugeständnis: „Allerdings kennt das Privatrecht kein Rechtsgeschäft, das ein relatives Eigentum begründete"). Das heißt, das Beweisthema als Beweismittel benutzen. Gegen W. JELLINEK schon HEIM, 121/2 (der freilich das relative Eigentum überhaupt ablehnt).

[968]) Mit LENT, II 232.

Grundlage findet[968a]), — der Verfolgungs- und Ersatzaussonderungsberechtigte relatives Eigentum nur im Verhältnis zu dem in Konkurs gefallenen Erwerber und seinen Konkursgläubigern. Entsprechend tritt denn auch richtiger Ansicht nach[969]) die Gestaltungswirkung ungerechtfertigter Gestaltungsurteile nur innerhalb der subjektiven Grenzen ihrer Rechtskraft ein.

Aber nach der materiellen Rechtskrafttheorie soll allerdings die durch ein unrichtiges Urteil herbeigeführte Rechtsänderung geradeso für und gegen jedermann wirksam sein, als wenn sie auf einem unter den Parteien vorgenommenen Rechtsgeschäft beruhte[970]). Es soll also, wenn zwischen dem Nichtgläubiger A und dem B eine Forderung des A gegen B rechtskräftig festgestellt ist, im Verteilungsverfahren der nachstehende Pfändungspfandgläubiger C gehindert sein, mittels Widerspruchsklage aus § 878 ZPO. geltend zu machen, daß dem A keine Forderung und daher auch kein Pfändungspfandrecht zustehe[971]). Ebensowenig soll der Dritte C, gegen den der Nichtgläubiger A auf Grund des gegen B erwirkten unrichtigen , aber rechtskräftigen Urteils aus dem Anfechtungsgesetz v. 21. Juli 1879 (i. d. Fass. v. 20. Mai 1898) vorgeht, bestreiten können, daß A überhaupt Gläubiger des B sei[972]). Umgekehrt

---

968a) Dies bezweifelt GOLDSCHMIDT, Zwei Beiträge, 32 (138). Wer sich dem relativen Eigentum verschließen zu müssen glaubt (dem hier noch der Mangel der Wirksamkeit gegen den Rechtsnachfolger entgegensteht), dem bleibt in der Tat kein anderer Ausweg. Die sonstigen zivilrechtlichen Konstruktionen des Verfolgungs- und Ersatzaussonderungsrechts (vgl. JAEGER, Anm. 5ff. zu § 44 KO., Anm. 2ff. zu § 46 KO.) sind sämtlich unbefriedigend.

969) Vgl. meine Ausführungen im ZivArch. CXVII 20ff., unt. Anm. 1138. Insoweit richtig WURZER, GS. LXXXIX 116: „Denn für die Rechtskraftfrage besteht keine innere Verschiedenheit zwischen den Gestaltungsurteilen und den anderen Urteilen."

970) So KOHLER, Enz., 344, 346; Festschrift für KLEIN, 2; ebenso PAGENSTECHER, in seinen verschiedenen Schriften (vgl. oben Anm. 886); WURZER, GS. LXXXIX 112.

971) So in der Tat PAGENSTECHER, Rhein. Ztschr. VI 511ff., 518; aber auch SEUFFERT, Nr. 1c zu § 878; WEISMANN, II § 159 V 2; KRÜCKMANN, Z. XLVII 98; und (folgewidrig) HELLWIG, Anspruch, 504; STEIN, Nr. II 2 zu § 878; Grundfragen, 106; vgl. dagegen R. SCHMIDT, 972 Anm. 2; v. TUHR, Allg. Teil, I § 8 Anm. 20, § 17 zu Anm. 17; LENT, II 177ff.; GOLDSCHMIDT, UngerechtfertVollstreckBetr., 7, 36; sowie noch unten hinter Anm. 1052. Die der richtigen Entscheidung im Wege stehende, von mir, a. a. O., 36, 56, 79, noch geteilte Ansicht, daß das Pfändungspfandrecht kein „akzessorisches" Recht sei, muß man, in Übereinstimmung mit den Ausführungen STEINS, Grundfragen, 32, — vgl. auch M. WOLFF, Sachenrecht, § 163 Anm. 21, — aufgeben. Wenn trotzdem STEIN dem Widerspruchskläger des § 878 ZPO. die Behauptung abschneidet, daß dem Beklagten die durch rechtskräftiges Urteil gegen den Vollstreckungsschuldner festgestellte Forderung in Wahrheit nicht zustehe, so verleugnet er damit also nicht nur seine Rechtskraft-, sondern auch seine Pfändungspfandrechts-Theorie; vgl. STEIN, Grundfragen, 104, im Gegensatz zu 106 das., und Kommentar, Nr. II 1 a. E., zu § 804, im Gegensatz zu Nr. II 2 zu § 878. Die Folgewidrigkeit STEINS rügt mit Recht PAGENSTECHER, Rhein.Ztschr. VI 513/4.

972) So in der Tat MENDELSSOHN BARTHOLDY, 314ff., 491ff.; aber auch (auf Grund der Auffassung, daß das Anfechtungsrecht ohne weiteres als Nebenwirkung des Vollstreckungstitels entstehe) RGEZ. VII 189; HELLWIG, Rechtskraft, 89ff.; KUTTNER, Nebenwirkungen, 40ff.; vgl. dagegen RGEZ. XLI 87; HEIM 231ff.; JAEGER, Gläubigeranfechtung, § 2 Anm. 34/37; LENT, II 192.

soll, wenn die Mietzinsklage des Vermieters A gegen den Mieter B zu Unrecht rechtskräftig abgewiesen ist, der Pfändungspfandgläubiger des B, X, der eingebrachte Sachen des B gepfändet hat, sich gegenüber der Klage des A aus § 805 ZPO. auf das zwischen A und B ergangene Urteil berufen können[972a]). Es soll, wenn zwischen dem Nichteigentümer A und dem Eigentümer B das Eigentum des A rechtskräftig festgestellt ist, C, der nach Rechtskraft des Urteils die Sache beschädigt und deshalb von A in Anspruch genommen wird, nicht die Aktivlegitimation des A bestreiten können[973]). Ebensowenig sollen dies der Schuldner C, sein Bürge oder der Eigentümer des für die Schuld haftenden Pfandes können, wenn im Prätendentenstreit zwischen dem Nichtgläubiger A und dem Gläubiger B die Forderung rechtskräftig dem A zuerkannt ist[974]). Wenn im Erbrechtsstreit der richtige Testamentserbe B von dem in Wahrheit testamentarisch ausgeschlossenen gesetzlichen Erben A überwunden wird, so soll B den Nachlaßgläubigern nur nach den für einen Erbschaftsverkäufer geltenden Grundsätzen weiter haften, Vermächtnisnehmer aber überhaupt nach Analogie des § 1992 BGB. an A verweisen können, der die Vermächtnisse bei Nachweis der Gültigkeit des Testaments auszuzahlen hat[974a]). Wenn das Eigentum dem Eigentümer rechtskräftig durch negatives Feststellungsurteil aberkannt ist, so muß die Sache nach der materiellen Rechtskrafttheorie herrenlos werden[974b]). Diese Ergebnisse entsprechen nicht dem § 325 ZPO., so wie ihn die herrschende Lehre versteht[975]). In dem Falle, daß das dem Nichteigentümer A im Prozesse mit dem Besitzer B rechtskräftig zuerkannte Eigentum in Wahrheit dem X zusteht, soll nach Ansicht der Ver-

---

972a) PAGENSTECHER, Z. XXXVII 24; KRÜCKMANN, Z. XLVI 380, XLVII 88 (nach diesem, Z. XLVII 88, 94, sogar, wenn das Urteil nach der Pfändung erging, wegen der darin liegenden „Besitzentziehung" und unter Heranziehung der Lehre vom legitimus contradictor); anders RG. bei GRUCHOT, XLVI 439.

973) Vgl. dazu einerseits PAGENSTECHER, Jahrb. I 349, 353; Rhein. Ztschr. VI 535 Anm. 4; andererseits LENT, II 231 ff.

974) Vgl. dazu PAGENSTECHER, 422 ff.; KOHLER, Enz., 346; andererseits LENT, II 234 ff.

974a) So KOHLER, Enz., 346; folgewidrig HELLWIG, Rechtskraft, 23; Syst., I § 232 zu Anm. 28.

974b) Dies führt treffend LENT, II 227 ff., aus, unter Beleuchtung der seltsamen Folgerungen dieser Annahme. Dagegen glaube ich nicht, daß nach der materiellen Rechtskrafttheorie auch durch Feststellung des Nichtbestehens der Forderung des wahren Gläubigers im Prätendentenstreit die Forderung erlischt (so LENT, a. a. O., 230). Denn mag auch die materielle Rechtskrafttheorie dem ein absolutes Recht betreffenden Urteil eine dingliche Kraft beimessen, die unser geltendes Recht der bloßen Willenserklätung versagt — vgl. unten zu Anm. 977 —, und daher die zum Eigentumsverlust gemäß § 959 BGB. erforderliche Besitzaufgabe gerade so vernachlässigen, wie sie die zum Eigentumserwerb erforderliche Besitzeinräumung vernachlässigt, so darf man ihr, die so streng daran festhält, daß dem unrichtigen Urteil nur die Wirkung eines unter den Parteien vorgenommenen Rechtsgeschäfts zukommt, nicht unterstellen, daß sie, im Widerspruch zu § 397 BGB., einem Urteil schuldtilgende Kraft beimißt, das nicht zwischen Gläubiger und Schuldner ergangen ist.

975) Übereinstimmend LENT, II 235 ff.; and. Ans. PAGENSTECHER, Rhein. Ztschr. VI 500 Anm. 15.

fechter der materiellen Rechtskrafttheorie[976]) nur ein obligatorischer Anspruch des A gegen B entstehen, dem A zu gewähren, was er haben würde, wenn er Eigentümer wäre, also dem A die Sache herauszugeben mit der Wirkung, daß das Urteil, gleich einem Übertragungsakt, einen „Ersitzungstitel" bildet[976a]). Aber wenn die materielle Rechtskrafttheorie sonst dem ein absolutes Recht betreffenden Urteil eine dingliche Kraft beimißt, die unser geltendes Recht der bloßen Willenserklärung versagt[977]), so ist nicht einzusehen, warum ihm hier auf einmal obligatorische Wirkung innewohnen soll. Die Tatsache, daß das fiktive Übertragungsgeschäft unter Nichtberechtigten stattfindet, vermag diese Abweichung nicht zu rechtfertigen. Denn diese Tatsache kann nur dazu führen, das Urteil in entsprechender Anwendung des § 185 BGB für unwirksam zu erklären, soweit der unberechtigte Sieger A nicht in gutem Glauben ist[978]); soweit er dies ist, aber dem Urteil — schon im Hinblick auf § 898 ZPO. — dieselbe dingliche Kraft zuzuerkennen, die dem Urteil über ein absolutes Recht — für die Zukunft — sonst nach der materiellen Rechtskrafttheorie zukommt. Dies beweist gerade die für das geltende[979]) Recht unzweifelhaft nicht zutreffende Analogie des „Ersitzungstitels". Die Ersitzung des BGB. fordert einen Ersitzungstitel vor allem deshalb nicht mehr, weil der redliche Erwerber gemäß §§ 932ff. BGB. in aller Regel sofort Eigentum erwirbt[980]). Die Folgerichtigkeit nötigt mithin die materielle Rechtskrafttheorie dazu, dem unberechtigten, aber gutgläubigen Sieger im Eigentumsrechtsstreit A Eigentum auch dann zuzuerkennen, wenn in Wahrheit nicht sein Gegner, der Besitzer B, sondern ein Dritter X Eigentümer ist. Daß dieses Ergebnis mit den Grundsätzen des geltenden Rechts über die subjektiven Grenzen der Rechtskraft unvereinbar ist, leuchtet ohne weiteres ein.

V. Trotz des Widerspruches, in den die materielle Rechtskrafttheorie zu der subjektiven Begrenzung der Rechtskraft gerät, erkauft sie damit

---

[976]) KOHLER, Beitr. 13; Bürg.R. I, § 72 II (wo er aber zugleich die in einem solchen Fall entstehende Lage eine „echt prozessualische Verwicklung" nennt); Enz., 344, 346/7; Festschrift f. KLEIN, 2/3; ArchRechtsWirtschPhil., XI 190, 194; PAGENSTECHER, Jahrb. I 349; Rhein. Ztschr. VI 535 Anm. 4.

[976a]) Nach KRÜCKMANN, Z. XLVII 56, 71, soll A nicht nur einen obligatorischen Anspruch gegen B, ihn als Eigentümer zu behandeln, sondern den „Rechtsbesitz" des als Eigentümer „Behandeltwerdens" erlangen. Daraus zieht KRÜCKMANN, Z. XLVII 63, 76/77; XLVIII 8, vor allem Folgerungen für die Legitimation A's zur Stellung eines Strafantrages gegen B wegen Sachbeschädigung, die indessen, wenn sie überhaupt anzuerkennen sein sollten, sich einfach aus einem etwaigen Sachbesitz des A, nicht aus seinem angeblichen „Urteilsrechtsbesitz" ergeben würden; so im Ergebnis gegen KRÜCKMANN auch schon KOHLER, ArchRechts- u. WirtschPhilos., XI 194. Weitere bedenkliche Folgerungen KRÜCKMANNS s. unten Anm. 1125. Über KRÜCKMANNS Rechtsbesitztheorie s. unten hinter Anm. 1180.

[977]) Vgl. PAGENSTECHER selbst, 309ff.

[978]) Vgl. schon LENT, II 223ff.

[979]) Auch für das römische Recht ist nicht anzunehmen, daß das unrichtige Urteil ein Ersitzungstitel sei; vgl. WINDSCHEID-KIPP, I § 179 Anm. 7. Diese Annahme wäre auch mit der oben (hinter Anm. 912, 934) dargelegten römischrechtlichen Rechtskraftauffassung unvereinbar.

[980]) M. WOLFF, Sachenrecht, § 71.

nicht die Erreichung ihres eigentlichen Ziels, nämlich, daß nun wenigstens der materielle Rechtszustand in Übereinstimmung mit der — unrichtigen — Urteilsfeststellung gebracht ist. Vielmehr bleibt die angebliche konstitutive Wirkung des unrichtigen Urteils nach wie vor hinter seiner Feststellungswirkung zurück. Dies hat LENT[981]) treffend nachgewiesen. Wenn das Urteil zu Unrecht eine Mietforderung des A gegen B rechtskräftig feststellt, so kann auch nach der materiellen Rechtskrafttheorie ein Gläubiger des B, C, der nach Rechtskraft des Urteils ein Pfändungspfandrecht an eingebrachten Sachen des B erworben hat, gegenüber dem aus § 805 ZPO. sein gesetzliches Pfandrecht geltend machenden A einwenden, die aus dem unrichtigen Urteil entstandene Forderung des A sei keine Mietforderung[982]). Stellt das Urteil zu Unrecht eine Darlehnsforderung des A gegen B fest, so können auch nach der materiellen Rechtskrafttheorie der Bürge C oder der Verpfänder D einwenden, sie hätten für die — sei es nicht entstandene, sei es erloschene — Darlehnsforderung, nicht aber für die angeblich aus dem unrichtigen Urteil erwachsene Forderung des A gegen B Bürgschaft geleistet bzw. Pfand bestellt[983]). Erkennt das Urteil im Prätendentenstreit zwischen A und B dem A zu Unrecht eine in Wahrheit entweder überhaupt nicht bestehende oder dem C zustehende oder zwar dem B zustehende, aber unabtretbare Forderung zu, so erwirbt durch eine solche unrichtige Feststellung auch nach der materiellen Rechtskrafttheorie A keine Forderung gegen den Schuldner D[984]). Ebensowenig kann A die in Wahrheit dem C zustehende Forderung dadurch erwerben, daß sie ihm im Prozeß mit dem Schuldner D rechtskräftig zugesprochen

[981]) II 194ff.

[982]) So ausdrücklich PAGENSTECHER, Z. XXXVII 10 Anm. 37, S. 23/4; Rhein. Ztschr. VI 559; auch Jahrb. I 358 Anm. 20; RG. bei GRUCHOT XLVI 433ff.; dazu LENT, II 202ff.; abweichend nur KRÜCKMANN, Z. XLVII 82ff. (z. T. — so S. 89 — offenbar unrichtig: der Pfändungspfandgläubiger C soll Rechtsnachfolger des zu Unrecht unterlegenen Mieters B sein; worin? in die den Prozeßgegenstand bildende Mietforderung?!); vgl. auch KRÜCKMANN, Z. XLVIII 16, 33.

[983]) Vgl. LENT, II 204ff. Dagegen kann ich LENT nicht folgen, wenn er, 212ff., ausführt, daß auch da, wo der Grund des rechtskräftig festgestellten Forderungsrechts für die Beziehungen der Parteien untereinander von Bedeutung sei, nach der materiellen Rechtskrafttheorie die Partei oder ihr Rechtsnachfolger einwenden könne, das Urteil sei unrichtig und das durch das unrichtige Urteil neu entstandene Forderungsrecht sei ein anderes als das zu Unrecht festgestellte. Allerdings nimmt auch das Reichsgericht (JuristWochSchr. 1897, S.419) an, daß nach der von ihm a. a. O. verworfenen materiellen Rechtskrafttheorie der Beklagte Klagänderung einwenden könne, wenn der Kläger die zuerst auf das Judikat gestützte Klage auf die zugrunde liegende Forderung stütze. Aber nach der materiellen Rechtskrafttheorie (vgl. PAGENSTECHER, Jahrb. I 349; Z. XXXVII 10; Rhein. Ztschr. VI 500) sind die unterlegene Partei und ihr Rechtsnachfolger verpflichtet, dem Sieger und seinem Rechtsnachfolger das zu gewähren, was diese haben würden, wenn die neu entstandene Forderung die zu Unrecht festgestellte wäre. Nicht weniger, also auch z. B. derselbe Schutz durch gesetzliches Pfandrecht, Aufrechnungsverbot oder Pfändungsprivileg, aber auch nicht mehr, also auch z. B. dasselbe Abtretungsverbot.

[984]) LENT, II 196ff., 221ff., 238ff. Anders nur KRÜCKMANN, Z. XLVI 406ff.

ist[985]); er erwirbt hier auch nach der materiellen Rechtskrafttheorie eine ganz andere, neue Forderung gegen D. Endlich will — wie oben[985a]) dargelegt ist — die materielle Rechtskrafttheorie der im Prozeß zwischen zwei Nichteigentümern ergangenen urteilsmäßigen Feststellung des Eigentums der einen oder anderen Partei nicht die dingliche Kraft einer Eigentumsübertragung, sondern nur obligatorische Wirkungen unter den Parteien einräumen. Die materielle Rechtskrafttheorie ist mithin weit davon entfernt zu erreichen, daß der materielle Rechtszustand in Übereinstimmung mit der unrichtigen Urteilsfeststellung gebracht ist.

Diese Erkenntnis[986]) hat PAGENSTECHER dazu bestimmt, die Übereinstimmung der materiellen Rechtswirkungen, die nach der materiellen Rechtskrafttheorie das — unrichtige — Urteil erzeugt, mit der Urteilsfeststellung durch Einschränkung des Feststellungsgegenstandes zu erzwingen. Er stellt den Satz auf[987]): „Nicht das geltend gemachte Recht ist Gegenstand der Feststellung, sondern die zwischen den Parteien hinsichtlich dieses Rechtes bestehenden Beziehungen." M. a. W. nicht das geltend gemachte Recht ist Feststellungsgegenstand, sondern die Rechtsbeziehungen, die durch das Urteil, im Falle es unrichtig ist, geschaffen werden können[988]). Indessen dieser unnatürliche Versuch, die Wahrheit der unrichtigen Urteile zu retten, ist von vornherein zum Scheitern verurteilt. Wenn nicht immer das Eigentum Gegenstand der positiven Urteilsfeststellung im Eigentumsstreit wäre, sondern unter Umständen die obligatorische Verpflichtung der Parteien, einander das zu gewähren, was sie haben würden, wenn der Kläger Eigentümer wäre, so ist unerfindlich, warum der auf Feststellung seines Eigentums Klagende stets einen Eigentumserwerbsgrund behaupten und beweisen müßte, warum er nicht vielmehr einen bloßen Eigentumsfeststellungsvertrag geltend machen könnte, der ja nach PAGENSTECHER genügen würde, um jene obligatorische Verpflichtung zu begründen[989]). Und was sollte dem Kläger eine so beschränkte positive Feststellung nützen, da nicht nur im Verhältnis zu Dritten, sondern unter Umständen auch im Verhältnis der Parteien zueinander[990]) es wesentlich ist, daß das absolute Recht als solches festgestellt wurde? PAGENSTECHER wird einwenden, daß nach ihm jene obligatorische Verpflichtung statt des Eigentums Feststellungsgegenstand doch nur in einem Urteil sei, das zugunsten des Klägers im Eigentumsprozeß zwischen Nichteigentümern ergangen ist[991]), daß überhaupt seine Auffassung des Feststellungsgegenstandes nur für die

[985]) LENT, II 221ff.; KRÜCKMANN, Z. XLVI 385 (der aber das. 407 auch eine anderweite gesetzliche Regelung für denkbar erklärt).

[985a]) Hinter Anm. 976.

[986]) Vgl. auch noch unten zu Anm. 1046.

[987]) Rechtskraft, 143, 466/7; Jahrb. I 339, 340, 347.

[988]) Daß diese Rechtsbeziehungen Teil des geltend gemachten Rechts seien, wie PAGENSTECHER behauptet, wird von LENT, II 245ff., mit Recht bestritten; sie sind ein qualitativ anderes Recht, und zwar, sofern ein Forderungsrecht geltend gemacht wurde, dem Grunde, sofern ein absolutes Recht geltend gemacht wurde, auch dem Inhalte nach.

[989]) Vgl. schon LENT, II 261ff.

[990]) Vgl. LENT, II 270ff.

[991]) Vgl. oben zu Anm. 976.

unrichtigen Urteile gelte[992]). Aber niemand kann dem das Eigentum feststellenden Urteil ansehen, ob es im Eigentumsprozeß zwischen Nichteigentümern ergangen ist, niemand kann überhaupt einem Urteil ansehen, ob es richtig oder unrichtig ist. Wird es deshalb im Verhältnis der Parteien zueinander erheblich, ob im Vorprozeß das geltend gemachte Recht oder nur die Rechtsbeziehungen, die durch ein unrichtiges Urteil geschaffen werden könnten, Gegenstand der Urteilsfeststellung geworden sind[993]), so bedarf es jedesmal zur Ermittelung des Feststellungsgegenstandes erneuter Aufrollung der materiellen Rechtsfrage[994]). Damit wird aber die Rechtskraft vernichtet[995]) oder doch wenigstens entwertet.

VI. Das Dilemma wird noch schlimmer, wenn man sich vergegenwärtigt, daß nach der materiellen Rechtskrafttheorie materielle Rechtskraft überhaupt nur den unrichtigen Urteilen zukommt. Diesen Grundfehler der materiellen Rechtskrafttheorie, der Kohler[996]) nicht verborgen geblieben ist, hat man ihr wiederholt vorgehalten[997]). Pagenstecher hat zwar gemeint, bestreiten zu können, daß nach der materiellen Rechtskrafttheorie die Rechtskraft bei richtigen Urteilen nicht zur Geltung komme[998]). Er führt aus, der siegreiche Kläger könne dem unterlegenen, aber das Recht des Klägers nach wie vor bestreitenden Beklagten entgegenhalten: entweder ist das Urteil richtig, dann besteht das „induzierte" Recht; oder das Urteil ist unrichtig, dann bist du jetzt verpflichtet, mir zu gewähren, was ich haben würde, wenn das induzierte Recht bestünde. Aber mit Recht ist Pagenstecher erwidert worden[999]), daß bei Unterstellung der Richtigkeit der Kläger sich gar nicht auf irgendeine Urteilswirkung, sondern auf den materiellen Rechtszustand beruft[999a]). Diesen aber bestreitet der

---

[992]) Vgl. auch Lent, II 255ff., 267ff.; dazu noch unten zu Anm. 1047.

[993]) Vgl. die Beispiele bei Lent, II 270ff., 275ff. (z. B. zur Begründung des dinglichen Gerichtsstandes, eines Aussonderungsrechts, der Rechtskraftwirkung gegen den Rechtsnachfolger, eines Vermieterpfandrechts, einer erweiterten Pfändungsbefugnis im Sinne von § 850 IV ZPO. usw.). Die durch das unrichtige Urteil erzeugte Verpflichtung der unterlegenen Partei, dem Sieger das zu gewähren, was dieser haben würde, wenn das zu Unrecht festgestellte Recht bestünde, nützt hier — im Gegensatz zu oben Anm. 983 — nichts, da ja im Falle unrichtigen Urteils eben nicht das im Vorprozeß geltend gemachte Recht, sondern nur die durch das unrichtige Urteil geschaffenen Rechtsbeziehungen festgestellt sind.

[994]) So Lent, a. a. O., 268; vgl. auch Krückmann, Z. XLVI 391ff.; XLVII 56 Anm. 89 (dazu aber noch unten Anm. 1125).

[995]) So Lent, a. a. O.

[996]) Prozeß, 112. Vgl. im übrigen noch Kohler zu Dernburg, 575/6; Enz., § 73; etwas abweichend Kohler, Bürg. R. I, § 72 I; ArchRechtsWirtschPhil., XI 189 (unten Anm. 1043).

[997]) Vgl. Heim, 126; Kuttner, Urteilswirkungen, 18; Krückmann, Z. XLVI 393ff.; Einführung, 169/170; Stein, bei Anm. 12 zu § 322; Justiz u. Verwaltung, 89.

[998]) Z. XXXVII 12; Rhein. Ztschr. VI 497 Anm. 3; vgl. auch 558 das.; ferner Rhein. Ztschr. X 52 Anm. 6.

[999]) Von Krückmann, Z. XLVI 394/5; vgl. auch Lent, II 236, 294, dem aber die Unhaltbarkeit des Pagenstecherschen Entweder-Oder nicht zum Bewußtsein kommt.

[999a]) Das tritt besonders deutlich bei Pagenstecher, Z. XXXVII 234 zutage.

Beklagte und kann ihn ungehindert bestreiten. Es ist ein übereilter, nicht zwingender Schluß, wenn PAGENSTECHER schließt: ist das Urteil richtig, dann besteht das „induzierte" Recht, — sofern das richtige Urteil in bezug auf das induzierte Recht keine rechtliche Feststellungskraft hat. Um das Bestreiten des Beklagten unwirksam zu machen, muß der Kläger also, will er nicht den ganzen Streitstoff nochmals aufrollen, behaupten, daß das Urteil unrichtig sei und die bezeichnete Verpflichtung des Beklagten begründet habe. Diese Nötigung des Klägers, die Unrichtigkeit des Urteils behaupten zu müssen, um sich auf die Rechtskraft berufen zu können, ist eine Ungeheuerlichkeit[1000)][1001)]. Es ist dann aber auch nach PAGENSTECHER stets, wenn die Partei sich auf die Rechtskraft beruft, Feststellungsgegenstand nicht das im Vorprozeß geltend gemachte Recht, sondern nur die Rechtsbeziehungen, die durch das unrichtige Urteil geschaffen werden können. Das geltend gemachte Recht wird überhaupt niemals mit Rechtswirksamkeit festgestellt, da eben das richtige Urteil gar keiner Rechtskraft teilhaftig ist. Wo also die Partei ein Interesse daran hat, sich auf das im Vorprozeß geltend gemachte Recht, nicht nur auf die durch ein unrichtiges Urteil erzeuglichen Rechtsbeziehungen zu berufen[1002)], nützt ihr die Rechtskraft überhaupt nichts. In der Tat, KRÜCKMANN hat recht[1003)]: „ein vollständiger theoretischer Schiffbruch".

Und hat denn eigentlich nach der materiellen Rechtskrafttheorie wenigstens das unrichtige Urteil Feststellungskraft? OERTMANN sagt bei Erörterung der Frage, ob die reichsgerichtliche Erschütterung der Rechtskraft im Falle arglistiger Erschleichung des Urteils gerechtfertigt sei, es sei nicht anzunehmen, daß, wenn die Rechtskraft materielles Recht schaffe, dieses „Rechtskraftrecht" „sakrosankter" sei als anderes Privatrecht[1003a)]. Das ist vom Standpunkt der materiellen Rechtskrafttheorie ganz folgerichtig und stimmt damit überein, daß das Reichsgericht selbst (EZ. LXXV 217) nur in der prozessualen Rechtskrafttheorie ein Hemmnis seines sich über die Rechtskraft zugunsten der guten Sitten hinwegsetzenden Standpunktes erblickt[1003b)]. Wenn aber der durch das unrichtige Urteil geschaffene materielle Rechtszustand einfach nach den Vorschriften über unerlaubte Handlungen oder gar über die ungerechtfertigte Bereicherung [1003c)] vernichtet werden kann, — was bleibt denn vollends noch von der Rechtskraft übrig?

1000) Treffend bei KRÜCKMANN, Z. XLVI 395, ausgeführt.

1001) Nach der materiellen Rechtskrafttheorie wäre auch (trotz PAGENSTECHERS Protests, Z. XXXVII 30 Anm. 94) unerfindlich, warum § 55 PersonenstandsGes. den Vermerk des negativen Ehefeststellungsurteils neben dem des eheauflösenden Urteils anordnet. Denn ist das negative Ehefeststellungsurteil richtig, so ist es rechtlich bedeutungslos; ist es unrichtig, so ist es ein eheauflösendes Urteil.

1002) Vgl. LENT, II 270ff., 275ff.; oben Anm. 993.

1003) Z. XLVI 395.

1003a) Komm., Nr. 4g zu § 826; gegen ihn WURZER, Jher. Jahrb. LXV 429ff.; vgl. auch PAGENSTECHER, 328, 396ff.

1003b) Vgl. unten hinter Anm. 1151.

1003c) REICHEL, Rechtskraft, 90.

Die Wahrheit ist, daß die materielle Rechtskrafttheorie gar keine Rechtskrafttheorie ist, sondern eine Tatbestands- (Neben-, Reflex-) Wirkung der unrichtigen Urteile lehrt[1004]). PAGENSTECHER bezeichnet selbst die rechtsändernden Wirkungen, die nach der materiellen Rechtskrafttheorie das unrichtige Urteil auf den Rechtszustand solcher Personen ausübt, auf die sich die Rechtskraft nicht erstreckt, als „Reflexwirkungen"[1005]), hat aber doch geglaubt, den gelegentlich schon von RUDOLF SCHULTZ[1005a]) gegen ihn erhobenen Vorwurf, er verwechsele Rechtskraft und Reflexwirkung, mit der Bemerkung abtun zu können, das sei ein Streit um Worte[1006]). Ja, PAGENSTECHER hat im weiteren Verlaufe[1007]) ausdrücklich gegen den „Versuch" protestiert, „die unerfreulichen Ergebnisse, zu denen die prozessuale Theorie bei folgerichtiger Durchführung gelangt, ohne stichhaltige Begründung dadurch auszuräumen, daß man sagt: hier liegt eine Reflexwirkung des Urteils vor". Er hat angekündigt, solchen Versuchen gegenüber „auf dem Posten" zu sein[1008]). Und er hat endlich ausgeführt[1009]), es handle sich doch bei der von der materiellen Rechtskrafttheorie behaupteten rechtsändernden Wirkung des unrichtigen Urteils um eine Einwirkung auf das den Gegenstand der Entscheidung bildende Rechtsverhältnis, und diese könne weder für die Parteien nur eine prozeßrechtliche, für Dritte eine materiellrechtliche, noch überhaupt — auch für Dritte nicht — eine bloße „Nebenwirkung"[1010]) sein.

Hierauf ist zu entgegnen: PAGENSTECHER wendet sich mit Recht[1011]) dagegen, daß einzelne Anhänger der prozessualen Rechtskrafttheorie[1012]) gewisse Fälle offenbarer, sei es wirklicher (wie § 129 I HGB., § 767 BGB.), sei es angeblicher (wie § 556 III BGB.) Rechtskrafter-

[1004]) In diesem Sinne schon WALSMANN, ZivArch. CII 199ff.; gelegentlich auch (vgl. unten Anm. 1006) RUDOLF SCHULTZ, Rechtsgang I 256ff.; vgl. ferner LENT, II 292ff. Es kann aber WALSMANN nicht darin zugestimmt werden, daß möglicherweise die von der materiellen Rechtskrafttheorie gelehrte Tatbestandswirkung der unrichtigen Urteile wirklich kraft Privatrechts neben der prozeßrechtlichen Rechtskraft bestehen könne. Die von der materiellen Rechtskrafttheorie gelehrte Tatbestandswirkung der unrichtigen Urteile ist nur denkbar als „Rechtskraft-Ersatz". Treffend sagt LENT, II 294, daß nach der materiellen Rechtskrafttheorie die materielle Rechtskraft ersetzt würde durch jenes oben hinter Anm. 998 erwähnte PAGENSTECHERsche „Entweder-Oder"; vgl. dazu oben Anm. 999. Neuerdings scheint KRÜCKMANN den von WALSMANN offen gelassenen Weg betreten zu haben; denn er unterscheidet Rechtskraft = Unbestreitbarkeit und „materielle Urteilswirkung", die u. a. die Tatbestandswirkung der unrichtigen Urteile umfaßt; vgl. unten zu Anm. 1208, 1229, 1246. In Wahrheit verdrängt aber auch bei KRÜCKMANN die „materielle Urteilswirkung" die Rechtskraft vollständig; vgl. noch unten Anm. 1246.

[1005]) Jahrb. I 358; Z. XXXVII 14 Anm. 49; Rhein. Ztschr. VI 498, 521.

[1005a]) Rechtsgang, I 256ff. Daß der Vorwurf in dem Zusammenhange, in dem ihn RUDOLF SCHULTZ erhebt, unberechtigt ist (vgl. unten zu Anm. 1011), ist hier unerheblich.

[1006]) Rhein. Ztschr. VI 501, 502.

[1007]) A. a. O., 506/7.

[1008]) A. a. O., 530.

[1009]) A. a. O., 519ff.

[1010]) Im Sinne KUTTNERS.

[1011]) So schon LENT, II 174ff.

[1012]) HELLWIG, Rechtskraft, 27ff., 29ff.; KUTTNER, Nebenwirkungen, 98ff., 108ff.; vgl. auch noch unten zu Anm. 1076, 1079, 1082, 1091, 1093, 1101, 1101a u. b.

streckung[1013]) als Fälle privatrechtlicher Nebenwirkungen auffassen. Aber das befreit die materielle Rechtskrafttheorie nicht von dem Vorwurf, nicht nur alle Fälle der — wirklichen oder angeblichen — Rechtskrafterstreckung, die von PAGENSTECHER so genannten „Reflexwirkungen", sondern auch die von PAGENSTECHER[1014]) sogenannten „Rechtskraftwirkungen, im engeren Sinn", d. s. die Rechtskraftwirkungen für die Parteien und ihre Rechtsnachfolger, als „privatrechtliche Nebenwirkungen" unrichtiger Urteile zu konstruieren. Denn einmal beabsichtigt doch wohl auch nach PAGENSTECHER der Richter nicht, ein unrichtiges Urteil zu fällen. Es sind daher alle Wirkungen unrichtiger Urteile, auch die für die Parteien und ihre Rechtsnachfolger eintretenden, keine „bestimmungsgemäß" eintretenden, also[1014a]) insofern nach PAGENSTECHER[1015]) bloße „Reflexwirkungen". Sodann beziehen sich weder die „Reflexwirkungen", noch — streng genommen, für die natürliche Betrachtungsweise — die „Rechtskraftwirkungen im engeren Sinn" auf das den Gegenstand der Entscheidung bildende Rechtsverhältnis. Bezüglich der „Reflexwirkungen" ist das ohne weiteres klar. Sie betreffen, wie die „Nebenwirkungen"[1016]), Rechtsverhältnisse (z. B. die Bürgschaft, das Rechtsverhältnis des Vermieters zum Untermieter)[1017]), die nicht den Gegenstand der Entscheidung (über die Hauptschuld, bzw. das Mietsverhältnis) gebildet haben. PAGENSTECHER unterschiebt freilich bei seiner Polemik gegen KUTTNER[1018]), indem er sich einer Ausdrucksweise bedient, deren sich ein Vertreter der prozessualen Rechtskrafttheorie zur Bezeichnung einer Rechtskrafterstreckung bedienen müßte, unversehens als Gegenstand der Wirkung, die nach ihm eine Reflexwirkung (Rechtskraftwirkung im weiteren Sinn), nach KUTTNER[1019]) — in dem betreffenden Falle (§ 556 III BGB.) — eine Nebenwirkung sein soll, das bedingende Rechtsverhältnis an Stelle des bedingten. Auf der anderen Seite hängen natürlich auch die „Nebenwirkungen" immer irgendwie, unmittelbar oder mittelbar, von dem Rechtsverhältnis ab, das den Gegenstand der Entscheidung gebildet hat[1020]).

1013) Richtig HEIM, 204.

1014) Rhein. Ztschr. VI 520/1.

1014a) So schon KISCH, Urteilslehre, 57/58; HEIM, 111/2; auch PAGENSTECHER selbst, Z. XXXVII 35.

1015) Rhein. Ztschr. VI 498 Anm. 11; X 52 Anm. 6. PAGENSTECHER hält übrigens seine (vgl. oben zu Anm. 1005) von WACH, 626; HELLWIG, Rechtskraft, 21ff.; KUTTNER, Nebenwirkungen, 10, übernommene Beschränkung des Begriffes „Reflexwirkungen" auf Wirkungen für Rechtsverhältnisse Dritter auch sonst nicht fest. Denn für die strafrechtlichen Folgen laufen nach ihm (Rhein. Ztschr. VI 535ff.; Gerichtssaal LXVI 164ff.; LXXI 290ff.) die Urteilswirkungen stets auf seine „Reflexwirkungen" hinaus, ohne daß es sich um Wirkungen für Rechtsverhältnisse Dritter zu handeln braucht, es sei denn, daß man den strafberechtigten Staat als Dritten ansieht; vgl. dazu noch unten hinter Anm. 1114.

1016) Im Sinne KUTTNERS.

1017) Vgl. PAGENSTECHER, a. a. O., 499ff., 507ff.

1018) PAGENSTECHER, Rhein. Ztschr. VI 519, 520.

1019) Nebenwirkungen, 108ff.

1020) KRÜCKMANN, Z. XLVII 13ff.; Rechtsgang, III 114ff., wirft KUTTNER nicht mit Unrecht vor, diese Abhängigkeit nicht genügend beachtet zu haben; vgl. schon meine Ausführungen, Ungerechtfert. VollstreckBetr., 3ff.; KRÜCK-

Ebensowenig, wie die „Reflexwirkungen", beziehen sich indessen, streng genommen, die „Rechtskraftwirkungen im engeren Sinn" auf den Gegenstand der Entscheidung, wenn man darunter, wie allein richtig, das geltend gemachte Recht versteht und nicht mit PAGENSTECHER[1021]), unter Zerreißung des Zusammenhanges zwischen Prozeßgegenstand und Feststellungsgegenstand[1022]), die durch das unrichtige Urteil erzeugten Rechtsbeziehungen der Parteien. Ist es aber wirklich nur „ein Streit um Worte", wenn die gesamten — mittelbaren und unmittelbaren — Rechtskraftwirkungen als Tatbestands- (Neben-, insbesondere Reflex-) Wirkungen unrichtiger Urteile konstruiert, infolgedessen die Rechtskraft auf unrichtige Urteile beschränkt und schließlich sogar noch der Feststellungsgegenstand auf diese angeblichen Wirkungen unrichtiger Urteile zugeschnitten wird? Wenn damit die Rechtskraft — wie wir sahen[1023]) — entwertet, ja geradezu ad absurdum geführt wird? Wenn damit aber gleichzeitig die Grenzen der Rechtskraft zu den wirklichen Tatbestands- (Neben-, insbesondere Reflex-) Wirkungen der — richtigen oder unrichtigen — Urteile, sowie zu der Gestaltungswirkung der Gestaltungsurteile verwischt werden[1024])?

Die letzte Ursache dieser Verkennung des Rechtskraftbegriffes ist, daß für die Vertreter der materiellen Rechtskrafttheorie, WACH, KOHLER, PAGENSTECHER, die Rechtskraft nicht — wie oben[1025]) an die Spitze gestellt — das Ziel des empiri-

---

MANN, Rechtsgang III 151ff. Indessen verdient KRÜCKMANN, Z. XLVI 410, 411, jenen Vorwurf selbst, wenn er — gleichfalls bei einer Polemik gegen KUTTNER, Nebenwirkungen, 115ff., — übersieht, daß die Umwandlung des Einrederechts der kurzfristigen Verjährung in das Einrederecht der dreißigjährigen Verjährung vom Standpunkt KUTTNERS aus, der diese Umwandlung als privatrechtliche Nebenwirkung der formellen Rechtskraft des Urteils ansieht, natürlich das Dasein des durch das Urteil festgestellten Anspruches voraussetzt, was sich am einleuchtendsten bei der von KUTTNER gezogenen, von KRÜCKMANN freilich (Z. XLVI 411, XLVII 104) heftig befehdeten Folgerung zeigt, daß der von der Rechtskraft nicht ergriffene Dritte, z. B. der Bürge im Falle der Verurteilung des Hauptschuldners, zwar das Bestehen des durch das Urteil festgestellten Anspruches, aber, sofern dieser einmal auch ihm gegenüber feststeht, nicht die eingetretene Verlängerung der Verjährungsfrist bestreiten kann. Dazu noch unten Anm. 1223. Im übrigen heben sich KRÜCKMANNS (Rechtsgang III 114ff.) Sätze: 1. Das Urteil ist in bezug auf die „Nebenwirkung" nicht „Ursache", sondern „Funktions-" oder höchstens „Daseinsbedingung" des subjektiven „Rechts"; 2. Das Urteil ist aber „Ursache" der „Ausübungsmöglichkeit", des „Rechtsbesitzes", der „Rechtslegitimation", in ihren praktischen Wirkungen gegenseitig auf. Dies zeigt sich, wenn KRÜCKMANN (Rechtsgang III 149 Anm. 1), übereinstimmend mit KUTTNER (a. a. O., 46ff.), dem Anfechtungsschuldner den Einwand versagt, daß der Vollstreckungstitel materiell ungerechtfertigt sei, obgleich, wie KUTTNER selbst ausführt, derjenige, der mit dem RGEZ. XLI 87, den Vollstreckungstitel nur für die „Bedingung der Ausübung" des Anfechtungsrechts hält, zum entgegengesetzten Ergebnis kommen muß (vgl. dazu schon oben Anm. 972). — Auf anderem Blatte steht, daß KUTTNER den Kreis der „Nebenwirkungen" an manchen Stellen überhaupt zu weit gezogen hat; vgl. oben Anm. 1012, unten Anm. 1079, 1092, 1101a; KRÜCKMANN, Rechtsgang III 147.

1021) Vgl. oben hinter Anm. 987.

1022) LENT, II 263.

1023) Vgl. oben zu Anm. 995, 1003.

1024) Vgl. darüber meine Ausführungen im ZivArch. CXVII 9, 10; auch oben zu Anm. 958.

1025) Hinter Anm. 826.

schen Prozeßbegriffes ist [alle drei lehnen entschieden ab, daß der Prozeß den Zweck habe, subjektives Recht zu schaffen[1025a]], sondern ein Mittel, das — ideale — Ziel des „metaphysischen" Prozeßbegriffes unter allen Umständen zu erreichen[1025b]. Dabei gehen WACH[1026] und PAGENSTECHER[1027] bewußt von einem „metaphysischen" Prozeßbegriff aus. KOHLER hat zwar den „metaphysischen" Prozeßbegriff WACHS ausdrücklich zurückgewiesen[1028], aber die Rechtskraft ist auch für ihn ein Mittel, die Unerreichbarkeit des für ihn gleichfalls an erster Stelle stehenden Prozeßziels der Rechtsverwirklichung zu überwinden[1029]. Nach PAGENSTECHER[1030] ist Ziel des Prozesses „Wahrheitserforschung. Das Resultat ist seiner Idee nach Deklaration der Wahrheit. Ist das, was der Richter deklariert, aber nicht die Wahrheit, so wird wahr, was er (als wahr) deklariert". Mir scheint, daß diese Art, das Gelingen der Wahrheitserforschung zu sichern, nichts anderes als Wahrheitsfälschung ist. Die Rechtskraft, das Mittel, die Unwahrheit zur Wahrheit zu machen, wäre also Wahrheitsfälschung. Treffend sagt LENT[1031]: „Das Empfinden des Laien wird in dieser Herstellung der Urteilswahrheit nur einen Ausfluß des Juristenhochmuts sehen, der lieber das Unrecht vergrößert als zugibt, Unrecht getan zu haben, der eher das Recht knickt als zugibt, sein Urteil sei unrichtig"[1031a]. Schon DEGENKOLB[1032] hat ausgeführt, daß die „metaphysische" Begriffsbestimmung des Prozesses mit dessen „empirischem" Ergebnis, der materiellen Rechtskraft, unvereinbar ist, und DEMELIUS[1032a] hat aus dem von ihm vertretenen „metaphysischen" Prozeß-

---

1025a) WACH, 8, 53; KOHLER, Enz., § 6; über PAGENSTECHER, s. sofort im Text zu Anm. 1030.

1025b) Vgl. auch LENT, II 281, 282.

1026) Vgl. oben zu Anm. 824—826. WACHS Rechtskraftlehre (Rechtskraft, 9, 15ff., 67; Vorträge, 133, 134; Hdb., 8/9; Z. XXXII 26) weicht von der KOHLERS und PAGENSTECHERS insofern ab, als nach ihm das Urteil auch da, wo es rechtsändernd wirkt, „der Idee nach" nur vorhandenes Recht anerkennt (so daß STEIN, Anm. 13 zu § 322, WACH überhaupt als Vertreter der prozessualen Rechtskrafttheorie aufführt). Deshalb entfällt für WACH auch der Unterschied zwischen „richtigen" und „unrichtigen" Urteilen; vgl. unten Anm. 1043. Die Übereinstimmung mit dem vorprozessualen materiellen Rechtszustand wird durch eine Fiktion hergestellt; hiergegen schon DEGENKOLB, Beitr. 27ff. Wie WACH im Ergebn. und BINDER, Rechtsphilosophie, 661, und in bezug auf das Strafurteil BINDING, Abhdl. II 273, 279, 284, 285. Ich begreife nicht, wie BINDING, a. a. O., 289, dann noch von „Bestrafung des Unschuldigen" sprechen kann. Daß die verbrecherische Schuld eine bloße „Tatsache" sei (PAGENSTECHER, Z. XXXVII 34 Anm. 106), ist ein Irrtum, den übrigens BINDING, Abhdl. II 308, nicht teilt (freilichw ieder unter maßloser Übertreibung der richtigen Ansicht).

1027) Z. XXXVII 34. 1028) Z. XXXIII 211ff.; vgl. schon oben Anm. 826.

1029) Vgl. z. B. Enz., §§ 2, 73.

1030) Rechtskraft, 305. 1031) II 299.

1031a) Daß unser Prozeßrecht mit dem Dasein „unrichtiger" Urteile rechnet, zeigt schon § 68 ZPO.; vgl. KUTTNER, Nebenwirkungen, 188; HEIM, 228, 248; SAUER, 278ff.; anders, aber nicht überzeugend, MENDELSSOHN BARTHOLDY, RheinZtschr. V 258; PAGENSTECHER, ebenda, VI 493 Anm. 6; KRÜCKMANN, Z. XLVI 372.

1032) Beitr., 32ff.; ZivArch. CIII 411 Anm. 32.

1032a) Zur Lehre von der Rechtskraft des Zivilurteils, 1892.

begriff[1032b]) folgerichtig die Forderung einer Beseitigung der materiellen Rechtskraft abgeleitet.

Allerdings verteidigt DEGENKOLB trotzdem den Begriff, der nach PAGENSTECHERS Theorie das Prozeßziel bestimmen soll[1033]), nämlich den der „authentischen Deklaration", d. i. der „Deklaration", die „konstitutiv" sein könne. Er gibt den darin enthaltenen, von HELLWIG[1034]) gerügten logischen Widerspruch zu, meint aber, daß dieser logische Widerspruch sich auch bei der „authentischen Deklaration" des Gesetzes finde. Der Widerspruch beschränke sich „auf den Widerspruch zwischen Form und Gehalt: jede formell authentische Deklaration ist Normierung in Gestalt der Offenbarung"[1035]). Indessen der Begriff der „authentischen Deklaration" ist und bleibt eine „contradictio in adiecto" und der Hinweis auf die „authentische Deklaration" des Gesetzes ist so unglücklich wie möglich. Der Ausdruck „authentische Deklaration" oder „authentische Interpretation" in der Rechtsquellenlehre oder Gesetzestechnik ist eine bewußte Paradoxie. Er knüpft an die Entstehung des als „authentische Interpretation" bezeichneten Gesetzes an. Der Gesetzgeber hat sich hier in seiner Erwartung, der von ihm gewollte Sinn eines Gesetzes werde im Wege der Auslegung zutage gefördert werden, getäuscht gesehen. Er sieht sich also genötigt, aufs neue den Weg der Gesetzgebung zu beschreiten und nennt dieses neue Gesetz, das die ausgebliebene Interpretation ersetzen soll, paradox: „authentische Interpretation". Das als solche bezeichnete Gesetz ist nichts als ein „begriffsentwickelnder"[1036]) Rechtssatz, dem nur, weil die in ihm entwickelten Begriffe einem älteren Gesetze angehören, qualifizierte (d. i. die Revision wegen unrichtiger Gesetzesauslegung begründende[1037])) Rückwirkung zukommt. Er enthält keinen Widerspruch, meist nicht einmal einen „zwischen Form und Gehalt"; denn er ist regelmäßig auch der Form nach keine „Offenbarung", sondern eine Normierung, ein „Befehl an jedermann, von nun an anzunehmen, daß das ausgelegte Gesetz den und den Sinn habe"[1038]). Die „Normierung" greift ein, weil die „Offenbarung" ausgeblieben ist. Die Überzeugung von der „Richtigkeit" der „Erkenntnis" des „authentisch interpretierten" Gesetzes durch den Urheber der „authentischen

---

[1032b]) DEMELIUS folgt WACH; vgl. oben zu Anm. 825.

[1033]) PAGENSTECHER, Rechtskraft, 303; Jahrb. I 339, 348; Z. XXXVII 34; vgl. schon DERNBURG, I § 161. Für das Strafurteil ebenso BINDING, Abhdl. II 271, 280.

[1034]) Klagrecht u. Klagmöglichkeit, 92 Anm. 39.

[1035]) Beitr., 34; ebenso schon Einlassungszwang, 152. DEGENKOLB zustimmend HEIM, 110, 134 Anm. 38, andererseits freilich 127 vor Anm. 21; vgl. auch REICHEL, Rechtskraft, 2; RGESt. XLIII 42. DEGENKOLBS (vgl. Beitr. 24ff.) Auffassung vom Prozeßzweck ist ganz ähnlich wie die KOHLERS (vgl. oben zu Anm. 1029).

[1036]) THÖL, §§ 33, 35.

[1037]) Vgl. KIPP zu WINDSCHEID, I § 33 Anm. 4; Reichsfinanzhof v. 5. 1. 1925 (Bankarchiv 1925, 156) zur VO. v. 4. 12. 1924 (RGBl. I, 765).

[1038]) KIPP zu WINDSCHEID, a. a. O. — Die preuß. KabOrdre v. 4. Dez. 1831 (preuß. GesS. 1831, S. 255), die man vielleicht als typisches Beispiel einer „authentischen Interpretation" anführen kann, befiehlt formell den Gerichten die Befolgung der in dem beigefügten Staatsministerialbericht enthaltenen Auslegung.

Interpretation" selbst bleibt gesetzgeberisches Motiv. Ja, in einem Falle, in dem die „Richtigkeit" dieser „Erkenntnis" über allem Zweifel stünde, in dem m. a. W. der von der „authentischen Interpretation" dem „authentisch interpretierten" Gesetze beigelegte Sinn bereits unzweideutig aus diesem hervorginge, wäre die „authentische Interpretation" überhaupt gegenstandslos.

Mit Übertragung des Begriffes der „authentischen Deklaration" auf Prozeß und Urteil versucht man, dem paradoxen Ausdruck einen tiefen Sinn abzugewinnen, die in ihm enthaltene contradictio in adiecto durch eine „metaphysische" Betrachtungsweise aufzulösen[1039]). Es ist kein Wunder, daß dieser Versuch von vornherein aus logischen Gründen zum Scheitern verurteilt ist. Das Urteil kann in bezug auf dasselbe Rechtsverhältnis nicht gleichzeitig deklarativ und konstitutiv sein. Es könnte logisch „rein deklarativ" sein, aber nicht rechtlich, auch nicht „seiner Idee nach", weil es eben Rechtskraft schafft. Eine reine Deklaration hat rechtswissenschaftliche, aber keine rechtliche Erheblichkeit[1040]). Das Urteil könnte rein konstitutiv sein. Daß es in dieser Beziehung keine „konkrete Rechtsnorm" ist, wurde oben[1041]), ausgeführt und das Gegenteil wird auch weder von DEGENKOLB[1042]) noch von PAGENSTECHER behauptet. Man könnte es stets als rechtsgeschäftlichen Tatbestand in bezug auf das regelmäßig den Prozeßgegenstand bildende Privatrechtsverhältnis ansehen. Diese Ansicht[1043]) wäre eigentlich für die Anhänger der materiellen Rechtskrafttheorie die folgerichtige, und sie enthielte auch die folgerichtige Durchführung der Übertragung des Begriffes der „authentischen Deklaration". Aber dann wäre der Widerspruch, in den die materielle Rechtskrafttheorie zu den Grundsätzen von der subjektiven Begrenzung der Rechtskraft gerät[1044]), überhaupt nicht mehr zu vertuschen. Denn wenn das Urteil wirklich das geltend gemachte Recht „authentisch deklarierte", d. h. mit rückwirkender Kraft zum Entstehen bzw. zum Erlöschen brächte, so wäre der damit verbundene unzulässige Eingriff in die Rechtssphäre Dritter handgreiflich. Beschränkte man aber, um

---

1039) PAGENSTECHER, Z. XXXVII 34/35. Dazu SAUER, 19 Anm. 1.

1040) Zutreffend HEIM, 111, der aber, offenbar von A. S. SCHULTZE und KISCH beeinflußt, die dem Urteil zukommende Konstitutivwirkung ausschließlich auf das Gesetz zurückführt; hiergegen meine Ausführungen, Ungerechtfert. VollstreckBetr., 49ff.

1041) Hinter Anm. 827.

1042) Beitr. 34/5, sagt er ausdrücklich: „Die Authentizität der Urteilsdeklarative wird nicht durch das Urteil selbst, sondern durch das seine Wirkung bestimmende Gesetz normiert." Das ist sogar die eben in Anm. 1040 abgelehnte Ansicht.

1043) Die von HEIM, 116, aufgestellte „zweite Möglichkeit" der materiellen Rechtskrafttheorie. Sie liegt den Ausführungen WACHS, Rechtskraft, 9, 15ff., 67, zugrunde; vgl. schon oben Anm. 1026. Sie wird ferner von KLEINFELLER, § 70 V 1a, vertreten; vgl. übrigens auch KOHLER, Bürg.R. I, § 72 I; ArchRechtsWirtschPhil., XI 189 (schon oben Anm. 996). Der Einwand, das „richtige", bejahende oder verneinende, Urteil könne nicht konstitutiv sein, würde auf der schon oben zu Anm. 966 zurückgewiesenen „körperweltlichen" Auffassung von Rechten und Rechtswirkungen beruhen, wird übrigens schon durch §§ 781, 397 II BGB. widerlegt; vgl. dazu noch GOLDSCHMIDT, ZivArch. CXVII 15 Anm. 50.

1044) Vgl. oben hinter Anm. 964, 970.

ihm auszuweichen, die Wirkung der durch die „authentische Deklaration" herbeigeführten Rechtsänderung auf die Parteien[1044a]), so vereitelte man damit überhaupt den praktischen Zweck der materiellen Rechtskrafttheorie, diese Rechtsänderung mit Wirkung für und gegen jedermann eintreten zu lassen[1044b]). Dies erkennt auch PAGENSTECHER[1045]), und gerade diese Erkenntnis hat ihn dazu bestimmt, zunächst die materiellen Rechtswirkungen, die das Urteil erzeugen soll, und im weiteren Verlauf auch den Feststellungsgegenstand auf die zwischen den Parteien hinsichtlich des geltend gemachten Rechts bestehenden „Beziehungen" zu beschränken[1046]). Da diese Beschränkung aber natürlich nur den „unrichtigen" Urteilen zugemutet werden kann[1047]), so wird die materielle Rechtskrafttheorie unausweichlich dazu gedrängt, nur den unrichtigen Urteilen konstitutive Wirkung und folglich in ihrem Sinne Rechtskraft beizulegen. Daß man damit zu einer völligen Auflösung der Rechtskraft gelangt, wurde oben[1048]) gezeigt. — Endlich könnte das Urteil in bezug auf das den Prozeßgegenstand bildende materielle Rechtsverhältnis deklarativ, in bezug auf die prozessuale Feststellungswirkung, die Bindung jedes künftig mit der Sache befaßten Prozeßrichters an den Urteilsinhalt, konstitutiv sein[1049]). Rechtskraft wäre nur diese prozessuale Konstitutivwirkung. Der zuletzt genannte ist der Standpunkt der prozessualen Rechtskrafttheorie.

VII. Der letzte Trumpf der materiellen Rechtskrafttheorie bleibt immer, daß die praktischen Ergebnisse, zu denen man bei ihrer Abweisung gelangt, unerträgliche seien[1050]). Indessen sind in den meisten der gewöhnlich angeführten Beispiele die Ergebnisse bei Ablehnung der materiellen Rechtskrafttheorie weder unerträglich noch unvermeidlich[1051]).

1. Nicht unerträglich ist in dem oben[1052]) erwähnten Fall das Ergebnis, daß der nachstehende Pfändungspfandgläubiger mittels Klage aus § 878 ZPO. geltend machen kann, daß das Pfändungspfandrecht des vorstehenden deshalb nicht bestehe, weil die ihm zugrunde liegende Forderung zu Unrecht rechtskräftig festgestellt sei. PAGENSTECHER[1053]) nennt dieses Ergebnis „widersinnig". Aber schon daß ein Rechtslehrer vom Range v. TUHRS[1054]), unbeschwert durch Eingeschworensein auf

---

1044a) Was an sich zulässig wäre; vgl. oben hinter Anm. 964.

1044b) Vgl. oben zu Anm. 970.

1045) Rechtskraft, 33ff., 37ff.; Jahrb. I 335, 336, 340.

1046) Vgl. oben hinter Anm. 986.

1047) Vgl. oben zu Anm. 992.

1048) Zu Anm. 995, 1003.

1049) HELLWIG, Lehrb. I, 46 Anm. 11; HEIM, 110, 111 (in der Formulierung nicht überall ganz einwandfrei). Die Polemik PAGENSTECHERS, 40/1, gegen HELLWIG und die KRÜCKMANNS, Z. XLVI 401/2, XLVII 32, gegen HEIM ist gegenstandslos.

1050) Vgl. insbes. KOHLER, Z. XXIX 36 Anm. 38; zu DERNBURG, 576ff.; Enz., § 73; Festschrift für KLEIN; PAGENSTECHER, 72ff., 91ff., 351ff.; Z. XXXVII 15 ff.; Rhein. Ztschr. VI 499ff.; Gerichtssaal LXVI 164 ff.; LXXI 290ff.

1051) So schon treffend LENT, II 173ff.

1052) Zu Anm. 971.

1053) Rhein. Ztschr. VI 518. Ihm zustimmend KRÜCKMANN, Z. XLVII 98.

1054) Allg. Teil, I § 8 Anm. 20, § 17 zu Anm. 17.

irgendeine Rechtskrafttheorie, zu diesem Ergebnis gelangt, hätte PAGENSTECHER stutzig machen sollen. Weiter soll nach PAGENSTECHER[1055]) nur die materielle Rechtskrafttheorie erklären können, daß die Konkursgläubiger die durch rechtskräftiges Urteil festgestellte Forderung eines Konkurrenten so wenig bestreiten können, wie der Gemeinschuldner selbst. Nichts kann unrichtiger sein. Vielmehr erklärt sich die Bindung der Opponenten an die Rechtskraft des gegen den Gemeinschuldner ergangenen Urteils[1055a]) daraus, daß nach der positiven Regelung des § 146 III KO. die Opponenten, darunter auch die widersprechenden Konkursgläubiger, in die prozessuale Lage des Gemeinschuldners sukzedieren[1055b]). Sie können daher bekanntlich auch die Wiederaufnahme des Verfahrens beantragen, die Vollstreckungsgegenklage (§ 767 ZPO.) erheben usw.[1055c]) Es war allerdings ungeschichtlich, wenn HELLWIG[1056]) jene Bindung der widersprechenden Konkursgläubiger daraus ableiten zu können glaubte, daß das Bestreitungsrecht der Konkursgläubiger nur eine „Ausdehnung" des Bestreitungsrechts des Konkursverwalters sei und daher entfalle, wo der Konkursverwalter gebunden sei[1057]). Und es war unvorsichtig, wenn er hinzufügte[1058]): „Zur Rechtfertigung dieses Satzes bedarf es keineswegs der Annahme irgendeiner Sukzesssion der Gläubiger". Aber es ist auch weiter nichts als eine dialektisch gewandte „Ausbeutung"[1059]) des unvorsichtigen Verzichts HELLWIGS, wenn PAGENSTECHER ihn in folgender Form akzeptiert[1060]): „Daß die Annahme einer Sukzession der Gläubiger unhaltbar ist und daher hieraus nichts gefolgert werden kann, soll nicht bestritten werden." Tatsächlich hat HELLWIG zuletzt die Bindung der Konkursgläubiger an das vor dem Konkurs gegen den Gemeinschuldner ergangene rechtskräftige Urteil auf prozessuale Sukzession zurückgeführt[1060a]). Würde die Bindung des widersprechenden Konkursgläubigers an das gegenüber dem Gemeinschuldner ergangene rechtskräftige Urteil wirklich, wie PAGENSTECHER[1061]) meint, darauf beruhen, „daß der siegreiche Gläubiger, wenn er vor dem Prozesse eine Forderung nicht hatte, eine solche eben durch den Prozeß erworben hat", wäre sie m. a. W. eine „Reflexwirkung" im Sinne PAGENSTECHERS[1062]), so könnte, wie LENT[1063]) PAGENSTECHER

[1055]) Rechtskraft, 85—88.

[1055a]) Ein „unmögliches Resultat" wäre übrigens die schrankenlose Zulassung von Einwendungen des widersprechenden Gläubigers gegen die rechtskräftig festgestellte Forderung hier so wenig, wie in dem eben erwähnten Fall des § 878 ZPO. So auch LENT, II 181, der aber, ebenso wie schon JAEGER, Anm. 24 zu § 146 KO., m. E. zu Unrecht HELLMANN, KonkR., 484ff., als Verteidiger einer solchen schrankenlosen Zulassung aufführt.

[1055b]) Dies übersieht HEIM, 166; unrichtig ders., 167/8; nicht beifallswert auch LENT, II 185.

[1055c]) JAEGER, Anm. 24 und 25 zu § 146; abw. HELLMANN, a. a. O., 486.

[1056]) Rechtskraft, 24 Anm. 68.

[1057]) HELLWIG, Anspruch, 247.

[1058]) Rechtskraft, a. a. O.

[1059]) Wie sie KUTTNER, Nebenwirkungen, 107 Anm. 47, schon in einem anderen Falle festgestellt hat. Vgl. auch unten Anm. 1078 und zu Anm. 1085.

[1060]) Rechtskraft, 87.

[1060a]) Syst., I § 232 zu Anm. 25.

[1061]) A. a. O., 88.

[1062]) Vgl. oben zu Anm. 1005.

[1063]) II 182/3.

treffend entgegengehalten hat, der Opponent dem Liquidanten ein in Anspruch genommenes Vorzugsrecht mit der Begründung bestreiten, seine Forderung sei erst durch das Urteil entstanden, also nicht bevorrechtigt[1064]).

2. Aber — meint PAGENSTECHER[1065]) — wer die materielle Rechtskrafttheorie ablehne, müsse doch den Konkursgläubigern nach Beendigung des Konkurses einen Bereicherungsanspruch gegen den Konkurrenten geben, der auf Grund eines ihm zu Unrecht eine Forderung zuerkennenden Urteils Konkursdividende bezogen hat. Überhaupt müsse er jedem Gläubiger, der durch die Zwangsvollstreckung seine volle Befriedigung nicht erlangt hat, einen Bereicherungsanspruch gegen jeden anderen Gläubiger geben, der erfolgreich, aber auf Grund unrichtigen Urteils die Zwangsvollstreckung betrieben hat[1066]). Gegenüber dieser letzten Aufstellung ist nun PAGENSTECHER schon wiederholt[1067]) entgegengehalten worden, daß von einem Bereicherungsanspruch keinesfalls die Rede sein kann, da der erfolgreiche Vollstreckungsgläubiger nichts „auf Kosten" des ausgefallenen Vollstreckungsgläubigers erlangt hat. Hatte doch dieser zur Zeit des Vollstreckungsketriebes jenes noch kein Recht an dem Vermögen des Vollstreckungsschuldners; sein Anspruch gegen den Vollstreckungsschuldner besteht aber nach wie vor[1068]). Wird dagegen durch die Befriedigung des einen Gläubigers der Anspruch oder wenigstens das Vollstreckungsrecht der anderen rechtlich entkräftet, wie in den Fällen beschränkter Haftung[1069]), oder stand dem ausgefallenen Gläubiger zur Zeit des Vollstreckungsbetriebes des erfolgreichen am Vermögen des Vollstreckungsschuldners ein Pfändungspfandrecht oder ein Recht auf Befriedigung aus dem unbeweglichen Vermögen zu, so habe ich nicht den leisesten Zweifel an dem Bestehen eines Bereicherungs-

---

1064) LENT, a. a. O., 182, hält PAGENSTECHER auch noch entgegen, daß, wenn das Urteil erst nach Konkurseröffnung rechtskräftig geworden sei, nach der materiellen Rechtskrafttheorie ein widersprechender Konkursgläubiger dem Liquidanten das Konkursteilnahmerecht mit der Begründung bestreiten könnte, seine Forderung sei erst durch das Urteil, also erst nach Konkurseröffnung entstanden. Ein solcher Fall wäre allerdings im Rahmen des § 249 III ZPO., aber, soviel ich sehe, auch nur in ihm denkbar.

1065) Rechtskraft, 89ff.

1066) So PAGENSTECHER, Rechtskraft, 82.

1067) Von HEIM, 164; LENT, II 179ff.; auch von KRÜCKMANN, Z. XLVI 411; vgl. aber noch die folgende Anm.

1068) Obgleich KRÜCKMANN zunächst — vgl. die vorige Anm. — diesen von HEIM gegen PAGENSTECHER geltend gemachten Einwendungen zustimmt, behauptet er doch gleich darauf (a. a. O., 412), die Gegner der materiellen Rechtskrafttheorie müßten einen Bereicherungsanspruch annehmen „entweder in Form einer unmittelbaren Bereicherungsklage(?) oder in Form der Pfändung einer als dem Schuldner zustehend gedachten Bereicherungsklage". Aber die einer Bereicherungsklage des Schuldners entgegenstehende Rechtskraft steht selbstredend auch dem entgegen, der den Bereicherungsanspruch des Schuldners gepfändet hat, wenn nicht schon auf Grund des § 325 ZPO. (vgl. STEIN, Nr. IX 1 bei Anm. 159 zu § 322 ZPO.), so doch jedenfalls auf Grund des — unmittelbar oder entsprechend anwendbaren — § 404 BGB. (§§ 1275 BGB., 804 ZPO.).

1069) HEIM, 164/5; dazu HELLWIG, Rechtskraft, 22ff.; Syst., I § 232 III 4; KUTTNER, Nebenwirkungen, 120ff.

anspruches der benachteiligten Gläubiger gegen den erfolgreichen, sofern dessen Vollstreckungsbetrieb ungerechtfertigt war. Daß „dieses Ergebnis unbillig sei und dem geltenden Recht widerspreche, müßte erst noch bewiesen werden[1070]." Das Bestehen eines Bereicherungsanspruches des ausgefallenen Pfändungspfandgläubigers gegen den zu Unrecht erfolgreichen ergibt sich schon aus § 878 II ZPO.[1071]), und daß er auf das Nichtbestehen einer Forderung des erfolgreichen gestützt werden kann, ist m. E. hier ebensowenig „widersinnig", wie die gleiche Annahme bezüglich der Widerspruchsklage des § 878[1072]). Nichts anderes würde an sich für den Bereicherungsanspruch der Konkursgläubiger gegen einen mit Unrecht zur Teilnahme am Konkurse und an der Verteilung zugelassenen Konkursgläubiger jedenfalls dann gelten, wenn man etwa mit KOHLER[1073]) ein „Beschlagsrecht" der Konkursgläubiger an der Konkursmasse annähme[1074]). Aber es gilt nicht. Denn so wenig, wie

---

1070) So HEIM, 165, für die Fälle beschränkter Haftung.

1071) Dazu SEUFFERT, Nr. 2 zu § 878; STEIN, Nr. V zu § 878. Der Wunsch, dem zu Unrecht benachteiligten Pfändungspfandgläubiger so weit wie möglich den Weg der Bereicherungsklage offen zu halten, erklärt m. E. auch den nach HELLWIG (Anspruch, 503 Anm. 84) „völlig überflüssigen" § 881 ZPO. Er wäre es wirklich, wenn man mit der herrschenden Ansicht (HELLWIG, a. a. O.; SEUFFERT, STEIN, STRUCKMANN-KOCH, zu § 881 ZPO.) dem Versäumnisurteil des § 881 dieselbe einer späteren Bereicherungsklage entgegenstehende materielle Rechtskraft beilegte, wie einem die Widerspruchsklage abweisenden kontradiktorischen Urteil. Es ist übrigens folgewidrig, wenn Schriftsteller, die (wie HELLWIG, a. a. O., 502; STEIN, Nr. III zu § 878 ZPO.) als Gegenstand der Widerspruchsklage ein prozessuales Widerspruchsrecht ansehen, doch (HELLWIG, a. a. O., 503 Anm. 83; STEIN, bei Anm. 44 zu § 878) dem die Widerspruchsklage abweisenden kontradiktorischen Urteil materielle Rechtskraft in bezug auf eine spätere Bereicherungsklage beilegen (vgl. schon Ungerechtf. VollstrBetr., 65). Würden sie ihm eine solche versagen, so wäre freilich wieder § 881 „völlig überflüssig". Ganz unbegreiflich aber ist es, wenn man, wie STEIN, zu § 881, diesen Paragraphen als „deutlichen Ausdruck" der „rein prozessualen Natur der Klage" des § 878 bezeichnet, und dann trotzdem sowohl dem Versäumnisurteil des § 881, als auch dem kontradiktorischen die Widerspruchsklage abweisenden Urteil materielle Rechtskraft in bezug auf eine spätere Bereicherungsklage zuerkennt. Unverständlich und folgewidrig auch STRUCKMANN-KOCH, zu § 881 ZPO. Nähme man freilich mit der früher vielfach aus § 878 II ZPO. abgeleiteten Ansicht (vgl. SEUFFERT, Nr. 2b zu § 878; STEIN, Anm. 47 zu § 878) an, daß die Erhebung des Widerspruches Voraussetzung einer späteren Bereicherungsklage sei, so würde allerdings das Versäumnisurteil des § 881 der Erhebung einer solchen entgegenstehen (insoweit ganz richtig PETERSEN, zu § 881 ZPO.). Freilich wäre dann § 881 wieder im Ergebnis „völlig überflüssig", es sei denn, daß man aus der angeblich „rein prozessualen Natur" der Klage des § 878 die Folgerung zöge, daß ein die Klage abweisendes kontradiktorisches Urteil einer späteren Bereicherungsklage nicht entgegenstehe. Dann käme man zu dem Ergebnis, daß § 881 gerade die umgekehrte Aufgabe hat, als nach der m. E. richtigen Auffassung anzunehmen ist.

1072) Vgl. oben zu Anm. 1053, 971. S. auch RGEZ. XLII 247.

1073) KonkR., § 22; Enz., § 101.

1074) Wirklich läßt HELLWIG, Rechtskraft, 25/6, einen solchen Bereicherungsanspruch zu; vgl. dazu noch unten zu Anm. 1077. Auch LENT, II 180 Anm. 1, scheint in dem ähnlichen Falle der §§ 1984, 2214 BGB., wo der Nachlaß für die Befriedigung der Nachlaßgläubiger reserviert ist, einen Bereicherungsanspruch der Nachlaßgläubiger gegen den auf Grund ungerechtfertigten rechtskräftigen ein mit der Widerspruchsklage des § 878 ZPO. rechtskräftig abgewiesener Gläubiger einen Bereicherungsanspruch mit Erfolg klageweise geltend machen kann[1075]), so wenig kann ein Konkursgläubiger einem Konkurrenten die bezogene Konkursdividende mit einer Bereicherungsklage wieder abnehmen, da die konkursmäßige Feststellung gemäß §§ 145 II, 147 S. 1 KO. wie ein rechtskräftiges Urteil gegenüber allen Konkursgläubigern wirkt. Daß HELLWIG unrichtig in diesen Vorschriften der KO. nicht die Aufstellung einerRechtskrafterstreckung[1076]), sondern einer auf das Teilnahmerecht des Liquidanten an den Konkursverteilungen beschränkten „Reflexwirkung" erblickt und auf diesem Wege in der Tat zur Zulassung eines nachkonkursmäßigen Bereicherungsanspruches der Konkursgläubiger gegen den ungerechtfertigterweise aus der Konkursmasse Befriedigten gelangt[1077]), berechtigt PAGENSTECHER nicht, dieses Ergebnis der Gegnerschaft zur materiellen Rechtskrafttheorie in Rechnung zu stellen[1078]).

3. Rechtskrafterstreckung und nicht „Reflex- (Tatbestands-, Neben-) Wirkung", am allerwenigsten Folgerung aus der materiellen Rechtskrafttheorie ist, daß gemäß § 129 I HGB. sich die Rechtskraft eines Urteils, das im Prozeß mit einer offenen Handelsgesellschaft über eine Gesellschaftsschuld ergeht, auf die Gesellschafter erstreckt[1079]), daß

Urteils aus dem Nachlaß Befriedigten zuzulassen. Im Falle eines Zwangsvergleichs könnte man daran denken, daß die ungerechtfertigte Teilnahme eines Liquidanten die Forderungen der übrigen in ihrem Bestande beeinträchtige und daher unter diesem Gesichtspunkt (vgl. oben vor Anm. 1069) einen Bereicherungsanspruch derselben begründen könne (vgl. HEIM, 166; LENT, II 184). Indessen ein Bereicherungsanspruch würde hier einmal den Nachweis voraussetzen, daß der Wegfall des ungerechtfertigten Liquidanten die Vergleichsdividende erhöht haben würde und selbst bei Gelingen dieses Nachweises daran scheitern, daß dieser Wegfall immer nur Motiv für die Bemessung der Vergleichsdividende hätte sein können, nicht aber den Anteil der übrigen ohne weiteres erhöht hätte. LENT, a. a. O., hebt diese beiden Gesichtspunkte zutreffend hervor, trennt sie aber nicht.

1075) Vgl. oben in Anm. 1071. Sogar dem Gemeinschuldner, der die angemeldete Forderung im Prüfungstermin bestritten hat, ist eine Bereicherungsklage versagt, da in bezug auf die Konkursmasse die gegen die legitimi contradictores des Konkurses, insbesondere den Konkursverwalter, wirksame konkursmäßige Feststellung auch gegen den Gemeinschuldner wirkt. Im Ergebnis übereinstimmend JAEGER, Anm. 12 zu § 164 KO.; HEIM, 168, dessen weitere Ausführungen, 168ff., aber weder klar und widerspruchsfrei, noch überzeugend sind.

1076) So O. FISCHER, in Jherings Jahrb. XL 178ff.; WACH, Rechtskraft, 18, 38; SEUFFERT, Nr. 1a zu § 325 ZPO.; STEIN, Nr. VI 3 zu § 325 ZPO.; JAEGER, Anm. 1 zu § 147 KO.

1077) HELLWIG, Rechtskraft, 25; Syst., I § 232 III 3; vgl. schon oben Anm. 1074 sowie Anm. 1012. HELLWIG zustimmend HEIM, 171/2; bedenklich auch LENT, II 185.

1078) PAGENSTECHER, Rechtskraft, 89ff. Ich begreife PAGENSTECHER vollkommen, wenn er, a. a O., 90 Anm 213 (vgl auch dens., 417ff), HELLWIG „darin beistimmt, daß eine Erstreckung der Rechtskraft auf die Konkursgläubiger in der Bestimmung des § 144 (soll heißen: 145) Abs 2 KO. nicht zu finden ist" Nur ist die Sachlage hier so, wie oben zu Anm. 1059, 1060 und unten zu Anm. 1085. PAGENSTECHER akzeptiert dankend, daß der Verfechter der prozessualen Rechtskrafttheorie selbst die Waffe aus der Hand gibt.

1079) RGEZ. XLIX 343; § 122 IV Genoss.Ges. v. 1. Mai 1889 i. d. Fass. v. 20. Mai 1898; HEIM, 250; LENT, II 175; R. SCHMIDT, 768; STEIN, Anm. 76 zu gemäß § 767 BGB. sich der Bürge auf das den Hauptschuldner freisprechende Urteil berufen kann. Wie § 129 I HGB. dem Gesellschafter sowohl die Einwendungen abschneidet, welche die Gesellschaft „nicht hat“, als auch die, welche sie „nicht geltend machen kann“[1080]), so räumen §§ 767, 768 BGB. dem Bürgen sowohl die dem Hauptschuldner zustehenden materiellen als auch die ihm zustehenden prozessualen Einwendungen ein. Wenn PAGENSTECHER dies in seiner Polemik gegen HELLWIG leugnet[1081]), so ist das eine petitio principii. Insoweit haben PAGENSTECHER und KOHLER[1081a]) freilich gegenüber HELLWIG recht: die Erstreckung der prozessualen Einwendnug der Rechtskraft vom Hauptschuldner auf den Bürgen ist keine „Reflexwirkung“, selbstverständlich keine „privatrechtliche“[1082]), aber auch keine „prozeßrechtliche“[1083]), sondern eben eine Rechtskrafterstreckung, allerdings damit eine „Beeinflussung der prozeßrechtlichen Beziehungen“ zwischen Gläubiger und Bürgen, (ihrer prozessualen Lage), deren „Theorie“ nach PAGENSTECHER „erst einmal geschrieben werden müßte“[1084]). Daß HELLWIG hier wieder[1085]) zu Unrecht mit „Reflexwirkung“ statt mit Rechtskrafterstreckung[1086]) operiert, ist ein zwingender Beweisgrund zugunsten der materiellen Rechtskrafttheorie so wenig, wie daß andere Anhänger der prozessualen Rechtskrafttheorie die Ausdehnung des den Hauptschuldner freisprechenden Urteils auf den Bürgen überhaupt ablehnen[1087]). Denn wenn auch diese Ablehnung durch die Ablehnung der materiellen Rechtskrafttheorie zwar nicht notwendig bedingt, aber doch immerhin ermöglicht wird, so beweist das nichts. Die Ablehnung der Erstreckung der Rechtskraft des den Hauptschuldner freisprechenden Urteils auf den Bürgen ist kein schlechthin unerträgliches Ergebnis[1088]).

---

§ 325 ZPO.; WALSMANN, Z. XXXIX 546; sogar PAGENSTECHER, Rechtskraft, 74; Rhein. Ztschr. VI 507/8; KRÜCKMANN, Rechtsgang III 147; im Ergebnis auch MENDELSSOHN BARTHOLDY, 481ff. Anders HELLWIG, Rechtskraft, 27ff. (vgl. aber dens. Syst., I § 232 zu Anm. 27); KUTTNER, Nebenwirkungen, 98ff. Vgl. schon oben Anm. 1012.

[1080]) Das wird wohl auch PAGENSTECHER gelten lassen, der, Rhein. Ztschr. VI 509, KUTTNERS Ansicht, daß § 129 I HGB eine privatrechtliche Nebenwirkung aufstelle, mit der Ausführung zu bekämpfen sucht, es könne in § 129 I „Nichtgeltend-machen-können“ und „Nicht-erheben-können“ keinen verschiedenen Sinn haben, das eine Mal = „Nicht-haben“, das andere Mal = „Nicht-geltend-machenkönnen.“

[1081]) PAGENSTECHER, Rhein. Ztschr. VI 503.

[1081a]) ArchRechtsWirtschPhil., XI 188.

[1082]) So HELLWIG, Rechtskraft, 30, 31.

[1083]) So anscheinend HELLWIG, Syst., I § 232 III.

[1084]) PAGENSTECHER, Rhein. Ztschr. VI 522/3. Ich bin weit von der Anmaßung entfernt zu behaupten, daß die bisher über die „prozeßrechtlichen Beziehungen geschriebenen Theorien“ nicht ausreichten, die Einwirkung des den Hauptschuldner freisprechenden Urteils auf die Beziehungen zwischen Gläubiger und Bürgen zu erklären.

[1085]) Vgl. schon oben zu Anm. 1012, 1076 und in Anm. 1079.

[1086]) So O. FISCHER, Jherings Jahrb. XL 174ff.; WACH, Rechtskraft, 24, 70.

[1087]) So HEIM, 251; KUTTNER, Nebenwirkungen, 114; STEIN, Nr. IV 3 zu § 66 ZPO

[1088]) Wie KRÜCKMANN, Z. XLVII 101, behauptet.

Allerdings „wäre der Bürge — als Rechtsnachfolger des Gläubigers — nicht in der Lage, die Existenz der Rechte zu behaupten, auf deren Übergang — gegen Zahlung — er ein Recht hat“[1089]) (§ 774 BGB.). Aber das ist ein gewöhnlicher Gesamtschuldner gemäß §§ 425 II, 426 II BGB. auch nicht. Übrigens kann sich der Rückgriff nehmende Bürge unstreitig nicht auf das im Prozesse zwischen ihm und dem Gläubiger ergangene, ihn verurteilende Erkenntnis berufen[1090]) und also auf diese Weise auch seines Rückgriffs verlustig gehen.

Was für den Bürgen gilt, gilt für den Pfandschuldner (arg. §§ 1137, 1211 BGB.). Was für den Handelsgesellschafter gilt, würde für den Untermieter und Unterentleiher gelten[1091]), wenn man aus §§ 556 III, 604 IV BGB. eine Rechtskrafterstreckung herauszulesen vermöchte[1092]). Auch die von HELLWIG[1093]) aus § 986 I S. 1 BGB. abgeleitete Folgerung, daß sich umgekehrt der Untermieter auf ein das Recht des Mieters zum Besitz feststellendes Urteil berufen könne, bedeutet Rechtskrafterstreckung, die mittels Urheberbenennung (§ 76 ZPO.) zur Geltung gebracht werden kann. Jedenfalls regelt § 325 ZPO. die Rechtskrafterstreckung nicht erschöpfend, und es folgt schon aus einem argumentum a fortiori, daß, wo das Gesetz jemandem Einwendungen abschneidet, die ein anderer „nicht hat“, es damit zugleich die Einwendungen abschneidet, die der andere „nicht geltend machen kann“, daß es jemandem mit den materiellen Einwendungen eines anderen zugleich dessen prozessuale Einwendungen einräumt.

4. Für besonders beweiskräftig hält PAGENSTECHER[1094]), daß, wer die materielle Rechtskrafttheorie ablehne, dem Bürgen, der sich für die rechtskräftig festgestellte Forderung verbürgt habe, sowie dem Schuld-

---

[1089]) HELLWIG, Rechtskraft, 30; KRÜCKMANN, a. a. O. KRÜCKMANN scheint — unrichtigerweise (§ 325 ZPO.!) — daneben für denkbar zu halten, daß der Bürge — auch ohne die Voraussetzungen der §§ 670, 683/4 BGB. — den ihm durch § 774 BGB. eingeräumten Rückgriff gegen den freigesprochenen Hauptschuldner behalten könnte. Dann wäre die Ablehnung der Erstreckung der Rechtskraft des den Hauptschuldner freisprechenden Urteils auf den Bürgen noch weniger bedenklich. Denn KRÜCKMANNS Einwand: „Andernfalls würde dem Hauptschuldner sein Sieg nichts nützen“ ist erst recht nicht zwingend.

[1090]) KUTTNER, Nebenwirkungen, 38/9 (von KRÜCKMANN, Z. XLVII 101 Anm. 143, an unrichtiger Stelle angerufen).

[1091]) Vgl. schon oben zu Anm. 1012.

[1092]) Was ich freilich für ausgeschlossen halte. Vgl. über den Fall WACH, Rechtskraft, 71 Anm. 1; HELLWIG, Rechtskraft, 28; Syst., I § 232 III 3; KUTTNER, Nebenwirkungen, 108ff.; PAGENSTECHER, Z. XXXVI 15ff.; Rhein. Ztschr. VI 507ff.; KRÜCKMANN, Z. XLVII 79ff.; LENT, II 175ff.; KOHLER, ArchRechtsWirtschPhil., XI 199; SAUER, 276. Unzweifelhaft unrichtig ist die mitunter (so von KUTTNER, a. a. O., 109) aufgestellte Behauptung, daß, wenn der Untermieter den Besitz der Mietsache erst nach Rechtshängigkeit der Räumungsklage (§ 556 I BGB.) des Vermieters gegen den Mieter erlangt habe, das Urteil schon nach § 325 ZPO. gegen ihn wirke. Die Räumungsklage aus § 556 I BGB. bewirkt doch keine Streitbefangenheit der Mietsache im Sinne des § 325 ZPO.

[1093]) Rechtskraft, 29 Anm. 88; Syst., I § 232 zu Anm. 23.

[1094]) Z. XXXVII 17ff.; Rhein. Ztschr. VI 524ff.; PAGENSTECHER zustimmend KRÜCKMANN, Z. XLVII 81/2; auch Z. XLVI 408; XLVIII 12; vgl. übrigens auch KOHLER, zu DERNBURG, 577; SAUER, 276.

ner einer für die rechtskräftig festgestellte Forderung verpfändeten Forderung gestatten müsse, unter Berufung auf die Unrichtigkeit des Urteils die Rechtswirksamkeit der Bürgschaft bzw. Pfandbestellung in Frage zu stellen. HEIM[1095]) hat versucht, den Bürgen bzw. Drittschuldner auch vom Standpunkt der prozessualen Rechtskrafttheorie aus an das Urteil zu binden, mit der Ausführung, es liege eine durch Vertrag begründete „Reflexwirkung" des Urteils vor. LENT[1096]) hat PAGENSTECHER einräumen zu müssen geglaubt, daß die prozessuale Rechtskrafttheorie bei Erfassung dieser Fälle in Schwierigkeiten gerate. Ich vermag solche Schwierigkeiten nicht anzuerkennen. Es kann dahingestellt bleiben, ob wirklich, wie das Reichsgericht[1097]) angenommen hat, jeder Dritte zur Prozeßführung mit der Folge ermächtigt werden kann, daß das Urteil auch gegen den Ermächtigenden wirkt[1098]). Jedenfalls hat nach HELLWIGS[1099]) zutreffenden Ausführungen die Zustimmung zur Prozeßführung die Folge, daß der Zustimmende das Urteil gegen sich gelten lassen muß[1100]). „Zustimmung" ist aber auch die „Genehmigung" der Führung des schon durch rechtskräftiges Urteil abgeschlossenen Prozesses. Erst recht muß eine Unterwerfung unter die Rechtskraft durch Vertrag mit dem Gegner möglich sein[1100a]), wie es — mutatis mutandis — eine vertragsmäßige Unterwerfung unter die Vollstreckbarkeit gibt (§ 794 Nr. 5 ZPO.). Eine solche vertragsmäßige Unterwerfung unter die Rechtskraft begründet zwar nicht, wie HELLWIG[1101]), KUTTNER[1101a]) und HEIM[1101b]) meinen, eine „Reflexwirkung"[1102])

[1095]) 118, 119. [1096]) II 186ff.

[1097]) EZ. LXXIII 308, 309; auch LIII 410; LIX 294; LXII 327; LXIV 168; LXVI 22; LXXVIII 90; Jurist.WSchr. 1916, 959; einschränkend XCI 397; abweichend RGEZ. LVII 92; LXVI 418; Näheres unten zu Anm. 1676—1679.

[1098]) Dazu HELLWIG, Syst., I § 74 II und III, § 235 V.

[1099]) Syst., I § 235 VI. Von einer „Prozeßführungs m a c h t" möchte ich freilich, anders als HELLWIG, nicht sprechen. Entweder begründet die Zustimmung Sachlegitimation, insoweit also ein Prozeßführungs r e c h t — vgl. dazu unten Anm. 1679, 1680 —, oder bloße Urteilswirkung. Daß letztere auf keiner Prozeßführungsmacht beruht, tritt noch deutlicher da hervor, wo ihr Rechtsgrund der gute Glaube des Prozeßgegners an das Prozeßführungsrecht der Partei ist (HELLWIG, a. a. O., sowie § 73).

[1100]) Übereinstimmend RGEZ. LVI 76; LXXVII 35; XCII 155, 156. Die Zustimmung zur Prozeßführung als Grund der Urteilswirkung wird ausdrücklich in § 1400 I BGB., §§ 76 III, IV, 89 II ZPO. erwähnt. Vgl. dazu noch unten Anm. 2432a.

[1100a]) Abweichend HELLWIG, Rechtskraft, 318; KUTTNER, Nebenwirkungen, 12, 128; MENDELSSOHN BARTHOLDY, Rhein. Ztschr. VIII 176ff.; im Ergebnis übereinstimmend SEUFFERT, LZ. 1915, 1359ff.; mit grundsätzlichen Vorbehalten auch KRÜCKMANN, Rechtsgang III 133ff., 146. In dem von den drei letztgenannten Schriftstellern, a. a. O., besprochenen RG. Urteil in Seuff. A. LXX, Nr. 70, S. 122 (die Versicherungsgesellschaft sei dem Haftpflichtversicherten gegenüber genötigt, das Urteil gegen sich gelten zu lassen, welches in dem von ihr als Prozeßvertreter des Haftpflichtversicherten mit dem Unfallsverletzten geführten Schadensersatzprozeß ergangen war) handelt es sich freilich m. E. weder um eine Rechtskraftwirkung (so SEUFFERT), noch um eine Vertragswirkung (so MENDELSSOHN BARTHOLDY), sondern um eine per analogiam an die Prozeßvertretung geknüpfte Interventionswirkung (§ 68 ZPO.).

[1101]) Rechtskraft, 117.

[1101a]) Nebenwirkungen, 14. [1101b]) 118.

[1102]) Vgl. schon oben zu Anm. 1082/3.

des Urteils, aber auch nicht, wie PAGENSTECHER[1103]) glaubt, und wie es bei der vertragsmäßigen Unterwerfung unter die Zwangsvollstreckung tatsächlich der Fall ist, eine reine Vertragswirkung. Vielmehr sind Urteil und Vertrag zusammen der Tatbestand, an den die prozessuale Wirkung der Rechtskrafterstreckung geknüpft ist[1104]). Eine solche vertragsmäßige Rechtskrafterstreckung ist aber anzunehmen, wenn für eine rechtskräftig festgestellte Forderung Bürgschaft geleistet wird. Natürlich muß der Vertrag zwischen Gläubiger und Bürgen ausdrücklich auf die rechtskräftige Feststellung der Forderung gegen den Hauptschuldner Bezug nehmen. Ich begreife nicht, wie PAGENSTECHER[1105]) behaupten kann, daß eine solche Bezugnahme nach der materiellen Rechtskrafttheorie unnötig sei. Denn wenn die Bürgschaft ohne Erwähnung des Urteils für die ihm zugrunde liegende Forderung, die „origo iudicii", übernommen wurde, so bleibt dem Bürgen der Einwand, daß diese Forderung nicht bestehe, doch auch nach der materiellen Rechtskrafttheorie[1106]). Ob das Rechtsverhältnis zwischen Gläubiger und Bürgen, das im Anschluß an die vertragsmäßige Unterwerfung des Bürgen unter die Rechtskraft des den Hauptschuldner verurteilenden Erkenntnisses eingegangen wird, „noch stets als Bürgschaft zu charakterisieren" ist — nämlich dann nicht, wenn sich die Unrichtigkeit des Urteils und damit das Nichtbestehen der Hauptschuld ergeben sollte[1107]) —, scheint mir eine ziemlich müßige Frage, da auf Grund des Vertrages zwischen Gläubiger und Bürgen das Bestehen der Hauptschuld zwischen beiden eben feststeht[1108]). Das Reichsgericht (bei GRUCHOT LIII 908ff.) hat übrigens eine Bürgschaft, die für eine nichtige, dessen ungeachtet rechtskräftig festgestellte Hauptschuld übernommen worden war, für nichtig erklärt.

1103) Rhein. Ztschr. VI 526 Anm. 4.

1104) Ausschließlich an den Vertrag würde sich eine Feststellungswirkung bei den „Feststellungsverträgen" PAGENSTECHERS (Rechtskraft, 94ff.) oder bei dem Prozeßvergleich knüpfen, wenn ihm materielle Rechtskraft zukäme (vgl. H. LEHMANN, Prozeßvergleich, 137ff; STEIN, Nr. II 3a zu § 794 ZPO.). Ausschließlich an den Vertrag knüpft sich tatsächlich eine Feststellungswirkung bei dem Anerkenntnis im Konkurs (§§ 144 I, 145 II KO.).

1105) Rhein. Ztschr. VI 525ff., 532 Anm. 3a. Schon KRÜCKMANN, Z. XLVIII 34, hat mit Recht darauf hingewiesen, daß PAGENSTECHER sich hier in Widerspruch setze zu der von ihm gegebenen Entscheidung des Falles oben zu Anm. 982. Bedenklich auch HEIM, 118. Nach LENT, II 187, wieder soll für die prozessuale Rechtskrafttheorie nicht genügen, daß die Bürgschaft „ausdrücklich für die im Urteil festgestellte Forderung . . . übernommen ist". Vielmehr soll dem Bürgen der Einwand der Unrichtigkeit des gegen den Hauptschuldner ergangenen Urteils nur dann abgeschnitten sein, wenn die Bürgschaft „gerade im Hinblick auf das Urteil übernommen ist". LENT ist hier noch pagenstecherischer als PAGENSTECHER.

1106) Insoweit richtig LENT, II 186/7.

1107) Dies glauben HEIM, 118, und LENT, II 187, einräumen zu müssen.

1108) Auch § 774 BGB. macht keine Schwierigkeit, wie LENT, II 187 Anm. 2, fürchtet. Denn da der den Gläubiger befriedigende Bürge Rechtsnachfolger des Gläubigers wird, steht im Verhältnis zwischen ihm und dem Hauptschuldner das Bestehen der Hauptschuld ebenso fest, wie zwischen dem Gläubiger und dem Hauptschuldner; und das genügt.

Was für den Bürgen gilt, gilt auch für den Schuldner einer für die rechtskräftig festgestellte Forderung verpfändeten Forderung, sofern er dem Verpfändungsvertrage beigetreten ist. Wenn HEIM[1109]) behauptet hat, auch nach der prozessualen Rechtskrafttheorie reiche der bloße Verpfändungsvertrag zwischen dem rechtskräftig zur Zahlung Verurteilten und seinem Prozeßüberwinder aus, dem Drittschuldner den Einwand der Unrichtigkeit des Urteils, des Nichtbestehens der Hauptschuld und damit des Pfandrechts abzuschneiden, so ist hier PAGENSTECHER[1110]) vollkommen im Recht, wenn er dieses Ergebnis als folgewidrig bezeichnet. Nur fragt sich, ob das Erfordernis der Zuziehung des Drittschuldners zum Verpfändungsvertrag unpraktisch ist, immer vorausgesetzt, daß der Verpfänder nach wie vor seine rechtskräftig festgestellte Schuld bestreitet und das Pfand nur zur Abwendung der Zwangsvollstreckung bestellt. Wird da nicht der Gläubiger allen Anlaß haben, die Annahme der ihm zugedachten Sicherstellung davon abhängig zu machen, daß der Drittschuldner auf Einwendungen gegen die Richtigkeit des Urteils verzichtet? Verpfändet der Verurteilte die Forderung noch ein zweites Mal, so muß natürlich, wer die materielle Rechtskrafttheorie ablehnt, dem zweiten Vertragspfandgläubiger genau so die Möglichkeit geben, das Pfandrecht des vorstehenden vermittels Bestreitens der ihm zugrunde liegenden Forderung anzugreifen, wie oben[1111]) dem nachstehenden Pfändungspfandgläubiger. Das Ergebnis ist hier so wenig „widersinnig", wie dort[1111a]). Hat der Verurteilte eine bewegliche Sache zum Pfande gegeben oder Hypothek bestellt, so kann im Verhältnis der Parteien zueinander die Rechtswirksamkeit dieser Pfand- oder Hypothekenbestellung wegen Fehlens einer Forderung natürlich nicht bestritten werden[1112]); Dritten, von der Rechtskraft nicht Betroffenen bleiben auch hier alle Einwendungen vorbehalten[1113]).

5. Besonders unerträglich sollen nach KOHLERS[1114]) und PAGENSTECHERS[1115]) Behauptung die strafrechtlichen Folgen einer Ablehnung

[1109]) 118/9. [1110]) Rhein. Ztschr. VI 527. [1111]) Zu Anm. 971, 1052.

[1111a]) Schutz des Drittschuldners ev. nach § 409 BGB.

[1112]) Es bedarf insoweit also nicht der von LENT, II 188, vorgeschlagenen Ersatzmittel des Zurückbehaltungsrechts oder der Grundschuld. Daß die Rechtswirksamkeit der Bestellung eines Pfandes an einer beweglichen Sache oder einer Hypothek für eine rechtskräftig festgestellte Forderung im Verhältnis der Parteien zueinander wegen Fehlens der Forderung bezweifelt werden kann, hat auch PAGENSTECHER nicht als Folgerung der prozessualen Rechtskrafttheorie hingestellt. Den dieser von PAGENSTECHER entgegengehaltenen Fall der Verpfändung einer Forderung erörtert LENT, a. a. O., nicht.

[1113]) Hoffentlich wird PAGENSTECHER der im Text gegebenen Antwort auf seine, in der Rhein. Ztschr. VI 529, 530, an „alle Anhänger der prozessualen Theorie" gerichteten Fragen nicht das Zeugnis versagen, daß sie „folgerichtig begründet" sei, so wenig er auch sonst mit ihr einverstanden sein wird. Daß er freilich auf sie „ein weiteres Dezennium" hat warten müssen, findet indessen seinen Grund nicht in der Verlegenheit, in die seine Fragen den Anhänger der prozessualen Theorie versetzt haben.

[1114]) Zu DERNBURG, 576; Enz., § 73; Festschrift f. KLEIN, 5ff.; ArchRechtsWirtschPhil., XI 195.

[1115]) Z. XXXVII 25ff.; Gerichtssaal LXVI 164ff.; LXXI 290ff.; Rhein. Ztschr. VI 534ff.; vgl. auch WURZER, GS. LXXXIX 112ff.; LÖWE-ROSENBERG, Nr. 6 zu § 262 (261) StPO.

der materiellen Rechtskrafttheorie sein. Wenn dem Nichteigentümer A die dem B gehörige Sache im Prozesse mit diesem rechtskräftig zugesprochen und im Wege der Zwangsvollstreckung ausgeliefert ist, und nun B die Sache dem A wegnimmt, so könnte nach der die materielle Rechtskrafttheorie ablehnenden Ansicht der Strafrichter den B nach wie vor als Eigentümer ansehen und von der Anklage des Diebstahls freisprechen. Ich vermag nicht einzusehen, warum dieses Ergebnis unerträglich sein soll. Viel unerträglicher wäre es m. E., wenn der Strafrichter den B wegen Diebstahls verurteilen müßte, obgleich er die Überzeugung gewonnen hätte, daß das Zivilurteil, welches das Eigentum der dem B gehörigen Sache dem A zuschreibt, offenbar unrichtig ist[1115a]). Unhaltbar wäre natürlich die von KOHLER[1116]) den Gegnern der materiellen Rechtskrafttheorie als möglich unterstellte, von KUTTNER[1117]) tatsächlich aufgestellte Ansicht, daß das Zivilurteil den A zwar nicht zum Eigentümer mache, aber, wie jeden in Zukunft mit der Sache befaßten Zivilrichter, so auch den Strafrichter binde, in einem Prozesse gegen B diesen als Nichteigentümer zu betrachten. Denn diese Ansicht würde u. a.[1117a]) zu der von KOHLER seinen Gegnern vorgehaltenen, von KUTTNER[1118]) wirklich gezogenen Folgerung führen, daß der Strafrichter den B wegen Diebstahls verurteilen müßte, die an der Tat des B Beteiligten, X und Y, aber freisprechen könnte, weil er ihnen gegenüber freie Hand hätte, den B nach wie vor als Eigentümer zu betrachten. Nur inter partes wirksame Zivilurteile können den Strafrichter schon deshalb nicht binden, weil jedenfalls an einem auf erhobene öffentliche Klage eröffneten Strafverfahren ganz andere Parteien beteiligt sind, als an dem voraufgegangenen Zivilprozeß. Es ist strafrechtlich wie strafprozessual gleich verfehlt, wenn KRÜCKMANN[1119]) meint, der Strafrichter habe ein zwischen zwei Parteien ergangenes Zivilurteil zugrunde zu legen, „wenn es sich um Delikte handelt, die zwischen diesen beiden Parteien sich abgespielt haben". Delikte „spielen" sich nie zwischen „Parteien" ab.

Bedenklicher könnte sein, daß, wer die materielle Rechtskrafttheorie ablehnt, dem Strafrichter auch die Befugnis einräumen muß, umgekehrt den Nichteigentümer A, der dem Eigentümer B dessen Sache wegnimmt, wegen Diebstahls zu verurteilen, obgleich im Prozesse zwischen A und B (zu Unrecht) das Eigentum des A festgestellt ist. Indessen entspricht eine solche Folgerung durchaus dem Standpunkt unseres

---

1115a) Übereinstimmend BELING, ZStrW. XXXVI 657; SAUER, 207.

1116) A. a. O.; vgl. auch WURZER, GS. LXXXIX 113 Anm. 1.

1117) Urteilswirkungen, 216ff., insbes. 231ff. Im Ergebnis kommt zum Teil auf KUTTNERS Lehre hinaus KRÜCKMANN, Z. XLVIII 18, 20ff.

1117a) Nicht durchschlagend gegen KUTTNERS Ansicht ist die von KOHLER, Enz. § 73, vorgehaltene Folgerung, daß, wenn B die Sache im Inland stehle, er als Dieb verurteilt werden müsse, daß er dagegen ein Ehrenmann sei, wenn er sie im Ausland nehme. Ist es denn nach der materiellen Rechtskrafttheorie anders, sofern ein Fall der Nichtanerkennung des inländischen Urteils im Auslande vorliegt? Vgl. übrigens noch KUTTNER, Urteilswirkungen, 19 Anm. 8; GOLDSCHMIDT, ZivArch. CXVII 11 zu Anm. 32.

1118) A. a. O., 232.

1119) Z. XLVI 392; auch Z. XLVII 68.

Reichsgerichts, nach welchem das Dasein eines der materiellen Rechtskraft fähigen, materiell ungerechtfertigten Vollstreckungstitels den Vollstreckungsgläubiger weder vor der Strafe der Gebührenüberhebung schützt, wenn er wider besseres Wissen die Gebühren im Wege der Zwangsvollstreckung beitreibt, noch vor der Strafe der versuchten Erpressung, wenn er wider besseres Wissen die Zwangsvollstreckung androht oder betreibt[1120]. Und KOHLER, der, in Übereinstimmung mit dem Reichsgericht, sogar dem Zivilrichter gestattet, in offener Durchbrechung der Rechtskraft gegenüber dem Gebrauch eines unrichtigen Urteils die actio oder exceptio doli durchgreifen zu lassen[1121], ist zuletzt befugt, gegen eine Theorie als Beweisgrund zu verwerten, daß sie der materiellen Gerechtigkeit auf Kosten der Rechtskraft zum Siege verhelfe[1122]. Übrigens würde auch nach der materiellen Rechtskrafttheorie, wie PAGENSTECHER selbst zugibt[1123], der Strafrichter das Zivilurteil, welches das Eigentum des wegen Diebstahls angeklagten A feststellt, nur dann seiner Entscheidung zugrunde legen können, wenn feststeht, daß vor Erlaß des Zivilurteils entweder A oder sein Prozeßgegner B Eigentümer der Sache war; denn im Falle, daß B nicht vorher Eigentümer war, konnte das (unrichtige) Urteil an den Eigentumsverhältnissen nichts ändern[1124]. Der Strafrichter muß also doch die ganze Eigentumsfrage noch einmal aufrollen[1125], und es wäre mehr als seltsam, wenn er

---

1120) RGESt. XIV 374; XXVI 305, XXXIV 279; dazu PAGENSTECHER, Rechtskraft, S. 354 Anm. 839, S. 396ff.; GOLDSCHMIDT, Ungerechtfert. Vollstreck. Betr., S. 1 Anm. 1, S. 41 i. d. Anm.; F. HAMBURGER, Ausbeutung, 98 Anm. 55; HEIM, 244 ff.; W. JELLINEK, 138; KUTTNER, Nebenwirkungen, 184ff. Haltlos KRÜCKMANN, Z. XLVII 75 Anm. 104: die Frage, ob Drohung mit Zwangsvollstreckung aus materiell unrichtigem, rechtskräftigem oder nicht rechtskräftigem Urteil Erpressung sei, „dürfte nun wohl endgültig verneinend erledigt sein"; ebenso WURZER, GS. LXXXIX 117. Vgl. auch RGEZ. XXXIX 145, 146 (strafbarer Wucher trotz eines den wucherischen Vermögensvorteil deckenden rechtskräftigen Urteils).

1121) Z. XXIX 38; bei Grünhut XXXIII 563; Enz., § 76 a. E.

1122) Vgl. schon F. HAMBURGER, Ausbeutung, 98 Anm. 55 a. E., gegen KOHLER, bei Grünhut XXXIII 565.

1123) Rhein. Ztschr. VI 535, 536; vgl. auch WURZER, GS. LXXXIX 118.

1124) Vgl. oben zu Anm. 976.

1125) KRÜCKMANN, Z. XLVI 391ff., XLVII 56 Anm. 89, hält dies PAGENSTECHER mit Recht vor (vgl. schon oben Anm. 994). Er irrt aber sehr, wenn er glaubt, daß es nach seiner „Rechtsbesitztheorie" anders wäre. „So weit sind wir trotz" der Rechtsbesitztheorie „denn doch noch nicht" (KRÜCKMANN, Z. XLVII 21), daß, wer dem B eine dem C gehörige Sache in der Absicht rechtswidriger Zueignung wegnimmt, deshalb keinen Diebstahl begeht, weil er dem B gegenüber ein sein (des A) Eigentum feststellendes (unrichtiges) Urteil erstritten hat. Hier spielt KRÜCKMANN seine, von Haus aus unkriminalistische Vorstellung, daß sich Delikte „zwischen zwei Parteien abspielen" könnten (vgl. oben zu Anm. 1119), einen bösen Streich. In dem umgekehrten Falle, daß die im Prozeß zwischen zwei Nichteigentümern unterlegene Partei der anderen die dieser zugesprochene Sache wegnimmt (KRÜCKMANN, Z. XLVII 55), würde allerdings nach der materiellen Rechtskrafttheorie der Strafrichter das (unrichtige) Zivilurteil seiner Entscheidung ohne weiteres zugrunde legen können (was bei PAGENSTECHER, Rhein. Ztschr. VI 535/6, nicht zum Ausdruck kommt). Aber nicht wegen des „Rechtsbesitzes" des siegreichen Nichteigentümers, sondern einfach, weil die weggenommene Sache auch dann eine dem Täter nicht gehörige, also „fremde" ist, wenn sie dabei zu dem Ergebnis käme, daß in der Tat B Eigentümer, das Zivilurteil also unrichtig war, er aber gerade deshalb den Nichteigentümer A von der Anklage des Diebstahls freisprechen müßte. Unhaltbar wäre natürlich auch hier wieder[1126]) die Ansicht KUTTNERS[1127]), daß der Strafrichter den zivilgerichtlich rechtskräftig als Eigentümer festgestellten Nichteigentümer A deshalb von der Anklage des Diebstahls freisprechen müßte, weil er ihm gegenüber an das Zivilurteil prozessual „gebunden" sei. Das würde wieder u. a. zu der Folgerung führen, daß der Strafrichter die an der Tat des A beteiligten X und Y, auf welche die Rechtskraftwirkung des Zivilurteils sich nicht erstreckt, im Gegensatz zur Freisprechung des A, verurteilen könnte. KUTTNER versucht zwar, diese Folgerung abzulehnen, indem er, unter Berufung auf v. LISZT, geltend macht, daß die Strafbarkeit der Teilnahme durch die Strafbarkeit der Haupttat bedingt sei[1128]). Indessen hat schon PAGENSTECHER[1129]) darauf hingewiesen, daß nur die unselbständige Teilnahme (Anstiftung, Beihilfe), nicht aber die Mittäterschaft (§ 47 StGB.) in ihrer Strafbarkeit von der Strafbarkeit der Haupttat abhängig sei, und daß v. LISZT an der von KUTTNER[1130]) angeführten Stelle[1131]) nichts anderes behaupte. PAGENSTECHER hätte hinzufügen können, daß v. LISZT an der angeführten Stelle weiter ausführt, daß auch die Strafbarkeit der unselbständigen Teilnahme nicht berührt werde durch den in der Person des Haupttäters vorliegenden Mangel einer Prozeßvoraussetzung, daß also die aus prozessualen Gründen gebotene Freisprechung[1132]) des Haupttäters die Verurteilung selbst der Teilnehmer im engeren Sinn (Anstifter, Gehilfen) nicht hindern würde, und daß daher die Schutzbehauptung KUTTNERS in ihrem ganzen Umfange unhaltbar ist.

Anders als bei den nur unter den Parteien wirksamen Urteilen könnte man bei den für und gegen alle wirksamen mit KUTTNER[1133]) zu einer prozessualen Bindung des Strafrichters kommen[1134]). Tut man dies,

einem am Zivilprozeß nicht beteiligt gewesenen Dritten gehört. Insoweit schon richtig KOHLER, ArchRechtsWirtschPhil., XI 194.

1126) Vgl. schon oben hinter Anm. 1117.

1127) Urteilswirkungen, 232.

1128) Urteilswirkungen, 233.

1129) Rhein. Ztschr. VI 541 Anm. 2.

1130) A. a. O., 233 Anm. 62.

1131) v. LISZT, § 52 II.

1132) Wäre die Bindung des Strafrichters an das Zivilurteil im Sinne KUTTNERS wirklich Rechtens, so wäre sie natürlich im Strafprozeß, so wenig wie im Zivilprozeß (vgl. darüber LENT, II 313 ff.), ein eigentliches „Prozeßhindernis", so daß sie also die „Einstellung" des Verfahrens zur Folge hätte. Jedenfalls aber wäre das auf die prozessuale Bindung des Strafrichters zurückführbare Hindernis, zur Strafverurteilung des Haupttäters zu gelangen, in bezug auf seine Unmaßgeblichkeit für die Strafverfolgung der Teilnehmer unzweifelhaft einem Prozeßhindernis gleichzustellen.

1133) Urteilswirkungen, 69 ff. LÖWE-ROSENB., Nr. 6 zu § 262 (261), scheint anzunehmen, daß KUTTNER nur bei solchen Urteilen eine Bindung des Strafrichters lehre. Das wäre eine Irrtum.

1134) So in der Tat HEIM, 241, 246; während HELLWIG, Syst. I, § 23 zu Anm. 7, § 230 I 2 a. E. III 1 b a. E., und SAUER, 209, 210, bei den inter omnes wirksamen Urteilen zwar die Behörden der freiwilligen Gerichtsbarkeit und die Verwaltungsbehörden für gebunden halten, aber, nicht den Strafrichter — vgl. dazu auch GOLDSCHMIDT, ZivArch. CXVII 24/5 —, und die Motive zu § 221 so würde, selbst wer die materielle Rechtskrafttheorie ablehnt, den objektiven Tatbestand der Doppelehe (§ 171 StGB.) unbedingt verneinen, wenn ein das Nichtbestehen der früheren Ehe feststellendes Urteil ergangen ist (§ 629 II ZPO.)[1135]. Strafbarkeit wegen Ehebruchs (§ 172 StGB.) wäre, wenn ein negatives Ehefeststellungsurteil ergangen ist,

Entw. der StPO. (§ 262 [261] des Ges.) gerade umgekehrt den Strafrichter nur an ein solches Zivilurteil für gebunden halten, welches „unter den Parteien ein ihrer Verfügung unterworfenes Rechtsverhältnis für die Zukunft feststellt", wobei sie freilich auf ein Gestaltungsurteil (Grenzscheidungsurteil) exemplifizieren. Ob die — erwägenswerte — Bindung auch aller anderen Behörden außer den Zivilgerichten durch die für und gegen alle wirksamen Urteile darauf beruhen würde, daß die Behörden zu den „allen" gehören (dagegen KUTTNER, Festg. f. GIERKE, 198; Urteilswirkungen, 63ff.; HEIM, 238ff.), kann hier dahingestellt bleiben; jedenfalls würde sie darauf beruhen, daß die inter omnes wirksamen Urteile aus einem von dem Untersuchungsgrundsatz beherrschten Verfahren hervorgegangen sind. Anders natürlich KUTTNER, Urteilswirkungen, 64/5, der ja die anderen Behörden auch durch solche Urteile der Zivilgerichte für gebunden erachtet, die aus einem von dem Verhandlungsgrundsatz beherrschten Verfahren hervorgegangen sind; vgl. auch dens., a. a. O., 15ff. Die von KUTTNER für seine Ansicht angeführten Gründe sind sämtlich unstichhaltig. Er glaubt, darauf hinweisen zu können (64), daß der Prozeß der preußischen Allg.GO. trotz Herrschaft des Untersuchungsgrundsatzes an der grundsätzlichen Beschränkung der Rechtskraft inter partes festgehalten habe, wie dies auch das heutige österreichische Zivilprozeßrecht tue. Aber daß die Beobachtung der Untersuchungsmaxime nicht notwendig zur Urteilswirkung inter omnes führt, beweist doch nichts dagegen, daß eine Urteilswirkung inter omnes notwendig durch vorherige Beobachtung der Untersuchungsmaxime bedingt ist. Außerdem ist KUTTNERS Behauptung, daß „nirgends die Untersuchungsmaxime im Zivilprozeß energischer zur Herrschaft gebracht worden sei als in diesen Prozeßsystemen", selbstverständlich falsch. Denn bei aller Ausdehnung des Herrschaftbereichs der Untersuchungsmaxime in den genannten Prozeßsystemen halten doch beide daran fest, daß zugestandene Tatsachen nicht des Beweises bedürfen (§§ 82 I 10 preuß. AGO.; 266 österr. ZPO.). Damit ist die Herrschaft der Untersuchungsmaxime in dem wichtigsten Punkte, die Grundbedingung einer Urteilswirkung inter omnes ausgeschaltet. Wenn KUTTNER (65) weiter darauf verweist, daß ein die Eheanfechtungsklage oder die Ehelichkeitsanfechtungsklage abweisendes Urteil inter omnes wirke (§§ 629, 643 ZPO.) obwohl es aus einem von dem Verhandlungsgrundsatz beherrschten Verfahren hervorgegangen sei so beruht dies darauf, daß die Ausübung des Anfechtungsrechts in das Ermessen des Berechtigten, dessen Recht ein höchstpersönliches ist, gestellt ist, und daß jeder Verzicht des Berechtigten auf sein Recht die Gültigkeit der Ehe bzw. die Geltung der Ehelichkeit bewirkt. Kaum glaublich ist, wie KUTTNER an einer anderen Stelle (Urteilswirkungen, 16), im Widerspruch zu seiner eben erwähnten Anführung und offenbar falsch, geltend machen kann, das die Ehescheidungsklage abweisende Urteil wirke doch nur inter partes, obgleich es „in einem von der Inquisitionsmaxime beherrschten Verfahren gefunden" sei. Gegen KUTTNER schon PAGENSTECHER, Rhein. Ztschr. VI 547ff.; wie hier auch HEIM und HELLWIG, a. a. O.; vgl. ferner GOLDSCHMIDT, ZivArch. CXVII 23, 40. Das., 14ff., 20ff., ist auch gegen die Lehre Stellung genommen, daß Gestaltungsurteile immer, selbst wenn sie aus einem von der Verhandlungsmaxime beherrschten Verfahren hervorgegangen sind, inter omnes wirkten, (vgl. dazu noch unten Anm. 1138), und damit KUTTNERS Standpunkt die Möglichkeit entzogen, hier eine Stütze zu finden. KUTTNER versucht dies übrigens nur (a. a. O., 16) in bezug auf das Urteil aus § 273 HGB., dessen Sonderbestimmung aber, so wenig wie etwa die des § 147 KO., keine Urteilswirkung inter omnes aufstellt.

[1135]) Vgl. über diesen Fall PAGENSTECHER, Z. XXXVII 27ff.; Gerichtssaal, LXXI 292ff.; OETKER, ebenda, 297ff.; KUTTNER, Urteilswirkungen, 70.

keinesfalls denkbar, da eine Scheidung der als nichtbestehend rechtskräftig festgestellten Ehe und damit der Eintritt der in § 172 StGB. vorgesehenen Strafbarkeitsbedingung ausgeschlossen ist[1136]). Ebenso kann sich weder der Tatbestand der Doppelehe noch der des Ehebruches verwirklichen, wenn die frühere Ehe — sei es selbst zu Unrecht — rechtskräftig geschieden oder für nichtig erklärt ist, und zwar auch dann, wenn man den Strafrichter an das unzweifelhaft inter omnes wirkende Urteil, welches die Ehe scheidet[1137]) oder für nichtig erklärt (§ 629 I ZPO.), nicht für gebunden erachten sollte. Nicht etwa — wie allgemein gelehrt wird —, weil die bezeichneten Urteile Gestaltungsurteile sind[1138]). Vielmehr entfällt der Tatbestand der Doppelehe, weil nach dem Gesetz (§ 171 StGB.) die Auflösung oder Nichtigkeitserklärung der Ehe die strafrechtliche Neben- oder Tatbestandswirkung hat, den Tatbe-

1136) Oetker, a. a. O., 298.

1137) Goldschmidt, ZivArch. CXVII 23.

1138) Gegen diese Lehre Goldschmidt, ZivArch. CXVII 14ff., 20ff. Die gegen mich von Pagenstecher, Rhein. Ztschr. X 141 Anm. 10, erhobenen Einwendungen haben mich in meiner Auffassung, daß die Rechtswirksamkeit eines Gestaltungsurteils nur im Rahmen seiner materiellen Rechtskraft der Nachprüfung entzogen ist, nicht erschüttert. Ich sehe nicht ein, warum Dritte nicht die Unrichtigkeit eines der Klage der Ehefrau aus § 1418 Nr. 3 BGB. zu Unrecht stattgebenden Urteils gerade so geltend machen sollten, wie sie die Nichtigkeit eines Ehevertrages geltend machen können. Auch über die Gültigkeit eines Ehevertrages können die Ehegatten kein inter omnes wirkendes Urteil erlangen. Ebenso ergeben sich keine Schwierigkeiten für die Eintragung des die ehemännliche Verwaltung und Nutznießung aufhebenden Urteils im Güterrechtsregister; der Registerrichter hat die Richtigkeit eines solchen Urteils m. E. in demselben Umfange nachzuprüfen, wie die Gültigkeit eines Ehevertrages. Übrigens hat bekanntlich die Eintragung im Güterrechtsregister weder den Zweck noch die Wirkung, die Wahrheit der eingetragenen Tatsache mit öffentlichem Glauben zu versehen. Nur „dem Schweigen des Registers darf man trauen" (M. Wolff, Familienrecht, § 42 VI). Von meinem Standpunkt aus ist der von Pagenstecher, a. a. O., 140ff., behandelte Fall in Übereinstimmung mit M. Wolff, Festg. f. Bergbohm, 130, zu entscheiden: Ist die ehemännliche Verwaltung und Nutznießung wegen Entmündigung des Mannes aufgehoben (§ 1418 Nr. 3), ist dann die Entmündigung aufgehoben und hat darauf der Mann rechtskräftig die Wiederherstellung seiner Rechte erstritten (§ 1425), so tritt trotz dieses Urteils wieder Gütertrennung (rückwirkend) ein, wenn das die Entmündigung aufhebende Urteil im Wiederaufnahmeverfahren aufgehoben wird. Nach alledem halte ich die Ergebnisse meiner Ansicht nicht für so „unsinnig", wie Pagenstecher dies tut. Den Ursprung der Legende von der absoluten Wirkung der Gestaltungsurteile habe ich, a. a. O., 17ff., 22ff., aufgedeckt. In Eventualaufrechnung, 70 Anm. 2, beruft sich Pagenstecher gegen mich auf RGEZ. LXXV 216 (vgl. über dieses Urteil noch unten hinter Anm. 1150), wonach sich „aus der Natur des Scheidungsurteils" ergebe, daß es, auch wenn es falsch sei, eine Rechtsänderung hervorrufe. Aber mit diesem Ergebnis steht meine Lehre (ZivArch. CXVII 23), wie Pagenstecher (Rhein. Ztschr. X 141 Anm. 10) wohl weiß, völlig im Einklang. Daß das RG. (Urteil v. 9. Febr. 1911) dieses Ergebnis möglicherweise nicht, wie ich, daraus gewinnt, daß das Scheidungsurteil aus einem von der Untersuchungsmaxime beherrschten Verfahren hervorgegangen und ein Urteil in Statussachen ist, sondern aus der legendären absoluten Wirkung der Gestaltungsurteile — was soll das gegen mich wohl beweisen? Vgl. dagegen das oben in Anm. 958 besprochene RGEZ. LXXXVIII 244ff. Daß ein der Rechtskraft darbender, unberechtigter Staatsakt rechtsunwirksam ist, hat das Kammergericht, DJZ. 1922, 197/8, anerkannt.

stand der Doppelehe auszuschließen[1139]). Und der Tatbestand des Ehebruches entfällt, weil das Gesetz (§ 172 StGB.), wie schon erwähnt, die Strafbarkeit des Ehebruches an die Bedingung knüpft, daß die Ehe wegen des Ehebruches geschieden ist. Diese Bedingung kann indessen bei einer schon rechtskräftig geschiedenen oder für nichtig erklärten Ehe nicht eintreten; wenn man KIPP[1140]) folgt, durchaus nicht deshalb, weil eine schon geschiedene oder für nichtig erklärte[1141]) Ehe nicht geschieden werden könnte; sondern weil der Zivilrichter nicht im Widerspruch zu dem rechtskräftigen Urteil, welches die Ehe geschieden oder für nichtig erklärt hat, das Vorliegen eines danach begangenen Ehebruches feststellen kann[1142]). Bemerkenswert ist übrigens, daß nach KOHLER[1142a]) die Strafbarkeit wegen Blutschande (§ 173 StGB.) nicht dadurch ausgeschlossen wird, daß die aus § 1327 BGB. erhobene Nichtigkeitsklage zu Unrecht rechtskräftig abgewiesen ist (§ 629 ZPO.).

6. Daß ein inter omnes wirksames Zivilurteil die Behörden der freiwilligen Gerichtsbarkeit und die Verwaltungsbehörden bindet, wird allgemein zugegeben[1143]). Danach würde auch vom Standpunkt dessen aus, welcher der materiellen Rechtskrafttheorie nicht folgt, der Standesbeamte die Eheschließung nicht ablehnen können, wenn das Nichtbestehen einer früheren Ehe, selbst zu Unrecht, rechtskräftig festgestellt ist[1144]). Daß

[1139]) GÜNTER BRANDT, 33/4. Keine Widerlegung bei KOHLER, ArchRechtsWirtschPhil., XI 188.

[1140]) Doppelwirkungen, 232.

[1141]) Daß eine nichtige Ehe geschieden werden kann, sagt § 1329 BGB. ausdrücklich.

[1142]) Vgl. auch KIPP, a. a. O., 232 a. E. — KRÜCKMANN, Z. XLVII 42ff., will im Falle, daß eine Ehe zu Unrecht als nichtbestehend festgestellt, geschieden oder für nichtig erklärt ist, dem eine zweite Ehe eingehenden oder geschlechtlich verkehrenden Ehegatten deshalb nicht wegen Doppelehe oder Ehebruches strafen, weil er „Rechtsbesitz der Ehelosigkeit" erlangt habe. Anders soll es sein, wenn der Ehegatte bösgläubig ist und ihm der „Rechtsbesitz der Ehelosigkeit" nachträglich im Wege der Wiederaufnahme des Verfahrens entzogen wird. Vgl. auch KRÜCKMANN, Z. XLVI 393, XLVII 8ff., XLVIII 30ff. Daß die von ihm vertretene Ansicht „mit den positiven Bestimmungen des Gesetzes vereinbar sei", glaubt KRÜCKMANN anscheinend (Z. XLVII 44/5) selbst nicht; vgl. schon oben Anm. 1125. Auf die, außer von KRÜCKMANN, schon von PAGENSTECHER und OETKER, Gerichtssaal, LXXI 290ff, 294ff., behandelte Frage, ob im Falle einer nachträglichen Aufhebung des Urteils, welches das Nichtbestehen der Ehe festgestellt, die Ehe für nichtig erklärt oder geschieden hat, im Wege der Wiederaufnahme des Verfahrens eine inzwischen erfolgte zweite Eheschließung, ein inzwischen stattgehabter Geschlechtsverkehr strafbar werden, ist hier ebensowenig einzugehen, wie auf die Ausführungen KOHLERS, Festschrift für KLEIN, 9ff.; ArchRechtsWirtschPhil., XI 202ff. Sie — ebensowenig wie z. T. die Ausführungen KRÜCKMANNS, Z. XLVIII 20ff. — gehören nicht zu dem Thema der strafrechtlichen oder strafprozessualen Bedeutung eines rechtskräftigen Zivilurteils, sondern zu dem besonderen Problem der strafrechtlichen Bedeutung außerstrafrechtlicher Rückwirkung.

[1142a]) ArchRechtsWirtschPhil., XI 195ff.; übereinstimmend WURZER, GS. LXXXIX 120; anders wohl KRÜCKMANN, Z. XLVII 9, XLVIII 28 (vgl. auch Z. XLVI 393; Einführung, 182), wegen des durch das unrichtige Urteil erlangten „Ehebesitzes".

[1143]) Vgl. die oben zu Beginn der Anm. 1134 Zitierten.

[1144]) Vgl. PAGENSTECHER, Z. XXXVII 29, 30.

der Standesbeamte verpflichtet sei, zur Eheschließung auch dann mitzuwirken, wenn die Unrichtigkeit des negativen Ehefeststellungsurteils „sonnenklar"[1145]) ist, könnte man immerhin für den Fall bezweifeln, daß die Bindung des Strafrichters an das Feststellungsurteil verneint wird[1146]). Denn man könnte meinen, daß dem Standesbeamten unmöglich zugemutet werden könne, Beihilfe zur Doppelehe zu begehen. Indessen ist die Sachlage keine wesentlich andere, als wenn der Richter genötigt ist, einen Eid abzunehmen, der ein offenbarer Meineid ist. Von strafbarer Beihilfe kann weder in diesem noch in jenem Fall die Rede sein, da die Rechtswidrigkeit der Handlung des Beamten dadurch ausgeschlossen ist, daß er eine ihm obliegende Amtspflicht erfüllt.

End.ich ist zugunsten der materiellen Rechtskrafttheorie eingewendet worden[1147]), daß nach Auffassung ihrer Gegner, wenn im Prozeß zwischen A und B zu Unrecht B[1148]) als Eigentümer des Grundstücks festgestellt sei, die Steuerbehörde nach wie vor die Grundsteuer von A zu erheben hätte. Aber in solchem Falle kann B gemäß § 894 BGB. die Zustimmung des A zur Berichtigung des Grundbuchs verlangen und nötigenfalls erzwingen, und die Steuerbehörde pflegt sich an den Bucheigentümer[1149]), nach einer Entscheidung des preußischen Oberverwaltungsgerichts (in Steuersachen VII 59) überhaupt an den Eigenbesitzer des Grundstücks zu halten.

VIII. Mit besonderer Genugtuung hebt Pagenstecher[1150]) hervor, daß das Reichsgericht, das „von jeher in der bei weitem überwiegenden Mehrzahl seiner Entscheidungen" auf dem Boden der materiellen Rechtskrafttheorie gestanden habe, „in neuerer Zeit die prozessuale Theorie in einer jedes Mißverständnis ausschließenden Weise expressis verbis abgelehnt" habe. Das Urteil, auf das Pagenstecher abzielt (VI. Zivilsenat v. 9. Febr. 1911, EZ. LXXV 213ff.), gehört zu der Reihe der Entscheidungen, in denen das Reichsgericht gegenüber einem rechtskräftigen Urteil einen Schadenersatzanspruch zuläßt, wenn er damit begründet wird, daß das Urteil von der Gegenpartei vorsätzlich in einer gegen die guten Sitten verstoßenden Weise zu Unrecht erwirkt worden sei. In dem betreffenden Falle wird ein Schadensersatzanspruch zugelassen, den eine geschiedene und allein für schuldig erklärte Ehefrau gegen ihren früheren Ehemann wegen des entzogenen Unterhalts mit der Begründung erhebt, der Beklagte habe das Scheidungsurteil arglistig erschlichen. Dieses Ergebnis scheint dem Reichsgericht einen zweifachen Anlaß zu geben, sich zur materiellen Rechtskrafttheorie zu bekennen.

1. Das Reichsgericht widerlegt die anscheinend von der Revision geltend gemachten Bedenken gegen die Anwendung seiner Recht-

---

1145) Pagenstecher, a. a. O., 29.

1146) Vgl. oben zu Anm. 1133—1135.

1147) Von Kohler, Enz., § 73.

1148) Bei Kohler ist a. a. O. offenbar eine Verwechselung der Buchstaben untergelaufen.

1149) Dazu Kuttner, Urteilswirkungen, 201 (der auf die §§ 10 I Nr. 3, 17 ZwangsverstG., Art. 2 preuß AG. ZwG. verweist).

1150) Rhein. Ztschr. VI 531.

sprechung zur „Ausbeutung der Rechtskraft gegen die guten Sitten“ auf Gestaltungsurteile mit der Bemerkung, daß „auch den auf eine Leistungsklage ergangenen Urteilen, obwohl sie an sich nur deklarative Bedeutung haben mögen, in Fällen, wo die Entscheidung der materiellen Rechtslage nicht entspricht, konstitutive Wirkung“ zukomme. Dieser Bemerkung bedarf es zur Widerlegung jener Bedenken nicht. Denn da Bedenken gegen die reichsgerichtliche Rechtsprechung über die „Ausbeutung der Rechtskraft gegen die guten Sitten“ sich immer nur aus dem Wesen der Rechtskraft, nicht aus dem Wesen der Gestaltungsurteile ergeben können, ist überhaupt unerfindlich, worauf die Bedenken der Revision abzielen. Die Anwendung der reichsgerichtlichen Rechtsprechung gerade auf die Gestaltungsurteile könnte eher geringeren Bedenken unterliegen, da die Rechtskraftfähigkeit der Gestaltungsurteile von manchen bezweifelt wird[1151]).

2. Das Reichsgericht erklärt: „Wenn man allerdings mit einem Teile der Schriftsteller die Bedeutung der sogenannten materiellen Rechtskraft darin erblickt, daß jeder folgende Richter an den Inhalt des rechtskräftigen Judikats gebunden ist, dergestalt, daß eine anderweite Beurteilung ausgeschlossen wird, dann sind die in Rede stehenden Klagen überhaupt unzulässig. Denn der Schadensrichter muß prüfen, ob ein Schade erwachsen ist, und das kann er nur, wenn er das Scheidungsurteil hinsichtlich seiner Richtigkeit einer Nachprüfuug unterzieht. Allein die Rechtsprechung des Reichsgerichts hat nach dem bereits Erörterten jene Lehre über die Wirkung der Rechtskraft abgelehnt“[1151a]). Schon oben[1152]) ist festgestellt worden, daß die materielle Rechtskrafttheorie allerdings eine Vernichtung des durch das — unrichtige — Urteil geschaffenen materiellen Rechtszustandes im Wege eines Anspruches aus der unerlaubten Handlung oder ungerechtfertigten Bereicherung zulassen, damit aber die Rechtskraft preisgeben, muß[1153]). Und ferner ist oben[1154]) ausgeführt worden, daß die materielle Rechtskrafttheorie jedenfalls unfähig ist, die Rechtskraft der Gestaltungsurteile zu erklären. Es ist also leicht begreiflich, daß in dem vorliegenden Fall, in dem es sich um ein Gestaltungsurteil handelt, dem Reichsgericht das seiner Rechtsprechung in Gestalt der Rechtskraft entgegen stehende Hindernis nur

---

[1151]) Vgl. die Nachweise bei GOLDSCHMIDT, ZivArch. CXVII 19 Anm. 63. (auch oben Anm. 962). Daß STEIN, der auch den Gestaltungsurteilen Rechtskraft beilegt (Nr. IV 2 zu § 322 ZPO.), die Entsch. RGEZ. LXXV 213ff. im Ergebnis billigt (Anm. 174 zu § 322 ZPO.), ist damit, daß er sonst die reichsgerichtliche Rechtsprechung in Sachen der Durchbrechung der Rechtskraft zugunsten der guten Sitten ablehnt (Nr. IX 2 zu § 322 ZPO.), nicht zu vereinigen.

[1151a]) Eine kühne Behauptung, wenn man z. B. in RGEZ. LXXXIV 373 liest, daß eine rechtskräftige Feststellung „auch vom Richter bei späteren Entscheidungen ohne weitere Prüfung der Richtigkeit als maßgebend hinzunehmen“ sei, und daß hierfür schon auf RGEZ. XXIX 346 Bezug genommen wird.

[1152]) Zu Anm. 1003a.

[1153]) Wer, wie PAGENSTECHER, 328, 396ff., diese Folgerung nicht zieht, müßte dem Reichsgericht erwidern, daß auch nach der materiellen Rechtskrafttheorie die Prüfung, ob ein Schade erwachsen ist, ausgeschlossen wäre (RGEZ. LXVII 153).

[1154]) Hinter Anm. 936, 956.

in Gestalt der Formulierung der Rechtskraft durch die prozessuale Rechtskrafttheorie entgegentritt. Mithin ist es die Unfähigkeit der materiellen Rechtskrafttheorie, die Rechtskraft im allgemeinen und die Rechtskraft der Gestaltungsurteile im besonderen zu erklären, die ihr in dem vorliegenden Fall die Ehre verschafft, vom Reichsgericht vorgezogen zu werden. Diese Feststellung dürfte geeignet sein, die Genugtuung der Anhänger der materiellen Rechtskrafttheorie erheblich zu dämpfen.

In demselben Bande der Reichsgerichtsentscheidungen (EZ. LXXV 27) findet sich eine weitere Entscheidung, in der sich das Reichsgericht für die materielle Rechtskrafttheorie ausspricht[1155]). In diesem Falle klagten vier Miterben ein von ihrem Erblasser gegebenes Darlehen ein. Zwei davon hatten bereits eine rechtskräftige Feststellung des Klaganspruchs gegen den Beklagten erstritten. Der Beklagte machte geltend, daß diese zwei sich nicht auf die ihnen bereits zur Seite stehende rechtskräftige Feststellung berufen könnten, da sie nunmehr notwendige Streitgenossen der beiden anderen seien und die Entscheidung des streitigen Rechtsverhältnisses allen Streitgenossen gegenüber nur einheitlich erfolgen könne. Das Reichsgericht nennt diesen Einwand des Beklagten mit Recht „eine seltsame Idee". Aber „seltsam" ist die „Idee" des Beklagten nicht aus dem vom Reichsgericht angeführten Grunde, weil die beiden Sieger des Vorprozesses nicht aus dem vom Erblasser gegebenen Darlehen, sondern „vor allem eben aus ihrem rechtskräftigen Feststellungsurteile" klagten. Vielmehr ist die Prozeßlage so zu beurteilen: Entweder lag sog. notwendige Streitgenossenschaft im Sinne der ersten Alternative des § 62 ZPO. vor; dann wirkte höchstens die rechtskräftige Feststellung des Vorprozesses, gerade umgekehrt zu der „Idee" des Beklagten, zugunsten der beiden am Vorprozeß nicht beteiligten Miterben. Oder es lag notwendige Streitgenossenschaft im Sinne der zweiten Alternative des § 62 ZPO., notwendige Streitgenossenschaft im eigentlichen, engeren Sinne vor; dann war es entweder ebenso[1155a]), oder es war (so bei Gestaltungsurteilen) das unter ihrer Nichtbeachtung ergangene Urteil überhaupt unwirksam[1156]), hätte m. a. W. auch den Siegern selbst dann nichts genützt, wenn sie allein geklagt hätten. Tatsächlich lag, wie das Reichsgericht zutreffend unter Hinweis auf § 2039 BGB. feststellt — und dieser Grund allein trägt die Entscheidung —, gar keine notwendige Streitgenossenschaft vor.

Unter den übrigen von PAGENSTECHER[1157]) als auf dem Boden der materiellen Rechtskrafttheorie stehend angeführten RGEntscheidungen sind einzelne (EZ. XXXVI 350; XLVI 10[1158]); LXI 365) überhaupt

---

1155) Dazu PAGENSTECHER, Rhein. Ztschr. VI 534; X 52 Anm. 6.

1155a) Vgl. dazu unten Anm. 2808a.

1156) Vgl. GOLDSCHMIDT, ZivArch. CXVII 15 zu Anm. 48: unten Anm. 2663.

1157) Z. XXXVII 5 Anm. 20; Rhein. Ztschr. VI 533/4.

1158) Das RG. erklärt hier, unter Berufung auf WACH, Rechtskraft, 60ff., daß die Normen über die subjektiven Grenzen der Rechtskraft materielle seien. Es ist indessen bekannt, daß WACH, vgl. vor allem dessen Hdb. I 128, eben wirklich nur die Normen über die subjektiven Grenzen der Rechtskraft dem materiellen Recht zuweist, weil sie „lediglich Ausfluß des zivilistischen Verhältnisses" unerheblich. Eine (RGEZ. LXIX 279) betrifft einen Gestaltungsakt (den Zuschlagsbeschluß im Zwangsversteigerungsverfahren). In RGEZ. LXXI 311 heißt es nicht, wie PAGENSTECHER zitiert[1159]): „der Anspruch.. besteht für den abgewiesenen Betrag materiell nicht mehr“, sondern: „der Anspruch des Arrestgläubigers gegen den Drittschuldner besteht für den abgewiesenen Betrag materiell nicht mehr, auch wenn die Arrestpfändung nicht aufgehoben ist und formell weiter besteht“. Gemeint ist also nicht, wie jedermann nach PAGENSTECHERS Zitat denken muß, der eingeklagte Anspruch, sondern der im Wege des Arrestes gepfändete Anspruch, wenn in dem Verfahren über die Hauptsache die Forderung des Gläubigers gegen den Schuldner rechtskräftig abgewiesen ist[1160]). In RGEZ. LVI 77 operiert das RG. allerdings in unklarer Weise mit einer „obligierenden Wirkung“, die einem Urteil angeblich noch neben seiner Rechtskraftwirkung zukommen soll. Im Ergebnis kommt aber die Entscheidung vollkommen auf die prozessuale Rechtskrafttheorie hinaus. Denn sie stützt die Unwirksamkeit eines Urteils, das gegen die Ehefrau in einem ohne Zustimmung des Ehemannes geführten Rechtsstreit ergangen ist, gegenüber dem gütergemeinschaftlichen Ehemann nicht, wie PAGENSTECHER[1161]) will, auf entsprechende Anwendung der §§ 1459ff. BGB., sondern des § 1400 I BGB. Nicht viel anders steht es mit den übrigen nach PAGENSTECHER der materiellen Rechtskrafttheorie huldigenden RGEntscheidungen. Sie weisen eine Ausdrucksweise auf, die auf die materielle Rechtskrafttheorie hindeutet, in Wahrheit nur gemeinrechtlicher, auf unzureichendem Verständnis des römischen Rechts[1162]) beruhender Tradition entstammt. Der Sache nach kommen sie zu keinem Ergebnis, zu dem man nicht gerade so gut auf Grund der prozessualen Rechtskrafttheorie gelangen könnte[1162a]).

---

seien, „welches rücksichtlich der rechtskräftig entschiedenen Sache, des Anspruches zwischen der Partei und Dritten besteht“. HELLWIG, Rechtskraft, 9; Syst., I § 70 II 2a, § 109 I 2 a. E., § 227 V 1, hat sich WACHS Lehre gerade vom Standpunkt der prozessualen Rechtskrafttheorie aus mit der Maßgabe zu eigen gemacht, daß nach ihm zwar nicht die Regeln über die subjektiven Grenzen der Rechtskraft, wohl aber die über die ihnen zugrunde liegenden privaten Rechtsverhältnisse, insbesondere über das Verwaltungsrecht, dem materiellen Recht angehören. Vgl. unten Anm. 1408[b]. Vgl. aber auch HELLWIG, Syst., I § 2 I, § 227 V 2; ferner STEIN, III zu § 322; MENDELSSOHN BARTHOLDY, Rechtskraft, 340 Anm. 1; vor allem aber PAGENSTECHER selbst, Rechtskraft, 52 Anm. 112 a. E.

[1159]) Rhein. Ztschr. VI 533.

[1160]) Mit der rechtskräftigen Aberkennung der Hauptschuld geht in der Tat das Pfändungspfandrecht unter; vgl. dazu oben vor Anm. 1091 und in Anm. 971.

[1161]) Z. XXXVII 234/5.

[1162]) Vgl. oben zu Anm. 889ff.

[1162a]) In RGEZ. LXXVIII 395 heißt es: „Das rechtskräftige Urteil macht streitige Rechtsverhältnisse zwischen den Parteien endgültig unstreitig und legt sie in ihrer materiellen Gestaltung für die Zukunft unabänderlich fest, so daß was das Urteil ausgesprochen hat nunmehr Recht wird, auch wenn es vorher dem materiellen Rechte bei dessen richtigem Verständnis nicht entsprach. Nach der Rechtskraft des zuerst ergangenen Urteils konnte nicht mehr darüber gestritten werden, ob der dem Beklagten darin abgesprochene Anspruch rechtlichen Bestand habe.“ Also erster Halbsatz prozessuale Rechtskrafttheorie, zweiter Halbsatz materielle Rechtskrafttheorie, Schlußsatz wieder prozessuale Rechtskrafttheorie!

Gerade das ist anders in bezug auf die drei Urteile, die nach PAGENSTECHERS Zugeständnis[1163]) der prozessualen Rechtskrafttheorie folgen [Jurist. WochSchr. 1897, 419[1164]); bei GRUCHOT XLVI 433 ff.[1165]); LIII 908 ff.[1166])]. Sie beruhen wirklich auf der prozessualen Rechtskrafttheorie. Dies scheint mir wesentlich schwerer ins Gewicht zu fallen als die von PAGENSTECHER[1167]) hervorgehobene Tatsache, daß „keines derselben in der von den Mitgliedern des Gerichtshofs herausgegebenen Sammlung der Entscheidungen abgedruckt ist". Übrigens sind in dieser Sammlung nach PAGENSTECHERS Zusammenstellung[1168]) verschiedene Urteile erschienen, die eine unverkennbare Parteinahme für die prozessuale Rechtskrafttheorie verraten, so RGEZ. LXXXIV 373[1169]) und ganz besonders RGEZ. LXXX 323, 324.

2. Rechtskraft ist „Gerichtskraft", die gerichtliche Geltung eines Anspruches (im prozessualen Sinn) als berechtigt oder unberechtigt, und eine Erscheinungsform der „doppelten Rechtsordnung". Sie ist kein „Rechtsbesitz" und führt zu einer zwiefachen Möglichkeit der Rechtsbetrachtung.

(§ 17.)

Die Auseinandersetzung mit der materiellen Rechtskrafttheorie hat uns nur scheinbar ab vom Wege zum Ziele des empirischen Prozeßbegriffes[1170]) geführt. Vielmehr ist die materielle Rechtskrafttheorie ein Hindernis, das sich diesem Wege frontal vorlagert. Wäre sie richtig, so wäre der empirische Prozeßbegriff hinfällig, die Rechtskraft nicht Prozeßziel. Denn es leuchtet ohne weiteres ein, daß der Prozeß nicht das Ziel haben kann, durch ein unrichtiges Urteil den materiellen Rechtszustand zu ändern. Es bedurfte daher erst der Überwindung dieses von der „metaphysischen" Prozeßauffassung[1171]) der Durchführung der empirischen in den Weg gelegten Hindernisses.

Rechtskraft ist also weder die Kraft objektiven Rechts (Gesetzeskraft) (oben § 15), noch die Kraft subjektiven Rechts (oben § 16). Vielmehr hat „Recht" in „Rechtskraft" offensichtlich — die Wörterbücher versagen — dieselbe Bedeutung, wie in „Rechtsweg"[1172]), „Rechtshängigkeit", „von Rechts wegen", „Rechtsgang", „Rechtsverweigerung", „Rechtshilfe", Richtsteig „Landrechts", „Lehnrechts", „stand-, kriegsrechtliches" Verfahren, „rechtliches" Gehör usw. D. h. es bedeutet „Gericht"; „Rechtskraft" ist „Gerichtskraft"[1172a]).

1163) Rhein. Ztschr. VI 531.
1164) Vgl. oben Anm. 983.
1165) Vgl. oben Anm. 972a, 982.
1166) Vgl. oben hinter Anm. 1108.
1167) Rhein. Ztschr. VI 531.
1168) A. a. O., 533/4.
1169) Vgl. oben Anm. 1151a.
1170) Vgl. oben hinter Anm. 826.
1171) Vgl. oben hinter Anm. 1024.
1172) Vgl. O. STÖLZEL, 1/2.
1172a) Vgl. schon GOLDSCHMIDT, Ungerechtfert. Vollstreck.Betr., 42. An die Möglichkeit einer solchen Bedeutung denkt MERKL, Rechtskraft, 171 ff., nicht. Sie hätte auch nicht in sein System gepaßt; vgl. oben Anm. 827, 831a, unten Anm. 1259c.

Dabei bedeutet Gerichtskraft zunächst die Kraft, die dem Gerichtsspruch zukommt, d. i. seine Geltung. In diesem Sinne spricht man von „formeller“ und „materieller Rechtskraft“, welcher Gegensatz dem von „formeller“ und „materieller Gesetzeskraft“[1172b]) parallel ist. Gerade die materielle Rechtskraft aber, auf die es hier ankommt, ist „Gerichtskraft“ nicht nur in dem Sinne einer Kraft, die das Gericht (d. i. sein Spruch) „hat“, sondern auch im Sinne einer solchen, die (subjektiv) das Gericht verleiht, und die (objektiv) etwas „vor“ Gericht hat. Dieses „etwas“ ist der Anspruch im prozessualen Sinne, d. i. die zum Zwecke des Angriffs aufgestellte „Rechtsbehauptung“, welche das „Urteilsbegehren“[1172c]), d. i. das Verlangen der Rechtszu- — oder bei der negativen Feststellungsklage Rechtsab- — erkennung begründet. Rechtskraft ist die gerichtliche Geltung eines Anspruches als rechtlich begründet oder unbegründet[1172d]), insbesondere bei dem Leistungsurteil die Wirkung, daß ein Imperativ des Klägers an den Beklagten gerichtlich als ein dem Kläger zur Verfügung gestellter rechtlicher Imperativ[1172e]) oder als unberechtigte Anmaßung gilt[1172f]).

Rechtskraft in diesem Sinne ist also einmal Kraft „von Rechts wegen“, d. i. eben von Gerichts wegen, d. h. die Geltung der Feststellung des Urteils beruht auf der Macht des Gerichts. M. a. W. wie die Geltung der Rechtsnorm, welche den Gesetzesinhalt bildet, auf dem staatlichen Gesetzesbefehl beruht[1172g]), so beruht die Geltung des durch Subsumtion des konkreten Tatbestandes unter die Rechtsnorm gewonnenen Schlußsatzes des Urteilssyllogismus, welcher den Urteilsinhalt bildet, auf dem staatlichen Gerichtsbefehl[1172g2]). Die Rechtskraft ist mithin in letzter Linie „metarechtlich“[1172h]). Die Rechtsanwendung steht gerade so außerhalb der Rechts-

---

1172b) Vgl. LABAND, II § 57. Willkürlich und abwegig über den Unterschied von formeller und materieller Rechtskraft MERKL, Rechtskraft, 273.

1172c) Vgl. HELLWIG, Anspruch, 156; Lehrb. I, § 23 Anm. 2; Syst. I, § 2 Anm. 4, § 17 Anm. 1; LENT, II 261; STEIN, Nr. III zu § 145 ZPO.; auch schon oben zu Anm. 240, 791, unten zu Anm. 1216, 1630. Gegen den prozessualen Anspruchsbegriff SAUER, 193, 539; er will ihn durch den Begriff der „individualisierten oder individualisierungsfähigen Rechtssache“ = Tatsache ersetzen. Es kommt aber auf eines heraus, ob man Tatbestandsbehauptung oder behaupteter Tatbestand sagt; vgl. denn auch SAUER, 269, 487, 538. Was SAUER, 215, sprachlich gegen den prozessualen Anspruchsbegriff anführt, trifft nicht zu.

1172d) Vgl. schon oben zu Anm. 791, 792. Die Definition des Textes enthält kein Präjudiz zugunsten der das Klaginhaltserfordernis des § 253 II Nr. 2 ZPO. betreffenden sog. Individualisierungstheorie; anders HELLWIG, Rechtskraft, 11 Anm. 28.

1172e) Vgl. dazu unten zu Anm. 1279.

1172f) Das im Text Gesagte gilt nur für die entwickelte, d. i. positive Rechtskraftwirkung; über die negative vgl. oben hinter Anm. 952.

1172g) Vgl. unten Anm. 1267c und zu Anm. 1308.

1172g2) Vgl. (geschichtlich) PLANCK, I 442 Anm. 2; Gerichtsverfahren, I 90, 303, 312 ff.); (dogmatisch) GOLDSCHMIDT, Ungerecht. Vollstreck. Betr., 48 ff.

1172h) MERKL, Jur. Bl. 1918, 446 ff.; G. JELLINEK, Staatsverträge, 3; KELSEN, 51.

ordnung[1172i]), wie die Gesetzgebung[1172k]). Das ist natürlich cum grano salis zu verstehen. Auch die Rechtskraft ist — wenigstens heute — eine Rechtsfolge; das Recht selbst legt dem Urteil die Wirkung bei, daß, was der Richter für Recht erkennt, als Recht gilt (Rechtskraft in dem oben erwähnten Sinne einer Kraft, die der Gerichtspruch kraft des Rechts hat)[1172l]). Indessen, indem das Recht so verfährt, macht es aus der Not eine Tugend. Es legalisiert die Macht, welche, sobald die auf das Pflichtmotiv gestellte Macht des Rechts[1173]) versagt hat, aus dem Recht, „so wie sie es versteht", eine zweite — konkrete — Ordnung schafft, die neben die Rechtsordnung — in der natürlich auch die für den Einzelfall sich ergebenden Imperative an sich enthalten sind — tritt und ihr im Konfliktsfall nach dem soziologischen Machtprinzip vorgeht[1174]).

In der Rechtskraft als Kraft von Gerichts wegen steckt ein Stück der römischen Anschauung, für welche die actio ein Anspruch ist, dem

---

1172i) Vgl. unten zu Anm. 1334.

1172k) KELSEN, 51, aber auch 406ff., 412ff., 465ff., freilich, da KELSEN — vgl. unten Anm. 1173 — das Recht als Staatswillen auffaßt, in bezug auf das Verhältnis der Gesetzgebung nicht zum Recht, sondern zum Staat (was ich, meinem abweichenden Ausgangspunkt zufolge, nicht billigen kann; vgl. unten Anm. 1308).

1172l) Vgl. darüber unten zu Anm. 1397.

1173) Vgl. schon GOLDSCHMIDT, Notstand, 16ff.; Österr. Ztschr. f. StrafR., IV 224. Also für die materiellrechtliche Betrachtungsweise behält die Imperativen- und Anerkennungstheorie Recht. Die Einwendungen, die KELSEN, 33ff., 346ff., gegen diese Theorie aus der „heteronomen" Natur des Rechts abgeleitet hat, sind von RADBRUCH, Rechtsphilosophie, 54ff. (vgl. auch dens., a. a. O., 167ff.) widerlegt (unvereinbar damit m. E. freilich RADBRUCH, a. a. O., 61ff.; dazu noch unten Anm. 1284, 1287). Soweit KELSEN, 189ff., Einwendungen gegen die Imperativentheorie aus dem von ihm (a. a. O., 145) aufgestellten Willensbegriff herleitet, sind sie ebenso hinfällig wie dieser selbst; vgl. oben Anm. 807; auch E. v. HIPPEL, Arch. öff. R., N. F., V 334ff. Die Übertreibung der heteronomen Natur des Rechts in Verbindung mit seinem rein nominalistischen Willensbegriff (Wille als Endpunkt der Zurechnung) haben KELSEN, für den (a. a. O., 97ff.) das Recht nackter Staatswille ist (vgl. unten Anm. 1308), dazu getrieben, in schroffster Einseitigkeit im Rechtssatz nur das staatliche Programm künftigen eigenen Verhaltens zu erblicken, m. a. W. die — wie wir sehen werden — mutatis mutandis prozessuale Betrachtungsweise zur alleingültigen zu erheben; vgl. unten zu Anm. 1259, schon oben Anm. 807 a. E. So gelangt KELSEN (a. a. O., 348, vgl. auch Souveränität, 148 i. d. Anm.) zu einem Begriffe der Rechtspflicht des Untertanen — Rechtspflicht = Anwendbarkeit der von einem Rechtssatz „im engeren Sinne" (KELSEN, 189ff., 212ff.) beinhalteten Nachteile auf ein bestimmtes Subjekt —, der auf den Begriff einer bloßen prozessualen Last hinausliefe, wenn er nicht überdies der Theorie zuliebe, daß Inhalt jedes Rechtssatzes ein eigenes Verhalten des Staates sein müsse, bewußt (KELSEN, a. a. O., 214/5) Rechtspflicht und Rechtsfolge der Rechtspflichtverletzung vertauschte. (Dagegen stimme ich KELSENS Ansicht, bei Grünhut XL 16/17; Staatsbegriff, 235; auch Souveränität, 147, daß das Unrecht im Rechtssystem immer nur als „Bedingung" einer Rechtsfolge erscheine, zu). Ganz in demselben Sinne wie KELSEN — vom Standpunkt seiner unten zu Anm. 1257 dargelegten Ansicht — BINDER, Rechtsnorm, 37ff., 45ff., der keine „Rechtspflichten", sondern nur „Haftungen" anerkennen will (was KELSEN, Souveränität, 164 Anm. 1, zu weit geht); ferner KRÜCKMANN, Einf., 129, der (a. a. O., 120ff., 191ff.), gleich KELSEN, 212ff., der „Zwangstheorie" huldigt.

1174) Vgl. schon oben Anm. 840 a. E.

nicht das Recht, sondern das „Gericht" zur Seite steht[1175]). Und so wenig die rechtsstaatliche Einordnung der Verwaltung in das Recht den inneren Gegensatz von Rechtssatz und Verwaltungsbefehl überwunden hat[1176]), so wenig ändert die Anerkennung der Rechtskraft als Rechtsfolge den Dualismus von Rechtsordnung und „Gerichtsordnung"[1176a]). Und so wenig wir dort zu einer Erfassung des Wesens des Verwaltungsstrafrechts — selbst für den heutigen Rechtsstaat — gelangen, wenn wir nicht von dem Dualismus von Rechts- und Verwaltungsordnung ausgehen, so wenig gelangen wir zu einer dem Prozeßrecht adäquaten Betrachtungsweise, wenn wir nicht im Auge behalten, daß das Prozeßziel in letzter Linie metarechtlich ist, jenseits der Rechtsordnung liegt.

Rechtskraft ist aber weiter Kraft „vor" Gericht, d. h. die vom Gericht geschaffene Ordnung hat nur beschränkte Geltung, sie gilt nur, insoweit künftig wieder ein Gericht mit der Sache befaßt wird, für dieses. Es leuchtet ein, daß hiermit die sog. prozessuale Rechtskrafttheorie in den Strahlenkreis der Theorie von der „doppelten Rechtsordnung"[1177]) erhoben wird. Mit Recht hat KRÜCKMANN[1178]) KOHLER, welcher der prozessualen Rechtskrafttheorie die „Zweiung aller Verhältnisse" zum Vorwurf macht, entgegen gehalten, daß ein solcher Einwand bei dem beredten Vertreter der „doppelten Rechtsordnung" überraschen müsse. Trotzdem hat KOHLER[1178a]) die Erklärung der Rechtskraft mit der Erscheinung der „doppelten Rechtsordnung" abgelehnt mit der Begründung, daß, wenn die Rechtsordnung sich auf derartige Gebilde versteife, sie dafür besondere Gründe habe. Indessen, diese Gründe gibt KOHLER selbst an, wenn er fortfährt: „Gesetz und Gericht sind zwei Kulturschöpfungen, welche jede in ihrer Sphäre das Rechtsleben zu ordnen haben." Wenn KOHLER schließt: „Die entgegengesetzte Theorie kann man nur als die Theorie der philosophielosen und ungeschichtlichen Prozeßverunstaltung bezeichnen," so dürfte dieses harte Urteil unverdient sein, seitdem KOHLER der prozessualen Rechtskrafttheorie in der Theorie von der „doppelten Rechtsordnung" eine philosophische und geschichtliche Grundlegung geliefert hat, welche die materielle Rechtskrafttheorie — die KRÜCKMANN[1178b]) nicht mit Unrecht ein „Bündel von verschiedenen, nach Bedarf zusammengestellten Hilfstheorien", die „in der Wahl ihrer wissenschaftlichen Mittel unbedenklichste Theorie" nennt — erst noch einmal aufweisen soll!

1175) Vgl. oben hinter Anm. 354, insbes. Anm. 356.

1176) Vgl. meine Schriften über Verwaltungsstrafrecht (zuletzt in der Dtsch. StrafRZtg. I 227; schon oben Anm. 356).

1176a) Auf der Verkennung dieser Tatsache beruhen in letzter Linie die Einwendungen gegen die Befehlsnatur des Urteils; vgl. zuletzt HEIM, 31 ff.; SAUER, 237 ff. Dazu noch unten Anm. 2611.

1177) Vgl. die oben in Anm. 841 zitierten Schriften KOHLERS.

1178) Z. XLVII 10.

1178a) ArchRechtsWirtschPhilos., XI 192.

1178b) Z. XLVI 388, 389.

Obwohl sich KRÜCKMANN gegenüber dem Verfechter der materiellen Rechtskrafttheorie auf den Entdecker der „doppelten Rechtsordnung“ berufen hat, will er selbst weder etwas von der prozessualen Rechtskrafttheorie[1178c]) noch von der „doppelten Rechtsordnung“[1179]) wissen. Vielmehr hat er eine eigene Urteilswirkungslehre aufgestellt, welche nur einen Ausschnitt einer von ihm verteidigten allgemeinen Theorie darstellt: das Urteil soll dem Sieger „Rechtsbesitz“ erteilen[1180]).

Nach KRÜCKMANN[1181]) sind zwei Arten von „Rechtsbesitz“ auseinanderzuhalten, ein Rechtsbesitz „im engeren und technischen“ und ein Rechtsbesitz „im weiteren Sinne“. Technisch sei z. B. der Rechtsbesitz des „Buchbesitzers“, d. i. des zu Unrecht im Grundbuch als Eigentümer Eingetragenen; er stelle die „bloße Möglichkeit der Rechtsausübung ohne Selbstbehauptungsfähigkeit“ dar. Dagegen sei „der durch Fortbildung des objektiven Rechts geschaffene Rechtsbesitz (Gerichtsgebrauch) sogar stärker als das geschriebene Gesetz, wie auch die prätorische Rechtsbesitzordnung stärker als die zivile Rechtsordnung“ gewesen sei. „Diesem Rechtsbesitz“ fehle „es keineswegs an der Selbstbehauptungsfähigkeit“ und er könne „sogar, wenn der Begriff des objektiven Rechts weit genug gefaßt“ werde, „als echtes Recht gelten“. „Er ist dann echtes Recht, wenn als Recht das angesehen wird, was sich als Recht tatsächlich im Leben zu behaupten vermag und sich unter diesem oder jenem Titel durchsetzt.“ Einen solchen Rechtsbesitz „im weiteren Sinn“ erlangt nach KRÜCKMANN[1182]) der Sieger im Prozeß durch das günstige Urteil. Ja dieser Rechtsbesitz des Prozeßsiegers nehme „eine ganz eigenartige, nirgendwo sonst wiederkehrende Stellung ein als ein Rechtsbesitz mit der Selbstbehauptungsfähigkeit des echten Rechtes, gesteigert durch die offenbare und leichte Beweisbarkeit seines Daseins“. Der Prozeßsieger habe „nicht bloß Rechtsbesitz, sondern noch etwas mehr, einen offenbaren und unbestreitbaren Rechtsbesitz“. Der Urteilsrechtsbesitz habe „eine Selbstbehauptungsfähigkeit, die allem anderen Rechtsbesitz abgeht.“

Es kann hier dahingestellt bleiben, welcher Wert KRÜCKMANNS „Rechtsbesitz im engeren und technischen Sinne“ zukommt[1183]). Der Begriff des „Rechtsbesitzes im weiteren Sinne“ ist jedenfalls verunglückt; denn der angeblichen „Rechtsbesitzordnung“ des Gewohnheitsrechts, insbesondere des Gerichtsgebrauchs, und des prätorischen Rechts[1184]) fehlen alle Merkmale, welche das Wesen des „Rechtsbesitzes“ ausmachen sollen: nicht nur, wie KRÜCKMANN selbst zu-

---

1178c) Z. XLVI 396ff.

1179) Einführung, 94.

1180) Einführung, 94ff., 172ff.; Z. XLVII 1ff.; Rechtsgang III 114ff.

1181) ZivArch. CVIII 333, 334; auch Einführung, 99.

1182) Einführung, 179, 189/190.

1183) Ablehnend M. WOLFF, Sachenrecht, 2. Aufl., § 3 Anm. 2, mit der zutreffenden Feststellung, daß KRÜCKMANNS (ZivArch. CVIII 186ff.) „Eigentumsbesitz“ zwei ganz verschiedene Tatbestände umfasse; den einen nenne der herkömmliche Sprachgebrauch „Sachbesitz“, den anderen „Legitimation“. „Ich sehe nicht, was gegen dieses Herkommen zu erinnern sein sollte.“

1184) KRÜCKMANN, Einführung, 96, 97.

gibt[1185]), der Mangel der Selbstbehauptungsfähigkeit gegenüber dem wahren Recht[1186]), sondern vor allem auch die „Ausübungsmöglichkeit" und „Legitimation"[1187]). Ein auf Gewohnheitsrecht bzw. prätorischem Recht beruhendes Recht gewährt bzw. gewährte nicht mehr „Ausübungsmöglichkeit" oder „Legitimation", als ein auf Gesetzesrecht bzw. zivilem Recht beruhendes. KRÜCKMANNS „Rechtsbesitz im weiteren Sinne" verdankt seinen Ursprung einmal der Vorstellung, daß Gewohnheitsrecht, insbesondere Gerichtsgebrauch, und prätorisches Recht kein echtes Recht erzeugen könnten; sodann der Zurückführung der Entstehung von Gerichtsgebrauch und prätorischem Recht auf die Rechtskraft auch des unrichtigen Urteils[1188]).

Daß das Gewohnheitsrecht kein echtes Recht erzeugen könne, folgert KRÜCKMANN daraus, daß es, weil nicht von der „organisierten" Gesamtheit ausgehend, auch den von der „organisierten" Gesamtheit angestellten Richter nicht binden könne[1189]). Das ist indessen eine haltlose petitio principii, die auf der üblichen Überschätzung des Gesetzes als Rechtsquelle, des Staates als Gesetzesquelle beruht[1190]). KRÜCKMANN gibt selbst zu[1191]), daß in Zeiten der Alleinherrschaft des Gewohnheitsrechts dieses „auch im streng dogmatischen Sinne eine Rechtsordnung" sei. Damit gibt er aber seine These, daß das Gewohnheitsrecht kein echtes Recht erzeugen könne, preis. Denn wenn in Zeiten ausschließlicher Herrschaft des Gewohnheitsrechts der von der „organisierten" Gesamtheit angestellte Richter durch das von der „nichtorganisierten" Gesamtheit ausgehende Gewohnheitsrecht gebunden zu werden vermag, so vermag er es auch in Zeiten, in denen das Gesetz „in Wettbewerb" mit dem Gewohnheitsrecht tritt. Kann doch auch in solchen Zeiten, wie das anglo-amerikanische Recht zeigt, das Gewohnheitsrecht weit überwiegen. In der Tat, man braucht noch nicht zur historischen Schule stengster Observanz zu gehören, noch nicht den „Beruf" unserer oder gar aller Zeiten „zur Gesetzgebung" zu bestreiten, um die Gewohnheit sogar als die echtere Rechtsquelle anzuerkennen. Denn unleugbar kann das Gesetz als Rechtsquelle ausgeschaltet werden, nicht die Gewohnheit. Die Skrupel, welche KRÜCKMANN[1192]) der erste zur Bildung neuen Gewohnheitsrechts führende Schritt vom Wege des Gesetzesrechts, wenigstens das erste zur Bildung neuen Gerichtsgebrauchs führende, vom Gesetzesrecht abweichende Urteil bereitet, bleiben auch Zeiten ausschließlich herrschenden Gewohnheitsrechts nicht erspart. Auch dort wäre das erste vom geltenden

---

1185) Vgl. die oben in Anm. 1181 angeführten Stellen. Gegen KRÜCKMANN in bezug auf das prätorische Recht schon oben Anm. 840.

1186) KRÜCKMANN, Einführung, 69ff., 187.

1187) KRÜCKMANN, Z. XLVII 2 Anm. 2.

1188) KRÜCKMANN, Einführung, 92ff.

1189) KRÜCKMANN, Einführung, 82, 92.

1190) GOLDSCHMIDT, JWSchr. 1924, 248ff. Über das Verhältnis von Recht und Staat treffend O. v. GIERKE, I 118; vgl. schon GOLDSCHMIDT, Festg. f. KOCH, 420; noch unten Anm. 1267c, 1308.

1191) Einführung, 97.

1192) Einführung, 93.

Recht abweichende Urteil „rechtswidrig" oder „unrichtig". Aber gerade dadurch erweist sich das Gewohnheitsrecht als das echtere Recht: die Tatsachen seiner Entstehung und seines Unterganges sind „metarechtlich"[1193]).

Was indessen für das Gewohnheitsrecht, insbesondere den Gerichtsgebrauch, nicht richtig ist, trifft für das prätorische Recht zu: es erzeugte kein Recht von der Art des ius civile, mit dem es „in Wettbewerb" trat. Kann man es aber deshalb mit KRÜCKMANN als eine „Rechtsbesitzordnung" bezeichnen? Einen „Besitz", auch nur im Sinne von „Ausübungsmöglichkeit" oder „Legitimation", gewähren die Tatbestände des ius honorarium nicht mehr als die des ius civile. Das gilt sogar von der bonorum possessio[1194]). Also könnte das ius honorarium mit dem „Rechtsbesitz im engeren und technischen Sinne" wirklich höchstens die Negative gemein haben, daß es kein „Recht" verlieh. Diese Negative kann indessen unmöglich das wesentliche Merkmal des Begriffes „Rechtsbesitz im weiteren Sinne" sein. KOHLER[1195]) vermag unter dem Begriffe „doppelte Rechtsordnung" Gegensätze, wie Gesetzesrecht und Gerichtsrecht, law und equity, Regelrecht und Aushilfs- und Publizitätsrecht zusammenfassen, von denen jene für KRÜCKMANNS „Rechtsbesitz im weiteren Sinne", dieser für KRÜCKMANNS „Rechtsbesitz im engeren und technischen Sinne" Raum bieten; die „Zweiung der Rechtsordnungen" bildet hier das Merkmal, welches allen diesen Erscheinungen gemein ist, mag es sich bald schon in der Form, bald auch nur in der Sache äußern. Die Negative, kein Recht zu sein, wäre überhaupt kein Merkmal, aus dem eine brauchbare logische und juristische Kategorie zu gewinnen wäre[1196]); und selbst wenn man, wie selbstverständlich, ergänzt: Machtsphären, die keine Rechte sind, bliebe immer noch unerklärt, warum dieser negativ gewonnenen Kategorie die auf ein Positives hinweisende Bezeichnung „Rechtsbesitz" beigelegt wird.

Auch die Zurückführung der Entstehung des prätorischen Rechts und des Gerichtsgebrauchs auf die Rechtskraft selbst des unrichtigen Urteils[1197]) vermöchte diese Erklärung nicht einmal dann zu liefern, wenn die Ausmünzung der Rechtskraft für die Rechtsbesitztheorie so richtig wäre, wie sie falsch ist[1198]). Denn weder das gesetzte[1199]) noch das ungesetzte Gerichtsrecht können auf die Rechtskraft des einzelnen Urteils zurückgeführt werden. Die entgegenstehende Anschauung KRÜCKMANNS läuft bezüglich des prätorischen Rechts auf die oben[1200])

1193) KELSEN, 51, gelangt, da er das Recht als Staatswillen und den Willen als Endpunkt der Zurechnung auffaßt (vgl. oben Anm. 807, 1173), für den Gesetzgebungsprozeß zu dem nämlichen Ergebnis (407ff., 412ff., 465ff.), was indessen eine rein formalistische Betrachtungsweise ist.

1194) Vgl. KRÜCKMANN selbst, ZivArch. CVIII 334; schon oben Anm. 840.

1195) Einfache und doppelte Rechtsordnung; BürgR., I 29ff.

1196) SIGWART, I 181ff., 367ff., 373ff.

1197) KRÜCKMANN, Einführung, 92ff.

1198) Vgl. darüber unten hinter Anm. 1205.

1199) Vgl. oben zu Anm. 843a.

1200) Hinter Anm. 834.

zurückgewiesene Auffassung A. S. SCHULTZES hinaus, daß nicht schon das Edikt, sondern immer erst die Formel das prätorische Recht geschaffen hätte; bezüglich des Gerichtsgebrauchs übersieht sie, daß der vom Richter für den Einzelfall selbständig aufgestellte Obersatz, dessen langdauernde, gleichförmige Anwendung schließlich zum Gerichtsgebrauch führt, als bloßes „Urteilselement", der Rechtskraft gerade nicht teilhaftig ist[1201]).

Nur eines könnte allenfalls die Verbindung erklären, in die KRÜCKMANN Gewohnheitsrecht und „Rechtsbesitz" bringt. Gewohnheitsrecht und Besitzschutz haben miteinander gemein, daß sich in beiden die „normative Kraft des Faktischen"[1202]) wirksam zeigt. Dieser Umstand indessen berechtigt nicht, das Gewohnheitsrecht als „Rechtsbesitz im weiteren Sinne" zu bezeichnen. Denn das „Faktische", dessen „normative Kraft" das Gewohnheitsrecht erzeugt, braucht kein „Besitz", nicht einmal im Sinne KRÜCKMANNS „Ausübungsmöglichkeit", „Legitimation" zu sein. Aus diesem Grunde ist auch KRÜCKMANNS Lehre „zu Anfang war der Rechtsbesitz"[1203]) zu beanstanden. Und die Folge dieser Selbstverständlichkeit ist, daß die im Gewohnheitsrecht zum Ausdruck gelangende normative Anerkennung kein Besitzschutz zu sein kraucht. Dazu kommt, daß gerade KRÜCKMANNS „Rechtsbesitz" „nicht der Zustand der tatsächlichen Ausübung, sondern die rechtlich anerkannte Möglichkeit, das betreffende Recht in irgendwelchem Umfange ausüben zu können", ist[1204]). Damit entfällt eigentlich für KRÜCKMANN jede Möglichkeit eines Vergleichs zwischen der Rechtsfolge des „Rechtsbesitzes" und der soziologischen Ursache, die das Tatsächliche für die Bildung des Gewohnheitsrechts abgibt. In bezug auf das prätorische Recht trifft selbstverständlich nicht einmal die „normative Kraft des Faktischen" zu. Wir haben in ihm eine bewußte und gewollte Rechtsschöpfung vor uns, deren Verhältnis zum ius civile nur unter dem Gesichtspunkt der „doppelten Rechtsordnung" begriffen werden kann[1205]).

Weit weniger abwegig als die Übertragung des Rechtsbesitzgedankens auf Gewohnheitsrecht, Gerichtsgebrauch und prätorisches Recht sieht auf den ersten Blick seine Anwendung auf die Urteilswirkung aus. Hier fehlen anscheinend nicht die Merkmale des „Rechtsbesitzes": „Ausübungsmöglichkeit", „Legitimation". Indessen diejenige Urteilswirkung, in der man diese Merkmale allenfalls finden kann, ist die Vollstreckbarkeit des Urteils[1205a]), aber gerade nicht seine Rechtskraft[1205b]). Die Rechtskraft des Urteils, d. i. seine Unbestreitbarkeit[1206]), ist diejenige

---

[1201]) Vgl. oben zu Anm. 877c.

[1202]) G. JELLINEK, Staatslehre, 329ff.

[1203]) Einführung, 66.

[1204]) KRÜCKMANN, ZivArch. CVIII 186.

[1205]) Vgl. schon oben zu Anm. 841.

[1205a]) KRÜCKMANN, ZivArch. CVIII 369ff.

[1205b]) Gegen KRÜCKMANN auch SCHÜLER, 76ff.

[1206]) So KRÜCKMANN selbst, Z. XLVI 380ff.; XLVII 11; Einführung, 171; anders freilich Rechtsgang III 141 (wo KRÜCKMANN als „Rechtskraft" anscheinend die „negative Funktion" der exceptio rei iudicatae ansieht, die aber be-

Urteilswirkung, die dem angeblichen Urteilsrechtsbesitz die „allem anderen Rechtsbesitz abgehende Selbstbehauptungsfähigkeit"[1206a] verleiht, m. a. W. also selbst eine Rechtsfolge, die das konträre Gegenteil von Rechtsbesitz ist. Ihr Tatbestand ist nicht „Rechtsschein", aber auch nicht „Legitimation", d. i. „äußerlicher Beweis"[1206b], sondern erschöpfende und endgültige Feststellung. Und ihr Inhalt ist nicht Möglichkeit der Ausübung des festgestellten Rechts, sondern die stärkste Gewähr für seinen Bestand, den die Rechtsordnung überhaupt zu bieten vermag[1206c]. Wenn KRÜCKMANN[1207] sagt: „Juristisch muß doch dasselbe vorliegen, wenn der Dieb eines Hundertmarkscheins und wenn der zu Unrecht siegreiche Nichtgläubiger als Gläubiger gilt," so kann das Wesen der Rechtskraft nicht ärger verkannt werden. Dies wird dadurch nicht anders, daß daneben noch die Urteilsurkunde gemäß §§ 437, 417 ZPO. ein mit gesetzlicher Beweiskraft ausgestattetes Beweismittel für die Urteilstatsache ist[1207a], und die Urteilstatsache[1207b], außerhalb des Herrschaftsbereichs ihrer Rechtskraft, eine mit tatsächlicher Beweiskraft ausgestattete Beweistatsache für die in dem Urteil festgestellten Tatsachen sein kann[1207c], und daß endlich der öffentliche Glaube an die Richtigkeit der in dem Urteil offenbarten Rechtserkenntnis soziologische Ursache der Geltung des Urteilsbefehles, d. h. eben der Rechtskraft ist. Alles dies ist schließlich auch KRÜCKMANN nicht entgangen. Er lehrt daher ausdrücklich, daß die „materielle Urteilswirkung", welche er als „Rechtsbesitz" begriffen wissen will, von der „Rechtskraft = Unbestreitbarkeit" wohl unterschieden werden müsse[1208]. Aber er meint, daß die Rechtskraft oder Unbestreitbarkeit nur etwas „Negatives", „Sekundäres", nur eine „Begleiterscheinung" sei. Die „Hauptsache", „die für unser Denken unerläßliche positive Urteilswirkung" sei „die Ausübungsmöglichkeit in Form der Vollstreckung". Diese erhalte der siegreiche Gläubiger durch das Urteil „entweder unmittelbar (Leistungsurteil) oder doch wenigstens grundlagemäßig (Feststellungsurteil)"[1209]. Von diesem Standpunkt aus wird

kanntlich im modernen Zivilprozeßrecht durch die „positive" Feststellungswirkung, eben die „Unbestreitbarkeit" ersetzt ist; vgl. oben hinter Anm. 952).

[1206a]) KRÜCKMANN, Einführung, 189/190.

[1206b]) KRÜCKMANN, Z. XLVII 2 Anm. 2.

[1206c]) Vgl. schon BÜLOW, ZivArch. LXII 95/96.

[1207]) Z. XLVI 374 Anm. 4.

[1207a]) M. a. W. das von KRÜCKMANN, Einführung, 171/2, 179; ZivArch. CVIII 372, sog. „Offenbarsein" des „Urteilsrechtsbesitzes"; vgl. schon oben Anm. 944.

[1207b]) Hier natürlich die Tatsache des Erlasses eines Urteils mit bestimmtem Feststellungsinhalt, vgl. oben Anm. 944; anders oben zu Anm. 918, 919, unten zu Anm. 2670.

[1207c]) M. a. W. die von KRÜCKMANN, Einführung, 171ff., mit der Rechtskraft vermengte Beweiskraft; vgl. schon oben Anm. 944, unten Anm. 1217.

[1208]) Z. XLVI 380, XLVII 11.

[1209]) Z. XLVI 380, 397; XLVII 11, 12; aber auch Rechtsgang III 145, 146; vgl. schon oben Anm. 329. Ganz in ähnlichem Sinne, wie KRÜCKMANN, trotz seiner Verwahrung (S. 248), SAUER, 240ff.

auch verständlich, warum KRÜCKMANN die Rechtskraft immer nur von der Seite des „Prozeßsiegers" aus ansieht.

Es ist nicht das erste Mal, daß in der Literatur Rechtskraft und Vollstreckbarkeit miteinander vermengt werden[1210]), aber richtiger wird diese Vermengung darum nicht. Die Rechtskraft = Unbestreitbarkeit ist so wenig etwas „Negatives", „Sekundäres", eine „Begleiterscheinung", wie die Vollstreckbarkeit selbst. Sie ist[1211]) in unserem modernen Zivilprozeß der in jeder Urteilsfeststellung steckende positive, primäre und selbständige Befehl an den Richter des zweiten Prozesses, den festgestellten Rechtszustand seiner Entscheidung zugrunde zu legen[1212]); dieser Befehl begründet für die Parteien, nicht etwa nur für den „Prozeßsieger", die prozessuale Aussicht, daß jeder künftighin mit derselben Sache befaßte Richter den Inhalt des Urteils seiner Entscheidung zugrunde legen wird[1213]). Es ist schwer begreiflich, wie KRÜCKMANN behaupten kann[1214]), die „Unbestreitbarkeit" gebe „ein vielleicht wohltuendes theoretisches Bewußtsein, „Recht zu haben", sei „rechtlich aber das überflüssigste der Welt!" Ist es wirklich nötig, zur Widerlegung dieser seltsamen Behauptung auf die praktische Bedeutung der Feststellungsurteile hinzuweisen? Ist es wirklich erforderlich, zur Widerlegung von KRÜCKMANNS Aufstellung, auch das Feststellungsurteil gewähre die Vollstreckbarkeit „wenigstens grundlagemäßig", auf Feststellungsurteile zu verweisen, die sich unter gar keinen Umständen zu Leistungsurteilen auswachsen können, wie das Urteil, welches das Nichtbestehen eines Rechtsverhältnisses, die Unechtheit einer Urkunde feststellt? An anderer Stelle[1214a]) erkennt denn auch KRÜCKMANN selbst an, daß die „Unbestreitbarkeit" eine „praktisch wichtige" Erscheinung sei, ohne freilich daraus die gebotenen Folgerungen zu ziehen.

Keinesfalls könnte die Rechtskraft die „Begleiterscheinung" der Vollstreckbarkeit sein, in dem Sinne, daß sie dieser Unbestreitbarkeit verliehe[1214b]). Denn die Vollstreckbarkeit wird doch nicht Gegenstand des zweiten Prozesses, weder „unmittelbar" noch „grundlagemäßig". Vielmehr ist Beziehungsgegenstand der „Unbestreitbarkeit" der Anspruch, natürlich nicht, wie KRÜCKMANN[1215]) der prozessualen Rechtskrafttheorie unterstellt, im Sinne des „vor- oder außerprozessualen, daseienden oder fingierten Rechts", sondern im prozessualen Sinne, d. i. im Sinne von Rechtsbehauptung[1216]). Rechtskraft ist, wie schon oben[1217]) festgestellt, die gerichtliche Geltung eines Anspruches als

[1210]) Vgl. oben zu Anm. 894a und Anm. 912.
[1211]) Vgl. oben hinter Anm. 930—933.
[1212]) GOLDSCHMIDT, Ungerechtfert. VollstreckBetr., 42.
[1213]) Vgl. oben hinter Anm. 914a.
[1214]) Z. XLVII 12.
[1214a]) Vgl. unten vor Anm. 1227.
[1214b]) So wirklich KRÜCKMANN, Rechtsgang III 161; vgl. unten Anm. 1227.
[1215]) Z. XLVI 397—399, XLVII 49.
[1216]) Vgl. oben Anm. 1172c; auch noch unten Anm. 1630.
[1217]) Vgl. schon oben zu Anm. 791, 792, 1172d; ganz ähnlich KRÜCKMANN, Einführung, 172, aber ohne klare Erkenntnis, was „Anspruch" in diesem Zu-

rechtlich begründet oder unbegründet. Die Natur dieses Beziehungsgegenstandes der Rechtskraft ist nicht geeignet, das Wort KRÜCKMANNS zu erhärten, daß die Rechtskraft nur etwas „Negatives", „Sekundäres", eine „Begleiterscheinung" sei, die „in der Luft schwebe"[1218]), wenn sie keine positive Grundlage in einem Recht oder Rechtsbesitz finde. Gerade umgekehrt „schwebt" die Rechtsbehauptung „in der Luft", wenn nicht der Befehl des ihr stattgebenden Urteils jeden künftighin mit der Sache befaßten Richter an sie bindet und dadurch den Parteien die entsprechende prozessuale Aussicht eröffnet. Der Anspruch ist also wirklich nur der Beziehungsgegenstand des Inhalts der Rechtskraft[1219]); die Rechtskraft bleibt eine selbständige Rechtswirkung. Tatbestand der Rechtskraftwirkung ist natürlich weder die Vollstreckbarkeit, noch der Anspruch im prozessualen Sinn, noch das „vor- oder außerprozessuale, daseiende oder fingierte Recht", sondern das Urteil. Es ist absolut unverständlich, wie KRÜCKMANN[1220]) den Vertretern der prozessualen Rechtskrafttheorie vorwerfen kann, sie „merken anscheinend . . . nicht oder würdigen doch nicht an der rechten Stelle und bei der rechten Gelegenheit, daß das erste und wichtigste der behördliche Akt ist, der als solcher Beachtung heischt". Den völlig unbegründeten Vorwurf, den KRÜCKMANN gegen die prozessuale Rechtskrafttheorie erhebt[1221]), sie mache das materielle Recht zur Grundlage der Rechtskraft, gerate dadurch bei den richtigen Urteilen in dieselben Schwierigkeiten wie die materielle Rechtskrafttheorie[1222]) und könne die unrichtigen Urteile überhaupt nicht erklären, verdient weit eher KRÜCKMANN selbst, wenn er, gegen KUTTNER polemisierend[1223]), zu dem Ergebnis gelangt[1224]), die Nebenwirkungen im Sinne KUTTNERS seien nichts „als urteilsmäßig festgestellte Wirkungen des materiellen Rechtsverhältnisses".

Die Stellung KRÜCKMANNS zu den Tatbestands- oder Nebenwirkungen führt uns auf den praktischen Kern seiner Lehre von der „materiellen Urteilswirkung". Nach KRÜCKMANN sollen in seiner „materiellen Urteilswirkung" nicht nur die Rechtskraft und Vollstreckbarkeit, sondern auch die Tatbestands- oder Nebenwirkungen[1225]), übrigens auch — soweit er etwas von ihr übrig läßt — die Gestaltungswirkung[1226])

---

sammenhang bedeutet, und unter Vermengung von Rechtskraft und Beweiskraft (vgl. schon oben Anm. 944, 1207c).

[1218]) Z. XLVI 397.

[1219]) Über den inhaltlichen Beziehungsgegenstand beim subjektiven Recht vgl. O. v. GIERKE, I 258, u. unten zu Anm. 1274.

[1220]) Z. XLVI 397. [1221]) Z. XLVI 397ff., XLVII 49.

[1222]) Vgl. oben hinter Anm. 999.

[1223]) Z. XLVII 12ff.; Rechtsgang III 114ff. Vgl. schon oben Anm. 1020; auch dort hat sich ergeben, daß KRÜCKMANN einen gegen seinen Gegner gerichteten Vorwurf selbst verdient.

[1224]) Z. XLVII 21; ebenso Rechtsgang III 161; vgl. aber auch die oben in Anm. 1217 zitierte Stelle in der Einführung, 172.

[1225]) KRÜCKMANN, Z. XLVI 378ff., 400; XLVII 12ff., 21; Rechtsgang III 161. Darüber schon GOLDSCHMIDT, ZivArch. CXVII 10 zu Anm. 27.

[1226]) KRÜCKMANN, Einführung, 180ff.

aufgehen. „Die materiellrechtliche Wirkung ist überall dieselbe: ein bestimmtes Rechtsverhältnis wird als vorhanden oder als nicht vorhanden behandelt." „Eine ‚Gebundenheit' an das Urteil im herrschenden Sinne kommt nur da vor und kann nur da vorkommen, wo aus dem festgestellten materiellrechtlichen Rechtsinhalt ein materiellrechtliches Unterworfensein folgt." „Vollstreckbarkeit ist nur der regelmäßige Ausdruck für die Gebundenheit." „Unterworfensein und Gebundenheit sind auch da möglich, wo materiellrechtliche Vollstreckbarkeit gegenstandslos ist, begrifflich gar nicht in Frage kommt, z. B. wenn der gegen den Hauptschuldner unterlegene Gläubiger gegen den Bürgen klagt." „Tatbestandswirkungen oder zivilrechtliche Nebenwirkungen setzen keineswegs immer ein rechtskräftiges Urteil voraus, z. B. § 775 Nr. 4 . . . BGB. Dadurch wird aber die Grundauffassung dieser Abhandlung bestätigt, daß Rechtskraft = Unbestreitbarkeit und materielle Urteilswirkung nicht dasselbe sind." Auch für die Nebenwirkungen komme es auf den Inhalt, nicht bloß auf die Tatsache des Urteils an. Und selbst wenn es richtig sei, daß die Nebenwirkungen nur auf solche Privatrechtsverhältnisse einwirkten, „die rechtlich ganz außerhalb der Sphäre des abgeurteilten Prozesses lägen und weder den Gegenstand der Klage noch den Gegenstand der Urteilsfindung bildeten," so folge daraus nur, „daß die materiellen Urteilswirkungen sich nicht mit dem erschöpfen, was wir bisher recht willkürlich als Rechtskraftwirkungen bezeichnet haben." Vielmehr liege eine materielle Urteilswirkung auch da vor, wo „der Inhalt des Urteils" „außer gegenüber den Prozeßparteien auch gegenüber Dritten unter Umständen zur Anerkennung gebracht wird." „Die Anordnung einer Unbestreitbarkeit hat praktischen Sinn nur da, wo durch das Urteil in ältere, vor dem Urteile bestehende Rechtsverhältnisse unmittelbar oder mittelbar eingegriffen wird, wo der Inhalt des Urteils für diese älteren Rechtsverhältnisse oder rechtlichen Beziehungen praktisch bedeutsam wird. Für jüngere Rechtsverhältnisse oder rechtliche Beziehungen zwischen den Parteien oder zwischen ihnen und Dritten bedarf es einer ausdrücklich angeordneten Unbestreitbarkeit gar nicht; denn hier kommt der andere Gedanke zu seinem Rechte, daß jedermann die Rechtsverhältnisse einer Partei so nehmen muß, wie er sie vorfindet, wie sie geschichtlich durch das Urteil geworden sind, bevor er mit dieser Partei in Beziehung trat. Dadurch erklärt sich, daß es eine Urteilswirkung gegen Dritte geben kann, ohne daß eigentlich die Unbestreitbarkeit der Zivilprozeßordnung in Frage kommt oder in Wirksamkeit tritt; sie ist überflüssig und gegenstandslos, weil sie durch einen anderen Umstand entbehrlich gemacht wird. Die Urteilswirkung ist aber in allen Fällen dieselbe, ob sie nun durch die Unbestreitbarkeit oder durch das zeitliche Verhältnis zwischen dem wirkenden Urteil und dem durch das Urteil irgendwie berührten Rechtsverhältnisse, der irgendwie der Urteilswirkung unterworfenen Rechtsbeziehung gesichert wird. Die Unbestreitbarkeit ist nur die eine Form, die materielle Urteilswirkung zu sichern, aber nicht die allgemeine . . ." Es ist ein „vollständiger Mißgriff", „die materielle Urteilswirkung als Rechtskraftproblem der Unbestreitbarkeit aufzufassen. Das heißt einseitig auf eine zwar praktisch wichtige, aber theoretisch nebengeordnete Erscheinung sehen, die nur eine der beiden möglichen Begleiterscheinungen der materiellen Urteilswirkung ist"[1227]).

Also neben der Vollstreckbarkeit bilden die Tatbestands- oder Nebenwirkungen den Inhalt der „materiellen Urteilswirkung". Letztere bedürfen der Rechtskraft nicht. Und sie machen die Rechtskraft sogar überall da entbehrlich, wo der „andere Gedanke zu seinem Rechte kommt, daß jedermann die Rechtsverhältnisse einer Partei so nehmen muß, wie er sie vorfindet, wie sie geschichtlich durch das Urteil geworden sind, bevor er mit dieser Partei in Beziehung trat". Neben die Rechtskraft = Unbestreitbarkeit tritt als zweite „mögliche Begleiterscheinung der materiellen Urteilswirkung" das „zeitliche Verhältnis zwischen dem wirkenden Urteil und dem durch das Urteil irgendwie berührten Rechtsverhältnisse". Daß das Widersprüche sind, sei nebenbei festgestellt. Die Tatbestandswirkung des Urteils soll erst Inhalt und sodann „Begleiterscheinung" der „materiellen Urteilswirkung" sein; denn nur die Tatbestandswirkung des Urteils kann KRÜCKMANN als andere „Begleiterscheinung" der „materiellen Urteilswirkung" im Auge haben, wenn er die Rechtskraft die „e i n e der beiden möglichen Begleiterscheinungen der materiellen Urteilswirkung" nennt. Der Widerspruch ist nicht weiter auffällig, denn auch die Rechtskraft wird von KRÜCKMANN bald als „Begleiterscheinung", bald als Hauptinhalt der „materiellen Urteilswirkung" hingestellt. Es wäre auch unklar, was eigentlich die von der Rechtskraft b e g l e i t e t e „materielle Urteilswirkung" sein sollte, da es, nach dem oben[1228]) Ausgeführten, die Vollstreckbarkeit nicht sein kann, und nach den eben zitierten Ausführungen KRÜCKMANNS auch die Tatbestands- oder Nebenwirkung nicht sein soll. Wirklich hängt der Widerspruch bei Behandlung der Tatbestandswirkungen mit dem bei Behandlung der Rechtskraft zusammen und hat, wie dieser, seine besondere Bedeutung. D i e T a t b e s t a n d s w i r k u n g e n s i n d n ä m l i c h d i e B r ü c k e , a u f d e r K R Ü C K M A N N u n v e r s e h e n s i n d i e m a t e r i e l l e R e c h t s k r a f t t h e o r i e h i n e i n g e l a n g t. Das „zeitliche Verhältnis zwischen dem wirkenden Urteil und dem durch das Urteil irgendwie berührten Rechtsverhältnisse", „der andere Gedanke, daß jedermann die Rechtsverhältnisse einer Partei so nehmen muß, wie er sie vorfindet, wie sie geschichtlich durch das Urteil geworden sind, bevor er mit dieser Partei in Beziehung trat", ist nichts anderes als die Tatbestandswirkung des un-

[1227]) So KRÜCKMANN, Z. XLVI 379—383. Dagegen behauptet KRÜCKMANN, Rechtsgang III 161: „Wo urteilsmäßige Einwirkung auf dritte Rechtsverhältnisse stattfindet, liegt, sobald das Urteil rechtskräftig ist, genau so gut Unbestreitbarkeit vor wie zwischen den unmittelbar betroffenen Parteien, diese Unbestreitbarkeit wird nur nicht im Dienste der Vollstreckbarkeit benutzt", ein Satz, der in seinem positiven Teil mindestens theoretisch irreführend — vgl. KUTTNER, Nebenwirkungen, 185ff.; im übrigen oben Anm. 1020 —, in dem, was seinem negativen Teil zugrunde liegt, — vgl. dazu oben Anm. 1214b — völlig haltlos ist.

[1228]) Vor Anm. 1215.

richtigen Urteils, in der die materielle Rechtskrafttheorie das Wesen der Rechtskraft erblickt[1229]). Diese Rechtskraftwirkung der materiellen Rechtskrafttheorie verdrängt bei KRÜCKMANN vollständig die Rechtskraftwirkung = Unbestreitbarkeit, m. a. W. den von ihm wiederholt ausdrücklich anerkannten[1230]) Rechtskraftbegriff der prozessualen Rechtskrafttheorie. Wie könnte sonst KRÜCKMANN, der, gleichfalls wiederholt, ausführt, daß Rechtskraft und „materielle Urteilswirkung" auseinander gehalten werden müßten[1231]), daß jene nur eine „Begleiterscheinung" dieser[1232]) und mit ihr gerade nicht bei den Tatbestands- oder Nebenwirkungen verbunden sei[1233]), sich zu der Behauptung versteigen[1234]), die noch kein Vertreter der materiellen Rechtskrafttheorie gewagt hat[1235]), die Tatbestands- oder Nebenwirkungen des Urteils sähen den Rechtskraftwirkungen so ähnlich, wie „ein Ei dem andern". Die Rechtskraftwirkungen, denen die Tatbestands- oder Nebenwirkungen in der Tat so ähnlich sehen, wie „ein Ei dem andern", sind die Rechtskraftwirkungen der materiellen Rechtskrafttheorie, die Tatbestandswirkungen des unrichtigen Urteils. So erklären sich auch alle Widersprüche KRÜCKMANNS. Die Rechtskraft = Unbestreitbarkeit ist eine „Begleiterscheinung", die Rechtskraft = Tatbestandswirkung ist Inhalt der „materiellen Urteilswirkung"; die Tatbestandswirkungen sind Inhalt der „materiellen Urteilswirkung", aber soweit sie „Rechtskraft-Ersatz"[1236]) sind, „Begleiterscheinung" der materiellen Urteilswirkung.

Daß KRÜCKMANN in den praktischen Ergebnissen durchweg auf seiten der Vertreter der materiellen Rechtskrafttheorie steht[1237]), ja dieselben vielfach noch überbietet[1238]), hatten wir schon im vorigen Paragraphen gesehen. Nur auf die Rechtskraft im Sinne der materiellen Rechtskrafttheorie zugeschnitten ist aber auch der Hauptruhmestitel, den KRÜCKMANN für seine Rechtsbesitztheorie in Anspruch nimmt, nämlich die Fähigkeit, allein die Rückwirkung des Urteils erklären zu können[1239]). Denn nur die Tatbestandswirkung, die nach der materiellen Rechtskrafttheorie das unrichtige Urteil haben soll, gibt das „Rätsel" auf, wie denn ein in Wahrheit erst durch das unrichtige Urteil begründetes Recht als ein schon vor Jahren entstandenes behandelt werden könne. Wenn KRÜCKMANN von einer rückwirkenden Kraft, „die dem (richtigen wie dem unrichtigen) Urteil zugeschrieben werden muß", spricht[1240]), so sind das nur Worte, die im Widerspruch

1229) Vgl. oben zu Anm. 1004.
1230) Vgl. oben Anm. 1206.
1231) Vgl. oben Anm. 1208.
1232) Vgl. oben Anm. 1209.
1233) Vgl. oben hinter Anm. 1226.
1234) Z. XLVI 400.
1235) Vgl. dazu meine Ausführungen im ZivArch. CXVII 10.
1236) Vgl. oben Anm. 1004.
1237) Vgl. oben Anm. 971, 1053, 1068, 1088, 1089, 1094, 1119, 1120. KRÜCKMANN, Z. XLVI 392, erklärt selbst, er komme „im praktischen Ergebnis immer wieder mit KOHLER und PAGENSTECHER zusammen".
1238) Vgl. oben Anm. 972a, 976a, 982, 984, 985, 1117, 1125, 1142a.
1239) Einführung, 173ff.; Z. XLVII 21ff., 33.
1240) Einführung, 173.

mit dem zugrunde liegenden Gedanken und den von KRÜCKMANN gegebenen Beispielen stehen[1241]). Gelegentlich erklärt denn auch KRÜCKMANN ausdrücklich[1242]), daß „das unrichtige [1243]) Feststellungsurteil eine ebensolche rechtliche Ausübungsmöglichkeit" gewähre, „wie der tatsächlich vorhandene außerprozessual begründete Leistungsanspruch"[1243a]). Freilich behauptet KRÜCKMANN im weiteren Verlauf, auch das richtige Urteil gewähre eine materielle Ausübungsmöglichkeit, aber es ist unklar, wie diese Behauptung durch die angebliche Gleichheit der Lage des wirklich Leistungsberechtigten ohne vorhergegangenes Feststellungsurteil und dessen, dem ein unrichtiges Feststellungsurteil zur Seite steht, bewiesen werden soll. An anderer Stelle[1244]) gibt KRÜCKMANN denn auch zu, daß der durch ein richtiges Urteil dem wirklich Berechtigten angeblich zuwachsende „Rechtsbesitz" dem wirklichen Recht gegenüber keine Selbständigkeit besitze.

Danach ist das Ergebnis: KRÜCKMANNS Theorie vom „Urteilsrechtsbesitz" oder von der „materiellen Urteilswirkung" ist, trotz der Verwahrung ihres Urhebers[1245]), eine materielle Rechtskrafttheorie mit folgenden Maßgaben: 1. Sie erkennt die prozessuale Rechtskraft = Unbestreitbarkeit als mögliche „Begleiterscheinung" der „materiellen Urteilswirkung" in der Theorie an[1246]). 2. Dafür gibt sie die schon bei den sonstigen Vertretern der materiellen Rechtskrafttheorie erschütterte Selbständigkeit der Gestaltungswirkung der Gestaltungsurteile und der privatrechtlichen Tatbestands- (Neben-) Wirkungen mancher Zivilurteile gegenüber der Rechtskraft[1247]) bewußt auf; die „ma-

[1241]) Es ist übrigens schlechterdings unbegreiflich, wie KRÜCKMANN, der am Ausgangspunkt seiner Ausführungen über die „materielle Urteilswirkung" (Z. XLVI 373; vgl. schon oben Anm. 965) mit Recht betont, daß die Rechtswissenschaft es nicht mit „geschichtlichen Wahrheiten" zu tun habe, später wörtlich sagen kann (Z. XLVII 22): „Echtes Recht kann nicht mit rückwirkender Kraft entstehen und ausgelöscht werden. Geschichtliche Größen sind für uns nun einmal unabänderlich" (im Original nicht gesperrt). Nicht nur KRÜCKMANNS „Rechtsbesitz", sondern auch das Recht selbst ist doch etwas Gedachtes. Entstehung, Untergang von Rechten, Rückwirkung usw. sind nur Bilder (KIPP, Doppelwirkungen, 211 ff.). Infolge dessen ist die sog. Fiktion nur ein technisches Vereinfachungsmittel (vgl. GOLDSCHMIDT, Österr. Ztschr. f. StrafR., III 244, im Anschluß an JHERING), und ich könnte daher die Eigenschaft des „Rechtsbesitzes", die Fiktion der Rückwirkung zu ersparen, nicht besonders hoch veranschlagen.

[1242]) Z. XLVI 402, XLVII, 1.

[1243]) Im Original nicht gesperrt.

[1243a]) Vgl. auch oben hinter Anm. 1207.

[1244]) Einführung, 190.

[1245]) KRÜCKMANN, Z. XLVII 4 Anm. 5; dazu GOLDSCHMIDT, ZivArch. CXVII 11 Anm. 29.

[1246]) Man könnte in KRÜCKMANNS Lehre ein Einschlagen des von WALSMANN (vgl. oben Anm. 1004) als möglich gewiesenen Weges erblicken (neben der prozeßrechtlichen Rechtskraft = Unbestreitbarkeit steht die privatrechtliche Nebenwirkung unrichtiger Urteile), wenn nicht bei KRÜCKMANN die Rechtskraft durch die „materielle Urteilswirkung" tatsächlich gerade so verdrängt würde, wie bei den übrigen Vertretern der materiellen Rechtskrafttheorie; vgl. schon oben Anm. 1004.

[1247]) Vgl. oben zu Anm. 1024, 958, sowie meine Ausführungen im ZivArch. CXVII 9, 10.

terielle Urteilswirkung" umfaßt die privatrechtlichen Tatbestands-(Neben-) Wirkungen der Zivilurteile im Sinne der herrschenden Lehre (KUTTNERS) und die Tatbestandswirkung der unrichtigen Urteile, in der die materielle Rechtskrafttheorie das Wesen der Rechtskraft erblickt; außerdem noch die Gestaltungswirkung der Gestaltungsurteile und sogar die privatrechtlich aufgefaßte[1248]) Vollstreckbarkeit. 3. Sie erklärt die ,,materielle Urteilswirkung", insbesondere die Tatbestandswirkung des unrichtigen Urteils für ,,Rechtsbesitz", was in bezug auf letztgenannte Wirkung teils weniger (keine Gestaltung neuen Rechts), teils mehr (unmittelbares ,,Behandeltwerden, als ob", kein bloßer obligatorischer Anspruch darauf) ist, als die sonstigen Vertreter der materiellen Rechtskrafttheorie annehmen. Daß auch die richtige Urteilsfeststellung materiellen, d. i. privatrechtlichen ,,Rechtsbesitz" erteile, wird zwar gelegentlich behauptet, aber nirgends bewiesen.

Es ist bedauerlich, daß KRÜCKMANN sich darauf versteift hat[1249]), daß das Urteil materiellen, d. i. privatrechtlichen, und nicht bloß prozessualen Rechtsbesitz begründe[1249a]). Dadurch hat er sich den Weg zur Einbeziehung auch der richtigen Urteile versperrt. Und es ist nicht zu billigen, daß er ,,die Rechtslage[1250]), daß sein (des Anspruchsberechtigten) Anspruch als bewiesen[1251]) gilt und daß dieser als bewiesen geltende Anspruch nicht mehr bestritten werden kann"[1252]), als ,,Rechtsbesitz" auffaßt[1252a]). Denn da der im Falle eines unrichtigen Urteils entstehende Zwiespalt zwischen dieser ,,Rechtslage" und dem wahren Recht regelmäßig damit endet, daß das wahre Recht der durch das unrichtige Urteil geschaffenen Rechtslage weichen muß, so kann diese Rechtslage kein Rechtsbesitz sein[1253]). Immerhin begegnen KRÜCKMANN und ich[1253a]) uns in dem Grundgedanken, das Wesen der Rechtskraft durch eine *μετάβασις, εἰς ἄλλο γένος* zu suchen. Wie bereits festgestellt[1254]), fällt auch der Gegensatz von ,,Rechtsordnung" und ,,Rechtsbesitzordnung"[1255]), ungeachtet aller Verwahrung KRÜCKMANNS[1255a]), in den Gedankenkreis der ,,doppelten Rechtsordnung" hinein. Und insofern bedeutet die Theorie vom ,,Urteilsrechtsbesitz" trotz ihrer Mängel einen wissenschaftlichen Fortschritt.

1248) Vgl. oben vor Anm. 1209 und schon in Anm. 329. Im Rechtsgang III 161 erkennt KRÜCKMANN freilich auch eine ,,prozessuale Befugnis zu vollstrecken" an.

1249) Z. XLVI 402/3.

1249a) Rechtsgang III 142, 161, erkennt KRÜCKMANN an, daß das Urteil ,,auch" ,,prozessualen Rechtsbesitz" begründe.

1250) Im Original nicht gesperrt.

1251) Vgl. dazu oben Anm. 1217.

1252) So KRÜCKMANN, Einführung, 172.

1252a) Rechtsgang III 142 gibt KRÜCKMANN zu, daß ,,vom Standpunkt des Prozeßrechts" die siegreiche Partei ,,echte Rechte" gewinne.

1253) KRÜCKMANN, Einführung, 70, 187; schon oben zu Anm. 1185/6.

1253a) Ebenso SAUER, 248.

1254) Vgl. oben zu Anm. 1195.

1255) KRÜCKMANN, Einführung, 97.

1255a) KRÜCKMANN, a. a. O., 94; oben Anm. 1179.

So wenig aber die Zweiung der Rechtsordnungen, wie sie in der Rechtskraft zutage tritt, durch deren Charakterisierung als „Rechtsbesitz" zutreffend wiedergegeben wird, so wenig fällt sie unter eines der von KOHLER[1255b]) gegebenen Beispiele einer „doppelten Rechtsordnung". Sie ist, da sie kein „Rechtsbesitz im engeren Sinne"[1255c]) ist, kein „Publizitäts-" oder „Aushilferecht". Ebenso geht aus den oben[1255d]) gemachten Ausführungen zur Genüge hervor, daß hier nicht etwa der Gegensatz von „Gesetzes- und Gerichtsrecht", von ius civile und ius honorarium in Frage steht. Schließlich bietet auch der Gegensatz von Billigkeit und Recht[1255e]) keinen zur Erklärung der Rechtskraft geeigneten Gesichtspunkt, mag auch der, welcher die Rechtskraft vom Standpunkt des materiellen Rechts aus betrachtet, in ihr ein Opfer sehen, das die „Gerechtigkeit" der „Rechtssicherheit" bringt[1255f]). Es handelt sich überhaupt um eine „doppelte Rechtsordnung" in einem durchaus eigenartigen Sinne. Wenn nämlich der Richter durch Anwendung des Rechts „so wie er es versteht" eine zweite Ordnung schafft, so muß der Hinweis auf diese zweite Ordnung bereits im Recht selbst enthalten sein; denn unzweifelhaft gehört es zum Wesen des — entwickelten — Rechts, durch den Richter angewendet zu werden[1255g]). Die Zweiung der Rechtsordnungen, wie sie in der Rechtskraft zutage tritt, muß sich also im Wesen des Rechtes selbst wiederfinden lassen. In der Tat führt sie zu einer zwiefachen Möglichkeit der Rechtsbetrachtung, die den Schlüssel für das Verhältnis des Prozesses zum materiellen Recht liefert.

III. Materiellrechtliche (statische) und prozessuale (dynamische) Rechtsbetrachtungsweise. Die prozessuale (dynamische) Rechtsbetrachtungsweise als Methode der Prozeßrechtswissenschaft.

(§ 18.)

I. Zwei Arten der Rechtsauffassung stehen in der Hauptsache einander gegenüber. Die eine, die tatsächlich herrschende, ist die sog. Imperativentheorie[1256]), d. i. die Anschauung, daß das Recht ein Inbegriff von Imperativen sei. Die Vertreter dieser Theorie nehmen meist an, daß „Adressat" der Imperative des Rechts sowohl die Untertanen,

1255b) Vgl. die oben in Anm. 841 zitierten Schriften.
1255c) Vgl. oben hinter Anm. 1181.
1255d) Hinter Anm. 1198.
1255e) Vgl. dazu auch O. v. GIERKE, Logos, VI 251 ff.
1255f) So RADBRUCH, Rechtsphilosophie, 175.
1255g) Insoweit richtig KELSEN, 36 Anm. 1 a. E., 101, 236, 257.
1256) Besonders von THON und BIERLING entwickelt.

wie die Organe des Staates, insbesondere die Gerichte, seien[1256a]). Es finden sich aber auch Vertreter der Imperativentheorie, nach denen nur die staatlichen Organe als Normadressaten in Betracht kommen[1257]). Diese Gruppe bildet den Übergang[1258]) zu der zweiten Art der Rechtsauffassung, nach der jeder Rechtssatz ein hypothetisches Urteil ist, das den bedingten Willen des Staates zu einem bestimmten eigenen Verhalten zum Inhalt hat[1259]).

Ich behaupte nun: Beide Arten der Rechtsauffassung haben — mutatis mutandis — ihre Berechtigung[1259a]). Und zwar ist die Theorie, nach der das Recht ein Inbegriff von sowohl an die Untertanen wie an die Staatsorgane oder vielmehr den Staat gerichteten Imperativen ist, die von der Wissenschaft des materiellen Rechts anzuwendende — statische — Betrachtungsweise. Die Wissenschaft des Prozeßrechts[1259b]) hat dagegen von der — dynamischen — Betrachtungsweise auszugehen, daß das Recht Maßstab für die Urteilstätigkeit des Richters ist[1259c]). Die Wissenschaft des materiellen Justizrechts ist beider Betrachtungsweisen fähig.

1256a) Vgl. z. B. KIPP, Doppelwirkungen, 212ff.

1257) Insbesondere JHERING, Zweck, I 261; PFERSCHE; M. E. MAYER, Rechtsnormen, 4ff.; Lehrb. 33ff.; BINDER, Rechtsnorm, 21ff.

1258) Vgl. M. E. MAYER, Lehrb., 33 Anm. 30.

1259) So vor allem KELSEN, 189ff., insbesondere 205, 212, 254, 255; vgl. schon oben Anm. 807 a. E., 1173. Wie KELSEN TESAR, ÖsterrZtschrStR., VIII 368; SANDER, 148, 149 Anm. 1, 487, 541. In einem anderen Sinne hat ZITELMANN, Irrtum, 201ff., und wieder in einem anderen HOLD, I 202ff., behauptet, daß das Recht ein Inbegriff hypothetischer Urteile sei. Diese beiden Schriftsteller sind Vertreter der Imperativentheorie (vgl. KELSEN, 255ff., 263ff.; H. A. FISCHER, 21; BINDER, Rechtsnorm, 16; schon SIGWART, I 18 i. d. Anm.), HOLD sogar einer ihrer extremsten (vgl. meine Besprechung von HOLDS Werk, im Jurist.Lit.Bl. XV 202, sowie noch unten Anm. 1277).

1259a) Vgl. schon MERKEL, Enz., § 22 (Recht als „Macht" und „Lehre"); ebenso SCHOETENSACK, Gerichtssaal LXXXIII 11, 26 (dazu aber unten Anm. 1287); NAGLER, Festschr. f. BINDING, 44 (Recht als „Forderung" und „Leitung"; dazu aber unten Anm. 1264); RADBRUCH, Rechtsphilosophie, 74 Anm. 25; KOHLRAUSCH, Irrtum, 28 (Recht als „Imperativ" und „Maßstab"); aber auch M. E. MAYER, Lehrb. 19ff. („normierende" und „garantierende" Funktion der Rechtssätze). BAUMGARTEN, Wissenschaft vom Recht, I 316ff. stellt die befehlenden, Macht gewährenden, drohenden und verheißenden Rechtssätze, von denen die ersten beiden Paare der ersten, die letzten beiden der zweiten der im Text gegenübergestellten Rechtsauffassungen angehören, nebeneinander.

1259b) Vgl. schon M. E. MAYER, Lehrb. 34.

1259c) Eine Erfassung des Prozeßrechts durch Anwendung einer anderen, „prozessualen" „Betrachtungsweise" hat auch SAUER in seinen „Grundlagen des Prozeßrechts" (1919) unternommen. Aber seine „konkret-prozessuale (relative) Betrachtung" (a. a. O., § 2 II, S. 20ff.) ist als wissenschaftliche Betrachtungsweise ein Widerspruch in sich. Die „Anwendung der Rechtsnorm auf einen konkreten Fall", m. a. W. die Praxis kann nicht begrifflich zugleich eine irgendwie verwertbare Theorie sein (anders SANDER, 134/5, der indessen „Praxis" im Sinne von „Theorie der Praktiker" versteht). Auf der anderen Seite ist eine Betrachtung der Norm „als solche", d. i. ohne Rücksicht auf die in ihr geregelten Lebenserscheinungen (auf die auch SANDERS, Recht u. Staat, S. VIII, Ablehnung

II. Keine der gegen die Imperativentheorie erhobenen Einwendungen vermag zu widerlegen, daß alles Recht imperativer Natur ist[1260]). Rechtssätze, die für sich allein[1261]) keinen Imperativ enthalten, wie die begriffsentwickelnden oder verneinenden[1262]), sind unselbständige Rechtssätze[1263]). Die sog. gewährenden Rechtssätze[1264]),

---

der „metarechtlichen Materie des Rechts" hinausläuft; gegen SANDER schon E. v. HIPPEL, Staatsakt, 146) schlechthin sinnlos. Nichtsdestoweniger führt SAUERS „konkret-prozessuale Betrachtung" der Norm „in ihrer Anwendung (Anwendbarkeit)" – SAUER setzt zu Unrecht beides gleich — „auf einen konkreten Fall", da ihr ein richtiges Empfinden innewohnt, mitunter zu Ergebnissen, die sich mit der hier vertretenen berühren, so unten Anm. 1376a, 1380, 1447a. Die entscheidenden Ergebnisse der richtig verstandenen „prozessualen Betrachtungsweise" mußten SAUER freilich verborgen bleiben, da er sich nicht zur Klarheit durchgerungen hat. An dieser Unklarheit scheitert auch das eigentlich einzige praktische Erzeugnis seiner „konkret-prozessualen Betrachtung", der Begriff der „Sachgestaltungsvoraussetzungen"; darüber unten Anm. 1383b und c. Noch weiter als SAUER geht SANDER, 149, 468ff., 529ff. Nach ihm ist alle Rechtslehre Verfahrenslehre. Das Rechtsverfahren ist der „transzendentale Schematismus des reinen Willens"; es vollzieht „die kontinuierliche Beziehung des Willens auf die Begehrung, des Rechtssatzes auf den Tatbestand" (477). Der „Prozeß" hat nur die Eigentümlichkeit, daß sich in ihm die Konkretisierung der Gesetze zu Urteilen und Beschlüssen vollzieht. Dagegen steht er nicht im Gegensatz zu einer „abstrakten Rechtsbetrachtung", die überhaupt nicht Lehre vom empirischen Rechte, sondern entweder dogmatische Metaphysik („Naturrecht") oder „praktische Vernunft", Rechtspolitik bedeutet" (532). Wer die „Norm als solche", ohne Rücksicht auf die im Verfahren vollzogene Relation, betrachte, treibe „relatives Naturrecht" (478/9, 532). Aber SANDERS Lehre steht und fällt mit seiner Aufstellung (487), daß „der Staat als Verfahren der objektive Maßstab aller Bestimmungen des reinen Willens" ist, und daß „alle Tatbestände nur am Verfahren gemessen" werden (vgl. noch unten Anm. 1308, schon oben Anm. 828a, 831a). M. E. ist das eine so unrichtig wie das andere. Was SANDER auf BÜLOWS Theorien sagt (vgl. oben Anm 828a), gilt auch von den seinen: ihre konsequente Durchführung würde „die Wissenschaft der Rechtsdogmatik zur Auflösung bringen" So in der Tat SANDER, Rechtsdogmatik, passim, besonders 95, wo er die Rechtswissenschaft nur als „Philosophie des Rechts" bestehen lassen will. Gegen SANDER auch KELSEN, Staatsbegriff, 216 Anm. 3, 221 i. d. Anm.; Z.öff.R. III 103ff.; F. KAUFMANN, ebenda 236ff.; MERKL, Rechtskraft, 281 Anm. 1 (der SANDERS Lehre nur für den „Prozeß im rechtstheoretischen Sinn" einer stufenweisen Konkretisierung der Rechtserscheinungen gelten läßt); Binder, Rechtsphilosophie, 196ff. (vgl. aber dens. oben Anm. 1173, 1257, unten Anm. 1297, 1383d). Eine Verwandtschaft mit SANDERS Lehre glaube ich in M. E. MAYERS (Rechtsphilosophie, 55ff.) Anschauung finden zu müssen, daß das Recht nicht nur ein System von Normen, sondern auch ein System von Handlungen sei, „die ein Staat vornimmt, um durch Aufstellung und Durchführung eines Systems von Normen, die durch Zwang garantiert, und von Zwangsmaßnahmen, die an Normen gebunden sind, die Pflege von gemeinsamen Interessen zu sichern."

1260) So schon KIPP, Doppelwirkungen, 212; vgl. auch BAUMGARTEN, Wissenschaft vom Recht, I 328ff.

1261) Vgl. aber oben zu Anm. 1038; KIPP zu WINDSCHEID, I § 27 Anm. 5, § 33 Anm. 4 (dem BINDER, Rechtsnorm, 18, wohl nicht ganz gerecht wird).

1262) THÖL, §§ 34, 35; WINDSCHEID-KIPP, I § 27; SCHOETENSACK, Gerichtssaal LXXXV 16ff.

1263) BINDER, Rechtsnorm, 18; ENNECCERUS, Allg. T., § 27 I; H. A. FISCHER, 21/22; v. TUHR, I 23/24; SCHOETENSACK, a. a. O., 17, 19.

1264) BRINZ, I 90; BINDING, Hdb. 157; ENNECCERUS, Allg. T., § 27 II 2; H. A. FISCHER, 20, 46ff.; NAGLER, Festschr. f. BINDING, 43ff. (der aber die „Geoft auch[1265]) erlaubende genannt[1266]), laufen stets auf die Bejahung oder Verneinung eines Imperativs hinaus[1267]). Wer die Imperativentheorie mit dem Hinweis auf eine abweichende Struktur vieler Rechtssätze widerlegen zu können glaubt, verwechselt Inhalt und Form[1267a]) und verfällt damit — mutatis mutandis — dem Vorwurf, den manche Gegner der Imperativentheorie[1267b]) — unbegründet — dieser mit der Anführung machen zu können glauben, sie lasse sich durch das „ita ius esto" des Gesetzgebers, m. a. W. durch den sog. „Gesetzesbefehl"[1267c]) täuschen.

Freilich wird behauptet, daß die Imperativentheorie den Unterschied von „Reflexwirkung" und subjektivem Recht[1268]) nicht erklären könne[1269]), ja daß überhaupt keine Brücke vom rechtlichen Imperativ zum subjektiven Privatrecht führe, da jener — sofern man nicht „berechtigt" und „unverboten" gleichsetze — nur ein Recht auf seine Befolgung begründen könne[1270]). Aber daß es rechtliche Imperative geben mag, die keine Gewährungen enthalten, ändert nichts daran, daß jede rechtliche Gewährung auf einen Imperativ zurückführbar ist. Im Gegenteil, die Tatsache, daß es Rechtspflichten ohne

währungen" in Verbindung mit der Natur des Rechts als „Leitung" bringt; s. oben Anm. 1259a); v. Tuhr, I 22; im Ergebnis auch Feilchenfeld, 68.

1265) Was Enneccerus, Allg. Teil, § 27 Anm. 5 und 13, tadelt. Indessen jede Erlaubnis ist eine Gewährung und jede Gewährung, wenigstens im Sinne von Berechtigung, enthält eine Erlaubnis. Richtig ist allerdings, daß der Begriff der „Erlaubnis" nicht das Wesen des subjektiven Rechts wiedergibt, das niemals ein bloßes „Dürfen", sondern immer auch ein „Können" ist; vgl. dazu noch unten Anm. 1276. Über den Inhalt dieses „Könnens" s. unten hinter Anm. 1278.

1266) So von Thöl, § 36; Windscheid-Kipp, I § 27 zu Anm. 7; Kipp, Doppelwirkungen, 212; Zitelmann, Internat. PrivR., I 43ff.

1267) Windscheid-Kipp, Kipp, a. a. O.; Bierling, Kritik, II 322; Binder, Rechtsnorm, 19; Zitelmann, a. a. O., 44; vgl. aber auch v. Tuhr, I 22. Das im Text Gesagte gilt auch von den Rechtssätzen, die ein Gestaltungsrecht begründen; vgl. Kipp zu Windscheid, I 163; v. Tuhr, a. a. O.; Bierling, Jurist. Prinzipienlehre, I 165; Binder, Rechtsnorm, 19, 20.

1267a) So treffend Binder, Rechtsnorm, 18. Auch Bierling, Kritik, II 322, sagt schon, daß sich selbstverständlich oft im Recht Erlaubnisse oder Ermächtigungen fänden, daß die Imperativentheorie nur behaupte, daß sie alle auf einen Imperativ zurückführbar seien. Ebenso Baumgarten, 19.

1267b) Binding, KritVSchr. XXI 551; Hdb. 157 Anm. 8; O. v. Gierke, I 117; in Schmollers Jahrb. VII 1174ff.; Schoetensack, Gerichtssaal, LXXXIII 7.

1267c) Laband, II 5 Anm. 2; A. S. Schultze, 87ff. Der „Gesetzesbefehl" ist überhaupt kein Bestandteil des Rechtssatzes, sondern der den Rechtssatz in Geltung setzende Staatsakt. In diesem Sinne schon treffend Wach, § 20 Anm. 3, auf den sich Laband, a. a. O., mit Recht gegen O. v. Gierke und Binding, Hdb. 197 Anm. 2, beruft; vgl. Binding selbst, KritVSchr. XXI 552; dazu noch unten zu Anm. 1308. Gegen die „Transzendenz des Staates gegenüber dem Recht" Kelsen, Staatsbegriff, 222ff.; vgl. dazu unten Anm. 1308.

1268) So (im Anschluß an Jhering) G. Jellinek, System, 67ff.

1269) H. A. Fischer, 54/55.

1270) Binding, KritVSchr. XXI 562/3; Hdb. 157 Anm. 8; Normen, I 106; H. A. Fischer, 49, 50; Enneccerus, Allg. Teil, § 27 II 2; R. Löning, Wurzel usw., 18; Schoetensack, Gerichtssaal, LXXXIII 8.

korrelate Rechte geben mag[1270a]), während es schlechterdings kein Recht ohne korrelate Pflicht gibt, beweist klar, daß die Rechtspflicht, der rechtliche Imperativ, die conditio sine qua non jeder rechtlichen Beziehung ist. Man kann höchstens qualifizierte, d. i. gewährende, und schlichte, d. i. nur reflektierende, Imperative unterscheiden[1271]). Und der Behauptung, daß vom rechtlichen Imperativ keine Brücke zum subjektiven Privatrecht führe, ist die Behauptung entgegenzusetzen, daß subjektives Privatrecht, wie alles subjektive Recht, nur vermöge rechtlichen Imperativs denkbar ist[1271a]). Es ist weiter nichts als die übliche[1272]) „körperweltliche" Auffassung von Rechten und Rechtswirkungen, die in der Einbildung zutage tritt, das Recht, die Norm, könne eine Macht anders verleihen als durch Imperativ an irgendeinen Willensträger. Nur wenn wir uns des Bildhaften dieser Vorstellung bewußt bleiben, ist es unschädlich, wenn wir die absoluten Rechte als Herrschaft über das Objekt [Sache, Person[1273]) usw.] auffassen, das in Wahrheit nur der Beziehungsgegenstand dieser Herrschaft ist[1274]).

Subjektives Recht ist aber vom Standpunkt der Imperativentheorie aus weder nur das durch die Imperative nicht Befohlene, insbesondere das „Unverbotene" oder Erlaubte[1275]), mit einem Worte kein bloßes

---

1270a) Die Rechtspflicht ist eben eine Unterwerfung unter den Imperativ des Rechts (vgl. oben Anm. 785 a. E.), nicht unter den Willen eines Berechtigten.

1271) Im Ergebnis übereinstimmend BINDER, Rechtsnorm, 20.

1271a) Übereinstimmend BINDER, Rechtsnorm, 20.

1272) Vgl. schon oben zu Anm. 966 und in Anm. 1241. Bei BINDING ist man es ja ganz besonders gewohnt, daß er das Bild für die Sache nimmt.

1273) Dieses bei den Gewaltrechten (elterliche Gewalt, staatliche Hoheitsrechte, darunter das staatliche Strafrecht).

1274) Und zwar — streng genommen — sogar nur der sekundäre Beziehungsgegenstand, da schon der Verpflichtete lediglich der primäre Beziehungsgegenstand des subjektiven Rechts ist, welches selbst in einer Beziehung zum objektiven Recht besteht, das sonach in Wahrheit das alleinige Rechtsobjekt ist; vgl. schon oben Anm. 356, 785 a. E., 807 am Anfang, unten hinter Anm. 1278; im übrigen dazu noch BIERLING, Kritik, II 334; KIPP zu WINDSCHEID, I 159, 160. Bei den in der vorigen Anm. erwähnten Gewaltrechten ist die der Gewalt unterworfene Person sowohl der (sekundäre) Beziehungsgegenstand der rechtlichen Herrschaft, als auch einer aus der unbestimmten Anzahl der Verpflichteten. In ersterer Beziehung liegt ihr ein „Duldenmüssen", in letzterer Beziehung ein „Duldensollen" ob; vgl. dazu schon oben Anm. 340, 526b. In meinen Beiträgen, (13) 119 Anm. 4, ist nur das Subjektionsverhältnis des Strafbaren betont, das ja auch für diesen durchaus im Vordergrund steht; BAUMGARTEN, 20.

1275) Nach BINDING, Hdb. 158, dem manche gefolgt sind, erstreckt sich „zwischen dem Verbotenen und dem Erlaubten" „das weite Gebiet der rechtlich indifferenten Handlungen, die unverboten und unerlaubt sind". Aber „rechtlich indifferente" Handlungen (für solche auch G. JELLINEK, System, 46) gibt es überhaupt nicht (vgl. schon GOLDSCHMIDT, Notstand, 3 Anm. 9). Wer früher daran gezweifelt haben mag, den dürfte vielleicht die Kriegsnotgesetzgebung eines anderen belehrt haben. Wem ist früher klar zum Bewußtsein gekommen, daß Essen, Heizen, Sichkleiden, Reisen eine sehr erhebliche rechtliche Bedeutung haben, daß sie nicht nur „unverboten" oder „erlaubt", m. a. W. Gegenstand eines „Dürfens", sondern auch Gegenstand eines „Könnens", nämlich die Ausübung von Freiheitsrechten sind? (deren Existenz KELSEN, 438ff., freilich wegdisputiert, weil nur der Rechtssatz und die ihm entsprechenden Organhandlungen dem Staate zurechenbar seien; a. a. O., 183ff.; dazu schon oben Anm. 807). Allerdings versteht

„Dürfen"[1276]), noch ein bloßer „Reflex" des Imperativs[1277]), noch ein — eventuell delegiertes — staatliches Recht auf Befolgung des recht-

BINDING unter „unverboten" durchaus nicht das „Erlaubte", so wenig wie er unter „unerlaubt" das „Verbotene" versteht. Sondern „unverboten" ist nach ihm (Hdb., I 765/6; Normen, IV 346 Anm. 15) vor allem die in §§ 52, 54 StGB. geregelte Notstandshandlung, m. a. W. die in Wahrheit „verbotene", d. i. rechtswidrige, aber entschuldbare Handlung (vgl. GOLDSCHMIDT, Notstand, 7ff.), gegen die auch nach BINDING Notwehr zulässig ist. Wie BINDING diesen seinen Begriff des „Unverbotenen" mit § 53 StGB., wie er seinen Begriff des „Unerlaubten" mit §§ 823ff. BGB., wie er beide Begriffe mit dem gesunden Menschenverstand vereinigen will, darum mögen die sich abmühen, die sich berufen fühlen, ihm durch Dick und Dünn zu folgen. „Auch das Verschrobenste sollte ein Maximum doch nicht übersteigen!" (vgl. Normen, IV 320 Anm. 26). Daß übrigens das „Unverbotene" „rechtlich indifferent" sei, hat BINDING schließlich (Normen, IV 346 Anm. 15; Freigabe, 13 Anm. 20) selbst zurückgenommen. Seine Ausführungen stellen eine charakteristische Rückzugskanonade dar.

1276) So schon BIERLING Kritik, II 39, 40, 307ff.; Prinzipienlehre, I 163ff. Es ist unverständlich, wie H. A. FISCHER, 50, berichten kann, BIERLING setze subjektives Recht und „Dürfen" (im Sinne von erlaubt, unverboten sein) gleich. FISCHER scheint hier die wirkliche Ansicht BIERLINGS mit der Folgerung zu verwechseln, die BIERLINGS Gegner, BINDING, Hdb. 157 Anm. 8, ihm ansinnt, um ihn zu widerlegen. Auch G. JELLINEK, System, 47ff., und SECKEL, Gestaltungsrechte, 209, 210, lehren, daß das subjektive Recht niemals ein bloßes „Dürfen", sondern immer auch ein „Können" enthalte. JELLINEKS Auffassung indessen, daß das subjektive Privatrecht — anders als das subjektive öffentliche Recht — in erster Linie ein „Dürfen", weil bloße Gestattung der Betätigung einer schon bestehenden „natürlichen Freiheit" (a. a. O., 46) sei, kann ich nicht zustimmen. Auch das subjektive Privatrecht ist als solches von vornherein eine Beziehung zum Recht, also ein „Können". Daß JELLINEK dies grundsätzlich nur vom subjektiven öffentlichen Recht — vom subjektiven Privatrecht in der Hauptsache nur, insofern es einen Rechtsschutzanspruch erzeugt — annimmt, beruht darauf, daß er, der das subjektive Recht als Beziehung zwischen dem Berechtigten und Verpflichteten, das subjektive öffentliche Recht des Individuums also als Beziehung zwischen Individuum und Staat auffaßt, hier Staat und Rechtsordnung identifiziert. Gegen JELLINEK vgl. schon KELSEN, 647ff. Neuerdings ähnlich wie G. JELLINEK SOMLÓ, vgl. oben Anm. 807 a. E. Daß ich in meinem Verwaltungsstrafrecht, 529ff., als Substrat der Rechtsordnung das „Wollen dürfen" bezeichnet habe, war nicht mehr als eine ungenaue Terminologie; gemeint war a. a. O. einfach Willensmacht. Eines muß freilich unter allen Umständen festgehalten werden. Wenn auch das Wesen des subjektiven Rechts nie in einem bloßen „Dürfen" besteht, so wird doch nicht nur die rechtliche Gewährung einer Erlaubnis, eines „Dürfens", wenn sie eine praktische Bedeutung haben soll, mit einem „Können", d. i. einem „Sollen" anderer (insoweit richtig G. JELLINEK, a. a. O., 50), sondern auch umgekehrt aus dem gleichen Grunde die rechtliche Gewährung eines „Könnens", im Sinne von subjektives Recht, mit einem „Dürfen" verbunden sein müssen; vgl. schon oben Anm. 1265. Wenn G. JELLINEK, a. a. O., 50, 48, scheinbar das Gegenteil lehrt, so beruht das einerseits auf dem oben in der vorigen Anm. abgelehnten, von JELLINEK verwendeten Begriff der „rechtlich indifferenten" Handlungen, andererseits auf seiner (a. a. O., 52) Gleichsetzung von „rechtlichem Können" und „Rechtsfähigkeit". Indessen so gewiß die Rechtsfähigkeit ein rechtliches Können ist, so gewiß ist nicht jedes rechtliche Können Rechtsfähigkeit. Man kann den Unterschied des die Rechtsfähigkeit und das subjektive Recht ausmachenden Könnens auf die — nicht ganz genauen — Schlagworte zurückführen, daß jene ein Habenkönnen, dieses ein Könnenhaben ist.

1277) ELTZBACHER, 106ff., 110ff.; HOLD V. FERNECK, I 120. Nur gegen diese Überspannung der Imperativentheorie richtet sich die Spitze meiner Ausführungen im Jurist. Lit. Bl. XV 202ff., die freilich, ebenso wie meine Bemerkung lichen Imperativs[1278]), sondern die Macht, die Imperative des Rechts wirksam werden zu lassen[1279]). Eine solche Macht gewährt im Zweifel jeder rechtliche Imperativ dem, in dessen Interesse er erlassen ist. Denn das eigentümliche Merkmal, welches das Recht von allen übrigen ethischen Normen unterscheidet, ist weder seine äußere Erzwingbarkeit[1280]) — es gibt auch unerzwingbare Rechts-

in der Festg. f. KOCH, 427/428 — vgl. auch daselbst 424 Anm. 1 —, noch unter dem Einfluß der — unrichtigen — Anschauung stehen, die Schuld solcher Folgerungen treffe die Imperativentheorie als solche.

1278) Das „Recht des Gesetzgebers auf Befolgung der Norm, auf Botmäßigkeit" ist ein verunglücktes Erzeugnis des BINDINGschen Gedankenkreises (Hdb., 183; Normen, I 97); dagegen schon GOLDSCHMIDT, Festg. f. KOCH, 425ff., insbesondere 428 Anm. 4. Denn selbst wenn man das Recht als Staatswillen auffaßt, kann unmöglich der Staat durch seine Imperative ein Recht auf deren Befolgung erlangen; vielmehr muß er gerade umgekehrt ein solches Recht schon haben, damit seine Imperative wirksam seien. Eine ganz unzulässige anthropomorphische Vorstellung wäre natürlich, daß die Norm, m. a. W. die Pflichtvorstellung, ein „Recht" auf Gehorsam haben könne! Dagegen könnte man wohl annehmen, daß durch den rechtlichen Imperativ derjenige, in dessen Interesse er erlassen ist, insoweit ein Recht auf Gehorsam erlange, als sein Wille für den Verpflichteten maßgebend ist; vgl. nächste Anm. Aber die Pflicht, einem begrenzten Verlangen nachzukommen, pflegt man nicht „Gehorsamspflicht" zu nennen.

1279) Vgl. schon oben Anm. 355, 785 a. E. Wie im Text vor allem KIPP zu WINDSCHEID, I 162; THON, 228, 229; M. E. MAYER, Rechtsnormen, 54; von denen indessen die beiden letztgenannten damit nur die Macht, Rechtsschutz zu erwirken, meinen, m. a. W. Recht und Rechtsschutzanspruch gleichsetzen (was auch BINDER, Recht und Macht, 16; Rechtsphilosophie, 201, 651, will). Indessen äußert sich die das Wesen des subjektiven Rechts ausmachende Macht, die Imperative des Rechts wirksam werden zu lassen, einfach darin, daß die Auslösung des das subjektive Recht begründenden rechtlichen Imperativs vom Willen des Berechtigten abhängt. Das bedeutet natürlich nicht, daß es dazu erst jedesmal einer ausdrücklichen Willenserklärung bedarf. Vielmehr genügt, soweit nicht etwa ein sog. „verhaltener Anspruch" (vgl. schon oben Anm. 213, 447d) in Frage steht, daß das Wirksamwerden des rechtlichen Imperativs dem wirklichen oder mutmaßlichen Willen des Berechtigten entspricht. Ja, es kann sogar eine dem Wirksamwerden des rechtlichen Imperativs entgegenstehende Willenserklärung des Berechtigten nichtig sein (RGEZ. LXVI 308). Die Schwierigkeiten, denen WINDSCHEID (vgl. WINDSCHEID-KIPP, I 157ff.) ausweichen zu müssen glaubte, bestehen also m. E. nicht. Daß der Eintritt der Verzugsfolgen in aller Regel von einer Mahnung (§ 284 BGB.) und der des Rechtsschutzbedürfnisses in gewissen Fällen von einer Abmahnung (§§ 550, 1053 BGB.) abhängt, wird nicht der Hervorhebung bedürfen. Unzweifelhaft führt eine Brücke vom Anspruch über den „verhaltenen Anspruch" zum Gestaltungsrecht; vgl. oben Anm. 790a; auch v. TUHR, I § 15 IV; BAUMGARTEN, Wissenschaft vom Recht, II 18ff. Die Behauptung KELSENS, 624, daß die Imperativentheorie nicht zu einer Subjektivierung des im Individualinteresse an den einzelnen gerichteten Imperativs kommen könne und daher mit Notwendigkeit bei einer Gleichsetzung von Recht und Rechtsschutzanspruch landen müsse, nimmt sich wunderlich aus im Munde eines Schriftstellers, nach dem jeder Rechtssatz nur den Willen des Staates zu einem bestimmten eigenen Verhalten zum Inhalt hat (vgl. oben Anm. 1173 und zu Anm. 1259), und der das subjektive Privatrecht definiert (625) als den „Rechtssatz in seinem Verhältnis zu derjenigen Person, von deren Verfügung die Realisierung des im Rechtssatze ausgesprochenen Willens des Staates zur Unrechtsfolge abhängig gemacht ist"; vgl. dazu schon oben Anm. 807, 1173, auch unten Anm. 1280 a. E.

1280) So die landläufige Meinung. Einer ihrer Vertreter, BINDER (vgl. oben Anm. 1173 a. E., 1257) wirft (Recht u. Macht, 16) der gegnerischen Auffassung, sätze[1281]), und die Sitte zwingt oft tyrannischer als das Recht[1282]) — noch seine „Heteronomie"[1283]) — auch die Geltungsquelle der Rechtspflicht ist, wie begrifflich die jeder Pflicht, autonom[1284]), und der Inhalt der sittlichen Pflicht ist in seinem Grundstock, gleich dem Recht, Erzeugnis des Gemeingeistes[1285]) —, noch schließlich seine Beziehung auf das äußere Verhalten[1286]) — auch das innere Verhalten ist, wie der Schuldbegriff beweist, Gegenstand rechtlicher Normierung[1287]), und das Sittengesetz verlangt, wie das Recht, ein ihm ent-

---

die er (a. a. O., 14) sogar für die „vulgäre" der „großen Masse unserer Zivilisten und Prozessualisten" erklärt, vor, sie sehe das „Problem überhaupt nicht, das sie unserer denkenden Vernunft stellt: nämlich wie, wenn der Zwang nicht begrifflich zum Rechte gehörte, dieser Zwang überhaupt rechtlich begründet werden soll"; „entweder ist der Zwang rechtlich, dann gehört er zum Begriff des Rechts, oder er gehört nicht zum Begriff, und dann ist er im Rahmen des Rechtes überhaupt nicht zu begründen". Aber kann den Zwang rechtlich wirklich nur der begründen, der Recht und Rechtsschutzanspruch gleichsetzt (vgl. oben Anm. 1279)? Muß denn alles, was Inhalt eines Rechts — hier des materiellen Justizrechts (vgl. unten hinter Anm. 1321) — sein kann, Begriffsmerkmal des Rechts sein? Die gegen die hier vertretene Vorstellung von KELSEN, Staatsbegriff, 88/89, erhobenen Einwendungen (vgl. aber oben Anm. 1279 a. E.) scheitern einmal daran, daß sie den Zwangscharakter des Rechts als keines Beweises bedürftig postulieren, sodann daran, daß sie auf der Verleugnung der dem Staatsbegriff zugrunde liegenden sozialpsychologischen Realitäten beruhen; vgl. dazu unten Anm. 1308. Das Gesagte gilt freilich nicht für die prozessuale Rechtsbetrachtungsweise; vgl. unten hinter Anm. 1343.

1281) O. v. GIERKE, Logos, VI 222. M. E. MAYER, Rechtsphilosophie, 54, hilft sich damit, daß er diese Rechtssätze „Recht im weiteren Sinn" nennt. Im übrigen mischt er seiner auf die Differenzierung nach Sanktionen abgestellten Darstellung der sozialen Ordnungen (42) im weiteren Verlauf (44ff.) noch andere Kriterien unter.

1282) RADBRUCH, Rechtsphilosophie, 76, 77.

1283) So besonders KELSEN; vgl. schon oben Anm. 1173.

1284) RADBRUCH, Rechtsphilosophie, 54ff.; unvereinbar damit freilich m. E. RADBRUCH, a. a. O., 61ff. (vgl. schon oben Anm. 1173); dazu noch unten Anm. 1287.

1285) O. v. GIERKE, a. a. O., 225; M. E. MAYER, Rechtsphilosophie, 42 Anm. 1.

1286) So z. B. O. v. GIERKE, a. a. O., 228.

1287) Nämlich Gegenstand der aus den Rechtsnormen zu abstrahierenden, neben ihnen stehenden „Pflichtnormen"; vgl. GOLDSCHMIDT, Notstand, 16ff.; Österr. Ztschr. f. StrafR. IV 224. In einem im wesentlichen übereinstimmenden Sinne spricht SCHOETENSACK, Festschr. f. BINDING, 6ff.; Gerichtssaal, LXXXIII 24ff., von „subjektiven" Normen (wobei er aber mit Unrecht — s. unten Anm. 1303 — den Gegensatz von „objektiven" und „subjektiven" Normen in Verbindung mit der Doppelnatur des Rechts als „Lehre" und „Macht" bringt; vgl. oben Anm. 1259a). Gegen den von mir aufgestellten Begriff der „Pflichtnormen" haben sich erklärt KRIEGSMANN, ZStrWiss. XXXV 318ff., BINDING, Normen, III 480, und SAUER, Grundlagen des Strafrechts, 572/3, 622. Diese Schriftsteller halten mir entgegen, daß es dem Rechte ganz gleichgültig sei, aus welchen Motiven der Mensch seine äußeren Rechtspflichten erfülle, wenn er sie nur erfülle. Sie meinen also dasselbe, was u. a. RADBRUCH, Rechtsphilosophie, 59ff., meint, wenn er (unter Berufung auf Kant) ausführt, daß „Legalität" ohne „Moralität" (dazu STAMMLER, Richtiges Recht, 52ff.; vgl. auch M. E. MAYER, Rechtsphilosophie, 62) denkbar sei. Sie begehen aber dabei denselben Fehler, den RADBRUCH begeht, wenn er, a. a. O., 61ff., — im Widerspruch zu das. 54ff. (vgl. oben Anm. 1173, 1284) — lehrt, der heteronome „Imperativ" könne anders „wirken" als durch seine Erhebung zur autonomen „Norm" (über scheinbare Ausnahmen s. unten hinter Anm. 1302). Die von mir, a. a. O., aufgestellte Rechtspflichtnorm richtet sich selbstverständlich nicht sprechendes äußeres Verhalten[1288]), die Sitte regelt bekanntlich über-

an die „wünschenden Gedanken“ (STAMMLER, Theorie, 453), sie erstrebt keine „innere Lauterkeit“ der Gesinnung (STAMMLER, a. a. O.), sondern sie richtet sich an den tatfertigen Willen und bezweckt nur die zur Erfüllung der Rechtspflichten unbedingt notwendige Motivation, daß nämlich der einzelne sich „durch die Vorstellung, daß die Willensbetätigung einen durch die Rechtsnorm verbotenen Erfolg herbeiführen würde, von der Willensbetätigung abhalten, und durch die Vorstellung, daß die Willensbetätigung einen durch die Rechtsnorm gebotenen Erfolg herbeiführen würde, zu der Willensbetätigung bestimmen lassen soll“, ja daß der einzelne sich selbst mittels dieser Vorstellung motivieren soll, sofern er dazu imstande und besonders verpflichtet ist (Notstand, 26, 27). Warum der einzelne dieser Vorstellung motivierende Kraft über sich einräumt, das ist allerdings dem Rechte gleichgültig. Eine Verletzung jener Pflichtnorm ist aber überhaupt nicht denkbar ohne eine auf den rechtlich verbotenen Erfolg gerichtete Willensbetätigung bzw. ohne die Unterlassung einer auf den rechtlich gebotenen Erfolg gerichteten; vgl. M. E. MAYER, Lehrb., 230. M. a. W. es mag „unmoralische Legalität“ geben, es gibt aber keine „schuldhafte Legalität“, etwa als Gegenstück des „schuldlosen Unrechts“, mit einziger Ausnahme des Versuchs, der Pflichtwidrigkeit in Verbindung mit bloß versuchter Illegalität ist, oder des — bei uns allerdings regelmäßig als solches straflosen — fahrlässigen Handelns, das Pflichtwidrigkeit mit bloß möglicher Illegalität ist (Notstand, S. 18, 19, 22). Immerhin beweisen diese Ausnahmen, daß auch die alleinige Verletzung der Pflichtnorm rechtlich von Bedeutung sein kann, der Begriff der Pflichtnorm also auch nicht, wie SAUER, a. a. O., 573 (vgl. schon BAUMGARTEN, 240/1 i. d. Anm.), meint, „überflüssig und irreführend“ ist. Er ist aber schon deshalb nicht überflüssig, weil er die notwendige Grundlage der auch von SAUER, a. a. O., 642, anerkannten „Entschuldigungsgründe“ ist. (Daß ich diesen Begriff „für überflüssig oder gar schädlich“ halte, ist ein Irrtum FRANKS, Nr. II a. E. vor § 51). KRIEGSMANNS Einwendung, daß bei der gekennzeichneten Auffassung des Versuchs diesem gegenüber die Notwehr ausgeschlossen sei, die doch einen „rechtswidrigen Angriff“ voraussetze, übersieht, daß ich nirgends behauptet habe, daß die Versuchshandlung nicht rechtswidrig sein könne, sondern nur, daß sie es nicht immer sei, und zwar mit dem ausdrücklichen Zusatz: „jedenfalls dann, wenn wir auch den absolut untauglichen Versuch strafen“ (Notstand, S. 19, s. auch das. S. 22), und — wie man noch hinzufügen kann, wenn wir den Mangel am Tatbestand als Versuch strafen. Da BINDING diesen beiden Erscheinungsformen des Versuchs den Krieg erklärt hat — er faßt sie mit dem sog. Wahnverbrechen in einer „von den unglücklichen Ausführungen, in denen er sich auszeichnet“ (vgl. Normen, III.480) als „umgekehrten Irrtum“(!) zusammen (dazu schon GOLDSCHMIDT, JWSchr. 1919, S. 560), so begreife ich, daß er mein der Strafbarkeit jener Erscheinungsformen des Versuchs Vorschub leistendes Ergebnis, der Versuch sei seinem Wesen nach nur „Pflichtwidrigkeit“, nicht „Rechtswidrigkeit“, als das „Schönste“ meiner Lehre von den Pflichtnormen bezeichnet. Im übrigen hätte es BINDING bedenklich stimmen sollen, daß RADBRUCH, der, gleich ihm, lehrt, daß die Imperative des positiven Rechts nur „Legalität“ des äußeren Verhaltens fordern, ganz folgerichtig (Rechtsphilosophie, 74 Anm. 26) zu dem Schlusse kommt, daß das Wesen des Unrechts nicht Imperativwidrigkeit sein könne, und daß deshalb BINDINGS „Normentheorie“ falsch sei. Es scheint mir hier einer der Punkte vorzuliegen, in denen RADBRUCH nach seinem eigenen Bekenntnis (a. a. O., 54 Anm. 21) sich dem Standpunkt KELSENS, den er doch (a. a. O., 54ff.) bekämpft, nähert. Ist das Unrecht nicht Auflehnung gegen das Recht als Imperativ, d. i. als „Macht“, weil man das „Sollen“ eines anderen nicht „wollen“ kann, sondern nur etwas vom Recht als „Lehre“ oder „Maßstab“ Gemißbilligtes, so kommt das Recht überhaupt nicht als Imperativ in Betracht, sondern nur als „Maßstab“, und als „Macht“ nur insoweit, als es den staatlichen Willen zur Reaktion gegen das Unrecht zum Inhalt hat. Das ist aber ganz die KELSENsche Lehre, sogar einschließlich ihres formalistischen Willensbegriffes; vgl. oben Anm. 807, 1173.

1288) RADBRUCH, a. a. O., 45, 46; M. E. MAYER, Rechtsphilosophie, 47.

haupt nur dieses[1289]). Vielmehr ist dem Recht zu eigen seine „imperativ-attributive"[1290]) Natur, m. a. W. daß seine Imperative — wie schon sein Name sagt — Rechte einräumen[1291]). Diese Eigentümlichkeit des Rechts beruht sowohl auf seiner Idee, der Gerechtigkeit, welche verlangt, daß jedem das Seine zuteil werde[1292]), als auch auf seiner geschichtlichen Entstehung als Ergebnis eines Kompromisses zwischen Gewalt und Gewissen, zwischen Macht und Moral[1293]). Aus diesem Grunde ist jeder rechtliche Imperativ im Zweifel gleichzeitig attributiver Natur. Andererseits mag man danach zwar sagen, daß Zweck des Rechts die Begründung subjektiver Rechte sei[1294]); sicher ist, daß Mittel zu diesem Zweck immer nur die Begründung von Rechtspflichten, m. a. W. der Erlaß von Imperativen sein kann[1295]).

III. Von den rechtlichen Imperativen richten sich die des Privatrechts ausschließlich, die des öffentlichen Rechts zum Teil an die Untertanen. Die Ansicht, daß sich die rechtlichen Imperative allein an die Staatsorgane, insbesondere an die Gerichte richten[1296]), zerstört den Begriff der Rechtspflicht des einzelnen[1297]), ebenso wie den des subjektiven Privatrechts[1298]), da sie das objektive Privatrecht im materiellen Justizrecht aufgehen läßt[1299]), steht im Widerspruch mit der Tatsache der Verkündung der Gesetze[1300]) und kann sich auch nicht auf den strafrechtlichen Satz, daß der Rechtsirrtum unbeachtlich sei, berufen[1301]), da dieser Satz sich immer nur auf den strafrechtlichen Irrtum

---

1289) O. v. Gierke, Logos VI 229.

1290) L. v. Petrazycki, vgl. bei Radbruch, Rechtsphilosophie, 50.

1291) Windscheid-Kipp, I § 37 Anm. 4.

1292) O. v. Gierke, Logos, VI 244ff.; E. Kaufmann, Wesen d. VR., 130. Vgl. über die Gerechtigkeit als Rechtsidee oben Anm. 877.

1293) Das Recht ist danach m. E. weder die „Politik der Gewalt" (Jhering, Zweck, I 193) noch das „ethische Minimum" (G. Jellinek, Sozialethische Bedeutung usw., 45). Im Grunde nicht wesentlich anders Binder, Recht u. Macht, 22/3; Brodmann, 71.

1294) Radbruch, Rechtsphilosophie, 50ff. Dagegen ist es ganz verkehrt, das subjektive Recht für das „logische" oder „historische Prius" gegenüber dem objektiven zu erklären (vgl. darüber H. A. Fischer, 46, 47). Nur die Macht war früher als das Recht.

1295) Mit Recht kann daher Binder, Rechtsnorm, 19, von den sog. „gewährenden Rechtssätzen" (vgl. oben zu Anm. 1264) sagen, sie vertauschten formell das Mittel mit dem Zweck, indem sie das Resultat des Befehls an Stelle des Befehls selbst nennten.

1296) Vgl. oben zu Anm. 1257.

1297) Nach M. E. Mayer, Rechtsnormen, 52, soll es nur „rechtlich erhebliche Pflichten", nach Binder, Rechtsnorm, 37ff., 45ff. — vgl. schon oben Anm. 1173 a. E. — nur „Haftungen" geben.

1298) Nach M. E. Mayer, Rechtsnormen, 59, besteht z. B. die Ausübung des Notwehrrechts „nicht in der eigenmächtigen Schutzhandlung, sondern in der Rechtfertigung derselben vor den Gerichten". M. E. Mayer gibt selbst zu, daß diese Konstruktion „geschraubt" sei.

1299) Vgl. schon Goldschmidt, Beiträge, 5 (111) i. d. Anm.

1300) Gerland, KritVSchr. XLVI 430ff.; vgl. übrigens die eigenen Ausführungen M. E. Mayers, Rechtsnormen, 11; Lehrb., 36 Anm. 38; und Binders, Rechtsnorm, 36.

1301) M. E. Mayer, Rechtsnormen, 74ff.; Lehrb., 36; Binder, Rechtsnorm, 23.

bezogen hat und neuerdings auch in bezug auf diesen erschüttert zu werden beginnt[1302]). Die an die Untertanen gerichteten rechtlichen Imperative gelten auch den handlungsunfähigen und juristischen Personen[1303]). Da diese Personen indessen für die den verpflichtenden Rechtsnormen entsprechenden Pflichtnormen[1304]) untaugliche Normadressaten sind[1305]), so ist die Erfüllung der ihnen auferlegten Rechtspflichten — wenn wir von der Selbstverteidigung, Selbsthilfe und Gerichtshilfe absehen[1306]) — dadurch gesichert, daß sie — neben der Wahrnehmung der diesen Personen zustehenden Rechte — Inhalt der Fürsorgepflicht ihrer gesetzlichen Vertreter ist[1307]).

Die Imperative des öffentlichen Rechts, die sich nicht an die Untertanen richten, wenden sich an den Staat. Für diese Feststellung ergibt sich keine Schwierigkeit aus dem Wesen des Rechts, sofern man daran festhält, daß das Recht nicht Staatswille ist, mag auch das Gesetzesrecht seine Geltung dem Staatswillen verdanken[1308]). Aber

---

[1302]) Vgl. den Beschluß der Strafrechtskommission bei EBERMAYER, 14, 15, und die Bek. über die Verfolg. von Zuwiderhandlungen gegen Vorschriften über wirtschaftliche Maßnahmen v. 18. Jan. 1917 (RGBl. 58); dazu meinen Aufsatz i. d. JWSchr. 1917, 183ff., mit Literaturangaben; weitere Lit. bei BINDING, Normen, III 387 Anm. 3; seither noch EBERMAYER und v. HIPPEL, LZ. XII 801ff., 1032ff.; §§ 11, 12 Entw. v. 1919 und die Denkschrift dazu, meinen GE. in der JWSchr. 1922, S. 252ff., sowie jetzt vor allem § 13 Amtl. Entw. v. 1925.

[1303]) So — gegen ZITELMANN, Internat. PrivatR., I 47 Anm. 8; HOLD v. FERNECK, I 281, 358; II 24, — THON, in Jherings Jahrb. L 22ff.; BIERLING, Jurist. Prinzipienlehre, III 172ff.; H. A. FISCHER, 25ff., 42ff.; SCHOETENSACK, Gerichtssaal LXXXIII 24; vgl. auch NAGLER, Festschr. f. BINDING, 63ff. — Wenn danach aber auch die „objektive" Norm nach SCHOETENSACKS (S. 24) ausdrücklichem Bekenntnis „wirklicher Imperativ" ist — wie sollte es auch sonst „Verpflichtungen" handlungsunfähiger und juristischer Personen geben? —, so fällt der Gegensatz von „objektiver" und „subjektiver" Norm nicht, wie SCHOETENSACK, 26, — vgl. schon oben Anm. 1287 — meint, mit dem Gegensatz „Recht als Lehre" und „Recht als Macht" — vgl. oben Anm. 1259a — zusammen. Zugrunde liegt hier vielmehr der Gegensatz von „verpflichtender Rechtsnorm" und „Pflichtnorm"; dazu GOLDSCHMIDT, Notstand, 17 Anm. 18.

[1304]) Vgl. oben Anm. 1287.

[1305]) GOLDSCHMIDT, Österr. Ztschr. f. StrafR. IV 224; zustimmend SCHOETENSACK, Gerichtssaal LXXXIII 24 (anders noch SCHOETENSACK, Festschr. f. BINDING, 15, 16).

[1306]) GOLDSCHMIDT, a. a. O.; THON, Rechtsnorm, 96ff.

[1307]) Mit Recht hat THON, in Jherings Jahrb. L 28, 29, festgestellt, daß die Rechtspflichten der handlungsunfähigen und juristischen Personen nicht, wie insbesondere ZITELMANN und HOLD v. FERNECK, a. a. O., annehmen, Verpflichtungen ihrer gesetzlichen Vertreter seien, daß diesen vielmehr nur Verpflichtungen gegenüber den Vertretenen obliegen. Aber die Verpflichtungen der gesetzlichen Vertreter gegenüber den Vertretenen sind der Hebel für die Erfüllung der Rechtspflichten der Vertretenen. An dieser Auffassung kann auch der festhalten, der anerkennt, daß die „gesetzlichen Vertreter" juristischer Personen in Wahrheit deren „Organe" sind; vgl. unten Anm. 1315.

[1308]) Über das Verhältnis von Recht und Staat vgl. GOLDSCHMIDT, Festgabe f. KOCH, 420ff.; Entschädigungspflicht, 135; auch oben Anm. 1190, 1276c; übereinstimmend ROSENSTOCK, Der ewige Prozeß des Rechts gegen den Staat; STAMMLER, Theorie, 394ff.; Recht u. Kirche, 86ff. Anders vor allen KELSEN, 97ff.; Staatsbegriff, 86ff. (vgl. schon oben Anm. 1173); SANDER, 487; Rechtsdogmatik, 75. Für KELSEN besteht Identität von Staats- und Rechtsordnung. Aber wäre auch wenn man das Recht als Staatswillen auffaßt, kann man zu einer Unterwerfung des Staates unter die Imperative des Rechts vermöge

selbst KELSENS Ausgangspunkt, daß der Staat „Zwangsordnung" und nichts als das ist (Staatsbegriff, 82ff.), richtig, so wäre weder für den, der den begrifflichen Zwangscharakter des Rechts leugnet (oben Anm. 1280), „von vornherein ... ausgeschlossen" (KELSEN, Staatsbegriff, 144), daß Staats- und Rechtsordnung „zwei voneinander unabhängige disparate Normsysteme" sind, noch m. E. für irgend jemanden vermeidlich, „von ‚Staat' erst dann zu „sprechen, wenn die Rechtsordnung" zu ihrem Schutze statt des Verletzten „arbeitsteilig funktionierende Organe einsetzt" (was selbst KELSEN, Staatsbegriff, 90/91; Souveränität 259, als „möglich" zugibt). In Wahrheit ist aber der Staat nicht „Zwangsordnung", sondern „geordneter Zwang". Allerdings konstituiert erst die rechtliche Ordnung den „Staat", einmal, weil sie jede juristische — und natürliche (KELSEN, Staatsbegriff, 134/5) — „Person" konstituiert, sodann, weil sich der „Gemeinwille" nur normativ erfassen läßt. Es gibt daher in der Tat nur einen juristischen Staatsbegriff. Aber KELSEN schüttet das Kind mit dem Bade aus, wenn er aus dieser zutreffenden Beobachtung folgert, daß den realen, sozialpsychologischen Grundlagen des Staatsbegriffs überhaupt keine oder doch juristisch keine Bedeutung zukomme. Vgl. z. B. schon SCHILLERS 3. Brief „über die ästhetische Erziehung des Menschen". Wenn KELSEN (Staatsbegriff, 134; bei Grünhut, XL 114; auch Souveränität, 17ff., 126) lehrt, daß die — physische wie juristische — „Person nur die aus Gründen der Veranschaulichung vollzogene anthropomorphe Personifikation eines Rechtsnormenkomplexes" sei, so kann diese doktrinäre Umkehrung des natürlichen Verhältnisses kaum überboten werden. Eine Selbsttäuschung ist, wenn KELSEN, (Staatsbegriff, 136ff.) der Identifikation von Staat und Recht den Wert beimißt, dem „politischen Mißbrauch des metarechtlichen Staatsbegriffes" zu steuern. M. E. ist das Gegenteil der Fall. Die Anerkennung der Möglichkeit eines „Staatsunrechts" (GOLDSCHMIDT, Entschädigungspflicht, 133ff.; anders KELSEN, bei Grünhut XL 1ff., dem WEGNER, ZStW. XLIV 688 folgt) steuert einem politischen Mißbrauch der Staatsmacht viel wirksamer als die Zurechnung eines solchen Mißbrauchs auf das Konto einer Individualperson, der übrigens — ganz folgerichtig — nach KELSEN (Staatsbegriff, 234; Souveränität, 148 i. d. Anm.) dieses Unrecht auch nicht zugerechnet werden könnte, da das „Rechtssubjekt nicht zugleich das Unrechtssubjekt sein kann". So kommt denn auch KELSEN (bei Grünhut, XL 103) zu der alles andere als erfreulichen Folgerung, daß die Haftung des Staates für „Unrecht seiner Organe", selbst auf dem Gebiete des Privatrechts, einer ausdrücklichen gesetzlichen Anerkennung bedürfe. Die naheliegende Frage, wie denn von seinem Standpunkt aus ein Organ als solches, d. h. „in Ausübung seines Amtes", überhaupt Unrecht tun könne, beantwortet KELSEN (bei Grünhut XL 109) dahin, es genüge, daß die Handlung „in irgendeinem Zusammenhang mit ihrer (d. i. der Handelnden) Organstellung" stehe, eine Lösung, deren methodische Unsauberkeit und praktische Unzuverlässigkeit am besten die Verfehltheit des Ausgangspunktes zeigt. Wo der Staat im Vollstreckungswege zur Erfüllung seiner privatrechtlichen Verbindlichkeiten angehalten werden muß, soll nach KELSEN (bei Grünhut XL 42, 105) nichts anderes vorliegen, als daß statt des fiskalischen Organs das Exekutionsgericht erfülle. Sollten solche Verrenkungen wirklich geeignet sein, KELSENS These, daß nur der vom Rechtssatz fixierte Tatbestand dem Staate zugerechnet werden kann (bei Grünhut XL 16), zu erhärten? Daß vielmehr die den juristischen Begriffen ‚Staat" und „Recht" zugrunde liegenden sozialpsychologischen Realitäten auseinander streben können (GOLDSCHMIDT, JWSchr. 1924, 247) — muß sich das der Staatsrechtslehrer erst von einem Vertreter des reinen Justizrechts sagen lassen? Was KELSEN, Souveränität, 29ff.; Staatsbegriff, 189ff., gegen KRABBE, Rechtssouveränität, 217, 246; Staatsidee, 48ff. 70ff., einwendet, trifft diesen — springenden — Punkt nicht. Vgl. denn auch schon mein Verwaltungsstrafrecht 529ff. Nur wenn man den Unterschied von Recht und Staatswillen, dessen Ausdruck nicht das Recht, sondern der Verwaltungsbefehl ist, festhält, gewinnt man das richtige Verständnis für die Eigenart des Verwaltungsstrafrechts. Es wäre trostlos, wenn alle Vorder Annahme einer Selbstverpflichtung des Staates gelangen[1309]). Ebensowenig Schwierigkeiten, wie das Wesen des Rechts, macht das Wesen des Staates, wenn man sich darüber klar ist, daß die Erfüllung der staatlichen Rechtspflichten, ganz entsprechend wie die Erfüllung der Rechtspflichten juristischer Personen[1310]), nur durch ihre Erhebung zum Inhalt der Amtspflicht der natürlichen Träger staatlicher Organschaften gesichert werden kann[1311]). Wenn gewöhnlich gelehrt wird, die rechtlichen Imperative, welche staatliche Pflichten begründen, richteten sich an die staatlichen Organe, darunter an die staatlichen Gerichte[1312]), so erklärt sich diese Lehre nicht allein daraus, daß die staatlichen Rechtspflichten nur durch Vermittelung der staatlichen Organe erfüllbar sind, sondern vor allem auch daraus, daß die Erfüllung der verschiedenen staatlichen Rechtspflichten verschiedenen staatlichen Organen obzuliegen pflegt. Zulässig ist eine solche Ausdrucksweise jedoch nur dann, wenn man nicht, unter Auseinanderhalten von Staat und Organ, Organ und Organträger gleichsetzt[1313]).

---

schriften, die der in seiner Not aller Hemmungen bare Staat im Widerspruch mit der allgemeinen Rechtsüberzeugung erlassen hat, Recht und nicht vielfach bloße Verwaltungsbefehle gewesen wären; vgl. jetzt aber auch meinen Aufsatz über „Gesetzesdämmerung", JWSchr. 1924, 248ff. (schon oben Anm. 875a). Übrigens kann sich selbst Kelsen dem Dualismus von „Recht" und „Staat" nicht entziehen. Nur tritt dieser Dualismus bei ihm in Form eines dualistischen Staatsbegriffes auf, der einmal die „ganze Rechtsordnung", das andere Mal nur einen „Zurechnungsendpunkt" bedeutet; vgl. Sander, Rechtsdogmatik, 84/5; E. v. Hippel, Arch. öff. R., N. F. V 343ff. Nur dieser Dualismus, nicht die Unterschiebung eines „psychologischen" Willensbegriffes an Stelle des „juristischen" (Wille = Endpunkt der Zurechnung) erklärt m. E., daß nach Kelsen dem Staat — so wenig wie einer sonstigen „Person" (1. = Zurechnungsendpunkt; 2. = Teilrechtsordnung) — ein Unrecht nicht zugerechnet werden kann (dies gegen E. v. Hippel, a. a. O., 331ff., 339ff.).

1309) So schon Jhering, Zweck, I 278ff. („zweiseitig verbindende Kraft der Norm"; dazu auch oben Anm. 862); besonders aber G. Jellinek, Staatsverträge, 9ff.; Staatenverbindungen, 34; Gesetz u. Verordnung, 198ff.; System, 195ff., 234ff.; Staatslehre, 367ff. Die Einwendungen Kelsens, 400ff.; Staatsbegriff, 132ff.; auch Souveränität, 168ff., gegen G. Jellinek haben nur dialektischen Wert. Daß die Verpflichtung der juristischen Person des Staates nur vermöge der Verpflichtung der natürlichen Personen, die seine Organe sind, denkbar ist — vgl. sofort weiter im Text —, versteht sich von selbst und ist durchaus nicht „ungeheuerlich". Der Rest läuft dann wieder — vgl. oben Anm. 1173 — auf die Behauptung hinaus, daß von dem „heteronomen Recht" keine Brücke zur „autonomen Moralpflicht" führe. Nach Kelsen, 435, ist Rechtspflicht des Staates „nichts anderes als der Rechtssatz in seiner Subjektivierung"; vgl. schon oben Anm. 807, 1173. Ähnlich Kelsen, Staatsbegriff, 134: „Die Person des Staates ist die Personifikation der Gesamtrechtsordnung"; vgl. schon oben Anm. 1308.

1310) Vgl. oben zu Anm. 1307.

1311) Insoweit übereinstimmend Kelsen, 527.

1312) Vgl. oben zu Anm. 1257.

1313) Wie dies Kelsen, 523ff., tut, der daraus folgert, daß zwischen Organschaft und Stellvertretung kein Unterschied bestehe (706; ebenso bei Grünhut, XL 44/45), daß Kompetenzüberschreitungen immer nur Amtspflichtverletzungen seien (531/2), sowie daß alle Organisationsbestimmungen nur „Geltendmachungen" der „durch den Disziplinarrechtssatz statuierten Dienstpflicht der Staatsorgane" (560), und daher in Gesetzesform erlassene Organisationsbestimmungen „unvollständige Rechtssätze" (566) seien. Letzteres ist vom Standpunkt Kelsens eine sondern wenn man von der Einheit von Staat und Organ ausgeht, mag man nun mit der sog. organischen Staatstheorie den Organen Persönlichkeit beilegen[1314]) oder nicht[1315]).

Nach dem Gesagten erledigt sich der Einwand, der gegen die Ansicht, daß das Strafrecht ein an den Strafrichter gerichteter Imperativ sei[1316]), erhoben[1317]) und gegen die Theorie des materiellen Justizrechts

– folgewidrige – Konzession, die sich daraus erklärt, daß nach KELSEN das Gesetz zwar Staatswille, die Gesetzgebung aber keine staatliche Tätigkeit sein soll, ein „formelles Gesetz“ also kein „Verwaltungsakt in Gesetzesform“ sein kann. Vgl. dazu noch unten Anm. 1315.

1314) So O. v. GIERKE, in Schmollers Jahrb. VII 1143; Genossenschaftstheorie, 173/4; PREUSS, in Schmollers Jahrb. XXVI 557ff.; in Jherings Jahrb. 1902, 429ff. Legt man den Organen Persönlichkeit bei, so sind allerdings – vgl. oben Anm. 1307 – die staatlichen Pflichten zugleich Pflichten der Staatsorgane; vgl. schon GOLDSCHMIDT, Ungerechtfert. VollstreckBetr., 70.

1315) So G. JELLINEK, System, 223ff.; Staatslehre, 559ff. Es kann KELSEN, 523ff., nicht zugegeben werden, daß JELLINEKS Unterscheidung von Organ und Organträger bedeutungslos sei. Allerdings versteht JELLINEK unter Organ nicht – was übrigens durchaus diskutabel wäre – die „abstrakte Institution der Organschaft“, sondern das menschliche Individuum. Er behauptet aber, daß diesem Individuum, insoweit es als Organ auftrete, keine von der Staatsperson verschiedene Persönlichkeit oder – eindeutig – keine Rechtssubjektivität zukomme, während ihm diese Eigenschaft sonst, m. a. W. eben in seiner Eigenschaft als Organträger, natürlich zukommt. In der Tat ist das Recht souverän. Es kann eine Organisation zum Rechtssubjekt erheben und einem menschlichen Individuum die Rechtssubjektsqualität – ganz oder teilweise – versagen. Versagt man den Staatsorganen die Rechtssubjektivität, so bleibt allerdings (und zwar gerade für die Zurechnung, was KELSEN, 708, verkennt) der Wille des Organs – anders als der eines „Vertreters“ – unmittelbar Wille des Staates (der also – vgl. GOLDSCHMIDT, Entschädigungspflicht, 133ff., oben Anm. 1308 – durch sein Organ auch Unrecht tun kann), aber das Organ als solches hat weder eigene Rechte noch Pflichten, sondern nur Zuständigkeiten, staatliche Rechte wahrzunehmen, staatliche Pflichten zu erfüllen. Ohne Interesse ist dagegen hier die schon oben in Anm. 1313 berührte Frage, ob nach der anorganischen Staatstheorie die ausschließlich das Verhältnis des Staates zu seinen Organen regelnden Normen Rechtssätze sind oder nicht; vgl. dazu H. A. FISCHER, 24; KELSEN, 537ff. (woselbst Orientierung über den Stand der Ansichten); Zitate auch bei GOLDSCHMIDT, Festgabe für KOCH, 442 Anm. 2. Denn die Normen, welche staatliche Rechtspflichten, also in aller Regel auch subjektive öffentliche Rechte der Untertanen begründen, sind niemals solche, die ausschließlich das Verhältnis des Staates zu seinen Organen regeln, was zumeist schon darin zutage tritt, daß solche Normen in Gesetzesform erlassen werden, also bereits formell keine bloßen „Organisationsverordnungen“ oder „Dienstanweisungen“ sind. Solchen Normen wird aber auch von der anorganischen Staatstheorie das Prädikat von Rechtssätzen nicht vorenthalten; vgl. G. JELLINEK, System, 233ff. (den H. A. FISCHER, 24/5, trotz des Ausrufungszeichens nicht weit genug gelesen hat).

1316) Lit. bei BINDING, Normen, I 14 Anm. 26; M. E. MAYER, Rechtsnormen, 4 Anm. 3; neuestens vor allen M. E. MAYER und BINDER, vgl. oben Anm. 1257.

1317) Von BINDING, Normen, I 14ff.; BELING, Festschr. f. BINDING, 46ff. (der aber – folgewidrig [vgl. unten Anm. 1321] – annimmt, daß der Richter durch die Normen des Prozeßrechts gebunden werde. Der von BELING richtig herausgestellte Gegensatz von „Nichtbefolgung“ und „Nichtanwendung“ eines Rechtssatzes findet seine Grundlage in einem Gegensatz nicht der Rechtsgebiete, sondern der Rechtsbetrachtungsweisen. In ihm liegt auch der richtige Kern des im Text zurückgewiesenen Einwandes. Vgl. darüber unten zu Anm. 1336, 1337a, sowie hinter Anm. 1340).

verwertet worden ist[1318]), daß nämlich der Richter nicht durch die Normen des Strafrechts oder des sonstigen materiellen Justizrechts, sondern durch seine Amtspflicht gebunden werde. Wer behauptet, daß die Normen des Strafrechts oder des sonstigen materiellen Justizrechts[1319]) an den Richter gerichtete Imperative seien, meint damit natürlich nicht den Richter als Organträger im Gegensatz zum Staat, sondern den Richter als Organ des Staates[1320]). Er meint m. a. W., „daß die justizrechtlichen Normen Verpflichtungen des Staates zum Ausdruck bringen"[1321]). In der Tat begründen die Normen des materiellen Ziviljustizrechts in erster Linie die staatliche Rechtsschutzpflicht gegenüber dem Klagberechtigten, sind also in erster Linie Imperative an den Staat, und zwar an den Zivilrichter und die Vollstreckungsorgane; sekundär begründen sie die zur Erfüllung der staatlichen Rechtsschutzpflicht erforderliche staatliche Rechtsschutzgewalt gegenüber dem Beklagten, sind sie also insofern Imperative an eine unbestimmte Anzahl von Verpflichteten, jede Störung der staatlichen Rechtsschutzhandlung zu unterlassen[1322]). Die Strafgesetze begründen dagegen in erster Linie das staatliche Strafrecht[1323]), sind also in

---

[1318]) Von KRÜCKMANN, Einf., 188ff.; Z. XLV 569 Anm. 1; vgl. aber auch SCHOETENSACK, Gerichtssaal LXXXIII 25 Anm. 1 a. E.; Rechtsgang III 26 Anm. 1.

[1319]) So KIPP, Doppelwirkungen, 212ff.

[1320]) Die führt schon in treffendster Weise KIPP, a. a. O., 214, aus. Keine scharfe Erfassung dieses springenden Punktes bei M. E. MAYER, Rechtsnormen, 32/33; Lehrb. 34; und BINDER, Rechtsnorm, 23 Anm. 2.

[1321]) KIPP, a. a. O. Die Gegner — vgl. oben Anm. 1317 und 1318 — verwickeln sich in die ärgsten Widersprüche. Nach BINDING, Normen, I 14ff., 16ff., soll das Strafgesetz zwar weder einen Imperativ an den Strafrichter oder die Strafvollstreckungsbeamten, noch an den Träger der Staatsgewalt richten, aber doch (Normen, I 20, 21ff.) dem Staate nicht nur ein Strafrecht einräumen, sondern auch eine Strafpflicht auferlegen. — BELING, Festschr. f. BINDING, 46ff., behauptet zwar, daß der Strafrichter nur seine dem Verwaltungsrecht angehörige Amtspflicht verletzen könne; trotzdem gibt er zu, daß diese verwaltungsrechtliche Norm nur ein „Blankett" sei, und daß insbesondere das Strafprozeßrecht dem Richter befehle, wie er sich einer Strafklage gegenüber zu verhalten habe. Über die hierin liegende Folgewidrigkeit (die sich übrigens auch bei BINDING, Normen, I 28, findet) vgl. schon BAUMGARTEN, 16, der treffend hinzufügt, es sei „nicht einzusehen, warum nicht die Strafprozeßordnung ihre Ergänzung wiederum in dem materiellen Strafgesetze finden sollte in der Weise, daß letzteres näher bestimmt, wie das richterliche Urteil zu lauten hat. Verurteile, sagt die Strafprozeßordnung, den Angeklagten zu der Strafe, zu welcher zu verurteilen das Strafgesetzbuch dich heißt. Sprich frei, wenn das Strafgesetz eine Bestrafung nicht anordnet". — Nach KRÜCKMANN, Einf., 188ff., soll zwar der Richter durch seine Anstellung ohne weiteres auch auf die privatrechtlichen Gesetze verpflichtet, ein Anspruch auf Rechtsschutz gegen die Vollstreckungsorgane dagegen anzunehmen sein. Haben aber die Vollstreckungsorgane keine Amtspflicht, und ist die Verpflichtung des Richters auf die „privatrechtlichen" Gesetze etwas anderes als das Mittel zur Erfüllung der staatlichen Rechtsschutzpflicht? Mißverständlich auch STEIN, LZ. XIV 267 zu Anm. 9a.

[1322]) Vgl. ausführlich GOLDSCHMIDT, Materielles Justizrecht, § 5; Zwei Beiträge, 3 (109) ff. Über das Wesen der Gewaltrechte vgl. schon oben Anm. 340, 1274.

[1323]) Insoweit ist BINDING, Normen, I 19ff., zuzustimmen, der aber selbst höchst seltsamerweise sofort den Gedanken des staatlichen Strafrechts gänzlich fallen läßt, um ausschließlich den der staatlichen Strafpflicht hervorzukehren.

erster Linie Imperative an eine unbestimmte Anzahl von Verpflichteten, jede Störung der staatlichen Strafverfolgung und Strafvollstreckung zu unterlassen[1324]). Erst sekundär begründen sie die staatliche Strafpflicht[1325]), die im Anklageprozeß durch Aufstellung eines Anklagerechts sichergestellt ist[1326]), sind sie also Imperative an den Staat, und

---

Auch nach GERLAND, Reichsstrafrecht, § 3, soll die Strafpflicht das primäre Element sein.

[1324]) Die Zuwiderhandlung ist bekanntlich als sog. persönliche Begünstigung (§ 257 StGB.), nach den Entwürfen (VE. § 172, GE. § 193, E. v. 1919 § 235, E. v. 1925 § 186) als „Strafvereitelung" strafbar. Auch die Delikte des Widerstandes (§ 113 StGB.) und der Gefangenenbefreiung (§ 120 StGB.) gehören hierher. Die Selbstbegünstigung und auch die Selbstbefreiung, soweit sie nicht den Tatbestand des Widerstandes oder der Meuterei (§ 122 StGB.) annimmt, sind bekanntlich straflos, aber keineswegs rechtmäßig. Denn zu der unbestimmten Anzahl derer, die verpflichtet sind, sich jeder Störung der staatlichen Strafgewalt zu enthalten, gehört auch der straffällig Gewordene selbst; vgl. oben Anm. 340, 526b, 1274. Unrichtig BINDING, Normen, I 13, 14, 24 (wo er, 24 Anm. 9, seine richtige Darstellung, Hdb. I 191/192, auch das. 484/485, zurücknimmt). BINDING schließt offenbar aus der Straflosigkeit der Selbstbegünstigung auf ihre Rechtmäßigkeit (richtig dagegen Hdb. 485) und daraus, daß das Strafrecht zuvörderst ein Gestaltungsrecht ist, daß vor dem Strafurteil überhaupt keine Duldungspflicht des Strafbaren entstehe, vgl. dazu unten Anm. 1327; bedenklich BAUMGARTEN, 21 ff. Wer durch Begünstigung eines Verbrechers das staatliche Strafrecht vereitelt, verletzt — dies gegen BINDING, Normen, I 14, — allerdings das Strafgesetz, dem jener verfallen war (richtig BINDING, Hdb. 191, im Ergebnis auch 192). Dagegen ist es schlechterdings unsinnig, wenn BINDING, Normen, I 14, demjenigen, nach welchem das Strafgesetz u. a. auch dem Verbrecher die Pflicht auferlegt, die Ausübung des staatlichen Strafrechts nicht zu stören, die Folgerung ansinnt, daß der eine Handlung für straflos erklärende Rechtssatz dem, der sie begangen, gebiete, sich zu widersetzen, sofern ihn der Staat, „was zu tun" ihm „wenigstens durch dieses Gesetz nicht verboten wäre"(!), in Strafe nehmen wollte. Der Rechtssatz, der eine Handlung für straflos erklärt, ist ein verneinender Rechtssatz (vgl. oben zu Anm. 1262). Er beseitigt — immer von dem Standpunkt aus, daß jedes Strafgesetz ein Imperativ an alle ist, jede Störung der Ausübung der staatlichen Strafgewalt zu unterlassen, — diesen Imperativ und folglich das staatliche Strafrecht mit der selbstverständlichen Wirkung, daß der unberechtigte Strafeingriff in die Freiheitssphäre verboten ist. Dagegen enthält er — ebenso selbstverständlich — nicht den Imperativ, sich dem unberechtigten Strafeingriff zu widersetzen. Seit wann in aller Welt folgt aus dem Verbot der Störung einer Rechtsausübung das Gebot des Widerstandes gegen eine Rechtsanmaßung?

[1325]) Daß die staatlichen Rechte grundsätzlich zugleich staatliche Pflichten sind, hat man oft ausgesprochen; vgl. statt aller G. JELLINEK, System, 200 ff.

[1326]) Nach SCHOETENSACK, Rechtsgang III 26, wird durch die Lehre, daß das Strafrecht materielles Justizrecht sei, „der Akkusationsprozeß verleugnet, der Parteibegriff aufgegeben". Aber eine Lehre, welche die Konstruktion des Strafrechts unabhängig von der rechtspolitischen Gestaltung des Prozesses stellt, enthält noch keine „Proklamation des Inquisitionsprozesses"; dazu noch oben Anm. 526b. Schon PLANCK, Strafverfahren, 118, sagt: „Die materiellen Bedingungen der gerichtlichen Geltendmachung des Strafrechts . . . bleiben unberührt von der Form des Verfahrens und können (müssen!) daher für Anklage- und Untersuchungsprozeß dieselben sein" (zugleich die bündigste Widerlegung von MITTERMAIERS Behauptung, MonatsSchrKrimPsych. III 738: „Daß die ganze Theorie des Strafanspruchs, des Strafklagerechts, der Richterfunktion für den Inquisitionsprozeß nicht paßt, weiß jedermann"). PLANCK, a. a. O., 118, 120 Anm. 1, 157, unterscheidet daher das stets vorhandene „Klagrecht" (Recht zur Erhebung der öffentlichen Klage, l'action publique des Art. 1 I Code Instr. Crim.) von dem nur bei akkusatorischer Gestaltung des Strafprozesses vorhandenen war — da jedenfalls dem Staatsoberhaupt die Ausübung des staatlichen Strafrechts entzogen ist[1326a]) — an den Strafrichter und die Strafvollstreckungsorgane[1327]).

„Anklagerecht". Aber im Inquisitionsprozeß gibt es auch kein „Klagrecht", sondern nur ein gerichtliches Verfolgungsrecht; vgl. schon GOLDSCHMIDT, Mater. JustizR., 21 Anm. 101, 50 bei Anm. 246. Andererseits ist die letzte Konsequenz des Anklageprozesses, daß die ganze Strafverfolgung in die Hand der Anklagebehörde gelegt und der Richter auf die Strafverurteilung beschränkt wird, daß also das — vgl. unten Anm. 1327 — mit der Verbrechensbegehung entstehende, in seiner Ausübung (dazu noch unten Anm. 2159) durch die Tätigkeit des Anklägers bedingte richterliche Gestaltungsrecht nur das Recht zu bejahendem Strafurteil ist. Damit wird dem freisprechenden Strafrichter die seine Unbefangenheit gefährdende Zumutung erspart, seine eigene vorhergegangene Strafverfolgungstätigkeit für objektiv rechtswidrig (dazu GOLDSCHMIDT, Notstand, 35, 36; auch unten Anm. 1543) zu erklären; vgl. oben Anm. 449, unten Anm. 2076. Auf diesem Wege der Entw. eines Ges. üb. den Rechtsgang in Strafs. v. 1919 (Begr S. 12). Was endlich die angebliche Aufgabe des Parteibegriffes anlangt, so darf ich SCHOETENSACK vielleicht auf SCHOETENSACK, Konfiskationsprozeß, 45ff., verweisen, wo ein „rein formaler, prozeßrechtlicher" Parteibegriff aufgestellt wird; vgl. auch SCHOETENSACK, Rechtsgang III 25 Anm. 2, und vor allen NAGLER, Rechtsgang I 124ff.

1326a) Vgl. schon BINDING, Normen I 18.

1327) So M. E. MAYER und BINDER (Zitate vgl. oben Anm. 1257), deren Lehren in bezug auf das Strafrecht — trotz der Ausführung M. E. MAYERS, Lehrb. 14 Anm. 30 (vgl. oben Anm. 807a) — völlig auf die von mir (Materielles Justizrecht, 1905) aufgestellte Theorie, daß das Strafrecht materielles Justizrecht sei, hinauslaufen. Insbesondere stellt M. E. MAYER, Rechtsnormen, 34 Anm. 4 a. E., gegen BINDING, Normen, I 15, ausdrücklich fest, daß es allerdings Sache des Richters sei, zu strafen, während BINDER, Rechtsnorm, 23 Anm. 2, BINDING zugibt, daß die Aufgabe des Kriminalrichters der des Zivilrichters parallel sei, was damit zusammenhängt, daß BINDER, a. a. O., 27ff., unrichtig (vgl. schon oben Anm. 353a, 1173 a. E.) auch die Normen des Zivilrechts als nur an den Richter gerichtete Imperative ansieht, m. a. W., gleich KRÜCKMANN, Einf. 191ff. (vgl. oben Anm. 1173 a. E.), das Zivilrecht einfach im materiellen Justizrecht aufgehen läßt; hiergegen bereits GOLDSCHMIDT, Zwei Beiträge, 5 (111) i. d. Anm. Auch SCHOETENSACK, Rechtsgang III 25, kann sich nun einmal die Aufgabe des Strafrichters nicht anders vorstellen als die des Zivilrichters. Er findet es „schlagend", wenn HEGLER, Internat. StrafR., 23 Anm. 1, erklärt: „Der Richter verurteilt doch nicht in Bejahung seines eigenen Rechts auf (muß heißen: zur; vgl. schon meine Beiträge, 6 [12] i. d. Anm., gegen BAUMGARTEN, 29—31) Verurteilung und vollstreckt nicht sein eigenes Recht auf (muß heißen: zur) Vollstreckung, sondern bejaht bzw. vollstreckt das Recht des Staates (in Prozeß vertreten durch Staatsanwalt bzw. Privatkläger), der sich mit der Klage an ihn wendet, in der doch nicht geltend gemacht wird, der Richter habe ein Recht auf (muß heißen: zur) Verurteilung und Vollstreckung". Aber „schlagend" ist nur der Beweis, wie schwer es unseren mit der „Strafanspruchstheorie" aufgezogenen Kriminalisten wird, sich vorzustellen, daß das Verhältnis des Richters zum staatlichen Strafrecht ein anderes ist als zum Privatrechtsanspruch. Das staatliche Strafrecht ist nichts anderes als ein Stück staatlicher Rechtsschutzgewalt, die der Strafrichter ausübt, nichts als die Konkretisierung der Strafgerichtsbarkeit selbst. Seine Parallele im Zivilprozeß ist nicht der Privatrechtsanspruch, sondern das staatliche Recht zum Eingriff in die Privatrechtssphäre des Beklagten durch bejahendes Sachurteil und Zwangsvollstreckung. Ich kann SCHOETENSACK nun einmal nicht helfen, im Strafprozeß wird eben dem Ankläger kein Recht „zuerkannt." Der Ankläger verlangt dies auch gar nicht, er verlangt nur, daß die staatliche Justiz ihr Strafrecht ausübe oder vielmehr — vgl. oben zu Anm. 1326 — ihre Strafpflicht erfülle. Das und nichts anderes ist die Bedeutung des „J'accuse".

Die dargelegte Auffassung der Normen des materiellen Justizrechts ist nun aber nur die, welche sich vom Standpunkt der materiellrechtlichen Betrachtungsweise aus ergibt. Daß sie nicht die natürliche ist, wird

---

Das Anklagerecht ist das Recht, die Erfüllung der staatlichen Strafpflicht zu verlangen. Der erste Akt der Ausübung des staatlichen Strafrechts aber ist und bleibt das richterliche Strafurteil (Art. 1 des italienischen VE. v. 1921 setzt, wie die Denkschrift bestätigt, „verurteilt" schlechthin für „bestraft"); denn das Strafrecht ist zuvörderst ein Gestaltungsrecht (Strafverurteilungs-, heute auch noch Strafverfolgungsrecht; vgl. oben zu Anm. 292 und Anm. 1326 a. E.); erst dann wird es zum Herrschaftsrecht (Strafvollstreckungsrecht), wobei ziemlich gleichgültig ist, ob man heute die Staatsanwaltschaft nur als Organ der Ausübung des Strafvollstreckungsrechts (GOLDSCHMIDT, Mater. JustizR., hinter Anm. 139, Anm. 263) oder als Träger dieses Rechts (MITTERMAIER, Monatsschr. f. Kriminalpsych., III 737; SCHOETENSACK, Rechtsgang, III 25) ansieht. (Der Entw. eines Gesetzes über den Rechtsgang in Strafsachen v. 1919, der in § 448 die Strafvollstreckung dem Gericht überträgt, fällt übrigens offenbar zugunsten der ersteren Ansicht ins Gewicht.) Alles das habe ich ausführlich in meinem Materiellen Justizrecht (1905) dargelegt, es aus seinen praktischen Folgerungen (§ 4 das.) erwiesen und wiederholt gegen Angriffe BELINGS und BAUMGARTENS verteidigt (Goltd. Arch. LIV 37ff.; Beiträge, 4 [110] Anm. 5, 11 [117] Anm. 2 [von BAUMGARTEN, Wissenschaft vom Recht, II 407/8, unbeachtet gelassen; dagegen glaube ich BAUMGARTENS Ausführungen, SchweizZtschr. XXXV 247, als Zustimmung auffassen zu dürfen]). Daß das Strafrecht zuvörderst als Gestaltungsrecht entsteht, wird nicht dadurch widerlegt, daß sofort mit Begehung der Tat, neben dem auf Gestaltung gerichteten Strafverfolgungs- und Strafverurteilungsrecht, — entsprechend dem ziviljustizrechtlichen Arrestanspruch — ein staatliches Recht zur Sicherung der Strafverfolgung, Strafverurteilung und Strafvollstreckung, insbesondere durch Verhaftung des Täters entsteht; vgl. GOLDSCHMIDT, Mater. JustizR., 55 zu Anm. 269, 270 (die daraus sich ergebende — allgemeine — Duldungspflicht — vgl. oben Anm. 1324 — ist anders als die Defensionspflicht in Rom — vgl. oben hinter Anm. 206, zu Anm. 298, 335, 340a, hinter Anm. 465 — abhängig von der wirklichen Existenz eines staatlichen Strafrechts; Beweis: § 257 StGB.). Ebensowenig ändert es etwas an der Natur des Strafurteils als Gestaltungsakt, daß die Gestaltungswirkung regelmäßig nur in der Begründung des staatlichen Strafvollstreckungsrechts und nur ausnahmsweise (bei Urteilen auf Einziehung, Ehrverlust) in einer Gestaltungswirkung im engeren, ziviljustizrechtlichen Sinne besteht. Ich begreife nicht, daß gerade SCHOETENSACK sich so sehr dagegen sträubt, das Strafurteil als erstes Stück der Ausübung des staatlichen Strafrechts anzuerkennen; denn er faßt (28) — sich mir (Mater. JustizR., zu Anm. 264, hinter Anm. 164) anschließend, was er freilich nicht zum Ausdruck zu bringen für nötig erachtet — das Strafrecht als „publizistisches, klagweis geltend zu machendes Gestaltungsrecht, gerichtet auf bestimmte Änderung des status libertatis durch Auferlegung eines Strafübels. Das das Gestaltungsrecht bejahende rechtskräftige Strafurteil erst schafft das Gewaltrecht . . ." Das ist der völlige Anschluß an meine von SCHOETENSACK angeblich abgelehnte Lehre mit der Maßgabe, daß das „publizistische"(!), „klagweis"(!) geltend zu machende „Gestaltungsrecht" ebenso unklar gedacht ist, wie die Aufstellung HEGLERS (Internat. StrafR., 23 Anm. 1), der mich „schlagend" widerlegt haben soll, daß zwar „Strafanspruch" und „Recht zur Verurteilung" nicht „identisch", aber doch „untrennbar" seien. Allenfalls könnte man SCHOETENSACKS Auffassung dahin konvertieren, daß das Strafrecht zuvörderst ein Gestaltungsklagrecht sei; vgl. die oben in Anm. 1326 angeführte Ansicht PLANCKS (über das ziviljustizrechtliche Gestaltungsklagrecht vgl. meine Ausführungen in den Beiträgen, 30 [136] Anm. 2; ZivArch. CXVII 12 Anm. 34, 16 Anm. 52, 19). Aber SCHOETENSACK, a. a. O., 25 Anm. 2, — vgl. auch oben Anm. 1326 — nimmt ja selbst nicht an, daß insbesondere der Privatkläger den strafberechtigten Staat vertrete. Und wenn er (Gerichtssaal LXXXIII 25 Anm. 1; Rechtsgang, III 24/25) KIPPS (Doppelwirkungen, 213) Worte: „Ist, wer gestohlen hat, gehalten, eine man kaum leugnen können. Trotz aller Theorie wird die natürliche Auffassung die Strafgesetze nicht als Unterlassungsgebote an jedermann oder als „Strafbefehle" an den Staat[1328]) auffassen, sondern als an den Täter gerichtete „Strafdrohungen". Das bedeutet aber nichts anderes, als daß die herrschende Auffassung an das materielle Justizrecht des Strafrechts vom Standpunkt der prozessualen Betrachtungsweise aus herantritt[1328a]). Zu dieser soll nunmehr übergegangen werden.

IV. Die Rechtssätze sind nicht nur „Lebensgesetze", sondern auch „Streitentscheidungs-Normen"[1329]), m. a. W. sie sind nicht nur Im-

---

Bestrafung mit Gefängnis von einem Tag bis zu 5 Jahren über sich ergehen zu lassen, so ist der Richter verpflichtet, eine dementsprechende Strafe auszumessen und zu verhängen", ein „Hysteron-Proteron" nennt, weil der Dieb gehalten sei, die Strafe über sich ergehen zu lassen, die der Richter über ihn verhänge, so bringt er damit — völlig mit mir, Beiträge, 13 (119) Anm. 4, übereinstimmend — zum Ausdruck, daß die Unterwerfung des Diebes unter das richterliche Strafverurteilungsrecht nur die Passivseite eben dieses richterlichen Strafverurteilungsrechts ist. Was hat es übrigens für einen Zweck, diese von mir, a. a. O., längst richtiggestellten KIPPschen Worte, die darauf zurückzuführen sind, daß KIPP, a. a. O., verkannt hat, daß das Strafrecht, anders als das Zivilrecht, selbst schon materielles Justizrecht ist, immer wieder gegen die Theorie des materiellen Justizrechts ins Feld zu führen! Aber SCHOETENSACK, Gerichtssaal LXXXIII 25 Anm. 1, wiederholt ja auch den von mir (Mater. JustizR., 18; Beiträge, 12 [118ff.]) bis zum Überdruß widerlegten Vorwurf Hellwigs, das materielle Justizrecht sei eine Wiederbelebung des „materiellen Prozeßrechts". Übrigens hat der Lehre vom materiellen Justizrecht nicht KIPP „allein", wie sich SCHOETENSACK, a. a. O., 24, ausdrückt, „Gefolgschaft geleistet", sondern auch DEGENKOLB (trotz SAUER, 563 Anm. 1), SECKEL (Zitate in den Beiträgen, 3 [109] Anm. 2 und 3), KRIEGSMANN, Nichtigkeit, 463, seither WALSMANN, Verzicht, 53 Anm. 1; GRADENWITZ, Rubr. Fragm. 42; OERTMANN, Rechtsordnung, 24 (unklar aber Grundriß, §§ 14, 15), und SCHÜLER, 47ff. Die Zustimmung dieser Männer muß mich darüber trösten, daß die „Gefolgschaft" — hier dürfte der Ausdruck besser passen —, die SCHOETENSACK BINDING leistete, ihn nötigte, auch da von mir abzurücken, wo er mir innerlich nahe kommt. BLEY, 70, 90 Anm. 1, gibt zu, daß, wenn man nicht dem — offenbar unhaltbaren — „juristischen Monismus" BINDER-KRÜCKMANNS folgt, der Rechtsschutzanspruch nur unter der Kategorie des materiellen Justizrechts haltbar sei. Daß BLEY selbst sie ablehnt, ist nicht verwunderlich. Er hätte sonst (57 Anm. 7) die spezifischen Rechtsschutzvoraussetzungen nicht als prozessuale, d. h. als Sachentscheidungsvoraussetzungen postulieren können und sich damit seiner wirksamsten Waffe im Angriff gegen den Rechtsschutzanspruch (58, 65/6, 68) und in der Verteidigung seines Rechts auf Sachentscheidung (89, 95ff., 102, 108ff., 111ff.) beraubt. Nur glaube ich nicht, daß er damit irgend jemand überzeugt und für seinen wissenschaftlichen Rückschritt gewinnt. Wie willkürlich sind u. a. auch seine Versuche (91ff.), die ihm unbequemen justizrechtlichen Vorschriften des BGB. hinwegzudeuten! Hiergegen schon MENDELSSOHN BARTHOLDY, RheinZtschr. XII 452ff. Wenn dieser aber (453) leugnet, daß § 1297 BGB. eine Vorschrift des „Zwitters materielles Justizrecht" sei, so spukt wohl in ihm immer noch die von mir sattsam (Beitr. 11 (117) ff.) zurückgewiesene Vorstellung, daß das materielle Ziviljustizrecht „materielles Zivilprozeßrecht" sei. Es ist öffentlichrechtlich umgedachtes Privatrecht, und § 1297 BGB. gehört ihm an (Beitr. 15 (121)).

[1328]) So BINDER, Rechtsnorm, 26.

[1328a]) So auch TESAR, vgl. oben Anm. 1259.

[1329]) Die Umkehrung des von BINDING, Normen, I 14 Anm. 26, als „trefflich" angeführten Satzes GOEPPERTS, in Jherings Jahrb. XXII 110; dazu M. E. MAYER, Rechtsnormen, 34.

perative an die Rechtsunterworfenen, sondern auch Urteilsmaßstab für den das Haben und Sein der Rechtsunterworfenen beurteilenden Richter. Diese — prozessuale — Betrachtungsweise fällt nicht zusammen mit der, nach welcher die Rechtssätze als Imperative an die staatlichen Gerichte[1330] erscheinen[1331]. Bei letzterer kommen die Gerichte als Staatsorgane nicht anders in Frage als die Verwaltungsbehörden, nämlich als dem Recht Unterworfene, mögen sie auch, anders als die Verwaltungsbehörden, nur dem Recht unterworfen sein (§ 1 GVG., Art. 102 RVerf). Faßt man indessen das Recht als Maßstab für die Urteilstätigkeit des Richters, so denkt man an den Richter in seinem eigenartigen Verhältnis zum Recht, an den Richter als an die zur Rechtsanwendung berufene Macht, m. a. W. an die Macht, die nicht dem Recht, sondern der das Recht unterworfen ist. In der Tat ist der Richter nicht nur Diener, sondern auch Herr des Rechts[1331a], wie der Handwerker Herr seines Werkzeuges ist. Denn wie der Maurer mittels des Richtscheits, so „richtet" der „Richter" mittels des Rechts. Und zwar schafft er mittels des Rechts — wie schon oben[1332] ausgeführt — eine soziale Ordnung, die neben die Rechtsordnung tritt und ihr im Konfliktsfall nach dem soziologischen Machtprinzip vorgeht. Im Verhältnis zu dieser sozialen Ordnung erscheint die Rechtsordnung vom Standpunkt der prozessualen Betrachtungsweise aus, wenn auch nicht bloß als „Plan" oder „Entwurf" einer Rechtsordnung, so doch als „unfertig"[1332a], jedenfalls als Mittel zum Zweck. Wenn daher allgemein[1332b] gelehrt wird, für den Richter sei die Rechtsanwendung Selbstzweck, so ist das nur in dem Sinne richtig — und soll regelmäßig auch nur in dem Sinne richtig sein —, daß der Richter — anders als die Verwaltungsbehörden und andere Rechtsunterworfene — das Recht nicht nur deshalb anwendet, um es befolgen zu können[1332c]. Verhängnisvoll aber ist es, wenn man darauf einen „metaphysischen" Prozeßbegriff und die Fiktion aufbaut, daß das Urteil stets mit dem vorprozessualen materiellen Rechtszustand übereinstimme[1332d].

Aus dem Gesagten folgt sofort, daß für eine Betrachtungsweise, die das Recht als Urteilsmaßstab des Richters auffaßt, der Richter selbst niemals Subjekt oder Gegenstand[1333] einer rechtlichen Beziehung sein kann. Der Richter steht für eine solche Betrachtungsweise über dem Recht und also außerhalb desselben[1334]. Das darf nicht mißverstanden werden. Es bedeutet natürlich nicht den unsinnigen Satz:

[1330] Vgl. oben zu Anm. 1257, 1312, hinter Anm. 1316.

[1331] Wie M. E. Mayer, Rechtsnormen, 34; Lehrb. 33, 34, annimmt.

[1331a] Ganz ähnliche Gedanken bei Rosenstock, 5/6.

[1332] Zu Anm. 1174, auch Anm. 840 a. E.

[1332a] Vgl. oben zu Anm. 827—827c.

[1332b] Fleiner, 7; Stein, Justiz u Verwaltung, 2; Kommentar, I 1 vor § 1.

[1332c] Vgl. denn auch unten zu Anm. 1340c.

[1332d] Vgl. oben Anm. 826 a. E., 1026, unten zu Anm. 1366a.

[1333] Dazu oben Anm. 1274.

[1334] Vgl. schon oben zu Anm. 1172i. In dieser Richtung liegen offenbar auch die Gedankengänge Kohlers, Prozeß, 7/8.

iudex legibus solutus. Der Richter ist an das Recht gebunden[1334a]), — weil er eben Richter, d. h. diejenige Macht ist, die das Recht anzuwenden hat. Wendet er aber das Recht nicht oder nicht richtig an, so liegt darin — immer wieder vom Standpunkt der in Rede stehenden prozessualen Betrachtungsweise aus — weder die Verletzung einer Amtspflicht, noch einer staatlichen Justizpflicht, sondern das Zeichen einer Rechtsunkenntnis oder einer irrigen Rechtsauslegung, der Fehler eines Handwerkers bei Handhabung seines Werkzeuges, subjektiv: ein Verstandes-, kein Willensfehler. Dieser Gesichtspunkt ist es allein, der bei Begründung eines Rechtsmittels in Betracht kommt[1335]). Ihn meinen unsere Prozeßgesetze (§§ 550 ZPO., 337 II StPO.), wenn sie von „Gesetzesverletzung" sprechen[1336]). Der Gesichtspunkt wird sofort ein anderer, wenn dem Richter Rechtsbeugung (§§ 336 StGB., 839 II S. 1 BGB.) oder dem Richter oder Staat Justizverweigerung oder Verzögerung (§ 839 II S. 2 BGB., Art. 77 RVerfass. v. 1871, § 85 preuß. AG. GVG.)[1336a]) vorgeworfen werden, kurz wenn die staatsrechtliche Prozeßgrundlage geltend gemacht wird[1337]). Dann erscheinen Richter und Staat, gleich allen anderen, als solche, die den Imperativen des Rechts unterworfen sind. M. a. W. an Stelle der prozessualen Betrachtungsweise tritt wieder die materiellrechtliche[1337a]). Wenn KRÜCKMANN[1338]) ausführt, der Gesetzesbefehl an die Partei heiße: „Befolge", der an die Staatsorgane: „Wende das Gesetz an", so ist das schief und wird von KRÜCKMANN selbst sofort dahin berichtigt, daß in Wahrheit auch der Befehl an die Staatsorgane ein Befehl des Inhaltes sei: „Befolge in deiner Eigenschaft als Rechtspflegeorgan". In der Tat, als „Befehl", als Imperativ aufgefaßt, kann auch die an die Rechtspflegeorgane gerichtete Norm, wie die an alle

---

1334a) Vgl. schon oben zu Anm. 774b.

1335) Anders verhielt es sich bei der germanischen „Urteilsschelte", die eine Klage wegen ungerechten Urteilsvorschlages gegen die Urteilsfinder war. Vgl. dazu noch unten Anm. 1337, zu Anm. 1550.

1336) Vgl. schon oben zu Anm. 453. Wenn BELING, Festschr. f. BIND., 45, die „Gesetzesverletzung" der Prozeßgesetze nur als „nicht schuldhaftes Unrecht" auffaßt, so bleibt er innerhalb der üblichen Kategorien, ohne die erforderliche *μεταβασις εἰς ἄλλο γένος* vorzunehmen. Bezeichnend § 333 Nr. 8 des Entwurfs einer StPO. v. 1909: absoluter Revisionsgrund ist die Beschränkung der Verteidigung in einem für die Entscheidung wesentlichen Punkte durch einen auf „Rechtsirrtum" beruhenden Gerichtsbeschluß. § 323 Nr. 8 des Entwurfs eines Gesetzes über den Rechtsgang in Strafsachen v. 1919 ersetzt „Rechtsirrtum" durch „Gesetzesverletzung", ohne damit sachlich etwas ändern zu wollen.

1336a) Vgl. dazu oben hinter Anm. 450.

1337) Vgl. über diese oben zu Anm. 807a — Anm. 815, hinter Anm. 820, sowie zu Anm. 445—Anm. 455, zu Anm. 766a—Anm. 778; vgl. auch oben zu Anm. 731, unten Anm. 1374, 1619 a. E., sowie zu Anm. 1391, 1439b, 1461a, 1506, 1556, 2021. Im germanischen Recht wurde auf diese staatsrechtliche Prozeßgrundlage schon zu Rechtsmittelzwecken gegriffen; vgl. oben Anm. 1335, unten zu Anm. 1550.

1337a) Dasselbe gilt, wo sich umgekehrt die Notwendigkeit ergibt, subjektive Rechte (Kompetenzen) der staatlichen Rechtspflegeorgane anzunehmen; vgl. z. B. unten zu Anm. 1461b.

1338) Einführung, 76, 77.

Rechtsunterworfenen ergehende, immer nur ein Befolgungsbefehl sein[1339]). Es ist nicht recht klar, wie KRÜCKMANN trotzdem daran festhalten kann, daß die Rechtspflegeorgane einem doppelten Befehl unterlägen, „einmal dem gewöhnlichen Befehl, der an alle dem Rechte Unterworfenen ergeht[1339a]), sodann dem Sonderbefehl, der sie als Rechtspflegeorgane trifft". Dennoch liegt KRÜCKMANNS Unterscheidung ein ganz richtiger Gedanke zugrunde. Nur ist die spezifische Eigenschaft, in der sich die Norm an den Richter wendet, nicht die eines zu befolgenden Befehls, sondern eines anzuwendenden Maßstabes[1340]).

Man könnte, unter Hinweis auf §§ 565 III Nr. 1 ZPO., 354 I StPO., einwenden, daß nur das materielle Recht den Charakter eines von dem Richter anzuwendenden Maßstabes, das Prozeßrecht dagegen den Charakter eines von ihm zu befolgenden Befehls habe[1340a]). Dies wäre indessen unrichtig. So wie für den, der alles Recht als Imperativ auffaßt, auch das materielle Recht den Charakter eines vom Richter zu befolgenden Befehls annimmt[1340b]), so ist für den, der das Recht als Urteilsmaßstab ansieht, auch das Prozeßrecht ein vom Richter anzuwendender Urteilsmaßstab. Nicht etwa deshalb, weil der Richter das Prozeßrecht — wie die Verwaltungsbehörden und andere Rechtsunterworfene das Recht[1340c]) — anwendet, um es zu befolgen[1340d]). Auch nicht deshalb, weil der Richter das Prozeßrecht unter Umständen nicht nur bei Feststellung des Sachverhältnisses, sondern auch bei Beurteilung des festgestellten Sachverhältnisses anwendet[1340e]). Sondern weil das Prozeßrecht, ebenso wie das materielle Recht, der Maß-

1339) Vgl. über die vom Standpunkt der materiellrechtlichen Betrachtungsweise aus sich ergebenden Imperative des materiellen Justizrechts an den Richter oben hinter Anm. 1321, 1326a.

1339a) Anscheinend hat KRÜCKMANN dabei im Auge, daß die Rechtspflegeorganträger, gleich allen anderen Menschen, nicht töten, stehlen usw. dürfen. Über die Unterscheidung von Organ und Organträger vgl. oben Anm. 1315, auch zu Anm. 1320.

1340) Daß die Normen unserer Prozeßgesetze meist auch ihrer äußeren Fassung nach keine Imperative sind, hat schon BELING, Grenzlinien, 5ff., festgestellt (vgl. übrigens auch BÜLOW, ZivArch. LXIV 37 Anm. 23). Freilich ist die Fassung unserer Prozeßgesetze nicht, wie BELING, a. a. O., 6, glaubt, die einer „bloßen Erzählung", die sich durch „ihre ansprechende Schlichtheit" empfehle. Sondern was BELING so erscheint, sind Verheißungen und Drohungen — vgl. unten hinter Anm. 1346b —, gerade wie die von BELING, a. a. O., 5 Anm. 1, seltsamerweise als bloße „Erzählungen" aufgefaßten Strafgesetze („Wer . . . wird . . . bestraft", „sera puni") Drohungen sind; vgl. oben hinter Anm. 1328.

1340a) So in der Tat BELING, Festschr. f. BIND., 49; vgl. gegen ihn schon oben Anm. 1317, 1321. Auch nach BINDER, Rechtsphilosophie, 201, ist anscheinend nur das materielle Recht „Rechtsanwendungs- und Entscheidungsnorm."

1340b) Vgl. die oben in Anm. 1339 angeführten Stellen.

1340c) Vgl. oben zu Anm. 1332c.

1340d) Diesen Gedankengang unterstellt BELING, a. a. O., der von ihm bekämpften Ansicht.

1340e) Vgl. RGEZ. XLV 399; STEIN, Nr. III 1 zu § 565, auch Nr. III zu § 559; SAUER, 431; BELING, a. a. O., 76, der also insoweit zugibt, daß das Prozeßgesetz nicht nur „verletzt" (d. h. in BELINGS Sinne „nicht befolgt", vgl. oben Anm. 453, 1340a), sondern auch „nicht angewendet" werden kann.

stab ist, mit dem der Richter die Beziehungen und Handlungen der Parteien beurteilt. Und zwar ist das Verhältnis keineswegs so zu denken, daß das Prozeßrecht der Maßstab zur Beurteilung der prozessualen Beziehungen und Handlungen der Parteien, das materielle Recht der Maßstab zur Beurteilung ihrer außerprozessualen Beziehungen und Handlungen ist. Vielmehr werden überhaupt nur die prozessualen Beziehungen und Handlungen der Parteien Gegenstand der richterlichen Beurteilung[1340f]). Es sind nur verschiedene Seiten des Wesens dieser Beziehungen und Handlungen, zu deren Beurteilung dem Richter die verschiedenen Urteilsmaßstäbe des materiellen und des Prozeßrechts dienen[1340g]). Nun denkt freilich der, welcher behauptet, daß der Richter das Prozeßrecht befolge, aber nicht anwende, vor allem an die richterlichen Handlungen, die keine Entscheidungen sind[1340h]). Indessen einmal gibt es schlechterdings keine richterliche Tätigkeit, die Rechtsanwendung nicht entweder ist oder voraussetzt[1340i]). Insofern kann man dem Satze, daß alles iudicare auch ein procedere ist[1340k]), der höchstens terminologischen Wert (oder Unwert?) hat, den Satz entgegenstellen, daß alles procedere ein iudicare ist. Aber auch insoweit die richterlichen Handlungen nicht Rechtsanwendung sind oder als solche in Betracht kommen, ist für sie — immer auf dem Boden einer das Recht als Urteilsmaßstab ansehenden Betrachtungsweise — nicht der Gesichtspunkt der Rechtsbefolgung maßgebend. Denn für die bezeichnete Betrachtungsweise ist gerade der Prozeß, einschließlich der der Endentscheidung, insbesondere dem Endurteil voraufgehenden Richterhandlungen, nur ein Inbegriff von Vorgängen, die in der Endentscheidung zu werten und zu verwerten sind. Der Richter hat mithin sein dem iudicare vorausgehendes procedere, wie die Parteien, so einzurichten, daß es für das Judikat beachtlich und verwertbar ist[1340l]). Das Prozeßrecht kommt also insoweit vom Standpunkt der das Recht als Urteilsmaßstab ansehenden Anschauungsweise aus für den prozedierenden Richter ebensowenig als Befolgungsbefehl in Betracht wie für die prozessierenden Parteien. Daß die Prozeßordnungen — trotz der §§ 565 III Nr. 1 ZPO., 354 I StPO. — die Aufgabe des Richters in bezug auf das Prozeßrecht nicht anders auffassen als seine Aufgabe in bezug auf das materielle Recht, nämlich als Rechtsanwendung, nicht als Rechtsbefolgung, kann nicht zweifelhaft sein. Die §§ 550 ZPO., 337 II StPO. gelten für das Prozeßrecht ebenso, wie für das materielle Recht. Und man spricht von einem „error" — nicht von einer „culpa" — in procedendo gerade so, wie man von einem error in iudicando spricht.

[1340f]) Das ist der richtige Kern der Übertreibungen SANDERS; vgl. oben Anm. 1259c.

[1340g]) Über diese verschiedenen Seiten besonders unten § 21 VI.

[1340h]) Vgl. BELING, a. a. O., 47.

[1340i]) So schon F. KLEIN, Parteihandlung, 26 Anm. 28; vgl. unten Anm. 1970, zu Anm. 2610.

[1340k]) BELING, a. a. O., 50, 76.

[1340l]) Daß dies im wesentlichen so ist, erkennt mittelbar auch BELING, a. a. O., 51, an. Vgl. denn auch unten zu Anm. 1908b, c, 2638.

Kann der Richter für die prozessuale Rechtsbetrachtungsweise nicht Subjekt oder Gegenstand rechtlicher Beziehungen sein, so ist er für sie dagegen die übergeordnete Macht, durch deren Dasein und Walten rechtliche Beziehungen überhaupt erst möglich werden. Denn für eine Betrachtungsweise, welche das Recht als Urteilsmaßstab ansieht, müssen alle rechtlichen Beziehungen in einem Verhältnis zu dem zu erwartenden Urteil bestehen. Der Richter aber ist die zur Fällung des Urteils berufene Macht. In der Aussicht auf sein Verhalten, letztlich auf sein Urteil haben wir das Wesen aller sich vom Standpunkt der prozessualen Rechtsbetrachtungsweise aus ergebenden rechtlichen Beziehungen zu suchen. Wieder begegnet uns derselbe Grundgedanke, der in der römischen Anschauung von der actio[1341]) und in der oben[1342]) entwickelten Auffassung der Rechtskraft = Gerichtskraft zum Ausdruck kommt: die richterliche Macht nimmt in der rechtlichen Beziehung die Stelle ein, welche sonst der Rechtsnorm zufällt[1342a]). Während aber dieser Schluß bei der als Gerichtskraft aufgefaßten Rechtskraft die Folge der dabei unterstellten „doppelten Rechtsordnung" (Rechtsordnung, „Gerichtsordnung") ist, während er bei der römischen Anschauung von der actio das Symptom einer nicht genügend vorgeschrittenen Verfeinerung der — materiellrechtlichen — Betrachtungsweise sein k a n n[1343]), fügt er sich für die prozessuale Betrachtungsweise organisch und notwendig in das Rechtssystem ein. Dies wird besonders deutlich, wenn man sich klarmacht, daß vom Standpunkt der prozessualen Betrachtungsweise aus die Geltung des Rechts, d. i. „die Möglichkeit seiner Durchsetzung"[1344]), auf dem „psychischen Zwange" der Aussicht beruht, daß die aus der Natur des Rechts als Urteilsmaßstab zu abstrahierenden Verheißungen und Androhungen eines richterlichen Urteils bestimmten Inhalts auch wirklich durch den Richter erfüllt werden[1345]). Das Recht als Imperativ motiviert vermöge seiner selbst[1346]), das Recht als Urteilsmaßstab nur vermöge der richterlichen Gewalt.

1341) Vgl. oben hinter Anm. 354, insbesondere Anm. 356.

1342) Zu Anm. 1175.

1342a) Vgl. noch unten zu Anm. 2025.

1343) Vgl. oben Anm. 356.

1344) Stammler, Theorie, 117.

1345) Vgl. Hold v. Ferneck, I 167.

1346) Dazu oben Anm. 1173, 1308. Nach Radbruch, Rechtsphilosophie, 64, ist auch der „Imperativ" „psychischer Zwang", während im Reiche der Freiheit nur die „Norm" herrschen soll; vgl. schon oben Anm. 1287. Gerade umgekehrt Kelsen, 202ff., 210ff., 69ff. G e g e n diese willkürliche Terminologie M. E. Mayer, Lehrb. 20 Anm. 2. In der Sache kann ich es ablehnen, Radbruch auf das von ihm, a. a. O., 64ff., betretene metaphysische Gebiet zu folgen. Ohne Autonomie gibt es keine Motivation (so Radbruch selbst, a. a. O., 54ff.; oben Anm. 1173, 1284, 1287), nicht einmal im Bereiche des „psychischen Zwanges". Andererseits bringt sich auch im Bereiche der Autonomie der Gemeinwille zur Geltung; vgl. oben zu Anm. 1285. Deshalb bleibt aber doch der Stormsche Spruch wahr: „Der Eine fragt: Was kommt danach? — Der Andre fragt nur: Ist es recht? — Und also unterscheidet sich — Der Freie von dem Knecht" (letzteres natürlich immer unter der Voraussetzung, daß es sich überhaupt um Recht oder Unrecht handelt, und die Handlung nicht, wie im Prozeßrecht, ausschließlich durch das eigene Interesse des dazu Genötigten geboten ist; dazu noch unten hinter Anm. 1741).

Indem die prozessuale Rechtsbetrachtungsweise das Wesen aller rechtlichen Beziehungen im Verhältnis zu dem zu erwartenden richterlichen Urteil erblickt, trägt sie in die rechtlichen Beziehungen eine Unsicherheit hinein, welche ihre Quelle nicht nur in der Freiheit des richterlichen Ermessens, sondern schon in der Subjektivität der richterlichen Tatsachen- und Rechtsauffassung[1346a]), ja in der Unsicherheit des richterlichen Einschreitens überhaupt hat, und welche der materiellrechtlichen Rechtsbetrachtungsweise regelmäßig fremd ist. Aber gerade diese Unsicherheit paßt aufs beste zu dem Wesen der sich vom Standpunkt der dynamischen Rechtsbetrachtungsweise aus ergebenden rechtlichen Beziehungen[1346b]).

Deren Ermittelung haben wir nun näher zu treten. Für den, der das Recht als Urteilsmaßstab ansieht, erscheinen — wie bereits angedeutet — die Rechtssätze, auf die Rechtsgenossen bezogen, als Verheißungen oder Androhungen eines richterlichen Urteils bestimmten Inhalts. Die durch sie begründeten rechtlichen Beziehungen der Rechtsgenossen sind durchweg Aussichten auf ein verheißenes günstiges oder angedrohtes ungünstiges richterliches Urteil und folgeweise auf die gerichtliche Geltung des geltend gemachten Anspruches als rechtlich begründet oder unbegründet, d. i. auf Gerichtskraft = Rechtskraft[1347]). „Vor das Urteil haben aber die Götter den Prozeß gesetzt." Alle Rechtsverheißungen oder Rechtsandrohungen eines Urteils bestimmten Inhalts und die dadurch begründeten Aussichten sind daher durch Prozeßhandlungen von bestimmten Eigenschaften — der Parteien oder des Rich-

---

[1346a]) Auf diese macht „in etwas gewagter Zuspitzung" (so DEGENKOLB, Beiträge, 50) KOHLER, Z. XXXIII 215, aufmerksam; vgl. ferner BENDIX, Rechtssicherheit; dens. in Goltd. Arch. LXIII 31; R. u. W. 1918, 184; JWSchr. 1920, 268 (wo in Anm. 3 weitere Zitate). SAUER, 75ff., hält es für nötig, das Maß von Urteilskraft zu bestimmen, welches die Rechtsordnung u. a. von dem rechtsanwendenden Richter verlangt, und kommt zu dem Ergebnis, daß für die „Rechtmäßigkeit" der richterlichen Entscheidungen der Maßstab des „Normalrichters", für ihre „Richtigkeit" dagegen der Maßstab des „weisesten" Richters (278ff.) anzulegen sei. Da m. E. die „Rechtmäßigkeit" überhaupt kein Werturteil der prozessualen Rechtsbetrachtungsweise ist — vgl. schon oben Anm 671 a E. und zu Anm. 731, sowie unten zu Anm. 1504a, 1509, hinter Anm. 1516 und SAUER selbst, 578ff. —, so kommt es auf den Maßstab des „Normalrichters" schon deshalb nicht an. Es bewendet bei der „objektiv abstrakten Erkennbarkeit". Neuerdings ist eine Bewegung im Gange, um die aus der Subjektivität der richterlichen Tatsachen- und Rechtsauffassung entspringende „Rechtsunsicherheit" zu mindern; vgl. HOENIGER, Riskante Rechtsausübung, 1917; FUCHS, R. u. W. 1918, 116, 148, 189; ZEILER, R. u. W. 1917, 168; 1919, 95; ECKSTEIN, in Goltd. Arch. LXIV 104ff; auch den bei GOLDSCHMIDT, JWSchr. 1917, 185, erwähnten Antrag SCHIFFER; dagegen BENDIX, R. u. W. 1918, 176. In striktem Gegensatz zu dieser Bewegung, unter deren Vertretern man nicht ohne Erstaunen den Vorkämpfer der Freirechtler wahrnimmt, steht der Ruf nach Schiedsgerichten, die „nach losen Verfahrensregeln und ohne Bindung an das bürgerliche Recht (vgl. freilich OERTMANN, Z. XLVII 105ff.; LZ. XIII 947ff.; gegen ihn STEIN, LZ. XIV 265ff.) aus freiem Ermessen unanfechtbare Sprüche" fällen (RING, R. u. W. 1919, 109). Der Ruf hat in dem „Schiedsurteil" (§§ 18—20 Entlast. Bek. i. d. Fass. v. 13. Mai 1924) Erhörung gefunden.

[1346b]) Dazu des näheren unten hinter Anm. 1366.

[1347]) Vgl. oben zu Anm. 791, 792, 1172d.

ters — oder mindestens durch die Möglichkeit dazu, z. B. Bereitschaft von Beweismitteln, bedingt. Und da der Prozeß ein Kampf ums Recht ist[1348]), so sind die Rechtsverheißungen eines günstigen richterlichen Urteils und die durch sie begründeten Aussichten auf ein solches regelmäßig von der vorgängigen Vornahme einer erfolgreichen Prozeßhandlung gerade der interessierten Partei, umgekehrt die Rechtsandrohungen eines ungünstigen richterlichen Urteils und die durch sie begründeten Aussichten stets von der Unterlassung einer erfolgreichen Prozeßhandlung der interessierten Partei abhängig. Die Partei, welche in der Lage ist, durch Vornahme einer Prozeßhandlung einen prozessualen Vorteil, in letzter Linie ein günstiges Urteil zu erlangen, hat eine prozessuale Möglichkeit oder Gelegenheit. Umgekehrt liegt der Partei, welche genötigt ist, durch Vornahme einer Prozeßhandlung einen prozessualen Nachteil und in letzter Linie ein ungünstiges Urteil abzuwenden, eine prozessuale Last ob. Ausnahmsweise kann das Recht die Partei in einer Lage, die ihr regelmäßig eine prozessuale Last auferlegt, von derselben befreien[1349]).

Die Aussicht auf einen prozessualen Vorteil, in letzter Linie auf ein günstiges Urteil, die Befreiung von einer prozessualen Last und die Möglichkeit, in eine solche Lage durch Vornahme einer Prozeßhandlung zu gelangen, sind die Rechte im prozessualen Sinne des Wortes. Man kann sie in ihren drei Arten den drei von ZITELMANN[1350]) aufgestellten Arten der Rechte im materiellrechtlichen Sinne des Wortes, den Sollrechten, Darfrechten und Kannrechten[1351]) zur Seite stellen. In letzter Linie ist jedes Recht im materiellrechtlichen (statischen) Sinn eine Herrschaft über etwas, im prozessualen (dynamischen) Sinn eine Aussicht auf etwas. Auf der anderen Seite ist die Nötigung, durch Vornahme einer Prozeßhandlung einen prozessualen Nachteil, in letzter Linie ein ungünstiges Urteil abzuwenden, eine prozessuale Last. Diese letztere Kategorie von rechtlichen Beziehungen der prozessualen Rechtsbetrachtungsweise entspricht der Kategorie der Rechtspflicht der materiellrechtlichen Betrachtungsweise. Die bezeichneten beiden Kategorien rechtlicher Beziehungen der prozessualen Rechtsbetrachtungsweise fallen aber nicht, wie die entsprechenden der materiellrechtlichen, unter den Oberbegriff des Rechtsverhältnisses, d. i. der durch das Recht begründeten Beziehung einer Person zum objektiven Recht, sei es ihre Macht über einen rechtlichen Imperativ, sei es ihre Unterwerfung unter einen

1348) O. BÜLOW, ZivArch. LXII 72 Anm. 60, S. 88; KOHLER, Prozeß, 11.

1349) Vgl. schon oben zu Anm. 426.

1350) Allg. Teil, 22; 23.

1351) Ohne damit den Einwendungen zu präjudizieren, welche gegen diese Dreiteilung erhoben werden können. Ist doch bereits früher ausgeführt worden, daß jedes subjektive Recht ein Können, ein Sollen anderer und ein Dürfen enthält — oben Anm. 1276 —, und daß eine Brücke vom Anspruch, insbesondere dem Sollrecht, zum Gestaltungsrecht, dem Kannrecht, führt — oben Anm. 1279. Es fragt sich aber, was im Einzelfall überwiegt.

solchen[1352]). Vielmehr fallen sie beide unter den gemeinsamen Oberbegriff der durch das Recht begründeten Beziehung einer Person zu dem zu erwartenden richterlichen Urteil, d. i. der Rechtslage. Mit einer antithetischen Zuspitzung kann man sagen: Der im materiellrechtlichen Sinn Berechtigte ist Herr über den Imperativ, der im prozessualen Sinn Berechtigte Herr der Situation. Der Verpflichtete ist dem Imperativ, der Belastete der Situation unterworfen.

Der Prozeß ist vom Standpunkt der prozessualen Rechtsbetrachtungsweise aus, welche das Recht als Urteilsmaßstab ansieht, und der sich aus ihr ergebenden Kategorien der Rechte im prozessualen Sinn und der prozessualen Last zu erfassen, also nicht als Rechtsverhältnis, sondern als Rechtslage.

IV. Die Elemente der prozessualen Rechtsbetrachtungsweise.

1. Der Begriff der Rechts-(Prozeß-)Lage im allgemeinen.

(§ 19.)

I. Der Begriff der Rechtslage (Situation) ist durch KOHLER in die Prozeßrechtswissenschaft eingeführt worden[1353]). KOHLER versteht unter Rechtslage „eine für die Rechtsbildung maßgebende Lage der rechtlichen Dinge", ein „Element" oder eine „Stufe" der Entstehung oder Entwickelung eines subjektiven Rechts[1354]). Als Beispiele führt er an die Folgen eines Zugeständnisses von Tatsachen, der Erklärung auf den Eid, der Tatsachenbehauptung, des Vorbringens von Beweismaterial, der Beschlüsse und Zwischenurteile, der Versäumung einer Prozeßhandlung oder eines Termins, der Nichtvorlegung oder Beseitigung einer Urkunde (§§ 427, 444 ZPO.), die Rechtsmittelpendenz und die Pendenz des ganzen Prozesses. Bei seiner Ausdehnung des Begriffes der Rechtslage auf das bürgerliche Recht hat KOHLER[1355]) als Beispiele von Rechtslagen, außer den Folgen einer Fristsetzung, eines Vertragsangebots, der Rechtslage eines Ersitzenden oder von Verjährung Bedrohten, der Rechtslage, zu der eine Tätigkeit der freiwilligen Gerichtsbarkeit hinzutreten muß, usw., noch die Geschäftsfähigkeit, die Vertretungsmacht und die Verfügungsfähigkeit, d. i. das Verfügungsrecht, angeführt.

Gegenüber diesen drei letztgenannten Beispielen ist bereits eingewendet worden[1356]), daß es sich bei ihnen um rechtliche Eigenschaften

---

[1352]) Vgl. oben Anm. 785 a. E. u. die das. zitierten Stellen.

[1353]) Vgl. die Zitate oben in Anm. 750. KOHLER zustimmend KORMANN, 108; vgl. aber auch v. TUHR, II 1 § 43 IV. Der Begriff der Rechtslage (Situation) wird für den Prozeß auch von STEIN und HELLWIG — vgl. oben zu Anm. 758. 761 —, sowie von KISCH, I, § 2 VII 3, verwertet.

[1354]) Vgl. schon oben zu Anm. 789.

[1355]) BürgR. I 152ff.

[1356]) Von ENNECCERUS, Allg. Teil, § 75 Anm. 3; v. TUHR, I § 5 Anm. 12.

bzw. um Rechtsverhältnisse handle. Aber auch in dem Wesen der „Anwartschaft“[1357]), d. i. auf ein Recht, liegt nicht das Charakteristische der Rechtslage. Speziell die Prozeßlagen als „Elemente“ oder „Stufen“ der Entstehung oder Entwickelung eines subjektiven Rechts bezeichnen kann nur, wer mit KOHLER der Feststellung des zivilprozessualen Sachendurteils privatrechtsgestaltende Kraft beilegt[1358]). In Wahrheit ist das Moment des Unfertigen und Unsicheren allerdings untrennbar mit dem Begriffe der Rechtslage verbunden; aber nicht alles Unfertige und Unsichere ist eine Rechtslage. Insbesondere sind alle „Entwickelungsstufen“ der Privatrechte[1359]), mag man sie nun dem gemeinsamen Begriff der „Anwartschaft“ unterstellen oder daneben noch Sondertypen, so die „schwebenden Rechte“[1360]), ausscheiden, den subjektiven Privatrechten wesensgleich und nach den für diese geltenden Grundsätzen zu behandeln. Sie sind, wie diese, in aller Regel nicht nur vererblich und verzichtlich, sondern auch übertragbar, pfändbar, Bestandteile der Teilungs- und Schuldenmasse im Konkurs, tauglicher Gegenstand einer Feststellungsklage usw. Bezüglich der bedingten Rechte gibt KOHLER selbst zu[1361]), daß sie, obwohl unfertig, Rechte seien, wie er denn auch von Haus aus neben den „gewöhnlichen Rechtslagen“ „rechtsähnliche, nach Ähnlichkeit der subjektiven Rechte zu behandelnde Rechtslagen“ unterscheidet; zu letzteren rechnet KOHLER freilich Geschäftsfähigkeit, Vertretungsmacht und Verfügungsrecht[1362]), von denen die erstgenannte als rechtliche Eigenschaft, die beiden letztgenannten, obwohl Rechtsverhältnisse[1363]), gerade nicht nach Ähnlichkeit der subjektiven Rechte zu behandeln sind[1364]).

Der Begriff der Rechtslage ist ein spezifisch prozessualer[1364a]) und erwächst nur auf dem Boden der prozessualen Rechtsbetrachtungsweise. Er steht dem sich aus der materiellrechtlichen Betrachtungsweise ergebenden Begriff des Rechtsverhältnisses nicht als ein Minus, sondern als ein Aliud gegenüber. Während dieser das durch das Recht begründete Verhältnis einer Person zum objektiven Recht bezeichnet, bedeutet jener das durch das Recht begründete Verhältnis einer Person zu dem zu erwartenden richterlichen Urteil. Auch wenn wir im Leben von der „Lage“ einer Person sprechen, meinen wir damit den Stand ihrer Angelegenheiten unter dem Gesichtspunkt seiner Beurteilbarkeit oder Bewertbarkeit, also einen Stand ihrer Angelegenheiten, der ein günstiges oder ungünstiges Werturteil rechtfertigt. Entsprechend liegt eine Lage im Rechtssinn vor, wenn der Stand der Angelegenheit einer

---

1357) v. TUHR, I § 9.

1358) Vgl. schon oben von Anm. 787 bis Anm. 790.

1359) ENNECCERUS, Allg. Teil, § 75.

1360) ENNECCERUS, a. a. O., § 75 Nr. 2.

1361) BürgR., I 159ff.

1362) BürgR., I 154ff.

1363) ENNECCERUS, a. a. O., § 68 I 2; nach v. TUHR, I § 7 IV, sind Vertretungsmacht und Verfügungsrecht Erweiterungen der Geschäftsfähigkeit.

1364) Vgl. schon ENNECCERUS, Allg. Teil, § 75 Anm. 3.

1364a) Auch von STEIN, Nr. IV 3 vor § 128 ZPO., verkannt; vgl. schon oben Anm. 774, unten Anm. 1374. KORMANN, 108, sagt vorsichtig, der Begriff der Rechtslagen sei „in dem Verfahrensrecht“ kaum zu entbehren.

Person unter dem Gesichtspunkt seiner rechtlichen Beurteilbarkeit in Betracht kommt, also unter dem Gesichtspunkt, daß er, an dem Maßstabe des Rechtes gemessen, ein günstiges oder ungünstiges Urteil rechtfertigt. Da nun aber die zur Abgabe solcher Urteile zuständige Stelle der Richter ist, so bedeutet eine solche Betrachtung allemal eine Urteilsprognose, m. a. W. Rechtslage ist der Stand der Angelegenheit einer Person, betrachtet unter dem Gesichtspunkt des nach Maßgabe des Rechts zu erwartenden richterlichen Urteils, kürzer: die rechtlich begründete Aussicht auf ein günstiges oder ungünstiges richterliches Urteil und folgeweise auf die gerichtliche Geltung des geltend gemachten Anspruches als rechtlich begründet oder unbegründet (Gerichtskraft, Rechtskraft)[1365].

Die Rechtslage ist also allerdings eine „Anwartschaft", aber nicht auf ein Recht, sondern, da sie immer eine Prozeßlage in einen gegenwärtigen oder in bezug auf einen möglichen künftigen Prozeß ist, auf ein Urteil und dessen Feststellungswirkung. Darin liegt nicht nur das „Unfertige", sondern auch das „Unsichere" der prozessualen Rechtslage, da sich das richterliche Urteil — wie bereits oben[1366]) ausgeführt — nicht mit Sicherheit berechnen läßt. Für die prozessuale Rechtsbetrachtungsweise ist also auch das „unrichtige" Urteil eine Erscheinung, auf welche die rechtlichen Beziehungen von vornherein eingestellt sind. Zugleich löst sich damit das Dilemna, entweder die „Unfertigkeit" und „Unsicherheit" der rechtlichen Beziehungen in bezug auf das in ihnen vorbereitete richterliche Urteil leugnen, bei einem „metaphysischen" Prozeßbegriff und der Fiktion einer Übereinstimmung jedes Urteils mit dem vorprozessualen materiellen Rechtszustand landen[1366a]) oder annehmen zu müssen, daß erst das richterliche Urteil die rechtlichen Beziehungen schaffe[1366b]).

Dabei ist freilich festzuhalten: Die Prozeßlage ist eine Rechtslage nur bei überwiegender Sicherheit der Aussicht, welche ihren Inhalt ausmacht. Überwiegende Sicherheit besteht aber grundsätzlich nur da, wo das richterliche Ermessen rechtlich gebunden ist[1367]). So wenig im bürgerlichen Recht „Anwartschaftsrechte" vorhanden sind, wenn der Erwerb des Rechtes von der freien Entschließung eines Dritten abhängt[1368]), so wenig liegt im Prozesse eine Rechtslage vor, wenn die

[1365]) Vgl. schon oben zu Anm. 791, 792, 1172d, 1347.

[1366]) Vor Anm. 1346b.

[1366a]) So Wach, vgl. oben Anm. 826 a. E., 1026 und zu Anm. 1332d.

[1366b]) So O. Bülow, vgl. oben hinter Anm. 827, zu Anm. 1332a, sowie unten hinter Anm. 1392. Dem Text nahe kommt Sander, 148, 533, 543, wenn er sagt: „Das subjektive Recht in jeder Gestalt bedeutet die Hoffnungen und Wünsche, mit denen das Subjekt die Erzeugung des reinen Willens von Stufe zu Stufe begleitet." Nur wird es mit dieser Charakteristik, die auch nur für das subjektive Recht der prozessualen Betrachtungsweise paßt, nicht als „Nichtrecht entlarvt". Vgl. dazu oben Anm. 1259c.

[1367]) Vgl. schon oben zu Anm. 774b.

[1368]) v. Tuhr, I § 9 I a. E., der als Beispiele die Aussicht des Offerenten, durch Annahme der Offerte ein Recht gegen den Annehmenden zu erwerben,

Entscheidung vom freien richterlichen Ermessen abhängt. Mangelt es an der Bindung des Ermessens, so haben wir es nur mit einer tatsächlichen Erwartung zu tun. Aber wie im bürgerlichen Recht „die Grenze zwischen Warterecht und tatsächlicher Erwartung nicht scharf gezogen ist“[1368a]), so ist es auch im Prozesse. Ja, im Prozesse ist es noch weit mehr so, da das freie richterliche Ermessen immer ein pflichtgemäßes und niemals — wie im Parallelfall des bürgerlichen Rechts — Willkür ist[1369]). Bei überwiegender Berechenbarkeit des Ergebnisses des pflichtmäßigen richterlichen Ermessens auf Grund der dasselbe beherrschenden Erfahrungssätze wird man noch von einer prozessualen Rechtslage sprechen dürfen[1369a]). Danach werden also Rechtslagen vor allem im Zivilprozesse durch die Parteihandlungen insoweit geschaffen, als der Verhandlungsgrundsatz reicht[1369b]). Indessen nicht nur insoweit. So führt z. B. im Strafprozeß die Herbeischaffung eines Beweismittels zur Hauptverhandlung oder auch nur die Stellung eines Beweisantrages in derselben vermöge des § 245 (244) I StPO. und der in §§ 232 II Entw. v. 1909, 237 II Entw. v. 1919 kodifizierten Gerichtspraxis genau so eine prozessuale Rechtslage herbei, wie irgendeine Parteihandlung im Zivilprozeß. Dagegen ist es ein Widerspruch, wenn § 246 (245) StPO. erst in Abs. II und III den Parteien ausdrücklich die „Befugnis“ einräumt, die Aussetzung der Hauptverhandlung wegen zu später Namhaftmachung von Zeugen oder Sachverständigen oder zu später Vorbringung von Tatsachen zu beantragen, und sodann in Abs. IV sagt: „Über die Anträge entscheidet das Gericht nach freiem Ermessen.“ Es ist ein Widerspruch wenigstens dann, wenn man das „freie Ermessen“ nicht nur auf die gesetzliche Bedingung des Aussetzungsantragsrechts bezieht, daß es der Partei an der erforderlichen Zeit zu Erkundigungen gefehlt hat, sondern auch auf die Frage, ob es solcher Erkundigungen nach Lage der Sache überhaupt bedarf[1370]). Ebensowenig kann in der gerichtlichen Voruntersuchung — von den Fällen des § 147 III StPO. abgesehen — von einem Recht des Verteidigers auf Akteneinsicht oder im Vorverfahren von einem „Recht“ des gesetzlichen Vertreters auf Zulassung als Beistand

oder die Aussicht des Erben vor dem Erbfall hervorhebt. Ebenso ENNECCERUS, Allg. Teil, § 75 Anm. 3, gegen KOHLER, BürgR., I 160, bezüglich der Lage dessen, der durch Testament eines noch Lebenden zum Erben eingesetzt ist.

[1368a]) v. TUHR, a. a. O.

[1369]) Vgl. darüber oben zu Anm. 876a, 877 und in diesen Anm. Das im Text Gesagte wird noch mehr dem einleuchten, der dem Richter grundsätzlich die „Freiheit“ des Ermessens abspricht; vgl. oben Anm 876a.

[1369a]) Ganz entsprechend fordert SCHMITT, 78, daß der Richter, wenn er von der herrschenden Meinung abgeht, dies mit so einleuchtenden Argumenten tut, „daß die Abweichung im Bereich der Voraussehbarkeit und Berechenbarkeit liegt“. Denn auch da, wo das richterliche Ermessen rechtlich gebunden ist, würde bei Unberechenbarkeit der richterlichen Rechtsauffassung — vgl. oben zu Anm. 1346a — von einer Rechtslage nicht mehr gesprochen werden können. Freilich schützt hier die Rechtskontrolle. Vgl. aber jetzt auch das oben vor Anm. 881e Gesagte.

[1369b]) STEIN, Z. XLI 421.

[1370]) Vgl. dazu LÖWE-ROSENBERG, Nr. 5 zu § 246 (245) StPO.

die Rede sein, da die Zulassung nach §§ 147 II, 149 III StPO. ganz dem richterlichen Ermessen anheimgestellt ist. Auch das Beweisergebnis in beiden Prozessen kann, soweit gemäß §§ 286 I ZPO., 261 StPO. der Grundsatz der freien richterlichen Beweiswürdigung gilt, von Haus aus nicht als eine Rechtslage angesehen werden, da die Aussicht auf die Art seiner richterlichen Würdigung nicht hinreichend rechtlich gesichert ist. Nur wenn nach den allgemeinen Erfahrungssätzen eine bestimmte Würdigung des Beweisergebnisses überwiegend wahrscheinlich ist, wird man, auch soweit freie richterliche Beweiswürdigung gilt, eine prozessuale Rechtslage annehmen dürfen[1370a]). Immerhin sind die allgemeinen Erfahrungssätze weniger sichere Bürgen einer prozessualen Rechtslage als die gesetzlichen Regeln, zumal die Revisibilität ihrer Verwertung zur Würdigung der Beweismittel und Indizien zweifelhaft ist[1370b]). Und die Folgen dieser Erkenntnis haben wir in der rückläufigen Bewegung gegen die freie richterliche Beweiswürdigung vor allem auf dem Gebiet des Zeugenbeweises kennen gelernt[1370c]). Die „Beiträge zur Psychologie der Aussage"[1371]) haben uns gelehrt, daß die Freiheit der richterlichen Beweiswürdigung auf dem Gebiet des Zeugenbeweises zu Zuständen geführt hat, die in der Bezeichnung des Prozesses als „Spiel"[1372]) ihren drastischen Ausdruck gefunden haben. Es wird unvermeidlich sein, daß im Zivilprozeß der Zeugenbeweis, „dieser nach Kenntnis jedes Erfahrenen schlechteste Beweis, nach Kräften ausgeschaltet"[1372a]), und im übrigen die durch die Untersuchungen der experimentellen Psychologie zutage geförderten Erfahrungssätze zu gesetzlichen Beweisregeln erhoben werden[1372b]), damit auf diese Weise das Beweisergebnis in vollem Umfange und unzweideutig wieder die Eigenschaft einer prozessualen Rechtslage erlange. Soweit es daran gebricht, schwebt die materielljustizrechtliche Aussicht auf günstiges Sachurteil[1372c]) selbst in der Luft.

Daß eine Entscheidung vom freien richterlichen Ermessen abhängt, hindert schließlich die Annahme einer Rechtslage dann nicht, wenn schon in der Eröffnung dieser Aussicht eine rechtliche Bevorzugung, oder wenn darin eine rechtliche Benachteiligung liegt. So bleiben echte Rechtslagen auch die minder vollkommenen Lasten[1372d]) und

---

[1370a]) Anders STEIN, Privates Wissen, 28.

[1370b]) Vgl. unten zu Anm. 2634—2636.

[1370c]) Vgl. schon BRUNNER, XI. Juristentag, StB. 299: „Ich betrachte die vollständige Entfesselung des richterlichen Ermessens in bezug auf das Beweisverfahren für verhängnisvoll."

[1371]) Herausgegeben von L. WILLIAM STERN, 1903—1906; vgl. dens. schon ZStrafRWiss. XXII 315ff.

[1372]) OTTO, Der Prozeß als Spiel, 1918; vgl. auch ALSBERG, Justizirrtum, 26ff.; BENDIX, in Goltd. Arch. LXIII 31; R. u. W. 1918, 184; FRISCHEISEN-KÖHLER, R. u. W. 1919, 97.

[1372a]) So WACH, JuristWochSchr. XLVII 797.

[1372b]) Vgl. dazu auch WERTHAUER, 54, 56.

[1372c]) Vgl. unten hinter Anm. 1376 und zu Anm. 1382a.

[1372d]) Vgl. oben zu Anm. 626a—627, 627d, hinter Anm. 628, unten zu Anm. 1727—1730, 1848.

die im Falle, daß die Partei sich ihrer nicht entledigt, sich eröffnenden ungünstigen Aussichten[1372e]. Das gleiche gilt in den Fällen der §§ 427, S. 2, 444 ZPO. von der Aussicht des Beweisführers oder Gegners auf Annahme eines ihnen günstigen Beweisergebnisses, weil hier schon in der Ermächtigung des Richters, bloßen Behauptungen die Bedeutung eines Beweismittels beizulegen, eine rechtliche Bevorzugung liegt[1372f].

Wie das Rechtsverhältnis an einen „existenten" Tatbestand geknüpft ist, so ist es die Rechtslage an eine auf „Evidenzmachung" gerichtete Prozeßhandlung von bestimmten Eigenschaften. Dies wird dadurch nicht anders, daß, sobald einmal der Prozeß rechtshängig ist, auch andere juristische Tatsachen, wie z. B. der Tod einer Partei (§ 239 ZPO.), die Veräußerung der res oder actio litigiosa (§ 265 ZPO.), prozessuale Rechtslagen erzeugen. Denn sie haben eben diese Wirkung nicht für sich allein, sondern in Verbindung mit einer oder mehreren bereits vorgenommenen Prozeßhandlungen. Nur insoweit wir eine prozessuale Rechtslage schon in bezug auf einen möglichen künftigen Prozeß unterstellen[1373], kann eine solche auch ohne eine vorhergegangene Prozeßhandlung vermöge anderer Tatsachen entstehen, die sich indessen auch immer auf die Entstehung eines zur „Evidenzmachung" geeigneten Mittels beziehen müssen. So begründet z. B. schon das Dasein einer bestimmten Beweisurkunde eine Rechtslage, ja vielleicht — so nach französischem Recht — allein die — unbedingte oder bedingte — „Möglichkeit" erfolgreichen Prozessierens[1373a], gerade so, wie nach früherem preußischen und in gewissen Fällen nach deutschem bürgerlichen Recht das Dasein eines schriftlichen Vertrages, und nur dieses, ein Rechtsverhältnis begründet. Hier ist die Urkunde Tatbestand, dort Beweismittel. Hier begründet sie ein Rechtsverhältnis, dort eine Rechtslage[1373b]. Es gibt überdies Prozeßhandlungen, die nicht zu den unmittelbar auf „Evidenzmachung" gerichteten gehören, aber zu solchen in Zweckbeziehung stehen und vermöge dieser Zweckbeziehung eine Rechtslage erzeugen[1373c]. In der Regel wird indessen die prozessuale Rechtslage erst durch die wirklich erfolgte Vornahme einer unmittelbar auf „Evidenzmachung" gerichteten Prozeßhandlung, sei es der Parteien, sei es des Richters, begründet. Dabei ist aber stets Voraussetzung, daß die betreffende Prozeßhandlung bestimmte Eigenschaften hat, d. h. daß, soweit eine Prozeßhandlung der interessierten Partei und eine darauf beruhende günstige Prozeßlage derselben in Frage steht, diese Prozeßhandlung, Antrag, Behauptung, Beweisführung, geeignet ist, diejenige Prozeßlage herbeizuführen, welche sie nach ihrer Zweckbestimmung und nach dem Stande des Verfahrens

[1372e] Vgl. dazu unten Anm. 1564, 1705.
[1372f] Vgl. oben vor Anm. 626c.
[1373] Vgl. oben hinter Anm. 1365.
[1373a] Vgl. unten zu Anm. 1853, 1854.
[1373b] Vgl. schon HELLWIG, Syst. I, § 12 Anm. 1. Entsprechend begründet in Ansehung der Prozeßvollmacht die Vollmachtsurkunde nicht das Vollmachtsverhältnis, wohl aber allein dessen Beweisbarkeit (§ 80 ZPO).
[1373c] Vgl. unten zu Anm. 1858, 1908a, 2421, 2715.

als nächste Stufe auf dem Wege zu einem günstigen Prozeßausgang erreichen kann[1373d]). Die Unsicherheit der Eignung von Parteihandlungen und die typische „Unsicherheit" der auf den Parteihandlungen beruhenden „Aussichten" sind auf Ursache und Erfolg der prozessualen Erscheinungen bezogene Werturteile, die im praktischen Ergebnis auf eines hinauslaufen.

Die prozessuale Rechtslage ist letztlich immer eine Aussicht auf günstiges oder ungünstiges Urteil und folgeweise auf die gerichtliche Geltung des geltend gemachten Anspruches als rechtlich begründet oder unbegründet, d. i. auf Gerichtskraft = Rechtskraft. Diese Aussicht kann indessen eine mehr oder weniger nahe und sichere sein, und, je entfernter und weniger sicher sie ist, desto mehr ist sie davon abhängig, daß vorher die eine oder andere Partei sich ihr bietende Möglichkeiten wahrnimmt oder verpaßt, ihr auferlegter Lasten sich entledigt oder solche versäumt, und nähere und sicherere, aber minder bedeutsame Aussichten (Zwischenaussichten) sich verwirklichen. Diese Möglichkeiten, Lasten und Zwischenaussichten sind dann der primäre Inhalt einer Prozeßlage, welche in bezug auf das — günstige oder ungünstige — Urteil nur eine entferntere und weniger sichere Aussicht zum Inhalt hat[1374]). Berücksichtigt man alle diese denkbaren Modalitäten, so kann man die prozessuale Rechtslage — endgültig[1375]) — definieren als den Inbegriff der prozessualen Aussichten, Möglichkeiten, Lasten und Befreiungen von Lasten einer Partei.

II. Aus dem Gesagten ergibt sich, daß der Begriff der Prozeßlage eine Synthese der abstrakten, angeblich prozessualen und der konkreten, materiellen Justizrechtsauffassung ist. Dieser ganze Gegensatz, mit dem sich die Prozeßrechtswissenschaft abquält[1375a]), ist ein Ausfluß unprozessualen Denkens, eine Betrachtung prozessualer Erschei-

[1373d]) „Erfolgreich" ist also eine Parteihandlung nicht schon dann, wenn sie den von STEIN, Z. XLI 421, — vgl. oben Anm. 774 — aufgestellten „immer" eintretenden, „nächsten" Geschäftserfolg erreicht: die „Pflicht" des Gerichts zur „Entscheidung über den Antrag oder die Behauptung", also z. B. auch ihre Zurückweisung, aber auch nicht erst dann, wenn sie den von STEIN, a. a. O., aufgestellten „vielleicht" eintretenden, „entfernteren" Erfolg erreicht, die „Beeinflussung des schließlichen Urteils", die „Entscheidung nach dem Antrag oder auf Grund der Behauptung", was gar kein Rechtserfolg ist; vgl. dazu unten hinter Anm. 1874, 1878.

[1374]) Ganz nahe kommt dem im Text Ausgeführten schon STEIN, Z. XLI 420, 421. Da aber STEIN materiellrechtliche und prozessuale Betrachtungsweise nicht auseinander hält und ihm folglich nicht bewußt wird, daß der Begriff der prozessualen Situation auf der letzteren beruht, so macht er die Pflicht des Gerichts zur Justizgewährung, welche die staatsrechtliche Garantie jeder prozessualen Aussicht ist (vgl. oben zu Anm. 1337 und die in Anm. 1337 angeführten Stellen), zu ihrem Inhalt (vgl. schon oben zu Anm. 775 und in Anm. 1373d, 1619 a. E., zu Anm. 2022), und übersieht er die Eigenart und Gleichartigkeit aller prozessualen Aussichten, der näheren, wie der entfernteren, der sicheren, wie der unsicheren (vgl. schon oben Anm. 774, 1364a und unten hinter Anm. 1375a).

[1375]) Vgl. oben hinter Anm. 1352 und vor Anm. 1365.

[1375a]) Vgl. insbesondere das oben in Anm. 211 angeführte Schrifttum, sowie oben Anm. 728.

nungen unter dem Gesichtspunkt der darauf nicht anwendbaren materiellrechtlichen Betrachtungsweise. Die sog. „Klagmöglichkeit", d. i. die im Zivilprozeß grundsätzlich jedermann offenstehende Möglichkeit, „durch Klagerhebung eine Rechtsbehauptung zur Entscheidung zu stellen"[1376]), und der Rechtsschutzanspruch, d. i. der Anspruch auf günstiges Sachurteil, fließen für die prozessuale Betrachtungsweise in eines zusammen[1376a]). Jene ist von vornherein die Möglichkeit, sich durch die Prozeßhandlung der Einreichung und Zustellung der Klage regelmäßig primär die nahe und sichere, aber minderwertige Aussicht auf Terminsbestimmung und Gehör, je nachdem auch sekundär die entfernte und weniger sichere Aussicht auf günstiges Sachurteil zu eröffnen. Vom weiteren Verlauf des Prozesses hängt es ab, ob mit der Verwirklichung immer neu sich eröffnender primärer Zwischenaussichten die Aussicht auf günstiges Sachurteil näher rückt und an Sicherheit gewinnt. Erst am Schlusse der letzten mündlichen Verhandlung wird sich sagen lassen, ob die nahe und sichere Aussicht des Klägers auf ein der Prozeßlage gemäßes Urteil zugleich eine nahe und sichere Aussicht auf günstiges Sachurteil ist. Im Strafprozeß hat der Ankläger die Möglichkeit, durch Einreichung einer Anklageschrift die nächste Aussicht auf Eröffnung des Hauptverfahrens zu begründen, überhaupt nur dann, wenn auch eine entferntere Aussicht auf Verurteilung des Beschuldigten mit der für eine Rechtslage erforderlichen Sicherheit vorhanden ist, m. a. W. wenn der Beschuldigte „hinreichend verdächtig erscheint" (§ 203 StPO.); die Kehrseite ist, daß die Aussicht des Anklägers auf Eröffnung des Hauptverfahrens niemals als eine absolut sichere betrachtet werden kann.

Daß das Recht auf günstiges Sachurteil erst am Schlusse der letzten mündlichen Verhandlung entstehe, und daß seine Entstehung vom Prozeßtatbestande abhänge, hat bereits O. Bülow[1377]) gelehrt. Ihm ist Wach[1378]) entgegengetreten und hat Bülow vorgeworfen, daß er „Existenz" und „Evidenz" des Rechtsschutzanspruches verwechsele[1379]). Der Streit ist gegenstandslos. Es liegt eine Verschiedenheit der Rechtsbetrachtungsweise vor[1380]). O. Bülow geht von der prozessualen

[1376]) Hellwig, Klagr. u. Klagm., 25.

[1376a]) Nahe kommend Sauer, 535/6; vgl. auch dens., 32ff.; andererseits Stein, Z. XLI 420/421, vgl. oben Anm. 774, 1373d, 1374. Nichts anderes würde von einem zwischen „Klagmöglichkeit" und „Rechtsschutzanspruch" einschiebbaren (vgl. mein Mater. JR., 14) „Recht auf Sachentscheidung" gelten, das Bley, 37/8, 106ff., zum Angelpunkt des ganzen Prozeßsystems machen will (vgl. schon oben Anm. 32). Freilich könnte man die Einwendungen, die Bley, 28/29, 34, 35, gegen den Begriff des abstrakten Klagrechts, und, 56/7, gegen den Begriff des Rechtsschutzanspruches geltend macht, genau so gegen sein Recht auf Sachentscheidung erheben.

[1377]) Z. XXXI 191ff., bes. 225ff., 238ff. Ebenso W. Hein, Identität, I, 80 Anm. 12.

[1378]) Z. XXXII 1ff., bes. 31ff.

[1379]) Vgl. schon oben Anm. 211, wo weiteres Schrifttum.

[1380]) Vgl. schon Goldschmidt, JWSchr. 1922, 437. Nahe kommend Weismann, I 70 Anm. 11 Nr. 4 — vgl. Goldschmidt, Materielles Justizrecht, 16/7 —; R. Schmidt, Lehrb. 17ff.; Prozeßrecht u. Staatsrecht, 18ff.; Baumgarten, (dynamischen), WACH von der materiellrechtlichen (statischen) Betrachtungsweise aus. Beide haben ihre Berechtigung. Nur darf man sich nicht darüber im unklaren sein, daß die materiellrechtliche Betrachtungsweise nur auf das materielle Justizrecht zutrifft[1381]), und daß man selbst dieses, weil es eben Justizrecht ist, vom Standpunkt der prozessualen Betrachtungsweise aus ansehen kann[1382]). Der von der „Existenz" seiner Voraussetzungen abhängige „Urteilsanspruch" (das „Klagrecht") erscheint unter diesem Gesichtswinkel als die von der „Evidenz" ihrer Voraussetzungen abhängige „Aussicht" auf günstiges Sachurteil, bzw. „Möglichkeit" zu erfolgreicher Klage[1382a]). Die „Evidenz", die für die materiellrechtliche Betrachtungsweise allenfalls Voraussetzung der „Ausübbarkeit" des materielljustizrechtlichen Rechtsschutzanspruches ist[1382b]), also neben dessen Existenzvoraussetzungen tritt, tritt für die prozessuale Betrachtungsweise an deren Stelle, m. a. W. die erfolgreiche Prozeßführung (oder doch ihre Möglichkeit) tritt an Stelle des Tatbestandes[1383]). Dies wird besonders einleuchtend, wenn man sich klarmacht, daß der Richter, der doch sonst die Voraussetzungen der „Ausübbarkeit" des Klagrechts, m. a. W. die prozessualen Klagrechtsvoraussetzungen vor den materiellen zu prüfen hat, unmöglich die „Evidenz", d. i. den Nachweis oder — im Arrestprozeß — die Glaubhaftmachung der Klagrechtsvoraussetzungen vor deren „Existenz" prüfen kann. Auch wird der Richter schwerlich wegen Beweisfälligkeit die Klage als „prozessual unzulässig", vielmehr

SchweizZtschr. XXXV 246 (der nur übersieht, daß sich damit seine Einwendung, 255, erledigt); vor allem aber SAUER, 24ff., 557ff.; das Ziel überschießend SANDER, 149.

1381) Insbesondere gilt dies (vgl. oben Anm. 826) für die Erklärung des vorprozessualen Klagrechts als „verhaltener Anspruch" oder Gestaltungsrecht und der klägerischen Prozeßhandlungen als Geltendmachung oder Ausübung dieses Rechts (vgl. SECKEL, Gestaltungsrechte, 249 Anm. 1; GOLDSCHMIDT, Mater. Justizr., 9ff.; oben Anm. 213, zu Anm. 334, Anm. 448, Anm. 790a.).

1382) Vgl. oben hinter Anm. 1259b, 1328. Das im Text Gesagte ist der einzige berechtigte Kern, der in SAUERS (536ff., 542ff., 549ff., 562ff.) wenig gelungener Polemik gegen den „Rechtsschutzanspruch" und die Kategorie des „materiellen Justizrechts" steckt. Entsprechendes gilt von BINDERS, Rechtsphilosophie, 659, Polemik gegen den „Rechtsschutzanspruch."

1382a) Jene entspricht dem „Urteilsanspruch", diese dem „Klagrecht"; vgl. dazu oben hinter Anm. 290.

1382b) HELLWIG, Syst. I, § 98 II 2b; GOLDSCHMIDT, Zwei Beiträge, 8 (114) Anm. 2; oben zu Anm. 213.

1383) Vgl. oben hinter Anm. 1372c. KIPP, Doppelwirkungen, 219, wendet auf das materielle Justizrecht bereits die prozessuale Rechtsbetrachtungsweise an, wenn er ausführt: „Die Zahlungspflicht des Schuldners ruht auf der Tatsache des empfangenen Darlehns. Die justizrechtliche Verpflichtung des Richters, den Schuldner zur Zahlung zu verurteilen, ruht auf dem Nachweis des gegebenen Darlehns." Ich habe das in Zwei Beiträgen, 8 (114) Anm. 2, noch nicht klar erkannt. Freilich ist es besser, dann nicht von einer „Verpflichtung", sondern nur von einer „Gebundenheit" des Richters zu sprechen; vgl. oben hinter Anm. 1334. Dem Text verwandt (nur m. E. zu Unrecht bezüglich der „privatrechtlichen Nebenwirkungen der Zivilurteile") KRÜCKMANN, Rechtsgang, III 116ff. (oben Anm. 1020, 1227).

wird er sie als „materiell unbegründet" abweisen[1383a]). Der übliche Gegensatz von materiellen und prozessualen Klagrechtsvoraussetzungen bezieht sich auf verschiedene Tatsachen, von denen jene dem Rechtsgebiet des materiellen, diese dem Rechtsgebiet des Prozeß-Rechts angehören. Dieser Gegensatz ist ein absoluter; er gilt für die materiellrechtliche Rechtsbetrachtungsweise so gut wie für die prozessuale. Wenn man aber die Nachweisbarkeit der Klagrechtsvoraussetzungen als „prozessuale Klagrechtsvoraussetzung" bezeichnet, so stellt man auf einen Gegensatz ab, der nur für die materiellrechtliche Rechtsbetrachtungsweise vorhanden ist. Für die prozessuale, die allein für den Richter maßgebend ist, tritt die „Evidenz" an Stelle der „Existenz"[1383b]). Neben der „Evidenz" sämtlicher Klagrechtsvoraussetzungen hat der Richter nur zu beachten, daß sie auch sämtlich von dem Kläger behauptet worden sind, m. a. W. die Schlüssig-

[1383a]) Anders nur im Urkundenprozeß, wo die Nachweisbarkeit gerade mit den im Urkundenprozeß statthaften Beweismitteln Sachurteilsvoraussetzung ist (§ 597 II ZPO.); vgl. schon GOLDSCHMIDT, Zwei Beiträge, 42 (148) Anm. 2. Ganz unrichtig ist es dagegen, wenn das Reichsgericht (EZ. XXXIII 419) die Glaubhaftmachung des Anspruchs und Arrestgrundes im Arrestprozeß sogar als „Bestandteil des Klagegrundes" ansieht.

[1383b]) Natürlich auch in bezug auf die Sachurteilsvoraussetzungen selbst; dazu oben Anm. 32. — Auf der Verkennung des im Text Ausgeführten (vgl. schon BELING, Ztschr. f. Strafr. Wiss., XLII 263) beruht SAUERS Begriff der „Sachgestaltungsvoraussetzungen" (211 ff.; vgl. schon LZ. XIII 676: „prozessuale Sachvoraussetzungen"). Zunächst (26) geht SAUER von einem durchaus richtigen Ausgangspunkt aus. Er bezeichnet zutreffend den ‚hinreichenden Verdacht" nicht als „Prozeßvoraussetzung", sondern als „prozessual betrachtete Sachvoraussetzung" (vgl. schon GOLDSCHMIDT, Mater. JustizR., 25; unrichtig wieder Graf DOHNA, 49, vgl. dens. selbst, 180; auch BLEY, 38 Anm. 5). Aber unversehens wird bei ihm aus den „prozessual betrachteten Sachvoraussetzungen" in Gestalt der „Sachgestaltungsvoraussetzungen" eine besondere Unterart der „Prozeßvoraussetzungen im weiteren Sinn" (154, 233, 266, 509, 619, 620), bei deren Mangel der Prozeß „unzulässig" sein soll. Dahin gehört denn auch nicht mehr der „Verdacht" oder das „Schuldig", m. a. W. die (objektive) „Möglichkeit, Wahrscheinlichkeit oder Gewißheit" des Tatbestandes nach dem Urteil des „weisesten" oder „normalen" Richters (SAUER, 71 ff., 278 ff.), bei deren Vorliegen Anklage, Eröffnungsbeschluß, Urteil „begründet" („richtig") oder wenigstens „rechtmäßig" sein sollen, sondern die bloße Behauptung dieser Urteile in den maßgebenden Prozeßakten, wobei dann noch in scholastischer und undurchführbarer Weise (anderer Ansicht anscheinend BELING, ZStW. XLII 268; dazu noch unten Anm. 1917b, zu Anm. 2070/71) zwischen dem Vorhandensein „des Urteils des Behauptenden" (Sachgestaltungsvoraussetzung) und der „Behauptung in den Akten" (Verfahrensvoraussetzung) unterschieden wird (213, 214; unklar 226, unverständlich und mit dem Gesagten zum Teil im Widerspruch 157; dazu noch unten Anm. 2067). Aber die bloße „Behauptung" dessen, was nach dem „Urteil des Behauptenden" einen Verdacht, einen Klagegrund, eine Beschwer oder Gesetzesverletzung in der Rechtsmittelinstanz, Nichtigkeits- oder Restitutionsgründe im Wiederaufnahmeverfahren, die Fähigkeit der Sache zum Privatklageverfahren oder Urkundenprozeß usw. begründen soll, ist keine Prozeßvoraussetzung, die sich von den übrigen dadurch unterschiede, daß die ihr zugrunde liegenden Tatsachen in bezug auf die Beweisregeln, die Behandlung in den Urteilsgründen oder der Revisionsinstanz besonders zu behandeln wären (so SAUER, 234). Die Unklarheit der SAUERschen „Sachgestaltungsvoraussetzung" zeigt sich besonders in der Art, wie er die unschlüssige Klage behandelt sehen will; darüber vgl. die nächste Anm.

keit[1383c]) der Klage (vgl. insbes. § 331 II ZPO.; auch § 180 StPO.: „weil die in dem Antrage bezeichnete Tat unter kein Strafgesetz fällt"), diese aber gerade vor Prüfung der „Evidenz" nach dem alten Schema: an actio sit fundata, an actio sit probata. Korrekt[1383c2]) hat man also zu sagen, daß für die prozessuale Rechtsbetrachtungsweise Behauptung und „Evidenz", d. i. regelmäßig Nachweis der Klagrechtsvoraussetzungen, an die Stelle von deren — für die materiellrechtliche Betrachtungsweise allein maßgebenden — „Existenz" treten[1383d]). Genügt doch mitunter die bloße Behauptung zur Begründung eines prozessualen Rechts, so die Behauptung einer prozeßhindernden Einrede (§§ 271 IV, 274 II Nr. 6 ZPO.) zur Begründung des Rechts, die Einlassung zu verweigern, die Behauptung der Ungültigkeit des Vergleichs zur Begründung des Rechts auf Terminsbestimmung[1384]).

Daß das materielle Justizrecht der prozessualen Rechtsbetrachtungsweise fähig ist, lehren schon die Vorschriften unseres BGB. usw. über die Beweislast[1384a]).

So wenig, wie es für die prozessuale Rechtsbetrachtungsweise einen „Rechtsschutzanspruch" gibt, so wenig gibt es für sie einen „Anspruch auf Justizgewährung", sondern nur eine „Aussicht" auf Gehör. Der Anspruch auf Justizgewährung ist eine Kategorie des der materiell-

---

[1383c]) Die Schlüssigkeit der Klage ist also sicherlich (vgl. vorige Anm.) eine „prozessual betrachtete Sachvoraussetzung", aber keine „Sachgestaltungs-", d. i. keine Prozeßvoraussetzung; anders SAUER, 266, 494, 509, 519, 521, 577, der die unschlüssige Klage als „unzulässig" abweisen will, es sei denn, daß der Kläger die Klage trotz Erfüllung der richterlichen Fragepflicht (§ 139 ZPO.) unsubstanziert gelassen hat. Aber die „Schlüssigkeit" der Klage ist doch nicht die bloße Behauptung von „Tatsachen, die nach der Ansicht des Klägers geeignet sein sollen, seinen Antrag rechtlich zu begründen" (STEIN, Nr. III 3 zu § 253, bei Anm. 16), und bei deren Mangel die Klage wegen Verstoßes gegen § 253 II Nr. 2 ZPO. allerdings als „unzulässig" abzuweisen wäre, sondern die Behauptung aller Tatsachen, die den Klagantrag nach dem Urteil des „weisesten" oder doch wenigstens eines „normalen" Richters (vgl. vorige Anm. und oben Anm. 1346a), m. a. W. objektiv rechtfertigen. Fehlt es daran, so ist die Klage „unbegründet"; vgl. schon HEINSHEIMER, Z. XXXVIII 32, und vor allem SAUER selbst, 214, 226 (unten Anm. 2175), der dann aber, 266, 494 (zweifelhaft 577), ganz übersieht, daß für die Frage der „Schlüssigkeit" der Klage nicht die „Ansicht des Klägers über den Klaggrund" maßgebend ist (unrichtig auch 226 unter b, 228 Anm. 1; dazu unten Anm. 2147). Es ist für SAUER recht belastend, daß er wirklich eine Konsequenz zieht, mittels derer die Vertreter der Individualisierungstheorie — natürlich ganz zu Unrecht — die Substanzierungstheorie ad absurdum zu führen versuchen (vgl. HELLWIG, Lehrb. III 33, 34; Syst. I, § 114 Anm. 16; W. HEIN, Identität, I 186 Anm. 33; dazu noch unten Anm. 2070, 2191). Gegen SAUER auch BLEY 41 Anm. 3, der aber (40 ff.; anders 47 Anm. 1) dem Wesen der „Behauptung" als Zulässigkeitsbedingung nicht gerecht wird und statt dessen wieder (vgl. schon oben Anm. 1327a.E.) die Rechtsschutzvoraussetzungen für Prozeßvoraussetzungen erklärt.

[1383c2]) Vgl. aber unten zu Anm. 2140c, 2174a—2175b.

[1383d]) Insoweit ganz richtig BINDER, Rechtsphilosophie, 201, 660, bei dem nur (vgl. schon oben Anm. 1173, 1257, 1297) die prozessuale Betrachtungsweise die materiellrechtliche ganz verdrängt. Vgl. Näheres unten zu Anm. 2166.

[1384]) Vgl. auch oben Anm. 844 a. E., unten Anm. 1459, 1459a, 1923 und zu Anm. 1924, 2262, ferner in Anm. 1945, 2265.

[1384a]) Vgl. dazu schon KIPP, Doppelwirkungen, 219; GOLDSCHMIDT, Zwei Beiträge, 8 (114) Anm. 2; oben Anm. 1383.

rechtlichen Betrachtungsweise unterworfenen Staatsrechts[1385]). Freilich ist der Unterschied zwischen dem Anspruch auf Justizgewährung und der Aussicht auf Gehör bei weitem nicht so einschneidend, wie der Unterschied zwischen dem vorprozessualen Rechtsschutzanspruch und der — wenigstens als eine ganz nahe und sichere — erst am Schlusse der letzten mündlichen Verhandlung bestehenden Aussicht auf günstiges Sachurteil. Denn um sich die Aussicht auf Gehör zu eröffnen, bedarf es nur der Prozeßhandlung der Klagerhebung. Immerhin ist auch der staatsrechtliche Anspruch auf Justizgewährung von der prozessualen Aussicht auf Gehör wohl unterschieden. Er ist mit der Anerkennung der Persönlichkeit oder des status civitatis ohne weiteres gegeben[1386]) und wird durch die Klagerhebung nur ausgelöst[1387]). Ja, in gewisser Beziehung ist der Unterschied zwischen der prozessualen, sich mit der Klagerhebung eröffnenden Aussicht auf Gehör und dem staatsrechtlichen, mit der Anerkennung des status civitatis ohne weiteres gegebenen Anspruch auf Justizgewährung tiefer als der zwischen der sich als eine ganz nahe und sichere erst am Schlusse der letzten mündlichen Verhandlung eröffnenden Aussicht auf günstiges Sachurteil und dem vorprozessualen Rechtsschutzanspruch. Dort ist der Unterschied der rechtlichen Betrachtungsweise zugleich ein solcher der Rechtsgebiete, hier nur ein Unterschied der Betrachtungsweise in bezug auf dasselbe Rechtsgebiet. Ob prozessual aufgefaßt, in Gestalt einer als ganz nah und sicher erst mit dem Schlusse der letzten mündlichen Verhandlung sich eröffnenden Aussicht auf günstiges Sachurteil, ob materiellrechtlich, in Gestalt eines vorprozessualen Rechtsschutzanspruches, es handelt sich stets um eine rechtliche Beziehung des materiellen Justizrechts. Die Kategorie des materiellen Justizrechts bewährt ihre Eigenschaft als „Brücke" zwischen Privatrecht und Prozeß[1388]) endgültig dadurch, daß sie beider Betrachtungsweisen fähig ist. Nötigt aber sonst das Recht uns eine rechtliche Beziehung vom Standpunkt der prozessualen oder materiellrechtlichen Betrachtungsweise aus aufzufassen, so ist damit zugleich ihr Hineinfallen in das eine oder andere Rechtsgebiet indiziert. Wo uns also das Recht nötigt, eine dem Justizverfahren angehörige rechtliche Beziehung materiellrechtlich aufzufassen, ist diese Beziehung eine staatsrechtliche, wenn sie auch natürlich den staatsrechtlichen Bestandteilen des Justizrechts angehörig bleibt. Das gilt nicht nur von dem in das Staatsrecht und nicht in das Prozeßrecht hineinfallenden Anspruch auf Justizgewährung, an dem die Prozessualisten immer nur die „Klagmöglichkeit" sehen, die das Attribut eines Rechts im materiellrechtlichen Sinne nicht verdiene[1389]), sondern z. B. von allen in Art. 114, 115, 117 RVerf. v. 11. Aug. 1919

1385) Vgl. die oben in Anm. 1337 angeführten Stellen.

1386) Vgl. oben zu Anm. 445b. 1387) Vgl. oben zu Anm. 449.

1388) GOLDSCHMIDT, Zwei Beiträge, 25 (131).

1389) Vgl. dazu GOLDSCHMIDT, Materielles Justizrecht, 11ff.; Ungerechtfert. VollstreckBetr., 20 Anm. 33; oben zu Anm. 445a—450.

aufgestellten Grundrechten, wie es grundsätzlich auch von den im früheren Verlauf[1390]) besprochenen staatsbürgerlichen und justizpolizeilichen Pflichten der Parteien gilt[1391]) [1391a]). Wo umgekehrt die dem Verwaltungs-, insbesondere Verwaltungsstreitverfahren angehörigen rechtlichen Beziehungen prozeßrechtlich aufgefaßt werden müssen[1391b]), sind sie Prozeßrecht, wenn auch natürlich Verwaltungsprozeßrecht.

Kommt danach die Vorstellung, die O. BÜLOW[1392]) von dem Wesen der sich innerhalb des Prozesses entwickelnden rechtlichen Beziehungen hat, in dem hier in Rede stehenden Punkte der prozessualen Betrachtungsweise nahe, so schießt doch BÜLOW über das Ziel hinaus, wenn er daraus folgert, daß erst der Richter die für den Einzelfall gültige Rechtsnorm aus der „unfertigen" Rechtsordnung schaffe[1393]). Vermöge der petitio principii, daß etwas „Unfertiges" keine „Rechtsordnung" sein könne[1393a]), und daß daher erst der Richterspruch das Recht schaffe, verschließt sich — wie oben[1394]) dargetan — BÜLOW überhaupt die Möglichkeit, rechtliche Beziehungen zu erfassen. In Wahrheit besteht der Wert der prozessualen, d. i. dynamischen Rechtsbetrachtungsweise gerade umgekehrt in der Erkenntnis, daß die prozessualen Rechtsbeziehungen „unfertig"[1395]), eben bloße Rechtslagen sind. „Fertiges" objektives und subjektives „Recht" schafft der Richterspruch nur, wenn man 1. den Richterspruch als Rechtsnorm bezeichnet, und 2. auf ihn die materiellrechtliche, d. i. statische Betrachtungsweise anwendet. Aber weder das eine noch das andere ist richtig. Daß der Richterspruch keine Rechtsnorm ist, wurde oben in § 15 ausführlich dargelegt. Daß er als „Gerichtsnorm", als eine Erscheinung der „doppelten Rechts-

---

1390) Vgl. oben zu Anm. 473a, 621, 635, 718.

1391) Vgl. schon oben zu Anm. 730, 731 und hinter Anm. 1336, sowie unten zu Anm. 1439b, 1461a und b, 1506, 1556, 2021.

1391a) Nahe kommt dem im Text Ausgeführten ZITELMANN, Allg. Teil, 24, wenn er unterscheidet: „α) Klagerecht im rein öffentlich-rechtlichen Sinn: Recht mit seiner Klage ‚gehört' zu werden. β) Klagerecht im prozessualen Sinn: die Rechtslage(!) des Klägers, die darin besteht, daß er bei richtigem richterlichen Urteil den Prozeß gewinnt (‚erhört' wird). γ) Klagerecht im privatrechtlichen (materiellrechtlichen) Sinn: jeder durch Klagerecht geltendmachbare Anspruch (im Sinne des BGB.) sowie jedes durch Klage ausübbare Recht des rechtlichen Könnens (z. B. Recht auf Ehescheidung)." Die Kategorie zu γ) ist freilich schief, in sich widerspruchsvoll und durch romanistische Tradrtionen (vgl. oben zu Anm. 347) zu erklären. Auch sind die Kategorien α und β insofern disparat, als die zu α eine Kategorie der materiellrechtlichen, die zu β eine solche der prozessualen Betrachtungsweise ist. Aber gerade, daß schon ZITELMANN bei der Kategorie zu β den materielljustizrechtlichen Rechtsschutzanspruch vom Standpunkt der prozessualen Betrachtungsweise aus auffaßt, ist bemerkenswert.

1391b) Die prozessuale Rechtsbetrachtungsweise ist, wie schon KORMANN, 108, in bezug auf den Begriff „Rechtslage" erkannt hat, auf jedes Verfahrensrecht anwendbar; vgl. noch unten Anm. 1402.

1392) Vgl. oben zu Anm. 1377.

1393) Vgl. oben hinter Anm. 827, zu Anm. 1332a, 1366b. Ebenso jetzt auch BINDER, Rechtsphilosophie, 201.

1393a) Derselbe Irrtum bei SANDER, vgl. oben Anm. 1366b.

1394) Hinter Anm. 827.

1395) Vgl. oben vor Anm. 1366.

ordnung" aufgefaßt werden kann, wurde oben in § 17 gezeigt. Tut man dies, so mag man auf die gerichtlich in Kraft gesetzte Beziehung die materiellrechtliche Betrachtungsweise anwenden. Sie erscheint dann als eine gerichtlich in Kraft gesetzte Wirkung, die mit auf das Gericht beschränkter Geltung die Bedeutung einer Rechtsfolge hat. Nur darf man sich nicht darüber im unklaren sein, daß man sich dabei auf „metarechtlichem" Gebiet bewegt[1396]). Aber die Erkenntnis des metarechtlichen Ursprunges der Rechtskraft hat ihre Schuldigkeit getan, wenn sie uns den Weg zu der prozessualen Rechtsbetrachtungsweise mit der „metarechtlichen" Stellung des Richters[1396a]) erschlossen hat. Rechtlich muß selbstverständlich auch die Rechtskraft zuletzt nicht als „Gerichtsfolge", sondern als Rechtsfolge aufgefaßt werden[1397]), und zwar naturgemäß wiederum unter dem Gesichtswinkel der prozessualen Rechtsbetrachtungsweise. Sie erscheint dann als die Aussicht, daß jeder künftighin mit der Sache befaßte Richter den Feststellungsinhalt des Urteils seiner Entscheidung zugrunde legen wird[1398]). Die Rechtskraft ist also auch nur eine Rechtslage[1399]), für die an der Berücksichtigung der Rechtskraft interessierte Partei, die nicht notwendig der Sieger des früheren Prozesses zu sein braucht, ein Recht im prozessualen Sinne des Wortes[1400]). Sie ist kein Recht im materiellrechtlichen Sinne des Wortes, weder ein Privatrecht[1401]), noch ein öffentliches Recht[1402]), und, da sie weder durch die „Evidenz" eines

---

[1396]) Vgl. oben zu Anm. 1172h.

[1396a]) Vgl. oben hinter Anm. 1333, zu Anm. 1172i.

[1397]) Vgl. schon oben vor Anm. 1172l.

[1398]) Vgl. schon oben hinter Anm. 914a.

[1399]) Anders ausdrücklich KOHLER, Prozeß, 64, 71, 74, 77; vgl. aber schon GOLDSCHMIDT, Zwei Beiträge, 10 (116) Anm. 3; auch SANDER, 500.

[1400]) Vgl. oben hinter Anm. 1349.

[1401]) Vgl. oben § 16.

[1402]) Vgl. GOLDSCHMIDT, Ungerechtfert. VollstreckBetr., 37ff. In der angeführten Schrift habe ich ausgeführt, daß auch der bloße Vollstreckungstitel noch kein Vollstreckungsrecht, d. i. im materiellrechtlichen Sinne des Wortes, begründet. Er begründet, als Prozeßhandlung, nur eine Vollstreckungsmöglichkeit, d. i. ein Recht im prozessualen Sinne des Wortes, allerdings mit materielljustizrechtlichem Inhalt. Im Ergebnis übereinstimmend BAUMGARTEN, Wissenschaft vom Recht, II 484. Grund für die Anwendbarkeit der prozessualen Rechtsbetrachtungsweise auch auf das Vollstreckungsverfahren, welches nicht den Charakter eines Prozesses im engeren Sinne = reines Entscheidungs-(Urteils-) verfahren (vgl. oben vor Anm. 826a) hat, ist, daß die prozessuale Rechtsbetrachtungsweise und die auf ihr beruhenden Kategorien von „Evidenz" und Rechtslage auf jedes Verfahrensrecht anwendbar sind, d. i. auf jedes Recht, welches ein „festgeregeltes" (staatliches) „sich vorwärts Bewegen", insbesondere „unter maßgebender Mitwirkung der Beteiligten als Parteien" (O. MAYER, I 136, 137) zum Gegenstand hat; vgl. schon oben Anm. 1391b. Meine Ausführungen in der angeführten Schrift über die unbedingte Wirkung des Vollstreckungstitels erfahren dadurch eine neue Beleuchtung; vgl. schon oben Anm. 728 a. E., unten zu Anm. 1507. Ganz in demselben Sinne — es handle sich bei der rechtlichen Behandlung der unrichtigen Entscheidung um „zwei verschiedene Betrachtungsweisen" — jetzt auch SAUER, 280ff., der aber insbesondere S. 103, auch 285, 286, verkennt, daß die materiellrechtliche, von ihm so genannte „abstrakte (absolute)" oder, „objektive" Betrachtungsweise nach unseren Gesetzen auf den Entschädigungsmateriellen Tatbestandes bedingt, noch eine Aussicht auf günstiges Sachurteil, sondern eine bloße Zwischenaussicht ist[1403]), ist sie auch keine materielljustizrechtliche, sondern eine prozeßrechtliche Rechtslage[1404]).

Dagegen ist das Recht zur Herbeiführung der Urteilswirkung ein materielles Justizrecht. Dieses Recht fällt regelmäßig einfach mit dem Klagrecht zusammen[1405]), ebenso wie das „Prozeßführungsrecht", d. i. die „Befugnis zur gerichtlichen Geltendmachung eines Rechts", regelmäßig nichts als die aktive Zuständigkeit des Klagrechts ist. Wo aber das Prozeßführungsrecht ein Recht an fremdem Klagrecht ist (sog. „Prozeßstandschaft"), ist mit ihm grundsätzlich das — ebenfalls verselbständigte — Recht verbunden, die Urteilswirkung für und gegen den Klagberechtigten herbeizuführen. Eine Ausnahme macht § 1380 BGB.[1406]). Dafür findet sich das verselbständigte Recht zur Herbeiführung der Urteilswirkung für und gegen den Klagberechtigten auch ohne Prozeßführungsrecht, so z. B. im § 856 ZPO.[1406a]). Nun ist die Prozeßstandschaft, wie das Verwaltungsrecht, dem sie — jedenfalls regelmäßig — entspringt, zunächst „ein Recht der Herrschaft über fremdes Vermögen", also ein absolutes Privatrecht am fremden Klagrecht[1407]). Das Recht an einem Recht hat aber — unbeschadet seiner sonstigen Natur — dieselbe Beschaffenheit, wie das dadurch belastete Recht[1408]). Mithin ist das Prozeßführungsrecht auch, wie das von ihm

---

anspruch des zu Unrecht Verurteilten Anwendung findet; vgl. aber auch den oben Anm. 728 a. E. und zu Anm. 1120 erwähnten Fall.

1403) Vgl. schon GOLDSCHMIDT, Ungerechtfert. VollstreckBetr., 39 zu Anm. 14.

1404) Im folgenden modifiziere ich meine in Beitr. 10 (116) Anm. 3, gemachten Ausführungen, die PAGENSTECHER, RheinZ. VI 493 Anm. 5, veranlaßt haben, mich geradezu als Anhänger der materiellen, d. i. in seinem Sinne privatrechtlichen Rechtskraftlehre in Anspruch zu nehmen; hiergegen schon meine Verwahrung im ZivArch. CXVII 10 Anm. 28; nunmehr PAGENSTECHER, RheinZ. X 58 Anm. 19. Ebenso habe ich mich schon in der DJZ. XIV 1132 Anm. 1 gegen die Ansicht des RG. gewendet, daß der Grundsatz ne bis in idem dem Abgeurteilten ein „materielles Schutzrecht" verleihe. In ESt. XLIII 62ff. muß das RG. einen wahren Eiertanz aufführen, um den unanehmbaren Folgerungen dieser unhaltbaren Ansicht zu entgehen. Gegen das RG. zutreffend BELING, Festschr. f. BIND., 88ff., dem ich nur insoweit nicht folgen kann, als ich in der Verurteilung des Schuldigen allerdings schon ein Stück der Strafrechtsausübung sehe; vgl. darüber oben Anm. 179 a. E., 1327.

1405) Bezeichnet doch WEISMANN, I 67, das Klagrecht geradezu als die Befugnis, „die mit dem — für den Kläger günstigen — Urteil verknüpften Wirkungen herbeizuführen".

1406) Daß diese dogmatisch mögliche Trennung der beiden Rechte rechtspolitisch verwerflich ist, darüber vgl. unten Anm. 1683.

1406a) Es handelt sich hier um einen Fall bloßer Rechtskrafterstreckung (vgl. oben § 16 VII 3). Entsprechend gibt es, so in § 129 I HGB., ein Recht zur Herbeiführung der Urteilswirkung für und gegen einen für ein Klagrecht passiv Zuständigen, ohne daß doch dem Herbeiführungsberechtigten an des letzteren Stelle eine Prozeßführungslast obläge; vgl. dazu unten zu Anm. 1750b.

1407) Im folgenden modifiziere ich auch die von mir Mater. JustizR., § 2 Anm. 93; Beitr., 15 (121) Anm. 1, vertretene Auffassung. Nur teilweise beifallswürdig über das Prozeßführungsrecht SAUER, 311/2. Vgl. auch noch unten Anm. 1702.

1408) Vgl. M. WOLFF, Sachenrecht, § 120 I, § 176 I.

belastete Klagrecht, ein materielles Justizrecht[1408a]). Dasselbe gilt von dem von dem Klagrecht abgespaltenen Recht zur Herbeiführung der Urteilswirkung. So erklärt es sich, daß, während die sog. materielle Rechtskraft eine rein prozeßrechtliche Rechtslage ist, die Rechtssätze, welche die subjektiven Grenzen der Rechtskraft regeln, dem materiellen Justizrecht, m. a. W. dem justizrechtlich umgedachten Privatrecht, angehören[1408b]).

2. Die prozessualen Rechte im besonderen.

a) Ihre Arten.

(§ 20.)

I. Die eine Seite der prozessualen Rechtslage ist das Recht im prozessualen Sinne. Als ein solches kommt zunächst die Aussicht auf einen prozessualen Vorteil, in letzter Linie auf ein günstiges Urteil in Betracht[1409]). So hat z. B. derjenige, gegen welchen eine als prozeßordnungsmäßig befundene, aber materiell unschlüssige Klage erhoben worden ist, eine durch § 331 II Halbs. 2 ZPO. rechtlich begründete[1410]) Aussicht und also im prozessualen Sinne ein Recht auf Abweisung der Klage durch ihm günstiges Sachurteil. Die meisten Verfechter des „Rechtsschutzanspruches"[1411]) sprechen in solchem Falle von einem Rechtsschutzanspruch des Beklagten. Indessen ein — materielljustizrechtlicher — Rechtsschutzanspruch des zu Unrecht

---

[1408a]) Über seinen Inhalt vgl. unten zu Anm. 1553. Über die Prozeßführungslast vgl. unten hinter Anm. 1749.

[1408b]) Im Ergebnis übereinstimmend STEIN, Nr. III zu § 322; HELLWIG, Rechtskraft, 7ff.; Syst. I, § 2 I a. E., § 227 V; WACH, I 128; Rechtskraft, 61; MENDELSSOHN BARTHOLDY, Rechtskraft, 340 Anm. 1. Unrichtig ist freilich, wenn STEIN dieses Ergebnis mit einem „theoretischen Irrtum" des Gesetzes erklären zu müssen glaubt, und wenn er, obgleich dieser „theoretische Irrtum" für die Zeit nach dem 1. Januar 1900 ebenso nachweisbar ist, wie für die Zeit vorher, und er sich ihm beugt, doch lehrt, daß für den „persönlichen" Umfang der Rechtskraft das „Prozeßgesetz" maßgebend sei (Nr. III 2 zu § 322). STEIN meint offenbar mit „Prozeßgesetz" die §§ 325—327 ZPO. Ebenso HELLWIG, Syst. I, § 227 V 2, der gleichfalls diese Vorschriften für „prozeßrechtliche" hält und nur zugibt (§ 227 V), daß die mittelbar die Urteilswirkung bestimmenden Vorschriften über das Verwaltungs-, insbesondere das Prozeßführungsrecht dem materiellen Recht, d. i. nach ihm dem Privatrecht angehören. Daß aber Prozeßführungsrecht und Recht zur Herbeiführung der Urteilswirkung nicht begrifflich zusammenfallen, zeigt § 1380 BGB. Dann aber ist es unbegreiflich, warum die §§ 325—327 ZPO. prozessuale Normen sein sollen, die sie ergänzenden oder abändernden landesrechtlichen Normen aber privatrechtliche. Übrigens gerät HELLWIG mit seiner Lehre in Widerspruch zu sich selbst, da er sonst die Normen über das Prozeßführungsrecht für prozeßrechtliche (Syst. I, § 2 Anm. 8) und das Prozeßführungsrecht für eine prozessuale Klagevoraussetzung erklärt; hiergegen schon ausführlich GOLDSCHMIDT, Beitr., 15 (121) Anm. 1.

[1409]) Vgl. schon oben hinter Anm. 1349.

[1410]) Vgl. oben hinter Anm. 1366b.

[1411]) WACH, I 19ff.; STEIN, Urkundenprozeß, 59; Voraussetzungen, 20; HELLWIG, Klagr. u. Klagm., 47ff.; LANGHEINEKEN, Urteilsanspruch, 24; GROSSE, Z. XXXVI 113ff.; SCHÜLER, 68ff.; OERTMANN, Grundriß, § 16.

Beklagten, ein „Freisprechungsanspruch"[1412]) ist, nicht anzuerkennen[1413]).

Gewiß entsteht durch unbegründete Klage ein materielljustizrechtlicher Anspruch des Beklagten auf Feststellung im umgekehrten Sinne, als sie der Kläger begehrt; und diesen Anspruch kann der Beklagte geltend machen, wenn es infolge Zurücknahme der Klage oder ihrer Abweisung wegen Mangels der Sachurteils- oder spezifischen Rechtsschutzvoraussetzungen[1414]) nicht zu einem Urteil über den materiellen Tatbestand[1415]) gekommen ist[1416]). Es ist auch richtig, daß, wenn ein klagabweisendes, den vom Kläger behaupteten materiellen Tatbestand ergreifendes Urteil ergangen ist, das Interesse des Beklagten an der

---

1412) Vgl. BÜLOW, Z. XXXI 261.

1413) So schon GOLDSCHMIDT, Mater. JustR., 53ff.; vgl. auch PAGENSTECHER, ZivArch. XCVII 17ff. In Ungerechtfert. VollstreckBetr., 39 zu Anm. 13, habe ich die Frage eines Rechtsschutzanspruches des Beklagten dahingestellt sein lassen. SAUER, 25, 550ff., wird dem Kern des Problems nicht gerecht.

1414) Vgl. GOLDSCHMIDT, Zwei Beiträge, 36 (142).

1415) Einem Urteil „zur Hauptsache" im Sinne HELLWIGS, Syst. I § 98 II.

1416) Regelmäßig, nicht immer, nämlich nicht in Ehe- und Familienstandssachen. An sich besteht für den mit einer Klage auf Ehescheidung, Eheanfechtung, Ehenichtigkeit, Anfechtung der Ehelichkeit oder der Anerkennung der Ehelichkeit Belangten ein Rechtschutzbedürfnis, im Falle der Zurücknahme dieser Klagen oder ihrer Abweisung wegen Mangels einer Sachurteilsvoraussetzung auf Feststellung des Nichtbestehens der Klagrechte zu klagen, deren sich der Gegner durch ihre gerichtliche Geltendmachung berühmt hat. Zu Unrecht bestreitet STEIN, Vorbemerkung III 4 a. E. vor § 606 (zu Anm. 23) — außer bei drohender Nichtigkeitsklage — das Feststellungsinteresse; insoweit richtig HELLWIG, Rechtskraft, 67ff. Aber es fehlt die Rechtsschutzform, in welcher der Anspruch geltend gemacht werden könnte. Es könnten nämlich natürlich nicht, wie in den Fällen der §§ 1933, 2077, 2268, 2279 BGB., die gewöhnlichen Prozeßgrundsätze Anwendung finden. Die Vorschriften über den Ehe- und Familienstandsprozeß aber berücksichtigen den Fall, daß sich die an der Aufrechterhaltung der Ehe oder Ehelichkeit interessierte Partei in der Klägerrolle befindet, nur bei Klagen auf Feststellung des Bestehens der Ehe oder des Eltern- und Kindesverhältnisses und der elterlichen Gewalt. Um eine solche Klage würde es sich aber hier auch bei der Klage auf Feststellung des Nichtbestehens eines Ehenichtigkeits-, Ehe- oder Ehelichkeits- (einschließlich der Ehelichkeitsanerkennung) Anfechtungsklagrechts nicht handeln; anders HELLWIG, a. a. O.; aber auch STEIN, a. a. O. Eine Klage auf Feststellung des Nichtbestehens eines Anfechtungsklagrechts könnte schon in der Sache gar nicht den Grundsätzen über Klagen auf Feststellung des Bestehens des betreffenden Rechtsverhältnisses unterliegen, so den §§ 617 III, 622 II, 640 ZPO. Keinesfalls wäre die Klage auf Feststellung des Nichtbestehens eines Ehescheidungsklagrechts eine Klage auf Feststellung des Bestehens der Ehe. Für eine solche — ebenso für eine Klage auf Feststellung des Nichtbestehens eines Anfechtungsklagrechts — passen z. B. § 617 I, der die gesetzliche Wirkung eines Anerkenntnisses, oder § 618 V, der ein Versäumnisurteil gegen den Beklagten ausschließt, nicht. Umgekehrt könnte unmöglich gegen den Kläger ein Versäumnisurteil ergehen und dadurch das Scheidungs- oder Anfechtungsklagrecht des Gegners festgestellt werden. Man wird sich dabei beruhigen müssen, daß nach §§ 1339, 1571, 1594, 1599 (121, 124) BGB. die Ausübung des Scheidungs- und Anfechtungsklagrechts an kurze Ausschlußfristen gebunden und damit das Rechtsschutzinteresse des von einer solchen Klage Bedrohten befriedigt ist. Auf die Klage zur Feststellung des Nichtbestehens eines Nichtigkeitsklagrechts mag man die Vorschriften über die Klage zur Feststellung des Bestehens der Ehe entsprechend anwenden.

Feststellung befriedigt und damit sein Rechtsschutzanspruch erloschen ist. Es ist schließlich auch richtig, daß, wenn während der Dauer der Rechtshängigkeit der durch Erhebung der unbegründeten Klage entstandenen Streitsache der Beklagte seinen Rechtsschutzanspruch gerichtlich geltend macht, ihm die Einrede der Rechtshängigkeit (§ 263 II Nr. 1 ZPO.) entgegengesetzt werden kann. Indessen Grund hierfür ist, daß Gegenstand des Prozesses und daher — wenn möglich — auch der materiellen Rechtskraft nicht nur das farblose, gleichförmige Urteilsbegehren, sondern zugleich die Behauptung des individualisierten materiellen Tatbestandes ist, der das beanspruchte Recht — entweder das Rechtsverhältnis unter den Parteien oder den klägerischen Rechtsschutzanspruch[1417]) — begründet, bei negativen Feststellungsklagen[1418]) die Behauptung des Mangels des Tatbestandes, der das Recht begründen würde, dessen Aberkennung der Kläger beansprucht[1419]).

Dagegen macht der materiell zu Unrecht Beklagte „als solcher"[1420]) keinen Rechtsschutzanspruch geltend. Dies erhellt daraus, daß bis zur Einlassung des Beklagten der Kläger durch Zurücknahme der Klage dem angeblichen Rechtsschutzanspruch des Beklagten nach Belieben den Boden entziehen kann. Es erhellt ferner gerade aus dem oben[1421]) angeführten § 331 II Halbs. 2 ZPO., der dem Richter die Ab-

[1417]) Letzteres bei den Gestaltungsklagen und Klagen auf Duldung der Zwangsvollstreckung; vgl. dazu GOLDSCHMIDT, Beiträge, 30, 31 (136, 137); ZivArch. CXVII 19.

[1418]) Würde es sich hier zugleich um einen Fall der in der vorigen Anm. erwähnten Art handeln, so wäre das allerdings das Beispiel eines Prozesses, in dem ein prätendierter Rechtsschutzanspruch des Beklagten Prozeßgegenstand wäre.

[1419]) Im wesentlichen so auch GROSSE, Z. XXXVI 131, 135ff., dem ich indessen nicht zustimmen kann, wenn er diese Regelung auf Erwägungen der „Prozeßökonomie" zurückführt. Sie folgt vielmehr aus der Natur der Sache, d. i. des „Anspruches" im prozessualen Sinn (oben zu Anm. 1172c, 1216, unten hinter Anm. 1630); vgl. GROSSE selbst, a. a. O., Anm. 42. Da — mit wenigen Ausnahmen (über diese unten Anm. 1631 a. E.) — immer die Behauptung des individualisierten materiellen Tatbestandes Streitgegenstand ist, halte ich auch den Streit für müßig, ob der privatrechtliche Anspruch (so HELLWIG, STEIN) oder der Rechtsschutzanspruch (so WACH) Streitgegenstand sei; vgl. STEIN, Anm. 70 vor § 253. Denn auch wo jener und nicht nur dieser vorhanden ist, haben beide denselben „Tatbestand" (vgl. GOLDSCHMIDT, Zwei Beiträge, 21 [127] Anm. 4, 34 [140] ff.); und dieser Tatbestand bestimmt den Gegenstand des Streits und — wenn möglich — auch der materiellen Rechtskraft; dazu noch unten Anm. 1631; auch GOLDSCHMIDT, ZivArch. CXVII 19 (zum Teil noch anders Mater. JustizR., 43ff.). Was BLEY, 58/9, gegen die — parallele — Auffassung, daß der Tatbestand, nicht die zivilistische Rechtsfolge, Rechtsschutzvoraussetzung sei, vorbringt, hat nur den Wert, eine Blöße in der Deduktion STEINS, Voraussetzungen, 14, aufzudecken. Die zivilistische Rechtsfolge ist weder dasselbe, wie das Ergebnis der Tatsachensubsumtion unter den Tatbestand, noch entsteht sie erst mit der richterlichen Subsumtion (so STEIN). Deshalb ist sie aber ebensowenig Voraussetzung der richterlichen Rechtsschutzpflicht oder auch nur alleiniger Urteilsinhalt (so BLEY).

[1420]) GROSSE, a. a. O., 122, gibt zu, es dürfe „natürlich nicht von einem vorprozessualen Rechtsschutzanspruche des Beklagten als solchen gesprochen werden." Damit wird der Rechtsschutzanspruch des Beklagten, da der Rechtsschutzanspruch stets in einem außerprozessualen Tatbestand wurzeln muß — vgl. unten Anm. 1432 — tatsächlich preisgegeben.

[1421]) Zu Anm. 1410.

weisung der unschlüssigen Klage auch ohne einen dahingehenden Antrag des Beklagten vorschreibt[1422]). Und es erhellt endlich m. E. entscheidend daraus, daß der Richter eine positive Feststellungsklage ohne Prüfung des Bestehens des behaupteten Rechtsverhältnisses abzuweisen hat, sobald als sich der Mangel des Feststellungsinteresses ergeben hat, ohne Rücksicht auf das Interesse des Beklagten an der negativen Feststellung[1422a]) [1423]). Ja sogar, wenn die auf positive Feststellung klagende Partei auf den geltend gemachten Anspruch verzichtet (§ 306 ZPO.), zugleich aber selbst das Feststellungsinteresse bemängelt, dann kann der Beklagte nicht unter Berufung auf sein Interesse an der negativen Feststellung Abweisung des Klägers mit dem Anspruch gemäß § 306 ZPO. verlangen, sondern nur Abweisung durch kontradiktorisches Urteil mit der alternativen Begründung, daß entweder das geltend gemachte Rechtsverhältnis nicht bestehe oder das Feststellungsinteresse des Klägers mangele[1423a]). Tatsächlich beschränkt sich das „Recht" des zu Unrecht Beklagten darauf, daß dem ungerechtfertigten Begehren des Klägers nicht stattgegeben[1424]), oder — korrekter — daß ein ungerechtfertigter staatlicher Eingriff[1425]) in die Rechtssphäre des Beklagten unterlassen werde[1426]), wobei es ganz gleichgültig ist, ob das klägerische Begehren und folglich der ihm entsprechende staatliche Eingriff prozessual unzulässig[1427]) oder materiell ungerechtfertigt

1422) So schon GÖSCH, Z. XII 186; BÜLOW, Z. XXXI 262 i. d. Anm.; DEGENKOLB, Beitr. 38; NUSSBAUM, 148; SAUER, 552; vergeblich GROSSE, a. a. O., 118/9, 132; SCHÜLER, 70.

1422a) Obwohl das Interesse des Klägers an alsbaldiger Feststelluug jedenfalls keine Voraussetzung eines Sachurteils über den angeblichen Rechtsschutzanspruch des Beklagten ist. Vgl. STEIN, Voraussetzungen, 21; anders BLEY, 68/9.

1423) Diese Blöße des Rechtsschutzanspruches des Beklagten aufgedeckt zu haben, ist das Verdienst PAGENSTECHERS, ZivArch. XCVII 29ff.; zustimmend NUSSBAUM, 149. Vergeblich hiergegen GROSSE, a. a. O. 129ff., 136, 137, dessen Ausführungen weniger einen Beweis als eine Widerlegung des Rechtsschutzanspruches des Beklagten „als solchen" enthalten. Noch weniger überzeugend SCHÜLER, 71, 72, da dieser — freilich zu Unrecht — behauptet, die positive Feststellungsklage dürfe nicht einmal dann wegen Nichtbestehene des behaupteten Rechtsverhältnisses abgewiesen werden, wenn dieses Nichtbestehen feststehe, sofern das Feststellungsinteresse noch streitig sei (a. a. O., 73).

1423a) Anders freilich HEGLER, 19 Anm. 3; vgl. unten zu Anm. 1632 und diese Anm. selbst.

1424) Das Recht des Beklagten ist also wirklich nur das „Widerspiel" (STEIN, Voraussetzungen, 20) des klägerischen Rechtsschutzanspruches (gegen STEIN haltlos GROSSE, a. a. O., 137; vgl. übrigens GROSSE selbst, a. a. O., 136 zu Anm. 50), gerade darum aber nicht selbst wieder ein unabhängiger Rechtsschutzanspruch. Er ist es nicht, gerade weil das Rechthaben oder Rechtbehalten der Parteien ein „aut-aut" und kein „et-et", keine „actio duplex" ist; dies gegen GROSSE, a. a. O., 138 Anm. 54.

1425) Vgl. oben zu Anm. 334.

1426) Da Beklagter unmittelbar nur durch diesen staatlichen Eingriff gefährdet wird, so würde er letztlich Rechtsschutz gegen die staatliche Justiz selbst verlangen. Das habe ich (Mater. JustizR., 54) festgestellt, und es ist weder durch GROSSE, a. a. O., 117 Anm. 12, noch durch W. HEIN, Duldung, 47 Anm. 2, noch durch SCHÜLER, 68 Anm. 5, widerlegt.

1427) Gäbe es einen selbständigen materielljustizrechtlichen Anspruch des Beklagten „als solchen" auf eine ihm günstige Feststellung in bezug auf den vom

— sei es wegen Mangels des Tatbestandes oder einer spezifischen Rechtsschutzvoraussetzung — sind, ob es zu ihrer Ausschließung der Geltendmachung eines Einrederechts bedarf[1428]) oder nicht, ob ihre Hinfälligkeit aus dieser oder jener Prozeßlage evident wird[1429]), ja sogar ob der ungerechtfertigte staatliche Eingriff nur wegen Zurücknahme der Klage unterbleibt, oder ob der Beklagte durch seine Einlassung ein Recht auf Sicherstellung gegen Wiederholung der gegenwärtigen[1430]) Gefährdung erlangt hat (§ 271 I ZPO.). Für die materiellrechtliche Rechtsbetrachtungsweise ist das Recht des zu Unrecht Beklagten ein auf der Nichtexistenz der Klagrechtsvoraussetzungen beruhender staatsrechtlicher Unterlassungsanspruch, nämlich Ausfluß des sog. negativen Status (status libertatis), d. i. der vom Staatsgebiet freien Privatsphäre[1431]). Dieser Anspruch ist schon deshalb kein materielljustizrechtlicher, weil es für ihn ganz gleichgültig ist, aus welchem

---

Kläger geltend gemachten materiellen Tatbestand, so würde natürlich die Klagabweisung wegen Mangels prozessualer Voraussetzungen nicht zur Befriedigung dieses Anspruches des Beklagten erfolgen. Vgl. dazu Pagenstecher, a. a. O., 38ff.; Grosse, a. a. O., 119ff.; Schüler, 69; Oertmann, Grundriß, § 16 Nr 1a (der einen Rechtsschutzanspruch des Beklagten auf Prozeßabweisung annimmt).

[1428]) Im Falle, daß ein Prozeßeinrederecht durchgreift, nimmt Grosse, a. a. O., 121, Hellwig folgend, an, daß dem Beklagten — anders als in Fällen der Hinfälligkeit der Klage wegen Mangels von prozessualen Voraussetzungen — ein selbständiges Gegenrecht gegenüber dem (materiellen) Klagrecht zustehe; hiergegen aber schon oben Anm. 424. Oertmann, Grundriß, § 16 Nr. 3, nimmt sogar an, daß die Prozeßeinrede einen Rechtsschutzanspruch des Beklagten begründe.

[1429]) Stein, Nr. IV 4 vor § 253; Nr. I Anm. 3 zu § 330; Voraussetzungen, 20, meint, daß in den Fällen der §§ 306, 330, 926, 927, 942 III ZPO. der Rechtsschutzanspruch des Beklagten sich auch in seinen Voraussetzungen als selbständiges Recht zeige. Gegen Stein treffend Pagenstecher, a. a. O., 37, 38, 41—43; vgl. aber auch Goldschmidt, Mater. JustizR., 53, der nur dahin zu berichtigen ist, daß in den genannten Fällen selbständige Untergangsgründe nicht des klägen rischen Rechtsschutzanspruches, sondern seiner Ausübbarkeit vorliegen; hierim Ergebnis übereinstimmend auch Hellwig, Syst. I, § 198 II 2aα, Anm 14; Schüler, 74, 75.

[1430]) Also auch hier wieder nicht notwendig ein „Recht" des Beklagten zur Garantie der Befriedigung seines Interesses an urteilsmäßiger Entscheidung über den vom Kläger geltend gemachten materiellen Tatbestand, ja nicht einmal ein Recht zur Garantie eines ihm günstigen Urteils; vgl. schon Pagenstecher, a. a. O., 41 Anm. 62; haltlos Grosse, a. a. O., 137. Vgl. im übrigen über dieses „Recht" des Beklagten, das ein solches nur im Sinne der ihm allein adäquaten prozessualen Rechtsbetrachtungsweise ist, bereits oben von Anm. 662 bis Anm. 667.

[1431]) So schon Goldschmidt, Mater. JustizR., 54; dazu G. Jellinek, System, 94ff. Freilich nimmt Jellinek, a. a. O., 105ff., 128, an, daß der „Anspruch des Individuums, die Anerkennung und demgemäß Unterlassung und Beseitigung von Störungen seines negativen Status verlangen zu können", selbst zum sog. positiven Status gehöre und als Mittel seiner Durchsetzung einen „Rechtsschutzanspruch" auslöse. Es kann indessen G. Jellinek weder zugestimmt werden, wenn er „jeden auf ein bestimmtes staatliches Verhalten", also auch auf ein staatliches Unterlassen gerichteten Anspruch zum positiven Status rechnet (a. a. O., 105), noch wenn er (a. a. O, 124ff, insbesondere 124 Anm. 2 a. E.) den Begriff „Rechtsschutzanspruch" gleichbedeutend mit Anspruch auf staatliche Justizgewährung (vgl. oben zu Anm. 445b) verwendet; hiergegen schon Goldschmidt, Mater. JustizR., 54 Anm. 262.

Grunde der drohende staatliche Eingriff unterlassen wird, ob wegen Mangels des Tatbestandes, der spezifischen Rechtsschutzvoraussetzungen des klägerischen Rechtsschutzanspruches, wegen Mangels der Sachurteilsvoraussetzungen oder wegen Zurücknahme der Klage. Für die prozessuale Rechtsbetrachtungsweise stellt sich das Recht des zu Unrecht Beklagten als eine auf dem prozessualen Tatbestand[1432]) der Unschlüssigkeit der Klagebehauptungen[1433]) oder Nichtevidenz der Klagrechtsvoraussetzungen beruhende prozessuale Aussicht des Beklagten auf ein ihm günstiges Urteil[1434]).

Die durch § 331 II Halbs. 2 ZPO. begründete prozessuale Aussicht des Beklagten, gegen den eine prozeßordnungsmäßig befundene, aber materiell unschlüssige Klage erhoben ist, auf Abweisung der Klage durch ihm günstiges Sachurteil, erst recht die prozessuale Aussicht des Beklagten auf Prozeßabweisung der prozeßordnungswidrig befundenen Klage ist unabhängig von einem darauf gerichteten Antrag des Beklagten. Beide sind also Typen der — als Ausnahme zu betrachtenden[1435]) — Art prozessualer Rechte, die unmittelbar Aussichten auf einen prozessualen Vorteil sind, ohne vorher Möglichkeiten zu seiner Erlangung durch eine erfolgreiche eigene Prozeßhandlung gewesen zu sein. Sie sind aber keineswegs die einzigen Typen dieser Art prozes-

---

[1432]) Wenn von Gegnern des Rechtsschutzanspruches des Beklagten (z. B. Bülow, Z. XXXI 261) geltend gemacht und von seinen Anhängern (z. B. Langheineken, Urteilsanspruch, 24, 46 Anm. 6; Grosse, a. a. O., 122ff.; Schüler, 72) zugegeben wird, daß der Rechtsschutzanspruch des Beklagten, im Gegensatz zu dem des Klägers, aus einem prozessualen Tatbestand entspringe, so ist dies nur cum grano salis richtig. Zwar nicht — wie Grosse, a. a. O., 126, meint — deshalb, weil auch der Rechtsschutzanspruch des Klägers mitunter während des Prozesses entstehe oder erlösche (z. B. durch Eintritt einer Bedingung, bzw. durch Zahlung seitens des beklagten Schuldners); hier liegt eine naive Gleichsetzung von post hoc und propter hoc zugrunde. Wohl aber wurzelt nur die im Text aufgestellte Aussicht der prozessualen Rechtsbetrachtungsweise ausschließlich in einer erfolglosen Prozeßhandlung des Klägers, einer unschlüssigen Klage oder einer mißlungenen Beweisführung, m. a. W. eben in einem prozessualen Tatbestand. Dagegen wurzelt der oben zu Anm. 1431 im Text vom Standpunkt der materiellrechtlichen Betrachtungsweise aus aufgestellte staatsrechtliche Unterlassungsanspruch des Beklagten in erster Linie in dem außer prozessualen Tatbestand der Nichtexistenz der Klagrechtsvoraussetzungen, daneben in der einfachen Tatsache der Klagerhebung. Der oben hinter Anm. 1413 erwähnte materielljustizrechtliche Feststellungsanspruch, den der mit unbegründeter Klage Belangte geltend machen kann, wenn es auf die Klage zu keinem Urteil über den materiellen Tatbestand gekommen ist, wurzelt, im Verhältnis zu dem Prozeß, in dem er geltend gemacht wird, ausschließlich in einem außerprozessualen Tatbestand, nämlich in einem realen Rechtszustand, der dem von dem früheren Kläger behaupteten entgegengesetzt ist, sowie in der Tatsache der in der früheren Klage steckenden (insoweit richtig Grosse, a. a. O., 123) Rechtsbehauptung.

[1433]) Vgl. oben hinter Anm. 1383b.

[1434]) Diese Rechtslage des Beklagten ist eine bloß prozessuale und keine materielljustizrechtliche aus den oben im Text hinter Anm. 1431 angeführten Gründen. Darauf, daß ein ihm günstiges Urteil ergeht, erlangt der Beklagte eine sichere Aussicht erst nach erfolgter Einlassung; vgl. oben zu Anm. 1430 und diese Anm. selbst a. E.

[1435]) Vgl. oben hinter Anm. 1348.

sualer Rechte. Um nur Beispiele zu nennen, gehören hierher die Aussicht der säumigen Partei auf Zurückweisung des Antrages auf Erlaß eines Versäumnisurteils oder einer Entscheidung nach Lage der Akten in den Fällen des § 335 ZPO., die Aussicht der anerkennenden oder säumigen Partei auf Zurückweisung des gegnerischen Antrages auf Erlaß eines kontradiktorischen Urteils, die Aussicht auf Verwerfung des vom Gegner eingelegten, aber als prozeßordnungswidrig befundenen Einspruchs oder Rechtsmittels, einschließlich der Wiederaufnahmeklage (§§ 341, 519b, 522a III, 554a, 556 II, S. 3, 574, 589 ZPO.), die Aussicht des Gegners des Güteantragstellers auf Zurückweisung des Güteantrages wegen Aussichtslosigkeit des Anspruches (§ 499b ZPO.), die Aussicht des im Ehe-, Familienstands-, Entmündigungs- oder Todeserklärungsprozesse Beklagten auf Abweisung des sachfälligen Klägers (§§ 617, 618, 640, 641, 670, 679, 684, 686, 975 ZPO.), aber auch die Aussicht auf Zustellung durch Vermittlung des Gerichtsschreibers (§§ 168, 508 I ZPO.), sowie auf Terminsbestimmung, Terminsbekanntmachung, Ladung und Zustellung da, wo sie von Amts wegen erfolgen (§§ 329 III, 340a, 366 II, 370 II S. 2, 496 I, 497 I, 519a S. 1, 520 I S. 1, 553a II S. 1, 555 I, 625, 640, 641, 693 I ZPO.)[1436]), die Aussicht des Berufungs- und Revisionsbeklagten auf Mitteilung des Zeitpunktes der Einlegung des Rechtsmittels (§§ 519a S. 2, 553a II S. 2 ZPO), die Aussicht des Siegers auf Verurteilung des Unterliegenden in die Prozeßkosten (§ 308 II ZPO.), die Aussicht auf Berichtigung offenbarer Unrichtigkeiten im Urteil (§ 319 ZPO.), die Aussicht auf Berücksichtigung der materiellen Rechtskraft[1437]), die Aussicht auf Erledigung eines Beweisbeschlusses (§§ 361, 362, 367, 368 ZPO.), die Aussicht der beweisführenden Partei auf Zwangsanwendung gegen Zeugen und Sachverständige (§§ 380, 390, 409 ZPO.), die Aussicht des Beklagten auf Aussetzung des Verfahrens im Falle des § 620 I S. 2 ZPO., endlich die Aussicht auf Erklärung eines Urteils für vorläufig vollstreckbar (§§ 708—710 ZPO., 57, 77 GewGerGes., 16, 19 KaufmGerGes.). In vielen der genannten Fälle ist freilich die Entstehung der prozessualen Aussicht durch ein vorheriges prozessuales Handeln des Berechtigten bedingt. Aber die Entstehung der prozessualen Aussicht ist regelmäßig nur eine mittelbare, immer jedenfalls eine „Nebenwirkung"[1438]) des vorhergegangenen prozessualen Handelns des Berechtigten.

Auch im Strafprozeß — und hier sogar häufiger — kommen prozessuale Rechte vor, die Aussichten sind, ohne vorher Möglichkeiten

[1436]) Dagegen setzt die Terminsbestimmung da, wo sie im Parteibetriebe erfolgt, einen Antrag voraus, der indessen in der Einreichung der Ladungsschrift konkludent enthalten ist; vgl. STEIN, Nr. I zu § 216. Allerdings ist m. E. auch da, wo Termin von Amts wegen zu bestimmen ist, sofern ein Antrag oder eine Erklärung eingereicht wird, über die nur nach mündlicher Verhandlung entschieden werden kann (vgl. STEIN, Nr. I 1 zu § 497), damit ein stillschweigendes Gesuch um Terminsbestimmung verbunden. Die Frage ist wichtig, weil soweit die Terminsbestimmung einen Antrag voraussetzt, gegen die Terminsverweigerung Beschwerde nach § 567 ZPO. stattfindet. Vgl. noch unten Anm. 1649, 1991.

[1437]) Vgl. über diese oben zu und hinter Anm. 1398.

[1438]) Zu diesem Begriff vgl. KUTTNER, Privatrechtl. Nebenwirkungen.

gewesen zu sein, so z. B. die Aussicht des Beschuldigten auf Bestellung eines notwendigen Verteidigers in § 140 I, II StPO., die Aussicht der Prozeßbeteiligten auf Bekanntmachung von Entscheidungen in den §§ 114 III, 130, 170 II, 171, 174 I, 192 I S. 2, 197 III, 204 III, 316 II, 343 II, 385 I S. 2, 400, 425 III, 428, die Aussicht auf Bekanntmachung des Zweckes der Durchsuchung vor deren Beginn (§ 106 II S. 1), die dem Verhafteten durch § 116 II—IV gewährleisteten Aussichten, die Aussicht des Vorgeführten, dessen Vernehmung bis zum nächstfolgenden Tage nicht ausführbar ist, auf Freilassung (§ 135 S. 2), die Aussicht des Beschuldigten, daß ihm bei Beginn der ersten Vernehmung eröffnet werde, welche strafbare Handlung ihm zur Last gelegt wird (§ 136 I S. 1), die Aussicht auf Benachrichtigung von Terminen in §§ 193 III (169), 224, 225, 233 III, 350 I S. 1, 369 III, die Aussicht des Angeschuldigten auf Erhebung von Beweisen, deren Aufnahme zur Vorbereitung seiner Verteidigung erforderlich erscheint, in der Voruntersuchung (§ 190 II), die Aussicht des Beschuldigten auf Mitteilung der Anklageschrift nach §§ 201 I, 382, die Aussicht des Verteidigers auf Ladung nach § 218, die Aussicht der Parteien auf Information gemäß § 222, die Aussicht der Parteien auf Vernehmung sämtlicher vorgeladenen und erschienenen Zeugen und Sachverständigen und auf Erhebung aller anderen herbeigeschafften Beweismittel (§ 245 I S. 1)[1438a]); die Aussicht des der Gerichtssprache nicht mächtigen oder tauben Angeklagten auf Verdolmetschung der Anträge des Staatsanwalts und Verteidigers (§ 259), die Aussicht auf Aufhebung der Beschlagnahme in §§ 283 S. 3, 284 III, 293 I, die Aussicht des Beschuldigten auf Bekanntmachung der Zurücknahme der Privatklage und des Todes des Privatklägers (§ 394), die Aussicht der Einziehungsbetroffenen auf Beiladung (§ 431 II). Besonders markante und wichtige Beispiele sind die Aussicht des Angeklagten, zu dessen Gunsten der Staatsanwalt ein Rechtsmittel eingelegt oder die Wiederaufnahme des Verfahrens beantragt hat, daß das Urteil nicht zu seinem Nachteil abgeändert wird (§§ 331, 358 II, 373 II), sowie die Aussicht eines Angeklagten, der Revision nicht eingelegt hat, auf Aufhebung des sich auf ihn erstreckenden und auf die Revision eines anderen Angeklagten hin aufgehobenen Urteils auch zu seinen eigenen Gunsten in § 357, endlich überhaupt die Aussicht des nicht überführten Angeklagten auf Freisprechung.

Auf der Grenze von Aussichten und Möglichkeiten stehen die Aussichten auf Eröffnung von Möglichkeiten, wie die Aussicht auf Gehör (§§ 33, 115, 385 I S. 1, 472 II StPO. — anders die Möglichkeit, Gehör zu verlangen, in § 149 —), die Aussicht des Inhabers der zu durchsuchenden Räume oder Gegenstände, der Durchsuchung beizuwohnen (§ 106 I S. 1), die Aussicht des Inhabers der Papiere oder seines Vertreters auf Duldung der Beidrückung seines Siegels und auf Aufforderung, der Entsiegelung und Durchsicht der Papiere beizuwohnen (§ 110 III), die Aussicht, Terminen beizuwohnen (§§ 149, 169, 193,

1438a) Vgl. aber dazu noch unten zu Anm. 1461.

195 II, 224, 225, 233 III, 369 III, 385 I S. 1), auf Aufforderung zu einer Erklärung (§§ 122 II S. 1, 201 I, 382) und zur Gewährung einer „Gelegenheit" zur mündlichen Begründung der Anträge und Erörterung über stattgehabte Ermittelungen in § 122 II S. 3, die Aussicht des Festgenommenen auf Vorführung und des Festgenommenen und Vorgeführten auf Vernehmung (§§ 128 I, 135 S. 1)[1438b]) und die Aussicht des Angeschuldigten auf Vernehmung in der Voruntersuchung (§ 192 I S. 1) und Hauptverhandlung (§ 243 III), sowie die Aussicht des Vernommenen, befragt zu werden, ob er etwas auf die Beschuldigung erwidern wolle (§ 136 I S. 2) — nach § 136 II soll die Vernehmung dem Beschuldigten „Gelegenheit" zur Beseitigung der gegen ihn vorliegenden Verdachtsgründe und zur Geltendmachung der zu seinen Gunsten sprechenden Tatsachen geben[1439]) —, die Aussicht des Verteidigers und der Staatsanwaltschaft auf Gewährung der Akteneinsicht (§§ 147 I, III, 196), endlich die Aussicht des verhafteten Beschuldigten auf mündlichen und schriftlichen Verkehr mit dem Verteidiger (§ 148).

In vielen der angeführten Beispiele ist die Aussicht auf den prozessualen Vorteil so sicher, daß es für unser an der materiellrechtlichen Rechtsbetrachtungsweise geschultes Denken natürlicher erscheinen könnte, statt von einer „Aussicht" im prozessualen, von einem „Anspruche" im materiellrechtlichen Sinne zu sprechen[1439a]). Eine solche Auffassung der einschlagenden Rechte wäre nicht nur selbstverständlich logisch möglich, sondern ist auch da geboten, wo es gilt, ihren staatsrechtlichen Inhalt zu betrachten, was insbesondere bei den Rechten gegenüber der staatlichen Verhaftungs-, Durchsuchungs- und Beschlagnahmegewalt in Frage kommt[1439b]). Eine solche Auffassung wäre aber völlig unfruchtbar, wo es gilt, den prozessualen Inhalt der dem Justizverfahren angehörigen Rechte der Beteiligten auszuschöpfen. Denn nur die Anwendung der prozessualen Rechtsbetrachtungsweise deckt die Beziehungen auf, welche den prozessualen Rechten eigentümlich sind, und von denen unten in den §§ 21, 22, die Rede sein wird. Dagegen ist z. B. der Gebührenanspruch des Zeugen, Sachverständigen oder Verteidigers (§§ 71, 84, 150 StPO.) in der Tat nur als ein „Anspruch" im materiellrechtlichen Sinne aufzufassen[1439c]), aber auch kein prozessuales Recht, sondern ein öffentlichrechtliches[1440]).

[1438b]) Bezeichnend Art. 114 II Halbs. 2 RVerf. v. 11. Aug. 1919: „unverzüglich soll ihnen (denen die Freiheit entzogen ist) Gelegenheit gegeben werden, Einwendungen gegen ihre Freiheitsentziehung vorzubringen".

[1439]) In der Praxis oft nicht beachtet; vgl. GOLDSCHMIDT, JWSchr. 1919, 68; Reform des Strafverf., 29.

[1439a]) Vgl. z. B. StPO. §§ 193 IV, V, 224 II; F. KLEIN, Parteihandlung, 35ff., 40, 41.

[1439b]) Vgl. schon oben hinter Anm. 1389.

[1439c]) Nicht aber — trotz des Wortlauts des § 114 ZPO. — der „Anspruch" auf Bewilligung des Armenrechts.

[1440]) Wie sein Gegenstück, die Gebührenpflicht eine staatsrechtliche Pflicht ist; vgl. oben hinter Anm. 640. Vgl. im übrigen oben zu Anm. 1390, 1391 und die in Anm. 1390, 1391 angeführten Stellen.

II. Die an Zahl und Bedeutung bei weitem wichtigste Kategorie der prozessualen Rechte sind die prozessualen Möglichkeiten oder Gelegenheiten. Unter prozessualer Möglichkeit oder Gelegenheit ist zu verstehen die Lage, durch Vornahme einer Prozeßhandlung die Aussicht auf einen prozessualen Vorteil, in letzter Linie auf ein günstiges Urteil zu erlangen[1441]. Bekanntlich hat O. BÜLOW zuerst den Begriff der prozessualen Handlungsrechte aufgestellt[1442] und diesen Begriff später durch den der prozessualen Handlungsmöglichkeiten ersetzt[1443]. Für die prozessuale Rechtsbetrachtungsweise, die es hier anzuwenden gilt, fallen beide Begriffe zusammen[1444]. Freilich kann keine Rede davon sein, daß die prozessualen Handlungsmöglichkeiten, wie BÜLOW zuletzt gemeint hat[1445], bloße Ausflüsse der allgemeinen „Handlungs- und Verfügungsfähigkeit" seien. Diese Ansicht ist gerade so abwegig, wie wenn man meinen wollte, die Gestaltungsrechte des bürgerlichen Rechts seien bloße Ausflüsse der Geschäftsfähigkeit[1446]. Vielmehr liegt eine prozessuale Möglichkeit nur vor, wenn die sie wahrnehmende Parteihandlung mit überwiegender Wahrscheinlichkeit[1447] erfolgreich sein[1447a], d. h. diejenige Prozeßlage herbeiführen wird, welche sie nach ihrer Zweckbestimmung und nach dem Stande des Verfahrens als nächste Stufe auf dem Wege zu einem günstigen Prozeßausgang erreichen kann[1448]. M. a. W. das Dasein einer pro-

---

1441) Vgl. schon oben hinter Anm. 1349. Über die Möglichkeit, durch Vornahme einer Prozeßhandlung Befreiung von einer prozessualen Last zu erlangen, s. unten unter III.

1442) ZivArch. LXII 22, 59ff.

1443) Geständnisrecht, 40ff., 78 Anm. 1. Ebenso L. ROSENBERG, Beweislast, 74ff.

1444) Nach NAGLER, Rechtsgang I 105 Anm. 2, soll es sowohl prozessuale Handlungsrechte als auch prozessuale Handlungsmöglichkeiten geben. Einen Beleg für seine Behauptung gibt NAGLER nicht. Wohl zutreffend KISCH, I, § 2 VII 2.

1445) Geständnisrecht, 37ff.

1446) Wirklich führt BÜLOW, a. a. O., 43, aus, die „Befugnis" einer Jungfrau „zur Eheschließung, ihre Ehemündigkeit" entstehe doch nicht erst dadurch, „daß der Standesbeamte an sie die entscheidende Frage richtet, oder dadurch, daß ihr Bräutigam das entscheidende Ja ausspricht". Ihre „Befugnis zur Eheschließung, ihre Ehemündigkeit" — was übrigens nicht dasselbe ist — allerdings nicht, wohl aber ihr Recht zur Annahme der in dem „Ja" des Bräutigams liegenden Vertragsofferte; vgl. das Beispiel bei SECKEL, Gestaltungsrechte, 207 Anm. 2. BÜLOW hätte sich von allen deutschen Jungfrauen belehren lassen können, daß die durch das „Ja" des Bräutigams begründete unentziehbare Rechtsmacht der Jungfrau, durch einseitige Willenserklärung die Ehe schließen zu können, doch etwas anderes ist als der bloße Ausfluß ihrer vielleicht ach so lange schon vorhanden gewesenen Ehemündigkeit. Gegen BÜLOWS Vermengung von „konkreter und abstrakter Handlungsmöglichkeit" schon KISCH, GöttGelAnz. 1901, 228, 229.

1447) Vgl. dazu oben hinter Anm. 1366b. Bloße „Möglichkeit" des Erfolges genügt nicht; vgl. dagegen SAUER, 81ff. Daß der Staatsanwalt schon auf ein bloßes „Möglichkeitsurteil" hin Ermittelungen anstellen kann (SAUER, 83), beweist nichts, da es sich hier nur um eine Befugnis zu eigener Information, nicht zu gerichtlicher Geltendmachung handelt. Vgl. noch unten Anm. 1513.

1447a) Nahe kommend SAUER, 96, 101, 525.

1448) Vgl. schon oben zu Anm. 1373d.

zessualen Möglichkeit ist stets durch eine ganz konkrete Prozeßlage bedingt.

Das gilt schon von der sog. Klagmöglichkeit, d. i. der Möglichkeit, durch Einreichung und Zustellung der Klage die Aussicht auf Terminsbestimmung und Gehör zu begründen[1449]). Sie ist z. B. dann nicht gegeben, wenn feststeht, daß der zu Verklagende exterritorial ist[1450]), und sie war während des Krieges Personen entzogen, die festgestelltermaßen ihren Wohnsitz im Ausland hatten (§ 1 VO. v. 7. Aug. 1914)[1451]). Noch weniger ist die sog. „Bestreitungsmöglichkeit" des Beklagten bloßer Ausfluß eines allgemeinen Menschenrechts[1452]). Denn sie ist nicht nur von der Prozeßlage der Rechtshängigkeit, sondern auch davon abhängig, daß die bestrittene Tatsache nicht bei Gericht offenkundig, zugestanden oder bereits bewiesen ist. Der prozessuale Vorteil, den die Wahrnehmung der Bestreitungsmöglichkeit verschafft, kann freilich ein mehr oder weniger großer sein. Wo der Beklagte — wie regelmäßig — in der Lage ist, durch sein Bestreiten den Kläger zum Beweise der bestrittenen Tatsachen zu nötigen, besteht er in der Begründung der klägerischen Beweislast. Es kann indessen ausnahmsweise sein, daß er nur in der Eröffnung der Möglichkeit des Beklagten zum Beweisantritt besteht. Man denke an den Fall, daß eine Vertragsstrafe eingeklagt wird, und der Kläger in der Klage, außer dem Versprechen der Strafleistung und der Fälligkeit der Hauptleistung, die Nichterfüllung dieser letzteren behauptet[1452a]). Bestreitet hier der Beklagte die Tatsache der Nichterfüllung, wozu er genötigt ist, sofern er den Eintritt des prozessualen Nachteils des § 138 II ZPO. abwenden will, so liegt, neben diesem Sichentledigen einer Bestreitungslast[1453]), die Wahrnehmung eines Bestreitungsrechts[1454]) gemäß § 345 BGB. (sofern nicht die geschuldete Leistung in einem Unterlassen besteht)

[1449]) Vgl. oben zu und hinter Anm. 1376, 1376a.

[1450]) Die Terminsbestimmung ist in solchem Falle abzulehnen; Stein, Nr. II zu § 216, bei Anm. 17 das., und unten zu Anm. 1925.

[1451]) Auch in diesem Falle war die Terminsbestimmung abzulehnen; Warneyer, Kriegsgesetze, 163, zu § 1 zit. VO., bei Anm. 88 das. Kipp, Kriegsaufgaben, 42, scheint anzunehmen, daß die zit. VO. materielles Justizrecht war. Dem dürfte indessen entgegenstehen, daß nach § 1 I S. 2 VO. die zur Zeit ihres Inkrafttretens bereits rechtshängigen Verfahren „unterbrochen" wurden. In der Tat habe ich bereits früher (Materielles JustizR., 13) den Standpunkt vertreten, daß, wenn auf Grund des verwandten § 24 EG. ZPO. einem ausländischen Staat, dessen Angehörigen oder Rechtsnachfolgern das Klagrecht versagt würde, eine Entziehung der Klagmöglichkeit (materiellrechtlich gesprochen: des staatsrechtlichen Anspruches auf Justizgewährung) in Frage stünde.

[1452]) Wie dies Bülow, Geständnisrecht, 43, behauptet.

[1452a]) Daß ihm diese Behauptungslast obliegt, ist herrschende Ansicht; vgl. Wach, Z. XXIX 387; Weismann, I 127; Rosenberg, Beweislast, 66.

[1453]) Vgl. darüber oben zu Anm. 579 und § 9 a. E.

[1454]) Vgl. oben zu Anm. 578. Der gegen die Annahme eines „Bestreitungsrechts" erhobene Einwand, sie führe zur Annahme eines Rechts zur Lüge (vgl. Hegler, 184, und die das. Anm. 2 Angeführten), entfällt mit der Erkenntnis, daß es sich hier nur um ein Recht im prozessualen Sinne handelt, welches die Rechtswidrigkeit nicht ausschließt (vgl. unten hinter Anm. 1506); vgl. denn auch oben zu Anm. 698a.

nur insofern vor, als sein Bestreiten dem Beklagten die Möglichkeit zum Beweisantritt eröffnet. Entsprechendes, wie für das Bestreiten, gilt für die Substanzierung, nur mit der Maßgabe, daß, was dort die Ausnahme, hier die Regel ist. Man kann nämlich regelmäßig nur insofern, neben der Substanzierungslast, von einem Substanzierungsrecht sprechen, als die Substanzierung die Möglichkeit zum Beweisantritt eröffnet. Nur im Falle der Totalversäumnis des Beklagten erhöht sich der prozessuale Vorteil, den die Wahrnehmung der Substanzierungsmöglichkeit dem Kläger verschafft, da die Substanzierung hier zugleich dem Kläger unmittelbar die Möglichkeit eröffnet, ein günstiges Sachurteil zu beantragen. Dafür ist hier das prozessuale Recht des Klägers erst recht durch eine konkrete Prozeßlage bedingt: durch die Totalversäumnis des Beklagten, sowie dadurch, daß das tatsächliche mündliche Vorbringen des Klägers dem Beklagten rechtzeitig mittels Schriftsatzes mitgeteilt war (§ 335 Nr. 3 ZPO.), m. a. W. daß sich der Kläger einer ihm insoweit obliegenden Informationslast entledigt hat[1454a]). Dagegen ist es m. E. allerdings unberechtigt, da, wo das Prozeßgesetz die Zulassung eines prozessualen Angriffs von einer Sicherheitsleistung, einem Kostenvorschuß oder einer Kostenerstattung abhängig macht (§§ 110ff., 271 IV, 274 I Nr. 5, 6, 379, 519 VI, 554 VII ZPO.; 269 III, 272 III, 309, 320 HGB.; 176, 220 II, 379, 396 III StPO.; 74 II, III, 83 III, 74a, 84 I S. 2, 85 V GKG.), neben der Kautions-, Vorschuß- oder Kostenerstattungslast noch von einem Kautions-, Vorschuß- oder Kostenerstattungsrecht[1455]) zu sprechen. Denn die Leistung der Sicherheit oder des Vorschusses oder die Kostenerstattung wendet lediglich den prozessualen Nachteil der §§ 113 S. 2, 271 IV, 274 I Nr. 5, 6, 379 II, 519 VI S. 3, 554 VII S. 2 ZPO; 176 II, 220 II StPO.; 74 II, III, 74a, 83 III, 84 I S. 2, 85 V GKG. ab, ohne daneben dem Angreifer einen anderen prozessualen Vorteil zu bringen als die mit der Abwendung des Nachteils identische Erhaltung der Aussicht auf Gehör oder Beweisaufnahme[1455a]).

Mehr noch als die Bestreitungs- und Substanzierungsmöglichkeit ist das von Bülow[1456]) so genannte „Wahrheitsentscheidungsrecht" der zum Eide gelangenden und dadurch — nach den Worten der preuß. AGO. I 10 § 255 — „zum Richter in ihrer eigenen Sache gesetzten" Partei durch eine ganz konkrete günstige Prozeßlage bedingt und nichts weniger als bloßer Ausfluß der allgemeinen „Handlungs- und Verfügungsfähigkeit". Hat doch der Umstand, daß in diese günstige Prozeßlage im germanischen Rechtsgang in aller Regel der Beweisführer gelangt, tatsächlich zu der Lehre geführt, daß der germanische Rechtsgang „nicht so sehr eine Beweislast, als vielmehr ein Be-

[1454a]) Vgl. oben Anm. 627c.

[1455]) Nur von einem solchen spricht Bülow; vgl. oben Anm. 619a; auch noch unten zu Anm. 1782.

[1455a]) Anders nur unten zu Anm. 1785, sowie das unten hinter Anm. 1472a[2] erwähnte Kautionsrecht der §§ 713 II ZPO., 117 StPO., das aber ein Freiheitsrecht im materiellrechtlichen Sinne des Worts in sich schließt.

[1456]) ZivArch. LXII 38; vgl. schon oben Anm. 619c.

weisrecht" kenne[1457]). Daneben bleibt freilich auch diese günstige Prozeßlage insofern eine Last, als die Eidesverweigerung unmittelbar einen prozessualen Nachteil nach sich zieht. Abschließend kann man definieren: Eine prozessuale Möglichkeit liegt vor, wenn eine Partei in der Lage ist, mit überwiegender Wahrscheinlichkeit durch eine Prozeßhandlung diejenige Prozeßlage herbeizuführen, welche nach der Zweckbestimmung der Handlung und nach dem Stande des Verfahrens als nächste Stufe auf dem Wege zu einem günstigen Prozeßausgang anzusehen ist.

Eine auch nur einigermaßen erschöpfende Aufzählung der Möglichkeiten des Zivilprozesses, dieses „Landes der unbegrenzten Möglichkeiten", ist ausgeschlossen. Außer der im Vorhergehenden genannten Klagmöglichkeit — im prozeßrechtlichen, wie materielljustizrechtlichen Sinn[1457a]) — samt dem — materielljustizrechtlichen — Prozeßführungsrecht[1458]), der Bestreitungs, Substanzierungs- und Eidesmöglichkeit seien zur induktiven Veranschaulichung nur diejenigen Fälle hervorgehoben, in denen die ZPO. selbst von einem „Recht" zur Vornahme einer vorteilverheißenden Prozeßhandlung spricht: das Recht zur Ablehnung eines Richters, Gerichtsschreibers, Sachverständigen oder Schiedsrichters (§§ 42 III, 49, 406, 1032); das Recht des Streitgenossen zur Betreibung des Prozesses (§ 63); das Recht desjenigen, der die Sache oder das Recht, worüber zwischen anderen Personen ein Rechtsstreit anhängig ist, für sich in Anspruch nimmt[1459]), zur Anstellung der Hauptintervention (§ 64); das Recht des Nebenintervenienten zur Geltendmachung von Angriffs- und Verteidigungsmitteln und zur wirksamen Vornahme aller Prozeßhandlungen, insoweit nicht seine Erklärungen und Handlungen mit Erklärungen und Handlungen der Hauptpartei in Widerspruch stehen (§ 67 Halbs. 2); das Recht des benannten Besitzurhebers, der die Behauptung des Beklagten, daß er mittelbarer Besitzer sei, als richtig anerkennt[1459a]), mit Zustimmung des Beklagten an dessen Stelle den Prozeß zu übernehmen (§ 76 III S. 1); das Recht mehrerer Bevollmächtigten, sowohl gemeinschaftlich als einzeln die Partei zu vertreten (§ 84 S. 1); das Recht des Rechtsnachfolgers, im Falle des § 266 I den Rechtsstreit als Hauptpartei zu übernehmen; die Befugnis der Partei, auf Grund eines verkündeten Urteils das Verfahren fortzusetzen oder von dem Urteil in anderer Weise Gebrauch zu machen (§ 312 II); das Recht zur Benutzung von Beweisverhandlungen (§§ 364 IV S. 2, 493 I, II); das Recht der Parteien, dem Zeugen Fragen vorlegen zu lassen (§ 397 I); das

---

1457) Vgl. z. B. v. SCHWERIN, 176.

1457a) Vgl. oben hinter Anm. 1376.

1458) Vgl. darüber oben hinter Anm. 1408, unten hinter Anm. 1553, 1698.

1459) Treffend bestimmt die ZPO. als Voraussetzung des „Rechts", d. i. der Möglichkeit zur Anstellung der Hauptintervention die bloße Rechts behauptung; vgl. oben zu Anm. 248, 264d, Anm. 844 a. E., zu Anm. 1384.

1459a) Wieder wird das prozessuale Recht ausdrücklich an eine Prozeßhandlung bestimmten Inhalts geknüpft.

„Recht der Berufung" (§ 514); das „Rügerecht" in §§ 530, 558; die dem Beklagten, welcher dem geltend gemachten Anspruche widersprochen hat, in allen Fällen, in denen er im Urkundenprozesse verurteilt wird, im Urteil vorzubehaltenden „Rechte" (§ 599 I, III).

Aber auch im Strafprozeß sind die Möglichkeiten zahlreich. Es seien genannt: die Möglichkeit des Angeschuldigten zur Geltendmachung des Einwandes der örtlichen Unzuständigkeit (§ 16) und zur Erhebung eines Einwandes gegen die Verfügung, durch welche auf Antrag der Staatsanwaltschaft die Voruntersuchung eröffnet worden ist (§ 181 I); das Recht zur Ablehnung eines Richters, Schöffen, Gerichtsschreibers, Geschworenen (§§ 24 III, 31 I, 32) oder Sachverständigen (§ 74); die Möglichkeit, die Erteilung der Abschrift einer Entscheidung (§ 35 I S. 2), die Vorlesung eines Schriftstückes (§ 35 III), eine schriftliche Mitteilung über den Grund der Durchsuchung, sowie im Falle des § 102 über die strafbare Handlung, ein Verzeichnis der in Verwahrung oder in Beschlag genommenen Gegenstände, falls aber nichts Verdächtiges gefunden wird, eine Bescheinigung hierüber (§ 107) zu verlangen; die Möglichkeit, Wiedereinsetzung in den vorigen Stand zu beanspruchen (§§ 44 S. 1, 235 I, 329 II, 391 IV, 412 II, 415, 421); die Möglichkeit, richterliche (gerichtliche) Entscheidung nachzusuchen (zu beantragen) in §§ 98 II S. 2, 172 I, 414 I, 419 II; die Möglichkeit zur Einlegung von Rechtsmitteln und zum Antrage auf Wiederaufnahme des Verfahrens (§§ 122 II S. 2, 183, 210 II, 282, 296, 298, 304 II, 322 II, 361 II, 372, 390, 401 I, 423 III, 469 III); die Möglichkeit, die Entscheidung des Rechtsmittelgerichts zu beantragen (§§ 319 II S. 1, 346 II S. 1); die Möglichkeit, die Zustimmung zur Zurücknahme des Rechtsmittels zu verweigern in §§ 302 I S. 2, 303; das Recht zum Einspruch gegen den richterlichen Strafbefehl (§ 409); die Möglichkeit zur Wahl eines Verteidigers (§§ 137, 286 I S. 2); die Möglichkeit des als Verteidiger gewählten Rechtsanwalts, sich mit Zustimmung des Angeklagten einen Rechtskundigen zu substituieren, welcher die erste Prüfung für den Justizdienst bestanden hat und in demselben seit mindestens einem Jahre und 3 Monaten beschäftigt ist (§ 139); die Möglichkeit eines neubestellten Verteidigers, die Unterbrechung oder Aussetzung der Verhandlung zu erwirken (§ 145 II); die Möglichkeit, Gehör zu verlangen in § 149; die Möglichkeit zur Erhebung der öffentlichen (§ 152 I), Privat- (§§ 374, 375, 424), Wider- (§ 388 I) und Neben- (§§ 395, 403, 427; vgl. bes. §§ 396 II, 397) Klage; die Möglichkeit zur Fortsetzung der Privatklage (§ 393 II, III); die Möglichkeit der Einziehungsbetroffenen zur Ausübung aller einem Angeklagten zustehenden Befugnisse (§ 431 III S. 1); die Möglichkeit der Staatsanwaltschaft zur Übernahme der Anklage in § 377 II, III, und zur Mitwirkung bei dem Verfahren in § 425 I; die Möglichkeit zur Zurücknahme eines Rechtsmittels (§ 302 I S. 1), der öffentlichen Klage und des Einspruches in § 411 I, sowie des Antrages auf gerichtliche Entscheidung in §§ 416 II, 422 III; die Möglichkeit zur unmittelbaren Ladung von Zeugen und Sachverständigen (§§ 169 II, 195, 220, 386 II); die Möglichkeit der

Staatsanwaltschaft, von allen öffentlichen Behörden Auskunft zu verlangen und Ermittelungen jeder Art, mit Ausschluß eidlicher Vernehmungen, entweder selbst vorzunehmen oder durch die Behörden und Beamten des Polizei- und Sicherheitsdienstes vornehmen zu lassen (§ 161)[1460]; die Möglichkeit des vom Amtsrichter vernommenen Beschuldigten, zu seiner Entlastung Beweiserhebungen zu beantragen, deren Verlust zu besorgen steht, oder welche seine Freilassung begründen können (§ 166); die Möglichkeit des Angeklagten, die Aussetzung der Hauptverhandlung wegen Nichteinhaltung der Ladungsfrist zu verlangen (§ 217 II); die Möglichkeit der Parteien, die Überlassung der Möglichkeit zur Vernehmung von Zeugen und Sachverständigen zu erwirken, und diese letztgenannte Möglichkeit selbst im Falle des § 239; die Möglichkeit der Parteien zu verlangen, daß der Vorsitzende ihnen die Möglichkeit zur Fragestellung an Zeugen und Sachverständige einräume, und diese letztgenannte Möglichkeit selbst (§ 240 II)[1460a]; die Möglichkeit der Parteien zur Stellung von Beweisanträgen in der Hauptverhandlung (§ 244; § 232 II Entw. 1909); die Möglichkeit der Parteien zur Ladung von Zeugen und Sachverständigen und Herbeischaffung aller anderen Beweismittel zur Hauptverhandlung mit der Wirkung, daß das Gericht zur Vernehmung der erschienenen Zeugen und Sachverständigen und Erhebung der herbeigeschafften Beweismittel genötigt ist (§ 245 I S. 1)[1461]; die Möglichkeit der Parteien, den Verzicht auf die vorgenannte Bindung des Gerichts zu verweigern (§ 245 I S. 2); die Möglichkeit der Parteien, die Protokollierung zu beantragen in § 255; das Recht der Staatsanwaltschaft zur Erwiderung in § 258 II Halbs. 1; das Recht des Angeklagten zum letzten Wort in §§ 258 II Halbs. 2, 326 S. 2, 351 II S. 2; das beneficium novorum in der Berufungsinstanz (§ 323 III); die Möglichkeit der Parteien zur Verweigerung ihrer Zustimmung zur Verlesung von Aussageprotokollen in § 325 Halbs. 2; die Möglichkeit des Beschuldigten, vom Privatkläger die Leistung von Sicherheit für die Prozeßkosten zu verlangen in § 379 I.

Auch für die prozessualen Möglichkeiten gilt das oben[1461a] Gesagte. Man könnte sie natürlich ebensogut als materiellrechtliche Herrschafts- und Gestaltungsrechte auffassen, und man muß es, soweit es nicht auf ihren prozessualen, sondern auf ihren öffentlichrechtlichen Inhalt ankommt. Wieder sei insbesondere auf die Rechte gegenüber der staatlichen Verhaftungs-, Durchsuchungs- und Beschlagnahmegewalt hingewiesen. Aber z. B. auch das Recht der Staatsanwaltschaft, von allen öffentlichen Behörden Auskunft zu verlangen und Ermittelungen jeder Art, mit Ausschluß eidlicher Vernehmungen, entweder selbst vorzu-

[1460] Vgl. aber dazu unten hinter Anm. 1461a.

[1460a] Über das in demselben § 240 den beisitzenden Richtern, den Geschworenen und Schöffen beigelegte Recht zu verlangen, daß der Vorsitzende ihnen das Recht zur Fragestellung an Zeugen und Sachverständige einräume, und dieses Fragerecht selbst vgl. unten zu Anm. 1461b.

[1461] Vgl. schon oben hinter Anm. 1369b; andererseits oben zu Anm. 1438a.

[1461a] Vgl. oben zu Anm. 1439a und b.

nehmen oder durch die Behörden und Beamten des Polizei- und Sicherheitsdienstes vornehmen zu lassen (§ 161 StPO.), ist als prozessuale Möglichkeit nur insoweit in Anspruch zu nehmen, als es eine Verbesserung der prozessualen Rechtslage der Staatsanwaltschaft als Partei zum Inhalt hat, m. a. W. in Beziehung auf die von der Staatsanwaltschaft angestrebte richterliche Entscheidung. Es ist bekannt, welchen Vorzug dieses Recht der Staatsanwaltschaft vor dem Angeklagten und seinem Verteidiger einräumt. Absolut betrachtet ist es selbstverständlich ein staatliches Herrschaftsrecht hervorragendster Art. Das in § 240 StPO. den beisitzenden Richtern, den Geschworenen und Schöffen beigelegte Recht zu verlangen, daß der Vorsitzende ihnen das Recht zur Fragestellung an Zeugen und Sachverständige einräume, und dieses Fragerecht selbst sind, im Gegensatz zu den in demselben Paragraphen den Parteien eingeräumten entsprechenden Rechten, ausschließlich subjektive öffentliche Rechte im Sinne der materiellrechtlichen Betrachtungsweise, nämlich staatliche Kompetenzen[1461b]), da für die prozessuale Betrachtungsweise der Richter überhaupt nicht als Subjekt oder Gegenstand rechtlicher Beziehungen in Betracht kommt[1461c]).

III. Die dritte Kategorie prozessualer Rechte sind die Befreiungen von einer prozessualen Last[1462]). Darunter sind zu verstehen Rechtslagen, in denen es einer Partei freisteht, eine Prozeßhandlung zu unterlassen, ohne von dieser Unterlassung einen prozessualen Nachteil besorgen zu müssen. Die Eigenschaft solcher Rechtslagen als prozessualer Rechte wird allerdings meist nur da von Bedeutung, wo das Gesetz regelmäßig eine Last zur Vornahme der unterlassenen Prozeßhandlung auferlegt[1463]). Aber an sich ist, da der Prozeß ein Kampf ums Recht ist[1464]), jede Prozeßlage, die es der Partei gestattet, sich ohne Nachteil passiv zu verhalten, Freiheit von einer prozessualen Last und insofern ein prozessuales Recht, gerade so, wie für die materiellrechtliche Betrachtungsweise jede Freiheit von einer Pflicht zu einem Tun oder Unterlassen oder von einer Unterwerfung ein Freiheitsrecht, ein „Recht des rechtlichen Dürfens" ist[1465]). So folgt z. B. daraus, daß der Klaganspruch auch bei totaler Versäumnis des Beklagten als bestritten gilt[1466]), eine allgemeine Freiheit von der Einlassungslast im Sinne einer Nötigung, den Klaganspruch bei Vermeidung des Versäumnisnachteils zu bestreiten[1467]). Lastenfreiheiten im engeren Sinne stehen indessen nur da in Frage, wo das Gesetz regelmäßig eine solche Last auferlegt.

Hierher gehört vor allem die Befreiung von der Einlassungslast oder Last, streitig zur Hauptsache zu verhandeln[1468]), im Sinne der

---

1461b) Vgl. schon oben Anm. 1337a.

1461c) Vgl. oben hinter Anm. 1332d.

1462) Vgl. schon oben zu Anm. 1349.

1463) Oben a. a. O.

1464) Vgl. oben zu Anm. 1348, unten zu Anm. 1720.

1465) Vgl. oben Anm. 1275.

1466) Vgl. oben zu Anm. 589.

1467) Vgl. schon oben hinter Anm. 589a.

1468) Vgl. schon oben zu Anm. 426.

Nötigung, sich über die vom Kläger zur Begründung des Klaganspruchs behaupteten Tatsachen zu erklären[1469]), welche derjenigen Partei zusteht, die auf Grund der Geltendmachung der prozeßhindernden Einrede des Mangels der Erstattung der Kosten des früheren Verfahrens (§§ 271 IV, 274 I Nr. 6 ZPO.)[1470]) oder der sog. nominatio (laudatio) auctoris (§ 76 I ZPO.) die Verhandlung zur Hauptsache verweigert. Sodann gehört hierher die Befreiung von der Last des persönlichen Erscheinens, der §§ 329 I, 412, 391 II, III StPO.[1470a]), die sich aus der Möglichkeit des Angeklagten, Privat-, Nebenklägers oder der Einziehungsbetroffenen, sich in der Hauptverhandlung vertreten zu lassen (§§ 329, 378, 387 I, 397 I, 411 II, 431 III S. 1 StPO.) ergibt. Weiter ist hier anzuführen die Befreiung der armen Partei von der Sicherheitsleistung für die Prozeßkosten (§ 115 Nr. 2 ZPO.), sowie die Befreiung der armen Partei und im Falle des § 120 ZPO. auch ihres Gegners von den in § 115 Nr. 1 ZPO. bezeichneten Kosten (dazu § 379 III StPO.), soweit von der Zahlung dieser Kosten die Vornahme einer gerichtlichen Handlung abhängt (§§ 379, 519 VI, 554 VII ZPO., 74 II—IV, 74a, 83 III, 84 I S. 2, 85 V GKG.)[1471]), endlich die Befreiung des dritten Kaventen von der Sicherheitsleistung im Falle rechtzeitiger Anzeige von Fluchtverdachtsgründen (§ 121 II StPO.)[1471a]). Im übrigen begründet § 115 Nr. 1 ZPO. die Befreiung nicht von einer prozessualen Last, sondern von einer öffentlichrechtlichen Gebührenpflicht[1472]). Ebenso begründen §§ 383, 384, 386 III, 408 I S. 1 ZPO., 52, 53, 55, 76 I S. 1, 95 II S. 2 StPO. die Befreiung nicht von einer prozessualen Last, sondern von der staatsbürgerlichen Zeugnis- (Gutachten-) bzw. Vorlegungs- oder Auslieferungspflicht[1472a]), § 233 StPO. die Befreiung nicht von einer prozessualen Last, sondern von der staatsbürgerlichen Erscheinungspflicht[1472a2]), §§ 713 II ZPO., 117, 295 II StPO. die Befreiung nicht von einer prozessualen Last, sondern von der Unterwerfung unter die staatliche Vollstreckungs- bzw. Haftgewalt. In allen diesen Fällen also steht ein Freiheitsrecht im materiellrechtlichen Sinne des Worts in Frage[1472b]).

[1469]) Vgl. dazu oben vor Anm. 592. [1470]) Vgl. dazu oben vor Anm. 1384.

[1470a]) Vgl. oben zu Anm. 629i. Rechnet man noch — vgl. oben vor und in Anm. 629i — die Fälle der §§ 232 (231), 277 (319) ff. StPO. als die einer Erscheinungslast, so sind noch die Fälle der §§ 234, 280, 417 II StPO. als Befreiungen von einer Erscheinungslast anzuführen.

[1471]) Vgl. schon oben zu Anm. 639.

[1471a]) Die Befreiung des Kaventen im Falle des § 121 I StPO., sowie im Falle freiwilliger Stellung des Angeschuldigten ist nichts anderes als der Wegfall des Rechtsgrundes der Kautionslast.

[1472]) Vgl. schon oben zu Anm. 644.

[1472a]) Vgl. schon oben zu Anm. 621, 635.

[1472a2]) Vgl. oben zu Anm. 633.

[1472b]) In den Fällen der §§ 383, 384, 408 I S. 1 ZPO., 52, 53, 55, 76 I S. 1 StPO. ein Recht, sich von der Zeugnis-(Gutachten-)Pflicht zu befreien (vgl. schon oben hinter Anm. 424a); im Falle des § 713 II ZPO. ein Recht, sich von der Unterwerfung unter die staatliche Vollstreckungsgewalt zu befreien (vgl. dazu unten zu Anm. 1484); im Falle der §§ 853—855 ZPO. ein Recht, sich von der privatrechtlichen Schuld durch Hinterlegung zu befreien.

Zweifelhaft, ob die Befreiung von einer prozessualen Last oder einer bürgerlichrechtlichen Verpflichtung vorliegt, ist es im Falle des § 76 II ZPO. Sicher scheint, daß die „Berechtigung" des Beklagten, „dem Klagantrage zu genügen", nicht in demjenigen Prozesse zur Geltung kommt, in welchem die Urheberbenennung erfolgt ist[1473]). Denn die „Berechtigung", durch Befriedigung des Klägers die Verurteilung abzuwenden, steht jedem Beklagten zu[1474]). Die „Berechtigung", die § 76 II ZPO. meint, kann mithin nur gegenüber einem späteren Ersatzanspruch des Auktors zur Geltung kommen, wie das ja auch im Wesen der Streitverkündung, von der die Urheberbenennung nur eine Erscheinungsform darstellt, gelegen ist[1475]). Es ist nun behauptet worden[1476]), daß § 76 II ZPO. eine rein privatrechtliche Norm sei, welche

1473) Anders anscheinend § 24 II österr. ZPO. Mit Recht sagt aber schon KRUG, Z. XX 368: Wo, wie in der badischen Prozeßordnung, die Möglichkeit des Beklagten, sich vom Rechtsstreite zu befreien, ohne hierfür dem Auktor verantwortlich zu werden, fehlt, „ist das ganze Institut der Urheberbenennung ein rudimentäres".

1474) Daß schon im römischen Recht, aus dem (c. 2 Cod. III 19) die Urheberbenennung hervorgegangen ist, ihr Zweck nicht Befreiung des Beklagten von der Defensionspflicht in demjenigen Prozesse war, in dem die Urheberbenennung erfolgte, lehrt die Erwägung, daß gerade bei actiones in rem keine Defensionspflicht bestand; vgl. oben zu und hinter Anm. 468a; ferner BRIEGLEB, 281. — Der Kläger kann also, wenn ihn der Beklagte befriedigt, keine Verurteilung desselben zur Hauptsache verlangen; anders nur, wenn der Beklagte die Frist zwischen dem Erklärungstermin — bis zu dessen Schlusse er die Verhandlung zur Hauptsache verweigern kann (§ 76 I ZPO.) — und dem nächsten Verhandlungstermin verstreichen läßt, ohne den Kläger klaglos gestellt zu haben. In diesem Falle bleibt ihm nur die Möglichkeit, Anerkenntnis- oder Versäumnisurteil gegen sich ergehen zu lassen. Jenes eröffnet ihm die Aussicht, wenn die Voraussetzungen des § 93 ZPO. gegeben sind, von der Kostenpflicht entbunden zu werden. Verurteilung des Beklagten in die Kosten kann der Kläger, sofern die Voraussetzungen des § 93 ZPO. nicht vorliegen, stets verlangen. Nur muß er, wenn er bereits vom Beklagten befriedigt ist, auf den Klaganspruch verzichten, in welchem Falle — in analoger Anwendung des § 93 — trotzdem die Kosten dem Beklagten, der zur Klagerhebung Veranlassung gegeben hat, aufzuerlegen sind; so zutreffend HELLWIG, Syst., I § 194 I, IV 1, 3. Die herrschende Lehre erklärt in solchem Falle den Prozeß für „in der Hauptsache erledigt" und legt der Kostenentscheidung die hypothetische Feststellung zugrunde, welche Partei unterlegen wäre, wenn die Erledigung nicht eingetreten wäre; vgl. STEIN, Nr. III zu § 91. HELLWIG, a. a. O., § 194 II 2, III, IV 2, macht der herrschenden Lehre insofern eine Konzession, als er einen Verzicht des Beklagten auf das Verzichtsurteil für zulässig hält. Hat der Kläger ungeachtet der Leistung des Beklagten ein Interesse an der Feststellung des Rechtsverhältnisses (z. B. wenn der Beklagte nur unter Vorbehalt geleistet hat), so kann er ein Feststellungsurteil verlangen (so wohl auch PETERSEN, Nr. 9 zu § 76), ohne den Einwand der Klagänderung besorgen zu müssen (§ 268 Nr. 2, 3 ZPO.). Nach § 37 I 17 preuß. AGO. endet bei Weigerung des Auktors, den Rechtstreit zu übernehmen, der Prozeß zwischen dem Kläger und dem Nominanten stets mit einem Urteil (KRUG, a. a. O., 369), welches gemäß § 39 I 17 preuß. AGO. auch dem Auktor gegenüber wirkt (KRUG, 372). Die c. 2 Cod. III 19 sieht im gleichen Falle wenigstens eine auf Grund summarischen Verfahrens erfolgende richterliche Besitzeinweisung des Klägers vor; dazu BRIEGLEB, 284ff.; KRUG, 366.

1475) § 39 I 17 preuß. AGO. bestimmt ausdrücklich, daß der Nominant, der nach vergeblicher Nomination den Kläger befriedigt, dem Nominaten nicht hafte.

1476) Besonders entschieden von FÖRSTER-KANN, Nr. 5a bb zu § 76.

dem unmittelbaren Besitzer im Verhältnis zum mittelbaren Besitzer eine Verfügungsbefugnis über die Sache einräume mit der Wirkung, daß jener diesem für die Herausgabe der Sache an den Kläger nicht hafte. Folgt man dieser Auffassung, so würde § 76 II ZPO. die Befreiung von der bürgerlichrechtlichen Leistungspflicht begründen, welche sich aus dem zwischen dem beklagten unmittelbaren und dem benannten mittelbaren Besitzer bestehenden Rechtsverhältnis ergibt. Die Besonderheit dieser Befreiung würde darin bestehen, daß sie auch für den Fall gilt, daß die infolge der Herausgabe der Sache an den Kläger eingetretene Unmöglichkeit der Leistung von dem Schuldner zu vertreten ist (§§ 280 I, 325 BGB.)[1477].

Indessen dieser Auffassung kann nicht beigetreten werden. Daß die ZPO. in das Gebiet des Privatrechts habe übergreifen wollen[1478], ist nur anzunehmen, wenn eine andere Erklärung versagt. Davon kann aber keine Rede sein. Denn viel näher als die Unterstellung, daß § 76 II eine bürgerlichrechtliche Norm sei, liegt die Annahme, daß er nur eine Potenzierung der §§ 74 III, 68 ZPO. sein soll[1479]. M. a. W. der Nominant kommt in einem künftigen Regreßprozesse des Auktors gegen ihn in dieselbe Rechtslage, wie wenn ihn der Kläger im Prozesse besiegt und gezwungen hätte, dem Klagantrage zu genügen, und zwar ohne daß der Auktor mit der Behauptung, daß der Nominant den Rechtsstreit mangelhaft geführt habe, irgendwie gehört wird. Danach begründet § 76 II ZPO. die B e f r e i u n g d e s B e k l a g t e n v o n d e r P r o z e ß f ü h r u n g s l a s t[1480] i n d e m S i n n e, d a ß d e r B e k l a g t e f r e i w i r d v o n d e r N ö t i g u n g, d u r c h d i e s e P r o z e ß f ü h r u n g d i e G e f a h r d e s V e r l u s t e s e i n e s e t w a i g e n R e g r e ß p r o z e s s e s d e s A u k t o r s g e g e n i h n a b z u w e n d e n[1480a].

Es könnte die Frage aufgeworfen werden, ob die Befreiungen von einer prozessualen Last nicht nur eine Art der Gattung der prozessualen Möglichkeiten seien, gerade so, wie die sog. „Aufhebungs-" oder „negativen" Rechte (z. B. das Anfechtungs-, Widerrufs- oder Kündigungsrecht, das Recht des Schuldners, sich durch Erfüllung, Hinterlegung oder Aufrechnung zu befreien, das Einrederecht) gemeinhin nur als Arten

---

[1477]) Vgl. Förster-Kann, a. a. O.

[1478]) Förster-Kann zieht aus der von ihm unterstellten privatrechtlichen Natur des § 76 II die wichtige Folgerung, daß § 76 II keine Anwendung finde, wenn das Rechtsverhältnis zwischen dem Beklagten und seinem Auktor nach ausländischem Recht zu beurteilen ist.

[1479]) Zu weit geht Struckmann-Koch, Nr. 4, nach dem im Falle des § 76 II gegen den Benannten nur der Rechtsnachteil des § 74 III gelten soll; im Sinne des Textes Petersen, Nr. 9 zu § 76, und wohl auch Seuffert, Nr. 4b zu § 76.

[1480]) Übereinstimmend Begr. zu § 71 Entw. ZPO., S. 93. — Zu dem Begriffe der Prozeßführungslast im allgemeinen vgl. noch unten hinter Anm. 1749.

[1480a]) Dagegen umfaßt das Recht des Auktors zur Prozeßübernahme, ebenso wie das des Erwerbers der res oder actio litigiosa in § 266 I ZPO., — vgl. oben vor und hinter Anm. 1459a — das in dem Prozesse, in dem die Urheberbenennung erfolgt, zur Geltung kommende Recht, einen a n d e r e n von der Prozeßführungslast zu befreien; vgl. dazu noch unten in Anm. 1680 a. E., zu Anm. 1850h, in Anm. 2800.

der Gattung Gestaltungsrechte aufgefaßt werden[1481]). Indessen wäre diese Frage zu verneinen. Die durch die Bewilligung des Armenrechts begründete Befreiung von der Kautions- und Kostenlast[1482]) ist die Freiheit von einer Last, nicht nur die Möglichkeit, sich durch Vornahme einer Prozeßhandlung von einer Last zu befreien, mag auch die Partei die Befreiung erwirkt haben. Ebenso ist die durch § 76 II ZPO. geschaffene Rechtslage die Befreiung von der Prozeßführungslast in dem oben dargelegten Sinne, nicht nur die Möglichkeit der Befreiung davon, mag auch die Entstehung der Rechtslage auf die Urheberbenennung der Partei zurückzuführen sein. Dagegen ist das durch §§ 76 I, 271 IV ZPO. begründete Recht zur Verweigerung der Einlassung allerdings zunächst nur die Möglichkeit, durch eine dahingehende Erklärung in der mündlichen Verhandlung die Befreiung von der Einlassungslast zu erlangen. Ebenso ist das durch §§ 329, 378, 387 I, 411 II, 431 III S. 1 StPO. begründete Recht zunächst nur die Möglichkeit, sich durch Entsendung eines Vertreters von der Last des persönlichen Erscheinens zu befreien, das durch § 121 II StPO. begründete eigentümliche Befreiungsrecht des dritten Kaventen zunächst nur die Möglichkeit, durch rechtzeitige Anzeige von Fluchtverdachtsgründen Befreiung von der Kautionslast zu erlangen. Aber einmal entsteht dann eben doch durch die Verweigerung der Einlassung, die Entsendung eines Vertreters, die rechtzeitige Anzeige ein Recht der Freiheit von der Einlassungs-, Erscheinungs-, Kautionslast. Und überdies ergibt sich für den, der erkannt hat, daß die Grenzen von Kann- und Darfrechten genau so flüssige sind, wie die zwischen Kann- und Sollrechten[1483]), ohne weiteres, daß diejenigen „negativen Rechte", welche auf Befreiung von einer Verpflichtung oder Unterwerfung gerichtet sind[1484]), selbst schon ein vorweggenommenes Stück, eine „Vorwirkung"[1485]) dieser Freiheit sind; ihre Ausübung, z. B. die Hinterlegung statt Erfüllung, die Leistungsverweigerung, wäre sonst nicht nur rechtsunwirksam, sondern oft auch rechtswidrig[1486]). Entsprechend ist die Möglichkeit, sich von einer prozessualen Last zu befreien, selbst schon eine „Vorwirkung" dieser Befreiung[1487]).

[1481]) Vgl. v. Tuhr, Allg. Teil, I § 7 III 3, § 10 I, § 17 III.

[1482]) Vgl. oben zu Anm. 1471.

[1483]) Vgl. oben Anm. 1351, 1279, 1276, 1265.

[1484]) Vgl. dazu v. Tuhr, I § 10 zu Anm. 3; auch oben Anm. 1472b.

[1485]) v. Tuhr, II 1, § 43 IV zu Anm. 69 und die in Anm. 69 Zitierten.

[1486]) Vgl. Enneccerus, Schuldverhältnisse, § 278 I c. Entsprechendes gilt z. B. von den Aneignungsrechten. Sie sind nicht nur Gestaltungsrechte, sondern selbst schon dingliche Rechte an herrenloser (M. Wolff, Sachenrecht, § 79 II 2) oder fremder (v. Tuhr, I § 8 III) Sache. Ihre Ausübung wäre sonst nicht nur rechtsunwirksam, sondern auch (wie die Ausübung der von v. Tuhr, I § 8 IV, so genannten „Eingriffsrechte") rechtswidrig. Vgl. dazu auch G. Hamburger, Haftung, 74.

[1487]) Auch die Möglichkeit zur Erlangung einer prozessualen Aussicht ist eine „Verwirkung" dieser Aussicht; doch ist diese Feststellung angesichts der Fülle prozessualer Aussichten ohne besonderen Wert.

b) Ihre Eigenarten.

(§ 21.)

Schon oben[1488]) ist festgestellt worden, daß die Existenzberechtigung der Rechte im prozessualen Sinne nicht in ihrer logischen Notwendigkeit, sondern in ihrer praktischen Fruchtbarkeit wurzelt. Die Rechte im prozessualen Sinne unterscheiden sich von denen im materiellrechtlichen Sinne wie folgt:

I. Alle Rechte im prozessualen Sinne stehen, als prozessuale Rechtslagen[1489]), in Kausalbeziehung nicht zu einem „existenten" Tatbestand, sondern zu einer auf „Evidenzmachung" gerichteten Prozeßhandlung bestimmten Ergebnisses oder doch wenigstens zu der Tatsache der Entstehung eines zur „Evidenzmachung" geeigneten Mittels. Da es nun aber erst die Rechte im prozessualen Sinne sind, welche praktischen Wert haben, so erklärt dieser Umstand, daß seit jeher das Bestreben bestanden hat, von vornherein sich nicht mit der Begründung von Rechten im materiellrechtlichen Sinne zu begnügen, sondern gleich durch Schaffung von zur „Evidenzmachung" geeigneten Beweis- oder Bescheinigungsmitteln Rechte im prozessualen Sinn, d. i. günstige Rechts- oder Prozeßlagen zu begründen. Diesem Bestreben verdankt die freiwillige Gerichtsbarkeit ihren Ursprung[1490]). In neuester Zeit hat man — noch weit darüber hinausgehend — empfohlen, dem Berechtigten einen Weg zu eröffnen, um sich vor „riskanter Rechtsausübung" durch Erwirkung der bindenden Entscheidung eines Rechtspflegeorgans die sichere prozessuale Aussicht auf Anerkennung des Rechts zu verschaffen[1491]). Wo Rechte im materiellrechtlichen Sinne und Rechte im prozessualen Sinne miteinander kollidieren, gehen stets die letzteren vor, da sie allein Anwartschaften auf Geltung nach der stärkeren sozialen Ordnung, der „Gerichtsordnung"[1492]) sind.

II. Alle Rechte im prozessualen Sinne stehen in Endbeziehung zu einer richterlichen Entscheidung, regelmäßig zu einem richterlichen Urteil, mitunter zu einer richterlichen Entscheidung anderer Art. Letzteres ist z. B. der Fall bezüglich der Rechte der Beteiligten im Verhaftungs-, Durchsuchungs- und Beschlagnahmeverfahren, insoweit sie nur die gesetzmäßige Anordnung, Vollziehung oder Aufhebung dieser Maßregeln und nicht zugleich die Aussicht auf günstiges Urteil in der Sache selbst sichern sollen[1493]). In Endbeziehung zu einem Urteil steht z. B.

[1488]) Hinter Anm. 1439b.

[1489]) Vgl. darüber oben hinter Anm. 1372f.

[1490]) Vgl. z. B. Brunner-Heymann, 178.

[1491]) Vgl. Höniger, Riskante Rechtsausübung, 1917, aber auch die sonstige oben in Anm. 1346a angeführte Literatur.

[1492]) Vgl. oben Anm. 840 a. E., zu Anm. 1174 und 1253.

[1493]) Ferner gehören hierher Rechte der Beteiligten in gewissen Fällen der von Sauer, § 7 IV, § 10 III, so genannten „Sondersachgestaltung", wie z. B. im Verfahren zur Kostenfestsetzung, gegen ungehorsame Zeugen und Sachverständige oder zur Ausübung der Sitzungspolizei. Ob der Begriff der „Sondersachgestaltung" — ganz abgesehen von der Unklarheit des von Sauer, 54, 58ff., 70, 111ff., 187ff., als Prozeßzweck bezeichneten Begriffes der „Sachgestaltung" (= Rechtsgestaltung?, auch die Aussicht des Beschuldigten auf Bekanntmachung der Zurücknahme der Privatklage (§ 394 StPO.), da ihr schließlicher Inhalt ist, daß der Beschuldigte von dem Wegfall der Last, durch seine Prozeßhandlungen ein ihm ungünstiges Urteil abzuwenden, Kenntnis erhält[1494]). Die Endbeziehung, in der die Rechte im prozessualen Sinn zur richterlichen Entscheidung stehen, ist nicht Zweckbeziehung. BÜLOW hat sein „Prozeßrechtsverhältnis" in Zweckbeziehung zum Urteil gesetzt, es als „reines Zweckverhältnis"[1495]) bezeichnet, wobei freilich zu beachten ist, daß, wenn auch nicht der Urteilserfolg, so doch die Urteilstätigkeit Inhalt, nicht bloß Zweck des „Prozeßrechtsverhältnisses" ist[1496]). Für die Rechte im prozessualen Sinne, welche nicht Rechtsverhältnisse,

---

vgl. oben Anm. 827) überhaupt — nach Merkmalen und Arten richtig abgegrenzt ist, kann hier dahingestellt bleiben. SAUER, 198, bezeichnet als Merkmale insbesondere, daß die Entscheidungen über die „Sondersachgestaltung" der materiellen Rechtskraft fähig seien, und daß der „Grundsatz der Einmaligkeit" auch Anwendung finde hinsichtlich der früheren, bisher unbekannten Tatsachen. Aber jenes Merkmal nimmt SAUER, 260/1, tatsächlich für den Strafprozeß zurück, indem er hier den eine „Sondersachgestaltung" enthaltenden Entscheidungen „bindende Wirkung" abspricht (vgl. freilich zu SAUERS Rechtskraftauffassung oben Anm. 1209). Damit wird es auch für den Zivilprozeß problematisch, da es sich dort meist, wie SAUER, 260, selbst zugibt, um ganz entsprechende Entscheidungen handelt. Und der „Grundsatz der Einmaligkeit" wird überhaupt von SAUER, 475ff., in rationalistischen, eine körperweltliche Anschauung von Rechten und Rechtswirkungen (hiergegen oben zu Anm. 965, 966 und Anm. 1241, unten Anm. 2653) verratenden Ausführungen weit über das ihm vom positiven Recht zugewiesene Gebiet ausgedehnt. Es ist deshalb auch eine in der Luft schwebende Behauptung, wenn SAUER, 198, lehrt, daß, wenn ein Zeuge wegen Ungehorsams zu Strafe verurteilt sei, das Gericht auf Grund eines neuen Vorbringens nicht noch einmal in die Prüfung dieser Sondersache eintreten oder gar von seinem Beschlusse abgehen könne. Vielmehr folgt das Gegenteil nicht nur aus §§ 381 I S. 2 ZPO., 51 II S. 2 StPO., sondern — mittelbar — auch aus §§ 390 III ZPO., 70, 304 II StPO. (arg. e contr. der §§ 577 III ZPO., 311 III StPO.; ferner STEIN, Nr. II zu § 329 ZPO.). Daß es bei Verhängung einer Ordnungsstrafe aus § 178 GVG. anders ist, folgt lediglich aus § 181 GVG., wonach die in diesem Falle statthafte Beschwerde „materiell eine sofortige" ist (LÖWE-ROSENB., Anm. 2 zu § 181 [183] GVG.). Wäre hieran noch ein Zweifel, so würde er durch die Erwägung beseitigt, daß nur wegen § 181 GVG. ein auf Grund des § 180 GVG. einschreitender einzelner Richter eine von ihm erlassene Anordnung der Sitzungspolizei auch dann nicht abändern kann, wenn es sich um eine — für das erkennende Gericht abänderliche — Anordnung aus § 177 GVG. handelt.

1494) Die Endbeziehung, in der dieses prozessuale Recht zu einem Urteil steht, darf ebensowenig verkannt werden, wie die Zweckbeziehung, in welcher die Prozeßhandlungen der Klagezurücknahme und des Prozeßvergleichs zu einem Urteil stehen. Diese beiden haben den Zweck, durch Beseitigung der Rechtshängigkeit ein drohendes ungünstiges Urteil abzuwenden. Vgl. dagegen WALSMANN, ZivArch. CII 17 Anm. 19; aber auch BÜLOW, Geständnisrecht, 75 Anm. 2.

1495) Z. XXVII 231.

1496) Vgl. oben hinter Anm. 441. Unnötig daher BÜLOWS (a. a. O.) Hinweis auf G. HARTMANNS Theorie der Obligation, wonach aus dem Begriffe der Obligation das Moment der Handlung des Schuldners zu entfernen und sie nur auf das Bekommen des Gläubigers abzustellen ist. Einer solchen Ersetzung des Inhalts des Rechtsverhältnisses durch seinen Zweck oder die Hineinziehung seines Zweckes in seinen Begriff (dazu WINDSCHEID-KIPP, II § 250 Anm. 2; ENNECCERUS, Schuldverhältnisse, § 225 II 1) würde es nicht bedürfen, um das Urteil mit dem „Prozeßrechtsverhältnis" in Verbindung zu bringen.

sondern Rechtslagen sind, ist nun zwar jedenfalls die Endbeziehung auf das Urteil (die Entscheidung), und zwar auf die Urteilswirkung (Rechtskraft), Begriffsmerkmal[1497]). Andererseits ist diese Endbeziehung keinesfalls eine Zweckbeziehung, da die Rechtslagen nicht Mittel zu einem Zweck, sondern Selbstzweck, d. h. selbst Bewertungsgegenstand sind[1498]). Vielmehr handelt es sich um eine Beziehung erwarteter richterlicher Kausalität. Wo, wie im Prozeß, endgültig erst die „Gerichtsfolge" die Funktion der Rechtsfolge erfüllt[1499]), beschränkt sich die „juristische Kausalität"[1500]) auf eine bloße juristische Kausalitätsprognose[1501]). Diese macht das Wesen der Rechtsfolge im prozessualen Sinne aus.

Da die Rechte im prozessualen Sinne in Endbeziehung zu einer richterlichen Entscheidung stehen, werden sie hinfällig, sobald feststeht, daß eine solche ein für allemal ausgeschlossen ist, also bei Abschluß eines Prozeßvergleichs. Im Falle einer — statthaften — Klagezurücknahme werden wenigstens diejenigen prozessualen Rechte hinfällig, welche auf Prozeßhandlungen beruhen, die in dem rechtshängig gewesenen Prozesse vorgenommen worden sind. Mit der Evidenz eines dem Erlasse eines Sachurteils entgegenstehenden Hindernisses sind alle prozessualen Rechte unvereinbar, die ein Sachurteil zum Gegenstand haben[1501a]).

III. Den Rechten im prozessualen Sinne fehlt die Beziehung zur Pflicht. Sie sind, anders als die Rechte im materiellrechtlichen Sinne[1502]), weder mit einem Sollen anderer, noch mit einem eigenen Dürfen verbunden. Aus ersterem folgt, daß die Rechte im prozessualen Sinne nicht verletzt werden können. Selbst da, wo eine prozessuale Aussicht so sicher ist, daß sie einem Anspruch im materiellrechtlichen Sinne gleichkommt[1503]), ist ihre Vereitelung immer nur eine „Gesetzesverletzung" im Sinne von unterlassener oder unrichtiger Anwendung des Rechts als Urteilsmaßstab[1503a]), nicht „Rechtsverletzung", „Rechtswidrigkeit" im Sinne von Zuwiderhandlung gegen einen rechtlichen Imperativ, welcher die dem verletzten Recht korrelate Pflicht begründet[1504]). Vom Standpunkte der prozessualen Betrachtungsweise aus sind die Hand-

---

[1497]) Vgl. oben hinter Anm. 1352, 1364a. [1498]) Oben hinter Anm. 1364a.

[1499]) Vgl. aber oben vor Anm. 1172l und zu Anm. 1397.

[1500]) Darüber v. TUHR, Allg. Teil, II 1, § 43 I.

[1501]) Vgl. schon oben hinter Anm. 1364a; dazu noch unten zu Anm. 2023.

[1501a]) Vgl. dazu noch unten Anm. 2423b.

[1502]) Vgl. oben zu Anm. 1279 und Anm. 1265, 1276.

[1503]) Vgl. oben zu Anm. 1439a.

[1503a]) Vgl. oben zu Anm. 453, zu Anm. 1334a—1336. Die Vereitelung einer prozessualen Aussicht liegt nur in dem dritten von SCHÜLER, 52, unterschiedenen Fall vor, daß der Richter den Prozeßstoff falsch würdigt, nicht dagegen in den beiden anderen der lückenhaften Behauptung oder des mangelnden Beweises einerseits, des Verzichts oder der Versäumnis andererseits. Wenn aber SCHÜLER in diesen letzten beiden Fällen auch den Rechtsschutzanspruch untergehen läßt, so hat er den Boden der materiellrechtlichen Betrachtung bereits verlassen. Vgl. schon oben Anm. 261a.

[1504]) Verpflichtungen, über deren Dasein der Verpflichtete zu entscheiden hat, haben ohnehin wenig Wert. Der seine Rechtsschutzpflicht prüfende Richter hat eben doch eine andere Stellung als der seine Zahlungspflicht prüfende Erbe (dies gegen SCHÜLER, 28).

lungen (Entscheidungen) des Richters oder sonstiger Rechtspflegeorgane immer nur unrichtig, niemals rechtswidrig[1504a]), subjektiv immer nur „Rechtsirrtum", niemals Schuld[1505]). Danach können daraus, daß der Richter oder ein sonstiges Rechtspflegeorgan eine prozessuale Aussicht vereitelt hat, keine anderen Folgen hergeleitet werden, als sich aus der Unrichtigkeit seiner Entscheidung ergeben, nämlich deren Nichtigkeit oder Anfechtbarkeit im Wege der — ordentlichen oder außerordentlichen — Rechtsmittel oder Rechtsbehelfe. Werden darüber hinaus Rechtsfolgen der „Gesetzesverletzung" insbesondere eines Richters geltend gemacht, so sind sie keine prozessualen, sondern bürgerlichrechtliche (§ 839 II S. 1 BGB.), strafrechtliche (§ 336 StGB.) oder staats- (Art. 77 RVerfass. v. 16. April 1871) oder justizverwaltungs- (§ 85 preuß. AG. GVG.) rechtliche und beruhen nicht auf der „Gesetzesverletzung" in dem eben dargelegten Sinne, sondern auf der Verletzung einer Amtspflicht oder der staatlichen Justizgewährungspflicht[1506]).

Daraus, daß die Rechte im prozessualen Sinne nicht mit einem eigenen Dürfen verbunden sind, folgt, daß sie nicht die Rechtswidrigkeit ausschließen. So erklärt es sich. daß die Wahrnehmung prozessualer Möglichkeiten eine rechtswidrige Handlung sein kann[1507]). Das bedeutet nicht die Möglichkeit, daß im Prozeßrecht „eine Handlung zugleich rechtmäßig und rechtswidrig ist"[1508]). Vielmehr ist die „Rechtmäßigkeit" ein der prozessualen Be-

---

[1504a]) Vgl. schon oben Anm. 1346a. Auch in § 723 I ZPO. bedeutet „Gesetzmäßigkeit": Richtigkeit. Dagegen zielt das „verboten" in § 158 II GVG. vor allem auf Überschreitung der Grenzen der staatlichen Zwangsgewalt ab; vgl. denn auch oben hinter Anm. 1389, zu Anm. 1439b, hinter Anm. 1461a, unten zu Anm. 1907.

[1505]) Vgl. oben vor Anm. 1335 und in Anm. 1336. Übereinstimmend Hellwig, Syst. I, § 237 zu Anm. 13, der dies aber zu Unrecht auf die in dieser Allgemeinheit gar nicht zutreffende (vgl. Goldschmidt, Beiträge, 41 [147] Anm. 4; DJZ. XVII, 1317 hinter Anm. 4) Behauptung stützt, daß Gesetzeswechsel in der Revisionsinstanz berücksichtigt werde, das der Aufhebung unterliegende Urteil dem Instanzrichter also nicht zum Vorwurf zu gereichen brauche.

[1506]) Vgl. oben zu Anm. 1336a—1337a, aber auch das. Anm. 1335, 1337. Daher kann der Schadensersatzanspruch des Vollstreckungsgläubigers aus § 839 BGB im Falle, daß die Vollstreckung wegen materieller Grundlosigkeit des Vollstreckungstitels verweigert worden ist — vgl. meinen Ungerechtfert. VollstreckBetr., 68ff. —, nicht auf die bloße prozessuale Vollstreckungsmöglichkeit des Gläubigers — vgl. oben Anm. 1402 —, sondern er muß in erster Linie auf die Amtspflicht des Beamten gestützt werden. Es bewendet also bei meinen Ausführungen, a. a. O., — dazu oben Anm. 728 — mit der Maßgabe, daß sie durch meine Ausführungen oben zu Anm. 807a—815, 1337, über die Garantiefunktion der staatsrechtlichen Prozeßgrundlage geklärt und ergänzt werden. Rechtsgrund der Schadenersatzpflicht aus § 839 BGB. ist eine die „Vollstreckungsmöglichkeit" garantierende „Amtspflicht", kein „Vollstreckungsanspruch"!

[1507]) Vgl. oben Anm. 728 a. E., 1402, 1454. Sie kann es auch unter dem Gesichtspunkt der Schikane (§ 226 BGB.) sein. Der von Hellwig, Syst. I, § 154 Anm. 19, gegen Stein, V 7 vor § 128, bei Anm. 119, geltend gemachte Gesichtspunkt des arg. a maiore ad minus trifft zu. Eine ganz andere Frage ist, ob die schikanöse Prozeßhandlung prozessual unbegründet oder gar unzulässig ist; vgl. dazu unten zu Anm. 1545a, in Anm. 2525/6.

[1508]) So Hellwig, Syst. I, § 145 II; gegen ihn schon oben von Anm. 725 bis Anm. 731. Übrigens taucht bei Hellwig schon die richtige Vorstellung auf, trachtungsweise ebenso fremdes Werturteil wie die „Rechtswidrigkeit“[1509]); und so wenig die richterlichen Handlungen (Entscheidungen) für die prozessuale Betrachtungsweise rechtmäßige oder rechtswidrige sind, sondern richtige oder unrichtige, so wenig sind es die Parteihandlungen. Auch eine „berechtigte“ Parteihandlung ist nicht notwendig „rechtmäßig“; denn „berechtigt“ ist eine Parteihandlung, wenn sie Wahrnehmung einer Möglichkeit ist, d. h. wenn sie mit überwiegender Wahrscheinlichkeit diejenige Prozeßlage herbeiführen wird, welche sie nach ihrer Zweckbestimmung und nach dem Stande des Verfahrens als nächste Stufe auf dem Wege zu einem günstigen Prozeßausgang erreichen kann[1509a]). M. a. W. eine Parteihandlung ist „berechtigt“, wenn sie aussichtsvoll und eine Partei-Unterlassung ist „berechtigt“ (vgl. oben § 20 unter III), wenn sie unschädlich ist. Für die prozessuale Betrachtungsweise hat der Recht, der voraussichtlich Recht be halten wird[1509b]); sie ist, wenn man so will, moralinfrei[1510]). Es ist im Prozesse wie im Krieg und in der Politik[1510a]).

---

wenn er (vgl. oben zu Anm. 723) erklärt, das Prozeßrecht „kennt die oberste Einteilung in rechtmäßige und rechtswidrige Handlungen und die Gegensätzlichkeit ihrer Wirkungen nicht.“ M. E. kennt freilich auch das bürgerliche Recht diese Einteilung als eine „oberste“ nicht, da es bekanntlich rechtswidrige, aber rechtswirksame Rechtsgeschäfte gibt (§ 134 BGB., leges minus quam perfectae). Es läuft hier, wie oft, die Vermengung von Rechtmäßigkeit und Rechtswirksamkeit unter; vgl. schon oben Anm. 728, unten zu Anm. 1528, 1583, 1895.

[1509]) Vgl. oben Anm. 1346a, andererseits Anm. 671 a. E., zu Anm. 731, unten zu Anm. 1516—1550.

[1509a]) Vgl. schon oben hinter Anm. 1366b, zu Anm. 1373d, 1447, 1448, hinter Anm. 1457, unten zu Anm. 1966. Welche Bedingungen die Parteihandlung zu diesem Ende erfüllen muß, darüber vgl. unten § 24 I.

[1509b]) Insofern kann man also — cum grano salis (vgl. oben zu Anm. 1366b, hinter Anm. 1503) — E. Kaufmann (Wesen des VR., 153) variierend, sagen, daß der siegreiche Prozeß die letzte Norm ist, die darüber entscheidet, wer Recht hat. Er erfüllt also die Maßstabfunktion, die nach Kaufmann der siegreiche Krieg in dem von ihm als „Individualrecht“ bezeichneten Völkerrecht hat. In einem ganz anderen Sinne bezeichnet Kaufmann den siegreichen Krieg als das „soziale Ideal“ des von ihm schlechthin als „Sozialrecht“ bezeichneten innerstaatlichen Rechts (a. a. O., 146). Vor allem aber — und das ist der am schwersten wiegende Unterschied zwischen den Wertmaßstäben Kaufmanns und denen der prozessualen Betrachtungsweise — diese letzteren wollen nur die eine Seite des Rechts darstellen, wenn es auch die ist, auf die es in letzter Linie ankommt. Der synthetische Satz Kaufmanns (151): „nur der, der kann, darf auch“ — der Satz hat hier einen anderen Sinn als oben in Anm. 1276 — ist der prozessualen Betrachtungsweise fremd. Das „Dürfen“ ist das Werturteil der anderen Ebene.

[1510]) Nur der Pflichtbegriff ist das Verbindungsglied zwischen Recht und Moral — vgl. oben hinter Anm. 1279 —, und er ist der prozessualen oder dynamischen Betrachtungsweise fremd. Nicht von Ungefähr steht O. Spengler, II 450, der für eine dynamische Rechtsbetrachtungsweise eintritt — vgl. das Motto — auf dem Standpunkt: „Im Leben gilt der Stärke Recht“. Von dem hier vertretenen Standpunkt aus gilt dies aber nur für die Dogmatik der prozessualen Rechtsbetrachtungsweise. Den genetischen Zusammenhang von Recht und Moral läßt sie unberührt. Vgl. auch unten Anm. 1816, zu und hinter Anm. 1836, zu Anm. 2528.

[1510a]) Vgl. schon Bülow, Z. XXXI 237. Ablehnend (vom Standpunkt einer einseitig und daher rechtsfremd orientierten materiellrechtlichen Betrachtungsweise aus) Wach, Z. XXXII 26; Schüler, 30.

So wird denn auch das Armenrecht gewährt, nicht, wenn die beabsichtigte Rechtsverfolgung oder Rechtsverteidigung „rechtmäßig" ist, sondern wenn sie „nicht... aussichtslos erscheint" (§ 114 ZPO.)[1511]). „Nicht aussichtslos" erscheint aber die beabsichtigte Prozeßführung, wenn ein günstiger Prozeßausgang nicht überwiegend unwahrscheinlich ist[1512]). Dabei zeigt sich, daß, während für die materiellrechtliche

---

[1511]) Vgl. schon SAUER, 96, der aber daraus, daß eine Klage Aussicht auf Erfolg hat, schließen will, daß sie „berechtigt" = „rechtmäßig" ist, und der (94) den Grundsatz aufstellt: „die Partei, deren Behauptungen gemäß objektiver Prognose mehr Aussicht auf urteilsmäßige Bestätigung haben, also wahrscheinlicher sind, handelt im Augenblick prozessual rechtmäßig, die andere prozessual rechtswidrig". SAUER (dem SANDER, 537/8, Beifall spendet) wird schon durch die staatliche Entschädigungspflicht gegenüber dem zu Unrecht, wenngleich bei dringendem Verdacht Verhafteten (RGes. v. 14. Juli 1904) und durch die Schadensersatzpflicht der Partei, die zu Unrecht, wenngleich unter genügender Glaubhaftmachung einen Arrest oder eine einstweilige Verfügung erwirkt hat (§ 945 ZPO.) widerlegt. Vergeblich SAUER, 103; vgl. schon oben Anm. 1402 a. E., sowie meine Schriften über den VollstreckBetr. und die Entschädigungspflicht.

[1512]) Es ist also die herrschende (vgl. STEIN, Nr. II zu § 114 ZPO.), auf RGEZ. IV 417 beruhende Ansicht, daß „Aussichtslosigkeit" in § 114 „ein höherer Grad von Grundlosigkeit" sei, daß die Haltlosigkeit „auf der Hand" liegen müsse, abzulehnen. Diese Ansicht steht im Widerspruch mit der Entstehungsgeschichte des Gesetzes, mit dem in dasselbe aufgenommenen Begriff der „Aussichtslosigkeit" und mit dem praktischen Bedürfnis. Der RegierungsEntw. der ZPO. wollte das Armenrecht jedem „Armen" einräumen, ohne daß es auf die Aussichten des Rechtsstreits ankommen sollte. Die Reichsjustizkommission fügte indessen schon in erster Lesung die Bedingung ein, daß die beabsichtigte Prozeßführung „nicht mutwillig oder völlig aussichtslos" erscheinen dürfe, und in zweiter Lesung strich sie auch noch das Wort „völlig" vor „aussichtslos" (HAHN, Mat. II 1, 554ff., II 2, 986). Daß mit dieser Entstehungsgeschichte des Gesetzes die Auslegung des RG. unvereinbar ist, darauf hat schon NÖLDEKE, DJZ. VI 151, hingewiesen. Die RJKommission wollte die Gewährung des Armenrechts von einer gerichtlichen Vorprüfung der Aussichten der Prozeßführung des Armen abhängig machen, und, wenn sie auch nicht verlangt hat, daß die Prozeßführung „aussichtsvoll" erscheinen müsse, d. i. keine Wahrscheinlich-, m. a. W. Glaubhaftmachung der Rechtsbehauptung des Armen, so hat sie doch ein Wahrscheinlichkeitsurteil in negativer Richtung, d. h. dahin erfordert, daß nicht ein günstiger Prozeßausgang für den Armen überwiegend unwahrscheinlich sei. Daß das Wort „aussichtslos" in diesem Sinne verstanden werden könne, erkennt das RG., a. a. O., an. Es meint indessen: „die Zusammenstellung ‚mutwillig oder aussichtslos' gibt genügend zu erkennen, daß ein höherer Grad von Grundlosigkeit gemeint ist, und daß nur nicht gerade darauf hat Gewicht gelegt werden sollen, daß der Nachsuchende sich der Schwäche seiner rechtlichen Stellung bewußt sein müsse". Würde aber „mutwillig" in § 114 ZPO. wirklich nur die bewußte Stellung offensichtlich ungerechtfertigter Anträge bedeuten (wie oben vor Anm. 672, 692), so ginge „mutwillig" in „aussichtslos" völlig auf und wäre neben ihm überflüssig. Es ist daher anzunehmen, daß „mutwillig" in § 114 Grundlosigkeit in einem anderen Sinne meint, nämlich die grundlose Führung eines keineswegs aussichtslosen Rechtsstreits, wie insbesondere im Falle des § 93 ZPO. (so auch BRÜCKMANN, DJZ. VIII 547; STEIN, Nr. II zu § 114). Das RG. meint schließlich, daß bei einer der seinen entgegengesetzten Art der Auslegung man dahin gelange, „statt der prozeßordnungsmäßigen Verhandlung und Entscheidung der Sache eine höchst summarische Aburteilung ohne ausreichendes Gehör der armen Partei einzuführen". Aber das mit der Bewilligung des Armenrechts befaßte Gericht soll ja gar kein „Gewißheitsurteil" (vgl. SAUER, 81ff.) über die Rechtsbehauptung der armen Partei abgeben, sondern nur das Urteil, daß sie nicht überwiegend un-

Betrachtungsweise „berechtigt" und „unberechtigt" „kontradiktorische" Gegensätze sind, Begriffe, die keiner Steigerung oder Abschwächung fähig sind, die gleichnamigen Begriffe der prozessualen Betrachtungsweise anders zu bewerten sind. „Aussichtsvoll" und „aussichtslos" sind „konträre" Gegensätze, die entgegengesetzten Glieder einer mindestens dreigliedrigen Einteilung. Die „nicht aussichtslose" Prozeßführung, d. i. die nicht überwiegende Unwahrscheinlichkeit eines günstigen Prozeßausganges, die § 114 ZPO. als Voraussetzung für eine Bewilligung des Armenrechts erfordert, braucht noch keine „aussichtsvolle", d. i. noch keine überwiegende Wahrscheinlichkeit eines günstigen Prozeßausganges zu sein[1513]). Und selbst wenn man die Begriffe „berechtigt" und „unberechtigt" der prozessualen Betrachtungsweise auf den kontradiktorischen Gegensatz: „aussichtsvoll", bei überwiegender Wahrscheinlichkeit eines günstigen Erfolges, und „nicht aussichtsvoll", bei nicht überwiegender Wahrscheinlichkeit eines günstigen Erfolges, zurückführt, so bleiben es Begriffe, die in sich der Gradation fähig, und deren Grenzen wenigstens da flüssig sind, wo die Grenzen der prozessualen Warterechte und der tatsächlichen Erwartungen ineinander fließen[1514]). Auf der anderen Seite darf daran erinnert werden, daß auch auf dem Boden der materiellrechtlichen Betrachtungsweise die „überwiegende Wahrscheinlichkeit" des guten oder bösen Erfolges die Grenzen des „rechtmäßigen" und „rechtswidrigen" Handelns[1515]) und das „überwiegende Interesse" die Grenzen von Rechten und Pflichten bestimmt; endlich daß auch der Schuldbegriff der Gradation fähig ist.

Im geraden Gegensatz zu der hier entwickelten Anschauung haben Beling[1516]) und Sauer[1517]) die Anwendung der Werturteile „Rechtmäßigkeit" und „Rechtswidrigkeit" auf die prozessualen Rechtserscheinungen für den Gipfelpunkt der wissenschaftlichen Behandlung des Prozeßrechts erklärt. Aber die Untersuchung, ob eine Prozeßhandlung rechtmäßig oder rechtswidrig ist, ist bedeutungsvoll für die Frage, ob gegen die Handlung Notwehr statthaft, ein gegen sie geleisteter Widerstand (sofern es eine Amtshandlung ist) nach § 113 StGB. strafbar ist, ob ihr der Schutz des § 193 StGB. zur Seite steht, ob sie eine Schadensersatzpflicht, eine justiz- oder disziplinarrechtliche Bestrafung nach sich zieht usw., mit einem Wort für lauter außerprozessuale Rechtsfolgen[1518]).

---

wahrscheinlich sei. Wohin die auf der reichsgerichtlichen Auslegung des § 114 beruhende Praxis der Gerichte führt, ist bekannt, zu einer „legalisierten Form der Prozeßschikane", die „in allzu liberaler Weise den Gegner der armen Partei de facto selbst im Falle des Obsiegens mit einer unerträglichen Kostenlast beschwert" (Brückmann, a. a. O., 547). Vgl. dazu noch die treffenden Ausführungen von Nöldeke und Brückmann, a. a. O.

[1513]) Vgl. schon Sauer, 102, dem aber aus den in der vorigen Anm. dargelegten Gründen nicht zugestimmt werden kann, wenn er anscheinend annimmt, daß § 114 ZPO. sich mit dem Urteil der „Möglichkeit" eines günstigen Prozeßausganges begnüge. Vgl. schon oben Anm. 1447.

[1514]) Vgl. oben hinter Anm. 1368a, 1369.

[1515]) Vgl. statt aller Beling, Grenzlinien, 37ff., und die das. 37 Anm. 2 Zitierten.

[1516]) Grenzlinien, 7ff. [1517]) 578ff. [1518]) Vgl. schon oben vor Anm. 1506.

Das tritt bei BELING deutlich zutage[1519]), mag er auch glauben, für die Abgrenzung der Rechtmäßigkeit und Rechtswidrigkeit der Prozeßhandlungen von deren prozessualer „Zulässigkeit" oder „Unzulässigkeit" „ausgehen" zu können[1520]). Dagegen hat SAUER geglaubt, die Kategorie der „Rechtmäßigkeit" als einen Begriff bezeichnen zu sollen, in dem die vier von ihm unterschiedenen prozeßrechtlichen Wertungen der „Gültigkeit, Wirksamkeit, Zulässigkeit und Begründetheit" aufgehen und dessen besondere Bedeutung in seiner Fähigkeit bestehe, „übergesetzliche" („überprozeßrechtliche") Maßstäbe einzuführen[1521]). Und er hat, unter ausdrücklicher Ausscheidung der „materiellrechtlichen" Frage, wann die Rechtswidrigkeit der Prozeßhandlung Schadensersatzpflicht, Strafe usw. zur Folge habe[1522]), eine eigenartige prozessuale Wirkung der Rechtswidrigkeit feststellen zu können geglaubt, und zwar dahin, daß sie die spezifischen prozessualen Werturteile „um eine Stufe" herunterdrücke, indem sie aus einer „zulässigen" oder „begründeten" Prozeßhandlung eine „unzulässige" oder „unbegründete", aus einer „unzulässigen" oder „unbegründeten" eine „unwirksame" mache[1523]).

Aber die Rechtmäßigkeit ist so wenig ein den vier von SAUER aufgestellten prozessualen Wertungen übergeordneter Begriff, wie die Rechtswidrigkeit eigenartige prozessuale Wirkungen auslöst[1523a]). Hinsichtlich der Wertungen der „Gültigkeit" und „Wirksamkeit" leuchtet ersteres ohne weiteres ein. Eine „gültige" und „wirksame" Prozeßhandlung kann strafbarer „Prozeßbetrug"[1524]), also „rechtswidrig", umgekehrt eine Prozeßhandlung, die nach SAUER „ungültig" oder „unwirksam" ist, wie die Klage gegen einen Verstorbenen[1525]) oder trotz Rechtshängigkeit derselben Sache[1526]), „rechtmäßig" sein. Die Unterordnung der prozessualen[1526a]) „Gültigkeit" und „Wirksamkeit" unter den Begriff der „Rechtmäßigkeit" ist doppelt verkehrt, indem sie Werturteile verschiedener „Ebenen"[1527]), nämlich der prozessualen und materiellrechlichen Rechtsbetrachtungsweise, miteinander verkoppelt und außerdem noch — wie so oft[1528]) — Rechtswirksamkeit und Rechtmäßigkeit vermengt[1528a]).

Aber auch die prozessuale „Zulässigkeit" hat mit der „Rechtmäßigkeit" nichts zu tun[1529]). Allerdings kann eine prozessual „unzulässige" (oder formell irrige) Prozeßhandlung, wie ein untitulierter Voll-

---

1519) A. a. O., 21, 25, 26ff.

1520) A. o. O. 15; vgl. auch dens., Ztschr. f. Strafr.Wiss. XLII 264.

1521) 107ff., 578ff.

1522) 589.

1523) 584.

1523a) Vgl. schon oben Anm. 671.

1524) Vgl. über diesen oben zu Anm. 697.

1525) SAUER 445.

1526) SAUER, 465; vgl. schon oben 953.

1526a) Vgl. dazu unten zu Anm. 1912, 1913.

1527) Vgl. dazu oben Anm. 807.

1528) Vgl. oben Anm. 728, 1508, unten zu Anm. 1583, 1895.

1528a) Im Ergebnis hier (gegen SAUER) zum Teil übereinstimmend BELING, Ztschr. f. Strafr. Wiss. XLII 264.

1529) So schon mein Ungerechtfert. VollstreckBetr., 20, 74 Anm. 1, und oben Anm. 671 a. E., 730. Abweichend BELING, Grenzlinien, 15 Anm. 2.

streckungsbetrieb[1530]), die Eröffnung beschlagnahmter Briefe durch den Staatsanwalt oder die Anwendung von Aussagezwangsmitteln gegen den Beschuldigten[1531]) zugleich „rechtswidrig" sein. Indessen diese Rechtswidrigkeit beruht nicht auf der prozessualen Unzulässigkeit[1532]). In den angeführten Beispielen ergibt sich dies ohne weiteres daraus, daß die als widerrechtlich bezeichneten Handlungen nicht gegen prozeßrechtliche Imperative verstoßen, sondern gegen einen privat- (§ 823 I BGB.) oder staats- (Art. 114, 117 RVerfass.) rechtlichen Imperativ mit der Maßgabe, daß die Widerrechtlichkeit dieses Verstoßes nicht — wie sonst — durch eine prozessuale Berechtigung — die sich übrigens bei näherer Betrachtung als eine materielljustiz-[1533]) bzw. staats-[1534]) rechtliche erweist — ausgeschlossen wird[1534a]). Aber selbst in Fällen, in denen eine „unzulässige" Prozeßhandlung gegen einen prozeßrechtlichen Imperativ verstoßen sollte — was nur denkbar wäre, soweit man prozessuale Unterlassungspflichten der Prozeßsubjekte annähme[1535]), die sich wieder äußersten Falles als justizpolizeiliche erweisen würden[1536]) —, würde ihre Widerrechtlichkeit nicht auf ihrer „Unzulässigkeit" beruhen, sondern neben diesem Werturteil der prozessualen Betrachtungsweise als Werturteil der materiellrechtlichen Betrachtungsweise stehen. Denn „widerrechtlich" ist eine Handlung, insofern sie gegen einen rechtlichen Imperativ verstößt, „unzulässig", insofern sie als Mittel zur Auslösung einer Rechtsverheißung oder zur Abwendung einer Rechtsandrohung[1537]) nicht „zugelassen"[1538]) wird. Es ist danach auch gar nicht richtig, daß da, wo die Wert- oder vielmehr Unwerturteile der „Unzulässigkeit" und „Rechtswidrigkeit" in bezug auf dieselbe Prozeßhandlung nicht zusammentreffen, dies immer darauf beruhe, daß das Werturteil des Prozeßrechts aus dem „Rechtsganzen", dem Gesichtspunkt des überwiegenden „überprozessualen" Interesses, berichtigt wird[1539]). So braucht eine prozessual „unzulässige" Prozeßhandlung, z. B. eine den Erforder-

[1530]) Goldschmidt, VollstreckBetr., 5.

[1531]) Beling, Grenzlinien, 22/23.

[1532]) Anders Beling, a. a. O., 22/23.

[1533]) Es kann dahingestellt bleiben, ob der Vollstreckungstitel nur eine prozessuale Voraussetzung des Vollstreckungsanspruches ist (vgl. dazu Goldschmidt, VollstreckBetr., 27 Anm. 15). Selbst wenn er es ist, ist das Recht, dessen Ausübbarkeit er bedingt, ein materielles Justizrecht; vgl. mein Mater. JustizR., 60, 68; oben Anm. 826.

[1534]) Die staatliche Zwangsgewalt; vgl. dazu oben vor Anm. 1439b, aber auch Anm. 1337 und die das. angeführten Stellen.

[1534a]) Vgl. schon Finger, GS. LXXXI 218 unten, gegen Beling.

[1535]) Vgl. oben hinter Anm. 671.

[1536]) Vgl. oben zu Anm. 718.

[1537]) Vgl. oben hinter Anm. 1348.

[1538]) Vgl. Näheres unten zu Anm. 1900. Nahekommend Beling, Ztschr. f. Strafr. Wiss. XLII 265 (freilich im Widerspruch mit das. 264 und oben zu Anm. 1520); ferner Stein, V 7 Abs. 3 vor § 128 (vgl. unten Anm. 2522). Schon Ztschr. f. StrafrWiss. XV 476ff. unterscheidet Beling, im Anschluß an Laband, III 483, die „prozessuale Zulässigkeit" einer Beweisaufnahme von der „Verpflichtung des Betroffenen zur entsprechenden Einrichtung seines Verhaltens", m. a. W. von ihrer staatsrechtlichen Gewährleistung (vgl. über diese oben zu Anm. 807a bis 815, hinter Anm. 820, sowie die noch in Anm. 1337 angeführten Stellen).

[1539]) So Beling, Grenzlinien 17ff., 23ff.; Sauer, 578ff.

nissen des § 253 ZPO. nicht entsprechende Klage, von Haus aus nicht „rechtswidrig" zu sein, wie umgekehrt eine prozessual „zulässige" Prozeßhandlung — man denke wiederum an den strafbaren Prozeßbetrug[1540]) — für den, der überhaupt prozessuale Unterlassungspflichten der Prozeßsubjekte — hier also eine Wahrheitspflicht — annimmt[1540a]), von vornherein „rechtswidrig" sein kann.

Und was von der prozessualen „Zulässigkeit" gilt, gilt endlich auch von der prozessualen „Begründetheit". Gewiß sind prozessual „unbegründete" (oder sachlich irrige) Prozeßhandlungen, wie z. B. Erlaß eines Haftbefehls ohne „dringenden Verdacht"[1541]) oft auch „rechtswidrig". Aber die „Rechtswidrigkeit" beruht nicht auf der „Unbegründetheit", was schon daraus folgt, daß von Haus aus „unbegründete" Prozeßhandlungen, wie unschlüssige Klagen[1542]), „rechtmäßig", „begründete" Prozeßhandlungen, wie Verhaftung des dringend verdächtigen Unschuldigen, „rechtswidrig"[1543]) sein können.

Und so wenig die prozessualen Wertungen in eine überprozessuale Rechtmäßigkeit — oder Rechtswidrigkeit eingehen, so wenig löst die überprozessuale Rechtswidrigkeit prozessuale Wirkungen aus, m. a. W. so wenig die Rechtswidrigkeit auf den prozessualen Unwerturteilen der „Ungültigkeit, Unwirksamkeit, Unzulässigkeit oder Unbegründetheit" beruht[1544]), so wenig beruhen diese prozessualen Unwerturteile auf dem materiellrechtlichen Unwerturteil der Rechtswidrigkeit[1545]). Es kann ganz dahingestellt bleiben, ob und inwieweit ein überwiegendes „überprozessuales" Interesse die „Unzulässigkeit, Unbegründetheit oder Un-

1540) Vgl. oben zu Anm. 1524.

1540a) Vgl. oben hinter Anm. 671, 692a, 711.

1541) Vgl. Beling, 22; Sauer, 509, 212ff.

1542) Vgl. dazu oben Anm. 1383c.

1543) Hieran, wie an der Rechtswidrigkeit der Bestrafung Unschuldiger und des ungerechtfertigten Zwangsvollstreckungsbetriebes, halte ich gegen Beling, Grenzlinien, 16ff., fest; vgl. Goldschmidt, Entschädigungspflicht, 123ff.; VollstreckBetr., 73ff.; auch Notstand, 35/36; übereinstimmend H. A. Fischer, 103, 127. Beiläufig, steht hier das Problem der „Rechtswidrigkeit" nicht prozessual „zulässiger" (so Beling, a. a. O., 16) (oder formell richtiger), sondern prozessual „begründeter" (oder sachlich richtiger) Prozeßhandlungen in Frage. Trotz der Rechtswidrigkeit des Vollstreckungs*betriebes* bleiben die Handlungen der Vollstreckungsbeamten rechtmäßig. Die Verschiedenheit der Betrachtungsweise erklärt *diesen* Dualismus freilich nicht; denn Rechtswidrigkeit und Rechtmäßigkeit verstehen sich vom Standpunkt der materiellrechtlichen Betrachtungsweise aus, wie ja auch jene die Entschädigungspflicht, diese die Strafbarkeit des Widerstandes und den Ausschluß der Notwehr, beide also außerprozessuale Rechtsfolgen begründen. Es bleibt bei der von mir, Ungerechtfert. VollstreckBetr., 78, — vgl. dazu oben Anm. 728 — gegebenen Erklärung, wonach die Rechtswidrigkeit auf dem Mangel eines ius exequendi, die Rechtmäßigkeit auf dem Vorhandensein eines ius executionis beruht. Dagegen erklärt sich der Dualismus der Bewertung der Handlung desjenigen, der die Verhaftung, Bestrafung oder Zwangsvollstreckung prozeßordnungsmäßig, aber ungerechtfertigt betreibt, durch den Dualismus der Betrachtungsweise. Seine Handlung kann deshalb vor dem Forum der materiellrechtlichen Betrachtungsweise „rechtswidrig" sein, weil sein „Recht" nur ein solches im Sinne der prozessualen Betrachtungsweise, eine bloße „Möglichkeit" ist; vgl. oben Anm. 1402, zu Anm. 1507.

1544) Anders Sauer, 108, 109.

1545) Anders Sauer, 584.

wirksamkeit" einer Prozeßhandlung nach sich ziehen kann. Wenn und insoweit es der Fall sein sollte, greifen diese Unwerturteile der prozessualen Betrachtungsweise ohne Vermittelung des materiellrechtlichen Unwerturteils der Rechtswidrigkeit Platz, stehen vielmehr selbständig neben diesem. Eine den Staat in Kriegsgefahr bringende Anklage wäre unzulässig, eine schikanöse Klage wäre unbegründet[1545a]), ein „rechtsfremdes"[1546]) oder „rechtlich unerträgliches"[1547]) Urteil wäre unwirksam, ganz unabhängig davon, ob und inwieweit diese Prozeßhandlungen daneben widerrechtlich wären. Tatsächlich können, wie sich schon aus den obigen Ausführungen ergeben hat, rechtswidrige Prozeßhandlungen wirksam, zulässig (formell richtig) und sogar begründet (sachlich richtig) sein, so die Verhaftung eines dringend verdächtigen Unschuldigen[1548]) oder der durch überzeugende, wenngleich falsche Beweismittel unterstützte Prozeßbetrug[1549]). Als Beispiel einer eigenartigen prozessualen Wirkung der Rechtswidrigkeit könnte nur die germanische Urteilsschelte angeführt werden[1550]). Indessen gerade dieses Beispiel zeigt, daß für das entwickelte Prozeßrecht die Rechtswidrigkeit eigenartige prozessuale Wirkungen nicht auslöst. Denn die germanische Urteilsschelte ist kein Rechtsmittel, auch keine Rechtsmittelklage, sondern eine Klage wegen ungerechten Urteils gegen die Urteilsfinder.

IV. Die prozessualen Möglichkeiten (oben § 20 II) haben, anders als die materiellrechtlichen Gestaltungsrechte oder Machtbefugnisse[1551]), zum Gestaltungsobjekt nicht Rechtsverhältnisse, sondern Rechtslagen[1552]) und zum Gestaltungsmittel nicht Rechtsgeschäfte, sondern Prozeßhandlungen. Diese Eigenart der prozessualen Möglichkeiten ist unlöslich verbunden mit der Eigenart der Prozeßhandlungen, bezüglich deren bereits oben in § 12 festgestellt ist, daß sie für die prozessuale Betrachtungsweise keine Rechtsgeschäfte, sondern die prozessuale Rechtslage gestaltende Akte sind[1552a]). Daß die prozessualen Möglichkeiten zum Gestaltungsobjekt nicht ein Rechtsverhältnis, sondern eine Rechtslage haben, zeigt sich z. B. darin, daß das Prozeßführungsrecht[1553]) keine Ver-

---

[1545a]) RGEZ. Bd. 68 S. 424ff. Vgl. schon oben Anm. 1507, noch unten Anm. 2525/6.

[1546]) Vgl. W. HEIN, Identität, I 355ff.

[1547]) Vgl. SAUER, 468ff.

[1548]) Vgl. oben zu Anm. 1543.

[1549]) Vgl. oben zu Anm. 1524, 1540.

[1550]) Vgl. dazu schon oben Anm. 1335, 1337.

[1551]) Vgl. v. TUHR, Allg. Teil, I § 7.

[1552]) Über den Gegensatz vgl. oben zu Anm. 1352.

[1552a]) Vgl. dazu noch unten hinter Anm. 1860, 1978. HELLWIG, Prozeßhandlung, § 8 II, betrachtet nur die von ihm als einseitige „Prozeßrechtsgeschäfte" bezeichneten Prozeßhandlungen (vgl. schon oben hinter Anm. 758a) als „das prozessuale Seitenstück zu denjenigen zivilen Rechtsgeschäften, durch welche ein Gestaltungsrecht ausgeübt wird". Das ist zu eng und beruht auf einer Verkennung der Eigenart der Objekte und Mittel der prozessualen Gestaltung. Umgekehrt nimmt v. TUHR, I § 7 III, zu Anm. 7b, an, daß auch die Ausübung eines privaten Gestaltungsrechts durch „prozessuales Handeln" erfolgen könne. Aber in den Fällen, die v. TUHR im Auge hat, hat man es nicht mit einem privaten Gestaltungsrecht, sondern mit einem materielljustizrechtlichen Gestaltungsklagrecht zu tun; vgl. GOLDSCHMIDT, Zwei Beiträge, 30 (136) Anm. 2; ZivArch. CXVII 11/12, 16 Anm. 52, 19.

[1553]) Vgl. oben hinter Anm. 1408.

fügung über das Klagrecht oder gar das einzuklagende Recht zum Inhalt hat. Es ist vielmehr die Möglichkeit, die den Inhalt des Klagrechts, an dem das Prozeßführungsrecht besteht, bildenden prozessualen Vorteile zu erlangen. Entsprechend ist die Prozeßführung niemals Verfügung, auch kein minus, sondern ein aliud, was schon daraus hervorgeht, daß sie zur Erlangung rechtlicher Vorteile führen kann und nach der Absicht des Prozeßführenden sogar immer führen soll[1554]). Eine praktische Folge ist, daß der Ehemann auf Grund des § 1443 BGB. auch insoweit zur Prozeßführung ohne Zustimmung der Frau befugt ist, als er zu Verfügungen gemäß §§ 1444—1446 BGB. der Zustimmung der Frau bedarf. Daß die prozessualen Möglichkeiten zum Gestaltungsmittel keine Rechtsgeschäfte, d. h. keine Willenserklärungen haben, erklärt es, daß es zwar kein auf Begründung der staatlichen Justizgewährungspflicht gerichtetes (abstraktes) Klagrecht gibt[1554a]), wohl aber eine Möglichkeit, durch Klagerhebung die Aussicht auf Terminsbestimmung und Gehör zu begründen[1554b]).

V. Die Rechte im prozessualen Sinne sind keine öffentlichrechtlichen[1555]). Öffentlichrechtlich ist die staatsrechtliche Prozeßgrundlage, auf die es ankommen kann, wenn außerprozessuale Rechtsfolgen geltend gemacht werden[1556]). Aber der auf das Prozeßrecht anwendbaren prozessualen Betrachtungsweise ist die Unterscheidung von öffentlichem Recht und Privatrecht fremd. Beruht diese Unterscheidung doch unmittelbar auf dem Begriffe des Rechtsverhältnisses, mittelbar auf der Auffassung des Rechts als eines Inbegriffes von Imperativen, kurz auf der materiellrechtlichen Rechtsbetrachtungsweise[1557]). Freilich ist zu beachten, daß die prozessuale Betrachtungsweise überhaupt nur auf das — prozessuale und materielle — Justizrecht[1557a]), m. a. W. auf ein Gebiet anwendbar ist, das vom Standpunkt der materiellrechtlichen Betrachtungsweise aus öffentliches Recht ist.

Da in der prozessualen Betrachtungsweise für den Unterschied von öffentlichem Recht und Privatrecht kein Raum ist, so erklärt es sich,

1554) Dazu unten Anm. 1679 a. E. „Daß die Prozeßführung wegen der mit der Rechtskraft des Urteils verbundenen Wirkungen mittelbar den Erfolg einer Verfügung haben kann", hätten die Motive z. Entw. eines BGB. IV 360 nur dann zuzugeben brauchen, wenn der Entw. auf dem Boden der materiellen Rechtskrafttheorie gestanden hätte, was indessen nicht der Fall war; vgl. § 191 I S. 2 Entw., oben hinter Anm. 930.

1554a) Vgl. oben zu Anm. 447a.

1554b) Vgl. oben zu Anm. 1376, 1449.

1555) Anders bekanntlich die übliche, auf dem Boden der materiellrechtlichen Betrachtungsweise des Prozeßrechts erwachsene Auffassung; vgl. oben hinter Anm. 807, auch hinter Anm. 729.

1556) Vgl. oben zu Anm. 1337 und die in Anm. 1337 angeführten Stellen.

1557) Daß die Begriffe subjektives öffentliches und privates Recht sich auch für die materiellrechtliche Betrachtungsweise nicht ohne weiteres aus dem Begriffe des Rechtsverhältnisses ergeben, erklärt sich daraus, daß sie nur „bedingte" sind, und ändert nichts daran, daß sie nur auf dem Boden der materiellrechtlichen Betrachtungsweise erwachsen können; vgl. oben Anm. 807, auch Anm. 785 a. E., 1274 und hinter Anm. 1278.

1557a) Vgl. oben zu Anm. 1259b, hinter Anm. 1259c.

daß bei KELSEN, der in dem Rechtssatz nur das staatliche Programm künftigen eigenen Verhaltens erblickt, der m. a. W. — mutatis mutandis — die prozessuale Betrachtungsweise zur alleingültigen erhebt[1558]), der Unterschied zwischen subjektiven Rechten und Rechtspflichten der Untertanen gegeneinander und gegenüber dem Staat verschwindet[1559]). Für die prozessuale Betrachtungsweise fällt aber auch das von KELSEN noch anerkannte subjektive Recht des Staates dahin, da, sofern man das Recht als Urteilsmaßstab des Richters auffaßt, der Richter weder Subjekt noch Gegenstand rechtlicher Beziehungen sein kann[1560]). In der Tat ist, wenn man die prozessuale Betrachtungsweise z. B. auf das Strafrecht anwendet, m. a. W. das Strafrecht als einen Inbegriff von Strafdrohungen auffaßt[1561]), für ein ius puniendi des Strafrichters[1562]) kein Raum[1563]); es bewendet bei der Rechtslage der „Strafbarkeit" dessen, der einer strafbaren Handlung überführt werden kann, d. i. bei seiner Aussicht[1564]) auf Verurteilung zu Strafe und Unterwerfung unter die Strafvollstreckung. Soweit der Staat in die Lage versetzt ist, einen Anspruch gerichtlich als Partei geltend zu machen, soweit kann der Staat natürlich auch Subjekt prozessualer Rechte sein. Und zwar gilt dies nicht nur, soweit der Staat als Fiskus einen privatrechtlichen Anspruch im bürgerlichen Rechtsstreit geltend macht, sondern auch soweit er als Träger der öffentlichen Gewalt[1565]) sei es im bürgerlichen Rechtsstreit

---

1558) Vgl. oben Anm. 1173, 1259. 1559) Vgl. oben Anm. 807 a. E.

1560) Vgl. oben hinter Anm. 1332d.

1561) Vgl. oben hinter Anm. 1328. 1562) Vgl. oben Anm. 1327.

1563) Gegen das subjektive Strafrecht besonders SPIEGEL, 151 ff.; BAUMGARTEN, Wissenschaft vom Recht, I 326 (anders ders. SchweizZtschr. XXXV 242); aber auch M. E. MAYER, 14 Anm. 30 (vgl. oben Anm. 807a).

1564) „Aussicht" ist, wie schon aus der oben vor Anm. 1365 und hinter Anm. 1375 gegebenen Bestimmung des Begriffes der Rechtslage hervorgeht (vgl. auch oben zu Anm. 1372e), auch die Aussicht auf einen prozessualen Nachteil, letztlich auf ein ungünstiges Urteil, wenngleich der Ausdruck vorzugsweise auf die günstigen prozessualen Aussichten, d. i. auf die entsprechenden prozessualen Rechte (vgl. oben § 20 I und schon hinter Anm. 1349, sowie hinter Anm. 1509a, vor und hinter Anm. 1511) abzielt und man die Rechtslage einer Partei, die einen prozessualen Nachteil, letztlich ein ungünstiges Urteil zu erwarten hat, als „aussichtlos" oder „nicht aussichtsvoll" zu bezeichnen pflegt (vgl. oben hinter Anm. 1511). Vgl. im übrigen noch unten Anm. 1705.

1565) Also, soweit er, um mit O. MAYER, I 152ff., zu reden, als „öffentliche Partei" auftritt. Daß der Staat auch insoweit Partei ist (RGESt. XI 138) und als Träger eines vom Rechtswillen verschiedenen Machtwillens sein kann (vgl. oben Anm. 1308; mein Verwaltungsstrafrecht, 537; nicht überzeugend gegen mich BAUMGARTEN, Wissenschaft vom Recht, I 355), geht schon daraus hervor, daß der Staat im Prozesse auch als „Vertreter des öffentlichen Interesses" mitwirken kann, ohne Partei zu sein, lediglich in der Stellung eines Gutachters; vgl. z. B. § 607 ZPO., § 74 II preuß. LVG. im Gegensatz zu § 74 I, III das. Auch die Franzosen unterscheiden bekanntlich, ob der Staatsanwalt im Prozesse als „partie principale", d. i. als Partei auftritt, oder als „partie jointe", d. i. als unparteiischer Gutachter. Nur in letzterem Falle ist er ablehnbar; vgl. GOLDSCHMIDT, GA. LXVII 192; JWSchr. 1922, 700. Vgl. dazu noch O. MAYER, I 158, 159. Das Gesagte wird nicht dadurch widerlegt, daß dem als Partei auftretenden Staat mitunter (so insbesondere in §§ 160 II, 296 II StPO.) die parteifremde Pflicht der Unparteilichkeit auferlegt ist (vgl. schon oben zu Anm. 702, unten zu Anm. 2365; dazu GOLDSCHMIDT, Reform des Strafverf., 19ff.; ZStW. XLIII 434 Anm. 31;

einen privatrechtlichen (z. B. §§ 525 II, 2194 BGB.), einen materiell-justizrechtlichen (z. B. § 632 ZPO.) oder sonstigen öffentlichrechtlichen (z. B. §§ 23ff. Privatnotenbankges.) Anspruch, sei es im Strafprozeß das Anklagerecht, sei es endlich im Verwaltungsstreitverfahren einen öffentlichrechtlichen Anspruch (z. B. §§ 119, 120 preuß. Ges. über die Zuständigkeit der Verwaltungsbehörden vom 1. August 1883) geltend macht oder die Rechtmäßigkeit eines Verwaltungsaktes verteidigt. Aber auch die staatlichen Parteirechte sind keine öffentlichrechtlichen, sondern prozessuale[1566]).

Die Feststellung, daß das Prozeßrecht, insoweit die rechtlichen Beziehungen der Parteien in Betracht kommen, kein öffentliches Recht ist, gibt der Lehre vom „dispositiven" Prozeßrecht ein neues Gesicht[1566a]). Zwar wissen wir heute, daß der Satz: „Ius publicum privatorum pactis mutari non potest" (l. 38 Dig. 2, 14), so wenig er bedeutet, daß alles zwingende Recht öffentlichrechtliches sein müsse[1567]), so wenig die Bedeutung hat, daß alles öffentliche Recht zwingend sei[1568]). Vielmehr hat in dem oft zitierten Satz „ius publicum" überhaupt nicht die Bedeutung von „Staatsrecht", sondern von „staatlichem Recht"[1569]), wobei ganz dahingestellt bleiben kann, ob es „staatliches" Recht in einem eigentümlichen römischrechtlichen Sinne bedeutet[1570]), dem wirklich durchweg zwingender Charakter beigelegt werden soll, oder ob der Satz einfach die Binsenwahrheit ausspricht, daß das staatliche Recht unverbrüchlich ist, soweit es nicht selbst den Privatwillen zur Begründung von Rechtswirkungen ermächtigt[1571]). Jedenfalls aber vermag die Qualifizierung des Prozeßrechts als öffentliches Recht nicht zu erklären, warum für „dispositives" Prozeßrecht im Zivilprozeß ein so großer, im Strafprozeß

Löffler, Organisation, 35ff.); § 152[1] Entw. Nov. z. GVG. nach den Beschl. der 7. Reichstagskommiss. 1909/11 überträgt demzufolge bis zu einem gewissen Grade die den Richter betreffenden gesetzlichen Ausschließungsgründe auf den Staatsanwalt. Ebensowenig steht entgegen, daß der Staat z. B. in § 74 II preuß. LVG. als „Vertreter des öffentlichen Interesses" offenbar Vertreter von Verwaltungsinteressen ist. Die Einrichtungen des positiven Rechts sind oft aus verschiedenen sozialen Elementen zusammengesetzt (welche Proteusnatur hat die Staatsanwaltschaft!); für ihre Klassifizierung ist das in ihnen überwiegende soziale Element maßgebend.

1566) Vgl. dazu schon oben hinter Anm. 1461a sogar in bezug auf § 161 StPO.

1566a) Inwieweit jene Feststellung auch die Lehre von der Gesetzeskollision zu beeinflussen geeignet ist, bleibe hier unerörtert. Die das prozessuale Kollisionsrecht beherrschenden Sätze: tempus regit actum, locus regit actum beruhen ohnehin nicht auf der angeblich öffentlichrechtlichen Natur des Prozeßrechts.

1567) Vgl. Bülow, ZivArch. LXIV 100ff.; Ehrlich, Theorie der Rechtsquellen, I 191ff. Unrichtig noch Enneccerus, Allg. Teil, § 45 Anm. 9; nicht eindeutig auch Windscheid-Kipp, I § 30 Anm. 1. RGEZ. LI 97 spricht sogar noch von „öffentlichem Prozeßrecht" im Sinne von zwingendem Prozeßrecht.

1568) Zur Illustrierung vgl. Radnitzky, Parteiwillkür im öff. R., 1888.

1569) Vgl. Ehrlich, a. a. O., 168ff., 172ff., 195.

1570) D. i. staatlich gesetztes Recht, wie es durch die leges, senatusconsulta, edicta und constitutiones hervorgebracht wurde, im Gegensatz zum ius civile im engeren Sinn (Kipp, Quellen, § 16 Anm. 73), d. i. dem Juristenrecht, wie es insbesondere dem respondere, cavere, agere entquoll; so Ehrlich, a. a. O., 195.

1571) Dazu Bülow, ZivArch. LXIV 39ff.

überhaupt Raum ist. Faßt man indessen das Prozeßrecht mit der prozessualen Rechtsbetrachtungsweise als einen Inbegriff von Verheißungen prozessualer Vorteile und Androhungen prozessualer Nachteile auf, die von der Vornahme oder Unterlassung erfolgreicher Parteihandlungen abhängen[1572]), so ist es natürlich, daß das Prozeßrecht den Parteiwillen unter Umständen auch ermächtigt, die Prozeßlage abweichend von den gesetzlichen Vorschriften zu gestalten.

Selbstverständlich ist die Machtvollkommenheit der Parteien, die Prozeßlage abweichend von den gesetzlichen Vorschriften zu gestalten, um so größer, je größer überhaupt der Einfluß der Parteien auf die Gestaltung der Prozeßlage ist. Ihr Hauptsitz ist also der Herrschaftsbereich des Verhandlungsgrundsatzes, der Zivilprozeß. Die statutarische Regelung des allgemeinen Gerichtsstandes einer juristischen Person (§ 17 III), die Prorogation (§ 38), der Schiedsvertrag (§ 1025), das „Schiedsurteil“ (§§ 18, 19 Entlast.-Bek. i. d. Fass. v. 13. Mai 1924), das Einverständnis der Parteien zur Entscheidung ohne mündliche Verhandlung (§ 7 Entlast.-Bek.) oder durch Einzelrichter (§ 349 III) — beides vorbehaltlich richterlicher Zustimmung —, die Vereinbarung über die Art der Sicherheitsleistung (§ 108 I) oder die der Abkürzung von Fristen (§ 224 I), das Einverständnis der Parteien zur Änderung des Beweisbeschlusses ohne erneute mündliche Verhandlung (§ 360) oder zur schriftlichen Beantwortung der Beweisfrage durch den Zeugen (§ 377 IV) — beides vorbehaltlich gerichtlicher Zustimmung —, der Verzicht der Parteien auf die Beeidigung von Zeugen und Sachverständigen (§ 391 II, 402), die Einigung der Parteien über die Nichtanwendung der in den §§ 445, 448, 449 ZPO. enthaltenen Beschränkungen für die Zuschiebung oder Zurückschiebung des Eides — vorbehaltlich der Genehmigung des Gerichts — (§ 450), die Einwilligung des Beklagten in die Änderung oder Zurücknahme der Klage (§§ 264, 527, 271 I) sind bekannte Beispiele zugelassener Abweichung des Parteiwillens von — „ergänzenden“ — prozeßrechtlichen Vorschriften. Aus dem § 32 II S. 1 GewGerGes. (§ 16 KaufmGerGes.) sei der Verzicht der Parteien auf die Zustellung von Urteilen und Beschlüssen erwähnt. Aber auch außerhalb des Herrschaftsbereichs des Verhandlungsgrundsatzes, im Strafprozeß, finden wir Beispiele dispositiven Prozeßrechts, so die Vorschriften über die Ladungsfrist (§ 217), über die Erhebung einzelner zur Hauptverhandlung herbeigeschaffter Beweise (§ 245 I S. 2) und über die Hinderung, Protokolle über Aussagen der in der Hauptverhandlung erster Instanz vernommenen Zeugen und Sachverständigen in der Berufungsinstanz zu verlesen (§ 325). Aus dem Entw. eines Ges. über den Rechtsgang in Strafsachen von 1919 sei angeführt die Vorschrift über die Verlesung von Urkunden (§ 244 S. 2).

Mitunter können die Parteien zwar nicht von vornherein die Prozeßlage abweichend von den gesetzlichen Vorschriften gestalten, das Gesetz ermöglicht aber der betroffenen Partei, auf die Aussicht auf Berücksichtigung der Verletzung einer Vorschrift zu verzichten, oder es macht die

1572) Vgl. oben hinter Anm. 1348, auch vor Anm. 1374.

Berücksichtigung des Mangels überhaupt davon abhängig, daß die betroffene Partei den Mangel geltend macht. Auch in diesen Fällen handelt es sich im Ergebnis um dispositives Prozeßrecht[1572a]. Hierher gehört vor allem der Fall des § 295 ZPO[1572b]; aus dem Strafprozeß gehören hierher die Vorschriften über die örtliche Zuständigkeit (§§ 18, 16), über die Benachrichtigung der Prozeßbeteiligten von Beweisterminen (§§ 193 III, 224 I S. 1; Entw. v. 1909 § 242 I S. 2, Entw. v. 1919 § 247 I, S. 2) und über die rechtzeitige Namhaftmachung von Zeugen und Sachverständigen (§§ 222, 246 II—IV)[1572c]. Überall beruht das „dispositive" Prozeßrecht — ebenso wie der Verhandlungsgrundsatz — auf dem Grunde „cum liceat sui iuris persecutionem... deteriorem constituere" (l. 46 Dig. 2, 14)[1573], und dieser Grund erklärt auch, warum die Zulassung einer Abweichung des Parteiwillens von den prozeßrechtlichen Vorschriften vorzugsweise in Gestalt der Zulassung eines „Verzichts" erscheint[1574]. Gegenstand des „Verzichts" ist stets eine prozessuale Aussicht oder Möglichkeit, insbesondere die Möglichkeit, einen prozessualen Mangel geltend zu machen[1575]. Zwingend sind von den prozeßrechtlichen Vorschriften, welche die Beziehungen der Parteien regeln. nicht zuletzt die, welche die Parteien gegen ihre eigene Schwäche, ihren eigenen Leichtsinn oder ihre eigene Unerfahrenheit zu schützen bestimmt sind. Mit der Zurechnung des zwingenden Rechts zum „öffentlichen Interesse" ist es gemeinhin im Prozeßrecht so wenig getan wie im Privatrecht[1575a].

Das Wesen des „dispositiven" Prozeßrechts macht deutlich, daß es nur „partei-dispositives" Prozeßrecht gibt. Es ist schief, auch da von „dispositivem" Prozeßrecht zu sprechen, wo das Prozeßgesetz dem richterlichen Ermessen Freiheit gewährt[1576]. Das sollte für Fälle, in denen das Gesetz von vornherein dem Richter Freiheit des Ermessens einräumt, wie z. B. in den §§ 140—150, 156—158 ZPO. oder bezüglich

[1572a]) Vgl. dazu noch unten zu Anm. 1617.

[1572b]) Dazu insbesondere unten hinter Anm. 1601a. Vgl. aber ferner noch unten zu Anm. 2246—2250.

[1572c]) Aber nicht § 23 II StPO., wie RGESt. X 59; RG. v. 5. Mai 1922 (JWSchr. 1922, 1394) annehmen (richtig ALSBERG, JWSchr., a. a. O.); auch nicht § 207 StPO., was die unten in Anm. 2128b zurückgewiesene Rechtsprechung des RG. insofern nahelegt, als sie die Vervollständigung des mangelhaften Eröffnungsbeschlusses in der Hauptverhandlung für wirksam hält, sofern der Angeklagte nicht widerspricht.

[1573]) Vgl. schon BÜLOW, ZivArch. LXIV 13.

[1574]) BÜLOW, a. a. O., 94. Vgl. aber noch ferner unten hinter Anm. 1614.

[1575]) Es kann also WALSMANN, Verzicht, 215, nicht zugestimmt werden, wenn er ausführt, daß auf dem Gebiete des Prozeßrechts „dem Recht zum Verzicht wohl die Selbständigkeit zuzuerkennen" sei, denn hier sei „dieses Recht nicht bloß Bestandteil des Rechts, auf das verzichtet wird". Es ist im Prozeßrecht nicht anders als im Privatrecht. WALSMANNS Ansicht beruht offenbar darauf, daß er als Gegenstand des Verzichts auf dem Gebiete des Prozeßrechts in der Hauptsache keine Rechte, sondern nur „zugunsten des Verzichtenden aufgestellte Verfahrensvorschriften" gelten lassen will; vgl. dazu unten Anm. 1595, 1601.

[1575a]) Vgl. schon GOLDSCHMIDT, JWSchr. 1922, 700.

[1576]) So BÜLOW, ZivArch. LXIV 16ff.; R. SCHMIDT, § 22; HELLWIG, Syst. I, § 4 II 2. Gegen BÜLOW schon v. KRIES, ZStW. V 44 i. d. Anm.

der Beweiswürdigung[1577]), nicht in Zweifel gezogen werden. Denn wer wird von „dispositivem" Recht überall da sprechen, wo das Gesetz die Beteiligten ermächtigt, ihre Rechtsverhältnisse oder Rechtslagen selbst zu gestalten[1578]). Aber auch da, wo das Prozeßgesetz den Richter ermächtigt, etwas von den gesetzlichen Vorschriften Abweichendes anzuordnen, z. B. gesetzliche Fristen abzukürzen oder zu verlängern (§ 224 II ZPO.) oder — im Falle vorliegender Einigung oder vorliegenden Einverständnisses der Parteien[1578a]) — den Wegfall der in den §§ 445, 448, 449 ZPO. enthaltenen Beschränkungen für die Zuschiebung oder Zurückschiebung des Eides anzuordnen (§ 450 ZPO.), ohne mündliche Verhandlung (§ 7 Entlast.-Bek.) oder als Einzelrichter (§ 349 III ZPO.) zu entscheiden, ohne erneute mündliche Verhandlung den Beweisbeschluß zu ändern (§ 360 S. 2—4) oder schriftliche Beantwortung der Beweisfrage durch den Zeugen anzuordnen (§ 377 IV), liegt kein „dispositives" Prozeßrecht vor. Denn der Begriff des „dispositiven" Rechts setzt ein Doppeltes voraus: 1. Eine Nachgiebigkeit gegenüber den an den rechtlichen Beziehungen Beteiligten. Zu diesen gehört vom Standpunkt der auf das Prozeßrecht anwendbaren Betrachtungsweise aus der Richter nicht[1579]). Die Nachgiebigkeit des Rechts gegenüber der zu seiner Verwirklichung bestimmten Macht ist nach Wesen und Wirkungen von „partei-dispositivem" Recht völlig verschieden[1580]). 2. „Dispositiv" nennen wir das Recht, das nachgiebig ist in bezug auf die Bestimmung der Voraussetzungen rechtlicher Wirkungen. Die Nachgiebigkeit des Prozeßrechts gegenüber dem Richter ist eine solche in bezug auf die Erfüllung der rechtlichen Verheißungen oder Drohungen. Natürlich begründet, da der Prozeß eine fortgesetzte Aufeinanderfolge von Rechtslagen ist, jede richterliche Erfüllung einer rechtlichen Verheißung oder Drohung zugleich eine neue Rechtswirkung. Aber wenn wir diejenigen Prozeßrechtssätze begrifflich zusammenfassen, welche dem richterlichen Ermessen Freiheit einräumen, insbesondere die, etwas von den gesetzlichen Vorschriften Abweichendes anzuordnen, und wenn

---

1577) Diese Fälle führt Bülow, a. a. O., 18, als Beispiele „dispositiven" Prozeßrechts an.

1578) Bülow braucht freilich den Ausdruck „dispositives" Recht in einem anderen als dem üblichen Sinn. Es nennt „dispositiv" nicht den „ergänzenden" Rechtssatz, der in Ermangelung einer anderen Ordnung durch die Beteiligten Platz greifen will, sondern den die Beteiligten zur Ordnung ihrer rechtlichen Beziehungen „ermächtigenden" Rechtssatz; vgl. hierzu schon Windscheid-Kipp, I § 30 Anm. 1. Bedenklich auch Wach, ZivArch. LXIV 221; Handb. I 188; vgl. aber das. Anm. 10.

1578a) In bezug hierauf sind die §§ 445, 448, 449, 128, 355 I ZPO., 75, 105 I GVG. natürlich dispositive Vorschriften; vgl. daher diese Fälle oben unter den hinter Anm. 1572 angeführten Beispielen.

1579) Vgl. oben hinter Anm. 1332d, zu Anm. 1560.

1580) Bülow, ZivArch. LXIV 16 sagt: „Nicht überall kann die gesetzgebende Gewalt das, was sie nicht selber bis ins einzelne rechtlich fertig zu stellen vermag, einem ihr so nahe verwandten Organe, wie dem Gericht, zur Vollendung überlassen." Gewiß! Aber dieser „Vorteil", den die Prozeßgesetzgebung vor der „Privatrechtsgesetzgebung" voraus hat, beruht auf dem ganz eigenartigen Verhältnis, in dem die Prozeßrechtssätze zum Richter stehen. Sie sind von Haus aus bloße Richtschnur für den Richter.

wir sie den „zwingenden“ und „instruktionellen“ Vorschriften gegenüberstellen, so kommt es uns dabei in erster Linie, anders als bei dem Gegensatz von „dispositivem“ und „zwingendem“ Recht, nicht auf die Aufstellung von Bedingungen der Gültigkeit der in Aussicht stehenden richterlichen Akte an, sondern auf die Bestimmung der Sicherheit der rechtlichen Aussichten auf diese Akte[1580a]). Die Doppeldeutigkeit des gemeinsamen gegensätzlichen Begriffes „zwingendes Recht“ verleitet dazu, Rechtssätze, welche dem richterlichen Ermessen Freiheit, insbesondere die Freiheit einräumen, etwas von den gesetzlichen Vorschriften Abweichendes anzuordnen, als nachgiebiges oder dispositives Recht zu bezeichnen. Mit Recht hat daher schon EHRLICH[1581]) betont, daß es verwirrend sei, die Gültigkeitsbedingungen von Rechtsgeschäften zwingendes Recht zu nennen. Es liegt hier dieselbe Verwirrung zugrunde, die in der schiefen Einteilung von leges perfectae, minus quam perfectae und imperfectae[1582]) zum Ausdruck kommt, und die in letzter Linie wieder auf die Vermengung von Rechtswirksamkeit und Rechtmäßigkeit[1583]) hinausläuft.

VI. Während nach dem Gesagten die Unterscheidung von öffentlichem Recht und Privatrecht der prozessualen Betrachtungsweise fremd ist, teilt sie mit der materiellrechtlichen Betrachtungsweise die Unterscheidung von materiellem und formellem Recht[1584]). Indessen tritt die Verschiedenheit der Betrachtungsweisen gerade hier besonders hervor. Vom Standpunkt der materiellrechtlichen Betrachtungsweise aus regelt das formelle (Prozeß-)Recht nur die Formen[1585]), in denen die materiellen (konkreten)[1586]) oder die staatsrechtlichen (abstrakten)[1586a]) Justizrechte ausgeübt oder ausgelöst[1587]) werden. Für die materiellrechtliche Betrachtungsweise ist also das formelle (Prozeß-)Recht nur die Form, die der Stoff annimmt, seine äußere Erscheinung, die „geformte Form“. Vom Standpunkt der prozessualen Betrachtungsweise aus bestimmt

---

1580a) In demselben Sinne schon v. KRIES, ZStW. V 44 i. d. Anm.

1581) Zwingendes Recht, 12ff.; dazu WINDSCHEID-KIPP, I § 30 Anm. 1 a. E.

1582) Vgl. oben Anm. 627.

1583) Vgl. oben Anm. 728, 1508 und zu Anm. 1528, unten zu Anm. 1895.

1584) Vgl. schon oben hinter Anm. 1383a. Man mag in dieser Tatsache eine Bestätigung dafür sehen, daß die Begriffe materielles und formelles Recht „unbedingte“ sind; vgl. STAMMLER, Theorie, V 7; auch Lehrb. § 3 Anm. 2. Mißverständlich über den Gegensatz von „materiellem“ und „formellem“ Recht SANDER, 147, der unter „materiellem“ Recht im Gegensatz zum „formellen“ alles außer- und vorprozessuale Recht versteht, und der seine These — vgl. oben Anm. 1259c, 1366b —, daß alles außer- und vorprozessuale Recht bloßes „Naturrecht“ sei, durch Berufung auf BERGBOHM, 343, stützen zu können glaubt, dessen „formelles“ Recht im Gegensatz zum „materiellen“ indessen wiederum einfach das positive Recht ist. Ebenso unterstellt SANDER, 149 Anm. 1, BINDER zu Unrecht, daß dessen Lehre, wonach alle Rechtsnormen Imperative an Staatsorgane sind — vgl. oben Anm. 1257 —, bedeute, daß alles Recht „formelles“ Recht, sei es im üblichen, sei es im SANDERschen Sinne, sei.

1585) Vgl. schon GOLDSCHMIDT, Ungerechtfert. VollstreckBetr., 74 Anm. 1, S. 20; oben Anm. 671 a. E., 730.

1586) Vgl. oben Anm. 213, zu Anm. 334, ferner Anm. 448 und 826.

1586a) Vgl. oben Anm. 449, zu Anm. 1439b, 1461a und b.

1587) Vgl. oben zu Anm. 449, 774, 1387.

umgekehrt das materielle (Justiz-)Recht nur den Inhalt (Gegenstand) der Prozeßhandlungen, insbesondere des richterlichen Urteils[1588]), den Inhalt der Bedingungen von Sieg oder Niederlage im Prozeß. Für die prozessuale Betrachtungsweise ist also das formelle (Prozeß-)Recht die Form, in die der Stoff gegossen wird, sein innerstes Wesen, die „formende Form"[1589]). Nicht selten bestimmt das materielle Recht den Inhalt rein prozessualer Beziehungen, wie z. B. die Natur des geltend gemachten Anspruches (§§ 112, 113 BGB.) die Prozeßfähigkeit (§ 52 ZPO.), der Leistungsort (§ 269 BGB.) den Gerichtsstand (§ 29 ZPO.), das zugrunde liegende Rechtsverhältnis die Streitgenossenschaft (§§ 59ff. ZPO.), die Zulässigkeit der Nebenintervention (§§ 66ff. ZPO.) und die Wirkungen der Streitverkündung (§§ 72ff. ZPO.)[1589a]).

Die Abhängigkeit, in der bei der materiellrechtlichen Betrachtungsweise das formelle Recht zum materiellen[1590]), bei der prozessualen Betrachtungsweise das materielle Recht zum formellen steht, verleitet dazu, je nach dem Standpunkt überall entweder nur materielles oder nur formelles Recht zu sehen, und eine selbständige Behandlung entweder des formellen Rechts als „Formalismus" oder des materiellen Rechts als „Metaphysik"[1590a]) zu mißachten. Richtig ist daran nur, daß uns zwar jede der beiden Betrachtungsweisen zu einem einheitlichen Rechtsbild verhilft[1590b]), daß aber dieses Bild vom Standpunkt der materiellen Betrachtungsweise in bezug auf das Prozeßrecht, vom Standpunkt der prozessualen in bezug auf das materielle Recht notwendig ein unvollkommenes sein muß. Jedenfalls bleibt der Gegensatz von „Materie" und „Form", des „Was" und des „Wie" für beide Betrachtungsweisen bedeutsam.

(§ 22.)

VII. Die Fähigkeit, Subjekt von Rechten im prozessualen Sinne und von prozessualen Lasten zu sein, ist die Parteifähigkeit. Parteifähigkeit ist mithin die Rechtsfähigkeit vom Standpunkte der prozessualen Betrachtungsweise aus. Der Begriff bringt zum klaren Ausdruck, daß vom Standpunkte der prozessualen Betrachtungsweise aus[1591]) nur die Parteien (im weitesten Sinne) Subjekte rechtlicher Beziehungen sein können. Auf die vorschriftsmäßige Besetzung des Gerichts wenden wir den Begriff der prozessualen Rechtsfähigkeit nicht an. Sie ist uns nur eine Voraussetzung der — formellen — Richtigkeit und Gültigkeit (Wirksamkeit) der richterlichen Entscheidung und der dadurch begrün-

---

1588) Vgl. schon KIPP, Doppelwirkungen, 213; GOLDSCHMIDT, Beiträge, 14 (120).

1589) Vgl. über diesen Gegensatz (der bei STAMMLER, a. a. O., keine Beachtung findet) RADBRUCH, Rechtsphilosophie, 156, 157, der auf das diese Antithese formulierende Epigramm THEODOR STORMS verweist: „Die Form ist nichts als die Kontur, die den lebend'gen Leib beschließt. — Es sei die Form ein Goldgefäß, in das man goldnen Inhalt gießt."

1589a) Vgl. auch BELING, Festschr. f. BIND., 29, 34, 94, 98.

1590) Vgl. oben Anm. 826.

1590a) Vgl. oben Anm. 1259c a. E.

1590b) Vgl. insbesondere oben hinter Anm. 1375a.

1591) Vgl. oben hinter Anm. 1332d, zu Anm. 1560, 1579.

deten Rechtslage der Partei. Soweit dagegen der Staat als Partei auftritt[1592]), wenden wir auch auf ihn oder auf die ihn vorstellende Behörde den Begriff der Parteifähigkeit und damit der prozessualen Rechtsfähigkeit an. Das gilt auch bezüglich der im Strafprozeß als Ankläger auftretenden Staatsanwaltschaft oder Verwaltungsbehörde[1593]).

VIII. Die Rechte im prozessualen Sinne können, wie die Rechte im materiellrechtlichen Sinne, Gegenstand eines Verzichts sein[1594]). Indessen unterscheidet sich der Verzicht bei Rechten im prozessualen Sinne nach Bedeutung und Wesen erheblich von dem Verzicht bei Rechten im materiellrechtlichen Sinne. Bei letzteren ist Verzicht das Aufgeben eines Rechts durch eine darauf gerichtete Willenserklärung[1595]). Seine Möglichkeit und grundsätzliche Zulässigkeit folgen aus der Natur des Rechts als Willensmacht[1596]). Das bloße Nichterwerben eines Rechts (wenn dadurch nicht ein Anwartschaftsrecht aufgegeben wird), sowie der Rechtsverlust, der durch eine nicht darauf gerichtete Handlung herbeigeführt wird, sind kein Verzicht[1597]); ebensowenig die bei Begründung eines Rechtsverhältnisses erfolgende Ausschließung der Entstehung eines Rechts, welches nach dispositiver Gesetzesvorschrift in Ermangelung einer Parteibestimmung entstehen würde[1598]).

Die Verzichtlichkeit der Rechte im prozessualen Sinn ist eine Teilerscheinung der Grundtatsache, daß die Entstehung dieser Rechte regelmäßig von der vorgängigen Vornahme einer erfolgreichen Prozeßhandlung der interessierten Partei, m. a. W. von der erfolgreichen Wahrnehmung einer prozessualen Möglichkeit oder Gelegenheit abhängt[1599]). Die — ausdrückliche oder schlüssige — Erklärung des Verzichts auf eine prozessuale Möglichkeit, z. B. zur Einlegung eines Rechtsmittels oder Einspruches in §§ 514, 521, 556, 566, 346 ZPO., 302, 409 II StPO.[1600]), zum

---

1592) Vgl. oben hinter Anm. 1564.

1593) Vgl. NAGLER, Rechtsgang, I 141.

1594) Vgl. schon oben zu Anm. 1574, 1575.

1595) ENNECCERUS, Allg. Teil, § 134 III; v. TUHR, Allg. Teil, II 1, § 54 VI; WALSMANN, Verzicht, 41, 42. Nach WALSMANN können auch „zugunsten des Verzichtenden aufgestellte Verfahrensvorschriften" Gegenstand des Verzichts sein. Aber in den von ihm als Beispiele dafür angeführten Fällen handelt es sich entweder, wie im Falle des § 151 BGB., um die Ausschließung einer dispositiven Gesetzesvorschrift (so auch v. TUHR, a. a. O., § 54 zu Anm. 197) oder um den Verzicht auf Rechte im prozessualen Sinne. Als einen solchen könnte man auch den Verzicht im Falle des § 1245 II BGB. ansehen — vgl. oben Anm. 1391 b, 1402 —, wenn er nicht schon ein Fall der Ausschließung dispositiven Rechts wäre (v. TUHR, a. a. O., zu Anm. 198).

1596) v. TUHR, Allg. Teil, II 1, § 54 zu Anm. 171, 172. Dazu oben zu Anm. 1279 und diese Anm. selbst.

1597) ENNECCERUS, Allg. Teil, § 134 III.

1598) v. TUHR, Allg. Teil, II 1, § 54 zu Anm. 194; WALSMANN, 121, 147/8, 197.

1599) Vgl. oben hinter Anm. 1348, auch vor Anm. 1374.

1600) Diese Möglichkeiten erkennt auch WALSMANN, Verzicht, 36, 41, als prozessuale Rechte an. Das von WALSMANN, a. a. O., 41, als Gegenstand des Verzichts erwähnte Zeugnisverweigerungsrecht (§ 52 II S. 2 StPO.) ist kein Recht im prozessualen Sinne, sondern ein öffentlichrechtliches Leistungsverweigerungsrecht; vgl. oben hinter Anm. 424a. Und der von WALSMANN, a. a. O., 36/37, erwähnte Verzicht auf prozeßhindernde Einreden (§ 274 III ZPO.; vgl.

Antrag auf Aussetzung der Hauptverhandlung wegen Nichteinhaltung der Ladungsfrist in §§ 217 II, 228 III StPO., oder auf eine prozessuale Aussicht, z. B. auf die Beeidigung von Zeugen und Sachverständigen in §§ 391 II, 402 (617 II) ZPO., auf die Zustellung von Urteilen und Beschlüssen in § 32 II S. 1 GewGerGes., auf die Erhebung einzelner zur Hauptverhandlung herbeigeschaffter Beweise in § 245 StPO.[1601]), ist dem — absichtlichen oder unbeabsichtigten, bewußten oder unbewußten — Verpassen einer prozessualen Möglichkeit unmittelbar an die Seite zu stellen[1601a]). Dies tritt besonders deutlich im Falle des § 295 ZPO. hervor, wo das Gesetz ausdrücklich den Verzicht auf die Aussicht auf Berücksichtigung des Mangels oder das Rügerecht und das Verpassen des Rügerechts als gleichwertig behandelt. Ob das eine oder das andere Parteiverhalten vorliegt, hängt von der Prozeßlage ab. So begründen z. B. Mängel der Klagerhebung die Aussicht auf Abweisung der mangelhaften Klage, doch kann der erschienene Beklagte darauf verzichten. Verhandelt der erschienene Beklagte[1601a2]), so schwächt sich seine Aussicht auf Abweisung der mangelhaften Klage zu einer Möglichkeit, die Mängel der Klagerhebung zu rügen, ab; er kann aber auf dieses Rügerecht verzichten oder es verpassen. Dieselbe gesetzliche Behandlung findet sich aber auch im Falle des § 269 ZPO., da die Einwilligung des Beklagten in die Änderung der Klage nichts anderes als ein Verzicht auf die Aussicht auf Zurückweisung der unzulässig abgeänderten Klage oder das Widerspruchsrecht, die Einlassung auf die abgeänderte Klage nichts anderes als ein Verpassen des Widerspruchsrechts ist. § 269 ZPO. ist nach dem RG., EZ. LXVII 32, auf die Fälle des § 529 IV, V ZPO. entsprechend anwendbar. Auch der Fall des § 39 ZPO. gehört hierher. Denn die Einlassung des Beklagten (zur Hauptsache) vor dem unzuständigen Gericht ist ein Verpassen des Rechts, die Unzuständigkeit geltend zu machen. Freilich ein qualifiziertes Verpassen, welches die

---

schon oben Anm. 424) ist — trotz Hellwig, Syst. I, § 152 I 4b —, wie schon Bülow, ZivArch. LXIV 95/96, zutreffend erkannt hat, das einfache Verpassen einer prozessualen Möglichkeit.

[1601]) Walsmann, Verzicht, 26ff., nimmt in diesen Fällen einen „Verzicht auf Verfahrensvorschriften" an; vgl. schon oben Anm. 1595. Es handelt sich indessen stets um einen Verzicht auf prozessuale Aussichten oder Möglichkeiten — vgl. schon oben zu Anm. 1575 —, übrigens im Falle des § 295 ZPO., trotz des Wortlauts dieses Paragraphen, um einen Verzicht nicht auf die Aussicht „auf Befolgung der Vorschrift", sondern je nachdem — vgl. unten hinter Anm. 1601a — auf die Aussicht auf Berücksichtigung des Mangels oder auf die Möglichkeit der Geltendmachung des Mangels (Stein, Nr. III 1 zu § 295 ZPO.), das in §§ 530, 558 ZPO. ausdrücklich so genannte „Rügerecht". Freilich bleibt damit die Vorschrift im Ergebnis eine dispositive; vgl. oben zu Anm. 1572a. Die von Walsmann, a. a. O., angeführten §§ 399, 436 ZPO. betreffen, ungeachtet ihres Wortlauts, nicht die Verzichtlichkeit eines prozessualen Rechts (Aussicht auf Beweisaufnahme), sondern die Widerruflichkeit einer Prozeßhandlung (Beweisantretung).

[1601a]) Von dem entgegengesetzten Standpunkt geht Hellwig, Prozeßhandlung, § 6 II a. E.; Syst. I, § 152 IV a. E., aus.

[1601a2]) Als Einlassung gilt jetzt auch die Zustellung und Einreichung eines sich vorbehaltlos einlassenden Schriftsatzes, wenn das Gericht auf Grund desselben nach Lage der Akten entscheidet; vgl. Goldschmidt, ZPO., Nr. 4g zu § 251a.

Zuständigkeit begründet, indem schon das bloße Vorbringen anderer prozeßhindernder Einreden ein Verpassen des Rügerechts ist, das aber nur die Wirkung des § 274 III ZPO. hat. Erst recht wird die Zuständigkeit dadurch begründet, daß der Beklagte nach Erhebung der Klage auf seine Aussicht auf Zurückweisung der vor dem unzuständigen Gericht erhobenen Klage oder auf sein Recht, die Unzuständigkeit geltend zu machen, verzichtet[1601b]). Die letzteren beiden Fälle mit ihrem „die Einwilligung des Beklagten in die Änderung der Klage ist anzunehmen, wenn..." (§ 269) und „stillschweigende Vereinbaruug ist anzunehmen, wenn..." (§ 39) zeigen, welche geringe Bedeutung das Gesetz dem „Wirkungswillen" in der — unwiderleglich vermuteten — Willenserklärung beilegt. Das tatsächliche Verpassen der prozessualen Möglichkeit ist das Entscheidende. Es ist nur der Schematismus einer materiellrechtlichen, und zwar vorzugsweise privatrechtlichen Betrachtungsweise, wenn unsere ZPO. sich bemüht, dieses tatsächliche Verpassen prozessualer Möglichkeiten als rechtsgeschäftliche Willenserklärung zu konstruieren. So ist insbesondere auch der „Verzicht" auf prozeßhindernde Einreden in §§ 274 III, 528 I und — wie § 295 I zeigt — wenigstens teilweise der „Verzicht" in § 295 [1601c]) ein bloßes Verpassen prozessualer Möglichkeiten[1602]).

Aus dem Gesagten folgt: Wo das Gesetz ausdrücklich oder schlüssig einen Verzicht auf prozessuale Aussichten oder, wie beim Verzicht auf das Recht, Rechtsmittel oder den Einspruch einzulegen, oder — gegebenen Falles — auf das Recht, prozessuale Mängel geltend zu machen (§ 295 ZPO.), auf prozessuale Möglichkeiten zuläßt, bedarf es einer darauf gerichteten Willenserklärung. Wo aber sonst verpaßliche prozessuale Möglichkeiten vorliegen (so das Recht, der Bezugnahme auf Schriftstücke oder der Mitteilung des Inhalts einer Urkunde zu widersprechen, §§ 137 III S. 1 ZPO., 244 S. 2 Entw. Ges. RSt. v. 1919), mag es sich dabei auch um Fälle handeln, in denen das Gesetz das Verpassen als einen „Verzicht" (so in §§ 274 III, 528 I ZPO.) oder als eine sonstige Willenserklärung (so in §§ 39, 269 ZPO.) konstruiert, ist für das Verpassen der Möglichkeit ein Wirkungswille unerheblich, daher auch der Nachweis ausgeschlossen, daß ein solcher gefehlt habe[1603]). Ja, dieses gilt selbst für einen erklärten Verzicht, insoweit damit, wie regelmäßig im Falle des § 295 ZPO. oder stets im Falle der §§ 217 II, 228 III StPO., gleichzeitig ein Verpassen der aufgegebenen Möglichkeit verbunden ist[1603a]). Der Unterschied vom Verzicht auf Rechte im materiellrecht-

[1601b]) Vgl. auch HELLWIG, Syst. I, § 152 I 4b.

[1601c]) Über den Gegenstand des Verzichts in § 295 vgl. oben Anm. 1601, hinter Anm. 1601a.

[1602]) Vgl. schon oben Anm. 1600 a. E.; dazu insbesondere BÜLOW, ZivArch. LXII 79 Anm. 63; LXIV 95, 96.

[1603]) Übereinstimmned STEIN, Nr. I zu § 39, und zu § 269 ZPO. Vgl. auch WALSMANN, ZivArch. CII 22; dazu aber noch unten Anm. 1817b. Übrigens wird selbst für die Fälle einer unwiderleglich vermuteten Willenserklärung im bürgerlichen Recht angenommen, daß der Nachweis des Willensmangels ausgeschlossen sei; vgl. ENNECCERUS, Allg. Teil, § 144 III 2; v. TUHR, II 1, § 61 II 6, zu Anm. 131, 133.

[1603a]) Vgl. auch HELLWIG, Prozeßhandlung, § 10 IV 1.

lichen Sinn ist mithin handgreiflich[1603b]). Dagegen setzt das Verpassen einer Möglichkeit immer Prozeßfähigkeit[1603c]), und es setzt sogar dann darüber hinaus Zurechnungsfähigkeit[1603d]) der Partei voraus, wenn die mit dem Verpassen der Möglichkeit zusammenfallende Versäumung der durch das Dasein der Möglichkeit auferlegten Last[1603e]) oder der Verlust des Nachholungsrechts an ein Verschulden geknüpft ist[1604]).

Wann ein „Verzicht" auf prozessuale Rechte zulässig ist, muß von Fall zu Fall festgestellt werden. Dagegen sind prozessuale Möglichkeiten, wo sie vorliegen, regelmäßig[1604a]) verpaßlich[1605]). Wenn deshalb — wieder[1606]) unter Berufung auf ein angebliches „öffentliches Interesse" an „genauer Innehaltung des vorgeschriebenen Verfahrens" — behauptet worden ist[1607]), es gelte für den Verzicht „auf Verfahrensvorschriften" die entgegengesetzte Regel als für den Verzicht auf Rechte (d. i. im materiellrechtlichen Sinne), nämlich daß bei den Verfahrensvorschriften ein Verzicht grundsätzlich ausgeschlossen und nur da zulässig sei, wo er ausdrücklich vom Gesetz gestattet ist oder seine Zulässigkeit sich sonst bestimmt und unzweideutig aus dem Gesetz erweisen läßt, so ist das allenfalls im Ergebnis zutreffend für den eigentlichen „Verzicht". Es ist aber angesichts der auf dem Grundsatz der Parteiaktivität, insbesondere dem Verhandlungsgrundsatz, beruhenden großen Ausdehnung[1607a]) der — regelmäßig verpaßlichen — prozessualen Möglichkeiten mindestens mißverständlich. Zuzugeben

---

1603b) Vgl. oben zu Anm. 1595, 1597.

1603c) Im bürgerlichen Recht sollen die Wirkungen des Unterbleibens einer Handlung ohne Rücksicht auf die Handlungsfähigkeit eintreten (v. Tuhr, II 1, § 48 IV), ja unter Umständen sogar in Fällen, in denen das Gesetz dem Unterbleiben die Bedeutung einer Willenserklärung beilegt (v. Tuhr, II 1, § 61 II 6a, bei Anm. 136).

1603d) Vgl. unten hinter Anm. 1832, 1833.

1603e) Vgl. unten zu Anm. 1773.

1604) Vgl. unten zu Anm. 1795—1797.

1604a) § 230 ZPO. Gegebenen Falles wegen der „prozessualischen Überholung" (v. Kries, 459, 698); vgl. noch unten zu Anm. 1657, 1714a, 1756, 2473b, 2763. Nicht verpaßlich, erst recht nicht verzichtlich (Hellwig, Syst. I, § 151 I zu Anm. 10—12; noch unten zu Anm. 1639) ist die prozessuale Klagmöglichkeit (vgl. oben zu Anm. 1376).

1605) Dagegen deshalb noch nicht ohne weiteres verzichtlich, so z. B. das materielljustizrechtliche Klagrecht (über dieses oben zu Anm. 1376a); vgl. Hellwig, Syst. I, § 151 I zu Anm. 10—12; Stein, Nr. IV 1 vor § 253 ZPO.; Lehmann, Z. XLIV 165; Schüler, 55; anders Reichel, Unklagb. Anspr., 37ff.; Langheineken, Anspruch, 191; Weismann, I 108. Nur auf sich gestellte Klagrechte, denen keine Privatrechte zugrunde liegen, wie das Gestaltungs- und das Vollstreckungsklagrecht — dazu unten hinter Anm. 1667 — sind, soweit nicht wiederum aus der Natur des Einzelrechts sich ergebende Ausnahmen vorliegen, verzichtlich. Über den Verzicht auf Gestaltungsklagrechte vgl. Seckel, Gestaltungsrechte, 229ff. (der freilich noch kein selbständiges Gestaltungsklagrecht anerkennt). Vgl. im übrigen noch unten Anm. 1633a. — Andererseits ist ein Verzicht auf die Möglichkeit zur Erhebung einer Einwendung nicht, wie v. Tuhr, Allg. Teil, II 1, § 54 Anm. 190, lehrt, begrifflich ausgeschlossen, mag auch die im voraus erfolgende Ausschließung dieser Möglichkeit unwirksam sein; vgl. unten Anm. 1615a.

1606) Vgl. oben zu Anm. 1575a.

1607) Von Walsmann, Verzicht, 147.

1607a) Vgl. oben § 20 II.

ist nur, daß die — regelmäßig verpaßliche — Möglichkeit, einen prozessualen Mangel geltend zu machen, allein da gegeben ist, wo die prozessuale Aussicht auf Berücksichtigung des Mangels von der Wahrnehmung der Möglichkeit, ihn geltend zu machen, abhängt. Da dies z. B. in § 295 ZPO. nur insoweit der Fall ist, als die betroffene Partei erscheint und verhandelt, normiert § 295 auch nur insoweit ein (unbeschadet des Abs. II) verpaßliches Rügerecht. Im übrigen sind aber die Prozeßvoraussetzungen zu einem erheblichen Teil, wie bereits BÜLOW[1608]) festgestellt hat, „dispositiv normiert". Man wird daher nur cum grano salis als ein weiteres Unterscheidungsmerkmal der Rechte im prozessualen Sinne den Umstand anführen dürfen, daß sie, im Gegensatz zu den Rechten im materiellrechtlichen Sinne[1609]) grundsätzlich unverzichtlich seien.

Dagegen ist wiederum das Verhältnis der Verzichtlichkeit der prozessualen Rechte zum dispositiven Recht ein anderes als bei den Rechten im materiellrechtlichen Sinne. Denn anders als bei diesen[1610]) ist die Verzichtlichkeit oder Verpaßlichkeit eines Rechts im prozessualen Sinne die wichtigste[1611]) Äußerung dispositiver Rechtsregelung[1612]). Der Grund dafür ist nicht, wie BÜLOW[1613]) gemeint hat, die Unbekanntschaft der Verfasser unserer ZPO. mit dem Begriffe des dispositiven Prozeßrechts, sondern einmal, daß das dispositive Prozeßrecht, wie BÜLOW selbst schon richtig erkannt hat, auf dem Satze beruht „cum liceat sui iuris persecutionem... deteriorem constituere (l. 46 Dig. 2, 14)[1614]). Dazu kommt ein weiterer Grund. Angesicht der Unzulässigkeit des sog. „Konventionalprozesses" sind die Fälle selten, in denen die Parteien im voraus ein vom Regelrecht abweichendes Verfahren vereinbaren können[1614a]). Insbesondere ist prozessual unbeachtlich die im voraus erfolgende Ausschließung der Entstehung oder Beschränkung der Ausübung eines — selbst verzichtlichen oder verpaßlichen — prozessualen Rechts, so z. B. des Rechts, den Prozeß fortzusetzen [Versprechen der Klagezurücknahme[1615])], des Rechts, sich gegen die Klage zu verteidigen [Versprechen, Versäumnisurteil gegen sich ergehen zu lassen; eine bestimmte Tatsache nicht zu bestreiten oder bestimmte Einwendungen nicht zu erheben[1615a])], des Rechts, prozessuale Mängel geltend zu machen,

---

[1608]) Vgl. oben Anm. 421.

[1609]) Vgl. oben vor Anm. 1596.

[1610]) Vgl. oben zu Anm. 1598.

[1611]) Freilich nicht die einzige; insofern ist BÜLOW, ZivArch. LXIV 94ff., zuzustimmen.

[1612]) Vgl. schon oben zu Anm. 1574.

[1613]) A. a. O.

[1614]) Vgl. oben zu Anm. 1574.

[1614a]) Vgl. schon HELLWIG, Syst. I, § 173 V 1 b zu Anm. 8.

[1615]) Vgl. aber unten Anm. 1616.

[1615a]) Nur in diesem Sinne kann v. TUHR, Allg. Teil, II 1, § 54 Anm. 190, zugestimmt werden, wenn er den Verzicht auf Einwendungen für unzulässig hält; vgl. oben Anm. 1605. Anders (als der Text) RGEZ. LXXVII 158. Die Anerkennung der unehelichen Vaterschaft ist trotz § 1718 BGB. schon deshalb kein Verzicht auf die Einwendung der mehreren Zuhälter, weil sie richtiger Ansicht nach überhaupt kein Verzicht, ja nicht einmal eine Willenserklärung ist; vgl. P. KLEIN, 129ff.; WALSMANN, Verzicht, 291; v. TUHR, a. a. O.; abweichend besonders

Beweise anzutreten oder zu benutzen, Rechtsmittel oder Einspruch einzulegen[1616]), von dem Urteil Gebrauch zu machen[1616a]). Die dispositive Prozeßrechtsregelung äußert sich also vorzugsweise in Gestalt der Zulassung des Verzichts auf bereits entstandene prozessuale Rechte oder in dem Abhängigmachen der Aussicht auf Berücksichtigung eines prozessualen Mangels von der — regelmäßig verpaßlichen — prozessualen Möglichkeit, den Mangel geltend zu machen[1617]).

Einer besonderen Betrachtung bedarf der Klagverzicht in § 306 ZPO. Er ist, obgleich er vom Gesetz ausdrücklich als solcher bezeichnet wird, kein „Verzicht" im eigentlichen Sinne, d. h. keine Willenserklärung[1618]). Der Klagverzicht ist die Zurücknahme der in der Klage aufgestellten Rechtsbehauptung. Er ist das Gegenstück zum Klaganerkenntnis (§ 307 ZPO.), der Anerkennung der in der Klage aufgestellten Rechtsbehauptuug durch den Beklagten. Klagverzicht und Klaganerkenntnis sind wiederum Gegenstücke zum gerichtlichen Geständnis, der innerhalb des Prozesses abgegebenen Erklärung einer Partei, daß eine vom Gegner behauptete[1618a]) ihr ungünstige Tatsache

---

RGEZ. LVIII 354; zum Teil aber auch KIPP, Familienrecht, § 95 zu Anm. 17a; dazu noch unten zu Anm. 1876.

[1616]) Vgl. HELLWIG, Syst. I, § 151 I zu Anm. 2—9; Prozeßhandlung, § 7 VI a.E. Anders bezüglich des Versprechens der Klagezurücknahme RGEZ. CII 220 und bezüglich des vor Erlaß des Urteils erklärten Verzichts auf Rechtsmittel oder Einspruch STEIN, Nr. I zu § 514 und zu § 346 ZPO.; vgl. auch RGEZ. XXXVI 422; XLV 329; LXX 60. Die gegnerische Ansicht ist bereits von HELLWIG, a. a. O., schlagend widerlegt. Nicht überzeugend m. E. gegen HELLWIG RGEZ. CII 220. Das RG. gibt selbst zu, daß der außergerichtliche Vertrag, in dem Kläger die Klagezurücknahme verspricht, nicht prozessual wirkt. Es will aber diesem Vertrag eine „schuldrechtliche" Wirkung beilegen, die auf Einwand des Beklagten zu einer „Abweisung angebrachtermaßen", wie bei mangelhaft erhobener Klage, m. a. W. zur Prozeßabweisung führe. Ein völliger Widerspruch! Denn wenn der Vertrag zur Prozeßabweisung führt, hat er nicht nur „schuldrechtliche", sondern „prozessuale" Wirkungen. Übrigens fordert nicht das geringste praktische Bedürfnis, dem Versprechen der Klagezurücknahme auch nur „schuldrechtliche" Wirkung beizulegen, da ja die Klage jederzeit wieder erhoben werden kann (so schon mit Recht HELLWIG, Syst. I, § 137 III 3). Das RG., a. a. O., 222/3 behauptet zwar ein solches Bedürfnis, fügt aber wiederholt die Vermutung hinzu, dem Vertrag werde doch wohl die Bedeutung einer Stundung oder gar eines Verzichts auf den eingeklagten Anspruch beizumessen sein. Ja, dann natürlich! Dann ist er aber ein zivilrechtlicher Vertrag! Vgl. noch unten Anm. 2427.

[1616a]) Dazu noch unten Anm. 2675. Wirksam dagegen die vertragsmäßige Beschränkung der Haftung (RGEZ. LXIII 62). Über den Gegensatz vgl. W. HEIN, 144 Anm. 1, dem nur in bezug auf seine privatrechtliche Auffassung der Haftung zu widersprechen ist; sie ist materielljustizrechtlich (meine Beitr. 137 [31] Anm. 1). Wirksam ist übrigens die Haftungsbeschränkung nur, wenn sie im Urteil berücksichtigt ist (wie, bleibe dahingestellt; vgl. W. HEIN, 144/5).

[1617]) Vgl. oben zu Anm. 1572a.

[1618]) Anders die in der Praxis noch immer durchaus herrschende Ansicht, welche in dem Klagverzicht, wie in dem Klaganerkenntnis (§ 307 ZPO.), nicht nur eine prozessuale Willenserklärung, sondern gleichzeitig ein materielles Rechtsgeschäft erblickt; vgl. RGEZ. LXVI 14; STEIN, Nr. I zu § 306, Nr. I zu § 307, Nr. VI 2 vor § 128, und die daselbst in Anm. 139 vor § 128 und in Anm. 15 und 57 zu § 307 angeführten Schriften und Entscheidungen.

[1618a]) Ein weiteres Merkmal ergibt sich aus dem unten in Anm. 1629 Ausgeführten.

wahr sei. Klagverzicht, Klaganerkenntnis und Geständnis können mit dem Willen oder Bewußtsein ihrer Wirkung abgegeben sein; sie brauchen es aber nicht und werden es meist nicht[1618b]). Andererseits brauchen die genannten Parteihandlungen auch keine Vorstellungsmitteilungen[1619]) zu sein. Die Erklärung, verzichten, nicht bestreiten, d. i. den Frieden zu wollen[1620]), genügt. Auch sie ist natürlich keine Willenserklärung im Sinne einer gewollt oder bewußt auf eine Rechtswirkung gerichteten Willensäußerung[1621]), sondern nur eine ,,Willens-

1618b) Sie sind daher auch keine prozessualen Willenserklärungen; anders Kisch, Recht, 1924, 1, 2.

1619) So Hellwig, Syst. I, §§ 147—149; v. Tuhr, II 1, § 48 II 2 zu Anm. 66. Vgl. auch Rosenberg, Stellvertr. 87. Daß die Zurücknahme einer Behauptung keine Vorstellungsmitteilung zu sein braucht, hat Hellwig, Prozeßhandlung, § 5 IV 2; Syst. I, § 147 IV, selbst anerkannt. Daß damit anerkannt werde, daß sie eine ,,Willenserklärung" sein könne, ist Stein, Z. XLI 422, nicht zuzugeben. Denn ganz abgesehen davon, daß die Willenserklärung Wesentlichkeit des Wirkungswillens erfordert, und daß der von Hellwig als möglicher Inhalt der Zurücknahmeerklärung bezeichnete ,,Antrag auf Nichtberücksichtigung" als auf einen tatsächlichen, nur möglicherweise eintretenden Erfolg gerichtet, keine Willenserklärung wäre (vgl. unten zu Anm. 1864/65), ist möglicher Inhalt der Zurücknahmeerklärung die Erklärung, die Behauptung in ihrer Eigenschaft als Angriffs- oder Verteidigungsmittel zurücknehmen zu wollen (dazu noch unten zu Anm. 2238), und die immer eintretende Rechtswirkung dieser Erklärung ist die sich daraus ergebende Prozeßlage, die je nachdem die Wirkung eines Klagverzichts, einer unschlüssigen Klage oder — bei Zurücknahme eines Bestreitens — die Wirkung eines Klageanerkenntnisses oder Geständnisses sein kann. Die Berücksichtigung oder Nichtberücksichtigung einer Parteihandlung ist weder ihr Inhalt noch ihre Rechtswirkung. Vielmehr ergibt sie sich — wie schon Hellwig, Prozeßhandlung, § 5 Anm. 27; Syst. I, § 147 I, ausgeführt hat — vgl. auch F. Klein, Parteihandlung, 23 —, aus der von Stein mit Unrecht — vgl. oben hinter Anm. 772 — bekämpften, durch das Staatsverhältnis begründeten allgemeinen Richterpflicht, auf Parteihandlungen nach Maßgabe des Gesetzes zu verfahren. Diese Pflicht besteht im Strafprozeß so gut wie im Zivilprozeß und — wie Stein, Z. XLI 422, selbst anerkennt — in bezug auf Zeugenaussagen so gut wie in bezug auf Parteibehauptungen. Sie ist die staatsrechtliche Garantie, nicht der Inhalt der Prozeßlage, die, von der Richterseite gesehen, die Bindung des Richters ist, die ,,weitere Verhandlung und Entscheidung der durch die Parteihandlung geschaffenen Situation anzupassen". Vgl. zu alledem schon oben Anm. 774, 1374, zu Anm. 774b, sowie vor allem unten zu Anm. 2013—2029.

1620) Vgl. darüber Hegler, 208 Anm. 1; sowie unten von Anm. 2227 ab. Gleichbedeutend ist auch (Hegler, 207ff.; Kisch, GöttGelAnz. 1901, 226ff.) die Erklärung ,,nicht zu bestreiten". Das Reichsgericht (EZ. IV 421, XL 269/270) unterwirft beide Erklärungen als solche nur dem § 138 II, nicht dem § 288 ZPO. (dies insbesondere gegen Stein, Anm. 25 und 26 zu § 288 ZPO.), stimmt also wohl mit Bülow, Geständnisrecht, 15, 19, überein. Im übrigen ist bei unklaren oder widerspruchsvollen Erklärungen selbstverständlich im Wege der Auslegung die wirkliche Meinung der Partei festzustellen, wenn nötig mit Hilfe der Ausübung des richterlichen Fragerechts (Kisch, a. a. O., 227). Die Erklärung, die Tatsache sei zwar unwahr, man wolle sie aber doch nicht bestreiten, ist m. E. nicht minder ein Geständnis (ebenso Hegler, 220), wie die Erklärung, die Tatsache sei zwar wahr, man bestreite sie aber doch und verlange Beweis (ebenso Hellwig, Syst. I, § 148 II 2). In jenem Falle spricht die Partei ihrem Bestreiten selbst die rechtliche Erheblichkeit ab, in diesem ist ihr Bestreiten eine unerhebliche protestatio facto contraria. Vgl. dazu noch unten zu Anm. 2210, 2211, 2231.

1621) Selbst wenn man F. Klein, Parteihandlung, 13ff., nach welchem jede Erklärung über ein (künftiges) Tun des Erklärenden selbst nicht Willenserklärung mitteilung"[1622]). Es kommt also bei allen drei genannten Parteihandlungen nur auf das tatsächliche streitlose Verhalten an[1623]) an. Daß das Geständnis widerruflich nur ist, wenn die widerrufende Partei beweist, daß das Geständnis durch einen Irrtum veranlaßt sei (§ 290 ZPO.), erklärt sich daraus, daß nur dieser Nachweis den Schluß entkräftet, der aus dem streitlosen Verhalten der interessierten Partei auf die Wahrheit der nicht bestrittenen Behauptung gezogen werden kann[1624]). Würde es sich in § 290 ZPO. um die Anfechtung einer Willenserklärung wegen Willensmangels handeln, so wäre unerfindlich, warum neben dem Nachweis des veranlassenden Irrtums noch der Nachweis der Unwahrheit des Geständnisses verlangt wird[1625]). Daß andererseits neben dem Nachweis der Unwahrheit des Geständnisses der Nachweis des Irrtums erfordert wird, kommt daher, daß in aller Regel erst mit Führung dieses letzteren Nachweises das Hindernis weggeräumt ist, welches dem Gelingen des Nachweises der Unwahrheit des Geständnisses entgegensteht[1626]). Diese Vernunft wird freilich Unsinn, wenn § 290 ZPO. den Widerruf des Geständnisses selbst dann ausschließt, wenn der Nachweis seiner Unwahrheit zwingend erbracht, der Nachweis des Irrtums aber nicht erbringlich ist, m. a. W. in dem Falle, da die Partei das Geständnis in dem Bewußtsein seiner Unwahrheit abgelegt hat[1627]). Diese befremdliche Regelung beruht darauf, daß § 290 ZPO. nur auf den Normalfall, das in Unkenntnis seiner Unwahrheit abgegebene unwahre Geständnis, zugeschnitten ist[1628]). Ihr Ergebnis ist, daß das im Bewußtsein seiner

---

ist, nicht folgt. Vgl. dazu unten hinter Anm. 1979. So wenig übrigens wie im Zivilprozeß der Wille oder das Bewußtsein der geständigen Partei die Rechtswirkung des Geständnisses — Bindung des Richters und Beschränkung des Widerrufs — zu umfassen braucht, so wenig braucht im Strafprozeß der Beschuldigte die Beweiswirkung eines zu richterlichem Protokoll abgelegten Geständnisses (§ 254 StPO.) zu kennen; dazu GOLDSCHMIDT, ZStW. XLI 602.

[1622]) Vgl. P. KLEIN, 162ff.

[1623]) Übereinstimmend HEGLER, 218ff.

[1624]) HEGLER, 283ff. Auch nach der Carolina Art. 57 ist das Geständnis — das hier doch sicher keine Willenserklärung ist — nur widerruflich, wenn dargetan wird, „daß der gefangen solche bekantnus auß irsall gethan".

[1625]) HEGLER, 168.

[1626]) HEGLER, 285/6.

[1627]) Dazu HEGLER, 286ff. Befremdlich SOBERNHEIM, 166, der dem Erfordernis des Irrtumsbeweises die Bedeutung einer Vermutung beilegt, daß die Partei das Geständnis in dem Bewußtsein seiner Unwahrheit abgelegt habe, und dies damit erklärt, daß die Partei das Geständnis für eine ihr günstige Erklärung gehalten habe.

[1628]) So mit Recht HEGLER, 288, der, 289 Anm. 2, auch auf die Entstehungsgeschichte des § 290 ZPO., insbesondere auf den zugrunde liegenden § 27a I 10 preuß. AGO. hinweist. Das Erfordernis des Irrtumsbeweises entstammt dem kanonischen Recht (c. 3 X II 18), welches auch noch heute an ihm als dem — im wesentlichen — ausschließlichen Erfordernis der Widerruflichkeit des Geständnisses festhält (can. 1752 Cod. iur. can.). Über die Voraussetzungen der Widerruflichkeit des Geständnisses im römischen Recht gehen die Ansichten auseinander; vgl. v. BETHMANN HOLLWEG, II § 105 Anm. 16, § 108 Anm. 53; SAVIGNY, VII §§ 307, 308; WETZELL, § 14 Anm. 12, § 19 Anm. 3, § 53 Anm. 117; KELLER-WACH, § 63 Anm. 734. Die gemeinrechtliche Lehre vom Geständnis als dispositivem Beweisverzicht (so WETZELL, 171) beruht offenbar auf einem Mißverständnis des

Unwahrheit abgelegte Geständnis als ein prozessuales Verschulden erscheint, dessen Folgen auf die schuldige Partei zurückfallen[1628a]). Nicht aber darf daraus gefolgert werden, daß gerade umgekehrt das Wesen des Geständnisses ein präsumtiv im Bewußtsein seiner Unwahrheit erklärter Dispositionsakt ist. Noch viel weniger darf diese Folgerung für das Klaganerkenntnis und den Klagverzicht gezogen werden. Soweit in diesen Parteihandlungen — ausdrücklich oder schlüssig — das Geständnis von Tatsachen enthalten ist, regelt sich dessen Widerruf freilich nach § 290 ZPO. Im übrigen sind Klaganerkenntnis und Klagverzicht bis zum Schlusse der letzten Tatsachenverhandlung widerruflich[1629]).

---

kanonischen Erfordernisses des Irrtumsbeweises. § 266 österr. ZPO. bestimmt nunmehr, daß der Einfluß eines Widerrufs des Geständnisses nach gerichtlichem Ermessen zu beurteilen ist.

[1628a]) Vgl. schon Bülow, Geständnisrecht, 98; Hölder, Z. XXVIII 402; Kohler, Ges. Beitr., 63. Anders Hegler, 287 Anm. 1. Hegler meint, es wäre verfehlt, ein unrichtiges Ergebnis herbeizuführen, nur um die Partei wegen einer Lüge zu bestrafen. Aber es handelt sich nicht um „Bestrafung" eines Delikts der Prozeßlüge (vgl. oben zu Anm. 672, hinter Anm. 692a), sondern um den Nachteil eines „Verschuldens gegen sich selbst" (vgl. unten § 23 VII, insbesondere zu Anm. 1808a, 1840). Das erhellt gerade daraus, daß — was Hegler als unbegreiflich bezeichnet — den lügenhaft Bestreitenden kein Nachteil trifft. Daß § 290ZPO. nicht entschuldbaren Irrtum verlangt, beweist nur, daß er den Nachteil der Unwiderruflichkeit auf vorsätzliches Verschulden beschränkt. Entsprechendes gilt in den Fällen der §§ 457, 470, aber auch 44 IV ZPO. Viel weniger verständlich ist, daß Hegler, 291 Anm. 2 a. E., das gemeinrechtliche Erfordernis entschuldbaren Irrtums als Beweis für den gemeinrechtlichen „Dispositions"-Standpunkt anführt. Wenn schließlich Hegler geltend macht, daß auch der unter dem Drucke eines Zwanges bewußt Unrichtiges Gestehende bei dem Geständnis festgehalten werde, so geht dieser Beweisgrund von einer unrichtigen Voraussetzung aus. Wenn das Geständnis durch eine strafbare Handlung des Gegners oder seines Vertreters (z. B. Nötigung, Erpressung, Wucher) herbeigeführt worden ist, oder auf einer strafbaren Handlung des eigenen Vertreters (z. B. Untreue) beruht, ist § 580 Nr. 4 ZPO. entsprechend anzuwenden. Auf diesen Gesichtspunkt hat Hellwig, Prozeßhandlung, § 10 IIId; Syst. I, § 148 III 2b, § 149 IV 4d, § 153 IV 2, aufmerksam gemacht (vgl. unten Anm. 2475, auch zu Anm. 2510). Vgl. ferner noch unten Anm. 1840.

[1629]) Die Ansichten gehen weit auseinander; vgl. Hegler, 292ff.; Hellwig, Syst. I § 149 IV 4. Der Text folgt im wesentlichen Hellwig, a. a. O. (anders noch ders., Prozeßhandlung, § 5 Anm. 28, § 10 Anm. 11). Übereinstimmend wohl auch RGEZ. LXVII 155/6. Vgl. noch unten Anm. 2504. Auch auf den Klagverzicht (dies übersieht Hegler, 295) kann § 290 ZPO. insoweit entsprechend angewendet werden, als der Klagverzicht gleichzeitig das Geständnis von Tatsachen enthält, für welche den Beklagten die Beweislast trifft; man denke an Klagverzicht bei der negativen Feststellungsklage (Hellwig, Syst. I, § 149 II 2) oder unter gleichzeitigem Geständnis einer rechtshindernden oder rechtsvernichtenden Tatsache. Soweit der tatsächliche Inhalt des Klagverzichts klagbegründende Tatsachen betrifft, wird freilich § 290 ZPO. unanwendbar sein. Denn die Funktion des Geständnisses ist, den Gegner der Beweislast zu überheben (§ 288 ZPO.), wie es can. 1751 Cod. iur. can. unzweideutig ausdrückt: „. . . confessio iudicialis unius partis . . . relevat alteram ab onere probandi". Ein Geständnis liegt also nur vor, wenn eine Tatsache eingeräumt wird, für die den Gegner die Beweislast trifft (gemeine Meinung; anders Sobernheim, 163ff.). Wenn der Kläger eine Tatsache einräumt, die mit einer klagbegründenden Tatsache unvereinbar ist — was insbesondere dann leicht vorkommen kann, wenn die klag-

Gegenstand des Klagverzichts ist die in der Klage aufgestellte Rechtsbehauptung, m. a. W. der Anspruch im prozessualen Sinn[1630]). Inhalt der Rechtsbehauptung, deren Zurücknahme den Klagverzicht ausmacht, ist — hier wie sonst — der induvidialisierte materielle Tatbestand, der das beanspruchte Recht — und zwar entweder das Rechtsverhältnis der Parteien zueinander oder (bei den Gestaltungsklagen und Klagen auf Duldung der Zwangvollstreckung) das (materielle) Klagrecht — begründet; bei negativen Feststellungsklagen ist Inhalt der Rechtsbehauptung der Mangel des Tatbestandes, der das Recht begründen würde, dessen Aberkennung der Kläger beansprucht[1631]). Ent-

begründende Tatsache ein sog. negatives Tatbestandsmerkmal ist —, so wird damit nur die Unschlüssigkeit der Klage festgestellt, regelmäßig unter Zurücknahme einer vorher aufgestellten klagbegründenden Behauptung. Gebunden ist der Kläger an eine solche Erklärung nicht. Er kann die klagbegründende Behauptung, deren Gegenteil er eingeräumt hat, in den Grenzen des § 268 Nr. 1 ZPO. wieder aufstellen.

[1630]) Vgl. oben zu Anm. 1172c. Der Text vermeidet also WALSMANNS, 37, Einwand, der Klageverzicht könne sich nicht auf das materielle Recht beziehen, da ein solches vielleicht gar nicht existiere; vgl. schon oben zu Anm. 1215, 1216.

[1631]) Vgl. schon oben zu Anm. 1417, 1418. Regelmäßig ist mithin der „Anspruch" die Behauptung eines Leistungsanspruches oder des Bestehens oder Nichtbestehens eines Rechtsverhältnisses unter den Parteien (so die wohl herrschende Lehre, insbesondere HELLWIG, STEIN, R. SCHMIDT, HEGLER; vgl. HEGLER, 6ff., 13ff.). Nur ausnahmsweise, wo ein Rechtsverhältnis unter den Parteien nicht Prozeßgegenstand ist, muß der Inhalt des „Anspruches" anderswo gesucht werden; vgl. schon GOLDSCHMIDT, Mater. JustizR., 42 zu Anm. 210, 211 (wo auch bei der negativen Feststellungsklage bezweifelt wurde, daß ein Rechtsverhältnis unter den Parteien Gegenstand des „Anspruches" und der Urteilsfeststellung sei). Indessen auch wo ein Rechtsverhältnis unter den Parteien nicht in Betracht kommt, ist Gegenstand des „Anspruches", d. i. der Rechtsbehauptung, grundsätzlich nicht der Rechtsschutzanspruch (WACH, 296/7), sondern dessen Tatbestand (vgl. oben Anm. 1419). Bezöge sich die Rechtsbehauptung, deren Zurücknahme gemäß § 306 ZPO. zu einer Abweisung der Klage als unbegründet führen soll, auf den Rechtsschutzanspruch, so könnten Klagverzicht und Klagabweisung schon wegen Fehlens der spezifischen Rechtsschutzvoraussetzungen, z. B. des Feststellungsinteresses bei der Feststellungsklage, der Fälligkeit des zugrunde liegenden Leistungsanspruches bei der Klage auf Duldung der Zwangsvollstreckung, erfolgen, und die Tragweite des Klagverzichts wie der Klagabweisung blieben im Ungewissen; vgl. HEGLER, 14. Auf anderem Blatte steht, daß, wenn der Kläger die Behauptung einer spezifischen Rechtsschutzvoraussetzung zurückgenommen hat und deshalb abgewiesen ist, die Urteilsgebühr (§ 20 Nr. 3 GKG. v. 21. Dez. 1922) nicht verwirkt sein dürfte (vgl. schon oben Anm. 596c). Früher hätte in solchem Fall nur analoge Anwendung des § 23 I GKG. alt. Fass. geholfen (dazu ZIEMSSEN, 72ff.). Die übrigen von HEGLER, 13ff., gegen die WACHsche Ansicht angeführten Gründe sind nicht durchschlagend. Weder die Unbekanntschaft der ZPO. mit dem Begriffe des „Rechtsschutzanspruches" — als ob einem Gesetze nicht ein Begriff zugrunde liegen könnte, der von dem Gesetzgeber noch nicht wissenschaftlich erfaßt war! —, noch der Hinweis, daß die Vorschriften über den Urkundenprozeß unter „Anspruch" nicht den angeblichen „summarischen Urteilsanspruch" verstehen können — denn einen besonderen „summarischen Urteilsanspruch" gibt es überhaupt nicht; vgl. GOLDSCHMIDT, Beiträge, 42 (148) Anm. 2. Ja, die von HEGLER gegen die WACHsche Ansicht angerufenen §§ 597, 599 ZPO. sprechen eher für als gegen diese. Denn der Grund, aus dem der „Anspruch" „sich als unbegründet darstellt" und „abzuweisen" ist (§ 597 I), oder aus dem der Beklagte dem „Anspruch" „widersprochen" hat (§ 599 I), kann unzweifelhaft der Mangel der Fälligkeit des Leistungsanspruches, also der Mangel seiner Rechtsschutzfähigkeit (vgl. HEGLER, sprechend kann nur eine Rechtsbehauptung gleichen Inhalts Gegenstand eines Klaganerkenntnisses sein. Dabei muß das Klaganerkenntnis einwendungslos erfolgen, d. h. es darf nicht mit der Geltendmachung von Einreden, Bemängelung der spezifischen Rechtsschutzvoraussetzungen oder prozessualen Rügen verbunden sein; entsprechendes gilt vom Klagverzicht[1632]). Natürlich sind Sachurteilsvoraussetzungen, deren

23, selbst) sein. Es ist also anzunehmen und auch einleuchtend, daß die ZPO. gerade in den bezeichneten Vorschriften innerhalb der Gründe, aus denen die Klage abzuweisen oder ihr widersprochen ist, zu den aus den besonderen Prozeßvoraussetzungen (GOLDSCHMIDT, Beiträge, a. a. O.) des Urkundenprozesses entnommenen die materiellen (privat- und justizrechtlichen) in Gegensatz bringt, m. a. W., daß die ZPO. daselbst unter „Anspruch" den behaupteten Rechtsschutzanspruch versteht. Freilich ist gerade die Fälligkeit des Leistungsanspruches eine solche spezifische Rechtsschutzvoraussetzung, die mit dem Tatbestande des Rechtsschutzanspruches, dem Leistungsanspruche selbst, eng verbunden ist (vgl. GOLDSCHMIDT, Beiträge, 34 [140] Anm. 1; BLEY, 42), die, wie HEGLER, 19 zu Anm. 2, sich ausdrückt, innerhalb des „Anspruches" liegt. Dies zeigt § 592 ZPO. Auch in § 592 ZPO. ist unter den dem Urkundenbeweise unterliegenden „zur Begründung des Anspruchs erforderlichen Tatsachen" die Fälligkeit des Leistungsanspruches mitbegriffen (STEIN, Nr. IV 1 zu § 592 ZPO.). Und doch kann unter „Anspruch" im Sinne des § 592 nur der behauptete Leistungsanspruch verstanden werden. Immerhin ist auffällig, daß STEIN und HELLWIG, die unter „Anspruch" bei Leistungsklagen den behaupteten Leistungsanspruch verstehen, nicht davor stutzig geworden sind, daß die von ihnen (STEIN, Nr. IV 1 vor § 253 ZPO.; HELLWIG, Syst. I, § 102 I 2b) als spezifische Rechtsschutzvoraussetzung behandelte Fälligkeit des Leistungsanspruches in § 592 als eine zur Begründung des Leistungsanspruches erforderliche Tatsache anzusehen ist (STEIN, Nr. IV 1 zu § 592 ZPO.; HELLWIG, Syst. II, § 251 I 2b zu Anm. 4). Ist die Fälligkeit des Leistungsanspruches eine mit diesem, dem Tatbestande des Leistungsklagrechts, eng verbundene spezifische Rechtsschutzvoraussetzung, so sind bei den Gestaltungsklagrechten Tatbestand und spezifische Rechtsschutzvoraussetzungen regelmäßig überhaupt unlöslich miteinander verbunden. Insbesondere gilt dies hier auch von dem Rechtsschutzbedürfnis, d. i. dem Interesse an richterlicher Gestaltung; vgl. schon GOLDSCHMIDT, Beitr. 34/35 (140/1). Deshalb, aber nur deshalb ist hier Gegenstand des „Anspruches" das Gestaltungsklagrecht selbst (vgl. schon GOLDSCHMIDT, Beitr., 53 [159]; ZivArch. CXVII 19); Verzicht und die auf Grund desselben ausgesprochene Klagabweisung können hier regelmäßig also auch wegen Mangels z. B. des Interesses an richterlicher Gestaltung erfolgen. In einem Falle ist allerdings trotz Trennbarkeit von Tatbestand und spezifischen Rechtsschutzvoraussetzungen ausnahmsweise Gegenstand des „Anspruches", d. i. der Rechtsbehauptung, allerdings der Rechtsschutzanspruch, nämlich im Arrestprozeß. Hier ist Gegenstand der Rechtsbehauptung und Entscheidung der „Arrestanspruch", nicht dessen Tatbestand, die sicherungsbedürftige Geldforderung (übereinstimmend STEIN, Nr. III 3 zu § 922, Nr. I 2 zu § 925 ZPO.). Verzicht des Arrestklägers und die auf Grund desselben ausgesprochene Abweisung des Arrestgesuches können hier also auch wegen Mangels des Arrestgrundes erfolgen; denn die Entscheidung über das Arrestgesuch wirkt ohnehin niemals Rechtskraft in bezug auf die Geldforderung selbst (STEIN, Nr. VI zu § 922 ZPO.). Entsprechendes gilt natürlich für die einstweilige Verfügung des § 935 ZPO.

[1632]) HEGLER, 18ff. Wenn HEGLER, 19 Anm. 3, meint, eine Bemängelung der Rechtsschutzvoraussetzungen seitens des Klagverzichtenden sei nicht möglich, da das Vorliegen eines prozessualen Angriffs und das Nichtbestehen des „Anspruches", welches aus dem Verzicht folgt, genügenden Grund des „Rechtsschutzanspruches auf Abweisung" bilde, so übersieht HEGLER, daß der Klagverzichtende ja nicht nur das Rechtsschutzinteresse, sondern auch die Rechtsschutzfähigkeit des geltend gemachten Anspruches bemängeln kann (z. B. im Falle des § 1394 BGB.). Außerdem beruht HEGLERS Ansicht auf der Annahme eines selbständigen Rechts-

Mangel nicht Gegenstand eines verpaßlichen Rügerechts des Beklagten ist, vom Richter von Amtswegen zu beachten. Der Prüfung der spezifischen Rechtsschutzvoraussetzungen wird der Richter durch das Klaganerkenntnis überhoben, soweit ihre tatsächliche Wahrheit, nicht dagegen, soweit ihre rechtliche Schlüssigkeit in Frage steht[1633].

Ist danach der Klagverzicht kein eigentlicher „Verzicht" d. h. keine Willenserklärung, so ist er ein tatsächliches Aufgeben des Prozesses, d. h. — soweit vorhanden — aller Möglichkeiten und Aussichten auf Sieg, auf günstiges Sachurteil[1633a]. Entsprechendes gilt vom Klaganerkenntnis[1633b] und Geständnis. Auch das Geständnis ist zwar nicht, wie insbesondere PLANCK[1634] angenommen hat, ein „Verzicht" auf das „Prozeßrecht der Verteidigung" oder den „Prozeßanspruch gegen das Gericht auf Prüfung und Zurückweisung jenes (d. i. des gegnerischen) Angriffs". Wohl aber ist es ein tatsächliches Aufgeben [dieser Ausdruck dürfte hier, wo kein Unterlassen, sondern ein entgegengesetztes Tun in Frage steht[1634a], dem „Verpassen" vorzuziehen sein] der Bestreitungsmöglichkeit[1635]. Und so wenig einem Volke, welches im Kriege die Waffen weggeworfen hat, der Nachweis nützt, daß es die Wirkung dieses Verhaltens, den Verlust alles dessen, worum es in diesem Kriege ging, nicht gewollt habe, so wenig nützt der klagverzichtenden, klaganerkennenden oder gestehenden Partei der Nachweis, daß sie die Wirkung dieser ihrer Prozeßhandlung, letztlich den Verlust des Prozesses, d. i. die ihn ausmachenden Urteilswirkungen, nicht gewollt oder vorausgesehen habe. Das hat WALSMANN richtig erkannt, wenn er ausführt[1636], die Wirkung des Klagverzichts, die Abweisung der Klage als unbegründet, brauche „vom Verzichtswillen des Klägers nicht umfaßt zu sein". Nur irrt WALSMANN, wenn er deshalb meint, daß Gegenstand des „Verzichts" das prozessuale „Recht des Klägers auf sachliche Prüfung des geltend gemachten Anspruches durch den Richter"[1637], m. a. W. die prozessuale Klagmöglichkeit[1638], sei. Denn einmal ist dieses Recht nicht verzichtlich[1639]. Und sodann: Wäre es wirklich Gegenstand des Verzichts beim Klagverzicht, so müßte dessen Wirkung die Abweisung der Klage als prozessual unzulässig sein. Die ge-

---

schutzanspruches des Beklagten, die ich — vgl. oben hinter Anm. 1411 — nicht teile; vgl. denn auch oben zu Anm. 1423a.

1633) HEGLER, 22ff.; auch schon GOLDSCHMIDT, Beiträge, 42 (148) Anm. 2 a. E.

1633a) Also durch Zurücknahme der sich grundsätzlich nicht auf den Rechtsschutzanspruch beziehenden Rechtsbehauptung (vgl. oben Anm. 1631) wird, soweit vorhanden, die materielljustizrechtliche (vgl. oben hinter Anm. 1376a) Aussicht auf günstiges Sachurteil aufgegeben (vgl. oben Anm. 1605).

1633b) Nur sind nach dem oben zu Anm. 1411—1434, insbesondere zu Anm. 1434 Ausgeführten die aufgegebenen Möglichkeiten und Aussichten des Beklagten stets prozessuale.

1634) I 317ff. Gegen PLANCK insbesondere BÜLOW, Geständnisrecht, 1ff.; HEGLER, 181ff.; auch KISCH, GöttGelAnz., 1901, 226.

1634a) Eine kriminalistische Parallele bildet das Unterlassungsdelikt durch Begehung; vgl. v. OVERBECK, GS. LXXXVIII 319ff.

1635) Über diese vgl. oben hinter Anm. 1451, insbesondere Anm. 1454.

1636) Verzicht, 39; schon ZivArch. CII 79, 80.

1637) A. a. O., 38, 39.

1638) Vgl. oben zu Anm. 1376.

1639) Vgl. oben Anm. 1604a.

botene Folgerung ist vielmehr, daß der Klagverzicht, wenn auch nicht notwendig die Vorstellungsmitteilung[1640]), daß die Klage unbegründet sei[1641]), so doch jedenfalls keine Willenserklärung, kein „Verzicht" ist[1641a]).

Dadurch, daß der Klagverzicht keine Willenserklärung ist, unterscheidet er sich von der Zurücknahme der Klage. Zwar ist auch sie kein „Verzicht" auf das Recht auf „Verhandlung und Entscheidung über die erhobene Klage in dem jetzigen Rechtsstreit"[1642]). Denn der Wille des die Klage zurücknehmenden Klägers ist in erster Linie nicht darauf gerichtet, sein eigenes Recht auf Verhandlung und Entscheidung über die erhobene Klage in dem anhängigen Rechtsstreit, sondern das entsprechende Recht des Beklagten zum Erlöschen zu bringen. Wohl aber ist die Zurücknahme der Klage die Erklärung des Willens, die Rechtshängigkeit zum Erlöschen zu bringen. Rechtshängigkeit, d. i. Anhängigkeit bei Gericht[1643]), bedeutet das Befaßtsein des Gerichts mit einer Streit- oder Strafsache, m. a. W. die Rechtslage, daß ein Anspruch (im prozessualen Sinne = zum Zwecke des Angriffs aufgestellte Rechtsbehauptung) der gerichtlichen Verhandlung und Entscheidung unterbreitet ist[1644]), daß eine res[1645]) in iudicium deducta est[1646]). Diese Rechtslage

[1640]) Vgl. oben zu Anm. 1619.

[1641]) Vgl. WALSMANN, 38, gegen HELLWIG und ROSENBERG (oben Anm. 1619).

[1641a]) Die Prozeß-O. des deutsch-italienischen Gemischten Schiedsgerichtshofs (RGBl. 1924, II, 95ff.) bezeichnet in Art. 65 als Wirkung des Klagverzichts die „Lösung des Prozeßrechtsverhältnisses" (m. W. das erstemal, daß der BÜLOWsche Begriff in der Gesetzessprache vorkommt; vgl. oben Anm. 3) und das „Erlöschen des mit der Klage geltend gemachten Anspruchs". Aber mit „Lösung des Prozeßrechtsverhältnisses" wird der Ausdruck des italienischen Textes „La rinuncia estingue l'azione" ebenso doktrinär, wie unrichtig oder unklar wiedergegeben. Entweder bedeutet er: Untergang des Klagrechts (im Sinne der Aussicht auf günstiges Sachurteil; oben Anm. 1633a) oder Erlöschen der Rechtshängigkeit (unten hinter Anm. 1642).

[1642]) So STEIN, Nr. I zu § 271 ZPO.; HELLWIG, Syst. I, § 137 I 1; RGEZ. LXVI 14. Ganz haltlos freilich WALSMANN, Verzicht, 39, der, um seine oben zu Anm. 1637 erwähnte Theorie des Klagverzichts gegen den naheliegenden Einwand zu verteidigen, sie verwische den Unterschied zwischen Klagverzicht und Klagezurücknahme, behauptet, der die Klage zurücknehmende Kläger verzichte gar nicht auf sachliche Prüfung des geltend gemachten Anspruches durch das Gericht, sondern „entziehe nur dem Richter im gegebenen Prozeß die faktische Möglichkeit der Prüfung".

[1643]) Vgl. oben hinter Anm. 1172.

[1644]) Wenn STEIN, Z. XLI 424ff., gegen HELLWIG, Prozeßhandlung, § 3 IV, § 6 Anm. 5a, behauptet, Rechtshängigkeit sei „die Gesamtheit derjenigen Reflexwirkungen, die das materielle und das Prozeßrecht an die Klageerhebung (oder andere Akte) knüpfen", so verwechselt er Inhalt und Wirkungen der Rechtshängigkeit. Damit macht er sich selbst der Verwechselung schuldig, die er, a. a. O., 424/425, 430, HELLWIG vorwirft. Rechtshängigkeit ist nichts anderes, als „daß über den (Klag-)Antrag Verhandlung und Entscheidung stattfindet", also das, was STEIN, a. a. O., 425, als Inhalt der Klagerhebung bezeichnet, was aber — wie auch schon HELLWIG, Prozeßhandlung, § 9 I, ganz richtig feststellt — gleichfalls nur „eine kraft Gesetzes mit der Klagerhebung verbundene Wirkung" ist; vgl. sofort unten im Text.

[1645]) Daß die „res de qua agitur" = Anspruch im prozessualen Sinn ist, darüber vgl. oben zu Anm. 240.

[1646]) Diese Begriffsbestimmung paßt für den Strafprozeß so gut wie für den Zivilprozeß; vgl. LANG, 3; SAUER, 135; schon PLANCK, Mehrheit, 31, der auf ist gleichbedeutend mit der Aussicht beider Parteien auf gerichtliche Verhandlung und der Prozeßlage gemäße Entscheidung über den erhobenen Anspruch in dem gegenwärtigen Verfahren.

Da der Eintritt der Rechtshängigkeit die Wirkung der Klagerhebung ist, so ist die Zurücknahme der Klage insoweit deren „Gegenstück"[1647]), der contrarius actus. Doch darf dabei nicht übersehen werden, daß zwar das Erlöschen der Rechtshängigkeit kraft der darauf gerichteten, in der Zurücknahme der Klage liegenden Willenserklärung eintritt, nicht dagegen die Rechtshängigkeit kraft einer darauf gerichteten, „stillschweigend in der Klage enthaltenen Willenserklärung"[1648]). Denn die in der Klage enthaltene Willensäußerung ist nicht — auch nicht stillschweigend — auf Begründung der Rechtshängigkeit, also nicht auf diejenige Wirkung gerichtet, welche stets der rechtliche Erfolg der Klagerhebung ist, sondern auf ein Urteil bestimmten Inhalts, auf ein dem Kläger günstiges Urteil[1649]). Wer den Krieg beginnt, will den Sieg. Daß er damit alles, worum es in dem Kriege geht, auf die Entscheidung des Schwertes stellt, diese Wirkung tritt ganz unabhängig von seinem Willen ein. So ist die Klagerhebung, wie alle anderen Anträge (Gesuche), keine Willenserklärung, sondern eine „Willensmitteilung"[1650]). Wenn anscheinend Klagerhebung und Klagantrag in dem Sinne auseinander zu halten sind, daß nur dieser auf ein Urteil bestimmten Inhalts, jene aber auf Begründung der Rechtshängigkeit[1651]) gerichtet ist[1652]), so trügt dieser Anschein. Der „bestimmte" (§ 253 II Nr. 2 ZPO.) Klagantrag ist nur die Spezifikation des in der Klage enthaltenen Rechtsschutzgesuchs, gleichwie die „bestimmte Angabe" (§ 253 II Nr. 2 ZPO.) des Klagegrundes nur die Spezifikation der in der Klage steckenden Behauptung eines Rechtsschutzgrundes ist. Wer erklärt: „Ich erhebe

---

c. 9 pr. Cod. 9, 2 verweist: „Qui de crimine publico in accusationem deductus est, ab alio super eodem crimine deferri non potest." Der Inhalt des strafprozessualen Anspruches ist die Rechtsbehauptung, daß N. N. sich strafbar gemacht habe, das Begehren, daß der Richter das staatliche Strafrecht ausübe (vgl. oben Anm. 1327). Nach SANDER, 539, soll die oben im Text gegebene Definition der Rechtshängigkeit „soziologisch gefärbt" sein. Er setzt ihr als „rechtliche Definition" entgegen, daß „Rechtshängigkeit die erste Bestimmung bedeutet, welche der reine Wille am Etwas vornimmt, die Setzung als extensive Rechtsgröße, als Rechtssatzform, als rechtliche Vergleichungsgröße." Vgl. aber oben Anm. 1259c.

[1647]) So STEIN, Anm. 2 zu § 271 ZPO.

[1648]) So STEIN, a. a. O.

[1649]) Vgl. oben zu Anm. 447a. Dem steht nicht entgegen, daß die Einreichung der Klageschrift zur Terminsbestimmung ein darauf gerichtetes Gesuch enthält; vgl. STEIN, Z. XLI 422; oben Anm. 1436.

[1650]) P. KLEIN, 164. In der Sache übereinstimmend vor allem HELLWIG, Prozeßhandlung, §§ 3, 4; Syst. I, § 97 zu Anm. 9, §§ 145 II, 146. Denn wenn auch HELLWIG — wie schon F. KLEIN, Parteihandlung, 17ff., — die Anträge als „Willenserklärungen" bezeichnet — was ihm STEIN, Z. XLI 422, vorhält —, so betont er doch ausdrücklich, daß den Anträgen „die für die Rechtsgeschäfte charakteristische Beziehung zwischen dem Inhalt der Erklärung und dem rechtlichen Erfolge" fehle. Er hält die Anträge also nicht für „Willenserklärungen" im technischen Sinn.

[1651]) In der oben zu Anm. 1644 angegebenen Bedeutung; vgl. Anm. 1644.

[1652]) So STEIN, Z. XLI 425.

Klage" erklärt damit: Ich behaupte einen Rechtsschutzgrund und bitte um Rechtsschutz. Aber schon diese noch nicht spezifizierte Rechtsschutzbitte ist nicht nur auf Verhandlung und sachgemäße Entscheidung, sondern auf ein dem Kläger günstiges Urteil gerichtet. Es steht nicht anders bezüglich der Rechtsmittel[1653]). Auch die Erklärung, das Rechtsmittel einzulegen, bedeutet bereits die Behauptung einer Beschwer und die Bitte um Aufhebung der angefochtenen Entscheidung. Dies erhellt besonders daraus, daß es bei der strafprozessualen Berufung und bei der Beschwerde gar keines spezifizierten Rechtsmittelantrages bedarf. Andererseits tritt da, wo es, wie bei der zivilprozessualen Berufung und bei der Revision, spezifizierter Rechtsmittelanträge bedarf, der typische und stets eintretende Erfolg der Rechtsmitteleinlegung, die Hemmung der Rechtskraft und Überwälzung der Sache in die Rechtsmittelinstanz, nur teilweise mit der bloßen Rechtsmitteleinlegung ein[1654]). Und selbst soweit er eintritt, entspricht er nicht dem Inhalte der Rechtsmitteleinlegung, die auf einen darüber hinausgehenden Erfolg gerichtet ist.

Da die Klagezurücknahme eine Willenserklärung ist, muß bei Streit über die Wirksamkeit der Zurücknahme[1655]) der Kläger mit der Behauptung gehört werden, daß ihm der Wille, die Klage zurückzunehmen, gefehlt habe, es sei denn, daß dieser Wille aus den gegebenen Umständen geschlossen werden mußte[1656]).

IX. Schon die Verpaßlichkeit der prozessualen Möglichkeiten ergibt, daß auch die Rechte im prozessualen Sinne durch Nichtgebrauch erlöschen können. Nach Rechtshängigkeit tritt dieses Erlöschen durch Nichtwahrnehmung der Möglichkeit zu dem gegebenen Zeitpunkt — der als Ausschlußfrist wirkt (§ 230 ZPO.)[1656a]) —, letztlich durch „prozessualische Überholung"[1657]) ein. Ein Erlöschen des Klagrechts durch Nichtgebrauch oder ein Erlöschen der Rechtshängigkeit durch Ruhenlassen des Prozesses setzt aber das bloße Verstreichen eines längeren Zeitraums voraus, unterfällt m. a. W. dem Begriffe der Verjährung. Sowohl die Klagenverjährung wie die Prozeßverjährung sind bekanntlich dem römischen Recht geläufig. Freilich hat Windscheid[1658]) schon für das römische Recht an die Stelle der Klagenverjährung die Anspruchsverjährung setzen wollen. Indessen daß die exceptio annalis eine pro-

[1653]) Auf welche Stein, Z. XLI 421, 425, vergleichsweise verweist.

[1654]) Nach § 346 StPO. gedeiht im Falle mangelnder Frist- oder Formgerechtheit der Revisionsanträge die Sache nicht an die Revisionsinstanz. Vgl. im übrigen schon oben Anm. 774 a. E.

[1655]) Vgl. dazu Stein, Nr. III, IV zu § 271 ZPO.

[1656]) Stein, Z. XLI 426, bezeichnet Hellwigs (Prozeßhandlung, § 5 Anm. 27, § 6 Anm. 6, § 8) These, daß die Zurücknahme der Klage ein „Prozeßrechtsgeschäft", will sagen eine Willenserklärung ist, obwohl es die Klage selbst nicht ist, nicht dagegen die Zurücknahme einer Behauptung (vgl. oben Anm. 1619), als „Willkür". Wie mir scheint, mit Unrecht. Es kommt eben darauf an, ob für die Erklärung ein Wirkungswille erforderlich ist.

[1656a]) Vgl. schon v. Tuhr, II 2 § 90 zu Anm. 18. Dazu aber noch unten zu Anm. 1773 und hinter Anm. 1778b.

[1657]) v. Kries, 459, 698; vgl. schon oben Anm. 1604a, unten zu Anm. 1714a, 1756, 2473b, 2763.

[1658]) Windscheid-Kipp, I § 106.

zessuale Befristung der Ausübbarkeit des Klagrechts war, sollte nicht zweifelhaft sein[1658a]). Aber auch die spätere Verjährung ist Klagenverjährung; denn die der temporis praescriptio unterworfene römische actio ist Klagrecht, nicht Anspruch[1659]), wobei ganz dahingestellt bleiben kann, ob die unleugbare Ungeschiedenheit von Klagrecht und Anspruch im römischen Recht[1660]) es mit sich gebracht habe, daß bei den actiones in personam nach vollendeter Verjährung nicht einmal eine naturalis obligatio übrig geblieben sei[1661]). Eine Prozeßverjährung haben wir in der Rechtseinrichtung der lex Iulia iudiciaria vor uns, wonach der Prozeß nach anderthalb Jahren, von der litis contestatio an gerechnet, erlosch[1662]). Hier blieb unstreitig eine naturalis obligatio übrig[1663]). Die sog. Verjährung der Litispendenz (c. 9 Cod. 7, 39; c. 1 § 1 Cod. 7, 40) ist trotz ihres Namens[1664]) keine Verjährung der Rechtshängigkeit, keine Prozeßverjährung, sondern eine Verjährung des Klagrechts, deren Frist infolge der durch die Rechtshängigkeit eingetretenen Unterbrechung der Verjährung auf vierzig Jahre — seit der letzten Prozeßhandlung — erstreckt ist.

Eine Prozeßverjährung gibt es im geltenden deutschen Recht nicht[1664a]). Sie wäre auch, da uns die konsumierende Wirkung der Litiskontestation[1665]), m. a. W. des Eintritts der Rechtshängigkeit verlorengegangen ist, ohne Bedeutung für das materielle Recht, also im wesentlichen zwecklos[1665a]). Aber auch die Klagenverjährung ist bei

---

1658a) Vgl. oben zu Anm. 180a, b.

1659) Vgl. oben von Anm. 242 ab, insbesondere zu Anm. 244.

1660) Vgl. oben zu Anm. 347.

1661) M. E. ist eine solche hier ebenso übrig geblieben, wie bei der ungerechtfertigten Freisprechung; vgl. über diese oben Anm. 909, 910. Gegen die Annahme einer naturalis obligatio insbesondere WINDSCHEID-KIPP, I § 112 Anm. 5, der die Fortdauer des Pfandrechts trotz der Verjährung der Forderung (c. 7 Cod. 7, 39; c. 2 Cod. 8, 30 [31]) aus den oben in Anm. 287 angeführten Gründen (vgl. auch oben Anm. 910) für nicht beweiskräftig erklärt. Indessen mindestens gilt doch der Satz: „remanet propter pignus naturalis obligatio“ (l. 61 pr. D. 36, 1). Und die Fortdauer des Pfandrechts ist auch nicht das einzige Symptom für das Fortbestehen einer naturalis obligatio. So gesteht WINDSCHEID-KIPP, I § 112 Anm. 5a, II § 289 Anm. 5a, zu, daß wissentliche (nur diese?) Erfüllung einer verjährten Forderung nicht Schenkung sei. Für Klagenverjährung und Übrigbleiben einer naturalis obligatio insbesondere UNTERHOLZNER, II § 258. Auch die preußische Praxis stand auf dem Boden der Klagenverjährung und schloß nicht nur bei bewußt, sondern auch bei irrtümlich geleisteter Zahlung einer verjährten Forderung die condictio indebiti aus, weil eine moralische Verbindlichkeit bestehe; vgl. FÖRSTER-ECCIUS, I § 61 zu Anm. 30. Ja sogar das auf dem Boden der Anspruchsverjährung stehende BGB. hat die Frage, ob die Verjährung eine Naturalobligation übrig lasse, in bejahendem Sinne entschieden (§§ 222 II, 223 I, II, auch § 390 S. 2); vgl. ENNECCERUS, Allg. Teil, § 218 III.

1662) KELLER-WACH, § 45 zu Anm. 519.

1663) l. 8 § 1 D. 46, 8; l. 30 § 1 D. 9, 2.

1664) Vgl. WINDSCHEID-KIPP, I § 110 Anm. 2 zu c.

1664a) Vgl. aber § 18 S. 3 des oben in Anm. 714c erwähnten Entwurfs.

1665) Vgl. darüber oben hinter Anm. 256 und 360.

1665a) Vgl. freilich das französische (in die Prozeßordnungen der deutsch-französischen, belgischen und italienischen Gemischten Schiedsgerichte aufgenommene) Institut der péremption de l'instance (C. de proc. civ. art. 397ff.). Art. 401 sagt: „La péremption n'éteint pas l'action; elle emporte seulement uns in der Hauptsache durch die Anspruchsverjährung (§§ 194ff. BGB.) ersetzt[1665b]). Nur im Strafrecht haben wir noch eine Verfolgungs- und Vollstreckungsverjährung (§ 66 StGB.)[1666]). Trotzdem haben wir auch im materiellen Ziviljustizrecht eine zeitliche Befristung von Klagrechten, denen keine Ansprüche zugrunde liegen[1667]), so von Gestaltungsklagrechten in §§ 1339, 1571, 1594, 2340 III BGB.[1668]), § 271 II HGB. und von Vollstreckungsklagrechten in § 41 KO., § 12 AnfechtGes. v. 21. Juli 1879[1668a]). Nur handelt es sich hier nicht um Verjährungs-, sondern um Ausschlußfristen. Wir finden aber auch die Verjährung von Klag- und Vollstreckungsrechten, denen keine Ansprüche zugrunde liegen, so die Verjährung des Klag- und Vollstreckungsrechts aus einem aus dem Grundbuch nicht ersichtlichen Grundpfandrecht (§ 901 BGB.) oder in bezug auf Rückstände wiederkehrender Leistungen aus einem Grundpfandrecht (§ 902 I S. 2 BGB.)[1669]). Nach Analogie dieser Fälle wird man

---

extinction de la procédure, sans qu'on puisse, dans aucun cas, opposer aucun des actes de la procédure éteinte, ni s'en prévaloir." M. a. W. es tritt zwar keine Verjährung des Klagrechts, aber nach Art. 2247 C. civil — abweichend von § 211 II, in Übereinstimmung mit § 213, sowie §§ 212 I, 214 II, 215 II, 216 BGB. — eine Rückgängigmachung ihrer Unterbrechung ein.

1665b) Anders jetzt SCHÜLER, 48, 51, nach dem der Urteilsanspruch durch Verjährung erlöschen soll. Ebenso das englisch-nordamerikanische Recht (MENDELSSOHN BARTHOLDY, Rhein. Ztschr. XII 18, 21).

1666) Vgl. dazu GOLDSCHMIDT, Mater. Justizr., 39ff.

1667) Vgl. über solche Klagrechte GOLDSCHMIDT, Beiträge, 30 (136)ff. Wenn BLEY, 61ff., 66ff. (vgl. auch 63), den Rechten auf richterliche Gestaltung oder Erlassung eines Vollstreckungstitels die Eigenschaft als „Urteilsanspruch", d. i. als Klagrecht, abstreitet, so identifiziert er zu Unrecht Klagrecht und Feststellungsklagrecht. Daß jedes Klagrecht begrifflich auch ein Feststellungsklagrecht sein muß, ist BLEY zuzugeben. Aber schon das Leistungsklagrecht ist daneben, wie das Vollstreckungsklagrecht, auf Erwirkung eines Vollstreckungstitels gerichtet. Das Gestaltungsklagrecht richtet sich auf Feststellung und Gestaltung.

1668) v. TUHR, II 2, § 90 Anm. 17.

1668a) Wenn JAEGER, Anm. 2 zu § 41 KO., dem Gesetz vorwirft, es sei von der falschen Voraussetzung ausgegangen, daß das Konkurs- und Vollstreckungsanfechtungsrecht ein Gestaltungsrecht und kein Anspruch sei, so ist dieser Vorwurf nur zur Hälfte begründet. Das bezeichnete Anfechtungsrecht ist allerdings kein Gestaltungsrecht, aber auch kein Anspruch, sondern das Recht, daß der anfechtbar erlangte Gegenstand zur Konkurs- oder Vollstreckungsmasse gezogen werde; vgl. noch unten Anm. 2482. Ich würde es daher auch wenig sachgemäß finden, wenn ein Anerkenntnis im Sinne des § 208 BGB. den Lauf der Anfechtungsfrist unterbräche; vgl. unten hinter Anm. 1672.

1669) Ich nehme mit M. WOLFF, Sachenrecht, § 131, an, daß der Grundpfandgläubiger keinen „Anspruch" gegen den Eigentümer, sondern nur ein Vollstreckungsrecht (Vollstreckungsanspruch), und zwar regelmäßig zunächst ein Vollstreckungsklagrecht hat; vgl. denn auch M. WOLFF, a. a. O., § 49 Anm. 8. Nicht überzeugend gegen M. WOLFF EUGEN FUCHS, LZ. 1920, 841ff., dessen Behauptung, der klagende Grundpfandgläubiger müsse nach der hier vertretenen Ansicht, wenn der Eigentümer den Klaganspruch anerkenne, gemäß § 93 ZPO. die Kosten tragen, bereits von M. WOLFF, a. a. O., § 139 Anm. 7, durch den Hinweis zurückgewiesen ist, der Grundpfandgläubiger hatte „Veranlassung zur Klage", da er eines Vollstreckungstitels bedarf; vgl. auch STEIN, Nr. III 3 zu § 93 ZPO. Die Replik von FUCHS, a. a. O., 848, nicht der beklagte Eigentümer, sondern das Gesetz gebe dem Grundpfandgläubiger Anlaß, sich einen vollstreckbaren Titel zu beschaffen, geht arg fehl. Mit diesem Vorwand könnte sich auch der in Verzug da unser Gesetz auch sonst — so in §§ 920, 924 BGB.[1670]) — zeigt, daß es die Klagenverjährung kennt, andere zu behandeln haben, in denen

geratene, aber den Klaganspruch anerkennende Leistungsschuldner der Aufbürdung der Kostenpflicht entziehen; denn dieser Vorwand läuft auf die Behauptung hinaus, Klagveranlassung sei das die Selbsthilfe ausschließende Gesetz. Auf ein „Verschulden" des Beklagten kommt es aber für die Frage, ob er im Sinne des § 93 ZPO. zur Erhebung der Klage „Veranlassung" gegeben habe, nach feststehender Ansicht nicht an; vgl. STEIN, bei Anm. 25 und 48 zu § 93 ZPO. Übrigens ergibt § 1118 BGB., daß der Eigentümer, wenn schon nicht persönlich, so doch jedenfalls mit dem Grundstück für die Kosten der die Befriedigung aus dem Grundstück bezweckenden Rechtsverfolgung haftet; vgl. HELLWIG, Syst. I, § 224 zu Anm. 15. Dagegen weiche ich von M. WOLFF insofern ab, als ich das Grundpfandrecht — unbeschadet seiner dinglichen, also privatrechtlichen Natur (vgl. dazu G. HAMBURGER, Haftung, 74; schon oben Anm. 1486) — in bezug auf den in ihm steckenden Vollstreckungsanspruch als ein materielljustizrechtliches Recht ansehe (abweichend für das „Recht aus der Haftung" die oben in Anm. 329 Angeführten). Schon SOHM, bei Grünhut V 27ff., hat für die Bestimmung der Natur der modernen Hypothek entscheidendes Gewicht auf die in ihr steckenden Rechte, zu klagen und Exekution zu beantragen, gelegt, daraus aber den überraschenden Schluß gezogen, daß sie ein Forderungsrecht, und daß sie kein dingliches Recht sei. Mit Recht bekämpft WOLFF (a. a. O., § 131 Anm. 5) einerseits diesen letzteren Schluß SOHMS und hält er andererseits SOHM vor, er hätte folgerecht nicht nur die Sachenrechtsnatur, sondern die Privatrechtsnatur der Hypothek leugnen müssen. Aber WOLFF irrt, wenn er meint, damit SOHM ad absurdum zu führen. WOLFF scheut sich doch auch sonst (so Sachenrecht, § 57 II; auch Familienrecht, § 35 I) nicht, ein gemeinhin als privatrechtlich angesehenes Recht als öffentlichrechtlichen Anspruch gegen den Richter, m. a. W. als materielles Justizrecht aufzufassen (wenn er auch diesen Ausdruck auffälligerweise vermeidet). Natürlich „stellt sich der Staat hier in den Dienst des Berechtigten" (M. WOLFF, Sachenrecht, § 131 Anm. 5); aber, wie bereits aus den oben zu Anm. 477, 478 gemachten Ausführungen hervorgeht, sind im Bereiche des materiellen Ziviljustizrechts alle öffentlichrechtlichen Parteipflichten (vgl. über die oben Anm. 340, 1274, 1322) und folglich alle ihnen gegenüberstehenden staatlichen Rechte solche zugunsten des Gegners, wie alle öffentlichrechtlichen Parteirechte und folglich alle ihnen gegenüberstehenden staatlichen Pflichten (vgl. über diese oben hinter Anm. 1321) solche zu Lasten des Gegners sind. Wendet man auf den materielljustizrechtlichen Inhalt des Grundpfandrechts die prozessuale Rechtsbetrachtungsweise an (dazu auch oben Anm. 1402), so entfällt überhaupt der öffentlichrechtliche Einschlag; vgl. oben von Anm. 1555 ab. Mehr zur Bestärkung als zur Widerlegung der hier vertretenen Ansicht geeignet scheint mir endlich WOLFFS (a. a. O.) Hinweis darauf, daß auch das „Privatrechtsgeschäft der Grundstücksübereignung" „die Erfüllung eines publizistischen Anspruchs gegen den Staat (auf Eintragung) verlangt". Niemand zweifelt daran, daß die Wirkungen der Erfüllung des publizistischen Vollstreckungsanspruches, der im modernen Grundpfandrecht steckt, privatrechtliche sind. Und niemand — auch wohl WOLFF nicht — wird bezweifeln, daß die Eintragung im Grundbuch, ungeachtet ihrer privatrechtlichen Wirkungen, ein publizistischer Rechtsakt sei. Wenn WOLFF daher von einem „Privatrechtsgeschäft" der Grundstücksübereignung spricht, so spielt er mit einem Doppelsinn des Ausdrucks „Privatrechtsgeschäft". Die Grundstücksübereignung ist ein (vorwiegendes, keineswegs ausschließliches) Privatrechtsgeschäft in bezug auf ihre Rechtsfolgen; ihr „gestreckter" Tatbestand ist, soweit die Eintragung in Frage kommt, publizistisch. Vgl. dazu noch GOLDSCHMIDT, Entschädigungspflicht, 139ff.; Beiträge, 21 (127) Anm. 4.

[1670]) Wenn M. WOLFF, Sachenrecht, § 57 Anm. 7, meint, es sei überflüssig, daß § 924 BGB. die Unverjährbarkeit des Grenzscheidungsanspruches hervorhebe, da publizistische Ansprüche auf Konstitutivakte nie verjähren, so scheint mir eine petitio principii vorzuliegen.

das Gesetz es versäumt, „anspruchslose“ Klag- oder Vollstreckungsrechte, die einer zeitlichen Befristung bedürftig sind, an eine Ausschlußfrist zu binden. Hierher rechne ich z. B. das Recht, auf Herabsetzung einer Vertragsstrafe zu klagen (§ 343 BGB.), sowie das Recht des Vollgläubigers einer Ehefrau, gegen den Ehemann auf Duldung der Zwangsvollstreckung in das eingebrachte Gut zu klagen (§ 739 ZPO.)[1671]. Jenes (Gestaltungs-)Klagrecht verjährt gleichzeitig mit dem Anspruch auf die Vertragsstrafe. Dieses (Vollstreckungs-)Klagrecht verjährt regelmäßig gleichzeitig mit dem Anspruch auf Leistung gegen die Ehefrau. Es kann aber auch selbständig nach den für die Verjährung dieses Leistungsanspruches geltenden, entsprechend anwendbaren Vorschriften verjähren, wenn die Verjährung des Leistungsanspruches gegen die Frau zwar mit Wirkung ihr, aber nicht dem Ehemann gegenüber durch Anerkenntnis der Frau (§ 208 BGB.) oder Erhebung der Leistungsklage gegen sie (§ 209 BGB.) unterbrochen ist.

Auf die Klagen- oder Vollstreckungsverjährung sind die Vorschriften über Anspruchsverjährung nur entsprechend anwendbar. Insbesondere ist § 208 BGB. nur auf die Verjährung von Klag- oder Vollstreckungsrechten aus einem Grundpfandrecht anwendbar, da unsere Gesetze diese Rechte nach verschiedenen Richtungen Ansprüchen gleich behandeln[1672]. Dagegen ist § 208 BGB. unanwendbar auf die Verjährung sonstiger Vollstreckungsklag- oder Vollstreckungsrechte, erst recht natürlich auf die Verjährung von Gestaltungsklagrechten.

X. Der Übergang eines Rechts im prozessualen Sinn auf einen anderen erfolgt grundsätzlich gleichzeitig mit dem des entsprechenden Rechts im materiellrechtlichen Sinne[1672a]. Aber diese Regel ist durch wichtige Ausnahmen durchbrochen.

[1671]) Ich nehme, im Grundgedanken übereinstimmend mit O. v. Gierke, Schuld u. Haftung, 107 Anm. 32; W. Hein, 171ff.; G. Hamburger, 103ff., 123ff.; Oertmann, Zwangsvollstreckung, 232ff., an, daß die Haftung des Ehemanns mit dem Eingebrachten für Schulden der Frau keine Schuldnerstellung mit sich bringt; vgl. schon Beiträge, 31 (137) Anm. 1. Die entgegengesetzte Ansicht M. Wolffs, Familienrecht, § 56 V 2; auch Sachenrecht, § 124 zu Anm. 4—6, daß der Ehemann den Vollgläubigern der Frau gegenüber verpflichtet sei, ihre Befriedigung durch die Frau zu ermöglichen, scheint mir schlecht mit der oben in Anm. 1669 dargelegten Lehre Wolffs zusammenzustimmen. Sie ist aber auch in ihren praktischen Folgerungen (Haftung des Ehemanns für Leistungsverzug gegenüber den Vollgläubigern der Frau) abzulehnen; vielmehr haftet den Gläubigern für Verschulden des Mannes bei Erfüllung ihrer Vollschulden nur die Frau, und zwar auf Grund analoger Anwendung des § 278 BGB. (vgl. insbesondere G. Hamburger, Haftung, 197ff.). Daß der Ehemann, der nichts zur Bezahlung fälliger Vollschulden seiner Frau tut, Anlaß zur Duldungsklage gibt und folglich die Prozeßkosten zu tragen hat, ist schon aus dem oben in Anm. 1669 Ausgeführten zu entnehmen; übereinstimmend Stein, bei Anm. 30 zu § 739 ZPO.

[1672]) Vgl. dazu M. Wolff, Sachenrecht, § 131 IV.

[1672a]) Nach Schüler, 37, soll mit dem Übergang der privatrechtlichen Forderung der Rechtsschutzanspruch erlöschen und ein neuer für den Rechtsnachfolger entstehen. Schüler wird z. B. durch § 3 Bek. üb. die Geltendmachung von Ansprüchen von Personen, die im Ausland ihren Wohnsitz haben, v. 7. Aug. 1914 (RGBl. 360) widerlegt. Daß die Bek. nicht das materielljustizrechtliche Klagrecht selbst, sondern die seiner Durchführung dienende Klagmöglichkeit,

Zwar die Frage, ob das Klagrecht ohne das entsprechende Privatrecht oder dieses unter Zurückbehaltung des Klagrechts übertragen werden kann, ist zu verneinen. Wohl ist uns heute, anders als in Rom, das Klagrecht nicht mehr der „Ausdruck" des subjektiven Privatrechts, sondern dessen „Ausfluß"[1673]) oder vielmehr eine andere Seite desselben. Ein Auseinanderfallen der aktiven Zuständigkeit von Privatrecht und Klagrecht ist also begrifflich denkbar[1673a]). Aber die Entäußerung des Klagrechts oder die Zustimmung zu der Ausschließung seines Erwerbs bedeutet für den Berechtigten eine capitis diminutio, die gegen den Zweck der Rechtsordnung verstoßen würde[1674]). Aus demselben Grunde kann der Berechtigte an seinem Klagrecht kein seine Prozeßführung ausschließendes Prozeßführungsrecht[1675]) bestellen; es bewendet bei den gesetzlich bestimmten Fällen der sog. Prozeßstandschaft. Dagegen hat das Reichsgericht die Bestellung eines zu dem des Klagberechtigten hinzutretenden[1676]) Prozeßführungsrechts, sowie die Erteilung einer widerruflichen Ermächtigung zur Prozeßführung im eigenen Namen dann für zulässig erklärt, wenn ein besonderes Interesse des mit diesen Befugnissen Ausgestatteten es rechtfertigt[1677]). M. E. bedarf es hier stets einer sorgfältigen Interessenabwägung, ob dieses Interesse das entgegenstehende des Prozeßgegners, daß nicht seine

---

m. a. W. seine Ausübbarkeit betrifft (vgl. oben Anm. 1451), kommt hier nicht in Betracht.

[1673]) Vgl. oben zu Anm. 347a.

[1673a]) Wenn trotzdem gerade das römische Recht die von ihm an sich festgehaltene Unzulässigkeit der Zession dadurch überwindet, daß es auf den neuen Gläubiger nur die actio (als utilis actio) übergehen läßt, während bei dem bisherigen Gläubiger die obligatio verbleibt (dazu Windscheid-Kipp, II § 329 zu Anm. 7, vgl. schon oben Anm. 274), so ist dieses Auseinanderfallen der — entkräfteten — obligatio und der actio nur eine Erscheinungsform der „doppelten Rechtsordnung" (Windscheid-Kipp, a. a. O., Anm. 8; oben Anm. 840, 841).

[1674]) Und zwar im Sinne Stammlers (Richtiges Recht, 208, 211) sowohl gegen den Grundsatz des Achtens: „Es darf nicht der Inhalt eines Wollens der Willkür eines anderen anheimfallen", als auch gegen den Grundsatz des Teilnehmens: „Es darf nicht ein rechtlich Verbundener nach Willkür von der Gemeinschaft ausgeschlossen sein." Die Ausschließung des Erwerbs des Klagrechts durch den Erwerber des Privatrechts wird auch vom Reichsgericht (Jurist. WSchr. 1916, 959; vgl. auch EZ. LIII 411; LXIV 169) für unzulässig erklärt. Dazu Siber bei Planck, Erl. 1 b β Abs. 2 zu § 398 BGB., der darin einen Widerspruch zu der unten zu Anm. 1677 erwähnten Ansicht des RG. erblickt, wonach der Erwerber dem Veräußerer ein kumulatives Prozeßführungsrecht einräumen oder ihn widerruflich zur Prozeßführung im eigenen Namen ermächtigen kann. Man kann indessen nur sagen, daß es für den Prozeß*gegner* auf eines hinausläufe, ob der Veräußerer aus zurückbehaltenem Klagrecht oder aus ihm vom Erwerber eingeräumtem Prozeßführungsrecht oder erteilter Ermächtigung prozessiert.

[1675]) Vgl. oben Anm. 1458 und zu Anm. 1553.

[1676]) Vgl. Hellwig, Lehrb. I 282; Syst. I, § 74 Anm. 3; Siber bei Planck, Erl. 1 b γ zu § 398 BGB.; M. Wolff, Sachenrecht, § 46 VI 1 a. E.

[1677]) Vgl. die oben in Anm. 1097 angeführten Entscheidungen, insbesondere EZ. XCI 396ff., wo aber das Interesse des Prozeßführers an der gerichtlichen Geltendmachung des fremden Anspruches im eigenen Namen, das eine Voraussetzung der Prozeßstandschaft oder Ermächtigung sein soll, mit dem „Rechtsschutzinteresse", das eine Voraussetzung des Klagrechts ist, vermengt wird.

Prozeßlage willkürlich verschlechtert werde[1678]), wirklich überwiegt[1679]). Nur soweit in den Fällen der sog. Prozeßstandschaft das Prozeßführungsrecht dem Klagberechtigten durch das Gesetz im alleinigen Interesse des Prozeßstandschafters entzogen ist, muß es diesem immer freistehen, es dem Klagberechtigten durch Zustimmung zu dessen Prozeßführung zurückzuübertragen[1680]). Der Wider-

[1678]) Der Klagberechtigte kann sich der Kautionslast aus § 110 ZPO., sowie der Prozeßkostenpflicht entziehen und als Zeuge auftreten, die an seiner Stelle auftretende Partei braucht Parteieide nur in der Überzeugungsform zu leisten.

[1679]) Ein solches überwiegendes Interesse ist m. E. anzuerkennen bezüglich des Anspruches auf Bewilligung der Grundbuchberichtigung (§ 894 BGB.). Hier kann der Veräußerer des Grundstücks ein berechtigtes Interesse haben, seine ihm obliegende Verpflichtung, nicht bestehende Rechte zur Löschung zu bringen (§ 435 BGB.), durch Prozeßführung im eigenen Namen zu erfüllen (RGEZ. LIII 408; LIX 294; LXIV 169; M. Wolff, Sachenrecht, § 46 VI 1 a). Umgekehrt kann der Erwerber des Grundstücks ein berechtigtes Interesse haben, durch Prozeßführung im eigenen Namen zu erwirken, daß eine ihm aufgelassene, aber fälschlich auf den Namen eines Dritten eingetragene Parzelle sei es auf den Namen des Veräußerers, sei es unmittelbar auf seinen eigenen Namen eingetragen wird (RGEZ. LXII 327; LXVI 22; LXXVIII 90; M. Wolff, a. a. O., § 46 VI 1 b). Entsprechend muß sich der Gläubiger durch Pfändung des gemäß § 851 I ZPO. unpfändbaren Berichtigungsanspruches das Recht verschaffen können, den Berichtigungsanspruch (neben dem Schuldner) gerichtlich geltend zu machen (M. Wolff, a. a. O., § 46 VI 2). Dagegen ist in Fällen, wie sie RGEZ. LXXIII 308; JuristWochSchr. 1916, 959, zugrunde lagen, nicht anzuerkennen, daß das Interesse des zur Prozeßführung Ermächtigten an der Prozeßführung im eigenen Namen das entgegenstehende des Prozeßgegners, nicht mit einem anderen als dem Anspruchsträger prozessieren zu müssen, überwog. Übereinstimmend RGEZ. LVII 92; LXVI 418; jetzt wohl auch XCI 397; Hellwig, Syst. I, § 74 III; Stein, zu Anm. 19 vor § 50 ZPO.; Rosenberg, Stellvertret., 18; Siber bei Planck, Erl. 1 bβ zu § 398 BGB. Insbesondere läßt die Entscheidung RGEZ. XCI 397, die den Interessengesichtspunkt als ausschlaggebend betont, darauf schließen, daß die in RGEZ. LXXIII 308/9 enthaltene Berufung auf § 185 I BGB. (dazu RGEZ. LIII 275) aufgegeben wird. In der Tat ist die Prozeßführung keine „Verfügung“, auch kein minus, sondern ein aliud; sie kann zu einem Gewinn führen (vgl. oben zu Anm. 1553, 1554). Gerade deshalb aber darf dieser Gewinn, der stets ein solcher auf Kosten des Gegners ist, nicht vermöge einer ungerechtfertigten, durch willkürliche Vorschiebung einer anderen Partei herbeigeführten Verschlechterung der Prozeßlage des Gegners erzielt werden. Gegen die übrigen von RGEZ. LXXIII 308/9 angeführten Gründe (Grundsatz der „Vertragsfreiheit“, Berufung auf § 1282 BGB., §§ 835, 836 ZPO.) vgl. schon Hellwig, a. a. O.

[1680]) So nach allgemeiner Ansicht im ehelichen Güterrecht; §§ 1400 II, 1449, 1454 BGB.; RGEZ. LX 147; Hellwig, Anspruch u. Klagrecht, 315, 341; Syst. I, § 74 II 1; Stein, hinter Anm. 23 und 41 zu § 52 ZPO. Ob und inwieweit auch noch in anderen Fällen der Prozeßstandschaft (Übersicht bei Hellwig, Syst. I, § 72 II) das Prozeßführungsrecht dem Klagberechtigten nur im Interesse des Prozeßstandschafters entzogen ist und folglich durch dessen Zustimmung zur Prozeßführung des Klagberechtigten diesem zurückübertragen werden kann, bedarf um so mehr der sorgfältigen Untersuchung in jedem einzelnen Fall, als die einzelnen Fälle der Prozeßstandschaft selbst immer erst der Nachprüfung bedürfen. Das dem Vollstreckungsgläubiger auf Grund der §§ 857, 859 ZPO. zustehende Recht, unübertragbare Rechte des Vollstreckungsschuldners gerichtlich geltend zu machen, läßt das Recht des Vollstreckungsschuldners, auf Leistung an den Vollstreckungsgläubiger zu klagen, unberührt (RGEZ. LXXVII 145 ff.). Bezweifelte man das, so wäre natürlich der Vollstreckungsgläubiger befugt, die Prozeßführung dem Vollstreckungsschuldner zu überlassen. Auch das Prokuraruf einer widerruflichen Ermächtigung zur Prozeßführung im eige-

indossament (Art. 17 WO.) läßt das Prozeßführungsrecht des Indossanten unberührt (abweichend RGEZ. XXXII 79, das nur die jederzeitige Widerruflichkeit des Prokuraindossaments betont, während RGEZ. XXVII 129 das Prokuraindossament als bloße Vollmacht betrachtet). Unberührt bleibt auch das Prozeßführungsrecht des Urhebers eines pseudonymen oder anonymen Werkes von dem durch §§ 7 II LitUG., 9 II KunstUG. begründeten Recht des Herausgebers oder Verlegers, die Rechte des Urhebers wahrzunehmen (das Stein, Nr. I 10 zu § 53 ZPO., als gesetzliche Vertretungsmacht ansieht). Das gleiche gilt von dem Prozeßführungsrecht der Hypotheken- oder Schiffspfandgläubiger, sowie der Besitzer von Schuldverschreibungen im Verhältnis zu dem Prozeßführungsrecht eines auf Grund der §§ 1189, 1270 BGB., 14 II SchuldverschrG. v. 4. Dez. 1899 bestellten „Vertreters" (das die herrschende Lehre mit Recht als Vertretungsmacht ansieht; vgl. Stein, Nr. I 4, 5 zu § 53 ZPO.; M. Wolff, Sachenrecht, § 152 IV, der das. Anm. 15 von „gesetzlicher Vollmacht" spricht, aber das. Anm. 14 doch auch in §§ 1189, 1270 BGB. den § 53 ZPO. anwenden will, was § 14 IV S. 1 SchuldverschrG. ausdrücklich vorschreibt; vgl. übrigens Hellwig selbst, Lehrb. II 329 Anm. 9. Ebenso dürfte in §§ 1189, 1270 BGB. § 14 IV S. 2 SchuldverschrG. — über die den Gläubigern zur Last fallenden Prozeßkosten — anwendbar sein; abw. Riezler, ZivArch. XCVIII 383). Anders liegt es, wenn im Fall des SchuldverschrG. die Befugnis der einzelnen Gläubiger zur selbständigen Geltendmachung ihrer Rechte durch Beschluß der Gläubigerversammlung ausgeschlossen ist; alsdann kann auch der „Vertreter" dem einzelnen Gläubiger sein Prozeßführungsrecht nicht wieder einräumen, da es ihm im gemeinsamen Interesse der Gläubiger entzogen ist. Entsprechendes gilt, wenn dem Subjekt eines Sondervermögens das Verwaltungs- und mit ihm das Prozeßführungsrecht entzogen, das Sondervermögen unter Selbstverwaltung gestellt und die Ausübung des Verwaltungs- und Prozeßführungsrechts einem das Sondervermögen oder vielmehr dessen Interessenten vertretenden Verwalter (curator rei) übertragen ist (so insbesondere im Falle der Nachlaßpflegschaft, der Nachlaßverwaltung, der Verwaltung eines Testamentsvollstreckers, der Konkursverwaltung, Zwangsverwaltung und der Pflegschaft des § 292 StPO., an deren Charakter als „Güterpflege" die — durch § 43 VO. v. 4. Jan. 1924 kaum gedeckte — Ersetzung dieses Ausdrucks durch den Ausdruck „Pflegschaft" in der Fass. v. 22. März 1924 nichts geändert hat; Näheres bei Hellwig, Syst. I, § 69, und unten zu Anm. 2776—2791). Auch hier kann der Verwalter dem Subjekt des Sondervermögens das diesem entzogene Prozeßführungsrecht durch bloße Zustimmung zur Prozeßführung nicht wieder einräumen. Im Falle des § 10 II KO. räumt die Erklärung des Verwalters dem Gemeinschuldner nicht das entzogene Prozeßführungsrecht ein, sondern gibt das streitige Recht selbst von der Konkursbeschlagnahme frei. Dagegen ist die Ausübung des Anfechtungsrechts nach § 36 KO. und der in §§ 171 II, 217 II HGB. angeführten Rechte durch den Konkursverwalter überhaupt kein Fall der Prozeßstandschaft (abweichend Hellwig, Syst. I, § 72 II 2), da der Konkursverwalter hier — trotz des entgegenstehenden Wortlauts der §§ 171 II, 217 II HGB. — keine Rechte der Einzelgläubiger, sondern selbständige Rechte der Konkursmasse ausübt. Schließlich vermag die Zustimmung des Prozeßstandschafters dem Klagberechtigten das Prozeßführungsrecht selbstverständlich dann nicht zurückzugeben, wenn es dem Klagberechtigten nicht im Interesse des Prozeßstandschafters, sondern des Prozeßgegners entzogen ist: so in § 265 II ZPO. (wo Goldschmidt, Mater. JustizR., Anm. 93; Beitr. 15 [121] Anm. 1, überhaupt das Vorliegen eines Prozeßführungsrechts leugnet; dazu aber unten hinter Anm. 1698). Auch die von Hellwig, Syst. I, § 72 II 8, als Fälle der Prozeßstandschaft aufgeführten Fälle der §§ 696 II S. 2, 698 III HGB., würden hierher gehören, wenn die kumulative Übernahme der Prozeßführungs**last** selbst seitens des materiell in Anspruch Genommenen ohne Zustimmung des Klagberechtigten überhaupt einen praktischen Erfolg haben könnte; vgl. dazu auch die folgende Anm. und unten § 23 IX. In den von Hellwig, a. a. O., Nr. 8, 10, noch angeführten Fällen der §§ 696 II S. 1, 698 III, 761 II HGB., 97 II BinnenSchGes., 22 III FlößereiGes., §§ 1148 BGB., nen Namen ist nur bis zum Eintritt der Rechtshängigkeit statthaft[1681]).

9 III, IV WarenzeichenGes. (§§ 19 II S. 2 PatGes., 6 I GebrMustGes.) wird durch die Prozeßführungslast des Dritten die Passivlegitimation des materiell Haftbaren nicht berührt. Andererseits kommt in dem von HELLWIG, a. a. O., Nr. 9, angeführten Falle der §§ 76/7 ZPO. eine Übernahme der Prozeßführungslast durch den Nominanten, über dessen Herausgabepflicht der in den Prozeß eingetretene Auktor prozessiert, mit Zustimmung des Nominanten schon deshalb nicht in Frage, weil ja der Nominant seine Prozeßführungslast gerade auf den Auktor abgewälzt hat. Im übrigen wären die §§ 76/7 ZPO., 9 IV WarenzeichenGes., aber auch § 266 I ZPO. Fälle einer zwar gesetzlich ausdrücklich zugelassenen, aber sogar privativen Übernahme der Prozeßführungslast ohne Zustimmung des Klagberechtigten (in § 9 IV WarenzeichenGes. durch den materiell in Anspruch Genommenen mit Zustimmung des Prozeßstandschafters), wenn nicht die Prozeßführungslast des Übernehmenden schon vor der Übernahme bestünde. Vgl. dazu schon oben Anm. 1480a und noch unten Anm. 1850g und zu Anm. 1850h. Im römischen und gemeinen Prozeß war bei persönlichen Klagen die Übernahme der Defension durch jeden Dritten auch ohne Zustimmung des Klägers und ohne Ermächtigung des Beklagten gegen Leistung der cautio iudicatum solvi zulässig; vgl. WETZELL, § 6 zu Anm. 7, § 9 zu Anm. 12 und 36, auch Anm. 21 das.; v. BETHMANN HOLLWEG, II 450 zu Anm. 184; KELLER-WACH, zu Anm. 675, 720. Allerdings konnte auch in Rom der Kläger der Prozeßführung mit dem defensor dadurch ausweichen, daß er die Klage hinausschob; vgl. l. 29 D. 3, 3. — Wohl zu unterscheiden von der Übertragung des Prozeßführungsrechts durch Zustimmung zur Prozeßführung ist die in der Zustimmung zur Prozeßführung liegende Erstreckung der Urteilswirkung; vgl. darüber oben Anm. 1100, unten Anm. 2432a.

[1681]) Übereinstimmend Motive z. Entw. I BGB., IV 234. Die Analogie aus § 183 BGB. steht dieser Ansicht nicht nur nicht entgegen, sondern bestätigt sie. In bezug auf die Ermächtigung zum Klagen leuchtet dies ohne weiteres ein. Es gilt aber auch für die Ermächtigung zum Verklagtwerden (abweichend v. STAUDINGER-ENGELMANN, Nr. 2bβ zu § 1400 BGB.). Es wäre völlig unannehmbar, wenn die durch Ermächtigung begründete Passivlegitimation dem Beklagten nach Eintritt der Rechtshängigkeit durch Widerruf der Ermächtigung entzogen werden könnte. Freilich ist zu beachten, daß eine Ermächtigung zum Verklagtwerden, m. a. W. eine — kumulative — Übernahme der Prozeßführungslast (vgl. über diese schon oben in Anm. 1680 und unten § 23 IX) im Einverständnis mit dem an sich Passivlegitimierten auch in einem Falle, in dem sie dem Übernehmer nur im Interesse des ihn Ermächtigenden entzogen war, der Zustimmung des Klagberechtigten bedarf und diese nur dann finden und nur dann zum Verklagtwerden führen wird, wenn zwei Voraussetzungen zusammentreffen. Einmal muß es sich um einen Prozeß handeln, der auf seiten des Beklagten ein Aktivprozeß ist. Ein solcher ist richtiger Ansicht nach nur die negative Feststellungsklage, nicht schon eine Unterlassungsklage (übereinstimmend RGEZ. LXX 371; XLV 170; STEIN, Nr. V C zu § 52 ZPO.; JAEGER, Anm. 16, 18 zu § 10, Anm. 1 zu § 11 KO.; abweichend RGEZ. XLV 374; wohl auch LXXXIX 115). Sodann muß es sich um den soeben im Text zu Anm. 1680 besprochenen Fall handeln, daß der zur Prozeßführung im eigenen Namen Ermächtigte der Anspruchsträger ist, der durch die Ermächtigung nur die ihm kraft Gesetzes im Interesse des Ermächtigenden entzogene Sachlegitimation wiedererlangt. Die Ehefrau erlangt also durch die Ermächtigung des Ehemannes (§ 1400 II BGB.) die Passivlegitimation für die negative Feststellungsklage, die ein zum Eingebrachten gehörendes Recht betrifft. Natürlich wäre auch ein Interesse des Klägers an der Prozeßführung mit dem Übernehmer einer Prozeßführungslast in einem Prozesse denkbar, der für den Übernehmer ein Passivprozeß ist, dies wenn der Übernehmer der materiell in Anspruch Genommene wäre, der durch die Ermächtigung nur die ihm kraft Gesetzes im Interesse des Ermächtigenden entzogene Pasisvlegitimation wiedererlangte. Eine Übertragung der Passivlegitimation für Passivprozesse auf einen Dritten in dessen Interesse ist indessen, soweit ich sehe, dem geltenden deutschen

Nach Eintritt der Rechtshängigkeit verliert der Grundsatz, daß die Rechte im prozessualen Sinne gleichzeitig mit dem entsprechenden Recht im materiellrechtlichen Sinn übergehen, überhaupt seine Geltung. Denn das geltende deutsche Recht erklärt zwar die Veräußerung der streitbefangenen Sache und die Abtretung des geltend gemachten Anspruches für wirksam (§ 265 I ZPO.), schließt aber den gleichzeitigen Übergang des Prozeßführungsrechts, wie der Prozeßführungslast, aus (§ 265 II ZPO.)[1682]). Dabei ist indessen eines zu beachten. Sowohl hier, wie auch in anderen Fällen, in denen die Prozeßführung eines Prozeßstandschafters für und gegen das Subjekt der res in iudicium deducta wirkt, ist dieses letztere zwar behindert, die prozessualen Möglichkeiten wahrzunehmen und sich der prozessualen Lasten zu entledigen, es bleibt aber Subjekt aller prozessualen Aussichten. In letzter Linie werden also Rechtsverhältnis und Rechtslage doch nicht voneinander getrennt. Nur im Falle des § 1380 S. 2 BGB. kann das Subjekt des geltend gemachten Anspruches dessen prozessualen Schicksalen kühl gegenüberstehen, das Rechtsverhältnis im materiellrechtlichen Sinn und die ihm entsprechende prozessuale Rechtslage fallen in bezug auf ihr Subjekt wirklich auseinander[1683]).

Daß das geltende deutsche Recht den Erwerber der res oder actio litigiosa hindert, die prozessualen Möglichkeiten wahrzunehmen und sich der prozessualen Lasten zu entledigen, wird durch ein überwiegendes Interesse des Prozeßgegners nicht erfordert[1683a]). Dieses verlangt nur, daß der Erwerber den Prozeß in der Lage übernehme, in der er sich be-

Recht nur insoweit bekannt, als der Ehemann befugt ist, über die Haftung seiner Ehefrau mit dem Gesamtgut zu prozessieren. Eine Ermächtigung der Ehefrau durch den Ehemann zur Führung eines solchen Prozesses würde aber dem Kläger noch nicht die Vollstreckung in das Gesamtgut ermöglichen und also auch kaum dessen Zustimmung finden.

[1682]) Ein besonderer Fall ist die Fortdauer des Prozeßführungsrechts der Ehefrau in bezug auf einen zur Zeit des Eintritts des gesetzlichen Güterstandes oder der Gütergemeinschaft anhängigen Rechtsstreit, §§ 1407 Nr. 1 (1525 II), 1454 (1549) BGB. Das Besondere dieses Falles besteht darin, daß die Ehefrau das Prozeßführungsrecht behält, obgleich sie zwar nicht den geltend gemachten Anspruch, wohl aber das Verwaltungsrecht daran verloren hat und also das in ihm enthaltene Prozeßführungsrecht verlieren müßte; vgl. Hellwig, Syst. I, § 130.

[1683]) Diese seltsame, eine starke Unbilligkeit gegenüber dem Prozeßgegner enthaltende Regelung leistet der Ansicht Vorschub, daß da, wo das Urteil nicht gegen die Ehefrau wirkt, Gegenstand des vom Ehemanne geführten Prozesses nicht das zum eingebrachten Gut der Frau gehörige Recht, sondern das Verwaltungsrecht des Ehemannes am eingebrachten Gut, seine Klage m. a. W. eine actio quasi confessoria sei. Indessen kann die Verschiedenheit der Urteilswirkung nicht eine Verschiedenheit des Prozeßgegenstandes nach sich ziehen. Überdies steht es richtiger Ansicht nach — vgl. oben Anm. 1100 — der Ehefrau frei, durch Zustimmung zur Prozeßführung des Ehemannes das Urteil auch in Prozessen über Rechte, über welche der Ehemann ohne ihre Zustimmung nicht verfügen kann, gegen sich wirksam zu machen. Damit kann aber das Wesen des Prozeßgegenstandes nicht verschoben werden. Der Fehler des Gesetzes ist, dem Ehemann das Prozeßführungsrecht auch da gegeben zu haben, wo ihm das Verfügungsrecht fehlt. Vgl. zu der Frage vor allem Hellwig, Anspruch u. Klagrecht, 301 ff.; auch M. Wolff, Familienrecht, § 51.

[1683a]) Anders Kohler, Z. XII 97 ff.

findet. In der Tat gewährte das ältere römische Recht lediglich dem Besitzer einer streitbefangenen Sache eine exceptio litigiosi gegen die Klage dessen, der die Sache nach Rechtshängigkeit von dem nichtbesitzenden Kläger erworben hatte[1684]), verwehrte also dem Erwerber der res litigiosa allein die Anstellung eines neuen Prozesses[1685]). Ein gleicher Schutz gegenüber dem Schuldner einer rechtshängigen Forderung erübrigte sich wegen des Konsumtionsprinzips[1686]). Dagegen dürfte eine Übernahme des anhängigen Prozesses durch den Erwerber einer res oder actio litigiosa mittels translatio iudicii mindestens nicht ausgeschlossen gewesen sein[1687]). Erst das spätere römische Recht stellte nicht nur der

1684) Gai IV 117; § 8 fr. de iure fisci; vgl. auch l. 1 § 1 D. 44, 6. Ein solcher Erwerb war nur bei praedia in Italico solo denkbar, da nur diese durch Manzipation auch vom Nichtbesitzer erworben werden konnten; Gai I 121; Ulp. XIX § 6. „Sed hoc in provincialibus fundis prava usurpatione obtinuit" (§ 8 fr. de iure fisci). Später wurde die exceptio litigiosi nicht nur gegenüber der Eigentumsklage, sondern auch gegenüber der Pfandklage gewährt; l. 1 § 2 D. 20, 3. Und zwar bezog sie sich hier auch auf bewegliche Sachen, da die Verpfändung allgemein keinen Besitz voraussetzte. Auf der anderen Seite begründete später nicht nur die Anhängigkeit eines Eigentums-, sondern auch die eines Teilungsprozesses Streitbefangenheit der Sache; l. 13 D. 10, 2; c. 1 § 1 Cod. 3, 37.

1685) Bachofen, 59ff. Der in l. 57 D. 6, 1 vorgesehene Schutz des in zwei Vindikationen verwickelten Besitzers erschien also als nicht ausreichend.

1686) Oben hinter Anm. 264, 270. Übereinstimmend Koschaker, 83 Anm. 2.

1687) Und zwar im Wege der translatio iudicii auf einen procurator oder cognitor in rem suam. Zweifelnd Koschaker, 83 Anm. 2, weil der Prätor die Translation nur auf Grund vorheriger causae cognitio bewilligt habe, die Übernahme des Prozesses als procurator oder cognitor in rem suam aber an sich kein Translationsgrund gewesen sei. Immerhin gibt Koschaker, 150, die „Möglichkeit" einer solchen Translation zu. Das Erfordernis der causae cognitio bei der Tanslation vom klagenden dominus auf den procurator stützt Koschaker, 70, auf die für solchen Fall angenommene Notwendigkeit einer in integrum restitutio actionis. Gegen diese Annahme indessen Seckel, Haftung, 43 Anm. 2. Mit dieser Annahme würde auch Koschakers, 118, Folgerung, daß die prokuratorische Translation überhaupt keine Prozeßnachfolge, sondern die Anstrengung eines neuen Prozesses gewesen sei, entfallen. Die Auffassung, daß auch die kognitorische Translation keine Prozeßnachfolge, sondern Widerruf — oder Erteilung — der kognitorischen Vollmacht gewesen sei, weil die Kognitur den Charakter einer direkten Stellvertretung gehabt habe, bezeichnet Koschaker, 149, selbst als „sehr subjektiv". Mir scheint sie jedenfalls für den Fall der Prozeßtranslation auf einen cognitor in rem suam unannehmbar. Die Annahme, daß die Kognitur den Charakter einer direkten Stellvertretung gehabt habe, scheitert aber überhaupt an der Tatsache, daß die condemnatio der kognitorischen Formel und folgeweise das Urteil auf den Namen des cognitor lautet. Die Versuche Koschakers, 144/5, darüber hinwegzukommen, sind verunglückt. Ist der cognitor „Partei im formellen Sinne" (vgl. auch Koschaker, 130 Anm. 1), so ist er eben Partei; nur der formelle Parteibegriff ist haltbar (Nagler, Rechtsgang, I 94ff.). Daß aber auch im modernen Prozeß das Urteil oft genug auf den Namen von Personen ergehe, die nicht Prozeßsubjekte sind, wird durch die von Koschaker dafür angeführten Beispiele des § 124 HGB., § 50 II ZPO. eher widerlegt als bewiesen; denn sowohl die offene Handelsgesellschaft als auch der nichtrechtsfähige Verein sind, soweit sie klagen oder verklagt werden können, Partei. Schließlich sei noch festgestellt, daß sich das Edikt „de alienatione iudicii mutandi causa facta" (D. 4, 7; Cod. 2, 54) nur auf alienationes vor der Litiskontestation bezieht; l. 8 § 1 D. h. t.; Koschaker, 16; Lenel, Ed., 122 Anm. 2; ZRG. XXXVII 104ff.; Partsch, De l'édit sur l'alienatio etc., 16ff.; Kretschmar, ZRG. XL 136ff.; anders Karlowa, Rechtsgeschichte, II 1092ff.; Alb. Schmid, De litigiosarum

Veräußerung der res litigiosa durch den nichtbesitzenden Kläger die Veräußerung der actio litigiosa gleich — was nach dem Absterben der konsumierenden Wirkung des Prozeßbeginns[1687a]) durchaus berechtigt war — [1688]), sondern es verbot auch die Veräußerung der res litigiosa durch den besitzenden Beklagten[1688a]) und bestimmte für alle Fälle, daß der Prozeß, als ob nichts geschehen wäre, seinen Fortgang nehmen sollte („tamquam si nihil factum sit, lite nihilo minus peragenda"[1689])).

Nur die eine Ausnahme ist auf Grund einer Reihe von Quellenstellen[1690]) im gemeinen Prozeß entwickelt worden, daß, wenn Prozeßgegenstand ein subjektiv oder objektiv dingliches Recht an einem fremden Grundstück ist, der Prozeß in der Lage, in der er sich befindet, auf den nach Rechtshängigkeit eintretenden Erwerber des Grundstücks ipso iure übergeht[1691]). Aber die Erwägung, welche diese von § 266 I

---

rerum alienatione etc. Die von KARLOWA für seine Ansicht angeführte l. 16 D. 39, 3 halten LENEL und PARTSCH für interpoliert und verweisen ihr gegenüber auf l. 4 § 1 eod., deren Worte: „id statuere iudicem debere, quod iudicaret, si nulla alienatio facta esset" an die unten zu Anm. 1689 angeführten in c. 2 Cod. 8, 36 (37) erinnern. In der Tat wendet LENEL mit Recht gegen KARLOWA ein, es sei unglaubhaft, daß der Beklagte lite iam contestata sich der Verurteilung durch Veräußerung entziehen konnte. Es hätte danach in solchem Falle auch kein zureichender Translationsgrund vorgelegen. Nur ist der Grund in der vorjustinianischen Zeit nicht die Unzulässigkeit der Veräußerung der res litigiosa durch den Beklagten, sondern die Haftung des Beklagten aus dem „condemnari oportere", der sog. Prozeßobligation; vgl. dazu oben hinter Anm. 288.

1687a) Vgl. WINDSCHEID-KIPP, I § 124 Anm. 1 a. E.

1688) c. 5 (4) Cod. 8, 36 (37). Es fragt sich, ob auch dem Erwerber der actio litigiosa die exceptio litigiosa entgegenstand. Die Beantwortung hängt m. E. davon ab, ob die Veräußerung nichtig war oder nicht. Nur wenn sie es nicht war, blieb für eine exceptio litigiosi Raum. Man wende nicht ein, daß schon nach § 8 fr. de iure fisci „emtio nullius momenti"; denn hier bedarf es der exc. litigiosi, weil trotz der Nichtigkeit des Kaufs die Manzipation gültig ist (BACHOFEN, 66ff.). Freilich erwähnt l. 1 § 1 D. 44, 6 die exc. litigiosi gegenüber der Vindikation auch nach Fortfall der Manzipation. Nach c. 5 (4) § 1 Cod. 8, 36 (37) ist „alienatio" „irrita". Beschränkt man die Gültigkeit dieser Vorschrift auf die alienatio „rei", wovon die Stelle ausdrücklich handelt, so bezöge sie sich nur auf die Veräußerung der res litigiosa durch den besitzenden Beklagten. Die Nichtigkeit der Veräußerung der actio litigiosa durch den Kläger bliebe unerweisbar (so in der Tat WINDSCHEID-KIPP, I § 125 Anm. 5), und es wäre für eine exc. litigiosi gegenüber der Klage des Erwerbers der actio litigiosa Raum. Anders, sofern man die Stelle ausdehnend auslegt und annimmt, daß auch die Veräußerung der actio litigiosa nichtig sein soll (so HELLWIG, Syst. I, § 129 Anm. 2). Da angesichts des Zusammenfallens von Verkauf und Übertragungserklärung (WINDSCHEID-KIPP, II § 330 Anm. 6) die Nichtigkeit auch diese letztere ergriffe, bedürfte es gegenüber der Klage des Erwerbers der actio litigiosa nicht erst einer exc. litigiosi.

1688a) c. 5 (4) Cod. 8, 36 (37).

1689) c. 2 Cod. 8, 36 (37). Das kanonische Recht stellte dann allgemein das Prinzip auf: „lite pendente nihil innovetur" (X 2, 16; Lib. VI. 2, 8; Clem. 2, 5; Cod. iur. can. 1725 Nr. 5).

1690) l. 9 D. 10, 1; ferner l. 30 (31) § 7 D. 3, 5 („sententia praedio datur"); l. 4 § 5 D. 10, 1 („magis fundo quam personis adiudicari fines intelleguntur"); l. 7 pr. D. 39, 4 („ipsa praedia, non personas conveniri"); dazu WETZELL, § 6 Anm. 8.

1691) WETZELL, § 6 zu Anm. 8. Daß hier das auf die Streitbefangenheit gegründete Veräußerungsverbot nicht Platz griff, führte man darauf zurück, daß

ZPO. übernommene Ausnahme rechtfertigt, gilt für jeden Erwerb einer streitbefangenen Sache oder eines streitbefangenen Anspruches. Denn sie ist nicht, daß in jenem Ausnahmefall gar nicht der streitbefangene Anspruch oder die streitbefangene Sache veräußert werde, sondern ein anderes Rechtsverhältnis, dem das streitige Rechtsverhältnis seine subjektiven Beziehungen aktiv oder passiv entlehne, nämlich das Eigentum an dem berechtigten oder verpflichteten Grundstück[1692]). Wird doch, wenn Prozeßgegenstand ein subjektiv dingliches Recht ist, im Falle einer Veräußerung des berechtigten Grundstücks der streitbefangene Anspruch, und wenn Prozeßgegenstand ein objektiv dingliches Recht ist, im Falle einer Veräußerung des verpflichteten Grundstücks die streitbefangene Sache veräußert. Noch weniger wird der in § 266 I ZPO. übernommene Ausnahmefall durch die bildhafte Erwägung gerechtfertigt, daß hier „eigentlich" das Grundstück das berechtigte oder verpflichtete Subjekt und die Partei nur dessen „Vertreter" sei[1693]). Vielmehr ist die Rechtfertigung des § 266 I ZPO., daß mit der Veräußerung des Grundstücks das Interesse des Prozeßgegners an der Fortführung des Rechtsstreits mit dem Veräußerer erlischt. Ist das indessen anders bei sonstigen Fällen einer Veräußerung der actio oder res litigiosa, sofern der Erwerber genötigt wird, den Rechtsstreit in der Lage, in der er sich befindet, zu übernehmen? Selbstverständlich ist dabei Voraussetzung, daß es sich nicht nur um eine in diesem Stadium als bloße Ermächtigung zur Prozeßführung im eigenen Namen anzusehende „Inkassozession" handelt, und vorbehalten bleiben die in §§ 265 III, 266 II ZPO. aufgenommenen Sondervorschriften zugunsten derjenigen Erwerber, die nach bürgerlichem Recht Rechte vom Nichtberechtigten herleiten.

An dem dem klassischen römischen Recht entkeimten Gedanken, daß der Prozeßgegner des Veräußerers einer res oder actio litigiosa einem neuen Prozeß des Erwerbers weder ausgesetzt, noch zu einem solchen ihm gegenüber genötigt sein soll, wird nicht zu rütteln sein. Wie wir aber den im späteren römischen Recht entwickelten Gedanken der Rechtswidrigkeit und Rechtsunwirksamkeit einer Veräußerung der res oder actio litigiosa in § 265 I ZPO. überwunden haben, so wird auch der derselben Rechtsepoche entstammende Gedanke der Festhaltung des Veräußerers im Prozeß auszustoßen sein. Er führt zu einer prozessualen Entrechtung des Erwerbers, die im Widerspruch dazu steht, daß das materielle Recht diesen Rechtserwerb billigt und anerkennt. Er führt in die größten Schwierigkeiten bei Beantwortung der Frage, ob und inwieweit die materiellrechtlich gebilligte und anerkannte Veräußerung im Prozesse beachtlich ist[1694]). Er wird schließlich — wie bereits bemerkt

hier das den Gegenstand der Veräußerung bildende Grundstück selbst nicht streitbefangen sei, sondern nur ein Recht oder eine Verpflichtung, die als sein „Zubehör" zu betrachten seien; vgl. WETZELL, § 6 Anm. 15.

[1692]) So WETZELL, § 6 Anm. 15 (vgl. vor Anm.); Begr. zu § 229 Entw. (= § 266 Ges.) ZPO., S. 190ff.

[1693]) So die oben in Anm. 1690 angeführten Quellenstellen und im Anschluß daran WETZELL, § 6 Anm. 8; Begr. z. Entw. ZPO., a. a. O.

[1694]) Vgl. dazu statt aller STEIN, Nr. IV zu § 265 ZPO.

— nicht durch ein überwiegendes Interesse des Prozeßgegners gerechtfertigt, das unter Umständen gerade umgekehrt die Übernahme des Prozesses durch den Erwerber erfordern kann. Ein Interesse des Prozeßgegners an Festhaltung des Veräußerers im Prozeß könnte natürlich insofern vorliegen, als der Veräußerer der res oder actio litigiosa als Zeuge auftreten könnte, der Erwerber einen Parteieid nur in der Überzeugungsform zu leisten brauchte und endlich wegen der Prozeßkosten keine genügende Sicherheit böte. Daß aber die deutsche ZPO. auf diese Interessen hier[1694a]) keine Rücksicht nimmt, lehrt § 266 I[1695]). Eine Rücksichtnahme auf die Verschlechterung der Prozeßlage des Gegners in bezug auf den Beweis müßte folgerichtig dazu führen, jedem Erwerber einer Sache oder Zessionar von vornherein das Prozeßführungsrecht zu entziehen. Auf der anderen Seite stünde nichts im Wege, die Befugnis des Erwerbers zur Prozeßübernahme von der Leistung einer Sicherheit für die Prozeßkosten abhängig zu machen. Ganz ähnlich mach Art. 41 der am 1. Sept. 1918 in Kraft getretenen Berner ZPO. die Nötigung der Gegenpartei, den Rechtsnachfolger als Partei anzunehmen, von der Leistung einer Sicherheit abhängig, „daß dem Urteil in Haupt- und Nebensache stattgetan werde". Auch die frühere bayerische ZPO. gestattete den Eintritt des Erwerbers, wenn das Gericht sich überzeugte, daß an dem Verbleiben des Veräußerers im Prozesse der Gegner kein Interesse hatte. Und die frühere württembergische ZPO. nötigte den Rechtsnachfolger zur Prozeßübernahme. Die Begr. zu § 228 Entw. deutsch. ZPO. (§ 265 Ges.)[1696]) wendet gegen eine solche Regelung ein, daß „ein Streit über die Verpflichtung zur Aufnahme des Prozesses den Prozeß selbst verwickeln und verweitläufigen müsse und sich als völlig nutzlos herausstelle, wenn ein verurteilendes Erkenntnis nicht erfolge". Indessen diese Einwendung überzeugt nicht. Die Erörterung der Frage der Rechtsnachfolge wird nur unter ganz besonderen Umständen den Prozeß „verwickeln und verweitläufigen", und wenn solche Umstände vorliegen sollten, wäre man um nichts dadurch gebessert, daß der Streit in die Vollstreckungsinstanz verwiesen wird. Daß aber die Feststellung der Rechtsnachfolge ganz nutzlos sei, wenn kein verurteilendes Erkenntnis ergehe, kann nicht zugegeben werden; sie bleibt auch in solchem Fall wegen der Urteilswirkung von Wert.

Mit Zustimmung des Prozeßgegners ist der Erwerber der res oder actio ligitiosa zur Übernahme des Prozesses befugt (§ 265 II S. 2 ZPO.). Die Zustimmung des Veräußerers ist nicht erfordert[1697]). Daraus könnte gefolgert werden, daß dem Veräußerer ein Prozeßführungsrecht überhaupt nicht zustehe[1698]). Eine solche Folgerung würde indessen davon ausgehen, daß das Prozeßführungsrecht immer und ausschließlich

[1694a]) Anders im Falle oben Anm. 1678.

[1695]) Vgl. dazu Stein, Nr. III zu § 266.

[1696]) S. 190.

[1697]) Hellwig, Syst. I, § 129 Anm. 28; anscheinend auch Seuffert, Nr. 5b zu § 265; anders (zu Unrecht) Stein, Nr. VI 1 zu § 265; Förster-Kann, Nr. 5 zu § 265. Vgl. noch unten Anm. 1850c.

[1698]) So Goldschmidt, Beiträge, 15 (121) Anm. 1.

ein Privatrecht an fremdem Klagrecht ist[1699]). Das Wesen des Prozeßführungsrechts ist aber sein materielljustizrechtlicher Inhalt[1700]), nämlich die Möglichkeit, die den Inhalt des Klagrechts, an dem es besteht, bildenden prozessualen Vorteile zu erlangen[1701]). Dem Prozeßführungsrecht ist also wesentlich seine Richtung nicht gegen das Subjekt des belasteten Klagrechts[1702]), sondern gegen den Prozeßgegner[1703]). An diesem Maßstab gemessen erweist sich die prozessuale Rechtslage des Veräußerers der res oder actio litigiosa einwandsfrei als Prozeßführungsrecht; denn der Prozeßgegner kann — außer in den Fällen der §§ 265 III, 266 II S. 2 ZPO. — die Aktivlegitimation des Veräußerers nicht bestreiten[1703a]). Dadurch unterscheidet sich der Fall des § 265 II ZPO. von dem des § 407 II BGB.[1704]), wo der Schuldner der vor Eintritt der Rechtshängigkeit abgetretenen Forderung, der von der Abtretung erst nach dem Eintritt der Rechtshängigkeit Kenntnis erlangt, die Aktivlegitimation des bisherigen Gläubigers bestreiten kann, statt den Prozeß mit ihm fortzuführen und sich dem neuen Gläubiger gegenüber auf das Urteil zu berufen.

3. Die prozessualen Lasten im besonderen. Das prozessuale Verschulden.

(§ 23.)

I. Die Passivseite der prozessualen Rechtslage ist die prozessuale Last, d. i. die Nötigung, durch Vornahme einer Prozeßhandlung einen prozessualen Nachteil, in letzter Linie ein ungünstiges Urteil abzuwenden[1705]). Dieser zweite Grundbegriff der prozessualen Rechtsbetrachtungsweise ist auch der materiellrechtlichen bekannt. So hat man ins-

---

1699) So in der Tat GOLDSCHMIDT, Mater. JustizR., § 2 Anm. 93; Beitr., a. a. O.

1700) Vgl. oben hinter Anm. 1408.

1701) Vgl. oben hinter Anm. 1553.

1702) Nach H. GOLDSCHMIDT, 33ff., ist verpflichtetes Subjekt der begrenzt dinglichen Rechte nicht jedermann, sondern der Eigentümer. Doch müsse das gegen den Eigentümer gerichtete Recht von jedermann beachtet werden. H. GOLDSCHMIDT bezeichnet demzufolge die begrenzt dinglichen Rechte als „relative Rechte mit absoluter Wirkung". Ist dies richtig, so wäre auch das Prozeßführungsrecht, insoweit es Ausfluß eines Verwaltungsrechts am eingeklagten Recht ist, kein absolutes Privatrecht am fremden Klagrecht (vgl. oben zu Anm. 1407) sondern ein relatives, gegen das Subjekt des Klagrechts gerichtetes Privatrecht mit absoluter Wirkung.

1703) Natürlich bedeutet diese Richtung gegen den Prozeßgegner keine Verpflichtung desselben, sondern schon für die materiellrechtliche (vgl. oben zu Anm. 478), erst recht für die prozessuale (vgl. oben Anm. 1679 a. E.) Betrachtungsweise nur, daß die das Wesen des Prozeßführungsrechts ausmachende rechtliche Bevorzugung auf Kosten des Prozeßgegners geht.

1703a) Vgl. dazu noch unten Anm. 1850g.

1704) Vgl. v. STAUDINGER-KUHLENBECK, Nr. III bβ Abs. 2 zu § 407. Dem des § 407 II BGB. gleich zu behandelnde Fälle vgl. bei HELLWIG, Syst. I, § 73.

1705) Vgl. schon oben vor Anm. 1349, hinter Anm. 1351. Die Aussicht auf einen prozessualen Nachteil, in letzter Linie auf ein ungünstiges Urteil selbst, bietet weiter kein Interesse; vgl. oben Anm. 1564.

besondere im Privatrecht neuerdings die „Gebote des eigenen Interesses"[1706]) den „Rechtspflichten" gegenübergestellt[1707]). Indessen für die materiellrechtliche Betrachtungsweise handelt es sich dabei um die Bedingungen für die Erhaltung eines Rechts[1708]), deren Erfüllung in bestimmten Fällen durch die Eigenart des in Betracht kommenden Rechtsverhältnisses notwendig gemacht wird[1709]). Für die prozessuale Rechtsbetrachtungsweise ist dagegen die Last, das „Gebot des eigenen Interesses", die einzige durch die Androhung eines Nachteils vermittelte Gebotsform überhaupt. Ihr Rechtsgrund ist der das Wesen des Prozesses ausmachende Parteikampf, welcher ganz allgemein die Nötigung der Parteien zur Aktivität, zum Gebrauch der Angriffs- und Verteidigungsmittel in sich trägt[1710]). Und die Folge ihrer Versäumung ist typisch die Verschlechterung der prozessualen Rechtslage der Partei, d. i. die Eröffnung oder Steigerung der Aussicht auf ein ungünstiges Urteil[1710a]).

II. Daraus, daß die prozessuale Last immer nur auf einem „Gebot des eigenen Interesses" beruht, folgt, daß die der materiellrechtlichen

---

[1706]) SIBER bei PLANCK, Vorbem. III C 3b zum II. Buch des BGB., S. 27.

[1707]) Ebenso v. TUHR, I 99ff.; II 2, 493ff.; schon ZITELMANN, Allg. T., 152ff., 166ff.

[1708]) v. TUHR, I 99ff. Die Bedingungen für den Rechtserwerb (v. TUHR, a. a. O.) gehören nicht hierher.

[1709]) Man denke an die Handlungen, die der Erbe zur Vermeidung unbeschränkbarer Haftung (§ 1994 BGB.), der Gläubiger zur Vermeidung der Folgen des Annahmeverzugs (§§ 293ff., 300 BGB.) oder zur Erhaltung seiner Rechte gegen den Bürgen (§ 777 BGB.), der Käufer zur Erhaltung seiner Rechte gegen den Verkäufer (§ 377 HGB.), der Versicherungsnehmer zur Erhaltung seiner Rechte gegen den Versicherer (§§ 6, 32, 33 VVG.), der Geschädigte zur Erhaltung seiner Rechte gegen den Schädiger (§ 254 II BGB.) vornehmen muß. Vgl. ferner oben zu Anm. 679. Auf die Verwandtschaft dieser Fälle mit den prozessualen Lasten weist auch ROSENBERG, Beweislast, 72, hin.

[1710]) In demselben Sinne schon BÜLOW, ZivArch. LXII 81f., 85ff.

[1710a]) Wenn HELLWIG, Syst. I, § 139 IV 2a Anm. 15, behauptet, daß „dem mit Recht verklagten Schuldner durchaus" das „Interesse" und also die „Last" zu streiten fehle, und wenn er, a. a. O., § 171 I a. E., meint, man dürfe eigentlich von „Versäumnisnachteil" nur da sprechen, wo die Versäumungsfolgen mit dem materiellen Rechtszustand in Widerspruch stehen, so vermengt er die prozessuale und materiellrechtliche Rechtsbetrachtungsweise. HELLWIG muß denn auch selbst zugeben, daß der übliche Sprachgebrauch auf anderem Standpunkt stehe. Auf den nämlichen Fehler würde es aber auch hinauslaufen, wollte man — mit Rücksicht auf die in thesi unparteiliche Stellung der Staatsanwaltschaft (vgl. oben zu Anm. 702, in Anm. 1565, unten zu Anm. 2365) — von einem „Interesse" oder einer „Last" der Staatsanwaltschaft nur sprechen, wenn die von der Staatsanwaltschaft angestrebte Entscheidung die „richtige" ist. Nur kann allerdings die Staatsanwaltschaft in die Lage kommen, eine dem Angeschuldigten günstige Entscheidung zu erstreben, und es fallen alsdann die Interessen beider Parteien zusammen. Solches ist aber sogar im Zivilprozeß denkbar, so wenn im Ehescheidungsprozeß der siegreiche Kläger Berufung einlegt, um seinen Verzicht auf das Ehescheidungsrecht zur Geltung zu bringen (RGEZ. XXXVI 354); oder wenn — ein dem § 296 II StPO. völlig entsprechender Fall — der Staatsanwalt, der die Ehenichtigkeitsklage erhoben hat (§ 652 ZPO.), gegen das seinen Anträgen stattgebende Urteil wegen neu hervortretender Umstände oder Änderung seiner Rechtsansicht selbst ein Rechtsmittel einlegt (STEIN, zu § 634 bei Anm. 2).

Betrachtungsweise bekannte Korrelation von Recht und Pflicht, wenigstens in dem Sinne, daß es kein Recht ohne korrelate Pflicht gibt[1711]), in der prozessualen Rechtsbetrachtungsweise kein Gegenstück findet. Der prozessualen Last ist niemals ein Recht des Gegners korrelat[1712]). Dafür besteht ein enger Zusammenhang zwischen den prozessualen Lasten und Möglichkeiten, also Rechten derselben Partei[1713]), entsprechend wie für die materiellrechtliche Betrachtungsweise sogar Kongruenz zwischen „Geboten des eigenen Interesses" und den Bedingungen der Erhaltung eines Rechts besteht[1714]). Jede verpaßliche prozessuale Möglichkeit legt der Partei die prozessuale Last auf, die Möglichkeit, bei Vermeidung ihres — nach Rechtshängigkeit letztlich durch „prozessualische Überholung" eintretenden[1714a]) — Verlustes, wahrzunehmen[1714b]). Besonders deutlich tritt die belastende Wirkung des Daseins einer verpaßlichen prozessualen Möglichkeit da hervor, wo zu der allgemeinen Versäumnisfolge des Ausschlusses (§ 230 ZPO.) eine „besondere" tritt, so z. B. die Prorogation als Folge der Versäumung der Rüge der Unzuständigkeit (§ 39 ZPO.), die Zulassung der Klagänderung als Folge der Versäumung der Rüge unzulässiger Klagänderung (§ 269 ZPO.). Diese „besonderen" Versäumnisfolgen lassen sich aus der bloßen Annahme einer prozessualen Möglichkeit nicht erklären.

Indessen, anders als im Bereich der materiellrechtlichen Betrachtungsweise, erschöpfen sich im Bereich der prozessualen die „Gebote des eigenen Interesses" nicht im Gebot möglicher Rechtserhaltung. Die im Wesen des Prozesses als Kampf begründete Bedrohtheit der Rechtslage jeder Partei nötigt sie — wie bereits bemerkt[1714c]) — zum Handeln, mag auch die ihr obliegende Handlung nicht mit überwiegender Wahrscheinlichkeit einen prozessualen Vorteil versprechen, m. a. W. Wahrnehmung einer prozessualen Möglichkeit sein[1714d]). Man denke nur an die Beweis-, Kautions-, Kostenvorschuß-, Kostenerstattungs- (in §§ 271 IV, 274 I Nr. 6 ZPO.), Urkundeneditions-, Informations- und Erscheinungslast[1714e]). Freilich oft konkurriert mit der — selbständigen — prozessualen Last eine prozessuale Möglichkeit und muß mit ihr konkurrieren, wenn es der Partei möglich sein soll, sich der ihr obliegenden prozessualen Last zu entledigen. So ist die Partei, der ein Eid auferlegt ist, gleichzeitig eidesbelastet und eidesberechtigt, insofern sie einerseits bei Vermeidung des Prozeßverlustes zur Eidesleistung genötigt, andererseits in der Lage ist, mittels der Eidesleistung den Prozeß

1711) Vgl. oben zu Anm. 1270a.

1712) Auch die oben zu Anm. 477, 478 festgestellte Reflexbeziehung zwischen den Rechten und Pflichten einer Partei und dem Gegner im Ziviljustizrecht galt nur für die materiellrechtliche Betrachtungsweise. Vgl. freilich oben Anm. 1679 a. E., 1703.

1713) Vgl. schon oben hinter Anm. 1453, 1457. Vgl. auch die Ansätze bei R. Leonhard, Z. XII 402; Rosenberg, Beweislast, 73ff.

1714) Vgl. oben zu Anm. 1708.

1714a) Vgl. oben Anm. 1604a, zu Anm. 1657, unten zu Anm. 1756, 2473b, 2763.

1714b) Vgl. aber noch unten zu Anm. 1721a.

1714c) Oben zu Anm. 1710.

1714d) Vgl. oben hinter Anm. 1457.

1714e) Vgl. oben § 10 I, sowie besonders hinter Anm. 1454a.

zu gewinnen[1715]). Die Beweislast kann mit einem Beweisrecht konkurrieren, sofern die beweisbelastete Partei im Besitze rechtlich bindender oder auch nur erfahrungsmäßig überzeugender Beweismittel ist[1716]). Mit der Substanzierungslast konkurriert regelmäßig insofern ein Substanzierungsrecht, mit der Bestreitungslast mindestens insofern ein Bestreitungsrecht, als Substanzieren oder Bestreiten tauglich zur Eröffnung der Möglichkeit zum Beweisantritt sind[1716a]). Allgemein kann man sagen: Wo die Nichtherbeiführung derjenigen Prozeßlage, die nach dem Stande des Verfahrens als die nächste Stufe auf dem Wege zu einem günstigen Prozeßausgang in Betracht kommt[1717]), zugleich die Aussicht auf einen ungünstigen Prozeßausgang eröffnet oder steigert, m. a. W. wo die Partei genötigt ist, einen Vorteil zu erreichen, um einen Nachteil abzuwenden, gewährleistet nur die Konkurrenz einer prozessualen Möglichkeit, daß sich die Partei der ihr obliegenden prozessualen Last entledigt. Andererseits braucht eine konkurrierende prozessuale Möglichkeit nicht das notwendige Mittel für die Partei zu sein, sich der ihr obliegenden prozessualen Last zu entledigen, sondern kann einen darüber hinausgehenden prozessualen Vorteil gewährleisten; so, wenn mit der Bestreitungslast ein Bestreitungsrecht insofern konkurriert, als das Bestreiten den Gegner zum Beweise nötigt[1718]); oder mit der Substanzierungslast ein Substanzierungsrecht insofern, als das Substanzieren die Möglichkeit, ein Versäumnisurteil gegen den Beklagten zu beantragen, eröffnet[1718a]).

III. Während die Aussicht auf einen prozessualen Vorteil, insbesondere auf ein günstiges Urteil von der vorgängigen Vornahme einer Prozeßhandlung der interessierten Partei unabhängig sein kann[1719]), ist die Aussicht auf einen prozessualen Nachteil mit seltenen Ausnahmen, die Aussicht auf ein ungünstiges Urteil ausnahmslos von der Versäumung einer prozessualen Last abhängig[1720]). Nach dem prozessualen Prinzip des beiderseitigen Gehörs tritt grundsätzlich[1721]) kein prozessualer Nachteil ein, und darf jedenfalls kein ungünstiges Urteil verhängt werden, ohne daß der Partei Gelegenheit zur Erklärung geboten wurde. Verpaßt die Partei diese Gelegenheit, so zieht sie sich dadurch notwendiger oder doch möglicherweise Nachteile zu. Die Zurechenbarkeit dieser Nachteile ergibt, noch über das oben[1721a]) Ausgeführte hinaus,

---

1715) Vgl. oben Anm. 619c, hinter Anm. 1456, 1457.

1716) Vgl. oben zu Anm. 1367, hinter Anm. 1369, 1370a, 1373.

1716a) Vgl. oben zu und hinter Anm. 1454.

1717) Vgl. oben zu Anm. 1373d, 1447, 1448, 1509a, hinter Anm. 1457.

1718) Vgl. oben hinter Anm. 1452. Vgl. noch unten Anm. 1942.

1718a) Vgl. oben hinter Anm. 1454.

1719) Vgl. oben hinter Anm. 1348, zu Anm. 1435 und auch sonst in § 20 I.

1720) Vgl. oben hinter Anm. 1348.

1721) Ausnahmen im Zivilprozeß etwa in §§ 225 II, 226 III ZPO., sowie besonders im Arrestprozeß (§ 921 ZPO.). Im Strafprozeß herrscht bekanntlich im Vorverfahren noch der Inquisitionsprozeß. Daher bedarf es hier keiner Anhörung des Beschuldigten (§ 33 StPO.); anders im Prinzip § 36 II Entw. Ges. RStr. v. 1919.

1721a) Zu Anm. 1714b.

den Satz, daß Gelegenheit verpflichtet (= belastet), daß, wer kann, soll! Wer die ihm gebotene Gelegenheit zur Geltendmachung seiner Interessen verpaßt, verletzt, wegen der daraus drohenden Nachteile, eine „Pflicht gegen sich selbst"[1721b]), versäumt m. a. W. sich einer ihm obliegenden Last zu entledigen.

Dies gilt auch im Strafprozeß. Zwar hat hier selbst die gänzliche Passivität des Beschuldigten nicht notwendig einen prozessualen Nachteil, insbesondere die Verurteilung zur Folge[1722]), wie dies ja auch im Zivilprozeß nicht immer der Fall ist[1723]). Aber wenn die Passivität des Beschuldigten einen prozessualen Nachteil im Gefolge hat, so rechnen unsere Gesetze ihn ihr zu. Dies lehren die Entschädigungsgesetze vom 20. Mai 1898 und 14. Juli 1904, welche in § 1 III, IV, bzw. § 2 I den Entschädigungsanspruch ausschließen, wenn der Beschuldigte die frühere Verurteilung oder Untersuchungshaft vorsätzlich herbeigeführt oder durch grobe Fahrlässigkeit verschuldet hat. Hier wird also ganz nach Analogie des § 254 II BGB. ein „Gebot des eigenen Interesses", m. a. W. eine Last des Beschuldigten unterstellt, die prozessualen Nachteile der Verurteiluug und Verhaftung[1724]) abzuwenden. Denn daß die grob schuldhafte Herbeiführung jener prozessualen Nachteile nicht nur ein positives Tun — wie z. B. falsche Selbstbezichtigung — sondern auch ein Unterlassen begreift, ist nicht nur allgemein anerkannt, sondern folgt schon unmittelbar aus der Bestimmung, daß die Versäumung der Einlegung eines Rechtsmittels nicht als Fahrlässigkeit zu erachten sei. So wird denn auch z. B. die vorsätzliche Versäumung der Einlegung eines Rechtsmittels etwa eines infolge Personenverwechselung Verdächtigten, um dem wirklichen Täter Zeit zur Flucht zu verschaffen, als grob schuldhafte Herbeiführung der Verurteilung oder Verhaftung angesehen; ebenso die vorsätzliche oder grob fahrlässige Versäumung einer Vorstellung gegenüber dem Richter oder Staatsanwalt, überhaupt die grob schuldhafte Versäumung aussichtsvoller Verteidigung und Führung eines Entlastungsbeweises[1724a]). Mit Recht hat man dabei darauf hingewiesen, daß die Vorschrift des § 136 I S. 2 StPO. (noch klarer § 35 II S. 2 Entw.Ges.-RStr. v. 1919), wonach der Beschuldigte nicht verpflichtet ist, sich auf die gegen ihn erhobene Beschuldigung zu erklären, nicht ausschließt, daß in der Unterlassung entlastender Angaben ein grobes Verschulden „gegen sich selbst" im Sinne der Entschädigungsgesetze, die grob schuldhafte Versäumung einer ihm obliegenden Last gefunden wird. Denn

1721b) Vgl. aber dazu noch unten vor Anm. 1837.

1722) Vgl. oben Schluß des Absatzes hinter Anm. 1438a.

1723) So im Ehe-, Familienstands-, Entmündigungs- und Todeserklärungsprozeß; vgl. oben hinter Anm. 1435.

1724) Daß dem Beschuldigten zugemutet wird, auch die Untersuchungshaft abzuwenden, steht im Widerspruch damit, daß er vor Erlaß des Haftbefehls gar nicht gehört zu werden braucht. An diesem letzteren Rechtszustand ändert leider auch § 137 Entw.Ges. RSt. v. 1919 nichts; mit Recht hiergegen ROSENBERG, DStZ. 1920, 11.

1724a) Vgl. dazu noch unten Anm. 1841.

jene Vorschrift der StPO. spricht nur, in Verwerfung des entgegenstehenden Standpunktes des Inquisitionsprozesses, aus, daß keinem Beschuldigten gegenüber der staatlichen Justiz eine Pflicht zum Zeugnis wider sich selbst obliege (Nemo tenetur se accusare; no man is bound to give evidence against himself)[1725]. Sie entbindet nicht den Beschuldigten von der Pflicht gegen sich selbst, m. a. W. von der Last, die ihm gebotene „Gelegenheit zur Beseitigung der gegen ihn vorliegenden Verdachtsgründe und zur Geltendmachung der zu seinen Gunsten sprechenden Tatsachen" (§ 136 II StPO.)[1726] wahrzunehmen.

Dabei ist nun freilich eines zu beachten. Die Verteidigungslast des Beschuldigten ist eine vollkommene[1727] nur, insoweit ihre Versäumung den Ausschluß des Entschädigungsanspruches nach sich zieht[1728]. Denn nur insoweit zieht ihre Versäumung den Rechtsverlust notwendig nach sich. Insoweit ihre Versäumung prozessuale Nachteile, insbesondere die Verurteilung zur Folge hat, m. a. W. insoweit sie eine prozessuale Last ist, insoweit kann sie nur als eine minder vollkommene angesehen werden. Denn ob die Passivität des Beschuldigten prozessuale Nachteile nach sich ziehen wird, hängt von der Prozeßlage und vom richterlichen Ermessen ab. Es wäre indessen unrichtig, deshalb zu verkennen, daß die Entschädigungsgesetze, indem sie die vollkommene materiellrechtliche Last aufstellen, eine minder vollkommene prozessuale Last unterstellen. Denn die Erhaltung des Entschädigungsanspruches ist selbstverständlich erst der mittelbare Inhalt der Verteidigungslast des Beschuldigten. Ihr unmittelbarer Inhalt ist die Abwendung der dem Beschuldigten drohenden prozessualen Nachteile, insbesondere der Verhaftung und Verurteilung. Daß diese Last nur eine minder vollkommene ist, ist eine Folge des den Strafprozeß beherrschenden Untersuchungsgrundsatzes. Das von KOHLER[1729] sogenannte „Prinzip der Kongruenz der Parteivorträge" gilt hier nicht. Die Nichterklärung des Beschuldigten auf die Beschuldigung kann prozessuale Nachteile zur Folge haben; sie braucht es aber nicht. Ob im übrigen schon die abstrakte Verteidigungsmöglichkeit der §§ 136 II, 265 I StPO., oder erst eine — selbst bei Unschuld nicht notwendig vorhandene — konkrete Verteidigungsmöglichkeit die Verteidigungslast begründet[1730], könnte zweifelhaft erscheinen. Ich nehme das erstere an. Wer eine Beschuldigung schweigend hinnimmt, muß damit rechnen, daß daraus ihm ungünstige Schlüsse gezogen werden: de se queri debet (l. 11 pr. Dig. IX, 2).

In gewissem Sinne kann man der Verteidigungslast die — zuerst von der Strafprozeßtheorie aufgestellte[1730a] — materielle Beweislast an die Seite stellen. Darunter versteht man die Rechtslage, die

[1725]) Vgl. dazu GOLDSCHMIDT, ZStW. XLI 600/1.

[1726]) Vgl. oben zu Anm. 1439.

[1727]) Vgl. dazu oben hinter Anm. 626a—c, zu Anm. 627d, hinter Anm. 628.

[1728]) Vgl. dazu oben hinter Anm. 1705.

[1729]) Prozeß, 46ff.

[1730]) Vgl. oben hinter Anm. 1721.

[1730a]) Vgl. GLASER, I 364ff.; v. KRIES, 341; BENNECKE-BELING, 329, 379; BELING, Enz. 172, 178; ULLMANN, 332ff.; ROSENBERG, Beweislast, 26ff. Man spricht auch von objektiver Beweislast oder von Feststellungslast (so ROSENBERG).

sich für eine Partei daraus ergibt, daß die Nichtfeststellung einer Tatsache ihr zum Nachteil gereicht. Bezeichnet man diese Rechtslage als materielle Beweislast, so meint man damit die sich aus ihr in einem vom Untersuchungsgrundsatz beherrschten Verfahren, insbesondere im Strafprozeß, materiell ergebende Nötigung der Partei zum Beweise der Tatsache[1730b]). Diese Nötigung ist, wie die Verteidigungslast, eine minder vollkommene Last, da der Nachteil der Nichtfeststellung der Tatsache durch die richterliche Ermittelungstätigkeit abgewendet werden kann. Mit materieller Beweislast meint man indessen häufig nur das aus der bezeichneten Rechtslage sich ergebende Interesse der Partei an der Feststellung der Tatsache. Dieses Interesse würde einerseits auch in einem Prozesse bestehen, in welchem die interessierte Partei als reines Verfahrensobjekt von jeder Einwirkung auf die Tatsachenfeststellung ausgeschlossen wäre. Andererseits füllt es in einem vom Verhandlungsgrundsatz beherrschten Verfahren erst das Blankett der formellen Beweislast aus, indem es ihren Inhalt und ihre Träger bestimmt[1730c]).

IV. Inhalt der prozessualen Last ist ein Tun. Das darf nicht mißverstanden werden. Selbstverständlich kann gerade im Prozeß auch ein Unterlassen durch das eigene Interesse der Partei geboten sein. Das ungünstige Parteivorbringen ist Urteilsgrundlage im Zivilprozeß[1731]) und kann Urteilsgrundlage im Strafprozeß sein. Mitunter gilt geradezu der Satz: Si tacuisses! Unzulässige oder unbegründete Prozeßhandlungen können der Zurückweisung unterliegen[1732]) und Kostennachteile nach sich ziehen[1733]). So kann, wie im Bereich der materiellrechtlichen Betrachtungsweise[1734]), so auch in dem der prozessualen ein die eigenen Interessen schädigendes Tun den objektiven Tatbestand eines „Verschuldens gegen sich selbst" begründen[1735]). Aber der typische objektive Tatbestand des prozessualen Verschuldens ist die Säumnis[1735a]); die an sie geknüpften Nachteile und die Mittel zu ihrer Beseitigung sind die typischen Folgen des Sichnichtentledigens einer prozessualen Last[1735b]). Schon sprachlich wird niemand von einer „Last" zum „Unterlassen" einem onus omittendi reden können.

1730b) Insofern ist es nicht, wie ROSENBERG, a. a. O., 25, meint, gleichgültig, aus welchem Grunde die Tatsache ungewiß geblieben ist. Die Bezeichnung als Beweislast zeigt, daß die Ungewißheit der Untätigkeit oder der Erfolglosigkeit der Beweistätigkeit der interessierten Partei zugerechnet wird. Anders natürlich, wenn man nur an das Feststellungsinteresse denkt.

1730c) ROSENBERG, a. a. O., 54.

1731) Vgl. SOBERNHEIM, Das ungünstige Parteivorbringen als Urteilsgrundlage im Zivilprozeß, 1916.

1732) Vgl. oben zu Anm. 668, 686. Die Zurückweisung einer Prozeßhandlung ist nur eine schwächere Reaktion auf ihre Erfolglosigkeit als ihre Ignorierung; vgl. oben hinter Anm. 668 im Gegensatz zu hinter Anm. 665, sowie unten hinter Anm. 1912b, 1915.

1733) Vgl. oben vor Anm. 692a.

1734) ZITELMANN, Allg. Teil, 167.

1735) Vgl. oben zu Anm. 692a, in Anm. 673, hinter Anm. 1724, unten zu und hinter Anm. 1806.

1735a) Vgl. unten zu Anm. 1805.

Das Gesagte gilt auch von der durch die Strafdrohungen auferlegten Last. Bereits früher wurde ausgeführt, daß man an das materielle Justizrecht des Strafrechts vom Standpunkt der prozessualen Rechtsbetrachtungsweise aus nicht nur herantreten kann[1736]), sondern daß die herrschende Auffassung es wirklich tut, wenn sie das Strafrecht als einen Inbegriff von an den Täter gerichteten Strafdrohungen auffaßt[1737]). Allem Anschein nach ist nun die durch die Strafdrohungen begründete Nötigung, wenigstens dann, wenn der Strafdrohung, wie es im Justizstrafrecht die Regel ist, ein Verbot zugrunde liegt, eine Nötigung zu einem Unterlassen. Eine solche Anschauung würde indessen bei Anwendung der prozessualen Rechtsbetrachtungsweise auf halbem Wege stehenbleiben. Prozessual betrachtet knüpft sich die Androhung der Strafverurteilung und Strafvollstreckung nicht an einen außerprozessualen Tatbestand, sondern an ein Prozeßergebnis[1738]), nämlich daran, daß jemand der Straftat überführt werden kann[1739]). Diese Rechtslage legt aber allerdings jedermann die Nötigung zu einem Tun auf, nämlich, die prozessualen Nachteile der Strafverurteilung und Strafvollstreckung von sich abzuwenden. Dazu ist die Unterlassung der Straftat weder erforderlich, noch genügend; jenes nicht, weil auch dem Schuldigen die Abwendung seiner Verurteilung gelingen, dieses nicht, weil auch der Unschuldige einer Verurteilung zum Opfer fallen kann. Worauf es in allen Fällen ankommt, ist, sich im Falle einer Beschuldigung in der Weise, wie oben[1740]) dargelegt, seiner Verteidigungslast zu entledigen. Ich bin darauf gefaßt, daß ein anderer BINDING in dieser Feststellung eine „Rechtsblasphemie“ finden wird. Deshalb bleibt aber doch wahr, daß die prozessuale Rechtsbetrachtungsweise moralinfrei ist[1741]). Und die dargelegte Auffassung entspricht auch ganz der verschiedenen Einstellung des „Freien“ und des „Knechtes“[1742]) dem Strafrecht gegenüber. Jener entnimmt aus ihm, was „recht“ ist und danach die Pflicht, die verbotene Handlung zu unterlassen. Er betrachtet nur die dem Strafrecht zugrunde liegenden „Normen“ als an sich gerichtet; die in den Strafrechtssätzen steckenden Imperative, die Ausübung der staatlichen Strafgewalt nicht zu stören[1743]), gehen ihn wenig, die weiter darin steckenden, an die Staatsorgane gerichteteten Imperative, die staatliche Strafgewalt auszuüben[1744]), überhaupt nichts an. Damit stellt er sich aber auf den Boden der materiellrechtlichen Betrachtungsweise[1745]). Anders der „Knecht“, der fragt, was „danach“ kommt. Er sieht nur nach den ihm geltenden „Strafdrohungen“ und entnimmt daraus die Nötigung, sich einer Straftat nicht überführen zu lassen. Das ist vom Standpunkt der prozessualen Rechts-

[1735b]) Vgl. dazu auch BÜLOW, ZivArch. LXII 55, 78.
[1736]) Vgl. oben hinter Anm. 1259c.
[1737]) Vgl. oben hinter Anm. 1328 und in Anm. 1340 a. E.
[1738]) Vgl. oben hinter Anm. 1372f.
[1739]) Vgl. schon oben vor Anm. 1564.
[1740]) Unter III.
[1741]) Vgl. schon oben zu Anm. 1510.
[1742]) Vgl. den oben in Anm. 1346 a. E., zitierten STORMschen Spruch.
[1743]) Vgl. oben zu Anm. 1324.
[1744]) Vgl. oben zu Anm. 1327.
[1745]) Vgl. oben hinter Anm. 1327.

betrachtungsweise, auf den er sich damit stellt, ganz folgerichtig. Die oft daraus gezogene Nutzanwendung ist, daß es wirksamer ist, die Kriminalpolizei zu verbessern, als die Strafdrohungen zu verschärfen[1746]).

V. Die wichtigsten Arten prozessualer Lasten sind bereits oben in den §§ 9—11 erörtert worden: so die Einlassungs-, Erklärungs-, Substanzierungs-, Beweis-, Eides-, Kautions-, Kostenvorschuß-, Kostenerstattungs- (in §§ 271 IV, 274 I Nr. 6 ZPO.), Urkundeneditions-, Informations- und Erscheinungslast, sowie die Nötigung zu rechtzeitigem Handeln. Es seien ferner genannt die Last der Bestellung eines beim Prozeßgericht zugelassenen Rechtsanwalts zum Prozeßbevollmächtigten im Anwaltsprozeß (§ 78 ZPO.), sowie eines Zustellungsbevollmächtigten in §§ 174/5 ZPO., die Last des Erben und Nacherben, den unterbrochenen Rechtsstreit aufzunehmen (§§ 239, 242 ZPO.), sowie des Erwerbers des Grundstücks im § 266 ZPO., den Rechtsstreit zu übernehmen[1747]) die Last des Litisdenuntiaten, dem Litisdenuntianten als Nebenintervenient beizutreten, (§ 74 ZPO), eine Hauptintervention anzustellen in § 75 ZPO. oder den Rechtsstreit als Beklagter zu übernehmen in §§ 76, 77 ZPO.[1748]), schließlich die Last des Drittschuldners in § 856 III, ZPO., die nicht schon als Streitgenossen beigetretenen Pfändungspfandgläubiger zum Termin zur mündlichen Verhandlung zu laden. Das Gesetz spricht in mehreren dieser Fälle (so in §§ 174 II, 239 V, 266 I ZPO.) — wie auch sonst — inkorrekt von einer „Pflicht“.

Von besonderer Bedeutung ist die — materielljustizrechtliche — Prozeßführungslast (Passivlegitimation)[1749]). Sie ist das Gegen-

---

[1746]) Der Entw. GRSt. v. 1919 § 159 stellt den Satz auf: „Der Verteidiger hat dem Beschuldigten bei Wahrnehmung seiner Rechte beizustehen und nach bestem Wissen und Gewissen dafür zu sorgen, daß er nicht schuldig gesprochen wird, wenn er nicht der ihm zur Last gelegten Straftat überführt ist.“ Damit wird zum Ausdruck gebracht, daß nicht nur der unschuldige, sondern schon der nicht überführte Beschuldigte das — prozessuale — Recht hat, mit Verurteilung verschont zu werden, daß m. a. W. der prozessuale Nachteil der Verurteilung nicht schon an die Begehung, sondern erst an das Überführtwerden einer Straftat geknüpft ist. Andererseits stellt der Paragraph selbstverständlich nur die Pflicht des Verteidigers auf, die Verurteilung des nicht überführten, nicht aber, die Überführung des schuldigen Beschuldigten abzuwenden; vgl. GOLDSCHMIDT, JWSchr. 1920, 233. Ist doch — materiellrechtlich betrachtet — sogar der schuldige Beschuldigte verpflichtet, die Ausübung des staatlichen Strafrechts nicht zu vereiteln; vgl. oben Anm. 1324. Unberührt bleibt aber das prozessuale Interesse, m. a. W. die prozessuale Last des — unschuldigen oder schuldigen — Beschuldigten, seine Verurteilung abzuwenden. Vgl. noch unten zu Anm. 1793a.

[1747]) Vgl. darüber oben hinter Anm. 1690.

[1748]) Über die Folgen, wenn der Benannte die Behauptung des Beklagten bestreitet oder sich nicht erklärt (§ 76 II ZPO.), vgl. oben hinter Anm. 1472b. Ich nehme aber an, daß, wenn der Benannte in §§ 76 III, 77 ZPO. die Behauptung des Beklagten zwar als richtig anerkennt, aber den Prozeß nicht an Stelle des Beklagten übernimmt, ebenso, wenn in § 75 ZPO. der Litisdenuntiat keine Hauptintervention anstellt, jedenfalls die Folgen der §§ 74 III, 68 ZPO. sinngemäß anwendbar sind; so jetzt auch STEIN, Nr. II 4 zu § 75, Nr. V 3 zu § 76 ZPO.

[1749]) Vgl. über diese schon oben Anm. 1680/1. HELLWIG, Syst. I, § 70 I, spricht in bezug auf sie unscharf von einem „Recht und einer Pflicht (Last)“. Die oben hinter Anm. 1472b behandelte Befreiung von der Prozeßführungslast in § 76 II ZPO. betrifft, wie aus der zu Anm. 1480 getroffenen Feststellung hervorstück zum Prozeßführungsrecht (Aktivlegitimation)[1750]) und fällt regelmäßig, wie dieses mit der aktiven, mit der passiven[1750a]) Zuständigkeit des Klagrechts zusammen, kann aber, wie dieses, auch davon getrennt sein[1750b]). Sie bedeutet — wie l. 18 § 4 Dig. 49, 17 sich treffend ausdrückt — die „necessitas defensionis", die Nötigung, sich gegen eine bestimmte Klage zu verteidigen, die von ihr drohenden Nachteile abzuwenden. Genau läßt sich die Prozeßführungslast, die eine Qualifikation der Einlassungslast[1751]) ist, definieren als die durch den Umstand, daß der Beklagte der richtige Beklagte (legitimus contradictor)[1752]) ist, begründete besondere Nötigung, sich gegen die Klage zu verteidigen bei Vermeidung eines ungünstigen Sachurteiles, sofern die Klage auch sonst begründet sein sollte[1753]).

VI. Das Sichnichtentledigen einer prozessualen Last pflegt man unter den Begriff der „Versäumung" zu bringen. Es ist eine äußerliche Betrachtungsweise, wenn regelmäßig die Lehre von der Versäumung und der Beseitigung der Versäumnisfolgen im Anschluß an die Lehre von den prozessualen Zeitbestimmungen (Terminen, Fristen) behandelt wird[1754]). Man wird auch im bürgerlichen Recht nicht den Verzug im Anschluß an die Lehre von den Fristen und Terminen behandeln. Auf die ZPO. §§ 214ff., 230ff. kann man sich nicht berufen. Denn die ZPO. enthält in §§ 230ff. nur einige allgemeine Sätze über die Versäumnisfolgen (§§ 230—232) und die Wiedereinsetzung in den vorigen Stand (§§ 233—238), während alles übrige betreffend die Versäumnisfolgen und ihre Beseitigung an verschiedenen Stellen, im Zusammenhang mit den Lasten, deren Versäumung in Frage kommt, geregelt ist[1755]). Tatsächlich wird ja weder ein Termin noch eine Frist versäumt, sondern die Prozeßhandlung, welche vorzunehmen die Partei genötigt ist (§ 230 ZPO.). Termine und Fristen sind nur die für das Sichentledigen der Lasten bestimmten Zeiten. Ja, nicht selten tritt die „Versäumung" überhaupt nicht mit dem Ablauf eines bestimmten Termins (richtiger — §§ 220 III, 231 II ZPO. — mit dem Schlusse der Verhandlung) oder einer bestimmten Frist, sondern mit einem späteren Ereignis (so in §§ 109 II, 113, 272a,

geht, die Prozeßführungslast in dem besonderen Sinne einer Nötigung zur Prozeßführung bei Vermeidung des Verlustes eines künftigen Regreßprozesses.

[1750]) Vgl. über dieses oben hinter Anm. 1408 und hinter Anm. 1553, 1700.

[1750a]) Vgl. aber dazu oben Anm. 1703.

[1750b]) Vgl. oben Anm. 1681 a. E. In diesem Falle reduziert sich der Lastcharakter der passiven Zuständigkeit des Klagrechts, wie die materielle Beweislast nach gewisser Auffassung (vgl. oben hinter Anm. 1730b), auf das bloße Interesse des Passivbeteiligten, daß sich sein Prozeßstandschafter der ihm obliegenden Prozeßführungslast erfolgreich entledigt.

[1751]) Vgl. über diese oben § 9 III.

[1752]) Vgl. über diesen gemeinrechtlichen Begriff Wach, Rechtskraft, 100ff.; Mendelssohn Bartholdy. Rechtskraft, 20ff.

[1753]) Vgl. über die Prozeßführungslast vor allem Hellwig, Lehrb. I, §§ 50/1.

[1754]) So z. B. Hellwig, Syst. I, §§ 170—172; Stein, Grdr., §§ 54/5; Kisch, II § 6. Richtig Weismann, I § 85; zum Teil auch R. Schmidt, § 53.

[1755]) Vgl. die Anführung der zahlreichen Fälle bei Stein, Vorbemerkung I vor § 230 ZPO.

694, 699 ZPO.) oder überhaupt erst mit „prozessualischer Überholung“[1756]), d. h. erst dann ein, wenn „das Verfahren sich jetzt bereits in einer Lage befindet, welche der nunmehrigen Vornahme der Prozeßhandlung keinen Raum mehr bietet“[1757]); so insbesondere die Versäumung der Erklärung auf Tatsachen, Urkunden und Eideszuschiebungen (§ 531 ZPO.), die Versäumung der Einlegung der einfachen Beschwerde[1758]). Andererseits kann die Versäumung schon vor dem Schlusse der Verhandlung im Termin, in der die Prozeßhandlung vorgenommen werden mußte, eintreten; so z. B. in §§ 39, 44 IV, 76/7, 85 S. 2, 90 II, 269, 274 ZPO.

Der oben[1759]) festgestellte Zusammenhang zwischen den prozessualen Lasten und Möglichkeiten derselben Partei bringt es mit sich, daß die Versäumung einer prozessualen Last häufig zugleich das Verpassen einer prozessualen Möglichkeit ist, nämlich dann, wenn die versäumte Prozeßhandlung mit überwiegender Wahrscheinlichkeit eine Prozeßlage herbeigeführt haben würde, die nach der Zweckbestimmung der Handlung und nach dem Stande des Verfahrens als nächste Stufe auf dem Wege zu einem günstigen Prozeßausgang anzusehen gewesen wäre[1760]). Man denke an die Versäumung der Rüge der Unzuständigkeit, der unzulässigen Klagänderung oder der Verletzung einer Formvorschrift (§§ 39, 269, 295 ZPO.), an die Versäumung einer prozeßhindernden Einrede (§ 274 I ZPO.)[1761]) oder an die Versäumung des Widerrufs oder der Berichtigung in §§ 85 S. 2, 90 II ZPO.; aber auch an die Versäumung der Substanzierung, des Bestreitens, der Eidesleistung[1762]).

Der Zusammenhang zwischen der Versäumung einer prozessualen Last und dem Verpassen einer prozessualen Möglichkeit zeigt sich bei den V e r s ä u m n i s f o l g e n. Man pflegt „allgemeine“ und „besondere“ Versäumnisfolgen zu unterscheiden und rechnet zu jenen den „Ausschluß“ (§ 230 ZPO.) und Kostennachteile, zu diesen insbesondere die Fiktion einer dem Säumigen ungünstigen Erklärung (§§ 113 S. 2 Fall I, 138 II, 239 IV, 244 II S. 2, 272a S. 2 Halbs. 2, 331 I, 439 III, 452 II, 465, 499f I, 542 II, 635, 638, 640 I, 877 I[1763]), 881 ZPO.; §§ 176 II, 379 III, 391 II StPO.; 430 II RAbgO., 427 I S. 1 EntwGesRSt. v. 1919), die Fiktion eines dem Säumigen ungünstigen Beweisergebnisses (§§ 427, 441 III

1756) Vgl. darüber schon oben Anm. 1604a und zu Anm. 1657, 1714a, unten zu Anm. 2473b, 2763.

1757) v. KRIES, 459.

1758) v. KRIES, 698/9; STEIN, Nr. IV 1 zu § 567, Nr. I zu § 575 ZPO. Der von v. KRIES geprägte Begriff der „prozessualischen Überholung“ hat bisher in die Zivilprozeßrechtslehre leider keinen Eingang gefunden; vgl. dazu unten zu Anm. 2763a.

1759) Hinter Anm. 1712ff., 1453, 1457.

1760) Vgl. oben hinter Anm. 1716a.

1761) Vgl. oben hinter Anm. 1601a, 1714b.

1762) Vgl. oben zu Anm. 1453—1457, 1715—1718a.

1763) Umgekehrt gilt nach § 877 II ZPO. der im Termin nicht erschienene Gläubiger als den Widerspruch b e s t r e i t e n d, entsprechend wie der im Verhandlungstermine nicht erschienene Beklagte als den Klaganspruch bestreitend gilt (vgl. oben zu Anm. 589).

S. 3, 464 II, 472 II, 542 II ZPO.), die Fiktion des Mangels einer Handlung des Säumigen (§§ 113 S. 2 Fall II, 519 VI S. 3, 554 VII S. 2 ZPO.), die Heilung des Mangels einer Handlung des Gegners (§§ 39, 88 I, 269, 295 ZPO.), den Verlust eines — mit der versäumten Last nicht zusammenfallenden[1764]) — Rechts (§§ 238 II S. 2, 335 I Nr. 3, 345, 364 IV S. 2, 379 II, 468, 493 II, 856 V ZPO.; §§ 220 II, 412 II StPO.[1764a]); §§ 84 I S. 2, 85 V GKG.), den Übergang eines Rechts des Säumigen auf den Gegner (§§ 239 II, 244 II S. 1 ZPO.; § 10 I S. 2 KO.) oder auf das Gericht (§ 1029 II ZPO.), die Entstehung eines — mit der Aussicht auf Ausschluß des Säumigen oder der Möglichkeit, diesen Ausschluß zu beantragen, nicht zusammenfallenden — Rechts des Gegners (§§ 109 II, 113 S. 2, 155, 175 I S. 2, 3, 239 IV, 244 II S. 3, 246 II, 274 I Nr. 5, 6, 330, 331a, 347, 465, 542 I, 557, 600 III, 699 I S. 1, 881, 926 II, 942 III ZPO.), des Nebenintervenienten (§ 68), des Litisdenuntiaten (§ 74 III) oder umgekehrt des Litisdenuntianten (§§ 76 II, 77 ZPO.), endlich von Amts wegen zuungunsten des Säumigen erlaßbare, richterliche Entscheidungen (§§ 251a, 494 I, 519 VI, 554 VII, 878 I S. 2 ZPO.; §§ 329, 391 III, 412 I StPO.) oder vorzunehmende Vollstreckungshandlungen (§§ 769 II S. 2, 771 III S. 1 ZPO.).

Keine selbständige Versäumnisfolge ist die Zurückweisung verspäteten Vorbringens[1765]). Sie ist nur der prozessuale Ausdruck[1765a]) der „allgemeinen" „Ausschlußfolge", mag sie deklaratorisch den kraft Gesetzes eingetretenen Ausschluß (§ 231 I Halbs. 2 ZPO.) feststellen, gegebenen Falles unter gleichzeitiger Abweisung eines gestellten Gesuchs um Zulassung der Nachholung[1765b]), mag sie konstitutiv den Ausschluß erst verhängen (wie in §§ 279, 283 II, 529 II, III, 626 ZPO.)[1765c]).

Von den aufgeführten Versäumnisfolgen können die Kostennachteile (§§ 95, 97 II, 238 III, 278 II, 283 II, 344 ZPO., 39 GKG., 142 III KO., 467 I, 473 III StPO.)[1766]), welche ja eigentliche prozessuale Rechtsfolgen überhaupt nicht sind[1766a]), nur als mittelbare Versäumnisfolgen angesehen werden, da sie sich unmittelbar garnicht an die Versäumung, sondern an die Nachholung der versäumten Handlung anknüpfen[1767]). Dies wird weder widerlegt durch die früher[1768]) getroffenen Feststellungen, daß die kostenpflichtige Nachholung selbst nicht schuldhaft oder widerrechtlich ist, noch durch die ebenda[1769]) festgestellte Tatsache, daß in bestimmten

[1764]) Vgl. oben zu Anm. 1714b.

[1764a]) Vgl. auch noch unten zu Anm. 1777/8.

[1765]) Vgl. oben zu Anm. 682a.

[1765a]) Über den Grund s. unten hinter Anm. 1913.

[1765b]) Vgl. unten hinter Anm. 1776. [1765c]) Vgl. unten Anm. 1778.

[1766]) Vgl. schon oben vor Anm. 627e, zu Anm. 655, hinter Anm. 676, sowie besonders zu Anm. 686a, 687.

[1766a]) Vgl. oben von Anm. 639—660.

[1767]) Dies gilt auch im Falle des § 344 ZPO. wenigstens insofern, als die dem Säumigen aufzuerlegenden besonderen Kosten des Versäumnisverfahrens (§ 27 II GebO. f. RA.) als solche erst dadurch erscheinen, daß auf Grund des zugelassenen Einspruchs eine das Versäumnisurteil abändernde Entscheidung ergeht.

[1768]) Von Anm. 676—687.

[1769]) Zu Anm. 665, hinter Anm. 676, zu Anm. 686a.

Fällen (§§ 95, 97 II, 278 II, 283 II ZPO., 39 GKG., 467 I StPO.) die Kostenpflichtigkeit der Nachholung durch die Schuldhaftigkeit der Versäumung bedingt ist. Denn, wie gleichfalls früher festgestellt wurde, ist Rechtsgrund sowohl der — öffentlichrechtlichen — Kostenvorschuß- und Kostenzahlungspflicht gegenüber der Staatskasse, als auch der — privatrechtlichen — Kostenerstattungspflicht der Parteien untereinander das „Faktum" des Prozesses[1770]) weder seine Schuldhaftigkeit noch seine Widerrechtlichkeit . Daß die Bemessung und Verteilung der Kosten in gewissen Fällen durch die Schuldhaftigkeit der Versäumung bestimmt wird, ist nur eine Modalität des an der Nachholung einer versäumten Prozeßhandlung durchgeführten Prinzips der „Kostentrennung"[1771]).

Von den übrigen Versäumnisfolgen knüpft sich die verbleibende „allgemeine" des „Ausschlusses" nur an die Versäumung einer solchen prozessualen Last an, die durch das Dasein einer verpaßlichen prozessualen Möglichkeit auferlegt wird[1772]), m. a. W. sie fällt mit dem Verlust der verpaßten Möglichkeit zusammen[1773]). Und das ist auch einleuchtend. Die Versäumnisfolge des „Ausschlusses" ist offenbar ein prozessualer Nachteil. Der Fortfall einer nicht bloß in dem Dasein einer prozessualen Möglichkeit bestehenden und mit einer solchen auch nicht konkurrierenden[1774]) prozessualen Last, wie z. B. der Kautions-, Vorschuß-, Kostenerstattungs- (in §§ 271 IV, 274 I Nr. 6 ZPO.), Urkundeneditions-, Informations-, Erscheinungs- und unter Umständen der Beweislast, ist aber kein prozessualer Nachteil. Denn der Fortfall einer reinen „Nötigung", einen prozessualen Nachteil abzuwenden, kann ebensowenig nachteilig sein, wie neben dem infolge ihrer Versäumung bereits eingetretenen prozessualen Nachteil noch die künftige Unmöglichkeit, diesen Nachteil abzuwenden, als besonderer Nachteil in Betracht kommen kann. So kommt z. B. neben der durch Versäumung der Kautionslast begründeten Entstehung des Rechts des Beklagten zum Antrage, die Klage durch Urteil für zurückgenommen zu erklären (§ 113 S. 2 ZPO.), die Unmöglichkeit des Klägers, die Entstehung dieses Rechts abzuwenden, nicht in Betracht; ebensowenig neben der durch Versäumung der Kostenerstattungslast in §§ 271 IV, 274 I Nr. 6 ZPO. begründeten Entstehung des Rechts des Beklagten zur Verweigerung der Einlassung die Unmöglichkeit des Klägers, die Entstehung dieses Rechts abzuwenden; oder neben dem durch Versäumung der Kostenvorschußlast begründeten Verlust der Aussicht auf Ladung der benannten Zeugen und Sachverständigen (§§ 379 II, 402 ZPO.; 84 I S. 2 GKG.) die Unmöglichkeit, diesen Verlust abzuwenden; oder neben dem durch Versäumung der Informationslast bewirkten Verlust des Rechts zur Benutzung einer Beweisverhandlung (§§ 364 IV S. 2, 493 II ZPO.) die Unmöglichkeit, diesen Verlust abzuwenden; oder neben der durch

---

1770) Vgl. oben zu Anm. 645, 649, 653, 655/6, auch zu Anm. 691a—692a.
1771) Abweichend im Ergebnis die Darstellung bei WEISMANN, I 510.
1772) Vgl. oben zu Anm. 1714b.
1773) Vgl. oben zu Anm. 1656a.
1774) Vgl. oben hinter Anm. 1714e.

Versäumung der klägerischen Erscheinungslast begründeten Entstehung des Rechts des Beklagten zum Antrag auf Erlaß eines Versäumnisurteils (§ 330 ZPO.) die Unmöglichkeit, die Entstehung dieses Rechts abzuwenden.

Danach bleiben als eigentümliche Folgen der Versäumung einer prozessualen Last nur die „besonderen" Versäumnisfolgen übrig[1775]). Nur ein Teil dieser Folgen — die Fiktionsfolgen — erklärt sich aus der „Notwendigkeit" = „Ersatzbedürftigkeit" der versäumten Handlung[1776]). Ein Teil — der Verlust des Nachholungsrechts bei wiederholter (§§ 238 II S. 2, 345, 468 ZPO.; 412 II StPO.), aber auch bei verschuldeter (§§ 44 IV, 233ff., 251a I S. 4, 274 III, 279a S. 2, 295, 331a S. 2, 367 II, 406 II S. 2, 528 I, 529 V, 530, 558, 579 II, 582, 767 III[1777]), 1043 ZPO.[1778]); 165 KO.; 44ff., 235, 329 II, 359 Nr. 5 S. 2, 391 IV StPO.) Versäumung — ist sogar nur ein verstärkter Ausschluß.

Indessen nicht nur die verschiedenen Versäumnisfolgen stehen in einer bestimmten Beziehung zu den prozessualen Möglichkeiten und Lasten, sondern auch die verschiedenen Arten der Aufhebung der Versäumnisfolgen. Hier ist zwischen den Folgen der Partial- und denen der Totalversäumnis zu unterscheiden. Die Folgen der Versäumung einer einzelnen Prozeßhandlung werden stets durch deren Nachholung[1778a]) beseitigt. Da diese Art der Beseitigung einer Versäum-

---

1775) Vgl. schon oben hinter Anm. 1714b.

1776) Vgl. die Erklärung der „besonderen" Versäumnisfolgen bei Weismann, I § 85 III; ihm zustimmend R. Schmidt, 351.

1777) Auch § 767 II ZPO. würde hier anzuführen sein, wenn man ihn mit dem RGEZ. XL 356 dahin auslegte, daß er Einwendungen ausschließt, die durch Einspruch geltend gemacht werden „konnten und sollten" (vgl. RGEZ. LV 190). Anders die wohl herrschende Ansicht, auch mein Ungerechtfert. VollstreckBetr., 62 Anm. 22. Es ist übrigens nicht einmal richtig, daß, wie das RG. annimmt, die Nichtgeltendmachung der vor Zustellung des Versäumnisurteils entstandenen Einwendungen durch Einspruch immer schuldhaft sein müsse. Sie ist es dann nicht, wenn der Schuldner die Einwendung weder kannte noch kennen mußte. So stellt denn auch § 796 II ZPO. lediglich auf die „Entstehung" der Einwendung vor Zustellung des Vollstreckungsbefehls ab. Läßt man aber, wie es anscheinend RGEZ. LV 190, 192/3, 194, tut, sogar die Beschränkung der Unbegründetheit der Vollstreckungsgegenklage auf vor Zustellung des Versäumnisurteils entstandene Einwendungen fallen, so steht die Ansicht des RG. nicht nur im Widerspruch mit dem Wortlaut des § 767 II ZPO., sondern auch mit jedem praktischen Bedürfnis, da sie den Schuldner, der auf ein mit dem Einspruch noch anfechtbares Versäumnisurteil zahlt, in jedem Falle zur Einlegung des Einspruchs nötigt, wenn er sich den Einwand der Tilgung sichern will. — Daß § 579 II ZPO. so auszulegen ist, daß er die Nichtigkeitsklage in den Fällen § 579 I Nr. 1, 3 nur dann ausschließt, wenn die Nichtigkeit mittels eines Rechtsmittels geltend gemacht werden konnte „und sollte", wird allgemein angenommen; vgl. Seuffert, Nr. 5 zu § 579 ZPO.

1778) Nicht hier anzuführen sind §§ 279, 283 II, 529 II, III, 626 ZPO., da hier nicht der Verlust des Nachholungsrechts, sondern der Ausschluß von der Schuldhaftigkeit der Versäumung abhängig gemacht wird; vgl. dazu oben zu Anm. 1765c.

1778a) Auf die Verwandtschaft der Nachholung einer unterbliebenen Prozeßhandlung mit dem Widerruf einer vorgenommenen (vgl. dazu unten § 30 I, II) macht mit Recht Stein, Nr. V 4 a. E. vor § 128, aufmerksam.

nisfolge sich immer gegen die Ausschlußfolge richtet[1778b]), so folgt daraus, daß sie sich immer auf eine solche Last bezieht, die durch das Dasein einer prozessualen Möglichkeit auferlegt wird, m. a. W. daß sie auf die Nachholung einer wiedereröffneten prozessualen Möglichkeit hinausläuft. Gleichgültig ist dabei, ob das Gesetz die Nachholung ohne weiteres zuläßt (§§ 529 I, 531 ZPO.; 323 III StPO.), oder ob es ihre Zulassung von einem Antrag (§§ 367 II 466 ZPO.), einer Einwilligung des Gegners (§ 529IV, V ZPO.)[1778c]), einer Feststellung, daß durch die Nachholung das Verfahren nicht verzögert wird (§§ 356, 364 III S. 2, 367 II ZPO.), einer Glaubhaftmachung (§§ 44 IV, 274 III, 279a S. 2, [1778d]), 367 II, 528 I, 529 V, 1043 ZPO.) oder einem Beweis (§§ 295, 530, 558, 579 II, 582, 767 III ZPO.; 359 Nr. 5 S. 2 StPO.) unverschuldeter Versäumung oder einer Wiedereinsetzung in den vorigen Stand (§§ 233ff. ZPO.; 44ff. StPO.) abhängig macht. Gleichgültig ist auch, ob die Nachholung zugleich mit dem Ausschluß der verpaßten Möglichkeit die „besondere" Folge der Versäumung einer konkurrierenden Last (so der §§ 138 II, 439 III, 452 II, 465 ZPO.) beseitigt. Unter Umständen beseitigt freilich die zugelassene Nachholung einer verpaßten Möglichkeit nicht die eingetretene „besondere" Folge der Versäumung einer konkurrierenden Last. Dies gilt insbesondere im Falle des § 39 ZPO., dessen „besondere" Versäumnisfolge — Prorogation — durch die nach § 274 III ZPO. zulässige Nachholung der verpaßten Einrede der Unzuständigkeit nicht beseitigt werden kann[1779]). Gerade dieser Fall beweist, daß die Nachholung als solche nur die Ausschlußfolge beseitigt.

Eine Ausnahme scheinen wir im § 379 II ZPO. vor uns zu haben. Hier scheint die „Nachholung der Hinterlegung" allein und unmittelbar die infolge Versäumung der Kostenvorschußlast eingetretene „besondere" Versäumnisfolge des Verlustes der Aussicht auf Ladung der benannten Zeugen[1780]) zu beseitigen. Man könnte versuchen, diese Ausnahme durch die Aufstellung aus der Welt zu schaffen, daß im Falle des § 379 II ZPO. gar keine „Nachholung" vorliege, weil die Versäumung der Kostenvorschußlast nicht schon mit Ablauf der für die Hinterlegung gesetzten richterlichen Frist, sondern erst dann eintrete, wenn feststehe, daß die Vernehmung ohne Verzögerung des Verfahrens nicht erfolgen könne[1781]). Oder man könnte § 379 II als Beweis dafür ansehen, daß die Kostenvorschuß*last* zugleich ein — dem Ausschluß unterliegendes — Kostenvorschuß*recht* sei[1782]). Man könnte schließlich in

---

[1778b]) So ausdrücklich § 146 österr. ZPO. in bezug auf die Wiedereinsetzung in den vorigen Stand.

[1778c]) Vgl. auch noch unten zu Anm. 2246—2250.

[1778d]) GOLDSCHMIDT, ZPO., Nr. 3 a. E. zu § 279a.

[1779]) So wenigstens die herrschende und m. E. richtige Ansicht; vgl. STEIN, Nr. III zu § 39 ZPO.

[1780]) Vgl. oben zwischen Anm. 1774 und 1775.

[1781]) Vgl. oben vor Anm. 1756. In der Tat nimmt dies STEIN, Vorbemerkung I 1 vor § 230 ZPO., bezüglich der dem § 379 II gleichstehenden §§ 356, 364 III ZPO. an.

[1782]) Vgl. oben zu Anm. 1455.

§ 379 II eine Erschütterung entweder der Theorie sehen, daß — selbständige[1783]) — Lasten nicht dem Ausschlusse unterliegen oder der Theorie, daß die Nachholung sich immer auf Beseitigung der Ausschlußfolge richtet. Indessen ist § 379 II m. E. anders zu erklären. Die Bestimmung entspricht den §§ 356, 364 III S. 2, 367 II ZPO. Wie in diesen ist in § 379 II Gegenstand der Nachholung trotz des Wortlauts nicht die Hinterlegung, sondern die Beweisaufnahme. Dies ergibt sich schon daraus, daß die Voraussetzung, daß das Verfahren nicht verzögert wird, zur Voraussetzung der Nachholung nicht der Hinterlegung, sondern, wie in den §§ 356, 364, 367, der Beweisaufnahme („Vernehmung") gemacht ist. Nicht entgegensteht, daß Gegenstand der Nachholung die Beweisaufnahme, also keine Parteihandlung ist. Das gleiche gilt nicht nur in § 367 II, sondern auch in §§ 356, 364 III. Zwischen der Möglichkeit zur Nachholung einer versäumten Parteihandlung und der Aussicht auf Nachholung einer infolge Parteiversäumnis ausgeschlossenen richterlichen Handlung besteht kein wesentlicher Unterschied[1784]). Besonders gilt dies, wenn die ausgeschlossene richterliche Handlung der Sache nach so sehr an Stelle einer Parteihandlung steht, wie die Vorführung eines angetretenen Beweises im Herrschaftsbereich der formellen Beweislast[1784a]). Danach ist das Ergebnis: Ausgeschlossen und Gegenstand der Nachholung ist in § 379 II gar nicht die versäumte Kostenvorschußlast, sondern infolge der Versäumung der Kostenvorschußlast — wie in § 367 II — die richterliche Beweisaufnahme. Voraussetzung der Aussicht auf Nachholung ist, außer der Feststellung, daß durch die Nachholung das Verfahren nicht verzögert wird, daß der Beweisführer wenigstens nunmehr den Kostenvorschuß leistet. Die Lage des Beweisführers, durch Leistung des Kostenvorschusses die bereits verlorene Aussicht auf Ladung der benannten Zeugen neu begründen zu können, stellt sich, abweichend von sonstigen gleichartigen Lagen, in erster Linie als eine prozessuale Möglichkeit, also als ein prozessuales Recht dar[1785]).

Anders als bei Versäumung einer einzelnen Prozeßhandlung gestaltet sich im geltenden deutschen Prozeßrecht die Aufhebung der Versäumnisfolgen bei einer Totalversäumnis. Zwar richtet sich die Aufhebung der Versäumnisfolgen auch hier immer in erster Linie gegen die Ausschlußfolge, und, wie nicht nur § 165 dtsch. KO., sondern vor allem § 149 I S. 2 österr. ZPO. zeigen, kann und sollte das Gesetz auch bei der Totalversäumnis vorschreiben, daß die Versäumnisfolge nur durch

---

[1783]) Vgl. oben zu Anm. 1714e.

[1784]) Mutatis mutandis so wenig, wie zwischen dem privatrechtlichen Gestaltungsrecht und dem materielljustizrechtlichen Anspruch auf Gestaltungsurteil.

[1784a]) Vgl. unten zu Anm. 2047, 2272.

[1785]) Vgl. oben zu Anm. 1455, Anm. 619a. Der Unterschied ist, daß die Leistung des Kostenvorschusses hier nicht nur den Verlust eines bestehenden prozessualen Rechts abwendet, sondern ein bereits untergegangenes Recht neu begründet. Erst das Bestehen der verpaßlichen Möglichkeit, durch Leistung des Kostenvorschusses die Aussicht auf Nachholung der Beweisaufnahme zu begründen, legt — gemäß den oben hinter Anm. 1714 entwickelten Grundsätzen — auch hier eine Kostenvorschußlast auf.

Nachholung der verpaßten Möglichkeit (Nachholung des Bestreitens bei Versäumung des Prüfungstermins in § 165 dtsch. KO., Nachholung desjenigen, was zur Vorbereitung der mündlichen Verhandlung seitens der säumigen Partei vorzubringen war, bei Versäumung der Tagsatzung in § 149 österr. ZPO.) aufgehoben werden kann[1786]). Aber die Aufhebung der Folgen einer Totalversäumnis in § 338 dtsch. ZPO. durch Einspruch, in §§ 251a I S. 4, 331a S. 2 dtsch. ZPO. durch Antrag auf Unterbleiben der Urteilsverkündung und Glaubhaftmachung unverschuldeten Ausbleibens und in §§ 235, 329 II, 391 IV dtsch. StPO. durch Wiedereinsetzung in den vorigen Stand setzt keine Nachholung voraus. So hat auch das OLG. Rostock in einem Beschl. v. 19. Mai 1892[1787]) angenommen, daß § 45 II StPO. (der die Verbindung der Nachholung der versäumten Handlung mit dem Restitutionsgesuch vorschreibt) bei Versäumung des Hauptverhandlungstermins keine Anwendung findet. Im übrigen ist zu unterscheiden:

Während in §§ 251a I S. 4, 331a S. 2 ZPO. Antrag und Glaubhaftmachung den Eintritt der Versäumnisfolge abwenden, handelt es sich in den anderen Fällen um deren Wiederaufhebung. Dabei versetzt der Einspruch, auch ohne Nachholung der verpaßten Möglichkeiten, d. i. des Vorbringens der Angriffs- und Verteidigungsmittel, den Prozeß in die Lage zurück, in welcher er sich vor Eintritt der Versäumnis befand. Der Sinn dieser in ihrer Tragweite bestrittenen Vorschrift des § 342 ZPO. ist, daß die Versäumnisfolgen aufgehoben werden, also der Ausschluß der verpaßten Möglichkeiten und zugleich die „besonderen" Folgen versäumter Lasten (so der versäumten Erscheinungs-, Verhandlungs-, Einlassungslast in §§ 330, 331 I, 542 II ZPO.). Es bleiben also von der betriebsamen Partei im Versäumungstermin abgegebene, ihr nachteilige Parteihandlungen, wie Anerkenntnisse, Verzichte, Geständnisse, Erklärungen des § 187 ZPO. über Empfang der Klageschrift, in Kraft. Diese Folgerungen aus der hier vertretenen Auslegung des § 342 ZPO. stimmen damit überein, daß die Lage vor „Eintritt der Versäumnis", in die der Prozeß durch den Einspruch zurückversetzt wird, die Lage am Schlusse der Verhandlung in dem Versäumungstermin ist. Denn

---

1786) Es liegt nahe, die Versäumung des Prüfungstermins durch den Gemeinschuldner als einen Fall der Partialversäumung anzusehen. Und allerdings ist die mündliche Erörterung der Konkursforderung im Prüfungstermin keine mündliche Verhandlung „vor dem erkennenden Gericht" im Sinne des § 128 ZPO. Aber das Prüfungsverfahren ist doch nicht nur ein „Diskussionsverfahren zur Klärung der Sache" — wie Kohler, KonkR., 551, annimmt —, sondern schon ein „prozessualisches Feststellungsverfahren". Wirkt doch die Eintragung in die Konkurstabelle rücksichtlich der festgestellten und nicht von dem Gemeinschuldner im Prüfungstermin ausdrücklich bestrittenen Forderungen wie ein rechtskräftiges Urteil gegenüber allen Konkursgläubigern und dem Gemeinschuldner (§§ 145 II, 164 II, 194, 206 II KO.). Daß die Feststellung streitig gebliebener Forderungen dem „ordentlichen Verfahren" überwiesen ist (§§ 146 I, II, 144 II KO.), steht nicht entgegen. In dem Prüfungstermin steckt ein Stück der „ersten Tagsatzung" des § 239 österr. ZPO. („Erledigung der Streitsache auf Grund eines Anerkenntnisses durch Urteil").

1787) Goltd. Arch. XL 185; zustimmend Löwe-Rosenb., Nr. 4 zu § 235 (234) StPO.

die Versäumnis ist nach dem klaren Wortlaut und Sinn des § 220 II ZPO. erst mit dem Schlusse der Verhandlung in dem Termin, in welchem das Versäumnisurteil erging, nicht schon mit Stellung des Antrages auf Erlaß des Versäumnisurteils eingetreten[1788]). Auf anderem Standpunkt steht freilich die herrschende Ansicht, weil der Antrag auf Erlaß des Versäumnisurteils die Versäumnis bereits voraussetze, und unter Berufung auf § 231 II ZPO.[1789]). Aber der Antrag auf Erlaß des Versäumnisurteils ist vermöge einer conditio iuris bedingt durch die Tatsache, daß der Gegner nicht bis zum Schlusse der Verhandlung über das Versäumnisurteil noch erscheine und zur (Haupt-)Sache verhandle. Entsprechendes gilt von den Anträgen in §§ 109 II, 113 S. 2, 239 IV, 465, 699 I S. 1 ZPO. Daß § 231 II ZPO. von „Nachholung der versäumten Prozeßhandlung" spricht, kann nicht entscheidend sein. Die herrschende Ansicht muß die Fortgeltung von der betriebsamen Partei nachteiligen, von ihr im Versäumungstermin vorgenommenen Parteihandlungen von dem unwesentlichen, nicht einmal immer feststellbaren Umstand abhängig machen, ob die Partei diese Handlungen vor oder nach Stellung des Antrags auf Erlaß des Versäumnisurteils vorgenommen hat. Dagegen bleiben auch nach der hier vertretenen Ansicht nicht in Kraft die dem betriebsamen Beklagten nachteiligen Wirkungen seines Antrages auf Erlaß des Versäumnisurteils, d. i. seines darin liegenden Verhandelns zur Hauptsache, wie Prorogation, Zulassung der Klagänderung, Verlust prozeßhindernder Einreden oder der Rüge prozessualer Mängel, Verlust der Möglichkeit, durch sofortige Anerkennung des Klaganspruchs Verurteilung des siegreichen Klägers in die Prozeßkosten herbeizuführen (§§ 39, 269, 274, 295, 93 ZPO.); ebensowenig die dem betriebsamen Beklagten günstigen Wirkungen des in dem Antrag auf Versäumnisurteil liegenden Verhandelns zur Hauptsache, wie Erwerb des Rechts auf Entscheidung über den Klaganspruch (§ 271 ZPO.). Denn, wie ausgeführt, der Antrag auf Erlaß des Versäumnisurteils ist in seiner Wirksamkeit bedingt durch die Tatsache, daß die Versäumnis am Schlusse der Verhandlung eintritt. Seine Wirksamkeit tritt also erst mit diesem Zeitpunkt ein, und sie wird mit Zurückversetzung des Prozesses vor diesen Zeitpunkt hinfällig[1790]). Damit stimmt überein, daß zu den „besonderen" Versäumnisfolgen, welche infolge des Einspruchs hinfällig werden, auch das Recht der betriebsamen Partei zur Stellung des Antrages auf Erlaß des Versäumnisurteils gehört[1791]). Wie wenig wörtlich man übrigens den § 342 ZPO. nehmen darf, zeigt sich darin, daß nach der allgemeinen, sich auf §§ 343, 719 ZPO. stützenden Ansicht § 342 den Bestand des Versäumnisurteils einstweilen unberührt

---

1788) Vgl. schon oben vor Anm. 1756.

1789) Vgl. statt aller STEIN, Anm. 2 zu § 342; SEUFFERT, Nr. 1 zu § 342. Im Ergebnis wie der Text HELLWIG, Syst. I, § 199 III 2a.

1790) Dies übersieht HELLWIG, a. a. O.

1791) Vgl. oben Anm. 598. Daß das Recht des Klägers auf Erlaß eines Versäumnisurteils kein besonderer Nachteil der Totalversäumnis ist — vgl. oben hinter Anm. 596 —, ändert nichts daran, daß es ein — mittelbarer — Versäumnisnachteil überhaupt ist.

läßt; ihm gegenüber wirkt der Einspruch nicht anders als ein Rechtsmittel.

Dagegen beseitigt die Wiedereinsetzung in den vorigen Stand gegen Versäumung des Hauptverhandlungstermins sämtliche Akte der Hauptverhandlung einschließlich des Urteils[1792]). Der Gedanke, daß in den Fällen der §§ 235, 329 StPO. dem Angeklagten günstige Beweisakte der versäumten Hauptverhandlung bestehen bleiben könnten, scheitert an den Grundsätzen der Unmittelbarkeit der Beweisaufnahme und der Einheit der Hauptverhandlung.

VII. Die Versäumung einer prozessualen Last ist nicht rechtswidrig. Vielmehr kann umgekehrt das Sichentledigen einer prozessualen Last rechtswidrig sein, so z. B. das Sichentledigen der Beweislast strafbarer Prozeßbetrug[1793]), das Sichentledigen der Eideslast Meineid, ja sogar das Sichentledigen der Verteidigungslast rechtswidrige, wenn auch straflose Selbstbegünstigung[1793a]). Dagegen ist der Eintritt der Versäumnisfolgen häufig von einem Verschulden abhängig, und zwar sowohl der Eintritt der sogenannten „allgemeinen" Versäumnisfolgen, sei es der Kostennachteile (§§ 95, 97 II, 278 II, 283 II ZPO., 39 GKG., 467 I StPO.)[1794]), sei es des „Ausschlusses" (§§ 279, 283 II, 529 II, III, 626 ZPO.)[1795]), als auch der Eintritt sog. „besonderer" Versäumnisfolgen, besonders häufig der nur als verstärkter „Ausschluß" anzusehende[1796]) Verlust des Nachholungsrechts (§§ 44 IV, 233ff., 251a I S. 4, 274 III, 279a S. 2, 295, 331a S. 2, 367 II, 406 II S. 2, 528 I, 529 V, 530, 558, 579 II, 582, 767 III, 1043 ZPO.; 165 KO.; 44ff., 235, 329 II, 359 Nr. 5 S. 2, 391 IV StPO.)[1797]), aber z. B. auch die Fiktion einer dem Säumigen ungünstigen Erklärung (§§ 455, 510 ZPO.) oder eines ihm ungünstigen Beweisergebnisses (§§ 427, 441 III S. 3 ZPO.), die Heilung des Mangels einer Handlung des Gegners (§ 504 II ZPO.), der Verlust des Rechts zur Benutzung der Beweisverhandlungen nach § 493 II ZPO., der Aussicht auf Urteilswirkung nach § 856 V ZPO., die Verwerfung des Gesuchs um Sicherung des Beweises nach § 494 I ZPO., oder die Entstehung der exceptio male gesti processus nach § 68 ZPO. Dieses Verschulden ist der Typus des prozessualen Verschuldens, und es ist ein „Verschulden gegen sich selbst"[1798]). Das Wesen des prozessualen Verschuldens liegt also weit

---

1792) LÖWE-ROSENB., Nr. 5 zu § 235 (234) StPO.; vgl. auch § 150 I S. 2 österr. ZPO.

1793) Vgl. über diesen oben zu Anm. 697, 1524, 1540, 1549.

1793a) Vgl. oben Anm. 1324, 1746 a. E.

1794) Vgl. schon oben vor Anm. 686a. Auch der Verlust des Entschädigungsanspruches des unschuldig Verhafteten oder Bestraften ist in diesem Zusammenhang zu erwähnen, vgl. oben hinter Anm. 1724. Vgl. freilich oben hinter Anm. 1728, aber auch zu Anm. 1766a.

1795) Vgl. oben Anm. 1778 und zu Anm. 1765c.

1796) Vgl. oben hinter Anm. 1778.

1797) Vgl. oben zu Anm. 1777, 1778.

1798) Vgl. schon oben zu Anm. 627e, 678, Anm. 692a; auch HELLWIG, Syst. I, § 139 IV 2a. Dagegen will ROSENBERG, Beweislast, 69, dem „Verschulden gegen sich selbst" jede prozeßrechtliche Bedeutung absprechen.

ab von dem Wege, auf dem F. KLEIN[1799]) und GÖRRES[1800]) es gesucht haben. Es gibt kein „Prozeßdelikt" und keine „Prozeßstrafen"[1801]), weil es keine prozessuale „Widerrechtlichkeit" gibt[1802]); und es kann keine prozessuale „Widerrechtlichkeit" geben, weil es keine prozessualen „Parteipflichten" gibt[1803]). Äußersten Falles kann sich neben dem Prozeß ein „Justizpolizeistrafrecht" entwickeln[1804]).

Der objektive Tatbestand des prozessualen Verschuldens ist regelmäßig die Versäumung einer prozessualen Last, also ein Unterlassen[1805]). Es kann indessen auch ein die eigenen prozessualen Interessen schädigendes Tun den objektiven Tatbestand eines prozessualen Verschuldens begründen[1806]). Dies ist da der Fall, wo schuldhafte Prozeßführung Kostennachteile nach sich zieht (§ 47 II GKG. alt. Fass.; § 658 II ZPO.; §§ 470 I S. 3, 475 II S. 1, 477 II S. 2 Halbs. 2 Entw.GRSt. v. 1919)[1807]) oder den Entschädigungsanspruch verwirkt (§§ 1 III RGes. v. 20. Mai 1898, 2 I RGes. v. 14. Juli 1904)[1808]), insbesondere aber, da die genannten Rechtsfolgen keine eigentlichen prozessualen Nachteile sind[1809]), insofern schuldhafte Prozeßführung eine unerschütterliche dem Schuldigen ungünstige Tatsachenfeststellung (§ 290 ZPO.)[1809a]) oder die Unentziehbarkeit eines Rechts des Gegners (§§ 457, 470 ZPO.), oder Ungehorsam oder wiederholtes Postulieren trotz Mangels der Postulationsfähigkeit die Fiktion der Versäumnis (§ 158 ZPO.), oder die Urkundenbeseitigung die Fiktion eines dem Schuldigen ungünstigen Beweisergebnisses zur Folge hat (§ 444 ZPO.)[1810]), oder die Verhinderung des Sühnetermins die Aussicht auf Festsetzung eines Termins zur Verhandlung über die Klage auf Ehescheidung oder Herstellung des ehelichen Lebens zerstört (§§ 611, 608 ZPO.). Dabei kann dahingestellt bleiben, ob die schuldhafte Prozeßführung, insbesondere der sog. Prozeßmutwillen[1811]), zugleich — ideell konkurrierend — die Verletzung einer justizpolizeilichen Pflicht[1812]), oder die Urkundenbeseitigung (§ 444 ZPO.) zugleich — ideell konkurrierend — die Verletzung der dem § 274 Nr. 1 StGB. zugrunde liegenden Norm[1813]) enthält. Daß die schuldhafte Prozeßführung Kostennachteile nach sich zieht, erweist sie noch

---

[1799]) Die schuldhafte Parteihandlung, 1885. Vgl. schon oben Anm. 671, zu Anm. 677, 683.

[1800]) Z. XXXIV 1 ff. Vgl. schon oben Anm. 672, 675, 700, 708.

[1801]) So auch OERTMANN, Grundriß, § 70. Anders HELLWIG, Syst. I, §§ 155, 139 IV 2b.

[1802]) Vgl. oben § 21 III, insbesondere von Anm. 1516 ab.

[1803]) Vgl. oben §§ 9—11. Grundlegend oben § 18 IV.

[1804]) Vgl. oben zu Anm. 720.

[1805]) Vgl. oben unter IV.

[1806]) Vgl. schon oben zu Anm. 1735.

[1807]) Vgl. oben zu Anm. 691a—692a und letztere Anm.

[1808]) Vgl. oben hinter Anm. 1724.

[1809]) Vgl. oben zu Anm. 639—660, 1766a, aber auch hinter Anm. 1728.

[1809a]) Vgl. oben Anm. 1628a.

[1810]) Vgl. oben Anm. 673 und zu Anm. 626c.

[1811]) Vgl. oben vor Anm. 672, 692.

[1812]) Vgl. oben zu Anm. 718.

[1813]) Vgl. oben Anm. 673.

nicht als eine Rechtspflichtverletzung; denn es fragt sich ja eben, ob nicht erst die Tatsache des Kostennachteils das damit bedrohte Verhalten zu einem schuldhaften stempelt, das dann nur ein Verschulden gegen sich selbst sein kann[1814]. Insoweit die schuldhafte Prozeßführung zur Verwirkung des Entschädigungsanspruches oder zu einer unerschütterlichen dem Schuldigen ungünstigen Tatsachenfeststellung oder zur Unentziehbarkeit eines gegnerischen Rechts führt, erweist sie sich als ausschließlich selbstschädigendes Verhalten zweifelsfrei dadurch, daß sie vorzugsweise oder ausschließlich durch bewußt unbegründetes ungünstiges Parteivorbringen begangen wird[1815]. Da der objektive Tatbestand des prozessualen Verschuldens regelmäßig ein Unterlassen, und zwar die Versäumung einer prozessualen Last, diese aber rechtlich bestimmt ist, so kann die Frage, wann das Unterlassen vom Interessenstandpunkt der Partei zu mißbilligen und also den objektiven Tatbestand des prozessualen Verschuldens zu begründen geeignet ist, regelmäßig keine Schwierigkeiten machen[1816].

Zum subjektiven Tatbestand des prozessualen Verschuldens genügt regelmäßig Fahrlässigkeit. Mitunter schließt nur der Nachweis der Anwendung des äußersten Maßes an Vorsicht und Sorgfalt den Schuldvorwurf aus so in den Fällen der §§ 233 I ZPO.; 165 KO.; 44 S. 1,[1817], 235, 329 II, 391 IV StPO.]. Andererseits ist mitunter grobe Fahrlässigkeit (so in den Fällen der §§ 68, 279, 283 II, 529 II, III, 626 [Fall 1] ZPO.; 1 III Entschäd. Ges. v. 20. Mai 1898, 2 I Entschäd.Ges. v. 14. Juli 1904), ja sogar Vorsatz [so in den Fällen der §§ 44 IV[1817a], 158, 290, 427, 441 III S. 3, 444, 455, 457, 470, 510 ZPO.; 47 II GKG. alt. Fass.][1817b] erfordert. Gleichgültig ist, ob neben dem auf das selbstschädliche Unterlassen oder Tun gerichteten Vorsatz eine Absicht vorhanden ist, die auf einen über jenen Tatbestand hinausreichenden sozialschädlichen Erfolg gerichtet ist [so in den Fällen der §§ 279, 283 II, 529 II, III, 626,[1818] 444[1819] ZPO.].

Der Maßstab, nach welchem das Vorliegen einer Fahrlässigkeit beurteilt wird, ist ein objektiver und abstrakter, und zwar bestimmt er sich nach den Anforderungen, welche das Prozeßrecht selbst an die Par-

[1814] ZITELMANN, Allg. Teil, 167; vgl. schon oben zu Anm. 692a. So nimmt STEIN, I 1 zu § 102 ZPO. an, daß selbst im Falle des § 102 ZPO., unabhängig von einer etwa konkurrierenden Verletzung der Dienst- oder privatrechtlichen Pflicht, ein prozessuales Verschulden vorliege; vgl. dagegen oben Anm. 687, 683a.

[1815] Vgl. oben Anm. 1628a, hinter Anm. 1724.

[1816] Vgl. dagegen ZITELMANN, Allg. Teil, 167/8. Darüber, daß der objektive Tatbestand des prozessualen Verschuldens stets das Moment einer ethischen Mißbilligung enthält, vgl. unten zu und hinter Anm. 1836.

[1817] Anders § 39 Entw. v. 1909, § 54 Entw. v. 1919.

[1817a] Dagegen genügt im Falle des § 406 II S. 2 ZPO. nach RGEZ. LXIV 432 Fahrlässigkeit.

[1817b] Es geht daher zu weit, wenn WALSMANN, ZivArch. CII 22 — vgl. oben Anm. 1603 —, lehrt, daß die ZPO., wenn sie an das Unterlassen eine Rechtsfolge knüpft, es niemals darauf ankommen läßt, ob das Unterlassen gewollt ist. Vgl. auch HELLWIG, Prozeßhandlung, § 2 II Anm. 8; STEIN, Nr. IV 3 a. E. vor § 128, und unten Anm. 2451.

[1818] Vgl. darüber oben hinter Anm. 679.

[1819] Vgl. oben Anm. 673.

tei in bezug auf die von ihr im prozessualen Verkehr anzuwendende Sorgfalt stellt[1819a]). Diese Anforderungen sind besonders strenge[1819b]). Denn der Prozeß ist ein Kampf ums Recht[1920]). Er ist auf den „Abwehrgedanken" gegründet[1821]). Wer die Prozeßhandlungen, von deren erfolgreicher Vornahme die Verwirklichung der Rechtsverheißungen, die Nichtverwirklichung der Rechtsandrohungen abhängig gemacht ist[1822]), versäumt, erleidet die entsprechenden prozessualen Nachteile, in letzter Linie den Verlust des Prozesses regelmäßig, ohne daß es auf ein Verschulden ankommt. Regelmäßig gilt im Prozeß ein „objektives Prinzip rechtlicher Verantwortlichkeit"[1823]), Daraus erklärt es sich, daß auch da, wo der Eintritt der Versäumnisfolgen von einem Verschulden abhängig gemacht ist[1824]), erhöhte Anforderungen an das Verantwortlichkeitsbewußtsein gestellt werden. Wer sich im Prozeß befindet, ist, wie der im Kriege Befindliche, zu einer besonderen Anspannung seiner Fähigkeiten genötigt. Dazu gehört eine Anstrengung der Erinnerung, eine Erwägung der verschiedenen Möglichkeiten[1825]), die Entfaltung einer gewissen Betriebsamkeit. Es kommt hinzu, daß, anders als im bürgerlichen Recht, eine Spezialisierung des das Maß der erforderlichen Sorgfalt bestimmenden Maßstabes nicht stattfindet. Der Künstler hat seine Prozesse mit keiner anderen Sorgfalt zu führen als der Kaufmann, der Arzt mit keiner anderen als der Handwerker. Dennoch muß, wie es im Strafrecht allgemein, im bürgerlichen Recht von einer stetig an Boden gewinnenden Meinung angenommen wird, so auch im Prozeßrecht den subjektiven und konkreten Fähigkeiten und Verhältnissen Rechnung getragen werden. M. a. W. auch im Prozeßrecht setzt der Schuldvorwurf der Fahrlässigkeit nicht nur ein Sollen, sondern auch ein Können voraus.

Daraus ergibt sich insbesondere eine unterschiedliche Einschätzung des Rechtsirrtums. Während die Unkenntnis klarer[1826]) Rechtssätze und grundlegender Präjudizien dem geschäftsmäßigen rechtsgelehrten Prozeßvertreter und daher, jedenfalls soweit § 232 II ZPO. reicht[1827]),

---

[1819a]) Darüber, daß die zu beobachtende Sorgfaltspflicht niemals eine „allgemeine", und daß sie immer aus dem Recht selbst zu bestimmen ist, vgl. GOLDSCHMIDT, Notstand, 29.

[1819b]) Anders (ohne ausreichende Begründung) BREIT, JWSchr. 1924, 381.

[1820]) Vgl. oben zu Anm. 1348, 1710.

[1821]) O. BÜLOW, ZivArch. LXII 76.

[1822]) Vgl. oben hinter Anm. 1348.

[1823]) O. BÜLOW, a. a. O., 80.

[1824]) Daß höchstens der Verlust des Nachholungsrechts von einem Verschulden abhängig sei, behauptet BÜLOW, a. a. O., 79, zu Unrecht; vgl. oben hinter Anm. 1793.

[1825]) STEIN, V 5 vor § 128.

[1826]) Anders bei strittigen; RGEZ. XXXIX 94ff.

[1827]) § 232 II ZPO. gilt an sich nur, insoweit die schuldhafte Versäumung den Verlust des Nachholungsrechts nach sich zieht. Ob nicht für sonstige Versäumnisfolgen — vgl. oben hinter Anm. 1793 — aus dem Grundsatz der unmittelbaren Stellvertretung dasselbe folgt, kann hier dahingestellt bleiben. Für den Strafprozeß rechnet die herrschende Meinung dem Beschuldigten ein Verschulden seines Verteidigers jedenfalls in bezug auf die Möglichkeit, Wiedereinsetzung in den vorigen Stand zu verlangen, zu, es sei denn, daß es sich um einen bestellten Verteidiger, insbesondere im Sinne von § 144 II StPO. handelt (RGESt. XL 118ff.). Der Entw. v. 1909 § 39 II wollte die Zurechenbarkeit auf das Verschulden Verder vertretenen Partei zuzurechnen ist, kann Rechtsirrtum mindestens der rechtsunkundigen Partei nicht zum Vorwurf gemacht werden, es sei denn, daß für sie Anlaß und Möglichkeit bestand, sich die erforderliche Rechtsbelehrung zu verschaffen (l. 9 § 3 Dig. 22, 6; l. 10 Dig. 37, 1)[1828]. Eine andere Frage ist, inwieweit unverschuldeter Rechtsirrtum überhaupt geeignet ist, den subjektiven Tatbestand des prozessualen Verschuldens auszuschließen. Die Unkenntnis der Versäumnisfolgen oder der prozessualen Nachteile eines Tuns schließt das Verschulden nicht aus[1829], aber m. E. auch nicht die Unkenntnis der versäumten Last. Dagegen ist Subsumtionsirrtum in bezug auf „normative Tatbestandselemente"[1830] wie Ablehnungsgründe, Angriffs- und Verteidigungsmittel, darunter die Aufrechnungseinrede, Beweismittel, Restitutionsgründe, prozeßhindernde Einreden, Verletzung einer das Verfahren betreffenden Vorschrift, der wichtigste Fall eines prozeßrechtlich erheblichen Rechtsirrtums.

Die „grobe Fahrlässigkeit" („grobes Verschulden", „grobe Nachlässigkeit") braucht keine „bewußte Fahrlässigkeit" zu sein, so wenig jede „bewußte Fahrlässigkeit" eine „grobe" sein muß[1831].

Wie jedes, so setzt auch das prozessuale Verschulden Zurechnungsfähigkeit voraus. Im Zivilprozeß ist grundsätzlich jeder Prozeßfähige zurechnungsfähig. Dies gilt auch für die beschränkt Prozeßfähigen (§§ 112—114 BGB.; 612, 641 II, 664 ZPO.)[1832], mag auch bei Feststellung des Schuldvorwurfs der Fahrlässigkeit das geringere „Können" dieser Personen in Rechnung gezogen werden[1833]. Schädigt aber eine Partei ihre prozessualen Interessen durch ein Unterlassen oder Tun in einem Zustande, in dem sie wegen Bewußtseinsstörung, krankhafter Störung der Geistestätigkeit oder Geistesschwäche unfähig ist, das geschädigte Interesse zu verstehen oder wahrzunehmen, so entfällt das prozessuale Verschulden wegen Zurechnungsunfähigkeit. Dies gilt m. E. auch im Falle des § 664 ZPO., soweit hier ein prozessuales Verschulden des Klägers erheblich werden kann. Keine entsprechende Anwendung findet die verfehlte Bestimmung des § 827 S. 2 BGB. Vielmehr ist zu unterscheiden: Einer Partei, welche sich durch geistige Getränke oder ähnliche Mittel in einen vorübergehenden Zustand der Bewußtseinsstörung versetzt, fällt eine prozessuale Fahrlässigkeit nur dann zur Last, wenn sie voraussehen mußte, daß sie in diesem Zustand eine prozessuale Last versäumen oder etwas tun würde, was ihren prozessualen Interessen nachteilig ist. Umgekehrt entgeht eine Partei, die sich in dieser Voraussicht in jenen Zustand versetzt, nicht dem Vorwurf eines vorsätzlichen

---

tretungsbefugter beschränken. Der Entw. v. 1919 § 54 verzichtet, den Beschlüssen des zur Beratung des Entw. v. 1909 eingesetzten Reichstagsausschusses folgend, gänzlich darauf, den Beteiligten ein Verschulden Dritter zuzurechnen.

[1828]) RGEZ. L 132/3.

[1829]) Vgl. schon oben vor Anm. 1636; Walsmann, ZivArch. CII 79, 80.

[1830]) M. E. Mayer, Lehrb., 182ff.

[1831]) Goldschmidt, Notstand, 31.

[1832]) Auch der Fall des § 473 II, III ZPO. kann, im Hinblick auf §§ 466 S. 2 Halbs. 1, 233 ZPO., in Betracht kommen.

[1833]) Vgl. oben vor Anm. 1826.

prozessualen Verschuldens. Man stelle sich vor, daß eine Partei sich in Trunkenheit versetzt, um in diesem Zustand eine Beweisurkunde zu beseitigen (§ 444 ZPO.).

Eine erhöhte Bedeutung erlangt der Begriff der prozessualen Zurechnungsfähigkeit im Strafprozeß insofern, als hier geschäftsunfähige und beschränkt geschäftsfähige Beschuldigte allgemein prozeßfähig sind, und man gerade deshalb nicht einmal grundsätzliche Deckung der prozessualen Zurechnungsfähigkeit annehmen kann. So entfällt hier bei Jugendlichen und Taubstummen ein prozessuales Verschulden auch dann, wenn sie wegen zurückgebliebener Entwickelung, Jugendliche überdies mangels geistiger oder sittlicher Reife unfähig sind, das geschädigte prozessuale Interesse zu verstehen oder wahrzunehmen. Unter diesem Gesichtspunkt würde also z. B. die Zulässigkeit einer Wiederaufnahme im Falle des § 359 Nr. 5 S. 2 StPO. zu beurteilen sein.

Da dem objektiven Tatbestand des prozessualen Verschuldens das Merkmal der Rechtswidrigkeit fremd ist, so kann auch keine Rede davon sein, daß die sog. Rechtfertigungsgründe (insbesondere Notwehr- und Notstandsrecht) das prozessuale Verschulden ausschließen. Indessen hat bereits ZITELMANN[1834]) darauf hingewiesen, daß bei dem Verschulden gegen sich selbst ein Analogon eintrete: das Verschulden falle weg, wenn überwiegende fremde oder eigene Interessen das Verhalten als geboten erscheinen ließen[1835]). Folgerichtig nimmt ZITELMANN an, daß dieses den Rechtfertigungsgründen an die Seite zu stellende Analogon den objektiven Tatbestand des Verschuldens gegen sich selbst ausschließe, und dies stimmt auch ganz damit überein, daß der objektive Tatbestand des Verschuldens gegen sich selbst das Moment einer ethischen Mißbilligung enthält[1836]). Hier ist indessen eines zu beachten. Diese ethische Mißbilligung und folgeweise die schuldausschließende Kraft jener Rechtfertigungsanaloga beschränkt sich auf die Fälle, in denen die Versäumung der prozessualen Last oder das die eigenen prozessualen Interessen schädigende Tun wirklich den objektiven Tatbestand eines prozessualen Verschuldens bildet. Die rein objektiv bedeutsame Versäumung einer prozessualen Last braucht so wenig ethisch zu mißbilligen, d. h. die Verletzung einer „Pflicht" gegen sich selbst zu sein, daß vielmehr gerade umgekehrt das Sichentledigen der Last rechtswidrig und strafbar sein kann[1837]). Dem entsprechend schließt auch die Wahrnehmung eines überwiegenden berechtigten fremden oder eigenen Interesses die Versäumung nicht aus. So würde z. B. die Leistung von Nothilfe [1838]) nicht den Fall der Versäumung im Sinne des § 513 II ZPO.

[1834]) Allg. Teil, 168.

[1835]) Vgl. dazu den Fall in RGEZ. XXIX 120ff.

[1836]) ZITELMANN, a. a. O., 166/7.

[1837]) Vgl. oben zu Anm. 1793.

[1838]) Nothilfe bedeutet hier natürlich nicht die zwecks Rettung eines anderen begangene Verletzung fremder Interessen, sondern die zu dem gleichen Zwecke begangene Verletzung eigener — prozessualer — Interessen. Die Unterlassung einer solchen Nothilfe ist durch § 291 StrafgesEntw. v. 1919 sogar mit Strafe bedroht.

ausschließen[1839]), wohl aber zum Antrag auf Wiedereinsetzung in den vorigen Stand auf Grund des § 235 I StPO. berechtigen. Auch ein die eigenen prozessualen Interessen verletzendes Tun, z. B. ein Geständnis, braucht nicht ethisch mißbilligenswert zu sein, und es wird daher auch nicht durch den Nachweis entkräftet, daß es zur Wahrung überwiegender berechtigter fremder oder eigener Interessen abgelegt sei. Anders ist es wiederum, wenn das Geständnis den objektiven Tatbestand eines prozessualen Verschuldens bildet, wie das im Bewußtsein seiner Unwahrheit abgelegte Geständnis im Falle des § 290 ZPO.[1840]) und in den Fällen des § 1 III RGes. v. 20. Mai 1898 betr. die Entschäd. der im Wiederaufnahmeverfahren freigesprochenen Personen, § 2 I RGes. v. 14. Juli 1904 betr. die Entschäd. für unschuldig erlittene Untersuchungshaft[1841]). Das bürgerlichrechtliche Verschulden gegen sich selbst ist

---

1839) Vgl. denn auch STEIN, Nr. III zu § 513: die Verhinderung durch Naturereignisse und andere unabwendbare Zufälle beseitigt die Versäumung im Sinne des § 513 II ZPO. nicht. Das Unerfreuliche dieses Ergebnisses ist eine Folge davon, daß die Regelung der Totalversäumnis in der deutschen ZPO. überhaupt wenig erfreulich ist.

1840) Vgl. oben Anm. 1628a.

1841) Vgl. oben hinter Anm. 1724. Es fragt sich, in welchen Grenzen ein Notstand den objektiven Tatbestand des bewußt unwahren Geständnisses, der grob schuldhaften falschen Selbstbezichtigung oder Versäumung der Verteidigungslast (vgl. über diese oben zu Anm. 1726, 1730) ausschließt. Unzweifelhaft, insoweit dadurch eine überwiegende Rechtspflicht erfüllt oder von der Partei oder einem anderen die gegenwärtige, nicht anders abwendbare Gefahr eines überwiegenden Schadens abgewendet wird, den der Gefährdete zu tragen rechtlich nicht verpflichtet ist. Man denke an die Schweigepflicht des Abgeordneten, Beamten, Geistlichen, Verteidigers, Rechtsanwalts oder Arztes, aber auch an die allgemeine Rechtspflicht, Staats- oder militärische Geheimnisse zu bewahren, an das Recht, von sich oder einem anderen die Gefahr eines rechtswidrigen Angriffs auf Leib oder Leben, aber auch die Gefahr einer unverdienten Strafverfolgung oder Strafverurteilung wegen einer schwereren Straftat abzuwenden. Wird doch in Fällen wie dem letzteren, auch der Schutz des § 193 StGB., und zwar sogar gegenüber § 187 StGB., zugebilligt. Dagegen kann man einen den objektiven Tatbestand des prozessualen Verschuldens ausschließenden Notstand in den Fällen des falschen Geständnisses oder der Versäumung der Verteidigungslast nicht schon dann anerkennen, wenn die Voraussetzungen des § 55 StPO. oder gar des § 384 ZPO. zur Verweigerung des Zeugnisses vorliegen. So nimmt auch BURLAGE, 50, Nr. 3 zu § 2 Ges. v. 1904, an, daß derjenige die Untersuchungshaft vorsätzlich verschuldet, der sie über sich ergehen lasse, um von dem „schuldigen" Angehörigen den Verdacht abzulenken, ihm Zeit zur Flucht oder zur Beseitigung der Verbrechensspuren zu verschaffen, oder wer zur Vermeidung von Schande den Verdacht auf sich beruhen läßt, das Haus, in welchem er — geheim gebliebenem — verbotenem Geschlechtsverkehr nachgegangen war, in Brand gesetzt zu haben. Die Ziehung der Grenzen, innerhalb deren die Wahrnehmung überwiegender berechtigter fremder oder eigener Interessen das prozessuale Verschulden ausschließt, ist um so wichtiger, als bei dem „Verschulden gegen sich selbst", ganz anders als bei dem „Verschulden gegen andere", der Notstand überhaupt nur als ein den objektiven Tatbestand ausschließender Umstand in Betracht kommt; vgl. darüber sofort unten im Text. Wenn übrigens P. MERKEL, ZStW. XLIII 307 Anm. 13, berichtet, ich erkennte — bei dem „Verschulden gegen andere" — den Notstand nur als Entschuldigungs-, nicht als Rechtfertigungsgrund an, so wird er mir nicht gerecht; vgl. meine Arbeit über Notstand, 45ff. Ich habe nur (Notstand, 63ff.; JWSchr. 1922, 256) die Ansicht vertreten, daß, weil das BGB. ein ausgiebiges Not- und Nothilferecht zur Verletzung von Sachgütern wenigstens insofern ebenso zu beurteilen, als auch hier den Rechtfertigungsanaloga kein Einfluß einzuräumen ist, wenn es rein objektiv auf die Verletzung eines „Gebots des eigenen Interesses" ankommt[1842]). Daraus wird man folgern dürfen, daß die mit einer solchen Verletzung etwa verbundene ethische Mißbilligung jedenfalls ohne praktische Bedeutung bleibt.

Die analoge Anwendung der Rechtfertigungsgründe auf das prozessuale Verschulden findet ihre Grundlage in der zum objektiven Tatbestand desselben gehörigen ethischen Mißbilligung. Es liegt nahe, auch an eine analoge Anwendung der Entschuldigungsgründe[1843]) zu denken, in der Erwägung, daß das zum subjektiven Deliktstatbestand gehörige normative Merkmal der Zumutbarkeit oder Vorwerfbarkeit[1844]) sich im subjektiven Tatbestand des prozessualen Verschuldens wiederfinde. Indessen ergibt sich hier aus der Eigenschaft des prozessualen Verschuldens als Verschulden gegen sich selbst eine grundlegende Abweichung. Das Wesen der Entschuldigungsgründe besteht darin, daß dem Täter nach Lage der Sache nicht zugemutet werden konnte, unter Preisgabe eines berechtigten eigenen gefährdeten Interesses berechtigte fremde Interessen selbst dann zu schonen, wenn sie überwiegen oder doch wenigstens nicht offenbar geringfügiger sind. Eine solche Lage ist bei dem Verschulden gegen sich selbst nicht vorstellbar. Denn wie sollte jemand in die Versuchung kommen, überwiegende eigene berechtigte Interessen zu verletzen, um geringwertigere fremde oder eigene berechtigte Interessen zu wahren? Höchstens der Fall wäre denkbar, daß die von dem Schuldigen wahrgenommenen fremden oder eigenen Interessen zwar ihm mehr am Herzen liegen, aber im Widerspruch mit Recht oder Sitte stehen. Eine solche Motivation zu billigen, hat das Recht keinen Anlaß. Dem normativen Schuldmerkmal der Zumutbarkeit oder Vorwerfbarkeit kommt daher auf dem Gebiet des Verschuldens gegen sich selbst und folglich des prozessualen Verschuldens keine praktische Bedeutung zu. Es genügt die Feststellung, daß die Partei nicht angenommen hat oder daß sie bei genügender Sorgfalt nicht hätte annehmen dürfen, daß besondere Umstände ihr Verhalten in diesem Fall zu einem

kennt, das künftige deutsche StGB. sich mit der Regelung des Notstandes als Entschuldigungsgrund begnügen kann. Ich bin vollkommen damit einverstanden, daß nun der österreichische Gegenentwurf zum Allg. Teil des 1. Buchs des deutsch. StrafgesEntw. v. 1919, §§ 17, 23, im offenbaren Anschluß an Löffler, Rechtswidrigkeit, 44/5, den Notstand sowohl unter dem Gesichtspunkt des Entschuldigungsgrundes als auch unter dem des Rechtfertigungsgrundes regelt. Der Amtl. Entw. Allg. Dtsch. StGB. v. 1925, § 22, hat sich mir jetzt völlig angeschlossen; vgl. Bumke, DJZ. 1925, 24. Die Bedeutung des Notstandes bei dem „Verschulden gegen sich selbst" hatte ich bisher überhaupt noch nicht behandelt. Die von P. Merkel mir unterstellte Einseitigkeit in der Auffassung des Notstandes findet sich bei M. E. Mayer, Lehrb., 304ff. Richtig Graf Dohna, Recht, 13.

[1842]) Vgl. v. Tuhr, I 101, § 4 zu Anm. 30.

[1843]) Vgl. darüber Goldschmidt, Notstand, 34ff.; M. E. Mayer, Lehrb., 272, 300ff.

[1844]) Goldschmidt, Notstand, 11ff., und die das. S. 14/15, Anm. 8—10 Angeführten (dazu oben Anm. 1287); M. E. Mayer, Lehrb., 246; Freudenthal, 6.

rechtlich, ethisch oder egoistisch gebotenen machten[1845]). Dafür kann beim Verschulden gegen sich selbst die ethische Mißbilligung des objektiven Tatbestandes schon dann entfallen, wenn überhaupt überwiegende berechtigte fremde oder eigene Interessen wahrgenommen sind[1846]). Unser Rechtsbewußtsein verlangt nicht, wie beim Unrecht, die Einschränkung der Rechtfertigung auf die Verletzung offenbar geringwertigerer fremder Interessen[1847]).

VIII. Die prozessualen Lasten sind vollkommene oder minder vollkommene[1848]). Vollkommene sind sie, wenn ihre Versäumung einen Rechtsnachteil mit Notwendigkeit nach sich zieht. Dabei ist es gleichgültig, ob der Rechtsnachteil kraft Gesetzes (ipso iure) oder kraft richterlichen Ausspruches (officio iudicis) eintritt, und ob im letzteren Falle ein auf seine Verwirklichung gerichteter Antrag erfordert wird oder nicht (§ 231 ZPO.). Minder vollkommen ist eine Last, wenn die Verhängung des Versäumnisnachteils vom richterlichen Ermessen abhängt, mag es dazu eines Antrages bedürfen [wie z. B. im Falle des § 155[1849]) ZPO.] oder nicht. Völlig unvollkommen kann eine prozessuale Last nicht sein. Denn wenn ein Unterlassen für den Unterlassenden prozessuale Rechtsnachteile weder zur Folge hat noch haben kann, so liegt eine prozessuale Last überhaupt nicht vor[1850]).

IX. Für die selbständige Übernehmbarkeit prozessualer Lasten kommt im geltenden deutschen Prozeßrecht[1850a]) nur die Übernahme der Prozeßführungslast[1850b]) in Betracht. Sie bedarf stets — wie die Schuldübernahme der Zustimmung des Gläubigers — der Zustimmung des Klagberechtigten[1850c]), mag sie vor Eintritt der Rechtshängig-

---

1845) ZITELMANN, Allg. Teil, 169. Daß mit dem Erfordernis dieser Feststellung nur ein psychologisches, kein normatives Schuldelement erfordert wird, habe ich bereits Notstand, 12/13, ausgeführt.

1846) Vgl. oben hinter Anm. 1834.

1847) Vgl. GOLDSCHMIDT, Notstand, 47/8; JWSch. 1922, 256; LÖFFLER, Rechtswidrigkeit, 39, 45; nunmehr die zutreffende Fassung des § 23 des österreichischen Gegenentwurfs zum deutschen StrafgesEntw. v. 1919. Ebenso schon § 904 deutsch. BGB.

1848) Vgl. darüber schon oben zu Anm. 626a—627, 627d, hinter Anm. 628, zu Anm. 1372d, 1727—1730, hinter 1730b, unten zu Anm. 2055a, in Anm. 2378, wo auch genügend Beispiele für das oben im Text Ausgeführte zu entnehmen sind.

1849) Im Falle des § 158 ZPO. ist der Antrag zwar Voraussetzung des — dem richterlichen Ermessen anheimgestellten — Versäumnisnachteils, aber nicht Folge einer Versäumung, sondern gerade umgekehrt Voraussetzung der Versäumnisfiktion; vgl. oben hinter Anm. 1809a.

1850) Daß auch die Informationslast trotz §§ 129 I Halbs. 2 ZPO., 246 I StPO. keine völlig unvollkommene Last ist, darüber vgl. oben zu Anm. 627c—e.

1850a) Über Übernahme der Defension im römischen und gemeinen Prozeß vgl. oben Anm. 1680 a. E.

1850b) Vgl. oben hinter Anm. 1749.

1850c) Vgl. schon oben Anm. 1681. Einer Zustimmung des zu Beklagenden oder Beklagten bedarf es in allen im Text behandelten Fällen außer in denen der §§ 265/6 ZPO. — vgl. schon oben zu Anm. 1697 —, die aber eigenartiger Natur sind; vgl. unten zu Anm. 2796. Anders HELLWIG, Syst. I, § 177 III 2c, für die von ihm schwerlich mit Recht angenommene Übernehmbarkeit von Passivprozessen des Vorerben durch den Nacherben.

keit — z. B. im Falle einer Ermächtigung des einer Prozeßstandschaft Unterworfenen durch den Prozeßstandschafter zur Verteidigung gegen eine negative Feststellungsklage[1850d]) —, mag sie nach Eintritt der Rechtshängigkeit — im Falle des § 265 II S. 2 ZPO.[1850e]) — erfolgen. Denn in allen Fällen, in denen ein Dritter ohne Zustimmung des Gegners einen Prozeß als Beklagter übernehmen kann — so insbesondere in den Fällen der §§ 76/7, 266 I ZPO., 9 IV Warenzeichen Ges.[1850f]) —, ist eine Prozeßführungslast schon vorhanden, sei es unmittelbar in bezug auf den anhängigen Rechtsstreit — so im Falle des § 266 I ZPO. —, sei es wenigstens in bezug auf einen möglichen künftigen — so in den Fällen der §§ 76/7 ZPO. § 9 IV WarenzeichenGes.[1850g]). Allerdings umfaßt in diesen Fällen das Recht des Dritten zur Prozeßübernahme das Recht, ohne Zustimmung des Gegners den Beklagten von der Prozeßführungslast zu befreien[1850h]).

4. Die Rechts-(Prozeß-)Lage und die Prozeßhandlungen. Die Bedeutung der Prozeßhandlung für die Rechtslage im allgemeinen.

(§ 24.)

Was für die materiellrechtliche Rechtsbetrachtungsweise der Tatbestand ist, das ist für die prozessuale Rechtsbetrachtungsweise die Prozeßhandlung[1851]). Sie ist allerdings nicht die einzige juristische Tatsache des Prozeßrechts. Der Tod einer Partei (§ 239 ZPO.), die Veräußerung der res oder actio litigiosa (§ 265 ZPO.) einerseits, das Dasein einer Beweisurkunde[1852]), die Anwesenheit eines Zeugen bei einem

---

[1850d]) Vgl. oben Anm. 1681.

[1850e]) Vgl. oben zu Anm. 1682, vor Anm. 1697.

[1850f]) Vgl. schon oben Anm. 1680. Das gleiche würde in den von Hellwig, Syst. I, § 179, angenommenen sonstigen Fällen der zulässigen Übernahme eines Passivprozesses gelten, die freilich durchweg anfechtbar sind.

[1850g]) Vgl. schon oben Anm. 1680 a. E. Im Falle des § 265 ZPO. ist das eben anders, indem hier der Kläger, so wenig ihm, wenn er veräußert hat, der Beklagte die Aktivlegitimation bestreiten kann (vgl. oben zu Anm. 1703a), so wenig er den Erwerber der res litigiosa, weder, wie in § 266 I ZPO., in den Prozeß hineinzwingen noch, sofern er im Prozeß gemäß § 271 I ZPO. festgehalten worden ist, wie in §§ 76/7 ZPO., mit Erfolg neu verklagen kann. Eigenartig liegt der Fall des § 9 IV WarenzeichenGes. Hier kann der siegreiche Kläger allerdings die Löschungsklage gegen den Rechtsnachfolger, gegen den das Urteil wirksam und vollstreckbar ist, nicht erneuern. Ob er es auch nicht kann, wenn seine Löschungsklage abgewiesen wurde, ist zweifelhaft, da § 9 IV nur von einer Urteilswirkung „gegen" den Rechtsnachfolger spricht. Es kann das aber dahingestellt bleiben; denn da die Löschungsklage eine Popularklage ist, wird dem Rechtsnachfolger mit dem Übergang des Warenzeichens sofort die Prozeßführungslast gegenüber künftig möglichen Löschungsklagen, sei es auch nur Dritter, auferlegt. Vgl. über § 9 IV WZG. noch unten zu Anm. 2797.

[1850h]) Vgl. schon oben Anm. 1480a.

[1851]) Vgl. darüber schon oben hinter Anm. 1372f.

[1852]) Auch die wissentliche und willentliche Herstellung einer Beweisurkunde, wie die schriftliche Verlautbarung eines Vertrages, die Ausstellung eines Schuld-

Rechtsgeschäft andererseits können eine prozessuale Rechtslage erzeugen. Aber diese Rechtswirkung kommt den bezeichneten Tatsachen entweder nur in Verbindung mit einer bereits vorgenommenen oder einer noch vorzunehmenden Prozeßhandlung zu, in welchem letzteren Falle die erzeugte Rechtslage höchstens den Charakter einer „bedingten" Möglichkeit[1853]) oder Last[1853a]) hat oder nur die Möglichkeit zu erfolgreicher Klage schlechthin[1854]), also ein Recht ist, dessen erster Wahrnehmungsakt, m. a. W. wieder eine Prozeßhandlung, erst die in ihm steckenden einzelnen Möglichkeiten und Aussichten zur Entfaltung bringt[1855]). Die zentrale Stellung der Prozeßhandlung in den Entstehungsvoraussetzungen der Prozeßlage folgt ohne weiteres daraus, daß für die prozessuale Rechtsbetrachtungsweise alle Rechtsverheißungen und Rechtsandrohungen, als deren Inbegriff sich das Recht vom Standpunkt jener aus darstellt, und die durch sie begründeten Aussichten durch auf „Evidenzmachung" gerichtete [1855a]) Prozeßhandlungen von bestimmten Eigenschaften — der Parteien oder des Richters — oder doch mindestens durch die Möglichkeit dazu bedingt sind[1856]). Da aber weiter die Verwirklichung der Rechtsverheißungen regelmäßig von der Wahrnehmung einer Möglichkeit, der Nichtvollzug einer Rechtsandrohung in letzter Linie immer davon abhängt, daß die bedrohte Partei sich einer Last entledigt[1857]), so sind die Prozeßhandlungen der Parteien zum größten Teil zugleich Wahrnehmungen prozessualer Möglichkeiten oder Handlungen, durch die sich eine Partei einer ihr obliegenden Last entledigt. Mit dieser Maßgabe kann man die Prozeßhandlungen definieren als solche Handlungen der Parteien oder des Richters, welche die prozessuale Rechtslage gestalten[1858]), d. h. welche prozessuale Aussichten, Möglichkeiten,

---

scheins oder einer Quittung, ist keine Prozeßhandlung, sondern steht auf einer Stufe mit den Akten der freiwilligen Gerichtsbarkeit, zu der die gerichtliche oder notarielle Hilfe bei Herstellung von Beweisurkunden unzweifelhaft gehört; vgl. schon oben zu Anm. 1490.

[1853]) Vgl. oben zu Anm. 1373a.

[1853a]) So nötigt z. B. das Dasein einer Beweisurkunde zum Gegenbeweis, was wenigstens zum Teil auf eine bedingte umgekehrte Beweislast (vgl. auch §§ 292 S. 2, 447 ZPO.) hinausläuft.

[1854]) Vgl. oben zu Anm. 1376a.

[1855]) Überdies sind schließlich alle prozessualen Möglichkeiten, gleich den Gestaltungsrechten und Machtbefugnissen der materiellrechtlichen Rechtsbetrachtungsweise, insofern „sekundäre" Rechte, als sie, wie diese, in Zweckbeziehung zu anderen Rechten, hier den prozessualen „Aussichten", stehen; vgl. dazu v. TUHR, I § 7. Nur darf man sich m. E. auf diesen Umstand im Bereiche der prozessualen Rechtsbetrachtungsweise zur Rechtfertigung einer Systematisierung, welche über die prozessualen Möglichkeiten hinwegsieht, nicht berufen, da die prozessualen Möglichkeiten, als die regelmäßige Vorstufe der prozessualen Aussichten (vgl. oben hinter Anm. 1348) eine unvergleichlich größere Bedeutung besitzen als die Gestaltungsrechte und Machtbefugnisse im Bereiche der materiellrechtlichen Rechtsbetrachtungsweise.

[1855a]) Vgl. oben hinter Anm. 1372f.

[1856]) Vgl. oben hinter Anm. 1347. [1857]) Vgl. oben hinter Anm. 1348.

[1858]) Vgl. schon oben hinter Anm. 790a, zu Anm. 1552a. Zu eng daher ROSENBERG, Stellvertr. 63 („nur das . . . unmittelbar prozeßgestaltende Handeln");

Lasten oder Befreiungen von Lasten begründen, verändern oder vernichten.

Zu unterscheiden sind Partei- und Richterhandlungen.

A. Die Parteihandlungen.

a) Die Erwirkungshandlungen. Ihr Begriff und die auf sie anwendbaren Wertungen.

(§ 25.)

Die Parteihandlungen sind entweder Erwirkungs- oder Bewirkungshandlungen.

Die Erwirkungshandlungen sind die eigentlichen und unmittelbar auf „Evidenzmachung“ gerichteten[1858a]) Prozeßhandlungen der Parteien[1859]). Es gehören dazu nur Anträge, Behauptungen und Beweisführungen. Diesen Handlungen ist gemeinsam, daß sie dazu bestimmt sind, durch psychische Einwirkung auf den Richter eine Entscheidung bestimmten Inhalts herbeizuführen[1860]).

Walsmann, ZivArch. CII 22 („Handlung, die unmittelbar auf den Betrieb eines Zivilprozeßverfahrens gerichtet ist“); gegen sie schon Hellwig, Prozeßhandlung, § 2 zu Anm. 10; Syst. I, § 145 zu Anm. 5. Die Gegenmeinung übersieht, daß das Kriterium der Prozeßhandlung ihre Fähigkeit ist, eine prozessuale Rechtslage zu gestalten, daß diese Fähigkeit schon Handlungen zukommt, die in bezug auf künftig mögliche Prozesse vorgenommen werden (vgl. oben hinter Anm. 1365, zu Anm. 1373), daß diese Handlungen (sämtlich Bewirkungshandlungen) eine prozessuale Wirkung allerdings nur vermöge ihrer Zweckbeziehung zu — künftigen — Erwirkungshandlungen haben (vgl. oben zu Anm. 1373c, unten zu Anm. 1908a, 2421), daß diese Abhängigkeit von den Erwirkungshandlungen aber auch das Schicksal der im Prozesse vorgenommenen Bewirkungshandlungen ist. Das Gesagte gilt besonders gegen Rosenberg, a. a. O., 64ff., nach dem erst die „Geltendmachung“ vorprozessualer Rechtsgeschäfte im Prozesse „Prozeßhandlung“ sein soll. Danach wären überhaupt nur die Erwirkungshandlungen Prozeßhandlungen. In der Tat bezeichnet Rosenberg, a. a. O., 85, als Merkmal der von ihm als „Prozeßhandlungen“ anerkannten Handlungen, daß sie „das Gericht zu Entscheidungen veranlassen oder ihm Stoff zu deren Begründung geben“. Das wäre gerade das Merkmal der hier als Erwirkungshandlungen bezeichneten Prozeßhandlungen, vgl. insbesondere unten zu Anm. 1971, 2224. Aber unter den von Rosenberg, a. a. O., 84/5, aufgeführten Handlungen sind viele Bewirkungshandlungen, die erst durch ihre „Geltendmachung“ im Prozeß „gestaltend auf dessen Gang einwirken“ (Rosenberg, 64). Es ist deshalb auch nicht einzusehen, warum die von Rosenberg als Prozeßhandlung anerkannte „Streitverkündigung“ es mehr sein soll als der von ihm nicht als Prozeßhandlung anerkannte Prorogationsvertrag. Vgl. noch unten Anm. 2512.

1858a) Vgl. oben hinter Anm. 1373c.

1859) Der Begriff ist enger als der Begriff der Prozeßhandlungen bei Rosenberg, Stellvertr., 63 — vgl. aber oben Anm. 1858 —; Walsmann, ZivArch. CII 18; und als der Begriff der „Prozeßführungshandlungen“ bei Hellwig, Prozeßhandlung, § 1 I 3, § 2 II—IV; Syst. I, § 144 II, § 145 I.

1860) Übereinstimmend definiert RGEZ. LVI 335 als Prozeßhandlungen: „namentlich diejenigen, welche die gerichtliche Entscheidung des Rechtsstreits herbeizuführen bestimmt sind“.

I. Die Erwirkungshandlungen sind keine rechtsgeschäftlichen Willenserklärungen. Das Gegenteil lehrt STEIN. Nach ihm haben wenigstens auf dem Boden des Verhandlungsgrundsatzes die überwiegende Mehrzahl der Parteihandlungen, darunter die hier so genannten Erwirkungshandlungen, insofern die Eigenschaft von „Willenserklärungen" („Prozeßrechtsgeschäften"), als der Parteiwille stets die innerprozessuale „Situation", d. i. „für das Gericht oder den Gegner die Möglichkeit oder die Nötigung oder die Pflicht zum weiteren Handeln", insbesondere für das Gericht die Pflicht, „über den Antrag zu entscheiden", begründe[1861]). Aber weder die für den Gegner — oder die Partei selbst — durch die Parteihandlung entstehende Möglichkeit oder Nötigung (Last) zum weiteren Handeln oder die mit ihr entstehenden Aussichten der Parteien auf ein Handeln des Gerichts, welche insgesamt den Inbegriff der prozessualen „Situation" ausmachen, noch die durch die Parteihandlung ausgelöste Pflicht des Gerichts, „über den Antrag oder die Behauptung zu entscheiden", welche tatsächlich außerhalb des Begriffs der prozessualen „Situation" liegt[1862]), werden durch den Parteiwillen begründet. Denn einmal ist ein auf den Erfolg gerichteter Parteiwille gar nicht bei allen Erwirkungshandlungen erforderlich oder vorhanden, so insbesondere nicht bei den Behauptungen[1863]). Und sodann: wo ein Erfolgswillen vorhanden oder gar, wie bei den Anträgen, erforderlich ist, ist er stets auf „Entscheidung nach dem Antrage oder auf Grund der Behauptung", d. h. auf einen tatsächlichen Erfolg gerichtet, „der vielleicht eintritt, aber auch ausbleiben kann"[1864])[1865]). Dies gilt sogar von dem nach STEIN angeblich im Geltungsbereich des Verhandlungsgrundsatzes mit jeder Parteihandlung stillschweigend verbundenen „Antrag auf Berücksichtigung"[1865a]), wenn ein solcher Antrag irgend etwas mit dem Verhandlungsgrundsatz zu tun hätte oder überhaupt anzuerkennen wäre[1865b]). Denn ob der Richter die Parteihandlung berücksichtigt, und ob er sie so berücksichtigt, wie die Partei will, steht dahin[1865c]). Deshalb sind auch nicht die Anträge, wie F. KLEIN[1866]) und selbst HELLWIG[1867]) lehren, Willenserklärungen.

Neuerdings rechnet man die hier als „Erwirkungshandlungen" zusammengefaßten Parteihandlungen zu den „Rechtshandlungen im

---

[1861]) Nr. IV 3 vor § 128; Z. XLI 420ff.; vgl. schon oben zu Anm. 758, in Anm. 774, 1373d, 1619.

[1862]) Vgl. darüber oben zu Anm. 774b—778, in Anm. 1374, 1619.

[1863]) Vgl. unten § 27 I 1.

[1864]) STEIN, Z. XLI 421; vgl. oben Anm. 774, 1373d.

[1865]) Vgl. oben zu Anm. 447b, 774, 1648—1654.

[1865a]) STEIN, Z. XLI 421/22.

[1865b]) Vgl. schon oben Anm. 1619, unten hinter Anm. 2013.

[1865c]) HELLWIG, Prozeßhandlung, § 3 III Abs. 4.

[1866]) Parteihandlung, 17ff.; vgl. schon oben Anm. 1650, sowie unten hinter Anm. 1978.

[1867]) Prozeßhandlung, § 3 I 1, § 4 II; Syst. I, § 145 II 3a, § 146 I. Daß indessen HELLWIG die Anträge nicht für „Willenserklärungen" im technischen Sinne, d. h. für Rechtsgeschäfte hält, wurde schon oben in Anm. 1650 festgestellt.

engeren Sinn"[1868]), und zwar die Anträge zu den Willensmitteilungen[1869]), die Behauptungen regelmäßig zu den „Vorstellungsmitteilungen"[1870]). HELLWIG hat geglaubt, den von KIPP entwickelten Begriff der Rechtswahrnehmungshandlungen verwerten zu können[1871]). Daß dies eine „schiefe Betrachtungsweise" ist, hat schon STEIN[1872]) HELLWIG entgegengehalten; denn es handelt sich nicht darum zu ermitteln, was die das private Recht gerichtlich geltend machenden Parteihandlungen privatrechtlich, sondern was sie prozeßrechtlich sind[1873]). Durch Verlegung der Prozeßhandlungen in die Privatrechtssphäre stellt man den fehlenden Zusammenhang zwischen dem Prozeß und seinem Gegenstand nicht her[1874]). Man wird aber überhaupt dem Wesen der Erwirkungshandlungen nicht dadurch gerecht, daß man sie unter die Rechtshandlungen aufteilt. Denn die Erwirkungshandlungen haben, als die eigentlichen und unmittelbaren Prozeßhandlungen der Parteien, unter allen Rechtshandlungen die Eigentümlichkeit, daß der Rechtserfolg, den sie erzeugen, d. h. die Rechts(Prozeß)lage, abhängt von ihrer Eignung zur Erreichung des tatsächlichen Erfolges, auf den sie gerichtet sind, d. h. der Entscheidung bestimmten Inhalts. Ist doch der Rechtserfolg nichts anderes als die Prognose des tatsächlichen Erfolges[1874a]). Dadurch unterscheiden sich die „Anträge" von den „Aufforderungen" des bürgerlichen Rechts, der Mahnung, Abmahnung, Aufforderung zur Erklärung über die Genehmigung, zur Anmeldung von Ansprüchen, zur Vornahme einer Wahl, zur Erklärung über Annahme einer Schenkung[1875]); oder die „Behauptungen" von den „Anerkennungen" oder „Mitteilungen" des bürgerlichen Rechts, der Anerkennung bei der Unterbrechung der Verjährung, der Anerkennung der unehelichen Vaterschaft[1876]), der Mitteilung einer Bevollmächtigung oder Abtretung, der Anzeige eines Mangels der Kaufsache oder der Verpfändung einer Forderung[1877]). Bei diesen Rechtshandlungen des bürgerlichen Rechts

---

[1868]) Vgl. darüber schon oben Anm. 746.

[1869]) Vgl. oben Anm. 1650.

[1870]) F. KLEIN, Parteihandlung, 20ff.; P. KLEIN, 138; vgl. ferner oben Anm. 1619.

[1871]) Vgl. oben zu Anm. 759, 760. [1872]) Z. XLI 419.

[1873]) Unberechtigt ist STEINS Polemik nur insoweit, als er nicht genügend beachtet, daß nicht jede eine Rechtsänderung (vgl. dazu oben hinter Anm. 743) nach sich ziehende Rechtshandlung ein Rechtsgeschäft zu sein braucht, und daß auch die Rechtswahrnehmungshandlungen rechtsändernd wirken. In bezug auf die materiellen Justizrechte (Klagrecht, Strafverfolgungsrecht) kann man — vom Standpunkt der materiellrechtlichen Rechtbetrachtungsweise aus — die Prozeßhandlungen sehr wohl als Rechtswahrnehmungshandlungen bezeichnen; vgl. oben zu Anm. 790a und die in Anm. 790a angeführten Stellen.

[1874]) Vgl. schon oben hinter Anm. 823.

[1874a]) Vgl. oben hinter Anm. 1364a, zu Anm. 1501.

[1875]) Dazu ENNECCERUS, Allg. Teil, § 128 III 2a; v. TUHR, II 1, § 48 II 1b zu Anm. 27—33; P. KLEIN, 163.

[1876]) Vgl. dazu oben Anm. 1615a.

[1877]) Dazu ENNECCERUS, a. a. O, § 128 III 2b; v. TUHR, a. a. O., § 48 II 2; P. KLEIN, 129ff., 136ff.

sind Eintritt und Natur des von ihnen erzeugten Rechtserfolges, z. B. die Verzugsfolge, die Annahme der Schenkung, die Unterbrechung der Verjährung, die Entstehung des Pfandrechts an der Forderung, ganz unabhängig von der Eignung der Handlung zur Erreichung des tatsächlichen Erfolges, auf den sie gerichtet ist[1878]). Ob dagegen ein Antrag, eine Behauptung oder Beweisführung eine Möglichkeit, eine Last, die Befreiung von einer solchen, eine günstige oder ungünstige Aussicht der Partei oder des Gegners erzeugt, hängt davon ab, in welchem Grade die betreffende Erwirkungshandlung geeignet ist, ihren sich aus dem Parteiwillen oder den Umständen ergebenden Zweck, die Entscheidung nach dem Antrage oder auf Grund der Behauptung oder Beweisführung, zu erreichen. Eine unschlüssige Klage erzeugt keine Einlassungslast des Beklagten und keine Aussicht des Klägers auf Erlaß des Versäumnisurteils, dafür aber die Aussicht des Beklagten auf Klagabweisung; eine unerhebliche Behauptung erzeugt keine Bestreitungslast des Gegners, keine Aussicht der Partei auf Zulassung zum Beweisantritt und gegebenen Falles kein Recht des Beklagten zur Verweigerung der Einlassung, dafür aber die Aussicht des Gegners auf Zurückweisung des unbegründeten Angriffs- oder Verteidigungsmittels in den Entscheidungsgründen und gegebenen Falles die Möglichkeit des Klägers, ein Versäumnisurteil zu beantragen; eine unzulässige Eideszuschiebung erzeugt keine Nötigung des Gegners zur Annahme und Leistung des Eides, dafür aber dessen Aussicht auf Zurückweisung des unzulässigen Beweismittels in den Entscheidungsgründen.

II. Die dargelegte Eigentümlichkeit der Erwirkungshandlungen ergibt und erklärt die auf sie anwendbaren rechtlichen Wertungen, welche die eigentümlichen Wertungen der prozessualen Rechtsbetrachtungsweise sind. Im bürgerlichen Recht pflegt man auf die rechtsgeschäftähnlichen Willens- und Vorstellungsäußerungen die Vorschriften über Rechtsgeschäfte sinngemäß anzuwenden[1879]) und auf diese Weise zur Anwendung der Kategorien der Wirksamkeit oder Nichtigkeit und Anfechtbarkeit der Rechtshandlungen zu gelangen. SAUER hat für die Prozeßhandlungen die „Wertungen" der „Gültigkeit, Wirksamkeit, Zulässigkeit und Begründetheit" aufgestellt[1880]). Gültig ist eine Prozeßhandlung, deren wesentliche Merkmale gegeben sind. Ungültig wäre also z. B. eine Klageschrift, die keine Angabe enthält, daß es sich um eine Rechtssache handelt[1881]), eine Klage gegen einen Verstorbenen[1882])

[1878]) Umgekehrt tritt bei den sog. Tathandlungen (Realakten) — dazu ENNECCERUS, a. a. O., § 128 III 3; v. TUHR, a. a. O., § 48 II 1 c; P. KLEIN, 29ff. — der Rechtserfolg erst ein, wenn der tatsächliche Erfolg, auf den sie gerichtet sind, eingetreten ist. Indessen ist bei diesen Handlungen „Ursache der Rechtswirkung nicht sowohl der in der Handlung zutage tretende Wille, als vielmehr der durch diesen Willen erreichte tatsächliche Erfolg" (v. TUHR, a. a. O.).

[1879]) Vgl. ENNECCERUS, a. a. O., § 194; v. TUHR, a. a. O., § 48 zu Anm. 57/58, 100—112; P. KLEIN, 154ff., 168ff.; MANIGK, Willenserklärung, 712ff.

[1880]) §§ 6, 22ff.; vgl. schon oben hinter Anm. 1520.

[1881]) SAUER., 443.

[1882]) SAUER, 445; vgl. schon oben zu Anm. 1525.

oder Exterritorialen[1883]), eine nicht in deutscher Sprache abgefaßte[1884]) oder eine Klageschrift, aus der entweder der Antrag oder die Bezeichnung der Parteien oder des Gerichts nicht zu entnehmen ist[1885]). Wirksam ist eine Prozeßhandlung, die ihren Zweck erreicht. Unwirksam wäre also z. B. eine simulierte Klage, sofern das Gericht die Simulation erkennt[1886]), eine Prozeßhandlung während Unterbrechung des Verfahrens[1887]), eine Klage trotz Rechtshängigkeit oder rechtskräftiger Entscheidung der Sache[1888]), eine Klage, deren Antrag in keiner Weise aus der Begründung folgt[1889]), eine Klage, deren Antrag unbestimmt, auf etwas Unmögliches oder rechtlich Unerträgliches gerichtet ist[1890]), eine bedingte Klage[1891]). Zulässig ist eine Prozeßhandlung, die „generell ohne Rücksicht auf den konkreten Fall" von der Rechtsordnung gebilligt wird. Unzulässig wäre eine Prozeßhandlung insbesondere bei Fehlen der Prozeßvoraussetzungen[1892]). Begründet ist eine Prozeßhandlung, „wenn die Rechtsordnung den von ihr verfolgten Zweck billigt". Unbegründet wäre z. B. eine Klage, „wenn die in ihr verkörperte Sach- und Rechtslage der Rechtsordnung zuwiderläuft: der Käufer soll mangelhafte Sachen abnehmen"[1893]).

Sauers Aufstellung der genannten vier „prozeßrechtlichen Wertungen" ist von Beling angegriffen worden[1894]). Beling wirft Sauer vor, daß er Unkoordinierbares koordiniere. Das ist richtig, wenn man die Wertungen der „Zulässigkeit" und „Begründetheit", wie Sauer allerdings ausdrücklich tut, als „unter rechtliche Billigung gestellt" auffaßt. Tut man das, so liegt in der Koordinierung von „Gültigkeit" und „Wirksamkeit" einerseits und „Zulässigkeit" und „Begründetheit" andererseits in der Tat die übliche Vermengung von Rechtswirksamkeit und Rechtmäßigkeit[1895]). Nun hat indessen schon Beling erkannt[1896]), daß Sauers „Zulässigkeit" in Wahrheit nicht besage, daß eine Prozeßhandlung unter rechtliche Billigung gestellt sei, sondern nur, daß, wenn die Prozeßhandlung, z. B. die Klage, so oder so angebracht sei, daraufhin so oder so zu verfahren, nämlich das Inhaltliche zu prüfen sei. In diesem Sinne bedeute „zulässig" also nur: in bestimmter Richtung „wirksam". In gleicher Weise bedeute auch „begründet" nur, daß der Inhalt der Klage usw. Bedingung für die vom Gericht daraufhin einzunehmende Haltung sei.

Geht man von dieser — zutreffenden[1897]) — Bedeutung der „prozeßrechtlichen Wertungen" „Zulässigkeit" und „Begründetheit" aus, bei deren Herausstellung Beling[1898]) auch gleich noch den von Sauer unrichtig mit „generell" und „konkret" bezeichneten Gegensatz[1899]) dieser Wertungen untereinander mit Recht auf den Gegensatz von „Form

---

1883) Sauer, 446. 1884) Sauer, 457. 1885) Sauer, 459/460.
1886) Sauer, 464. 1887) Sauer, 464/5.
1888) Sauer, 465; vgl. schon oben zu Anm. 1526 und in Anm. 953.
1889) Sauer, 467. 1890) Sauer, 467, 468ff. 1891) Sauer, 474/5.
1892) Sauer, 107, 513ff. 1893) Sauer, 107. 1894) ZStW. XLII 263ff.
1895) Vgl. oben Anm. 728, 1508 und zu Anm. 1528, 1583.
1896) A. a. O., 265. 1897) Vgl. schon oben Anm. 1538.
1898) A. a. O., 265 Anm. 4. 1899) Schief Sauer, § 2 III.

und „Inhalt" zurückführt, so ergibt sich ohne weiteres, daß „Zulässigkeit" und „Begründetheit" die eigentümlichen, auf die eigentlichen und unmittelbaren Parteihandlungen, die Erwirkungshandlungen, anwendbaren Wertungen der prozessualen Rechtsbetrachtungsweise sind. „Zulässig" ist eine Erwirkungshandlung, wenn sie als Mittel zur Auslösung einer Rechtsverheißung oder Abwendung einer Rechtsandrohung vom Richter — formell — „zugelassen", d. h. inhaltlich geprüft werden muß[1900]). „Begründet" ist eine Erwirkungshandlung, wenn sie inhaltlich geeignet erscheint, die Verwirklichung einer Rechtsverheißung durch den Richter auszulösen oder den Vollzug einer Rechtsandrohung durch den Richter abzuwenden. Diese die Eignung der Erwirkungshandlung zur Erreichung des angestrebten tatsächlichen Erfolges, eines bestimmten richterlichen Verhaltens, wertenden Urteile ergeben den Inhalt der durch die Erwirkungshandlung begründeten rechtlichen Aussicht oder — genauer — Rechtslage. Da BELING, ganz wie SAUER, nur die Werturteile der materiellrechtlichen Rechtsbetrachtungsweise: „Rechtmäßigkeit", „Rechtswidrigkeit" kennt, so versucht er, ganz wie SAUER, die prozessualen Kategorien der „Zulässigkeit" und „Begründetheit" „rechtserkenntnistheoretisch"[1901]) in Abhängigkeit von jenen materiellrechtlichen Werturteilen zu versetzen[1902]), und sträubt er sich dagegen, die beiden von ihm empirisch in ihrer wahren Bedeutung richtig erkannten prozessualen Kategorien in dieser ihrer Bedeutung als rechtliche Wertungen gelten zu lassen. Den „rechtserkenntnistheoretischen" Weg zur richtigen Qualifizierung der prozessualen Kategorien eröffnet erst die prozessuale Rechtsbetrachtungsweise, welche lehrt, daß das Recht nicht nur als Inbegriff von Imperativen, sondern auch als Inbegriff von Verheißungen und Drohungen aufgefaßt werden kann. Vom Standpunkt dieser Rechtsbetrachtungsweise aus kann man auch sehr wohl eine „begründete", d. h. inhaltlich zur Auslösung einer Rechtsverheißung oder Abwendung einer Rechtsandrohung geeignete Erwirkungshandlung als Erfüllung des von der Rechtsordnung „Aufgegebenen" bezeichnen, ein Urteil, das BELING als ein rechtliches Werturteil anerkennt[1903]). Freilich kann BELING überhaupt nicht darin gefolgt werden, daß die Kategorien „Gültigkeit" und „Wirksamkeit" keine rechtlichen Wertungen ausdrückten. Das Recht kann die menschlichen Handlungen auch unter dem Gesichtspunkt bewerten, ob sie tauglich sind, eine Rechtsfolge herbeizuführen[1904]). BELING irrt sehr, wenn er glaubt[1905]), daß man nach der „Gültigkeit"

[1900]) Vgl. schon oben zu Anm. 1538.
[1901]) Vgl. BELING, a. a. O., 263, 264.
[1902]) Vgl. schon oben zu Anm. 1520.
[1903]) A. a. O., 265. Daß dieses „Aufgeben" keine „Billigung" der Rechtsordnung bedeutet, ist oft genug betont; vgl insbesondere oben zu Anm. 1507, 1793.
[1904]) Insoweit unnötig SAUER, § 2 I 2.
[1905]) So meine ich seine Ausführungen, a. a. O., 264, verstehen zu müssen.

oder „Wirksamkeit" einer Handlung nur frage, um zu ermitteln, ob die „gültige" oder „wirksame" Handlung rechtmäßig sei.

III. Dagegen bleibt selbst nach Richtigstellung der „prozeßrechtlichen Wertungen" der „Zulässigkeit" und „Begründetheit" die Koordinierung der vier „prozeßrechtlichen Wertungen": „Gültigkeit", „Wirksamkeit", „Zulässigkeit" und „Begründetheit" durch SAUER eine schiefe.

Es bedarf zunächst keines Nachweises, daß die Kategorien der „Zulässigkeit" und „Begründetheit" in der hier näher entwickelten Bedeutung nur auf die Erwirkungshandlungen anwendbar sind. Auch unsere Prozeßgesetze sprechen von „Begründetheit" ausschließlich, von „Zulässigkeit" weitaus überwiegend nur in bezug auf Erwirkungshandlungen[1906]). Wo unsere Prozeßgesetze ausnahmsweise in bezug auf Richterhandlungen, darunter in bezug auf Entscheidungen, von „zulässig" sprechen, meinen sie damit entweder eine „Zulässigkeit" im öffentlichrechtlichen, d. h. materiellrechtlichen Sinne des Wortes = Rechtmäßigkeit — so wohl vorwiegend in §§ 50 I S. 2, 99, 103 StPO.[1907]) — oder im Sinne von prozessualer „Gültigkeit" oder „Wirksamkeit"[1907a]), — so in § 309 II StPO. alt. Fass. In diesem letzteren Sinne wird „zulässig" von den Prozeßgesetzen ausnahmsweise auch in bezug auf Bewirkungshandlungen der Parteien gebraucht, so in §§ 40 II, 515 I ZPO., §§ 396 I, 398 II Entw. StPO. v. 1909; 370 III, 382 I Entw. GRSt. v. 1919; Art. IV Nr. 35, 37 Entw.Ges. z. Neu-O. der Strafgerichte v. 1923[1908]). Das erhellt besonders aus § 40 ZPO., wo die in Abs. II mit „unzulässig" ausgedrückte Wertung in Abs. I mit „hat keine rechtliche Wirkung" bezeichnet wird. Zu beachten ist freilich, daß sowohl die Richterhandlungen, als auch die Bewirkungshandlungen der Parteien in Zweckbeziehung zu künftigen Erwirkungshandlungen stehen[1908a]), daß, soweit der Untersuchungsgrundsatz reicht, Richterhandlungen sogar an Stelle von Erwirkungshandlungen stehen[1908b]), und daß auch diese Beziehungen erklären, warum unsere Prozeßgesetze gelegentlich (vgl. z. B. §§ 236 II S. 3, 241 I Halbs. 2, 245 Halbs. 2, 248 S. 1 Entw. GRSt.) v. 1919) die „Wertung" der „Zulässigkeit" auf Richterhandlungen und Bewirkungshandlungen der Parteien anwenden[1908c]).

Wenn man also „Gültigkeit" und „Wirksamkeit" als prozeßrechtliche Wertungen den prozeßrechtlichen Wertungen „Zulässigkeit" und „Begründetheit" entgegensetzt, so kann dieser Gegensatz Bedeutung

---

1906) Vgl. die von SAUER, 507/8, angeführten Beispiele.

1907) Vgl. die Erklärung oben zu Anm. 1439b, hinter Anm. 1461a, auch schon hinter Anm. 1389, ferner in Anm. 1504a. Entsprechend die Bedeutung von „zulässig" in §§ 458 I StPO., 775 Nr. 1, 868 I ZPO.

1907a) § 20 StPO.; RGESt. XXIII 184 (194); XXXII 250.

1908) Vgl. unten Anm. 2514 a. E.

1908a) Vgl. oben zu Anm. 1373c, unten zu Anm. 1963, 2421, 2715.

1908b) Vgl. oben Anm. 1326 und zu Anm. 1340l, 1784a, unten zu Anm. 2047, 2272/3, 2303/4, 2367, § 31 III 2.

1908c) Vgl. auch §§ 17 I GVG., 274 II Nr. 2, 511a IV, 547 Nr. 1, 1037, 1041 I Nr. 1 ZPO., 180 I StPO.

nur auf dem Gebiet der Erwirkungshandlungen haben. Es ist ein Fehler, wenn SAUER die vier „prozeßrechtlichen Wertungen“ unterschiedslos auf alle Prozeßhandlungen anwendet[1909]). Weiter bedeutet dieser auf das Gebiet der Erwirkungshandlungen zu beschränkende Gegensatz nicht, daß man damit, wie es SAUER schief ausdrückt[1910]), Würdigungen, die „auch außerjuristisch“ sind, „spezifisch juristischen“ Würdigungen entgegensetzt. Man unterscheidet damit vielmehr Bedingungen, die eine Erwirkungshandlung erfüllen muß, um überhaupt vom Richter beachtet zu werden, von solchen Bedingungen, die sie erfüllen muß, um als Mittel zur Auslösung der Rechtsverheißungen oder Abwendung der Rechtsandrohungen vom Richter formell „zugelassen“, d. h. inhaltlich geprüft zu werden oder bei ihm in der Sache Erfolg zu haben. Auf eine „ungültige“ oder „unwirksame“, kurz gesagt „nichtige“[1911]) Erwirkungshandlung brauchte der Richter nicht zu reagieren[1911a]); die „Nichtigkeit“ nimmt insoweit prozessual den Charakter der „Unbeachtlichkeit“ an[1912]). Dagegen muß eine „unzulässige“ oder „unbegründete“ Erwirkungshandlung, sofern sie „beachtlich“ ist, vom Richter zurückgewiesen werden, mag dies auch nur in den Entscheidungsgründen geschehen müssen[1912a]). Auf der Seite der prozeßrechtlichen Unwerturteile wäre also die „Unbeachtlichkeit“ der „ungültigen“ oder „unwirksamen“ Erwirkungshandlung der „Zurückweisbarkeit“ der „unzulässigen“ oder „unbegründeten“ Erwirkungshandlung — die insbesondere bei „unzulässigen“ *Anträgen* regel- und zweckmäßig als „Verwerflichkeit“ bezeichnet wird — gegenüberzustellen.

In diesem Sinne ist aber die Kategorie der „Beachtlichkeit“, welche die prozessuale Übersetzung des materiellrechtlichen Begriffs der „Gültigkeit“ oder „Wirksamkeit“ der Rechtshandlungen[1912b]) in bezug auf die Bedeutung der Erwirkungshandlungen für den Richter wäre, auf diese gar nicht anwendbar. Dies folgt zwar nicht begriffsnotwendig aus dem Wesen der Erwirkungshandlungen, erklärt sich aber hinreichend aus ihm. Denn im Rechtsstaat erscheint die einfache „Nichtbeachtung“ von Erwirkungshandlungen als Justizverweigerung; insbesondere „begründet“ auch die der „Prozeßvoraussetzungen“ ermangelnde Klage das „Prozeßverhältnis“[1912c]), richtig: löst auch die unzulässige[1912d]) Klage die staatliche Justizgewährungspflicht aus[1912e]). Die Aufgaben, welche für sämtliche prozessualen Bewirkungshandlungen, einschließlich der Richterhandlungen, durch die Kategorien der „Beachtlichkeit“ und „Unbeachtlichkeit“ gelöst werden, werden für die Erwirkungshandlungen durch die Kategorien der „Zulässigkeit“ und „Begründetheit“

[1909]) Auf richtigem Wege NUSSBAUM, Prozeßhandlungen, 4ff., 66ff., wenn er die „Vorbedingungen“ der „Gerichts“- und „Parteiakte“ getrennt untersucht.

[1910]) 106/7.

[1911]) SAUER, 501.

[1911a]) So denn auch grundsätzlich SAUER, 501.

[1912]) Vgl. schon STEIN, Nr. V 7 vor § 128 ZPO.

[1912a]) Nach SAUER, 515, 516, sind „unzulässige“ Behauptungen und Beweishandlungen „unbeachtlich“.

[1912b]) Vgl. oben hinter Anm. 1879.

[1912c]) Vgl. oben § 2.

[1912d]) Vgl. unten § 26 V 1 a, b.

[1912e]) Vgl. oben von Anm. 445 ab.

einerseits, durch die Kategorie der „Zurückweisbarkeit“ als „unzulässig“ oder „unbegründet“ andererseits gelöst[1913]). Auch die §§ 54, 249 II ZPO. betreffen, soweit sie sich auf Erwirkungshandlungen und ihre Bedeutung für den Richter beziehen, jener deren Begründetheit, dieser deren Zulässigkeit[1913a]). Und daß die „Wirkungslosigkeit“ der §§ 516 II, 552 II ZPO., Fass. v. 1898, für den Richter „Unzulässigkeit bedeutete, war allgemein anerkannt[1913b]).

Tatsächlich gibt es keinen Mangel, der die Zurückweisung der damit behafteten Anträge, Behauptungen oder Beweisführungen erübrigte[1913c]). Das Gegenteil wird freilich anscheinend nicht nur von SAUER gelehrt[1914]). Richtig ist indessen an dieser Lehre nur, daß Handlungen, die nicht einmal den „Schein“[1915]) von Erwirkungshandlungen erzeugen, natürlich „unbeachtlich“ sind, und daß der Antrag auf Terminsbestimmung zurückzuweisen ist[1915a]), wenn ein zur Terminsbestimmung geeignetes Schriftstück nicht vorliegt, oder die mündliche Verhandlung nach Lage des Verfahrens unzulässig ist, oder der Inhalt des Schriftstücks in gröblicher Weise die Würde des Gerichts verletzt (contempt of court)[1915b]). Aus diesem Grunde ist eine „Klage-

---

1913) Die Begr. des Entw. eines Ges. z. Neuordnung der Strafgerichte (Nr. 5884 Drucks. des Reichstags, 1. Wahlper. 1920/23, S. 23) sagt bezeichnenderweise: „Ist vor der Vergleichsbehörde ein Vergleich geschlossen, so kann Privatklage nicht mehr erhoben und Strafantrag nicht mehr gestellt werden; eine gleichwohl erhobene Privatklage ist also unzulässig und ein trotzdem gestellter Strafantrag unbeachtlich“. Ganz richtig; denn der Strafantrag ist, trotz seines Namens, als bloße Bedingung der Zulässigkeit der Anklage (vgl. unten vor Anm. 2123c), im Verhältnis zum Richter Bewirkungshandlung.

1913a) Vgl. unten zu Anm. 1932, 2413a, in Anm. 2707.

1913b) Vgl. STEIN, Nr. IV zu § 516 ZPO., bei Anm. 7—9; RGEZ. LVIII 120. Die „Wirkungslosigkeit“ der Anschließung in §§ 522 I, 556 II S. 3 ZPO. erklärt sich durch den Eintritt der conditio iuris, von deren Nichteintritt die Beachtlichkeit der Anschließung von Haus aus abhing; vgl. unten zu Anm. 2564. § 428 I RAbgO. schreibt sogar dann die Verwerfung des Antrages auf gerichtliche Entscheidung „als unzulässig“ vor, „wenn er nach § 415 wirkungslos ist, weil Beschwerde eingelegt ist“. Dagegen würde, wenn man — was freilich sehr zweifelhaft ist — den Widerspruch gegen den Zahlungsbefehl als Antrag anzusehen hätte, § 694 III ZPO. allerdings eine Ausnahmevorschrift enthalten, aber eine solche, welche die Regel bestätigen würde. Vgl. darüber unten hinter Anm. 1997 bis Anm. 2004.

1913c) Welche Willkür ist es z. B., wenn SAUER, 446ff. (vgl. oben zu Anm. 1883) die Unterwerfung des Beklagten unter die inländische Gerichtsbarkeit zu einem „Merkmal“ der Klage erhebt!

1914) Vgl. STEIN, Nr. V 7, vor § 128 ZPO.; auch V 3 bei Anm. 88 das.; VII 1 zu § 268, bei Anm. 85 (vgl. oben Anm. 668); NUSSBAUM, Prozeßhandlungen, 71; vgl. auch F. KLEIN, Parteihandlung, 31, und unten Anm. 2340. Dagegen insoweit richtig HELLWIG, Syst. I, § 146 I, daß Anträge auch bei Fehlen eines wesentlichen Erfordernisses nicht „unwirksam“ seien, sondern über sie entschieden werden müsse.

1915) NUSSBAUM, Prozeßhandlungen, 3. Vgl. unten zu Anm. 2465, 2518.

1915a) Daß beides nicht dasselbe ist, betont mit Recht HELLWIG, Syst. I, § 154 II a. E., gegen STEIN, Nr. V 7 vor § 128.

1915b) Weiter gehend HELLWIG, Syst. I, § 111 III 2; NUSSBAUM, Prozeßhandlungen, 68ff., 79ff., die aber gerade den letztgenannten Fall nicht berücksichtigen; hier im Ergebnis richtig KOHLER, ZivArch. XCVII 13.

schrift, die keine Angabe enthält, daß es sich um eine Rechtssache handelt"[1916]), eine „Nichtklage"[1917]), ein Antrag, der sich durch einen ihn „paralysierenden" Zusatz[1917a]) oder durch offenen Widerspruch zu seiner Begründung[1917b]) als offenbar nicht ernstlich gemeint erweist, ein „Nichtantrag" und deshalb unbeachtlich. Ebenso ist deshalb der Antrag auf Terminsbestimmung zurückzuweisen, wenn die Klageschrift nicht in deutscher Sprache abgefaßt ist[1918]), wenn aus ihr die Bezeichnung der Parteien nicht zu entnehmen ist[1919]), wenn die Klage sich gegen einen Verstorbenen richtet[1920]), wenn die Ladung im Anwaltsprozesse nicht von einem zugelassenen Anwalt unterzeichnet ist, wenn eine Klage beim Oberlandesgericht eingereicht würde, wenn Revision in einer amtsgerichtlichen Sache eingelegt würde[1921]), oder wenn zur Verhandlung über einen Antrag geladen wird, dessen Erledigung ohne mündliche Verhandlung erfolgen kann, wenn Termin zur mündlichen Verhandlung nach dem Schlusse derselben, nach der Verkündung des Endurteils[1922]),

[1916]) Vgl. oben zu Anm. 1881. [1917]) So auch SAUER, 443.

[1917a]) Vgl. oben zu Anm. 1886; STEIN, Nr. V 3 vor § 128, bei Anm. 87; RGEZ. LXVI 414/5. Ein solcher „paralysierender" Zusatz läge auch in dem von HELLWIG, Prozeßhandlung, § 3 IV zu Anm. 11, § 6 Anm. 5a, unterstellten Falle vor, wenn jemand seiner Klage den Zusatz beifügen wollte: ich will aber nicht, daß die Rechtshängigkeit eintritt. Im Ergebnis ist also STEIN, Z. XLI 425, gegen HELLWIG, der den Zusatz für unbeachtlich hält, beizustimmen. Dagegen nicht in den Gründen. Denn HELLWIG ist sowohl im Recht, wenn er annimmt, daß Rechtshängigkeit die Rechtslage ist, in der ein Anspruch der gerichtlichen Verhandlung und Entscheidung unterbreitet ist (vgl. oben Anm. 1644), als auch, wenn er meint, daß auf Begründung dieser Rechtslage der Wille des Klägers nicht gerichtet ist (vgl. oben zu Anm. 1649). Aber wie der Kläger die Rechtshängigkeit durch seine Willenserklärung — Zurücknahme der Klage — vor Einlassung des Beklagten zum Erlöschen bringen kann (vgl. oben vor Anm. 1643), so kann er auch von vornherein ihre Entstehung hindern. Dadurch „paralysiert" er natürlich den auf günstiges Urteil gerichteten Klagantrag, der seinen Erfolg nur auf dem Wege der Rechtshängigkeit erreichen kann.

[1917b]) Vgl. oben zu Anm. 1889; STEIN, a. a. O., bei Anm. 88; RGEZ. XXXIV 419; RG. v. 17. Juni 1896 (JWSchr. 1896, S. 398), wo sogar auch in diesem Fall eine „Abweisung" erfordert wird (vgl. auch das Instanzurteil in RGEZ. XXIX 376). Hier hätte SAUER, 467 (vgl. oben zu Anm. 1889), den von ihm, a. a. O., 213/4, aufgestellten, oben Anm. 1383b erwähnten Begriff des Mangels „des Urteils des Behauptenden", d. h. des Glaubens des Klägers an die Schlüssigkeit seiner Klage verwerten können. Vgl. dazu noch unten zu Anm. 2071.

[1918]) Vgl. oben zu Anm. 1884.

[1919]) Vgl. oben zu Anm. 1885. Ich möchte in diesem Fall noch nicht mit SAUER, 459/60, von einer „Nichtklage" reden, zumal der Mangel gemäß § 295 ZPO. heilbar ist (ganz haltlos SAUER, § 26 II 6), mag in diesem Fall auch — das mag NUSSBAUM, Prozeßhandlungen, 70/71, 81, zugegeben werden — die Heilbarkeit des Mangels die Versagung der Terminsbestimmung nicht abwenden. Noch weniger darf man von einer „Nichtklage" reden oder auch nur die Terminsbestimmung versagen, wenn aus der Klageschrift entweder der Antrag oder die Bezeichnung des Gerichts nicht zu entnehmen ist (SAUER, a. a. O.; vgl. oben zu Anm. 1885); denn der Antrag ist nur die Spezifikation des in der Klage bereits enthaltenen Rechtsschutzgesuchs — vgl. oben hinter Anm. 1652 —, und die Bezeichnung des Gerichts ergibt sich aus dem Zugange des die Klage enthaltenden Schriftstückes ohne weiteres.

[1920]) Vgl. oben zu Anm. 1882. Vgl. aber unten Anm. 2677 a. E.

[1921]) Vgl. STEIN, Nr. II zu § 216 bei Anm. 6, 7; Nr. V 7 vor § 128 bei Anm. 120.

[1922]) STEIN, Nr. II zu § 216. Anders natürlich in den Fällen der §§ 320, 321 ZPO.

während Stillstandes des Verfahrens[1923]) oder nach Abschluß eines Prozeßvergleichs anberaumt werden soll, ohne daß dessen Ungültigkeit behauptet wird[1924]), weiter in den Fällen der Terminsbestimmung gegen einen Exterritorialen[1925]), vor Zahlung der Prozeßgebühr gemäß § 74 II GKG., sowie der Ladung zur mündlichen Verhandlung über eine Scheidungsklage oder über eine Klage auf Herstellung des ehelichen Lebens vor unternommenem Sühneversuch (§ 608 ZPO.)[1925a]), schließlich, wenn der auf etwas Unmögliches oder rechtlich Unerträgliches gerichtete Inhalt des Klagantrages[1925b]) den Grad einer gröblichen Verletzung der Würde des Gerichts erreicht[1926]). Tatsächlich kommen denn auch die Schriftsteller, welche für gewisse Fälle die „Unbeachtlichkeit" von Erwirkungshandlungen lehren, im wesentlichen zu den hier gezogenen Folgerungen. STEIN meint mit „Unbeachtlichkeit" offenbar von vornherein nichts anderes als, daß in solchen Fällen die Terminsbestimmung verweigert werden kann[1927]). NUSSBAUM spricht wenigstens von einem „nobile officium" und einer „Übung" der Gerichte, den „ungültigen" Antrag „geeignetenfalls zurückzusenden"[1928]) und in bezug auf eine „ungültige" Klage lehrt er überhaupt nur eine Zurückweisung durch Beschluß[1929]). Ebenso erklärt SAUER, daß das Gericht zwar „einen nichtigen, eine weniger bedeutende Angelegenheit(?) betreffenden Antrag einfach zu den Akten schreiben" könne, „falls es einen Bescheid nicht etwa aus anderen Gründen für angezeigt erachten sollte"(!), daß aber „auf eine nichtige Klage eine Entscheidung nicht gut" werde „unterbleiben dürfen"[1930]). Demgemäß sieht SAUER bei „ungültiger" Klage einen Ausspruch auf „Ablehnung der Entscheidung", bei „un-

[1923]) Dazu gehören die Fälle der Unterbrechung (vgl. oben zu Anm. 1887), der Aussetzung und des Ruhens des Verfahrens, ferner die Fälle, in denen ein bedingtes Endurteil oder ein Zwischenurteil nach §§ 275, 304 ZPO. verkündet und nicht sofortige Weiterverhandlung angeordnet ist, sofern nicht die Rechtskraft des verkündeten Urteils behauptet wird. Es erscheint nicht gerechtfertigt, wenn STEIN, Nr. II zu § 216, bei Anm. 10, 11; Nr. II 1 zu § 497, in allen diesen Fällen, sowie auch in dem unten zu Anm. 1924 erwähnten Fall die Terminsbestimmung nur im Amtsgerichtsprozesse versagen will.

[1924]) Vgl. oben zu Anm. 1384, unten zu Anm. 2262.

[1925]) Vgl. oben zu Anm. 1883 und 1450, sowie noch der in Anm. 1451 erwähnte besondere Fall.

[1925a]) Vgl. STEIN, Nr. II zu § 216, bei Anm. 9. Über die Anbringung einer Klage vor vorgeschriebenem Güteverfahren oder einer Klage oder eines Güteantrages vor vorgeschriebenem Mahnverfahren vgl. unten zu Anm. 2072b.

[1925b]) Vgl. oben zu Anm. 1890.

[1926]) Dagegen gehören die oben zu Anm. 1885, 1886, 1888—1891 erwähnten, von SAUER als solche einer „unwirksamen" Klage bezeichneten Fälle insoweit nicht hierher, als sich nicht aus dem zu Anm. 1917a, b, 1919, 1925b Ausgeführten das Gegenteil ergibt. Sie sind teils Fälle einer einfachen Unzulässigkeit, teils Fälle einer einfachen Unbegründetheit der Klage. Verschieden von dem oben zu Anm. 1891 erwähnten, von SAUER hervorgehobenen Fall einer bedingten Klage ist der von HELLWIG, Syst. I, § 111 III 2a, hervorgehobene Fall eines bedingten Antrages auf Terminsbestimmung. In diesem letzteren Fall würde die Unzulässigkeit des Antrages allerdings zu seiner Zurückweisung führen.

[1927]) Nr. V 7 vor § 128 ZPO.

[1928]) Prozeßhandlungen, 71.

[1929]) A. a. O., 80, 137. Vgl. schon oben Anm. 47b.

[1930]) S. 501.

wirksamer" Klage eine „Abweisung oder Zurückweisung als unwirksam" vor[1931]).

IV. In einem ganz anderen Sinne kann man von „Gültigkeit" oder „Wirksamkeit" einer Erwirkungshandlung sprechen, wenn man damit ihre Wirksamkeit „der anderen Partei gegenüber" (§ 249 II ZPO.) oder ihre „Beachtlichkeit" in einem anderen Prozeß meint. So ist z. B. nicht nur ein während der Unterbrechung des Verfahrens eingelegtes und deshalb „unzulässiges"[1932]) Rechtsmittel „der anderen Partei gegenüber unwirksam", begründet also nicht deren Erscheinungslast[1933]), sondern auch eine unschlüssige und deshalb unbegründete Klage erzeugt keine Einlassungslast des Beklagten, eine unerhebliche und deshalb unbegründete Behauptung keine Bestreitungslast des Gegners, eine unzulässige Eideszuschiebung keine Eideslast des Gegners. Ebenso ist die Frage aufzuwerfen, ob nicht eine „unzulässige" Klage in einem anderen Prozeß „unbeachtlich" ist und also weder die Einrede der Rechtshängigkeit[1934]), noch die Replik der Unterbrechung der Verjährung[1935]) begründet, ob nicht ein „unzulässiges" Rechtsmittel (§ 705 ZPO.) in einem anderen Prozeß „unbeachtlich" ist und mithin den Einwand der rechtskräftig entschiedenen Sache nicht ausschließt, oder ob nicht die gegen einen Wechselverpflichteten nur zum Scheine erhobene Klage bei der Entscheidung über die gleichzeitig gegen einen anderen Wechselverpflichteten erhobene Klage „unbeachtlich" und also außerstande ist, für diese den Gerichtsstand des Zusammenhanges (§ 603 II ZPO.) zu begründen[1936]). Spricht man in diesem Sinn in bezug auf eine Erwirkungshandlung von ihrer „Gültigkeit" oder „Wirksamkeit", so bringt man diese Begriffe nicht in einen Gegensatz zu ihrer „Zulässigkeit" und „Begründetheit". Wirft man doch gerade die Frage nach der „Gültigkeit" oder „Wirksamkeit" einer „unzulässigen" oder „unbegründeten" Erwirkungshandlung auf. Man wendet vielmehr die „prozeßrechtlichen Wertungen" der „Gültigkeit" oder „Wirksamkeit", die in bezug auf Richterhandlungen und Bewirkungshandlungen der Parteien die allein

---

1931) S. 504.

1932) Vgl. oben zu Anm. 1913a.

1933) Vgl. oben hinter Anm. 585; dazu aber noch unten Anm. 1946.

1934) SAUER, 502, nimmt an, daß die „nichtige" Klage keine Rechtshängigkeit begründe. Aber unter seiner „Nichtigkeit" verbergen sich z. T. Fälle einfacher Unzulässigkeit und sogar Unbegründetheit; vgl. oben Anm. 1926, 1919. Die Bedeutung der „Beachtlichkeit" oder „Unbeachtlichkeit" einer unzulässigen Klage für den Richter eines zweiten Prozesses wird insbesondere einleuchtend, wenn man auf dem Standpunkt steht, daß die Rechtshängigkeit von Amts wegen zu beachten sei (so KOHLER, Forsch., 99; SCHWALBACH, ZivArch. LXIV 285 Anm. 41; BÜLOW, ebd. LXXXIII 140ff.; SCHWARTZ, Absolute Rechtskraft, 37ff.; SAUER, § 25 VI; SCHÜLER, 76; § 233 S. 2 österr. ZPO.).

1935) SAUER, 503, nimmt an, daß eine — in seinem Sinne (vgl. oben Anm. 1934) — „nichtige" Klage nicht die Verjährung unterbreche. Im übrigen ist zur systematischen Klarstellung noch zu bemerken: Die Unterbrechung der Verjährung ist eine „privatrechtliche Nebenwirkung" der Klagerhebung. Die Möglichkeit zu erfolgreicher Replik der Unterbrechung der Verjährung ist dagegen eine prozessuale Möglichkeit, deren Voraussetzung nicht nur die Klagerhebung, sondern deren „Evidenz" ist.

1936) So RGEZ. LI 175ff.

maßgebenden sind, auf solche Beziehungen der Erwirkungshandlungen an, welche von den für jene in erster Linie maßgebenden „prozeßrechtlichen Wertungen" der „Zulässigkeit" und „Begründetheit" nicht beherrscht werden und tatsächlich nur einen sekundären Erfolg der Erwirkungshandlungen betreffen.

Indessen selbst innerhalb der bezeichneten Grenzen ist die Anwendung der „prozeßrechtlichen Wertungen" der „Gültigkeit" oder „Wirksamkeit" auf die Erwirkungshandlungen nur mit gewissen Maßgaben statthaft, und zwar für jedes der beiden in Frage kommenden Anwendungsgebiete aus entgegengesetzten, gleichwohl im Wesen der Erwirkungshandlungen liegenden Gründen.

1. Was die — innerprozessuale — Wirksamkeit einer Erwirkungshandlung „der anderen Partei gegenüber" anlangt, so bringt es die Abhängigkeit des Rechtserfolges jeder Erwirkungshandlung von ihrer Eignung zur Erreichung des tatsächlichen Erfolges, den sie bezweckt[1937]), mit sich, daß die aus dieser letzteren abgeleiteten Wertungen der „Zulässigkeit" und „Begründetheit" nicht nur für die Rechtslage der handelnden Partei, sondern auch für die ihres Gegners bestimmend sind. Die „unzulässige oder „unbegründete" und daher „aussichtslose"[1938]) Erwirkungshandlung ist daher regelmäßig auch „der anderen Partei gegenüber unwirksam", d. h. außerstande, eine prozessuale Last oder eine ungünstige prozessuale Aussicht zu erzeugen. Allerdings gilt dies nicht ausnahmslos. Eine wegen bei Gericht offenkundigen Mangels der Vollmacht unzulässige Klage begründet infolge des § 88 II ZPO. im Anwaltsprozeß gleichwohl für den Beklagten die Last, zu erscheinen und den Mangel der Vollmacht zu rügen[1939]). Und die verfehlte Gestaltung des Versäumnisverfahrens im geltenden deutschen Zivilprozeßrecht bringt es mit sich, daß eine durch die Beweisaufnahme widerlegte, also unbegründete Klage gleichwohl die Last des Beklagten zu erscheinen und die Klagtatsachen zu bestreiten, begründet. Auf der anderen Seite begründet, da im Prozesse der Schaden des einen den Vorteil des anderen bedeutet[1940]), die „unzulässige" oder „unbegründete" Erwirkungshandlung der einen Partei immer auch für die andere Partei die Aussicht auf einen prozessualen Vorteil, letztlich auf ein günstiges Urteil, oder wenigstens eine Möglichkeit zu vorteilhaftem Handeln. So begründet das während Unterbrechung des Verfahrens eingelegte und also unzulässige Rechtsmittel nicht nur keine Erscheinungslast des Gegners[1940a]), sondern zugleich dessen Aussicht auf Verwerfung des Rechts-

[1937]) Vgl. oben hinter Anm. 1874.

[1938]) Vgl. oben vor Anm. 1509a, vor und hinter Anm. 1511, unten zu Anm. 1969.

[1939]) Vgl. Stein, Nr. II zu § 88 ZPO., bei Anm. 12. Anders ist es bei Mängeln der Klagerhebung, bei Klage vor dem unzuständigen Gericht oder bei unzulässiger Klagänderung, wo erst die Einlassung des Beklagten dessen Last zur Rüge des Mangels begründet; vgl. oben hinter Anm. 1601a. Und nicht hierher gehören die Fälle der echten Prozeßeinreden, insbesondere des § 274 Nr. 3—6 ZPO., in denen die „Unzulässigkeit" der Klage überhaupt erst zufolge Geltendmachung der Einrede eintritt.

[1940]) Vgl. Stein, Nr. V 6 vor § 128, hinter Anm. 114.

[1940a]) Vgl. aber dazu noch unten Anm. 1946.

mittels, die unschlüssige und also unbegründete Klage nicht nur keine Einlassungslast des Beklagten, sondern zugleich dessen Aussicht auf Klagabweisung[1941]), die unerhebliche und also unbegründete Behauptung nicht nur keine Bestreitungslast, die unzulässige Eideszuschiebung nicht nur keine Eideslast des Gegners, sondern zugleich dessen Aussicht auf Zurückweisung des unbegründeten Angriffs- oder Verteidigungsmittels, des unzulässigen Beweismittels in den Entscheidungsgründen; die wegen bei Gericht offenkundigen Mangels der Vollmacht unzulässige Klage begründet für den Beklagten nicht nur im Anwaltsprozeß die Last, zu erscheinen und den Mangel der Vollmacht zu rügen, sondern zugleich das Rüge*recht*, die durch die Beweisaufnahme widerlegte und also unbegründete Klage begründet für den Beklagten nicht nur die Last, zu erscheinen und die Klagtatsachen zu bestreiten, sondern zugleich die Möglichkeit, sei es durch dieses bloße Bestreiten[1942]), sei es durch sich daran anschließendes Verhandeln über das Beweisergebnis (§ 285 I ZPO.)[1943]) — wenn nötig (§ 285 II ZPO.) verbunden mit einem Vortrag desselben —, die Klagabweisung zu erwirken[1944])[1945]). Die Formulierung

---

1941) Vgl. oben zu Anm. 1410.

1942) Wenn man auf dem Standpunkt steht, es bedürfe in der fortgesetzten mündlichen Verhandlung nicht einer Bezugnahme auf frühere Parteivorträge; vgl. dazu STEIN, Nr. IV 2 zu § 128 ZPO. Man würde in diesem Fall eine noch über das oben hinter Anm. 1452, vor Anm. 1718 erwähnte Bestreitungsrecht hinaus gehende Möglichkeit vor sich haben, nämlich die, durch bloßes Bestreiten der Klagtatsachen Klagabweisung zu erwirken. Der Stellung eines Klagabweisungsantrages bedarf es keinesfalls; vgl. oben zu Anm. 590.

1943) Die Verhandlung über das Beweisergebnis gemäß § 285 I ZPO., d. i. „die Vergleichung desselben mit dem Beweissatze" (GLASER, I 373/4), ist „Beweis*ausführung*" (Deduktion) und als solche zwar ein Teil der auf Überzeugung des Richters gerichteten Parteitätigkeit, aber nicht mehr ein Teil der Beweis*führung*. Unrichtig ist es daher, wenn RGEZ. XVII 426 dieser Verhandlung — das Urteil führt unscharf statt des § 285 I (§ 258 I alt. Fass.) den § 335 alt. Fass. (§ 370 n. Fass.) an — die Bedeutung beimißt, Wahrnehmungen eines beauftragten Richters bei Zeugenvernehmungen zum Bestandteil der Beweisaufnahme zu machen. Dazu bedarf es der Protokollierung dieser Wahrnehmungen gemäß § 165 ZPO. und des Vortrages der protokollierten Wahrnehmungen gemäß § 285 II ZPO. Es ist deshalb nicht unbedenklich, wenn STEIN, Anm. 1 zu § 285 ZPO., RGEZ. XVII 425 als Beleg für seinen richtigen Satz anführt, daß Beweismittel, bei denen den Parteien die Möglichkeit der Verhandlung gemäß § 285 I abgeschnitten war, nicht benutzt werden dürfen.

1944) Es ist die durch die Klage *trotz* ihrer Unzulässigkeit oder Unbegründetheit dem Beklagten auferlegte *Last*, welche die dem Beklagten *aus* ihrer Unzulässigkeit oder Unbegründetheit erwachsende *Aussicht* auf Klagabweisung zu einer bloßen *Möglichkeit*, Klagabweisung zu erwirken, abschwächt, mit der Wirkung, daß das *Verpassen* dieser Möglichkeit — vgl. oben zu Anm. 1605 — die „unzulässige" Klage in eine „zulässige", die ‚unbegründete" in eine „begründete" verwandelt (Gegensatz zu dem oben in Anm. 1939 letzt. Satz erwähnten Fall). In diesem Sinne kann man sagen, daß hier nicht erst die Möglichkeit die Last auferlegt — vgl. oben hinter Anm. 1714 —, sondern umgekehrt die Last die Ursache zur Entstehung der Möglichkeit wird.

1945) Dagegen begründet eine unzulässige oder unbegründete Erwirkungshandlung niemals für die andere Partei die Befreiung von einer Last (vgl. oben § 20 III). Denn soweit diese Art prozessualer Rechte an die Unzulässigkeit oder Unbegründetheit einer gegnerischen Erwirkungshandlung anknüpft, wie es bezüglich der prozeßhindernden Einrede der mangelnden Kostenerstattung (§§ 271 IV, des § 249 II ZPO., daß die während der Unterbrechung oder Aussetzung des Verfahrens von einer Partei vorgenommenen Prozeßhandlungen „der anderen Partei gegenüber ohne rechtliche Wirkung" seien, ist mithin in bezug auf Erwirkungshandlungen nur cum grano salis zu verstehen[1946]). Allgemein kann man immerhin sagen, daß unzulässige oder unbegründete Erwirkungshandlungen auch regelmäßig der anderen Partei gegenüber insoweit unwirksam sind, als sie ihr zum Nachteil gereichen[1947])[1947a]).

2. Ganz anders steht es bezüglich der „Beachtlichkeit" einer Erwirkungshandlung in einem anderen Prozeß. Da nämlich die „unzulässige" oder „unbegründete" Erwirkungshandlung für den Richter desjenigen Prozesses, in bezug auf welchen sie vorgenommen wird, „beachtlich" bleibt und erst durch die Zurückweisung ihre Kraft verliert[1948]), so bleibt sie bis dahin auch für den Richter eines anderen Prozesses „beachtlich". Es wäre schon praktisch ganz unannehmbar, wenn man dem Richter des anderen Prozesses die Machtvollkommenheit einräumen wollte, über die „Zulässigkeit" oder „Begründetheit" einer Erwirkungshandlung über den Kopf des mit ihr befaßten Richters hinweg zu entscheiden. So begründet denn auch die „unzulässige" Klage sowohl die Einrede der Rechtshängigkeit[1949]), wie die Replik der Unterbrechung

---

274 II Nr. 6 ZPO.) der Fall ist, genügt zu ihrer Begründung die **Behauptung** der Unzulässigkeit der gegnerischen Erwirkungshandlung seitens der die Befreiung in Anspruch nehmenden Partei; vgl. oben vor Anm. 1384, unten in Anm. 2265.

[1946]) Wenn man bezüglich des oben zu Anm. 1933, 1940a angeführten Falles eines während Unterbrechung des Verfahrens eingelegten Rechtsmittels auf dem Standpunkt steht, daß nicht der Rechtsmittelantrag — vgl. oben Anm. 774 a. E., zu Anm. 1654 —, sondern die daraufhin erlassene Terminsbestimmung die Erscheinungslast begründe und im vorliegenden Falle „der anderen Partei gegenüber ohne rechtliche Wirkung" sei, so liegt der Gedanke nahe, daß überhaupt nur **Bewirkungshandlungen** der Parteien (wie Ladung, Klagerücknahme) unter § 249 II ZPO. fallen. Doch wäre dieser Gedanke nicht zutreffend. Denn einmal stimmt schon die Prämisse nicht. Würde nämlich nicht der Rechtsmittelantrag, sondern die daraufhin erlassene Terminsbestimmung die Erscheinungslast begründen, so bestände eine solche im Falle eines während Unterbrechung des Verfahrens eingelegten Rechtsmittels, da die Terminsbestimmung eine Entscheidung ist, und gerade die während Unterbrechung des Verfahrens erlassenen Entscheidungen nicht unbeachtlich sind. In dem dem früheren Recht (§§ 516 II, 552 II ZPO. i. d. Fass. v. 1898, oben zu Anm. 1913b) angehörigen Fall der vor Urteilszustellung eingelegten Berufung oder Revision war auch unzweifelhaft das Rechtsmittel, nicht die daraufhin erlassene Terminsbestimmung der anderen Partei gegenüber „wirkungslos". Sodann aber fallen unter § 249 II auch alle Erwirkungshandlungen in einem vor Unterbrechung anberaumten und bekanntgemachten, aber nach Unterbrechung abgehaltenen Termin. Ein solcher Termin braucht nicht notwendig mit Erlaß eines Versäumnisurteils zu enden, in welchem Falle der Einspruch der säumigen Partei Abhilfe gegen im Termin vorgenommene, ihr nachteilige Erwirkungshandlungen des Gegners gewähren würde — vgl. oben vor und hinter Anm. 1788ff. Man denke vielmehr etwa an den Fall des § 331a ZPO.

[1947]) Keinen anderen Sinn hat es übrigens, wenn man im bürgerlichen Recht von „relativer Unwirksamkeit" spricht; vgl. Enneccerus, Allg. Teil, § 189 III.

[1947a]) Vgl. aber dazu noch unten vor Anm. 1964.

[1948]) Vgl. oben hinter Anm. 1913.

[1949]) Vgl. oben zu Anm. 1934. Übereinstimmend Stein, Nr. II 1 zu § 263, bei Anm. 10, 11, und die herrschende Ansicht; anders nur Weismann, I 371.

der Verjährung[1950]), das „unzulässige" Rechtsmittel hemmt trotz des Wortlauts des § 705 S. 1 ZPO. bis zu seiner Verwerfung die formelle und damit auch die materielle Rechtskraft[1950a]), und ob die gegen einen Wechselverpflichteten nur zum Scheine erhobene Klage bei der Entscheidung über die gleichzeitig gegen einen anderen Wechselverpflichteten erhobene Klage wegen „Unbeachtlichkeit" außerstande ist, für diese den Gerichtsstand des Zusammenhanges (§ 603 II ZPO.) zu begründen[1951]), hängt, solange die Klage gegen jenen noch nicht als unzulässig zurückgewiesen ist, davon ab, ob sich der Mangel der Ernstlichkeit des Klagwillens aus einem der Klage beigefügten sie „paralysierenden" Zusatz[1952]) oder aus offenem Widerspruch des Klagantrages zu seiner Begründung[1953]) ergibt, m. a. W. ob die Klage auch in ihrer Richtung gegen jenen Wechselverpflichteten, gegen den sie erhoben wurde, „unbeachtlich" ist[1954]) und aus diesem Grunde auch tatsächlich unbeachtet bleibt[1955]). Sauers Annahme, daß eine Klage in den Fällen der von ihm gelehrten „Nichtigkeit", die indessen in Wahrheit zum größten Teil Fälle bloßer „Unzulässigkeit" oder „Unbegründetheit" sind[1956]), keine Rechtshängigkeit bewirke[1957]), wird widerlegt durch die Gründe, die Sauer selbst gegen die Lehre, daß die „unzulässige" Klage keine Rechtshängigkeit zur Folge habe, anführt[1958]). Denn die Erwägung, daß noch gar nicht abzusehen ist, ob die angeblich „unzulässige" Klage wirklich zur Prozeßabweisung führen wird, greift — schon wegen der Anwendbarkeit des § 295 ZPO. — z. B. auch gegenüber einer Klage mit mangelndem oder unbestimmtem Antrag durch, die Sauer geradezu als „Nichtklage" oder doch „nichtige" Klage bezeichnet[1959]). Noch weniger läßt sich der Verlauf des Prozesses berechnen, wenn gegenüber einer Klage der Einwand der rechtskräftig entschiedenen Sache erhoben wird — in welchem Falle ja Sauer ebenfalls von einer „nichtigen"

1950) Vgl. oben zu Anm. 1935.

1950a) Vgl. oben hinter Anm. 1935. Übereinstimmend wohl Stein, Nr. II 2 zu § 705 ZPO., bei Anm. 11. Das im Text Gesagte müßte noch viel mehr gelten, wenn, wie das Urteil des Reichsfinanzhofs v. 3. Nov. 1921 (JurWSchr. 1922, 1426) annimmt, das Rechtsmittelgericht bei einem offenbar unbegründeten Rechtsmittel die Frage seiner Rechtzeitigkeit, d. i. Zulässigkeit dahingestellt sein lassen könnte; indessen mit Recht hiergegen Stein, JurWSchr., a. a. O. Wäre das Rechtsmittel in einer Sache eingelegt, in der ein solches überhaupt nicht zulässig ist, wie z. B. Revision in einer amtsgerichtlichen (Zivil-) Sache, so würde die in einem solchen Fall — vgl. oben zu Anm. 1921 — zu verfügende Ablehnung der Terminsbestimmung das dem Eintritt der Rechtskraft entgegenstehende Hindernis auch für den Richter des zweiten Prozesses ex tunc beseitigen.

1951) Vgl. oben zu Anm. 1936. 1952) Vgl. oben zu und in Anm. 1917a.

1953) Vgl. oben zu Anm. 1917b. 1954) Vgl. oben zu Anm. 1917a und b.

1955) Wenn das oben in Anm. 1936 angeführte RGEZ., obgleich die im Text erforderten Voraussetzungen nicht vorliegen, doch — mit Recht — zu einer Ablehnung des Gerichtsstandes des § 603 II ZPO. gelangt, so geschieht das nicht wegen „Unbeachtlichkeit" der Scheinklage, sondern wegen der darin liegenden Arglist. Dies verkennt Stein, Nr. III zu § 603 bei Anm. 11; unrichtig auch ders., Nr. IV 3 vor § 128 bei Anm. 89. Dazu noch unten Anm. 2473, zu Anm. 2529.

1956) Vgl. oben zu Anm. 1918—1926, sowie in Anm. 1926, 1919.

1957) S. 520; oben Anm. 1934. 1958) S. 138/9.

1959) Vgl. oben zu Anm. 1885, 1890, sowie in Anm. 1919.

Klage spricht[1960]). Wie sollte eine solche Klage nicht die Einrede der Rechtshängigkeit begründen! Und wenn SAUER weiter behauptet, daß die von ihm als „nichtig" bezeichnete, in Wahrheit aber nur „unzulässige" oder „unbegründete" Klage auch die Replik der Unterbrechung der Verjährung nicht begründe[1961]), so steht diese schon von BELING[1962]) als reine Begriffsjurisprudenz bezeichnete Behauptung in offenem Widerspruch zu § 212 BGB.[1962a]).

Zusammenfassend kann man sagen: Während innerprozessual „unzulässige" oder „unbegründete" Erwirkungshandlungen auch regelmäßig der anderen Partei gegenüber insoweit unwirksam sind, als sie ihr zum Nachteil gereichen, bleiben „unzulässige" oder „unbegründete" Erwirkungshandlungen für den Richter eines anderen Prozesses solange „beachtlich", als sie nicht durch den zur Entscheidung über sie berufenen Richter zurückgewiesen sind. Da in bezug auf ihre Wirksamkeit in einem anderen Prozeß die Erwirkungshandlungen sich als Bewirkungshandlungen darstellen, so gilt für sie in bezug auf diese ihre Wirksamkeit, was für die Bewirkungshandlungen überhaupt gilt: die Zweckbeziehung, in der sie zu den Erwirkungshandlungen des anderen Prozesses stehen[1963]), bringt es mit sich, daß sie in diesem anderen Prozeß in letzter Linie nicht selbst Objekt der Wertung, sondern nur bestimmender Umstand für die Wertung der Erwirkungshandlungen dieses anderen Prozesses werden. Ist also die Klagerhebung des ersten Prozesses für den Richter des anderen Prozesses „beachtlich", so hat dies zur Folge, daß die Einrede der Rechtshängigkeit, die Replik der Unterbrechung der Verjährung für „begründet" befunden wird. Freilich darf zugleich auf eines aufmerksam gemacht werden: Die Wertung, welche die innerprozessuale Wirksamkeit einer Erwirkungshandlung gegenüber der anderen Partei betrifft, interessiert den Richter, soweit die „zulässige" oder „begründete" Erwirkungshandlung als „wirksam", die „unzulässige" oder „unbegründete" Erwirkungshandlung als „relativ unwirksam" zu bezeichnen ist, überhaupt nicht, und auch im übrigen nur insofern, als die ausnahmsweise anzunehmende „Wirksamkeit" einer „unzulässigen" oder „unbegründeten" Erwirkungshandlung der anderen Partei gegenüber auf deren Seite ein Verpassen der Rüge- oder Bestreitungsmöglichkeit und dadurch die „Zulässigkeit" oder „Begründetheit" der Erwirkungshandlung zur Folge hat[1964]). Es zeigt sich eben überall die zentrale Stellung der Erwi kungshandlungen und der ihnen eigentümlichen Wertungen innerhalb der Prozeßhandlungen und der prozeßrechtlichen Wertungen.

V. Daß die prozeßrechtlichen Wertungen der „Zulässigkeit" und „Begründetheit" einerseits, der „Unzulässigkeit" und „Unbegründetheit" andererseits nichts mit den der materiellrechtlichen Rechtsbetrach-

---

1960) Vgl. oben zu Anm. 1888.

1961) S. 503; oben Anm. 1935.

1962) ZStrafrWiss. XLII 266.

1962a) Vgl. über diesen schon oben zu Anm. 33b, 34.

1963) Vgl. oben zu Anm. 1373c, 1908a, unten zu Anm. 2421.

1964) Vgl. oben Anm. 1944.

tungsweise angehörigen Wertungen der „Rechtmäßigkeit" und „Rechtswidrigkeit" zu tun haben, ist bereits früher[1965]) ausgeführt worden. Dagegen ist jede „zulässige" oder „begründete" Erwirkungshandlung „aussichtsvoll" d. h. geeignet, mit überwiegender Wahrscheinlichkeit diejenige Prozeßlage herbeizuführen, welche sie nach ihrer Zweckbestimmung und nach dem Stande des Verfahrens als nächste Stufe auf dem Wege zu einem günstigen Prozeßausgang erreichen kann[1966]). Sie ist m. a. W. Wahrnehmung einer Möglichkeit[1967]) und also im prozeßrechtlichen Sinne des Worts „berechtigt"[1968]). Jede „unzulässige" oder „unbegründete" Erwirkungshandlung ist „aussichtslos"[1969]) und daher im prozeßrechtlichen Sinn „unberechtigt". Für die prozessuale Rechtsbetrachtungsweise fallen also die in ihrem Sinne genommenen Wertungen der „Rechtswirksamkeit" und „Berechtigung" zusammen, was sich auch ohne weiteres daraus erklärt, daß alle „zulässigen" oder „begründeten" Erwirkungshandlungen notwendig Wahrnehmung prozessualer Möglichkeiten sind. „Aussichtsvoll" ist eben die Erwirkungshandlung, die eine günstige Prozeßlage begründet und ausnützt.

Die einzelnen Erwirkungshandlungen.

α) Die Anträge.

(§ 26.)

Wenn man sich nun den einzelnen Erwirkungshandlungen und der Bedeutung der Wertungen der „Zulässigkeit" und „Begründetheit" bei ihnen zuwendet, so ergibt sich folgendes:

I. Die Erwirkungshandlungen, zu denen alle übrigen Erwirkungshandlungen in Zweckbeziehung stehen, sind die Anträge. Man kann sie bestimmen als an den Richter gerichtete Aufforderungen zu einer Entscheidung[1970]) bestimmten Inhalts. F. Klein[1971]) definiert die Anträge als „jene im Prozesse vorkommenden Parteierklärungen, durch welche dem Richter das auf Vollziehung einer bestimmten richterlichen Funktion bestehende Begehren (Verlangen, Absicht) einer Partei deshalb mitgeteilt wird, um ihn zur verlangten Amtsübung zu motivieren". In dieser Definition kommt, ebenso wie in der oben gegebenen kürzeren, zum Ausdruck, daß zwischen dem Antrage und der Entscheidung „das psychologische Verhältnis von Ursache und Wirkung (Motivation)"[1972]) besteht. Dagegen ist es nicht völlig zutreffend, wenn F. Klein lehrt[1973]), jeder Antrag enthalte einesteils die Äußerung des Wunsches der Partei, das Gericht möge entscheiden, und dieser Bestand-

[1965]) Hinter Anm. 1529, 1541, 1896.

[1966]) Vgl. oben zu Anm. 1373d, 1447, 1448, hinter Anm. 1457, zu Anm. 1509a.

[1967]) Vgl. oben hinter Anm. 1857. [1968]) Vgl. oben zu Anm. 1509a.

[1969]) Vgl. oben zu Anm. 1938.

[1970]) Alle richterliche Tätigkeit ist Entscheidung oder setzt so che voraus. So schon zu Anm. 1340i; F. Klein, Parteihandlung, 26 Anm. 28; dazu noch unten zu Anm. 2610.

[1971]) A. a. O., 19. [1972]) F. Klein, a. a. O., 24. [1973]) A. a. O., 25.

teil sei „das Begehren im eigentlichen Sinne", während der im Antrag als zweiter Bestandteil enthaltene „Urteilsvorschlag" nur der „Abglanz der Parteibehauptungen" sei, welche dem Richter die Entscheidungsgründe darzureichen bestimmt sind. Diese Anschauung bewährt sich nur, insoweit der Antrag psychologische Ursache des in jeder richterlichen Entscheidung enthaltenen logischen Urteilsaktes ist[1973a]). Sie bewährt sich aber nicht in bezug auf das, was der Antrag zunächst ist und bezweckt, nämlich in bezug auf seine Eigenschaft als psychologische Ursache des in jeder richterlichen Entscheidung steckenden Willensaktes. In dieser Beziehung ist jeder Antrag von Haus aus das Begehren einer Entscheidung bestimmten Inhalts[1974]). Sie allein ist die „verlangte Amtsübung", der „Zweck" des Antrages. Die Entscheidung überhaupt ist die notwendige und die Entscheidung in einem dem Antrag widersprechenden Sinn ist die mögliche tatsächliche Wirkung des Antrages, woraus sich denn auch der Eintritt der Rechtshängigkeit[1975]) als notwendige, die Aussicht des Beklagten auf günstiges Sachurteil[1976]) als mögliche rechtliche Wirkung der Klage ergeben. Aber im „Zwecke" (der Absicht, dem Motiv)[1977]) der antragstellenden Partei braucht jene Antragswirkung so wenig zu liegen, wie diese jemals darin liegt, mag auch regelmäßig die Vorstellung der notwendigen oder möglichen („dolus eventualis"!) Antragswirkung bei der antragstellenden Partei vorhanden gewesen und nicht zum „Gegenmotiv" geworden sein, d. h. die Partei nicht von der Stellung des Antrages abgehalten haben.

Da der Wille der antragstellenden Partei nicht auf den Rechtserfolg gerichtet zu sein braucht, den der Antrag tatsächlich herbeiführt, kann F. Klein auch nicht darin gefolgt werden, daß die Anträge „Willenserklärungen" seien[1978]). Die abweichende Ansicht F. Kleins erklärt sich daraus, daß er unter „Willenserklärungen" „alle jene körperlichen Bewegungen" versteht, „welche in einem anderen die Vorstellung einer psychischen Spannung des Erklärenden auf einen durch Handeln des Erklärungsdestinatars zu vermittelnden Erfolg hin (Absicht) auslösen sollen"[1979]). Diese auf den Begriff der Anträge zugeschnittene Definition gibt zwar das eigentümliche Merkmal dieser wichtigsten Gruppe der Erwirkungshandlungen wieder. Sie deckt sich aber nicht mit der von der modernen Wissenschaft des deutschen bürgerlichen Rechts gegebenen Begriffsbestimmung der „Willenserklärungen", wonach man darunter diejenigen „Willensäußerungen" zu verstehen hat, „deren rechtliche Wirkung dem Inhalt des Willens entspricht"[1980]).

1973a) Vgl. dazu unten hinter Anm. 2225.

1974) Vgl. oben zu Anm. 447b, 774, 1648—1654, 1865.

1975) Vgl. oben zu Anm. 1643, in Anm. 1644, 1917a.

1976) Vgl. oben zu Anm. 1410.

1977) Für die hier in Frage kommende rein psychologische Betrachtung fallen Zweck, Absicht und Motiv im wesentlichen zusammen; vgl. M. E. Mayer, Lehrb., 106.

1978) Vgl. schon oben zu Anm. 1866.

1979) Parteihandlung, 10; vgl. schon oben Anm. 1621.

1980) v. Tuhr, II 1, § 48 II 1 b, zu Anm. 21/22.

Mit dieser Feststellung könnte man sich begnügen, wenn nicht die Begründung, die F. KLEIN seiner Begriffsbestimmung der „Willenserklärungen“ gibt, an einem Fehler litte, dessen Berichtigung unmittelbar auf den Willenserklärungsbegriff der modernen Zivilrechtswissenschaft führte. F. KLEIN behauptet nämlich, daß Gegenstand einer Willenserklärung immer nur das Tun eines anderen, aber niemals das eigene Verhalten des Erklärenden bilden könne. Denn der eigene Wille könne durch eine Erklärung nur geäußert, aber nicht gebunden werden. Das von WINDSCHEID für die Qualifikation der Verpflichtungserklärung als Willenserklärung aufgestellte Erfordernis der Unterwerfung des eigenen Willens unter den Willen eines anderen[1981]) sei eine psychologische Unmöglichkeit. Was den eigenen Willen des Erklärenden binde, sei immer nur die Rechtsordnung[1982]). Aber ist es denn nicht erst recht die Rechtsordnung, welche bei einer auf das Tun eines anderen gerichteten Willenserklärung den Willen des anderen bindet? Daraus ergibt sich aber, daß es die Richtung des Willens auf die durch die Erklärung herbeigeführte Rechtswirkung ist, welche das Wesen der Willenserklärung ausmacht.

Behält man die aus dem Wesen der Anträge als Erwirkungshandlungen sich ergebende Eigentümlichkeit im Auge, daß der Rechtserfolg, den sie erzeugen, nicht ein Rechtsverhältnis, sondern eine Rechtslage ist[1982a]), daß er weiter abhängt von ihrer Eignung zur Erreichung des tatsächlichen Erfolges, auf den sie gerichtet sind[1983]), und vergegenwärtigt man sich die aus dieser Eigentümlichkeit fließende Eigenart der auf die Anträge anwendbaren Wertungen der „Zulässigkeit“ und „Begründetheit“[1984]), so kann man die Anträge im übrigen als „Rechtshandlungen im engeren Sinn“[1985]), und zwar als „Willensmitteilungen“[1986]) gelten lassen.

II. Die Anträge, welche die deutsche ZPO., sofern über sie ohne mündliche Verhandlung entschieden werden kann, meist „Gesuche“ nennt[1987]), zerfallen nach der herkömmlichen Einteilung in „Sachanträge“, welche den Urteilsinhalt betreffen, und „Prozeßanträge“, welche sich auf die Art der Abwickelung des Verfahrens beziehen. Die Ausdrücke sind für das, was sie besagen sollen, wenig bezeichnend[1987a]). Besser spricht man einerseits von „Haupt“- oder „Schluß-“, anderer-

---

[1981]) WINDSCHEID-KIPP, II § 304 Anm. 1, § 305 Anm. 1.

[1982]) So F. KLEIN, a. a. O., 13/14.

[1982a]) Vgl. oben § 21 IV.

[1983]) Vgl. oben hinter Anm. 1874.

[1984]) Vgl. oben zu Anm. 1900.

[1985]) Vgl. oben Anm. 746.

[1986]) Vgl. oben zu Anm. 1650, 1869.

[1987]) So z. B. in §§ 104, 118, 225, 248, 567, 690.

[1987a]) Vgl. schon HELLWIG, Prozeßhandlung, § 4 IV 2; GOLDSCHMIDT, ZPO., Nr. 2 zu § 331a. So ist z. B. für den spezifischen Rechtsmittelantrag, d. i. den Antrag auf die „kassatorische“ Entscheidung (vgl. unten zu Anm. 2153), zumal in Fällen wie § 538 Nr. 1, 2, 5 ZPO., die Bezeichnung „Sachantrag“ ebensowenig zutreffend, wie für die einen durchaus meritorischen Charakter tragenden Beweisanträge (vgl. unten zu Anm. 2031) die Bezeichnung „Prozeßantrag“. Im Strafprozeß kann man erst recht nicht die Anträge der Staatsanwaltschaft auf Eröffnung der Voruntersuchung oder des Hauptverfahrens (vgl. unten zu Anm. 2187) als „Prozeßanträge“ bezeichnen.

seits von „Neben-" und „Zwischenanträgen"[1987a]). Zu den „Haupt-" oder „Schlußanträgen" gehören vor allem die Klag- und Rechtsmittelanträge, die — wenngleich nicht spezifiziert — bereits in der Erklärung, Klage zu erheben oder das Rechtsmittel einzulegen, enthalten sind[1988]). Auch die Abweisungsanträge gehören zu den Haupt- oder Schluß-, übrigens, wenn sie nicht nur auf Prozeßabweisung gerichtet sind, sogar meist zu den Sachanträgen, mögen immerhin die §§ 297, 308 ZPO. auf sie nicht anwendbar sein[1989]). Zu den „Zwischenanträgen" gehören der Einspruch im Zivil- (§§ 338, 700 ZPO.) und Straf- (§ 411 StPO.) Prozeß, sowie der Widerspruch gegen den Arrestbefehl und die einstweilige Verfügung (§§ 924, 936 ZPO.). Und zwar enthalten die genannten Rechtsbehelfe einen Antrag auf Verhandlung, im Zivilprozeß über das Rechtsschutzgesuch, im Strafprozeß über die Anklage[1990]). Dieser Antrag ist nicht identisch mit dem Gesuch um Terminsbestimmung, welches mit der Einreichung jeder Parteiladung oder jedes Antrages, über den nur auf Grund mündlicher Verhandlung entschieden werden kann, stillschweigend verbunden ist[1991]). Dies folgt schon daraus, daß auf den Einspruch Termin auch dann anzuberaumen ist, wenn der Einspruch unzulässig ist, und daß nach der ausdrücklichen Vorschrift des § 340a ZPO. im Termin sowohl über die Zulässigkeit des Einspruchs, d. i. des Antrages auf nunmehrigen Eintritt in die mündliche Verhandlung über die Klage, als auch über diese selbst [in § 340a zu eng[1992]) „Hauptsache" genannt] zu verhandeln ist. Der Qualifikation des Einspruchs als Antrag, d. h. als Erwirkungshandlung, steht nicht entgegen, daß der zulässige Einspruch kraft Gesetzes außer der gewollten Wirkung, Aussicht auf Verhandlung über die Klage oder Anklage, noch andere Wirkungen hat, nämlich im Zivilprozeß die Zurückversetzung des Prozesses in die Lage vor Eintritt der Versäumnis (§ 342 ZPO.)[1993]), im Strafprozeß die Außerkraftsetzung des Strafbefehls und die Begründung des Rechts der Staatsanwaltschaft zur Zurücknahme der Anklage (§ 411 III, I StPO.)[1994]). Auch andere Anträge, vor allem Klage und Rechtsmittel,

---

[1987b]) Dies in Anlehnung an den „Zwischenstreit" und das „Zwischenurteil".

[1988]) Vgl. oben zu Anm. 1652—1654, in Anm. 774 a. E., 1919.

[1989]) Richtig Hellwig, Prozeßhandlung, § 4 IV 1 und Anm. 3. Anders Stein, Nr. IIa zu § 297 ZPO., der die Abweisungsanträge nicht zu den Sachanträgen rechnet (vgl. aber dens., Grdr. § 57 I 1). Auf der anderen Seite verlangt Stein, a. a. O., m. E. zu Unrecht, daß Anträge auf „modifizierte Verurteilung", besonders zur Leistung Zug um Zug (BGB. §§ 274, 322) oder mit Vorbehalt der Beschränkung der Haftung verlesen werden. Führt Stein doch selbst, Nr. I 3 zu § 308, zutreffend aus, daß eine solche „modifizierte Verurteilung" von Amts wegen auszusprechen ist, wenn nur der Beklagte die entsprechenden Einreden vorgebracht hat.

[1990]) Grundsätzlich übereinstimmend einerseits Stein, Nr. I zu § 338, Nr. I zu § 924 ZPO.; andererseits Birkmeyer, 770/1.

[1991]) Vgl. schon oben Anm. 1436, 1649. Es ist deshalb cum grano salis zu verstehen, wenn es in §§ 340a, 520, 555 ZPO. heißt, daß der Termin „von Amts wegen" zu bestimmen ist.

[1992]) Da auch die Sachurteilsvoraussetzungen darunter fallen.

[1993]) Vgl. oben zu Anm. 1788—1791.

[1994]) Vgl. Birkmeyer, 771/2.

haben kraft Gesetzes außer den gewollten noch andere Wirkungen[1995]). Die Inkongruenz von Wille und Wirkung ist eine wesentliches Merkmal der Rechtshandlungen im allgemeinen[1996]) und der Erwirkungshandlungen, darunter der Anträge, im besonderen[1997]).

Zweifelhaft ist dagegen, ob auch der Widerspruch im Mahnverfahren (§ 694 ZPO.) als Antrag auf Verhandlung über das Rechtsschutzgesuch aufzufassen ist[1998]). Gegen eine solche Auffassung spricht, daß trotz des Widerspruches Termin zur Güte- oder Streitverhandlung nur auf Antrag einer Partei zu bestimmen ist (§ 696 I ZPO.), und daß es einer Zurückweisung des nicht rechtzeitig erhobenen Widerspruches nicht bedarf (§ 694 III ZPO.). Diese Bestimmungen legen den Gedanken nahe, daß dem Widerspruch nur die Wirkungen beigelegt sind, die Entstehung der Möglichkeit des Gläubigers zur Erwirkung eines Vollstreckungsbefehls zu hindern oder die entstandene Möglichkeit zu vernichten[1999]) und das Mahnverfahren in das ordentliche Verfahren überzuleiten, insbesondere für den Fall des Eintritts in das Streitverfahren mit auf Zustellung des Zahlungsbefehls rückwirkender Kraft die Rechtshängigkeit zu begründen (§ 696 III)[2000]). Wäre dies anzunehmen, so wäre der Widerspruch als eine bloße Bewirkungshandlung geregelt. Es erscheint indessen richtiger, jene der Antragsnatur des Widerspruchs zuwiderlaufenden Bestimmungen als Ausnahmevorschriften aufzufassen und das innere Wesen des Widerspruches, welches ihn in eine Reihe mit dem Widerspruch des Arrestprozesses, sowie mit dem Einspruch stellt, entscheiden zu lassen. Ist doch immerhin die Bestimmung des § 696 I ZPO. mit der Auffassung des Widerspruches als Antrag auf Verhandlung über das Rechtsschutzgesuch insofern theoretisch durchaus vereinbar, als ein solcher Antrag, hier so wenig wie beim Widerspruch des Arrestprozesses oder Einspruch[2001]), mit dem Antrag auf Terminsbestimmung identisch ist. Praktisch aber lassen sich die Bestimmungen der §§ 694 III, 696 I ZPO. durch die Erwägung rechtfertigen, daß eine Entscheidung über die Zulässigkeit des bis zur „Verfügung“ des Vollstreckungsbefehls zulässigen (§§ 694 I, 699 I S. 1 ZPO.) Widerspruches sich in der Tat durch den „verfügten“ Vollstreckungsbefehl erübrigt[2002]), und es daher noch viel weniger zur Entscheidung über die Zulässigkeit des Wider-

[1995]) Vgl. oben die in Anm. 1974 angeführten Stellen, sowie hinter Anm. 1974.

[1996]) v. Tuhr, II 1, § 48 II 1 b.

[1997]) Vgl. oben zu Anm. 1865—1867, 1978.

[1998]) Für eine solche Auffassung anscheinend Hellwig, Prozeßhandlung, § 4 II.

[1999]) Nach Ablauf der Widerspruchsfrist, aber vor „Verfügung“ — vgl. unten Anm. 2002 — des Vollstreckungsbefehls (§§ 694 I, 699 I S. 1 ZPO.).

[2000]) Kommt es nicht zum Eintritt in das Streitverfahren, so bewendet es bei den bürgerlichrechtlichen Wirkungen der Zustellung des Zahlungsbefehls (Goldschmidt, ZPO., Anm. zu § 693), und der Widerspruch hat nur die Wirkung, den Antrag auf Anberaumung eines Gütetermins ermöglicht zu haben.

[2001]) Vgl. oben zu Anm. 1991.

[2002]) „Verfügt“ ist der Vollstreckungsbefehl erst mit seiner Aushändigung an den Gläubiger oder Gerichtsvollzieher; so mit Recht Stein, Nr. I zu § 694 ZPO., bei Anm. 2. Nach Hellwig, Syst. II 1, § 254 I 1, zu Anm. 1, soll die Unterzeichnung durch den Gerichtsschreiber maßgebend sein.

spruches, wie beim Einspruch[2003]), einer mündlichen Verhandlung bedarf, daß aber eine mündliche Verhandlung über die Klage nicht immer im Interesse der Parteien liegt[2004]).

Von den sonstigen in den deutschen Prozeßgesetzen erwähnten „Widersprüchen" ist noch der in §§ 777, 861 II, 862 III ZPO. ein — rechtsmittelähnlicher — Antrag auf Erklärung der Vollstreckungsmaßregel für unzulässig[2005]). Die in §§ 597 II, 599 I, 771—774, 810 II, 876ff., 900 III ZPO., 115 Zw.G., 144 I, 146 VI, 147 KO., 98 II StPO., vorkommenden „Widersprüche" sind Rechtsbestreitungen oder Rechtsbehauptungen, deren prozessuale Erledigung in den verschiedensten Formen erfolgt. Aber auch der „Widerspruch" gegen die Klageänderung (§ 269 ZPO.) ist, wie die „Rüge" prozessualer Mängel (§§ 295, 530, 558 ZPO.) oder die „Geltendmachung der Unzuständigkeit" (§ 39 ZPO.), kein Antrag[2006]), sondern ein Prozeßeinwand, nämlich die Behauptung unzulässiger, d. i. weder dem § 268 ZPO. unterfallender, noch nach § 264 ZPO. zuzulassender, Klageänderung. Seine Geltendmachung reicht zur Zurückweisung der unzulässiger Weise geänderten Klage[2007]) aus, so wie in den beiden anderen genannten Fällen die Geltendmachung des Prozeßeinwandes zur Prozeßabweisung genügt. Es bedarf keines darauf gerichteten Antrages, wie es überhaupt keines auf Klagabweisung gerichteten Antrages bedarf[2008]). Selbst im Falle der Totalversäumnis des Klägers ist, sofern nur der Beklagte den Prozeßeinwand geltend macht, gegebenen Falles[2008a]), Prozeßabweisung ohne Antrag gerade so auszusprechen, wie wenn von Amts wegen zu beachtende Sachurteilsvoraussetzungen fehlen. Dies muß sogar dann gelten, wenn der Beklagte, im Widerspruch zu seinem Prozeßeinwand, den Antrag auf Erlassung eines Versäumnisurteils stellt; der Antrag wäre in den Gründen des prozeßabweisenden Endurteils zurückzuweisen[2009]). Kein

---

2003) Vgl. oben zu Anm. 1992.

2004) Auch nicht des Klägers, der oft genug mit der Zustellung des Zahlungsbefehls nur „bluffen" will. Ich kann daher dem Tadel, den Stein, Nr. II 1 zu § 696 ZPO., hinter Anm. 3, und Hellwig, Syst. II 1, § 254 Anm. 7, an § 696 I (II Fass. v. 1898) ZPO. üben, nicht zustimmen. Daß nach § 552 III österr. ZPO. über rechtzeitig überreichte Einwendungen ohne neuerlichen Antrag des Klägers Tagsatzung zur mündlichen Streitverhandlung anzuberaumen ist, erklärt sich daraus, daß die österreichische Mandatsklage überhaupt nur bei Beweis der anspruchsbegründenden Tatsachen durch sog. „instrumenta liquida" zulässig ist (§ 548 österr. ZPO.). Andererseits sind nach österreichischem Prozeßrecht verspätet angebrachte Einwendungen, wenn auch ohne Verhandlung, so doch ausdrücklich zurückzuweisen (§ 552 II S. 2 österr. ZPO.).

2005) Rechtsmittelähnliche Anträge sind auch die in § 766 ZPO. erwähnten „Erinnerungen", die in §§ 732, 766 ZPO., 158, 162 KO. erwähnten „Einwendungen", sowie der in §§ 181, 182 StPO. erwähnte „Einwand".

2006) Das Gegenteil behauptet Hellwig, Prozeßhandlung, § 4 II. Vgl. über die — zusammengehörigen — Fälle des Textes schon oben hinter Anm. 1601 a.

2007) Vgl. oben zu Anm. 668.

2008) Stein, Nr. I 3 zu § 308 ZPO.; vgl. schon oben zu Anm. 590.

2008a) Vgl. die sich aus Anm. 2009 a. E. ergebende Einschränkung.

2009) Übereinstimmend wohl die herrschende Ansicht, soweit von Amts wegen zu beachtende Sachurteilsvoraussetzungen mangeln; vgl. insbesondere Seuffert, Nr. 4 zu § 335 ZPO. Freilich wird, soviel ich sehe, im Schrifttum nicht deutlich

Antrag ist schließlich auch die Verweigerung der Einlassung der §§ 76 I, 271 IV ZPO.[2010]). Sie unterscheidet sich gerade dadurch von dem in dem § 275 I ZPO. erwähnten „Antrag auf Anordnung abgesonderter Verhandlung", daß ihre Erklärung ohne gerichtliche Anordnung von Rechts wegen den Beklagten von der Einlassungslast befreit[2011]) und das Gericht zu abgesonderter Verhandlung und Entscheidung über die prozeßhindernde Einrede (§§ 271 IV, 274 II Nr. 6 ZPO.) nötigt. Die Verweigerung der Einlassung ist eine Bewirkungshandlung, deren — seit der ZPVO. v. 13. Februar 1924 regelmäßig gegebene — „Unbeachtlichkeit" die Möglichkeit des Klägers, das Versäumnisurteil zu beantragen, begründet[2012]).

III. Mitunter ist im Schrifttum[2013]) darauf hingewiesen worden, daß, soweit der Verhandlungsgrundsatz reicht, oder auch sonst alle Parteihandlungen ausdrücklich oder stillschweigend einen Antrag auf Berücksichtigung enthielten. Hierauf ist zu bemerken: Mit dem Verhandlungsgrundsatz hat die gerichtliche „Berücksichtigungspflicht", die jener angebliche Antrag geltend machen soll, keinesfalls etwas zu tun. Denn sie besteht auch im Herrschaftsbereich des Untersuchungsgrundsatzes, insbesondere im Strafprozeß, und sie bezieht sich nicht nur auf Parteihandlungen, sondern auf den gesamten Prozeßstoff[2014]). Man kann auch nicht sagen, daß im Herrschaftsbereich des Verhand-

---

gesagt, was aus einem auf Erlassung des Versäumnisurteils gerichteten Antrag des Beklagten wird. Zurückweisung durch Beschluß (§ 336 ZPO.) neben gleichzeitiger Prozeßabweisung würde zu einem durch Aufrechterhaltung des Beschlusses in der Beschwerdeinstanz bedingten Urteil führen, das zwar in den Fällen der §§ 275 II, 304 II ZPO. — vgl. auch unten hinter Anm. 2551 — eine Parallele fände, aber nicht ohne Notwendigkeit anzunehmen ist. Eine solche Notwendigkeit besteht aber nicht, da dem Beklagten gegen das prozeßabweisende Urteil Berufung und Revision offen stehen. Allerdings wird der Beklagte im Falle, daß er einen nur auf seinen Einwand zu beachtenden prozessualen Mangel geltend macht, regelmäßig auch Prozeßabweisung (Stein, Nr. II 1 und 3 zu § 330) und jedenfalls nicht Erlassung eines Versäumnisurteils beantragen. Immerhin bedarf es der Feststellung, daß, auch wenn der Beklagte im Widerspruch zu seinem Prozeßeinwand diesen Antrag stellt oder jenen Antrag nicht stellt, und auch die Ausübung des richterlichen Fragerechts diesen Widerspruch nicht beseitigen kann, Prozeßabweisung zu erfolgen hat. Übrigens ist Prozeßabweisung des säumigen Klägers infolge des Einwandes unzulässiger Klageänderung nur dann denkbar, wenn schon in einem früheren Termin der Kläger in unzulässiger Weise den Klagantrag geändert und der Beklagte dieser Klageänderung widersprochen hat. Mit der Prozeßabweisung wäre gegebenen Falles Versäumnisurteil wegen des alten Klagantrages zu verbinden. Ist dagegen in dem früheren Termin nur der Klagegrund gegen den Widerspruch des Beklagten in unzulässiger Weise geändert, so würde die Aufrechterhaltung des Widerspruches in dem vom Kläger versäumten Termin nur die Folge haben, daß in den Gründen des auf Antrag über den alten Klaganspruch zu erlassenden Versäumnisurteils das geänderte Vorbringen als prozessual unzulässig zurückzuweisen wäre (vgl. oben hinter Anm. 1912).

[2010]) Anders Hellwig, Prozeßhandlung, § 4 II.

[2011]) Vgl. oben zu Anm. 1384, 1470, hinter Anm. 1482.

[2012]) Vgl. oben zu Anm. 587, 588.

[2013]) Von Stein, Z. XLI 421ff.; aber auch von Hellwig, Prozeßhandlung, § 3 III Abs. 3.

[2014]) Vgl. schon oben Anm. 1619 a. E., zu Anm. 1865b.

lungsgrundsatzes in bezug auf Parteihandlungen eine erhöhte gerichtliche „Berücksichtigungspflicht" bestehe. Das Wesen des Verhandlungsgrundsatzes ist zunächst überhaupt nicht die Einräumung eines Rechts — im materiellrechtlichen oder prozessualen Sinne des Worts — an die Parteien, daß der Richter ausschließlich den in den Parteihandlungen enthaltenen Prozeßstoff berücksichtige. Vielmehr ist das Wesen des Verhandlungsgrundsatzes[2015]) zuvörderst die Nötigung der Parteien zur Vorbringung des vom Richter zu berücksichtigenden Prozeßstoffes, der Angriffs-, Verteidigungs- und Beweismittel, m. a. W. die Auferlegung von Lasten[2016]). Die Partei, die solche Lasten versäumt oder gar etwas den eigenen prozessualen Interessen Schädliches tut[2017]), kann dabei das Bewußtsein oder selbst die Absicht haben, die dadurch bedingten prozessualen Nachteile herbeizuführen. Es wäre aber ganz abwegig anzunehmen, daß diese Wirkung der Inhalt eines Rechts oder eines ausdrücklich oder stillschweigend darauf gerichteten Antrages sei. Nun wird entgegnet werden, daß die Partei doch aber ein Recht darauf habe, daß nichts anderes berücksichtigt werde, als was sich aus ihrem oder ihres Gegners Verhalten ergebe, und daß sie dieses Recht mittels eines ausdrücklichen oder stillschweigenden Antrages geltend mache. Dieses Recht wäre das Korrelat davon, daß auch der Gegner im Herrschaftsbereich des Verhandlungsgrundsatzes prozessuale Vorteile nur von eigener Aktivität oder einem sich selbst schädigenden Verhalten der anderen Partei erwarten kann. Das Wesen des Verhandlungsgrundsatzes würde danach zwar nicht in einer Erhöhung der positiven, sondern in der Aufstellung einer negativen Berücksichtigungspflicht liegen. Aber die Annahme, daß dieses Recht der Parteien mittels eines ausdrücklich oder stillschweigend in den Parteihandlungen und Parteiunterlassungen enthaltenen Antrages geltend gemacht werde, wird einmal schon durch die Erwägung widerlegt, daß es sich ja hauptsächlich auf Handlungen des Gegners bezieht. Sie würde außerdem in letzter Linie zu der unsinnigen Folgerung führen, daß in den Handlungen und Unterlassungen einer gar nicht prozeßführenden Person erst recht der Antrag enthalten sei, der die Zivilgerichtsbarkeit ausübende Staat möge zu ihrem Nachteil nichts berücksichtigen, als was durch sie selbst oder einen sie angreifenden Dritten vor ihn gebracht werde, m. a. W. kein Zivilgericht wolle von Amts wegen gegen sie vorgehen. Es zeigt sich hier eben, daß die gerichtliche Pflicht, den Prozeßstoff zu berücksichtigen, die in jedem Prozeß, und daß die gerichtliche Pflicht, nur den von den Parteien vorgebrachten Prozeßstoff zu berücksichtigen, die in einem von dem Verhandlungsgrundsatz beherrschten Verfahren besteht, nichts anderes als die staatliche Pflicht zu gesetzmäßiger Handhabung der Justizhoheit ist[2018]). Jener positiven „Berücksichtigungspflicht" entspricht der staatsbürgerliche Status civi-

---

2015) Vgl. über diesen schon oben zu Anm. 708a, 709, 1573.
2016) Vgl. oben zu Anm. 1710.
2017) Vgl. oben zu Anm. 1731, 1735, 1806.
2018) Vgl. schon oben Anm. 1619 a. E.

tatis[2019]), dieser negativen der staatsbürgerliche Status libertatis[2020]). Indessen so bemerkenswert insbesondere der hier aufgedeckte Zusammenhang des Verhandlungsgrundsatzes mit dem staatsbürgerlichen Status libertatis ist, so ergibt sich doch, daß sowohl die positive wie die negative gerichtliche „Berücksichtigungspflicht" der staatsrechtlichen Prozeßgrundlage angehört, welche die Prozeßlage, d. h. die Gesamtheit der sie ausmachenden Aussichten, Möglichkeiten, Lasten und Lastenfreiheiten, zwar gewährleistet, aber nicht ihr Inhalt ist[2021]). Die positive und negative gerichtliche „Berücksichtigungspflicht" ist die Grundlage, welche die Aufstellung der Kategorien der „Beachtlichkeit" und „Unbeachtlichkeit" von Prozeßhandlungen ermöglicht, in denen wir die primäre prozessuale Umsetzung der materiellrechtlichen Kategorien der „Wirksamkeit" und „Nichtigkeit" von Rechtshandlungen erkannt haben[2022]). Wie die Aufstellung dieser Kategorien eine Kausalität der Rechtsordnung voraussetzt, welche dem Tatbestand die Rechtswirkung folgen läßt, so setzt die Aufstellung jener Kategorien, aber auch der Kategorien der „Zulässigkeit" und „Begründetheit", der „Zurückweisbarkeit als unzulässig oder unbegründet", eine Kausalität des Richters voraus, welcher auf die Prozeßhandlung der durch sie geschaffenen Lage gemäß reagiert[2023]). Die Pflicht des Richters zur Kausalität ist nicht der Inhalt der Prozeßlage, sondern bedingt sie. Sie ist für die prozessuale Rechtsbetrachtungsweise „metarechtlich"[2024]), da für diese der Richter in der rechtlichen Beziehung eine Stelle einnimmt, die sonst nur der Rechtsnorm zufällt[2025]). Die negative gerichtliche „Berücksichtigungspflicht" insbesondere gewährleistet die Bindung des richterlichen Ermessens[2026]), vermöge deren das Gebiet des Verhandlungsgrundsatzes zum Hochsitz der Prozeßklagen wird[2026a]).

Entsprechend enthalten auch die Parteihandlungen und Parteiunterlassungen keinen ausdrücklichen oder stillschweigenden Antrag auf Berücksichtigung des Vorgebrachten und — soweit der Verhandlungsgrundsatz reicht — Nichtberücksichtigung des Nichtvorgebrachten. Sie lösen vielmehr — staatsrechtlich betrachtet — die durch ein solches gerichtliches Verhalten zu erfüllende staatliche Pflicht zu gesetzmäßiger Handhabung der Justizhoheit von Rechts wegen aus[2027]). Prozeßrechtlich betrachtet ist die Aussicht auf „Beachtung" oder „Nichtbeachtung" seitens des Richters, die mit der Vornahme oder Unterlassung einer Prozeßhandlung verbunden ist, überhaupt nur der Ausdruck einer Wertung, welche das den richterlichen Urteilsmaßstab bildende Recht der Prozeß-

---

[2019]) Vgl. schon oben zu Anm. 445b. [2020]) Vgl. oben Anm. 1431.

[2021]) Vgl. oben zu Anm. 1337 und die in Anm. 1337 angeführten Stellen.

[2022]) Vgl. oben zu Anm. 1912, 1912b.

[2023]) Vgl. die oben in Anm. 774, hinter Anm. 774a, 1619 a. E. angeführten Äußerungen STEINS; auch oben hinter Anm. 1498.

[2024]) Vgl. oben zu Anm. 1172i, 1334, 1396a.

[2025]) Vgl. oben zu Anm. 1342a. [2026]) Vgl. oben zu Anm. 774b.

[2026a]) Vgl. oben zu Anm. 1369b.

[2027]) Vgl. schon oben zu Anm. 449, 450, 774a.

handlung zuteil werden läßt. Auch die Zurücknahme einer Parteihandlung enthält keinen „Antrag auf Nichtberücksichtigung". Sondern, soweit die Zurücknahme „beachtlich" ist, ergibt sich die Nichtberücksichtigung der zurückgenommenen Parteihandlung für die prozessuale Rechtsbetrachtungsweise eben aus der „Beachtlichkeit" der Zurücknahme, für die materiellrechtliche aus der staatlichen Pflicht zu gesetzmäßiger Handhabung der Justizhoheit[2028]). Übrigens wäre jedenfalls ein „Antrag auf Berücksichtigung" für die erdrückende Überzahl der Parteihandlungen, die Anträge sind oder zu solchen in Zweckbeziehung stehen, geradezu ein kindisches „Bitte, bitte!"[2029]).

IV. Beruht die Aufstellung eines „Berücksichtigungsantrages" auf Verkennung der Tatsache, daß die richterliche Kausalität zu den Voraussetzungen des prozessualen Denkens gehört, aber daneben auf einer Überschätzung des Einflusses des Verhandlungsgrundsatzes auf das Wesen der Parteihandlungen, so liegt auch eine Verkennung der prozeßkategorialen Bedeutung der richterlichen Kausalität, diesmal aber gepaart mit einer Unterschätzung der Tragweite des Verhandlungsgrundsatzes, vor, wenn behauptet wird[2030]), daß zu den Anträgen („Zwischenanträgen")[2031]) auch die Beweisantretungen zu rechnen seien. Allerdings erfolgt in §§ 421, 428, 432 ZPO. die Antretung des Urkundenbeweises durch einen Antrag. Indessen ist der Grund hierfür, daß die Antretung des Urkundenbeweises regelmäßig[2032]) durch Vorlegung der Urkunde zu erfolgen hat (§ 420 ZPO.). Befindet sich daher die Urkunde nicht in den Händen des Beweisführers, so kann dieser den Urkundenbeweis nur durch den Antrag antreten, ihm zur Herbeischaffung der Urkunde Hilfe zu leisten oder Zeit zu lassen. Überdies bedarf es auch zur Antretung des Urkundenbeweises, neben der Vorlegung der Urkunde oder dem ihre Herbeischaffung bezweckenden Antrage, der Bezeichnung der zu beweisenden Tatsachen und der Urkunde, nötigen Falles sogar der in Bezug genommenen Stelle[2033]). Und wo — wie gewöhnlich — die Beweisantretung die Herbeischaffung des Beweismittels nicht voraussetzt, ist zur Beweisantretung das Erbieten[2034]) einer Partei, eine bestimmte Tatsache durch ein bestimmtes Beweismittel

---

[2028]) Vgl. schon oben Anm. 1619.

[2029]) Vgl. auch F. Klein, Parteihandlung, 23 zu Anm. 26. Die hübsche Anekdote, die Stein, Z. XLI 422/3 erzählt, lehrt m. E. etwas ganz anderes, als was Stein glaubt; vgl. unten hinter Anm. 2200.

[2030]) Von Hellwig, Prozeßhandlung, § 4 IV 2 Anm. 6; Syst. I, §§ 146 II 2, 204 I 4; auch von Stein, Nr. IV 3 Abs. 3 vor § 128; Grdr. § 88 I; richtig Petersen, Nr. 1 zu § 297 ZPO.

[2031]) Vgl. oben Anm. 1987a.

[2032]) Ausnahme: § 434 ZPO.

[2033]) RGEZ. I 424. Vgl. noch unten zu und in Anm. 2282a.

[2034]) Das Erbieten und also die Beweisantretung gehört, mutatis mutandis, wie der Antrag (vgl. oben zu Anm. 1982a—1986), zu den „Rechtshandlungen im engeren Sinn", und zwar zu den „Willensmitteilungen"; vgl. P. Klein, 164; Enneccerus, Allg. Teil, § 128 III 2a; v. Tuhr, II 1, § 48 II 2 zu Anm. 83 (der aber die Ankündigung eines in der Zukunft liegenden Willens zu den „Vorstellungsmitteilungen" rechnet).

zu beweisen, genügend, dafür aber auch erforderlich; ein Beweisantrag ist weder erforderlich noch genügend.

Das Erbieten genügt, es bedarf keines Antrages. Die „Beachtlichkeit" aller Erwirkungshandlungen[2035]) nötigt den Richter, wie die Behauptungen, so auch die Beweisantretungen der Parteien ohne besonderen „Berücksichtigungsantrag" zu beachten, d. h. entweder sie zuzulassen und ihnen Folge zu geben oder sie zurückzuweisen. Es ist verfehlt, wenn der IV. Strafsenat des Reichsgerichts (Urt. v. 30. Mai 1884)[2036]) und ihm folgend das Reichsmilitärgericht[2037]) angenommen haben, daß der sich als bloßes Erbieten darstellende Beweisantritt unbeachtet bleiben könne, und daß es zu seiner Ablehnung nicht eines begründeten Gerichtsbeschlusses gemäß §§ 244 II StPO., 298 II MilStGO. bedürfe. Daß in einem von dem Untersuchungsgrundsatz beherrschten Verfahren „Beweisanregungen" unbeachtet bleiben können, mag dem Reichsgericht (Urt. des V. Strafsenats v. 26. Febr. 1915)[2038]) zugegeben werden. Aber selbst in einem Untersuchungsverfahren ist nicht jedes Beweiserbieten eine bloße „Beweisanregung"[2039]). Daß sich das Beweiserbieten von dem Beweisantrag dadurch unterscheide, daß es nur gelten wolle, wenn der Richter die unter Beweis gestellte Tatsache für beweisbedürftig halte[2040]), trifft nicht zu; denn diese conditio iuris ist auch dem Beweisantrag immanent[2041]). Allenfalls könnte man die Ansicht verteidigen, daß ein nicht in dem Gewande eines förmlichen Beweisantrages auftretender Beweisantritt auch im Strafverfahren immer nur in den Urteilsgründen zurückgewiesen zu werden brauche, und daß es zu seiner Zurückweisung nicht grundsätzlich eines besonderen Gerichtsbeschlusses gemäß § 244 II StPO. bedürfe. Indessen eine solche Bewertung der Antragsform hat das Reichsgericht (Urt. des I. Strafsenats v. 21. Dez. 1914)[2042]) mit Recht als ein „Kleben am Buchstaben" gebrandmarkt, und es hat in diesem neueren Urteil die Zurücksetzung des „Beweiserbietens" hinter dem „Beweisantrag" überhaupt preisgegeben.

Wie der Richter auf eine Beweisantretung, der er stattgeben will, zu verfahren hat, hängt von der Lage des Verfahrens und den Prozeßgesetzen ab. Ist das Beweismittel zur Stelle oder von der Partei zur Stelle zu schaffen (wie Wahrnehmungsgegenstände im Zivilprozeß, in §§ 364 ZPO., 214 I, 220 StPO.), und liegt seine Vorführung den Parteien ob, wie es im Zivilprozeß beim Augenscheinsbeweis, bei dem durch mündlichen Parteivortrag erfolgenden[2043]) Urkundenbeweis und dem sich in Parteierklärungen erschöpfenden Eidesbeweis, wie es im Straf-

---

2035) Vgl. oben zu Anm. 1913.

2036) Rechtsprechung in Strafs. VI 390.

2037) E. VII 38; VIII 63.

2038) ESt. XLIX 360/1.

2039) So treffend Beling, ZStW. XXXVIII 621, gegen RMilGer. VIII 65.

2040) So John, III 1, 119.

2041) Vgl. Löwe-Rosenberg, Nr. 10 zu § 244 (243) StPO.; §§ 232 II Entw. v. 1909, 237 II Entw. v. 1919.

2042) Leipz. Z. 1915, 556.

2043) So die durchaus herrschende Ansicht, insbesondere RGEZ. IV 379, VIII 326, 327; vgl. dazu Stein, Anm. 18 zu § 128 ZPO.

prozeß im englischen Recht der Fall ist und im deutschen (§§ 239 StPO., 240 Entw. v. 1919) wenigstens der Fall sein kann, so beschränkt sich die richterliche Tätigkeit auf die Beweisaufnahme, d. i. die Entgegennahme der vorgeführten Beweismittel[2044]) und auf die Beweiswürdigung. Wo es aber zur Herbeischaffung der Beweismittel der gerichtlichen Hilfe bedarf[2045]), oder wo die Vorführung der Beweismittel — ausschließlich oder hauptsächlich[2046]) — dem Richter obliegt — was immer ein Stück Untersuchungsgrundsatz ist —, hat der Richter den „Beweisbeschluß", durch den er der Beweisantretung stattgibt, von Amts wegen selbst zu vollziehen.

Dieser letztere Umstand darf nicht darin beirren, daß eine Beweisantretung immer — wie schon der Name sagt — der Beginn eigener Beweistätigkeit, eben das Erbieten dazu ist. Der Richter, der auf Grund der Beweisantretung einer Partei ein Beweismittel herbeischafft und sich vorführt, führt die Geschäfte dieser Partei[2047]). Dies wird am einleuchtendsten, wo die formelle Beweislast[2048]) bis zu dem Grade durchgeführt ist, daß der Partei nicht nur die Bezeichnung, sondern auch die Herbeischaffung und jedenfalls die Vorführung der Beweismittel obliegt. In einem solchen Falle entledigt sich die Partei der Beweislast nur durch eine Beweisantretung im Sinne von Beweiserbieten; ein Beweisantrag genügt nicht. So im englischen Recht, sowie im deutschen Zivilprozeßrecht beim Augenscheinsbeweis, — unbeschadet des oben[2049]) Festgestellten — beim Urkundenbeweis[2050]) und beim Eidesbeweis[2050a]). Wenn behauptet worden ist[2051]), daß auch die Eideszuschiebung ein Antrag an das Gericht, und zwar auf Anordnung des Eides sei, so geht diese Behauptung schon deswegen fehl, weil die Beweiswirkun-

---

2044) Zutreffend definiert R. SCHMIDT, § 75 I 1, die Beweisaufnahme als die „Entgegennahme der Erkenntnisquellen, aus denen die einzelnen Entscheidungselemente, Tatsachen, Rechts- und Erfahrungssätze entnommen werden können", leider im Widerspruch zu § 52 IV 1, wo er auch die „Sammlung" der Aufklärungsquellen, worunter er die Beweisvorführung versteht, zur Beweisaufnahme rechnet und schließlich (§ 52 IV) so weit geht zu behaupten, daß „die gesamte Beweistätigkeit" im „exakten Sinn Tätigkeit des Gerichts" sei; hierzu noch unten Anm. 2271. Vgl. auch § 238 I StPO. (unten zu Anm. 2316), sowie unten zu Anm. 2705.

2045) Auch im englischen Strafprozeß wird das Erscheinen der Zeugen sowohl des Anklägers wie des Angeklagten durch gerichtliche Zwangsmaßnahmen (recognizances, subpoena) sichergestellt.

2046) Vgl. nur §§ 240 II StPO., 397 II ZPO. Im Zivilprozeß obliegt den Parteien, wenn die Beweisaufnahme nicht vor dem Prozeßgericht erfolgt ist, der Vortrag des Beweisergebnisses nach § 285 II ZPO. Die den Parteien in jedem Fall obliegende Verhandlung über das Beweisergebnis gemäß § 285 I ZPO. ist nicht mehr Teil der Beweisvorführung; vgl. oben Anm. 1943.

2047) Vgl. schon oben zu Anm. 1784a, 1908b, unten zu Anm. 2272/3, 2303/4.

2048) Über den Gegensatz von formeller und materieller Beweislast vgl. oben hinter Anm. 1730a.

2049) Vor Anm. 2032.

2050) Vgl. oben zu Anm. 2043.

2050a) Insoweit ist also die Ausdrucksweise der §§ 287 I, 542 II ZPO. „beantragte Beweisaufnahme" geradezu unrichtig.

2051) Von HELLWIG, Prozeßhandlung, § 4 Anm. 6; Syst. I, § 218 I 1 (entsprechend seiner oben Anm. 2030 erwähnten grundsätzlichen Auffassung).

gen der Eideszuschiebung ohne Anordnung des Eides eintreten können (im Falle des § 452 II ZPO. sowie der ausdrücklich verweigerten Annahme)[2052]. Die Eideszuschiebung ist vielmehr die an den Gegner gerichtete Aufforderung, eine vom Zuschiebenden behauptete Tatsache eidlich abzuleugnen[2053], und die Beweisantretung durch Eideszuschiebung (§ 451 ZPO.) erfordert daher nicht nur, wie regelmäßig die Antretung des Urkundenbeweises, zugleich schon die Herbeischaffung[2054], sondern sie ist sogar schon Vorführung des Beweismittels[2054a].

So ist denn auch die Beweisantretung in §§ 282, 371, 373, 403[2054b] ZPO. ein Beweiserbieten. Aber selbst außerhalb des Herrschaftsbereichs der formellen Beweislast, im Strafprozeß ist für den Begriff der Beweisantretung, im echten Sinne von Beweiserbieten, Raum[2055]. Im geltenden Recht bilden die §§ 214 I, 220, 239 StPO. die Hebel, bei welchen eine Beweisantretung einsetzen kann. Ein erweitertes Feld schaffen die §§ 203 IV S. 1 Halbs. 2, 219, 240 Entw.GesRSt. v. 1919. Die Frage hat die größte prozeßpolitische Bedeutung. Denn die Einführung des Begriffes der Beweisantretung in den Strafprozeß bedeutet die Durchführung des Anklageprozesses in dem Sinne, daß den Parteien zwar nicht eine — vollkommene[2055a] — formelle Beweislast auferlegt, der Richter aber doch von „materiellen Anklage- und Verteidigungsfunktionen" tunlichst entlastet wird[2056]. So ist denn das durch § 203 IV S. 1 Halbs. 2 Entw.GesRSt. v. 1919 aufgestellte Erfordernis, daß die Darstellung der Anklageschrift ersehen lasse, auf welche Tatsachen sich jedes einzelne Beweismittel bezieht, schon für das geltende Recht (§ 200 I StPO.) unter dem Gesichtspunkt einer der Staatsanwaltschaft obliegenden „Beweisantretung" aufgestellt worden[2057]. Die einzige

---

2052) Diesem naheliegenden Einwand scheinen HELLWIGS, Syst. I, § 218 II 1, Ausführungen zuvorkommen zu sollen; sie tun es aber nur teilweise (vgl. a. a. O., Nr. 2) und mit Hilfe haltloser Fiktionen.

2053) STEIN, Grdr., § 89 I; WEISMANN, I § 37 I 5.

2054) Vgl. oben zu Anm. 2032.

2054a) Vgl. noch unten zu Anm. 2284, 2321.

2054b) Bei Antritt des Sachverständigenbeweises bedarf es einer Benennung der Person des Sachverständigen nicht.

2055) Ablehnend BENNECKE-BELING, 330 Anm. 11; BELING, ZStW. XXVIII 621. Sinn- und sprachwidrig ist es natürlich, wenn BIRKMEYER, 397, 401/2, von einer Beweisantretung des Gerichts spricht; vgl. dazu unten zu Anm. 2271. BINDING, Grdr. 148, spricht gar von einer „Beweislast" des Gerichts; gegen ihn schon ROSENBERG, Beweislast, 34 Anm. 2, 48.

2055a) Vgl. dazu oben § 23 VIII; auch unten Anm. 2378.

2056) Vgl. JOHN, II 158ff.; GOLDSCHMIDT, ZStW. XLIII.429ff.; schon oben Anm. 1326.

2057) Von FUCHS in Holtzendorffs Handb. II 15/6, der mit Recht erklärt, nicht einzusehen, welche „erheblichen Bedenken", wie PLANCK, Strafverfahren, 315, meint, einer solchen Einrichtung entgegengestellt werden könnten. Dazu GOLDSCHMIDT, ZStW. XLIII 434. Terminologische Bedenken gegen die Anwendung des Begriffes „Beweisantretung" auf die Angabe der Beweismittel in der Anklageschrift erhebt freilich auch GLASER, II 468 Anm. 19, weil die Staatsanwaltschaft nicht an die in der Anklageschrift angeführten Beweismittel gebunden sei. An ihre Beweisantretungen gebunden sind aber die Parteien im Zivilprozeß grundsätzlich auch nicht. Widerspruchsvoll ULLMANN, 429 und Anm. 1 das.

Stelle, an der die StPO. von einer „Beweisantretung" spricht, ist § 369 I in bezug auf die für den Wiederaufnahmeantrag vorgeschriebene Angabe der Beweismittel (§§ 366 I, 368 I StPO.). Eine formelle Beweislast im Sinne des Verhandlungsgrundsatzes wird freilich auch hier den Parteien nicht auferlegt, da das Gericht auch andere als die angetretenen Beweise erheben kann[2058]), sondern ein Formerfordernis für den Wiederaufnahmeantrag aufgestellt[2059]). Die Entwürfe v. 1909 § 359 II, v. 1919 § 355 II stellen dies klar[2060]) und haben daraus die Gelegenheit entnommen, den Ausdruck „angetretene" in „beantragte" Beweise zu ändern. In der Tat ist für den Bereich der unbeschränkten Herrschaft des Untersuchungsgrundsatzes der Ausdruck „Beweisantrag" der angemessenere. Spricht daher § 244 II StPO. begreiflicherweise nur von „Beweisantrag", so darf doch daraus nicht, wie es früher das Reichsgericht und Reichsmilitärgericht getan haben[2061]), zum Schaden der Parteien gefolgert werden, daß eine sich als Beweiserbieten darstellende Beweisantretung minderen Rechts als ein Beweisantrag sei. Vielmehr muß man umgekehrt daraus, daß ein Beweisermittelungsantrag kein Beweisantrag ist, der den Richter im Sinne der durch die §§ 232 II Entw. v. 1909, 237 II Entw. v. 1919 kodifizierten Gerichtspraxis bindet, folgern, daß ein mit dieser Wirkung ausgestatteter Beweisantrag eine Erklärung der Beweisbereitschaft, m. a. W. sachlich eine Beweisantretung sein muß[2061a]). Damit wird nicht der Entscheidung der Frage vorgegriffen, ob nicht der in § 244 II StPO. gewählte und in der Herrschaft des Untersuchungsgrundsatzes seine Rechtfertigung findende Ausdruck „Beweisantrag" auch den Beweisermittelungsantrag umfaßt[2062]).

V. Was nun die Anwendung der Wertungen der „Zulässigkeit" und „Begründetheit" auf die „Anträge" anlangt, so ist zu sagen:

1. Zulässig ist ein Antrag, wenn er die Bedingungen erfüllt, von denen seine inhaltliche Prüfung abhängt. Diese Bedingungen werden durch das Prozeßrecht aufgestellt; sie sind durchweg formaler Natur[2063]).

2058) Löwe-Rosenberg, Nr. 1 b zu § 369 (409) StPO.

2059) Insoweit zutreffend Benneche-Beling, 330.

2060) Begründung zu § 359 Entw. v. 1909. 2061) Vgl. oben Anm. 2036, 2037.

2061a) Vgl. denn auch unten zu Anm. 2273.

2062) Gegen die Abgrenzung des Begriffes des „Beweisermittelungsantrages" in der Rechtsprechung des RG. und die vom RG. aus der Unterscheidung von Beweisantrag und Beweisermittelungsantrag gezogenen Folgen vgl. insbesondere Alsberg, GA. LXVII 261 ff. Schon Alsberg weist, a. a. O., 265, darauf hin, daß das Urt. des VI. Zivilsenats des RG. v. 20. Jan. 1902 (JWSchr. 1902, 166) die freie Ablehnbarkeit von Beweisermittelungsanträgen im Zivilprozeß (vgl. auch RGEZ. XCVII 210) damit begründet, daß der Zivilrichter keine inquisitorische Tätigkeit zu entfalten habe. Andererseits erkennt Alsberg, a. a. O., 273, an, daß die dem Richter gegenüber Beweisanträgen auferlegte Bindung (vgl. oben hinter Anm. 1369b) gegenüber Beweisermittelungsanträgen insoweit zu lockern ist, als dem Richter die Entscheidung überlassen bleiben muß, ob auf dem bezeichneten Wege weiteres Beweismaterial voraussichtlich zu erlangen ist. Vgl. noch unten zu Anm. 2216, insbesondere aber hinter Anm. 2336.

2063) Anders Sauer, 509, 519, 521, mit Rücksicht auf seinen unklaren (vgl. oben Anm. 1383b) Begriff der „Sachgestaltungsvoraussetzung", insbesondere

a) Am bedeutsamsten sind die Bedingungen der Zulässigkeit der Klage. Sie fallen mit den sog. Prozeßvoraussetzungen oder richtiger mit den Voraussetzungen einer Sachentscheidung oder eines Sachurteils[2064]) zusammen[2065]). Dazu gehören die Unterwerfung des Beklagten unter die inländische Gerichtsbarkeit, die Zulässigkeit des Rechtsweges, die Zuständigkeit des Gerichtes, Parteifähigkeit, Prozeßfähigkeit oder gesetzliche Vertretungsmacht, Zulässigkeit der Prozeßart[2066]), endlich Ordnungsmäßigkeit der Klageerhebung[2067]), insbesondere in bezug auf Inhalt (§ 253 II ZPO.) und Zustellung der Klageschrift, im Anwaltsprozeß Klageerhebung durch einen postulationsfähigen Prozeßbevollmächtigten und hier sowie überhaupt im Falle der Klage-

seine dadurch bedingte Behandlung der „Schlüssigkeit" der Klage als Prozeßvoraussetzung (vgl. oben Anm. 1383c). Dagegen ist die unrichtige SAUERsche Gleichstellung des Gegensatzes von „Zulässigkeit" und „Begründetheit" mit dem Gegensatz „generell" und „konkret" (vgl. oben zu Anm. 1892/3, 1899), soviel ich sehe, hier ohne Einfluß geblieben (anders anscheinend unten Anm. 2168). Gegen HELLWIGS, Syst. I, § 99 III Anm. 12, „Sachabweisung als unzulässig" schon GOLDSCHMIDT, Beitr. 50 (156) ff. Für HELLWIG SCHÜLER, 46; gegen ihn GOLDSCHMIDT, JWSchr. 1922, 437.

2064) Vgl. oben zu Anm. 32.

2065) Gegen NUSSBAUMS, 133ff., Unterscheidung von „Klagevoraussetzungen" und „Sachurteilserfordernissen" habe ich mich schon Beiträge, 44 (150) Anm. 3 a. E. gewendet. Im übrigen nähere ich mich mit der Feststellung des Textes dem von mir, Beitr. 45 (151) i. d. Anm., abgelehnten Standpunkt WEISMANNS, I § 89; vgl. dazu unten Anm. 2073, 2074. Dagegen ändert die Gleichsetzung von „Bedingungen der Zulässigkeit der Klage" und „Sachurteilsvoraussetzungen" nichts daran, daß, wenn man nach den Bedingungen erfolgreicher Klage fragt, ein Teil jener Voraussetzungen unter dem Namen „prozessuale Klagrechtsvoraussetzungen" als Mittelgruppe zwischen den materiellen Bedingungen des Klagrechts und den bloßen Formerfordernissen seiner Geltendmachung aufgestellt werden können; dazu insbesondere Mater. JustizR., Anm. 93; Beitr. 51 (157) Anm. 1. Aber diese Aufstellung fußt auf einer ausgesprochen materielljustizrechtlichen Betrachtungsweise; vgl. schon oben Anm. 826.

2066) Dazu GOLDSCHMIDT, Beitr. 42 (148) Anm. 2.

2067) Im Ergebnis übereinstimmend BÜLOW, Prozeßeinreden, 5; Z. XXVII 237; HELLWIG, Lehrb. II 14; Syst. I, § 98 II 1a; SEUFFERT, Nr. 1 zu § 274; WEISMANN, I 368; FÖRSTER-KANN, Nr. 1 zu § 274; NUSSBAUM, 134, 135; GOLDSCHMIDT, Beitr., 46 (152); W. HEIN, Identität I 174, 181 (von SAUER, 156 Anm. 2, m. E. zu Unrecht als entgegengesetzter Ansicht angeführt); SCHÜLER, 43. Abw. KOHLER, Prozeß, 56; R. SCHMIDT, 663; STEIN, Nr. I 1 zu § 274 bei Anm. 5; JAEGER, Z. XL 125; SAUER, 156/7, 369/70; BLEY, 49, weil eine Prozeßhandlung nicht gleichzeitig Prozeßvoraussetzung sein könne. Indessen dieser Grund beweist nur für den etwas, der die Bedingungen der Zulässigkeit der Klage für „Voraussetzungen" des „Prozesses", m. a. W. des „Prozeßverhältnisses" hält. Dagegen beweist er nichts für den, der sie für Sachentscheidungsvoraussetzungen ansieht [vgl. schon GOLDSCHMIDT, Beitr. 45 (151)]. In bezug auf die Klage ist natürlich nicht „ihre ordnungsmäßige Erhebung", sondern die „Ordnungsmäßigkeit ihrer Erhebung" Voraussetzung oder Bedingung ihrer Zulassung, d. h. inhaltlichen Prüfung; in ähnlichem Sinne, schon in bezug auf das Prozeßverhältnis, W. HEIN, Identität I 181. Wenn übrigens SAUER leugnet, daß eine Prozeßhandlung Prozeßvoraussetzung sein könne, so setzt er sich dadurch in Widerspruch zu seiner Aufstellung, daß die Behauptung des Klaggrundes, der Beschwer usw. „Verfahrensvoraussetzungen" seien. Diesem Widerspruch sucht er, 157, vergeblich durch eine Wendung zu entgehen, die seinen Begriff der „Sachgestaltungsvoraussetzung" (der doch damit angeblich — vgl. 214 a. E. — gar nichts zu tun hat!) noch nebelhafter macht, als er ohnehin ist; vgl. schon oben Anm. 1383b.

erhebung durch einen Prozeßbevollmächtigten auch dessen Vertretungsmacht[2068]), nunmehr wohl auch Zahlung der Prozeßgebühr gemäß § 74 II GKG.[2068a]). Hinzu kommt die Abwesenheit der in § 274 II Nr. 3—6 ZPO. angeführten Prozeßhindernisse[2069]). Die Ordnungsmäßigkeit der Klageerhebung in bezug auf den Inhalt der Klageschrift bedingt u. a. nach § 253 II Nr. 2 ZPO. „die bestimmte Angabe des Grundes des erhobenen Anspruchs", d. h. die Behauptung dessen, was nach Ansicht des Klägers geeignet ist, seinen Anspruch zu begründen[2070]).

[2068]) Die von Stein, Nr. I 2 zu § 274 hinter Anm. 13, angeführten Prozeßvoraussetzungen der Vertretung der Parteien durch Anwälte im Anwaltsprozeß und der Vertretungsmacht bevollmächtigter Vertreter sind Bedingungen der Klagezulässigkeit und Sachurteilsvoraussetzungen nur unter dem Gesichtspunkt, daß sie die Ordnungsmäßigkeit der Klageerhebung bedingen; vgl. schon Goldschmidt, Beitr. 49/50 (155/6); JWSchr. 1922, 437; Schüler, 43. Hiergegen kann nicht eingewendet werden, daß nach § 244 ZPO. der Eintritt der Postulationsunfähigkeit des Prozeßbevollmächtigten den Anwaltsprozeß unterbricht; denn nach Abs. II dess. Paragraphen kann die Aufnahme des Verfahrens und damit der Erlaß eines Sachurteils auch ohne Eintritt eines neuen postulationsfähigen Prozeßbevollmächtigten herbeigeführt werden.

[2068a]) Vgl. schon oben hinter Anm. 1925. Dazu noch § 85 I, V GKG.

[2069]) Die von Sauer, 165/6, an dem Begriff der „Prozeßhindernisse" geübte Bemängelung zerschellt an logischen (Sigwart, I 374ff.), für den Zivilprozeß auch an dogmatischen (Beweislast!) Bedürfnissen. Ganz verfehlt ist es freilich, wenn Rosenberg, ZStW. XXXVI 528ff.; Komm. Nr. 17 zu Buch II Abschnitt 1, für den Strafprozeß, in welchem der Begriff der Prozeßhindernisse nur eine geringe logische und grundsätzlich keine dogmatische Bedeutung hat, die Einteilung in „Prozeßvoraussetzungen" und „Prozeßhindernisse" in den Mittelpunkt rückt und breit entwickelt, um danach (ZStW. XXXVI 538; Komm. Nr. 18 a. a. O.) selbst zu erklären, daß für die „Prozeßhindernisse" dieselben Normen gelten, wie für die „Prozeßvoraussetzungen". Die Anerkennung, die Feisenberger, ZStW. XXXVIII 358, Rosenberg für Aufstellung des — längst bekannten — Begriffes der „Prozeßhindernisse" zollt, ist mithin unbegründet.

[2070]) Der Text geht davon aus, daß die Substanzierungstheorie zugrunde gelegt wird, und richtet sich gegen die Ansicht (Sauers) und die Zumutung (Hellwigs, Heins) — vgl. oben Anm. 1383c —, daß es nach der Substanzierungstheorie für die „Zulässigkeit" der Klage auf genügende Substanzierung ankomme. Nimmt man mit der Individualisierungstheorie an, daß § 253 II Nr. 2 ZPO. gar keinen Versuch ausreichender Begründung, d. i. Substanzierung, sondern nur eine Individualisierung des Klaganspruches erfordert, so hängt die Grenzziehung zwischen „Zulässigkeit" und „Begründetheit" der Klage von ganz anderen als den oben im Text und in Anm. 1383b und c, sowie unten zu Anm. 2147/8, in Anm. 2175 aufgestellten Kriterien ab. Im Ergebnis dürfte freilich bei Mangel objektiv ausreichender Individualisierung des Klaganspruches — in welchem Falle nach der Individualisierungstheorie (vgl. Hellwig, Lehrb. III 33/4; Syst. I, § 114 III 4a) Prozeßabweisung stattfindet — auch kein Versuch ausreichender Substanzierung vorliegen, so daß beide Theorien in bezug auf ihre Anforderungen an die „Zulässigkeit" der Klage praktisch auf eines herauskommen. Nach W. Hein, Identität, I 180 Mitte, 186 Anm. 33, soll bei Mangel der Individualisierung nicht Prozeßabweisung erfolgen, weil dieser Mangel „nur" den Eintritt der Rechtshängigkeit, aber nicht die Begründung des mit der Terminsbestimmung entstehenden Prozeßverhältnisses (vgl. oben Anm. 22) hindere; es soll vielmehr in solchem Falle dem Kläger gemäß § 335 Nr. 3 ZPO. das Versäumnisurteil versagt und auf Antrag vertagt werden (a. a. O., 178). Nur dem Kläger? Und wenn nun der erschienene Beklagte den Antrag auf Vertagung, der ihn keinen Schritt weiter bringt, — mit Recht — nicht stellt? Nach Hein, 186ff., erhält der Beklagte gegenüber der ungenügend individualisierten Klage weder ein prozeß- noch

Ergibt sich aus der Klage der Mangel der Ernstlichkeit dieser Behauptung, so liegt eine „unbeachtliche" „Nichtklage" vor[2071]). Das Erfordernis der Ordnungsmäßigkeit der Klageerhebung führt u. a. zur Prozeßabweisung des unzulässigerweise geänderten Klagantrages[2072]). Das Erfordernis des Sühneversuchs nach §§ 608ff. ZPO. ist ausnahmsweise zwar eine Bedingung der Zulässigkeit der Klage, aber keine Sachurteilsvoraussetzung, sondern nur eine Voraussetzung der Terminsbestimmung[2072a]), da der Sühneversuch vom erkennenden Gericht jederzeit nachgeholt werden kann. Entsprechendes gilt von dem Erfordernis des amtsgerichtlichen Güte- und Mahnverfahrens mit der Maßgabe, daß die im Widerspruch zu diesen Erfordernissen angebrachte Klage in einen Güteantrag, die im Widerspruch dazu angebrachte Klage oder Güteantrag in ein Gesuch um Erlassung des Zahlungsbefehls umgedeutet werden (§§ 495a, 500a II ZPO., §§ 1, 2 I Entlast.-Bek. i. d. Fass. v. 13. Mai 1924)[2072b]).

Dagegen ist die Wahrung der Fristen und Formen bei der Einspruchs- und Rechtsmitteleinlegung natürlich eine Bedingung der Zulässigkeit nicht der Klage, sondern des Einspruches oder Rechtsmittels und folglich nur eine eigentümliche Voraussetzung der Sachentscheidung, die auf Grund der Verhandlung nach Erlaß des Versäumnisurteils, oder die in der Rechtsmittelinstanz erlassen wird[2073]). Voraussetzungen endlich, wie vorschriftsmäßige Gerichtsbesetzung, Mitwirkung von Gerichtspersonen, die weder ausgeschlossen noch mit Erfolg abgelehnt waren, vorschriftsmäßige Öffentlichkeit der mündlichen Verhandlung, sind keine Bedingungen der Zulässigkeit eines Antrages und daher

---

ein sachabweisendes Urteil. Um dieses Ziel zu erreichen, muß er erst den Kläger zu einer ungenügenden Substanzierung der Klage veranlassen! (vgl. HEIN, a. a. O., 181 Anm. 23).

[2071]) Vgl. oben zu Anm. 1917b.

[2072]) STEIN, Nr. VII 2 a. E. zu § 268. Es ist also nur von seinem Standpunkt aus — vgl. oben Anm. 2067 — richtig, wenn SAUER, 518, lehrt, daß die Voraussetzungen des Rechts zur Klagänderung „gewiß keine Prozeßvoraussetzungen" seien.

[2072a]) Vgl. schon oben zu Anm. 1925a; STEIN, Nr. II zu § 608 (mit der verfehlten Begründung, daß das erkennende Gericht das Verfahren seines Vorsitzenden nicht nachprüfen dürfe — als ob es das in sonstigen Fällen rechtsirrtümlicher Terminsbestimmung — vgl. oben von Anm. 1918 ab — nicht dürfte!). Vgl. noch unten zu Anm. 2137b.

[2072b]) Vgl. GOLDSCHMIDT, ZPO., Vorbem. 4a, b vor § 495.

[2073]) Etwas anderes habe ich Beitr., 46 (152), auch nicht sagen wollen, und dies will wohl auch BLEY, 46, nicht bestreiten. Daß die Wahrung der Fristen und Formen bei der Einspruchs- und Rechtsmitteleinlegung keine Voraussetzung eines Sachurteils über die Klage ist, beruht darauf, daß es sich hier nicht um Bedingungen der Zulässigkeit der Klage handelt. Der gewöhnlich (so von STEIN, Nr. I 1 zu § 274; SAUER, 164, 517/8) angeführte Grund, daß es sich hier nicht um Voraussetzungen des Prozesses „als Ganzen" handle, beweist wiederum — vgl. oben Anm. 2067 — nur für den etwas, der auf die Gleichsetzung von Sachentscheidungsvoraussetzungen und Voraussetzungen des Prozesses, m. a. W. des „Prozeßverhältnisses" eingestellt ist. Nicht zu rechtfertigen ist dies bei SAUER, 159, der, 162, ablehnt, daß die „Prozeßvoraussetzungen" Voraussetzungen des „Prozeßverhältnisses" seien; vgl. schon oben Anm. 32.

keine Sachentscheidungsvoraussetzungen[2074]), sondern Voraussetzungen einer bestandsfähigen Entscheidung, insbesondere eines bestandsfähigen Urteils[2075]).

b) Auch die Bedingungen der Zulässigkeit der Anklage, d. i. des Antrages auf Erfüllung der richterlichen Strafpflicht[2075a]), fallen mit den Sachentscheidungsvoraussetzungen zusammen[2075b]). Unrichtig ist, wenn Löwe-Rosenberg als allgemeine „Klagevoraussetzungen"[2076]) nur die Zuständigkeit des Gerichts bezeichnet[2077]) und behauptet, daß die „Klagevoraussetzungen" nur für den Prozeßabschnitt Bedeutung haben, welcher mit Erhebung der Klage beginnt und mit Eröffnung des Hauptverfahrens endigt[2078]). Allerdings hat das Gericht durch Beschluß im Falle der Unzuständigkeit den Antrag auf Eröffnung der Voruntersuchung (§ 180 StPO.), im Falle der örtlichen Unzuständigkeit den Antrag auf Eröffnung des Hauptverfahrens insoweit abzulehnen, als nicht

---

[2074]) Hiermit berichtige ich das Mater. JustizR., 70 Anm. 333; Beitr. 45 (151) i. d. Anm. und 46 (152) Gesagte. Im gemeinen Prozeß galt freilich die exc. iudicis inhabilis vel suspecti in der Tat als Prozeßeinrede (vgl. Wetzell, § 14 vor Anm. 111); vgl. auch R. Schmidt, § 104 I 1 b und c; v. Kries, ZStW. V 39.

[2075]) Vgl. schon Jaeger, Z. XL 125; Beling, Festschr. f. Bind., 23, 24; Enz. 157; Bley, 107; Rosenfeld, 86 III; Rosenberg, ZStW. XXXVI 543; aber auch v. Kries, ZStW. V 33 Anm. 21 a. E. Doch ist der Begriff der „Urteilsvoraussetzung" insbesondere bei Beling und Rosenfeld, § 46 VI, § 85 III, ein solcher, der von dem Begriff der „Sachurteilsvoraussetzung" umfaßt wird (bei Löwe-Rosenberg, Nr. 21 zu Buch II Abschnitt 1; Rosenberg, ZStW. XXXVI 542/3; v. Kries, 467, 578; ZStW. V 32ff.; Graf Dohna, 50, 180, bedeutet „Urteilsvoraussetzung" überhaupt nur „Sachurteilsvoraussetzung"), während in dem Begriff der Urteilsbestandsvoraussetzung zwei Merkmale mitgedacht werden müssen, die dem Begriff der „Sachurteilsvoraussetzung" fremd sind. Dieser begreift nur die Voraussetzungen der Richtigkeit eines Urteils in bestimmter Beziehung, jener darüber hinaus die Voraussetzungen der Bestandsfähigkeit eines Urteils in jeder Beziehung. Vgl. schon v. Kries, ZStW. V 33 Anm. 21 a. E., 42; Kriegsmann, Nichtigkeit, 481 (beide gegen Binding, Grdr., 239, 269ff., wo in der Tat „Sachurteils"- und „Urteilsbestandsvoraussetzungen" vermengt werden), und oben Anm. 376, unten zu Anm. 2648ff., insbesondere Anm. 2652.

[2075a]) Vgl. oben zu und in Anm. 1325/27.

[2075b]) Anders v. Kries, 467, 578ff.; ZStW. V 31; vgl. aber dens., a. a. O., 39. Zutreffend Birkmeyer, 565, 567.

[2076]) Gegen die Einführung eines „Klagrechts-" („Strafklagerechts"-)Begriffs in das Strafjustizrecht vgl. schon mein Mater. JustizR., 20ff., 50; oben Anm. 1326/7. Es gibt nur ein „Anklagerecht" (im Anklage- und Anklageformprozeß) und ein richterliches „Strafverfolgungs"- (im Inquisitions- und Anklageformprozeß) und „Strafverurteilungs-Recht". Zutreffend spricht der Entw. GesRSt. v. 1919 §§ 175ff. von „öffentlicher Anklage" statt von „öffentlicher Klage". In ZStW. XXXVI 529 erklärt Rosenberg, unter „Recht der Strafverfolgung" dasselbe zu verstehen, was ich unter „Anklagerecht" verstehe, nämlich das „Recht auf Ausübung der Strafgewalt durch den Richter". Ich bin erfreut, daraus zu entnehmen, daß Rosenberg meine Arbeit kennt (aus dem Schweigen des Kommentars muß man das Gegenteil schließen!). Noch erfreuter, daß Rosenberg, gleich mir, sich das strafjustizrechtliche Klagrecht, anders als das ziviljustizrechtliche, nicht als auf Zuerkennung eines Anspruchs, des „Strafanspruchs", gerichtet vorstellt. Aber warum dann die Beibehaltung des die verworfene Auffassung voraussetzenden Bindingschen „Strafklagerechts" (Komm. Nr. 17a, 24ff. zu Buch II Abschnitt 1)?

[2077]) Nr. 19 zu Buch II Abschnitt 1.

[2078]) Nr. 20d, a. a. O.

bereits zuvor eine die Zuständigkeit des befaßten Gerichts feststellende, ihre weitere Erörterung ausschließende Entscheidung ergangen ist (§ 17 StPO.), im Falle der sachlichen Unzuständigkeit schließlich bei Eröffnung des Hauptverfahrens gemäß § 209 I S. 2 Abs. II StPO. zu verfahren[2079]). Aber diese regelmäßige Bindung des Gerichts, eine unzulässige Anklage a limine zu verwerfen, beruht einfach darauf, daß die Sache im Strafprozeß, wie im klassischen römischen Zivilprozeß, zum Urteilsverfahren überhaupt erst nach Feststellung ihrer „Verhandlungswürdigkeit" zugelassen wird[2080]). Die Bedingungen der Zulässigkeit der Anklage verlieren dadurch den Charakter unmittelbarer Sachurteilsvoraussetzungen und werden allgemein zu Sachentscheidungsvoraussetzungen[2081]). Ist das indessen anders bezüglich der von LÖWE-ROSENBERG als allgemeine „Prozeßvoraussetzungen" aufgefaßten Zulässigkeit des Strafrechtsweges oder Unterwerfung des Beschuldigten unter die inländische Gerichtsbarkeit[2082])? Und andererseits muß LÖWE-ROSENBERG selbst zugeben, daß „die meisten Klagevoraussetzungen" — so Strafantrag, Ermächtigung, die er als „besondere Klagevoraussetzungen" betrachtet[2083]) — „zu den Urteilsvoraussetzungen gehören"[2084]). Aber auch die Zuständigkeit gehört dazu[2084a]). Denn daß die örtliche Zuständigkeit nach § 18 StPO. im Hauptverfahren nicht mehr von Amts wegen zu prüfen ist[2085]), ändert an ihrer Eigenschaft als Sachurteilsvoraussetzung nichts. Hören etwa im Zivilprozeß auf Sachurteilsvoraussetzungen zu sein die Zuständigkeit, weil ihr Mangel, wenn der Beklagte verhandelt, regelmäßig nur auf seine Rüge hin (§§ 39, 274 III ZPO.) beachtet wird, die Vertretungsmacht des die Klage erhebenden Prozeßbevollmächtigten im Anwaltsprozeß, weil hier ihr Mangel nur auf Einwand des Beklagten (§ 88 II ZPO.) berücksichtigt wird,

[2079]) Es ist also nicht genau, wenn LÖWE-ROSENBERG, Nr. 20c, a. a. O., lehrt, daß bei Mangel einer „Klagevoraussetzung" die Eröffnung der Voruntersuchung oder des Hauptverfahrens durch Beschluß abzulehnen sei; vgl. LÖWE-ROSENBERG selbst, Nr. 4 zu § 198 (196), Nr. 4 zu § 209 (207) StPO.

[2080]) Vgl. darüber oben zu Anm. 365, 366.

[2081]) Vgl. schon mein Mater. JustizR., 25/6.

[2082]) Es ist nichts dagegen einzuwenden, wenn LÖWE-ROSENBERG, Nr. 15 zu Buch II Abschnitt 1 (vgl. schon ROSENBERG, ZStW. XXXVI 523ff), die „Zulässigkeit des Strafrechtsweges" (GOLDSCHMIDT, Mater. JustizR., 66) in die in diesem Begriff steckenden Erfordernisse (zu dem Geschäftskreis der ordentlichen Strafgerichte gehörende Kriminalstrafe) auflöst. Widerspruch muß aber dagegen erhoben werden, daß er darüber den Oberbegriff ganz aufgibt, und daß er in jene Erfordernisse im Komm. Nr. 15c (anders noch ZStW. XXXVI 523ff., 533ff., 537) die Abwesenheit der Exterritorialität hineinzieht, die, zusammen mit der von LÖWE-ROSENBERG, Nr. 17h, i, a. a. O., als „besondere Prozeßhindernisse" aufgeführten Immunität der Abgeordneten während der Sitzungsperiode und des Reichspräsidenten, als „Unterwerfung des Beschuldigten unter die inländische Gerichtsbarkeit" eine Voraussetzung für sich bildet (vgl. GOLDSCHMIDT, Mater. JustizR., 66/7). Warum übrigens zwar die Immunität ein „Prozeßhindernis" sein soll, aber nicht die Exterritorialität, vermag ich nicht einzusehen.

[2083]) Nr. 19 zu Buch II Abschnitt 1. [2084]) A. a. O., Nr. 21.

[2084a]) Vgl. auch ROSENBERG, ZStW. XXXVI 542.

[2085]) Dies macht LÖWE-ROSENBERG, Nr. 21 a. a. O., geltend; ebenso schon v. KRIES, 578; ZStW. V 31. Richtig dagegen BIRKMEYER, 566.

oder endlich die Abwesenheit der den Gegenstand bloßer Prozeßeinreden bildenden Prozeßhindernisse des § 274 II Nr. 3—6 ZPO.? Soll insbesondere in dem Fall des § 379 StPO., der dem Fall der §§ 274 II Nr. 5, 110—113 ZPO. nachgebildet ist, die Prozeßkostensicherheit, deren Mangel nur auf Einwand des Beschuldigten zu beachten ist[2086]), keine Sachurteilsvoraussetzung sein? Ja, selbst, daß der Mangel der örtlichen Zuständigkeit gemäß § 16 StPO. nach Verlesung des Eröffnungsbeschlusses überhaupt nicht mehr gerügt werden kann, ändert an ihrer Eigenschaft als Sachurteilsvoraussetzung nichts, wie auch im Zivilprozeß die Zuständigkeit nicht deswegen aufhört, eine Sachurteilsvoraussetzung zu sein, weil der Beklagte gemäß § 274 III ZPO. mit der Geltendmachung ihres Mangels ausgeschlossen werden kann. Ebensowenig verliert die sachliche Zuständigkeit ihren Charakter als Sachurteilsvoraussetzung dadurch, daß ihr Mangel nach § 269 StPO. im Hauptverfahren[2087]) nur im Falle der Zuständigkeit eines Gerichts höherer Ordnung berücksichtigt wird[2088]). Nach der Auffassung der StPO. — vgl. Motive zu §§ 228, 229 Entw. — schließt die größere sachliche Zuständigkeit die geringere ein. Ganz in derselben Richtung, wenn auch nicht so weit geht § 10 ZPO.

Schief ist, wenn Löwe-Rosenberg lehrt, daß der Mangel einer „Klagevoraussetzung" niemals die Folge habe, daß die Eröffnung der Untersuchung nichtig ist[2089]). Ob und inwieweit ein mangelhafter Richterakt nichtig ist, darüber gehen die Ansichten bekanntlich noch weit auseinander[2090]). Daß die Frage für seine „Prozeßvoraussetzungen" oder „Prozeßhindernisse"[2091]) anders zu beantworten ist als für seine „Klagevoraussetzungen"[2092]) hat Löwe-Rosenberg ebensowenig bewiesen oder auch nur zu beweisen versucht, wie daß sie anders für den Eröffnungsbeschluß oder die die gerichtliche Voruntersuchung eröffnende Verfügung zu beantworten ist als für das Urteil. Die beschränkte Anfechtbarkeit jener Entscheidungen[2093]) hat damit nichts zu tun. Denn wäre etwa der Eröffnungsbeschluß nichtig, so wäre ein Sachurteil ebenso ausgeschlossen, wie wenn er überhaupt fehlte[2094]). Unverständlich ist, ob auch die — ungenaue[2095]) — Behauptung, daß bei Mangel von „Klagevoraussetzungen" die Eröffnung der Voruntersuchung oder des Haupt-

2086) Vgl. unten hinter Anm. 2124a.

2087) § 210 Entw. v. 1909 ermächtigt das Gericht höherer Ordnung, sich noch nach Eröffnung des Hauptverfahrens für sachlich unzuständig zu erklären, solange nicht in eine Hauptverhandlung eingetreten ist.

2088) Dies macht Löwe-Rosenberg, a. a. O., geltend; ebenso schon v. Kries, a. a. O.

2089) A. a. O., Nr. 20d.

2090) Vgl. schon oben vor Anm. 375, unten zu Anm. 2657ff.

2091) Löwe-Rosenberg, Nr. 15, 17a. a. O.; Rosenberg, ZStW. XXXVI 522ff., 528ff; vgl. dazu schon oben Anm. 2069.

2092) Löwe-Rosenberg, Nr. 19 a. a. O.

2093) Auf welche Löwe-Rosenberg, Nr. 20d, a. a. O., verweist.

2094) RGESt. I 67; Löwe-Rosenberg, Nr. 22b, a. a. O.; unten Anm. 2137, zu Anm. 2691. Schief Rosenberg, ZStW. XXXVI 542, über die Bedeutung der Unabänderlichkeit des Eröffnungsbeschlusses.

2095) Vgl. oben Anm. 2079.

verfahrens abzulehnen[2096]), bei Mangel von „Prozeßvoraussetzungen" oder Vorliegen von „Prozeßhindernissen" das Verfahren einzustellen sei[2097]), einen Unterschied zwischen jenen und diesen ausdrücken soll. Wenn ja, so wäre der Unterschied ein willkürlich erdachter. Denn z. B. gerade bei Mangel der „Prozeßvoraussetzung" der Unterwerfung des Beschuldigten unter die inländische Gerichtsbarkeit oder bei dem „Prozeßhindernis" der Immunität ist der Antrag auf Eröffnung der Voruntersuchung gemäß § 180 StPO. wegen „Unzulässigkeit der Strafverfolgung" „abzulehnen"[2098]), während umgekehrt z. B. bei Mangel der „Klagvoraussetzung" der örtlichen Zuständigkeit der den Antrag auf Eröffnung des Hauptverfahrens ablehnende Beschluß jedenfalls nach stattgehabter Voruntersuchung, aber auch sonst zugleich das Verfahren „einzustellen" hat[2099]). Ganz schief ist, wenn Löwe-Rosenberg seinen „Prozeßvoraussetzungen" und „Prozeßhindernissen", im Gegensatz zu seinen „Klagevoraussetzungen", die Eigentümlichkeit beilegt, daß auf sie § 340 (380) StPO. keine Anwendung finde[2100]). Als Gründe dafür führt er einmal an, daß der Mangel der „Prozeßvoraussetzungen" von Amts wegen zu berücksichtigen sei. Ist es der Mangel der „Klagevoraussetzungen" etwa nicht? Sodann, daß die „Prozeßvoraussetzungen" nicht ausschließlich dem Prozeßrecht, sondern auch anderen Rechtsgebieten — Völkerrecht, Staatsrecht usw. — angehörten. Indessen die Eigenschaft als „Prozeßvoraussetzungen" empfangen jene Bedingungen ausschließlich durch das Prozeßrecht[2101]). Endlich sollen die Normen[2102]) über die „Prozeßvoraussetzungen" nicht Rechtsnormen „über das Verfahren", sondern Rechtsnormen „über die Zulässigkeit des Verfahrens" sein. Diese Heraushebung von Sachentscheidungsvoraussetzungen, welche die „Zulässigkeit" des Verfahrens bedingen, im Gegensatz zu denen, welche nur die Art und Weise des Verfahrens betreffen, kommt mir recht bekannt vor. Es sind die von mir, im Anschluß an Hellwig, aufgestellten „prozessualen Strafrechts-" oder „Verfolgbarkeitsvoraussetzungen"[2103]). Und bezüglich dieser „Verfolgbarkeitsvoraussetzungen" habe ich von vornherein die Ansicht vertreten, daß auf die sie betreffenden Rechtsnormen § 340 (380) StPO. nicht an-

2096) Löwe-Rosenberg, Nr. 20c, a. a. O.

2097) Löwe-Rosenberg, Nr. 16d, e, a. a. O.

2098) Vgl. Löwe-Rosenberg, Nr. 4 zu § 180 (178), wo aber Nr. 15 zu Buch II Abschnitt 1 nicht angeführt ist.

2099) So Rosenberg selbst, ZStW. XXXVI 542; § 208 I S. 1 Entw. v. 1919.

2100) Löwe-Rosenberg, Nr. 16f zu Buch II Abschnitt 1; Rosenberg, ZStW. XXXVI 540/1.

2101) Vgl. dazu auch Beling, Festschr. f. Bind., 29. Es liegt hier eben anders als oben zu Anm. 729a.

2102) Die „Prozeßvoraussetzungen" selbst sind keine „Rechtsnormen" — dies zu Löwe-Rosenberg, Nr. 16f a. a. O.

2103) Vgl. meine oben in Anm. 826 angeführten Schriften. Beling hat diese Kategorie von mir unter dem Namen „Strafklagerechtsvoraussetzungen" übernommen (vgl. schon Goldschmidt, GA. LIV 39); zustimmend auch Hegler, Internat. StrafR., 12 Anm. 3; Festschr. f. Bind., 56 Anm. 2 (an letzterer Stelle, ohne mich zu nennen). In ganz anderem Sinne spricht Graf Dohna, 49 von „Strafklagevoraussetzungen bzw. Bedingungen der Strafverfolgung".

wendbar ist[2104]). Da LÖWE-ROSENBERGS „Prozeßvoraussetzungen" — positive wie negative — sämtlich zu den „Verfolgbarkeitsvoraussetzungen" gehören, so ist auf sie in der Tat § 340 (380) StPO. nicht anwendbar[2105]). Aber er ist — wie LÖWE-ROSENBERG selbst zugeben muß[2106]) — ebensowenig anwendbar auf die von LÖWE-ROSENBERG zu den „besonderen Klagevoraussetzungen" gerechneten[2107]) Voraussetzungen des Strafantrages und der Ermächtigung, welche gleichfalls zu den „Verfolgbarkeitsvoraussetzungen" gehören[2108]).

Damit gelangt man zu der Feststellung, daß LÖWE-ROSENBERGS Begriff der „Prozeßvoraussetzungen" überhaupt von Grund aus verfehlt ist. Als Ersatz meiner „Verfolgbarkeitsvoraussetzungen" ist er zu eng, übrigens — schon mit Rücksicht auf § 152 II StPO., §§ 152 II, 199, 208, 254 Entw. v. 1909, 176 II, 209 I, V, 256 II Entw. v. 1919 — keine terminologische Verbesserung [2109]). Die „Prozeßvoraussetzungen" sollen nun aber vor den „Klagevoraussetzungen" voraus haben, daß sie auch die Einleitung des Ermittelungsverfahrens bedingen. Als Beleg dafür wird angeführt, daß, wie §§ 127 III, 130 StPO. zeigten, die Maßregeln der vorläufigen Festnahme, Verhaftung, Beschlagnahme und Durchsuchung auch statthaft seien, wenn eine „Klagevoraussetzung", der Strafantrag, fehle[2110]). Es kann dahingestellt bleiben, ob die §§ 127 III, 130 StPO. Ausnahmebestimmungen sind[2111]), oder ob aus ihnen als allgemeines Prinzip zu folgern ist, daß bei Gefahr im Verzuge Maßregeln zur Sicherung der Strafverfolgung und Strafvollstreckung schon vor Stellung eines Strafantrages statthaft sind[2112]). Selbst wenn man dieses annimmt, so wird damit nur bewiesen, daß nicht alle Voraussetzungen des Antrages und der Entscheidung „zur Hauptsache" auch Voraussetzungen des in das Vorverfahren „eingesprengten" „strafprozessualen Arrestverfahrens"[2113]) sind. Daß die von LÖWE-ROSENBERG[2114]) zu den „Klagevoraussetzungen" gerechnete gerichtliche Zuständigkeit eine Bedingung ist, unter der allein auch das im Ermittelungsverfahren angegangene Gericht einem Antrage stattgeben kann, wird wohl LÖWE-ROSENBERG selbst nicht bezweifeln. Auf sich beruhen mag, ob nach Abzug des in das Vorverfahren „eingesprengten" „strafprozessualen Arrest-"

2104) Mater. JustizR., 65.

2105) Vgl. das von ROSENBERG, ZStW. XXXVI 540 Anm. 91, angeführte Material.

2106) Nr. 6 zu § 340 (380).

2107) Nr. 19 zu Buch II Abschnitt 1.

2108) Vgl. mein Mater. JustizR., 67.

2109) Daß der Begriff der „Verfolgbarkeitsvoraussetzungen", d. h. der Voraussetzungen der „Zulässigkeit des Verfahrens" auf einer materielljustizrechtlichen Betrachtungsweise beruht, habe ich wiederholt betont; vgl. Mater. JustizR., 60; oben Anm. 826, 2065, unten Anm. 2123b.

2110) LÖWE-ROSENBERG, Nr. 20 zu Buch II Abschnitt 1.

2111) So RGESt. VI 40; Graf DOHNA, 49.

2112) So RGESt. XXXIII 381; Prot. d. StrafprozRefKom., I 74ff., II 172, 429; §§ 91, 113 Entw. v. 1909; Begr. 95; §§ 112, 133 Entw. v. 1919.

2113) So HEGLER, Festschr. f. BIND., 8ff.; schon vorher v. KRIES, ZStW. IX 67; GOLDSCHMIDT, Mater. JustizR., 55, 68; oben Anm. 1327, zu Anm. 1493.

2114) Nr. 19 zu Buch II Abschnitt 1; oben zu Anm. 2077.

und „Beweissicherungsverfahrens“[2115]) überhaupt noch ein gerichtliches Ermittelungsverfahren („Materialsammlungsverfahren“) übrig bleibt[2116]); denn wenn ja, so gehört es nicht zum eigentlichen Prozeß, erweist sich vielmehr als eine Art von freiwilliger Gerichtsbarkeit[2117]). Ebenso liegen außerhalb des Prozesses die Ermittelungshandlungen der Staatsanwaltschaft und ihrer Hilfsorgane, sowie die „Selbsthilfeakte“ aller dieser Organe im Arrestverfahren[2118]). So ist denn auch recht zweifelhaft, ob LÖWE-ROSENBERGS „Prozeßvoraussetzungen“ — positive wie negative — wirklich die Einleitung eines Ermittelungsverfahrens bedingen[2118a]). Ein solches kann gerade zu ihrer Feststellung erforderlich sein. Daß auch die außerhalb des Prozesses liegenden „Staatsakte“, wenn sie nicht „fehlerhaft“[2119]) sein sollen, gewisse Bedingungen[2119a]) erfüllen müssen, steht auf einem anderen Blatt. Nur darf die Herausarbeitung dieser Bedingungen nicht dazu führen, daß sie — wie bei LÖWE-ROSENBERG — als „Prozeßvoraussetzungen“ in den Vordergrund gerückt, dagegen die „Klagevoraussetzungen“ zu untergeordneten Voraussetzuugen eines einzelnen Verfahrensabschnittes herabgedrückt werden. Nicht darin besteht ROSENBERGS Fehler, daß er durch Aufstellung des Begriffes der „Klagevoraussetzungen“ zu Unrecht den Voraussetzungen einer einzelnen Prozeßhandlung eine systematisch unberechtigte Vorzugsstellung eingeräumt hat[2120]), sondern gerade umgekehrt darin, daß er diesen Begriff der ihm gebührenden Zentralstellung entkleidet hat. ROSENBERGS Lehre von den „Prozeßvoraussetzungen“ im Strafprozeß krankt daran, daß sie ohne Fühlung mit dem Zivilprozeß aufgestellt worden ist.

Es bleibt also dabei, daß auch die Bedingungen der Zulässigkeit der Anklage mit den Sachentscheidungsvoraussetzungen zusammenfallen[2121]). Dazu gehören[2122]) die Unterwerfung des Beschuldigten unter die inländische Gerichtsbarkeit (ausgeschlossen bei Exterritorialität oder Immunität), die Zulässigkeit des Strafrechtsweges[2123]), die Zuständig-

---

2115) HEGLER, a. a. O., 24ff. 2116) HEGLER, a. a. O., 36.

2117) HEGLER, 34, 39ff.; anders offenbar SAUER, 131. Das im Text Gesagte tritt freilich erst dann klar hervor, wenn, wie in dem Entwurf v. 1919, § 191, die Hilfe des Amtsrichters zur Materialsammlung dem ihrer wirklich bedürftigen Beschuldigten zur Verfügung gestellt wird; vgl. über den Entwurf GOLDSCHMIDT, DJZ. 1920, 164; JWSchr. 1920, 232. De lege lata ist die üble Bezeichnung des Amtsrichters als „Notstaatsanwalt“ leider nicht ungerechtfertigt. Unsere StPO. steht immer noch unter dem Einfluß des Inquisitionsprozesses: Tout juge est officier du ministère public.

2118) HEGLER, a. a. O., 13ff. 2118a) Was auch Graf DOHNA, 49, behauptet.

2119) Vgl. W. JELLLINEKS Schrift. 2119a) Vgl. SAUER, 120 bei Anm. 4.

2120) Dies wirft v. LISZT, DStZ. 1917, 445, ROSENBERG vor.

2121) Vgl. oben zu Anm. 2075b. 2122) Vgl. schon Mater. JustizR., 66ff.

2123) Hierher gehört auch der durch § 433 RAbgO. begründete Ausschluß des Strafrechtsweges über die öffentlichrechtliche Vorfrage des Steueranspruches; vgl. über ähnliche Fälle einer Einschränkung des Zivilrechtsweges STEIN, Nr. III zu § 148 ZPO. Daß es unrichtig ist, Fälle, wie den des § 433 RAbgO., als Sondererscheinung und als spezifische „Urteilsvoraussetzung“ (vgl. dazu oben Anm. 2075) zu betrachten, wie dies RGESt. LVI 109 und LÖWE-ROSENBERG, Nr. 22d zu Buch II Abschnitt 1, tun, lehren nunmehr §§ 156 Entw. v. 1909, 180 Entw. v. 1919.

keit des Gerichts, Parteifähigkeit des Beschuldigten und Privatklägers, Zuständigkeit des anklagenden Staatsanwalts[2123a]), Prozeßfähigkeit des Privatklägers oder gesetzliche Vertretungsmacht, sowie Vertretungsmacht des den Privatkläger vertretenden Rechtsanwalts, im Falle der Einreichung einer Anklageschrift Verhandlungsfähigkeit[2123b]) und regelmäßig Anwesenheit des Beschuldigten, sowie Führung der notwendigen Voruntersuchung, im Falle des Antrages auf Verurteilung ein gültiger Eröffnungsbeschluß, ferner Zulässigkeit der Prozeßart, endlich Ordnungsmäßigkeit der Anklage (§§ 179, 200 StPO.), sowie Antrag oder Ermächtigung bei den betreffenden Delikten, Zahlung des Gebührenvorschusses in § 83 III GKG.[2123c]) und der Sühneversuch in § 380 StPO. Dazu kommt die Abwesenheit der Prozeßhindernisse der Rechtshängigkeit, der Anhängigkeit eines gemäß §§ 164 II, 191 StGB. anhängigen Verfahrens, der Rechtskraft[2124]) und Niederschlagung[2124a]), sowie in § 379 StPO. die Leistung der erforderlichen Sicherheit für die dem Beschuldigten voraussichtlich erwachsenden Kosten, deren Mangel nur auf Einwand des Beschuldigten zu beachten ist.

Daß der Mangel einer ordnungsmäßigen Anklageschrift[2124b]) — Mängel der Anklage der §§ 170 I, 179 StPO. kommen nach Einreichung der sie ersetzenden Anklageschrift (§§ 170 I, 198 II S. 2, 200 StPO.) nicht mehr in Betracht[2124c]) —, wie jeder Mangel in den Bedingungen der Zulässigkeit der Anklage, nicht nur den Eröffnungsbeschluß, sondern auch das Sachurteil ausschließt, hat das RG. I. S. Urt. v. 16. Mai 1895, ESt. XXVII 236, ausdrücklich anerkannt. Es hat damit, was

---

[2123a]) Man denke an die Anklageschrift eines Amtsanwalts in einer Schwurgerichtssache.

[2123b]) Daß diese nicht, wie die Prozeßfähigkeit im Zivilprozeß, bloßes Formerfordernis (vgl. oben Anm. 2065), sondern gleichzeitig „Verfolgbarkeitsvoraussetzung“ (vgl. oben zu Anm. 2103) ist (Mater. JustizR., 67), folgt aus der persönlichen Natur der Strafbarkeit ohne weiteres. Seltsam SAUERS, 512/3, Polemik gegen mich. Mir ist nie eingefallen zu glauben, daß nur bei Mangel von „Verfolgbarkeitsvoraussetzungen“ das Verfahren einzustellen sei (Mater. JustizR., 64; unten hinter Anm. 2158). Es ist aber etwas anderes, ob das Verfahren nur wegen Unzulässigkeit dieser Anklage oder wegen (mindestens zeitiger) Unverfolgbarkeit überhaupt eingestellt wird. Daß der Begriff der „Verfolgbarkeitsvoraussetzung“ auf einer materielljustizrechtlichen Betrachtungsweise fußt, darüber vgl. Mater. JustizR., 60; oben Anm. 826, 2065, 2109.

[2123c]) Dazu § 85 IV, V GKG.

[2124]) Im Falle des § 211 StPO., sofern nicht neue Tatsachen oder Beweismittel vorliegen, die LÖWE-ROSENBERG, Nr. 19 zu Buch II Abschn. 1, als selbständige „Klagevoraussetzungen“ ansieht; vgl. aber schon oben zu Anm. 367.

[2124a]) Dagegen nicht die Verjährung; vgl. Mater. JustizR., 39ff. Abw. LÖWE-ROSENBERG, Nr. 17b zu Buch II Abschn. 1.

[2124b]) Von den unten zu Anm. 2135, 2136 erwähnten Sonderfällen bewendet es in §§ 407, 430 StPO. bei einer schriftlichen Anklage. In §§ 212, 266 StPO. wird die Anklage mündlich, in §§ 416, 422 StPO. — konkludent — dadurch erhoben, daß die Staatsanwaltschaft die Akten dem zuständigen Gericht vorlegt (§§ 414 II, 420 StPO.; was durch §§ 436 II S. 3 Entw. v. 1909 i. d. Fass. der RTKBeschl.; 424 II S. 2 Entw. v. 1919 klargestellt wird).

[2124c]) Daß auch im Falle des § 208 StPO. eine Anklageschrift einzureichen ist, sollte angesichts des klaren Wortlauts des Gesetzes nicht bezweifelt werden. Anders jetzt (im Widerspruch zu seinen früheren Auflagen) LÖWE-ROSENBERG,

ALSBERG[2125]) m. E. zu Unrecht bestreitet, den Standpunkt seiner früheren Rechtsprechung (ESt. II 38; GA. XXXV 322) verlassen, wonach die Revision auf eine Unvollständigkeit der Anklageschrift deshalb nicht gestützt werden könne, weil die Hauptverhandlung und das Urteil nicht auf der Anklageschrift, sondern auf dem Eröffnungsbeschluß beruhten[2126]). Denn auch das Urt. des II. S. v. 25. März 1898 (ESt. XXXI 104ff.) hält an der Notwendigkeit einer vollständigen Anklageschrift für die Hauptverhandlung fest[2127]) und erachtet es nur — wenn schon zu Unrecht[2128]) — für ausreichend, daß die Zustellung der vervollständigten Anklageschrift der Zustellung des Eröffnungsbeschlusses nachfolgt. Es wäre auch unerfindlich, warum zwar der Mangel einer Anklageschrift ein Sachurteil ausschließen sollte, der Mangel eines ihrer nach § 200 StPO. wesentlichen Bestandteile aber nicht. Betont doch das RG. (ESt. XXVII 236), daß die Anklageschrift den Angeklagten in die Lage versetzen soll, für die Hauptverhandlung seine Verteidigung vorzubereiten[2128a]). Im Ergebnis ganz damit übereinstimmend erklärt denn auch RG. IV. S. Urt. v. 18. Febr. 1905 (ESt. XXXVII 408) nicht nur, daß ein ohne vorherige Anklageschrift erlassener Eröffnungsbeschluß als rechtsgültig nicht angesehen werden kann, sondern auch, daß die Anklageschrift, um als ausreichende Grundlage des Eröffnungsbeschlusses gelten zu können, bestimmten Erfordernissen entsprechen muß; es bestreitet nur, daß zu diesen Erfordernissen die Unterschrift des Staatsanwalts gehöre, sofern nachgewiesen wird, daß das nicht unterschriebene Schriftstück mit Wissen und Willen des zuständigen staatsanwaltschaftlichen Beamten zu den Akten gekommen ist[2128b]).

Wie eine ordnungsmäßige Anklageschrift, so bleibt auch die Führung einer notwendigen Voruntersuchung Sachurteilsvoraussetzung, sofern

---

Nr. 3 zu § 208 (206), sofern in vor dem Amtsrichter oder den Schöffengerichten zu verhandelnden Strafsachen die Anklageschrift dem Angeschuldigten doch nicht zugestellt wird (§ 201 I S. 2 StPO.). Allerdings ist in diesem Fall die — arg. § 200 II S. 2 StPO. gemäß § 200 I StPO. abzufassende — Anklageschrift nur ein durch den „Anklageformgrundsatz" bedingtes Formerfordernis.

[2125]) Justizirrtum, 13 Anm. 1. Ihm folgt LÖWE-ROSENBERG, Nr. 12b zu § 200 (198).

[2126]) Ebenso v. KRIES, 578; ZStW. V 31/2; ROSENFELD, § 77 I 1; ROSENBERG, ZStW. XXXVI 541.

[2127]) Verkannt von LÖWE-ROSENBERG, a. a. O.

[2128]) Das RG. verlangt doch auch sonst die Einhaltung der vom Gesetz für die Vornahme der Prozeßhandlungen vorgeschriebenen Reihenfolge (ESt. XXIII 311) und mißbilligt ein „turbulentes" Verfahren.

[2128a]) Im Falle des § 208 StPO. ist das grundsätzlich (vgl. oben Anm. 2124c) ihre einzige Funktion.

[2128b]) Entsprechend sagt RGESt. X 58 (Rechtspr. VI 64): „Dem fehlenden wird unter Umständen ein sachlich unvollständiger Eröffnungsbeschluß gleichgestellt werden müssen." Bedenklich RGESt. XXIV 66; Rechtspr. V 228, 585; GA. XXXV 322, insofern hier eine Vervollständigung des Eröffnungsbeschlusses noch in der Hauptverhandlung für ausreichend gehalten wird. Die Verweisung des Angeklagten auf das ihm durch § 265 IV StPO. eingeräumte Recht, Vertagung zu verlangen, nützt nichts, da dieses Recht nur bei „veränderter Sachlage" besteht.

nicht der Ausnahmefall des § 270 II StPO. vorliegt[2129]). Wenn das RG. in zwei älteren Entscheidungen (Rechtspr. III 92; VI 164), unter Zustimmung verschiedener Schriftsteller[2130]), entschieden hat, es könne der Mangel der notwendigen Voruntersuchung nicht durch Revision, sondern nur auf dem in §§ 201 II, 183 StPO. vorgeschriebenen Wege der sofortigen Beschwerde geltend gemacht werden, so wird dabei in unbegreiflicher Weise ganz übersehen, daß der Beschwerdeweg des Beschuldigten sich nur auf die Fälle des § 178 II[2131]), aber gerade nicht auf die Fälle des § 178 I StPO., m. a. W. auf die Fälle der notwendigen Voruntersuchung bezieht. Eher ließe sich gegen die Sachurteilseigenschaft der Führung einer notwendigen Voruntersuchung einwenden, daß die Voruntersuchung grundsätzlich keine Grundlage der Hauptverhandlung sei — oder doch wenigstens sein solle. Sie ist aber nach der ausdrücklichen Vorschrift des § 190 I StPO. die Grundlage des Eröffnungsbeschlusses[2132]), so daß ein ohne Voruntersuchung da, wo sie notwendig ist, gefaßter Eröffnungsbeschluß nicht als rechtsgültig angesehen werden kann — anders eben nur der Quasi-Eröffnungsbeschluß des § 270 II StPO. Da aber in allen einer Voruntersuchung bedürftigen Sachen ein gültiger Eröffnungsbeschluß Sachurteilsvoraussetzung ist, so wird damit in diesen Sachen auch die Führung der Voruntersuchung zur Sachurteilsvoraussetzung.

Wie endlich im Augenblicke der Einreichung einer Anklageschrift unter Umständen die Führung einer Voruntersuchung zur Bedingung der Zulässigkeit der Anklage und schließlich zur Sachurteilsvoraussetzung wird, so gilt das gleiche im Augenblicke des Antrages auf Verurteilung[2133]) vom Eröffnungsbeschluß. Daß, entsprechend wie in Rom eine gültige constitutio iudicii Grundvoraussetzung der Gültigkeit des Judikats

---

[2129]) RGESt. III 311, V 243; v. Kries, 489; Löwe-Rosenberg, Nr. 3 zu § 178 (176); Rosenfeld, § 74 l; Rosenberg, ZStW. XXXVI 541.

[2130]) v. Kries, ZStW. V 38; Löwe-Rosenberg, Nr. 1b zu § 178 (176); Rosenberg, a. a. O.

[2131]) Nur auf diese bezieht sich RGESt. XLIV 381 ff., wo freilich, 382, ebenso wie in dem von RGESt. XLIV 384 selbst für bedenklich gehaltenen Urteil des RG. in GA. XXXVI 162, gegen die Anerkennung der Übergehung des Antrages auf Voruntersuchung als Revisionsgrund geltend gemacht wird, daß die Aufhebung des Urteils ja doch nicht zur Eröffnung der Voruntersuchung führen würde. Und dabei hat das RGESt. XXXII 81 bei Aufhebung des Urteils wegen unerledigter Beschwerde des Beschuldigten gegen Ablehnung seines Antrages auf Voruntersuchung ausdrücklich erklärt, diese Beschwerde sei dem Beschwerdegericht zur Entscheidung vor anderweiter Hauptverhandlung vorzulegen. Wie, wenn nun das Beschwerdegericht Voruntersuchung eröffnet? Außerdem scheint das RG. ganz zu übersehen, daß das Revisionsgericht gemäß § 354 I StPO. ein Verfahren, das an einem die Fortsetzung ausschließenden Mangel leidet, einstellen kann und muß; vgl. dazu jetzt §§ 256 II S. 2, 319 II, 341 I Entw. GRSt. v. 1919.

[2132]) Vgl. dazu Hegler, Festschr. f. Binding, 44.

[2133]) Daß die Anklage auch durch Stellung des Antrages auf Verurteilung verfolgt wird, ergibt sich schon aus den unten zu Anm. 2135/6 angeführten Fällen, in denen sie dadurch erhoben wird. Allerdings wird der Eröffnungsbeschluß Bedingung der Zulässigkeit der Anklage immer erst nach ihrer Erhebung. Nichts anderes gilt indessen von der Führung einer notwendigen Voruntersuchung.

war[2134]), im geltenden deutschen Strafverfahren — von den Ausnahmefällen der §§ 212, 266, 388[2135]), 411, 416, 422, 430[2136]) StPO. abgesehen — ein gültiger Eröffnungsbeschluß Sachurteilsvoraussetzung ist, wird allgemein anerkannt[2137]).

Dagegen hindert der Mangel des in einer Privatklagesache gemäß § 380 StPO. erforderlichen Sühneversuchs allerdings ein Sachurteil nicht[2137a]), so wenig wie der Mangel des in einer Ehesache gemäß § 608 ZPO. erforderlichen Sühneversuchs[2137b]), da der Sühneversuch vom erkennenden Gericht jederzeit nachgeholt werden kann.

c) Ob ein Antrag zulässig ist, d. h. ob er die Bedingungen erfüllt, von denen seine inhaltliche Prüfung abhängt, ist natürlich stets vor dieser inhaltlichen Prüfung festzustellen, m. a. W. die Zulässigkeit eines Antrages ist stets vor seiner Begründetheit zu prüfen[2138]). Damit ist nicht gesagt, daß die Bedingungen der Zulässigkeit eines Antrages notwendig immer von Amts wegen berücksichtigt oder auf ihre (materielle) Wahrheit geprüft werden müßten[2139]). Und eine eigene richterliche Wahrheitserforschung (Geltung des Instruktionsgrundsatzes) findet in bezug auf die Bedingungen der Zulässigkeit eines Antrages im Zivilprozeß überhaupt nicht statt[2140]). Vielmehr trifft hier die — formelle und materielle — Beweislast für die Bedingungen der Zulässigkeit eines Antrages grundsätzlich diejenige Partei, welche eine Sachentscheidung über den Antrag erstrebt. Dies kann unter Umständen der Gegner des Antragstellers sein. So trifft den Beklagten die Beweislast für die Bedingungen der Zulässigkeit der Klage, wenn er bei Verzicht (§ 306 ZPO.) oder Totalversäumnis des Klägers (§ 330 ZPO.) ein Verzichts- oder Versäumnisurteil erwirken will[2140a]). Dagegen ist zwar häufig eine Behauptung

---

2134) Vgl. oben hinter Anm. 395.

2135) Löwe-Rosenberg, Nr. 22b zu Buch II Abschnitt 1 führt § 388 (428) StPO. nicht als Ausnahme auf, obgleich gerade er, Nr. 6 zu § 388 (428) annimmt, daß es bei einer Widerklage niemals eines Eröffnungsbeschlusses bedarf; ebenso ausdrücklich § 401 I S. 3 Halbs. 1 Entw. v. 1909. Dagegen beschränkt Bennecke-Beling, 643 (der, das. Anm. 15, zu Unrecht Birkmeyer, 790, und Glaser, II 26, für sich anführt), die Entbehrlichkeit des Eröffnungsbeschlusses bezüglich der Widerklage auf den Fall, daß diese mündlich in der Hauptverhandlung erhoben wird.

2136) Von Löwe-Rosenberg, a. a. O., gleichfalls nicht angeführt.

2137) RGESt. I 67; X 57; XXI 65; XXIV 65; XXVII 126; XXXI 104; XXXV 353; dazu aber noch oben zu Anm. 2094 und in Anm. 2128b. Dem Eröffnungsbeschluß steht der Beschluß gemäß § 370 II StPO. gleich; RGESt. XXXV 353.

2137a) Löwe-Rosenberg, Nr. 22 zu Buch II Abschnitt 1, Nr. 3 zu § 380 (420); Rosenberg, ZStW. XXXVI 541. Und daher auch nicht der Mangel eines etwa nach § 380 II StPO. erforderten Kostenvorschusses; Löwe-Rosenberg, Nr. 21 zu Buch II Abschnitt 1.

2137b) Vgl. schon oben zu Anm. 2072a.

2138) So schon Sauer, 507, 522. Unrichtig das oben in Anm. 1950a angeführte Urteil des Reichsfinanzhofs; gegen dasselbe mit Recht Stein, JWSchr. 1922, 1426.

2139) Beispiele vgl. oben zu und hinter Anm. 2085. Zu weitgehend daher Sauer, 522; aber auch Hellwig, Syst. I, § 143.

2140) Stein, Nr. III 4 a. E. vor § 128.

2140a) Stein, Nr. I 2 zu § 274, IV 8 zu § 282, III zu § 306, II zu § 335.

Bedingung der Zulässigkeit eines Antrages[2140b]). Niemals aber ist es die Behauptung einer Zulässigkeitsbedingung, m. a. W. die Schlüssigkeit der Behauptung ihrer Bedingungen ist keine Bedingung der Zulässigkeit eines Antrages[2140c]). Doch kann, wo die Bedingung der Zulässigkeit eines Antrages nicht auf ihre (materielle) Wahrheit geprüft zu werden braucht, ihre schlüssige Behauptung ihren Nachweis ersparen, so im Zivilprozeß die klägerische Behauptung der Zuständigkeitstatsachen im Falle der Totalversäumnis des Beklagten[2140d]). Für die Feststellung der Bedingungen der Zulässigkeit eines Antrages gilt nicht der Grundsatz der Unmittelbarkeit[2140e]). Sie bindet andererseits nicht die Revisionsinstanz[2140f]). Die Bedingungen der Zulässigkeit eines Antrages müssen grundsätzlich zu dem Zeitpunkte vorhanden sein, in dem der Antrag gestellt wird[2141]). Doch erfährt dieser Grundsatz eine Einschränkung durch die weitgehende Ermöglichung der Heilung mangelhafter Prozeßhandlungen. Diese Heilung kann insbesondere dadurch bewirkt werden, daß der Gegner sein Recht, den Mangel zu rügen, verpaßt[2142]). Auch die Nachholung des mangelhaften Aktes wird oft ermöglicht. Andererseits kann ein vitium superveniens, solange über den Antrag noch nicht entschieden ist, dessen Zulässigkeit in Wegfall bringen.

Erweist sich ein Antrag als zulässig, so wird er regelmäßig ohne weiteres inhaltlich geprüft; die Zulassung wird nur in den Gründen der auf den Antrag ergehenden Sachentscheidung begründet und auch das nur insoweit, als nicht für das Vorhandensein der in Frage kommenden Zulässigkeitsbedingungen eine tatsächliche Vermutung streitet. Es kann ein zivilprozessualer Antrag auch durch besondere Entscheidung, nämlich durch Zwischenurteil (§ 303 ZPO.) zugelassen werden, so ein geänderter Klagantrag (§ 270 ZPO.), ein Einspruch (insbesondere in

---

2140b) Vgl. oben Anm. 1383b, c, zu Anm. 2070, unten zu Anm. 2147/8 und in Anm. 2175; ferner oben zu Anm. 1384, 1924, in Anm. 1923, unten zu Anm. 2262. 2140c) Dazu unten zu Anm. 2174a.

2140d) Stein, Vorbem. IV vor § 12, Nr. II zu § 39. Legt dagegen der Kläger im Termin den Prorogationsvertrag vor, so hindert das Fehlen der Prorogationsbehauptung in der Klage m. E. ein Versäumnisurteil nicht. Es ist m. E. § 335 Nr. 3 ZPO. nicht anwendbar, der Fall vielmehr nach Analogie des § 335 Nr. 1 ZPO. zu behandeln.

2140e) Rechtspr. d. RG. i. Str. I 616; III 407; ESt. VI 164; X 254; XXXVIII 323; XLI 262; XLII 55; XLIV 299; LI 72. Bedenklich ist es, wenn das Reichsgericht überhaupt die §§ 244ff. StPO. (ebenso anscheinend Glaser, II 61; John, III 1, 333ff.; Birkmeyer, 68; Beling, Festschr. f. Bind., 64ff.), sowie auch die Grundsätze der Mündlichkeit und Öffentlichkeit (ebenso Löwe-Rosenb., Nr. 16b zu Buch II Abschnitt 1, Nr. 5b zu Buch II Abschnitt 6) für unanwendbar hält. Das läuft auf eine völlige Entrechtung des Angeklagten hinaus. Mir scheint, daß man mit Handhabung des Begriffes der tatsächlichen Vermutung allen praktischen Bedürfnissen Rechnung tragen kann. Andererseits scheint sich Beling, a. a. O., 69, nicht dessen bewußt zu sein, daß nach der ständigen Rechtsprechung des Reichsgerichts die Ausnahme von dem „strengen Beweisrecht" gerade auch für die Feststellung der „Urteilsbasis" des Strafantrages gilt.

2140f) Löwe-Rosenb., Nr. 16e zu Buch II Abschnitt 1, Nr. 2b zu § 337 (376); Stein, Nr. II zu § 561.

2141) Dazu schon Goldschmidt, Beitr. 46 (152)ff.

2142) Vgl. oben hinter Anm. 1601a.

den Fällen der §§ 508 III, 700 S. 3 u. 4 ZPO.), ein Rechtsmittel, eine Wiederaufnahmeklage (§ 590 II S. 1 ZPO.)[2143]).

Dagegen gehört nicht hierher das nach § 590 II S. 1 ZPO. gleichfalls mögliche, das sog. iudicium rescindens abschließende Zwischenurteil, welches das Vorhandensein der Nichtigkeits- oder Restitutionsgründe (§§ 579, 580 ZPO.) feststellt. Denn ein solches Zwischenurteil bejaht — wie sich auch aus § 590 II S. 1 ZPO. ergibt — nicht die Zulässigkeit, sondern die Begründetheit der Wiederaufnahmeklage. So auch die durchaus herrschende Meinung[2144]). Wenn diese von HELLWIG[2145]) bekämpft wird, so ist daran nur so viel richtig, daß die „Statthaftigkeit" der Wiederaufnahmeklage (§ 589 ZPO.) nicht nur davon abhängt, ob sie nachweislich gegen ein rechtskräftiges Urteil gerichtet ist[2146]), sondern auch davon, ob — wie RGEZ. LXXV 56 zutreffend ausführt — „der Wiederaufnahmekläger einen die Wiederaufnahme „an sich" rechtfertigenden Grund geltend macht. Das will sagen, ob seine Behauptung, ihm sei ein solcher Grund erwachsen, den Anforderungen der §§ 579, 580 ZPO. entspricht, nicht dagegen auch, ob diese Behauptung sachlich", d. h. rechtlich und tatsächlich, „zutrifft"[2147]). Die Behauptung eines gesetzlichen Wiederaufnahmegrundes bedingt die Zulässigkeit der Wiederaufnahmeklage gerade so, wie die Behauptung eines Klagegrundes die Zulässigkeit der Klage, die Behauptung einer Beschwer die Zulässigkeit des Rechtsmittels, die Behauptung einer Gesetzesverletzung die Zulässigkeit der Revision[2148]). Diese Bedingung

---

[2143]) STEIN, Nr. I zu § 590.

[2144]) RGEZ. LXXV 56; SEUFFERT, Nr. 1a zu § 589; STEIN, Nr. III 2 vor § 578, Nr. I zu § 590; R. SCHMIDT, 813; SCHOETENSACK, Rechtsmittel, 22.

[2145]) Syst. I, § 241 II 4; vgl. auch WEISMANN, I, § 102 X 2.

[2146]) So STEIN, Nr. I zu § 589.

[2147]) Ebenso SAUER, 227/8, der aber auch hier wieder (vgl. schon oben Anm. 1383c) die von ihm selbst aufgestellte Unterscheidung dessen, was Angriffsmittel nach dem Urteil des Klägers, und dessen, was Angriffsmittel nach dem Urteil des Gerichts ist, nicht beachtet (vgl. oben Anm. 1383b) und folglich (vgl. bes. 228 Anm. 1, richtig Anm. 2) die „Schlüssigkeit" der Wiederaufnahmeklage als Voraussetzung ihrer „Zulässigkeit" ansieht, während sie in Wahrheit eine Voraussetzung ihrer „Begründetheit" ist. Wenn also z. B. der Kläger unter Berufung auf ein nachträglich erwirktes schriftliches Zeugnis auf Grund des § 580 Nr. 7b ZPO. Wiederaufnahmeklage erheben würde (Z. XXI 507), so wäre eine solche — unschlüssige — Klage als unbegründet zurückzuweisen. Es ist zuzugeben, daß jene Unterscheidung bei dem Wiederaufnahmegrund praktisch eine geringere Rolle spielt als bei dem Klaggrund, da bezüglich der in beiden Prozeßordnungen kasuistisch aufgezählten Wiederaufnahmegründe ein Subsumtionsirrtum des Klägers nicht so leicht vorkommen wird. Sie tritt denn auch in § 368 StPO., sowie in RGEZ. LXXV 56 nicht scharf hervor; ebensowenig bei dem sonst ebenfalls die Behauptung gesetzlicher Nichtigkeits- oder Restitutionsgründe als Bedingung der Zulässigkeit der Wiederaufnahmeklage aufstellenden SEUFFERT, Nr. 1a zu § 589. Unrichtig ist (trotz des Wortlauts von § 582; vgl. STEIN, Nr. I zu § 582), wenn SEUFFERT außerdem die in §§ 579 II, 581/2 ZPO. aufgestellten Bedingungen für solche der Zulässigkeit der Wiederaufnahmeklage hält. Ihre Feststellung kann denn auch von der Feststellung des Vorhandenseins der Nichtigkeits- oder Restitutionsgründe gar nicht getrennt werden.

[2148]) Vgl. oben Anm. 1383b und c, ferner zu Anm. 2070. Vgl. auch RGEZ. LI 198 (unten Anm. 2152).

der Zulässigkeit des Wiederaufnahmeantrages wird denn auch durch § 368 StPO. aufs unzweideutigste zum Ausdruck gebracht, während § 370 StPO. das Vorhandensein der Wiederaufnahmegründe ebenso unzweideutig als Voraussetzungen der Begründetheit des Wiederaufnahmeantrages kennzeichnet. Nun beruft sich HELLWIG für seine Meinung, daß Zulässigkeitsbedingung der Wiederaufnahmeklage das wirkliche Vorhandensein eines Wiederaufnahmegrundes sei, außer auf den wenig beweisenden Wortlaut der §§ 579—582 ZPO., darauf, daß nach überwiegender Ansicht[2149]) die Wiederaufnahmegründe auf ihre (materielle) Wahrheit zu prüfen seien. Indessen auch dieser Grund beweist nichts. Nicht etwa deshalb, weil die bezeichnete Geltung des Untersuchungsgrundsatzes auf die lex specialis des § 581 II ZPO. zu stützen ist; denn zu einer Stütze der Unterwerfung der Wiederaufnahmegründe unter den Grundsatz der (materiellen) Wahrheit wird die enge Bestimmung des § 581 II ZPO. nur dadurch, daß man sie erweiternd auslegt, was sich allein rechtfertigen läßt, wenn das angestrebte Ergebnis aus grundsätzlichen Erwägungen abzuleiten ist[2150]). Entscheidend ist vielmehr, daß auch die Tatsachen, welche eine prozessuale Gesetzesverletzung ergeben (§ 554 III Nr. 2b ZPO.), auf ihre (materielle) Wahrheit zu prüfen sind[2151]), und daß sie doch die Begründetheit der Revision bedingen[2152]). Allgemein gilt nämlich, daß die Tatsachen, welche den spezifischen Rechtsmittelantrag, d. h. den Antrag auf Aufhebung der angefochtenen Entscheidung, anders ausgedrückt: auf Erlaß der „kassatorischen" Entscheidung[2153]), rechtfertigen, auf ihre (materielle) Wahr-

---

[2149]) SEUFFERT, Nr. 6 zu § 579, Nr. 9 zu § 580, Nr. 1a zu § 589; STEIN, Nr. IV zu § 579, Nr. III zu § 581. Anders nur R. SCHMIDT, 813, der sich auf die Begr. z. Entw. ZPO., 340, beruft, wonach die Regeln über das Versäumnisverfahren anwendbar sind; vgl. vor allem die in der nächsten Anm. angeführte Stelle der Begr.

[2150]) Dies gilt um so mehr, als die Begr. 338 ausdrücklich erklärt, es liege kein ausreichendes Motiv vor, die Restitutionsgründe durch Ausschluß des Geständnisses der Verfügung der Parteien zu entziehen, m. a. W. § 581 II als eine Ausnahmevorschrift hinstellt, die keinen Anhalt für eine Analogie, sondern umgekehrt für ein argumentum e contrario böte.

[2151]) Dazu STEIN, Nr. IV zu § 561.

[2152]) STEIN, Nr. I zu § 549, insbesondere Anm. 2 das. Das im Text Festgestellte bezweifelt auch SAUER, 226/7, nicht, der nur STEIN vorhält, daß er, a. a. O. und Nr. III a. E. zu § 513, nicht scharf zwischen Zulässigkeit des Rechtsmittels bei behauptetem Mangel und Begründetheit des Rechtsmittels bei wirklichem Mangel unterscheide; vgl. übrigens STEIN, Nr. II vor § 511, Nr. II 1 zu § 537, dagegen Nr. II zu § 511 bei Anm. 3. STEIN, Nr. III a. E. zu § 513, konnte für seine — dem RGEZ. LI 197ff. entgegengesetzte — Ansicht, daß die Berufung im Falle des § 513 auch dann als „unbegründet" zurückzuweisen sei, wenn die irrige Annahme der Versäumung nicht einmal behauptet ist, mit Recht geltend machen, daß die Begründung der Berufung kein Teil ihrer Einlegung sei. Indessen dieser Grund wird nach dem Recht der ZPVO. v. 13. Febr. 1924 nicht mehr verwertet werden können, nicht wegen des — nur wegen § 529 III bedeutsamen — § 519 III Nr. 2 (vgl. GOLDSCHMIDT, ZPO., Nr. 3b zu § 519, Nr. 3 zu § 519b), sondern weil jetzt in § 511a IV ein dem § 547 Nr. 1 ZPO. (auf den RGEZ. LI 198 verweist) paralleler Fall geschaffen ist, in dem die Zulässigkeit der Berufung von ihrer Begründung abhängt.

[2153]) Gegensatz: „reformatorische" Entscheidung, d. i. Entscheidung in der Sache selbst (STEIN, Nr. II 2 zu § 537).

heit zu prüfen sind. Grund ist, daß ein allgemeines Interesse an der Aufrechterhaltung richterlicher Entscheidungen besteht[2154]).

Im Strafprozeß muß in einzelnen Fällen die Zulassung eines Antrages durch besondere Entscheidung erfolgen, so die Zulassung des Wiederaufnahmeantrages (§§ 367/8 StPO.) und der Widerklage[2155]).

Erweist sich ein Antrag als unzulässig[2156]), so wird er regelmäßig durch besondere Entscheidung „als unzulässig verworfen"[2157]) — so der Einspruch, das Rechtsmittel, der Wiederaufnahmeantrag (§§ 341, 519b, 554a, 574, 589 ZPO.; 319, 322, 346, 349, 368 StPO.), das Ablehnungsgesuch [2157a]) — oder „zurückgewiesen" — so die Klage —, mit-

[2154]) Vgl. STEIN, Nr. IV zu § 579; SEUFFERT, Nr. 6 zu § 579. Doch spricht STEIN zu eng von dem Interesse des Staates an der Aufrechterhaltung des „rechtskräftigen" Urteils, und sein Hinweis, daß die Prüfung von Amts wegen „sogar" für die formellen Erfordernisse der Klage in § 589 vorgeschrieben sei, ist ganz verunglückt. Nicht unbedenklich auch SEUFFERTS Begründung, daß durch die Wiederaufnahmeklage kein Anspruch gegen den Beklagten geltend gemacht werde, sondern „ein publizistischer Anspruch auf Aufhebung des Urteils". Die Wiederaufnahmeklage ist nicht anders zu würdigen, als das — ordentliche — Rechtsmittel (vgl. schon GOLDSCHMIDT, Beitr. 17 [123] Anm. 1 a. E., 30 [136] Anm. 2 a. E.), und das sich regelmäßig an das iudicium rescindens anschließende iudicium rescissorium zeigt, daß die Wiederaufnahmeklage den Anspruch gegen den Beklagten unmittelbarer geltend macht, als es die Revision tut. Andererseits macht in gewissem Sinne (vgl. aber oben Anm. 1631) jede Klage den publizistischen Rechtsschutzanspruch geltend (vgl. oben zu Anm. 790a). Unrichtig BLEY, 46 Anm. 1, der den Wiederaufnahmegrund als „Klagegrund" für das iudicium rescindens bezeichnet.

[2155]) LÖWE-ROSENBERG, Nr. 6 zu § 388 (428); §§ 401 I Entw. v. 1909, 387 I Entw. v. 1919; vgl. auch oben Anm. 2135. — Dagegen ist die Zulassung der Nebenklage durch besondere Entscheidung (§ 396 II StPO.) hier ebenso außer Betracht zu lassen, wie die im Falle gestellten Zurückweisungsantrages erforderliche besondere Entscheidung über die Zulassung eines Nebenintervenienten (§ 71 ZPO.), da weder Nebenklage noch Nebenintervention als Anträge aufzufassen sind; vgl. dazu noch unten hinter Anm. 2432.

[2156]) Darüber schon im ganzen zutreffend SAUER, 520.

[2157]) Vgl. oben hinter Anm. 1912a.

[2157a]) D. i. der Antrag, eine Gerichtsperson von der Ausübung ihres Amtes durch Gerichtsbeschluß auszuschließen. Dieses Ziel, den Ausschluß der Gerichtsperson durch Gerichtsbeschluß herbeizuführen, unterscheidet das Ablehnungsgesuch einerseits von dem Ausschluß einer Gerichtsperson kraft Gesetzes und der dem früheren Recht (§ 283 StPO. fr. Fass.) bekannten Ablehnung eines Geschworenen, die den Ausschluß des Geschworenen kraft Parteiwillens herbeiführte. Der Unterschied zwischen dem Ablehnungsgesuch und der — peremtorischen — Ablehnung eines Geschworenen war ein ähnlicher wie der oben zu Anm. 2010 bis 2012 erwähnte zwischen dem Antrag auf Anordnung abgesonderter Verhandlung über eine prozeßhindernde Einrede (§ 275 I ZPO.) und der Verweigerung der Einlassung. Die Verwerfung eines Ablehnungsgesuchs als unzulässig erfolgt, wenn das Ablehnungsgesuch verspätet oder ohne Angabe eines Ablehnungsgrundes oder eines Mittels der Glaubhaftmachung oder offenbar nur zum Zwecke der Verschleppung, m. a. W. nicht ernstlich gemeint, eingebracht ist. So ausdrücklich §§ 127 MilStGO.; 20 Entw. StPO. v. 1909, EntwGRSt. v. 1919. Bei der Entscheidung, welche das Gesuch als unzulässig verwirft, scheidet der Abgelehnte nicht aus. SAUER, 508 Anm. 2, scheint die MilStGO. und die Entwürfe mißzuverstehen: die Verwerfung als unzulässig erfolgt nicht, wenn der Ablehnungsgrund nicht glaubhaft gemacht, sondern nur, wenn überhaupt kein Mittel der Glaubhaftmachung angegeben ist. Der Fall liegt wie in § 368 StPO. (vgl. über diesen schon oben hinter Anm. 2148). Der Entw. v. 1919 stellt dies klar.

unter auch „abgelehnt" — so der Antrag auf Eröffnung der Voruntersuchung (§ 180 StPO.). Erweist sich im Strafprozeß nach Eröffnung der Voruntersuchung oder Einreichung der Anklageschrift[2158]) die Anklage als unzulässig, so wird „das Verfahren eingestellt" oder „vorläufig eingestellt" (§ 205 StPO.), durch Beschluß, durch Urteil, wenn die Unzulässigkeit erst in der Hauptverhandlung festgestellt wird[2159]). Die

[2158]) Vgl. oben zu Anm. 2099; §§ 208 I S. 1, 209 I, II Entw. v. 1919.

[2159]) LÖWE-ROSENBERG, Nr. 3 zu Buch II Abschnitt 5, Nr. 3 zu § 260 (259); §§ 208, 254 Entw. v. 1909, 209 V, 256 II Entw. v. 1919. Nach § 256 II Entw. v. 1919 ist das Verfahren in der Hauptverhandlung nur dann durch Urteil einzustellen, wenn die mangelnde Bedingung der Zulässigkeit der Anklage eine „Verfolgbarkeitsvoraussetzung" — vgl. oben zu Anm. 2103 — ist, dagegen durch Beschluß, wenn ein sonstiger die Fortsetzung des Verfahrens ausschließender Mangel der Anklage vorliegt, z. B. Mangel der örtlichen Zuständigkeit, der notwendigen Voruntersuchung (dazu oben Anm. 2131), der zulässigen Prozeßart, der Ordnungsmäßigkeit von Anklage und Eröffnungsbeschluß. Indem ich die Ordnungsmäßigkeit der Anklage für die Regel als ein bloßes Formerfordernis der Ausübung der staatlichen Strafberechtigung anerkenne, schränke ich die Mater. JustizR., 52, 67, aufgestellte Ansicht, daß die Erhebung einer Anklage „prozessuale Strafrechtsvoraussetzung", d. h. eben „Verfolgbarkeitsvoraussetzung" sei, ein. Diese Ansicht beruhte auf einer Unterschätzung des Legalitätsgrundsatzes, vermöge dessen die Anklageerhebung weniger die Ausübbarkeit als die Art und Weise der Ausübung des richterlichen Strafrechts bedingt. Über Einstellung des Verfahrens durch Beschluß im Zivilprozeß vgl. § 239 III österr. ZPO. und oben Anm. 47b. Ganz verfehlt ist, wenn die Einstellung des Verfahrens wegen Niederschlagung, auch auf Grund einer Amnestie, als ein „Justizverwaltungsakt" bezeichnet wird (so OLG. Kolmar, GA. LXVI 571; DStZ. 1918, 379; Cassel, GA. LXVIII 307/9; Karlsruhe, DStZ. 1919, 141; Kiel, JWSchr. 1919, 330; Düsseldorf, LZ. 1919, 443; Kammergericht, DJZ. 1919, 185; RGESt. LIV 12, 18; LÖWE-ROSENBERG, Nr. 3a zu Buch II Abschnitt 5, Nr. 3 zu § 260 (259)). Diese Ansicht beruht auf zwei Vorstellungen: 1. Niederschlagungsakte, auch Amnestien hätten keinen Rechtssatzcharakter (so RGESt. XXVIII 422; LII 150; RG. in LZ. 1916, 1446; JWSchr. 1916, 1418), eine auf Grund ihrer das Verfahren einstellende Entscheidung sei also kein Rechtsprechungsakt. Diese Vorstellung ist irrig. Entweder ist die Niederschlagung ein Akt der Gesetzgebung, wie die Amnestien der Volksbeauftragten vermöge des Übergangsgesetzes v. 4. März 1919 (RGESt. LIII 41), oder wie es die Reichsverfassung Art. 49 II und die preußische Verfassung Art. 54 Nr. 3 für die Zukunft vorsehen (die Niederschlagung einer einzelnen gerichtlich anhängigen Strafsache von Reichs wegen dürfte in Zukunft sogar ein verfassungsänderndes Reichsgesetz erfordern), — dann beruht das in der Niederschlagung enthaltene Prozeßhindernis auf einem Rechtssatz, „welcher in der individuellen von ihm hervorgebrachten rechtlichen Wirkung aufgeht" (WINDSCHEID-KIPP, I, § 136 Nr. 1a). Oder die Niederschlagung geht von einem staatlichen Organ aus, welches die Macht, objektives Recht zu schaffen, nicht besitzt; so die landesherrlichen Abolitions-, insbesondere Amnestieerlasse im Deutschen Reich vor der Revolution. In diesem Fall ist der der Niederschlagung zugrunde liegende und ihre Rechtswirkung sichernde Rechtssatz, also die einschlägigen früheren deutschen Landesverfassungen oder das preußische Gesetz v. 4. April 1915, eine Rechtsregel (WINDSCHEID-KIPP, I, § 136 Nr. 1b; ebenso RGESt. LII 150; LIII 39; LIV 57; RG. in LZ. 1916, 1446; JWSchr. 1916, 1418). In beiden Fällen ist mithin die auf Grund einer Niederschlagung das Verfahren einstellende Entscheidung, die im Falle von Amnestien oft eine schwierige Subsumtion des konkreten Falles unter die von den Amnestievorschriften aufgestellten abstrakten Merkmale voraussetzt, ein Akt der Rechtsanwendung (im Ergebnis übereinstimmend ALSBERG, Reichsamnestiegesetze, 14; v. HIPPEL, ZStW. XL 450ff.). — 2. Die gegenteilige Ansicht, daß die auf Grund einer Niederschlagung das Verfahren einstellende

Verwerfung eines Antrages als unzulässig kann auch in den Gründen der Entscheidung erfolgen, die unter Hinweggehen über den verworfenen Antrag erlassen wird, insbesondere in den Urteilsgründen. So kann z. B. der auf Herbeischaffung einer Urkunde abzielende Antrag aus §§ 428, 432 ZPO.[2160]) auf Grund der §§ 279, 283 II ZPO. in den Entscheidungsgründen des Endurteils zurückgewiesen werden. Ein gemäß § 527 ZPO. unzulässig geänderter Klagantrag oder gemäß § 529 IV ZPO. unzulässiger Wider- oder Inzident- (§ 280 ZPO.) Klagantrag ist in den Gründen des Urteils, durch welches die Berufung oder Anschlußberufung als unbegründet zurückgewiesen wird, zurückzuweisen[2160a]). Im Strafprozeß kann ein nur eventuell für den Fall, daß das Gericht nicht ein dem prinzipalen Antrag entsprechendes Urteil erlassen sollte, gestellter, aber auf ein unzulässiges Beweismittel gerichteter oder in Verschleppungsabsicht gestellter Beweisantrag[2161]) in den Urteilsgründen als unzulässig verworfen werden. Das Gericht kann auch dem der Zulässigkeit des Antrages entgegenstehenden Mangel abhelfen, durch Verweisung der Sache (§ 276 ZPO.; §§ 270, 328 III StPO.) oder Vorlegung der Akten (§ 209 I S. 2, II StPO.) an das zuständige Gericht oder durch Anordnung der Eröffnung der notwendigen Voruntersuchung[2162]). Oder es kann der

Entscheidung ein Justizverwaltungsakt sei, beruht aber auch noch auf der Vorstellung, daß der Niederschlagungsakt, und zwar auch eine allgemeine Amnestie, die Rechtshängigkeit des Verfahrens von Rechts wegen zum Erlöschen bringe, so daß danach gültige Prozeßhandlungen ausgeschlossen seien. Indessen einmal ist diese Vorstellung in bezug auf eine Amnestie mit ihrer oft zweifelhaften Anwendbarkeit auf den einzelnen Fall die reinste Fiktion. Die Niederschlagung bedeutet in Wahrheit nichts als eine Erscheinungsform nachträglichen Wegfalls der Zulässigkeit der Anklage (vgl. oben hinter Anm. 2142), welcher den Erlaß einer Sachentscheidung hindert, den Erlaß einer einstellenden Entscheidung aber gerade erfordert. Aber selbst wenn man wirklich annehmen wollte, daß eine Niederschlagung das Strafverfahren ohne weiteres zum Erlöschen bringt, — man kann es m. E. nur in bezug auf die Niederschlagung einer einzelnen anhängigen Strafsache —, zweifelt etwa jemand daran, daß bei Streit über die Wirksamkeit einer Klagerücknahme nach § 271 ZPO. ein das Erlöschen der Rechtshängigkeit feststellendes Endurteil zu ergehen hat (Stein, Nr. IV zu § 271)? Auf den hier vertretenen Standpunkt haben sich denn auch RGESt. XLI 155; LIV 56, 335, gestellt. Er ist von der größten Bedeutung für die anklageverzehrende Wirkung einer auf Grund einer Amnestie das Verfahren einstellenden Entscheidung (dazu Löwenstein, JWSchr. 1919, 330 zu Nr. 12). Daß dieser eine solche zukommen muß, folgt schon daraus, daß sie einer die Wiedereröffnung eines niedergeschlagenen Verfahrens ablehnenden Entscheidung nach Maßgabe des § 211 StPO. auf jeden Fall zukommen würde. Vgl. auch noch unten Anm. 2673.

2160) Vgl. oben hinter Anm. 2031.

2160a) Vgl. dazu Stein, Nr. III zu § 527, Nr. III zu § 529, bei Anm. 20. Nur übersieht Stein: 1. daß ein gemäß § 529 IV ZPO. unzulässiger Wider- oder Inzident-Klagantrag des Berufungs*beklagten* immer eine Anschlußberufung (§§ 521 ff.) bedingt, wenn er auch jetzt (vgl. dagegen RGEZ. LXI 257), da die Anschlußberufung nicht mehr formlos zulässig ist (§ 522a), eine solche nicht immer enthält; 2. daß auch die Zurückweisung der gemäß §§ 527, 529 IV ZPO. unzulässigen und zu einer Zurückweisung der Berufung als unbegründet führenden Anträge des Berufungs*klägers* eine Zurückweisung in den *Gründen* ist.

2161) Dazu Löwe-Rosenberg, Nr. 9, 10d, 12b zu § 244 (243).

2162) Löwe-Rosenberg, Nr. 7 zu § 199 (197). Vgl. aber dazu auch noch oben Anm. 2131.

Partei eine Frist setzen, damit sie ihrerseits den Mangel beseitige, so eine Frist zur Beseitigung des Mangels der Parteifähigkeit, Prozeßfähigkeit, gesetzlichen Vertretungsmacht (§ 56 II ZPO.) oder Prozeßvollmacht (§ 89 ZPO.), zur Nachbringung des Sühneattests gemäß § 380 StPO. oder zur Leistung einer Sicherheit für die Kosten (§ 113 ZPO.; §§ 176 II, 379 StPO.). Im letztgenannten Falle erspart das Gesetz bei fruchtlosem Ablauf der Frist dem Richter unter Umständen die Verwerfung des unzulässigen Antrages durch Statuierung der Fiktion seiner Zurücknahme als Versäumnisfolge[2163]).

Jede Entscheidung, welche die Zulässigkeit eines Antrages zum ausschließlichen Gegenstand hat, ist — mag sie nun in bejahendem oder verneinendem Sinn ergehen — eine Prozeß- oder Formalentscheidung[2164]).

2. Ein zulässiger Antrag ist begründet, d. i. inhaltlich geeignet, die begehrte richterliche Entscheidung zu erwirken[2165]), regelmäßig, a) wenn er schlüssig ist (si actio est fundata), d. h. wenn die zu seiner Begründung erforderlichen und vorgebrachten tatsächlichen (oder Rechts-) Behauptungen, ihre Wahrheit oder Wahrheitsgeltung unterstellt, den Antrag rechtfertigen; b) wenn er außerdem gerechtfertigt ist (si actio est probata), d. h. wenn die den Antrag rechtfertigenden Tatsachen (oder Rechte) prozeßordnungsgemäß festgestellt sind[2166]).

Das Werturteil der Begründetheit ist nicht nur auf Sachanträge (meritorische Anträge), sondern auch auf Prozeßanträge[2167]) anwendbar[2168]). Freilich in einem ganz verschiedenen Sinne. Es gibt Prozeßanträge, z. B. der Einspruch (§§ 338, 700 ZPO.; 411 StPO.), der Widerspruch (§§ 694, 924, 936 ZPO.)[2168a]) oder der Antrag auf gerichtliche

---

2163) Vgl. oben zu Anm. 1763.

2164) Die Gründe, auf denen Sauers, 518ff., abweichende Ansicht beruht, sind bereits oben in Anm. 2063 aufgezeigt und zurückgewiesen worden. Damit entfällt Sauers Vorschlag, statt von „Entscheidung in der Sache" und „Prozeß-(Formal-)Entscheidung" von „endgültiger" und „aufschiebender" Entscheidung zu sprechen. Er empfiehlt sich aber auch aus anderen Gründen nicht, da eine Sachentscheidung nicht endgültig zu sein braucht — z. B. Klagabweisung wegen Stundung (vgl. schon oben zu Anm. 373/4, 408) —, eine Prozeßentscheidung endgültig sein kann — z. B. Prozeßabweisung wegen Unzulässigkeit des Rechtsweges, Einstellung des Verfahrens wegen Versäumung der Antragsfrist. Sauer, 261ff., 493ff., 523, bestreitet zwar, sowohl daß „aufschiebende" Entscheidungen der materiellen Rechtskraft fähig seien, als auch daß der „Grundsatz der Einmaligkeit" — der nach ihm (vgl. schon oben Anm. 953) mit der Rechtskraft nichts zu tun haben soll — auf „aufschiebende" Entscheidungen anwendbar sei. Indessen diese Lehre bedeutet einen großen Rückschritt; sie wird überdies durch die §§ 11, 276, 318, 506, 508 III, 700 ZPO., 7 III EG. ZPO., 17 II Nr. 4, 102 GVG. widerlegt (was Sauer, 264, offenbar selbst erkennt).

2165) Vgl. oben hinter Anm. 1900, zu Anm. 1970.

2166) Vgl. schon oben zu Anm. 1383d.

2167) Ich brauche diese Ausdrücke hier nicht in dem oben zu Anm. 1987a zurückgewiesenen inkonzinnen Sinne der herrschenden Lehre.

2168) Anders Sauer, 510/511. Hier ist die Sauersche Gleichsetzung des Gegensatzes von „Zulässigkeit" und „Begründetheit" mit dem Gegensatz „generell" und „konkret" (vgl. oben zu Anm. 1892/3, 1899) anscheinend — anders als oben Anm. 2063 — nicht ohne Einfluß geblieben.

2168a) Vgl. oben hinter Anm. 1989, 1997.

Entscheidung (§§ 414, 419 II StPO.)[2168b]), welche, wenn zulässig, ohne weiteres begründet, d. h. inhaltlich geeignet sind, die begehrte richterliche Entscheidung, nämlich die Zulassung der Zivil- oder Strafsache zur Verhandlung, zu erwirken. Die Kongruenz von Zulässigkeit und Begründetheit bei diesen Prozeßanträgen beruht darauf, daß ihre Eignung zur Erwirkung der begehrten richterlichen Entscheidung von einer Prüfung ihres Inhalts überhaupt nicht abhängt. Diese Anträge bedürfen denn auch keiner Begründung und, während die Bejahung ihrer Begründetheit mit der Bejahung ihrer Zulässigkeit ohne weiteres verbunden ist, ist für die Anwendung des Werturteils der „Unbegründetheit" auf sie überhaupt kein Raum. Ganz anders dagegen z. B. Anträge, die auf Aufhebung oder Verlegung eines Termins, auf Vertagung einer Verhandlung, auf Abkürzung oder Verlängerung von Fristen, auf Aussetzung oder Anordnung des Ruhens des Verfahrens, auf Aufgabe der Vorlegung einer Urkunde[2168c]), auf Erlaß einer Entscheidung über prozeßhindernde Einreden, über die Zulässigkeit eines Beweismittels, eines Rechtsmittels, Wiederaufnahmeantrages, Einspruchs, der Änderung oder Zurücknahme der Klage gerichtet sind, ferner Ablehnungsgesuche[2169]) (§§ 45, 46 ZPO.; 27, 28 StPO.), Anträge auf Wiedereinsetzung in den vorigen Stand[2169a]) oder die spezifischen, d. h. auf „kassatorische" Entscheidung gerichteten Rechtsmittelanträge (§§ 564 I, 575 ZPO.; 306 II, 328 I, 353 I, 370 I StPO.), zumal in Fällen wie § 538 Nr. 1, 2, 5 ZPO.[2170]). Diese Anträge erreichen ihr Ziel erst nach vorgängiger Prüfung ihres Inhalts, welche von der Prüfung ihrer Zulässigkeit deutlich unterschieden ist, und sie bedürfen fast durchweg einer inhaltlichen Begründung. Die Rechtsquellen unterscheiden danach bezüglich ihrer ihre „Zulässigkeit" oder „Unzulässigkeit" einerseits, ihre „Begründetheit" oder „Unbegründetheit" andererseits, so bezüglich der Ablehnungsgesuche und Rechtsmittel[2170a]). Wenn z. B. die frist- und formgerecht eingelegte Revision des wegen Unzulässigkeit des Rechtsweges abgewiesenen Klägers als „unbegründet" zurückgewiesen wird, so ist der Grund — wie in allen Fällen der Grenzabscheidung von „Unzulässigkeit" und „Unbegründetheit" eines Antrages[2171]) —, daß Gegen-

[2168b]) Vgl. auch unten zu Anm. 2262.

[2168c]) Dieser Antrag ist kein Beweisantrag — vgl. unten zu und in Anm. 2282a, schon oben hinter Anm. 2031; das oben Anm. 1987a Gesagte trifft also nicht zu.

[2169]) Vgl. oben Anm. 2157a.

[2169a]) § 238 II ZPO. spricht zu eng von der Entscheidung über die „Zulässigkeit" des Antrages. Diese ist nur bedingt durch Wahrung der Frist und Form der §§ 234, 236 ZPO.

[2170]) Vgl. oben Anm. 1987a, zu Anm. 2153; auch Sauer, 508/9. Bezüglich der „Rechtsmittelklagen", also insbesondere der Wiederaufnahmeklagen (vgl. oben Anm. 2154), dürfte Sauer die Anwendbarkeit des Werturteils der „Begründetheit" ebenfalls zugeben, da er sie bezüglich der „Prozeßklagen" zugibt (522). Ob es außer den „Rechtsmittelklagen", die bloße Rechtsmittel in Klageform sind, noch „Prozeßklagen" gibt, bleibe hier dahingestellt (vgl. die oben in Anm. 2154 angeführten Stellen aus meinen Beitr. und unten in Anm. 2514).

[2170a]) Vgl. die oben vor und in Anm. 2157a einerseits, hinter Anm. 2169, 2169a andererseits angeführten Stellen. Vgl. auch § 425 ZPO.

[2171]) Nicht etwa, wie Sauer, 508/9, meint, daß mit „dem Urteil über die stand der Zurückweisung nicht das Antragen, Bitten, sondern das Beantragte, Erbetene ist. Ob das Beantragte, Erbetene eine Prozeß- oder Formalentscheidung ist, ändert daran nichts. Daraus folgt aber zugleich, daß, wenn auch jede Entscheidung, welche die Zulässigkeit eines Antrages zum ausschließlichen Gegenstand hat, eine Prozeß- oder Formalentscheidung ist[2172]), doch die Umkehrung, daß jede Prozeß- oder Formalentscheidung die Zulässigkeit eines Antrages zum ausschließlichen Gegenstand haben müsse, nicht zutrifft.

a) Der erste Gegenstand der inhaltlichen Prüfung eines zu dieser zugelassenen Antrages ist nach dem alten Schema: an actio sit fundata, an actio sit probata[2173]) grundsätzlich seine Schlüssigkeit[2174]). Die Schlüssigkeit ist eine der Begründetheit des Antrages ausschließlich angehörige Voraussetzung. Denn Voraussetzung der Zulässigkeit eines Antrages ist zwar auch die prozeßordnungsmäßige Feststellung, aber nicht die schlüssige Behauptung ihrer Bedingungen[2174a]). Freilich ist die Schlüssigkeit auch nur dann eine Voraussetzung der Begründetheit des Antrages, wenn eine Begründung des Antrages durch tatsächliche (oder Rechts-)Behauptungen erforderlich ist. Ausnahmsweise ist dies selbst bei auf ihren Inhalt zu prüfenden Anträgen[2174b]) nicht der Fall, so vor allem bei der Berufung des geltenden deutschen Straf- und — trotz § 519 III Nr. 2 ZPO. — auch Zivilprozesses[2175]). Dagegen bedarf der Antrag der Staatsanwaltschaft auf Eröffnung der Voruntersuchung oder auf Eröffnung des Hauptverfahrens (§ 198 II S. 2 StPO.) in den vor den Schöffengerichten oder dem Amtsrichter zu verhandelnden Vergehens- und Übertragungssachen (§ 200 II S. 2 StPO.) einer Begründung, wenngleich das Gesetz (§§ 179, 180, 200 I StPO.) sich hier mit einer Individualisierung des Anklagegrundes begnügt. Aber auch wenn ein Antrag einer Begründung bedarf, ist seine Schlüssigkeit insoweit keine Bedingung seiner Begründetheit, als in bezug auf seine inhaltliche Prüfung der Untersuchungsgrundsatz gilt. So würde wegen Unschlüssigkeit eine Ehenichtigkeits- oder Ehefeststellungsklage nicht

Begründetheit immer der Gedanke des Endgültigen verbunden" wird, und daß jedenfalls die Rechtsmittelinstanz „über den ihr vorgelegten Prozeßstoff endgültig und erschöpfend befunden" hat. Denn jenes ist unrichtig, da auch eine Abweisung als unbegründet „auf Zeit" denkbar ist (vgl. oben Anm. 2164); und dieses würde angesichts der von Sauer in solchem Fall angenommenen bloß „aufschiebenden" Erledigung des Prozesses als Ganzen (oben Anm. 2164) nicht ins Gewicht fallen. Vgl. denn auch in der Tat Sauer, 509.

2172) Vgl. oben zu Anm. 2164.

2173) Vgl. schon oben hinter Anm. 1383c.

2174) Die Ansicht Sauers, daß die Schlüssigkeit eine Bedingung der „Zulässigkeit" des Antrages sei, ist insbesondere oben in Anm. 1383c zurückgewiesen; vgl. auch noch oben Anm. 2063, 2070, 2147.

2174a) Vgl. oben zu Anm. 2140c.

2174b) Vgl. oben hinter Anm. 2168a.

2175) Vgl. oben Anm. 2152 a. E. Unberührt bleibt, daß die Zulässigkeit der Berufung von der Behauptung einer Beschwer nach dem Urteil des Beschwerdeführers abhängt; vgl. oben Anm. 1383b, hinter Anm. 2147; hier auch völlig zutreffend Sauer, 225/6. Doch braucht diese Behauptung keine ausdrückliche zu sein; es genügt, daß sie sich aus den Umständen ergibt.

abgewiesen (§ 622 ZPO.), ein Antrag auf Eröffnung des Hauptverfahrens nicht abgelehnt (§ 206 StPO.) werden können. Ja, es ist sogar die Ansicht vertreten worden, daß allgemein ein Mangel in der Schlüssigkeit der Klage dadurch ausgeglichen werden könne, daß der Beklagte[2175a]) oder selbst ein Zeuge[2175b]) die mangelnde klagebegründende Tatsache vorbringt.

Ein Antrag ist grundsätzlich nur dann schlüssig, wenn er seine Rechtfertigung in den zu seiner Begründung vorgebrachten tatsächlichen Behauptungen findet. Die Begründungslast ist eine Substanzierungslast[2176]). Diese Feststellung nötigt noch nicht dazu, in bezug auf den Klaggrund im Sinne von § 253 II Nr. 2 ZPO. sich der Substanzierungstheorie anzuschließen[2177]). Denn ganz abgesehen davon, daß auch die Individualisierungstheorie tatsächliche Angaben erfordert[2177a]), geben ihre Anhänger zu, daß da, wo es auf die Schlüssigkeit der Klage ankommt, d. h. wenn der Beklagte den Klaganspruch rechtlich oder tatsächlich bestreitet oder sich in Totalversäumnis befindet, der Klagantrag seine Rechtfertigung in den zu seiner Begründung vorgebrachten tatsächlichen Behauptungen finden muß[2178]). Andererseits erkennen die Vertreter der Substanzierungstheorie an, daß ein Rechtsverhältnis, das nicht selbst Gegenstand der richterlichen Feststellung, sondern nur eine Voraussetzung des in Anspruch genommenen Rechts ist, solange als eine einheitliche anspruchsbegründende Tatsache erscheint[2179]), als es nicht vom Gegner bestritten wird[2180]). Zur Begründung des Antrages auf Erlaß eines Anerkenntnisurteils (§ 307 ZPO.) reicht sogar die bloße Behauptung des in Anspruch genommenen Rechts aus[2181]). Wenn gewöhnlich gelehrt wird[2182]), daß das Klaganerkenntnis den Richter der Prüfung der Schlüssigkeit des Klagantrages überhebe[2183]), so ist das

---

[2175a]) Von SOBERNHEIM, 23ff., aber im Ergebnis auch 96ff., 132, vom Standpunkt der Individualisierungstheorie aus, wobei aber ganz übersehen wird, daß auch die Individualisierungstheorie da, wo es auf die Schlüssigkeit der Klage ankommt, genügende Substanzierung des Klaganspruchs fordert; vgl. sofort im Text hinter Anm. 2177a. Richtig HEGLER, 264 i. d. Anm.; vgl. ferner RGEZ. XCIV 351; CIII 422; vgl. auch SOBERNHEIM selbst, 89ff.; ROSENBERG, Beweislast, 61ff.

[2175b]) Von KOHLER, Beitr. 71; Enz. 299; RheinZ. VI 4/5, 30—32; anders BAYER, 83, 148 Anm. 17, 222/3; hier auch SOBERNHEIM, 70ff.

[2176]) Vgl. oben zu Anm. 616, hinter Anm. 1454, 1716, 1746.

[2177]) Vgl. schon oben Anm. 1172d, 2070.

[2177a]) HELLWIG, Syst. I, § 114 III 2; LENT, II 365.

[2178]) Vgl. HELLWIG, Lehrb. III 34/5; Syst. I, § 114 III 4b, bes. zu Anm. 16; LENT, II 393ff., 423; W. HEIN, Identität, I 180/1 i. d. Anm.

[2179]) Man mag von einem „normativen Tatbestandselement" (M. E. MAYER, Lehrb. 182ff.) sprechen.

[2180]) Vgl. STEIN, Nr. III 3c zu § 253; dazu HEGLER, 266ff.; LENT, II 75ff., 377ff., 394ff. Totalversäumnis des Gegners nötigt noch nicht zur Substanzierung des präjudiziellen Rechtsverhältnisses; anders HELLWIG, Syst. I, § 114 III 4b a. E.; zutreffend HEGLER, 272/3.

[2181]) Vgl. dazu oben hinter Anm. 1631.

[2182]) So von STEIN, Nr. III zu § 307.

[2183]) Wenn STEIN, a. a. O., bei Anm. 32, gerade die Bindung des Richters an die tatsächlichen Grundlagen des Anerkenntnisses als Ausschluß der Prüfung nur zum Teil richtig, da trotz des Anerkenntnisses dem Richter in erheblichem Umfange die Prüfung der Rechtsbeständigkeit, sowie die Prüfung der Rechtsschutzwürdigkeit des Anspruches verbleibt[2184]).

Ein Antrag ist nur dann schlüssig, wenn die zu seiner Begründung vorgebrachten Behauptungen ihn rechtlich und tatsächlich — dies aber nur, insoweit Indizien oder sog. Hilfstatsachen[2184a]) behauptet werden — rechtfertigen. Dazu genügen nur individualisierende Angaben regelmäßig nicht, was auch die Anhänger der Individualisierungstheorie nicht bestreiten[2185]). Ausnahmsweise, so bei dem Antrag der Staatsanwaltschaft auf Eröffnung der Voruntersuchung oder auf Eröffnung des Hauptverfahrens in den vor den Schöffengerichten oder dem Amtsrichter zu verhandelnden Vergehens- und Übertretungssachen[2186]), gilt schon der Antrag mit individualisierender Begründung als schlüssig. Doch sind beide Anträge bloße „Zwischenanträge"[2187]).

Ist der Antrag der Staatsanwaltschaft auf Eröffnung der Voruntersuchung schlüssig, so ist er ohne weiteres begründet. Diese Eigentümlichkeit ist bei einem Zwischenantrag, dessen Ziel gerade die prozeßordnungsgemäße Tatsachenfeststellung ist, nichts Auffälliges; man denke an die Beweisanträge[2187a]). Es gibt aber noch andere Zwischenanträge, denen bei bloßer Schlüssigkeit stattzugeben ist, so das Gesuch um Erlaß eines Zahlungsbefehls (§§ 688ff. ZPO.) oder das Gesuch um Pfändung einer Forderung (§ 829 ZPO.), insofern in bezug auf die Tatsache, daß die Forderung besteht und dem Vollstreckungsschuldner zusteht, die Behauptung des Vollstreckungsgläubigers genügt[2188]).

---

der „Schlüssigkeit" bezeichnet, so ist das wohl nur eine terminologische Entgleisung.

2184) Hegler, 117 Anm. 1; sowie oben zu Anm. 1633.

2184a) Vgl. dazu Stein, Privates Wissen, 116; unten Anm. 2192a.

2185) Vgl. oben Anm. 2178. 2186) Vgl. oben hinter Anm. 2175.

2187) Vgl. oben hinter Anm. 1987a. Daß diese „Zwischenanträge" trotz §§ 170 I, 198 II S. 2 StPO. nicht etwa die Anklage, d. i. den Antrag auf Erfüllung der richterlichen Strafpflicht (vgl. oben zu Anm. 2075a) erschöpfen, lehrt die akkusatorische Gestaltung der Hauptverhandlung, lehren auch Bestimmungen, wie §§ 212, 266, 411 I StPO. Vgl. nunmehr auch § 233 II S. 3, III Halbs. 1 Entw. v. 1919.

2187a) Vgl. dazu aber unten hinter Anm. 2398.

2188) Daß die Behauptung ausreicht, um die beantragte Entscheidung zu erwirken, zeigt, daß sie hier nicht — wie in den oben in Anm. 2140b angeführten Fällen — bloße Bedingung der Zulässigkeit des Antrages ist, man müßte denn den Pfändungsantrag für einen reinen Prozeßantrag ansehen, dessen Zulässigkeit ohne weiteres seine Begründetheit nach sich zöge (vgl. oben hinter Anm. 2168a). Aber der Pfändungsantrag ist kein reiner Prozeßantrag (vgl. oben Anm. 2167), und, wenn etwa der Vollstreckungsgläubiger in seinem Antrag selbst behaupten würde, daß die zu pfändende Forderung nicht dem Vollstreckungsschuldner, sondern einem Dritten zustehe, so würde sein Antrag sicherlich nicht als „unzulässig", sondern, weil unschlüssig, als unbegründet zurückgewiesen werden; denn nicht das Bitten, sondern das Erbetene wäre Gegenstand der Zurückweisung (vgl. oben hinter Anm. 2171). Das Gesagte wird nicht dadurch widerlegt, daß der wahre Gläubiger einer gepfändeten Forderung den Pfändungsbeschluß m. E. durch Erinnerung aus § 766 ZPO. — also nicht bloß durch Klage aus § 771 ZPO. (Stein, Nr. II 3 zu § 766 bei Anm. 55, Nr. II 1a zu § 771 bei Anm. 29, Nr. VIII zu § 829) — anfechten könnte, wenn in dem zugrunde liegenden Antrag die Gläubigerschaft

Regelmäßig, insbesondere bei „Hauptanträgen“ ist indessen die Bejahung der Schlüssigkeit eines Antrages nur die Erfüllung der Bedingung, unter welcher der Antrag zur prozeßordnungsgemäßen Feststellung seiner tatsächlichen (oder rechtlichen) Voraussetzungen zugelassen wird.

Die Bejahung der Schlüssigkeit des Antrages wird nur in den Gründen der auf den Antrag ergehenden Sachentscheidung begründet, soweit diese mit Gründen zu versehen ist. Eine Bejahung der Schlüssigkeit eines Antrages durch besondere Entscheidung fand in gewissem Sinne im gemeinrechtlichen Beweisinterlokut statt. Denn indem dieses, unter Verwerfung unzulässiger oder unerheblicher Angriffs- oder Verteidigungsmittel, die beweisbedürftigen Tatsachen bestimmte, erkannte es in bezug auf diese die Schlüssigkeit des Klag- oder Abweisungsantrages an.

Ein unschlüssiger Antrag wird regelmäßig durch besondere Entscheidung als unbegründet zurückgewiesen (abgewiesen, abgelehnt) [§ 331 II Halbs. 2 ZPO.; § 180 I StPO.: „weil die in dem Antrage bezeichnete Tat unter kein Strafgesetz fällt“; § 349 I S. 2 StPO.[2189])]. Dabei ist es gleichgültig, ob die zur Begründung des Antrages vorgebrachten Tatsachen im Widerspruch zu der daraus abgeleiteten Rechtsfolge stehen oder ob sie nur nicht ausreichen, dieselbe zu rechtfertigen. Im ersten Falle ist, soweit nicht der Untersuchungsgrundsatz einschlägt, wie in § 206 StPO., schon ein Antrag mit individualisierender Begründung als unschlüssig zurückzuweisen, so der Antrag der Staatsanwaltschaft auf Eröffnung der Voruntersuchung, „weil die in dem Antrage bezeichnete Tat unter kein Strafgesetz fällt“ (§ 180 I StPO.). Für den anderen Fall — nicht ausreichender Substanzierung — macht § 139 ZPO [2189a]) die Zurückweisung des unschlüssigen Antrages davon abhängig, daß die richterlichen Versuche, durch Fragen auf Ergänzung „ungenügender Angaben der geltend gemachten Tatsachen“ hinzuwirken,

---

des Vollstreckungsschuldners nicht einmal behauptet war. Denn die Schlüssigkeit des Pfändungsantrages ist eben für die Forderungspfändung, was der Gewahrsam des Schuldners, Gläubigers oder herausgabebereiten Dritten (§§ 808, 809 ZPO.) für die Sachpfändung ist, eine Bedingung der Prozeßordnungsmäßigkeit der Pfändung. Diese eigenartige Beziehung zwischen der Schlüssigkeit des Antrages und der Prozeßordnungsmäßigkeit der darauf ergehenden Entscheidung erklärt sich daraus, daß das Gesetz sich in bezug auf die Zugehörigkeit des der Vollstreckung zu unterwerfenden Gegenstandes zum Vermögen des Vollstreckungsschuldners mit dem „Rechtsschein“ begnügt, diesen aber zur Voraussetzung der Prozeßordnungsmäßigkeit der Vollstreckung erhoben hat.

[2189]) Die Fassung des § 349 I S. 2 durch die Novelle v. 8. Juli 1922 ist verunglückt: „Verwerfung der Revision als unzulässig“ durch reichsgerichtlichen Beschluß, wenn sie „einstimmig für offensichtlich unbegründet erklärt wird“! Das geht über die „Verwerfung als unbegründet“ des § 370 I StPO. noch weit hinaus. Der offensichtliche Mangel der „Begründetheit“ der Revision braucht übrigens m. E. nicht notwendig ein Mangel der Schlüssigkeit zu sein. Ein offensichtlicher Mangel der tatsächlichen Grundlagen genügt; so wenn die den prozessualen Mangel angeblich enthaltenden Tatsachen offensichtlich nicht vorliegen.

[2189a]) Entsprechendes gilt, im Bereich des ihn beherrschenden Untersuchungsgrundsatzes, erst recht im Strafprozeß, insbesondere für Ablehnung mangelhaft substanzierter Beweisanträge; vgl. dazu noch unten hinter Anm. 2398.

erfolglos geblieben sind[2190]). Aber auch wenn der Richter die Klage, unter Verletzung des § 139 ZPO., ohne die ihm hier auferlegte Aufgabe zu erfüllen, wegen mangelnder Substanzierung rechtskräftig abgewiesen hat, ist die Abweisung keine bloße „Prozeßabweisung", sondern endgültige Sachabweisung[2191]). Die Zurückweisung eines unschlüssigen Antrages als unbegründet kann auch in den Gründen der Entscheidung erfolgen, die unter Hinweggehen über den zurückgewiesenen Antrag erlassen wird, insbesondere in den Urteilsgründen. So kann ein Antrag einer nicht erschienenen Partei auf Unterbleiben der Urteilsverkündung in den Fällen der §§ 251a I S. 4, 331a S. 2 ZPO., dessen Begründung ergibt, daß der Tatbestand unverschuldeten Ausbleibens gar nicht vorliegt, in den Entscheidungsgründen des doch verkündeten Urteils abgelehnt werden. Im Strafprozeß kann ein nur eventuell, für den Fall, daß das Gericht nicht ein dem prinzipalen Antrag entsprechendes Urteil erlassen sollte, gestellter, aber auf eine unerhebliche Tatsache oder ein untaugliches Beweismittel gerichteter Beweisantrag in den Urteilsgründen zurückgewiesen werden.

b) Die landläufige Vorstellung [2192]) von dem Verhältnis der Schlüssigkeit eines Antrages zu der prozeßordnungsgemäßen Feststellung der ihn rechtfertigenden Tatsachen ist, daß jene die rechtliche, diese die tatsächliche Begründetheit des Antrages ausmacht. Indessen ist

---

[2190]) Sei es, daß der Antragsteller die Lücke nicht ausfüllen will, sei es, daß er sie nicht ausfüllen kann, oder weil das neue Vorbringen als unzulässige Klagänderung zurückzuweisen ist.

[2191]) Die Ansichten gehen weit auseinander. Für bloße Abweisung „als unzulässig" in solchem Falle SAUER, 266/7, 494, im Widerspruch mit seiner eigenen Grundanschauung, 214, 225ff., wonach für die „Zulässigkeit" der Klage die Behauptung eines Klagegrundes nach dem Urteil des Klägers ausreichend ist; vgl. darüber schon oben Anm. 1383b, c, 2063, 2070, 2147, 2175. Es wäre auch seltsam, wenn die „Unschlüssigkeit" der Klage dadurch aus einem Falle der „Unbegründetheit" zu einem solchen der „Unzulässigkeit" werden könnte, daß der Richter bei ihrer Behandlung einen Fehler begangen hat. Im Ergebnis nicht viel anders als SAUER RGEZ. L 383, LII 328; STEIN, Nr. VI zu § 139 bei Anm. 34, nach denen das die Klage wegen mangelnder Substanzierung — nach Anwendung oder Nichtanwendung des § 139 ZPO. —, aber fehlerhafterweise nur „angebrachtermaßen" abweisende Urteil der Wiederholung einer besser begründeten Klage nicht im Wege stehen soll. Diese Ansicht läuft auf eine Sachabweisung hinaus, deren Rechtskraft dahinfällt, wenn neue Tatsachen geltend gemacht werden, ähnlich wie nach dem oben in Anm. 1383a erwähnten RGEZ. XXXIII 419 ein das Arrestgesuch abweisendes Urteil dessen Wiederholung auf Grund neuer Glaubhaftmachungsmittel nicht ausschließen soll. Also eine Rechtskraft ähnlich wie die in § 211 StPO. (vgl. oben zu Anm. 367). Mit dem Text übereinstimmend dagegen RG. in JWSchr. 1902, 92. Die Polemik SAUERS, 267 zu Anm. 2, tut übrigens STEIN ebenso Unrecht, wie STEINS Anführung HELLWIGS in Anm. 33 zu § 139 diesem nicht gerecht wird. Jene übersieht, daß STEIN dem „irrtümlichen" „Prozeßurteil" der „Abweisung angebrachtermaßen" wegen mangelnder Substanzierung nur die Rechtskraft in der Sache, d. h. hier (vgl. dazu oben Anm. 2164) endgültige Rechtskraft versagt; diese verkennt, daß HELLWIGS „Prozeßabweisung" wegen mangelnder Individualisierung keine Spielart der — von STEIN und HELLWIG abgelehnten — „Prozeßabweisung" wegen mangelnder Substanzierung, sondern gerade das Gegenstück der „Sachabweisung" wegen mangelnder Substanzierung ist (vgl. oben Anm. 1383c, 2070).

[2192]) Vgl. z. B. HEINSHEIMER, Z. XXXVIII 32.

diese Vorstellung nicht oder doch nicht völlig zutreffend[2192a]). Allerdings, wo sowohl die Schlüssigkeit des Antrages als auch die prozeßordnungsgemäße Feststellung der ihn rechtfertigenden Tatsachen Bedingungen seiner Begründetheit sind, enthält die Bejahung der Schlüssigkeit die Bejahung der Rechtsfrage, die Bejahung der prozeßordnungsgemäßen Tatsachenfeststellung die Bejahung der Tatfrage. Aber die Bejahung der Schlüssigkeit ist nur eine hypothetische Bejahung der Rechtsfrage, nämlich unter der Voraussetzung, daß die behaupteten Tatsachen prozeßordnungsgemäß festgestellt werden sollten[2193]); erst die prozeßordnungsgemäße Feststellung der den Antrag rechtfertigenden Tatsachen bejaht mit der Tatfrage die Rechtsfrage endgültig. Daß das Verhältnis von Schlüssigkeit des Antrages und prozeßordnungsgemäßer Feststellung der ihn rechtfertigenden Tatsachen nicht das von rechtlicher und tatsächlicher Begründetheit ist[2194]), wird aber noch deutlicher, wo zur Begründetheit des Antrages entweder seine Schlüssigkeit oder die prozeßordnungsgemäße Feststellung der ihn rechtfertigenden Tatsachen ausreicht[2195]), oder wo der Antrag deshalb unbegründet ist, weil er entweder unschlüssig ist, oder die ihn rechtfertigenden Tatsachen nicht prozeßordnungsgemäß festgestellt sind. Wird z. B. dem Gesuch um Erlaß eines Zahlungsbefehls stattgegeben, nur weil es schlüssig ist, oder der Ehefeststellungsklage, obwohl sie unschlüssig ist, so liegt in jenem Falle das erforderliche geringe Maß tatsächlicher Begründetheit in Gestalt der Behauptungen des Gläubigers, unzweifelhaft aber in diesem Falle die unbedingt erforderliche rechtliche Begründetheit vor. Und wenn die einen Antrag rechtfertigenden Tatsachen zwar in schlüssiger Weise behauptet, aber nicht prozeßordnungsgemäß festgestellt sind, oder wenn der Beklagte oder gar nur ein Zeuge[2196]) eine klagbegründende Tatsache vorbringen, ohne daß der Kläger sie sich zu eigen macht, so wird man schwerlich weder in jenem Falle sagen, daß dem Antrage die Begründetheit fehle, obgleich er „rechtlich begründet“ sei, noch in diesem, daß sie ihm fehle, weil er rechtlich unbegründet sei. Erst die prozeßordnungsgemäße Feststellung der einen Antrag rechtfertigenden Tatsachen, rechtfertigt den Antrag. Die zur Begründetheit regelmäßig daneben erforderliche oder in Ausnahmefällen sogar ausreichende Schlüssigkeit bedeutet, daß außer der prozeßordnungsgemäßen Feststellung, insbesondere dem Beweise der den Antrag rechtfertigenden Tatsachen, auch deren Behauptung erforderlich oder ausreichend ist. Das Werturteil der Schlüssigkeit eines Antrages findet also seine Grundlage in dem Verhandlungsgrundsatz: iudex iudicet secundum allegata a partibus.

2192a) Auch wenn man davon absieht, daß insoweit ein Antrag auf Indizien oder Hilfstatsachen gestützt wird, seine Schlüssigkeit nur in Erfahrungssätzen ihren Grund findet; vgl. oben zu Anm. 2184a.

2193) Vgl. schon oben hinter Anm. 2165.

2194) Es folgt eigentlich schon aus der durch die Geschichte des Schwurgerichts bewiesenen Untrennbarkeit von Rechts- und Tatfrage (dazu Birkmeyer, 218ff.).

2195) Vgl. oben vor Anm. 2188, 2175a.

2196) Vgl. oben Anm. 2175a, b.

β) Die Behauptungen.

(§ 27.)

I. Die zweite Art von Erwirkungshandlungen sind die Behauptungen (Anführungen). Behauptungen sind die von einer Partei dem Richter gemachten Mitteilungen des Wissens von Tatsachen oder Rechten, die dazu bestimmt und im Falle ihrer Zulässigkeit und Begründetheit geeignet sind, die von der Partei beantragte Entscheidung zu erwirken.

1. Die Behauptungen sind Vorstellungsmitteilungen[2197]). Sie sind auch im Herrschaftsbereich des Verhandlungsgrundsatzes keine rechtsgeschäftlichen Willenserklärungen, da die hier bestehende Bindung des Richters, nichts anderes zum Nachteil einer Partei zu berücksichtigen, als was sich aus ihren oder ihres Gegners Behauptungen ergibt, weder Inhalt einer in den Behauptungen steckenden noch einer mit ihnen verbundenen Willenserklärung der Partei ist. Vielmehr ist die „negative richterliche Berücksichtigungspflicht", ebenso wie die positive, die ihrerseits auch im Herrschaftsbereich des Untersuchungsgrundsatzes und nicht nur in bezug auf Behauptungen und sonstige Parteihandlungen, sondern in bezug auf den gesamten Prozeßstoff gilt, eine staatsrechtliche Pflicht, die im gegebenen Falle ohne Antrag zu erfüllen ist[2198]). Daß übrigens ein „Berücksichtigungsantrag" eine rechtsgeschäftliche Willenserklärung so wenig wäre, wie es die Anträge überhaupt sind, sei nur nebenher bemerkt[2199]). STEIN hat seine Lehre, daß im Herrschaftsbereich des Verhandlungsgrundsatzes die Behauptungen rechtsgeschäftliche Willenserklärungen seien, durch eine Anekdote zu beweisen versucht[2200]). In einem Unterhaltsprozesse führt der als unehelicher Vater in Anspruch genommene Beklagte an, sein Freund Schulze habe ihm gesagt, daß die Klägerin im vorigen Sommer auch mit dem Arbeiter Lehmann zu tun gehabt habe. Er verbleibt dabei, nichts anderes anführen zu können, obwohl der Richter ihm begreiflich zu machen sucht, er müsse selbst den Geschlechtsverkehr der Klägerin behaupten. STEIN meint, der Beklagte habe hier die nach STEIN verkehrte Auffassung, daß die Behauptung nur Vorstellungsmitteilung, der Richter aber die nach STEIN richtige, daß sie Willenserklärung sei. Das ist irrig. Die Differenz zwischen Beklagtem und Richter besteht vielmehr darin, daß dieser — mit Recht — verlangt, daß die mitgeteilte Tatsache als Gegenstand eigenen Wissens hingestellt werde, während der Beklagte sie nur als ihm von dritter Seite mitgeteilt hinstellt. M. a. W. der Gegensatz ist derselbe, den § 186 StGB. mit „behauptet oder verbreitet" ausdrückt, und den § 344 StGEntw. v. 1919, im Anschluß an § 283 des Gegenentwurfs, besser durch „Behauptung oder Mitteilung" wiedergibt[2200a]). Es

[2197]) Vgl. schon oben zu Anm. 1619, 1640, 1863, 1870.

[2198]) Vgl. darüber eingehend oben § 26 III, auch schon Anm. 1619 a. E.

[2199]) Vgl. oben zu Anm. 1865a—c, § 26 I.

[2200]) Z. XLI 422/3.

[2200a]) Der Amtl. Entw. v. 1925 § 285 stellt — unerfindlich warum — die schlechtere Fassung wieder her.

liegt im Begriffe der „Behauptung", daß sie Mitteilung eigenen Wissens ist. Wenn STEIN gelegentlich geradezu auch diese Wesenseigenschaft der Behauptung für seine Annahme, daß sie „Willenserklärung" sei, zu verwerten sucht[2201]), so kann man ihm mit HELLWIG[2202]) entgegnen, daß daraus „eher das Gegenteil folgen" würde. STEIN geht immer davon aus[2203]) — und sein Gegner HELLWIG bestärkt ihn in dieser Auffassung[2204]) —, daß nach dem von ihm bekämpften Standpunkt die Behauptung „als Beweismittel durch ihren Wahrheitswert (als Aussage) auf die Überzeugung des Gerichtes einzuwirken" und nicht bloß „den Stoff für die richterliche Aburteilung zu liefern" habe. Dies ist abzulehnen. Ob und unter welchen Umständen die Parteiaussage Beweismittel ist, und welchen Beweiswert sie hat, ist eine selbständige Frage des Beweisrechts[2204a]). Die Parteibehauptung als solche „liefert" in der Tat nur „den Stoff für die richterliche Aburteilung", genauer: den Gegenstand der prozessualen Feststellung, insbesondere das Beweisthema. Wie soll sie das aber, wenn sie etwas anderes ist als eine Vorstellungsmitteilung? Soll über den Inhalt einer „Willenserklärung" Beweis erhoben werden? Auch die Rechtsprechung des Reichsgerichts über die Strafbarkeit des Prozeßbetrugs[2205]), auf die sich STEIN — zu Unrecht — beruft, und die HELLWIG — wegen seines durch die Anerkennung der Behauptungen als Vorstellungsmitteilungen nicht gebotenen Eintretens für die „Wahrheitspflicht"[2206]) — bekämpft, lehnt nur die Beweiskraft des einseitigen Parteivorbringens im Zivilprozeß ab. STEIN gibt schließlich selbst zu, daß die Parteierklärung da, wo die Partei als „Auskunftsperson" vernommen werde (§§ 141, 272b II Nr. 3 ZPO.), Wissenserklärung sei[2207]). Er hält sie zwar in diesem Fall für ein Beweismittel[2207a]). Da er aber diese Ansicht selbst dadurch widerlegt, daß er gleichzeitig — mit Recht — lehrt, daß auch in diesem Falle die Befragung sich in den Grenzen des § 139 ZPO. zu halten habe[2208]), so bleibt unerfindlich, warum die Parteibehauptung sonst einen anderen Charakter haben soll als hier. Weiter lehrt STEIN[2209]), daß auch das Geständnis der prozeßunfähigen Partei oder der Partei im Anwaltsprozeß Wissenserklärung sei. Er hält es zwar auch hier für ein Beweismittel. Aber die Gleichartigkeit der Erklärungen jedenfalls der durch einen Prozeßbevollmächtigten vertretenen Partei mit den Erklärungen ihres Vertreters erhellt aus §§ 85 S. 2, 137 IV ZPO.

Die Behauptungen sind keine Willenserklärungen. Es genügt aber, soweit sie bestimmt sind und geeignet sein sollen, die von der

[2201]) Nr. IV 3 vor § 128 zu Anm. 62.
[2202]) Syst. I, § 147 II 3 Anm. 18.
[2203]) Nr. IV 3 vor § 128 zu und in Anm. 63; auch Z. XLI 423.
[2204]) Syst. I, § 139 IV 2b Anm. 27, § 147 I zu und in Anm. 11.
[2204a]) Vgl. darüber unten hinter Anm. 2296.
[2205]) Vgl. oben Anm. 697.
[2206]) Vgl. darüber oben hinter Anm. 693.
[2207]) Z. XLI 423; Nr. IV 3 a. E. vor § 128 hinter Anm. 68.
[2207a]) Grdr. § 88 III. Vgl. aber schon oben zu Anm. 629b.
[2208]) Nr. I zu § 141. Vgl. schon oben zu Anm. 629a.
[2209]) Grdr., § 60 II Anm.

Partei beantragte Entscheidung zu erwirken, auch nicht, daß sie in der Form von Willensmitteilungen auftreten. Das heißt, es genügt nicht, daß die Partei dem Richter ihren Willen mitteilt, ihm eine Wissensmitteilung zu machen, sofern darin nicht die Wissensmitteilung liegt. Die bloße Erklärung, behaupten zu wollen, ist so wenig eine Behauptung, wie die bloße Erklärung, bestreiten zu wollen, ein Bestreiten ist. Auch die Erklärung, eine Tatsache sei zwar unwahr, ein Anspruch sei zwar unbegründet, man wolle sie aber doch behaupten, ist so wenig eine Tatsachen- oder Rechtsbehauptung, wie die Erklärung, eine Tatsache sei zwar wahr, ein Anspruch sei zwar begründet, man wolle sie aber doch bestreiten, ein Bestreiten[2210]) ist. Hier wird die der Partei günstige Willensmitteilung durch die in der Erklärung enthaltene Mitteilung des Wissens vom Gegenteil als bloße Willensmitteilung entlarvt. Eine solche ist aber kein Behaupten oder Bestreiten. Statt dessen gilt die in der Erklärung enthaltene ungünstige Wissensmitteilung; die ihr beigefügte unbeachtliche Mitteilung, eine gegenteilige Wissensmitteilung machen zu wollen, ist eine reine protestatio facto contraria[2211]) [2212]).

2. Die Behauptungen müssen Mitteilungen eigenen Wissens sein[2213]). Es genügt weder die Hinstellung der Tatsache als von dritter Seite mitgeteilt noch die Äußerung einer bloßen Vermutung. Dies gilt auch von dem Bestreiten, welches nichts als die Behauptung des Wissens, daß eine Tatsache unwahr sei, ist[2214]). Insbesondere reicht die Äußerung eines Zweifels zum Bestreiten nicht aus[2214a]). Nur in bezug auf Tatsachen, welche weder eigene Handlungen der Partei noch Gegenstand ihrer eigenen Wahrnehmung gewesen sind, genügt zum Bestreiten die Erklärung des Nichtwissens (§ 138 III ZPO.). Auch im Herrschaftsbereich des Untersuchungsgrundsatzes müssen die Behauptungen, soweit es auf sie ankommt, Mitteilungen eigenen Wissens sein[2215]). Aus diesem Grunde hat das RGESt. XXIV 423[2216]) einen Beweisantrag, dem eine bestimmte Behauptung als Beweisthema nicht zugrunde lag, als bloßen, den Richter nicht bindenden[2217]) Beweisermittelungsantrag bezeichnet. Daß im Bereich des Untersuchungsgrundsatzes die Gerichte

---

2210) Vgl. oben Anm. 1620.

2211) Vgl. schon oben Anm. 1620.

2212) Vgl. dazu noch unten zu Anm. 2235.

2213) Vgl. schon oben hinter Anm. 2200, zu Anm. 711a.

2214) Vgl. schon HELLWIG, Syst. I, § 147 I Anm. 4; KLEINFELLER, § 90 III 1 a. E.; anders ROSENBERG, Beweislast, 64, 82. Die Gegensätzlichkeit von Behaupten und Bestreiten bleibt davon unberührt.

2214a) Unrichtig ROSENBERG, Beweislast, 82. Noch viel weniger ist das Bestreiten eine auf Begründung der gegnerischen Beweislast (vgl. oben hinter Anm. 1452, zu Anm. 1718) gerichtete Willenserklärung (worauf ROSENBERGS Ansicht, a. a. O., z. T. hinausläuft; bedenklich schon BÜLOW, Geständnisrecht, 13; O. GEIB, 203).

2215) Anders HELLWIG, Syst. I, § 147 II 3 a. E.

2216) Dazu ALSBERG, GA. LXVII 263, 266, 271. Vgl. ferner RG. in JWSchr. 1922, 299/301.

2217) Vgl. oben hinter Anm. 1369b und in Anm. 2062, unten zu und in Anm. 2342.

überhaupt ohne Parteibehauptungen „zu einer selbständigen Tätigkeit berechtigt und verpflichtet" sind (§ 155 II StPO.), ist etwas anderes.

3. Die Behauptungen sind Mitteilungen des Wissens von Tatsachen oder Rechten. Die behaupteten Rechte können Voraussetzungen des in Anspruch genommenen Rechts sein[2218]). Es kann auch die Behauptung des in Anspruch genommenen Rechts genügen, so zur Begründung des Antrages auf Erlaß des Anerkenntnisurteils (§ 307 ZPO.)[2219]) oder, wenn man der Individualisierungstheorie folgt, in der Klageschrift. Immer aber ist Behauptung nur die Anführung eines konkreten Rechts, wie Behauptung auch nur die Anführung konkreter Tatsachen ist. Ausführungen, die sich auf Geltung oder Inhalt von Rechts- oder Erfahrungssätzen oder auf die Schlußfolgerungen daraus für den konkreten Fall beziehen, sind ebensowenig Behauptungen, wie die Verhandlung, über das Beweisergebnis (§ 285 I ZPO.), die Beweisausführung, Beweisführung ist[2220]). Das schließt nicht aus, daß die Ausführungen der Parteien (§§ 27 II RAO., 258 I StPO.) Erwirkungshandlungen im weiteren Sinn, und zwar Vorstellungsmitteilungen, sind[2221]). Sie sind aber niemals — auch nicht im Fall des § 293 ZPO.[2222]) — Gegenstand einer formellen Behauptungs- oder Beweislast[2223]), und die auf die eigentlichen Erwirkungshandlungen anwendbaren Wertungen (Zulässigkeit, Begründetheit) greifen bei ihnen nicht Platz.

4. Die Behauptungen sind dazu bestimmt, die von der Partei beantragte Entscheidung zu erwirken. Die Behauptungen — sagt F. KLEIN[2224]) — „schaffen emsig am logischen Grunde des Urteils und ziehen alle die Vorstellungen heran, welche nach Meinung der Partei dem Richter gerade das beantragte Urteil als ein logisch notwendiges erscheinen lassen müssen". Schief ist aber, wenn F. KLEIN daraus schließen zu können glaubt, daß, während zwischen dem Antrage und der Entscheidung das „psychologische Verhältnis von Ursache und Wirkung (Motivation)" besteht[2225]), zwischen „den Parteibehauptungen und dem Urteile (Urteilsinhalt) ...das logische Verhältnis von Grund und Folge" bestehe. Vielmehr besteht auch zwischen den Parteibehauptungen und der richterlichen Entscheidung das „psychologische Verhältnis von Ursache und Wirkung (Motivation)". Die Parteibehauptungen sind nur die psychologische Bedingung, nämlich die „Veranlassung" des Urteilsaktes[2226]). Insoweit die dadurch in dem Richter hervorgerufenen Vorstellungen der logische Grund des Urteils zu sein beanspruchen, erheben sie diesen Anspruch nicht auf Grund der Parteibehauptungen, sondern auf Grund der Rechts- und Erfahrungssätze, welche mit den durch

---

2218) Vgl. oben zu Anm. 2179. 2219) Vgl. oben zu Anm. 2181.

2220) Vgl. oben Anm. 1943, 2046.

2221) Vgl. HELLWIG, Prozeßhandlung, § 3 l 4; Syst. I, § 145 II 3d; STEIN, Z. XLI 423; Nr. IV 3 a. E. vor § 128 hinter Anm. 68.

2222) Anders HELLWIG, Prozeßhandlung, § 5 II 1 Anm. 6; vgl. aber STEIN Nr. III, IV zu § 293.

2223) Vgl. oben Anm. 2048. 2224) Parteihandlung, 24.

2225) Vgl. oben zu Anm. 1972.

2226) Vgl. den von F. KLEIN, a. a. O., angerufenen SIGWART, Logik, I 257.

die Parteibehauptungen hervorgerufenen Vorstellungen das gefällte Urteil als notwendig gegeben erscheinen lassen. Man kann also nur sagen, daß die Parteibehauptungen sich in ihrem Verhältnis zu der richterlichen Entscheidung von den Anträgen dadurch unterscheiden, daß sie ausschließlich die psychologischen Ursachen des in der richterlichen Entscheidung enthaltenen logischen Urteilsaktes sind, während die Anträge die gleiche Bedeutung in erster Linie in bezug auf den in jeder richterlichen Entscheidung steckenden Willensakt haben[2227]).

Da die Behauptungen, als Erwirkungshandlungen, dazu bestimmt sein müssen, die von der Partei beantragte Entscheidung zu erwirken, sind alle nicht zu diesem Zweck abgegebenen Erklärungen keine Behauptungen. Die Erklärung, eine Tatsache sei zwar unwahr, ein Anspruch sei zwar unbegründet, man wolle sie aber doch zugestehen, anerkennen, nicht bestreiten, ist ein Geständnis, oder Klaganerkenntnis[2228]), wie die Erklärung, eine Tatsache sei zwar wahr, ein Anspruch sei zwar begründet, man wolle sie aber doch nicht behaupten, das Aufgeben eines Angriffs- oder Verteidigungsmittels oder des ganzen Angriffs ist[2229]), gegebenenfalls in Gestalt der Zurücknahme einer schon aufgestellten Behauptung oder in Gestalt eines Klagverzichts[2230]). Die in der Erklärung enthaltene der Partei günstige Wissensmitteilung wird durch die ihr beigefügte der Partei ungünstige Willensmitteilung ihrer Beachtlichkeit entkleidet[2231]). Das steht nicht im Widerspruch zu der hier vertretenen Auffassung, daß die Behauptungen keine Willenserklärungen oder Willensmitteilungen sind[2232]). Es erklärt sich vielmehr daraus, daß die Behauptungen Vorstellungsmitteilungen zu dem bestimmten Zweck sind, den gestellten Antrag zu begründen[2232a]), und daß daher die ausdrückliche Erklärung, diesen Zweck damit nicht zu verfolgen, der Vorstellungsmitteilung den rechtlichen Charakter einer Erwirkungshandlung nimmt, sie zu einem unbeachtlichen Nichtbestreiten oder Nichtbehaupten macht, gerade so, wie ein Antrag, der durch einen ihn aufhebenden Zusatz „paralysiert" wird, ein „Nichtantrag" ist[2233]). Das Gesagte gilt denn auch nicht nur im Bereich des Verhandlungsgrundsatzes, wo die Entkräftung einer der Partei günstigen Vorstellungsmitteilung durch eine sie „paralysierende" Willensmitteilung schon aus dem Wesen des Verhandlungsgrundsatzes: „cum liceat sui iuris persecutionem ...deteriorem constituere"[2234]) folgt, sondern auch im Bereich des Untersuchungsgrundsatzes. Eine Erklärung, die

---

2227) Was aber F. Klein gerade verkennt; vgl. oben hinter Anm. 1973a.

2228) Vgl. oben Anm. 1620.

2229) Vgl. oben hinter Anm. 1633.

2230) Vgl. oben Anm. 1619.

2231) Vgl. schon oben Anm. 1620.

2232) Vgl. oben unter Nr. 1.

2232a) Vgl. auch Kisch, Streitgenossenschaft, 15.

2233) Vgl. oben Anm. 1917a. Insoweit hat also Stein, Z. XLI 422, ganz recht, wenn er es für nicht gleichwertig erklärt, „ob jemand einem Freunde erzählt, daß er sich gestern eine Wohnung gemietet habe, oder ob er dies im Prozesse als Partei behauptet". Es ist sogar unrichtig und von Steins Standpunkt aus geradezu unbegreiflich, wenn Stein, fortfahrend, der Parteibehauptung die Zeugenaussage gleichstellt. Vgl. auch Walsmann, ZivArch. CII 26/7.

2234) Vgl. oben zu Anm. 1573.

Tatsache sei zwar wahr, man wolle sie aber nicht behaupten, würde niemals die Grundlage eines dem § 244 II StPO. unterfallenden Beweisantrages bilden können. Nur daß natürlich im Bereich des Untersuchungsgrundsatzes der Richter ebensowenig durch die ungünstige Willensmitteilung gebunden, wie auf die entkräftete Vorstellungsmitteilung angewiesen ist.

Vergleicht man im übrigen die hier getroffenen Feststellungen mit den obigen[2235]), so zeigt sich, daß bei Widerspruch zwischen Wissens- und Willensmitteilung, sofern nicht die mit Hilfe richterlicher Fragestellung vorzunehmende Ermittelung des Sinnes der Parteierklärung zu einem anderen Ergebnis führt, die Willensmitteilung gilt, wenn sie der Partei ungünstig ist, daß aber sonst die Wissensmitteilung gilt. Anders ausgedrückt: es gilt im Zweifel die der Partei ungünstige Erklärung.

5. Die Behauptungen müssen aber nicht nur bestimmt, sondern — im Fall ihrer Zulässigkeit und Begründetheit — auch geeignet sein, die von der Partei beantragte Entscheidung zu erwirken. Der Begriff der Behauptungen fällt mit dem der „Angriffs- und Verteidigungsmittel" (§§ 67, 68, 96, 100, 146, 278, 279, 289, 461, 529 ZPO.) zusammen. Das bedeutet, daß das ungünstige Parteivorbringen nicht unter den Begriff der Behauptung, im Sinne einer Erwirkungshandlung, fällt, und daß darauf die für die Erwirkungshandlungen geltenden Grundsätze keine Anwendung finden. In der Tat bindet im Bereich des Verhandlungsgrundsatzes — gemäß der eben[2236]) erwähnten Bedeutung dieses Grundsatzes — das ungünstige Parteivorbringen den Richter schon dann, wenn es bloße Willensmitteilung ist. Die Erklärung, zugestehen, anerkennen, nicht bestreiten zu wollen, ist ein beachtliches Geständnis oder Klaganerkenntnis[2237]). Ebenso ist beachtlich die Erklärung, ein — tatsächliches oder rechtliches — Behaupten oder Bestreiten zurücknehmen zu wollen[2238]). Entsprechend finden auf das ungünstige Parteivorbringen die auf die Erwirkungshandlungen anwendbaren Wertungen der Zulässigkeit und Begründetheit[2239]) keine Anwendung; es wird vielmehr als Bewirkungshandlung gewertet, d. h. es ist beachtlich oder unbeachtlich. Dies wird bestätigt durch die grundsätzliche Gleichwertig-

---

[2235]) Zu Anm. 2210—2212. [2236]) Zu Anm. 2234.

[2237]) Vgl. oben zu Anm. 1620.

[2238]) Vgl. oben Anm. 1619, zu Anm. 1620, 1640.

[2239]) Schon SOBERNHEIM, 44, 102, stellt fest, daß die Regeln der ZPO. über das Beweisverfahren für den Beweis ungünstiger Tatsachen nicht passen. Ebensowenig passen auf sie die Regeln über das fiktive Geständnis (§§ 331 I, 138 II ZPO.). Anders seltsamerweise SOBERNHEIM, 15, 21, der nur (21ff.) bezüglich des § 138 III ZPO. eine Ausnahme macht; vgl. aber schon STEIN, Nr. III 4 zu § 331. Es besteht weder die theoretische Möglichkeit, auf Tatsachen, die nicht Gegenstand eines wirklichen Geständnisses werden können, die Regeln über das fiktive Geständnis anzuwenden, noch besteht dazu eine praktische Notwendigkeit, da die Verwertbarkeit des eigenen ungünstigen Vorbringens gegen eine Partei keine Folge der Versäumnis des Gegners ist — was sinnlos wäre — und nicht einmal durch Bestreiten des Gegners ausgeschlossen wird (vgl. SOBERNHEIM selbst, 89ff., 94ff.).

keit des ungünstigen Parteivorbringens im engeren Sinne mit der Zurücknahme günstigen Parteivorbringens. Ein Geständnis oder Klaganerkenntnis kann gerade so gut durch die Erklärung, zugestehen, anerkennen, nicht bestreiten zu wollen, wie durch die Erklärung, das Bestreiten zurücknehmen zu wollen, ausgedrückt werden[2240]). Eine solche Zurücknahme ist aber stets beachtlich und eine offenbare Bewirkungshandlung, während umgekehrt die Zurücknahme ungünstigen Parteivorbringens in den praktisch wichtigsten Fällen nur beschränkt zulässig ist und den Regeln über Erwirkungshandlungen untersteht[2241]). Wo andererseits außerhalb des Verhandlungsgrundsatzes das ungünstige Parteivorbringen den Richter nicht bindet, muß es freilich, soll es mehr tun, als eine entgegenstehende Vorstellungsmitteilung entkräften[2242]), selbst eine Vorstellungsmitteilung sein. Insoweit ist es aber, wie insbesondere das Geständnis im Strafverfahren, Beweismittel[2243]). Auf den Ankläger des geltenden deutschen Strafprozeßrechts ist der Begriff des „ungünstigen" Parteivorbringens nicht anwendbar[2243a]).

II. Hinsichtlich der Anwendbarkeit der Wertungen der Zulässigkeit und Begründetheit auf die Behauptungen ist zu sagen:

1. Die Zulässigkeit von Behauptungen wird regelmäßig nur durch ihr Verpassen oder ihre Versäumung[2244]) in Frage gestellt. Unter diesem Gesichtspunkt kann das Vorbringen von Klagegründen, Einwendungen, Einreden, Repliken, Beweiseinreden, prozeßhindernden Einreden, Prozeßrügen oder Revisionsgründen „unzulässig" sein (§§ 39, 264, 269, 274 III, 278 I, 279, 283, 295, 527, 528 I, 529 II, III, V, 530, 554 VI, 558, 626, 767 II, III, 796 II ZPO.; 16, 344 II S. 2/352, 359 Nr. 5 S. 2 StPO.). Es kann aber auch einer von mehreren Klagegründen infolge Durchgreifens einer prozeßhindernden Einrede unzulässig sein[2244a]). Die Zurücknahme ungünstigen Parteivorbringens im Bereich des Verhandlungsgrundsatzes ist regelmäßig von vornherein in ihrer Zulässigkeit beschränkt (§ 290 ZPO.)[2245]).

Erweist sich eine Behauptung als zulässig, so wird sie regelmäßig ohne weiteres inhaltlich geprüft; ihre Zulassung wird nur in den Gründen der über den Antrag, zu deren Begründung sie bestimmt war, ergehenden Entscheidung, insbesondere in den Urteilsgründen, gerechtfertigt und auch das nur, sofern die Zulässigkeit entweder von Amts wegen zu prüfen (so in §§ 278 I, 279, 283, 529 II, III, 554 VI, 626, 767 II, 796 II ZPO.; 16, 344 II S. 2/352, 359 Nr. 5 S. 2 StPO.) und zweifel-

---

[2240]) Vgl. oben zu Anm. 1620 und in Anm. 1619.

[2241]) Vgl. oben hinter Anm. 1623 und in Anm. 1629, unten Anm. 2502—2505.

[2242]) Vgl. oben zu Anm. 2231. Daß es dazu auch im Bereich des Untersuchungsgrundsatzes imstande ist, wird von Hellwig, Prozeßhandlung, § 5 IV 1 Abs. 2, übersehen; vgl. oben hinter Anm. 2234.

[2243]) Vgl. dazu oben hinter Anm. 2204, unten hinter Anm. 2296. Nicht unbedenklich Glaser, I § 52 I 5b.

[2243a]) Vgl. oben Anm. 702, 1565.

[2244]) Vgl. dazu oben hinter Anm. 673, § 22 VIII, IX, § 23 VI.

[2244a]) Vgl. unten hinter Anm. 2254, zu Anm. 2549.

[2245]) Vgl. oben hinter Anm. 1623, in Anm. 1629, zu Anm. 2241.

haft, oder sofern sie bestritten ist. Die Prüfung der Zulässigkeit einer Behauptung hängt nicht nur da von dem Widerspruch des Gegners ab, wo das Gesetz, wie in §§ 264, 527, 529 V ZPO., es ausdrücklich vorschreibt. Mit Recht hat RGEZ. LVIII 151ff. auf Grund von § 295 ZPO. die Nachholung einer verpaßten (versäumten) prozeßhindernden Einrede zugelassen, wenn der Kläger nicht widersprach[2246]. Entsprechend ist auf Grund von § 295 ZPO., wenn der Gegner nicht widerspricht, zuzulassen die Nachholung der durch § 767 III ZPO. ausgeschlossenen Einwendungen[2247] [2248], der verpaßten Geltendmachung der Unzuständigkeit (§ 39 ZPO.)[2249], des verpaßten Widerspruchs gegen die Klageänderung (§ 269 ZPO.), sowie der verpaßten Rüge prozessualer Mängel (§§ 295, 530, 558 ZPO.)[2250]. Die Zurücknahme eines gerichtlichen Geständnisses ist auch ohne die Voraussetzungen des § 290 ZPO. wenigstens dann zulässig, wenn der Gegner ausdrücklich in die Zurücknahme einwilligt[2251], d. h. auf seine Aussicht auf Zugrundelegung des Geständnisses verzichtet[2252].

Eine Behauptung kann auch durch besondere Entscheidung, nämlich durch zwischenstreitentscheidendes Zwischenurteil (§ 303 ZPO.), zugelassen werden, so eine Änderung des Klagegrundes (§ 270 ZPO.), die Nachholung eines Angriffs- oder Verteidigungsmittels, insbesondere einer prozeßhindernden Einrede (§§ 274 III, 528 I ZPO.)[2253] oder einer Aufrechnungseinrede (§ 529 V ZPO.), die Zurücknahme eines gerichtlichen Geständnisses(§ 290 ZPO.).

Erweist sich eine Behauptung als unzulässig, so wird sie zurückgewiesen (verworfen). Die Zurückweisung kann in den Gründen der über den Antrag, zu deren Begründung die Behauptung bestimmt war, ergehenden Entscheidung, insbesondere in den Urteilsgründen, ausgesprochen werden; so z. B. die Zurückweisung einer unzulässigen Änderung des Klagegrundes, der Angriffs- oder Verteidigungsmittel gemäß

[2246]) Stein, Nr. V 2 zu § 274 bei Anm. 45, stimmt dem RG. zu, womit er aber in Widerspruch zu Nr. II 1 zu § 295 gerät.

[2247]) Ich gehe dabei davon aus, daß § 767 III ZPO., ebenso wie § 274 I ZPO., einen Fall der Eventualmaxime darstellt; vgl. Ungerechtf. VollstreckBetr., 64.

[2248]) Unberührt bleibt aber in beiden (zu Anm. 2246, 2247) erwähnten Fällen die Freiheit des Gerichts, die Angriffs- oder Verteidigungsmittel von Amts wegen auf Grund der §§ 279, 529 II, III ZPO. zurückzuweisen.

[2249]) Dies gilt selbst dann, wenn man in der unwiderleglichen Vermutung des § 39 ZPO. „zugleich ... die Übertragung des für diese (d. i. die Vereinbarungs-) Wirkungen ursächlichen Rechtsgedankens" sieht (so Wach, 501 Anm. 29, 304, 504ff.; auch Stein, Nr. I zu § 39; anders Bülow, ZivArch. LXII 41ff.; Seuffert, Nr. 1 zu § 39; R. Schmidt, 275ff.; Hellwig, Lehrb. II 282ff.; Syst., I § 58 IV 2; oben zu Anm. 1601b). Denn gerade die Wirkungen einer Vereinbarung können durch Willenseinigung beseitigt werden.

[2250]) Anders Stein, Nr. IV zu § 295.

[2251]) Stein, Nr. I zu § 290, bei Anm. 4.

[2252]) Vgl. dazu oben hinter Anm. 1601a.

[2253]) Daß der Streit über die Zulässigkeit einer prozeßhindernden Einrede ein „Zwischenstreit" ist, dürfte nicht bestritten werden können; vgl. im übrigen Stein, Nr. I 3 zu § 275, und die in Anm. 6 das. Angeführten (auf RGEZ. XV 399 beruft sich Stein für seine Ansicht, daß der Streit über eine prozeßhindernde Einrede kein „Zwischenstreit" sei, zu Unrecht).

§§ 279, 529 II, III ZPO., der Aufrechnungseinrede gemäß § 529 V ZPO.[2254]). Die Zurückweisung einer Behauptung als unzulässig kann aber auch durch besondere Entscheidung, nämlich durch Zwischenurteil, erfolgen; so z. B. wenn eine nachgeholte prozeßhindernde Einrede, über die das Gericht abgesonderte Verhandlung angeordnet hat, mangels der Voraussetzungen des § 274 III ZPO. verworfen wird (§ 275 ZPO.)[2254a]); oder wenn ein unzulässigerweise abgeänderter Klagegrund oder ein Klaggrund, dem gegenüber eine prozeßhindernde Einrede durchgreift (RGEZ. LXXIII 164), als Gegenstand eines Zwischenstreites[1254b]) durch Zwischenurteil (§ 303 ZPO.) zurückgewiesen wird; oder wenn mangels der Voraussetzungen des § 295 ZPO. eine nachgeholte Prozeßrüge oder mangels der Voraussetzungen des § 290 ZPO. die Zurücknahme eines Geständnisses durch zwischenstreitentscheidendes Zwischenurteil (§ 303 ZPO.) zurückgewiesen wird.

2. Eine Behauptung ist begründet, d. h. inhaltlich geeignet, die von der Partei beantragte Entscheidung zu erwirken, a) wenn ihr Inhalt erheblich ist, d. h. wenn die behauptete Tatsache oder das behauptete Recht geeignet sind, unmittelbar oder mittelbar, sei es allein, sei es im Verein mit anderen Tatsachen oder Rechten, die beantragte Rechtszu- oder Rechtsaberkennung zu begründen; b) wenn die Behauptung wahr ist oder dafür gilt, d. h. wenn die den Behauptungsinhalt bildenden Tatsachen oder Rechte prozeßordnungsgemäß festgestellt sind.

Das Werturteil der Begründetheit ist, wie auf Prozeßanträge[2255]), so auf Behauptungen prozessualen Inhalts, insbesondere Prozeßeinreden, anwendbar. Die bezüglich der Anträge bestehende Schwierigkeit, das Verhältnis der beiden Voraussetzungen ihrer Begründetheit zueinander zu bestimmen[2256]), entfällt bezüglich der Behauptungen. Denn diese sind hier von vornherein und allein Bewertungsgegenstand, während die auf dem Verhandlungsgrundsatz beruhende Einführung der Behauptungen als Erfordernis der Begründung der Anträge erst die Kategorie der Schlüssigkeit der Anträge erklärt, zugleich aber für die Kategorie der prozeßordnungsgemäßen Feststellung der den Antrag rechtfertigenden Tatsachen ohne Bedeutung ist. Daraus folgt, daß die Erheblichkeit nicht nur regelmäßig[2257]), sondern immer Voraussetzung der Zulassung der Behauptung zur prozeßordnungsgemäßen Feststellung ihres Inhalts, insbesondere zum Beweise der behaupteten Tatsachen, und also Voraussetzung der Begründetheit der Behauptung ist. Dagegen kann zwar nicht eine bloß zulässige[2258]), aber doch eine erhebliche Behauptung

[2254]) Dagegen gehört hierher nicht der Fall, daß eine Aufrechnungseinrede auf Grund der §§ 393—395 BGB. im Endurteil zurückgewiesen wird. Denn in solchem Fall ist zwar die Aufrechnung „nicht zulässig", d. h. in Wahrheit unwirksam, die Aufrechnungseinrede ist „unbegründet".

[2254a]) Vgl. dazu Stein, Nr. II zu § 275, bei Anm. 9.

[2254b]) So jedenfalls im Falle des unzulässigerweise abgeänderten Klagegrundes; vgl. im übrigen oben Anm. 2253.

[2255]) Vgl. oben hinter Anm. 2167. [2256]) Vgl. oben hinter Anm. 2192.

[2257]) Wie bei den Anträgen die Schlüssigkeit; vgl. oben hinter Anm. 2174a.

[2258]) Wie unter Umständen ein zulässiger Prozeßantrag; vgl. oben hinter Anm. 2168.

auch ohne prozeßordnungsgemäße Feststellung ihres Inhalts begründet sein, entsprechend und in den Fällen, in denen ein schlüssiger Antrag ohne weiteres begründet ist[2259]), aber auch, sofern die Behauptung die Zulässigkeit eines Antrages bedingt[2260]), und der Antrag (Prozeßantrag) zugleich, wenn zulässig, ohne weiteres begründet ist[2261]), so z. B. die Behauptung der Ungültigkeit des Prozeßvergleichs bei dem Antrag auf Terminsbestimmung[2262]). Die Erheblichkeit des Behauptungsinhalts ist eine rechtliche, eine tatsächliche nur bei Indizien oder Hilfstatsachen[2262a]).

Die Bejahung der Erheblichkeit einer Behauptung wird nur in den Gründen der über den Antrag, zu deren Begründung sie bestimmt ist, ergehenden Entscheidung begründet, soweit diese mit Gründen zu versehen ist. Bedarf diese, wie insbesondere der Beweisbeschluß, keiner Begründung, so bedarf es insoweit auch die Bejahung der Erheblichkeit der Behauptung nicht. Eine Bejahung der Erheblichkeit einer Behauptung durch besondere Entscheidung fand im gemeinrechtlichen Beweisinterlokut statt[2263]). Auch die Zurückweisung einer unerheblichen Behauptung erfolgt regelmäßig nur in den Entscheidungsgründen, z. B. in den Gründen des einen Beweisantrag gemäß § 244 II StPO. ablehnenden Gerichtsbeschlusses. Sie kann aber im Zivilprozeß auch durch besondere Entscheidung, nämlich durch Zwischenurteil, erfolgen, wenn nämlich eine prozeßhindernde Einrede „verworfen" (§ 275 II ZPO.)[2264]) wird, weil die mitgeteilten Tatsachen den geltend gemachten Prozeßabweisungsgrund nicht ergeben[2265]). Auch die Verneinung der Wahrheit oder Wahrheitsgeltung einer erheblichen Behauptung und folgeweise ihre Zurückweisung kann im Zivilprozeß, außer in den Entscheidungsgründen, in bezug auf prozeßhindernde Einreden durch Zwischenurteil gemäß § 275 II ZPO. erfolgen.

In viel weiterem Umfange konnte die Zurückweisung einer unerheblichen Behauptung und die Bejahung und Verneinung der Wahrheit oder Wahrheitsgeltung einer erheblichen Behauptung durch Zwischenurteil erfolgen, bevor die ZPO. v. 13. Febr. 1924 aus § 303 ZPO. das Zwischenurteil über ein entscheidungsreifes „selbständiges Angriffs- oder Ver-

[2259]) Vgl. oben hinter Anm. 2187.

[2260]) Vgl. oben zu Anm. 2140b und die in dieser Anm. angeführten Stellen.

[2261]) Vgl. oben hinter Anm. 2168.

[2262]) Vgl. oben zu Anm. 1384, 1924.

[2262a]) Vgl. schon oben zu Anm. 2184a, in Anm. 2192a.

[2263]) Vgl. schon oben hinter Anm. 2188.

[2264]) Also „Verwerfung als unbegründet", ebenso wie in § 370 I StPO.; vgl. oben Anm. 2189.

[2265]) Daß hier der Beklagte das Dasein einer „prozeßhindernden" Einrede wenigstens behauptet hat (RGEZ. XVI 336), ist nur Voraussetzung dafür, daß das Zwischenurteil unter § 275 II, nicht unter § 303 ZPO. fällt, daß es also selbständig anfechtbar ist. Denn nur, wenn der Beklagte das Dasein einer prozeßhindernden Einrede wenigstens behauptet, kann er im Falle der §§ 271 IV, 274 II Nr. 6 die Einlassung verweigern (vgl. oben vor Anm. 1384, in Anm. 1945, zu Anm. 424, 587) oder allgemein (§ 275 I) das Gericht abgesonderte Verhandlung anordnen, was die Voraussetzung für den Erlaß eines unter § 275 II ZPO. fallenden Zwischenurteils ist.

teidigungsmittel" beseitigte. So konnte z. B. auf Grund des § 303 fr. Fass. eine Aufrechnungseinrede zurückgewiesen werden, weil die Aufrechnung nach §§ 393—395 BGB. unwirksam war[2266]); oder es konnte durch Zwischenurteil ein Klagegrund, dem ein selbständiges Verteidigungsmittel gegenüberstand, für begründet erklärt oder einer von mehreren Klagegründen[2267]) oder ein selbständiges Verteidigungsmittel[2268]) als unbegründet zurückgewiesen werden.

γ) Die Beweisführungen.

(§ 28.)

I. Die dritte Art von Erwirkungshandlungen sind die Beweisführungen, d. s. diejenigen Parteihandlungen, welche bestimmt sind, den Richter von der Wahrheit einer tatsächlichen Behauptung zu überzeugen.

1. Die Beweisführungen werden neben den Anträgen und Behauptungen kaum beachtet. Um nur zwei für die Lehre von den Parteihandlungen besonders bedeutsame Schriften herauszugreifen — F. KLEINS „schuldhafte Parteihandlung" (1885) kennt überhaupt, HELLWIGS „Prozeßhandlung und Rechtsgeschäft" (1910) behandelt wenigstens nur die Anträge und Behauptungen. Diese Vernachlässigung der Beweisführungen als selbständige Art der Parteihandlungen im allgemeinen, der Erwirkungshandlungen im besonderen erklärt sich hinreichend aus der Lehre, daß die Beweisantretung, welche die erste und — unter der Herrschaft des geltenden deutschen Prozeßrechts — oft einzige Beweisführungshandlung der Partei ist, ein bloßer Antrag sei[2269]). Und eine solche Lehre wiederum konnte gedeihen auf dem Boden eines Prozeßrechts, welches die Beweisvorführung in der Hauptsache in die Hände des Gerichts legt. Mit Recht ist aber darauf hingewiesen worden[2270]), daß, soweit sich der Richter von Amts wegen „instruiert", überhaupt nicht von einer „Beweisführung", ja nicht einmal von „Beweis" und „Beweismitteln" gesprochen werden dürfe, sondern nur von „Ergründung" und „Erkenntnismitteln". „Beweisführung" ist immer eine Tätigkeit der Parteien[2271]).

[2266]) Vgl. oben Anm. 2254.

[2267]) Anders anscheinend STEIN, Nr. II zu § 303.

[2268]) Für den Fall einer eventuell geltend gemachten Aufrechnungseinrede hielt STEIN, a. a. O., ausnahmsweise ein Zwischenurteil für möglich, welches ein selbständiges Verteidigungsmittel für begründet erklärte. Diese Ansicht beruhte darauf, daß STEIN, Nr. II C 3 zu § 300, bei Anm. 16, bezüglich der Eventualaufrechnung der sog. Beweiserhebungstheorie huldigt. Da er dies übrigens auch bezüglich der eventuell geltend gemachten Zahlungseinrede tut (a. a. O. zu § 300, bei Anm. 22), hätte er auch hier ein die Einrede bejahendes Zwischenurteil für möglich halten müssen.

[2269]) Vgl. oben § 26 IV.

[2270]) Von HEINZE, GA. XXIV 280; A. HEUSLER, ZivArch. LXII 249. Gegen jenen GEYER, in Holtz. Hdb. I 188 Anm. 1; gegen diesen WENDT, ZivArch. LXIII 261 ff.; R. SCHMIDT, § 52 IV a. E. Vgl. dazu noch unten hinter Anm. 2357, 2367.

[2271]) A. HEUSLER, a. a. O., 248; STEIN, Nr. I 1 zu § 282, bei Anm. 1; GLASER, I 373; anders BIRKMEYER, vgl. oben Anm. 2055; auch BENNECKE-BELING, 329; besonders aber R. SCHMIDT, § 52 IV, nach dem (vgl. schon oben Anm. 2044) auch

Sie bleibt es auch dann, wenn die Herbeischaffung oder Vorführung der Beweise in der Hand des Richters liegt, sofern der Richter zu diesen Tätigkeiten ohne eine Beweisantretung der Partei nicht imstande[2272]) oder durch einen Beweisantrag oder ein Beweiserbieten der Partei oder die durch sie be- oder erwirkte Herbeischaffung eines Beweismittels[2273]) genötigt ist.

2. Die Beweisführung zerfällt in die Beweisantretung und die Beweisvorführung[2273a]). Die Herbeischaffung der Beweismittel ist kein Teil der Beweisführung selbst, sondern eine die Beweisführung, insbesondere Beweisvorführung ermöglichende Tätigkeit. Sie besteht aus Realakten[2274]), wie Vorlegung von Urkunden (§§ 364, 420 ZPO.), Beschlagnahme von Beweismitteln (§§ 94 StPO.; 87 Entw. v. 1909, 108 Entw. v. 1919), Gestellung[2275]) oder Vorführung (§§ 380 II ZPO., 51 I S. 2 StPO.) von Zeugen[2276]); oder Aufforderungen und Androhungen, d. s. „Willensmitteilungen"[2277]), wie die Anordnung oder das Ersuchen, eine Urkunde vorzulegen oder mitzuteilen (§§ 425, 432 ZPO.), die Ladung von Zeugen (§§ 377 II Nr. 3 ZPO.; 48 I, 220 StPO.). Alle diese Akte sind keine eine psychische Einwirkung auf den Richter bezweckenden[2278]) Erwirkungshandlungen, sondern Bewirkungshandlungen der Parteien oder des Richters.

Die Beweisantretung ist das Erbieten einer Partei, eine bestimmte Tatsache durch ein bestimmtes Beweismittel zu beweisen[2279]). Wo die Beweisvorführung in den Händen des Gerichts liegt, genügt zur Beweisantretung ein Beweisantrag[2280]). Wo die Beweisantretung, wie regelmäßig bei dem zivilprozessualen Urkundenbeweis, die Herbeischaffung des Beweismittels voraussetzt, ist neben der Willensmit-

im Zivilprozeß „die gesamte Beweistätigkeit" im „exakten Sinn Tätigkeit des Gerichts" sein soll. Wenn er sich aber hierfür (anscheinend) auf die „gemeine Meinung" beruft, so ist das ebenso unrichtig, wie wenn er behauptet, daß die bekämpfte Lehre zu der Ausscheidung des Augenscheins aus dem Beweise (vgl. unten Anm. 2290) führen müsse. Eher könnte man gegen R. SCHMIDTS Ansicht geltend machen, daß sie zu der unrichtigen Folgerung verleite, auch die Beweiswürdigung zum Beweise zu rechnen; vgl. unten Anm. 2326—2330.

2272) So im Bereich der formellen Beweislast; vgl. oben zu Anm. 1784a, 1908b, 2047.

2273) So in den Fällen der §§ 214, 219, 220, 244 II, 245 I StPO.; vgl. oben hinter Anm. 1369b, zu Anm. 2061a, 2216, auch zu Anm. 1908b, 2047. Da § 244 II StPO. und die auf ihm aufbauende Gerichtspraxis (vgl. oben hinter Anm. 1369b) auch im Falle des § 245 II StPO. Platz greift, ist dessen Ausdrucksweise („ohne hierbei durch Anträge gebunden zu sein") irreführend und unrichtig.

2273a) Vgl. schon WETZELL, 546.

2274) ENNECCERUS, Allg. Teil, § 128 III 3; v. TUHR, II 1, § 48 II 1c.

2275) Nach der konstanten Praxis des RG. (vgl. LÖWE-ROSENBERG, Nr. 2a zu § 245 [244] StPO.), genügt die bloße Gestellung von Zeugen nicht, um die Wirkung des § 245 I S. 1 StPO. herbeizuführen; anders §§ 218 I, 232 III (Begr. 147, 161) Entw. v. 1909; §§ 219 I, 237 III Entw. v. 1919.

2276) Auch die Zeugniszwangshaft gehört hierher (§§ 390 II, III ZPO.; 70 II StPO.).

2277) Vgl. dazu oben Anm. 2034.

2278) Vgl. oben zu Anm. 1860.

2279) Vgl. oben zu Anm. 2034.

2280) GLASER, I 373, spricht in solchem Fall von „Beweisanbietung" im Gegensatz zum Beweisantritt.

teilung der Beweisantretung der Realakt der Vorlegung der Urkunde nötig, der aber, wo es zur Herbeischaffung der Urkunde der gerichtlichen Mitwirkung bedarf (so in den Fällen der §§ 421, 428, 432 ZPO.), durch einen auf deren Herbeiführung gerichteten Antrag ersetzt werden kann[2281]). Dieser neben der Beweisantretung[2282]) erforderliche Antrag ist selbst kein eigentlicher „Beweisantrag"[2282a]), und es ist daher ein solcher zur Beweisantretung niemals erforderlich, nach den früheren[2283]) Ausführungen auch nicht im Falle des § 244 II StPO. Im Falle des § 245 I S. 1 StPO. ersetzt der Realakt der Herbeischaffung des Beweismittels überhaupt die Beweisantretung, ein Standpunkt, den die Entwürfe (§ 232 III Entw. v. 1909, § 237 III Entw. v. 1919) mit Recht aufgegeben haben[2283a]). Beim Eidesbeweis fällt die Beweisantretung mit der Beweisvorführung zusammen[2284]).

Die Beweisvorführung[2284a]) ist das Wirksamwerdenlassen der Beweismittel. Da nun der Beweis von Tatsachen, der sog. historische Beweis, um den es sich im Prozesse handelt, anders als der Beweis von Sätzen, der sog. logische Beweis[2285]), nicht durch „syllogistische Ableitung aus anderen Sätzen"[2286]), sondern durch Ermöglichung oder Mitteilung sinnlicher Wahrnehmung geführt werden muß, so kommt als Beweismittel alles, was sinnlich wahrgenommen werden kann, oder was sinnliche Wahrnehmungen mitteilt, in Betracht. Daraus ergeben sich zwei Arten der Beweisvorführung:

a) Die Vorführung von Gegenständen sinnlicher Wahrnehmung. Diese Tätigkeit ist ein „Vorweisen" oder „Vorzeigen", was die ursprüngliche Bedeutung von „beweisen" ist[2287]). Sie ermöglicht den „Augenschein", wie im geltenden Recht vermöge einer denominatio a potiori die in sinnlicher Wahrnehmung bestehende richterliche „Beweisaufnahme"[2287a]) heißt. Das „Vorweisen" erfolgt dadurch, daß die Wahrnehmungsgegenstände an oder außerhalb der Gerichtsstelle dem Richter oder einem von ihm beauftragten — sachverständigen oder nicht sachverständigen — Beweismittler[2288]) vorgelegt werden. Die Vorlegung — ein Realakt

---

2281) Vgl. oben hinter Anm. 2031. 2282) Vgl. oben vor Anm. 2033.

2282a) Dies folgt schon daraus, daß § 425 ZPO. neben der „Begründetheit" des Antrages die „Erheblichkeit" der zu beweisenden Tatsache als Voraussetzung der Vorlegungsanordnung nennt, was unnötig wäre, wenn der Antrag ein Beweisantrag wäre.

2283) Vgl. oben zu Anm. 2036—2042, 2061a, 2062.

2283a) Begr. zu § 232 Entw. v. 1909, S. 161.

2284) Vgl. oben hinter Anm. 2053, unten zu Anm. 2321.

2284a) Von BIRKMEYER, 397, vermengt mit der „Beweisaufnahme", d. i. der Entgegennahme der vorgeführten Beweismittel — vgl. oben zu Anm. 2044 —, einer spezifisch richterlichen Tätigkeit.

2285) Über diesen Gegensatz vgl. A. HEUSLER, ZivArch. LXII 217ff.

2286) SIGWART, II § 81.

2287) A. HEUSLER, ZivArch. LXII 213. Man denke an die „lebliche Beweisung".

2287a) Vgl. oben zu Anm. 2044.

2288) Die durch einen Beweismittler aufgenommene Beweisvorführung von Wahrnehmungsgegenständen ist nur dann zulässig (benutzbar), wenn die unmittelbare richterliche Beweisaufnahme wegen mangelnder Fähigkeiten oder

— ist, insoweit sie auf Grund einer Beweisantretung gemäß §§ 371 ZPO. erfolgt, ausschließlich Parteihandlung. Aber auch im Strafverfahren kann die Vorführung der Wahrnehmungsgegenstände, da sie tatsächlich

---

Kenntnisse des Richters untunlich, oder wenn sie unangemessen ist oder dem Richter nicht zugemutet werden kann; vgl. dazu WETZELL, § 44 Anm. 8; PLANCK, II 160, 270; WENDT, ZivArch. LXIII 306; STEIN, Privates Wissen, 65ff., 70; HEGLER, ZivArch. CIV 157ff., 210ff., 260ff. Im übrigen widerstreitet sie dem Unmittelbarkeitsgrundsatz, was zwar meist (so von v. KRIES, ZStW. VI 196ff.; HEGLER, a. a. O., 160; Rechtsgang II 309 i. d. Anm., 321 Anm. 5, 324 Anm. 5) geleugnet wird, aber nichtsdestoweniger der Fall ist. Freilich nicht dem Unmittelbarkeitsgrundsatz im subjektiven (formellen) Sinne (dazu BENNEKE-BELING, § 70 I; HEGLER, Rechtsgang I 195, 407ff., II 274ff.), nach dem die Beweisaufnahme tunlichst durch das erkennende Gericht erfolgen muß, und den allerdings beide Prozeßordnungen (§§ 372 II ZPO.; 225, 249 S. 2 StPO.) für den Augenscheinsbeweis außer Kraft setzen; wohl aber dem Unmittelbarkeitsgrundsatz im objektiven (materiellen) Sinne, welcher einer Verdrängung des Augenscheinsbeweises durch den Zeugenbeweis entgegensteht und gerade in dieser seiner Richtung durch die den Zeugenbeweis auf „vergangene Tatsachen oder Zustände" beschränkenden §§ 414 ZPO., 85 StPO. sanktioniert ist (verkannt von RG. Rechtspr. Str. III 545; RGESt. XIV 278/9; XLVII 106; v. KRIES, a. a. O.; BENNECKE-BELING, 254ff.; BELING, Enz. 173; HEGLER, ZivArch. CIV 234 Anm. 177; Rechtsgang II 309 i. d. Anm.; 321 Anm. 5, 324 Anm. 5). Wenn STEIN, Privates Wissen, 57, und HEGLER, ZivArch., a. a. O., 233ff., bestreiten, daß die Aussage über die Wahrnehmung vergangener Tatsachen oder Zustände ein Merkmal des Zeugenbegriffes sei, so benutzen sie immer den ihnen selbstverständlich scheinenden Satz, daß Zeugen auch über gegenwärtige Tatsachen oder Zustände aussagen könnten, als instrumentum probationis, während das Gegenteil dieses Satzes das thema probatum ist. Die Verkehrtheit dieses ihres Ausgangspunktes widerlegt auch den weiteren Einwand, den beide Schriftsteller, unter Berufung auf v. KRIES, Lehrb. 382, erheben, daß doch niemand durch den vielleicht unbekannten Untergang des Wahrnehmungsgegenstandes zum Zeugen werden könne. Die Vernehmung über gegenwärtige Tatsachen oder Zustände ist eben nur zulässig in den oben angegebenen — begrenzten — Fällen der Zuziehung eines Augenscheinsmittlers; in diesen Fällen aber hört die Mitteilung des Befundes durch den Untergang des Wahrnehmungsgegenstandes so wenig auf Befundsmitteilung zu sein, wie die Verlesung des Augenscheinsprotokolls in der Verhandlung in gleicher Lage Augenscheinsbeweis zu sein aufhört. Diese Überlegung leitet zugleich bei Beantwortung der strittigen Frage, welchen juristischen Charakter denn überhaupt die Befundsmitteilung hat. Allgemein wird angenommen, daß die Mitteilung des Befundes durch einen Sachverständigen noch in den Rahmen des von ihm erstatteten Gutachtens fällt (dazu STEIN, Privates Wissen, 67). Bezüglich der Befundsmitteilung durch einen nicht sachverständigen Beweismittler gehen dagegen die Ansichten auseinander. Während STEIN, Priv. Wissen, 70; Komm. Nr. I zu Anm. 3 vor § 402, in solchem Fall von einem „gezogenen Zeugen" sprechen will, spricht PLANCK, II 160 Anm. 31, 270, von einem „Laien-Gutachten", HEGLER, ZivArch., a. a. O., 157ff., 260ff.; Rechtsgang II 279 Anm. 2, 307 Anm. 6, 309 i. d. Anm., von einem „Quasisachverständigen". M. E. liegt — gleichgültig ob die Befundsmitteilung durch einen Sachverständigen erfolgt oder nicht — weder ein Gutachten noch ein Zeugnis vor. Es wäre sinnlos, der Frau, welche über die an einer anderen Frau vorgenommene körperliche Untersuchung (§ 101 III Entw. GRSt. v. 1919) berichtet, den Sachverständigeneid abzunehmen. Und es wäre unangemessen, auf den „vertretbaren" (vgl. STEIN, Priv. Wissen, 70; HEGLER, ZivArch., a. a. O., 260 Anm. 225) Augenscheinsmittler die Grundsätze über die Zeugnispflicht — gar noch verschärft durch eine beim Zeugen unbekannte Besichtigungspflicht (so wirklich RG. Rechtspr. St. III 545; hiergegen schon v. KRIES, ZStW. VI 199; FRIEDRICHS, Z. XIX 394 Anm. 15) — und über die Unablehnbarkeit des Zeugen anzuwenden. Vielmehr bleibt die Befundsmitteilung ein Augenscheinsmit ihrer Herbeischaffung zusammenfällt, auf Grund der §§ 214, 220[2289]), 245 I StPO. durch die Parteien allein geschehen. Ja, die Vorführung der Wahrnehmungsgegenstände bleibt selbst da Parteihandlung, wo die Einnahme des Augenscheins auf Grund der §§ 144 I, 272b II Nr. 5 ZPO. von Amts wegen angeordnet ist[2289a]), mögen auch diese Bestimmungen der von den gemeinrechtlichen Prozessualisten[2290]) vertretenen Anschauung, daß Beweisführung und Augenscheinseinnahme Gegensätze seien, ihr Dasein verdanken. Dagegen würde nach dem oben[2291]) eingenommenen Standpunkt die auf Grund eines Beweisantrages in der Hauptverhandlung (§ 244 II StPO.) beschlossene Vorführung von Wahrnehmungsgegenständen keine Parteihandlung sein, wenn man der Ansicht des Reichsgerichts (ESt. XIV 276; XXI 225; XLVII 100ff.) folgte, daß über einen solchen Beweisantrag das Gericht nach freiem Ermessen zu entscheiden habe. Indessen die — offensichtlich auch durch jene gemeinrechtliche Anschauung beeinflußte[2291a]) — Ansicht des RG. kann

beweis, wie die Verlesung des von einem Richter aufgenommenen Augenscheinsprotokolls in der Verhandlung ein Augenscheinsbeweis bleibt (so schon im wesentlichen v. Schwarze, Nr. 3 zu § 86; wohl auch Wendt, ZivArch. LXIII 306/7; anders die Motive z. StPO., 61; Friedrichs, a. a. O., Anm. 14; Hegler, ZivArch., a. a. O., 160 Anm. 28, 212 Anm. 147). Der nicht richterliche Kommissar des Gerichts, das angemessenerweise nicht „Hinz oder Kunz" (John, I 722) beauftragen wird, hat keine andere Stellung als der richterliche. Damit erklärt sich zugleich die Unbedenklichkeit der Zulässigkeit dieser Beweisvermittelung, da sie in Wahrheit gar keine Durchbrechung des auch beim Augenscheinsbeweise geltenden Unmittelbarkeitsgrundsatzes im objektiven Sinn ist, sondern innerhalb der beim Augenscheinsbeweis von vornherein vorgesehenen Außerkraftsetzung des Unmittelbarkeitsgrundsatzes im subjektiven Sinne bleibt. Wie aber das Augenscheinsprotokoll — unbeschadet seines Charakters als Augenscheinsvermittelung — eine Urkunde bleibt, deren Benutzung den Grundsätzen über den Urkundenbeweis unterliegt, so bleibt der Augenscheinsmittler Beweismittel. Nur ergibt sich für dieses Beweismittel eine Lücke im Gesetz. Keine der beiden Prozeßordnungen enthält genau passende Vorschriften für „vertretbare" Personen, die über nicht notwendig Sachkunde voraussetzende sinnliche Wahrnehmungen berichten. So bleibt nichts übrig, als, insoweit die Wahrnehmung eine Sachkunde nicht voraussetzt, auf die Beeidigung die Vorschriften über den Zeugenbeweis, im übrigen die Vorschriften über den Sachverständigenbeweis anzuwenden. Dieses Ergebnis dürfte der Praxis entsprechen.

[2289]) Daß § 220 auf Herbeischaffung sächlicher Beweismittel entsprechend anzuwenden ist, folgt aus §§ 219, 245 I S. 1 StPO. und wird durch die §§ 218 Entw. v. 1909, 219 Entw. v. 1919, wie die Begr. zu §§ 216—218 Entw. v. 1909, S. 146, ausdrücklich erklärt, nur „außer Zweifel" gestellt. Anders, in bedauerlicher Wortauslegung, Löwe-Rosenberg, Nr. 2 zu § 220 (219).

[2289a]) Anders m. E. möglicherweise im Falle der §§ 622, 640/1 ZPO.

[2290]) Wetzell, 187ff., 524ff.; A. Heusler, ZivArch. LXII 237ff. Die Ansicht Heuslers ist um deswillen auffällig, weil er selbst — vgl. oben Anm. 2287 — auf die ursprüngliche Bedeutung von „beweisen" = vorzeigen aufmerksam macht, und dem hervorragenden Germanisten schwerlich die Beweisführung durch „leibliche Beweisung" oder „blickenden Schein" unbekannt gewesen sind. Gegen Heusler schon Wach, Vorträge, 199 Exkurs.

[2291]) Zu Anm. 2273.

[2291a]) Wie die in älteren Urteilen des V. Strafsenats (vgl. RGESt. XLVII 101ff.) gemachte, aber aufgegebene Unterscheidung zwischen „Beweis"- und „Informationsaugenschein" (vgl. A. Heusler, a. a. O., 259ff.), auf die man auch den Gegensatz der §§ 371, 144 ZPO. zurückgeführt hat (A. Heusler, a. a. O., 266ff.).

nicht gebilligt werden[2292]). Es ist einfach nicht wahr, daß der Richter gegenüber einem Antrag auf Einnahme eines Augenscheins, anders als gegenüber einem Antrag auf Vernehmung eines Zeugen, den Wert des angebotenen Beweises schon vorher beurteilen könne (so RGESt. XIV 278; XXI 227). Es ist ferner nicht richtig, daß der Richter die Freiheit habe, sich statt des möglichen Augenscheins mit Zeugen zu begnügen (RGESt. XIV 278/9; XLVII 106)[2293]). Das für die Ansicht des RG. wohl ausschlaggebende praktische Bedenken, daß das erkennende Gericht nicht durch einen Parteiantrag genötigt werden könne, einen Augenschein außerhalb der Gerichtsstelle einzunehmen (RGESt. XIV 279; XXI 227; XLVII 107), erledigt sich ohne weiteres durch die Freiheit des Gerichts, den Augenschein durch einen beauftragten oder ersuchten Richter, unter Umständen sogar durch einen sonstigen Beweismittler einnehmen zu lassen[2294]). So hat denn auch der Entw. v. 1919 die in §§ 83 S. 1, 232 II S. 3 Entw. v. 1909 aufgenommenen Bestimmungen, welche die Praxis des RG. kodifizieren sollten (Begr. zu §§ 83, 232 Entw. v. 1909, S. 90, 160), gestrichen (Begr. zu § 237 Entw. v. 1919, S. 56).

b) Die zweite Art der Beweisvorführung ist die Bewirkung der Mitteilung sinnlicher Wahrnehmungen an den Richter. Das Typische dieser Art der Beweisführung ist die „Zuziehung" einer die Parteibehauptung bestätigenden Erklärung. So tritt neben das „Beweisen" = Vorweisen das „Erzeugen"[2295]). Daß der Inhalt dieser Erklärung grundsätzlich die Mitteilung sinnlicher Wahrnehmungen sein muß, ist erst eine Errungenschaft des modernen rationalistischen Beweisrechts. Neben den reinsten Beweismitteltypus dieser Art, das Zeugnis, treten Urkunden, Parteiaussage und Parteieideserklärung, endlich das Gutachten[2295a]). Die Urkunde, das Schriftzeugnis (vox mortua im Gegensatz zur vox viva des Zeugen), bekundet die unter Beweis gestellte Tatsache durch Schriftzeichen. Die Schriftzeichen sind der unmittelbare Eindruck einer Gedankenäußerung, die der Zeuge sinnlich wahrgenommen hätte; sie perpetuieren, was beim Zeugen das Gedächtnis festhält; und sie bringen zum Ausdruck, was das Wort des Zeugen mitteilt. Die Parteiaussage ist Beweismittel nur im Bereiche des Untersuchungsgrundsatzes[2296]).

[2292]) Auf die Verfehltheit der in diesen Entscheidungen gemachten Unterscheidung zwischen „freiem" und „pflichtmäßigem" Ermessen ist schon oben Anm. 876a hingewiesen worden; vgl. auch oben zu Anm. 1369.

[2293]) Vgl. oben Anm. 2288. [2294]) Vgl. oben Anm. 2288.

[2295]) Vgl. dazu A. Heusler, ZivArch. LXII 213.

[2295a]) Bennecke-Beling, 373/4, behauptet, daß man die „Parteiaussage" so wenig als ein Beweismittel bezeichnen dürfe, wie das Zeugnis (gerade umgekehrt Birkmeyer, 406). Diese Behauptung beruht indessen auf der petitio principii, daß Beweismittel nur Sachen und Personen seien (a. a. O., 333; Beling, Enz. 173). In Wahrheit sind Beweismittel: Körper und Gedankenäußerungen (ähnlich schon Wach, Vorträge, 203 Anm.: „Augenscheinsobjekte" und „Aussagen"). Bennecke-Beling wird durch seine Ansicht dazu gedrängt, nicht nur die Urkunde, sondern auch den menschlichen Körper zu den „sächlichen Beweismitteln" zu stellen, und der Möglichkeit beraubt, den Unterschied von Parteibehauptung und Parteiaussage zu erfassen.

[2296]) Also im Zivilprozeß, außer im Entmündigungs- und Aufgebotsverfahren, in begrenzter Weise im Ehe- und Familienstandsprozeß (§ 619 ZPO.) und für

Sie unterscheidet sich von der Parteibehauptung, dem Beweisthema (Beweissatz), dadurch, daß diese die Mitteilung eigenen Wissens, die Parteiaussage oder Parteibekundung dagegen Mitteilung eigener Wahrnehmungen ist[2297]). Nicht nur die ihr ungünstige Aussage — das Geständnis —, sondern auch die ihr günstige Aussage der Partei, die sog. self-serving evidence, kann Beweismittel sein[2298]), wenn sie auch regelmäßig schwächere Beweiskraft haben wird als jene. Die Eideserklärungen der Parteien sind keine „Bekundungen", sondern die Parteibehauptung im ganzen bestätigende oder widerlegende Erklärungen, und zwar m. E. sämtlich Willensmitteilungen[2298a]), des Gegners oder der Partei selbst, mögen auch bei den sog. facta propria (§§ 445, 448 II ZPO.) und bei der Formulierung des Eides als Wahrheits- oder Überzeugungseid (§ 459 ZPO.) Ansätze einer Parteibekundung zu finden sein. Im Parteieid ragt ein Rest des alten formellen Beweisrechts in den modernen Prozeß hinein. Daß endlich die Einführung eines Sachverständigen eine Beweisführung sei, ist nicht nur, wie bezüglich des Augenscheins[2299]), von den gemeinrechtlichen Prozessualisten[2300]) bestritten worden; sondern ob sie es ist, kann allerdings deshalb zweifelhaft sein, weil der Sachverständige Erfahrungssätze und Schlußfolgerungen daraus für den konkreten Fall mitteilt, diese aber nach dem

Feststellung von Sachurteilsvoraussetzungen, soweit hier der Grundsatz der materiellen Wahrheit gilt; vgl. dazu oben Anm. 634a. Dagegen nicht in den oben zu Anm. 2207—2209 erwähnten Fällen, wie STEIN meint; vgl. oben zu Anm. 629a, b. In § 619 ZPO. ist also die Parteierklärung Aussage — Beweismittel — nur in den Grenzen des § 622 ZPO., im übrigen nur — wie in §§ 141, 272b II Nr. 3 ZPO. — Behauptung — Beweisthema; anders wohl STEIN, Nr. I zu § 619, bei Anm. 4; NEUMILLER, DJZ. XI 143.

2297) Auf den Unterschied von Parteibehauptungen und Parteiaussagen hat schon GLASER, I 600, 602, hingewiesen. Die Mitteilung der Mitteilung einer Tatsache ist zwar, weil keine Mitteilung eigenen Wissens dieser Tatsache, keine Behauptung — vgl. oben hinter Anm. 2200 —, wohl aber eine Mitteilung eigener Wahrnehmung der — indizierenden — Mitteilungstatsache und also eine „Bekundung". Wenn daher auf dieses letztere A. HEUSLER, ZivArch. LXII 274ff., auch mit Recht hinweist, so hat er damit die schweren Bedenken gegen die Verwertbarkeit der Zeugen von Hörensagen und jedenfalls die Tatsache nicht erschüttert, daß die Vernehmung solcher Zeugen an Stelle von Zeugen, welche den Tatbestandsvorgang selbst wahrgenommen haben, gegen den Unmittelbarkeitsgrundsatz im objektiven (materiellen) Sinne — vgl. oben Anm. 2288 — verstößt. In letzterer Beziehung anders HEGLER, Rechtsgang, II 308 Anm. 4, 327 Anm. 2; RGESt. XLVIII 246 (das aber schon gegen § 252 StPO. verstößt; vgl. LÖWE-ROSENBERG, Nr. 3 zu § 252 [251]).

2298) So schon GLASER, I 601; BENNECKE-BELING, 374.

2298a) Bezüglich der Verweigerung der Eidesleistung (§ 464 II ZPO.) oder der Eidesannahme (STEIN, Nr. IV zu § 452), sowie der Erlassung des Eides (§ 464 I ZPO.) wird dies keines Nachweises bedürfen; vgl. auch noch die oben zu Anm. 1763, 1817b angeführten §§ 452 II, 455 ZPO. im Gegensatz freilich zu dem ebenfalls zu Anm. 1763 angeführten § 465 ZPO. Aber auch die Eidesleistung (§ 463 I ZPO.) ist m. E. keine Vorstellungs- (so F. KLEIN, 138 bei Anm. 19, für die „Versicherungen"), sondern eine Willensmitteilung. Denn das Wesentliche jedes Eides ist die Mitteilung des Willens, jenseitige oder diesseitige Strafen oder sonstige Nachteile zu erdulden, wenn die beteuerte Behauptung unwahr sei.

2299) Vgl. oben Anm. 2290.

2300) WETZELL, 530; A. HEUSLER, ZivArch. LXII 243ff., 261ff., 264ff., 268ff.

oben[2301]) Festgestellten nicht Inhalt der das Beweisthema bildenden tatsächlichen Behauptung sind. Dessenungeachtet ist das Gutachten — woran ja auch §§ 402ff. ZPO. keinen Zweifel lassen — Beweismittel. Das Tatsachenurteil[2302]), welches das Wesen der Behauptung ausmacht, bildet auch hier das Beweisthema[2302a]) nur mit der Maßgabe, daß der Beweis sich auf den Obersatz dieses Tatsachenurteils bezieht, der zwar nicht sein Inhalt, aber sein „Element" ist. Wären die von dem Sachverständigen mitzuteilenden Erfahrungssätze selbst das Beweisthema, so wäre der Sachverständigenbeweis, wie der Indizienbeweis, ein mittelbarer Beweis. Daß er dies nicht ist, lehrt die Erwägung, daß der Sachverständigenbeweis durch keinen unmittelbareren Beweis, etwa Augenschein oder Zeugenbeweis, ersetzt werden kann.

Die Vorführung des Zeugenbeweises geschieht durch Befragen der Zeugen (eine Willensmitteilung)[2302b]). Die Vorführung ist Parteihandlung, soweit die Parteien die Fragen stellen (§§ 239, 240 II StPO.; 397 II ZPO.; 240 Entw. GRSt. v. 1919); sie ist aber nach dem oben[2303]) eingenommenen Standpunkt eine — mittelbare — Parteihandlung schon dann, wenn der Zeugenbeweis die Beweisantretung einer Partei zur notwendigen Voraussetzung hat (§ 373 ZPO.) oder die notwendige Folge des Beweisantrages oder Beweiserbietens einer Partei oder des durch sie be-[2304]) oder erwirkten Erscheinens des Zeugen ist (§§ 214, 219, 220, 244 II, 245 I StPO.). Dagegen wäre die Vorführung des Sachverständigenbeweises nur insoweit Parteihandlung, als die Parteien Fragen stellen, oder die Vernehmung notwendige Folge des durch die Partei be- oder erwirkten Erscheinens des Sachverständigen ist, wenn das Gericht über eine auf Sachverständigenbeweis gerichtete Beweisantretung oder einen darauf gerichteten Beweisantrag nach freiem Ermessen entscheiden könnte. Indessen die dahingehende herrschende Ansicht[2305]) ist m. E. ebensowenig zu billigen, wie die entsprechende bezüglich des Augenscheins[2306]). Sie geht, wie diese, auf die gemeinrechtliche Anschauung zurück, daß die Zuziehung von Sachverständigen keine Beweisführung sei[2307]). Und sie beruht auf dem Gedanken, daß der Sachverständige Gehilfe des Richters und daher entbehrlich sei, wo dieser sich selbst genügende Sachkunde zutraut. Aber gerade dieser Gedanke ist ebenso falsch wie gefährlich. Die Erfahrungssätze, die der Sachverständige dem Richter mitteilt, sind nicht Obersätze des richterlichen Urteilssyllogismus, sondern des Tatsachenurteils, welches selbst nur den Untersatz des richterlichen Urteilssyllogismus bildet. Der Sachverständige ist also gar nicht Gehilfe der eigentümlichen richterlichen Tätigkeit. Dies wird nicht durch die Beobachtung widerlegt, daß schon jener Untersatz,

---

2301) Vor Anm. 2220.

2302) Vgl. dazu SIGWART, I 20.

2302a) Es ist deshalb cum grano salis zu nehmen, wenn STEIN, Privates Wissen, 137, sagt, daß Sachverständige „keine Tatsachen feststellen".

2302b) P. KLEIN, 138 bei Anm. 22, hält das „Fragen" für eine Vorstellungsmitteilung; vgl. aber dens., 164 bei Anm. 185. Dazu noch unten Anm. 2622a.

2303) Zu Anm. 2272/3.

2304) Dazu oben Anm. 2275.

2305) STEIN, Nr. III 1 vor § 402; LÖWE-ROSENBERG, Nr. 13 zu § 244 (243).

2306) Vgl. oben zu Anm. 2291a.

2307) Vgl. oben Anm. 2300.

jedenfalls insoweit er Tatbestandsfeststellung ist, ebenso wie die auf ihn hinführenden Obersätze und Schlußfolgerungen, juristischen Inhalts ist. Denn sonst wäre richterlicher Gehilfe auch der Zeuge, der über das Ganze oder über Teile des den Tatbestand enthaltenden Untersatzes oder über die zu diesem Untersatz hinführenden Untersätze, die schließlich auch schon juristischen Inhalts sind, aussagt. Die aus der Gegenansicht gezogene Folgerung aber, daß der Richter der auf Sachverständigenbeweis gerichteten Beweisantretung der Partei seine eigene Sachkunde entgegensetzen könne, kann den schlimmsten Dilettantismus zum Schaden der Parteien zur Geltung bringen[2308]). Die Unterstellung, daß

[2308]) Ich gedenke dabei eines Prozesses, in dem die Nichtigkeit eines Testaments wegen Geisteskrankheit der Erblasserin geltend gemacht wurde. Das Landgericht hatte eine große Anzahl von Verwandten und Bekannten der Erblasserin als Zeugen vernommen, welche sonderbare Gewohnheiten und Handlungen der Verstorbenen bekundet, ihr Zeugnis aber immer mit der Bemerkung geschlossen hatten, die Verstorbene sei ihnen wohl „komisch", aber nicht geisteskrank vorgekommen. Daraufhin hatte sich das Landgericht die „genügende Sachkunde zugetraut", die Klage als unbegründet abzuweisen. Das Oberlandesgericht hob ohne Wiederholung des Zeugenbeweises das Urteil auf und gab der Klage statt, nachdem zwei erste psychiatrische Autoritäten übereinstimmend ihr Gutachten dahin abgegeben hatten, daß die von den Zeugen bekundeten Tatsachen Symptome einer ganz bestimmten Art geistiger Erkrankung ergäben. Es klingt fast wie ein Spott, wenn es in dem Urteil des III. Strafsenats v. 9. Okt. 1916 (Leipz. Ztschr. XI 143) heißt: „Und auch wenn in dem Antrage zugleich die Behauptung einer Geisteskrankheit zu finden wäre, so würde seine Ablehnung keinen Gesetzesverstoß enthalten, weil das LG. sich selbst für befähigt hielt, auf Grund eigener Sachkunde die Frage nach dem Geisteszustande des Angeklagten zu entscheiden." Oder gar, wenn man in dem Urteil des IV. Strafsenats des RG. v. 23. Nov. 1917 (ESt. LII 62) liest: „Traute sich ... das Landgericht die erforderliche Sachkunde zu, um zunächst die Frage beantworten zu können, ob aus dem Zustand eines gefällten Baumes zu einem bestimmten Zeitpunkt rückwärts auf den Zeitpunkt seiner Fällung geschlossen werden könne, und bejahendenfalls, ob der Zustand des vom Angeklagten in die M.sche Schneidemühle gebrachten Kiefernstamms die Annahme zulasse, daß er länger als 3 Monate vor dem Oktober 1916 und schon im Herbst 1915 gefällt worden sei, so brauchte es sich bei Entscheidung dieser Frage der Hilfe eines Sachverständigen nicht zu bedienen." Nicht verständlich ist übrigens, wie angesichts dieser Ausführungen Löwe-Rosenberg, Nr. 13 zu § 244 (243), sagen kann, das zuletzt angeführte RG.Urteil halte, im Gegensatz zu anderen Urteilen, eine Vorwegnahme der Beweiswürdigung bei Beschlußfassung über einen angetretenen Sachverständigenbeweis für ausgeschlossen. Das Urteil stellt nur das selbstverständliche Verlangen, daß das Tatsachenurteil, dessen Obersatz der Beweisantrag angreift, überhaupt gefällt, daß also im vorliegenden Falle die (für die Überführung des Angeklagten wesentliche) schon im Herbst 1915 erfolgte Fällung des Kiefernstammes festgestellt wurde. Geschah dies nicht, so ist allerdings — insoweit ist Löwe-Rosenberg im Recht — der eine gegenteilige Feststellung bezielende Beweisantrag die Antretung nicht — wie das RG. annimmt — eines reinen Sachverständigenbeweises, sondern eines Beweises durch Augenschein vermittels eines sachverständigen Beweismittlers (vgl. oben Anm. 2288). Dagegen überschießt Löwe-Rosenberg wieder das Ziel, wenn er ausführt, der auf Sachverständigenbeweis gerichtete Beweisantrag bekämpfe bloß Schlußfolgerungen, nicht auch Tatsachenfeststellungen. Vielmehr greift jede Antretung eines Sachverständigenbeweises nicht nur Schlußfolgerungen an, sondern durch deren Bekämpfung die vermittels ihrer erfolgte Tatsachenfeststellung; vgl. oben hinter Anm. 2302. Hätte also in dem dem RG.Urteil zugrunde liegenden Falle das Instanzgericht festalle Erfahrungssätze „notorisch" (allgemeinkundig)[2309]) seien, würde, wenn sie richtig wäre, den Sachverständigenbeweis überhaupt ausschließen. Sie ist es aber nicht. Es gibt allgemeinkundige und nur den Fachleuten bekannte Erfahrungssätze. Die Abgrenzung mag im Einzelfall zweifelhaft sein, aber nicht wesentlich zweifelhafter als die Abgrenzung von allgemeinkundigen und nicht allgemeinkundigen Tatsachen überhaupt[2310]). Es ist deshalb auch eine Information des Richters aus Erkenntnisquellen außerhalb der förmlichen Beweisaufnahme in bezug auf Erfahrungssätze nur insoweit statthaft, als es sich um allgemeinkundige Erfahrungssätze handelt[2311]). Nicht darf die entsprechende Informationsbefugnis des Richters, wie sie ihm § 293 S. 2 ZPO. für die Ermittelung von Rechtssätzen einräumt, ohne weiteres auf die Ermittelung von Erfahrungssätzen übertragen werden[2312]). Mißglückt ist der von

gestellt, daß die Kiefer im Herbst 1915 gefällt sei, so wäre ein hiergegen sich richtender Beweisantrag zwar unzweifelhaft Antretung eines Sachverständigenbeweises gewesen, er hätte sich aber natürlich gegen diese Tatsachenfeststellung gerichtet. Der Angeklagte hätte durch Bekämpfung der Erfahrungssätze, von denen das Instanzgericht bei Bestimmung des Zeitpunktes der Fällung eines Baumes ausgegangen ist, die ihm ungünstige Feststellung des Zeitpunktes der Fällung der von ihm in die Schneidemühle gebrachten Kiefer angegriffen.

2309) So STEIN, Privates Wissen, 27, 77.

2310) STEIN, Priv. Wissen, 26, gibt selbst zu, daß die Schwierigkeit der Abgrenzung im Einzelfall kein Grund gegen die auch in der Praxis (vgl. STEIN, a. a. O., 77 Anm. 11) vertretene Unterscheidung von allgemeinkundigen und nicht allgemeinkundigen Erfahrungssätzen sei. Er führt nur die Unannehmbarkeit nicht allgemeinkundiger Erfahrungssätze darauf zurück, daß den Erfahrungssätzen das Merkmal eigne, welches Merkmal der Gemeinkundigkeit sei, nämlich die Kenntnis eines nicht individuell bestimmten Personenkreises. Die Kenntnis eines nicht individuell bestimmten Personenkreises reicht aber zur Bestimmung des Begriffes der Gemeinkundigkeit nicht aus. Es muß vielmehr das weitere einschränkende Merkmal hinzugefügt werden, daß der Kreis der Kundigen auch nicht auf Fachkreise beschränkt sein darf. — Auf einem anderen Einteilungsgrund beruht die in der Strafrechtsprechung des Reichsgerichts (z. B. E. XIX 254, XXXVIII 309, XLV 139, GoltdArch. LXI 116) für die Abgrenzung der Revisibilität verwertete Einteilung von allgemeingültigen (und deshalb revisiblen) und lokal oder individuell bedingten (irrevisiblen) Erfahrungssätzen. Zu jenen können Erfahrungssätze gehören, die nur Fachleuten bekannt sind, während es allgemeinkundige Erfahrungssätze (im obigen Sinne) geben kann, deren Kenntnis lokal bedingt ist. In RGEZ. XVII 271 werden beide Gesichtspunkte vermengt.

2311) Über die Befugnis des Richters zur Information aus privaten Erkenntnisquellen in bezug auf allgemeinkundige Tatsachen vgl. STEIN, Priv. Wissen, 148, 155, 169ff.; WACH, Vorträge, 209. Den Beweis der Gemeinkundigkeit einer Tatsache nennt STEIN, a. a. O., 168, mit Recht einen „Indizienbeweis".

2312) Anders STEIN, Priv. Wissen, 72, 74ff.; Komm. Nr. III 2 vor § 402. Das RG.Urteil (EZ. IX 380), auf das sich STEIN beruft, hat wenig Beweiskraft. Es legt den Hauptwert darauf, daß das Vorderurteil auf dem „Hifsmittel" der beigebrachten gutachtlichen Äußerung nicht „beruhe". Dagegen ist die Einholung einer — unbeeidigten — „amtlichen Auskunft" zwar, weil Ersetzung möglichen Sachverständigenbeweises durch Urkundenbeweis (anders HEGLER, ZivArch. CIV 284 Anm. 285), eine Durchbrechung des Unmittelbarkeitsgrundsatzes im objektiven (materiellen) Sinne (vgl. oben Anm. 2288; anders HEGLER, Rechtsgang, I 396ff.; II 397 Anm. 2), aber gemäß §§ 272b II Nr. 2 ZPO., 83 III, 91, 92, 256 StPO. (dazu STEIN, Priv. Wissen, 71; Komm., a. a. O., bei Anm. 33) die Herbeischaffung eines zulässigen (benutzbaren) Beweismittels.

Stein[2313]) angetretene „induktive" Beweis, daß unsere Prozeßgesetze die Erhebung angetretenen Sachverständigenbeweises in das freie richterliche Ermessen stellen. Stein hat nur nachgewiesen, daß die von Amts wegen statthafte Zuziehung von Sachverständigen (§§ 144, 272b II Nr. 5 ZPO.) häufig (so in §§ 3, 142 III, 287, 372, 442 ZPO.; 87 II, 92, 93 StPO.), durchaus nicht immer (vgl. §§ 654, 655, 676 III ZPO.; 87 I, 91 StPO.) dem richterlichen Ermessen anheimgestellt ist. Für den von der Partei angetretenen Sachverständigenbeweis ist daraus nichts zu entnehmen und bestimmt, soweit die Partei das Erscheinen des Sachverständigen[2314]) be- oder erwirkt hat, § 245 StPO. geradezu das Gegenteil. Der Entw. GRSt. v. 1919 §§ 90ff. (Begr. 41) verwirft ausdrücklich den — zu Unrecht — auf § 73 StPO. gestützten Standpunkt, daß der Richter frei ermißt, ob er Sachverständige vernehmen will, während umgekehrt der Entw. v. 1909 §§ 71 I S. 1, 232 II S. 3 diesen Standpunkt ausdrücklich sanktionieren wollte. Er ist berechtigt nur, wenn und insoweit das Gericht mit sachverständigen Richtern besetzt ist, und hier denn auch in § 114 GVG. für die Kammern für Handelssachen zum Ausdruck gekommen.

Die Vorführung des Urkundenbeweises erfolgt im Zivilprozeß durch mündlichen Parteivortrag (Vorstellungsmitteilung)[2315]). Aber auch im Strafverfahren kann m. E. der von den Parteien beantragte oder angetretene Urkundenbeweis dadurch vorgeführt werden, daß die beweisführende Partei die Urkunde zur Verlesung bringt. Das abweichende Urteil des RG. I. v. 30. Juni 1890 (ESt. XXI 70) macht hauptsächlich — mit Recht — geltend, daß die Verlesung nicht in den Schlußvorträgen erfolgen dürfe. § 238 I StPO., steht m. E. nicht entgegen. Wie sich aus den Motiven (S. 134) ergibt, will er, indem er die „Aufnahme", richtig: Vorführung[2316]) „des Beweises" dem Vorsitzenden überträgt, das Kreuzverhör grundsätzlich ablehnen. Die Bestimmung wird erst verständlich durch den Gegensatz, in den sie zu den §§ 239, 240 StPO. tritt. Die neuen Entwürfe, welche die Betonung der Zeugen- und Sachverständigen-Vernehmung durch den Vorsitzenden teils für überflüssig (so der Entw. v. 1909), teils für unerwünscht (so der Entw. v. 1919) halten, haben den die „Aufnahme des Beweises durch den Vorsitzenden" betreffenden Satzteil denn auch gestrichen (§§ 228 I, 229 III Entw. v. 1909, 231 I, 233 III Entw. v. 1919). Daß die Vorführung der Wahrnehmungsgegenstände in der Hauptverhandlung durch die Parteien allein geschehen kann, wurde bereits oben[2317]) festgestellt. Es ist daher nicht einzusehen, warum die nach den Entwürfen unzweifelhaft zulässige Vorführung des Urkundenbeweises durch die Parteien nicht schon nach geltendem Recht zulässig sein soll, mag auch regelmäßig[2318]) die Vor-

---

[2313]) Priv. Wissen, 79ff. [2314]) Vgl. dazu oben Anm. 2275.

[2315]) Vgl. oben zu Anm. 2043, 2050. Anders m. E. möglicherweise in §§ 622, 640/1 ZPO.; vgl. schon oben Anm. 2289a.

[2316]) Vgl. oben zu Anm. 2044. [2317]) Zu Anm. 2289.

[2318]) Auch nach den Entwürfen, wie aus § 239 S. 2 Entw. v. 1909, § 244 S. 2 Entw. v. 1919 hervorgeht.

führung eines von den Parteien beantragten oder angetretenen Urkundenbeweises im Strafverfahren durch den Vorsitzenden erfolgen[2319]).

Der Beweis durch Parteiaussage wird durch Befragung der Partei vorgeführt. Die Befragung des Angeklagten kann im Strafverfahren, wie sich aus § 238 I und mehr noch arg. e contr. aus § 240 StPO. ergibt, nur durch den Vorsitzenden geschehen. Daraus folgt, daß die Vorführung des Beweises durch Aussage des Angeklagten sich nur in der durch eine Partei erwirkten richterlichen Befragung des Angeklagten äußern kann. Der Entw. GRSt. v. 1919 § 232 II läßt auch unmittelbare Fragen des Anklägers und Verteidigers an den Angeklagten zu. Ebenso dürften schon nach geltendem Recht unmittelbare Fragen des Angeklagten an den Privatkläger zulässig sein. Auch im Zivilprozeß, der ja die Parteiaussage als Beweismittel nur im Bereich des Untersuchungsgrundsatzes kennt[2320]), erfolgt regelmäßig die Vorführung der Beweisaussage der Partei zunächst, wie sich aus § 619 ZPO. ergibt, durch ihre von einer Partei erwirkte richterliche Vernehmung, im Anschluß daran durch ihre unmittelbare Befragung seitens des Gegners. Auch die Vorführung der eigenen Beweisaussage besteht danach in der durch die Partei erwirkten eigenen richterlichen Vernehmung[2320a]). Die Parteiaussage selbst ist, mag auch die aussagende Partei der Beweisführer sein, nicht Beweisvorführung, sondern Beweismittel[2320b]).

Die Vorführung des Eidesbeweises endlich ist ausschließlich Parteihandlung. Sie erschöpft sich in der Beweisantretung, der Eideszuschiebung[2321]). Die Eideserklärungen[2322]) des Gegners oder — im Falle der Erlassung oder Zurückschiebung des Eides — der beweisführenden Partei selbst sind Beweismittel[2322a]). Erst recht sind die Parteierklärungen zum richterlichen Eid jedenfalls keine Akte der Beweisführung[2323]).

3. Nicht mehr zur Beweisführung gehören die Beweisausführungen (§ 285 I ZPO.)[2324]), so wenig wie die Ausführungen über Rechts- oder Erfahrungssätze und die Schlußfolgerungen daraus noch Behauptungen

---

2319) Es gilt dann das oben zu Anm. 2273 Bemerkte.

2320) Vgl. oben zu Anm. 2296.

2320a) Dies tritt im englischen Recht und im österreichischen Zivilprozeßrecht (§§ 371 ff. ZPO.), wo die Partei als Zeuge oder gleich einem Zeugen vernommen wird, klar hervor. Es gilt aber auch im deutschen Recht, wenngleich hier ein förmlicher Antrag auf eigene Vernehmung nur im Zivilprozeß, besonders im Falle des § 619 ZPO., gestellt werden wird und sich im Strafprozeß für den Angeklagten schon deshalb erübrigt, weil er von Amts wegen vernommen werden muß. Andererseits macht gerade im Strafprozeß der durch die §§ 243 III, 136 II StPO. gesetzlich festgelegte Zweck der Vernehmung des Angeklagten (dazu GOLDSCHMIDT, ZStW. XLI 600, 601) seine Vernehmung, soweit sie überhaupt Beweischarakter hat, präsumtiv zu einem Akt eigener Beweisführung.

2320b) Vgl. dazu oben Anm. 2295a.

2321) Vgl. oben hinter Anm. 2053, zu Anm. 2284.

2322) Vgl. oben Anm. 2298a. 2322a) Vgl. dazu oben Anm. 2295a.

2323) Vgl. oben zu Anm. 2271. Nach A. HEUSLER, ZivArch. LXII 299, ist der richterliche Eid bloßes „Erkenntnismittel“ (vgl. schon oben zu Anm. 2270). Gerade umgekehrt ist nach WENDT, ZivArch. LXIII 277, nur der richterliche Eid Beweismittel.

2324) Vgl. über diese schon oben Anm. 1943, 2046.

sind, mögen auch beide Erwirkungshandlungen im weiteren Sinn (und zwar Vorstellungsmitteilungen) sein[2325]). Erst recht gehört zur Beweisführung nicht die der Beweisausführung der Parteien entsprechende richterliche „Vergleichung der Beweisergebnisse mit dem Beweissatze"[2326]), die Beweiswürdigung[2327]); nicht nur deshalb, weil sie keine Partei-, sondern, wie die Beweisaufnahme[2328]), eine Richtertätigkeit[2329]), sondern weil sie offensichtlich nichts als der die Tatseite der Rechtssache betreffende Teil der richterlichen Entscheidungstätigkeit ist[2330]).

Noch nicht zur Beweisführung gehört die Sammlung der Beweise[2331]). Sie ist, insoweit sie mit gerichtlicher Hilfe erfolgt, wie unter Umständen im strafprozessualen Ermittelungsverfahren, gleich der mit gerichtlicher Hilfe erfolgenden Herstellung von Beweismitteln[2332]), eine Art freiwilliger Gerichtsbarkeit[2333]). Das wird nicht dadurch anders, daß die — gerichtlich wie außergerichtlich vorgenommenen — Akte der Herstellung oder Sammlung von Beweismitteln, ebenso wie die vor- oder innerprozessuale Untauglichmachung (Vernichtung, Beschädigung) oder Beseitigung (Unterdrückung) von Beweismitteln[2334]), Rechtslagen erzeugen[2335]), und daß die Kosten der Sammlung von Beweismitteln zu den zu erstattenden Prozeßkosten gehören können[2336]). Und es folgt daraus für den im Prozesse[2336a]) gestellten Beweisermittelungsantrag, d. h. den Antrag auf Erschließung von Erkenntnisquellen, aus denen sich erst ergeben soll, ob oder welche

---

[2325]) Vgl. oben zu 2220/1. Es gilt daher auch für die Beweisausführungen das oben hinter Anm. 2222, 2223 Gesagte.

[2326]) GLASER, I 373/4.

[2327]) Anders BIRKMEYER, 398; auch R. SCHMIDT, § 52 IV, § 75 I. Gegen BIRKMEYER BENNECKE-BELING, 375.

[2328]) Vgl. oben zu Anm. 2044.

[2329]) Für BIRKMEYER ist freilich nicht nur die Beweisantretung eine mögliche Richtertätigkeit — vgl. oben Anm. 2055, 2271 —, sondern besteht auch kein Unterschied zwischen Beweisvorführung und Beweisaufnahme — vgl. oben Anm. 2284a. Nach R. SCHMIDT ist überhaupt die „gesamte Beweistätigkeit" im „exakten Sinn Tätigkeit des Gerichts" — vgl. oben Anm. 2044, 2271.

[2330]) Nicht „geht" sie nur, wie R. SCHMIDT, a. a. O., zugibt, „bereits in die Entscheidung über". BIRKMEYER, 398, behauptet, daß nur die Zurechnung der Beweiswürdigung zur Beweistätigkeit es ermögliche, den Indizienbeweis zu konstruieren. Er rechnet nämlich (405) die Indizien zu den Beweismitteln. Diese sind indessen in Wahrheit selbst beweisbedürftige Tatsachen. So schon BENNECKE-BELING,. 333; BELING, Enz. 173.

[2331]) GLASER, I 373.

[2332]) Vgl. oben zu Anm. 1490 und in Anm. 1852.

[2333]) HEGLER, Festschr. f. BIND., 34, 39ff.; oben Anm. 2117.

[2334]) §§ 444 ZPO., 274 Nr. 1 StGB.; vgl. oben zu Anm. 626c, in Anm. 673, zu Anm. 1372f, 1810.

[2335]) Vgl. oben zu Anm. 1373, 1373a, 1853/4. Der von HELLWIG, Prozeßhandlung, § 2 II Anm. 10, gegen WALSMANN, ZivArch. CII 18, erhobene Einwand, daß die Einziehung von Informationen deshalb keine Prozeßhandlung sei, weil sie „überhaupt keine prozessuale Wirkung" habe, trifft also nicht unbedingt zu.

[2336]) STEIN, Nr. VI 3 zu § 91; auch Nr. IV 1 vor § 128.

[2336a]) Zu dem jedenfalls in dem hier in Frage kommenden Sinn das strafprozessuale Vorverfahren nicht gehört; vgl. unten Anm. 2339.

erheblichen Tatsachen oder tauglichen Beweismittel vorhanden sind,[2337]) : a) daß er jedenfalls keine Beweisantretung ist[2338]); b) daß ihm nur insoweit stattgegeben werden darf, als der Untersuchungsgrundsatz in dem Sinne gilt, daß der Richter zu eigener Wahrheitserforschung imstande und genötigt ist (Instruktionsgrundsatz)[2339]); c) daß er innerhalb dieser Grenzen (§§ 155 II, 244 III StPO.)[2339a]) nicht abgelehnt oder gar unbeachtet gelassen[2340]) werden darf, nur weil er ein Beweisermittelungsantrag ist[2340a]); d) daß indessen für die Entscheidung, ob auf dem beantragten Wege erhebliche Tatsachen oder taugliche Beweismittel ermittelt werden können, das — selbstverständlich pflichtmäßige[2341]) — richterliche Ermessen maßgebend[2342]) ist. Eine Ablehnung des Beweisermittelungsantrages, weil das bisherige Beweisergebnis die Unerheblichkeit der zu ermittelnden Tatsache oder den Unwert des zu ermittelnden Beweismittels mit Sicherheit voraussehen lasse,

---

[2337]) So möchte ich, in der Sache im wesentlichen mit ALSBERG, GA. LXVII 269, übereinstimmend, den Beweisermittelungsantrag definieren. Vgl. dazu schon oben Anm. 2062. Die Definition umfaßt, wie die ALSBERGS, Anträge auf Anstellung von Versuchen zur Feststellung der Glaubwürdigkeit eines Zeugen. Sie sind Anträge auf — unter Umständen durch Beweismittler einzunehmenden (vgl. oben Anm. 2288) — Augenschein zur Ermittelung des Beobachtungs- oder Erinnerungsvermögens des Zeugen. Geschaffen (so ALSBERG, a. a. O., 267) wird dadurch kein Beweismittel; es ist schon da, nämlich die als Wahrnehmungsgegenstand dienende Psyche des Zeugen. Dagegen wäre der von ALSBERG, a. a. O., erwähnte Antrag auf Aussetzung des Strafverfahrens bis zur Erledigung eines präjudiziellen Zivilprozesses ein auf Schaffung eines Beweismittels gerichteter Antrag, wenn man auf das als Beweisurkunde in Betracht kommende präjudizielle Zivilurteil abstellte. Indessen wäre dies formalistisch. Denn es kommt auf die durch diese Beweisurkunde zu vermittelnden zivilprozessualen Beweisergebnisse an. Danach ist jener Aussetzungsantrag, wie ein Antrag auf Aussetzung des Strafverfahrens zwecks Anstellung weiterer Ermittelungen (ALSBERG, 273/4), ein Beweisermittelungsantrag; so auch LÖWE-ROSENBERG, Nr. 3 zu § 262 (261).

[2338]) Vgl. schon oben zu Anm. 2061a, 2216/7.

[2339]) So bezweckt nach HEGLER, Festschr., 43ff., 33, 37, die gerichtliche Voruntersuchung die Materialssammlung hauptsächlich für das eröffnende Gericht und bewirkt das (gesamte) Vorverfahren die Materialsammlung auch für das erkennende Gericht.

[2339a]) Die das erkennende Gericht — soweit ein Anlaß dazu vorliegt — auch zu Ermittelungen von Amts wegen nötigen. Anders RG. I v. 22. Febr. 1917 (LZ. XI 680); vgl. aber noch unten zu Anm. 2369.

[2340]) So RG. III. StS. v. 9. Okt. 1916 (LZ. XI 143); richtig im Ergebnis RMilG. X 105/6; vgl. schon oben zu Anm. 1913c.

[2340a]) In dem U. d. II. StrS. v. 7. Dez. 1881 (Rechtspr. III 769) hat denn auch das RG. die Bindung des Gerichts, einem Beweisermittelungsantrag stattzugeben, auf die strafrichterliche Nötigung zur Wahrheitserforschung gestützt. Daß der in §§ 201 I, 208 II StPO. (dazu auch § 216 II S. 2 StPO.) erwähnte Antrag auf Vornahme einzelner Beweiserhebungen vor der Hauptverhandlung Beweisermittelungsanträge umfaßt, wird allgemein zugegeben; vgl. LÖWE-ROSENBERG, Nr. 6 zu § 208 (206).

[2341]) Vgl. oben Anm. 2292 und die das. angeführten Stellen.

[2342]) Dies erkennt auch ALSBERG, a. a. O., 273, an; vgl. schon oben Anm. 2062. In der Befreiung des richterlichen Ermessens in diesem — entscheidenden — Punkte liegt der Unterschied zwischen der durch einen Beweisantrag und der durch einen Beweisermittelungsantrag geschaffenen Lage; vgl. dazu oben hinter Anm. 1366b, 1369b.

ist freilich ebenso ausgeschlossen, wie die Ablehnung eines Beweisantrages aus entsprechendem Grunde[2343]) [2344]). Denn der „historische Beweis“[2344a]) liefert niemals unwiderlegliche Gewißheit[2344b]), und die Freiheit des Ermessens deckt nicht die Freiheit des Sichvermessens, nicht zu irren. Zuzugeben ist, daß ein in der Hauptverhandlung gestellter Beweisermittelungsantrag immer etwas Unerwünschtes ist. Wird in Zukunft im Vorverfahren auch dem Beschuldigten zur Anstellung von Ermittelungen richterliche Hilfe zur Verfügung gestellt[2345]), so wird es möglich sein, Beweisermittelungsanträgen in der Hauptverhandlung ihre rechtliche Zulässigkeit oder doch ihre praktische Bedeutung zu nehmen. Die dadurch bewirkte Entlastuug des erkennenden Richters von „materiellen Anklage- und Verteidigungsfunktionen“ wäre ein weiterer Schritt zur Durchführung des Anklageprozesses[2346]).

Gehören Beweisausführung und Beweiswürdigung nicht mehr, Beweisherstellung und Beweissammlung noch nicht zur Beweisführung, so gilt anderes von der Beweissicherung. Zwar wird die Ansicht vertreten, daß die Beweissicherung der §§ 485ff. ZPO., sei es immer[2347]), sei es wenigstens dann der freiwilligen Gerichtsbarkeit zuzuzählen sei, wenn sie vor der Anhängigkeit eines Rechtsstreites erwirkt werde[2348]). Und im Anschluß an die der letzteren Lehre zugrunde liegende Unterscheidung hat man für das Strafverfahren unterscheiden wollen, ob die Beweissicherung für eine „bestimmt stattfindende Hauptverhandlung vor einem bestimmten Gericht“, oder ob sie noch bei Ungewißheit künftiger Hauptverhandlung „für alle Fälle“ Platz greife, und sie im letzteren Fall als eine Art freiwilliger Gerichtsbarkeit bezeichnet[2349]). Es kann indessen dahingestellt bleiben, welchen Charakter die zur Sicherung aufgenommenen Beweise haben, wenn es nicht zu ihrer Benutzung in einem bürgerlichen Rechtsstreit oder in einer strafprozessualen Hauptverhandlung kommt. Kommt es dazu, so haben, wie von niemandem bestritten wird, die zur Sicherung aufgenommenen Beweise

---

[2343]) Die Ablehnung eines Beweisantrages wegen „Voraussehbarkeit“ der Unerheblichkeit der unter Beweis gestellten Tatsache ist hier, wo diese Tatsache bestimmt behauptet werden muß — vgl. oben zu Anm. 2217 —, begrifflich undenkbar.

[2344]) So mit Recht Alsberg, a. a. O., 273.

[2344a]) Vgl. oben zu Anm. 2285.

[2344b]) Unrichtig v. Canstein, Z. II 302; dagegen A. Heusler, ZivArch. LXII 221; Wendt, ebenda LXIII 256; Sauer, 81 Anm. 1. Abweichungen gelten im Ergebnis in den Fällen der §§ 287, 446 ZPO.; unten Anm. 2385, 2408.

[2345]) Wie es der Entw. v. 1919 tut; vgl. oben Anm. 2117; vgl. auch Hegler, Festschr. f. Bind., 39ff., 51ff.

[2346]) Vgl. oben zu Anm. 2056. Das Gesagte gilt natürlich erst recht in bezug auf von Amts wegen im Stadium der Hauptverhandlung vorzunehmende Ermittelungen (vgl. oben Anm. 2339a, unten zu Anm. 2369).

[2347]) So Wach, 62; Schneider, Z. XXIX 104ff.

[2348]) So Stein, Nr. I vor § 485.

[2349]) So Hegler, Festschr. f. Bind., 25ff. Zu der ersten Art von Beweissicherung rechnet Hegler nur die Fälle der §§ 223ff. StPO., die aber — trotz Birkmeyer, 622, — überhaupt keine Fälle der Beweissicherung sind.

dieselbe rechtliche Natur[2350]) und dieselbe Benutzbarkeit wie die innerhalb des Prozesses aufgenommenen, und zwar gleichgültig, ob sie im Zivilprozeß nach oder vor der Rechtshängigkeit, im Strafverfahren nach oder vor Gewißheit der Hauptverhandlung aufgenommen sind[2351]). Danach wird jedenfalls im Prozeß die Beweissicherung ohne weiteres zur Beweisführung[2352]).

4. Ziel der Beweisführung ist die Überzeugung des Richters von der Wahrheit einer tatsächlichen Behauptung. Diese Bestimmung des Zieles der Beweisführung ist nicht „ungenauer"[2353]), als wenn man als Beweisgegenstand die Wirklichkeit[2354]) einer behaupteten Tatsache bezeichnet. Im Gegenteil! Gegenstand des Sachverständigenbeweises ist der Obersatz einer tatsächlichen Behauptung, während ihm zu der behaupteten Tatsache jede Beziehung fehlt. Der Sachverständigenbeweis ist daher auch keine Ausnahme von dem Satze, daß Beweisthema die Parteibehauptung ist[2355]). Noch weniger ist es der Beweis von Indizien oder Hilfstatsachen. Denn wenn diese Tatsachen nicht behauptet worden sind, können sie nicht Gegenstand einer Beweisführung werden. Etwas anderes ist, daß diese Tatsachen, ohne daß sie behauptet worden sind, Entscheidungsgrundlage werden können, wenn sie Ergebnis des auf andere — behauptete — Tatsachen gerichteten Beweises waren[2356]). Diese Prozeßregel ist eine Ausnahme — höchstens — von dem Verhandlungsgrundsatz: iudex iudicet secundum allegata a partibus, aber nicht von dem Wesen der Beweisführung.

Nun ist freilich bestritten worden, daß Beweisthema behauptete Tatsachen sein müßten[2357]), oder doch von solchen, die dies gerade anerkannten, gelehrt worden, daß in einem vom „Offizialprinzip", d. i. von „Amtspflichten", beherrschten Verfahren von Beweis grundsätzlich nicht die Rede sein dürfe, weil hier die Aufgabe regelmäßig nicht Beweis des von einer Partei Behaupteten, sondern Ermittelung des wirklich Geschehenen sei[2358]). Nun ist es natürlich richtig, daß ein Amtskläger, der die klagebegründenden Tatsachen regelmäßig nicht aus eigener Wahrnehmung weiß und an ihrer Feststellung ein viel geringeres Interesse hat als ein Privatkläger, die Behauptung dieser Tatsachen

---

[2350]) Ihre Benutzung ist kein Urkundenbeweis, und ihr Vortrag erfolgt nach § 285 II ZPO.; vgl. STEIN, Nr. I zu § 493. Anders im gemeinen Prozeß; vgl. WETZELL, 230ff.

[2351]) STEIN, a. a. O.; HEGLER, 25, der anerkennt, daß die beiden von ihm unterschiedenen Arten der Beweissicherung die gemeinsame Bestimmung — und Eignung — haben, in der künftigen Hauptverhandlung benutzt zu werden. Das Gesagte gilt sogar von der Beweissicherung des § 164 FG.

[2352]) Im Ergebnis übereinstimmend HELLWIG, Lehrb. I 56.

[2353]) Dies behauptet A. HEUSLER, ZivArch. LXII 217.

[2354]) „Wahre Tatsachen" gibt es so wenig wie „falsche". Anders bekanntlich § 263 StGB. Vgl. dagegen SIGWART, I 23.

[2355]) Vgl. oben zu Anm. 2302.

[2356]) Vgl. STEIN, Privates Wissen, 89; SOBERNHEIM, 57; ROSENBERG, Beweislast, 64.

[2357]) Von GEYER, in Holtz. Hdb. I 188 Anm. 1; vgl. schon oben Anm. 2270.

[2358]) So HEINZE, GA. XXIV 279/80; vgl. schon oben Anm. 2270.

sofort fallen lassen wird, sobald sie sich als irrtümlich erwiesen hat[2359]). Er ist sogar dazu verpflichtet, sofern ihm die Pflicht der Unparteilichkeit auferlegt ist[2360]). Dadurch wird indessen nichts an der Tatsache geändert, daß, wenn im Strafverfahren auch nur der Anklageformgrundsatz gilt, der Amtsankläger die anklagebegründenden Tatsachen behaupten muß. Es kann nicht einmal zugegeben werden, daß die Anklagebehauptung des Amtsanklägers einen „hypothetischen Charakter habe"[2361]). Vielmehr muß auch der Amtsankläger seine Behauptungen in Gestalt von Mitteilungen eigenen Wissens aufstellen, er darf also weder die anklagebegründenden Tatsachen als ihm von dritter Seite mitgeteilt noch gar als Gegenstand bloßer Vermutungen hinstellen[2362]). Ein vom Staatsanwalt im Widerspruch mit diesen Anforderungen begründeter Beweisantrag wäre ein bloßer Beweisermittelungsantrag[2363]). Überhaupt würde es, wenn die bekämpfte Ansicht richtig wäre, im Strafprozeß Beweisanträge nur noch auf seiten des Beschuldigten[2364]) oder allenfalls des Privatanklägers geben; alle angeblichen Beweisanträge des Staatsanwalts wären bloße Beweisermittelungsanträge. Ja, es wären alle Vorführungen mindestens des Belastungsbeweises „Ermittelungen über die Richtigkeit einer angeregten Vermutung"[2364]), es trüge der ganze „Strafprozeß bis zum Endurteil überwiegend den Charakter eines Informativverfahrens an sich"[2364]). Und nicht anders wäre es, wenn der Staatsanwalt gemäß § 632 ZPO. die Ehenichtigkeitsklage erhebt, da hier gleichfalls das „Offizialprinzip" gilt; auch hier gäbe es grundsätzlich weder Behauptung noch Beweis. Tatsächlich hat der „psychologische Fehler", den man bei Aufstellung der Unparteilichkeitspflicht des Staatsanwalts, in Wiederholung der Fehler des Inquisitionsprozesses, beging[2365]), nicht etwa dazu geführt, daß die Anklagebegründung „hypothetischen Charakter" hat — wodurch sie zu der Tatsache der Anklageerhebung geradezu in Widerspruch treten würde —, sondern umgekehrt dazu, daß sie sich als feststehendes „Ergebnis der stattgehabten Ermittelungen" (§ 200 II StPO.) einführt, m. a. W. als schon erwiesene Parteibehauptung. Ziel der Reformbestrebungen ist daher, daß die Anklagebegründung als das erscheine, was sie ist: als unter Beweis gestellte Parteibehauptung[2366]).

Nur insoweit der Richter von Amts wegen die (materielle) Wahrheit erforscht, m. a. W. insoweit er sich wirklich von Amts wegen „instruiert"[2367]), ist die Aufgabe nicht Beweis des von einer Partei Behaupteten, sondern Ermittelung des wirklich Geschehenen. Insoweit ist es

---

2359) Dies macht HEINZE, a. a. O., 279, geltend.
2360) Vgl. oben Anm. 702, 1565.
2361) Dies behauptet HEINZE, a. a. O.
2362) Vgl. oben hinter Anm. 2213, zu Anm. 2215.
2363) Vgl. oben zu Anm. 2216/7.
2364) So wirklich HEINZE, a. a. O., 280.
2365) LÖFFLER, Organisation, 35; auch GOLDSCHMIDT, Reform d. Strafverfahrens, 19ff.; oben Anm. 702, 1565.
2366) GOLDSCHMIDT, ZStW. XLIII 434.
2367) Vgl. oben hinter Anm. 2139, 2270, zu Anm. 2339, unten zu Anm. 2704.

aber in der Tat angebracht, nicht von „Beweis" und „Beweismitteln", geschweige denn von „Beweisführung" zu sprechen, sondern von „Ermittelung" („Ergründung") und „Erkenntnismitteln"[2368]). Denn der „Beweis" setzt immer ein Beweisthema voraus, das stets durch eine „Behauptung" geliefert werden muß. Die — unparteiische — auf Feststellung des wirklich Geschehenen gerichtete richterliche Tätigkeit kann man nur vermöge einer Vergewaltigung des Sprachgebrauchs „Beweis" nennen. Die Erkenntnis, daß die von Amts wegen vorgenommene richterliche Erforschung der (materiellen) Wahrheit nicht „Beweis", sondern „Ermittelung" ist, hat die größte praktische Bedeutung. Sie führt nämlich zu der Folgerung, daß, wo diese Offizialerforschung dem Richter obliegt, wie nach §§ 155 II, 244 III StPO., der Richter auch sog. „Beweisermittelungen" vorzunehmen hat, soweit davon nach Lage der Sache die Ermittelung erheblicher Tatsachen oder tauglicher Erkenntnismittel zu erwarten ist[2369]). Denn eine Tätigkeit, die ein von vornherein bestimmtes Beweisthema nicht kennen darf und ein bereites Beweismittel nicht erwarten kann, darf wegen des Mangels dieser Voraussetzungen nicht unterbleiben. Die „Ermittelung" umfaßt von Haus aus — unbeschadet der sich insbesondere aus §§ 155 I, 264 I StPO. ergebenden Schranken — die Erforschung der Tatsachen und die Aufsuchung der Erkenntnismittel.

5. Die Beweisführung bezweckt die Überzeugung des Richters von der Wahrheit einer tatsächlichen Behauptung. Neben ihr steht als ihre Abart die Glaubhaftmachung, deren Zweck die bloße Wahrscheinlichmachung (Bescheinigung) einer tatsächlichen Behauptung ist, und deren Mittel, dem minderen Zwecke entsprechend, nicht den strengen Erfordernissen des Beweises zu genügen brauchen[2370]). Daß die Glaubhaftmachung Parteitätigkeit ist, wird selbst für den Strafprozeß anerkannt, ja sogar angenommen, daß bezüglich ihrer hier eine formelle Beweislast besteht[2371]). Dies würde natürlich nicht gelten, wenn man den Begriff der Glaubhaftmachung (§§ 26, 45, 56, 74 StPO.) auf alle Fälle ausdehnt, in denen sich die StPO. mit einer Wahrscheinlichmachung begnügt (§§ 102/3, 112, 203, 408) [2372]). Schief ist es jedenfalls als Zweck des Vorverfahrens die Wahrscheinlichmachung der Schuld des Beschuldigten zu bezeichnen[2373]). Ganz abgesehen davon, daß die Aufstellung eines solchen Verfahrenszweckes an die übelsten Traditionen des Inquisitionsprozesses[2374]) erinnert und in der Tat mit dem Wesen wenigstens der richterlichen Tätigkeit ebenso unverträglich ist, wie die Unterstellung, daß der Richter den Schuldbeweis führe[2375]), ist

[2368]) Vgl. oben hinter Anm. 2270.

[2369]) Vgl. schon oben Anm. 2339a, andererseits Anm. 2346.

[2370]) STEIN, Nr. I zu § 294; LÖWE-ROSENBERG, Nr. 5 zu § 45. Die sich aus § 294 II ZPO. ergebende Erschwerung der Glaubhaftmachung ist jedenfalls kein Merkmal der strafprozessualen Glaubhaftmachung.

[2371]) BENNECKE-BELING, 321, 332; v. KRIES, 342 (dieser anders für den Fall der Richterablehnung).

[2372]) So v. KRIES, 344, 342 Anm. 1.

[2373]) So SAUER, § 5 IV, § 8 B.

[2374]) Vgl. v. KRIES, 54.

[2375]) Vgl. oben hinter Anm. 2368.

Zweck des Vorverfahrens in bezug auf die Gewinnung — ganz gleich, ob eines Möglichkeits-, Wahrscheinlichkeits- oder Gewißheitsurteils immer nur Materialsammlung[2376]). Erst im Eröffnungsverfahren, in dem über die Verhandlungswürdigkeit der Sache entschieden wird[2377]), liegt dem Ankläger die Last[2378]) ob, die Schuld des Angeschuldigten wahrscheinlich zu machen.

II. Bei Prüfung der Anwendbarkeit der Wertungen der Zulässigkeit und Begründetheit auf die Beweisführungen ist zwischen der Beweisantretung und der Beweisvorführung zu unterscheiden[2379]).

1a) Die Zulassuug einer Beweisantretung zur inhaltlichen Prüfung kann einmal, wie die einer Behauptung[2380]), durch ihr Verpassen oder ihre Versäumung in Frage gestellt werden (so in §§ 283 II, 360 S. 1, 529 II, III, 626 ZPO.)[2380a]). Sie kann es aber auch, weil dem angetretenen Beweis der Unmittelbarkeitsgrundsatz (so z. B. § 250 S. 2 StPO.[2381])), ein Beweishindernis[2382]) (so z. B. ein schon ausgeübtes Zeugnisverweigerungsrecht[2383]), eine gegen § 97 StPO. verstoßende Beweismittelbeschlagnahme[2384])) oder eine negative Beweisregel (so z. B. der Ausschluß nichtrichterlicher Protokolle in §§ 249 S. 2, 251, 254 StPO., der Ausschluß anderer Beweismittel außer dem Protokoll in §§ 164 S. 1 ZPO., 274 S. 1 StPO., der Ausschluß eines mit Erfolg abgelehnten Sachverständigen) entgegensteht. Die Beweisantretung durch Eideszuschiebung ist, mit Rücksicht auf die formale Natur des angebotenen Beweismittels, von vornherein nur in bestimmten Grenzen zulässig (§§ 445—450 ZPO.)[2385]).

Eine zulässige Beweisantretung wird regelmäßig ohne weiteres inhaltlich geprüft. Eine Begründung der Zulassung in dem auf die Beweisantretung ergehenden Beweisbeschluß ist nur in § 251 III und gegebenen Falles noch in § 255 StPO. vorgeschrieben[2386]). Im übrigen ist die Zulassung allenfalls in den Urteilsgründen und nur dann zu begründen, wenn die Zulässigkeit entweder von Amts wegen zu prüfen und

---

2376) Vgl. oben zu Anm. 364a, 2116, in Anm. 2339.

2377) Vgl. oben zu Anm. 365.

2378) Sie ist keine — vollkommene — formelle Beweislast (vgl. schon oben zu Anm. 2055a), aber doch eine minder vollkommene Last; vgl. oben in Anm. 1710a, zu Anm. 1727—1730, hinter Anm. 1730b, sowie § 23 VIII.

2379) Vgl. oben zu Anm. 2273a. 2380) Vgl. oben zu Anm. 2244.

2380a) Erst recht natürlich durch den aus einer Verschleppungsabsicht sich ergebenden Mangel der Ernstlichkeit; vgl. schon oben zu Anm. 2161, noch unten zu Anm. 2471.

2381) Dessen erster Fall einen Fall des Unmittelbarkeitsgrundsatzes im subjektiven (formellen) Sinne, dessen zweiter Fall einen Fall des Unmittelbarkeitsgrundsatzes im objektiven (materiellen) Sinne darstellt; vgl. dazu oben Anm. 2288.

2382) Beling spricht hier, entsprechend seiner oben in Anm. 1317 und zu Anm. 1340a erwähnten Lehre, von „Beweisverboten" (in seiner gleichnamigen Schrift).

2383) RGESt. XXXVIII 257; XL 346; XLI 32. 2384) RGESt. XX 91.

2385) So erklärt § 446 ZPO. die Eideszuschiebung in einem Falle für unzulässig, wo eine andere Beweisantretung nicht für unbegründet erklärt werden dürfte; vgl. schon oben Anm. 2344b, unten Anm. 2408.

2386) Dazu Rechtspr. RGSt. IV 325; Löwe-Rosenberg, Nr. 7b zu § 244 (243).

zweifelhaft oder wenn sie bestritten ist. Im Zivilprozeß kann eine Beweisantretung auch durch besondere Entscheidung, nämlich durch zwischenstreitentscheidendes Zwischenurteil (§ 303 ZPO.), zugelassen werden. In derselben Form kann im Zivilprozeß eine unzulässige Beweisantretung zurückgewiesen (verworfen) werden. Im übrigen ist eine unzulässige Beweisantretung im Zivilprozeß in den Urteilsgründen zurückzuweisen. Im Strafprozeß bedarf es zur Zurückweisung („Ablehnung") einer unzulässigen Beweisantretung, insbesondere eines unzulässigen Beweisantrages[2387]) in der Hauptverhandlung regelmäßig[2388]) eines besonderen, begründeten Beschlusses (§ 244 II StPO.). Die Zurückweisung eines unzulässigen Beweismittels wird nicht dadurch ausgeschlossen, daß das Beweismittel im Sinne des § 245 I S. 1 StPO. als „herbeigeschafft" anzusehen ist[2389]).

1 b) Eine Beweisantretung ist begründet, d. h. inhaltlich geeignet, die von der Partei erstrebte Entscheidung zu erwirken, wenn sie tauglich ist, d. i. wenn die unter Beweis gestellte Tatsache erheblich, nicht schon prozeßordnungsgemäß festgestellt und auch ihr Gegenteil nicht offenkundig ist, und wenn ferner das angebotene Beweismittel weder ungeeignet noch unerreichbar ist[2390]).

Die Bezeichnung der die Begründetheit der Beweisantretung bedingenden Eigenschaft als „Tauglichkeit" enthält insofern eine denominatio a potiori, als sie das Erfordernis der Erheblichkeit der unter Beweis gestellten Tatsache — wenigstens streng genommen — nicht deckt. Die Erheblichkeit der das Beweisthema bildenden behaupteten Tatsache ist aber auch tatsächlich selbständige Voraussetzung der Begründetheit der in Frage kommenden tatsächlichen Behauptung, und zwar gerade die Bedingung, unter der ihr Inhalt zum Beweise zugelassen wird[2391]). Die Zurückweisung einer Beweisantretung wegen Unerheblichkeit der unter Beweis gestellten Tatsache ist also in Wahrheit eine Zurückweisung der zugrunde liegenden Behauptung[2392]), gerade so, wie dies die Zurückweisung eines Antrages wegen Unschlüssigkeit sein kann. Daß im letzteren Falle das Werturteil der Schlüssigkeit das Erfordernis der Erheblichkeit der zur Begründung des Antrages behaupteten Tatsachen deckt, folgt daraus, daß dieses Werturteil seine Grundlage über-

[2387]) Vgl. dazu oben zu Anm. 2036—2042, 2061a, 2062, 2273, 2280, 2283.

[2388]) Vgl. den oben zu Anm. 2161 erwähnten Ausnahmefall. Dagegen würden die Fälle beantragten Augenscheins- oder Sachverständigenbeweises selbst dann keine Ausnahme bilden, wenn man die Entscheidung über die diesbezüglichen Beweisanträge — abweichend von der oben hinter Anm. 2292, 2306 vorgetragenen Ansicht — dem freien richterlichen Ermessen anheimstellen wollte; vgl. Löwe-Rosenberg, Nr. 13 Abs. 2 a. E. zu § 244 (243).

[2389]) RGESt. LIII 348 a. E. Darüber, daß die Herbeischaffung des Beweismittels hier die Beweisantretung ersetzt, vgl. oben zu Anm. 2283a.

[2390]) §§ 232 II Entw. StPO. v. 1909, 237 II Entw. GRSt. v. 1919. Die Bestimmung der Entwürfe ist insofern zu eng, als sie der Unzulässigkeit des angebotenen Beweismittels nicht gedenkt.

[2391]) Vgl. oben hinter Anm. 2257.

[2392]) Vgl. denn auch oben hinter Anm. 2263.

haupt nur in der Notwendigkeit der Behauptung der den Antrag rechtfertigenden Tatsachen findet[2393]). Cum grano salis kann man sagen, daß die Erheblichkeit der behaupteten Tatsachen für das Werturteil der Schlüssigkeit des Antrages eine causa efficiens, die Erheblichkeit der unter Beweis gestellten Tatsachen dagegen für das Werturteil der Tauglichkeit der Beweisantretung nur die condicio sine qua non bildet. Für Tauglichkeit der Beweisantretung stehen die Aussichten des angetretenen Beweises durchaus im Vordergrund.

Die Tauglichkeit der Beweisantretung entspricht den Werturteilen der Schlüssigkeit der Anträge und der Erheblichkeit der Behauptungen. Wie die Voraussetzungen oder der Inhalt dieser letzteren beiden Arten von Erwirkungshandlungen, wenn ihnen die genannten Wertungen zukommen, zur prozeßordnungsgemäßen Feststellung zugelassen werden, so wird im Falle der Tauglichkeit der Beweisantretung der angetretene Beweis zur Beweisaufnahme[2394]) zugelassen. Während aber die Anträge und Behauptungen, sofern ihnen Schlüssigkeit oder Erheblichkeit zuerkannt werden kann, nur die erste Voraussetzung ihrer Begründetheit erfüllt haben[2395]), erschöpft sich die Begründetheit, deren eine Beweisantretung fähig ist, in ihrer Tauglichkeit. Der Grund ist, daß sich bei den Beweisführungen die beiden in Frage kommenden Voraussetzungen der Begründetheit auf die Beweisantretungen und die Beweisvorführungen verteilen[2396]). Der Parallelismus der Tauglichkeit der Beweisantretungen zu der Schlüssigkeit der Anträge einerseits, die Ausschließlichkeit der Tauglichkeit als Voraussetzung der Begründetheit der Beweisantretungen andererseits bringt es mit sich, daß, wenn die taugliche Beweisantretung als Beweisantrag auftritt, man von einer „Schlüssigkeit" des Beweisantrages sprechen, und es als Eigentümlichkeit des Beweisantrages bezeichnen kann, daß er im Falle seiner Schlüssigkeit ohne weiteres begründet ist[2397]). Entsprechend spricht man von mangelhaft substanzierten Beweisanträgen[2398]). Indessen zeigt der Versuch, das Werturteil der Schlüssigkeit auf die Beweisanträge anzuwenden, wie wenig dieses auf Anträge anwendbare Werturteil in Wahrheit auf Beweisanträge paßt, und daß die Beweisanträge nur den auf Beweisantretungen anwendbaren Wertungen unterliegen. Die sog. „Substanzierung" des Beweisantrages, zu der der Beweisführer genötigt ist, ist gar keine Begründung des Beweisantrages, sondern eine Spezifikation seines Gegenstandes, nämlich die genaue Bezeichnung des Beweisthemas und des Beweismittels. Das Beweisthema dient nicht der Begründung des Beweisantrages, sondern desjenigen Antrages, dessen Voraussetzungen durch die Beweiserhebung festgestellt werden sollen. Der Richter stellt denn auch die Schlüssigkeit dieses Antrages, aber nicht die des Beweis-

---

2393) Vgl. oben § 26 a. E.
2394) Vgl. oben zu Anm. 2044.
2395) Vgl. oben vor Anm. 2166, 2255.
2396) Vgl. dazu noch unten zu Anm. 2418.
2397) Vgl. oben zu Anm. 2187a.
2398) Vgl. oben Anm. 2189a.

antrages fest, wenn er die Erheblichkeit des Beweisthemas bejaht und damit den ersten Teil des die Beweisantretung betreffenden Begründetheitsurteils erledigt. Die Angabe des Beweismittels aber enthält überhaupt keine Behauptung; denn sie enthält keine Mitteilung des Wissens von Tatsachen, d. i. von Zuständen oder Ereignissen der Vergangenheit oder Gegenwart[2399]), sondern allenfalls das stillschweigende Versprechen, daß die Aufnahme des angetretenen Beweises das Beweisthema bestätigen werde[2399a]). Das die Erfüllbarkeit dieses Versprechens bejahende richterliche Tauglichkeitsurteil, welches den Kern des die Beweisantretung betreffenden Begründetheitsurteils ausmacht, enthält denn auch nicht, wie das Schlüssigkeitsurteil, eine hypothetische[2400]) Diagnose, sondern eine Prognose. Eine hypothetische Diagnose wäre auch eigentlich unbegreiflich; denn die Unterstellung, daß der angetretene Beweis das in Aussicht gestellte Ergebnis haben werde (§ 542 II ZPO.), würde den Antrag auf Aufnahme dieses Beweises nicht nur nicht rechtfertigen, sondern, wie die in der strafgerichtlichen Praxis übliche „Unterstellung als wahr"[2401]) zeigt, gerade gegenstandslos machen. Nun kann freilich der Beweisführer, um den Richter von der Tauglichkeit des Beweismittels zu überzeugen, weitere Anführungen machen, die eine Begründung des Beweisantrages darstellen. Der Beweisführer ist dazu aber nicht genötigt[2402]), andererseits der Richter bei Beurteilung der Tauglichkeit des Beweismittels auf die sich darauf beziehenden Anführungen des Beweisführers nicht angewiesen. Insoweit nun diese Anführungen, ihre Wahrheit unterstellt, nach allgemeinen Erfahrungssätzen einen Schluß auf die Tauglichkeit des Beweismittels zulassen, kann man allerdings von einer Schlüssigkeit des Beweisantrages sprechen, ähnlich wie man auch insoweit von einer Schlüssigkeit spricht, als ein Antrag auf Indizien oder sog. Hilfstatsachen gestützt wird[2403]). Nur darf man nicht vergessen, daß die ein solches Schlüssigkeitsurteil zulassende Begründung für den Beweisantrag ganz unwesentlich ist. Wesentlich ist für den Beweisantrag allein die Angabe des Beweisthemas, die zwar ein Schlüssigkeitsurteil zuläßt, aber nicht in bezug auf den Beweisantrag, und die Angabe des Beweismittels, die kein Schlüssigkeitsurteil (hypothetische Diagnose), sondern nur ein Tauglichkeitsurteil (Prognose) zuläßt.

Die oben[2404]) gegebene Bestimmung der Voraussetzungen, unter denen eine Beweisantretung begründet ist, läßt die in der strafgerichtlichen Praxis[2405]) übliche Ablehnung von Beweisanträgen, weil die zu be-

---

[2399]) Vgl. statt aller FRANK, Nr. II 1a zu § 263 StGB.

[2399a]) Im Ergebnis übereinstimmend STEIN, Grdr. § 91 I, wenn er sagt, jede Beweisantretung enthalte die „(stillschweigende) Behauptung, daß das Beweismittel Beweiswert dafür besitze", m. a. W. die Mitteilung eines bloßen Werturteils!

[2400]) Vgl. oben zu Anm. 2193.

[2401]) LÖWE-ROSENBERG, Nr. 10b zu § 244 (243); dazu noch unten zu Anm. 2404.

[2402]) So mit Recht RGESt. I 52.

[2403]) Vgl. oben zu Anm. 2184a und in Anm. 2192a.

[2404]) Zu Anm. 2390.

[2405]) Vgl. RGESt. XXXIX 231; XLVI 279; XLIX 45; oben zu Anm. 2401.

weisende Tatsache als wahr unterstellt wird, außer Betracht. Unter einer solchen Unterstellung verbirgt sich häufig die Annahme, daß die unter Beweis gestellte Tatsache unerheblich ist. Insoweit dies aber nicht der Fall ist, erscheint die Unterstellung, selbst wenn sie — wie tatsächlich — nur zugunsten des Beschuldigten erfolgt, unstatthaft. Sie läuft darauf hinaus, daß der Strafrichter zwischen sich und dem Beschuldigten eine Art von Verhandlungsgrundsatz aufstellt, dem zufolge er eine Schutzbehauptung des Beschuldigten als wahr gelten lassen will. Ein solcher Standpunkt verträgt sich indessen weder mit der prozessualen Stellung des Richters im allgemeinen, noch mit der strafprozessualen Herrschaft des Untersuchungsgrundsatzes im besonderen. Mit Recht hat deshalb die Begründung zu § 232 Entw. StPO. v. 1909 (S. 159) die Ablehnbarkeit eines Beweisantrages, weil die zu beweisende Tatsache als wahr unterstellt werde, ausdrücklich reprobiert. Einer Berücksichtigung bedarf auch nicht die in der zivilgerichtlichen Praxis[2406]) zugelassene Ablehnung einer Beweisantretung, weil das Gericht unter Angabe der Gründe feststellt, daß das angebotene Beweismittel, welches auch immer das Ergebnis der Beweisaufnahme sein möge, die schon gewonnene richterliche Überzeugung nicht zu erschüttern vermöge. Vielmehr wird dieser Fall durch das Erfordernis der „Geeignetheit" des angebotenen Beweismittels gedeckt. Ungeeignet ist freilich ein Beweismittel nicht schon dann, wenn seine Tauglichkeit zum Nachweis des Beweisthemas nicht wahrscheinlich oder selbst unwahrscheinlich[2407]) ist, sondern eben wirklich nur dann, wenn seine Untauglichkeit zum Nachweis des Beweisthemas gewiß ist[2408]).

Im Zivilprozeß wird einer begründeten Beweisantretung durch Beweisbeschluß oder formlose Beweisanordnung[2409]), einem in der strafprozessualen Hauptverhandlung gestellten Beweisantrag oder vorgebrachten Beweiserbieten wird immer durch Beschluß stattgegeben. Die Bejahung der Begründetheit der Beweisantretung bedarf einer Begründung in der Entscheidung, welche den angetretenen Beweis zur Beweisaufnahme zuläßt, überhaupt nicht[2410]), in den Entscheidungsgründen des Zivilurteils nur in bezug auf die Beweisbedürftigkeit des Beweis-

---

[2406]) RGEZ. XV 336; Stein, Nr. III 2 zu § 286. Von den bei Stein, Anm. 22, noch angeführten RG.Entscheidungen lehnt EZ. II 385 die Beweisantretung wegen Offenkundigkeit des Gegenteils der zu beweisenden Tatsachen ab. Das U. des I. ZS. v. 6. April 1881 (EZ. IV 86) verletzt aber den vom III. ZS. in dem U. v. 21. März 1881 (EZ. IV 377ff.) und auch sonst (z. B. EZ. XV 336) vom RG. aufgestellten Satz, daß eine Beweisantretung nicht deshalb abgelehnt werden dürfe, weil es unwahrscheinlich sei, daß der Zeuge so aussagen werde, wie der Beweisführer in Aussicht stellt. Bedenklich auch RGESt. LII 178.

[2407]) Vgl. vorige Anm. a. E.

[2408]) RGESt. XXXI 139/40; XLVI 385; XLVII 105; XLVIII 85; LII 179. Abweichungen gelten in den Fällen der §§ 287, 446 ZPO.; vgl. oben Anm. 2344b, 2385.

[2409]) Wann die eine oder andere Form Platz greift, bleibe hier dahingestellt; vgl. dazu Stein, zu § 358 ZPO.

[2410]) Vgl. schon oben vor Anm. 2263; ferner Löwe-Rosenberg, Nr. 7b zu § 244 (243).

themas. Die Ablehnung einer unbegründeten Beweisantretung erfolgt im Zivilprozeß in den Urteilsgründen, im Strafprozeß, sofern der Beweisantrag oder das Beweiserbieten in der Hauptverhandlung vorgebracht sind, regelmäßig durch begründeten Beschluß[2411]). Doch ist im Strafprozeß die Ablehnung der unbegründeten Beweisantretung[2412]) grundsätzlich ausgeschlossen, wenn das Beweismittel im Sinne des § 245 I S. 1 StPO. als „herbeigeschafft" anzusehen ist.

2a) Eine Beweisvorführung ist zulässig, wenn sie zur Beweisaufnahme und Beweiswürdigung zugelassen werden kann, m. a. W. wenn sie benutzbar ist[2413]). Die Zulassung einer Beweisvorführung zur Beweisaufnahme kann, nachdem einmal die Beweisantretung zugelassen und für begründet befunden, m. a. W. der angetretene Beweis zur Beweisaufnahme zugelassen worden ist, immer noch durch ihr Verpassen oder ihre Versäumung in Frage gestellt werden (so in §§ 356, 364 III, 367 II, 379 II, 431 II ZPO.). Weiter aber kann, insoweit die Beweisaufnahme nicht vor dem erkennenden Gericht stattgefunden hat und das darüber aufgenommene Protokoll noch der Verlesung oder des Vortrages bedarf, die Zulassung zu diesem die Beweisvorführung und Beweisaufnahme erst konsumierenden Akt dadurch in Frage gestellt werden, daß die „Beweisverhandlung" an einem Formmangel leidet. So hat z. B. das Reichsgericht die Verlesung einer Zeugenaussage für unzulässig erklärt, die vor einem kraft Gesetzes ausgeschlossenen Richter abgegeben worden war (RGESt. XXX 72); ebenso die Verlesung der Aussage eines nicht über sein Zeugnisverweigerungsrecht belehrten Zeugen (RGESt. XX 187; XXXII 74; XLVIII 359); nach §§ 364 IV, 493 II ZPO. kann der Vortrag (§ 285 II ZPO.) einer Beweisverhandlung deshalb unzulässig sein, weil der Beweisführer den Gegner nicht rechtzeitig davon benachrichtigt oder dazu geladen hat. Die Zulassung einer vollständig aufgenommenen Beweisvorführung zur Beweiswürdigung kann gleichfalls wegen ihres Formmangels (z. B. Vornahme während Unterbrechung des Verfahrens)[2413a]) oder wegen ihres Verstoßes gegen den Unmittelbarkeitsgrundsatz, ein Beweishindernis, eine negative Beweisregel oder die Grundsätze über den Eidesbeweis[2414]) ausgeschlossen sein.

Über die Zulassung einer Beweisvorführung zur Beweisaufnahme wird grundsätzlich in denselben Formen entschieden, wie über die Zulassung einer Beweisantretung[2415]). Über die Zulassung einer vollständig aufgenommenen Beweisvorführung zur Beweiswürdigung wird immer in den Gründen der auf dem Beweisverfahren beruhenden

---

2411) Vgl. oben zu Anm. 2387/8.

2412) Vgl. dazu oben zu Anm. 2283a und in Anm. 2389.

2413) Das Gesetz spricht von „Benutzbarkeit" eines „Beweismittels" oder einer „Beweisverhandlung" in §§ 356, 364 III, IV, 493 ZPO. im Sinne einer Benutzbarkeit durch die Partei, m. a. W. im Sinne einer Zulassung zur Beweisaufnahme.

2413a) Vgl. oben zu Anm. 1913a, unten Anm. 2707.

2414) Vgl. oben zu Anm. 2381—2385.

2415) Vgl. oben hinter Anm. 2385.

Endentscheidung, also regelmäßig in den Urteilsgründen entschieden. Die Zurückweisung der Benutzbarkeit einer aufgenommenen Beweisvorführung ist stets, ihre Benutzung nur dann zu begründen, wenn die Benutzbarkeit von Amts wegen zu prüfen[2416]) und zweifelhaft oder wenn sie bestritten ist.

2b) Eine Beweisvorführung ist begründet, d. h. inhaltlich geeignet, die von der Partei erstrebte Entscheidung zu erwirken, wenn sie überzeugend ist, d. i. wenn das vorgeführte Beweismittel für das Thema, zu dessen Beweis es bestimmt ist, materielle Beweiskraft hat[2417]). Mit der Überzeugungs- oder, wie man gerade so gut sagen kann, Beweiskraft der Beweisvorführung ist die zweite Voraussetzung der Begründetheit der Beweisführung erfüllt, welche der Rechtfertigung der Anträge und der Wahrheit oder Wahrheitsgeltung der Behauptungen entspricht[2418]). Über die Beweiskraft einer Beweisvorführung wird grundsätzlich in den Entscheidungsgründen entschieden. Im Zivilprozeß kann sie aber selbständiger Gegenstand eines zwischenstreitentscheidenden Zwischenurteils (§ 303 ZPO.) sein, wenn in dieser Form über eine Beweiseinrede, insbesondere die Einwendung gegen die formelle Beweiskraft einer Urkunde, entschieden wird.

b) Die Bewirkungshandlungen.

(§ 29.)

I. Die zweite Gruppe der Parteihandlungen sind die Bewirkungshandlungen. Sie unterscheiden sich von den Erwirkungshandlungen dadurch, daß sie nicht dazu bestimmt sind, durch psychische Einwirkung auf den Richter eine Entscheidung bestimmten Inhalts herbeizuführen[2419]). Andererseits unterscheiden sie sich von anderen Rechtshandlungen einmal dadurch, daß der von ihnen erzeugte Rechtserfolg eine Rechtslage, kein Rechtsverhältnis ist[2420]), sodann aber dadurch, daß sie diesen Rechtserfolg nur vermöge ihrer Zweckbeziehung zu bereits vorgenommenen oder noch vorzunehmenden Erwirkungshandlungen erzeugen[2421]). Daraus ergibt sich ein Doppeltes:

2416) Anders z. B. im Bereich des § 295 ZPO.

2417) Von Beweiskraft eines Beweismittels spricht man besonders beim Urkundenbeweis (§§ 415ff., 437ff. ZPO.). Auch die „Beweiserheblichkeit" in § 267 StGB. ist materielle Beweiskraft, freilich mit der Maßgabe, daß hier die Tatsache, für deren Beweis die Urkunde erheblich ist, nicht identisch mit der zu sein braucht, zu deren Beweis die Urkunde bestimmt ist (Ebermayer, StGB., Nr. 10 zu § 267); vgl. dazu noch unten zu Anm. 2712. Aber die materielle Beweiskraft ist nichts den Urkunden Eigentümliches. Nicht einmal die formelle Beweiskraft; man denke an die Notwendigkeit, daß die Personenidentität des Zeugen, Sachverständigen oder der den Eid leistenden Partei feststeht.

2418) Vgl. oben zu Anm. 2396. 2419) Vgl. oben zu Anm. 1860.

2420) Vgl. oben vor und hinter Anm. 1352, hinter Anm. 790a, 1372f und § 21 IV.

2421) Vgl. oben zu Anm. 1373c, 1908a. Zu den Bewirkungshandlungen gehören also einesteils auch die Klagezurücknahme (vgl. Walsmann, ZivArch. CII 15, 16), anderenteils auch solche Handlungen, die in Beziehung auf mögliche künftige Prozesse eine Rechtslage herbeiführen; vgl. oben Anm. 1858.

1. Zwar hängt der Rechtserfolg der Bewirkungshandlungen so wenig von ihrer Eignung zu Erreichung des tatsächlichen Erfolges, auf den sie gerichtet sind, ab, wie die Rechtswirkung sonstiger Rechtshandlungen[2422]). Immerhin nimmt die Rechtswirksamkeit der Bewirkungshandlungen die Erscheinungsform der Beachtlichkeit oder Unbeachtlichkeit[2423]) an. Und die Beachtlichkeit solcher Bewirkungshandlungen, die nicht gegenüber oder vor dem erkennenden Gericht vorgenommen werden[2423a]), ist, ebenso wie die Beachtlichkeit außerprozessualer Rechtshandlungen oder sonstiger juristischer Tatsachen, durch ihre prozeßordnungsgemäße Feststellung bedingt.

2. Aus der Zweckbeziehung, in der die Bewirkungshandlungen zu den Erwirkungshandlungen stehen, folgt, daß jene unbeachtlich werden, wenn es zu diesen nicht kommt[2423b]), und daß die Bewirkungshandlungen in letzter Linie garnicht selbst Bewertungsgegenstand, sondern nur bestimmender Umstand für die Bewertung der Erwirkungshandlungen, also für deren Zulässigkeit und Begründetheit sind[2424]).

II. Eine erschöpfende Aufzählung der Bewirkungshandlungen ist weder möglich noch nötig. Es dürften folgende Gruppen in Betracht kommen:

1. Willenserklärungen, d. s. Willensäußerungen, deren rechtliche Wirkung dem Inhalt des geäußerten Willens entspricht. Dazu gehören:

a) Prozessuale Vereinbarungen, d. s. übereinstimmende gegenseitige Willenserklärungen der Parteien, die auf Regelung einer prozessualen Rechtslage gerichtet sind und sie kraft des Parteiwillens herbeiführen[2425]). Darunter fallen die Vereinbarung über die Zuständig-

---

[2422]) Vgl. darüber oben hinter Anm. 1874, 1877/8.

[2423]) Die prozessuale Übersetzung der materiellrechtlichen „Gültigkeit" („Wirksamkeit") oder „Ungültigkeit" („Unwirksamkeit", „Nichtigkeit") der Rechtshandlungen; vgl. oben zu Anm. 1912, 1912b.

[2423a]) Die gegenüber oder vor dem erkennenden Gericht vorgenommenen Bewirkungshandlungen sind nicht beweisbedürftig. In dieser Beschränkung ist der oben, zu Anm. 2290, abgelehnten gemeinrechtlichen Lehre (Wetzell, 187ff., 523ff.), daß richterliche Wahrnehmung und Beweis Gegensätze seien, zuzustimmen.

[2423b]) So insbesondere Klagverzicht und Klaganerkenntnis, wenn kein Verzichts- oder Anerkenntnisurteil (§§ 306/7 ZPO.) beantragt wird. Daß dann des weiteren das Recht auf Verzichts- oder Anerkenntnisurteil entfällt, wenn es zu diesem nicht kommt, ergibt sich aus dem oben zu Anm. 1501a Gesagten. Übereinstimmend Hegler, 107ff.; Hellwig, Syst. I, § 149 IV 1, zu Anm. 41, dieser trotz seiner sich aus § 194 a. a. O. ergebenden singulären Ansicht.

[2424]) Vgl. schon oben zu Anm. 1963.

[2425]) So schon Hellwig, Syst. I, § 151 I. Der Text spricht, gleich Hellwig, von „Vereinbarungen", ohne damit hier etwas den „Verträgen" Entgegengesetztes bezeichnen zu wollen, mag auch das prozessuale Übereinkommen, anders als das privatrechtliche, nicht Rechtsverhältnisse, sondern Rechtslagen begründen. Jedenfalls schafft die prozessuale Parteivereinbarung weder objektives Recht noch einen sonstigen einheitlichen, von dem der Parteien unterschiedenen Willen. Über den von Binding, Gründung des nordd. Bundes, 69ff., aufgestellten Begriff der „Vereinbarung" vgl. insbesondere Triepel, VölkerR. u. LandesR., 42ff.; G. Jellinek, System, 208ff.; v. Tuhr, II 1, § 53 V. Seine Verwertbarkeit im Prozeßrecht behauptet Oetker, RheinZtschr. XII 233ff.

keit (§ 38 ZPO.), über die Art der Sicherheitsleistung (§ 108 ZPO.) oder die Abkürzung von Fristen (§ 224 I ZPO.), die Einigung über Sachverständige (§ 404 IV ZPO.)[2426]), der Prozeßvergleich (§§ 81, 83, 98, 160 Nr. 1, 794 Nr. 1 ZPO.; 41 II, 57 I, 76 III, 78 GewGG.; 16, 19 KaufmGG.; 91b II GewO.; 398, 490 I Entw.StPO. v. 1909; 374 IV, 384, 475 I Entw.-GRSt. v. 1919; Art. IV. Nr. 37, 51 Entw.Ges. z. Neuordnung der Strafgerichte v. 1923), der Sühnevergleich, d. i. der Vergleich im Verfahren über das Armenrechtsgesuch, im Güteverfahren, vor einer Gütestelle, Vergleichsbehörde oder im Eheverfahren vor dem Amtsgericht (§§ 118a, 495a I Nr. 1, 499g I Nr. 1, 794 Nr. 1, 608—611 ZPO.; 380 StPO.; 383 III, IV Entw.StPO. v. 1909; 370 III, IV Entw.GRSt. v. 1919; Art. IV Nr. 35 Entw.GNStg. v. 1923), der Zwangsvergleich (§§ 173ff. KO.; 33ff. VO. über die Geschäftsaufsicht zur Abwendung des Konkurses v. 14. Dez. 1916 i. d. Fass. v. 8. Febr. u. 14. Juni 1924), die Unterwerfung unter die Rechtskraft[2426a]) oder die sofortige Zwangsvollstreckung (§§ 794 Nr. 5, 799, 800 ZPO.), die Einigung über den Teilungsplan (§ 876 ZPO.), der Schiedsvertrag (§ 1025 ZPO.). Dagegen ist das Versprechen der Klagezurücknahme oder der vor Erlaß des Urteils erklärte Verzicht auf Rechtsmittel oder Einspruch prozessual unbeachtlich[2427]).

b) Einseitige Willenserklärungen.

α) Zurücknahme von Willenserklärungen [z. B. der Zustimmung zur Entscheidung ohne mündliche Verhandlung (§ 7 Entlast.-Bek.) oder durch den Einzelrichter (§ 349 III ZPO.) bis zur Erklärung des Einverständnisses des Gegners[2428])] und von Anträgen, wie der Klage [§§ 271 ZPO.[2429]); 391 I, 411 I StPO.], der Rechtsmittel (§§ 515, 566 ZPO.; 302/3 StPO.), des Einspruchs[2430]) (§§ 346 ZPO.; 411 I StPO.), des Widerspruches im Arrestprozeß[2430]) und Mahnverfahren[2431]), des Antrages auf Zuerkennung einer Buße (§ 404 II StPO.),

---

[2426]) Dagegen m. E. nicht die „Einigkeit" der Parteien über Eidesthema und Eidesnorm in § 450 ZPO., so wenig wie in § 461 I ZPO. Vielmehr handelt es sich hier um übereinstimmende Zustimmungserklärungen der Parteien zu der gerichtlichen Festsetzung von Eidesthema und Eidesnorm. So auch WALSMANN, ZivArch. CII 150; anders STEIN, Nr. I 1 zu § 450. Die Einverständniserklärung der Parteien entbindet denn auch den Richter von der Beachtung weder des — in § 450 ZPO. nicht erwähnten — § 447 ZPO., noch des § 453 II ZPO.; so auch STEIN, Nr. I zu § 447 bei Anm. 2, Nr. II zu § 453 bei Anm. 11; anders RGEZ. LIII 39; LXXIV 26; LXXVI 316/7. Auch in §§ 349 III, 377 IV ZPO., 7, 18 EntlastBek. i. d. Fass. v. 13. Mai 1924 liegt keine Vereinbarung vor; vgl. unten unter bγ.

[2426a]) Vgl. oben zu Anm. 1100a.

[2427]) Vgl. schon oben Anm. 1616; vor und hinter dieser Anm. weitere Fälle prozessual unbeachtlicher Vereinbarungen. Ganz unhaltbar auch der von H. LEHMANN, Prozeßvergleich, 64/5, als möglich hingestellte „Prozeßerledigungsvertrag"; vgl. ferner STEIN, Nr. V 7 vor § 128, zu Anm. 121. Daß indessen der Kreis der prozessual beachtlichen Vereinbarungen ein geschlossener sei (so HELLWIG, Prozeßhandlung, § 7 VI; Syst. I, § 151 zu Anm. 2), ist a. E. nicht erwiesen; vgl. z. B. oben zu Anm. 2426a und HELLWIG selbst unten in Anm. 2499a.

[2428]) Vgl. GOLDSCHMIDT, ZPO., Nr. 2 zu § 7 EntlastBek., Nr. 3b zu § 349 ZPO., und unten Anm. 2433a.

[2429]) Vgl. darüber oben hinter Anm. 1641a.

[2430]) Vgl. über diesen oben hinter Anm. 1989.

[2431]) Vgl. über diesen oben hinter Anm. 1997.

des Antrages auf gerichtliche Entscheidung (§§ 416 II, 422 III StPO.; 430 RAbgO.) usw.

β. Übernahme eines Prozesses (§§ 76/7, 265/6 ZPO.; 377 II, III, 393 III StPO.)[2432]) oder Beitritt zu einem Prozeß als Partei (§§ 856 II ZPO.; 375 II StPO.) oder als Nebenintervenient (§§ 66ff. ZPO.) oder als Nebenkläger (§§ 396, 427 StPO.).

γ) Zustimmung zu Handlungen des Gegners (§§ 264, 271 I, 436, 527, 529 IV, 566a II ZPO.; 302 I S. 2, 303 StPO.) oder eines Dritten (z. B. §§ 76 III, 265 II S. 2 ZPO.)[2432a]) oder zu Handlungen oder Unterlassungen des Gerichts (z. B. §§ 109 I, 360 S. 2, 3, 485 ZPO.; 266 I StPO.; 202 KO.), insbesondere im letzten Fall die übereinstimmende Zustimmung, das „Einverständnis" [z. B. §§ 349 III, 377 IV, 450, 461 I ZPO.[2433]); 7, 18 II S. 3 EntlastBek. i. d. Fass. v. 13. Mai 924; 245 I S. 2, auch 325 StPO.][2433a])[2433b]).

δ) Verzicht z. B. auf die Aussicht auf Berücksichtigung eines prozessualen Mangels oder auf das Recht, einen solchen Mangel zu rügen (§§ 295 I, 530, 558 ZPO.)[2434]), auf prozeßhindernde Einreden (§ 274 III ZPO.), auf die Beeidigung von Zeugen und Sachverständigen (§§ 391 II, 402 ZPO.)[2435]), auf Rechtsmittel (§§ 514, 566 ZPO.; 267 IV, 302 I S. 1 StPO.), auf den Einspruch (§§ 346 ZPO.; 409 II StPO.), auf die Wiedereinsetzung in den vorigen Stand (§§ 315 III, 342 III StPO.)[2435a]). Aber auch die Zustimmung (Einwilligung) des Beklagten zur Klagänderung (§ 264 ZPO.) ist nicht nur die Heilung der Unzulässigkeit der Klagänderung, sondern auch der Verzicht auf die Aussicht auf Zurückweisung

---

[2432]) Dagegen ist die Aufnahme eines Prozesses durch den Rechtsnachfolger (§ 239 ZPO.) die bloße Mitteilung des Willens eines bereits Partei Gewordenen, das Verfahren fortzusetzen (vgl. auch ZPO. § 241 I a. E.); so schon Hellwig, Prozeßhandlung, § 8 Anm. 4. Der „Eintritt" des Dritten in den Streit in § 75 ZPO. ist eine Hauptintervention, also die Erhebung einer Klage.

[2432a]) Als selbständige prozessuale Willenserklärung eines Dritten kommt die Zustimmung zur Prozeßführung — neben der unten zu Anm. 2440 aufgeführten Ermächtigung zur Prozeßführung — da in Betracht, wo die prozeßführende Partei auch ohne diese Zustimmung prozeßführungsberechtigt ist (wie in § 1380 BGB.), der Wille des Zustimmenden also nur auf Rechtskrafterstreckung gerichtet sein kann (RGEZ. LXXVII 35; XCII 155); vgl. oben zu Anm. 1100. In anderen Fällen ist die Rechtskrafterstreckung nur die unter Umständen ungewollte Folge der Ermächtigung zur Prozeßführung (RGEZ. LVI 76; XCII 156).

[2433]) Vgl. dazu schon oben Anm. 2426.

[2433a]) Das „Einverständnis" ist eine Erklärung und kein „Zustand", wie Volkmar, BeschlVO. Nr. 1 zu § 7 (23a), Nr. 3 zu § 18 (27a) EntlastBek. annimmt, um daraus die freie Widerruflichkeit des Einverständnisses im Falle des § 7 EntlastBek. bis zum Erlaß der Entscheidung zu folgern; vgl. schon Goldschmidt, ZPO., Nr. 2 zu § 7 EntlastBek.

[2433b]) Im Ergebnis auf ein „Einverständnis" läuft ein „übereinstimmender Antrag beider Parteien" (§§ 251 ZPO.; 18 I, 19 I EntlastBek.) hinaus; dazu unten Anm. 2474.

[2434]) Vgl. dazu schon oben Anm. 1601, hinter Anm. 1601a.

[2435]) Daß dagegen die §§ 399, 436 ZPO. trotz ihres Wortlauts keinen Fall des „Verzichts" betreffen, ist schon oben in Anm. 1601 festgestellt.

[2435a]) Über die Unbeachtlichkeit im voraus abgegebener Verzichtserklärungen vgl. oben hinter Anm. 1615.

der unzulässig abgeänderten Klage oder das Widerspruchsrecht[2436]), das Einverständnis der Parteien in das Absehen von der Erhebung einzelner Beweise (§ 245 I S. 2 StPO.) ist nicht nur die Rechtfertigung einer gerichtlichen Unterlassung, sondern auch der Verzicht auf die Aussicht auf Erhebung einzelner zur Hauptverhandlung herbeigeschaffter Beweise[2437]), die Zustimmung der Konkursgläubiger zur Einstellung des Konkursverfahrens (§ 202 KO.) ist der Verzicht auf die Aussicht auf Fortsetzung des Konkursverfahrens.

ε) Ermächtigung, z. B. Erteilung einer Prozeßvollmacht [§§ 80 ZPO.; 378[2438]), 424 II, 427 I StPO.] oder einer Vollmacht für einzelne Prozeßhandlungen (§ 83 II ZPO.) oder Bestellung eines Zustellungsbevollmächtigten (§ 174 ZPO.)[2439]) oder eines Bevollmächtigten für die Hauptverhandlung (§§ 234, 280, 350 I S. 2, 387 I, 411 II, 417 II, 431 III S. 1 StPO.) oder Ermächtigung zur Zurücknahme eines Rechtsmittels (§ 302 II StPO.) oder zur Prozeßführung im eigenen Namen[2440]) oder Bestellung eines Beistandes (§§ 90 ZPO., 378 StPO.), insbesondere Wahl eines Verteidigers (§§ 137, 387 I StPO.); ferner Genehmigung von Prozeßhandlungen, die ohne die erforderliche Ermächtigung oder ohne gesetzliche Vertretungsmacht oder von einem Prozeßunfähigen vorgenommen worden sind[2440a]).

Die vorstehend aufgeführten — zwei- und einseitigen — prozessualen Willenserklärungen sind im wesentlichen schon von Hellwig als „pro-

---

[2436]) Vgl. oben hinter Anm. 1601 a. [2437]) Vgl. oben zu Anm. 1601.

[2438]) Daß § 378 StPO. sich nicht nur auf die Hauptverhandlung (anders BayObLG. St. VIII 125 und Löwe-Rosenb., Nr. 1 zu § 378 [418], vgl. aber dens. S. 1 das.) bezieht, geht aus § 378 S. 2, sowie aus der gegensätzlichen Fassung des § 387 I hervor; vgl. nunmehr auch §§ 381 Entw. v. 1909, 368 Entw. v. 1919.

[2439]) Dagegen ist die „Ermächtigung" zur Vornahme der Zustellung oder zur Beauftragung mit der Zustellung (§ 167 I ZPO.) m. E. hier nicht aufzuführen, da sie, ebenso wie der Zustellungs-„Auftrag" (§§ 167, 168 ZPO.; 38 StPO.; 161 GVG.), ein Antrag, die Zustellung keine Parteihandlung, sondern ein Akt der Gerichtsbarkeit ist. In bezug auf die Zwangsvollstreckung und den „Auftrag" dazu (§§ 753—755, 766 II ZPO.) ist diese Auffassung durch RGVZ. v. 2. Juni 1913 (EZ. LXXXII 85ff.) festgelegt; sie trifft aber auch in bezug auf die Zustellung zu, für welche RG. (a. a. O., 95) die Frage nicht entscheidet. Folgewidrig Hellwig, nach dem zwar ebenfalls die Zustellung ein Akt der Gerichtsbarkeit ist (Lehrb. II 361; Syst. I, § 165 I), der aber dennoch den wissenschaftlichen Begriff einer „Ermächtigung" zur Zustellung aufstellt (Lehrb. II 362; Prozeßhandlung, § 8 I 5a zu Anm. 13; Syst. I, § 152 I 5a). Deshalb ist auch mit der in RGVZ. v. 2. Juni 1913 zum Ausdruck gekommenen Auffassung von der Rechtsstellung des Gerichtsvollziehers unvereinbar die in RGVZ. v. 3. Jan. 1887 (EZ. XVII 400) ausgesprochene Ansicht, daß der Zustellungsauftrag um deswillen dem Anwaltszwang nicht unterliege, „weil derselbe keine Prozeßhandlung", die Beauftragung des Gerichtsvollziehers vielmehr „ganz ebenso wie die Beauftragung eines Anwalts eine einseitige und interne Handlung der Partei" ist, „welche von ihr außerhalb des Prozesses vorgenommen wird zum Zwecke der Engagierung eines für die Führung ihres Prozesses notwendigen Organs". Diese Begründung ist auch sonst verfehlt, da die Erteilung einer Prozeßvollmacht eine Prozeßhandlung bleibt.

[2440]) Vgl. oben Anm. 1097/8, sowie zu Anm. 1677—1681.

[2440a]) Dagegen ist die „Genehmigung" des Protokolls (§§ 162 S. 2 ZPO., 273 III S. 2 StPO.) natürlich keine auf einen Rechtserfolg gerichtete Willenserklärung.

zessuale Rechtsgeschäfte" aus der Menge der Parteihandlungen ausgeschieden worden[2441]). HELLWIGS Lehre ist von STEIN[2442]) bekämpft worden. Indessen geht STEINS Polemik davon aus, daß auf dem Boden des Verhandlungsgrundsatzes die überwiegende Mehrzahl der Parteihandlungen rechtsgeschäftliche Willenserklärungen seien. Dieser Standpunkt ist aber bereits zurückgewiesen worden[2443]). Insbesondere tritt der Rechtserfolg der Erwirkungshandlungen, auch der Anträge, nicht kraft Parteiwillens ein. Dasselbe gilt von den Bewirkungshandlungen, soweit sie nicht zu den oben zusammengestellten Willenserklärungen gehören. Dagegen ist STEIN darin beizupflichten, daß die sonstigen Eigentümlichkeiten, welche HELLWIG für die von ihm aufgestellten „prozessualen Rechtsgeschäfte" beansprucht, nicht zutreffen. Als solche führt HELLWIG[2444]) einmal an, daß die „Prozeßrechtsgeschäfte" schlechthin unwirksam und deshalb bedeutungslos sind, wenn eines der Gültigkeitserfordernisse — nach HELLWIG: Zulässigkeit (der Art nach), Prozeßfähigkeit, Willenserklärung, Form — fehlt. Indessen sind die Bedingungen der Beachtlichkeit und die Folgen ihres Mangels für die prozessualen Willenserklärungen keine anderen als für andere Bewirkungshandlungen, also z. B. keine anderen für die Übernahme als für die Aufnahme eines Prozesses[2445]), für einen Beitritt als für die Streitverkündung (§ 72 ZPO.), für eine Zustimmung als für die Verweigerung der Einlassung (§§ 76, 271 IV ZPO.), für eine Ermächtigung oder Genehmigung als für einen Widerspruch (§ 297 StPO.). Und durch einen „paralysierenden Zusatz" — „ich will und will nicht"[2446]) — wird sogar eine Erwirkungshandlung unbeachtlich[2447]). Ebensowenig trifft die weitere von HELLWIG[2448]) für die „prozessualen Rechtsgeschäfte" beanspruchte Eigentümlichkeit zu, daß sie die als gewollt bezeichnete Wirkung kraft der Sanktion der Rechtsordnung *definitiv* herbeiführen und der Wirkung nur aus bestimmten Gründen wieder beraubt werden können. Denn nur aus bestimmten Gründen widerruflich sind auch andere Parteihandlungen, insbesondere das Geständnis (§ 290 ZPO.), und überdies ist die Unwiderruflichkeit gar kein wesentliches Merkmal der Rechtsgeschäfte (z. B. Vollmacht, Testament)[2449]). Als einzige Eigentümlichkeit der prozessualen Willenserklärungen könnte man anführen, daß die prozessualen

---

[2441]) Prozeßhandlung, §§ 6ff.; Syst. I, §§ 150ff. ROSENBERG, Stellvertr., 90, erkennt nur den „Verzicht" als „Prozeßrechtsgeschäft" an.

[2442]) Z. XLI 417ff.; Nr. IV 4 vor § 128.

[2443]) Vgl. insbesondere oben hinter Anm. 1861, 1978, 2197.

[2444]) Prozeßhandlung, § 6 II 3; Syst. I, § 150 III.

[2445]) Vgl. oben zu und in Anm. 2432.

[2446]) Vgl. HELLWIG, Prozeßhandlung, § 6 Anm. 5a; Syst. I, § 150 zu Anm. 5.

[2447]) Vgl. oben Anm. 1917a, auch zu Anm. 2233, unten zu Anm. 2467. Wenn aber HELLWIG, Syst. I, § 148 II 2 zu und in Anm. 7, das Beispiel bildet, dem Geständnis werde der Zusatz beigefügt, man wolle seine Rechtswirkung ausschließen, so ist das überhaupt kein Zusatz, der den Geständniswillen „paralysiert"; vgl. oben zu Anm. 1618b.

[2448]) Prozeßhandlung, § 6 II 3; Syst. I, § 150 III.

[2449]) Dies hat schon STEIN, Z. XLI 426; Anm. 71 vor § 128, HELLWIG entgegengehalten. Schwach HELLWIGS Erwiderung, Syst. I, § 150 I.

Vereinbarungen von einer Bedingung, umgekehrt die einseitigen prozessualen Willenserklärungen nicht einmal von der Bedingung einer bestimmten Gestaltung der Prozeßlage abhängig gemacht werden können [2449a]). Gerade die Bedingbarkeit der prozessualen Vereinbarungen, die Bedingungsfeindlichkeit der einseitigen prozessualen Willenserklärungen hebt zwar auch HELLWIG gelegentlich hervor[2449b]) ohne sie aber als eine Eigentümlichkeit der „prozessualen Rechtsgeschäfte" anzuführen. Tatsächlich gelten für die prozessualen Willenserklärungen grundsätzlich keine anderen Rechtsregeln als für die anderen Bewirkungs- und in gewisser Richtung als für die anderen Parteihandlungen überhaupt. Dies erkennt auch HELLWIG an, indem sich seine Untersuchungen über Bedingung und Willensmängel auf alle Parteihandlungen erstrecken[2450]). Selbst das den prozessualen Willenserklärungen eigentümliche Erfordernis des Wirkungswillens wird praktisch da unerheblich, wo der Zustimmung oder dem Verzicht das Verpassen des Rügerechts gleichsteht[2451]). Die Gruppe der prozessualen Willenserklärungen — die man übrigens „Prozeßrechtsgeschäfte" nur nennen darf, wenn man außer Ansatz läßt, daß sie eine Rechtslage und kein Rechtsverhältnis begründen und auch dies nur vermöge ihrer Zweckbeziehung zu bereits vorgenommenen oder noch vorzunehmenden Erwirkungshandlungen[2452]) — hat innerhalb der Partei-, insbesondere der Bewirkungshandlungen, wie schließlich sogar die Rechtsgeschäfte des bürgerlichen Rechts innerhalb der Rechtshandlungen, mehr systematische als dogmatische Bedeutung.

2. Willensmitteilungen. Dazu gehören einmal Aufforderungen an den Gegner oder an Dritte, wie vor allem die Ladung (§§ 63, 76, 214ff., 239, 244, 246, 253, 335, 337, 491, 493, 856 III ZPO.; 220 StPO.), die Aufforderung zur Anwaltsbestellung (§§ 215, 244 II S. 1 ZPO.), zur Mitteilung von Einwendungen und Beweismitteln (§ 253 III Nr. 1 ZPO.), zur Bestellung eines Schiedsrichters (§§ 1029/31 ZPO.), zur Niederlegung von Urkunden (§ 134 ZPO.), zur Einreichung der Kostenberechnung (§ 106 ZPO.), das Verlangen nach Erteilung einer Beschei-

---

2449a) Vgl. unten zu Anm. 2603, 2607.

2449b) Prozeßhandlung, § 8 II 1, § 9 IV; Syst. I, §§ 151 III, 152 III.

2450) Prozeßhandlung, §§ 9, 10. Vgl. schon STEIN, Z. XLI 426; Anm. 72 vor § 128.

2451) Vgl. oben zu Anm. 1603a; schon HELLWIG, Prozeßhandlung, §§ 6 II a. E., 10 IV 1 a. E. RGEZ. XXXVI 250 bezeichnet freilich das „Nichtverhandeln" als „Willenserklärung". Wo ausnahmsweise ein vorsätzliches Verpassen oder eine vorsätzliche Versäumung erfordert wird — in §§ 455, 510 ZPO. (vgl. schon oben Anm. 1817b) oder in den Anfechtungsvorschriften der KO. oder des Anfechtungsgesetzes —, handelt es sich um eine „Willensmitteilung" (s. unter Nr. 2) oder eine „Rechtshandlung". Nur im Falle des § 504 II ZPO. könnte die vorsätzliche Unterlassung der Rüge der Unzuständigkeit als „Willenserklärung" (Verzicht auf das Rügerecht) angesehen werden. Doch ist gerade hier der Eintritt der Folge des Verpassens oder der Versäumung unabhängig von dem Nachweis, daß diese vorsätzlich geschehen sind; vgl. STEIN, Nr. II. a. E. zu § 504.

2452) Auch hierauf weist im Ergebnis bereits STEIN, Z. XLI 426, hin; vgl. übrigens HELLWIG selbst, Prozeßhandlung, § 6 III Abs. 2.

nigung über die Zustellung (§ 198 II S. 2 ZPO.); ferner Äußerungen über eigenes Tun oder Unterlassen, so die Aufnahme des Verfahrens (§§ 239, 240, 242/3 ZPO.)[2453]), die Anzeige der Absicht, das Verfahren fortzusetzen (§§ 241 I, 243 ZPO.), die Mitteilung der Anträge, welche die Partei in der Gerichtssitzung zu stellen beabsichtigt, und die Bezeichnung der Beweismittel, welcher sich die Partei bedienen will (§ 130 Nr. 2, 5 ZPO.), die Angabe derjenigen neuen Tatsachen, Beweismittel und Beweiseinreden, welche die Partei geltend zu machen beabsichtigt, in der Berufungsbegründung (§ 519 III Nr. 2 ZPO.), das Erbieten, Einsicht in Urkunden zu gewähren (§ 131 III ZPO.), die Erklärung der Partei, selbst einen Gerichtsvollzieher mit der Zustellung beauftragen zu wollen (§§ 168, 508 I, 699 I S. 5 ZPO.), die Erklärung, eine Tatsache oder einen Anspruch nicht behaupten oder nicht bestreiten oder ihre Behauptung oder Bestreitung zurücknehmen zu wollen oder eine Tatsache zugestehen oder einen Anspruch anerkennen oder darauf verzichten zu wollen, m. a. W. gegebenenfalls Geständnis — einschließlich Urkundenanerkenntnis —, Klaganerkenntnis und Klagverzicht[2454]), ferner die Eidesannahme (§ 452 ZPO.), der Widerruf der Eideszuschiebung, der Antretung des Zeugen- oder Urkundenbeweises (§§ 399, 436 ZPO.)[2455]), der Eideszurückschiebung, der Eidesannahme (§ 458 ZPO.), der Verweigerung der Eidesannahme (§ 531 ZPO.) und der Eidesleistung[2456]); Weigerungen, z. B. der Einlassung (§§ 76, 271 IV ZPO.)[2457]), der Annahme der Zustellung (§ 180 II ZPO.), der Eidesannahme (arg. § 452 II ZPO.) und der Eidesleistung (§ 464 II ZPO.); der Widerspruch des Beschuldigten gegen die Rechtsmitteleinlegung des Verteidigers (§ 297 StPO.) oder gegen den staatsanwaltschaftlichen Antrag auf Entscheidung durch den Amtsrichter allein, wenn es sich um ein Verbrechen handelt (§ 26 II GVG.), die Erlassung (§ 464 I ZPO.), aber auch die Leistung (§ 463 ZPO.)[2458]) des Eides.

3. Vorstellungsmitteilungen. Hierher gehören: die Streitverkündung (§§ 72, 75 ZPO.), die Benennung des mittelbaren Besitzers an

[2453]) Vgl. oben Anm. 2432.

[2454]) Vgl. darüber oben Anm. 1619, zu Anm. 1620—1622, 1640—1641a, 2228—2230, 2236—2241. Dagegen ist der Widerruf eines Geständnisses und — sofern man ihn für zulässig hält (vgl. oben Anm. 1629) — eines Klaganerkenntnisses oder Klagverzichts eine Erwirkungshandlung (vgl. oben zu Anm. 2241).

[2455]) Vgl. dazu oben Anm. 1601, 2435.

[2456]) RGEZ. LXIX 311ff., dem aber darin nicht zuzustimmen ist, daß der Widerruf der Eidesleistung eine „rechtsgeschäftliche Willenserklärung" sei, „wodurch der Widerrufende Rechte, die ihm auf dem Gebiet des Prozeßrechtes erwachsen sind, aufgibt und ferner Rechtsnachteile auf sich nimmt" (a. a. O., 315; vgl. auch RGEZ. C 283). Auf diese — in der Tat mit dem Widerruf verbundenen — Rechtswirkungen braucht der Wille des Widerrufenden nicht gerichtet zu sein. Dies wird auch nicht anders, wenn man mit RGEZ. C 283 annimmt, daß der Widerruf der Eidesleistung nur zuungunsten des Widerrufenden wirkt. Es gilt hier Entsprechendes wie für die Zurücknahme von Behauptungen; vgl. oben Anm. 1619, 1656.

[2457]) Vgl. oben zu Anm. 2010—2012.

[2458]) Vgl. darüber oben Anm. 2298a a. E.

den Kläger (§ 76 ZPO.), die Anzeige des Erlöschens der Vollmacht oder der Bestellung eines anderen Anwalts (§ 87 I ZPO.), die Benennung des Zustellungsbevollmächtigten (§ 175 ZPO.), die Anzeige des neuen gesetzlichen Vertreters oder des neuen Anwalts von seiner Bestellung (§§ 241, 243, 244 ZPO.), die Bezeichnung von Urkunden (§ 131 III ZPO.) und die Benachrichtigung des Gegners von der Niederlegung von Urkunden (§ 134 I ZPO.), die Empfangsbescheinigung (§ 135 I ZPO.), das Empfangsbekenntnis (§§ 198 II S. 1, 212a ZPO.) und die Bescheinigung über die Zustellung (§ 198 II S. 2 ZPO.) des Anwalts, sowie das Empfangsbekenntnis über die die Zustellung ersetzende Mitteilung im Güteverfahren (§ 496 I S. 2 Halbs. 2 ZPO.), die Benachrichtigung des Gegners vom Beweistermin (§ 364 IV ZPO.), die Anzeige der Wahl eines Verteidigers (§ 218 StPO.), die Namhaftmachung ihres Vertreters durch die Verwaltungsbehörde (§ 424 II StPO.), die Namhaftmachung nachträglich geladener Zeugen oder Sachverständigen (§ 222 StPO.), schließlich auch die Parteiaussage im Bereich des Untersuchungsgrundsatzes[2459]) und möglicherweise das ungünstige Parteivorbringen[2460]), insbesondere die Erklärung, eine Tatsache oder einen Anspruch nicht behaupten oder bestreiten zu können oder ihre Behauptung oder Bestreitung zurücknehmen oder eine Tatsache zugestehen oder einen Anspruch anerkennen oder darauf verzichten zu müssen[2461]).

4. Realakte. Hierher gehören die Beifügung (§ 131 ZPO.), Niederlegung (§§ 134, 364 III ZPO.), Mitteilung (§ 135 ZPO.) oder Vorlegung (§§ 142/3, 364 II, 420—423 ZPO.) von Urkunden[2462]), die Beibringung einer Urkundenabschrift (§ 427 S. 1 ZPO.), die Vorlegung von Vergleichungsschriften (§ 441 ZPO.), die Einreichung von Schriftsätzen (§§ 133 II, 496 II ZPO.) und Ladungen (§ 216 I ZPO.), die Niederlegung von Abschriften vorbereitender Schriftsätze (§ 133 I ZPO.), die Abgabe der Vollmachtsurkunde zu den Gerichtsakten (§ 80 I ZPO.), die Zustellung von Anwalt zu Anwalt (§ 198 I ZPO.), die formlose Mitteilung von Schriftsätzen (§§ 73 II, 496 IV ZPO.), die Beseitigung oder Untauglichmachung von Urkunden (§ 444 ZPO.)[2463]), die Herbeischaffung von

---

2459) Vgl. oben zu Anm. 2296. Zu beachten ist freilich, daß diese Parteiaussage, ebenso wie die oben hinter Anm. 2454 bis zu Anm. 2458 erwähnten Eideserklärungen (mit Ausnahme des vor Anm. 2455 erwähnten Widerrufs der Beweisantretung durch Eideszuschiebung und in gewissem Sinn auch des hinter Anm. 2455 erwähnten Widerrufs der Eideszurückschiebung), Beweismittel sind; vgl. auch oben zu Anm. 2322a. Anders dagegen und überhaupt nicht in diesen Zusammenhang gehörig die von STEIN als Beweismittel bezeichneten Parteierklärungen in den oben zu Anm. 2207—2208 erwähnten Fällen. Sie sind Behauptungen, also Erwirkungshandlungen; vgl. zu Anm. 629b. Regelmäßig Erwirkungshandlung, und zwar je nachdem Behauptung oder Beweisvorführung, ist auch der von STEIN, Z. XLI 423; Nr. IV 3 vor § 128 hinter Anm. 67, in diesem Zusammenhang aufgeführte Vortrag des Ergebnisses des bisherigen Verfahrens in §§ 285 II, 526, 669; vgl. schon oben Anm. 2046.

2460) Vgl. oben § 27 I 5.

2461) Vgl. oben zu Anm. 1619, 1640, auch in Anm. 1620, zu Anm. 2210—2212.

2462) Vgl. oben zu Anm. 2274, 2281.

2463) Vgl. oben Anm. 673. Ob und inwieweit diese Handlung vom materiellrechtlichen Standpunkt aus eine unerlaubte ist, ist für die prozessuale Betrach-

Beweismitteln (§ 245 I S. 1 StPO.)[2464]), die Bestellung einer Sicherheit (§§ 108ff. ZPO.; 117ff., 379 StPO.), die Hinterlegung des Betrages der streitigen Forderung (§ 75 ZPO.), die Kostenerstattung (§§ 91ff. ZPO.), die bare Darbietung der gesetzlichen Entschädigung für Reisekosten und Versäumnis (§ 220 II StPO.), die Zahlung oder Hinterlegung von Auslagen und Gebühren (§§ 379, 519 VI, 554 VII ZPO.; 220 II StPO.; 74 II, III, 74a, 83 III, 84 I S. 2, 85 V GKG.)[2464a]).

c) Willensmängel und Willenshemmungen bei Erwirkungs- und Bewirkungshandlungen.

(§ 30.)

I. Handlungen, die nicht einmal den „Schein" von Erwirkungshandlungen erzeugen, sind „unbeachtlich"[2465]). Daraus folgt, daß unbeachtlich Anträge, Behauptungen, Beweisantretungen sind, die als nicht ernstlich gemeint offensichtlich sind. Es genügt also weder der Mangel der Ernstlichkeit, noch auch seine Erkenntnis durch den Richter[2466]), vielmehr bedarf es der Offensichtlichkeit. Hierher gehören Anträge, die durch einen Zusatz „paralysiert" werden[2467]), oder die in offenem Widerspruch zu ihrer Begründung stehen[2468]); ferner Behauptungen der Wahrheit einer Tatsache, der Begründetheit eines Anspruches mit dem Hinzufügen, sie aber doch nicht behaupten zu wollen, oder umgekehrt Bestreiten einer Tatsache oder eines Anspruches mit dem Hinzufügen, sie aber doch zugestehen, anerkennen, nicht bestreiten zu wollen[2469]). Von dem Fall der Offensichtlichkeit des Mangels der Ernstlichkeit abgesehen, sind nicht ernstlich gemeinte Erwirkungshandlungen, und zwar gleichgültig, ob die Partei in Täuschungsabsicht (sog. Mentalreservation, § 116 BGB.) oder in der Erwartung handelt, der Mangel der Ernstlichkeit werde nicht verkannt werden (§ 118 BGB.), ob der Gegner im Einverständnis ist (sog. Simulation, § 117 BGB.) oder den Mangel der Ernstlichkeit wenigstens erkennt (§ 116 S. 2 BGB.), oder ob er ihn nicht erkennt, sofern nur der Richter den Mangel der Ernstlichkeit prozeßordnungsgemäß feststellt, unzulässig. Unter diesem Gesichtspunkt sind Ablehnungsgesuche[2470]) und Beweisantretungen (Beweisanträge)[2471]), die nur in Verschleppungsabsicht, also nicht ernst-

---

tungsweise gleichgültig; vgl. oben § 21 III, insbesondere Anm. 1508 und von Anm. 1516 ab.

[2464]) Vgl. oben Anm. 2275, zu Anm. 2283a.

[2464a]) Daß die letztgenannten prozessualen Realakte zugleich den Tatbestand eines privat- oder öffentlichrechtlichen Rechtsgeschäfts erfüllen, kann hier außer Betracht bleiben.

[2465]) Vgl. oben zu Anm. 1915.

[2466]) Anders SAUER, 464; vgl. schon oben zu Anm. 1886.

[2467]) Vgl. oben zu und in Anm. 1917a und zu Anm. 1952, 2446/7.

[2468]) Vgl. oben zu und in Anm. 1917b und zu Anm. 1953. Die oben in Anm. 1917b angeführte RG.Entsch. v. 17. Juni 1896 erfordert für diesen Fall Abweisung als unzulässig.

[2469]) Vgl. oben zu Anm. 2228—2234. [2470]) Vgl. oben Anm. 2157a.

[2471]) Vgl. oben Anm. 2380a, schon zu Anm. 2161.

lich vorgebracht sind, als unzulässig zu verwerfen[2472]). Ebenso ist eine im Einverständnis mit dem Gegner nur zum Schein erhobene Klage als unzulässig zurückzuweisen[2473]). Daß das gleiche Schicksal die Klage eines Partei- oder Prozeßunfähigen trifft, folgt aus dem Gesetz (§§ 56, 274 II Nr. 7 ZPO.).

Ist die Erwirkungshandlung einer Partei in den Fällen bewußter Nichtübereinstimmung von Wille und Erklärung bei Offensichtlichkeit unbeachtlich, sonst, ebenso wie die Erwirkungshandlung einer willensunfähigen Partei als unzulässig zurückweisbar (verwerflich), so greift in den Fällen nicht bewußter Nichtübereinstimmung von Wille und Erklärung, m. a. W. in den Fällen des Irrtums die grundsätzliche allgemeine Widerruflichkeit und Abänderlichkeit der Erwirkungshandlungen durch[2473a]). Anträge, Behauptungen und Beweisantretungen sind regelmäßig frei widerruflich und abänderlich (§§ 85 S. 2, 90 II, 268, 469, auch 278 I, 529 I ZPO.; 246 I, 323 III StPO.). Ja, nach § 139 ZPO. hat das Gericht auf „vollständige Erklärung über alle erheblichen Tatsachen" und auf „Stellung der sachdienlichen Anträge", insbesondere auch auf „Ergänzung ungenügender Angaben der geltend gemachten Tatsachen" und auf „Bezeichnung der Beweismittel", hinzuwirken. Soweit indessen die Widerruflichkeit oder Abänderlichkeit der Erwirkungshandlungen eingeschränkt ist, wie die Zurücknehmbarkeit der Klage (§ 271 I ZPO.), Anklage (§ 156 StPO.), der Rechtsmittel (§§ 515 I, 566 ZPO.; 302 I S. 2, 303 StPO.) und Beweisantretungen (§§ 399, 436, auch 458 ZPO.) oder die Abänderlichkeit der Klage (§§ 264, 527 ZPO.), oder, soweit ihre Ein-

[2472]) Unrichtig SAUER, 463, von seinem zu engen Ausgangspunkt aus, daß der Mangel der Ernstlichkeit immer nur Unwirksamkeit, d. i. Unbeachtlichkeit nach sich ziehen könne. Wenn § 127 MilStGO. und § 20 II Entw. StPO. v. 1909 — vgl. schon oben Anm. 2157a — die Verwerfung eines Ablehnungsgesuchs als unzulässig nur bei „offenbarer" Verschleppungsabsicht vorsehen, so ist diese „Offenbarkeit" nicht mehr als zweifelsfreie Feststellung (so auch RGESt. XXX 277; RG. in GA. LXV 540), aber nicht das oben als Voraussetzung der „Unbeachtlichkeit" aufgestellte Erfordernis, daß der Mangel der Ernstlichkeit aus dem Antrage selbst offensichtlich erkennbar ist.

[2473]) Vgl. die Fälle in RGEZ. XXXVI 249, XLVI 338, LI 175; schon oben Anm. 1936, 1955. Daß der Mangel der Ernstlichkeit aus außerhalb der Klage liegenden Umständen geschlossen werden muß (STEIN, Nr. IV 3 vor § 128, zu Anm. 89), steht nur der „Unbeachtlichkeit" der Klage entgegen. Daß das Einverständnis mit der Scheinerklärung beim Gericht nicht vorhanden gewesen ist (STEIN, a. a. O., zu Anm. 90; HELLWIG, Syst. I, § 153 III zu Anm. 4), könnte nur der Nichtigkeit (Unbeachtlichkeit) des auf die Scheinklage ergangenen Judikats entgegengehalten werden (vgl. unten Anm. 2675). Würde aber der Richter in Kenntnis der Scheinnatur der Klage auf dieselbe ein Sachurteil erlassen, so würde er sein, von STEIN (a. a. O. und Nr. VIII 2 zu § 322) mit Recht als praktisch undenkbar bezeichnetes Einverständnis mit der Scheinklage erklären.

[2473a]) Die von WALSMANN, ZivArch. CII 1 ff., insbesondere 90/2, 210 ff., durchgeführte grundsätzliche analoge Anwendung der Anfechtungsvorschriften des BGB. hat keinen Beifall gefunden; gegen sie bes. HELLWIG, Prozeßhandlung, § 10 Anm. 5. Für die hier so genannten Erwirkungshandlungen verneint WALSMANN selbst die Anfechtbarkeit, teils weil ihre freie Widerruflichkeit das praktische Bedürfnis nach einer Anfechtbarkeit ausschließe, teils weil die durch sie begründeten „tatsächlichen Folgen" sich durch eine „bloße Gedankenoperation" nicht „aus der Welt schaffen" ließen (83).

schränkung sich aus „prozessualischer Überholung"[2473b]) ergibt[2474]), findet der Irrtum keine Berücksichtigung[2474a]). Eine Ausnahme ergibt sich aus §§ 580, 582 ZPO., in Verbindung mit § 463 II ZPO. In allen Fällen nämlich, in denen die Partei gegen ein rechtskräftiges Urteil mit der Restitutionsklage vorgehen könnte, kann sie schon im Prozesse selbst unwiderrufliche oder unabänderliche, für das Urteil möglicherweise ursächliche Erwirkungshandlungen widerrufen oder abändern[2475]). So könnte z. B. die Auffindung eines Urteils oder einer Urkunde gemäß § 580 Nr. 7 ZPO. der Partei Anlaß zur Änderung der Klage geben. Hier fände also unter Umständen sogar der Irrtum im Motiv Berücksichtigung[2475a]).

Was für den Irrtum gilt, gilt für arglistige Täuschung und Drohung. Hier ergibt sich insbesondere aus § 580 Nr. 4 ZPO., daß, sofern die Täuschung oder Drohung den Tatbestand einer strafbaren Handlung des Vertreters der Partei, ihres Gegners oder seines Vertreters erfüllt, die Partei schon im Prozesse eine selbst unwiderrufliche oder unabänderliche, für das Urteil möglicherweise ursächliche Erwirkungshandlung zurücknehmen oder abändern kann, wenn sie zu ihrer Vornahme durch die strafbare Handlung bestimmt worden ist. Daß eine Partei zur Vornahme einer Erwirkungshandlung durch eine strafbare Handlung bestimmt wird, wird freilich weit seltener vorkommen, als daß sie dadurch zu ihrer Unterlassung, z. B. zur Unterlassung einer Einwendung oder Beweisantretung, bestimmt wird. Da indessen in diesem Falle regelmäßig die Nachholung bis zum Schlusse der letzten Tatsachenverhandlung zulässig ist (§§ 278 I, 529 I ZPO.), so bedarf es hier der Geltendmachung der Restitutionsgründe des § 580 Nr. 4 ZPO. wirklich nur zur Begründung der Restitutionsklage[2476]). Auch im Strafprozeß, z. B.

2473b) Vgl. oben Anm. 1604a, zu Anm. 1657, 1714a, 1756, unten zu Anm. 2763.

2474) So können z. B. die übereinstimmenden Anträge auf Entscheidung durch Schiedsurteil und auf Zuziehung nicht richterlicher Beisitzer (§§ 18, 19 Entlast. Bek.) selbst durch übereinstimmende Erklärung der Parteien nicht widerrufen werden, da mit Stellung der übereinstimmenden Anträge das Schiedsverfahren unmittelbar wirksam geworden ist; vgl. schon oben Anm. 2433b, auch Volkmar, BeschlVO., Nr. 3 zu § 18 (27a), Nr. 2 zu § 19 (27b).

2474a) Die Berichtigung offensichtlicher Unrichtigkeiten ist stets zulässig (§ 268 Nr. 1 ZPO.; vgl. auch § 319 ZPO.). Ebenso RGEZ. LXXXI 178; CV 311, 356; Hellwig, Syst. I, § 153 III zu Anm. 6; im Ergebnis auch Stein, V 3 vor § 128 zu Anm. 86. Dazu gehört aber nicht die irrtümliche Einlegung der Berufung durch einen Anwalt in einer falschen Sache. Ebenso im Ergebnis Walsmann, ZivArch. CII 110.

2475) Auf diesen Gesichtspunkt hat zuerst Hellwig, Anspruch u. Klagr., 158 Anm. 13; Prozeßhandlung, § 10 III 3d; Syst. I, § 153 IV 2, aufmerksam gemacht; zustimmend Weismann, I 301/2; Stein, Nr. V 4 vor § 128, zu Anm. 97/8. Vgl. schon oben Anm. 1628a a. E. Wenn indessen Hellwig, Prozeßhandlung, § 10 IV 1; Syst. I, § 153 IV 2b, die Widerruflichkeit oder Abänderlichkeit auf solche Handlungen beschränkt, die ein materiell unrichtiges Urteil herbeiführen können, so kann eine solche Einschränkung m. E. aus § 580 ZPO. nicht hergeleitet werden.

2475a) Wie dies auch sonst noch im Prozesse der Fall ist; vgl. unten vor Anm. 2502, hinter Anm. 2506.

2476) Vgl. schon Hellwig, Prozeßhandlung, § 10 Anm. 19 und hinter dieser im Privatklageverfahren, könnte insbesondere mit Rücksicht auf §§ 246 I, 323 III StPO., für eine entsprechende Anwendung der Restitutionsgründe des § 580 Nr. 4 ZPO. ein Bedürfnis nur zur Begründung eines Wiederaufnahmeantrages gegeben sein. Es bewendet hier indessen bei dem — die einschlägigen Fälle zum Teil deckenden — Wiederaufnahmegrund des § 359 Nr. 5 StPO.

II. Häufig werden im Zivilprozeß als Angriffs- oder Verteidigungsmittel zivilrechtliche Rechtsgeschäfte oder Rechtshandlungen (Anfechtung, Aufrechnung, Rücktritt, Kündigung, Mahnung usw.) geltend gemacht, die erst im Prozesse vorgenommen worden sind. Eine von KOHLER begründete[2477]), verbreitete[2478]) Lehre nimmt an, daß diese zivilrechtlichen Rechtsgeschäfte oder Rechtshandlungen durch ihre Vornahme im Prozesse selbst zu Prozeßhandlungen würden, und daß sich daher ihre Form und Beurkundung, die Legitimation zu ihrer Vornahme, ihre Verknüpfbarkeit mit Bedingungen, sowie vor allem ihre Widerruflichkeit und die Abhängigkeit ihrer Wirksamkeit vom Zustandekommen eines auf ihnen beruhenden Urteils nach denjenigen Regeln richten, welche auf die sie geltendmachende Erwirkungshandlung (Klage, Einrede, Replik) anwendbar sind[2479]).

Zunächst vermengen die Vertreter der bezeichneten Lehre meist mit der prozessualen Geltendmachung von im Prozeß vorgenommenen zivilrechtlichen Rechtsgeschäften oder Rechtshandlungen die Vornahme reiner Prozeßhandlungen, wie Klaganerkenntnis und Klagverzicht[2480]), die Erhebung von Gestaltungsklagen[2481]), die klage-, einrede- oder replikweise Geltendmachung eines Gläubigeranfechtungsrechts[2482]). Scheidet man diese Fälle und den allerdings die Doppel-

Anm. Man könnte daran denken, daß z. B. in der Berufungsinstanz die Erhebung einer Widerklage ohne Rücksicht auf die Einschränkung des § 529 IV ZPO. unter Hinweis auf den Restitutionsgrund des § 580 Nr. 4 ZPO. versucht werden könnte. Doch dürfte der strafbaren Verhinderung einer Widerklage keine potentielle Kausalität in bezug auf das Urteil zukommen.

[2477]) Z. XX 15ff.; XXIV 17ff.; XXIX 1ff.

[2478]) Vgl. Lit. bei STEIN, Nr. VI 2 vor § 128, Anm. 139; ROSENBERG, Stellvertr., 66 Anm. 1; NUSSBAUM, 73; vgl. aber auch die unten in Anm. 2485 angeführten RG.Entscheidungen.

[2479]) Vgl. insbesondere HELLWIG, Prozeßhandlung, § 5 III; Syst. I, § 147 II 4b; im Ergebnis auch OERTMANN, Grundriß, § 69 Nr. 2.

[2480]) Vgl. oben Anm. 1618.

[2481]) Vgl. oben Anm. 1667; auch GOLDSCHMIDT, ZivArch. CXVII 16 Anm. 52.

[2482]) Welches weder ein privates Gestaltungsrecht (vgl. oben Anm. 1668a), noch ein Gestaltungsklagrecht, sondern eine Erweiterung des Vollstreckungs- oder Konkursanspruches ist, die regelmäßig zunächst auf Erwirkung eines Duldungstitels gegen den Anfechtungsschuldner gerichtet, m. a. W. ein Vollstreckungsklagrecht ist (vgl. oben zu Anm. 1668a und in Anm. 1669), im Falle einer bereits geschehenen Hineinziehung der anfechtbar erlangten Gegenstände in die Vollstreckungs- oder Konkursmasse aber auch die Grundlage einer diese verteidigenden Einrede, im Falle der Einklagung eines gepfändeten oder für die Konkursmasse in Anspruch genommenen Rechts auch die Grundlage einer Replik (RGEZ. XIX 202; XXVII 98; JAEGER, Anm. 64 zu § 29 KO.) sein kann. Da die prozessuale Geltendmachung eines Gläubigeranfechtungsrechts keine zivilrechtliche Gestaltungserklärung, sondern ausschließlich eine prozessuale Erwirkungshandlung natur eines zivilrechtlichen Rechtsgeschäfts und einer prozessualen Bewirkungshandlung in sich vereinigenden Prozeßvergleich[2483]) aus, so ergibt sich die völlige Trennbarkeit und Trennungsnotwendigkeit der in einem Prozesse vorgenommenen zivilrechtlichen Rechtsgeschäfte oder Rechtshandlungen und der diese Vornahme geltend machenden prozessualen Erwirkungshandlungen[2484]). Die gegenteilige Ansicht ist nur daraus zu erklären, daß sie von der Stellung der Frage ausging, ob zur Vor- und Entgegennahme der bezeichneten zivilrechtlichen Rechtsgeschäfte und Rechtshandlungen im Prozesse die Prozeßvollmacht ermächtige, und daß sie glaubte, die gewollte Bejahung dieser Frage nur erreichen zu können, wenn sie jene Handlungen als Prozeßhandlungen auffaßte[2485]). Es ist aber eine petitio principii, daß die Prozeßvollmacht nur zu Prozeßhandlungen ermächtigen könne. Schon die in § 81 ZPO. als zum Umfange der Prozeßvollmacht gehörig angeführte „Empfangnahme der vom Gegner zu erstattenden Kosten" ist keine Prozeßhandlung[2486]). Tatsächlich ermächtigt die Prozeßvollmacht zur Vor- und Entgegennahme solcher im Prozesse vorgenommenen zivilrechtlichen Rechtsgeschäfte und Rechtshandlungen, die im Prozeß als Angriffs- oder Verteidigungsmittel geltend gemacht werden sollen. Im übrigen unterstehen aber die in Frage kommenden zivilrechtlichen Rechtsgeschäfte und Rechtshandlungen ausschließlich dem Zivilrecht[2487]). Es ist nicht wahr, daß für ihre Form und Beurkundung das Prozeßrecht maßgebend sei[2488]). Vielmehr beurteilen beide[2488a]) sich nach bürgerlichem Recht, so daß also ihre Erklärung in einem zugestell-

---

ist, hat mit Recht RGEZ. LVIII 48 (im Gegensatz zu RGEZ. LII 343) die Beobachtung der Form dieser Erwirkungshandlung für erforderlich erklärt, um die Frist des § 41 KO. zu wahren.

[2483]) Vgl. dazu noch unten Anm. 2514.

[2484]) So schon zutreffend NUSSBAUM, 73ff.; ROSENBERG, Stellvertr., 66ff. Das Gesagte gilt, sofern man bezüglich ihrer die jetzt wohl überwiegende Meinung (vgl. v. TUHR, I, § 17 IV Anm. 31; anders noch nach HELLWIG, Prozeßhandlung, § 5 III zu Anm. 17; Syst. I, § 147 II Anm. 25) zugrunde legt, auch von den „Einreden" des bürgerlichen Rechts, die HELLWIG, Prozeßhandlung, § 5 III Anm. 17, 23, in diesem Zusammenhang erwähnt; vgl. v. TUHR, I, § 17 IV 2. Die von HELLWIG, a. a. O., § 5 III vor Anm. 17; Syst. I, § 147 II Anm. 25, gleichfalls in diesem Zusammenhang erwähnten „Prozeßeinreden" sind, wie die oben zu Anm. 2480—2482 erwähnten Handlungen, reine Prozeßhandlungen. Gegen HELLWIGS Auffassung des „Prozeßeinrederechts" vgl. schon oben Anm. 424.

[2485]) So treffend ROSENBERG, a. a. O., 67 Anm. 1; auch NUSSBAUM, 76; vgl. dazu bes. RGEZ. XLVIII 221; XLIX 394; LIII 148; LVIII 228; LXIII 413; LXV 183.

[2486]) RGEZ. LVI 338. Darauf weist treffend ROSENBERG, a. a. O., hin.

[2487]) Die von ROSENBERG, a. a. O., 77 Anm. 1, für §§ 174, 180 BGB. gemachte Ausnahme folgt aus der Anwendbarkeit der Grundsätze über die Prozeßvollmacht.

[2488]) Dies lehren STEIN, Nr. VI 3 vor § 128, zu Anm. 142; HELLWIG, Prozeßhandlung, § 5 zu Anm. 19; Syst. I, § 147 II 4b zu Anm. 23; OERTMANN, a. a. O. Daß z. B. bezüglich der Anfechtung nicht einmal die Wahrung der Frist des § 121 BGB. erforderlich sei, behauptet SCHNEIDER, Z. XXXI 271ff.; vgl. aber RGEZ. XLIX 394; L VII 362.

[2488a]) Die von STEIN, a. a. O., Anm. 142, für die Beurkundung angeführten RGEZ. XLVIII 183ff.; LXIV 85 beziehen sich auf Vergleich, Klaganerkenntnis, Klagverzicht; vgl. oben zu Anm. 2480, 2483.

ten oder sonst mitgeteilten Schriftsatz genügt[2489]), ihre Erklärung in der mündlichen Verhandlung in Abwesenheit des Gegners nicht genügt[2490]). Es ist weiter nicht wahr, daß der Nebenintervenient zu ihrer Vornahme ermächtigt sei[2491]). So ist z. B. der als Nebenintervenient auftretende Bürge nicht ermächtigt, eine Forderung des Hauptschuldners, der Partei ist, aufzurechnen[2492]). Es ist ferner nicht wahr, daß für die Verknüpfbarkeit der in Rede stehenden zivilrechtlichen Rechtsgeschäfte und Rechtshandlungen mit Bedingungen das Prozeßrecht gelten soll[2493]). Denn bei der Eventualaufrechnung[2494]) bezieht sich die „prozessuale Bedingtheit", d. h. die Eventualität auf die die Aufrechnung geltendmachende Einrede, während es sich in bezug auf die Aufrechnung selbst nur um die Hinzufügung einer Rechtsbedingung, nämlich der Wirksamkeitsvoraussetzung des Bestehens der Passivforderung, oder doch einer uneigentlichen, auf rechtliche Eigenschaften, namentlich Einredefreiheit der Passivforderung abstellenden Bedingung handelt[2495]). Es ist schließlich vor allem nicht wahr, daß die im Prozesse vorgenommenen zivilrechtlichen Rechtsgeschäfte und Rechtshandlungen nach denselben Grundsätzen widerruflich sind wie die sie geltend machenden Erwirkungshandlungen, und daß sie unwirksam werden, wenn kein auf ihnen beruhendes Urteil ergeht[2496]). Vielmehr richtet sich ihre Anfechtbarkeit und Nichtigkeit nach bürgerlichem Recht, und ihre Wirksamkeit bleibt regelmäßig erhalten, auch wenn es zu einem auf ihnen beruhenden Urteil nicht kommt[2497]).

III. Eine als solche offensichtlich nicht ernstliche Bewirkungshandlung ist unbeachtlich[2498]). Dieser Grundsatz leidet auf Real-

2489) So RGEZ. LIII 149; LVII 362; LXIII 413. Natürlich ist es, wie RGEZ. LXIII 412 mit Recht ausführt, „Frage der Willensauslegung, ob die in einem vorbereitenden Schriftsatz enthaltene Erklärung ... abgegeben, oder nur angekündigt ist". Die von Hellwig, Syst. I, § 147 Anm. 23, und Stein, Anm. 145 vor § 128, für ihre gegenteilige Ansicht angeführten RGEZ. LVIII 48, LXII 199 betreffen die Gläubigeranfechtung; vgl. oben Anm. 2482.

2490) Rosenberg, a. a. O., 69; anders Hellwig, Prozeßhandlung, § 5 Anm. 19; Syst. I, § 147 zu Anm. 23.

2491) So Hellwig, Prozeßhandlung, § 5 zu Anm. 20; Syst. I, § 147 II 4b.

2492) Rosenberg, a. a. O., 74; anders Hellwig, Lehrb. II 505.

2493) So Hellwig, Syst., a. a. O.

2494) Auf die Hellwig und Oertmann, a. a. O., anspielen.

2495) Dazu Siber bei Planck, Erl. 3a zu § 388 BGB.

2496) Dies lehren viele Vertreter der bekämpften Ansicht; vgl. statt aller Hellwig, Prozeßhandlung, § 5 zu Anm. 21; Syst. I, § 147 II 4b, und die bei Rosenberg, a. a. O., 70 Anm. 1 Angeführten. Anders anscheinend, aber folgewidrig Stein, Nr. VI 3 vor § 128, zu Anm. 143.

2497) RGEZ. LIX 154; LXIII 413. Die Willensauslegung kann natürlich auch hier — vgl. oben Anm. 2489 — etwas anderes ergeben, und es wird dann darauf ankommen, ob und inwieweit das bürgerliche Recht es für wirksam erklärt, daß der betreffende Rechtsakt zurückgenommen oder von vornherein in seiner Wirksamkeit bedingt wird.

2498) Daß der offensichtliche Mangel der Ernstlichkeit nicht nur prozessuale Willenserklärungen (so Hellwig), sondern sogar Erwirkungshandlungen unbeachtlich macht, wurde schon oben zu Anm. 2446/7 hervorgehoben; vgl. ferner oben zu Anm. 2465—2469. Dazu auch Degenkolb, Beitr. 154; Walsmann, ZivArch. CII 29.

akte[2498a]) naturgemäß keine Anwendung. Mit derselben Einschränkung sind Bewirkungshandlungen einer partei- oder prozeßunfähigen[2499]) Partei unbeachtlich. Im übrigen vermag weder die bewußte, noch grundsätzlich auch die unbewußte Nichtübereinstimmung zwischen Willen und Erklärung eine Bewirkungshandlung zu einer unbeachtlichen oder selbst widerruflichen zu machen. Dies gilt insbesondere für die Zurücknahme der Klage[2499a]), eines Rechtsmittels (RGEZ. LXXXI 178; CV 311), für den Rechtsmittelverzicht (RGEZ. CV 355)[2499b]), für die Eidesverweigerung (RGEZ. LXVI 215)[2499c]), sowie für die beiderseits erfolgte Erklärung eines Einverständnisses mit der Entscheidung durch den Einzelrichter (§ 349 III ZPO.) oder ohne mündliche Verhandlung (§ 7 EntlastBek.)[2499d]). Doch gelten folgende Ausnahmen:

1. Jede tatsächliche Erklärung des Prozeßbevollmächtigten, vor allem das Geständnis und sonstige ungünstige Parteivorbringen[2500]), sowie alles vom Beistand Vorgetragene kann von der miterschienenen Partei sofort widerrufen oder berichtigt werden (§§ 85 S. 2, 90 II ZPO.). Ebenso können offensichtliche, auf einem Verschreiben oder Versprechen beruhende Unrichtigkeiten berichtigt werden[2501]).

2498a) Vgl. oben § 29 II 4.

2499) Die RStPO. kennt in bezug auf den Beschuldigten den Begriff der Prozeßfähigkeit nicht, sondern nur den der Verhandlungsfähigkeit (§ 205 StPO.). Daher ist z. B. die Wahl eines Verteidigers (vgl. oben hinter Anm. 2440) auch dann prozessual beachtlich, wenn sie durch einen minderjährigen oder geisteskranken Beschuldigten erfolgt (vgl. denn auch § 137 II StPO.), nicht aber die Bestellung eines Bevollmächtigten für die Hauptverhandlung (vgl. oben hinter Anm. 2439) durch einen solchen. Unberührt bleibt in allen Fällen die Frage der bürgerlichrechtlichen Wirksamkeit des zugrunde liegenden Vertrages.

2499a) Daß die Klagezurücknahme durch Vereinbarung der Parteien in beachtlicher Weise widerrufen werden kann, nehmen an Hellwig, Syst. I, §§ 137 V, 152 IV, 192 III 2; Stein, Nr. IV Abs. 2 zu § 271. Vgl. noch unten Anm. 2515, hinter Anm. 2517.

2499b) Anders noch RGEZ. LIX 349; unentschieden RGEZ. LXVIII 168. Der in RGEZ. CIV 136/7 für beachtlich erklärte Widerruf des Rechtsmittelverzichts war nach Ansicht der RG. vor dem Wirksamwerden des Rechtsmittelverzichts dem Gericht zugegangen (RG. verweist auf § 130 I S. 2 BGB.). Ob die Entscheidung hinsichtlich des Wirksamwerdens des Rechtsmittelverzichts mit RGEZ. CV 354 vereinbar ist, kann hier dahingestellt bleiben.

2499c) Anders RGEZ. LXIX 263 (unter Billigung Hellwigs, Prozeßhandlung, § 10 Anm. 8). Doch trägt die dort vorgetragene Rechtsansicht, daß die Eidesverweigerung wegen Irrtums anfechtbar sei, die Entscheidung nicht. Stein, Anm. 114 vor § 128, bezeichnet daher den Vortrag jener Rechtsansicht nicht mit Unrecht als eine „Demonstration ohne praktische Folge".

2499d) Goldschmidt, ZPO., Nr. 3b zu § 349, Nr. 2 zu § 7 EntlastBek.; vgl. schon oben Anm. 2433a.

2500) Es wird nicht der Feststellung bedürfen, daß hier die Bedeutung des § 85 S. 2 ZPO. nur in bezug auf Bewirkungshandlungen (vgl. oben § 27 I 5) ausgeschöpft wird. Allerdings ist seine Tragweite gerade in bezug auf diese sehr strittig. So ist insbesondere zweifelhaft, ob unter § 85 S. 2 ZPO. auch Klaganerkenntnis und Klagverzicht, Eidesannahme und Eidesverweigerung fallen; vgl. über den Stand der Ansichten Rosenberg, Stellvertr., 934 Anm. 3.

2501) Vgl. schon oben Anm. 2474a. Die in RGEZ. LXXXI 178, CV 311, 356 gemachte Einschränkung, daß „bei sog. empfangsbedürftigen Willenserklärungen" die Unrichtigkeit dem Gegner erkennbar sein müsse, folgt aus dem Erfordernis der Offensichtlichkeit von selbst.

2. Das Geständnis ist im Bereiche des Verhandlungsgrundsatzes bei dem Doppelnachweis der Unwahrheit und des kausalen Irrtums (Irrtum im Motiv!) widerruflich (§ 290 ZPO.)[2502]. Daraus folgt, daß im übrigen das ungünstige Parteivorbringen, soweit nicht im Bereiche des Verhandlungsgrundsatzes ein sog. zuvorkommendes Geständnis vorliegt, bis zum Schlusse der letzten Tatsachenverhandlung frei widerruflich ist[2503]. Dasselbe gilt von Klaganerkenntnis[2504] und Klagverzicht, insoweit sie kein — ausdrückliches oder schlüssiges — Tatsachengeständnis enthalten[2505].

3. Widerruflich ist die Eidesleistung, jedoch nur mit der Wirkung, daß dadurch die dem Schwörenden günstigen Folgen der Eidesleistung beseitigt werden[2506]. Widerruflich ist die Eidesannahme im Falle des § 454 II ZPO. (§ 458 ZPO.), die Eideszurückschiebung in den Fällen der §§ 454 II, 457, 470 (Irrtum im Motiv!) ZPO. (§ 458 ZPO.) und die Verweigerung der Eidesannahme nach § 531 ZPO.[2507]. Die Widerruflichkeit der Eidesleistung erklärt sich — und zwar gerade unter Berücksichtigung der beschränkten Wirkungen des Widerrufs — daraus, daß die Eidesleistung nur formell eine Bewirkungshandlung, der Sache nach eine Erwirkungshandlung (Verstärkung der Parteibehauptung) ist. Gerade umgekehrt erklärt sich die Einschränkung der Widerruflichkeit der Eideszurückschiebung, die formell eine Erwirkungshandlung (Beweisantretung) ist[2508], daraus, daß sie der Sache nach eine Bewirkungshandlung (bedingte Bestätigung der gegnerischen Behauptung) ist. Die Widerruflichkeit der Verweigerung der Eidesannahme in der Berufungsinstanz findet von vornherein ihre Rechtfertigung nur in der Gleichstellung der Verweigerung der Annahme mit der Verweigerung der Erklärung oder Versäumung der Annahme.

4. Aus Restitutionsgründen (§ 580 ZPO.) können Bewirkungshandlungen schon im Prozesse widerrufen werden[2509]. Man denke an ein durch Nötigung, Erpressung, Wucher oder Untreue herbeigeführtes Geständnis[2510]. Auch die Zurücknahme der Klage oder eines Rechtsmittels kann bei Vorliegen eines Restitutionsgrundes, insbesondere wenn sie durch eine strafbare Handlung des eigenen Vertreters, des Geg-

---

2502) Vgl. darüber oben hinter Anm. 1623. Wer verkennt, daß das Geständnis eine Bewirkungshandlung, das Bestreiten aber eine Erwirkungshandlung ist (vgl. oben § 27 I 2, 5), vielmehr jenes für eine Behauptung, dieses für eine „Erklärung"(?) hält (vgl. Hellwig, Prozeßhandlung, § 5 IV 3; Stein, Nr. V 4 vor § 128, zu Anm. 93, 96), der vermag die Beschränktheit des Geständniswiderrufs, die Unbeschränktheit der Zurücknehmbarkeit des Bestreitens nicht zu erklären.

2503) Sobernheim, 182ff.; vgl. dazu schon oben Anm. 1629.

2504) Dem hier das so genannte Rechtsgeständnis (vgl. dazu oben zu Anm 2179, unten Anm. 2600) gleichzustellen ist; Hegler, 268, 269.

2505) Vgl. oben zu und in Anm. 1629.

2506) RGEZ. LXIX 311ff.; C 283; vgl. schon oben Anm. 2456.

2507) Stein, Nr. IV zu § 452, zu § 531.

2508) Vgl. schon oben Anm. 2459, auch das Zitat des § 458 ZPO. vor Anm. 2473b.

2509) Vgl. darüber oben zu und in Anm. 2475.

2510) Vgl. schon oben Anm. 1628a a. E.

ners oder seines Vertreters herbeigeführt worden ist, widerrufen werden[2511]).

5. Sind prozessuale Vereinbarungen (oben § 29 II 1 a) mit zivilrechtlichen Verträgen derart verbunden, daß sie als Bestandteile eines Vertrages erscheinen, so zieht die Nichtigkeit (Unwirksamkeit) oder Vernichtung des zivilrechtlichen Vertrages die Unbeachtlichkeit der prozessualen Vereinbarung nach sich, wenn nicht anzunehmen ist, daß diese auch ohne jenen getroffen sein würde[2512]). Hier ist vor allem an den Prorogations- und an den Schiedsvertrag zu denken. Dem Prozeß- und Sühnevergleich[2513]) ist die Verbindung mit einem dem § 779 BGB. unterfallenden oder nach seiner Analogie zu beurteilenden materiellrechtlichen Vertrage dergestalt wesentlich[2514]), daß dessen Nichtigkeit

---

2511) Doch kann die widerrufende Partei das Verfahren nur dann einfach fortsetzen, wenn noch kein Urteil ergangen ist; vgl. HELLWIG, Prozeßhandlung, § 10 Anm. 24. Der Widerruf des Rechtsmittelverzichts auf Grund des § 580 ZPO. hätte praktischen Wert nur vor Ablauf der Rechtsmittelfrist; vgl. HELLWIG, a. a. O., § 10 IV 2 b.

2512) RGEZ. LXXXVII 7; HELLWIG, Prozeßhandlung, § 7 V 3; Syst. I, § 151 IV 3 Die Analogie des § 139 BGB. liegt auf der Hand. Erheblich weiter gehen ROSENBERG, Stellvertr., 100ff., und STEIN, Nr. V 6 vor § 128, zu Anm. 115, welche die Vorschriften des BGB. über die Nichtigkeit und Anfechtbarkeit von Willenserklärungen ohne weiteres auf die prozessualen Vereinbarungen anwenden wollen. In der Begründung weichen beide Schriftsteller voneinander ab. ROSENBERG leugnet überhaupt die Existenz prozessualer Vereinbarungen; er hält alle einschlägigen Vereinbarungen für bürgerlichrechtliche Verträge. Zu dieser unhaltbaren Ansicht wird ROSENBERG durch seinen zu engen Prozeßhandlungsbegriff gedrängt; vgl. oben Anm. 1858. STEIN schließt aus der Möglichkeit, jene Vereinbarungen außerhalb des Prozesses abzuschließen, auf ein prozessuales Désintéressement. Wie STEIN anscheinend OERTMANN, Grundriß, § 69 Nr. 3.

2513) Vgl. oben hinter Anm. 2426.

2514) Vgl. schon oben zu Anm. 2483. Die im Text vertretene Ansicht ist die herrschende. Der von HELLWIG, Lehrb. II 388; Syst. I, § 193 II 1, und GROSSE, 93ff., aufgestellte Begriff eines abstrakten „Prozeßbeendigungsvertrages“ hat keinen Beifall gefunden. Selbst der einzige von H. LEHMANN, Prozeßvergleich, 73, anerkannte Fall eines rein prozessualen Prozeßvergleichs — die Einigung der Parteien über den Teilungsplan (§ 876 ZPO.) nach Erhebung der Klage aus § 878 ZPO. — ist es m. E. nicht. Ich glaube weder hier noch sonst an „Prozeßprozesse“; vgl. schon Ungerechtfert. VollstrBetr., 59 Anm. 12; Beitr. 30 (136) Anm. 1 a. E.; oben Anm. 2170. Daß das Verpassen des Widerspruchsrechts oder seiner prozessualen Geltendmachung das „bessere Recht“ des Gläubigers nach § 878 II ZPO. nicht verwirkt, beweist noch nicht, daß es auch nicht Gegenstand des gemäß § 878 ZPO. angestellten Prozesses oder eines in diesem oder vorher gemäß § 876 ZPO. abgeschlossenen Vergleichs ist. Übrigens bleibt für den, der an „Prozeßprozesse“ glaubt, eine Einigung über ihren Gegenstand eine solche über die „materia litis“ (so schon STEIN, Nr. II 5 vor § 253); vgl. denn auch H. LEHMANN, a. a. O., 73. Im übrigen genügt allerdings als materiellrechtlicher Gegenstand des Vergleichs die Kostenerstattungspflicht, die stets — auch bei den im strafprozessualen Privatklageverfahren darüber abgeschlossenen Vergleichen (ROSENFELD, § 109 X, der aber anscheinend auch die Kostenpflicht gegenüber der Gerichtskasse für eine zivilistische hält) — eine zivilrechtliche Verpflichtung ist; vgl. oben zu Anm. 660. Ebenso genügt zum „gegenseitigen Nachgeben“ im Sinne des § 779 BGB., daß auf prozessuale Rechte verzichtet wird. Es ist also ein Vergleich, wenn der Kläger die Klage zurücknimmt und sämtliche Kosten übernimmt, der Beklagte aber in die Zurücknahme der Klage einwilligt, wo seine Einwilligung gemäß § 271 I ZPO. erforderlich ist. Ja, es genügt selbst,

(Unwirksamkeit) oder Vernichtung[2515]) immer die Unbeachtlichkeit[2516]) der prozessualen Vereinbarung nach sich zieht[2517]). Die Unbeachtlich-

---

wenn der Beklagte in Fällen, wo es zur Zurücknahme der Klage seiner Einwilligung nicht bedarf, — ausdrücklich oder schlüssig — auf sein Recht auf Kostenurteil (§ 271 III S. 2 ZPO.) verzichtet. Wenn das RGEZ. XX 20 (unter Billigung von STEIN, Nr. VI 2 zu § 271, bei Anm. 63; Nr. II 1 zu § 794; und von H. LEHMANN, Prozeßvergleich, 63) in solchem Fall das „gegenseitige Nachgeben" und daher den Vergleich bestreitet, weil, wenn man ihn annähme, der Beklagte gerade gemäß § 794 Nr. 1 ZPO. den Vollstreckungstitel erlange, auf den er angeblich verzichtet habe, so wird übersehen, daß ein Kostenurteil dem Beklagten einen stärkeren Schutz gegen eine Erneuerung des Verfahrens gewährt als ein Vergleich; vgl. oben Anm. 2511. Ein Vergleich liegt ferner vor, wenn die eine Partei unter Übernahme aller Kosten den Klaganspruch anerkennt oder auf ihn verzichtet, sofern die andere Partei auf ein Urteil verzichtet (insoweit HELLWIG, Syst. I, § 193 Anm. 11, mit Recht gegen STEIN, Nr. II 1 zu § 794). Diese Formulierung vermeidet den — etwas spitzfindigen — Einwand H. LEHMANNS, Prozeßvergleich, 99, daß der Verzicht auf das Anerkenntnis- oder Verzichtsurteil (§§ 307/6 ZPO.) nicht Gegenstand des vergleichsweisen Nachgebens sein könne, da das Recht auf ein solches Urteil erst mit dem — prozessualen — Klaganerkenntnis oder Klagverzicht entstehe, durch ein vergleichsweises, also vertragliches Anerkenntnis oder einen solchen Verzicht aber geradezu ausgeschlossen werde. LEHMANN begründet selbst (62) die Möglichkeit, in der Kostenübernahme durch den Beklagten bei Klagezurücknahme einen Vergleichsfall zu sehen, mit der Ungewißheit des Kostenerstattungsanspruches des Beklagten „zur Zeit des Vertragsschlusses". Da eine Partei, deren Gegner im Begriff ist, den Klaganspruch anzuerkennen oder auf ihn zu verzichten, offenbar eine Aussicht auf günstiges Urteil hat, so ist auch ihr Urteilsverzicht durchaus nicht, wie LEHMANN, a. a. O., 100, meint, gleichbedeutend mit der Konzession, die jede Partei durch ihre Vergleichsbereitschaft macht. LEHMANN gibt nicht nur an anderer Stelle (63) zu, daß in der — erforderlichen — Einwilligung des Beklagten in die Klagezurücknahme ein vergleichsweises Nachgeben gefunden werden könne, sondern er macht selbst (53) gegen den Analogieschluß, den die Theorie vom abstrakten „Prozeßbeendigungsvertrag" aus der Zulässigkeit der Klagezurücknahme herleitet, geltend, daß die Klagezurücknahme eine ganz andere Prozeßlage schaffe als der „Prozeßbeendigungsvertrag". Wenn schließlich LEHMANN, 93ff., die Verträge, bei denen er das Merkmal des „gegenseitigen Nachgebens" vermißt, als „einseitige Feststellungsverträge" — ein Begriff, der für die vertragliche Klagezurücknahme nicht einmal paßt — doch nach Analogie des Prozeßvergleichs behandeln will, so handelt es sich — insoweit ist HELLWIG, Syst. I, § 193 Anm. 11, wieder im Recht — „nur noch um einen Streit um Worte". — Ist der Prozeßvergleich danach zwar kein abstrakter „Prozeßbeendigungsvertrag", so bleibt er doch eine auf „Beseitigung (Beilegung) des Rechtsstreits" (§§ 81, 83, 794 Nr. 1 ZPO.) gerichtete Vereinbarung. STEIN, Z. XLI 430, überschießt das Ziel, wenn er in seiner Kritik HELLWIGS behauptet, die Prozeßbeendigung sei „Wirkung, nicht Inhalt des Vergleichs" (vgl. auch dens., Nr. II zu § 794, bei Anm. 5, in der er aber m. E. zu Unrecht H. LEHMANN, Prozeßvergleich, 52ff., 119, für sich anruft; vgl. dens., a. a. O., 115ff.). Wäre das richtig, so dürfte STEIN dem Prozeßvergleich nicht „den Doppelcharakter als prozessuales Rechtsgeschäft und als Privatrechtsgeschäft" beilegen (Nr. II zu § 794, Nr. VI 2 vor § 128), sondern ihn überhaupt nur als Privatrechtsgeschäft „mit einzelnen prozessualen Wirkungen" ansehen (so in der Tat WALSMANN, ZivArch. CII 173; gegen ihn schon H. LEHMANN, a. a. O., 114ff.). Der Wille von Parteien, die nach Klagerhebung vor Gericht den Streit durch Vereinbarung beseitigen wollen, ist immer auch auf Beseitigung des Rechtsstreits gerichtet. Viel zweifelhafter könnte sein, ob auch bei dem Sühnevergleich (§§ 118a, 495a I Nr. 1, 499g I Nr. 1, 794 Nr. 1, 608—611 ZPO.) der Parteiwille auf eine prozessuale Wirkung, nämlich auf die Vermeidung des Rechtsstreits gerichtet ist (so HELLWIG, Lehrb. III 46 keit erstreckt sich in diesem Falle sogar auf in den Vergleich aufgenommene, sonst unwiderrufliche Bewirkungshandlungen, wie die Zurücknahme einer Klage oder eines Rechtsmittels (RGEZ. LVII 257).

Anm. 5). Es fragt sich schon, was das für eine vorprozessuale Rechtslage sein soll, die von dem Präventivvergleich betroffen wird. Das materielle Klagrecht ist selbständig verzichtlich nur, sofern ihm kein Privatrecht zugrunde liegt (vgl. oben Anm. 1605) — also z. B. in dem Fall der §§ 608—611 ZPO. —, und die prozessuale Klagmöglichkeit ist überhaupt nicht verzichtlich (vgl. oben Anm. 1604a, zu Anm. 1639). Die vorprozessuale Rechtslage, die durch einen Sühnevergleich der Parteien betroffen wird, ist die Wahrscheinlichkeit des Eintritts der Rechtshängigkeit (vgl. oben zu Anm. 1643—1646), m. a. W. der Sühnevergleich bringt die Aussicht der Parteien auf Eintritt der Rechtshängigkeit zum Erlöschen. Daß der Parteiwille, gerade so wie er durch Zurücknahme der Klage oder Prozeßvergleich die eingetretene Rechtshängigkeit zum Erlöschen bringen, so auch deren Eintritt abwenden kann, wurde schon oben in Anm. 1917a festgestellt. Tatsächlich ist anzunehmen, daß der Parteiwille bei dem im Sühneverfahren abgeschlossenen Vergleich gerade so auf Abwendung des Prozesses gerichtet ist, wie bei dem Präventivakkord auf Abwendung des Konkurses. Nur der „Doppelcharakter" des Vergleichs rechtfertigt, daß — anders als in dem oben zu Anm. 2488 erwähnten Fall — für seine Form und Beurkundung das Prozeßrecht maßgebend ist. Seine Form ist Erklärung vor Gericht. Die in §§ 118a, 160 Nr. 1, 162, 499g I Nr. 1 ZPO. vorgeschriebene Protokollierung ist nur Bedingung der Vollstreckbarkeit. Die Beobachtung der prozessual erforderlichen Form deckt die für einen außerprozessualen Abschluß etwa erforderliche schriftliche, notarielle oder gerichtliche Form, ersetzt allerdings nicht die notwendige Mitwirkung anderer Organe. Für das strafprozessuale Privatklageverfahren haben die Entwürfe v. 1909, 1919, 1923 (vgl. oben hinter Anm. 2426) die prozessuale Wirkung des Prozeß- und Sühnevergleichs gesetzlich festgelegt. In jenem „gilt" nach dem Entw. v. 1909 § 398 der Strafantrag, nach den Entwürfen v. 1919 (§§ 374 IV, 384) und 1923 (Art. IV Nr. 37) die Privatklage „als zurückgenommen"; die Entwürfe v. 1909 und 1923 fügen ausdrücklich hinzu: „wenn (solange) die Zurücknahme zulässig (= beachtlich; vgl. oben hinter Anm. 1908) ist". Der Entwurf v. 1923 begeht dabei aber den Fehler, die Wirkung des in der Privatklage enthaltenen Strafantrages möglicherweise trotz des Vergleichs fortbestehen zu lassen; denn er bestimmt, anders als der Entw. v. 1919 (§ 382 I), nicht, daß die Zurücknahme der Privatklage stets die — noch zulässige (d. h. beachtliche) — Zurücknahme des Strafantrages nach sich zieht. Der Trost der Begr. (23), daß die Staatsanwaltschaft die Anklage schon nicht übernehmen werde, genügt nicht. Als prozessuale Wirkung des Sühnevergleichs bestimmen die Entwürfe den Untergang des Privatklage- und Strafantragsrechts (vgl. schon RGESt. III 221; XIV 202; Rechtspr. III 181); ein schon gestellter Strafantrag „gilt als zurückgenommen", wobei die Entwürfe v. 1919 (§ 370 III) und 1923 (Art. IV Nr. 35 — § 420a StPO.) hinzufügen: „soweit die Zurücknahme zulässig (= beachtlich) ist". In allen Entwürfen ist dem Prozeß- und Sühnevergleich Vollstreckbarkeit zuerkannt.

[2515]) Einschließlich der vertragsmäßigen Aufhebung; RGEZ. LXXVIII 289.

[2516]) Die Folge ist, daß das Verfahren einfach fortgesetzt werden kann; so jetzt auch die weitaus überwiegende Meinung. Vgl. schon oben zu Anm. 1384, 1924, 2262.

[2517]) § 779 BGB. ist auch auf Vergleiche des strafprozessualen Privatklageverfahrens entsprechend anwendbar. Wenn HOENIGER, DJZ. 1907, 480, dies bestreitet, weil die Parteien im Privatklageverfahren sich nicht über ein privates Rechtsverhältnis vergleichen, auf öffentlichrechtliche und namentlich prozessuale Rechtsverhältnisse § 779 aber keine Anwendung finde, so ist das eine so unrichtig wie das andere. Die Parteien vergleichen sich stets über die zivile Kostenerstattungspflicht (§ 471 I, III StPO.). Häufig übernimmt der Angeklagte eine zivile Ersatzpflicht, und auf die publizistische Kostenpflicht, die der Angeklagte wohl

6. Die Ermächtigungen[2517a]) sind frei widerruflich, die zur Prozeßführung im eigenen Namen nur bis zum Eintritt der Rechtshängigkeit[2517b]).

IV. Eine Erwirkungshandlung, welche der gesetzlichen Voraussetzungen oder Formen ermangelt, ist, sofern sie nicht einmal den „Schein" einer Erwirkungshandlung erzeugt, unbeachtlich[2518]). Erfüllt sie nicht die Anforderungen einer Terminsbestimmung, so ist der mit ihr verbundene Antrag auf Terminsbestimmung zurückzuweisen[2519]). Sonst[2520]) ist die mangelhafte Erwirkungshandlung, wenn nicht — in Fällen, wo es zulässig ist — eine Heilung des Mangels (insbesondere auf Grund des § 295 ZPO.) oder eine Nachholung des mangelnden Formerfordernisses (z. B. nach § 187 ZPO.) erfolgt, grundsätzlich, von Amts wegen oder auf Rüge des Mangels, als unzulässig zurückzuweisen (zu verwerfen). Eine Bewirkungshandlung ist unter denselben Voraussetzungen unbeachtlich[2521])[2522]). Dagegen vermag die Rechtswidrigkeit die Unbeachtlichkeit, Unzulässigkeit oder Unbegründetheit einer Parteihandlung nicht zu begründen[2523]), da sie kein der prozessualen Betrachtungsweise

---

immer übernimmt, ist § 779 BGB. entsprechend anwendbar. Wie hier offenbar ROSENFELD, § 109 X. Ja, es ist nicht einzusehen, warum § 779 BGB. nicht auch insoweit entsprechend anwendbar sein sollte, als der Vergleich eine Verfügung über das prozessuale (dazu Mater. JustizR., 51ff.) Strafantrags- und Privatklagerecht, damit aber mittelbar auch eine solche über das materielle staatliche Strafrecht (dazu Mater. JustizR., 68; hier nicht anders oben in Anm. 2159 am Anfang) enthält; vgl. RGEZ. XLII 60ff.

[2517a]) Vgl. oben zu Anm. 2438—2440.

[2517b]) Vgl. oben zu und in Anm. 1681.

[2518]) Vgl. oben zu Anm. 1915, 1917.

[2519]) Vgl. oben zu Anm. 1915a, 1918—1921. Daß STEIN, Nr. V 7 vor § 128, die Fälle der Unbeachtlichkeit einer Erwirkungshandlung und ihres Ausschlusses von der mündlichen Verhandlung nicht unterscheidet, darüber vgl. schon oben Anm. 1915a.

[2520]) STEIN, a. a. O., glaubt den hier zugrunde liegenden Gegensatz mit „abstrakter" und „konkreter" Unzulässigkeit bezeichnen zu können.

[2521]) STEIN, a. a. O., unterscheidet nicht zwischen Erwirkungs- und Bewirkungshandlungen.

[2522]) Daß die oben zu Anm. 2518/19, 2521 erwähnte Unbeachtlichkeit „einer in den Prozeßgesetzen nicht vorgesehenen Handlung" oder ihre Ausschließbarkeit von der mündlichen Verhandlung das „prozessuale Seitenstück" zu der „Nichtigkeit der gesetzlich verbotenen Handlung, BGB. § 134" sei (so STEIN, Nr. V 7 vor § 128), kann man nicht behaupten. Vielmehr ist jene Unbeachtlichkeit oder Ausschließbarkeit, ebenso wie die Unzulässigkeit einer der gesetzlichen Form ermangelnden Erwirkungshandlung (oben zu Anm. 2520) das prozessuale Seitenstück zu der Nichtigkeit eines der gesetzlichen Form ermangelnden Rechtsgeschäfts, BGB. § 125. Der STEIN vorschwebende richtige Grundgedanke ist, daß es im Prozeßrecht nicht auf die Rechtswidrigkeit (vgl. sofort im Text zu Anm. 2523/4), sondern auf die Unzulässigkeit ankommt; vgl. schon oben zu und in Anm. 1538. In etwas anderem und doch verwandtem Sinne wie STEIN habe ich in Ungerechtf. VollstreckBetr., 20, 74, ausgeführt, daß „prozeßordnungsmäßig" nicht so viel wie „rechtmäßig", sondern so viel wie „formgerecht" sei. Dabei war indessen die materiellrechtliche Rechtsbetrachtungsweise — vgl. oben Anm. 671 a. E., zu Anm. 730 — und die materielljustizrechtliche Prozeßbetrachtungsweise — vgl. oben Anm. 448, 826 a. E., zu Anm. 790a — zugrunde gelegt.

[2523]) Vgl. oben hinter Anm. 1544.

angehöriges Werturteil ist[2524]). Anders nur, soweit eine Bewirkungshandlung das Schicksal des sie stützenden privatrechtlichen Vertrages teilt (oben III 5). Hier kann die Nichtigkeit des privatrechtlichen Vertrages auf Grund des § 134 BGB. die Unbeachtlichkeit der Bewirkungshandlung zur Folge haben. Auch kann eine Klage unbegründet sein, weil z. B. § 226 BGB. sei es die Geltendmachung[2525]) des den Klagegrund bildenden Rechts überhaupt, sei es das Rechtsschutzinteresse an der gewählten Art der gerichtlichen Geltendmachung[2526]) ausschließt.

Was von der Rechtswidrigkeit gilt, gilt von dem Verstoß gegen die guten Sitten[2527]). Doch kann folgender Satz aufgestellt werden: Ist der Eintritt einer Rechtslage, auf der die Zulässigkeit oder Begründetheit einer Erwirkungshandlung beruht, von der Partei, zu deren Vorteil er gereicht, wider Treu und Glauben herbeigeführt, so gilt der Eintritt als nicht erfolgt, und die Erwirkungshandlung ist als unzulässig oder unbegründet zurückzuweisen[2528]). So würde z. B. der Inländer, der dem Ausländer durch Schädigung oder sonst arglistig eine Forderung gegen sich verschafft, dadurch nicht zu seinen Gunsten den Gerichtsstand des Vermögens (§ 23 ZPO.) begründen. Durch Scheinklage gegen einen Wechselverpflichteten wird gegen den gleichzeitig mit ihm verklagten anderen Wechselverpflichteten nicht der Gerichtsstand des Zusammenhanges (§ 603 II ZPO.) begründet[2529]). Durch Inkassozession an eine arme Partei kann nicht das Armenrecht erwirkt werden. Arglistige Verhinderung der Tilgung der Kostenschuld (§ 271 IV ZPO.) begründet nicht die Einrede des § 274 II Nr. 6 ZPO.)[2530]). Arg-

---

[2524]) Vgl. oben § 21 III, insbesondere von Anm. 1516 ab.

[2525]) Über den Unterschied von Ausübung und Geltendmachung eines Rechts vgl. Hellwig, Lehrb. III § 171. Daß jedenfalls § 226 BGB. auf die Geltendmachung von Rechten entsprechend anwendbar ist, erkennt Hellwig, Syst. I, § 154 III 1, an. Ebenso ist er entsprechend anwendbar auf die Geltendmachung des dem eingeklagten Recht entsprechenden Klagrechts (dazu oben Anm. 1873 a.E.), sofern man nicht überhaupt annimmt, daß die Klage privatrechtlich die Geltendmachung des eingeklagten Rechts ist (vgl. oben zu Anm. 1873), was angesichts des § 209 BGB. schwer vermieden werden kann (vgl. freilich oben Anm. 1665b). Im Ergebnis übereinstimmend RGEZ. LXVIII 424; oben Anm. 1507, zu Anm. 1545a.

[2526]) Hierher gehört der Fall der markweisen Einklagung einer 5000 Mark-Forderung; vgl. Hellwig, Syst. I, § 154 III 1; Sauer, 527, 584, 607. Sauer hebt im wesentlichen den richtigen Gesichtspunkt hervor und gelangt auch (mit RGEZ. LXVIII 424; Stein, Anm. 119 vor § 128) zutreffend zu einer Abweisung der Klage als „unbegründet", während Hellwig in dem betreffenden Falle zu einer Abweisung der Klage als „unzulässig" gelangt. Dahingestellt bleiben kann übrigens, ob in jenem Falle dem Interesse des Beklagten nicht schon dadurch gedient ist, daß er Widerklage auf Feststellung des Nichtbestehens der ganzen Forderung erheben kann. Vgl. dazu noch oben § 4 III.

[2527]) Im Ergebnis nicht anders Hellwig, Syst. I, § 154 II.

[2528]) Vgl. schon Hellwig, Syst. I, § 154 I (der aufl. 1 § 1 D. 44, 4; §§ 162 BGB., 444 ZPO. — über diesen vgl. oben Anm. 673 — verweist); Sauer, 585ff.

[2529]) Vgl. dazu oben zu Anm. 1936, zu und in Anm. 1955.

[2530]) Ganz schief hier Sauer, 586: es sei unter der genannten Voraussetzung „die — an sich unzulässige(?) — Nichtbezahlung der Kosten eines früheren Prolistige Bewirkung des Nichterscheinens begründet kein Recht auf Erlaß des Versäumnisurteils und folglich kein Recht auf Auferlegung der Kosten auf den Säumigen gemäß § 344 ZPO.[2531]). Arglistige Hinderung der Wahrung der Frist der §§ 56 II S. 2, 89 S. 2 ZPO. begründet nicht das Recht auf Zurückweisung des Vertreters. Fristsetzung des in erster Instanz abgewiesenen Klägers gemäß § 326 BGB. begründet kein Recht auf Erledigungserklärung des Prozesses über den Erfüllungsanspruch[2531a]).

Dagegen gilt nicht die Umkehrung des obigen Satzes. Ist m. a. W. der Eintritt einer Rechtslage, auf der die Unzulässigkeit oder Unbegründetheit einer Erwirkungshandlung beruht, von dem Gegner der Partei, zu deren Nachteil er gereicht, wider Treu und Glauben herbeigeführt, so bewendet es bei der eingetretenen Rechtslage, und es wird also die unzulässige oder unbegründete Erwirkungshandlung nicht zulässig oder begründet[2532]). Veranlaßt also der Beklagte arglistig den Minderjährigen , selbst zu klagen, oder die Ehefrau, ohne die nach § 1400 II BGB. erforderliche Zustimmung ihres Ehemannes zu klagen, so bleibt es in jenem Falle bei der Unzulässigkeit, in diesem bei der Unbegründetheit der Klage[2533]). Ebenso bleibt das Amtsgericht unzuständig, wenn der Beklagte den Kläger arglistig über den Streitwert getäuscht hat[2534]). Im Prozeßrecht gilt also nur die rechts*verneinende*, nicht

zesses und mithin die gegenwärtige Klage in toto(!) nicht unzulässig". Letzteres steht im Widerspruch zu SAUER, 587, wo er — zutreffend — bemerkt, der Eintritt des „erwünschten Zustandes" könne nicht fingiert werden (vgl. dazu unten Anm. 2532). In der Tat wird im Fall arglistiger Verhinderung der Tilgung der Kostenschuld nicht die unzulässige Klage zulässig, sondern die begründete Einrede unbegründet. Haltlos ist es auch, wenn SAUER, 586, meint, man brauche hier nicht die „übergesetzliche Wertung" des arglistigen Verhaltens heranzuziehen. S. 587 sagt er das gerade Gegenteil.

[2531]) So HELLWIG, Syst. I, § 154 I Anm. 9a, wo er m. E. mit Recht bemerkt, daß hier nicht etwa der — für das Versäumnisverfahren unmaßgebliche — Gesichtspunkt des mangelnden Verschuldens des Säumigen verwertet werde. Vielmehr ist das Versäumnisurteil nicht „in gesetzlicher Weise" ergangen, da „der Fall der Versäumung nicht vorgelegen" hat. Im Ergebnis, wenn auch nicht in der Begründung (an der es bei ihm hier gebricht) übereinstimmend SAUER, 587.

[2531a]) Bedenklich daher RG. in SEUFFERTS Arch. LXXVII 244. Vgl. dagegen RG. in Jur. Wochenschr. 1919, 505.

[2532]) Auch SAUER, 587 (vgl. schon oben Anm. 2530), stellt zutreffend fest, daß der Eintritt des „erwünschten Zustandes" nicht fingiert werden könne. Er führt das aber mit Unrecht darauf zurück, daß man — überhaupt — „im Prozeßrecht... einen unzweifelhaft nicht eingetretenen Erfolg nicht fingieren" könne. In dem oben in Anm. 2530 behandelten Falle wird — auch von SAUER — die Tilgung der Kostenschuld fingiert, und in dem oben in 2531 behandelten Falle hätte die „Nichtversäumnis" auch von SAUER fingiert werden müssen.

[2533]) So auch HELLWIG, Syst. I, § 154 I zu Anm. 8, mit der Begründung, daß hier einer abweichenden Entscheidung „absolute Vorschriften" entgegenstünden — was keine sehr befriedigende Erklärung ist.

[2534]) Ebenso SAUER, 588. HELLWIG, Syst. I, § 154 I (hinter Anm. 7), übersieht, daß dieser Fall anders liegt als der oben zu Anm. 2530 behandelte. Die Zuständigkeit ist eine Sachurteils*voraussetzung*, die Arglist des Beklagten vermag ihren Mangel nicht zu ersetzen, die infolge ihres Mangels unzulässige Klage nicht zu einer zulässigen zu machen. Das vorprozessuale Verhalten des Beklagten kann auch mangels Einverständnisses des getäuschten Klägers nicht als Vereinbarung über aber die rechtsbejahende Fiktion, m. a. W. — von einem bestimmten Standpunkt aus gesehen — § 162 II, aber nicht § 162 I BGB. Überhaupt nicht hierher gehören die Fälle der arglistigen Erschleichung der öffentlichen Zustellung[2534a]) oder eines Urteils. Denn diese Fälle finden ihre Lösung durch die einfache Erwägung, daß ein richterlicher Akt unbeachtlich oder anfechtbar ist, wenn sich ergibt, daß die Voraussetzungen für seinen Erlaß nicht vorgelegen haben[2534b]).

V. Bekanntlich sind Bedingungen bei Parteihandlungen insoweit zulässig, als Parteihandlungen als „eventuelle" neben gleichartigen unter der Bedingung vorgenommen werden können, daß die prinzipalen erfolglos bleiben. Diese Art der Bedingtheit ist die typische der Erwirkungshandlungen, und sie wurde bei diesen im früheren Recht durch den Eventualgrundsatz, sie wird bei ihnen noch heute durch Reste des Eventualgrundsatzes in gewissen Grenzen erzwungen. Aus diesem ihren ersten und auch heute noch wichtigsten Falle hat sich indessen die Eventualität weiterentwickelt. Sie kann heute mit gewissen Maßgaben allgemein an die Bedingung einer bestimmten Gestaltung der Prozeßlage geknüpft werden und findet sich auch bei Bewirkungshandlungen.

1. Der Grundfall der Eventualität bleibt nach wie vor der, daß Erwirkungshandlungen unter der Bedingung vorgenommen werden, daß gleichzeitig mit ihnen vorgenommene prinzipale erfolglos, d. h. unzulässig oder unbegründet sein sollten. So sind eventuelle Anträge, Behauptungen und Beweisantretungen in unbestrittener Übung[2534c]). Ja, mitunter wird die Eventualität vom Gesetz ausdrücklich für zulässig erklärt (so in §§ 39, 269 ZPO.) oder zum Inhalt einer Auslegungsregel[2535]) gemacht [so in §§ 453 II ZPO.;[2535a]); 315 II S. 1, 342 II S. 1 StPO.[2536]).] oder mittelbar (so in §§ 278 II 8 II ,279, 283 II, 529 II, III, 626 ZPO.) oder unmittelbar (so in §§ 39, 264, 269, 274 I, III, 389 III S. 2 Halbs. 2, 527, 554 VI, 767 III ZPO.) erzwungen. Dabei ist freilich zu beachten, daß

---

die Zuständigkeit gelten, und als einseitiger Verzicht auf das Rügerecht wäre es unbeachtlich (vgl. oben zu Anm. 1601b, hinter Anm. 1615, in Anm. 2435a). Dagegen ist der Mangel der zur Erneuerung des Rechtsstreits erforderlichen Erstattung der Kosten des früheren Verfahrens nur Gegenstand einer Prozeßeinrede; die Arglist des Beklagten entzieht dieser Einrede die Begründetheit.

[2534a]) So schon mit Recht SAUER, 588, gegen HELLWIG, Syst. I, § 154 I zu Anm. 7.

[2534b]) Vgl. dazu noch unten Anm. 2675.

[2534c]) Über Eventualanträge, nach welchen sich ein Bedürfnis aus § 331a ZPO. ergibt, vgl. GOLDSCHMIDT, ZPO., Nr. 2 zu § 331a.

[2535]) Ob es sich in Fällen, in denen das Gesetz vorschreibt, daß ein Verhalten als Willensäußerung bestimmten Inhalts gelten soll, um eine Auslegungsregel und nicht um eine Fiktion handelt, ist freilich bestritten; vgl. dazu v. TUHR, II 1, § 61 II 6, aber auch noch unten Anm. 2565.

[2335a]) Die Richtigkeit der gesetzlichen Auslegung ist hier sogar Voraussetzung der Beachtlichkeit der zusammen mit der Eideszuschiebung vorgenommenen anderen Beweisantretungen; vgl. unten in Anm. 2583.

[2536]) LÖWE-ROSENB., Nr. 4 zu § 315 (356). Hier ist die Richtigkeit der gesetzlichen Auslegung Voraussetzung der Zulässigkeit des zusammen mit dem Wiedereinsetzungsgesuch eingelegten Rechtsmittels; vgl. dazu noch unten Anm. 2565, zu Anm. 2573c.

die eventuelle Erwirkungshandlung die Zurückweisung der prinzipalen nicht abwendet. Insbesondere wäre die Zurücknahme eines Antrages für den Fall seiner Erfolglosigkeit unbeachtlich, die Abänderung eines Antrages für den Fall seiner Erfolglosigkeit unzulässig (RGEZ. IV 352).

Strittig ist die Zulässigkeit einer eventuellen Klagerhebung oder Rechtsmitteleinlegung[2537]).

Was zunächst die erste anlangt, so dürfte das Richtige sein, die Zulässigkeit einer eventuellen objektiven Klagenhäufung zu bejahen, einer eventuellen subjektiven Klagenhäufung dagegen zu verneinen. Zulässig ist danach also nicht nur die Geltendmachung eines und desselben Klaganspruches mit verschiedener Begründung oder unter Ableitung eines Eventualantrages neben dem prinzipalen[2537a]), sondern auch die eventuelle Häufung mehrerer Klagansprüche[2538]). In solchem

---

[2537]) Dagegen STEIN, Nr. V 9 vor § 128 bei Anm. 128, Nr. 1 vor § 59, Nr. II 3 zu § 260; er will die eventuelle Klagenhäufung nur in Ehesachen (Nr. I 1 zu § 615), die eventuelle Rechtsmitteleinlegung nur in Gestalt eventueller Anschließung (Nr. I 4 zu § 521) zulassen (vgl. aber sofort Anm. 2537a, 2538). Dafür HELLWIG, Lehrb. III § 150 IV (woselbst weitere Literatur).

[2537a]) Hier läßt auch STEIN, Nr. II 1, 2 zu § 260, eine eventuelle Klagerhebung zu.

[2538]) Ohnehin sind die Grenzen zwischen diesen Rechtsfiguren zweifelhaft. Sicher handelt es sich nur um verschiedene Begründung desselben Klaganspruches, wenn der Eigentumsanspruch auf verschiedene Erwerbsgründe gestützt wird (HELLWIG, Syst. I, § 118 I), und um bloße Ableitung eines Eventualantrages aus demselben Klaganspruch, wenn Verurteilung, eventuell Feststellung, oder Verurteilung zu gegenwärtiger, eventuell künftiger Leistung begehrt wird (HELLWIG, Syst. I, § 119 II 1). In anderen Fällen, wie Begründung des Herausgabeantrages mit Eigentum, eventuell persönlicher Pflicht, oder Ableitung eines Eventualantrages auf Wandlung oder Minderung neben dem Antrag auf Schadensersatz beim Kauf für den Fall, daß Arglist oder Zusicherung nicht erwiesen werden können, dürfte es richtiger sein, eine Mehrheit von Ansprüchen anzunehmen (RGEZ. XXVII 386 u. VII. v. 4. Juli 1902 in PUCHELTS Ztschr. f. dtsch. bürg. R. u. franz. ZivilR., XXXIV 321; and. RGEZ. XLV 320; L 278). Das Gericht kann für einen Anspruch zuständig, für den anderen unzuständig (RGEZ. XXVII 385ff.), die Prozeßart für den einen zulässig, für den anderen unzulässig sein. Andererseits findet weder eine Zusammenrechnung der Ansprüche (§§ 5, 511a II, 546 II ZPO.; 9 GKG.), noch eine Trennung der Prozesse (§ 145 I ZPO.; RGEZ. XXVII 391) statt, noch kann der Prinzipalanspruch besonders durch Urteil zurückgewiesen werden, da ein solches Urteil kein Teilurteil (301 ZPO.) wäre (RGEZ. XXVII 391; XLII 407; XLV 318; L 278), ein Zwischenurteil (§ 303 ZPO.) über ein selbständiges Angriffsmittel aber seit der ZPVO. v. 13. Februar 1924 nicht mehr statthaft ist. Wohl aber kann die Verhandlung zunächst auf den prinzipal geltend gemachten Anspruch beschränkt werden (arg. § 146 ZPO.). Diese im Prinzip schon von SEUFFERT, Nr. 2c, d zu § 260, im Anschluß an das RG. entwickelten Sätze halten die richtige Mitte zwischen den beiden extremen Ansichten STEINS, der (Nr. II 1,2 zu § 260) in den einschlagenden Fällen eine Anspruchsmehrheit bestreitet, und HELLWIGS, der (Lehrb. III 75, 84ff.; Syst. I, § 118) zwar auch eine Zusammenrechnung der Ansprüche ablehnt (Lehrb. III 82), aber eine Aussetzung der Verhandlung über den Eventualanspruch gemäß § 148 ZPO. für zulässig (Lehrb. III 72, 85) und das verneinende — ja unter Umständen (vgl. unten Anm. 2543) selbst das bejahende — Urteil über den prinzipalen Anspruch für ein Teilurteil (Lehrb. III 75, 84ff.; Syst. I, § 118 II 4ba, § 119 III 2b) hält. Auch FÖRSTER-KANN, Nr. 2d, bb, β, zu § 260, hält das nur den Prinzipalanspruch verneinende Urteil für ein Teilurteil, wofür er sich zu Unrecht auf das RG. beruft.

Falle wird auch der Eventualanspruch sofort rechtshängig[2539]) in dem Sinne, daß er sofort zur Verhandlung gestellt wird[2540]), mag auch seine Stellung zur Entscheidung[2541]) von der Zurückweisung des prinzipalen Anspruches bedingt sein[2542]). Mit der rechtskräftigen Bejahung des prinzipalen Anspruches fällt nicht nur diese — aufschiebende — Bedingung aus, sondern tritt zugleich die auch der Stellung des Eventualanspruches zur Verhandlung anhaftende — auflösende — Bedingung ein, erlischt m. a. W. die Rechtshängigkeit des Eventualanspruches, und zwar — unbeschadet ihrer übrigbleibenden Kostenfolgen — von Rechts wegen[2543]) und mit rückwirkender Kraft. Indessen ist die Schwebe („Pendenz") der Rechtslage der Rechtshängigkeit so wenig auffällig oder gar unannehmbar[2544]), daß sie zufolge der Zurücknehmbarkeit der Klage vielmehr jeder Rechtshängigkeit anhaftet (§ 271 III ZPO.)[2545]). Freilich setzt die eventuelle Klagenhäufung voraus, daß der als eventueller Klagegrund geltend gemachte Anspruch zu dem prinzipalen in einem Konkurrenzverhältnis[2546]), und daß der mittels Eventualantrages geltend gemachte Anspruch zu dem prinzipalen in einem Aus-

[2539]) Über den Begriff der Rechtshängigkeit vgl. oben zu u. in Anm. 1644.

[2540]) Damit erledigen sich die Bedenken STEINS, Nr. V 9 vor § 128 bei Anm. 128, Nr. II 3 zu § 260. Für sofortigen Eintritt der Rechtshängigkeit auch SEUFFERT, Nr. 2c zu § 260; HELLWIG, Lehrb. III 72.

[2541]) Nicht nur, wie SEUFFERT, a. a. O., meint die „Eventualverurteilung", sondern auch der Erlaß eines den Eventualanspruch abweisenden Urteils ist von der Zurückweisung des prinzipalen Anspruches bedingt; vgl. noch unten Anm. 2547. Daher ist auch die Lehre SEUFFERTS, a. a. O., und HELLWIGS, Lehrb. III 82; Syst. I, § 48 IV 1b, § 119 II 2 a. E., bei Verschiedenheit des Wertes der Ansprüche sei der höherwertige maßgebend, nicht uneingeschränkt richtig. Für die Urteilsgebühr (§ 20 Nr. 3 GKG.) ist der höherwertige Eventualanspruch nicht maßgebend, wenn es zu einem Urteil über ihn nicht kommt. Vgl. auch RG. v. 13. März 1896, JWSchr. 1896 S. 247. Anders — entsprechend seiner unter in Anm. 2547 erwähnten Ansicht — BUCERIUS, Z. XXXVII 223, 225/6. Freilich wird der — von HELLWIG, Lehrb. III 82 Anm. 22a, ausdrücklich hervorgehobene — Fall, daß der Eventualanspruch der höherwertige ist, nur ausnahmsweise vorkommen; vgl. BUCERIUS, a. a. O.

[2542]) So wohl auch HELLWIG, Lehrb. III 72.

[2543]) Unnötig ist daher die Konstruktion HELLWIGS, Lehrb. III 72, 77; Syst. I, § 118 II 4b γ, daß hier im Falle der Eventualbegründung eine im voraus erklärte Klagezurücknahme vorliege. Sie ist auch unrichtig, da es dann auf die Einwilligung des Beklagten ankommen würde (§ 271 I ZPO.). Noch bedenklicher ist HELLWIGS Unterstellung, Lehrb. III 84; Syst. I, § 119 III 2a, in der Stellung eines Eventualantrages liege ein „antizipierter Klagverzicht"; ein solcher würde den Beklagten berechtigen, gegen den mit dem Prinzipalantrag durchgedrungenen Kläger ein Verzichtsurteil (§ 306 ZPO.) bezüglich des Eventualantrages zu beantragen.

[2544]) Dies dürfte STEIN an den oben in Anm. 2540 angeführten Stellen übersehen.

[2545]) Vgl. KOHLER, Prozeß, 75ff.

[2546]) HELLWIG, Syst. I, § 118. Ausnahmsweise könnte auch hier ein Ausschließungsverhältnis vorliegen, wenn aus den sich ausschließenden Ansprüchen zufällig kongruente Anträge abzuleiten wären. HELLWIG, Syst I, § 119 Anm. 4, behauptet hier Verschiedenheit der Anträge, was aber eine Fiktion ist. Bedenklich auch BUCERIUS, Z. XXXVII 195; richtig FÖRSTER-KANN, Nr. 2d, bb, α Abs. 3.

schließungsverhältnis[2547]) steht. Unzulässig wäre es, den mit einer 1921 erfolgten Darlehnshingabe begründeten Antrag auf Verurteilung zur Zahlung einer Summe eventuell mit einem 1922 abgeschlossenen Kaufvertrage zu begründen, oder dem Antrag auf Verurteilung des Beklagten zur Duldung einer Dienstbarkeit einen Eventualantrag auf Verurteilung desselben zur Rückzahlung eines Darlehns beizufügen[2548]). Liegen aber die Voraussetzungen eventueller Klagenhäufung vor, dann kann die Eventualität, unter der der Eventualanspruch geltend gemacht wird, schon dann als gegeben anzunehmen sein, wenn der prinzipale Klaganspruch wegen Durchgreifens einer prozeßhindernden Einrede als unzulässig abzuweisen ist[2549]).

Soweit eventuelle objektive Klagenhäufung zulässig ist, soweit ist es auch die eventuelle Erhebung einer Widerklage[2550]). Die gegen die Zulassung einer eventuellen Widerklage von RGEZ. XL 332 (JWSchr. 1897 S. 567) erhobenen Bedenken sind unbegründet, würden außerdem, wenn sie begründet wären, auch der eventuellen objektiven Klagenhäufung entgegenstehen. Denn weder dauert, wenn die Klage abgewiesen wird und also über die Widerklage nicht erkannt zu werden braucht, deren Rechtshängigkeit fort — sie erlischt vielmehr von Rechts wegen[2551]). Noch bleibt, wenn auf Berufung des Beklagten das in erster Instanz der Klage stattgebende Urteil aufgehoben wird, das auch der Widerklage stattgebende Urteil erster Instanz bestehen. Es ist vielmehr, wie jedes einem Eventualantrag stattgebende Urteil, in seinem Bestande bedingt durch die Aufrechterhaltung des den Prinzipalantrag (hier den Klagabweisungsantrag) abweisenden Urteils in der Rechtsmittelinstanz, wird also mit dessen Aufhebung in der Rechtsmittel-

---

2547) Hellwig, Syst. I, § 119. Insbes. auch RGEZ. LXXVII 120ff. (dazu noch unten Anm. 2569 a. E.). Daraus folgt freilich noch nicht, daß die Zuerkennung des Prinzipalanspruchs eine Aberkennung des Eventualanspruchs bedeutet, wie das von RGEZ. LXVII 125 beifällig zitierte RG. II. ZS. v. 21. Dezember 1888 II 256/88 annimmt. Ganz unrichtig Bucerius, Z. XXXVII, der, 198ff., zu dieser Annahme kommt, obgleich er gar kein objektives Ausschließungsverhältnis zwischen Prinzipal- und Eventualanspruch für erforderlich hält (210ff.). Bucerius, a. a. O. 227, muß selbst zugeben, daß Urteile, die bei Zuerkennung des Prinzipalantrags den Eventualantrag abweisen, in der Praxis nicht vorkommen. Richtig Lämmert, Z. XVI 434, auch RG. V. v. 15. Oktober 1887 (JWSchr. 1887, S. 474). Vgl. schon oben Anm. 2541 und noch unten in Anm. 2569.

2548) Seuffert, Nr. 2c a. E. zu § 260.

2549) RGEZ. XXVII 385ff.; LXXIII 164 (vgl. schon oben zu Anm. 2244a, hinter Anm. 2254); Stein, Nr. II 2 zu § 260, bei Anm. 11. Unrichtig Hellwig, Lehrb. III 84, der in solchem Falle die ganze Klage als unzulässig abweisen will. Hellwigs Ansicht ist um so auffälliger, als er bei der eventuellen Widerklage das Ausschließungserfordernis von vornherein für erfüllt hält, wenn die Zulässigkeit der Widerklage von der Zulässigkeit der Klage abhängt. Und doch würde erst die Bejahung der Begründetheit des Klaganspruchs die Bejahung des eventuellen Widerklageanspruchs ermöglichen, während die Bejahung des eventuellen Klaganspruchs schon mit der Prozeßabweisung des prinzipalen Klaganspruchs möglich wird. Vgl. dazu noch unten Anm. 2553.

2550) Übereinstimmend Hellwig, Lehrb. III 57ff.; Syst. I, § 116 II 4b. And. die meisten, insbesondere Seuffert, Nr. 4b zu § 33; Stein, Nr. III zu § 281.

2551) Vgl. oben zu Anm. 2543.

instanz von selbst hinfällig. Entsprechend ist bekanntlich in den Fällen der §§ 275 II, 304 II ZPO. der Bestand des in erster Instanz ergehenden klagebejahenden Endurteils von der Aufrechterhaltung des seine Grundlage bildenden Zwischenurteils in der Rechtsmittelinstanz abhängig[2552][2553]. Andererseits ist in Ehesachen weder die eventuelle Widerklage ausnahmsweise zulässig[2554], noch entfällt hier ausnahmsweise das Erfordernis des Ausschließungsverhältnisses zwischen den Rechtsstellungen, welche der Klagabweisungsantrag und die eventuell erhobene Widerklage geltend machen[2555]. Im Gegenteil, die Zulassung einer für den Fall des Durchgreifens der Scheidungsklage erhobenen Scheidungswiderklage wird durch kein Rechtsschutzinteresse des Beklagten erfordert, da das sich aus §§ 1574 III, 1575 I S. 2 BGB. ergebende auch ohne Widerklage befriedigt werden kann. Und die für den Fall einer Abweisung der Eheanfechtungsklage erhobene Scheidungswiderklage[2556] ist wenigstens kein Eventualantrag im engeren Sinne, da sie gerade den Erfolg des prinzipalen Klagabweisungsantrages voraussetzt[2556a].

Dagegen ist eine eventuelle subjektive Klagenhäufung allerdings unzulässig[2557]. Es kann also weder K^2 für den Fall Klage gegen B

2552) Vgl. schon oben in Anm. 2009.

2553) Daß in dem von RGEZ. XL 332 entschiedenen Falle der Widerkläger willkürlich die unter allen Umständen prozessual zulässige Widerklage davon abhängig gemacht haben sollte, daß seinem Prozeßabweisungsantrage nicht stattgegeben werde — in welchem Falle es an dem notwendigen Ausschließungsverhältnis zwischen den dem Klagabweisungsantrag und der eventuellen Widerklage zugrunde liegenden Rechtsstellungen fehlen würde —, ist eine haltlose Unterstellung Hellwigs, Lehrb. III 58 Anm. 25. Übrigens ist das Ausschließungserfordernis erst erfüllt, wenn die Widerklage voraussetzt, daß die Klage nicht nur zulässig, sondern auch begründet ist; vgl. schon oben Anm. 2549. Ebenso unrichtig ist Hellwigs Annahme (Lehrb. III 58 Anm. 25/6; Syst. I, § 116 Anm. 12), das RG. habe in EZ. LI 321/2 die in EZ. XL 332 ausgesprochene Ablehnung der Zulässigkeit einer eventuellen Widerklage zurückgenommen. Vielmehr beruht jene Entscheidung auf der freilich unrichtigen Ansicht, nach § 880 ZPO. müsse auch das die Widerspruchsklage abweisende Urteil eine positive Zahlungsanordnung treffen und enthalte daher jeder auf Abweisung der Widerspruchsklage gerichtete Antrag eine — prinzipale(!) — Widerklage. Eher könnte man in RG. V. v. 15. Oktober 1887 u. II. v. 16. Dezember 1890 (JWSchr. 1887, S. 474; 1891, S. 67) eine Anerkennung der Zulässigkeit eventueller Widerklagen finden. Vgl. freilich RG. III. v. 28. Februar 1899, V. v. 14. Januar 1905 (JWSchr. 1899, S. 226; 1905, S. 150), I. v. 27. Mai 1908 (Gruchot LII 1128).

2554) So RGEZ. LIX 410; Stein, Nr. V 9 vor § 128, Nr. III zu § 281, Nr. I 2 zu § 615.

2555) So Hellwig, Syst. I, § 116 II 4c, in teilweisem Widerspruch zu Hellwig, Prozeßhandlung, § 9 Anm. 2. An dem Ausschließungserfordernis würde übrigens auch die Möglichkeit einer eventuellen Widerklage im strafprozessualen Privatklageverfahren (§ 388 StPO.) scheitern.

2556) Hellwig, Prozeßhandlung, § 9 Anm. 2; Syst. I, § 116 II 4a; Stein, Nr. I 2 zu § 615. Seuffert, Nr. 2b zu § 615, will nur in diesem Fall eine eventuelle Widerklage zulassen.

2556a) Vgl. unten zu Anm. 2596.

2557) Ebenso Stein, Nr. I vor § 59, zu Anm. 7, 8. Anders Hellwig, Lehrb. III 81; auch Syst. I, § 119 II 2.

erheben, daß die Klage des K¹ gegen B abgewiesen werden sollte[2558]), noch kann K gegen B² für den Fall Klage erheben, daß seine Klage gegen B¹ abgewiesen werden sollte[2559]). Denn weder kann als Eventualität die Gestaltung der Lage eines anderen Prozesses[2560]) gesetzt, noch kann einem Beklagten zugemutet werden, sich auf einen Prozeß einzulassen, dessen Rechtshängigkeit ohne seine Einwilligung erlöschen kann[2561]).

Auch die eventuelle Rechtsmitteleinlegung kann sowohl die Form eventueller objektiver Rechtsmittel- (Rechtsbehelf-Häufung annehmen — so in §§ 571, 577 IV ZPO., 306 II StPO. oder in § 578 II ZPO. oder in §§ 315 II S. 1, 342 II S. 1 StPO. oder bei Ungewißheit über die Art des einzulegenden Rechtsmittels (RGESt. XXXII 90; RGEZ. XC 43) oder bei eventueller Anschließung an die selbständige (§§ 522 II, 556 II S. 3 ZPO.) Anschließung des Gegners für den Fall der Unzulässigkeit des eigenen Rechtsmittels (RGEZ. XVII 47) —; oder sie kann als eventuelle Anschließung (im weiteren Sinn, also auch bei Einlegung innerhalb der Rechtsmittelfrist) für den Fall der Zulässigkeit und Begründetheit des gegnerischen Rechtsmittels erscheinen und wird als solche ganz allgemein für zulässig gehalten (RGEZ. XIII 358ff.; XXIX 377; LXI 257; RG. v. 13. März 1896, JWSchr. 1896, S. 247); [2562]) oder sie kann sogar als eventuelle subjektive Rechtsmittelhäufung auftreten — so bei Einlegung eines Rechtsmittels für A, eventuell für B, oder gegen A, eventuell gegen B (OLG. Karlsruhe, Rechtsprech. XI 77)[2563]).

[2558]) So auch RGEZ. LVIII 249.

[2559]) Anders RGEZ. LI 244, wo indessen bedingte Klage und Klage wegen eines bedingten Anspruchs nicht unterschieden werden; vgl. schon Stein, Anm. 8 vor § 59.

[2560]) Daß „die Partei in viel höherem Maße und in ganz anderem Sinne für die Frage der Identität des Prozesses bedeutsam" ist als „Klaggrund und Klagantrag", betont mit Recht Kisch, Parteiänderung, 24. Wenn ich die Zulässigkeit der eventuellen subjektiven Klagenhäufung, anders als die der eventuellen objektiven Klagenhäufung, verneine, so begegne ich mich in den Grundgedanken mit der Lehre Kischs, daß die Parteiänderung keine Klageänderung ist.

[2561]) Dieses Interesse des Beklagten überwiegt das des Klägers an der eventuellen subjektiven Klagenhäufung. Daß das Interesse des Klägers daran ein berechtigtes sein kann, ist unleugbar. Man denke an den Fall, daß jemand durch einen Beamten beschädigt, es aber zweifelhaft ist, ob der Beamte „in Ausübung der ihm anvertrauten öffentlichen Gewalt" gehandelt hat. Hier hat der Beschädigte an sich ein berechtigtes Interesse, prinzipal den Fiskus (RGes. v. 22. Mai 1910; pr. G. v. 1. Aug. 1909), eventuell den Beamten (§§ 823, 839 BGB.) zu verklagen. Es kann indessen dem Beamten nicht zugemutet werden, sich auf diesen eventuellen Prozeß einzulassen.

[2562]) Vgl. auch Seuffert, Nr. 3b zu § 521; Stein, Nr. I 4 zu § 521 (schon oben Anm. 2537).

[2563]) Auf dieses Urteil beruft sich Stein, Nr. V 9 vor § 128, bei Anm. 129, für seine Ansicht, daß die eventuelle Rechtsmitteleinlegung unzulässig sei (vgl. schon oben Anm. 2537). M. E. zu Unrecht, da das Urteil, ungeachtet einer formellen Ablehnung der Zulässigkeit eventueller Rechtsmitteleinlegung, doch im Ergebnis zur Zulassung der freilich nur scheinbaren eventuellen subjektiven Rechtsmittelhäufung gelangt; vgl. unten Anm. 2566/7.

Nun ist aber in diesen Fällen die Eventualität häufig eine unechte, nur scheinbare. Dies gilt einmal, wenn die Eventualität condicio iuris für die Beachtlichkeit des eventuell eingelegten Rechtsmittels ist — so der Anschlußberufung oder Anschlußrevision (im engeren Sinne), die für den Fall eingelegt ist, daß der Antrag des Rechtsmittelbeklagten auf Zurückweisung des Rechtsmittels als unzulässig erfolglos sein sollte (§§ 522 I, 556 II S. 3 ZPO.)[2564]), oder der einfachen Beschwerde, die für den Fall eingelegt ist, daß dem Antrag auf Abänderung der Entscheidung durch den judex a quo nicht stattgegeben werden sollte (§§ 571 ZPO., 306 II StPO.), oder der sofortigen Beschwerde gegen die Entscheidung des beauftragten oder ersuchten Richters oder des Gerichtsschreibers, die für den Fall eingelegt wird, daß das Gesuch um Abänderung der Entscheidung durch das Prozeßgericht erfolglos sein sollte (§ 577 IV ZPO.). Im ersten der angeführten drei Fälle bedarf es des Prinzipalantrages überhaupt nicht; im zweiten gilt er ohne weiteres als im Eventualantrag, im dritten umgekehrt der Eventualantrag ohne weiteres als im Prinzipalantrag enthalten[2565]). Dagegen ist es um-

---

2564) Vgl. schon oben Anm. 1913b; auch § 312 II S. 2 EntwGRSt. v. 1919. Dadurch, daß die Zulässigkeit des Rechtsmittels condicio iuris der Beachtlichkeit des Anschlußrechtsmittels ist — vgl. schon oben Anm. 1913b —, unterscheidet sich dieser Fall von dem oben in Anm. 2553 behandelten, daß eine Widerklage nur zulässig ist, wenn die Hauptklage es ist. Da es sich danach um nur scheinbare Eventualität handelt, kommt das für echte Eventualität gegebene Erfordernis der Begründetheit des Rechtsmittels nicht in Frage.

2565) Dagegen ist in §§ 315 II S. 1, 342 II S. 1 StPO. zwar die Eventualisierung Voraussetzung der Zulässigkeit des gleichzeitig mit dem Wiedereinsetzungsgesuch eingelegten Rechtsmittels — vgl. schon oben Anm. 2536, sowie unten zu Anm. 2573c —, aber die Eventualität keine condicio iuris der Beachtlichkeit des Rechtsmittels, sondern Inhalt des freilich kraft gesetzlicher Auslegungsregel (vgl. oben Anm. 2535) unterstellten Parteiwillens; dazu noch §§ 315 III, 342 III StPO. u. unten Anm. 2583 a. E. Auch in dem oben im Text erwähnten, RGEZ. XVII 47 zugrunde liegenden Falle des Anschlusses an die selbständige Anschließung des Gegners für den Fall der Unzulässigkeit des eigenen Rechtsmittels ist zwar die Eventualisierung Bedingung der Zulässigkeit des Anschlußrechtsmittels, aber die Eventualität keine condicio iuris seiner Beachtlichkeit. Wohin man mit einer gegenteiligen Ansicht kommt, zeigt Förster-Kann, Nr. 2d, bb, α, Abs. 2, der in allen Fällen eventueller objektiver Klagenhäufung, die auf sich ausschließenden Ansprüchen beruht, die Eventualität für eine condicio iuris hält, im offenen Widerspruch zu sich selbst, da er vorher die eventuelle Klagenhäufung gerade als eine Eventualität kraft Parteiwillens auffaßt im Gegensatz zur Geltendmachung von Ansprüchen, die kraft „Gesetzes" von der Nichterfüllung anderer, prinzipaler Ansprüche abhängen. Aber bei jenen Fällen eventueller Klagenhäufung soll nicht die Bedingtheit des eventuell geltend gemachten Anspruchs im materiellen Sinne — die allerdings nur eine solche kraft der condicio iuris des Nichtbestehens oder der Nichtgeltendmachung (z. B. §§ 462/3 BGB.) des Prinzipalanspruchs ist — begründet und gerechtfertigt werden, sondern die der Parteihandlungen, insbesondere des Eventualantrages, und diese ist eine solche kraft Parteiwillens, mag auch ein solcher condicio sine qua non der Begründetheit des Eventualantrages sein. Die Gegenüberstellung kraft Gesetzes bedingter Ansprüche (sc. im materiellen Sinn) und kraft Parteiwillens bedingter Ansprüche (sc. im prozessualen Sinn) bei Förster-Kann, a. a. O., Nr. 2d, ist freilich von Haus aus schief und verleitet den Verfasser, welcher dem Doppelsinne des Wortes „Anspruch" zum Opfer fällt, schließlich auch das Problem der Eventualität der Klagenhäufung auf das materiellgekehrt unzulässig, mit einem sonstigen Antrag die Beschwerde für den Fall seiner Ablehnung zu verbinden (RGEZ. XLVI 418; L 352), da dies den Versuch einer Einschüchterung des Gerichts, jedenfalls die Beschwerde gegen eine Entscheidung, deren Gründe man noch gar nicht kennt, eine Mißachtung des Gerichts enthält.

Eine unechte oder scheinbare ist die Eventualität ferner, wenn sie nur eine Ungewißheit über die Art des einzulegenden Rechtsmittels (RGESt. XXXII 90; RGEZ. XC 43)[2565a]) oder eine Ungewißheit sei es des Vertreters des Rechtsmittelklägers über dessen Person, sei es des Rechtsmittelklägers über die Person des Rechtsmittelbeklagten ist. Nur um eine solche Ungewißheit handelt es sich in dem angeführten Fall, daß ein Rechtsmittel für A eventuell für B, oder gegen A eventuell gegen B eingelegt wird[2566]). Die Verantwortlichkeit für die Ungewißheit über den zum Rechtsmittel aktiv oder passiv Legitimierten trägt aber nicht, wie bei einer Ungewißheit über den zur Klage aktiv oder passiv Legitimierten, der Kläger, sondern der Richter. Denn es ist zwar Sache des Klägers, die richtige Partei zur Partei zu machen, aber Sache des Richters, in der Entscheidung die Person, die Partei ist, so eindeutig zu bestimmen, daß klar erhellt, wer zum Rechtsmittel aktiv und passiv legitimiert ist. Die scheinbare eventuelle subjektive Rechtsmittelhäufung ist daher, im Gegensatz zur echten eventuellen subjektiven Klagenhäufung, zulässig. Doch ist sofort und allein über das Rechtsmittel unter den legitimierten Parteien zu entscheiden[2567]).

Es kann schließlich bei der eventuellen Rechtsmitteleinlegung der Eventualantrag überhaupt überflüssig sein. Man setze den Fall, daß der Instanzrichter sowohl der Klage wie der eventuellen Widerklage stattgegeben hat, und nun der Beklagte ein Rechtsmittel einlegt. Würde hier der Rechtsmittelrichter das den Beklagten verurteilende Erkenntnis des Instanzrichters aufheben, so würde damit das den Kläger verurteilende Erkenntnis des Instanzrichters von selbst hinfällig werden[2568]). Wollte der Kläger, um dieses Ergebnis zu erzielen, sich dem Rechtsmittel des Beklagten „eventuell" anschließen, so wäre diese für den Fall der Begründetheit des Rechtsmittels des Beklagten geschehene Anschließung überflüssig, da der dadurch bezielte Erfolg von Rechts wegen eintritt. Ein Ausschließungsverhältnis derart, daß das Anschlußrechtsmittel nur begründet sein könnte, wenn es das Rechtsmittel

rechtliche Gebiet herüberzuspielen und dann gleichfalls in ihr keine Bedingtheit kraft Parteiwillens, sondern nur eine solche kraft condicio iuris zu sehen. Die Eventualität, von welcher der Eventualantrag abhängt, ist denn auch die Erfolglosigkeit des Prinzipalantrages, wie der von Förster-Kann, a. a. O., Nr. 2d, bb, α, Abs. 2, zu Unrecht bekämpfte Hellwig, Prozeßhandlung, § 9 zu Anm. 7, feststellt.

2565a) Vgl. dazu unten zu Anm. 2655a.

2566) Vgl. das oben zu Anm. 2563 angeführte Urteil des OLG. Karlsruhe. Es war unklar, ob das Vorderurteil auf den Kaufmann K. oder die Firma K., deren Inhaber die Ehefrau K. war, lautete.

2567) Ebenso entscheidet das oben zu Anm. 2563 angeführte OLG.-Urteil.

2568) Vgl. oben hinter Anm. 2551.

wäre, besteht hier übrigens nicht einmal, so daß schon aus diesem Grunde eine echte Eventualität nicht vorliegt[2569]).

Freilich wird ein Ausschlußverhältnis in diesem strengen Sinne für

---

2569) Es braucht nicht einmal eine eventuelle Rechtsmitteleinlegung im umgekehrten Falle vorzuliegen, daß der Kläger zuerst ein Rechtsmittel gegen das ihn auf die eventuelle Widerklage verurteilende Erkenntnis einlegte. Im Gegenteil, wird hier die Anschließung des Beklagten regelmäßig eine unbedingte sein mit dem Ziele einer Aufhebung auch des dem Kläger günstigen Instanzurteils, wobei der Beklagte die eventuelle Widerklage aufrechterhielte. Dabei würde ein Erfolg der Anschließung des Beklagten wieder ohne weiteres den Erfolg des klägerischen Rechtsmittels bedingen, während ein Erfolg des klägerischen Rechtsmittels nicht notwendig Folgen für die Anschließung des Beklagten nach sich zöge. Daß hier die Anschließung des Beklagten eine eventuelle sein kann, darüber vgl. unten zu Anm. 2573. Hätte der Instanzrichter der Klage stattgegeben, aber die eventuelle Widerklage abgewiesen, so würde das Rechtsmittel des Beklagten selbstverständlich ein unbedingtes sein mit dem Ziele siegreicher Durchführung der eventuellen Widerklage. Hätte schließlich der Instanzrichter die Klage abgewiesen, und würde der Kläger ein Rechtsmittel einlegen, so könnte der Beklagte die — unerledigt gebliebene — eventuelle Widerklage — ohne Anschlußrechtsmittel (so RGEZ. LXXVII 127; and. Bucerius, Z. XXXVII 225, entsprechend seiner oben in Anm. 2547 erwähnten Ansicht, die damit vom RG. preisgegeben wird) — in der Rechtsmittelinstanz aufrechterhalten, da sie kein „neuer Anspruch" im Sinne des § 529 IV ZPO. ist, und auch § 537 ZPO. nicht entgegensteht. So für Eventualansprüche RG. V. v. 3. Februar 1909, JWSchr. 1909, S. 195/6; RGEZ. LXXVII 120fff.; CV 242, durch welche Entscheidungen alle früheren entgegenstehenden (vgl. insbes. RG. VI. v. 7. Oktober 1897, JWSchr. 1897 S. 567, und die dort angeführten Entsch.) aufgegeben sind. Vgl. auch schon RG. II. v. 24. September 1889 (JWSchr. 1889 S. 423), III. v. 23. September 1884 (Gruchot XXIX 421). Nicht entgegensteht übrigens RGEZ. XVIII 388, wo dem Eventualanspruch, dessen Devolution in die Rechtsmittelinstanz verneint wird, das zur Häufung eventueller Klaganträge notwendige Ausschließungsverhältnis zum Prinzipalanspruch fehlte. Wie hier auch Seuffert, Nr. 2c zu § 529, Nr. 1b zu § 537. Zu beachten ist freilich, daß das RG. die Devolution einer eventuellen Widerklage in die Rechtsmittelinstanz nicht anerkennt, da es ja die Zulässigkeit einer eventuellen Widerklage überhaupt ablehnt; vgl. insbes. die oben in Anm. 2553 a. E. angeführten RG. Entscheidungen. Stein, Nr. III zu § 529 bei Anm. 17, Nr. I 1 zu § 537 bei Anm. 6—8, lehnt die Devolution aller unerledigt gebliebenen Eventualansprüche in die Rechtsmittelinstanz ab, wobei aber gleichfalls zu beachten ist, daß er nicht nur die Zulässigkeit eventueller Widerklagen, sondern auch eventueller Klagenhäufung ablehnt (vgl. oben Anm. 2537, 2540, 2550), daß er aber andererseits die Grenzen der Geltendmachung eines Klaganspruches mit verschiedener Begründung oder unter Ableitung eines Eventualantrages neben dem Prinzipalantrag sehr weit zieht (vgl. oben Anm. 2537a, 2538), und daß er in diesen — für eine eventuelle Widerklage freilich nicht in Betracht kommenden — Fällen Devolution des eventuellen Klagegrundes oder Klagantrages in die Rechtsmittelinstanz anzunehmen scheint; so Nr. I 2 zu § 537, bei Anm. 16/7, im Widerspruch allerdings mit das., Nr. I 1, bei Anm. 12, wo er die Betreibung dieses nicht in die Rechtsmittelinstanz devolvierten Angriffs oder Angriffsmittels bei dem Unterrichter verlangt. Aber ein solches Recht hätte die Partei nach Stein doch schon bezüglich eines nicht in die Rechtsmittelinstanz devolvierten Eventualanspruches (RG. II. v. 16. Dezember 1890, JWSchr. 1891, S. 67; VII. v. 4. Juli 1902, in Puchelts Ztschr. XXXIV 231), soweit Stein einen solchen überhaupt ausnahmsweise für zulässig hält (vgl. oben Anm. 2554). Schief ist es übrigens, wenn Stein, Anm. 8 zu § 537, gegen das von RGEZ. LXXVII 120ff. mit Recht für die Häufung eventueller Klaganträge aufgestellte Ausschließungserfordernis einwendet, beide Ansprüche könnten doch unbegründet sein. Das Ausschließungserfordernis verlangt nur, daß nicht beide Ansprüche begründet sein können.

die Eventualanschließung von der herrschenden Lehre nicht erfordert. So soll z. B. die Partei, der durch bedingtes Endurteil ein Eid auferlegt ist, sich der Berufung des Gegners nur für den Fall ihrer Begründetheit anschließen können[2570]. Wie man sich für solchen Fall die gleichzeitige Begründetheit von Berufung und Anschlußberufung vorstellt, bleibt unklar. Allenfalls wäre denkbar, daß in solchem Falle sowohl Revision als auch Anschlußrevision begründet sein könnten, so wenn z. B. der Revisionskläger rügt, daß dem Revisionsbeklagten der Eid unter Verletzung der Beweislastgrundsätze anvertraut sei, der Revisionsbeklagte, daß ihm zu Unrecht ein Wahrheitseid statt eines Überzeugungseides (§ 459 ZPO.) auferlegt sei. Denn das Revisionsgericht kann sich in solchem Fall auf „kassatorische" Entscheidung, d. h. auf Aufhebung des Vorderurteils und Zurückverweisung der Sache an die Vorinstanz beschränken. Hier wäre also eine eventuelle Anschließung des Revisionsbeklagten an die Revision für den Fall ihrer Begründetheit allerdings denkbar. Eine „reformatorische" Entscheidung zugunsten beider Parteien in bezug auf denselben Anspruch ist indessen eine unvollziehbare Vorstellung, insoweit also auch eine für den Fall der Begründetheit der Berufung eingelegte Anschlußberufung[2571]. Anders ist es natürlich insoweit sich Rechtsmittel und Anschlußrechtsmittel auf verschiedene Ansprüche beziehen. Es besteht indessen kein Anlaß, hier für die Eventualanschließung von dem für die eventuelle Widerklage aufgestellten Erfordernis eines Ausschließungsverhältnisses zwischen den durch den Klagabweisungsantrag und die Widerklage geltend gemachten Rechtsstellungen abzusehen. Tatsächlich kann ein echtes Ausschlußverhältnis zwischen den Rechtsstellungen, welche der Antrag auf Zurückweisung des Rechtsmittels und das Anschlußrechtsmittel geltend machen, bestehen. So wenn im Falle eventueller objektiver Klagenhäufung der Instanzrichter unter Abweisung des Prinzipalantrages nach dem Eventualantrage erkannt hätte, und der Kläger sich dem Rechtsmittel des Beklagten lediglich für den Fall, daß es Erfolg haben sollte, anschlösse[2572]. Oder wenn bei Klage und eventueller Widerklage der Instanzrichter beiden stattgegeben hätte und sich der Beklagte dem Rechtsmittel des Klägers lediglich für den Fall seiner Begründetheit anschlösse[2573]. Nur wäre in diesen Fällen das Eventualverhältnis in

---

2570) RGEZ. XIII 360; SEUFFERT, Nr. 2b zu § 521; vgl. auch PETERSEN, Z. XVI 526ff.

2571) Anders könnte es nur sein, insoweit dem Richter eine reformatio in peius freistände. So wäre es nach der Plenarentscheidung des RMilG. v. 30. August 1910. (Entsch. XV 127ff.) möglich, daß der Staatsanwalt die Entscheidung der Straffrage zuungunsten des Angeklagten nur für den Fall anfechten würde, daß auf die Anfechtung der Entscheidung der Schuldfrage durch den Angeklagten das Berufungsgericht zu einer schwereren Qualifikation der Straftat gelangen sollte Indessen ist die — im Widerspruch mit dem Obermilitäranwalt (a. a. O. 133ff.) ergangene — Entscheidung des RMilG. noch unhaltbarer als die Rechtsprechung des RG., auf der sie beruht (vgl. über diese LÖWE-ROSENBERG, Nr. 2 zu § 331 (372); dazu noch unten Anm. 2588).

2572) Vgl. BUCERIUS, Z. XXXVII 224.

2573) Vgl. dazu oben Anm. 2569.

der Rechtsmittelinstanz gerade das umgekehrte wie in der Vorinstanz, indem die in der Vorinstanz prinzipal geltendgemachte Rechtsstellung in der Rechtsmittelinstanz zur eventuell geltend gemachten würde. Erst recht wird man ein echtes Ausschließungsverhältnis zwischen dem Antrag auf Zurückweisung des Rechtsmittels und der Eventualanschließung fordern müssen, wenn diese nur zwecks Erhebung eines neuen Anspruches erfolgt[2573a]). Denn die einzige Rechtfertigung der erweiterten Zulassung der eventuellen Anschließung ist, daß regelmäßig bei ihr, anders als bei der eventuellen Widerklage, kein neuer Anspruch erhoben wird[2573b]).

In den oben[2573c]) erwähnten Fällen der eventuellen objektiven Rechtsmittel- (Rechtsbehelf-) Häufung ergibt sich das Ausschlußverhältnis aus der in §§578 II ZPO., 315 II S. 1, 342 II S. 1 StPO. sanktionierten Erwägung, daß nicht zwei Rechtsbehelfe gleichzeitig anhängig sein können[2573d]).

Während die Zulässigkeit eines Eventualantrages regelmäßig voraussetzt, daß zwischen dem prinzipal und dem eventuell geltend gemachten Anspruch ein Ausschlußverhältnis besteht, wird umgekehrt bestritten[2574]), daß ein Ausschlußverhältnis zwischen prinzipal und eventuell geltend gemachten tatsächlichen Behauptungen bestehen dürfe. Mindestens wird angenommen[2575]), daß in der selbst eventuellen Beifügung einer mit der prinzipal aufgestellten unvereinbaren tatsächlichen Behauptung eine Zurücknahme der ersteren liege. Diese Meinung ist zurückzuweisen[2576]). Ihr liegt der Irrtum zugrunde, daß die Behauptung, weil Vorstellungsmitteilung[2577]), bestimmt sei, „als Beweismittel durch ihren Wahrheitswert (als Aussage) auf die Überzeugung des Gerichts einzuwirken[2578])". Indessen hat die Behauptung nur „den Stoff für die richterliche Aburteilung zu liefern". Sie ist m. a. W. als solche nicht Beweismittel, sondern regelmäßig Beweisthema[2579]). Wenn also eine

[2573a]) So auch der Sache nach RGEZ. XXIX 375ff.; LXI 254ff. Daß eine Anschließung nur zwecks Erhebung eines neuen Anspruches zulässig ist, wird allgemein zugegeben, vgl. STEIN, Nr. I 1 zu § 521.

[2573b]) Vgl. PETERSEN, Z. XVI 531.

[2573c]) Vgl. oben hinter Anm. 2561, in Anm. 2565.

[2573d]) Vgl. auch § 415 II RAbgO.

[2574]) So von PFIZER, Z. XXI 367ff.; aber auch von HELLWIG, Prozeßhandlung, § 9 III 2b.

[2575]) Von HELLWIG, Lehrb. III 82/3; Syst. I, § 119 II 2. In dem von HELLWIG, Lehrb. III 83 Anm. 24; Prozeßhandlung, § 9 Anm. 20, gegebenen Beispiel, daß der Beklagte behauptet, er habe den Anzug nicht gekauft, eventuell aber geltend macht, daß der Anzug schlecht sitzt, liegen übrigens gar keine unvereinbaren tatsächlichen Behauptungen vor.

[2576]) Gegen die oberflächlichen Ausführungen PFIZERS schon H. MEYER, Z. XXIII 32ff.

[2577]) Vgl. oben § 27 I 1. [2578]) Vgl. oben hinter Anm. 2203/4.

[2579]) Vgl. oben hinter Anm. 2204, 2204a. Wie sehr bei HELLWIG die Vermengung von Parteibehauptung und Parteiaussage (Parteibekundung) (vgl. oben zu Anm. 2297) zugrunde liegt, zeigt seine Erklärung (Prozeßhandlung, § 9 Anm. 20), daß die Aufstellung einer mit der prinzipalen unvereinbaren eventuellen tatsächlichen Behauptung dann zulässig sei, wenn es sich um facta aliena (Lehrb. III 83) handle; vgl. oben hinter Anm. 2298a.

Partei eventuell eine mit der prinzipalen unvereinbare tatsächliche Behauptung aufstellt, so hat das nur die Bedeutung, daß sie mit der Möglichkeit rechnet, mit dem prinzipalen Angriffs- oder Verteidigungsmittel nicht durchzukommen, insbesondere dasselbe nicht beweisen zu können[2580]. Es ist unerfindlich, warum eine solche Art des Angriffs oder der Verteidigung unzulässig sein, oder die Aufstellung der eventuellen Behauptung eine Zurücknahme der prinzipalen enthalten sollte. Die richtige und durchaus herrschende Ansicht setzt auch nicht voraus, daß man von der — unrichtigen[2581] — Auffassung der Behauptungen als „Willenserklärungen" ausgeht[2581a].

Ein zu dem prinzipalen im Ausschließungsverhältnis stehender, insbesondere mittels Eventualantrages geltend gemachter Eventualanspruch gelangt zur richterlichen Prüfung erst, wenn sich die Geltendmachung des prinzipalen als unzulässig oder unbegründet erweist. Auch sonst ist auf Eventualanträge erst nach festgestellter Erfolglosigkeit des Prinzipalantrages einzugehen. In den Fällen der §§ 578 II ZPO., 315 II S. 1, 342 II S. 1 StPO.[2582] ergibt sich dies unmittelbar aus dem Gesetz. Ebenso folgt aus der subsidiären Natur des Eides, die in der gesetzlichen Auslegungsregel des § 453 II ZPO. Ausdruck gefunden hat, daß der für den Fall der Erfolglosigkeit gleichzeitig angetretener anderweiter Beweisführungen zugeschobene Eid erst nach Feststellung des Eintritts dieser Eventualität aufzuerlegen ist[2583]. Im übrigen bindet der Parteiwille, daß derRichter auf die eventuell geltend gemachten Angriffs- oder Verteidigungsmittel, auf die eventuell angebotenen Beweismittel erst nach Feststellung der Erfolglosigkeit der prinzipalen eingehen möge, den Richter nicht. Vielmehr hat der Richter, wenn der Rechtsstreit zur Endentscheidung reif ist, das Endurteil zu erlassen, gleichgültig ob die Angriffs- oder Verteidigungsmittel, welche den Rechtsstreit zur Endentscheidung reif gemacht haben, prinzipale oder eventuelle sind[2584]. Und der Richter hat diejenigen Angriffs-, Verteidigungs- und

[2580] Daß die mit der prinzipalen unvereinbare eventuelle tatsächliche Behauptung diese Bedeutung haben kann, gibt Hellwig, Prozeßhandlung, § 9 III 2b a. E. und Anm. 20 das., zu. Sie hat diese Bedeutung aber immer.

[2581] Vgl. oben § 27 I 1.

[2581a] Wie Stein, Nr. V 9 vor § 128, vor Anm. 125, lehrt.

[2582] Vgl. oben zu u. in Anm. 2536, in Anm. 2565, zu Anm. 2573d.

[2583] Die Natur des Eides als absolutes Beweismittel führt dazu, daß die Richtigkeit der in § 453 II ZPO. enthaltenen gesetzlichen Auslegung Voraussetzung — nicht, entsprechend den oben in Anm. 2536, 2565 angeführten Fällen, der Zulässigkeit der Eideszuschiebung, sondern, wie bereits oben in Anm. 2535a betont, — der Beachtlichkeit der anderen Beweisantretungen ist, indem die auf Umkehrung des in § 453 II ZPO. unterstellten Eventualitätsverhältnisses gerichtete Parteiwillensäußerung von vornherein als Widerruf der „eventuellen" anderen Beweisantretungen anzusehen ist; vgl. dazu den oben in Anm. 2565 enthaltenen Hinweis auf §§ 315 III, 342 III StPO. Nach RGEZ. LXXIV 26 soll ein solcher Widerruf auch darin liegen, daß sich die Partei mit Norm und Erheblichkeit des Eides einverstanden erklärt (§ 461 ZPO.). Da danach der Parteiwille das Eventualitätserfordernis gegenstandslos machen kann, so ist die Eventualität auch hier keine condicio iuris; vgl. oben Anm. 2565.

[2584] So RGEZ. LV 245; Förster-Kann, Nr. 2d, bb, *a*, a. E.; abw. Stein, Nr. V 9 vor § 128, zu Anm. 127, der nur für „Abweisungsgründe" eine — einge-

Beweismittel zuerst zum Gegenstand der Verhandlung und Beweisaufnahme zu machen, welche voraussichtlich am schnellsten den Rechtsstreit der Endentscheidungsreife zuführen, gleichgültig ob diese Behauptungen und Beweisantretungen prinzipale oder eventuelle sind. Dies folgt nicht nur — unmittelbar oder mittelbar — aus § 300 ZPO., in Verbindung mit § 146 ZPO.[2585]), sondern aus dem Wesen der Eventualität selbst. Denn dieses besteht darin, daß die Partei prinzipal mit dem ihr Günstigeren, eventuell mit dem ihr weniger Günstigen durchzudringen wünscht. Bei Anträgen ist nun — von besonders gelagerten Ausnahmefällen abgesehen[2586]) — der prinzipale der günstigere; bei Angriffs-, Verteidigungs- und Beweismitteln ist aber das günstigere dasjenige, mit dessen Hilfe die Partei am schnellsten zu dem erstrebten Ziele gelangt. Hier muß also der Richter mehr das wohlverstandene Interesse der Partei als ihren — meist nur scheinbar entgegenstehenden — Willen berücksichtigen.

Aus dieser Erwägung ergibt sich auch die Ausnahme, die von dem Grundsatz des Primats des liquidesten Angriffs- oder Verteidigungsmittels gemacht werden muß. Hat nämlich ein Urteil, das auf das prinzipal geltend gemachte Angriffs- oder Verteidigungsmittel gegründet ist, zugunsten der Partei eine weitergehende Rechtswirkung als ein Urteil, das sich auf das eventuelle Vorbringen stützt (und also alternativ begründet sein muß)[2587]), so bewendet es bei der sich aus dem Parteivorbringen ergebenden Reihenfolge der Prüfung. Und zwar kommt es für die Bestimmung der Tragweite der Urteilswirkung auf sämtliche Urteilswirkungen an, auch auf die Tatbestands- (Neben-) Wirkungen und hier wieder nicht nur auf die privatrechtlichen, sondern auch auf straf- und öffentlichrechtliche[2588]). Dagegen ergibt sich aus dem Gesagten für die Frage der Eventualaufrechnung[2589]) eine Entscheidung zugunsten der „Klagabweisungstheorie". Denn das Urteil, welches die Klage auf Grund des prinzipalen Vorbringens des Beklagten abweist, hat zugunsten des Beklagten keine weitergehende Rechtskraftwirkung als das Urteil, welches sie mit der Alternativbegründung abweist, daß die Klageforderung, wenn nicht aus den vom Beklagten prinzipal vorgebrachten Gründen, so jedenfalls wegen der eventuell geltend gemachten Aufrechnung nicht bestehe. Dies

---

schränkte — Ausnahme macht (vgl. aber dens., Nr. II 5 zu § 615, bei Anm. 29). Nach Hellwig, Prozeßhandlung, § 9 III 2a, soll für die Reihenfolge der Prüfung „in der Regel das logische Verhältnis maßgebend" sein, außer bei der Geltendmachung von „Gestaltungsrechten", wo der Parteiwille entscheiden soll.

[2585]) So auch RGEZ. LV 245.

[2586]) Vgl. oben Anm. 2541 a. E.

[2587]) So mit Recht Pagenstecher, Eventualaufrechnung, 9.

[2588]) Hier anders RGEZ. LV 246; richtig Stein, Nr. II 5 zu § 615. Wenn RGEZ. eine siegreiche Partei nicht für beschwert hält, deren unbeachtet gebliebenes Prinzipalvorbringen zu einem für sie günstigen Urteil von größerer Tragweite geführt hätte, so liegt ein entsprechender Irrtum zugrunde, wie wenn RGESt. in der schwereren Qualifizierung einer Straftat nicht einmal dann eine reformatio in peius sieht, wenn diese geeignet ist, künftig eine Strafschärfung wegen Rückfalls zu begründen (vgl. dazu schon oben Anm. 2571).

[2589]) Vgl. darüber schon oben zu Anm. 2494/5.

gilt auch nicht nur, solange man mit RGEZ. LXXX 166/7 § 322 II ZPO. „eng" auslegt, d. h. leugnet, daß die eine Klage wegen Begründetheit der Aufrechnungseinrede abweisende Entscheidung das „Nichtmehrbestehen" der aufgerechneten Gegenforderung rechtskräftig feststelle[2590]. Denn selbst wenn man § 322 II ZPO. auf eine solche Entscheidung anwendet, ja gerade wenn man es tut, so ist der Beklagte nicht dadurch beschwert, daß statt einer solchen seine Gegenforderung aberkennenden Entscheidung eine „sententia incerta" — mit der oben angegebenen Alternativbegründung — erlassen ist[2591].

2. Den Fällen typischer Eventualität, d. i. der Bedingtheit einer Erwirkungshandlung durch die Erfolglosigkeit einer anderen, am näch-

---

[2590]) So PAGENSTECHER, Eventualaufrechnung, 25ff., 43, 54.

[2591]) Dagegen behauptet PAGENSTECHER, a. a. O., 21, daß nach § 293 II ZPO. alt. Fass. oder, sofern man § 322 II ZPO. auch auf Feststellung des „Nichtmehrbestehens" der aufgerechneten Gegenforderung bezieht, der siegreiche Beklagte durch Erlaß eines die Klage mit Alternativbegründung abweisenden Urteils beschwert sei. Aber wie sollte er das, da doch die Rechtskraftwirkung des von ihm erstrebten die Klage aus anderen Gründen außer der Aufrechnung abweisenden Urteils keine größere rechtliche Tragweite zu seinen Gunsten hätte als das Alternativurteil? Denn daß die Vereitelung der Aussicht des Beklagten auf Verbesserung seiner Beweischancen in einem künftigen Prozeß nicht zu einer Beschwer ausreicht, das erkennt PAGENSTECHER, selbst, a. a. O., 12ff., an. Überhaupt ist PAGENSTECHERS Behauptung, a. a. O., 9ff, daß ein Urteil mit Alternativbegründung dann unzulässig, eine „sententia incerta" sei, wenn „die Abweisung wegen des Eventualgrundes eine andere Tragweite hätte als die Abweisung wegen eines anderen Grundes", eine petitio principii. Das im Falle der Eventualaufrechnung die Klage mit Alternativbegründung abweisende Urteil stellt das Nichtbestehen der Klageforderung fest (unrichtig STEIN, Nr. II B 3 zu § 300, bei Anm. 18). Der objektive Umfang seiner Rechtskraft ist also deutlich bestimmt, auch wenn der „willkürlichen" (so STEIN, Nr. VI zu § 322) Ausnahmevorschrift des § 322 II ZPO., welche die Rechtskraft auf einen Entscheidungsgrund ausdehnt, keine Gelegenheit gegeben wird, praktisch zu werden. Daß der Beklagte dadurch nicht beschwert ist, wurde bereits ausgeführt. Aber auch der Kläger ist es nicht, da seine Klage unstreitig unbegründet, und es nicht Sache des Richters ist, das Klagebegehren umzudeuten in das völlig unmögliche Begehren, aus bestimmtem Grunde abgewiesen zu werden. Möglich ist nur der Antrag auf Feststellung des Nichtmehrbestehens der aufgerechneten Gegenforderung, und es ist Sache des Klägers, seinen Klagantrag entsprechend zu ändern; vgl. auch noch unten Anm. 2597. Dagegen hält PAGENSTECHER (a. a. O., 25ff., 31, 54) mit Recht dem Reichsgericht vor, daß es in ungerechtfertigter Weise den Kläger benachteilige. Denn einerseits bestreitet RGEZ. LXXX 164ff. unter Hinweis auf seine „enge" Auslegung des § 322 II ZPO. das Vorliegen einer reformatio in peius, wenn das Berufungsgericht auf Berufung des Klägers das ihn wegen Tilgung der Klageforderung durch Aufrechnung abweisende Urteil erster Instanz durch ein ihn schon aus anderen Gründen abweisendes Urteil ersetzt. Und andererseits hält das RG. trotz seiner „engen" Auslegung des § 322 II ZPO. den Beklagten durch ein Urteil für beschwert, das ihn, ohne auf sein prinzipales Bestreiten der Klagforderung einzugehen, mit der eventuell geltend gemachten Aufrechnung durchdringen läßt (RGEZ. LXXVIII 398). Nur ist eines zu beachten. Beschwert wäre der Beklagte durch ein solches Urteil auch bei „weiterer" Auslegung des § 322 II ZPO. und war er auch nach älterem Recht (§ 293 II ZPO. alt. Fass.) nur dann, wenn es zu Unrecht das Nichtmehrbestehen der Gegenforderung feststellte (RGEZ. XXXVII 403); nicht aber dann, wenn es, wie allein richtig, mit Alternativbegründung, unter Dahingestelltlassen des Grundes des Nichtbestehens der Klagforderung die Klage abwies (RGEZ. XLII 364).

sten stehen Fälle, in denen eine Erwirkungshandlung für den Fall vorgenommen wird, daß eine gegnerische Erwirkungshandlung erfolgreich sein sollte. So wenn schon in dem Gesuch um Erlaß des Zahlungsbefehls der Antrag auf Terminsbestimmung oder Verweisung an das Landgericht für den Fall der Zulassung des Widerspruchs (§§ 696 I S. 2, 697 II S. 1 ZPO.), oder wenn schon in dem Antrag auf Erlaß des Strafbefehls der Antrag auf Entscheiduug durch den Amtsrichter allein für den Fall der Zulassung des Einspruchs (§ 407 IV StPO.) gestellt wird. Daß der Widerspruch seinen Erfolg, die Verhandlung über das Rechtsschutzgesuch[2592]), der Einspruch seinen Erfolg, die Verhandlung über die Anklage[2592a]), schon erreicht, wenn er zulässig ist, beruht darauf, daß beide Prozeßanträge sind, die inhaltlich gar nicht geprüft werden und also, wenn zulässig, ohne weiteres begründet sind[2593]). Dies führt zu Erwirkungshandlungen, die für den Fall gelten sollen, daß der Gegner eine Erwirkungshandlung überhaupt zulässigerweise vornehmen sollte, wie zu dem zuvorkommenden Bestreiten oder dem zuvorkommenden selbständigen Verteidigungsmittel (Einrede, Replik). Beide können — letzteres als eventuelles — miteinander verbunden sein. Letzteres kann auch mit der Bewirkungshandlung eines zuvorkommenden Geständnisses verbunden sein, das freilich seine Wirkung als ungünstiges Parteivorbringen[2593a]) schon ohne seine Aufnahme durch den Gegner äußert.

Eine Erwirkungshandlung kann auch für den Fall vorgenommen werden, daß eine prinzipale erfolgreich sein wird. Hierher gehört weder der Fall, daß neben einem Anspruch unbedingt ein zweiter geltend gemacht wird, der durch die Nichterfüllung des ersten bedingt ist[2594]); noch der Fall, daß neben einem Gestaltungsklagrecht unbedingt ein Anspruch geltend gemacht wird, der durch die Rechtskraft des Gestaltungsurteils bedingt ist[2595]). Dagegen gehört hierher die für den Fall einer Abweisung der Eheanfechtungsklage erhobene Scheidungswiderklage[2596]) oder, wenn der Beklagte, der die Klageforderung bestritten, eventuell Aufrechnung eingewendet und unbedingt Widerklage auf den überschießenden Betrag erhoben hat, für den Fall, daß er mit seinem Bestreiten der Klageforderung durchdringen sollte, Widerklage auf den ganzen Betrag der Gegenforderung erhebt[2597]). Verwandt ist die Rechtslage, wenn eine Erwirkungshandlung für den Fall vorgenommen wird,

---

2592) Vgl. oben hinter Anm. 1997. 2592a) Vgl. oben zu Anm. 1990.

2593) Vgl. oben zu u. hinter Anm. 2168a.

2593a) Dazu insbes. oben zu Anm. 2503.

2594) Vgl. Förster-Kann, Nr. 2d, aa, zu § 260; Stein, Nr. II 4 zu § 260; schon oben Anm. 2565.

2595) Z. B. Verbindung der Klage auf Aufhebung der ehemännlichen Verwaltung und Nutznießung gemäß § 1418 BGB. mit der Klage auf Herausgabe des Eingebrachten; vgl. dazu Förster-Kann, Nr. 2c zu § 260.

2596) Vgl. oben zu Anm. 2556, 2556a.

2597) Vgl. Hellwig, Syst. I, § 116 II 4a. Durch eine solche Widerklage kann auch der Beklagte Beweiserhebung über die Klageforderung und eine Entscheidung über das Bestehen der Gegenforderung erzwingen; vgl. dazu oben Anm. 2591.

daß eine gegnerische Erwirkungshandlung versäumt (verpaßt) werden oder erfolglos bleiben sollte. So wenn mit dem Antrag auf Fristsetzung gemäß § 109 I ZPO. der Antrag auf Rückgabe der Sicherheit gemäß § 109 II ZPO., oder mit dem Antrag auf Terminsbestimmung nach § 900 ZPO. der Antrag auf Haftanordnung nach § 901 ZPO., oder mit dem Gesuch um Erlaß des Zahlungsbefehls (§§ 688ff. ZPO.) das Gesuch um Erlaß des Vollstreckungsbefehls (§ 699 ZPO.) verbunden wird[2598].

Auch Bewirkungshandlungen können für den Fall einer bestimmten Gestaltung der Prozeßlage vorgenommen werden. Und zwar eine günstige Bewirkungshandlung für den Fall des Erfolges einer Erwirkungshandlung. So der Widerruf der Eideszurückschiebung für den Fall der Beweiskraft einer anderen Beweisführung (§§ 454 II, 458 ZPO.). Oder eine günstige Bewirkungshandlung für den Fall der Erfolglosigkeit einer Erwirkungshandlung. So die Eidesannahme für den Fall der Unzulässigkeit der Eideszurückschiebung[2599] (§ 452 II ZPO.). Oder eine ungünstige Bewirkungshandlung für den Fall des Erfolges einer Erwirkungshandlung. So, wenn die klagebegründenden Tatsachen für den Fall zugestanden werden, daß eine Aufrechnungseinrede durchgreifen sollte[2600]. Diese Rechtslage läuft auf eine prinzipale Aufrechnungseinrede und ein eventuelles Bestreiten der Klageforderung, m. a. W. auf eine Umkehrung der sich bei der Eventualaufrechnung[2601] ergebenden Lage hinaus. Oder eine ungünstige Bewirkungshandlung für den Fall der Erfolglosigkeit einer Erwirkungshandlung. So das Geständnis der Höhe des Schadens für den Fall, daß das Bestreiten seiner Verursachung erfolglos sein sollte[2602]. Oder eine ungünstige Bewirkungshandlung für den Fall der Unbeachtlichkeit einer minder ungünstigen. So ein Klagverzicht (§ 306 ZPO.) für den Fall, daß eine

---

[2598]) Vgl. über diese Fälle STEIN, Nr. V 9 vor § 128 hinter Anm. 130, Nr. IV 4 zu § 109, Nr. II zu § 901, Nr. II 1 zu § 699. Im letztgenannten Falle hält STEIN den bedingten Antrag für unzulässig; gegen ihn SEUFFERT, Nr. 1e zu § 699.

[2599]) Vgl. dazu oben zu Anm. 2508 und die in Anm. 2508 angeführten Stellen.

[2600]) RGEZ. XLII 322. Das RG. spricht in diesem Urteil von „Anerkenntnis", ohne damit aber ein Klaganerkenntnis im Sinne des § 307 ZPO. zu meinen (unrichtig STEIN, Anm. 4, 20 zu § 307; HELLWIG, Prozeßhandlung, § 9 Anm. 13), das allerdings einwendungslos erfolgen muß (vgl. oben vor Anm. 1632). Eine andere Frage ist, ob ein „Rechtsgeständnis" nur in bezug auf präjudizielle Rechtsverhältnisse (vgl. oben vor Anm. 2179, auch oben Anm. 2504) beachtlich ist. Die Frage dürfte (mit STEIN, Nr. II 1a zu § 288; gegen HEGLER, 267) zu bejahen sein, da die Beachtlichkeit eines mit Einreden verbundenen „Rechtsgeständnisses" der Klageforderung den Richter der notwendigen Freiheit berauben würde, bei Prüfung der Einreden zu einer von den Parteien abweichenden rechtlichen Beurteilung der Klageforderung zu kommen (vgl. HEGLER, selbst, 269ff.). An der Beachtlichkeit eines durch eine bestimmte Gestaltung der Prozeßlage bedingten Geständnisses ist um so weniger (vgl. aber auch oben zu Anm. 2581/2) zu zweifeln, als das Geständniss eine Willensmitteilung ist (vgl. oben zu Anm. 1620, hinter Anm. 2227). Im Ergebnis übereinstimmend STEIN, Nr. V 9 vor § 128 zu Anm. 126, Nr. II 2a zu § 288 bei Anm. 28; and. BÜLOW, Geständnisrecht, 260ff.; HELLWIG, Prozeßhandlung, § 9 III 1 (der, das., Anm. 13, zwischen der — zulässigen — Bedingung einer bestimmten Gestaltung der Prozeßlage und einer — unzulässigen — anderweiten Bedingung nicht unterscheidet).

[2601]) Vgl. oben zu Anm. 2589—2591.

[2602]) STEIN, Anm. 126 vor § 128.

Klagezurücknahme (§ 271 ZPO.) unbeachtlich sein sollte. Einseitige prozessuale Willenserklärungen (oben § 29 II 1 b) können von der Bedingung einer bestimmten Gestaltung der Prozeßlage nicht abhängig gemacht werden[2603]. Schon deshalb wäre die Zurücknahme eines Antrages für den Fall seiner Erfolglosigkeit unbeachtlich[2604].

Von einer anderen Bedingung als der einer bestimmten Gestaltung der Prozeßlage können Parteihandlungen keinesfalls abhängig gemacht werden. Im Widerspruch mit diesem Grundsatz vorgenommene Erwirkungshandlungen wären unzulässig[2605], ihm widersprechende Bewirkungshandlungen unbeachtlich[2606]. Anderes gilt nur für prozessuale Vereinbarungen, die unter Bedingungen oder Zeitbestimmungen abgeschlossen werden können[2607]. So insbesondere der Prozeßvergleich[2608], und die Fähigkeit des Bedingtwerdens teilt sich dann auch solchen in den Vergleich aufgenommenen Bewirkungshandlungen mit, die, wie die Zurücknahme der Klage oder des Rechtsmittels, sonst bedingungsfeindlich sind[2609].

B. Die Richterhandlungen.

(§ 31.)

I. Im Mittelpunkt der Richterhandlungen stehen die Entscheidungen. Alle richterliche Tätigkeit ist Entscheidung oder setzt solche

[2603]) Vgl. schon oben zu Anm. 2449a, b.

[2604]) Vgl. schon oben hinter Anm. 2536.

[2605]) Bedenklich RGEZ. LIII 83, welches die Stellung eines Antrages bei dem Prozeßgericht auf Ermächtigung zur Auflassung gemäß § 887 ZPO. für den Fall, daß ein Antrag bei dem Grundbuchamt auf Eigentumseintragung erfolglos sein sollte, zuläßt. Das RG. läßt sich offenbar durch das Eventualitätsverhältnis der beiden Anträge bestimmen, übersieht aber, daß als Eventualität nicht die Gestaltung der Lage eines anderen Verfahrens gesetzt werden kann; vgl. schon oben zu Anm. 2560.

[2606]) Z. B. eine bedingte Zustimmung des Beklagten zur Zurücknahme der Klage.

[2607]) Hellwig, Prozeßhandlung, § 9 IV 1; Syst. I, § 151 III; schon oben zu Anm. 2449a, b.

[2608]) Hellwig, a. a. O., sowie Prozeßhandlung, § 7 V 2; Syst. I, § 193 II 2 b, unterstellt hier eine Vereinbarung der Ruhe des Verfahrens bis zur Erfüllung der Bedingung; ebenso H. Lehmann, Prozeßvergleich, 153, 154/5. Indessen einmal ist eine solche Unterstellung unnötig (vgl. schon Stein, Anm. 24 zu § 794), da die ihr zugrunde liegende Ansicht von der Unmöglichkeit einer Schwebe der Rechtshängigkeit eine petitio principii ist (vgl. oben zu Anm. 2544; übrigens auch H. Lehmann, a. a. O., 153). Und sodann ist sie irreführend; denn sie führt zu der Annahme, daß die Prozeßbeendigung beim bedingten Vergleich immer als aufschiebend bedingt anzusehen ist (so in der Tat Hellwig, Prozeßhandlung, § 7 V 2; unklar H. Lehmann, a. a. O., 152/3). Dann läge aber dem die Erteilung der Vollstreckungsklausel verlangenden Gläubiger immer nach § 726 ZPO. der Nachweis des Eintritts der Bedingung ob, was häufig dem Parteiwillen nicht entsprechen würde (vgl. dazu H. Lehmann, a. a. O., 224). Seit die ZPVO. v. 13. Februar 1924 die Vereinbarung der Verfahrensruhe aus der Reihe der beachtlichen prozessualen Vereinbarungen gestrichen hat, ist Hellwig's Konstruktion der gesetzliche Boden entzogen.

[2609]) Anders Hellwig, Syst. I, § 152 III. Vgl. aber auch oben hinter Anm. 2517.

voraus[2610]). Denn alle richterliche Tätigkeit ist Rechtsanwendung. Und Entscheidung ist die Feststellung des im Einzelfall für Recht Erkannten. Diese Festsellung ist das Ergebnis einer Denktätigkeit, also ein Urteil[2610a]). Sie kommt am reinsten da zum Ausdruck, wo sich der Richter anscheinend auf die Mitteilung des Denkergebnisses der Rechtserkenntnis beschränkt, also insbesondere beim zivilprozessualen Feststellungsurteil. Indessen eine bloße Vorstellungsmitteilung ist auch das Feststellungsurteil nicht, sondern die Anordnung der gerichtlichen Geltung des Festgestellten[2611]). Noch weniger sind die sonstigen Entscheidungen, bei denen der Feststellungsinhalt mehr oder weniger zurücktritt, bloße Mitteilungen des für Recht Erkannten. Sie sind vielmehr gleichzeitig Maßregeln, durch die der Richter das für Recht Erkannte verwirklicht[2612]), entweder Willenserklärungen[2613]), so z. B. die zivilprozessualen Gestaltungsurteile, das strafprozessuale Einziehungsurteil, die kassatorischen Entscheidungen[2613a]), die Anordnung der Aussetzung (§§ 148ff., 246ff. ZPO), des Ruhens (§ 251 ZPO) des Verfahrens, der Trennung, Beschränkung oder Verbindung der Prozesse oder Verhandlung (§§ 145—147 ZPO.), die Bestimmung des zuständigen Gerichts (§ 36 ZPO.), die Bestimmung des Vorsitzenden, vom Verfahren vor dem Einzelrichter abzusehen (§ 348 S. 2 ZPO.), die Vereinbarung in § 13 II, III StPO.[2614]), die Zustimmung im §§ 153 II. StPO., 32 I, II JugendGerGes. v. 16. Febr. 23, oder Willensmitteilungen, sei es Anordnungen, so z. B. die Anordnungsurteile, einschließlich der auf Strafe lautenden Urteile und der Leistungsurteile[2615]),

[2610]) Vgl. oben zu Anm. 1340i, Anm. 1970.

[2610a]) Es ist also ebenso unrichtig, wenn Bülow, Gesetz, 9, 10, einen Gegensatz zwischen „der" und „dem" „Erkenntnis" sucht (vgl. schon oben Anm. 833a), wie wenn E. v. Hippel, Staatsakt, 39, 40 — gegen W. Jellinek, 10ff., — die Gleichsetzung von „logischem" und „juristischem" „Urteil" als „reines Wortspiel" bezeichnet.

[2611]) Vgl. oben zu Anm. 1172g²; schon mein Ungerechtfert. VollstreckBetr., 48ff. Auf die gegen die Befehlstheorie erhobenen Einwendungen — vgl. oben Anm. 1176a — braucht hier nicht nochmals eingegangen zu werden. Oben — hinter Anm. 1172f — ist ausgeführt, daß die Rechtskraft jedenfalls genetisch auf die Gewalt des Gerichts zurückzuführen ist. Ob die unzweifelhafte Sanktion dieser Gewalt durch das Recht — vgl. oben zu Anm. 1172l, 1397 — den Gerichtsbefehl nur legalisiert oder ganz ersetzt hat, mag auf sich beruhen. Dogmatisch ist die Streitfrage ohne Bedeutung, da das Recht unzweifelhaft auch eine bloße Vorstellungsmitteilung mit Rechtswirkungen ausstatten kann.

[2612]) Mit Recht bezeichnet daher Kormann, 73, die Grenzen zwischen Feststellungen und (sonstigen) Verfügungen als flüssig.

[2613]) Daß alle Entscheidungen Willenserklärungen seien (so Hellwig, Syst. I, § 159 I 1a, II), ist unrichtig.

[2613a]) Vgl. oben Anm. 1987a, 2153.

[2614]) Vgl. dazu Löwe-Rosenberg, Nr. 10b zu § 13.

[2615]) Ich übernehme den von Kuttner, Urteilswirkungen, 21ff., 38ff., aufgestellten Begriff der „Anordnungsurteile". Da ich aber das Wesen des Leistungsurteils nicht in einem an den Beklagten gerichteten Leistungsbefehl, sondern in dem Vollstreckungstitel, d. i. in dem an die Vollstreckungsorgane gerichteten Vollstreckungsbefehl sehe (Ungerechtfert. VollstreckBetr., 46ff.; oben Anm. 638a), so betrachte ich das Leistungsurteil als eine Art der Anordnungsurteile. Ich nehme dementsprechend auch nicht an, daß in den Anordnungsurteilen das zugrunde und die prozeßleitenden Befehle[2616]) und Aufforderungen[2617]), sei es Äußerungen über eigenes Tun oder Unterlassen, so z. B. die auf die Parteiladung gesetzte Terminsbestimmung (§ 216 ZPO.), die ein Erbieten zur Entgegennahme der Verhandlung und Beweisvorführung ist, der Beweisbeschluß, der das Erbieten zur Entgegennahme der Beweisvorführung und meist auch die Ankündigung selbsttätiger Herbeischaffung und Vorführung von Beweis- oder Erkenntnismitteln ist[2617a]), oder Strafdrohungen (§ 890 II ZPO.), sei es endlich Weigerungen, so alle einen Antrag abweisenden Entscheidungen[2618]), einschließlich der auf Einstellung lautenden Entscheidungen[2619]) und der auf Freisprechung lautenden Urteile [2620]) im Strafprozeß. Wo dagegen der Richter auf Grund des für Recht Erkannten unmittelbar selbst eine (nicht die Rechtserkenntnis betreffende) Vorstellungsmitteilung, z. B. eine Belehrung (§§ 26 II S. 2 GVG.; 52 II, 114 III, 228 III, 265 I, II StPO.; 4 V S. 1 Mieterschutz G. v. 1. Juni 1923) oder gar einen Realakt, z. B. die Durchsicht von bei einer Durchsuchung aufgefundenen Papieren (§ 110 I StPO.), vornimmt, fehlt es an einem corpus decreti[2620a]). Man kann daher die Entscheidungen definieren als die vom Richter auf Grund einer Feststellung des für Recht Erkannten erlassenen Willenserklärungen oder Willensmitteilungen[2620b]).

---

liegende privatrechtliche Rechtsverhältnis nicht in rechtskraftfähiger Weise abgeurteilt, sondern höchstens als Vorfrage berücksichtigt werde; so KUTTNER, a. a. O. 24, im Widerspruch zu das. 61.

[2616]) Sie sind, ebenso wie die in den Anordnungsurteilen steckenden Befehle, meist an andere Staatsorgane, wie Gerichtsschreiber, Staatsanwaltschaft (die insoweit nicht als Partei, sondern als Vollstreckungsorgan — § 36 StPO. — erscheint), gerichtet. Einen Befehl an die Parteien vgl. insbes. in dem oben hinter Anm. 629 und zu Anm. 629b—h erwähnten Fällen.

[2617]) Es handelt sich hier meist um solche, welchen den Parteien Lasten auferlegen; vgl. schon HELLWIG, Syst. I, § 159 II 2a zu Anm. 28—31. Läßt der Richter die Aufforderung durch andere Staatsorgane, wie den Gerichtsschreiber (so z. B. wohl in § 498 II ZPO.), ergehen, so ist nicht die Aufforderung, sondern der sie anordnende Befehl die richterliche Entscheidung.

[2617a]) HELLWIG, Syst. I, § 159, Anm. 19, weist dem Beweisbeschluß nicht die ihm zukommende systematische Stellung an.

[2618]) KORMANN, 63ff., spricht hier von „negativen Verfügungen". Schief HELLWIG, Syst. I, § 159 II 2a δ, der bestreitet, daß die abweisenden Entscheidungen eine besondere Entscheidungsklasse bildeten, weil insbesondere die Klagabweisung einerseits eine Feststellung enthalte, andererseits insofern konstitutiv wirke, als sie die Rechtshängigkeit beendige. Aber nicht diesen beiden Eigenschaften, welche die Klagabweisung mit allen Urteilen teilt (vgl. HELLWIG selbst, Syst. I, § 159 Anm. 14), und denen folglich die Fähigkeit, Urteilsklassen zu bilden, abgeht, verdankt die Klagabweisung ihre Anerkennung als besondere Urteilsklasse, sondern der differentia specifica, welche sie von anderen Urteilen unterscheidet.

[2619]) Vgl. oben zu Anm. 2099, 2158/9.

[2620]) Vgl. dazu mein Mater. JustizR., 25 Anm. 130.

[2620a]) Vgl. auch RGEZ. LXIV 44; LXX 403.

[2620b]) Daß auf diesen unseren Prozeßordnungen tatsächlich zugrunde liegenden weiten Entscheidungsbegriff nicht alle von den Prozeßordnungen für die Entscheidungen gegebenen Vorschriften anwendbar sind, ist anerkannt; vgl. LÖWE-ROSENBERG, Nr. 2 vor § 33, Nr. 1 zu § 34, Nr. 1, 2 zu § 35.

II. Nach dem Gesagten sind alle Entscheidungen a) Ergebnisse einer Denktätigkeit, d. s. Urteile; b) Willensäußerungen. Daraus ergibt sich die Zweiheit der auf die Entscheidungen anwendbaren Wertungen. Zu a) In ihrer Eigenschaft als Ergebnisse einer Denktätigkeit sind die Entscheidungen entweder richtig oder unrichtig[2621]). Da diese Wertungen immer auf einem bestimmten Verhältnis der Entscheidungen zu ihrer „psychologischen Veranlassung", den Erwirkungshandlungen[2622]), beruhen, so treffen die Wertungen der Richtigkeit oder Unrichtigkeit die Entscheidungen zugleich in ihrer Eigenschaft als erwirkte Handlungen. Zu b) In ihrer Eigenschaft als Willensäußerungen kommen die Entscheidungen stets nur als Bewirkungshandlungen in Betracht[2622a]). Als solche sind sie entweder beachtlich (gültig, wirksam), und zwar in diesem Falle wieder entweder unabänderlich oder abänderlich, insbesondere anfechtbar, oder sie sind unbeachtlich (ungültig, unwirksam, nichtig). Die Zweiheit der auf die Entscheidungen anwendbaren Wertungen, welche anderthalb Jahrtausende in der Unterscheidung der sententia iniqua und sententia nulla unvermittelt zum Ausdruck gelangt ist[2623]), findet ihre Einheit in der dem modernen prozessualen Denken geläufigen Tatsache, daß die Unrichtigkeit einer Entscheidung nur erheblich ist, wenn sie mindestens zu ihrer Anfechtbarkeit führt[2624]), und daß die Unbeachtlichkeit einer Entscheidung ihren Grund immer nur in ihrer Unrichtigkeit finden kann.

1. Unrichtig ist eine Entscheidung dann, wenn das darin für Recht Erkannte in Wahrheit nicht Recht ist. Jede Unrichtigkeit einer Entscheidung ist also unrichtige Rechtsanwendung[2625]). Die Ursachen

---

2621) Kormann, 210, wird der Bedeutung der Wertung der „Unrichtigkeit" für die Wertung von Entscheidungen nicht gerecht; vgl. dazu noch unten Anm. 2624.

2622) Vgl. oben zu Anm. 1973a, 2226/7.

2622a) Ausnahmsweise kann eine Entscheidung an Stelle einer Erwirkungshandlung stehen (vgl. unten III 2), nämlich die richterlich gestellte Frage an eine als Beweismittel dienende Person, die immer eine auf Grund einer Feststellung des für Recht Erkannten erlassene Willensmitteilung (vgl. oben zu Anm. 2302b) ist. Dabei kann dahingestellt bleiben, ob die in jeder richterlich gestellten Frage liegende Entscheidung durch Antrag auf Gerichtsbeschluß anfechtbar ist, wie aus § 140 ZPO. und richtiger Ansicht nach (RGESt. X 379; Löwe-Rosenberg, Nr. 1 zu § 242 [241]) auch aus § 242 StPO. hervorgeht, oder ob dies im Strafprozeß nicht der Fall ist (wie das leider ganz auf Erhöhung der inquisitorischen Machtbefugnisse des Vorsitzenden eingestellte RGESt. XLII 159 annimmt, das den Prozeßbeteiligten nur einen in seiner Aussicht auf Erfolg höchst zweifelhaften Antrag auf Protokollierung gemäß § 273 III StPO. anheimstellt).

2623) Vgl. Skedl, Nichtigkeitsbeschwerde, 5 und so fort.

2624) Daraus folgt indessen nicht, wie Kormann, 210, meint, die juristische Wertlosigkeit der „logischen Kennzeichnung" der Unrichtigkeit von Entscheidungen (vgl. schon oben Anm. 2621).

2625) Vgl. schon Stein, Privates Wissen, 109. Es gilt entsprechendes wie bei Irrtum im Strafrecht: jeder Irrtum ist „Subsumtionsirrtum" (v. Liszt, § 40 I 1); die Unterscheidung von Tat- und Rechtsirrtum ist nur eine solche nach der „Quelle des Irrtums" (Denkschrift zu §§ 11, 12 Entw. v. 1919, S. 23/4; Goldschmidt, JWSchr. 1922, 254, zu § 17 des GE.).

der Unrichtigkeit, die Fehlerquellen, sind entweder Beobachtungsfehler (ontologischer Irrtum) oder Subsumtionsfehler (nomologischer Irrtum)[2626]. Beobachtungsfehler sind durchweg solche, die bei der Entgegennahme der Verhandlung oder Beweisvorführung, der Beweisaufnahme[2627], unterlaufen. Es sind Sinnestäuschungen, soweit die Beweisvorführung eine Vorführung von Gegenständen sinnlicher Wahrnehmung, Mißverständnisse, soweit die Beweisvorführung eine Bewirkung der Mitteilung sinnlicher Wahrnehmungen ist[2628]. Zu den Beobachtungsfehlern sind aber auch solche Irrtumer zu rechnen, welche durch falsche Beweismittel entstehen, d. h. durch solche, deren scheinbarer materieller Beweiskraft ihre wirkliche nicht entspricht, es sei denn, daß es sich um spezifischen Sachverständigenbeweis handelt[2629]. Subsumtionsfehler sind solche Fehler, die auf der Unkenntnis, irrigen Auslegung oder Anwendung von Rechts- oder Erfahrungssätzen beruhen. Zu den Subsumtionsfehlern gehören auch Fehler bei der Auslegung von — tatbestandsmäßigen — Rechtsgeschäften und sonstigen Gedankenäußerungen im Zivil- und Strafprozeß[2630] und Fehler bei der Beweiswürdigung, die eine Subsumtion der Ergebnisse der Beweisaufnahme unter allgemeine Erfahrungssätze — die Beweisregeln — ist[2631]. Ob die Verletzung von Rechts- oder Erfahrungssätzen durch irrige Auslegung und ob die Verletzung von Erfahrungssätzen durch unrichtige Beweiswürdigung der Nachprüfung des Revisionsgerichts unterliegt, ist eine andere Frage. Das Reichsgericht hat bald die Verletzung von allgemeinen Erfahrungssätzen[2632] und demgemäß nicht nur die irrige Auslegung von Rechtsgeschäften[2633], sondern auch die unrichtige Beweiswürdigung[2634] für revisibel erklärt, bald die Revisibilität von Erfahrungssätzen bei der Beweiswürdigung[2635] und demgemäß nicht nur die Revisibilität unrichtiger Beweiswürdigung[2636],

---

[2626] Vgl. schon Graf Dohna, Mangel am Tatbestand, 59.

[2627] Vgl. oben zu Anm. 2044.

[2628] Vgl. oben zu Anm. 2287, 2295.

[2629] Vgl. oben vor Anm. 2301. Anders wieder, insoweit der Sachverständige Beweismittler ist; vgl. oben Anm. 2288.

[2630] So Stein, Privates Wissen, 127ff.; Nr. III 4 zu § 549 ZPO.; Danz, Auslegung, 196ff. Unklar Kern: die Auslegung sei zwar „Wertung" (83), aber nicht „Subsumtion" (84); jede unrichtige Auslegung beruhe allerdings auf Verletzung einer gesetzlichen(?) Auslegungsregel(85). Nach Seuffert, Nr. V zu § 549, ist die Auslegung von Willenserklärungen nur Ermittelung des — subjektiven — Willens, d. h. Tatsachenfeststellung, immerhin demnach Beweiswürdiguug und also Subsumtion unter Erfahrungssätze.

[2631] Birkmeyer, 398.

[2632] RGEZ. XCIX 71; JWSchr. 1914, 36 Nr. 6; Recht 1922 Nr. 1678; RGESt. XXXVIII 309 (vgl. schon oben Anm. 2310 a. E.).

[2633] Vgl. Stein, Privates Wissen, 128ff.; Anm. 58 zu § 549 ZPO.; insbes. Recht 1912 Nr. 2025.

[2634] RGEZ. XI 425; XCV 69/70; 104; CVII 13; Recht 1915 Nr. 1524.

[2635] Recht 1916 Nr. 1942; ebenso Stein, Privates Wissen, 110ff.; JWSchr. 1922, 1491.

[2636] Recht 1918 Nr. 756; RGEZ. XCV 43; C 107; ebenso Beling, Festschr. f. Binding, 71.

sondern auch irriger Auslegung von Rechtsgeschäften mit der Begründung, daß sie nur Beweiswürdigung sei[2637]), abgelehnt.

Die Unrichtigkeit einer Entscheidung kann bestehen entweder in unrichtiger Einschätzung der Verwertbarkeit des Verfahrens[2638]), auf dem die Entscheidung beruht, oder in unrichtiger Beurteilung des Gegenstandes der Entscheidung. In jenem Falle liegt ein error quoad processum, in diesem ein error quoad rem vor; in jenem ist die Entscheidung formell, in diesem ist sie sachlich unrichtig[2639]). Die Ausdrücke error quoad processum und error quoad rem sind m. E. den üblichen Ausdrücken error in procedendo und error in iudicando vorzuziehen, da auch der error in procedendo ein error in iudicando ist[2640]) und jedenfalls nur als solcher bedeutsam wird[2641]). Freilich ist zu beachten, daß Gegenstand einer Entscheidung die Zulässigkeit einer Erwirkungshandlung oder ein Prozeßantrag[2642]) sein können, und daß auf eine solche Prozeß- oder Formalentscheidung[2643]) das Werturteil der sachlichen Richtigkeit oder Unrichtigkeit ebenso anwendbar ist, wie auf einen Prozeßantrag das Werturteil der Begründetheit oder Unbegründetheit[2644]). Die Ausdrücke error quoad processum und error quoad rem decken sich also — selbst wenn man sie ausschließlich auf den Rechtsirrtum bezieht — ebensowenig wie die Ausdrücke error in procedendo und error in iudicando mit den Begriffen prozeßrechtlicher und materiellrechtlicher Irrtum. Während der Ausdruck error iuris quoad processum (in procedendo) in letzter Linie[2645]) immer einen prozeßrechtlichen Irrtum bezeichnet, bezeichnet der Ausdruck error iuris quoad rem (in iudicando) zwar regelmäßig einen materiellrechtlichen Irrtum, er kann aber auch einen prozeßrechtlichen bezeichnen[2646]). Damit ist freilich noch nicht zugegeben, daß in letzterem Falle der Revisionsrichter an die tatsächlichen Feststellungen des Vorderrichters auch in bezug auf die prozessuale Urteilsgrundlage gebunden sei[2647]). Der Gegensatz der formellen und sachlichen Richtigkeit (Unrichtigkeit) einer Entscheidung entspricht dem Gegensatz der Zulässigkeit (Unzulässigkeit) und Begründetheit (Unbegründetheit) einer Erwirkungshandlung.

2. Die Unrichtigkeit einer Entscheidung wird nur insoweit erheblich, als infolgedessen die Entscheidung abänderlich, insbesondere anfechtbar, oder unbeachtlich ist. Ob und wann das eine oder andere der Fall ist, wird bedeutsam besonders für die wichtigste Entscheidung, das

[2637]) Vgl. STEIN, an den oben in Anm. 2633 angeführten Stellen.

[2638]) Vgl. schon oben zu Anm. 1340l.

[2639]) Vgl. schon oben Anm. 1543.

[2640]) Vgl. schon oben zu Anm. 1340k (gegen BELING, der aber auch die Unterscheidung error in procedendo und error in iudicando ablehnt, nur mit der Begründung, daß alles iudicare auch ein procedere sei).

[2641]) Vgl. auch BELING, Festschr. f. BIND., 51.

[2642]) Vgl. oben zu Anm. 2167.

[2643]) Vgl. oben zu Anm. 2164.

[2644]) Vgl. oben zu Anm. 2167ff.

[2645]) Vgl. aber oben zu Anm. 1589a.

[2646]) Vgl. oben zu Anm. 1340e.

[2647]) Wie BELING, Festschr. f. BIND., 76, annimmt. Gegen ihn LÖWE-ROSENBERG, Nr. 2b zu § 337 (376); vgl. aber auch STEIN, Nr. II 1, 3, IV zu § 561.

Urteil. Die Richtigkeitsvoraussetzungen, die ein Urteil erfüllen muß, um beachtlich und unabänderlich zu sein, kann man Urteilsbestandsvoraussetzungen nennen — eine Erneuerung des römischen Begriffes der Voraussetzungen einer gültigen Sentenz[2648]). Der gewählte Ausdruck wird deshalb dem üblichen Ausdruck „Urteilsvoraussetzungen" vorgezogen, weil der durch letzteren bezeichnete Begriff, soweit er nicht überhaupt mit dem Begriff der „Sachurteilsvoraussetzungen" identifiziert, so doch zu ihm in Abhängigkeit versetzt wird[2649]). Aber der Begriff der „Urteilsbestandsvoraussetzungen" ist von dem der „Sachurteilsvoraussetzungen", den Voraussetzungen der Zulässigkeit der Klage oder Anklage[2650]), wesentlich verschieden, da er nicht, wie dieser, nur die Voraussetzungen der Richtigkeit eines Urteils in bestimmter Beziehung, sondern die Voraussetzungen der Bestandsfähigkeit eines Urteils in jeder Beziehung begreift. Es gibt Sachurteilsvoraussetzungen, die keine Urteilsbestandsvoraussetzungen sind, z. B. die örtliche Zuständigkeit in vermögensrechtlichen Streitigkeiten (§§ 512a, 549 II ZPO.). Und es gibt Urteilsbestandsvoraussetzungen, die keine Sachurteilsvoraussetzungen sind, so jedenfalls alle sich aus dem materiellen Recht ergebenden Urteilsbestandsvoraussetzungen[2651]), aber ebenso die dem Prozeßrecht angehörigen Voraussetzungen, bei deren Mangel auch kein „Formalurteil" ergehen kann[2652]).

Es fragt sich nun, welche Richtigkeitsvoraussetzungen ein Urteil erfüllen muß, um unabänderlich, welche, um wenigstens beachtlich zu sein. Letztere kann man Urteilsbestandsvoraussetzungen im engeren Sinne oder ersten Grades nennen. Hier ergibt sich nun von vornherein für das Verhältnis von Unbeachtlichkeit und Abänderlichkeit einer Entscheidung, also für das Verhältnis von Nichtigkeit und Anfechtbarkeit ein Satz, der in gleicher Weise den Anforderungen der Logik und der Prozeßökonomie zu widersprechen scheint, der aber tatsächlich durch die praktischen Bedürfnisse der Rechtssicherheit erfordert wird: Solange und insoweit eine Entscheidung abänderlich, insbesondere anfechtbar ist, kann ihre Beachtlichkeit nicht in Frage gestellt werden. Dieser Satz, an dem

---

2648) Vgl. oben vor Anm. 374a ab, insbes. in Anm. 376 u. in Anm. 2075.

2649) Vgl. oben Anm. 2075.

2650) Vgl. oben § 26 V 1a, b; zu beachten dabei nur die das. zu Anm. 2072a, b, 2133/4, 2137a, b erwähnten Besonderheiten.

2651) Vgl. schon oben Anm. 376.

2652) Vgl. die oben zu Anm. 2074 angeführten Beispiele. And. Beling, Festschrift f. Bind., 23/4. Logisch könnte man diese „Formalurteilsbedingungen" natürlich auch mit unter die „Sachurteilsbedingungen" aufnehmen. Es empfiehlt sich aber aus dogmatischen Gründen, als „Sachurteilsbedingungen" grundsätzlich nur die Bedingungen der Zulässigkeit der Klage oder Anklage, m. a. W. diejenigen Voraussetzungen aufzufassen, bei deren Mangel — negativ — kein Sachurteil ergehen kann, — positiv — vorbehaltlich der Möglichkeit einer Heilung oder Nachholung — Prozeßabweisung zu ergehen hat. Die bei Mangel der Formalurteilsbedingungen notwendige Unterlassung oder Aussetzung des Urteils ist heute — anders als in Rom, vgl. oben Anm. 47a, 388 — keine die Prozeßabweisung umfassende Reaktion.

nur eine körperweltliche Auffassung der Rechtswirkungen[2653]) Anstoß nehmen könnte, ist das Ergebnis der Geschichte der Nullitätsquerel[2654]), er liegt der Entscheidung der Vereinigten Zivilsenate des RG. v. 20. Oktober 1882 (RGEZ. VII 435) zugrunde[2655]), und er rechtfertigt sich aus der praktischen Erwägung, daß die Ipso-iure-Nichtigkeit einer Entscheidung, insbesondere eines Urteils, eine für die Rechtssicherheit so unerwünschte Folge ist, daß sie nur subsidiär, nämlich nur dann anzuerkennen ist, wenn die Möglichkeit einer Abänderung der Entscheidung, hauptsächlich im ordentlichen oder außerordentlichen Rechtsmittelwege, nicht mehr besteht. Diese Erwägung führt dann weiter zu der Folgerung, daß, wenn die Unrichtigkeit der Entscheidung in der Anwendung einer unrichtigen Entscheidungsart besteht, der sich daraus ergebende Zweifel, ob ein Rechtsbehelf anwendbar ist und welcher[2655a]), im Sinne einer Bejahung der Zulässigkeit des ergriffenen Rechtsbehelfs zu lösen ist[2656]).

[2653]) Eine solche würde schließen: Was nichtig ist, kann nicht anfechtbar sein; so in der Tat FRIEDLAENDER, GS. LVIII 344; KRIEGSMANN, Nichtigkeit, 473ff.; NUSSBAUM, Prozeßhandlungen, 19, 20; für „Nichturteile" auch v. BALIGAND, GS. LXXII 244; W. HEIN, Identität, I 306. Gegen einen solchen Schluß vor allem KIPP, Doppelwirkungen, 211ff.; vgl. schon oben zu Anm. 966, auch in Anm. 1241, 1493.

[2654]) Diese Geschichte zeigt die Zurückdrängung der römischen Ipso-iure-Nichtigkeit durch Einführung des Rechtsmittels der Nichtigkeitsbeschwerde auf eine subsidiäre Stellung. Das kommt ganz deutlich insbesondere in den Kammergerichtsordnungen v. 1521 Tit. XXI § 1, v. 1555 Teil III tit. XXXIV §§ 1, 3 und dem JRA. v. 1654 §§ 121/2 (vgl. SKEDL, Nichtigkeitsbeschwerde, 172ff.) zum Ausdruck. Wenn der JRA. erst in § 121 anordnet, daß „in allen beyden Fällen, das ist a Sententia tam nulla quam iniqua, das Fatale interponendae observiert" werden soll, sodann in § 122, daß „bey denjenigen Nullitäten aber, welche insanabilem defectum ...nach sich führen,... es bey der Disposition der gemeinen Rechten", d. h. bei Geltendmachung mittels actio nullitatis binnen 30 Jahren oder zeitlich unbegrenzter Exzipierbarkeit, verbleiben soll, so ist die Geltung letzterer Vorschrift m. E. auf den Fall zu beschränken, daß die insanablen Nullitäten nicht schon intra decendium mittels des Rechtsmittels der Nichtigkeitsbeschwerde geltend gemacht worden sind. Daß den insanablen Nullitäten bei Versäumung der Rechtsmittelfrist natürlich ihre Bedeutung gewahrt bleibt, übersieht WETZELL, wenn er (§ 60 zu Anm. 88/9) gegen die Unterstellung auch der insanablen Nullitäten unter das Rechtsmittel der Nichtigkeitsbeschwerde einwendet, daß doch z. B. ein auf Unmögliches lautendes Urteil nicht durch Ablauf des decendium gültig werden könne. Der Cod. iur. can. v. 1917, der das gemeine Recht im wesentlichen kodifiziert hat (can. 1892—1897), verbreitet über die hier aufgeworfene Zweifelsfrage keine Klarheit, wobei allerdings zu berücksichtigen ist, daß nach ihm (can. 1895) auch die querela nullitatis sanabilis keinen Devolutiveffekt hat.

[2655]) Dazu WACH, Rhein. Z. III 387ff., der mit Recht ausführt, daß das Rechtsmittel auch gegeben sein müsse, um nichtige Urteile zu beseitigen. Ebenso RGEZ. LVIII 122; vgl. auch BENNECKE-BELING, 295; STEIN, Nr. I vor § 578, hinter Anm. 6; v. BALIGAND, GS. LXXII 245ff.; HEIN, Identität, I 340; KORMANN, 207. Unrichtig dagegen RGEZ. XVI 331, während RGEZ. XXIX 366 auf dem mittlerweile aufgehobenen Abs. 2 des § 552 ZPO. beruht (vgl. dazu noch unten Anm. 2665a.).

[2655a]) Vgl. schon oben zu Anm. 2565a.

[2656]) Von diesem Standpunkt aus ist zuzustimmen, wenn das RG. Berufung und Revision zuläßt: gegen ein bedingtes Endurteil, das für einen der beiden Fälle eine Beweisanordnung in Aussicht stellt (RGEZ. VII 435; XVI 286); gegen ein

Über die Richtigkeitsvoraussetzungen, die eine Entscheidung, insbesondere ein Urteil erfüllen muß, um unabänderlich zu sein, läßt sich nur sagen, daß jeder Beobachtungs- oder Subsumtionsfehler, auf dem die Entscheidung beruht, zu ihrer Abänderung führt, soweit nicht die Abänderung der Entscheidung sei es überhaupt, sei es wegen des in Betracht kommenden Fehlers ausgeschlossen ist. Einer Abgrenzung bedürfen dagegen die Voraussetzungen der Beachtlichkeit unabänderlicher Entscheidungen, und zwar zunächst und vor allem die Urteilsbestandsvoraussetzungen im engeren Sinn[2657]).

Wer die Voraussetzungen der Beachtlichkeit eines Urteils (= prozeßerledigendes Endurteil) feststellen will, muß sich vor allem darüber klar sein, daß unter Beachtlichkeit im prozessualen Sinne nur die wesentliche „Urteilswirkung", d. h. seine materielle Rechtskraft zu verstehen ist[2658]). Außer Betracht bleiben die sonstigen Wirkungen, die

---

Teilurteil, das als Zwischenurteil nach § 303 ZPO. fr. Fass. hätte ergehen müssen (RGEZ. LXXIII 87; anders RGEZ. XLII 356); gegen ein Zwischenurteil aus § 304 ZPO., das nur als Zwischenurteil aus § 303 fr. Fass. statthaft gewesen wäre (RGEZ. VI 421ff., 429ff.; VIII 363; XIII 403ff.;XLIX 338); gegen ein Zwischenurteil aus § 303 fr. Fass., das in Wahrheit ein Zwischenurteil aus § 304 ist (RGEZ. XXXIX 389ff.; XLII 349ff., 396ff.; LIV 342ff.; anders Stein, Nr. III 3 vor § 511, zu Anm. 33); gegen ein kontradiktorisches Urteil, das als Versäumnisurteil hätte ergehen müssen (RGEZ. XXXIX 412); gegen ein Urteil, das als Beschluß hätte ergehen müssen (RGEZ. XVIII 361; XLVIII 406; RGESt. XXIII 155); bezüglich des Kostenpunktes gegen ein Anerkenntnisurteil, das als kontradiktorisches Urteil hätte ergehen müssen (RGEZ. LX 316). Es ist ferner zuzustimmen, wenn RGEZ. XXXIV 400 die Beschwerde gegen ein Zwischenurteil aus § 71 ZPO., welches als Endurteil aus § 75 hätte ergehen müssen, oder wenn RGEZ. XXXIX 394; LXV 421 die Beschwerde gegen einen Beschluß, der als Urteil hätte ergehen müssen, oder wenn RGEZ. XXXIV 406ff. die Beschwerde gegen ein Urteil, das als Beschluß hätte ergehen müssen (hier zustimmend Stein, Anm. 24 vor § 511), oder wenn RGEZ. XXVIII 393ff.; XXXV 345ff.; (anders Stein, Anm. 46 vor § 511) den Einspruch gegen ein kontradiktorisches Urteil, das in Wahrheit ein Versäumnisurteil ist, zuläßt; oder wenn RGEZ. XXI 340ff. ein Zwischenurteil, das ein Teilurteil hätte sein müssen, trotz Zurückweisung der dagegen eingelegten Revision auf Grund von § 548 ZPO. der Nachprüfung des Revisionsgerichts unterwirft. Unrichtig ist es dagegen, wenn RGEZ. V 357 die Zulässigkeit der Beschwerde gegen eine Urteilsberichtigung verneint, die statt durch Beschluß durch Abfassung einer anderen als der verkündeten Urteilsformel ausgesprochen ist; wenn RGEZ. XXXIX 389ff. ein Zwischenurteil aus § 303 fr. Fass., das in Wahrheit ein Zwischenurteil aus § 304 ist, wegen Versäumung der Revisionsfrist auf Grund von § 548 ZPO. für der Nachprüfung des Revisionsgerichts entzogen ansieht; oder wenn RGEZ. L 388 die Revision gegen ein als kontradiktorisch erlassenes Urteil für unzulässig erachtet, weil es in Wahrheit ein Versäumnisurteil ist. Der vom RG. mehrfach (EZ. XXXIX 389; XLII 346, 395; L 388; LIV 342) betonte Gesichtspunkt, daß es für Zulässigkeit und Art des zu ergreifenden Rechtsbehelfs nicht auf Ansicht und Absicht des iudex a quo, sondern auf den Inhalt der angefochtenen Entscheidung ankomme (objektive Theorie), darf ebensowenig zum Nachteil der beschwerdeführenden Partei verwertet werden, wie Steins Lehre (Nr. III vor § 511), daß es auf den zu erkennbarem Ausdruck gelangten Willen des iudex o quo ankomme (subjektive Theorie). Es muß in bezug auf den ergriffenen Rechtsbehelf ein Prinzip der „Meistbegünstigung" aufgestellt werden; vgl. denn auch Stein, zu Anm. 24, 42 vor § 511; auch oben hinter Anm. 2566.

[2657]) Vgl. oben hinter Anm. 2652.

[2658]) Auf dem Grundgedanken, daß die Herbeiführung der — materiellen —

mit einem Urteil verbunden sein können[2658a]), die Vollstreckbarkeit der Leistungs- und der auf Strafe lautenden Urteile, die Gestaltungswirkung der Gestaltungsurteile, die Tatbestands- oder Nebenwirkung mancher Zivil- und Strafurteile[2659]). Die Voraussetzungen dieser möglichen, aber nicht wesentlichen Urteilswirkungen ergeben sich aus besonderen Regeln, die für jede von ihnen von dem Rechtsgebiet aufgestellt werden, dem sie angehören, wenn auch die so aufgestellten Voraussetzungen zum Teil mit denen der materiellen Rechtskraft zusammenfallen können und werden. Das leuchtet für die Gestaltungs- und die Tatbestands- oder Nebenwirkung, die dem Privatrecht, dem öffentlichen Recht oder dem Strafrecht angehören, ohne weiteres ein[2660]). Es gilt aber auch für die Vollstreckbarkeit. Wie sie keine eigentümliche Urteilswirkung ist — weder braucht sie mit dem Urteil verbunden zu sein, noch kommt sie nur Urteilen zu —, so bezieht sich auch das die Voraussetzungen wirksamer Vollstreckungstitel regelnde Vollstreckungsrecht nicht auf den Prozeß im engeren Sinne, das Entscheidungs- (Urteils-) Verfahren[2661]). Außer Betracht bleiben auch die mit dem Urteil verbundenen Kostenfolgen, die mit der materiellen Rechtskraft des Urteils nichts gemein haben, wenn auch wiederum ihre Voraussetzungen sich zum Teil mit denen der materiellen Rechtskraft des Urteils decken[2661a]).

Das Gesagte setzt uns in die Lage, eine Reihe von in der Literatur aufgestellten Voraussetzungen der Urteilsgültigkeit oder Urteilswirksamkeit als besondere Voraussetzungen der Gestaltungswirkung der Gestaltungsurteile oder der Vollstreckbarkeit der Leistungs- oder auf Strafe lautenden Urteile zu erweisen und damit als Gründe spezifischer Urteilsbeachtlichkeit auszuschalten. So sind besondere Voraussetzungen der Gestaltungswirkung der Gestaltungsurteile[2662]): ein durch Urteil gestaltbares, zur Zeit der Rechtskraft des Gestaltungsurteils bestehendes Rechtsverhältnis, Sachlegitimation der Parteien und sachliche Zuständigkeit des Gerichts[2663]). Ferner sind besondere Voraus-

---

Rechtskraft das Prozeßziel ist, beruht diese ganze Arbeit; vgl. oben zu Anm. 826a und die §§ 15—17.

[2658a]) Anders W. HEIN, Identität, I 321 Anm. 7.

[2659]) Über die Notwendigkeit, die verschiedenen Urteilswirkungen auseinanderzuhalten, vgl. schon GOLDSCHMIDT, ZivArch. CXVII 7ff., und oben hinter Anm. 1210, 1225 (gegen KRÜCKMANN). Die im Text nicht erwähnte Interventionswirkung des § 68 ZPO. ist eine eigentümliche Art von materieller Rechtskraft.

[2660]) Schon ZivArch. CXVII 28 habe ich darauf hingewiesen, daß die Gestaltungswirkung von dem materiellen Recht, dem „Wirkungsstatut", beherrscht wird.

[2661]) Vgl. schon oben Anm. 1402, vor Anm. 826a.

[2661a]) Im allgemeinen kommt es für sie nur auf die Urteilstatsache, nicht auf den Urteilsinhalt (vgl. unten hinter Anm. 2669) an. Ganz anders als der Text NUSSBAUM, Prozeßhandlungen, 19; v. BALIGAND, GS. LXXII 245; W. HEIN, Identität I, 323, 347 Anm. 44.

[2662]) Verkannt z. B. von NUSSBAUM, Prozeßhandlungen, 21ff. , der hier allgemeine Gründe der „Unwirksamkeit" richterlicher Entscheidungen annimmt; vgl. auch KORMANN, 237.

[2663]) Vgl. darüber HELLWIG, Syst. I, § 20 II 2a, § 23 II 3, § 174 Anm. 18 u. z. Anm. 26, § 228 III 2b, c; SECKEL, Gestaltungsrechte, 243/4; sowie insbes. (Rechtfersetzungen der Vollstreckbarkeit der Leistungsurteile: die physische Möglichkeit[2664]), die rechtliche Erzwingbarkeit[2665]) der Leistung und die Herstellbarkeit einer zustellbaren Urteilsurkunde (§ 750 ZPO.)[2665a]). Endlich sind besondere Voraussetzungen der Vollstreckbarkeit eines auf Strafe lautenden Urteils die Vereinbarkeit der verhängten Strafe

---

tigung der im Text aufgestellten Voraussetzungen) GOLDSCHMIDT, ZivArch. CXVII 15, 27/8. Die das. (28 Anm. 95) gegen HELLWIGS (Syst. I, § 174 IV. E.) Bestreiten, daß die Anerkennung des Nichteintritts der Gestaltungswirkung in den im Text genannten Fällen eine Anerkennung der Urteilsnichtigkeit enthalte, gerichtete Bemerkung läßt sich nach den obigen Ausführungen nur bedingt aufrechterhalten. Vgl. auch W. HEIN, Identität I, 328. Vgl. ferner noch unten Anm. 2678.

2664) Der Streit zwischen WACH, Rhein. Z. III 373ff.; IV 509ff.; VI 357ff., und O. FISCHER, Unmöglichkeit I, II, ist also grundsätzlich zugunsten FISCHERS zu entscheiden; Urteile, die zu einer unmöglichen Leistung verurteilen, sind der materiellen Rechtskraft fähig. So schließt denn nach RGEZ. LIV 28ff. die unter Beweis gestellte Behauptung des Schuldners, daß die Leistung unmöglich geworden sei, seine Verurteilung dazu nicht aus, wenn er die Unmöglichkeit zu vertreten hat. Dem Gläubiger soll der Weg des § 283 BGB. gewahrt bleiben. Daß die dem Urteil nachfolgende Unmöglichkeit der Leistung das Urteil nicht nichtig macht, gibt WACH, Rhein. Z. IV 514ff., selbst zu. Gegen WACH auch W. HEIN, Identität I, 347ff.; vgl ferner HELLWIG, Syst. I, § 174 Anm. 18. Wie WACH dagegen KOHLER, Prozeß, 60; Enz. 342. Ebenso nehmen „Unwirksamkeit“ des Urteils an bei einer „ihrer Art nach unausführbaren Leistung“, aber auch bei einer „bereits bewirkten und unwiederholbaren“ NUSSBAUM, Prozeßhandlungen, 21; bei „objektiver und abstrakter“ Unausführbarkeit SAUER, 467/8; v. BALIGAND, GS. LXXII 241; vgl. auch KORMANN, 233; und noch unten Anm. 2675.

2665) Die meisten nehmen bei Verurteilung zu rechtlich unerzwingbaren Leistungen „Unwirksamkeit“ des Urteils an; so: NUSSBAUM, Prozeßhandlungen, 22; KORMANN, 235/6; WACH, Rhein. Z. III 404/5; IV 530; W. HEIN, Identität I, 363ff., 367ff. (bei „rechtsfremdem“ Urteil); SAUER, 468ff. („rechtlich unerträgliches“ Urteil; vgl. schon oben zu Anm. 1890, 1925b). And. HELLWIG, Syst. I, § 174 zu und in Anm. 19, der sich aber der Begründung entzieht und sogar Vollstreckbarkeit der verbotenen oder unsittlichen Leistung annimmt. Vgl. auch noch unten Anm. 2675.

2665a) Nach STEIN, Nr. I vor § 578 hinter Anm. 2, Nr. III zu § 311, Nr. I zu § 313, Nr. II zu § 315 — dazu W. HEIN, Identität, I 304ff. — soll die Nichtherstellbarkeit einer zustellbaren Urteilsurkunde Urteilsnichtigkeit zur Folge haben (vgl. auch KORMANN, 262ff.). Aber die Herstellbarkeit einer zustellbaren Urteilsurkunde ist als ein besonderes Erfordernis neben dem, daß das Urteil überhaupt „so kundgegeben wird, daß“ „erhellt, dieser Ausspruch solle als Urteil gelten“ (KRIEGSMANN, Nichtigkeit, 465) — dazu unten Anm. 2673 —, nicht aufzustellen. Denn entweder ist das Urteil mit seinem Erlaß, d. i. regelmäßig seiner Verkündung sofort formell rechtskräftig. Dann ist damit auch ohne weiteres seine materielle Rechtskraft gegeben, soweit nicht der Mangel von Tatbestand, Entscheidungsgründen oder sogar einer schriftlich abgefaßten Urteilsformel den Feststellungsinhalt des Urteils so unbestimmt oder unverständlich erscheinen läßt, daß aus diesem Grunde — vgl. unten Anm. 2677 — Unbeachtlichkeit des Urteils anzunehmen ist. Oder das Urteil wird mit seinem Erlaß nicht rechtskräftig. Dann ist es anfechtbar, und zwar, seitdem die ZPVO. v. 13. Februar 1924 die §§ 516 II, 552 II ZPO. gestrichen hat — vgl. schon oben Anm. 2655 —, auch ohne vorherige Zustellung. Die Anfechtung kann auch von der siegreichen Partei ausgehen, deren Rechtsschutzbedürfnis — insoweit, aber nur insoweit ist vom Standpunkt des heutigen Rechts aus HEIN, a. a. O., 311 i. d. Anm., zuzustimmen — infolge der durch Verletzung der §§ 311, 313, 315 ZPO. bewirkten Vereitelung der Vollstreckbarkeit unbefriedigt geblieben ist. Ist aber das Urteil anfechtbar, so kann nach dem oben vor Anm. 2653 aufgestellten Satz seine Beachtlichkeit nicht in Frage gestellt werden. Das hier Ausgeführte enthält eine Berichtigung meiner Bemerkung in Nr. 1 zu § 315 ZPO.

mit dem festgestellten Tatbestand[2666]) und die Unterwerfung des Verurteilten unter die inländische Gerichtsbarkeit[2667]).

Geht man dazu über, die Voraussetzungen der wesentlichen „Urteilswirkung", d. i. der materiellen Rechtskraft festzustellen, so darf die Verschiedenheit der Bedeutung der materiellen Rechtskraft im Straf- und im Zivilprozeß[2668]) nicht außer Augen gesetzt werden. Denn es leuchtet ein, daß so verschiedene Wirkungen, wie die negative Wirkung der Verfolgbarkeitskonsumtion und die positive Feststellungswirkung, nicht dieselben Voraussetzungen haben können. Wie schon KELLER erkannt hat[2669]), kommt es bei der negativen Rechtskraftwirkung auf die Urteilstatsache[2670]), bei der positiven auf den Urteilsinhalt an. Daraus ergibt sich dann, daß die Voraussetzungen der positiven — zivilprozessualen — Rechtskraftwirkung weitergehende sein müssen als die der negativen — strafprozessualen; und daß diese gleichzeitig der Unterbau jener sind[2671]).

Zum Eintritt der Wirkung der Verfolgbarkeitskonsumtion genügt[2671a]): a) daß der Akt von einer Behörde in Ausübung der ihr zustehenden Gewalt zur Aburteilung von Strafsachen erlassen ist[2672]);

2666) Also nicht vollstreckbar die Verurteilung zu Prügelstrafe, eines Strafunmündigen, eines Jugendlichen zu Zuchthaus, wegen versuchter Körperverletzung usw. Überschreitet die erkannte Strafe das gesetzliche Höchstmaß, so ist das Urteil insoweit, also teilweise unvollstreckbar. Mitunter wird ein Berichtigungsverfahren nach § 458 StPO. zum Ziele führen. Die sachliche Zuständigkeit des Gerichts ist m. E. keine besondere Voraussetzung der Vollstreckbarkeit des Strafurteils; das Schulbeispiel des Todesurteils eines Schöffengerichts hat angesichts der durch die VO. v. 4. Januar 1924 eingeführten Strafgerichtsverfassung seine Beweiskraft ad hominem verloren. — Die meisten nehmen im Falle des Textes Nichtigkeit des Strafurteils an; aus der großen Literatur über das nichtige Strafurteil greife ich heraus: LÖWE-ROSENBERG, Vorbem. 33a vor Buch II Abschn. 1; EBERMAYER, StGB., Anm. 5 zu § 345; FRIEDLAENDER, GS. LVIII 359; W. JELLINEK, 122; KORMANN, 234; SAUER, 468ff. Gegen Nichtigkeit, aber auch nur in engen Grenzen für Unvollstreckbarkeit des Strafurteils im Falle des Textes KRIEGSMANN, Nichtigkeit, 490ff.

2667) Ebenso KROSCHEL, GS. LXIX 161. Die meisten nehmen Nichtigkeit des gegen den Exterritorialen ergangenen Urteils an; doch ist hier Unbeachtlichkeit des Urteils m. E. nur bei den positiver Feststellungswirkung fähigen Zivilurteilen anzunehmen, vgl. dazu unten Anm. 2676.

2668) Vgl. darüber oben zu Anm. 913—914b, 950—954a, 1172f.

2669) Vgl. darüber oben zu Anm. 918/9.

2670) Vgl. aber dazu oben Anm. 918.

2671) Ausnahmsweise kann die zivilprozessuale Rechtskraftwirkung eine Konsumtionswirkung sein; so in § 616 ZPO. Dagegen ist die sich aus § 190 StGB. ergebende Urteilswirkung keine ausnahmsweise strafprozessuale Feststellungswirkung, sondern eine strafrechtliche „Nebenwirkung" (grundsätzlich richtig GÜNTER BRANDT, 21ff.). Vgl. aber oben Anm. 954a, unten Anm. 2685.

2671a) Am nächsten kommend HELLWIG, Syst. I, § 174 II.

2672) Die Behörde muß also Legalität besitzen; auf ihre vorschriftsmäßige Besetzung kommt nichts an. So zutreffend WACH, Rhein. Z. III 397; anders die meisten, die verlangen, daß hinter der Entscheidung mindestens eine Persönlichkeit mit Richterqualität in abstracto (so FRIEDLAENDER, GS. LVIII 349; KRIEGSMANN Nichtigkeit, 465; v. BALIGAND, GS. LXXII 196, 222; W. HEIN, Identität, I 299) oder wenigstens ein gültig bestelltes Mitglied des betreffenden Gerichts (so W. JELLINEK, 120) stehen, und daß das Richterkollegium vollzählig sein (so W. JEL-

b) daß der Akt seinem Inhalt nach ein Urteil in der betreffenden Strafsache ist[2673]). Diese „Strafurteilsbestandsvoraussetzungen" sind

---

LINEK, 64; KORMANN, 246; SAUER, 451) muß. Stellt man auf die Legalität der „Behörde" ab, so wird man praktisch zu keinem wesentlich anderen Ergebnis kommen, als E. v. HIPPEL, Staatsakt, 72ff., auf Gruud seiner „teleologischen Methode" und unter Hinweis auf die französische und englisch-amerikanische Theorie gelangt, daß nämlich die Akte eines „fonctionnaire de fait", „qui a exercé une fonction en vertu d'une investiture plausible", gültig seien, im Gegensatz zu den Akten eines „usurpateur", „s'il n'a pas d'investiture du tout, ou si l'investiture n'est pas plausible". Auch E. v. HIPPEL wird wohl die in der ersten Zeit nach dem Umsturz von Arbeiter- und Soldatenräten gefällten „Urteile" für unbeachtlich ansehen. Übereinstimmend werden ferner die praktischen Ergebnisse sein, zu denen man auf Grund des § 1319 BGB. gelangt, gegen dessen ausdehnende Anwendung sich zwar W. JELLINEK, 55, und KORMANN, 242, erklären, dessen Rechtsgedanke aber in § 437 ZPO. wiederkehrt. Jedenfalls sind nach dem im Text aufgestellten Erfordernis unbeachtlich die „Strafurteile" einer Privatperson, einer nicht mit Strafgerichtsbarkeit ausgestatteten Behörde, eines illegal eingesetzten Sondergerichts (was bekanntlich im Falle der bayerischen Volksgerichte brennend geworden ist) — aber nicht nur kompetenzüberschreitende Urteile eines Sondergerichts, wie auch aus § 14 EG. MilStGO. v. 1. Dezember 1898 hervorging —, eines beauftragten Richters, des Amtsrichters am Biertisch (MICHEL, 63; KORMANN, 242) oder bei Referendarübungen (HELLWIG, Syst. I, § 174 Anm. 10).

2673) Insoweit ist demnach der vom RG. — vgl. oben Anm. 2656 — aufgestellten „objektiven Theorie" zu folgen. Es kommt also auf den Inhalt (ebenso WACH Rhein. Z. III 398 Nr. 4; KRIEGSMANN, Nichtigkeit, 465/6; anders W. HEIN, Identität, I 297/8) an, nicht auf die Form; vgl. schon oben Anm. 2665a. Es bedarf also nicht der ausdrücklichen oder stillschweigenden Bezeichnung der Entscheidung als „Urteil" (and. v. BALIGAND, GS. LXXII 186/222; W. HEIN, Identität, I 297). Auch die Verkündung ist nicht wesentlich (anders RGEZ. XVI 331; NUSSBAUM, Prozeßhandlungen, 15/6; v,. BALIGAND, a. a. O., 201, 222; SCHOETENSACK, GS. LXVIII 467; W. JELLINEK, 123; WACH, Rhein. Z. III 398 Nr. 5; W. HEIN, a. a. O., 303), zumal im Straf- (§ 371 StPO.) und nun auch ganz allgemein im Zivilprozeß (§ 7 EntlastBek. i. d. Fass. v. 13. Mai 1924) Urteile ohne Verkündung erlassen werden können, und zumal das RG. bei GRUCHOT XLI 1187 — freilich m. E. zu Unrecht — für die §§ 309—312 ZPO. überhaupt einen Gegensatz zwischen „Fällung" und „Verkündung" des Urteils aufstellt (richtig RGESt. III 116, das aber a. a. O. 117, ebenso wie KORMANN, 181/2, 269, hier eine Verschiedenheit von Zivil- und Strafprozeß behauptet). Ausreichend ist, „daß das Gericht seinen Ausspruch so kundgibt, daß sein Wille erhellt, dieser Ausspruch solle als Urteil gelten" (so KRIEGSMANN, Nichtigkeit, 465; ebenso MICHEL, 62). Beachtlich ist also auch ein „Beschluß" mit Urteilsinhalt (ebenso RGESt. XXXII 89; WACH, a. a. O., 398 Nr. 4; anders RGSt. Rechtspr. III 760; DJZ. 1901, 214). Dagegen sichert das oben im Text zu a) aufgestellte Erfordernis, daß nämlich das Gericht „in Ausübung" der ihm zustehenden Urteilsgewalt gehandelt haben muß, die Unbeachtlichkeit von „Urteilen", wie die a. E. der vor. Anm. angeführten. Inhaltlich liegt ein Strafurteil vor, wenn ein Strafverfolgungsrecht (vgl. dazu oben Anm. 1327) durch Verurteilung, Freisprechung oder Einstellung des Verfahrens (§ 260 I S. 2 StPO.) erledigt wird; vgl. KRIEGSMANN, Nichtigkeit, 463ff. Auf die Gesetzmäßigkeit des Urteilsinhalts kommt es für die Konsumtionswirkung nicht an. Auch die „Freisprechung unter Vorbehalt der Erneuerung des Strafverfahrens" (WACH, a. a. O., 403; LÖFFLER, Nichtigkeit, 25) hat konsumierende Kraft (ebenso LÖWE-ROSENBERG, Vorbemerkung 28b vor Buch II, Abschn. 1; Nr. 4 zu § 264 [263]; RGESt. XV 133; XXI 78; XLIV 118; XLVIII 92; anders W. HEIN, a. a. O., 343; vgl. ferner unten zu Anm. 2683). Das Urteil muß seinem Inhalt nach ein solches „in der betreffenden Strafsache" sein. Gleichgültig ist, ob das Gericht mit ihr legal befaßt ist. Übereinstimmend W. JELLINEK, 82; WACH, a. a. O., 397 Nr. 2, der aber (vgl. auch W. HEIN, a. a. O., solche, bei deren Mangel nicht einmal der „Schein“[2673a]) eines Urteils, also im Sinne der herrschenden Lehre ein „Nichturteil“[2674]) vorliegt.

Zum Eintritt der positiven Feststellungswirkung dagegen sind erforderlich einmal selbstverständlich auch die genannten Voraussetzungen mit der Maßgabe, daß, was dort in bezug auf Strafsachen erfordert ist, hier in bezug auf bürgerliche Rechtsstreitigkeiten zu fordern ist; ferner aber noch: a) ein tauglicher Feststellungsinhalt des Urteils[2675]); b) Unterwerfung derjenigen Partei,

296, 358) verlangt, daß das Gericht mit der Sache tatsächlich befaßt sei. Indessen dieses Erfordernis wird schon dadurch erfüllt, daß das Gericht in der betreffenden Sache ein Urteil erläßt. Ganz folgewidrig ist es, wenn Wach, a. a. O., 407, — gleich Oetker, 63; Bennecke-Beling, 294; v. Baligand, GS. LXXII 243 (diese nur für Strafurteile, hier aber schon bei Verletzung des Satzes: ne bis in idem) — bereits ein post rem iudicatam oder — gleich RGESt. LIV 12 (vgl. oben Anm. 2159) — ein nach erfolgter Niederschlagung erlassenes Urteil für ein „Nichturteil“ erklärt; hiergegen auch W. Hein, a. a. O., 341/2, der mit Recht auf § 580 Nr. 7a (es heißt dort irrig: Nr. 6) ZPO. hinweist. Vgl. dazu noch unter Anm. 2689. Im wesentlichen allein steht Kohler, Prozeß, 88; Enz. 336, wenn er schon ein während der Unterbrechung des Verfahrens erlassenes Versäumnisurteil für nichtig erklärt (was natürlich hier nur wegen des oben zu Anm. 2671, unten hinter Anm. 2674 Gesagten zu erwähnen ist). Daß das Urteil seinem Inhalt nach kein solches „in der betreffenden Strafsache“ ist, kann sich im Falle einer Verwechselung der Prozesse oder der Parteirollen bei der Urteilsverkündung ergeben (Wach, a. a. O., 397/8; W. Hein, a. a. O., 303/4). Der hier primär in Frage kommende § 458 StPO. (Kroschel, GS. LXIX 161) wird meist versagen. Der Fall wird freilich im Strafverfahren kaum vorkommen; denkbar ist er auch hier, z. B. Verwechselung der Sachen im Verkündungstermin oder der Parteirollen in der Rechtsmittelinstanz, insbesondere im Privatklageverfahren. Für den Zivilprozeß vgl. noch unten Anm. 2675.

2673a) Vgl. oben zu Anm. 1915, 1917, 2465, 2518, 2521, auch zu Anm. 1917a, b, 2446/7, 2498.

2674) Die Verwendung dieses nach Analogie der „Nichtehe“ geprägten Begriffes hat streng genommen nur Wert, wenn man — wie Kriegsmann, Nichtigkeit, oder Hellwig, Syst. I, § 174, oder Michel — das „nichtige Urteil“ ablehnt. Denn erkennt man es an, so unterscheidet sich das „Nichturteil“ in seinen Folgen nicht vom „nichtigen Urteil“; vgl. auch v. Baligand, GS. LXXII 244ff. Die Parallele zur „Nichtehe“ trifft nicht zu, da die „Nichtigkeit“ der Ehe, anders als die des Urteils, nur „Vernichtbarkeit“ ist. So schon Kormann, 206; gegen ihn freilich Hellwig, Syst. I, § 174 Anm. 1; W. Hein, Identität, I 316 Anm. 1. W. Hein, a. a. O., 320ff., will — insofern dem Text nahekommend — zwischen der Urteilstatsache, die schon vorliegt, wenn nur kein „Nichturteil“ gegeben ist, und welche die Instanz schließt, und dem Urteilsinhalt, der für die sonstigen Urteilswirkungen erforderlich ist und dem „nichtigen Urteil“ abgeht, unterscheiden; vgl. auch v. Baligand, a. a. O., 244ff. (vgl. schon oben Anm. 2653). Aber nach dem oben vor Anm. 2653 und zu Anm. 2656 Ausgeführten könnte ein Instanzschluß auch bei einem „Nichturteil“ eintreten, z. B. bei einem Akt, der sich der Form nach als Endurteil darstellt, ohne es dem Inhalt nach zu sein (vgl. insbes. auch die Beispiele oben in Anm. 2656) — in welchem Falle Hein allerdings (vgl. oben Anm. 2673 a. A.) kein „Nichturteil“ annimmt.

2675) Keine Feststellungswirkung kommt also einem Urteil zu, das — außerhalb des Sonderfalles des § 256 ZPO. (Urkundenechtheit) — überhaupt kein oder ein für künftige Prozesse mangels rechtlicher Anerkennung unter keinen Umständen erhebliches (vgl. im übrigen oben Anm. 2664/5) Rechtsverhältnis feststellt, oder dessen Feststellungsinhalt so unbestimmt, unverständlich oder widerspruchsvoll ist, daß weder durch Berichtigung (§ 319 ZPO.) noch durch Auslegung eine Klärung möglich erscheint (ebenso Nussbaum, Prozeßhandlungen, 18; Wach, gegen welche das Urteil wirken soll, unter die inländische Gerichtsbarkeit[2676][2677][2677a][2678].

Rhein. Z. III 402 Nr. 2; and. W. HEIN, a. a. O., 328). Hierher gehören regelmäßig auch WACHS (a. a. O. 403) „monströse", d. i. „dergestalt der Prozeßordnung unbekannte" Urteile (Beispiele oben in Anm. 2656); vgl. auch W. HEIN, a. a. O., 343. Ebenso kann hierher der Fall der Verwechselung der Prozesse oder der Parteirollen gehören (W. HEIN, a. a. O., 303/4; WACH, a. a. O., 397/8), soweit nicht § 319 ZPO. Abhilfe gewährt (DÜRINGER, DJZ. 1911, 39), oder es schon an dem Erfordernis eines möglichen Urteilsinhalts (oben zu Anm. 2673) — das mit dem tauglichen Feststellungsinhalt nicht zusammenfällt — gebricht (vgl. oben Anm. 2673 a. E.). Vgl. ferner oben Anm. 2665a. Nach Ansicht des RG. soll die materielle Rechtskraft eines Urteils auch dann entfallen (haltlos die Differenzierung bei W. HEIN, a. a. O., 367 Anm. 85: „Verneinung der Rechtskraft" und „Verhinderung der Benutzung des rechtskräftigen Urteils"), wenn das Urteil auf verbrecherische oder sittenwidrige Weise erwirkt ist (RGEZ. I 94; XXXVI 249; XXXIX 142; XLVI 75; LXI 359; LXIX 280; LXXV 213; LXXVIII 393), oder wenn die Parteien im voraus die Urteilswirkung ausgeschlossen haben (RGEZ. XXXVI 249; XLVI 336/7). Indessen beide Annahmen stehen und fallen, wie RGEZ. LXXV 217 (vgl. oben zu Anm. 1003 b, 1151 a) und DÜRINGER, DJZ. 1911, 42/3, offen bekennen, mit der materiellen Rechtskrafttheorie, deren Unhaltbarkeit oben in § 16 ausführlich dargetan ist. Sie sind aber auch vom Zweckstandpunkt aus verwerflich. Denn mit gutem Grund hat die ZPO. in § 580 Nr. 4 Tatbestand und Folgen einer unredlichen Erwirkung des Urteils nur innerhalb enger Grenzen anerkannt (vgl. denn auch schon GOLDSCHMIDT, UngerechtfVollstrBetr., 40 i. d. Anm.). Und weshalb die Replik des Scheinprozesses Anerkennung verdient — immer vorausgesetzt, daß nicht auch hier der Fall des § 580 Nr. 4 ZPO. gegeben ist —, bleibt vollends unerfindlich; vgl. denn auch schon oben zu Anm. 1616a und in Anm. 2473.

[2676]) NUSSBAUM, Prozeßhandlungen, 17/8; STEIN, Nr. 1 vor § 578, zu Anm. 4; WACH, Rhein. Z. III 402 Nr. 1. Die prozessuale Aussicht, daß jeder künftighin mit derselben Sache befaßte Richter den Inhalt des Urteils seiner Entscheidung zugrunde legen wird (vgl. oben zu Anm. 914b), bedeutet, sofern sie ungünstig ist (vgl. oben Anm. 1564, 1705), eine solche Schmälerung der Rechtssphäre, daß sie nur eine der inländischen Gerichtsbarkeit unterworfene Partei hinzunehmen braucht. Wenn KROSCHEL, GS. LXIX 153 meint, das Urteil stelle doch die Unterwerfung unter die inländische Gerichtsbarkeit rechtskräftig fest, so übersieht er, daß diese — übrigens höchstens für das Zivilurteil diskutable — Feststellung gegen den Exterritorialen nicht wirkt, auch dann nicht, wenn er nachträglich die Eigenschaft als Exterritorialer verliert (anders anscheinend KROSCHEL, 152). Anders ist es bezüglich der dem Angeklagten ausschließlich zugute kommenden (vgl. schon oben hinter Anm. 954) Konsumtionswirkung, weshalb im Strafprozeß die Unterwerfung unter die inländische Gerichtsbarkeit lediglich Voraussetzung der Vollstreckbarkeit des auf Strafe lautenden Urteils ist; vgl. oben Anm. 2667. Für die Partei wirkt daher das Urteil auch, wenn sie exterritorial ist; so z. B. das unter Nichtbeachtung der Exterritorialität des Beklagten ergangene, auf Grund des § 331 II Halbs. 2 ZPO. die Klage abweisende Urteil. Gegen die exterritoriale Partei wirkt das Urteil nur, wenn sie entweder von Rechts wegen — so im Falle des § 20 GVG. oder eigener Klageerhebung (vgl. HELLWIG, Lehrb. I 102 Anm. 22, 119 Anm. 14) — der inländischen Gerichtsbarkeit unterworfen ist oder sich ihr freiwillig — durch Vereinbarung oder Einlassung — unterworfen hat (RGEZ. LXII 167; CIII 278). Daß die freiwillige Unterwerfung weder einseitig noch, soweit erst einmal Einlassung erfolgt ist, überhaupt widerrufen werden kann, ist anzunehmen (anders STEIN, Nr. V A 3 vor § 1, vor Anm. 144; vgl. aber auch oben Anm. 2433a, 2499d). Soweit das Urteil gegen Dritte wirkt, wirkt es auch gegen den Exterritorialen. Dies gilt insbesondere im Falle der §§ 265, 325 ZPO. Abs. III des § 265 ist also im Falle einer Abtretung der rechtshängigen Forderung an einen Exterritorialen nicht anwendbar. Auf Grund des § 727 ZPO. vollstreckbar ist das Urteil gegen einen Exterritorialen natürlich nicht.

Was für die Urteilsbestandsvoraussetzungen gesagt ist, findet nicht ohne weiteres entsprechende Anwendung auf die Voraussetzungen der Beachtlichkeit anderer unabänderlicher Entscheidungen. Das „Prinzip der Formalkraft des Urteils“[2679]), das die Kraft der Heilung heilbarer Nichtigkeiten in sich birgt, gilt nicht für Entscheidungen, die — anders als die Urteile — entweder nicht auf einem eine so erschöpfende Sachprüfung gewährleistenden Verfahren beruhen oder keine abschließende, prozeßerledigende Bedeutung für sich in Anspruch nehmen[2679a]). So fehlt dem Strafbefehl und der Strafverfügung nicht nur die volle Konsumtionswirkung[2680]), sondern es hat schon ein Verstoß gegen die Formerfordernisse der §§ 409, 413 III StPO. ihre Unbeachtlichkeit zur

---

[2677]) Keine Voraussetzung der Feststellungswirkung — so wenig wie eine der Konsumtionswirkung — ist dagegen die Existenz der Partei oder ihre Parteifähigkeit (anders die meisten, insbes. Oetker, 48; Bennecke-Beling, 294; v. Baligand, GS. LXXII 242; Jellinek, 122; Nussbaum, Prozeßhandlungen, 17; Stein, Nr. I vor § 578, zu Anm. 6; Wach, Rhein. Z. III 403/4; IV 530/1; selbst Michel, 58). Daß die Prozeßabweisung mangels Parteifähigkeit beachtlich ist, wird allgemein zugegeben (von Stein, a. a. O., Anm. 6; Wach, a. a. O., III 403). Aber auch das die Parteifähigkeit bejahende Zivilendurteil ist beachtlich, und zwar gleichgültig, ob die Parteifähigkeit Gegenstand eines besonderen Zwischenurteils nach § 275 ZPO. geworden ist oder nicht. „Die Parteifähigkeit wird mit der Rechtskraft des Endurteils zu einer Tatsache, welche in bezug auf diesen Prozeß (besser: Anspruch) von allen staatlichen Organen beachtet werden muß“ (so zutreffend W. Hein, a. a. O., 346; bedenklich daher LG. Darmstadt in ZZP. XXX 520). Die Nichtexistenz einer Partei — und ihr steht insofern die strafprozessuale Parteiunfähigkeit gleich — hat aber zur Folge, daß ein zweiter Prozeß, in dem die Urteilswirkung geltend gemacht und daher die Unbeachtlichkeit des Urteils entgegengehalten (replica nullitatis) werden könnte, ausgeschlossen ist (im Ergebnis schon ebenso Hellwig, Syst. I, § 67 IV 2; W. Hein, 346/7). Übrigens hat Hellwig, Lehrb. II 300ff., treffend dargelegt, daß bei Wegfall der in der Klageschrift bezeichneten Partei während des Klagerhebungsaktes meist eine „Transmission“ (Nussbaum, Prozeßhandlungen, 17 Anm. 24) angenommen werden kann; vgl. im übrigen oben zu Anm. 1920. Ob für den existenten Gegner der nichtexistierenden Partei Kostenfolgen aus dem Urteil entstehen (vgl. Baligand, a. a. O., 242; Hellwig, Syst., a. a. O.; Wach, a. a. O. IV 531; W. Hein, a. a. O., 347 Anm. 44), mag dahingestellt bleiben. Nach dem oben zu Anm. 2661a Ausgeführten unterstehen die Kostenfolgen eines Urteils ihren eigenen Regeln.

[2677a]) Vgl. noch die Fälle der in ihrem Bestande bedingten Urteile oben Anm. 2009, vor Anm. 2552, unten zu Anm. 2768/9.

[2678]) Bei Gestaltungsurteilen ist die sachliche Zuständigkeit, welche Voraussetzung des Eintritts der Gestaltungswirkung ist — vgl. oben zu Anm. 2663 —, ausnahmsweise auch Voraussetzung der materiellen Rechtskraft (vgl. über diese bei Gestaltungsurteilen Goldschmidt, ZivArch. CXVII 19ff.; oben hinter Anm. 956, in Anm. 1138). Es wäre unrichtig, dem Ehescheidungsurteil eines Amtsgerichts zwar die ehetrennende Wirkung zu versagen, aber das mit dem erneuerten Prozeß befaßte Landgericht an die amtsgerichtliche Feststellung des Scheidungsklagrechts zu binden. Das Landgericht wäre dann auf die Funktionen eines Gerichts beschränkt, vor dem auf Erlaß eines Vollstreckungsurteils (§§ 722/3 ZPO.) geklagt wird.

[2679]) Skedl, 5.

[2679a]) Mag es sich dabei auch um Entscheidungen der von Sauer so genannten „Sondersachgestaltung“ — vgl. oben Anm. 1493 — handeln.

[2680]) Löwe-Rosenberg, Vorbemerk. 29f vor Buch II Abschn. 1, Nr. 3 zu § 410 (450); §§ 430 Entw. StPO. v. 1909, 417 Entw. GRSt. v. 1919; § 10 preuß. Ges. betr. pol. Strafverf. v. 23. April 83.

Folge[2681]). Ebenso hat der Nichteröffnungsbeschluß aus § 204 StPO. nicht nur eine bloß eingeschränkte Konsumtionswirkung (§ 211 StPO.)[2682]), sondern er wird — anders als das Urteil[2683]) — durch den Vorbehalt der Verfolgung unter anderem rechtlichen Gesichtspunkt unbeachtlich (RGESt. XLVIII 91/2). Noch weniger erfreuen sich der „Formalkraft des Urteils" Entscheidungen, die dem Endurteil vorangehen[2684]), mögen sie innerprozessual eine bindende Feststellungswirkung — die hier über den Bereich des § 318 ZPO. hinaus und auch im Strafprozeß vorkommt[2685]) — besitzen, mögen sie nur vermöge ihres Daseins als Sachurteilsvoraussetzung bedeutsam sein[2686]). In letzterem Falle handelt es sich denn auch um gar keine Art oder Abart der Rechtskraft, sondern um die bloße Verwertbarkeit einer dem Urteil vorangehenden Richterhandlung für dieses[2687]). So ist unbeachtlich ein Beschluß, der einen rechtskräftigen, auf Grund des § 346 StPO. erlassenen Verwerfungsbeschluß aufhebt (RGESt. XXXVII 292; XXXVIII 157)[2688]). Ein unter Nichtbeachtung des Verwerfungsbeschlusses ergehendes der Revision stattgebendes Urteil wäre beachtlich[2689]). Entsprechend kann ein Eröffnungsbeschluß nicht als Sachurteilsvoraussetzung verwertet werden, wenn er von einem nicht vollzählig besetzten Gericht (RGESt. X 56; XXVII 126; XLIII 218; Rechtspr. VI 66) oder unter Mitwirkung eines kraft Gesetzes ausgeschlossenen Richters (RGESt. X 56; Rechtspr. VI 66) oder ohne vorgängige Anklageschrift (RGESt. XXXVII 408)[2690]).

2681) FRIEDLAENDER, ZStW. XVIII 525; RMilGE. XV 9, 10; LÖWE-ROSENBERG, Vorbem. 33b vor Buch II Abschn. 1, Nr. 2f zu § 413 (453).

2682) Vgl. schon oben zu Anm. 367. 2683) Vgl. oben Anm. 2673.

2684) Vgl. schon W. HEIN, Identität, I 324: diese Entscheidungen erzwängen sich Beachtung immer nur durch ihren Inhalt und niemals durch ihr bloßes Dasein. Doch ist dies nur cum grano salis richtig. Denn auch insoweit es auf die Urteilstatsache ankommt, ist ein Eingehen auf den Urteilsinhalt unvermeidlich; vgl. oben zu Anm. 2673, schon Anm. 918, 2670. Und auch innerprozessuale Entscheidungen wirken nicht nur vermöge ihres Feststellungsinhalts; vgl. unten in Anm. 2686.

2685) Z. B. die den Einwand der örtlichen Unzuständigkeit zurückweisende (§§ 16—18, 181/2, 201 StPO.) oder die dem Wiedereinsetzungsgesuch stattgebende Entscheidung (§ 46 II StPO.) (RGESt. XL 272). Vgl. noch unten Anm. 2688. Anders oben Anm. 2671.

2686) Wie der Eröffnungsbeschluß; vgl. oben zu Anm. 2137.

2687) Vgl. oben zu Anm. 1340l, 2638. Näheres für den Fall des Textes unten zu Anm. 2719.

2688) Die Gestaltungswirkung des Aufhebungsbeschlusses als „kassatorische Entscheidung" (vgl. oben Anm. 1987a, 2153, zu Anm. 2613a) (die in derBefreiung des Revisionsgerichts von der bindenden Kraft des Verwerfungsbeschlusses bestand) entfällt erst mit seiner (eigenen) das Revisionsgericht bindenden Kraft. Im offenen Widerspruch zu den im Text angeführten Entscheidungen des RG. steht RGESt. XXXVII 112, wonach ein Beschluß, der einen der Rechtskraft fähigen Beschluß über ein Ablehnungsgesuch (§ 28 StPO.) aufhebt, beachtlich sein soll.

2689) Vgl. oben Anm. 2673. Wäre die das. bekämpfte Ansicht WACHS, daß ein post rem iudicatam erlassenes Urteil ein „Nichturteil" sei, richtig, so hätte das RG. im Falle ESt. XXXVII 292ff. die schon durch Beschluß gemäß § 346 StPO. rechtskräftig verworfene Revision nicht einmal durch Urteil „erneut als unzulässig verwerfen" (a. a. O., 294) können.

2690) Anders RGESt. XXXI 104; vgl. dazu oben zu Anm. 2128—2128b.

oder ohne notwendige Voruntersuchung[2690a]) erlassen ist[2691]). Ein Urteil wäre unter gleichen Voraussetzungen nicht unbeachtlich[2692]). Der Mangel der sachlichen Zuständigkeit allein begründet allerdings auch für die Entscheidungen außerhalb der Endurteile noch keine Unbeachtlichkeit (RGESt. XL 272; LV 100)[2693]).

III. Neben den Entscheidungen sind noch folgende Gruppen von Richterhandlungen anzuführen:

1. Von richterlichen Bewirkungshandlungen kommen nach dem oben[2694]) Ausgeführten außer den Entscheidungen in Betracht:

a) Nicht die Rechtserkenntnis betreffende Vorstellungsmitteilungen, wie Belehrungen (§ 26 II S. 2 GVG.; 498 I S. 2 ZPO.; 52 II, 114 III, 228 III, 265 I, II StPO.; 4 V S. 1, 10 MieterschutzG. v. 1. Juni 1923), Benachrichtigungen von Terminen (§§ 193 III, 224, 350 I S. 1 StPO.), von der Briefbeschlagnahme (§ 101 StPO.), von der Zurückweisung des Antrages auf Erhebung der öffentlichen Klage (§ 174 I StPO.), vom Fortgang des Verfahrens (§ 287 II StPO.), von Anordnungen zur Vorbereitung der mündlichen Verhandlung (§ 272b IV S. 1 ZPO.), von Änderung des Beweisbeschlusses (§ 360 S. 4 ZPO.), von Erhebung des Widerspruchs (§ 694 II ZPO.), Mitteilung des Zeitpunktes der Rechtsmitteleinlegung (§§ 519a S. 2, 553a II S. 2 ZPO.), Bekanntmachung des Zweckes der Durchsuchung (§ 106 II ZPO.), schriftliche Mitteilung vom Grund der Durchsuchung und von der strafbaren Handlung, Erteilung eines Verzeichnisses der beschlagnahmten Gegenstände oder einer Bescheinigung, daß nichts Verdächtiges gefunden wurde (§ 107 StPO.), Eröffnung, welche strafbare Handlung dem Beschuldigten zur Last gelegt wird (§ 136 I S. 1 StPO.), Bekanntmachung der die Voruntersuchung eröffnenden Verfügung (§ 192 I S. 2 StPO.), endlich alle Beurkundungen[2695]).

b) Realakte, wie Ausführung von Beschlagnahmen und Durchsuchungen (§§ 94ff. StPO.), Ausantwortung nicht zurückbehaltener Postsendungen (§ 101 II StPO.), Kenntlichmachung beschlagnahmter Gegenstände (§ 109 StPO.), Durchsicht von bei der Durchsuchung aufgefundenen Papieren, sowie ihre Mitteilung an die Staatsanwaltschaft (§ 110 I, IV StPO.), Erteilung einer Abschrift von Teilen eines beschlagnahmten Briefes (§ 101 III StPO.), Rückgabe von Gegenständen an den Verletzten (§ 111 StPO.), Mitteilung der Anklageschrift (§ 201 StPO), der Beschwerde (§ 308 StPO.).

[2690a]) Vgl. oben zu Anm. 2132.

[2691]) Vgl. schon oben zu Anm. 2094.

[2692]) Vgl. oben Anm. 2672/3.

[2693]) Soweit es sich nicht — vgl. oben zu Anm. 2663, in Anm. 2678 — um Entscheidungen handelt, die privatrechtliche Gestaltungswirkung haben, wie im Vollstreckungsverfahren, z. B. der Pfändungsbeschluß (§ 828 ZPO.), den die herrschende Lehre (Stein, Nr. III zu § 828) — m. E. (vgl. auch Stein, Anm. 11 zu § 828) freilich zu Unrecht — sogar schon bei Mangel der örtlichen Zuständigkeit für unwirksam hält.

[2694]) Hinter Anm. 2620.

[2695]) Vgl. Kormann, 129ff.; P. Klein, 139.

Unter den angeführten Beispielen von richterlichen Vorstellungsmitteilungen und Realakten sind nur einzelne, welche streng persönliche Richterhandlungen sind, so die meisten[2695a]) Belehrungen, die Bekanntmachung der die Voruntersuchung eröffnenden Verfügung oder die Durchsicht von bei einer Durchsuchung aufgefundenen Papieren[2696]). Die meisten anderen — soweit sie nicht überhaupt, wie die Beschlagnahmen und Durchsuchungen, sogar durch andere staatliche Organe angeordnet werden können — kann der Richter jedenfalls durch andere staatliche Organe ausführen lassen, sich also bezüglich ihrer auf ihre Anordnung, m. a. W. auf eine Entscheidung beschränken[2697]). Niemals durch den Richter ausgeführt wird die Zustellung von Amts wegen — nur diese kann hier in Frage kommen —, die ein Realakt, nämlich „die in gesetzlich vorgeschriebener Form erfolgte und beurkundete Übergabe eines Schriftstücks"[2698]) ist, und zwar gleichgültig, ob sich durch sie der Erlaß einer Entscheidung erst vollendet[2699]) (z. B. bei nicht verkündeten Beschlüssen oder Verfügungen, § 329 III ZPO.), oder ob die Zustellung die Bekanntmachung einer bereits erlassenen Entscheidung (z. B. im Strafprozeß eines in Abwesenheit des Angeklagten verkündeten Urteils, § 35 II StPO.), ihrer Gründe (§§ 316 II, 343 II StPO.) oder einer Rechtsmittel-, Rechtsmittelbegründungs- oder Einspruchsschrift (§§ 340a S. 2, 519a S. 1, 522a III, 553a II S. 1, 554 V, 556 II S. 3 ZPO., 320 S. 2, 347 I S. 1 StPO.) bezweckt, oder ob sie den Eintritt der — formellen — Rechtskraft herbeiführen soll (§ 343 II in Verb. mit §§ 345 I, 346 I StPO.)[2699a]).

2. Die zweite Gruppe der neben den Entscheidungen stehenden Richterhandlungen ergibt sich aus der Tatsache, daß infolge des in unseren Prozeßordnungen mehr oder weniger zur Herrschaft gelangten Untersuchungsgrundsatzes Richterhandlungen an Stelle von Erwirkungshandlungen der Parteien stehen[2700]).

a) Innerhalb des Beweises, d. h. der Parteitätigkeit, die bestimmt ist, den Richter von der Wahrheit einer tatsächlichen Behauptung zu überzeugen[2701]), ist die Beweisvorführung zum großen Teil[2702]) in die Hand des Richters gelegt. Sofern der Richter zu dieser Tätigkeit ohne eine Beweisantretung der Partei nicht imstande oder durch einen Beweisantrag oder ein Beweiserbieten der Partei oder die durch sie be- oder erwirkte Herbeischaffung eines Beweismittels genötigt ist, bleibt die Beweisvorführung des Richters eine Beweisführung der Partei[2703]).

[2695a]) Anders wohl nur die aus § 498 I S. 2 ZPO., 114 III StPO., 10 MieterschutzGes. v. 1. Juni 1923.

[2696]) Vgl. schon oben hinter Anm. 2620.

[2697]) Vgl. schon oben Anm. 2616, 2617.

[2698]) Stein, Nr. III vor § 166.

[2699]) Hellwig, Syst. I, § 159 I 1c, schließt daraus die Unselbständigkeit der Kundmachung; anders Kormann, 267ff.

[2699a]) Über die Zustellung im Parteibetriebe vgl. oben Anm. 2439.

[2700]) Vgl. oben zu Anm. 1908b.

[2701]) Vgl. oben § 28 I.

[2702]) Vgl. darüber ausführlich oben § 28 I 2.

[2703]) Vgl. oben zu Anm. 2272/3, 2303/4, auch zu Anm. 1784a, 2047.

b) Soweit dagegen der Richter von Amts wegen die (materielle) Wahrheit erforscht, m. a. W. soweit der Instruktionsgrundsatz gilt, stellt sich die darauf gerichtete richterliche Tätigkeit[2703a]) als eine selbständige „Ermittelung" dar, welche die Erforschung von Tatsachen und die Aufsuchung und Ausforschung von „Erkenntnismitteln" umfaßt[2704]).

3. Die dritte und letzte Gruppe von Richterhandlungen neben den Entscheidungen, die, gleich diesen und im Gegensatz zu den soeben unter 1. und 2. aufgeführten, spezifisch richterliche Handlungen begreift, ist die Entgegennahme der Verhandlung und Beweisvorführung, die eigentliche Beweisaufnahme[2705]).

Von den aufgeführten drei Gruppen von Richterhandlungen außer den Entscheidungen sind die Akte der dritten Gruppe einer Bewertung überhaupt unfähig. Bewertbar sind nur die entgegengenommenen Akte[2706]), insbesondere die Beweisvorführungen. Aber auch die Akte der Gruppe 2a sind nicht Gegenstand einer selbständigen Bewertung. Da sie als Beweisvorführung der Parteien gelten, sind sie nur insoweit und denselben Wertungen unterworfen wie diese[2707]). Im Gegensatz dazu wird bei den Akten der Gruppe 2b, obwohl auch sie an Stelle von Erwirkungshandlungen stehen, die Wertung der „Zulässigkeit" oder „Zurückweisbarkeit als unzulässig" durch die auf Bewirkungshandlungen anwendbare Wertung der Beachtlichkeit oder Unbeachtlichkeit ersetzt. Eine „Zurückweisung" der „Benutzbarkeit" von „Ermittelungen" wegen formeller Mängel[2708]) kann nicht in Frage kommen, da die „Ermittelung" weder unmittelbar noch mittelbar Parteihandlung ist. Leidet daher eine Ermittelungshandlung an formellen Mängeln, welche ihre Benutzbarkeit[2709]) ausschließen, so hat der Richter sie unbeachtet zu lassen. Aber auch die Wertung der „materiellen Beweiskraft"[2710]) ist auf Akte einer Tätigkeit, die kein bestimmtes Beweis-

[2703a]) Dazu gehört — jedenfalls bis zu einem gewissen Grade — u. a. auch der Vortrag des Berichterstatters nach §§ 324, 351 StPO., ebenso wie der Vortrag des Ergebnisses des bisherigen Verfahrens nach §§ 285 II, 526, 669 ZPO. je nachdem Behauptung oder Beweisvorführung ist (vgl. oben Anm. 2046, 2459 a. E.).

[2704]) Vgl. oben hinter Anm. 2270, zu Anm. 2367—2369, sowie zu Anm. 2062, 2216, 2336—2346, endlich zu Anm. 2139.

[2705]) Vgl. oben zu Anm. 2044. Auch W. Jellinek, 17, und Kormann, 133, bezeichnen, wenngleich zu eng — insoweit zutreffend E. v. Hippel, Staatsakt, 39, — die Entgegennahme von Erklärungen als eine besondere Gruppe von Staatsakten.

[2706]) Dies tritt bei W. Jellinek, 64, 125/6, 151, ganz deutlich hervor.

[2707]) Vgl. oben § 28 II 2, insbes. die Beispiele das. zwischen Anm. 2413—2413a. Es ist deshalb auch nicht richtig, wenn gelehrt wird (Stein, Nr. IV 3 zu § 249), daß die während Unterbrechung des Verfahrens vorgenommenen richterlichen Beweisakte (vgl. oben zu Anm. 2413a) — mangels Heilung gemäß § 295 ZPO. —, anders als die Entscheidungen, „unwirksam", m. a. W. unbeachtlich seien. Ihre Benutzbarkeit ist nach denselben Regeln — vgl. oben § 28 II 2a — zurückzuweisen, wie die sonstiger formell mangelhafter Beweisvorführungen der Parteien. Vgl. auch noch oben zu Anm. 1913a.

[2708]) Vgl. oben § 28 II 2a.

[2709]) Im Sinne der oben a. a. O. gemachten Ausführungen.

[2710]) Vgl. oben § 28 II 2b.

thema kennt[2711]), nur mit der Maßgabe anwendbar, daß diese „materielle Beweiskraft“ hier der „Beweiserheblichkeit“ des § 267 StGB. entspricht[2712]). Es kann nämlich nur in Frage kommen, ob das Ergebnis der Ermittelungshandlung überhaupt für den Gegenstand des anhängigen Verfahrens erheblich ist. Das Werturteil der „Beweiserheblichkeit“ der Ermittelungshandlung bejaht gleichzeitig die Erheblichkeit der erforschten Tatsache und die Beweiskraft des aufgesuchten Erkenntnismittels. Ebensowenig kann natürlich hier von einer „Zurückweisung“ „beweisunerheblicher“ Ermittelungshandlungen die Rede sein, sondern nur von der Feststellung ihrer Unverwertbarkeit.

Die Richterhandlungen der Gruppe 1 (Vorstellungsmitteilungen und Realakte) schließlich unterliegen der auf Bewirkungshandlungen anwendbaren Wertung der Beachtlichkeit oder Unbeachtlichkeit[2712a]). Die Unbeachtlichkeit kann auf formelle[2713]), bei Vorstellungsmitteilungen auch auf inhaltliche Mängel zurückführbar sein; man denke insbesondere an die Unrichtigkeit von Belehrungen oder Beurkundungen[2714]).

IV. Da die richterlichen Bewirkungshandlungen, einschließlich der Entscheidungen, ebenso wie die Bewirkungshandlungen der Parteien, in Zweckbeziehung zu Erwirkungshandlungen der Parteien[2715]) oder — wie man nun noch hinzufügen kann — Ermittelungshandlungen des Gerichts[2716]) stehen, so sind sie — wie jene[2717]) — in letzter Linie garnicht selbst Bewertungsgegenstand, sondern bestimmender Umstand für die Bewertung dieser, also für die Zulässigkeit oder Begründetheit der Erwirkungshandlungen oder die Beachtlichkeit oder Beweiserheblichkeit[2718]) der Ermittelungshandlungen. Ist also z. B. der Eröffnungsbeschluß unbeachtlich, so ist damit die Anklage unzulässig geworden[2719]). Ist das Verhandlungsprotokoll wegen vorsätzlicher Falschbeurkundung (§§ 164 S. 2 ZPO., 274 S. 2 StPO.) unbeachtlich, so ist die damit unternommene Beweisvorführung mangels materieller Beweiskraft als unbegründet zurückzuweisen, umgekehrt kann die auf die Behauptung der Unbeachtlichkeit des Protokolls gestützte Revision

[2711]) Vgl. oben hinter Anm. 2369.

[2712]) Vgl. oben Anm. 2417.

[2712a]) Daß wegen Gesetzesverletzung prozessual „unbeachtliche“ Realakte — z. B. Beschlagnahmen, Durchsuchungen — privat-, öffentlich- oder strafrechtliche Wirkungen nach sich ziehen können — vgl. schon oben hinter Anm. 1389, zu Anm. 1439b, hinter Anm. 1461a, zu Anm. 1907 —, wird nicht der Hervorhebung bedürfen; ebensowenig, daß diese Akte für das ihre Anordnung, Vollziehung oder Aufhebung betreffende Verfahren — vgl. oben zu Anm. 1493, 2113 — selbstverständlich „beachtlich“ sind.

[2713]) Kormann, 260, 267. Entsprechend für Bewirkungshandlungen der Parteien oben zu Anm. 2521/2.

[2714]) Kormann, 210ff., 231, der aber zu Unrecht die Bedeutung der „Unrichtigkeit“ bei den Entscheidungen unterschätzt — vgl. oben Anm. 2621, 2624 —, bei den Beurkundungen überschätzt.

[2715]) Vgl. oben zu Anm. 1373c, 1908a, 1963, 2421.

[2716]) Vgl. oben zu Anm. 2704.

[2717]) Vgl. oben zu Anm. 1963, 2424.

[2718]) Vgl. oben zu Anm. 2709, 2712.

[2719]) Vgl. oben zu Anm. 2686/7, hinter Anm. 2689.

begründet geworden sein. Ist eine gegen § 97 StPO. verstoßende Beweismittelbeschlagnahme unbeachtlich[2719a]), so ist die darauf gestützte Beweisantretung als unzulässig[2720]), die darauf gestützte Beweisvorführung als unbenutzbar zurückzuweisen, eine darauf gestützte Ermittelungshandlung unbeachtet zu lassen. Ja, selbst der Satz, daß die Bewirkungshandlungen der Parteien unbeachtlich werden, wenn es zu den Erwirkungshandlungen, zu denen sie in Zweckbeziehung stehen, nicht kommt[2721]), gilt für die richterlichen Bewirkungshandlungen, einschließlich der Entscheidungen. Daß er für die Vorstellungsmitteilungen, Realakte und diejenigen Entscheidungen gilt, die nur innerprozessuale Wirkung entfalten[2722]), leuchtet ein. Aber wenn auch unzweifelhaft der Konsumtionswirkung des Strafurteils, der Feststellungswirkung des Zivilurteils unter allen Umständen eine Rechtslage in bezug auf einen möglichen künftigen Prozeß[2723]) entspricht[2724]), so wird doch sogar die prozessuale Beachtlichkeit des Endurteils[2725]) hinfällig, wenn feststeht, daß es zu einem zweiten Prozesse de eadem re nicht kommt.

5. Entwickelung der Prozeßlage.

(§ 32.)

1. Schon vor dem Prozeßbeginn kann man im Hinblick auf einen möglichen künftigen Prozeß von einer prozessualen Rechtslage sprechen[2726]). Eine solche Rechtslage kann sich immer nur aus dem Dasein eines zur „Evidenzmachung" geeigneten Mittels ergeben[2727]). Zwar können auch vor dem Prozeßbeginn vorgenommene Bewirkungshandlungen sei es der Parteien, z. B. ein Schieds- oder Prorogationsvertrag[2728]), sei es des Gerichts, z. B. ein Urteil in einem Vorprozeß[2729]), im Hinblick auf in einem möglichen künftigen Prozeß vorzunehmende Erwirkungshandlungen eine prozessuale Rechtslage erzeugen[2730]). Da aber Bewirkungshandlungen, die nicht vor oder gegenüber dem erkennenden Gericht vorgenommen werden, nur im Falle ihrer prozeßordnungsmäßigen Feststellung beachtlich sind[2731]), so schaffen sie eine

---

[2719a]) Vgl. aber oben Anm. 2712a.

[2720]) Vgl. oben zu Anm. 2384.

[2721]) Vgl. oben zu Anm. 2423b.

[2722]) Vgl. oben zu Anm. 2684.

[2723]) Vgl. darüber oben hinter Anm. 1365, zu Anm. 1373, 1373c, 1852, in Anm. 1858, 2421.

[2724]) Über die der Feststellungswirkung entsprechende Rechtslage vgl. oben zu Anm. 914b, 1398, 1403; die der Konsumtionswirkung entsprechende Rechtslage ist positiv (über die eigentliche negative, den Kläger treffende Seite vgl. oben zu Anm. 913a) die Aussicht des Abgeurteilten auf Ablehnung einer zweiten Anklage de eadem re (über Einzelheiten vgl. oben vor und hinter Anm. 2158).

[2725]) Vgl. oben zu Anm. 2658.

[2726]) Vgl. oben hinter Anm. 1365, zu Anm. 1373, 1373c.

[2727]) Vgl. oben hinter Anm. 1373, zu Anm. 1852.

[2728]) Vgl. oben Anm. 1858, 2421.

[2729]) Vgl. oben zu Anm. 2724.

[2730]) Vgl. oben zu Anm. 1373c, 1908a, 1963, 2421, 2715.

[2731]) Vgl. oben zu Anm. 2423a.

prozessuale Rechtslage nur, wenn ein Mittel zu ihrer prozeßordnungsmäßigen Feststellung vorhanden ist[2732]). Die einzige prozessuale Rechtslage, die vor Prozeßbeginn da ist, ohne ein zur „Evidenzmachung" geeignetes Mittel vorauszusetzen, ist die abstrakte Klagmöglichkeit, d. i. die Möglichkeit, durch Einreichung und Zustellung der Klage die Aussicht auf Terminsbestimmung und Gehör zu begründen[2733]). Immerhin setzt auch diese Rechtslage voraus, daß nicht ein Hindernis der Terminsbestimmung, insbesondere Exterritorialität des Beklagten, evident ist[2734]).

2. Die erste Wirkung der Klagerhebung ist der Eintritt der Rechtshängigkeit, d. i. der Rechtslage, daß ein Anspruch der gerichtlichen Verhandlung und Entscheidung unterbreitet ist, eine res in iudicium deducta est. Diese Rechtslage ist gleichbedeutend mit der Aussicht der Parteien auf gerichtliche Verhandlung und der Prozeßlage gemäße Entscheidung über den erhobenen Anspruch in dem gegenwärtigen Verfahren[2735]). Der Eintritt dieser Rechtslage ist im amtsgerichtlichen Verfahren insoweit hinausgerückt, als sich dem Streitverfahren das obligatorische Mahn- (§§ 1 ff. EntlastBek. i. d. Fass. v. 13. Mai 1924) oder Güte- (§§ 495a ff. ZPO.) vorschiebt. Denn weder die Zustellung des Zahlungsbefehls (§ 693 ZPO.) noch die Zustellung des — wirklichen (§ 499a ZPO.) oder fingierten (§ 500a II ZPO.) — Güteantrages begründet die Rechtshängigkeit[2736]). Diese tritt vielmehr erst ein, wenn entweder der Vollstreckungsbefehl erlassen[2736a]) (§ 700 S. 1 Halbs. 2 ZPO.) oder gegen einen Urkunden- oder Wechsel-Zahlungsbefehl Widerspruch erhoben (§ 4 Nr. 1 EntlastBek. i. d. Fass. v. 13. Mai 1924) oder nach Erhebung des Widerspruchs gegen den Zahlungsbefehl alsbald ein Termin zur Streitverhandlung anberaumt oder der Rechtstreit im Anschluß an das Güteverfahren im Streitverfahren verhandelt wird (§§ 696 III, 499e I, 499f II ZPO.). Gleichgültig ist, daß in solchem Falle die „Wirkungen" der Rechtshängigkeit auf den Zeitpunkt der Zustellung des Zahlungs-

---

2732) Vgl. denn auch über die Beweiskraft der Urteilsurkunde für die Tatsache des Urteilserlasses oben zu Anm. 1207a. Das zur „Evidenzmachung" geeignete Mittel braucht nicht notwendig ein Beweis- oder Bescheinigungsmittel zu sein. Offenkundigkeit bei Gericht oder ein ehrlicher geständiger Gegner können genügen.

2733) Vgl. oben zu und hinter Anm. 1376, 1376a, zu Anm. 1449.

2734) Vgl. oben zu Anm. 1450, 1925. Vgl. auch noch den oben in Anm. 1451 erwähnten Fall.

2735) Vgl. oben zu Anm. 1644—1646, insbes. in Anm. 1644; vgl. ferner oben Anm. 1917a.

2736) Das war auch nach § 693 II ZPO. fr. Fass. (v. 20. Mai 1898) nicht anders, da dieser nur bestimmte, daß mit der Zustellung des Zahlungsbefehls die „Wirkungen" der Rechtshängigkeit eintreten sollten. Daß die Rechtshängigkeit nicht identisch ist mit den Reflexwirkungen, welche das materielle und Prozeß-Recht an sie knüpfen, darüber vgl. schon oben Anm. 1644. Die Bestimmung des § 693 II fr. Fass. enthielt gerade so eine Fiktion, wie die eine Rückbeziehung des Eintritts der Rechtshängigkeitswirkungen anordnenden §§ 499e I S. 2, 499f II S. 2, 696 III, 700 S. 1 Halbs. 2 ZPO., 4 Nr. 1 EntlastBek. i. d. Fass. v. 13. Mai 1924.

2736a) In welchem Falle es also keines Güteverfahrens bedarf, was eine Modifikation des § 495a ZPO. bedeutet.

befehls (§§ 696 III, 700 S. 1 Halbs. 2 ZPO.; § 4 Nr. 1 EntlastBek. i. d. Fass. v. 13. Mai 1924) oder des Güteantrages (§§ 499e I S. 2, 499f II S. 2 ZPO.) zurückbezogen werden[2737].

Auch im Strafverfahren tritt die Rechtshängigkeit[2738] mit Erhebung der Anklage (§ 170 I StPO.)[2739] ein. Aber die meisten „Wirkungen" der Rechtshängigkeit sind erst an die „Eröffnung der (gerichtlichen) Untersuchung" geknüpft[2740].

3. Die mit dem Eintritt der Rechtshängigkeit begründete Aussicht des Beklagten auf gerichtliche Verhandlung und Entscheidung über den erhobenen Anspruch in dem gegenwärtigen Verfahren kann ihm durch Zurücknahme der Klage wieder entzogen werden[2741]. Erst durch seine Einlassung wird die bezeichnete Aussicht für den Beklagten zu einem unentziehbaren Recht (§ 271 I ZPO.)[2742]. Entsprechendes gilt für die Rechtsmittelinstanz (§§ 515 I, 566 ZPO.). Die Festhaltung des Rechtsmittelklägers soll hier dem Rechtsmittelbeklagten das Recht der Anschließung sichern (§§ 521 I, 522 I, 556 II S. 3 ZPO.). Doch ist dazu ein Verhandeln des Rechtsmittelbeklagten zur Hauptsache nicht erforderlich, ein Verhandeln über die Zulässigkeit des Rechtsmittels freilich nicht ausreichend[2743]. Im Strafverfahren tritt die Festhaltung des Anklägers im Prozesse regelmäßig mit der Eröffnung der Untersuchung (§ 156 StPO.)[2744], die Festhaltung des Beschwerdeführers in der Rechtsmittelinstanz mit dem Beginn der Hauptverhandlung (§ 303 StPO.) ein. Letztere soll die Staatsanwaltschaft hindern, die Wirkung des von ihr eingelegten Rechtsmittels, daß die angefochtene Entscheidung auch zugunsten des Beschuldigten abgeändert werden kann (§ 301 StPO.), zu vereiteln. Sie entbehrt also des Zweckes im Falle einer Einlegung des Rechtsmittels durch den Beschuldigten.

4. Die Last, die Klage zu begründen, ist eine Substanzierungslast[2745]. Mit ihr ist regelmäßig ein Substanzierungsrecht insofern verbunden, als der Kläger sich mit ausreichender Substanzierung die Möglichkeit zum Beweisantritt eröffnet[2746]. Bei Totalversäumnis des Beklagten kann ausreichende Substanzierung den Kläger, sofern er auch seiner Informationslast genügt hat (§ 335 I Nr. 1 ZPO.), in die Lage versetzen, gegen den Beklagten mit Erfolg ein Versäumnisurteil zu be-

---

[2737] Über Folgerungen aus dieser Rückwirkung vgl. Goldschmidt, ZPO., Nr. 3 zu § 496. Vgl. auch noch §§ 302 IV S. 4 Halbs. 2, 717 II S. 2 Halbs. 2, III S. 4 Halbs. 1 ZPO.

[2738] Vgl. oben Anm. 1646. [2739] Lang, 11.

[2740] Nur die perpetuatio fori domicilii (§ 8 I StPO.) ist an die Erhebung der Anklage geknüpft. Dagegen ist die einen zweiten Prozeß de eadem re ausschließende Wirkung der Rechtshängigkeit mittelbar durch den eine Kompetenzkonkurrenz lösenden § 12 I StPO. an die Eröffnung der Untersuchung geknüpft. Bedenklich Birkmeyer, 681/2; Lang, 69, 75 (der sich, 75 Anm. 1, zu Unrecht auf Bennecke-Beling, 480, beruft). Vgl. auch § 68 StGB. und über diesen Goldschmidt, Mater. JustizR., 40ff.

[2741] Vgl. oben zu Anm. 1642—1656, auch zu Anm. 2545.

[2742] Vgl. oben zu Anm. 662—668. [2743] Stein, Nr. I 1 zu § 515.

[2744] Vgl. oben zu Anm. 666. [2745] Vgl. oben zu Anm. 2176.

[2746] Vgl. oben hinter Anm. 1454, zu Anm. 1716a.

antragen (§ 331 ZPO.)[2747]. Der Beklagte hat — ohne weiteres Zutun — Aussicht auf Abweisung der prozessual mangelhaften[2748] oder der unschlüssigen[2749] Klage. Im übrigen konkurriert regelmäßig mit seiner Bestreitungslast ein Bestreitungsrecht insofern, als sein Bestreiten den Kläger zum Beweise nötigt[2750]. Nur ausnahmsweise geht das mit der Bestreitungslast des Beklagten konkurrierende Bestreitungsrecht nur so weit, ihm die Möglichkeit zum Beweisantritt zu eröffnen[2751].

5. Mit dem Verhandlungsergebnis rücken die bisher entfernten und wenig sicheren Aussichten auf Gewinn oder Verlust des Prozessses in greifbarere Nähe und gewinnen festere Gestalt. Es kann sein, daß die Versäumung von Lasten und das Verpassen von Möglichkeiten durch eine Partei unmittelbar die Aussicht auf ein ihr ungünstiges Urteil eröffnet. Aber auch wenn dies nicht der Fall ist, so ergibt sich doch jetzt, in welchem Umfange die Behauptungen von Rechten oder Tatsachen als prozeßordnungsgemäß festgestellt oder als bestritten anzusehen und in welchem Umfange tatsächliche Behauptungen beweisbedürftig sind. Eine Folge der Verhandlung ist, daß in Zukunft ein Urteil „nach Lage der Akten" ergehen kann (§§ 251a I S. 2, 331a S. 2 ZPO.). Eine Folge kann die Zurückweisbarkeit nachträglichen Vorbringens (§§ 279, 283 II, 529 II, V ZPO.) sein. Im gemeinen Prozeßrecht wurde das Verhandlungsergebnis durch das Beweisinterlokut[2752], im preußischen durch Feststellung des status causae et controversiae (§§ 20ff. I 10 AGO.) festgelegt.

6. Diejenige Partei, die über rechtlich bindende oder auch nur erfahrungsgemäß überzeugende Beweismittel für beweisdürftige Tatsachen verfügt, hat die Möglichkeit (das Recht) zum Beweise[2753]. Mit der Beweismöglichkeit braucht eine Beweislast nicht verbunden zu sein. Noch günstiger gestaltet sich die Prozeßlage einer Partei, wenn sie von dem beweisbelasteten Gegner als rechtlich bindendes Beweismittel — die AGO. I 10 § 255 sagt geradezu: als „Richter in eigener Sache" — aufgerufen wird, m. a. W. wenn die Partei zum Eide kommt[2754]. Freilich bedingt jede Eidesmöglichkeit gleichzeitig eine Eideslast[2755].

7. Das vorliegende Beweisergebnis schafft eine Rechtslage, soweit bei seiner Würdigung der Richter durch gesetzliche Beweisregeln gebunden oder nach den Erfahrungssätzen eine bestimmte Beweiswürdigung überwiegend wahrscheinlich ist[2756].

8. Mit dem Eintritt der Urteilswirkung (materiellen Rechtskraft), d. i. der gerichtlichen Geltung des geltend gemachten Anspruchs als rechtlich begründet oder unbegründet[2757] ist die Prozeßlage entspannt, allerdings zugleich ein neues Spannungsverhältnis in bezug auf einen möglichen künftigen Prozeß gegeben[2758].

[2747]) Vgl. oben hinter Anm. 1454, zu Anm. 1718a.
[2748]) Vgl. oben hinter Anm. 1601a, 1434. [2749]) Vgl. oben zu Anm. 1410—1434.
[2750]) Vgl. oben hinter Anm. 1452, zu Anm. 1718.
[2751]) Vgl. oben zu Anm. 1452a—1454, zu Anm. 1716a.
[2752]) Vgl. oben hinter Anm. 2188, zu Anm. 2263. [2753]) Vgl. oben zu Anm. 1716.
[2754]) Vgl. oben Anm. 619a, hinter Anm. 1456/7, zu Anm. 1715. [2755]) Vgl. ob. a. a. O.
[2756]) Vgl. oben zu Anm. 1370a. [2757]) Vgl. oben zu Anm. 1172d.
[2758]) Vgl. oben zu Anm. 2729, 2724 und die in Anm. 2724 angeführten Stellen.

9. Die fortschreitende Entwickelung der Prozeßlage bringt es mit sich, daß die Verpassung von Möglichkeiten[2759]) oder die Versäumung von Lasten[2760]) nicht mehr nachgeholt, umgekehrt Erwirkungshandlungen[2761]) oder — an sich abänderliche — Entscheidungen[2762]) nicht mehr widerrufen oder abgeändert werden können, sobald die Prozeßlage, auf welche sich die verpaßte oder versäumte, die zu widerrufende oder abzuändernde Prozeßhandlung bezieht, nicht mehr besteht (prosessualische Überholung)[2763]). Die „prozessualische Überholung" hatte im gemeinen Zivilprozeß, der vom Eventualprinzip und dem Prinzip der Beweistrennung beherrscht war, eine ganz andere Bedeutung als im Reichszivilprozeß. Das hat die ZPVO. v. 13. Februar 1924 trotz ihrer in §§ 279, 279a, 283 II, 529 II, III, 626 ZPO. zum Ausdruck gekommenen Hinneigung zum Eventualprinzip nicht geändert, sondern durch Beseitigung des Zwischenurteils über selbständige Angriffs- oder Verteidigungsmittel (§ 303 ZPO.) eher bestätigt. Nach Reichsrecht liegt der Schwerpunkt der Bedeutung der „prozessualischen Überholung" im Strafprozeß[2763a]), der sich in fest voneinander geschiedenen Lagen fortentwickelt, und wo jeder Eintritt in eine neue Lage präklusivische Wirkungen äußert; so die Eröffnung der Untersuchung den Ausschluß der Zurücknahme der öffentlichen Klage (§ 156 StPO.), der Schluß der Voruntersuchung den Ausschluß des Einwandes der örtlichen Unzuständigkeit (§ 16 StPO.), die Eröffnung des Hauptverfahrens den Ausschluß der Berücksichtigung der örtlichen Unzuständigkeit von Amts wegen (§ 18 StPO.), die Verlesung des Eröffnungsbeschlusses den Ausschluß des Einwandes der örtlichen Unzuständigkeit (§ 16 StPO.), der Ablehnbarkeit einer Gerichtsperson (§ 25 StPO.) und der Rüge der Nichteinhaltung der Ladungsfrist (§ 217 II StPO.), der Schluß der Beweisaufnahme den Ausschluß der Rüge verspäteter Namhaftmachung von Zeugen oder Sachverständigen oder verspäteter Vorbringung von Tatsachen (§ 246 II, III StPO.).

Das Gegenstück zu der Endgültigkeit („Unverrückbarkeit")[2764]) der einmal entstandenen Prozeßlage, welche die Grundlage der „prozessualischen Überholung" ist, bilden die prozessualischen „Schwebe-(Pendenz-) Zustände"[2765]). So kann die Rechtshängigkeit in der Schwebe sein, sei es von Rechts wegen infolge der Zurücknehm-

[2759]) Vgl. oben Anm. 1604a, zu Anm. 1657.

[2760]) Vgl. oben zu Anm. 1714a, 1756.

[2761]) Vgl. oben zu Anm. 2473b, in Anm. 2474. [2762]) STEIN, Nr. II zu § 329.

[2763]) Vgl. oben zu Anm. 1757. Nicht unbedenklich daher RGESt. LIII 286, wonach Wiedereinsetzung in den vorigen Stand gegen Versäumung der Revisionsbegründungsfrist noch nach Rechtskraft des gemäß § 346 I StPO. ergangenen Verwerfungsbeschlusses verlangt werden kann; vgl. schon LÖWENSTEIN, JWSchr. 1920, 150.

[2763a]) Vgl. schon oben Anm. 1758. Aber auch im Zivilprozeß würde, wenn nicht schon § 318 ZPO., so jedenfalls die „prozessualische Überholung" in dem von BREIT, JWSchr. 1924, 374, gegebenen Falle den zum Teil verurteilten Beklagten hindern, Berufung einzulegen, nachdem auf die Berufung des zum Teil abgewiesenen Klägers volle Verurteilung erfolgt ist. Insoweit kann ich das in Anm. 3 zu § 516 ZPO. Gesagte berichtigen.

[2764]) So KOHLER, Prozeß, 63ff. [2765]) Vgl. schon KOHLER, Prozeß, 71ff., 75ff.

barkeit der Klage oder des Rechtsmittels[2766]) oder der Genehmigungsfähigkeit einer von einem Prozeßunfähigen oder falsus procurator erhobenen Klage (§§ 56 II, 89 ZPO.) oder der Heilbarkeit einer vor einem unzuständigen Gericht erhobenen, unzulässig geänderten oder gegen § 253 II ZPO. verstoßenden Klage gemäß §§ 39, 264 (269), 295 ZPO., sei es kraft Parteiwillens im Falle der Stellung von Eventualanträgen[2767]). Die Wirkungen der Einlassung können in der Schwebe sein bei Zustellung und Einreichung eines sich vorbehaltlos einlassenden Schriftsatzes wegen der Möglichkeit einer Entscheidung nach Lage der Akten (§§ 251a, 331a ZPO.)[2767a]). Ferner kann die Urteilswirkung in der Schwebe sein, sei es von Rechtswegen vor Eintritt der formellen Rechtskraft des Endurteils selbst oder des seine Grundlage bildenden Zwischenurteils im Falle der §§ 275 II, 304 II ZPO.[2768]) oder im Falle des einem Eventualantrag stattgebenden Urteils vor Eintritt der formellen Rechtskraft des seine Grundlage bildenden den Prinzipalantrag abweisenden Urteils[2769]), sei es kraft Richterwillens bei den Vorbehaltsurteilen (§§ 302, 599/600 ZPO.).

6. Nachfolge in die Prozeßlage.

(§ 33.)

Jede prozessuale Nachfolge ist eine Nachfolge in eine Rechtslage[2770]). Eine solche kann schon vor Prozeßbeginn stattfinden. So tritt der Zessionar einer Forderung mit dem Erwerbe des Schuldscheins (§ 952 BGB.) in die sich aus dem Dasein eines solchen Beweismittels ergebende günstige Rechtslage[2771]) ein. Ebenso sukzediert der Erwerber einer res oder actio litigiosa insoweit in die prozessuale Rechtslage des Veräußerers, als er ohne weiteres in dessen — günstige oder ungünstige — prozessuale Aussichten eintritt, mögen auch die prozessualen Möglichkeiten und Lasten bei dem Veräußerer verbleiben[2772]). Von einer Nachfolge in ein sog. „Prozeßverhältnis" würde in beiden Fällen nicht die Rede sein können[2773]). Auf der anderen Seite sukzediert, sofern eine Partei ihr Prozeßführungsrecht verliert, das Subjekt der res in iudicium deducta nur dann von Rechts wegen in die formelle Parteistellung, wenn es sich in bezug auf die prozessualen Aussichten bereits in der gleichen Rechtslage befand wie der Vorgänger. Dieser Gesichtspunkt liegt nicht nur der Prozeßnachfolge des Erben (§ 239 ZPO.) zugrunde, sondern liefert auch die Erklärung für die Einschränkung der Prozeßnachfolge des Nacherben (§§ 242, 326 II ZPO.) und den Wegweiser für die — gesetzlich nicht geregelte — Prozeßnachfolge der Personen, denen das Verwaltungsrecht an ihrem Vermögen entzogen war.

2766) Vgl. oben unter Nr. 3 und zu Anm. 2545.
2767) Vgl. oben § 30 V 1, insbes. zu Anm. 2543, 2551.
2767a) Vgl. GOLDSCHMIDT, ZPO., Nr. 4g zu § 251a; oben Anm. 1601a[2].
2768) Vgl. oben Anm. 2009, zu Anm. 2552/3, in Anm. 2677a.
2769) Vgl. oben hinter Anm. 2551, in Anm. 2677a.
2770) Vgl. schon oben § 13 I.
2771) Vgl. oben zu Anm. 2727.
2772) Vgl. oben hinter Anm. 1682.
2773) Vgl. denn auch KOHLER, Z. XII 121.

Hatte also bei gesetzlichem Güterstande der Ehemann aus § 1380 S. 1 BGB. geklagt und verliert er das Verwaltungsrecht, so tritt die Ehefrau in den Prozeß ein, sofern die Prozeßführung des Ehemannes gegen sie wirksam war, also im Falle des § 1380 S. 2 BGB. oder im Falle ihrer Zustimmung zu seiner Prozeßführung[2774]). In Prozesse, die der Ehemann über das Gesamtgut oder seine Haftung führte (§ 1443 I S. 2 BGB.) tritt die Ehefrau nach Beendigung der Gütergemeinschaft stets ein, und zwar bei Fortsetzung der Gütergemeinschaft allein (§§ 1483, 1487 BGB.), in anderen Fällen als Streitgenossin neben dem Ehemann oder seinen Erben[2775]).

Etwas anders gestaltet sich die Prozeßnachfolge, wenn die Ausübung des dem Subjekt der res in iudicium deducta entzogenen Verwaltungsrechts dem Verwalter eines selbständigen Sondervermögens zustand[2776]). Hier ist vorweg zu bemerken, daß eine Prozeßnachfolge selbst nach Aufhebung der Selbstverwaltung des selbständigen Sondervermögens nur insoweit in Frage kommt, als nicht der Amtsverwalter noch zur Führung von sog. Abwickelungsprozessen berechtigt bleibt, wie insbesondere der Konkursverwalter für Zwecke einer vorbehaltenen Nachtragsverteilung (§ 166 KO.)[2777]). Im übrigen tritt hier bei Wegfall der Amtsverwaltung das Subjekt der res in iudicium deducta insoweit immer in den Prozeß ein, als Prozeßgegenstand der Anspruch auf Erstattung der Prozeßkosten ist und dieser auf das Subjekt der res in iudicium deducta aktiv und passiv übergeht. Insoweit sukzediert also — unbeschadet des etwaigen Rechts einer auf das ausgeantwortete Vermögen beschränkten Haftung — der Erbe immer in die Prozesse des Nachlaßpflegers, Nachlaßverwalters und verwaltenden Testamentsvollstreckers, der Gemeinschuldner immer in die Prozesse des Konkursverwalters[2777a]), der Angeschuldigte immer in die Prozesse des Pflegers seines beschlagnahmten Vermögens. Und weil der Anspruch auf Erstattung der Prozeßkosten aktiv und passiv nicht auf ihn, sondern auf den betreibenden Gläubiger übergeht, sukzediert

[2774]) Vgl. oben zu und in Anm. 1100, in Anm. 2432a. Der Text folgt HELLWIG, Syst. I, § 178 III 1bβ. Ungenau STEIN, Nr. III zu § 241.

[2775]) HELLWIG, Syst. I, § 178 III 1bα, der aber im letzteren Falle m. E. zu Unrecht — vgl. unten Anm. 2811 — eine unter § 62 ZPO. fallende Streitgenossenschaft annimmt.

[2776]) Vgl. die Fälle schon oben in Anm. 1680.

[2777]) RGEZ. XXVIII 70; XXXII 74; JAEGER, Anm. 14 zu § 10, Anm. 12 zu § 57, Anm. 12 zu § 166; HELLMANN, KonkR., 516ff. Hierher gehören aber auch Prozesse des Konkursverwalters um die nach § 168 Nr. 1 KO. zurückbehaltenen Anteile (JAEGER, Anm. 28 zu § 146) oder Abwickelungsprozesse eines Zwangsverwalters (RGEZ. LIII 264/5; LIX 89).

[2777a]) RGEZ. LII 334; LVIII 418; JAEGER, Anm. 24 zu § 29, Anm. 29 zu § 146; and. HELLMANN, KonkR., 549ff. In die Parteirolle eines bestreitenden Gläubigers (§§ 144 I, 146 KO.), dessen Prozeßführungsrecht durch die Aufhebung oder Einstellung des Konkursverfahrens gar nicht erlischt, mag auch der Prozeß in der Hauptsache erledigt sein, sukzediert der Gemeinschuldner auch in bezug auf den Kostenerstattungsanspruch nicht; vgl. JAEGER, Anm. 29 zu § 146. Über den umgekehrten Fall einer Sukzession des bestreitenden Gläubigers in die prozessuale Rechtslage des Gemeinschuldners vgl. oben zu Anm. 1055b.

der Vollstreckungsschuldner nicht einmal in bezug auf den Kostenerstattungsanspruch in die Prozesse des Zwangsverwalters[2778]).

Eine Sukzession des Subjekts der res in iudicium deducta in den Prozeß in bezug auf die Hauptsache hängt aber bei Beendigung der Amtsverwaltung wieder davon ab, ob die Prozeßführung des Amtsverwalters gegen das Subjekt der res in iudicium deducta wirkte. Dies ist stets der Fall bei der Nachlaßpflegschaft, Nachlaßverwaltung und Pflegschaft des beschlagnahmten Vermögens, niemals bei der Zwangsverwaltung. Denn die Prozeßführung des Zwangsverwalters[2779]) wirkt gegen den Vollstreckungsschuldner so wenig wie die Prozeßführung eines Pfändungspfandgläubigers[2780]). Daher sukzediert auch in bezug auf die Hauptsache — wieder unbeschadet des etwaigen Rechts der Haftungsbeschränkung — immer der Erbe in die Prozessse des Nachlaßpflegers und Nachlaßverwalters, der Angeschuldigte in die Prozesse des Pflegers seines beschlagnahmten Vermögens, dagegen der Vollstreckungsschuldner auch in bezug auf die Hauptsache niemals in die Prozesse des Zwangsverwalters[2781]). In die Prozesse des verwaltenden Testamentsvollstreckers sukzediert der Erbe in bezug auf die Hauptsache dann nicht, wenn der Testamentsvollstrecker zur Prozeßführung nicht berechtigt war und diese deshalb nicht gegen den Erben wirkt (§ 327 ZPO.).. Der Erbe sukzediert also in bezug auf die Hauptsache nicht in einen Passivprozeß des Testamentsvollstreckers über einen Pflichtteilsanspruch (§ 2213 BGB.)[2782]). Der Gemeinschuldner sukzediert in bezug auf die Hauptsache im Aktivprozesse des Konkursverwalters (§ 10 KO.)[2783]), ebenso in dessen Passivprozesse zur Teilungsmasse (§ 11 KO.)[2784]), doch, wenn sie eine erst während des Konkurses entstandene Masseschuld betreffen, unter Beschränkung der Haftung des Gemeinschuldners auf die an ihn gelangten Massebestandteile[2785]). In beiden Fällen nämlich wirkt die Prozeßführung des Konkursver-

---

2778) Unrichtig STEIN, Nr. III zu § 241. Die das. Anm. 18 angeführten RG.-Urteile sind die oben in Anm. 2777 angeführten, die nur aussprechen, daß der Zwangsverwalter trotz Aufhebung der Zwangsverwaltung zur Fortführung anhängiger Prozesse legitimiert bleiben kann. Vgl. auch JAECKEL-GÜTHE, Anm. 12 zu § 161.

2779) Vgl. über das Prozeßführungsrecht des Zwangsverwalters JAECKEL-GÜTHE, Anm. 8 zu § 152.

2780) STEIN, Nr. II 3 zu § 325 bei Anm. 26, Nr. VI 5 zu § 829, Nr. II zu § 841.

2781) Unrichtig STEIN, Nr. III zu § 241, bei Anm. 18.

2782) Dazu Prot. z. 2. Entw. BGB. V 294.

2783) So im Ergebnis JAEGER, Anm. 12 zu § 10, der allerdings gar keinen Parteiwechsel annimmt, da er den Konkursverwalter für den gesetzlichen Vertreter des Gemeinschuldners ansieht; ferner HELLMANN, KonkR., 554/5 (m. E. im Widerspruch zu seiner Pfandrechtstheorie, 625 ff., und zu 639, vgl. unten Anm. 2786). Daß es zu einer Prozeßnachfolge des Gemeinschuldners in einen Aktivprozeß des Konkursverwalters nur kommt, wenn die oben zu Anm. 2777 erwähnten Voraussetzungen nicht vorliegen, ist zu beachten.

2784) Ebenso im Ergebnis JAEGER, Anm. 12 zu § 57; HELLMANN, a. a. O., 555. Das in der vor. Anm. Bemerkte gilt auch hier entsprechend.

2785) Vgl. JAEGER, Anm. 5 zu § 57.

walters gegen den Gemeinschuldner[2786]). In Prozesse zur Schuldenmasse (§ 12 KO.) des Konkursverwalters[2787]) sukzediert der Gemeinschuldner[2788]) in bezug auf die Hauptsache, wenn nicht der Widerspruch des Verwalters sich nur auf eine Anfechtungseinrede stützte[2789]), und wenn der Gemeinschuldner die Forderung im Prüfungstermin nicht ausdrücklich bestritten hat. Denn nur in diesem letzteren Falle wirkt, wie sich aus §§ 164 II, 194, 206 II KO. ergibt, die Prozeßführung des Konkursverwalters gegen den Gemeinschuldner[2790]). In Anfechtungsprozesse des Konkursverwalters sukzediert der Gemeinschuldner in bezug auf die Hauptsache nicht[2791]).

Als eine Ausnahmebestimmung stellt sich § 13 II Anfechtungs-

[2786]) Ebenso im Ergebnis JAEGER, Anm. 34 zu § 6 (vom Standpunkt seiner oben in Anm. 2783 erwähnten Lehre); and. HELLMANN, a. a. O., 639, und zwar für Aktivprozesse unter Berufung darauf, daß das Urteil nur über die Unterwerfung des in Anspruch genommenen Rechts unter das Konkurspfandrecht entscheide, für Passivprozesse unter Berufung darauf, daß auch das Urteil zwischen dem der Zwangsvollstreckung Widersprechenden und dem Vollstreckungsgläubiger (§ 771 ZPO.) keine Rechtskraft im Verhältnis zwischen jenem und dem Vollstreckungsschuldner mache. Indessen das Konkurspfandrecht widerstreitet dem Grundsatz der Spezialität des Pfandrechts, und der Konkursverwalter macht — anders als der Zwangsverwalter (vgl. oben zu Anm. 2780) — kein Gläubigerpfandrecht, sondern die Rechte des Gemeinschuldners geltend (wie der Ehemann das zum Eingebrachten gehörige Recht der Ehefrau). Und wenn auch die Klage des Aussonderungsberechtigten, gleich der Klage des der Zwangsvollstreckung Widersprechenden, ein Verbot der Veräußerung des beanspruchten Gegenstandes für die Konkursmasse erwirken soll (m. E. befriedigt die Auffassung JAEGERS, Anm. 59 zu § 43, so wenig wie die von ihm in Anm. 60 zu § 43 bekämpfte Ansicht), so ergreift doch die Urteilswirkung objektiv, wie bei der Widerspruchsklage (vgl. GOLDSCHMIDT, UngerechtfertVollstreckBetr., 59 Anm. 12, 64ff.; auch oben Anm. 2615), das „die Veräußerung hindernde Recht" und richtet sich eben deshalb subjektiv, insoweit anders als bei der Widerspruchsklage, auch gegen den Gemeinschuldner.

[2787]) Daß der Gemeinschuldner in die Parteirolle eines bestreitenden Gläubigers nicht sukzediert, darüber vgl. schon oben Anm. 2777a. Eine Sukzession in bezug auf die Hauptsache wäre ohnehin ausgeschlossen, da diese mit der Aufhebung oder Einstellung des Konkursverfahrens im Verhältnis zwischen dem prätendierenden und opponierenden Gläubiger für erledigt zu erachten ist; vgl. JAEGER, Anm. 29 zu § 146.

[2788]) Soweit kein Abwickelungsprozeß um zurückbehaltene Anteile vorliegt; vgl. oben Anm. 2777.

[2789]) Diesen Fall berücksichtigt JAEGER, Anm. 29 zu § 146, nicht. Wenn er dagegen Sukzession des Gemeinschuldners in den Prozeß in bezug auf die Hauptsache für den Fall ablehnt, daß der Prozeß nur die Anmeldbarkeit der Forderung betraf, so scheint mir übersehen, daß diese Frage wenigstens im Falle des Zwangsvergleichs für die Unterstellung der Forderung unter ihn (§ 193 KO.) auch nach Konkursbeendigung erheblich sein kann.

[2790]) Dies erkennt JAEGER, Anm. 34 a. E. zu § 6, an, ohne indessen daraus in Anm. 29 zu § 146 die gebotene Folgerung zu ziehen. Ob der Gemeinschuldner, der im Prüfungstermin die Forderung nicht ausdrücklich bestritten hat, nach eingetretener Prozeßnachfolge den Anspruch des Gläubigers anerkennen wird, steht auf einem anderen Blatt.

[2791]) JAEGER, Anm. 24 zu § 29. Anders bezüglich des Kostenerstattungsanspruches, vgl. die Zitate oben in Anm. 2777a. Im übrigen gilt auch hier das oben in Anm. 2783 a. E. Gesagte entsprechend.

Ges. in der Fass. v. 20. Mai 1898 dar[2792]). Danach sukzediert der Konkursverwalter von Rechts wegen in bezug auf die Hauptsache in zur Zeit der Konkurseröffnung anhängige Anfechtungsprozesse eines Konkursgläubigers, obwohl dessen Prozeßführung nicht gegen die Konkursmasse wirkt, ja dieselbe nicht einmal Subjekt der res in iudicium deducta ist[2793]). Tatsächlich kann daher auch der Konkursverwalter die Aufnahme des Prozesses ablehnen und das der Konkursmasse zustehende Anfechtungsrecht geltend machen.

Von der von Rechts wegen eintretenden Nachfolge in die formelle Parteistellung unterscheidet sich die Übernahme eines Prozesses dadurch, daß hier sich der Übernehmer noch nicht in der prozessualen Rechtslage befand wie sein Vorgänger, in dieselbe vielmehr erst durch die Übernahme kommt. Dies wird durch die §§ 265/6 ZPO. nicht widerlegt. Denn hier kann der Erwerber der res oder actio litigiosa den Prozeß nicht deshalb übernehmen, weil er sich in bezug auf die prozessualen Aussichten bereits in der gleichen Rechtslage befindet wie der Veräußerer[2794]), sondern, obgleich er sich darin befindet, sukzediert er nicht von Rechts wegen in den Prozeß[2795]). Wir haben hier das Gegenstück des eben besprochenen Falles des § 13 II AnfechtungsGes. vor uns. Das — bedingte oder unbedingte — Recht, den Prozeß zu übernehmen, oder die Last, es zu tun, sind hier nur ein Nachfolgeersatz[2796]). Nicht anders liegt es im Falle des § 9 IV WarenzeichenGes. Auch hier ist das Recht des Rechtsnachfolgers in das Warenzeichen, die Löschungsklage als Beklagter zu übernehmen, obwohl er sich infolge der Erstreckung der Wirkung des gegen den eingetragenen Inhaber ergangenen Urteils gegen ihn[2797]) in der gleichen prozessualen Rechtslage befindet wie jener, ein Nachfolgeersatz. Doch ist hier anzunehmen, daß der Rechtsnachfolger den Prozeß nur insoweit in der Lage, in der er sich befindet, übernehmen muß, als er ihr nicht mehr durch seine Handlungen abhelfen kann. Er kann also früheren Handlungen seines Vorgängers widersprechen. Denn der Rechtsnachfolger hätte, wenn er als Nebenintervenient in den Prozeß eingetreten wäre, die Stellung eines streitgenössischen Nebenintervenienten (§ 69 ZPO.) gehabt. Er kann keine geringeren Rechte haben, wenn er den Prozeß als Partei übernimmt[2798]). Insofern ist die Lage hier doch anders als im Falle der §§ 265/6 ZPO. (arg. § 265 II S. 3 ZPO.). Sieht man indessen von diesen regelwidrig liegenden Fällen ab, so erscheint die Prozeßübernahme als das typische Mittel für den Dritten, gegen den die Prozeßführung der Partei nicht

---

2792) Vgl. schon Hellwig, Syst. I, § 178 III 2. Hellwig will, a. a. O. III 3, die Fälle der §§ 171 II, 217 II HGB. (vgl. schon oben Anm. 1680) dem Fall des § 13 II AnfechtungsGes. entsprechend behandeln.

2793) Vgl. schon oben Anm. 1680.

2794) Vgl. oben hinter Anm. 1682, zu Anm. 2772.

2795) Vgl. darüber oben zu Anm. 1683a—1696.

2796) Vgl. denn auch oben in Anm. 1850c.

2797) Vgl. oben Anm. 1850g.

2798) Ähnlich ist die Stellung der Staatsanwaltschaft, welche die Anklage im Privatklageverfahren übernimmt (§ 377 II StPO.); vgl. oben Anm. 798a.

wirkt, auf den aber das Prozeßführungsrecht einer Partei übergegangen ist[2799]) oder dem in bezug auf die res in iudicium deducta die Prozeßführungslast wenigstens auch obliegt[2800]), sich in die durch die Prozeßführung geschaffene Rechtslage[2801]) freiwillig zu begeben.

7. Gleichheit der Prozeßlagen (besondere Streitgenossenschaft).

(§ 34.)

I. Das ältere gemeine Recht unterschied zwischen der — unzulässigen — subjektiven Klagenhäufung, d. i. der Verbindung mehrerer Prozesse, und der — zulässigen — Streitgenossenschaft, d. i. der Beteiligung mehrerer an einem Prozesse. Welches letzteren Falles das die Prozeßeinheit begründende Element sei, war strittig[2802]). PLANCK[2803]) wies nach, daß auch die Streitgenossenschaft eine Mehrheit von Prozessen darstelle, und daß insoweit zwischen ihr und der subjektiven Klagenhäufung kein Unterschied bestehe. Diese Ansicht hat die Herrschaft erlangt und liegt auch der ZPO. zugrunde. Heute nimmt die herrschende Lehre an, daß selbst bei der „engsten Verbindung", der notwendigen Streitgenossenschaft, eine Mehrheit von Prozessen oder „Prozeßverhältnissen" vorliege[2804]). Aber wie so häufig hat auch hier die Reaktion gegen eine verkehrte Anschauung das Pendel zu weit getrieben. Allerdings liegt bei jeder Streitgenossenschaft, auch bei der notwendigen, eine „Mehrheit" der Prozesse vor. Denn die Rechtslage, in die ein Rechtssubjekt dadurch gerät, daß es in einen Prozeß verwickelt wird, ist seine eigene und nur seine eigene[2805]). Dies schließt indessen eine Gleichheit der Rechtslagen nicht aus, und in dieser „Gleichheit" der „mehreren" Rechtslagen liegt das Merkmal der „besonderen Streitgenossenschaft" des § 62 ZPO.[2806]).

II. Die Gleichheit der Rechtslagen besteht darin, daß mehrere in bezug auf ein Rechtsverhältnis, an dem sie beteiligt sind, ein gleiches Urteil zu erwarten haben[2807]). Dies kann entweder 1. darauf beruhen,

---

[2799]) So z. B. der Nacherbe außerhalb der Fälle der §§ 242, 326 II ZPO. oder die Ehefrau außerhalb des § 1380 S. 2 BGB.; vgl. HELLWIG, Syst. I, § 177 III 2c, § 178 III 1 bβ.

[2800]) So z. B. in den Fällen der §§ 76/7 ZPO. Vgl. im übrigen noch oben Anm. 1850c u. f. Der Nominant wird hier zwar von der Prozeßführungslast frei — vgl. oben Anm. 1480a, 1680 a. E., zu Anm. 1850h —, bleibt aber sonst in der gleichen Rechtslage wie der Auktor (§ 76 IV S. 2 ZPO.).

[2801]) Von einer solchen könnte allerdings in den Fällen der §§ 76/7 ZPO. nur in bezug auf prozessuale Punkte oder bei einer Übernahme nach Verhandlung zur Hauptsache mit Einverständnis aller Beteiligten die Rede sein.

[2802]) Vgl. darüber WACHENFELD, Streitgenossenschafr, 1ff.; KISCH, Streitgenossenschaft, 1ff.

[2803]) Mehrheit, 105ff., 385ff.

[2804]) Vgl. oben zu Anm. 805a.

[2805]) Ähnlich KISCH, Streitgenossenschaft, 11.

[2806]) Vgl. schon oben zu Anm. 806.

[2807]) Vgl. dazu einerseits oben hinter Anm. 1364a, andererseits KISCH, a. a. O. 13.

daß die Prozeßführung des einen Streitgenossen gegen den anderen wirkt (1. Fall des § 62)[2808]; oder 2. darauf, daß die Prozeßführung eine gemeinschaftliche sein muß (2. Fall des § 62)[2808a]. Daß allein der 2. Fall die Bezeichnung der „notwendigen" Streitgenossenschaft verdient, wird heute kaum noch bestritten[2809]. Unter ihn gehören im wesentlichen nur Gestaltungsklagen in bezug auf ein Rechtsverhältnis, hinsichtlich dessen mehrere in Rechtsgemeinschaft stehen, wie z. B. die Klagen aus §§ 632 II ZPO., 117, 127, 133, 140 HGB.[2810][2811]. In dem

[2808] Nicht glücklich ist die Ausdrucksweise des § 62, daß in diesem Falle „das streitige Rechtsverhältnis allen Streitgenossen gegenüber nur einheitlich festgestellt werden" könne. Denn die Erwartung auf gleiches Urteil besteht hier nur für den abhängigen Streitgenossen und nichts hindert, daß das streitige Rechtsverhältnis dem unabhängigen Streitgenossen gegenüber anders festgestellt wird als es gegenüber dem abhängigen festgestellt wurde; so schon HELLWIG, Syst. I, § 124 II a. E.; vgl. dazu noch unten Anm. 2829. Wäre also z. B. in einem Prozeß gegen den Erben und Testamentsvollstrecker (§§ 2213 III BGB., 327 II ZPO.; vgl. unten Anm. 2816) gegen den Erben ein diesem ungünstiges (Teil-)Urteil ergangen, so könnte immer noch gegen den Testamentsvollstrecker ein diesem günstiges Urteil ergehen. Und da dieses gemäß § 327 II ZPO. für den Erben wirken würde, so könnte dieser die Vollstreckungsgegenklage (§ 767 ZPO.) erheben oder einen Bereicherungsanspruch geltend machen.

[2808a] RGEZ. LXXV 27 (oben hinter Anm. 1155) scheint zu bezweifeln, daß in diesem Falle eine einheitliche Feststellung notwendig sei. Aber gerade in diesem Falle — vgl. vor. Anm. — ist sie es.

[2809] PLANCK, Mehrheit, 398ff., bestreitet die Berechtigung dieser Bezeichnung sogar für dem 2. Fall der § 62 unterfallende Rechtslagen, und zwar a) weil die Sachlegitimation „kein prozessualisches Erfordernis" sei, „sondern ein Erfordernis, welches den Klaggrund, das im Prozeß befangene Recht selbst angeht"; b) weil die „Prozeßführung" keine gemeinschaftliche zu sein brauche, sondern nur die Rechtsausübung. Aber der zweite Grund trifft für die hier dem 2. Fall des § 62 unterstellten Rechtslagen nicht zu; vgl. sofort zu u. in Anm. 2810. Und der erste geht von der petitio principii aus, daß man von „notwendiger" Streitgenossenschaft nur sprechen dürfe, wenn die Einzelklage unzulässig, aber nicht, wenn sie unbegründet ist.

[2810] Anders, wenn man annimmt, daß die Klage von der oder gegen die Gesellschaft zu erheben ist. Diese Annahme vermeidet die Schwierigkeiten, die sich sonst im Falle des Eintritts eines neuen Gesellschafters während des Prozesses ergeben. Doch sind diese dadurch lösbar, daß man — analog den §§ 856 II ZPO., 375 II StPO. — den Beitritt des neuen Gesellschafters als klägerischer Streitgenosse oder die Erstreckung der Klage auf den neuen Geschafter als Beklagten zuläßt (vgl. KISCH, Parteiänderung, 200ff., 477ff.). In den Fällen der §§ 684 III, 686 III ZPO., sofern die Klage gegen mehrere Antragsteller zu richten ist, handelt es sich um „Rechtsmittelklagen", d. s. Klagen auf „prozessuale Gestaltung"; vgl. GOLDSCHMIDT, Ungerechtfert. VollstreckBetr., 30 (136) Anm. 2a. E., und die dort Angeführten.

[2811] Vgl. HELLWIG, Syst. I, § 121 III; FÖRSTER-KANN, Nr. 3b zu § 62. Dagegen gehören nicht hierher gemeinschaftliche, aber ohne Prozeß ausübbare Gestaltungsrechte. Unrichtig STEIN, Nr. III 1 zu § 62. Es ist auch mindestens schief, wenn HELLWIG, a. a. O., III 1 bβ, lehrt, daß, wenn die Ausübung des Gestaltungsrechts erst in der darauf gestützten Leistungsklage geschehe, wenigstens die Klage eine gemeinschaftliche sein müsse. Und unerfindlich ist, warum, wenn das gemeinschaftliche Gestaltungsrecht in einer Klage ausgeübt ist, für die Leistungsklage (die dann doch trotzdem allein Prozeßgegenstand bleibt) die Notwendigkeit einheitlicher Feststellung, m. a. W. der 1. Fall des § 62 gegeben sei (so FÖRSTER-KANN, Nr. 2a bb, 3b a. E. zu § 62). Aber auch Gesamthandsprozesse kommen, soweit sie nicht Gestaltungsklagen betreffen, praktisch kaum noch als eine Erschei-

1. Fall ist dagegen die Streitgenossenschaft so wenig eine „notwendige", daß man eher von einer „entbehrlichen" sprechen könnte. Denn da die Prozeßführung der Parteien sowohl gegen als auch für den anderen an dem Rechtsverhältnis Beteiligten wirkt, haben die Parteien kein oder ein besonderes geringes Interesse, diesen Dritten in den Prozeß hineinzuziehen. Ein Interesse, sich an dem Prozesse zu beteiligen, hat nur dieser Dritte, weil die Prozeßführung der seine Interessen vertretenden Partei gegen ihn wirkt. Aber auch der Dritte braucht sein Interesse an der Prozeßbeteiligung nicht notwendig durch seine Mitwirkung als Streitgenosse zu befriedigen. Für ihn genügt meist sein Beitritt als — streitgenössischer (§ 69 ZPO.) — Nebenintervenient. Unter den 1. Fall des § 62 fallen: a) solche Rechtslagen, vermöge deren jemand, sei es mit, sei es ohne[2812]) Prozeßstandschaft, zur Herbeiführung der Urteilswirkung gegen einen anderen berechtigt ist[2813]), der andere aber doch mit ihm zusammen klagen oder verklagt werden kann, weil er entweder von

---

nungsform des 2. Falles des § 62 in Betracht. Das ist für Passivprozesse nicht mehr bestritten (RGEZ. LXVIII 221; LXXI 371; HELLWIG, Syst. I, § 121 II 1b; STEIN, Nr. III 1 zu § 62; FÖRSTER-KANN, Nr. 3a aa β zu § 62; STAUDINGER, Nr. 1a zu § 2059 BGB., z. T. freilich mit der — unbegründeten — Einschränkung, daß bei gemeinschaftlicher Verklagung doch notwendige Streitgenossenschaft — so RGEZ. LXXI 370, STEIN und STAUDINGER, a. a. O., — oder doch wenigstens der 1. Fall des § 62 — so auch hier wieder FÖRSTER-KANN, a. a. O., — oder daß notwendige Streitgenossenschaft jedenfalls für die Zwangsvollstreckung bestehe — so RGEZ. LXVIII 223 und STAUDINGER, a. a. O.). Es gilt aber auch für Aktivprozesse. Für Leistungsklagen (arg. §§ 432, 2039 BGB.) ist dies herrschende Ansicht (RGEZ. LXX 34; STEIN, Nr. III 1 zu § 62; FÖRSTER-KANN, Nr. 3a aa α $\alpha\alpha$). Auch für Klagen, die sich als zur Erhaltung des Vermögens notwendige Maßregeln darstellen, wie die Vollstreckungsgegenklage (§ 767 ZPO.), Widerspruchsklage (§ 771 ZPO.), dürfte es kaum bezweifelt werden (FÖRSTER-KANN, Nr. 3a aa α $\beta\beta$). Es ist indessen kein Grund ersichtlich, warum es nicht auch für andere Anordnungsklagen (vgl. oben Anm. 2615) oder für Feststellungsklagen gelten soll, mögen sie nun einen Leistungsanspruch oder ein ihm zugrunde liegendes oder auch nur legbares obligatorisches oder dingliches Rechtsverhältnis betreffen. Schließlich gehören auch nicht (z. T. anders STEIN, Nr. III 1 zu § 62) unter den 2. Fall des § 62: a) Der nur gemeinschaftlich geltend zu machende Anspruch des Miteigentümers und Nießbrauchers oder Pfandgläubigers auf Aufhebung der Gemeinschaft (§§ 1066 II, 1258 II BGB.); denn die gemeinschaftliche Geltendmachung braucht nicht notwendig gerichtlich zu erfolgen (PLANCK, Mehrheit, 122, 400; dazu auch v. TUHR, I § 15 IV). b) Der nur gemeinschaftlich geltend zu machende Anspruch des Eigentümers und Nießbrauchers auf Herausgabe eines hinterlegten Inhaber- oder Orderpapiers (§ 1082 BGB.); hier gilt dasselbe wie für Leistungsklagen der gesamten Hand (vgl. auch M. WOLFF, Sachenrecht, § 122 III 2). c) Der Anspruch eines Miteigentümers auf Aufhebung der Gemeinschaft gegen seinen Miteigentümer und dessen Nießbraucher oder Pfandgläubiger (M. WOLFF, Sachenrecht, § 119 Anm. 6, § 173 II 2aα) oder der Anspruch eines Gemeinschafters zur gesamten Hand gegen mehrere andere Gemeinschafter auf Auseinandersetzung. Hier gilt entsprechendes wie für Passivprozesse der gesamten Hand (anders STAUDINGER, Nr. I 2c zu § 1066 BGB.; vgl. auch Protokolle z. 2. Entw. BGB. III 387). Natürlich tritt die Wirkung — wie bezüglich der Aufhebung der Gemeinschaft und Vollziehung der Teilung bei der Gemeinschaft nach Bruchteilen (§§ 749ff. BGB.) — erst ein, wenn die Zustimmung aller Passivlegitimierten vorliegt.

[2812]) Vgl. oben zu und in Anm. 1406a.

[2813]) Vgl. oben hinter Anm. 1404.

dem Prozeßstandschafter zur Prozeßführung ermächtigt[2814]) oder ohnehin prozeßführungsberechtigt[2815]) oder -belastet[2816]) ist[2817]); b) die von mehreren erhobene Ehenichtigkeitsklage (§ 632 I ZPO.), weil das auf sie ergehende Urteil, wenn es bei Lebzeiten beider Ehegatten rechtskräftig wird, gegen alle wirkt (§ 629 I S. 1 ZPO.)[2818]).

III. Die Gleichheit der Rechtslagen bei der besonderen Streitgenossenschaft hat folgende Wirkungen:

1. Derjenige Streitgenosse, gegen den die Prozeßführung des anderen wirkt, kann Nachteile, die sich aus dessen Verpassungen, Versäumungen oder ungünstigen Bewirkungshandlungen ergeben, durch seine Tätigkeit abwenden. Diese Folgerung ergibt sich mit Hilfe des Vorbehalts in § 61 ZPO. aus § 62 ZPO., der, wie § 69 ZPO. das Institut des streitgenössischen Nebenintervenienten, das Institut des nebenintervenierenden Streitgenossen schafft. Dort „gilt" der Nebenintervenient als Streitgenosse der Hauptpartei, hier der Streitgenosse als Nebenintervenient des Streitgenossen[2819]). Beide Bestimmungen schrän-

---

2814) So z. B. die Ehefrau durch den Ehemann oder umgekehrt; vgl. oben Anm. 1680/1 und dazu noch unten Anm. 2819 a. E.

2815) So z. B. im Falle des § 856 ZPO.; oben zu Anm. 1406a.

2816) So z. B. im Falle des § 129 I HGB. (vgl. oben zu Anm. 1079, in Anm. 1406a) oder im Falle des § 2213 III BGB. in Verbindung mit § 327 II ZPO. (vgl. schon oben Anm. 2808).

2817) Nicht hierher gehört der Fall der §§ 76 IV/77 ZPO., da hier der Benannte den Prozeß „an Stelle" des Beklagten übernimmt (anders Hellwig, Syst. I, § 124 I 2a δ; Förster-Kann, Nr. 2a aa zu § 62, im Widerspruch zu Hellwig, a. a. O., § 182 II 3b; Förster-Kann, Nr. 5b bb β zu § 76). Dasselbe gilt von dem Fall der §§ 265 II, 266 I (325) ZPO. (anders Förster-Kann, Nr. 2a aa zu § 62). Ebenso gehören die vielfach hierher gerechneten Fälle der §§ 271/3, 309 HGB., 146/7 KO. schon deshalb nicht hierher, weil in diesen das zwischen einem Streitgenossen und dem Gegner ergehende Urteil nur für den anderen Streitgenossen wirkt.

2818) Unklar ist, inwiefern mitunter (von Stein, Nr. II 2 zu § 62; Förster-Kann, Nr. 2a aa zu § 62) auch die Eheanfechtungs- und Ehefeststellungsklage oder die Ehelichkeitsanfechtungsklage (von Stein, a. a. O.) hierher gerechnet werden kann. Aber auch die Klage auf Feststellung des Bestehens oder Nichtbestehens eines Eltern- und Kindesverhältnisses zwischen den Parteien oder der elterlichen Gewalt der einen Partei über die andere (§ 640/3 ZPO.) gehört nicht hierher (anders Stein, a. a. O.), da selbst bei Beteiligung beider Eltern das streitige Rechtsverhältnis nicht einheitlich festgestellt zu werden braucht. Ebensowenig gehört hierher die von mehreren Klagberechtigten erhobene Klage zur Anfechtung oder auf Wiederaufhebung der Entmündigung (§§ 664 II, 679 II ZPO.), da hier — entsprechend wie in den Fällen a. E. der vorigen Anm. — das zwischen einem Streitgenossen und dem Gegner ergehende Urteil nur für den anderen Streitgenossen wirkt. Nichts anderes gilt von der von mehreren Klagberechtigten erhobenen Klage zur Anfechtung der Todeserklärung (§ 974 ZPO.); nur findet hier nach der ausdrücklichen Vorschrift des § 976 II S. 2 ZPO. § 62 Anwendung. In §§ 666 III, 679 IV ZPO. handelt es sich nur um Fälle streitgenössischer Nebenintervention.

2819) Regelmäßig wird das Recht zur Einwirkung auf die Prozeßlage des anderen Streitgenossen beiden Streitgenossen eingeräumt und auf die Notwendigkeit einheitlicher Feststellungen gestützt; so von Kisch, Streitgenossenschaft, 67ff.; Walsmenn, Nebenintervention, 89 (vgl. aber dens. selbst 93/4); Stein, Nr. V 3 zu § 62; vgl. auch noch Goldschmidt, ZPO., Nr. 3b zu § 349. Aber — wie oben Anm. 2808 ausgeführt — nötigt die dem abhängigen Streitgenossen gegenüber zu ken das Recht der Partei zur Herbeiführung der Urteilswirkung gegen den von ihr abhängigen Nebenintervenienten oder Streitgenossen erheblich ein.

2. Die gleichen Rechte wie dem abhängigen Streitgenossen stehen im Falle einer auf der Passivseite vorhandenen (echten) notwendigen Streitgensosenschaft jedem Streitgenossen zu. Denn in solchem Falle dringt der Gegner mit seinem Anspruch (Gestaltungsklagrecht) nur durch, wenn er alle Streitgenossen überwindet. Umgekehrt müsssen im Falle einer auf der Aktivseite vorhandenen (echten) notwendigen Streitgenossenschaft die Erwirkungshandlungen und günstigen Bewirkungsshandlungen von allen Streitgenossen vorgenommenen werden. Denn in solchem Falle dringen die Streitgenossen nur durch gemeinschaftliche erfolgreiche Prozeßführung durch. Diese Grundsätze ergeben sich, wieder vermittels des im § 61 ZPO. enthaltenen Vorbehalts[2820]), aus dem bürgerlichen oder vielmehr aus dem die Gestaltungsklagrechte beherrschenden materiellen Ziviljustizrecht.

---

treffende Feststellung gar nicht zu einer übereinstimmenden gegenüber dem unabhängigen. Wie hier allein Hellwig, Syst. I, § 124 II. Schief ist es aber, wenn Hellwig, a. a. O., zu diesem Ergebnis kraft eines arg. e fort. aus § 69 ZPO. gelangen will, weil der Abhängige keine schwächere Stellung haben könne, wenn er Streitgenosse sei, als wenn er als Streitgenosse gelte. Als ob ein Streitgenosse als solcher ein Recht zur Einwirkung auf die Prozeßlage des anderen Streitgenossen hätte! In § 69 hat der Abhängige dieses Einwirkungsrecht als Nebenintervenient, und § 69 stellt ihn bei dessen Ausübung gleich einem Streitgenossen unabhängig vom Widerspruche der Hauptpartei. Es ist daher auch ganz richtig, daß § 69 den § 61 und nicht den § 62 zitiert, dessen Zitat ganz sinnlos wäre, da die in § 62 bestimmte Vertretung bei Versäumung von Terminen und Fristen bei jeder Intervention gilt (vgl. Stein, Nr. II 2 und Anm. 15 zu § 69, der dies aber nicht scharf genug herausbringt). In § 62 und bei seiner analogen Anwendung dagegen handelt es sich darum, einem Streitgenossen ein Recht zur Einwirkung auf die Prozeßlage des anderen Streitgenossen beizulegen, wie es sonst nur der Nebenintervenient hat. Wenn übrigens Hellwig, Syst. I, § 124 II, als Beispiel eines unabhängigen Streitgenossen den zusammen mit seiner Ehefrau prozessierenden Ehemann anführt, so trifft dieses Beispiel nur zu, wenn man eine Klage gegen die Ehefrau auf Duldung der Zwangsvollstreckung in das Gesamtgut während Bestehens der Gütergemeinschaft, und zwar auch ohne Zustimmung des Mannes (vgl. dazu oben Anm. 1681 a. E.) für statthaft hält. Denn in allen anderen Fällen gemeinschaftlicher Prozeßführung der Ehegatten, in denen die Prozeßführung des Mannes gegen die Frau wirkt, wirkt auch die Prozeßführung der Frau entweder kraft Gesetzes oder kraft ehemännlicher Zustimmung (vgl. oben zu Anm. 1100) gegen den Mann. Für Aktivprozesse jedenfalls dürfte es übrigens nicht nur im ehelichen Güterrecht, sondern auch sonst kaum einen Fall geben, in dem nicht die Prozeßführung beider Streitgenossen gegeneinander wirkt. Damit ist der praktische Unterschied zwischen der hier vertretenen Beschränkung des Einwirkungsrechts auf den abhängigen Streitgenossen und der herrschenden Lehre, die im 1. Fall des § 62 auch dem unabhängigen Streitgenossen ein Recht zur Einwirkung auf die Prozeßlage des anderen einräumt, abgeschwächt. Vgl. dazu noch oben Anm. 2808 a. E., unten Anm. 2822, 2829.

[2820]) Insoweit zutreffend Hellwig, Syst. I, § 123 III 1. Hellwig fordert die Notwendigkeit gemeinsamer Prozeßführung auch für die passive (echte) notwendige Streitgenossenschaft. Da er aber unter gemeinsamer Prozeßführung nur die Notwendigkeit gemeinsamer ungünstiger Bewirkungshandlungen versteht,

Von den Grundsätzen, die §§ 62, 472 ZPO. für die besondere Streitgenossenschaft aufstellen, geht § 62 über das berechtigte Interesse an einem streitgenössischen Recht zur Einwirkung auf die Prozeßlage des anderen Streitgenossen hinaus, während umgekehrt § 472 über die Notwendigkeit hinaus das Recht zu selbständiger Gestaltung der eigenen Prozeßlage einschränkt. Es versteht sich von selbst, daß die §§ 62, 472 ungeachtet ihrer rechtspolitischen Anfechtbarkeit zu respektieren sind.

Im einzelnen ergibt sich folgendes:

1. Für den 1. Fall des § 62:

a) Jeder Streitgenosse kann nach Maßgabe des § 271 ZPO. die Klage zurücknehmen.

b) Der abhängige Streitgenosse kann durch seinen Widerspruch den Klagverzicht und das Klaganerkenntnis[2821]) (§§ 306/7 ZPO.) des anderen unbeachtlich machen.

c) Der abhängige Streitgenosse kann durch sein Bestreiten das Geständnis des anderen — vorbehaltlich dessen Bindung gemäß § 290 ZPO. — unbeachtlich machen. Angriffs- und Verteidigungsmittel des abhängigen Streitgenossen, die nicht nur seiner Person entnommen sind, wirken auch zugunsten des anderen[2822]).

d) Sind im Termin alle Streitgenossen ausgeblieben, ist aber der abhängige nicht säumig, so kann auch gegen den anderen weder ein Versäumnisurteil[2823]) noch eine Entscheidung nach Lage der Akten[2823a]) (§§ 331a, 335 I Nr. 2 ZPO.) ergehen.

e) Die von dem abhängigen Streitgenossen bewirkte Urteilszustellung eröffnet die Rechtsmittelfrist auch für und — damit unvermeidlich auch — gegen den anderen, ebenso wie dies für die von dem Nebenintervenienten bewirkte Urteilszustellung in bezug auf die Hauptpartei gilt[2824]).

---

stimmen seine Ergebnisse gerade mit den hier für die passive (echte) notwendige Streitgenossenschaft vertretenen überein.

[2821]) Das entgegenstehende RGEZ. XLIV 348 geht davon aus, daß das Klaganerkenntnis ein materielles Rechtsgeschäft sei; vgl. oben Anm. 1618.

[2822]) Die Prozeßführung des unabhängigen Streitgenossen wirkt zugunsten des abhängigen erst vermöge der Wirkung des von jenem erstrittenen Urteils vgl. oben Anm. 2808.

[2823]) Anders Wachenfeld, 139; Stein, Nr. V 2 zu § 62. Wie hier, doch ohne Unterscheidung zwischen den verschiedenen Arten der besonderen Streitgenossenschaft, sowie zwischen dem abhängigen und unabhängigen Streitgenossen, Seuffert, Nr. 2 zu § 63; Petersen, Nr. 4 zu § 63; Kisch, Streitgenossenschaft, 44; Walsmann, Nebenintervention, 90, 96 (der 96 Anm. 71 mit Unrecht Gaupp-Stein für diese Ansicht anführt).

[2823a]) Vgl. aber dazu Goldschmidt, ZPO., Anm. 1 Nr. 2 zu § 335.

[2824]) Die Frage ist sehr strittig. RGEZ. XLVIII 417; XLIX 429 nehmen an, daß die durch den einen Streitgenossen bewirkte Urteilszustellung auch im Falle der besonderen Streitgenossenschaft die Rechtsmittelfrist zwar in Ansehung des zustellenden, aber niemals in Ansehung des anderen in Lauf setzt, während RGEZ. XXX 346 immer ein Inlaufsetzen auch in Ansehung des anderen, RG. bei Gruchot XXX 725 ein Inlaufsetzen nicht einmal in Ansehung des zustellenden annahm. Hellwig, Syst. I, § 123 IV 3 zu Anm. 13, V, billigt für den Fall der (echten) notwendigen Streitgenossenschaft RGEZ. XXX 346, wenn ein Streitgenosse das Urteil zustellen ließ, und RG. bei Gruchot XXX 725, wenn der Gegner das Urteil

f) Das von dem abhängigen Streitgenossen eingelegte Rechtsmittel wirkt auch dann zugunsten des anderen, wenn diesem die Rechtsmittelfrist noch nicht läuft[2825]) (§ 62 also unanwendbar ist). Nur durch eigene Betriebsamkeit kann der abhängige Streitgenosse den nachteiligen Wirkungen einer von oder gegenüber dem anderen Streitgenossen bewirkten Urteilszustellung oder einer von dem anderen Streitgenossen bewirkten Rechtsmitteleinlegung vorbeugen.

g) Legt der Gegner nur dem unabhängigen Streitgenossen gegenüber ein Rechtsmittel ein[2826]), so bleibt dem — durch das Urteil nicht beschwerten — abhängigen Streitgenossen nur übrig sich seinem Streitgenossen in der Rechtsmittelinstanz als — streitgenössischer (§ 69 ZPO.) — Nebenintervenient anzuschließen. Denn bisher „galt" er zwar als Nebenintervenient, aber er war es nicht. Sollte der Gegner — ein freilich wenig wahrscheinlicher Fall — das Rechtsmittel nur gegenüber dem abhängigen Streitgenossen einlegen, so kann dieser — nach dem oben unter e) Ausgeführten — durch Zustellung des Urteils für den anderen Streitgenossen im Verhältnis zwischen diesem und dem Gegner die Rechtskraft des Urteils herbeiführen, womit das Rechtsmittel des Gegners unbegründet wird.

h) Die Unterbrechung des Verfahrens durch ein in der Person des abhängigen Streitgenossen eintretendes Ereignis unterbricht auch das Verfahren gegenüber dem anderen[2827]). Dagegen bringt eine Unter-

---

nur einen Streitgenossen zustellen ließ. Die Ansicht des Textes ergibt sich aus der Auffassung des abhängigen Streitgenossen als „nebenintervenierenden". Es stehen ihr keine anderen Bedenken entgegen als der durchaus herrschenden Lehre, daß die Urteilszustellung des Nebenintervenienten die Rechtsmittelfrist auch für und gegen die Hauptpartei eröffnet (vgl. Stein, Nr. III und Anm. 36 zu § 67). Vielleicht könnte man — analog dem Erfordernis der Ladung in § 63 Halbs. 2 — eine Benachrichtigung des anderen Streitgenossen fordern (vgl. auch Hellwig, Lehrb. II 502 Anm. 24). Jedenfalls müßte man es de lege ferenda. Für die (echte) notwendige Streitgenossenschaft vgl. unten Anm. 2836.

[2825]) Das ist jetzt auch dann denkbar, wenn man der oben unter e) vertretenen Ansicht folgt, da infolge der Streichung der §§ 516 II, 552 II ZPO. der abhängige Streitgenosse das Rechtsmittel ohne vorherige Urteilszustellung einlegen kann.

[2826]) RGEZ. LXI 399 hält die Rechtsmitteleinlegung nur einem der besonderen Streitgenossen gegenüber für unzulässig. Hiergegen mit Recht Stein, der, Anm. 86 zu § 62, diese sich unter Nichtbeachtung des Beschlusses der VZS. in RGEZ. XLVIII 417 auf RGEZ. XXX 345 berufende Entscheidung als „höchst befremdlich" bezeichnet. Gegen Stein mit Unrecht Hellwig, Lehrb. III 163 Anm. 33; Syst. I, 123, Anm. 12.

[2827]) So Kohler, Prozeß, 102 Anm. 2; Kisch, Streitgenossenschaft, 43 ff.; Walsmann, Nebenintervention, 90/1; Förster-Kann, Nr. 1 a zu § 239; Skonietzki-Gelpcke, Nr. 1 zu § 239; sämtliche Schriftsteller für alle Arten der besonderen Streitgenossenschaft und ohne Unterscheidung zwischen dem unabhängigen und abhängigen Streitgenossen, während Hellwig, Syst. I, § 123 IV 2 und Anm. 9 das., die Unterbrechung des Verfahrens gegenüber dem einen Streitgenossen überhaupt nur in den Fällen der (echten) notwendigen Streitgenossenschaft auf das Verfahren gegenüber dem anderen einwirken lassen will, und die Komm. von Stein, Nr. III 4 vor § 59, Seuffert Nr. 1 c zu § 239, und Petersen, Nr. 2 zu § 239, jede Einwirkung der Unterbrechung des Verfahrens gegenüber dem einen der besonderen Streitgenossen auf das Verfahren gegenüber dem anderen bestreiten.

brechung des Verfahrens gegenüber diesem das Verfahren gegenüber dem abhängigen Streitgenossen nicht zum Stillstand. Der abhängige kann sich aber nach Beendigung seines Verfahrens im Falle der Aufnahme des Verfahrens seines Streitgenossen diesem oder seinen Rechtsnachfolgern als — streitgenössischer — Nebenintervenient anschließen.

i) Dagegen geht § 62 ZPO. über den oben [2828]) aufgestellten Satz insofern hinaus, als er auch dem unabhängigen Streitgenossen das Recht zur Vertretung des abhängigen einräumt, während § 472 ZPO. diesem Satz insofern nicht gerecht wird, als er die Zustimmung des unabhängigen Streitgenossen zur Zuschiebung und Zurückschiebung des Eides auch mit Wirkung für das Verfahren des abhängigen Streitgenossen, an dessen Ausfall jener gar nicht interessiert ist, erfordert[2829]).

2. Für den 2. Fall des § 62:

a) Jeder Streitgenosse kann nach Maßgabe des § 271 ZPO. die Klage zurücknehmen[2830]), womit die Klage seiner Streitgenossen mindestens zur Zeit unbegründet wird.

b) Jeder Streitgenosse kann auf seinen Klaganspruch verzichten (§ 306 ZPO.)[2831]), womit, sofern ein rechtskräftiges Verzichtsurteil ergangen ist[2831a]), die Klage der anderen Streitgenossen endgültig unbegründet wird. Dagegen kann jeder Streitgenosse dem Klaganerkenntnis (§ 307 ZPO.) eines anderen widersprechen.

c) Das oben unter 1c Gesagte gilt für jeden auf der Passivseite stehenden Streitgenossen. Dagegen müssen die auf der Aktivseite befindlichen Streitgenossen alle Angriffs- und Verteidigungsmittel gemeinsam vorbringen, und, da auch das Bestreiten ein Verteidigungsmittel ist[2832]) reicht hier das Bestreiten des einen Streitgenossen nicht aus, das Geständnis der anderen zu entkräften[2833]).

d) Sind im Termin alle auf der Passivseite stehenden Streitgenossen ausgeblieben, ist aber der eine von ihnen nicht säumig, so kann auch gegen die anderen kein Versäumnisurteil ergehen (§ 331 II Halbs. 2 ZPO.)[2834]). Liegen die gleichen Voraussetzungen bei auf der Aktivseite stehenden Streitgenossen vor, so ist gegen die säumigen Streitgenossen

---

[2828]) Zu Anm. 2819.

[2829]) So wenig der Zweck des § 62 richtiger Ansicht nach (vgl. oben Anm. 2808) trotz seines Wortlauts die unbedingte Vermeidung widersprechender Urteile ist, ist Zweck des § 472 schlechtweg die Vermeidung widersprechender Eide. Wäre es anders, so müßte man ihn (mit Hellwig, Lehrb. III 146/7; Syst. I, § 122 V 3b, aber gegen die durchaus herrschende Ansicht) auf alle Arten der Streitgenossenschaft, soweit es sich nur um gemeinsame Tatsachen handelt, beziehen.

[2830]) So auch Kisch, Streitgenossenschaft, 46; anders Hellwig, Syst. I, § 123 IV.

[2831]) Anders Hellwig, a. a. O.; wenig klar Stein, Nr. V 4 zu § 62.

[2831a]) Vorher nicht; vgl. oben Anm. 2423b.

[2832]) Stein, Nr. II 1 zu § 278; vgl. auch oben Anm. 2214.

[2833]) Anders einerseits Kisch, Streitgenossenschaft, 68/9, 92; Stein, Nr. V 3 zu § 62; andererseits Hellwig, Syst. I, § 123 IV 1 (vgl. oben Anm. 2820).

[2834]) Hier ebenso Stein, Nr. V 2 zu § 62. Vgl. im übrigen oben Anm. 2823.

ein Versäumnisurteil zu erlassen[2835]), nach dessen Rechtskraft die Klage der anderen unbegründet wird.

e) Die von oder gegenüber dem einen Streitgenossen bewirkte Urteilszustellung eröffnet die Rechtsmittelfrist nur in Ansehung des zustellenden, nicht in Ansehung der anderen[2836]). Doch haben auf der Aktivseite stehende Streitgenossen erst dann gesiegt, und sind auf der Passivseite stehende Streitgenossen erst dann unterlegen, wenn die Rechtsmittelfrist in Ansehung aller abgelaufen ist.

f) Legt von mehreren auf der Aktivseite stehenden Streitgenossen nur ein Teil ein Rechtsmittel zu einer Zeit ein, zu der die Rechtsmittelfrist noch nicht allen gegenüber läuft, so ist das Rechtsmittel ebenso als unbegründet zurückzuweisen, wie es die Einzelklage wäre[2837]). Dagegen wirkt ein unter den gleichen Voraussetzungen von einem auf der Passivseite befindlichen Streitgenossen eingelegtes Rechtsmittel zugunsten aller[2838]).

g) Legt der Gegner nur gegenüber einem Teil der auf der Passivseite stehenden Streitgenossen ein Rechtsmittel ein, so ist dieses ebenso unbegründet wie die Einzelverklagung[2839]). Wird dagegen nur gegenüber einem Teil der auf der Aktivseite stehenden Streitgenossen ein Rechtsmittel vom Gegner eingelegt, so wirkt es ohne weiteres gegen alle. Diese werden Rechtsmittelbeklagte; § 636 ZPO. ist entsprechend anwendbar[2840]).

h) Die Unterbrechung des Verfahrens durch ein in der Person eines Streitgenossen eintretendes Ereignis unterbricht auch das Verfahren gegenüber den anderen Streitgenossen[2841]).

i) Dagegen geht § 62 ZPO. über den oben[2842]) für die passive Streitgenossenschaft aufgestellten Satz insofern hinaus, als er auch den auf der Aktivseite stehenden Streitgenossen das Recht zur gegenseitigen Vertretung einräumt[2843]), während § 472 ZPO. einerseits diesem Satz insofern nicht gerecht wird, als er zur Zuschiebung und Zurückschiebung des Eides die übereinstimmende Erklärung auch aller auf der Passiv-

---

[2835]) Hier ebenso Stein, a. a. O.; vgl. im übrigen oben Anm. 2823.

[2836]) Hier ist also der neueren Rechtsprechung des RG. ohne Einschränkung zu folgen. Gerade umgekehrt Hellwig. Vgl. oben Anm. 2824.

[2837]) Kisch, Streitgenossenschaft, 121. Stein, Nr. VI 2 zu § 62, will die Zurückweisung erst zulassen, wenn das Urteil den anderen Streitgenossen gegenüber rechtskräftig ist. Aber die Rechtslage ist hier anders als in den Fällen oben zu Anm. 2831a, hinter Anm. 2835. Dort ist die Einzelklage vor Rechtskraft des gegen den anderen Streitgenossen erlassenen Verzichts- oder Versäumnisurteils noch begründet. Hier ist das Einzelrechtsmittel unbegründet. Darauf, daß es begründet werden kann, braucht das Gericht nicht zu warten. Gegen Stein auch Förster-Kann, Nr. 4a dd *α* zu § 62.

[2838]) Stein und Förster-Kann, a. a. O., Skonietzki-Gelpcke, Nr. 4b Ac zu § 62, entscheiden hier wie im Falle zur vorigen Anm. Nach der hier vertretenen Ansicht werden alle Streitgenossen Rechtsmittelkläger. Einer entsprechenden Anwendung des § 636 ZPO. bedarf es dazu nicht.

[2839]) Vgl. dazu oben Anm. 2837.

[2840]) Vgl. dazu oben Anm. 2838.

[2841]) Vgl. dazu oben Anm. 2827.

[2842]) Hinter Anm. 2819 unter Nr. 2.

[2843]) Vgl. dazu oben zu Anm. 2835.

seite stehenden Streitgenossen erfordert, andererseits im Widerspruch zu dem oben für die aktive Streitgenossenschaft aufgestellten Satz[2844]) den Gegner einer solchen nötigt, den Eid allen Streitgenossen zuzuschieben und zurückzuschieben. Denn so, wie er abgefaßt ist, raubt § 472 dem einzelnen passiven Streitgenossen die Möglichkeit, durch Herbeiführung eines ihm günstigen Ausfalls des Eidesbeweises (Eidesverweigerung oder Eideszurückschiebung seitens des Gegners) seine und damit seiner Streitgenossen Prozeßlage günstig zu gestalten. Daß er damit auch einen ihm ungünstigen Ausfall des Eidesbeweises herbeiführen könnte (Eidesleistung des Gegners), würde nicht entgegenstehen. Denn im Falle der Zuschiebung des Eides würde es zu diesem Ergebnis nur kommen, wenn die passiven Streitgenossen im übrigen beweisfällig geblieben wären (§ 453 II ZPO.). Und im Falle der Zurückschiebung des Eides würde dieses Ergebnis den anderen passiven Streitgenossen und damit auch dem zurückschiebenden Streitgenossen selbst nur schaden, wenn jene die Erklärung über den Eid, seine Annahme oder Leistung verweigert hätten[2845]). Auf der anderen Seite raubt § 472 dem Gegner aktiver Streitgenossen die Möglichkeit, durch Beschränkung der Eideszuschiebung oder Eideszurückschiebung auf einen Teil der Streitgenossen, über § 472 II ZPO. hinaus, einen ihm unbedingt günstigen Ausfall des Eidesbeweises und damit seinen Sieg allen Streitgenossen gegenüber[2846]) herbeizuführen[2847]). Es versteht sich von selbst, daß der Gegner der aktiven Streitgenossen unterliegen müßte, wenn der Teil der Streitgenossen, dem er den Eid zu- oder zurückgeschoben hätte, ihn leistete. Denn im Falle der Eideszuschiebung käme es zu dieser Eidesleistung nur, wenn der Gegner im übrigen allen Streitgenossen gegenüber beweisfällig geblieben wäre. Und im Falle der Eideszurückschiebung hätte der Gegner durch die Beschränkung der Eideszurückschiebung auf einen Teil der Streitgenossen insoweit auf die Aussicht verzichtet, daß gemäß § 472 II ZPO. bei Eidesleistung nur durch einen Teil der eidesbelasteten Streitgenossen immer noch Beweiswürdigung zugunsten des Gegners möglich ist.

[2844]) Vgl. oben vor Anm. 2820 unter Nr. 2.

[2845]) Vgl. dazu den oben hinter Anm. 2819 unter Nr. 2 für die passive Streitgenossenschaft aufgestellten Satz. Daß der Grund des § 472 nicht die Vermeidung einander widersprechender Eide ist, darüber vgl. oben Anm. 2829.

[2846]) Vgl. den oben vor Anm. 2820 unter Nr. 2 für die aktive Streitgenossenschaft aufgestellten Satz.

[2847]) Die Beschränkung der Eideszuschiebung auf einen Teil der aktiven Streitgenossen dürfte an der Notwendigkeit gemeinsamer Eideszurückschiebung so wenig etwas ändern, wie daran schon jetzt der Umstand etwas ändert, daß nur ein Teil der Streitgenossen eidesbelastet sein kann.

Literaturverzeichnis

zugleich Erklärung der Abkürzungen.

Affolter, Z. XXXI = A., Die celsinische Actio und der Anspruch des BGB., i. d. Ztschr. für Zivilprozeß, XXXI, 453ff.

Albrecht = A., Die Exzeptionen des gemeinen deutschen Zivilprozesses, geschichtlich entwickelt, 1835.

Alsberg, GA. LXVII = A., Der Beweisermittelungsantrag, in Goltdammers Archiv, Bd. 67, S. 261ff.

Alsberg, Justizirrtum = Max A., J. und Wiederaufnahme, 1913.

Alsberg, Reichsamnestiegesetze = A., Die R., 1919.

Alsberg, JWSchr. 1922 = A., Anm. zu RG. UStr. v. 5. Mai 1922, Jurist. Wochenschr. 1922, S. 1394.

Bachofen = B., Ausgewählte Lehren des römischen Zivilrechts, 1848, Nr. 2, S. 59ff. Das Veräußerungsverbot der res litigiosa.

v. Baligand, GS. LXXII = v. B., Zur Lehre von der absoluten Urteilsnichtigkeit, Gerichtssaal, Bd. 72, S. 171 ff.

v. Bar, ZivArch. LII = v. B., Zur Lehre von den Prozeßeinreden und Einreden überhaupt, Arch. f. zivil. Praxis, Bd. 52, S. 431ff.

Baumbach, ZPO. = B., Taschenausgabe der neuen ZPO., 1924.

Baumgarten = Arthur B., Der Aufbau der Verbrechenslehre, 1913.

Baumgarten, Wissenschaft vom Recht = Arthur B., Die W. v. R. und ihre Methode. I. Die theoretische Grundlegung, 1920; II. u. III. Kasuistik und Zusammenfassende Darstellung, 1922.

Baumgarten SchweizZtschr. XXXV = Arthur B., Materielles Strafrecht, Strafprozeßrecht, Strafvollzugsrecht, i. d. Schweizer Ztschr. f. Strafrecht, Bd. 35, S. 241 ff.

Bayer = Hermann B., Entscheidungsgrundlagen im deutschen u. österreichischen Zivilprozesse, 1911.

Bekker, Konsumtion = E. J. B., Die prozessualische Konsumtion, 1853.

Bekker, Akt. = E. J. B., Die Aktionen des römischen Privatrechts, I (1871), II (1873).

Bekker, Pand. = E. J. B., System des heut. Pandektenrechts, I 1886, II 1889.

Bekker, ZRG. IX = E. J. B., Über das Verhältnis von actio und obligatio, i. d. Ztschr. für Rechtsgeschichte Bd. 9 (1870), S. 366ff.

Bekker, ZRG. XV = E. J. B., Überschau des geschichtlichen Entwickelungsganges der römischen Aktionen; Aufkommen, Wesen, Abkommen, Nachwirkungen, i. d. Ztschr. f. Rechtsgeschichte (Rom. Abt.), Bd. 15 (28), S. 145ff.

Bekker, ZRG. XXI = B., Über das Prinzip der prozessualischen Konsumtion, i. d. Ztschr. f. Rechtsgeschichte (Rom. Abt.), Bd. 21 (34), S. 339ff.

Bekker, ZRG. XXIV = B., Streitfragen aus dem Aktionenprozeßrecht, i. d. Ztschr. f. Rechtsgeschichte (Rom. Abt.), Bd. 24 (37), S. 344ff.

Bekker, ZRG. XXVII = B., Über Anfang und Ende des „in iure"-Verfahrens im römischen Formularprozeß: ius dicere — litem contestari, i. d. Ztschr. f. Rechtsgeschichte (Rom. Abt.), Bd. 27 (40), S. 1ff.

Bekker in JherJahrb. XLIX = B., Sprachliches u. Sachliches zum BGB., in Jherings Jahrb., Bd. 49, S. 1ff.

Beling, Enz. = B., Strafprozeßrecht, in v. Holtzendorff-Kohler, Enzyklopädie der Rechtswissenschaft, 7. Aufl. 1914, V, S. 115ff.

BELING, Beweisverbote = B., Die B. als Grenzen der Wahrheitserforschung im Strafprozeß, Strafr. Abhdl., Heft 46, 1903.
BELING, Verbrechen = B., Die Lehre vom Verbrechen, 1906.
BELING, Festschr. f. BIND. = B., Revision wegen „Verletzung einer Rechtsnorm über das Verfahren" im Strafprozeß. Ein Beitrag zur Systematik der Urteilsmängel, SA. aus der Festschrift für BINDING, 1911.
BELING, Grenzlinien = B., G. zwischen Recht u. Unrecht in der Ausübung der Strafrechtspflege, Tüb. Rektoratsrede, 1913.
BELING, ZStW. XV = B., Die Vornahme von Untersuchungen am lebenden menschlichen Körper als Prozeßmaßregel, Ztschr. für die ges. Strafr.-Wiss., Bd. 15, S. 471 ff.
BELING, ZStrW. XXXVI = B., Besprechung von PAGENSTECHER, Nochmals: Die praktische Bedeutung des Streites über die Rechtskraft, i. d. Ztschr. f. die ges. Strafr.-Wiss., Bd. 36, S. 656 ff.
BELING, ZStrW. XXXVII, 365 ff. = B., Bindings Lehre von der Abstimmung im Strafgericht, Ztschr. für die ges. Strafr.-Wiss. Bd. 37, S. 365 ff.
BELING, ZStrW. XXXVIII = B., Rechtsprechung des Reichsmilitärgerichts, i. d. Ztschr. f. d. ges. Strafr.-Wiss., Bd. 38, S. 465, 612, 797.
BELING, ZStrW. XLII = B., Besprechung von SAUER, Grundlagen des Prozeßrechts, i. d. Ztschr. f. d. ges. Strafr.-Wiss., Bd. 42, S. 257 ff.
BENDIX, Rechtssicherheit = B., Das Problem der Rechtssicherheit, Bd. III, Heft 5 der Schriften des Vereins Recht u. Wirtschaft, 1914.
BENDIX, Goltd.Arch. LXIII = B., Die freie Beweiswürdigung des Strafrichters, in Goltdammers Archiv, Bd. 63, S. 31.
BENDIX, R. u. W. 1918 = B., Mehr Rechtssicherheit? Recht u. Wirtschaft, 1918, S. 176.
BENDIX, R. u. W. 1918 = B., Die tatsächliche Feststellung im Strafurteil — eine Fiktion, in Recht u. Wirtschaft, 1918, S. 184.
BENDIX, JWSchr. 1920 = B., Der alte Geist in den neuen Regierungsentwürfen usw., in Jurist. Wochenschr., 1920, S. 267 ff.
BENNECKE-BELING = B.-B., Lehrbuch des deutschen Reichs-Strafprozeßrechts, 1900.
BERGBOHM = B., Jurisprudenz und Rechtsphilosophie, I, 1892.
BERTOLINI = B., Appunti didattici di diritto romano, Ser. II Processo civile, I, 1913, II, 1914, III, 1915.
v. BETHMANN HOLLWEG = v. B. H., Der Zivilprozeß des gemeinen Rechts in geschichtlicher Entwicklung, I—VI, 1864—1874.
v. BETHMANN HOLLWEG, Das 20. Buch der Pandekten, Erstes Heft, Titel I, 1877.
BERNATZIK, Rechtsprechung und materielle Rechtskraft, 1886.
BERNATZIK, Verhdl. des 26. Juristentages, II, S. 32 ff. Die Rechtskraft der Entscheidungen der Verwaltungsbehörden.
BIERLING, Kritik = B., Kritik der juristischen Grundbegriffe, I, 1877, II, 1883.
BIERLING = B., Juristische Prinzipienlehre, I 1894, II 1898, III 1905, IV 1911, V 1917.
BIERLING, ZStW. X = B., Strafrechtsverhältnis und Strafprozeßverhältnis, in Ztschr. f. d. ges. Strafr.-Wiss., Bd. 10, S. 251 ff.
BINDER, Rechtsnorm = B., R. und Rechtspflicht, Prorektoratsrede, 1912.
BINDER, Rechtsbegriff = B., Rechtsbegriff und Rechtsidee, Bemerkungen zur Rechtsphilosophie RUDOLF STAMMLERS, 1915.
BINDER, Recht u. Macht = B., Recht und Macht als Grundlagen der Staatswirksamkeit, Beitr. zur Philosophie des deutschen Idealismus, Beiheft 8, 1921.
BINDER, Rechtsphilosophie = B., Philosophie des Rechts, 1925.
BINDING, Die Gründung des Norddeutschen Bundes, i. d. Leipz. Festg. f. WINDSCHEID, 1888.
BINDING, Grdr. = B., Grundriß des deutschen Strafprozeßrechts, 5. Aufl., 1904.
BINDING, Hdb. = B., Handbuch des Strafrechts, I, 1885.
BINDING, Lehrb. = B., Lehrbuch des gemeinen deutschen Strafrechts, Besonderer Teil, I (2. Aufl. 1902), II 1 (2. Aufl. 1904), II 2 (1905).
BINDING, Normen = B., Die Normen und ihre Übertretung, I, 2. Aufl., 1890; II, 2. Aufl., 1914/16; III, 1918; IV, 1919/20.

BINDING, Abhdl. = B., Strafrechtliche und strafprozessuale Abhandlungen, 1915 (I, Strafrecht, II, Strafprozeß).
BINDING, Kr.V.Schr. XXI = B., Besprechung von THON, Rechtsnorm u. subj. Recht, i. d. Kritischen Vierteljahrsschrift, Bd. 21, S. 542ff.
BINDING, ZStW. I = B., Strafgesetzgebung, Strafjustiz u. Strafrechtswissenschaft in normalem Verhältnis zueinander, in Ztschr. f. d. ges. Strafr.-Wiss., Bd. 1, S. 4ff.
BINDING, DJZ. XIV = B., Die Wahrheitspflicht im Prozesse, in Deutsche Juristenzeitung, Bd. 14, S. 161ff.
BINDING, Freigabe = B., Die F. der Vernichtung lebensunwerten Lebens, 1920.
BIRKMEYER = B., Deutsches Strafprozeßrecht, 1898.
BLEY = ERICH B., Klagrecht und rechtliches Interesse, Leipz. rechtswiss. Studien, Heft 5, 1923.
GÜNTER BRANDT = G. B., Strafrechtliche Nebenwirkungen von Straf- und Zivilurteilen, Greifswalder Diss., 1917.
BREIT, JWSchr. 1920 = JAMES B., Formalismus u. Zivilprozeß, in Jurist. Wochenschrift, 1920, S. 859ff.
BREIT, JWSchr. 1924 = JAMES B., Die Handhabung der Verfahrens-VO. in der Berufungsinstanz, in Jurist. Wochenschr., 1924, S. 369ff.,
BRIEGLEB = B., Einleitung in die Theorie der summarischen Prozesse, 1859.
BRINZ = B., Lehrb. der Pandekten, 2. Aufl., 1873ff.
BRINZ bei Grünhut I = B., Der Begriff der obligatio, in Grünhuts Ztschr., Bd. 1, S. 11ff.
BRINZ, ZivArch. LXX = B., Obligation u. Haftung, in Archiv f. zivilist. Prax. Bd. 70 S. 371ff.
BRINZ, KritVSchr. XVIII = B., Über LENELS Ursprung u. Wirkung der Exzeption in der Kritischen Vierteljahrsschrift, Bd. 18, S. 569ff.
v. BRINZ, Einlassungszwang = v. B., Über Einlassungszwang im römischen Recht, i. d. Münchener Festgabe für PLANCK, 1887, S. 151ff.
BRODMANN = B., Recht u. Gewalt, 1921.
BRÜCKMANN, DJZ. VIII = B., Zur Reform des Armenrechts, in Deutsche Juristen-Ztg., Bd. 8, S. 546/7.
BRUNNER = B., Deutsche Rechtsgeschichte, I, 2. Aufl. 1906, II 1892.
BRUNNER, XI. deutscher Juristentag StB., 298ff., Referat „Soll die Zivil-Jury in den deutschen Prozeß eingeführt werden?"
BRUNNER-HEYMANN = B.-H., Grundzüge der deutschen Rechtsgeschichte von HEINRICH BRUNNER, 7. Aufl. besorgt von ERNST HEYMANN, 1919.
BRUNS, Fontes = B., Fontes cur. Rom. antiqui, ed. 6, cura TH. MOMMSENI et O. GRADENWITZ, 1893.
C. G. BRUNS, Symbolae = CARL GEORG B., Zur Geschichte der Zession, in S. BETHMANNO HOLLWEGIO oblatae, 1869.
BUCERIUS, Z. XXXVII = B., Eventuell verbundene Anträge, in Zeitschr. f. Zivilprozeß, Bd. 37, S. 193ff.
BUCHKA = B., Die Lehre vom Einfluß des Prozesses auf das materielle Rechtsverhältnis, I 1846, II, 1847.
OSKAR BÜLOW, De praeiudicialibus exceptionibus, 1863.
BÜLOW, Prozeßeinreden = OSKAR B., Die Lehre von den Prozeßeinreden und die Prozeßvoraussetzungen, 1868.
BÜLOW, ZivArch. LXII = OSKAR B., Zivilprozessuale Fiktionen und Wahrheiten, in Arch. f. zivil. Praxis, Bd. 62, S. 1ff.
BÜLOW, ZivArch. LXIV = OSKAR B., Dispositives Zivilprozeßrecht und die verbindliche Kraft der Rechtsordnung, in Arch. f. zivil. Prax., Bd. 64, S. 1ff.
BÜLOW, ZivArch. LXXXIII = OSKAR B., Absolute Rechtskraft, in Arch. f. zivil. Praxis, Bd. 83, S. 1ff.
BÜLOW, Gesetz = OSKAR B., Gesetz und Richteramt, 1885.
BÜLOW, Geständnisrecht = OSKAR B., Das Geständnisrecht, 1899.
BÜLOW, Z. XXVII = OSKAR B., Die neue Prozeßrechtswissenschaft und das System des Zivilprozeßrechts, in Ztschr. f. Zivilprozeß, Bd. 27, S. 201ff.
BÜLOW, Z. XXXI = OSKAR B., Klage und Urteil, in Ztschr. f. Zivilprozeß, Bd. 31, S. 191ff.

BÜLOW, Recht X = OSKAR B., Über das Verhältnis der Rechtsprechung zum Gesetzesrecht, im Recht, Bd. 10 (1906), S. 769ff.
BUMKE, DJZ. 1925 = B., Der neue Strafgesetzentwurf, Deutsche Juristenzeitung, 1925, 21ff.
BUNSEN, Z. XXVI = B., Die Parteien im Zivilprozesse, in Ztschr. f. Zivilprozeß, Bd. 26, S. 197 ff.
BURLAGE = B., Die Entschädigung der unschuldig Verhafteten u. der unschuldig Bestraften. Kommentar zu den Reichsgesetzen v. 14. 7. 04 u. 28. 5. 98. 1905.
BUSZ = B., Die Form der Litiskontestation im klass. röm. Recht, 1907.
v. CANSTEIN = v. C., Lehrbuch des österreischischen Zivilprozeßrechts, I u. II, 2. Aufl. 1893; I 3. Aufl. 1905.
v. CANSTEIN, KVSchr. XIX = v. C., Kritische Vierteljahrsschrift, Bd. 19, S. 57ff. (über MENGER, System des österreich. ZivilprozeßR., I 1876).
v. CANSTEIN, Z. II = v. C., Die Grundlagen des Beweisrechts, in Ztschr. f. Zivilprozeß, Bd. 2, S. 297ff.
v. CANSTEIN, Z. XVI = v. C., Grundlagen des Kontumazialrechts, in Ztschr. f. Zivilprozeß, Bd. 16, S. 1ff.
CHIOVENDA, L'azione = C., L'azione nel sistema dei diritti, 1903.
CHIOVENDA = C., Principii di diritto processuale civile, 2. ed., 1908.
DANZ, Auslegung = D., Die A. der Rechtsgeschäfte, 3. Aufl., 1911.
DANZ, Richterrecht, 1912.
DANZ, Einführung = D., E. in die Rechtsprechung, 1912.
DANZ, DJZ. XIX = D., Fortschritte durch Erkenntnis der Lücken im Gesetz, in Dtsch. Juristen-Ztg., Bd. 19 (1914), S. 7ff.
DEGENKOLB = D., Einlassungszwang und Urteilsnorm, 1877.
DEGENKOLB, Beitr. = D., Beiträge zum Zivilprozeß, 1905.
DEGENKOLB, ZivArch. CIII = D., Die Lehre vom Prozeßrechtsverhältnis, in Arch. f. d. zivilist. Praxis, Bd. 103, S. 385ff.
DEMELIUS = D., Die Confessio im römischen Zivilprozeß, 1880.
DEMELIUS, bei Grünhut XI = D., Über A. S. SCHULTZE, Privatrecht und Prozeß, in Grünhuts Ztschr., Bd. 11, S. 728ff.
DEMELIUS, Zur Lehre von der Rechtskraft des Zivilurteils, 1892.
DERNBURG, Hereditatis petitio = D., Über das Verhältnis der hereditatis petitio zu den erbschaftlichen Singularklagen, 1852.
DERNBURG, Edikt = D., Untersuchungen über das Alter der einzelnen Satzungen des prätorischen Edikts, i. d. Festg. f. HEFFTER, 1873, S. 91ff.
DERNBURG = D., System des römischen Rechts. Der Pandekten 8. Aufl. von SOKOLOWSKI, 1911/12.
Graf DOHNA = G. zu D., Das Strafverfahren, 1913.
Graf DOHNA, Mangel am Tatbestand = Graf zu D., Der M. a. T., SA. aus der Königsberger Festgabe für GÜTERBOCK, 1910.
GRAF DOHNA, Recht = G. zu D., Recht und Irrtum, 1925.
DONELLUS, Opera omnia. Commentatorium de iure civili, Florenz 1851.
DUQUESNE = D., La conject. génér. de la cautio iud. solvi in den Mélanges Fitting 1907, I.
DÜRINGER, Richter u. Rechtsprechung, 1909.
DÜRINGER, DJZ. 1911 = D., Falsche Urteile u. Rechtskraft, in Dtsch. Juristen-Ztg., 1911, S. 38ff.
EBERMAYER = E., Der Entwurf eines deutschen Strafgesetzbuchs nach den Beschlüssen der Strafrechtskommission, 1914.
EBERMAYER, StGB. = E., Das Reichsstrafgesetzbuch, erl. von EBERMAYER, LOBE, ROSENBERG, 2. Aufl. 1922.
EBERMAYER, LZ. XII = E., Irrtum im Strafrecht, in Leipziger Ztschr., Bd. 12, S. 801 ff.
ECKSTEIN, Goltd. Arch. LXIV = E., Prätorisches Strafrecht, in Goltdammers Archiv f. StrafR., Bd. 64, S. 104ff.
EHRLICH, Zwingendes Recht = EUGEN E., Das zwingende u. nichtzwingende Recht in BGB. f. das Deutsche Reich, 1899.
EHRLICH, Theorie der Rechtsquellen = EUGEN E., Beiträge zur T. d. R., I, 1902.

EHRLICH, Freie Rechtsfindung = EUGEN E., F. R. und freie Rechtswissenschaft, 1903.
EISELE, Exceptio = E., Die materielle Grundlage der exceptio, 1871.
EISELE, Zur Geschichte = E., Zur Geschichte der prozessualen Behandlung der Exzeptionen, 1875.
EISELE, Kognitur = E., Kognitur und Prokuratur, 1881.
EISELE, GöttGelAnz. 1884 = E., Über SCHULTZE, Privatrecht und Prozeß, in Göttinger Gelehrten-Anzeigen, 1884, S. 809ff.
EISELE, Abhdl. = E., Abhandlungen aus dem römischen Zivilprozeß, 1889.
EISELE, Beitr. = E., Beiträge zur römischen Rechtsgeschichte, 1896.
EISELE, ZRG. XXI = E., Exceptio rei iudicatae vel in iudicium deductae, in Ztschr. f. Rechtsgeschichte (Roman. Abt.), Bd. 21 (34), S. 1 ff.
EISLER = E., Die Prozeßvoraussetzungen im österr. Strafprozeß, in Grünhuts Ztschr., Bd. 17, 587ff.
ELTZBACHER = E., Die Handlungsfähigkeit nach dem bürgerlichen Recht, I 1903.
ENNECCERUS, AllgT. = E., Einleitung, Allgemeiner Teil, in ENNECCERUS-KIPP-WOLFF, Lehrb. d. bürg. Rechts, I, 1, 10. Bearb. 1924.
ENNECCERUS, Schuldverhältnisse = E., Recht der Sch. u. Register, in ENNECCERUS-KIPP-WOLFF, Lehrb. d. bürg. Rechts, I, 2, 9. Bearb. 1923.
FEILCHENFELD = ERNST H. F., Völkerrechtspolitik als Wissenschaft, 1922.
FEISENBERGER, ZStW. XXXVIII = F., Neues aus der Rechtsprechung, in Ztschr. f. d. ges. Strafr.-Wiss., Bd. 38, S. 355ff.
FINGER, GS. LXXXI = F., Besprechung von BELING, Grenzlinien von Recht u. Unrecht in der Ausübung der Strafrechtspflege, in Gerichtssaal, Bd. 81, S. 216ff.
H. A. FISCHER = HANS ALBRECHT F., Die Rechtswidrigkeit mit besond. Berücksichtigung des Privatrechts, 1911.
O. FISCHER, Z. X = OTTO F., Über WACHS Handbuch des Zivilprozesses, in Ztschr. f. Zivilprozeß, Bd. 10, S. 406ff.
O. FISCHER = OTTO F., Recht und Rechtsschutz, 1889.
O. FISCHER, in Jherings Jahrb. XL = OTTO F., Von den subjektiven Grenzen der Rechtskraft, in Jherings Jahrb., Bd. 40 (1899), S. 151 ff.
O. FISCHER, Unmöglichkeit I, II = OTTO F., U. als Nichtigkeitsgrund bei Urteilen u. Rechtsgeschäften, 1912. 2. Beitrag dazu 1913.
O. FISCHER, Lehrb. = OTTO F., Lehrbuch des deutschen Zivilprozeß- u. Konkursrechts, 1918.
FLEINER = F., Institution des deutschen Verwaltungsrechts, 4. Aufl. 1919.
FÖRSTER-ECCIUS = F.-E., Preußisches Privatrecht, 7. Aufl. 1896/97.
FÖRSTER-KANN = F. K., Die ZivilprozeßO., seit 1910.
FRANK = F., Das Strafgesetzbuch, 15. Aufl. 1924.
FRANK, Z. XIII = F., Einfluß des Todes einer Partei auf das Feststellungsverfahren im ordentlichen Prozesse, in Ztschr. f. Zivilprozeß, Bd. 13, S. 184ff.
FREUDENTHAL = F., Schuld u. Vorwurf im geltenden Strafrecht, 1922.
FRIEDLAENDER, GS. LVIII = F., Die Lehre v. d. absoluten Nichtigkeit strafgerichtl. Urteile, in Gerichtssaal, Bd. 58, S. 339ff.
FRIEDLAENDER, ZStW. XVIII = F., Das Verfahren bei amtsrichterlichen Strafbefehlen, in Ztschr. f. Strafr.-Wiss., Bd. 18, S. 495ff., 667ff.
FRIEDRICHS, Z. XIX = F., Der menschliche Körper als Beweismittel, in Ztschr. f. Zivilprozeß, Bd. 19, S. 390ff.
FRISCHEISEN-KÖHLER, R. u. W. 1919 = F.-K., Die tatsächliche Feststellung im Strafurteil eine Fiktion? in Recht u. Wirtschaft, 1919, S. 97.
FRITZSCHE = HANS F., Richteramt u. Persönlichkeit. Wahrheit u. Lüge im Zivilprozeß. Zwei akademische Antrittsreden. Zürich 1921.
FUCHS in Holtzend. Hdb. = F., Das Hauptverfahren in erster Instanz, im Handbuch des deutschen Strafprozeßrechts, herausgeg. von v. Holtzendorff, 1879, I, S. 1ff.
FUCHS, LZ. 1920 = EUGEN F., Die Konstruktion der Hypothek, in Leipziger Ztschr., 1920, Sp. 841ff.
FUCHS, R. u. W. 1918 = ERNST F., Mehr Rechtssicherheit, in Recht u. Wirtschaft, 1918, S. 116, 148, 189.

GEIB = OTTO G., Rechtsschutzbegehren und Anspruchsbetätigung im deutschen Zivilprozeß, 1909 (XVIII 1 der FISCHERschen Abhdl. zum Privatrecht und Zivilprozeß).

GEIGER = THEODOR G., Das uneheliche Kind u. seine Mutter, 1920.

GERLAND, KrVSchr. XLVI = G., Besprechung von M. E. Mayers Rechtsnormen u. Kulturnormen, in der Kritischen Vierteljahrsschrift für Gesetzgebung u. Rechtswissenschaft, Bd. 46, S. 417ff.

GERLAND, Reichsstrafrecht = G., Deutsches Reichsstrafrecht, Grundrisse der Rechtswissenschaft, XVI, 1922.

GEYER in Holtz. Hdb. = G., Der Beweis im Strafprozeß, in Holtzendorffs Handbuch d. deutsch. Strafprozeßrechts, I, S. 185ff.

O. v. GIERKE = OTTO v. G., Deutsches Privatrecht, I—III, 1895—1917.

O. v. GIERKE, Genossenschaftstheorie = OTTO v. G., Die G. und die deutsche Rechtsprechung, 1887.

O. v. GIERKE, Schuld u. Haftg. = OTTO v. G,. Schuld u. Haftung im älteren deutschen Recht, 1910.

O. v. GIERKE, in Schmollers Jahrb. VII = OTTO v. G., Labands Staatsrecht und die deutsche Rechtswissenschaft, in Schmollers Jahrbuch f. Gesetzgebung, Verwaltung u. Volkswirtschaft, Bd. 7, S. 1097ff.

O. v. GIERKE, Logos VI = OTTO v. G., Recht u. Sittlichkeit, im Logos, VI, S. 211ff.

GIRARD = G., Manuel de droit romain, 5. éd., 1911.

GLASER = G., Handbuch des Strafprozesses, I, 1883, II 1885.

GLEISPACH = G., Das österreichische Strafverfahren, 2. Aufl. 1924.

GMÜR = G., Die Anwendung des Rechts nach Art. 1 schweiz. ZGB., 1908.

GOLDSCHMIDT, Verwaltungsstrafrecht = J. G., Das V., 1902.

GOLDSCHMIDT, Goltd. Arch. XLVIII = J. G., Über J. HEIMBERGER, Das landesherrliche Abolitionsrecht, in Goltdammers Archiv, Bd. 48, S. 461ff.

GOLDSCHMIDT, Jurist. Lit.Bl. XV = J. G., Besprechung von HOLD v. FERNECK, Die Rechtswidrigkeit, im Juristischen Literaturblatt, Bd. 15, S. 202ff.

GOLDSCHMIDT, Festg. f. KOCH = J. G., Das Verwaltungsstrafrecht im Verhältnis zur modernen Staats- und Rechtslehre, i. d. Festgabe d. Berl. Jurist. Gesellsch. f. KOCH, 1903, S. 415ff.

GOLDSCHMIDT, MIKV. = J. G., Bericht über das Verwaltungsstrafrecht auf der Stuttgarter Landesversammlung der Internat. Krim.-Verein., Mitteilungen derselben, XII, 217ff. (auch als SA. erschienen: „Die Deliktsobligationen des Verwaltungsrechts", 1904).

GOLDSCHMIDT, MatJustR. = J. G., Materielles Justizrecht (Rechtsschutzanspruch und Strafrecht), SA. aus der Festgabe für HÜBLER, 1905.

GOLDSCHMIDT, Goltd.Arch. LIV = J. G., Die Typentheorie, in Goltdammers Archiv f. Strafrecht, Bd. 54, S. 20ff.

GOLDSCHMIDT, DJZ. XIV 1132 = J. G., Zur Rechtskraftlehre beider Prozesse, in Dtsch. Juristen-Zeitung, Bd 14, S 1132.

GOLDSCHMIDT, VollstrBetr. = J. G., Ungerechtfertigter Vollstreckungsbetrieb, in Fischers Abhdl. z. PrivatR. u. Zivilprozeß, XX 3, 1910.

GOLDSCHMIDT, Entschädigungspflicht = J. G., Rechtsgrund u. Rechtsnatur der staatlichen Entschädigungspflicht gegenüber unschuldig Verhafteten u. Bestraften, SA. aus der Festgabe der Berliner jurist. Fak. für GIERKE, 1910.

GOLDSCHMIDT, DJZ. XVII = J. G., Zeitliche Kollision gesetzlicher Bestimmungen über den Strafantrag, in Dtsch. Jurist.-Ztg., Bd. 17, S. 1315ff.

GOLDSCHMIDT, Österreich. Ztschr. f. StrafR. III = J. G., Die Technik des Besonderen Teils der Strafgesetzentwürfe, in Österreich. Ztschr. f. StrafR., Bd. 3, S. 223ff.

GOLDSCHMIDT, Notstand = J. G., Der Notstand ein Schuldproblem (Wien, Manz), 1913.

GOLDSCHMIDT, Österreich. Ztschr. f. StrafR., IV = G., Einige Nachträge zu der Abhandlung „Der Notstand ein Schuldproblem", in Österreich. Ztschr. f. StrafR., Bd. 4, S. 224ff.

GOLDSCHMIDT, DStZ. = J. G., Was ist Verwaltungsstrafrecht?, in Dtsch. Strafrechts-Ztg., Bd. 1, S. 222ff.

GOLDSCHMIDT, Beiträge = J. G., Zwei Beiträge zum materiellen Ziviljustizrecht. 1. Über Begriff und Bedeutung des mater. Ziviljustizrechts. 2. Über die Behandlung der Rechtsschutzvoraussetzungen im Prozeß. SA. aus der Festschrift der Berliner Juristenfakultät für HEINRICH BRUNNER, 1914.

GOLDSCHMIDT, ZStW. XXXVIII = J. G., Zur mitteleuropäischen Strafrechtsvereinheitlichung, in Ztschr. f. d. ges. Strafr.-Wiss., Bd. 38, S. 417ff.

GOLDSCHMIDT, JWSchr. 1917 = J. G., Die Bekanntmachung über die Verfolgung von Zuwiderhandlungen gegen Vorschriften über wirtschaftliche Maßnahmen v. 18. Jan. 1917, in Jurist. Wochenschr., 1917, S. 183ff.

GOLDSCHMIDT, ZivArch. CXVII = J. G., Hat das ordentliche Gericht bei späteren Rechtsstreitigkeiten ein Nachprüfungsrecht hinsichtlich der Würdigung der Rechtsnatur eines gemäß den Bekanntmachungen v. 16./17. Dez. 1916 aufgelösten Vertrages durch das Reichsschiedsgericht für Kriegswirtschaft? Ein Beitrag zur Lehre von der Rechtskraft staatlicher Gestaltungsakte und der Rechtsstellung des Reichsschiedsgerichts für Kriegswirtschaft. Im Archiv f. zivil. Praxis, Bd. 117, S. 1ff.

GOLDSCHMIDT, GA. LXVII = J. G., Staatsanwaltschaft u. Kriminalpolizei in Frankreich, in Goltdammers Archiv, Bd. 67, S. 179ff.

GOLDSCHMIDT, JWSchr. 1919 = J. G., Die Reform des Strafverfahrens, in Jurist. Wochenschr., 1919, S. 66ff.

GOLDSCHMIDT, Reform des Strafverf. = J. G., Zur R. d. Strafverfahrens, Heft 14 der Sammlung Recht u. Staat in Geschichte u. Gegenwart, 1919.

GOLDSCHMIDT, JWSchr. 1919, S. 560 = J. G., Besprechung von WACHSMANN, Das neue russische Strafgesetzbuch usw.

GOLDSCHMIDT, DJZ. 1920 = J. G., Der Entwurf eines Gesetzes über den Rechtsgang in Strafsachen, in Dtsch. Jurist.-Ztg., 1920, 161ff.

GOLDSCHMIDT, JWSchr. 1920 = J. G., Die Neuordnung der Strafgerichte und des Strafverfahrens, in Jurist. Wochenschr., 1920, S. 230ff.

GOLDSCHMIDT, ZStW. XLI = J. G., Die Kritiker der Strafprozeßentwürfe, in Ztschr. f. d. ges. Strafrecht.-Wiss., Bd. 41, S. 569ff.

GOLDSCHMIDT, JWSchr. 1922 = J. G., Gegenentwurf zu den Abschnitten „Die Straftat" u. „Täter u. Teilnehmer" des StrafgesEntw. v. 1919, in Jurist. Wochenschr., 1922, S. 252ff.

GOLDSCHMIDT, JWSchr. 1922 = G., Besprechung von SCHÜLER, Der Urteilsanspruch, in Jurist. Wochenschr., 1922, S. 437.

GOLDSCHMIDT, ZStW. XLIII = J. G., Das deutsche u. das österreichische Strafverfahren und die Aussichten für eine Vereinheitlichung, in Ztschr. f. Strafr.-Wiss., Bd. 43, S. 409ff.

GOLDSCHMIDT, JWSchr. 1922 = J. G., Sind die Vorschriften über Rechtsmittelfristen im Reichswirtschaftsprozeßrecht zwingendes od. nachgiebiges Recht?, in Jurist. Wochenschr., 1922, S. 700.

GOLDSCHMIDT, JWSchr. 1924 = J. G., Gesetzesdämmerung, in Jurist. Wochenschr., 1924, S. 245 f.

GOLDSCHMIDT, ZPO. = J. G., Die neue Zivilprozeßordnung v. 13. Mai 1924, mit systematischer Einleitung u. Erläuterung der neuen Bestimmungen, 1924.

C. L. GOLDSCHMIDT = CARL LEOPOLD G., Über Litiskontestation u. Einreden nach römischen, kanonischen u. den Reichsgesetzen, 1812.

C. L. GOLDSCHMIDT, Abhdl. = CARL LEOPOLD G., Abhandlungen aus dem deutschen gemeinen Zivilprozesse, 1818.

H. GOLDSCHMIDT = HANS G., Eigentum u. Eigentumsteilrechte in ihrem Verhältnis zur Sozialisierung, 1920.

GÖRRES, Z. XXXIV = G., Über das Verschulden im Prozesse, in Ztschr. f. Zivilprozeß, Bd. 34, S. 1ff.

GÖRRES, Z. XXXV = G., Die Haftung für den Ersatz von Kosten u. Schäden nach deutschem Prozeßrechte, in Ztschr. f. Zivilprozeß, Bd. 35, S. 313ff.

GÖSCH, Z. XII = G., Bespr. von STEINS Urkunden- u. Wechselprozeß, in Ztschr. f. Zivilprozeß, Bd. 12, S. 177ff.

GRADENWITZ, Volksspruch = G., V. und Kunstregel bei der Konsumtion, in der Festgabe für BEKKER, 1907, S. 383ff.

GRADENWITZ, Rubr. Pragm. = G., Versuch einer Dekomposition des Rubrischen Fragments, in Sitzungsberichte d. Heidelb. Akad., 1915.

GROSSE = G., Die Erledigung des Rechtsstreits ohne Urteil, Berl. Diss., 1907.

GROSSE, Z. XXXVI = G., Der Rechtsschutzanspruch des Beklagten, in Ztschr. f. Zivilprozeß, Bd. 36, S. 113ff.

GRÜNHUT, Rhein. Ztschr. XIII = MAX G., Zur Lehre vom Prozeßbetrug, in Rheinische Ztschr. f. Zivil- u. Prozeßrecht, XIII, S. 127ff.

HAENEL = ALBERT H., Deutsches Staatsrecht, I 1892.

HAENEL, Gesetz = ALBERT H., Das G. im formellen u. materiellen Sinne, 1888.

F. HAMBURGER, Ausbeutung = FRITZ H., Die Ausbeutung der Rechtskraft gegen die guten Sitten, 1909.

G. HAMBURGER, Haftung = GEORG H., Das Recht aus der Haftung und die Unmöglichkeit der Leistung, 1915.

HASSE, RheinMus. VI = H., Über das Wesen der actio, in Rheinisches Museum f. Jurisprudenz, VI, S. 1ff.

HECK, Festschrift für GIERKE = H., Gesellschaftsbeschlüsse u. Willensmängel bei der Gesellschaft des BGB., Festschr. f. G.. 1911, S. 319ff.

HEFFTER = AUG. WILH. H., System des römischen u. deutschen Zivil-Prozeßrechts, 2. Aufl., 1843.

HEGEL = H., Grundlinien der Philosophie des Rechts, herausgeg. von ED. GANS, 2. Aufl., 1840.

HEGLER = H., Beiträge zur Lehre vom prozessualen Anerkenntnis u. Verzicht, 1903.

HEGLER, Internat. StrafR. = H., Prinzipien des internat. Strafrechts, Strafrechtl. Abhdl., Heft 67, 1906.

HEGLER, ZivArch. CIV = H., Die Unterscheidung des Sachverständigen vom Zeugen im Prozeß, in Archiv f. zivilist. Prax., Bd. 104, S. 151ff.

HEGLER, Rechtsgang I, II = H., Mündlichkeit u. Unmittelbarkeit im Prozeß, Rechtsgang I, S. 192ff., 385 ff., II, S. 267 ff.

HEGLER, Festschr. f. BIND. = H., Zur Stellung der Gerichte im Strafverfahren, SA. aus der Festschr. f. BINDING, 1911.

HEILBERG, JWSchr. 1920 = H., Die Lüge im Rechte, in Jurist. Wochenschr., 1920, S. 875ff.

HEIM = FRANZ FELICIAN H., Die Feststellungswirkung des Zivilurteils, 1912.

W. HEIN = WOLFGANG H., Duldung der Zwangsvollstreckung, 34. Heft der von R. und F. LEONHARD herausgeg. Studien zur Erläuterung des bürg. Rechts, 1911.

W. HEIN, Identität I = WOLFGANG H., I. der Partei, Bd. I (Zivilprozeßrechtl. Forschungen, herausgeg. v. R. SCHMIDT, Heft 10), 1918.

HEINSHEIMER, Z. XXXVIII = H., Klage u. Widerklage, in Ztschr. f. Zivilprozeß Bd. 38, S. 1ff.

HEINZE, GA. XXIV = H., Dispositionsprinzip u. Offizialprinzip; Verhandlungsform u. Untersuchungsform, insbes. im Strafprozeß, in Goltd. Arch., Bd. 24, S. 265 ff.

HELLMANN = H., Lehrbuch des deutschen Zivilprozeßrechts, 1886.

HELLMANN, KonkR. = H., Lehrb. d. deutschen Konkursrechts, 1907.

HELLWIG, Anspruch = H., Anspruch u. Klagrecht, 1900.

HELLWIG, Rechtskraft = H., Wesen und subjektive Begrenzung der Rechtskraft, 1901.

HELLWIG, Klagr. u. Klagmögl. = H., Klagrecht und Klagmöglichkeit, 1905.

HELLWIG, Lehrb. = H., Lehrbuch des deutschen Zivilprozeßrechts, I 1903, II 1907, III 1 1908/9.

HELLWIG, Prozeßhandlung = H., Prozeßhandlung und Rechtsgeschäft, in der Festgabe der Berliner Jurist. Fak. f. GIERKE, II, 1910, S. 41ff.

HELLWIG, Syst. = H., System des deutschen Zivilprozeßrechts, I, II 1, 1912.

HELLWIG, Z. XXXIX = H., Über ROSENBERG, Stellvertretung im Prozesse, in Ztschr. f. Zivilprozeß, Bd. 39, S. 364ff.

HELLWIG, DJZ. XIV = H., Die Lüge im Prozesse, in Dtsch. Juristen-Ztg. Bd. 14, S. 137ff.

HELLWIG, DJZ. XIV: H., Die Lüge im Prozesse, in Dtsch. Juristen-Ztg., Bd. 14, S. 137ff.
R. HENLE, Arch. f. Rechts- u. Wirtsch.-Phil. XVI = R. H., Translatio possessionis und Vindikation des Besitzers, im Archiv f. Rechts- u. Wirtsch.-Phil., Bd. 16 (1922/3), S. 371ff.
A. HEUSLER, Ztschr. f. schweiz. R. LXIII = A. H., Prozeßvoraussetzungen u. Prozeßeinreden im schweiz. Zivilprozeßrecht, in Ztschr. f. schweiz. R., Bd. 63, S. 280 ff.
A. HEUSLER, ZivArch. LXII = A. H., Die Grundlagen des Beweisrechtes, in Archiv f. die zivil. Praxis, Bd. 62, S. 209ff.
E. HEYMANN, Verjährung = ERNST H., Das Vorschützen der Verjährung, 1895.
HEYSSLER = H., Die Prozeßvoraussetzungen im österreichischen Recht, in Grünhuts Ztschr., Bd. 1, S. 114 ff.
v. HIPPEL, LZ. XII = v. H., Irrtum im Strafrecht, in Leipziger Ztschr., Bd. 12, S. 1032ff.
v. HIPPEL, ZStW. XL = v. H., Bedingte Niederschlagung des Strafverfahrens gegen Kriegsteilnehmer, in Ztschr. f. Strafr.-Wiss., Bd. 40, S. 433ff.
E. v. HIPPEL, Arch. öff. R., N. F. V = ERNST v. H., Zur Kritik einiger Grundbegriffe in der „reinen Rechtslehre“ KELSENS, in Arch. d. öff. R., N. F., V, S. 327ff.
E. v. HIPPEL, Staatsakt = ERNST v. H., Untersuchungen zum Problem des fehlerhaften Staatsakts, 1924.
FRANZ HOENIGER, Diss. = F. H., Bleibt der mit Unrecht absolvierte Schuldner naturaliter verpflichtet? Erlang. Diss. 1897.
HOENIGER, DJZ. 1907 = H., Zum Vergleich in Privatklagesachen, in Deutsche Juristen-Ztg., 1907, S. 480.
HOENIGER, Riskante Rechtsausübung, 1917.
HOLD = HOLD v. FERNECK, Die Rechtswidrigkeit, I 1903, II 1, 1905.
HÖLDER, ZivArch. XCIII = H., Über Ansprüche u. Einreden, in Arch. f. zivilist. Prax., Bd. 93, S. 1ff.
HÖLDER, Z. XXVIII = H., Die Natur des gerichtlichen Geständnisses, in Ztschr. f. Zivilprozeß, Bd. 28, S. 389ff.
HÖLDER, Z. XXIX = H., Anspruch u. Klagrecht, in Ztschr. f. Zivilprozeß, Bd. 29, S. 50ff.
HÖLDER, Jherings Jahrb. XLVI = H., Über das Klagrecht, in Jherings Jahrb. Bd. 46, S. 265ff.
HÖLDER, Jherings Jahrb. LI = H., Zur Lehre vom Klagrecht, in Jherings Jahrb. Bd. 51, S. 315 ff.
HÖLDER, ZRG. XXIV = H., Die Litiskontestation, in Ztschr. f. Rechtsgeschichte (Roman. Abt.), Bd. 24 (37), S. 197ff.
HÖLDER, ZRG. XXXI = H., Noch einmal die litis contestatio des Formularprozesses, in Ztschr. f. Rechtsgeschichte (Roman. Abt.), Bd. 31 (44), S. 371ff.
HÖPFNER, Vertretung ohne Vollmacht im Zivilprozeß, Götting. Diss. 1899.
JAECKEL-GÜTHE = J., Reichsgesetz über die Zwangsversteigerung u. die Zwangsverwaltung, 3. Aufl. herausgeg. von GÜTHE, 1909.
JAEGER- = ERNST J., Kommentar zur Konkursordnung, 5. Aufl., I 1916, II 1913.
JAEGER, Gläubigeranfechtung = ERNST J., G. außerhalb des Konkurses, 1905.
JAEGER, Z. XL = ERNST J., Besprechung von WEISMANN, Lehrbuch des dtsch. ZivilprozR., in Ztschr. f. Zivilprozeß, Bd. 40, S. 123 ff.
G. JELLINEK, Sozialethische Bedeutung von Recht, Unrecht u. Strafe, 2. Aufl., 1908.
G. JELLINEK, Staatsverträge = GEORG J., Die rechtliche Natur der St., 1880.
G. JELLINEK, Staatenverbindungen = GEORG J., Die Lehre von den St., 1882.
G. JELLINEK, Gesetz = GEORG J., Gesetz u. Verordnung, 1887.
G. JELLINEK, System = GEORG J., System der subjektiven öffentlichen Rechte, 2. Aufl. 1905.
G. JELLINEK, Staatslehre = GEORG J., Allgemeine Staatslehre, 3. Aufl., besorgt von W. JELLINEK, 1914/22.
W. JELLINEK = WALTER J., Der fehlerhafte Staatsakt u. seine Wirkungen, 1908.

JHERING, Geist = J., Geist des römischen Rechts auf den verschiedenen Stufen seiner Entwickelung, I[6] 1907, II[5] 1894/8, III 1[5] 1906.
JHERING, Zweck = I., Zweck im Recht, 4. Aufl. I 1904, II 1905.
JOHN = J., Strafprozeßordnung, I 1884, II 1888, III 1.
JUNG, Festg. f. DERNBURG = J., Von der „logischen Geschlossenheit" des Rechts, Gießener Festgabe f. DERNBURG, 1900, S. 131 ff.
JUNG, Positives Recht = J., P. R. in der Gießener Jubiläums-Festschrift, 1907, S. 471 ff.
JUNG, Natürl. Recht = J., Das Problem des natürlichen Rechts, 1912.
KAHL, Dtsch.Strafr.Ztg. III = K., Strafrechtseinheit in Österreich-Ungarn u. im Deutschen Reich, in Dtsch. Strafr.-Ztg., Bd. 3, S. 275 ff.
KANN, JWSchr. 1920 = K., Die Lüge im Rechte, in Jurist. Wochenschr., 1920, S. 874 ff.
KANNENGIESSER = K., Die prozesshindernde Einrede, 1878.
KARLOWA = K., Der römische Zivilprozeß zur Zeit der Legisaktionen, 1872.
KARLOWA, Rechtsgeschichte = K., Römische Rechtsgeschichte. I 1885, II 1901.
KASKEL, DJZ. 1920, Sp. 775 ff., Schlichtungsverfahren und Gerichtsbarkeit.
E. KAUFMANN, Wesen d. VR. = ERICH K., Das W. des Völkerrechts und die clausula rebus sic stantibus, 1911.
E. KAUFMANN, Kritik = ERICH K., K. der neukantischen Rechtsphilosophie, 1921.
F. KAUFMANN, Z.öffR. III = FELIX K., Theorie der Rechtserfahrung oder reine Rechtslehre?, i. Ztschr. f. öff. Recht, Bd. 3, S. 236 ff.
KELLER, Litiskontestation = F. L. K., Über Litis contestatio u. Urteil nach klass. röm. Recht, 1827.
KELLER-WACH = K., Der römische Zivilprozeß und die Aktionen, 6. Ausg. bearb. von WACH, 1883.
KELSEN = HANS K., Hauptprobleme der Staatsrechtslehre, 1911.
KELSEN, Souveränität = HANS K., Das Problem der S. und die Theorie des Völkerrechts, 1920.
KELSEN, Staatsbegriff = HANS K., Der soziologische und der juristische Staatsbegriff, 1922.
KELSEN, bei Grünhut XL = K., Über Staatsunrecht, in Grünhuts Ztschr., Bd. 40, S. 1 ff.
KELSEN, Arch.öff.R. XXXI = K., Zur Lehre vom öffentlichen Rechtsgeschäft, in Archiv f. öffentl. Recht, Bd. 31, S. 53 ff., 190 ff.
KELSEN, Z.öff.R. III = K., Rechtswissenschaft u. Recht, Erledigung eines Versuchs zur Überwindung der Rechtsdogmatik, in Ztschr. f. öff. Recht, III, S. 103 ff.
KERN = K., Die Äußerungsdelikte, 1919.
KIERULFF = J. F. K., Theorie des gemeinen Zivilrechts, I, 1839.
KIPP, Familienrecht = KIPP u. MARTIN WOLFF, Das F. in ENNCCERUS-KIPP-WOLFF, Lehrbuch des bürg. Rechts, II 2, 3. Bearb. 1920.
KIPP, Litisdenuntiation = K., Die L. als Prozeßeinleitungsform im röm. Zivilprozeß, 1887.
KIPP, Art. Contumacia, Denuntiatio, Eremodicium, in Pauly-Wissowas Realenzyklopädie, IV 1165, V 222, VI 417.
KIPP, Rechtswahrnehmung = K., R. und Reurecht, in der Festgabe der Berliner Jurist. Gesellschaft f. KOCH, 1903, S. 110 ff.
KIPP, LitZtg. = K., Über SCHOTT, Gewähren des Rechtsschutzes, in der Dtsch. Literaturztg. 1904, Sp. 2627.
KIPP, Heinrich Dernburg. Ein Vortrag, 1908.
KIPP, Quellen = K., Geschichte der Quellen des römischen Rechts, 4. Aufl., 1919.
KIPP, Doppelwirkungen = K., Über D. im Recht, in Festschrift d. Berl. jurist. Fak. f. v. MARTITZ, 1911, S. 211 ff.
KIPP, Kriegsaufgaben = K., K. der Rechtswissenschaft, Rektoratsrede, 1914.
KIPP, ZRG. XLII = K., Über dilatorische u. peremtorische Exzeptionen, in Ztschr. f. Rechtsgeschichte (Rom. Abt.), Bd. 42, S. 328 ff.
KISCH, Streitgenossenschaft = K., Begriff und Wirkungen der besonderen Str., 1899.

KISCH, Urteilslehre = K., Beiträge zur U., 1903.
KISCH, GöttGelAnz. 1901 = K., Über BÜLOWS Geständnisrecht, in Göttinger Gelehrten-Anzeigen 1901, S. 206 ff.
KISCH, Z. XXXIV = K., Über DEGENKOLB, Das Anerkenntnisurteil, in Ztschr. f. Zivilprozeß, Bd. 34, S. 381 ff.
KISCH = K., Deutsches Zivilprozeßrecht, in der Sammlung Göschen (1, 2, 3), 3. Aufl. 1922.
KISCH, Parteiänderung = K., P. im Zivilprozeß, 1912.
KISCH, LZ. 1923 = K., Unwirksame Urteile, in Leipziger Ztschr., Bd. 17 (1923), Sp. 625 ff.
KISCH, Recht 1924 = K., Klageverzicht u. Erledigung der Hauptsache, im Recht, 1924, S. 1 ff.
KISS in Jherings Jahrb. LVIII = K., Gesetzesauslegung u. ungeschriebenes Recht, in Jher. Jahrb., Bd. 58, S. 413 ff.
F. KLEIN, Parteihandlung = FRANZ K., Die schuldhafte Parteihandlung, 1885.
P. KLEIN = PETER K., Die Rechtshandlungen im engeren Sinne, 1912.
KLEINFELLER = K., Lehrbuch des deutschen Zivilprozeßrechts, 3. Aufl., 1925.
KLEINFELLER, Z. XXXVII = K., Über HELLWIGS Lehrb. II, in Ztschr. f. Zivilprozeß, Bd. 37, S. 289 ff.
KLEINFELLER, Z. XLVII = K., Besprechung von LENT, Gesetzeskonkurrenz Bd. II, in Ztschr. f. Zivilprozeß, Bd. 47, S. 328 ff.
KLEINSCHROD = K., Über die prozessualische Konsumtion und die Rechtskraft des Zivilurteils, 1875.
KLINGMÜLLER, KritVSch. XLVI = K., Über SCHOTT, Gewähren des Rechtsschutzes u. Röm. Zivilprozeß u. moderne Prozeßwissenschaft, in Krit. Vierteljahrsschrift, Bd. 46, S. 257 ff.
KLÖPPEL = P. K., Gesetz u. Obrigkeit, 1891.
KOHLER, Prozeß = K., Der Prozeß als Rechtsverhältnis, 1888.
KOHLER, Forsch. = K., Prozeßrechtliche Forschungen, 1889.
KOHLER, KonkR. = K., Lehrbuch des Konkursrechts, 1891.
KOHLER, Beitr. = K., Gesammelte Beiträge zum Zivilprozeß, 1894.
KOHLER, Z. XII = K., Über die Sukzession in das Prozeßverhältnis, in Ztschr. f. Zivilprozeß, Bd. 12, S. 97 ff.
KOHLER, Z. XX = K., Kompensation u. Prozeß, in Ztschr. f. Zivilprozeß, Bd. 20, S. 1 ff.
KOHLER, Z. XXIV = K., Die Aufrechnung nach dem BGB., in Ztschr. f. Zivilprozeß, Bd. 24, S. 1 ff.
KOHLER, Z. XXIX = K., Prozeßhandlungen mit Zivilrechtswirkung, in Ztschr. f. Zivilprozeß, Bd. 29, S. 1 ff.
KOHLER, Z. XXXIII = K., Der sogenannte Rechtsschutzanspruch, in Ztschr. f. Zivilprozeß, Bd. 33, S. 211 ff.
KOHLER, ZivArch. XCVII = K., Über die Grundlagen des Zivilprozesses, in Archiv f. ziv. Praxis, Bd. 97, S. 1 ff.
KOHLER, bei Grünhut XXXIII = K., Bürgerlichrechtliche u. prozeßrechtliche Elemente im Prozeß u. in der Zwangsvollstreckung, in Grünhuts Ztschr., Bd. 33, S. 561 ff.
KOHLER, Einfache u. doppelte Rechtsordnung, Vortrag v. 13. Febr. 1904 in d. Berliner Jurist. Gesellsch., 45. Jahresbericht d. Gesellsch., S. 54/55.
KOHLER, BürgR. = K., Lehrbuch des bürgerlichen Rechts, I. Halbbd. 1904.
KOHLER, Gdr. = K., Grundriß des Zivilprozesses mit Einschluß des Konkursrechts, 1907.
KOHLER zu DERNBURG = DERNBURG, Das bürg. Recht, VI 2. Abt., herausgeg. u. zu Ende geführt von KOHLER, 1910.
KOHLER, Enz. = K., Zivilprozeßrecht und Konkursrecht, in v. HOLTZENDORFF-KOHLER, Enzyklopädie der Rechtswissenschaft. 7. Aufl. 1913. Bd. 3, S. 251 ff.
KOHLER, in GoltdArch. LXIII = K., Der Prozeß des Sokrates, in Goltdammers Archiv, Bd. 63, S. 209 ff.
KOHLER, Tag Nr. 37 v. 13. Febr. 1909 (über die Wahrheitspflicht im Zivilprozeß).
KOHLER, Festschrift für KLEIN = K., Das materielle Recht im Urteil, SA. aus der Festschrift für FRANZ KLEIN.

KOHLER, RheinZ. VI = K., ALEXANDER PLÓSZ u. die Offizialmaxime im ungarischen Zivilprozesse, in Rheinische Ztschr., Bd. 6, S. 1 ff.
KOHLER, Archiv f. Rechts- u. Wirtschaftsphilosophie, XI = K., Recht u. Richterspruch, in Archiv f. Rechts- u. Wirtschaftsphilosophie, Bd. 11, S. 187ff.
KOHLRAUSCH, Irrtum = K., Irrtum u. Schuldbegriff, I 1903.
KORMANN = K., System der rechtsgeschäftlichen Staatsakte, 1910.
KOSCHAKER = K., Translatio iudicii, 1905.
KOSCHAKER, ZRG. XXIX = K., Über die Festgabe für BEKKER, in Ztschr. f. Rechtsgeschichte (Rom. Abt.), Bd. 29 (42), S. 502 ff.
KRABBE, Rechtssouveränität = K., Die Lehre von der R., 1906.
KRABBE, Staatsidee = K., Die moderne Staatsidee, 1919.
KREMER = K., Zur Konstruktion des Zivilprozesses, in Grünhuts Ztschr., Bd. 33, S. 289ff.
KRETSCHMAR, ZRG. XL = K., Zur alienatio iudicii mutandi causa facta, in Ztschr. f. Rechtsgeschichte (Rom. Abt.), Bd. 40 (53), S. 136ff.
KRIEGSMANN, Nichtigkeit = K., Die N. des Strafurteils, in Kieler Festgabe für HÄNEL, 1907.
KRIEGSMANN, ZStrW. XXXV = K., Besprechung von GOLDSCHMIDT, Notstand, ein Schuldproblem, in Ztschr. f. Strafrechtswiss., Bd. 35, S. 316ff.
v. KRIES = v. K., Lehrbuch des deutschen Strafprozeßrechts, 1892.
v. KRIES, ZStW. V = v. K., Die Prozeßvoraussetzungen des Strafprozesses, in Ztschr. f. d. ges. Strafrechtswiss., Bd. 5, S. 1 ff.
v. KRIES, ZStW. VI = v. K., Das Prinzip der Unmittelbarkeit im Beweisverfahren der deutschen Prozeßordnungen, in Ztschr. f. d. ges. Strafrechtswiss., Bd. 6, S. 88 ff.
v. KRIES, ZStW. IX = v. K., Vorverfahren u. Hauptverfahren, in Ztschr. f. d. ges. Strafrechtswiss., Bd. 9, S. 1 ff.
KROSCHEL, GS. LXIX = K., Die sogenannte absolute Nichtigkeit der Strafurteile, in Gerichtssaal, Bd. 69, S. 137ff.
KRÜCKMANN, Einf. = K., Einführung in das Recht, 1912.
KRÜCKMANN, ZivArch. CVIII = K., Sachbesitz, Rechtsbesitz, Rechtsschein in der Theorie des gemeinen Rechts, in Archiv f. zivil. Praxis, Bd. 108, S. 179ff.
KRÜCKMANN, Z. XLV = K., Besprechung von OERTMANN, Rechtsordnung und Verkehrssitte, in Ztschr. f. Zivilprozeß, Bd. 45, S. 567ff.
KRÜCKMANN, Z. XLVI, XLVII = K., Die materielle Urteilswirkung, in Ztschr. f. Zivilprozeß, Bd. 46, S. 371 ff., Bd. 47, S. 1 ff., Bd. 48, S. 1 ff.
KRÜCKMANN, Rechtsgang III = K., Die privatrechtlichen Nebenwirkungen der Zivilurteile, in Rechtsgang, Bd 3, S. 114ff.
KRUG, Z. XX = K., Die Urheberbenennung, in Ztschr. f. Zivilprozeß, Bd. 20, S. 299ff.
KRÜGER = PAUL K., Prozessualische Konsumtion u. Rechtskraft des Erkenntnisses, 1864.
KRÜGER, ZRG. XXVI = PAUL K., Besprechung von SCHLOSSMANNS Litiskontestation, in Ztschr. f. Rechtsgeschichte (Rom. Abt.), Bd. 26 (39), S. 541 ff.
HUGO KRÜGER, ZRG. XXIX = H. K., Die Worte „qua de re agitur" u. „qua de agitur", in Ztschr. f. Rechtsgeschichte (Rom. Abt.), Bd. 29 (42), S. 378ff.
KÜBLER, ZRG. XVI = K., Über die Bedeutung von iudicium u. formula bei CICERO, in Ztschr. f. Rechtsgeschichte (Rom. Abt.), Bd. 16 (29), S. 137ff.
KUTTNER, Privatrechtl. Nebenwirk. = K., Die privatrechtlichen Nebenwirkungen der Zivilurteile, 1908.
KUTTNER, Festg. f. GIERKE = K., Das Verhältnis des Zivilprozesses zum Erbscheinverfahren, in Festgabe der Berl. jur. Fak. f. GIERKE, 1910, II, S. 161 ff.
KUTTNER, Jherings Jahrb. LXI = K., Rechtsvermutungen aus Akten der freiwilligen Gerichtsbarkeit, in Jher. Jahrb., Bd. 61, S. 109ff.
KUTTNER, Urteilswirk. = K., Urteilswirkungen außerhalb des Zivilprozesses, 1914.
LABAND = L., Das Staatsrecht des Deutschen Reiches, 5. Aufl. 1911—1914.
LÄMMERT, Z. XVI = L., Über Begriff u. Zulässigkeit der eventuellen Klageverbindung, in Ztschr. f. Zivilprozeß, Bd. 16, S. 428 ff.
LANDSBERG = L., Geschichte der deutschen Rechtswissenschaft, III. Abteilung, 2. Halbbd., Text, 1910.

Landsberg, InternatWSchr. v. 3. 4. 1909 = L., Moralische u. juristische Parteipflichten, in Internat. Wochenschr. f. Wissenschaft usw., Nr. v. 3. 4. 1909.
Lang = Franz L., Die Rechtshängigkeit im Strafverfahren, in Würzburger Abhandlungen z. Prozeßrecht, Heft 3, 1910.
Langheineken = L., Der Urteilsanspruch, 1899.
Langheineken, Anspruch = L., Anspruch und Einrede, 1903.
v. Laun = Rudolf v. L., Das freie Ermessen und seine Grenzen, 1910.
H. Lehmann, Prozeßvergleich = Heinrich L., Der P., 1911.
H. Lehmann, Z. XLIV = Heinrich L., Besprechung von Reichel, Unklagbare Ansprüche, in Ztschr. f. Zivilprozeß, Bd. 44, S. 162 ff.
Leist, Art. Dare actionem in Pauly-Wissowas Realenzyklopädie, Bd. 4, S. 2181.
Leist, Art. Denegare actionem in Pauly-Wissowas Realenzyklopädie, Bd. 5, S. 219.
Lenel, Exzept. = L., Ursprung u. Wirkung der Exzeptionen, 1876.
Lenel, Ed. = L., Das Edictum perpetuum, 2. Aufl. 1907.
Lenel, Paling. = L., Palingenesia iuris civilis, I, II 1889.
Lenel, ZRG. XV = L., Die Form der Litiskontestation im Formularprozeß, in Ztschr. f. Rechtsgesch. (Roman. Abt.), Bd. 15 (28), S. 374 ff.
Lenel, ZRG. XXIV = L., Die Litiskontestation des Formularprozesses, in Ztschr. f. Rechtsgeschichte (Roman. Abt.), Bd. 24 (37), S. 329 ff.
Lenel, ZRG. XXXVII = L., Zum Edictum perpetuum, in Ztschr. f. Rechtsgeschichte (Roman. Abt.), Bd. 37 (50), S. 104 ff.
Lent = Friedrich L., Gesetzeskonkurrenz im bürgerlichen Recht und im Zivilprozeß, Bd. 1, 1912, Bd. 2 1916.
R. Leonhard, Z. XII = Rudolf L., Besprechung der Münchener Festgabe für Planck, in Ztschr. f. Zivilprozeß, Bd. 12, S. 402 ff.
R. Leonhard, Z. XV = Rudolf L., Der Anspruchsbegriff des Entwurfs eines BGB., in Ztschr. f. Zivilprozeß, Bd. 15, S. 327 ff.
R. Leonhard, Replik des Prozeßgewinns = Rudolf L., Die R. d. P., in der Breslauer Festgabe f. Dahn, 1905, II, S. 67 ff.
R. Leonhard, ArchRechtsWirtschPhilos. VIII, IX = Rudolf L., Der Wert der Kriegsereignisse für die Privatrechtsgeschichte, in Archiv f. Rechts- u. Wirtschaftsphilosophie, Bd. 8, S. 490 ff., Bd. 9, S. 1 ff.
Levy = Ernst L., Die Konkurrenz der Aktionen u. Personen im klassischen römischen Recht, I 1918.
v. Lilienthal = v. L., Das Strafprozeßrecht, in der Enzyklopädie der Rechts- u. Staatswissenschaft, XXI, 1923.
v. Liszt = v. L., Lehrbuch des deutschen Strafrechts, 24. Aufl., besorgt von Eb. Schmidt, 1922.
v. Liszt, DStZ. 1917 = v. L., Besprechung der 14. Aufl. des Löweschen Kommentars, in Dtsch. Strafr.-Ztg., 1917, Sp. 444 ff.
Löffler, Nichtigkeit = L., Über unheilbare N. im österreich. Strafverfahren (SA. aus Grünhuts Ztschr., Bd. 31), Wien 1904.
Löffler, Organisation = L. in Engel-Löffler, Organisation der Justiz u. Strafverfahren, Wien 1919.
Löffler, Rechtswidrigkeit = L., R., Notwehr, Notstand, in dem von der Ö. K. V. (Gleispach) herausgegebenen Werk: Der deutsche StG.-Entwurf, 1922, S. 27 ff.
R. Löning, Über Wurzel usw. = Richard L., Über W. und Wesen des Rechts, 1907.
Lotmar = L., Über A. S. Schultze, Privatrecht und Prozeß, in Krit. Vierteljahrsschrift Bd. 26, S. 637 ff.
Lotmar SchwZtschrStrafr. XXXI = L., Litiskontestation im römischen Akkusationsprozeß, in Schweizerische Ztschr. f. Strafrecht, Jahrg. 31 (1918), S. 249 ff.
Löwenstein, JWSchr. 1919 = L., Bemerkung z. Beschl. des OLG. Kiel v. 4. Febr. 1919 über Anfechtbarkeit u. Abänderung von Niederschlagungsbeschlüssen, in Jurist. Wochenschr. 1919, S. 330.
Löwenstein, JWSchr. 1920 = L., Bem. zum Beschl. des RGSt. v. 4. Juli 1919 betr. Wiedereinsetzung in den vorig. Stand, Jurist. Wochenschr. 1920, S. 150.
Löwe-Rosenb. = Die StPO. für das Deutsche Reich, Kommentar von Löwe, 16. Aufl. bearb. von W. Rosenberg, 1925.

MANIGK, Anwendungsgebiet = M., Das A. der Vorschriften für die Rechtsgeschäfte, 1901.
MANIGK, Willenserklärung = M., W. und Willensgeschäft, 1907.
G. L. MAURER = GEORG LUDWIG M., Geschichte des altgermanischen Gerichtsverfahrens, 1824.
M. E. MAYER, Rechtsnormen = M. E. M., Rechtsnormen und Kulturnormen, Strafrechtl. Abhdl., Heft 50, 1903.
M. E. MAYER, Lehrb. = M. E. M., Der Allgemeine Teil des Deutschen Strafrechts, Lehrbuch 1915.
M. E. MAYER, Rechtsphilosophie = M. E. M., R. in der Enzyklopädie der Rechts- u. Staatswissenschaft, I 1922.
O. MAYER, ArchöffR. XXI = OTTO M., Zur Lehre von der materiellen Rechtskraft in Verwaltungssachen, in Archiv f. öff. Recht, Bd. 21, S. 1 ff.
O. MAYER = OTTO M., Deutsches Verwaltungsrecht, I 3. Aufl. 1924, II 3. Aufl. 1924.
MAYER-HOMBERG = M.-H., Die fränkischen Volksrechte im Mittelalter, I 1912.
v. MEIBOM = v. M., Das deutsche Pfandrecht, 1867.
MENDELSSOHN BARTHOLDY, Rechtskraft = M. B., Grenzen der Rechtskraft, 1900.
MENDELSSOHN BARTHOLDY, Imperium = M. B., Das I. des Richters, 1908.
MENDELSSOHN BARTHOLDY, Festschrift f. KLEIN = M. B., Die Rechtskraftwirkung des Schiedsspruches, in der F. f. K., S. 147ff.
MENDELSSOHN BARTHOLDY, RheinZtschr. V = M. B., Über HEIM, Feststellungswirkung des Zivilurteils, in Rhein. Ztschr. f. Zivil- u. ProzeßR., Bd. 5, S. 256ff.
MENDELSSOHN BARTHOLDY, RheinZtschr. VIII = M. B., Rechtskraftwirkung auf Dritte, in Rhein. Ztschr. f. Zivil- u. ProzeßR., Bd. 8, S. 176ff.
MENDELSSOHN BARTHOLDY, RheinZtschr. XII = M. B., Der Rechtsschutzanspruch im Licht internationalen Rechts, in Rhein. Ztschr. f. Zivil- u. ProzeßR., Bd. 12, S. 9ff.
MENDELSSOHN BARTHOLDY, RheinZtschr. XII = M. B., Miszellen zum Prozeßrecht. Die Lehre vom Rechtsschutzanspruch, in Rhein. Ztschr. f. Zivil- u. ProzeßR., Bd. 12, S. 448ff.
MENGER = ANTON M., System des österreichischen Zivilprozeßrechts, I 1876.
MERKEL, Enz. = ADOLF u. RUDOLF M., Jurist. Enzyklopädie, 5. Aufl. 1913.
P. MERKEL, ZtschStW. XLIII = PAUL M., Die Bestimmungen der Strafges.-Entw. v. 1919 über die Straftat, in Ztschr. f. Strafrechtswiss., Bd. 43, S. 299ff.
MERKL, DRZ. 1916, 1917 = ADOLF M., Das Recht im Spiegel seiner Auslegung, in Dtsch. Richter-Ztg. 1916, S. 584, 1917, S. 162, 394, 443.
MERKL, JuristBl. 1918 = ADOLF M., Das doppelte Rechtsantlitz, in Jurist. Blätter, 1918, S. 425, 444, 463.
MERKL, Rechtskraft = ADOLF M., Die Lehre von der R., Wiener staatswiss. Studien, XV 2, 1923.
MEWALDT = REINHOLD M., Denegare actionem im römischen Formularprozeß, Erlang. Diss., 1912.
MEYER-ANSCHÜTZ = G. MEYERS Lehrb. d. deutschen Staatsrechts, 7. Aufl. bearb. v. G. ANSCHÜTZ, 1919.
H. MEYER, Z. XXIII = H. M., Widersprechende Behauptungen u. Erklärungen, in Ztschr. f. Zivilprozeß, Bd. 23, S. 32ff.
MEZGER = M., Die subjektiven Unrechtselemente im Gerichtssaal Bd. 89, S. 206ff.
MICHEL = ARTUR M., Absolute Nichtigkeit von Zivil- u. Strafurteilen, 1906.
MITTEIS, Römisches Privatrecht, I 1907.
MITTERMAIER, MonSchrKrimPsych. III = M., Besprechung von GOLDSCHMIDT, Materielles Justizrecht, in Monatsschr. f. Kriminalpsychologie u. Strafrechtsreform, Bd. 3, S. 737ff.
MOMMSEN = M., Römisches Strafrecht, 1899.
MUTHER, Actio = M., Zur Lehre von der römischen actio, 1857.
MUTHER, KritVSchr. IX = M., Zur Revision der Geschichte u. einzelner Lehren des römischen wie des heutigen gemeinen Prozesses (Besprech. v. WIEDING, Der Justinianeische Libellprozeß), in Krit. Viertelsjahrsschr., Bd. 9, S. 161ff., 329ff.
MUTHER, KritVSchr. XV, XVII = M., Über BEKKERS Akt., in Krit. Vierteljahrsschr., Bd. 15, S. 433ff., Bd. 17, S. 231ff.

NAGLER, Festschr. f. BINDING = N., Der heutige Stand der Lehre v. d. Rechtswidrigkeit, SA. aus der Festschrift für B., 1911.
NAGLER, Rechtsgang I = N., Der Parteibegriff im Zivil- u. Strafverfahren, in Rechtsgang, Bd. 1, S. 56ff.
NEUMILLER, DJZ. XI = N., Anordnung des persönlichen Erscheinens im Eheprozesse, in Dtsch. Juristen-Ztg., Bd. 11, S. 142ff.
NÖLDEKE, DJZ. VI = N., Zur Reform des Armenrechts, in Dtsch. Juristen-Ztg., Bd. 6, S. 150ff.
NUSSBAUM = N., Die Prozeßhandlungen, ihre Voraussetzungen und Erfordernisse, 1908 (XVII 1 der Fischerschen Abhdl. z. Privatr. u. Zivilprozeß).
OERTMANN, Komm. = O., BGB. Recht der Schuldverhältnisse, Kommentar, 3. u. 4. Aufl. 1910.
OERTMANN, Vergleich = O., Der V., 1895.
OERTMANN, KritVSchr. XXXIX = O., Über v. VELSEN, Exceptiones praejudiciales, in Krit. Vierteljahrsschr., Bd. 39, S. 386ff.
OERTMANN, ZivArch. CVII = O., Die rechtliche Natur der Vollstreckungsgegenklage, in Archiv f. zivilist. Praxis, Bd. 107, S. 199ff.
OERTMANN, Rechtsordnung = O., R. und Verkehrssitte, 1914.
OERTMANN, Z. XLVII = O., Schiedsrichter und staatliches Recht, in Ztschr. f. Zivilproz., Bd. 47, S. 105ff.
OERTMANN, LZ. XIII = O., Schiedsrichter und staatliches Recht, in Leipziger Ztschr., Bd. 13, Sp. 947ff.
OERTMANN, Zwangsvollstreckung = O., Z. im II. Teil von HELLWIGS System des deutschen Zivilprozeßrechts, 1919.
OERTMANN, Grundriß = O., Gr. des deutschen Zivilprozeßrechts, 1924.
OETKER = O., Konkursrechtliche Grundbegriffe, I 1891.
OETKER, JLitBl. VI = O., Über SEUFFERTS Kommentar zur ZPO., in Jurist. Lit.-Bl., Bd. 6, S. 13ff.
OETKER, Gerichtssaal LXXI = O., Zu „kriminalistische Bedeutung zivilprozeßrechtlicher Probleme", in Gerichtssaal, Bd. 71, S. 294ff.
OETKER, Z. XLV = O., Über KORMANNS System der rechtsgeschäftlichen Staatsakte, in Ztschr. f. Zivilprozeß, Bd. 45, S. 509ff.
OETKER, RheinZtschr. XII = O., Fragen der freiwilligen Gerichtsbarkeit I, in Rhein. Ztschr., Bd. 12, S. 233ff.
OLSHAUSEN = O., Kommentar zum Strafgesetzbuch, 10. Aufl. 1916.
OTTO, Der Prozeß als Spiel, 1918.
v. OVERBECK, GS. LXXXVIII = v. O., Unterlassung durch Begehung, in Gerichtssaal, Bd. 88, S. 319ff.
PAGENSTECHER = P., Zur Lehre von der materiellen Rechtskraft, 1905.
PAGENSTECHER, Jahrb. I = P., Bericht über sein Buch: Zur Lehre v. d. materiellen Rechtskraft, in Stier-Somlos Jahrb. d. Verwaltungsrechts, Bd. 1, S. 335ff.
PAGENSTECHER, Z. XXXVI = P., Bespr. v. DEGENKOLBS Beiträge z. Zivilprozeß, in Ztschr. f. Zivilprozeß, Bd. 36, S. 365ff.
PAGENSTECHER, Z. XXXVII = P., Die praktische Bedeutung des Streites über das Wesen der Rechtskraft, in Ztschr. f. Zivilprozeß, Bd. 37, S. 1ff.
PAGENSTECHER, Z. XXXVII = P., Zur Frage von der Rechtskraftwirkung des Urteils Dritten gegenüber usw., in Ztschr. f. Zivilprozeß, Bd. 37, S. 229ff.
PAGENSTECHER, Gerichtssaal LXVI = P., Eine Streitfrage aus dem Zivilprozeßrecht, in Gerichtssaal, Bd. 66, S. 164ff.
PAGENSTECHER, Gerichtssaal LXXI = P., Kriminalistische Bedeutung zivilprozeßrechtlicher Probleme, in Gerichtssaal, Bd. 71, S. 290ff.
PAGENSTECHER, ZivArch. XCVII = P., Zur Lehre vom Rechtsschutzanspruch des Beklagten, in Archiv. f. ziv. Praxis, Bd. 97, S. 17 ff.
PAGENSTECHER, RheinZ. VI = P., Nochmals: Die praktische Bedeutung des Streites über die Rechtskraft, in Rhein. Ztschr. f. Zivil- u. ProzeßR., Bd. 6, S. 489ff.
PAGENSTECHER, RheinZtschr. X = P., Über die Doppelehe, in Rhein. Ztschr. f. Zivil- u. ProzeßR., Bd. 10, S. 20ff., 134ff.
PAGENSTECHER, Eventualaufrechnung = P., Über die E. im Prozeß, 1922.
PARTSCH, Schriftformel = P., Die Schriftformel im röm. Provinzialprozeß, 1905.

PARTSCH = P., Die longi temporis praescriptio, 1906.
PARTSCH, Studien = P., Studien zur negotiorum gestio I 1913.
PARTSCH, ZRG. XXVIII = P., Besprechung von SCHLOSSMANN, Praescribere u. praescripta verba, in Ztschr. f. Rechtsgesch. (Rom. Abt.), Bd. 28 (41), S. 440ff.
PARTSCH, ZRG. XXX u. XXXI = P., Besprechung der 2. Aufl. von LENEL, Ed. perp., in Ztschr. f. Rechtsgesch. (Rom. Abt.), Bd. 30 (43), S. 490ff., Bd. 31 (44), S. 407ff.
PARTSCH, De l'édit sur l'alienatio iudicii mutandi causa facta, 1909.
PERELS, ZRG. XXV = P., Die Justizverweigerung im alten Reich seit 1495, in Ztschr. f. Rechtsgesch. (German. Abt.), Bd. 25 (38), S. 1ff.
PERGAMENT, ZRG. XVI = P., Über OERTMANNS Vergleich, in Ztschr. f. Rechtsgesch. (Rom. Abt.), Bd. 16 (29), S. 350ff.
PERNICE, KritVSchr. V = P., Über BÜLOWS Schrift De praeiudicialibus exceptionibus, in Krit. Vierteljahrsschr., Bd. 5, S. 413ff.
PERNICE, De ratione = P., De ratione quae inter praetorem et iudicem intercedit observatiunculae (Festgabe für CARL WITTE), Halle 1864.
PERNICE, ZRG. = P., Parerga, in Ztschr. f. Rechtsgesch. (Rom. Abt.), Bd. 5 (18), (1884), S. 1ff.; Bd. 14 (27) (1893), S. 135ff.; Bd. 19 (32) (1898), S. 82ff.
PETERSEN = P., Die Zivilprozeßordnung, 5. Aufl., bearb. von REMELÉ u. ANGER, 1904, 1906.
PETERSEN, Z. XVI = P., Über eventuelle Klagbegehren u. Rechtsmittel, sowie die eventuelle Verbindung von mehreren Klagegründen, in Ztschr. f. Zivilprozeß, Bd. 16, S. 493ff.
PETOT = P., Le défaut in iudicio dans la procédure ordinaire Romaine, 1912.
PFEIFFER = P., Über die dilatorischen Einreden und Prozeßeinwendungen, in Ztschr. f. Zivilrecht u. Prozeß (Linde), N. F., Bd. 11 (1854), S. 84ff., Bd. 12 (1855), S. 157ff.
PFERSCHE = P., Methodik der Privatrechtswissenschaft, 1881.
PFIZER, Z. XXI = P., Eventuelles Vorbringen, in Ztschr. f. Zivilprozeß, Bd. 21, S. 367ff.
PHILIPSBORN = P., Wahrheitspflicht, Prozeßbetrug u. Prozeßschikane, in d. Festschrift f. LISZT, 1911, S. 188ff.
PISSARD = P., Les questions préjudicielles en Droit Romain, 1907.
PLANCK = J. W. P., Lehrbuch des deutschen Zivilprozeßrechts, I 1887, II 1896.
PLANCK, Mehrheit = J. W. P., Die Mehrheit der Rechtsstreitigkeiten im Prozeßrecht, 1844.
PLANCK, Beweisurteil = J. W. P., Die Lehre vom Beweisurteil, 1848.
PLANCK, Strafverfahren = J. W. P., Systematische Darstellung des deutschen Strafverfahrens, 1857.
PLANCK, Gerichtsverfahren = J. W. P., Das deutsche Gerichtsverfahren im Mittelalter, I, II, 1879.
PLANCK, KritVSchr. XI = J. W. P., Über BÜLOWS Prozeßeinreden, in Krit. Vierteljahrsschr., Bd. 11, S. 161ff.
PLANITZ = P., Die Vermögensvollstreckung im deutschen Mittelalter, 1912.
PLÓSZ, Beträge zur Theorie des Klagrechts, 1880.
POLLAK, Geständnis = RUDOLF P., Gerichtliches Geständnis im Zivilprozesse, 1893.
PREUSS, in Schmollers Jahrb. XXVI = HUGO P., Über Organpersönlichkeit, in Schmollers Jahrb. f. Gesetzgebung usw., Bd. 26, S. 557ff.
PREUSS, in Jherings Jahrb. 1902 = HUGO P., Stellvertretung oder Organschaft, in Jherings Jahrb. 1902, S. 429 ff.
PUCHTA = G. F. P., Kursus der Institutionen, II. 3. Aufl. (herausgeg. von RUDORFF), 1851.
RABEL, ZRG. XXXII = R., Über WLASSAKS Ursprung der römischen Einrede, in Ztschr. f. Rechtsgesch. (Rom Abt.), Bd. 32 (45), S. 413ff.
RADBRUCH, Handlungsbegriff = R., Der H. in seiner Bedeutung für das Strafrechtssystem, 1904.
RADBRUCH, Rechtsphilosophie = R., Grundzüge der R., 1914.
RADNITZKY, Die Parteiwillkür im öffentlichen Recht, Wien 1888.
REGELSBERGER = R., Pandekten, I 1893.

REICHEL, Unklagb.Anspr. = HANS R., Unklagbare Ansprüche, Abdr. aus Jherings Jahrb., Bd. 59, 60 (1911).
REICHEL, Rechtskraft = HANS R., R. und ungerechtfertigte Bereicherung, aus der Festschrift für WACH, 1913.
REICHEL, Gesetz u. Richterspruch = HANS R., G. u. R. Zur Orientierung über Rechtsquellen- u. Rechtsanwendungslehre der Gegenwart, 1915.
RIEZLER, ZivArch. XCVIII = R., Konkurrierendes und kollidierendes Handeln des Vertreters und des Vertretenen, in Archiv f. zivilist. Praxis, Bd. 98, S. 372ff.
RING, R. u. W. 1919 = R., Schiedsgerichte, in Recht u. Wirtschaft, 1919, S. 107ff.
ROSENBERG, Stellvertr. = LEO R., Stellvertretung im Prozeß, 1908.
ROSENBERG, Beweislast = LEO R., Die B., 2. Aufl. 1923.
ROSENBERG, ZStW. XXXVI = WERNER R., Beiträge zur Lehre von den Prozeßvoraussetzungen, in Ztschr. f. d. ges. Strafr.-Wiss., Bd. 36, S. 522ff.
ROSENBERG, DStZ. 1920 = WERNER R., Der neue Gesetzentwurf über den Rechtsgang in Strafsachen, in Dtsch. Strafrechts-Ztg. 1920, S. 10ff.
ROSENFELD = R., Der Reichs-Strafprozeß, 4. u. 5. Aufl. 1912.
ROSENSTOCK = EUGEN R., Der ewige Prozeß des Rechts gegen den Staat, Leipzig 1919.
ROSIN = R., Das Polizeiverordnungsrecht in Preußen, 2. Aufl. 1895.
G. RÜMELIN, Exc. rei iud. = GUSTAV R., Zur Lehre von der exceptio rei iudicatae, Tüb. 1875.
M. RÜMELIN, ZivArch. CIII = M. R., Oskar Bülow, in Archiv f. zivil. Praxis, Bd. 103, S. 1ff.
SANDER = FRITZ S., Ztschr. f. öffentliches Recht, I (Wien 1919/20): a) Das Faktum der Revolution und die Kontinuität der Rechtsordnung, S. 132ff. b) die transzendentale Methode der Rechtsphilosophie und der Begriff des Rechtsverfahrens, S. 468ff. c) Besprechung von SAUER, Grundlagen des Prozeßrechts, S. 529ff.
SANDER, Rechtsdogmatik = FRITZ S., Rechtsdogmatik oder Theorie der Rechtserfahrung? Kritische Studie zur Rechtslehre HANS KELSENS, SA. aus Bd. 2 der Ztschr. f. öffentl. Recht, 1921.
SANDER, Staat u. Recht = FRITZ S., Staat u. Recht, Prolegomena zu einer Theorie der Rechtserfahrung, Wiener staatswiss. Studien, N. F. I, 1922.
SAUER = WILHELM S., Grundlagen des Prozeßrechts, 1919.
SAUER, LZ. XIII = WILHELM S., Die Prozeßvoraussetzungen, in Leipziger Ztschr., Bd. 13, S. 671ff.
WILHELM SAUER, Grundlagen des Strafrechts, 1921.
SAVIGNY = S., System des heutigen römischen Rechts, I 1840—VIII 1849.
SCHANZE = S., Die Rechtskraft des Strafurteils, in Ztschr. f. d. ges. Strafr.-Wiss., Bd. 4, S. 437ff.
SCHILLER = S., Über die ästhetische Erziehung des Menschen, in einer Reihe von Briefen.
SCHIRMER, ZivArch. LXXXVII = S., Beiträge zur Interpretation von SCAEVOLAS Responsen, in Archiv f. zivil. Praxis, Bd. 87, S. 110ff.
SCHLESINGER = S., Über BÜLOWS Lehre von den Prozeßeinreden, in Göttinger Gelehrten-Anzeigen 1869, S. 881ff.
SCHLOSSMANN = S., Die litis contestatio, 1904.
ALBERT SCHMID, De litigiosarum rerum alienatione ex iure anteiustinianeo, Jena, 1840.
R. SCHMIDT = RICHARD S., Lehrbuch des deutschen Zivilprozeßrechts, 2. Aufl. 1906.
R. SCHMIDT, Klagänderung = RICHARD S., Die K., 1888.
R. SCHMIDT, Prozeßrecht u. Staatsrecht = RICHARD S., P. u. St., Freiburger Universitätsprogramm, 1903.
R. SCHMIDT, DJZ. XIV = RICHARD S., Die Lüge im Prozeß, in Dtsch. Juristen-Ztg., Bd. 14, S. 39ff., 255/6.
SCHMITT = CARL S., Gesetz u. Urteil, 1912.
SCHMÖLDER = KARL S., Die Billigkeit als Grundlage des bürgerlichen Rechts, 1907.
SCHNEIDER, Treu u. Glauben = KONRAD S., Treu u. Glauben im Zivilprozesse, 1903.

SCHNEIDER, Z. XXIX = KONRAD S., Das Beschlußverfahren u. die Rechtskraft in privatrechtlichen streitigen Angelegenheiten der freiwilligen Gerichtsbarkeit, in Ztschr. f. Zivilprozeß, Bd. 29, S. 96ff.

SCHNEIDER, Z. XXXI = KONRAD S., Anfechtung wegen Irrtums im Laufe des Prozesses, in Ztschr. f. Zivilprozeß, Bd. 31, S. 271ff.

SCHNEIDER, RheinZtschr. I = KONRAD S., Die Lüge im Zivilprozesse, in Rheinische Ztschr. f. Zivil- u. Prozeßrecht, Bd. 1, S. 393 ff.

SCHOETENSACK, Konfiskationsprozeß = S., Der K., 1905.

SCHOETENSACK, Rechtsmittel = S., Über Rechtsmittel u. Wiederaufnahmeklagen nach der deutschen ZPO., SA. aus Würzburger Festschrift f. BURCKHARD, 1910.

SCHOETENSACK, Festschr. f. BINDING = S., Verbrechensversuch u. deutscher Strafgesetz-Vorentwurf, SA. aus d. Festschr. f. B., 1911.

SCHOETENSACK, GS. LXVIII = S., Besprechung von LÖFFLER, Nichtigkeit, in Gerichtssaal, Bd. 68, S. 464ff.

SCHOETENSACK, GS. LXXXIII = S., Die Arten der Rechtssätze. in Gerichtssaal, Bd. 83, S. 1ff.

SCHOETENSACK, Rechtsgang III = S., Zur Urteilssystematik des Straf- u. Zivilprozesses, im Rechtsgang, Bd. 3 (1916), S. 2ff.

SCHOTT I = R. S., Gewähren des Rechtsschutzes im römischen Zivilprozeß, 1903.

SCHOTT II = R. S., Römischer Zivilprozeß und moderne Prozeßwissenschaft, 1904.

O. SCHREIBER = OTTO S., Schuld u. Haftung als Begriffe der zivilrechtlichen Dogmatik, I 1914.

R. SCHROEDER = RICHARD S., Lehrbuch der deutschen Rechtsgeschichte, 6. Aufl. I 1919, II 1922 (fortgeführt von E. Frh. v. KÜNSSBERG).

SCHRUTKA V. RECHTENSTAMM = S. v. R., Grundriß des Zivilprozeßrechts, in FINGER-FRANKL, Grundriß des Österreichischen Rechts, 1909.

SCHRUTKA V. RECHTENSTAMM, bei Grünhut XVI = S. v. R., Über KOHLERS Prozeß als Rechtsverhältnis, in Grünhuts Ztschr., Bd. 16, S. 620ff.

SCHÜLER = GEORG S., Der Urteilsanspruch. Ein Beitrag zur Rechtsschutzlehre und zum materiellen Justizrecht, 1921.

R. SCHULTZ, Rechtsgang I = RUDOLF S., Der Stand der Lehre von der Rechtskraft des Zivilurteils in Literatur u. Judikatur, im Rechtsgang, Bd. 1, S. 153ff., 246 ff., 349 ff., 424ff.

ALFRED SCHULTZE, Z. XIX = A. S., Über POLLAKS Gerichtliches Geständnis im Zivilprozesse, in Ztschr. f. Zivilprozeß, Bd. 19, S. 341ff.

A. S. SCHULTZE = AUGUST S. S., Privatrecht und Prozeß in ihrer Wechselbeziehung, 1883.

A. S. SCHULTZE, Z. XII = A. S. S., Zum Begriff des Zivilprozesses, in Ztschr. f. Zivilprozeß, Bd. 12, S. 470 ff.

SCHULTZENSTEIN, Verwaltungsarchiv XXIV = S., Der Parteieid im Verwaltungsstreitverfahren, in Verw.-Arch., Bd. 24, S. 1ff.

SCHULTZENSTEIN, JWSchr. 1920 = S., Die Lüge im Rechte, in Jurist. Wochenschr., 1920, S. 871ff.

SCHUTZ = S., Litis contestatio und Klagerhebung. Eine Studie zum Zivilprozeß. Erlang. Diss. 1909.

SCHWALBACH, ZivArch. LXIII = S., Die Prozeßvoraussetzungen im Reichszivilprozeß, in Archiv f. zivil. Praxis, Bd. 63, S. 390ff.

SCHWALBACH, ZivArch. LXIV = S., Über Rechtshängigkeit u. formelle Rechtskraft, in Archiv f. zivil. Praxis, Bd. 64, S. 256ff.

SCHWALBACH, ZRG. II = S., Zur Geschichte der Lehre von den Prozeßeinreden, in Ztschr. f. Rechtsgesch. (Rom. Abt.), Bd. 2 (15), S. 199ff.

SCHWARTZ, Absolute Rechtskraft = JOHANN CHRISTOPH S., „A. R." u. heutiges deutsches Recht, SA. aus der Berl. Festg. f. HEINRICH DERNBURG, 1900.

SCHWARTZ, Zivilprozeßreform = J. C. S., Die Novelle v. 17./20. Mai 1898 u. die künftige Z., 1902.

v. SCHWARZE = v. S., Kommentar zur deutschen StPO., 1878.

v. SCHWERIN = CLAUDIUS Frh. v. S., Deutsche Rechtsgeschichte, 2. Aufl., 1915.

SECKEL, Gestaltungsrechte = S., Die Gestaltungsrechte des bürgerlichen Rechts, i. d. Festgabe der Berl. Jurist. Gesellsch. für KOCH, 1903.

SECKEL, Haftung = S., Die Haftung de peculio und de in rem verso aus der Litiskontestation u. dem Urteil nach klass. röm. Recht, SA. aus der Festgabe f. BEKKER, 1907.
SECKEL, Gedächtnisrede = S., G. auf KONRAD HELLWIG, SA. aus den Berl. Akad. Nachrichten, VIII, Nr. 5 v. 6. Dez. 1913.
SECKEL-HEUMANN = S.-H., Handlexikon zu den Quellen des römischen Rechts, 1907.
SEUFFERT = L. S., Kommentar zur ZivilprozeßO., 11. Aufl., I 1910, II 1911.
SEUFFERT, Z. VIII = L. S., Über A. S. SCHULTZE, Privatrecht u. Prozeß, in Ztschr. f. Zivilprozeß, Bd. 8, S. 187ff.
SEUFFERT, Z. XI = L. S., Über PLANCKS Lehrbuch des deutschen Zivilprozeßrechts, in Ztschr. f. Zivilprozeß, Bd. 11, S. 189ff.
SEUFFERT, LZ. 1915 = L. v. S., Vereinbarung über Ausdehnung der Rechtskraft, in Leipziger Ztschr. f. deutsches Recht, 1915, Sp. 1359ff.
SIBER = S., Der Rechtszwang im Schuldverhältnis, 1903.
SIBER bei PLANCK = PLANCKS Kommentar zum BGB., 4. Aufl.; Recht der Schuldverhältnisse, Allgem. Teil, bearb. von SIBER.
SIBER, in JherJahrb. L = S., Zur Theorie von Schuld u. Haftung, in Jherings Jahrb., Bd. 50, S. 55ff.
SIEGEL = S., Geschichte des deutschen Gerichtsverfahrens, I 1857.
SIEGEL, Die Vorlegung von Urkunden im Prozeß (Fischers Abhdl. z. Privatrecht u. Zivilprozeß, XII, 2), 1904.
SIGWART = S., Logik, 3. Aufl. 1904.
SINTENIS = S., Der simulierte Prozeß, in Ztschr. f. Zivilprozeß, Bd. 30, S. 358ff.
SKEDL, Nichtigkeitsbeschwerde = S., Die N. in ihrer geschichtlichen Entwicklung, 1886.
SKEDL, bei Grünhut XIV = S., Die Urteilsnichtigkeit im österreichischen Prozeßrecht, in Grünhuts Ztschr., Bd. 14, S. 81ff.
SKONIETZKI-GELPCKE = S.-G., Zivilprozeßordnung, 1911ff.
SOBERNHEIM = FRANZ S., Das ungünstige Parteivorbringen als Urteilsgrundlage im Zivilprozeß, 1916.
SOHM, Prozeß des Lex Salica, 1867.
SOHM, bei Grünhut IV = S., Der Begriff des Forderungsrechts, in Grünhuts Ztschr., Bd. 4, S. 457ff.
RUDOLF SOHM (Sohn), Die litis contestatio in ihrer Entwicklung vom frühen Mittelalter bis zur Gegenwart, 1914.
SOMLÓ = FELIX S., Juristische Grundlehre, 1917.
SPENGLER = OSWALD S., Untergang des Abendlandes, II 1922.
SPERL = S., Sukzession in den Prozeß, 1895.
SPIEGEL = LUDWIG S., Die Verwaltungsrechtswissenschaft, 1909.
STAMMLER, Wirtschaft u. Recht, 3. Aufl. 1914.
STAMMLER, Richtiges Recht = S., Die Lehre von dem richtigen Rechte, 1902.
STAMMLER, Theorie = S., Theorie der Rechtswissenschaft, 1911.
STAMMLER, Recht u. Kirche, 1919.
STAMMLER, Lehrb. = S., Lehrbuch der Rechtsphilosophie, 1922.
STAMPE, DJZ. X = S., Rechtsfindung durch Interessenwägung, in Dtsch. Juristen-Ztg., Bd. 10 (1905), S. 713ff.
v. STAUDINGER = v. S., Kommentar zum BGB., 7./8. Aufl., 1912ff.
STEIN = S., Die ZivilprozeßO., 10. Aufl. des von GAUPP begründeten Kommentars, I 1911, II 1913.
STEIN, Enz. = S., Das Zivilprozeßrecht, in Birkmeyers Enzyklopädie, 2. Aufl., 1904, S. 923ff.
STEIN, Grdr. = S., Grundriß des Zivilprozeßrechts u. des Konkursrechts, 2. Aufl. herausgeg. von Josef JUNCKER, 1924.
STEIN, Urkundenprozeß = S., Der U.- und Wechselprozeß, 1887.
STEIN, Privates Wissen = S., Das p. W. des Richters, 1893.
STEIN, Voraussetzungen = S., Über die V. des Rechtsschutzes, insbes. bei der Verurteilungsklage, 1903.
STEIN, Justiz u. Verwaltung = S., Grenzen u. Beziehungen zwischen J. u. V., 1912.

STEIN, Grundfragen = S., Gr. der Zwangsvollstreckung, 1913.
STEIN, Z. XLI = S., Über HELLWIG, Prozeßhandlung u. Rechtsgeschäft, in Ztschr. f. Zivilprozeß, Bd. 41, S. 417ff.
STEIN, LZ. XIV = S., Nochmals: Schiedsrichter u. staatliches Recht, in Leipziger Ztschr., Bd. 14, Sp. 265ff.
STEIN, JWSchr. 1922 = S., Bemerkung zum Urteil des Reichsfinanzhofs v. 3. Nov. 1921, in Jurist. Wochenschr., 1922, S. 1426.
STEIN, JWSchr. 1922 = S., Die Bindung des Tatrichters nach § 565 II ZPO., in Jurist. Wochenschr., 1922, S. 1489ff.
STEINWENTER = S., Studien zum römischen Versäumnisverfahren, 1914.
L. WILLIAM STERN, ZStrafRWiss. XXII = L. W. St., Zur Psychologie der Aussage, in Ztschr. f. Strafr.-Wiss., Bd. 22, S. 315ff.
L. WILLIAM STERN, Beiträge zur Psychologie der Aussage, 1903—1906.
STIER-SOMLO, Festg. f. LABAND = S.-S., Das freie Ermessen in Rechtsprechung u. Verwaltung, in Staatsrechtl. Abhdl., Festgabe f. LABAND, 1908, Bd. 2, S. 445ff.
STÖLZEL, Schulung = ADOLF S., Schulung für die zivilistische Praxis, I[7] (1906), II[4] (1906).
O. STÖLZEL = OTTO S., Rechtsweg u. Kompetenzkonflikt in Preußen, 1901.
STROHAL, in Jher.Jahrb. LVII = S., Schuldübernahme, in Jherings Jahrb., Bd. 57, S. 231ff.
STROHAL, Schuldpflicht u. Haftg., Festschrift für BINDING, 1914, S. 1ff.
STRUCKMANN-KOCH = S. u. K., Kommentar zur ZPO., 9. Aufl., 1910.
TESAR, ÖsterrZtschrStR. VIII = T., Die Rechtsverwirklichung im Strafrecht, in Österreichische Ztschr. f. Strafrecht, Bd. 8, S. 368ff.
TEZNER, Das freie Ermessen der Verwaltungsbehörden, Wiener staatswissensch. Studien, NF. VI 1924.
THÖL = T., Einleitung in das deutsche Privatrecht, 1851.
THON = T., Rechtsnorm u. subjektives Recht, 1878.
THON, in Jher.Jahrb. L = T., Der Normenadressat, in Jherings Jahrb., Bd. 50, S. 1ff.
TRAMPEDACH = T., Die Form der Litiskontestation im Formularprozeß, in Ztschr. f. Rechtsgesch. (Rom. Abt.), Bd. 18 (31), S. 114ff.
TRIEPEL, Völkerrecht u. Landesrecht = HEINRICH T., VR. u. LR., 1899.
TRIEPEL = HEINRICH T., Die Reichsaufsicht, 1917.
TRIEPEL, Festg. f. KAHL = HEINRICH T., Streitigkeiten zwischen Reich u. Ländern, in Festg. der Berl. Jurist. Fak. f. KAHL, 1923.
TRUTTER = T., Über prozessualische Rechtsgeschäfte, 1890.
TRUTTER, Bona fides = T., B. f. im Zivilprozeß, 1892.
v. TUHR = v. T., Der Allgemeine Teil des Deutschen bürgerlichen Rechts, I 1910, II 1, 1914, II 2, 1918.
ULLMANN = U., Lehrbuch des deutschen Strafprozeßrechts, 1893.
UNGER, bei Grünhut XXXI = U., Über die Haftung des Staates für Verzugs- u. Vergütungszinsen, in Grünhuts Ztschr., Bd. 31, S. 106ff.
UNTERHOLZNER = U., Ausführliche Entwickelung der gesamten Verjährungslehre aus den gemeinen in Deutschland geltenden Rechten, 2. Aufl. von SCHIRMER, 1858.
v. VELSEN = v. V., Die exceptiones praejudiciales, Tüb. Diss. 1896.
v. VELSEN, ZRG. XXI = v. V., Das Edictum provinciale des Gaius, in Ztschr. f. Rechtsgesch. (Rom. Abt.), Bd. 21 (34), S. 73ff.
VIARD = V., Le Praes, Dijon, 1907.
VOIGT = M. V., Das ius naturale, I (1856)—IV (1875).
VOIGT, Vad. = M. V., Über das vadimonium, 1881.
VOLKMAR, BeschlVO. = V., Verordnung über die Beschleunigung des Verfahrens in bürg. Rechtsstreitigkeiten v. 22. Dez. 1923, 1924.
VOLKMAR, ZPVO. = V., Verordnung über das Verfahren in bürgerlichen Rechtsstreitigkeiten v. 13. Febr. 1924, 1924.
WACH = W., Handbuch des deutschen Zivilprozeßrechts, I 1885.
WACH, Vorträge = W., Vorträge über die Reichszivilprozeßordnung, 2. Aufl. 1896.
WACH, Arrestprozeß = W., Der A., I, Der italienische A., 1868.
WACH, Feststellungsanspruch = W., Der F. (SA. aus der Leipiziger Festgabe f. WINDSCHEID), 1889.

Wach, KritVSchr. XIV = W., D. Entwurf einer dtsch. ZPO., in Krit. Vierteljahrsschr., Bd. 14, S. 329ff., 584ff.
Wach, bei Grünhut VI = W., Defensionspflicht und Klagrecht, in Grünhuts Ztschr., Bd. 6, S. 515ff., 593ff.
Wach, bei Grünhut VII = W., Präklusion und Kontumaz, in Grünhuts Ztschr., Bd. 7, S. 130ff.
Wach, ZivArch. LXII = W., Das Prinzip des gewillkürten Gerichtsstandes, in Archiv f. zivil. Praxis, Bd. 62, S. 373ff.
Wach, ZivArch. LXIV = W., Das Geständnis. Ein Beitrag zur Lehre von den prozessualen Rechtsgeschäften, in Arch. f. zivil. Praxis, Bd. 64, S. 201ff.
Wach, bei Gruchot XXIV = W., Der gewillkürte Gerichtsstand, in Gruchots Beiträgen, Bd. 24, S. 703ff.
Wach, Rechtskraft = Wach u. Laband, Zur Lehre von der R. Drei Rechtsgutachten, 1899.
Wach, Z. XXVII = W., Prozeßvollmacht u. Einrede der Aufrechnung, in Ztschr. f. Zivilprozeß, Bd. 27, S. 1ff.
Wach, Z. XXIX = W., Die Beweislast nach dem BGB., in Ztschr. f. Zivilprozeß, Bd. 29, S. 359ff.
Wach, Z. XXXII = W., Der Rechtsschutzanspruch, in Ztschr. f. Zivilprozeß, Bd. 32, S. 1ff.
Wach, Rhein.Z. = W., Urteilsnichtigkeit. Ein Rechtsgutachten, in Rhein. Ztschr. f. Zivil- u. Prozeßrecht, Bd. 3, S. 373ff.
Wach, Rhein.Z. IV = W., Nochmals die Urteilsnichtigkeit, in Rhein. Ztschr. f. Zivil- u. Prozeßrecht, Bd. 4, S. 509ff.
Wach, Rhein.Z. VI = W., Nachlese zur Urteilsnichtigkeit, in Rhein. Ztschr. f. Zivil- u. Prozeßrecht, Bd. 6, S. 357ff.
Wach, JWSchr. XLVII = W., Besprechung von Otto, Der Prozeß als Spiel, in Jurist. Wochenschr., Jahrg. 47, S. 797.
Wach, Grundfragen = W., Grundfragen und Reform des Zivilprozesses, 1914.
Wachenfeld, Streitgenossenschaft = W., Die notwendige Str., 1894.
Walsmann, Nebenintervention = W., Die streitgenössische N., 1905.
Walsmann, ZivArch. CII = W., Irrtum im Prozeßrecht, in Archiv f. zivil. Praxis, Bd. 102, S. 1ff.
Walsmann, Z. XXXIX = W., Über Kuttner, Privatrechtl. Nebenwirkungen der Zivilurteile, in Ztschr. f. Zivilprozeß, Bd. 39, S. 545ff.
Walsmann, Verzicht = W., Der V., 1912.
Warneyer, Kriegsgesetze = Otto W., Die K. prozeßrechtlichen Inhalts. Im Anschluß an F. Steins Kommentar zur ZPO. erläutert, Tüb. 1917.
Wegner, ZStW. XLIV = Arthur W., Die Rechtswidrigkeit der Kriegsverbrechen, in Ztschr. f. d. ges. Strafr.-Wiss., Bd. 44, S. 683ff.
Weismann, Hptinterv. = W., Hauptintervention und Streitgenossenschaft, 1884.
Weismann = W., Lehrbuch des deutschen Zivilprozeßrechts, I 1903, II 1905.
Weizsäcker = W., Unrichtige Parteibezeichnung in der Klageschrift, in Ztschr. f. Zivilprozeß, Bd. 27, S. 20ff.
Wendt = O. W., Lehrb. der Pandekten, 1888.
Wendt, ZivArch. LXIII = Otto W., Beweis u. Beweismittel, in Archiv f. zivil. Praxis, Bd. 63, S. 254ff.
Wenger, Actio iudicati = W., Zur Lehre von der a. i., 1901.
Wenger, Art. Editio = W., Art. E., in Pauly-Wissowas Realenzyklopädie, V, 1690ff.
Wenger, Art. Exceptio = W., Artikel E., in Pauly-Wissowas Realenzyklopädie VI, S. 1553ff.
Wenger, ZRG. XXX = W., Über Pissard, Questions préjudicielles, in Ztschr. f. Rechtsgesch. (Roman. Abt.), Bd. 30 (43), S. 487ff.
Werthauer = Johannes W., Strafunrecht, 1919.
Wetzell = W., System des ordentlichen Zivilprozesses, 3. Aufl. 1878.
Wieding = W., Der Justinianeische Libellprozeß, 1865.
Wieland, RheinZtschr. I = W., Besprechung von Gmürs Anwendung des Rechts, in Rhein. Ztschr. f. Zivil- u. Prozeßrecht, Bd. 1, S. 583ff.

WIELAND, RheinZtschr. IX = W., Besprechung von REICHEL, Gesetz u. Richterspruch, in Rhein. Ztschr. f. Zivil- u. Prozeßrecht, Bd. 9, S. 408ff.
WILHELMI-BEWER, GewGerGes. = W.-B., Das Gewerbegerichtsgesetz, 1903.
WINDSCHEID, Actio I, II = W., I. Die actio des römischen Zivilrechts, 1856; II. Die actio, Abwehr gegen MUTHER, 1857.
WINDSCHEID-KIPP = W., Lehrbuch des Pandektenrechts, 9. Aufl., bearb. von KIPP, 1906.
WLASSAK, Litiskontestation = W., Die Litis contestatio im Formularprozeß, in Breslauer Festgabe für WINDSCHEID, 1888.
WLASSAK, Prozeßgesetze = W., Römische Prozeßgesetze, I 1888, II 1891.
WLASSAK, Art. Actio = W., Artikel Actio, in Pauly-Wissowas Realenzyklopädie I, S. 303ff.
WLASSAK, Art. Centumviri = W., Art. C. in Pauly-Wissowas Realenzyklopädie, III, S. 1935ff.
WLASSAK, Einrede = W., Ursprung der römischen Einrede, 1910.
WLASSAK, ZRG. XXV = W., Der Gerichtsmagistrat im gesetzlichen Spruchverfahren, in Ztschr. f. Rechtsgesch. (Rom. Abt.), Bd. 25 (38), S. 81ff., Bd. 28 (41), S. 1ff.
WLASSAK, ZRG. XXXIII = W., Praescriptio und bedingter Prozeß, in Ztschr. f. Rechtsgesch. (Rom. Abt.), Bd. 33 (46), S. 81ff.
WLASSAK, ZRG. XLII = W., Die Aquilische Stipulation, in Ztschr. f. Rechtsgesch. (Rom. Abt.), Bd. 42 (55), S. 394ff.
WLASSAK, Anklage = W., A. und Streitbefestigung im Kriminalrecht der Römer, Sitz.-Ber. d. Kais. Akad. d. Wiss. in Wien, Bd. 184, Abhdl. 1, 1917.
WLASSAK, Anklage (Abwehr) = W., Anklage u. Streitbefestigung. Abwehr gegen PHILIPP LOTMAR, 1920.
WLASSAK, Judikationsbefehl = W., Der J. der römischen Prozesse, Sitz.-Ber. d. Akad. d. Wiss. in Wien, Bd. 197, Abhdl. 4, 1921.
M. WOLFF, Sachenrecht = MARTIN W., Das S. in ENNECCERUS-KIPP-WOLFF, Lehrb. d. bürg. Rechts, II 1, 5. Bearb. 1923.
M. WOLFF, Familienrecht = KIPP u. MARTIN W., Das F. in ENNECCERUS-KIPP-WOLFF, Lehrb. des bürg. Rechts, II 2, 4. Bearb. 1923.
M. WOLFF, Festg. f. BERGBOHM = MARTIN W., Kriegsverschollenheit u. Wiederverheiratung, SA. aus der Festgabe der Bonner Jurist. Fak. f. B., 1919.
WURZEL = W., Das juristische Denken, 1904.
WURZER, Z. XLVIII = W., Die Lüge im Prozesse, in Ztschr. f. Zivilprozeß, Bd. 48, S. 463ff.
WURZER, Jher.Jahrb. LXV = W., Die ungerechtfertigte Durchbrechung der Rechtskraft zugunsten der guten Sitten, in Jherings Jahrb., Bd. 65, S. 335ff.
WURZER, RheinZtschr. XII = W., Berücksichtigung der Rechtskraft von Amtswegen, in Rhein. Ztschr. f. Zivil- u. Prozeßrecht, Bd. 12, S. 43ff.
WURZER, GS. LXXXIX = W., Der Einfluß des rechtskräftigen Zivilurteils auf das Strafurteil, in Gerichtssaal, Bd. 89, S. 106ff.
ZEILER, R. u. W. 1917 = Z., Handeln auf schwanken Rechtsgrundlagen, in Recht u. Wirtschaft, 1917, S. 168.
ZEILER, R. u. W. 1919 = Z., Noch ein Wort für die Rechtssicherheit, in Recht u. Wirtschaft, 1919, S. 95.
ZIEMSSEN = Z., Über die dispositive Natur von Verzicht und Anerkenntnis, 1908.
ZITELMANN, Irrtum = Z., I. und Rechtsgeschäft, 1879.
ZITELMANN, InternatPrivR. = Z., Das internationale Privatrecht, I, II 1897—1912.
ZITELMANN, AllgT. = Z., Das Recht des BGB., Allgemeiner Teil, 1900.
ZITELMANN, Lücken = Z., Lücken im Recht, Rektoratsrede, 1903.

Quellenverzeichnis.

Zahlen ohne Zusatz bedeuten die Seiten; A. = Anmerkung.

I. Römische Quellen.

1. Gai Institutiones.

2. Just. Institutiones.

3. Digesta.

4. Codex Just.

II. Kanonische Quellen.

III. Ältere deutsche Quellen.

IV. Neue deutsche Zivilprozeßrechtsquellen.

V. Neue deutsche Zivilrechtsquellen.

VI. Neue deutsche Strafprozeßrechtsquellen.

2. Strafprozeßordnung vom 1. Februar 1877.

3. Verordnung über Gerichtsverfassung und Strafrechtspflege vom 4. Januar 1924.

4. Entwurf einer Strafprozeßordnung von 1909.

5. Entwurf eines Gesetzes betreffend den Rechtsgang in Strafsachen von 1919.

Verzeichnis der angeführten Entscheidungen des Reichsgerichts und Reichsmilitärgerichts.

I. Entscheidungen in Zivilsachen.

1. Amtliche Sammlung.

2. Anderweit veröffentlichte Entscheidungen.

II. Entscheidungen in Strafsachen.

1. Amtliche Sammlung der Reichsgerichtsentscheidungen.

2. Rechtsprechung des Reichsgerichts in Strafsachen.

3. Anderweit veröffentlichte Entscheidungen des Reichsgerichts.

4. Entscheidungen des Reichsmilitärgerichts.

Sachverzeichnis.

GPSR Compliance

The European Union's (EU) General Product Safety Regulation (GPSR) is a set of rules that requires consumer products to be safe and our obligations to ensure this.

If you have any concerns about our products, you can contact us on ProductSafety@springernature.com

In case Publisher is established outside the EU, the EU authorized representative is:

Springer Nature Customer Service Center GmbH
Europaplatz 3
69115 Heidelberg, Germany

Batch number: 10854084

Printed by Printforce, the Netherlands